Das Europa der Diktaturen
Eine neue Geschichte
des 20. Jahrhunderts

Gerhard Besier

unter Mitarbeit von Katarzyna Stokłosa

Das Europa der Diktaturen

Eine neue Geschichte des 20. Jahrhunderts

Deutsche Verlags-Anstalt
München

Bibliografische Information Der Deutschen Bibliothek
Die Deutsche Bibliothek verzeichnet diese Publikation
in der Deutschen Nationalbibliografie; detaillierte
bibliografische Daten sind im Internet über
http://dnb.ddb.de abrufbar.

FSC

Mix
Produktgruppe aus vorbildlich
bewirtschafteten Wäldern und
anderen kontrollierten Herkünften

Zert.-Nr. SGS-COC-1940
www.fsc.org
© 1996 Forest Stewardship Council

Verlagsgruppe Random House FSC·DEU-0100
Das für dieses Buch vwerwendete FSC-zertifizierte Papier EOS
liefert Salzer, St. Pölten.

Inhalt

Inhalt

Inhalt

Inhalt

Einleitung

I.

Wie konnte es geschehen, dass Kontinentaleuropa im 20. Jahrhundert zum »Europa der Diktaturen« wurde? Um solche Prozesse zu verstehen, bedarf es eines langen Atems. Es genügt nicht, die Diktaturen und ihre Funktionsmechanismen zu betrachten, sondern man muss auch die – wie es scheint – unverfängliche Vorgeschichte und vor allem die Übergänge mit einbeziehen. 1919 startete das mehr oder weniger zwangsdemokratisierte Europa ins 20. Jahrhundert. Doch der demokratische Verfassungsstaat schien nicht zur politischen Tradition und Mentalität mancher europäischen Völker zu passen. Nicht nur die politische, auch die territoriale Neuordnung nach dem Ersten Weltkrieg wurde von den intellektuellen Eliten abgelehnt. Machtstaatsvorstellungen, ein überbordendes Nationalbewusstsein, der Wunsch nach Rückgewinnung einstiger Größe standen im Vordergrund des Denkens. Damit einher gingen die Diagnose vom Werteverfall in der Bevölkerung sowie der Eindruck einer weltanschaulichen Beliebigkeit und eigentümlichen Bindungslosigkeit aufgrund der neuen pluralen Kultur. Hinzu traten – nach Erholungsphasen – immer wieder schwere ökonomische Erschütterungen und politische Unruhen, die zu bewältigen der »schwache« Staat und die offene Gesellschaft nicht in der Lage zu sein schienen.

Im isolierten Russland hatten sich sozialistische Revolutionäre darangemacht, eine Menschheitsutopie in die Wirklichkeit umzusetzen. Dieses Sowjetrussland errichtete ein Terrorregime, das sich schließlich bis Ende der 1920er Jahre zu einer uneingeschränkten Partei- und Führerdiktatur entwickeln sollte. Beginnend mit Mussolinis Faschismus, gewannen im übrigen Europa autoritäre Rechtsdiktaturen an Boden – vollends nach Kriegsbeginn im Herbst 1939 wurde fast ganz Europa faschistisch oder nationalsozialistisch. Unterstützt von den deutschen und italienischen Besatzungstruppen konnten entsprechende Kräfte in den Satellitenstaaten an die Macht gelangen und ihren Vorbildern in Berlin und Rom nacheifern. In diesen neuen Staaten galt eine neue soziale Wirklichkeit mit veränderten ethischen Koordinaten im Blick auf die Zugehörigkeit oder Nichtzugehörigkeit zur »Volksgemeinschaft«. Dazu gehörte auch die Rechtfertigung von Massenmord. Zwischen der kommunistischen und der faschistischen Bewegung gab es durchaus ideologische, strukturelle und handlungspraktische Analogien – die Massenmanipulation, den Personenkult, den Massenterror und Massenmord. Beide Systeme richteten Konzentrationslager für politische Gefangene ein, liquidierten ihre Opfer durch Zwangsarbeit und eliminierten ganze Bevölkerungsgruppen. Zu den Unterschieden gehören auf Seiten der Sowjetunion die Inhalte der politischen Philosophie, die völlige Verstaatlichung der Industrie, die Kollektivierung der Landwirtschaft, der Internationalismus, die Friedensrhetorik und der Verzicht auf den Konflikt mit einer anderen Großmacht. Jenseits dieser Aufzählung hängen Unterschiede wie Gemeinsamkeiten der autokratischen Gesellschaftsformationen von zahlreichen Faktoren ab; die historische Entwicklung wie die »Vieldimensionalität« jedes einzelnen Landes, die sich bei einem nur systematischen Zugriff leicht verflüchtigen kann, sind von Bedeutung. Im Übrigen spielt eine entscheidende Rolle, aus welcher Perspektive man solche Vergleiche anstellt. Wenn es richtig ist, dass eine Diktatur sich nicht allein durch Repressionsinstrumente erklären lässt, sondern Herrschaftsmechanismen erst im Alltag und durch die Lebensumstände verständlich werden, dann müssen diese im Kontext einer Geschichte der betreffenden Länder dargestellt werden. Mit einem gewissen Recht kann überdies jede Nation für sich beanspruchen, ein Sonderfall zu sein.

Nach dem Zweiten Weltkrieg wurden – mit Duldung der Westmächte – Ostmitteleuropa und weite Teile Südosteuropas nach dem Modell der Sowjetunion zwangskommunisiert. Trotz ihrer erdrückenden Überlegenheit auf nahezu allen Feldern und eines Vertragssystems, das eigentlich kein Entkommen zuließ, gelang es der östlichen Vormacht in den vierzig Jahren ihrer Herrschaft nicht, nur absolut ergebene Vasallenstaaten heranzuziehen. Es kam – etwa mit Jugoslawien oder Rumänien – zu Sonderwegen, und auch dort, wo Aufstände brutal niedergeschlagen wurden, wie in Polen, Ungarn, der DDR und der Tschechoslowakei, konnten Opposition und Abweichungen vom vorgegebenen Kurs nicht verhindert werden. Auch hier wird man – trotz aller Gemeinsamkeiten und möglicher Länder-Gruppenbildungen – das Spezifische eines jeden Landes nicht außer Acht lassen dürfen.

Abgesehen vom westlichen Deutschland, das sich intensiv um die
Aufarbeitung seiner nationalsozialistischen Vergangenheit bemühte,
verfolgten die meisten anderen Länder nach dem Zweiten Weltkrieg beziehungsweise nach dem Ende der letzten beiden euro-faschistischen
Staaten Spanien und Portugal 1975 wie auch nach dem Zusammenbruch des Ostblocks 1989/90 einen anderen Weg. Man wollte nicht an
alte Wunden rühren, tabuisierte das Gewesene oder leugnete gar jegliche Verbindung zu den früheren Regimes. Diese unterschiedlichen
Strategien hatten Auswirkungen auf die Entwicklung der betreffenden
Staaten.

II.

Das Buch beginnt mit einer Beschreibung der historischen Situation
nach dem Ersten Weltkrieg. Die Brutalisierung Europas durch Kolonialkriege und innereuropäische Konflikte, die mit modernen Massenvernichtungsmitteln ausgetragen wurden, hatte zu zivilisatorischen
Kulturbrüchen geführt. Die Siegermächte vermochten mit den Pariser
Vorortsverträgen, der territorialen Neuaufteilung Europas und der
Errichtung demokratischer Verfassungsstaaten keine dauerhafte Friedensordnung herzustellen. In mehreren Wellen wandelten sich die
kaum konsolidierten Demokratien in Diktaturen. Wie die Entwicklung
im Einzelnen verlaufen ist, wird in kurzen historischen Abrissen Land
für Land beschrieben und dabei auf Ähnlichkeiten wie Unterschiede
zu den Nachbarn hingewiesen. Um vermeintliche Zwangsläufigkeiten
in Frage zu stellen, erfolgt die historische Darstellung über den gesamten Zeitraum hinweg. So wird beispielsweise bei der Entwicklung der
Weimarer Republik deutlich, dass die im demokratisch-verfassungs-
staatlichen Sinne hoffnungsvollen Perioden nicht unvermeidlich in die
rechtsstaatlich legitimierte »Diktatur des Reichspräsidenten« und
schließlich in das nationalsozialistische Regime münden mussten. Die
für jedes Land eigentümlichen Zufälligkeiten und Schwächen, aber
auch gezielte Weichenstellungen führten schließlich – neben generel-
len, mehreren Staaten gemeinsamen Entwicklungstrends – zu einer
Autokratisierung Europas. Die Epoche der faschistischen und nationalsozialistischen Regimes endete mit dem Zweiten Weltkrieg. Aber es gab
die anachronistischen Ausnahmen Spanien, Portugal und von 1967 bis

1974 auch Griechenland. Das Unzeitgemäße dieser rechtsautokratischen Restbestände an der Peripherie Europas wird dadurch hervorgehoben, dass ihre Geschichte – obwohl sie bis zur Mitte der 1970er Jahre reicht – in dem Abschnitt behandelt wird, der generell 1945 endet.

Es folgt in einem zweiten Teil die wiederum nach Ländern gegliederte Darstellung der Übergänge von den faschistischen beziehungsweise faschisierten Regimes zu kommunistischen Staaten nach dem Modell der Sowjetunion. Diese Epoche reicht von 1944 bis zum Tode Stalins 1953. Auch hier gibt es freilich eine Ausnahme: die vormals demokratische Tschechoslowakei. Trotz erheblicher autoritärer und faschistischer Potenziale konnte hier der demokratische Verfassungsstaat über jene Kräfte obsiegen und wurde erst 1938 von außen – nämlich durch das nationalsozialistische Deutschland – zerstört. Darum verbot es sich, die gesellschaftspolitischen Verhältnisse in Tschechien und der Slowakei bis 1945 in dem entsprechenden Kapitel über die kommunistischen, faschistischen und nationalsozialistischen Diktaturen zu behandeln. Sie werden vielmehr rückblickend als ein Teil der »Vorgeschichte« im Rahmen der kommunistischen Transformation erzählt.

Der dritte Teil des Buches widmet sich der Geschichte der »Ostblock«-Staaten von 1953 bis 2005/06. Hier werden die länderspezifischen Widerstände gegen die Entstalinisierung geschildert, die wachsende Verkrustung und Oligarchisierung der östlichen Vormacht, die Volksaufstände, die vielfältigen Abschwächungen »totalitärer« Strukturen sowie die großen und kleinen »Sonderwege« und Eigenwilligkeiten der einzelnen Völker unter dem absoluten Herrschaftsanspruch der UdSSR. Für einige Staaten, die seit 2004 zur Europäischen Union gehören – Polen, Ungarn, Tschechien und die Slowakei –, zeichnet sich mit den Parlaments- beziehungsweise Präsidentschaftswahlen von 2005/06 eine Zeitenwende ab. Die »postkommunistische« Phase scheint im Wesentlichen abgeschlossen, neue Themen und Fragestellungen beherrschen zunehmend die öffentliche Debatte.

Für die Gegenwartstrends wird als Quelle auf Umfragen in den betreffenden Ländern zurückgegriffen. Die Schreibweise der Namen und Orte folgt der jeweiligen Landessprache; kyrillische Zeichen werden in der wissenschaftlichen Transkription wiedergegeben – mit Ausnahme der hierzulande geläufigen Namen wie Chruschtschow, Gorbatschow, Jelzin etc.

III.

Der Zusammenbruch einer Diktatur muss – nach einer wirtschaftlichen Liberalisierung – nicht automatisch zu einem Systemwandel führen. Die bisherigen Machtmechanismen können – auch unter neuen Marktbedingungen – in den alten Strukturen überleben. Ein entscheidender Faktor für die Veränderung ist die Einbindung in transnationale Zusammenschlüsse. Nach dem Zusammenbruch des Ostblocks nahm vor allem die Europäische Union diese Aufgabe wahr. Die Europäisierung geht mit der Implantierung eines gemeineuropäischen »kulturellen Codes« einher und setzt auf harte institutionelle, rechtliche und ökonomische Anpassungszwänge, die tief in die Souveränität dieser Staaten eingreifen. Ähnlich wie nach dem Zweiten Weltkrieg gibt es gegen diese Zumutungen auch Widerspruch, Abwehr und (nationalistische) Gegenbewegungen. Dass die Option zugunsten diktatorischer Verhältnisse niemals als ein für allemal überwunden gelten kann, illustriert die Entwicklung in Russland.

Seit den 1930er Jahren vergleicht man in den USA und in Europa Diktaturen. Zunächst folgten diese Vergleiche dem vor allem herrschaftsorientierten Konzept des »Totalitarismus« oder dem überwiegend ideengeschichtlichen Ansatz der »Politischen Religion«. Daneben setzte sich seit den 1970er Jahren zunehmend das ebenfalls sehr viel früher entwickelte gesellschaftsgeschichtlich-sozialwissenschaftliche Konzept der »Modernen Diktatur« durch. Welche Erklärungskraft, welche Reichweite und welche methodischen und weltanschaulich-normativen Implikationen haben diese Paradigmen? Darauf soll – vor dem Hintergrund der behandelten Diktaturen – der Versuch einer Antwort gegeben werden.

IV.

Das Hannah-Arendt-Institut für Totalitarismusforschung an der Technischen Universität Dresden hat uns die äußeren Möglichkeiten zur Realisierung dieses Projektes gegeben. Unser Dank gilt den Kolleginnen und Kollegen aus dem Institut sowie denen aus anderen Forschungseinrichtungen, die einzelne Passagen oder das Ganze gegengelesen, Literatur- beziehungsweise Korrektur- und Ergänzungsvor-

schläge unterbreitet und bei den Übersetzungen ins Deutsche mitge-
holfen haben: Martin Teplý, Gerhard Lindemann, Uwe Backes, José-
Maria Faraldo, Emanoil Ancuta, László Balogh, Annegret Dirksen,
Hannelore Georgi, Francesca Piombo, Annett Zingler, Michael Richter und Mike Schmeitzner.

Ferner danken wir Daniela Heitzmann, Sebastian Koch, Erik Maier
und Michael Seibold für die Verwaltung des Literaturverzeichnisses,
die graphische Gestaltung von Tabellen sowie die Anfertigung des Per-
sonenregisters und des Abkürzungsverzeichnisses. Peter Palm danken
wir für die Zeichnung von 23 Landkarten. Unseren Bibliothekarinnen
Claudia Kegel und Gabriele Schmidt danken wir für die Beschaffung
von Literatur – manchmal aus entlegenen Orten. Walter Heidenreich
und Christine Lehmann von der Layout-Abteilung des Instituts haben
wir für die Herstellung der druckfertigen Vorlage zu danken.

Dresden, im Juli 2006   *Gerhard Besier und Katarzyna Stokłosa*

Teil I
Vom Ersten Weltkrieg bis zum
Ende des Zweiten Weltkrieges

1. Voraussetzungen und Bedingungen

1.1 Der Erste Weltkrieg und die Folgen

Der Erste Weltkrieg war der zerstörerischste Krieg, den die Welt bis dato gesehen hatte, wurde er doch mit neuen Massenvernichtungsmitteln und mit einer bis dahin unbekannten Brutalität geführt. Er zerstörte die Ordnung einer praktisch von 1814 bis 1914 bestehenden Großepoche. Diese Vernichtung schloss auch das hohe moralische und humanitäre Ethos ein, aus dem die »Kulturnationen« zu leben meinten. Der politische wie der kulturelle Liberalismus wurden destabilisiert und diskreditiert, die autoritäre staatliche Macht nahm zu. Die Bürgerrechte wurden beschnitten, die Wirtschaft gelenkt. Der Einsatz von politisch organisierter Massenpropaganda und die massenhafte Mobilisierung von Menschen in Verbindung mit dem Krieg förderten die De-Individualisierung und Kollektivierung der Gesellschaft im Sinne einer anonymen »Volksgemeinschaft«. Diese Entwicklung ging mit einer Brutalisierung des politischen Lebens einher und mit der Legitimation von Gewalt in politischen Auseinandersetzungen. So fragwürdig die politischen Systeme der großen Reiche – Österreich-Ungarns, des russischen Zarenreiches, des Deutschen und des Osmanischen Reiches – auch waren, ihr Zusammenbruch und der ihrer Monarchien vernichtete eine wenigstens fragile Ordnung. Militarismus und Nationalismus, die sich schon vor dem Krieg verschärft hatten, wurden durch diesen weiter vorangetrieben und bestimmten auch die Zwischenkriegszeit. Die Zersplitterung großer Teile Ostmittel- und Südosteuropas (»Balkanisierung«) verstärkte überkommene Probleme und führte zu neuen innenpolitischen wie internationalen Konflikten. Polyethnische Regionen wurden durch Grenzen zu Titularnationen deklariert und sollten einen ethnonationalen Integrationsprozess durchlaufen, der vor dem Hintergrund oft vormoderner sozialer Strukturen – Analphabetismus und dörfliche Lebenswelten – kaum zu einem guten Ende führen konnte. Unter solchen Umständen hatte das »parlamentarisch-demokratische System, das im Verlauf leidenschaftlicher Verfassungskämpfe Schritt für Schritt Einzug in die südosteuropäischen Staaten gehalten hatte, keine realistische Entwicklungsperspektive«[1].

Der Zusammenbruch des Russischen Reiches ermöglichte den Aufbau eines totalitären Sozialismus mit dem neuen Modell einer Einparteiendiktatur und der totalitären Kontrolle von Institutionen. Es folgten Massenmord, Massenkonzentrationslager und ein Massenkult um diktatorische Persönlichkeiten. Die Technik des gewaltsamen Staatsstreichs kam erstmals zur Anwendung, erstmals wurden ganze Bevölkerungsgruppen systematisch liquidiert. Der Genozid an den Armeniern – dessen wahrer Zweck bis heute heftig umstritten ist[2] –, vollstreckt vom Osmanischen Reich, geduldet von den Mittelmächten Deutschland und Österreich-Ungarn wie der Entente – also Großbritannien, Frankreich und Russland –, war der erste öffentlich vor aller Welt begangene Völkermord. Der Zusammenbruch der sozialen und ökonomischen Verhältnisse in Mittel-, Ostmittel- und Südosteuropa unmittelbar nach dem Krieg begünstigte extreme »Lösungen« beim Versuch der staatlichen Neuordnung. Die unzulänglichen Friedensvereinbarungen perpetuierten die Konflikte in Europa und begünstigten den Ausbruch ständig neuer lokaler Brandherde bis hin zum Zweiten Weltkrieg.

Der Genozid an den Armeniern war freilich nicht der erste Völkermord im 20. Jahrhundert. Zu erinnern ist vor allem an den Vernichtungskrieg gegen indigene Stämme, den das Deutsche Reich in seiner Kolonie Deutsch-Südwestafrika, heute Namibia, führte. Der verspätete Nationalstaat war erst 1884 in die Reihe derjenigen Länder Europas eingetreten, die über Kolonien verfügten. Die relativ kurze deutsche Kolonial-Periode bis zum Ende des Ersten Weltkrieges verhinderte das Desaster des ausgehenden Kolonialismus zwischen den 1940er und 1970er Jahren, den andere europäische Völker erleben mussten.

Der genozidale Kolonialkrieg dauerte von 1904 bis 1908. An seinem Ende standen bürokratische Kontrolle, umfassende Überwachung und Umerziehung der indigenen Bevölkerung. Bei der blutigen Schlacht von Waterberg am 11. August 1904 entkam ein Teil der Herero dem Kessel und floh in die wasserlose Omahe-Wüste im Osten des »Schutzgebietes«. Der deutsche Oberbefehlshaber, Generalleutnant Lothar von Trotha, der sich schon als Teilnehmer am Expeditionskorps zur Niederschlagung des »Boxeraufstands« (1900) durch besondere Grausamkeit hervorgetan hatte, ließ den Wüstensaum durch eine Postenkette abriegeln. Wer aus der Wüste zurückkehrte, sollte erschossen werden. Aufgrund dieses Befehls verdursteten unzählige Menschen in der Wüste. Genaue Angaben fehlen. Man vermutet, dass es sich um Zehntausende gehandelt hat. Im Süden des Landes kämpfte man gegen die Nama, die sich, anders als die Herero, keiner offenen Feldschlacht stellten, sondern den Guerillakrieg bevorzugten. Die deutsche Seite reagierte darauf mit einer Politik der »verbrannten Erde« und mit der Besetzung von Wasserstellen. Für die gefangenen Nama richtete man Konzentrationslager ein. Zum Teil lagen diese in klimatisch rauen Regionen (zum Beispiel auf der Haifischinsel vor der Lüderitzbucht). Da auch die Verpflegung mangelhaft war, starben viele der Internierten. Nach Aufzeichnungen der Schutztruppe kamen allein auf der Haifischinsel 7.682 Gefangene ums Leben.

Auch bei dem Genozid an den Armeniern waren deutsche Militärs planend und durchführend beteiligt. Zu Hunderten standen deutsche Offiziere im Dienst der Türkei. General Fritz Bronsart von Schellendorf, damals Chef des osmanischen Feldheeres in Istanbul, bemerkte Anfang 1919: »Der Armenier ist wie der Jude, außerhalb seiner Heimat ein Parasit, der die Gesundheit des anderen Landes, in dem er sich niedergelassen hat, aufsaugt. Daher kommt auch der Hass, der sich in mittelalterlicher Weise gegen sie als unerwünschtes Volk entladen hatte und zu ihrer Ermordung führte.«

Der erste Gasangriff im Weltkrieg von 1914 bis 1918 ging ebenfalls von den Deutschen aus, am 22. April 1915 in der Ypern-Schlacht. Aber auch die Briten scheuten nicht davor zurück, Chemiewaffen einzusetzen, so zum Beispiel in der Zweiten Gazaschlacht zwischen Briten und Türken in Palästina 1917. Zu den Befürwortern des Einsatzes gehörte der junge Marineminister Winston Churchill. Italien war die erste Nation, die nicht nur zu Lande und auf dem Wasser, sondern auch aus der Luft Krieg führte. Um die Provinzen Tripolis und Cyrenaika, die unter osmanischer Oberhoheit standen, den italienischen Kolonien einverleiben zu können, kam es zu den ersten Fliegerangriffen in der Geschichte. Am 1. November 1911 wurden zwei Oasen in der Nähe von Tripolis bombardiert. 24 Jahre später, während des so genannten Abessinienkrieges, setzte die italienische Okkupationsarmee Mitte Dezember 1935 in großem Umfang chemische Waffen ein, um die erfolgreiche äthiopische Gegenoffensive zu stoppen. Die Berichte von Zeitzeugen über den »tödlichen Regen« machen das Ausmaß der Brutalität deutlich. Die äthiopischen Soldaten waren völlig überrascht und dem Angriff schutzlos ausgeliefert. Bereits zu diesem Zeitpunkt nahmen auch die italienischen Faschisten eine rassistische Haltung ein. (Ein dunkler Punkt, der noch der vollständigen Aufklärung bedarf, ist die Haltung des Vatikans während des Abessinienkriegs.) Hannah Arendts These von den kolonialen Ursprüngen des Totalitarismus erscheint angesichts dieser Fakten recht plausibel.

1.2 Der Versailler Vertrag und seine Auswirkungen

Der »Geist von 1914« einerseits und die »Dolchstoßlegende« vom Dezember 1918 andererseits bestimmten die politische Kultur Deutschlands in der Nachkriegszeit. Der Krieg galt als unabgeschlossen; das »Kriegserlebnis« der ebenfalls mythisch überhöhten »Volksgemeinschaft« wirkte in die Friedenszeit weiter. Die revanchistischen Deutungsmuster konnten in den 1930er Jahren rassistisch reinterpretiert und im Sinne des Nationalsozialismus weiter genutzt werden.

Die Verhandlungsergebnisse von Versailles bildeten eine schwere Belastung für den Frieden. Sie waren symbolische Akte der Machtdemonstration einerseits und der Demütigung andererseits. Mit den Deutschen wurde nicht eigentlich verhandelt, sondern es wurde ihnen das Ergebnis der Verhandlungen mitgeteilt. Dabei erklärte man die Deutschen zu den Schuldigen am Ausbruch des Krieges. In seiner Eröffnungsansprache an die im »Uhrensaal« des Quai d'Orsay versammelten Delegierten der 21 »alliierten und assoziierten« Nationen formulierte der französische Staatspräsident Raymond Poincaré am 18. Januar 1919 den Hauptvorwurf: »Was Ihnen die Autorität verleiht, einen Frieden der Gerechtigkeit zu schaffen, ist die Tatsache, dass keines der von Ihnen vertretenen Völker irgendeinen Anteil an diesem Verbrechen [dem Krieg] hat, das zu einem noch nie da gewesenen Unheil geführt hat [...]. Die Menschheit kann Ihnen vertrauen, denn Sie gehören nicht zu denjenigen, die die Menschenrechte verletzt haben. Über die Ursachen der Tragödie, die soeben die Welt erschüttert hat, bedarf es keiner neuen Aufschlüsse, keiner weiteren Untersuchung. Die blutdurchtränkte Wahrheit ist bereits aus den kaiserlichen Archiven ans Licht gekommen. Der vorsätzliche Charakter des Anschlags ist schon jetzt erwiesen.«[3]

Die Deutschen wurden eines »Verbrechens« bezichtigt. Erst Mitte Mai 1919 erhielt die deutsche Delegation Kenntnis von dem Bericht der Kriegsschuldkommission. Sie hatte keine Möglichkeit zu verhandeln. In der Mantelnote des endgültigen Vertragsentwurfs heißt es: »Nach der Anschauung der alliierten und assoziierten Mächte ist der Krieg [...] das größte Verbrechen gegen die Menschheit und gegen die Freiheit der Völker gewesen, welches eine sich für zivilisiert ausgebende Nation jemals mit Bewusstsein begangen hat [...]. Das Verhalten Deutschlands ist in der Geschichte der Menschheit fast beispiellos. Die schreckliche Verantwortlichkeit, die auf ihm lastet, lässt sich in der Tatsache zusammenfassend zum Ausdruck bringen, dass wenigstens sieben Millionen Tote in Europa begraben liegen, während mehr als zwanzig Millionen Lebender durch ihre Wunden und ihre Leiden von der Tatsache Zeugnis ablegen, dass Deutschland durch den Krieg seine Leidenschaft für die Tyrannei hat befriedigen wollen.« Obwohl keine deutsche Regierung eine andere Wahl gehabt hätte, als diesen Vertrag zu unterzeichnen, bezichtigte man später die Verantwortlichen der »Erfüllungspolitik«. Allerdings scheiterte der Versuch der Alliierten, vor einem internationalen Tribunal Kriegsverbrecherprozesse gegen Deutsche durchzuführen; stattdessen fanden – mit geringem Erfolg und ohne jede öffentliche Resonanz – solche Prozesse vor dem Reichsgericht in Leipzig statt.

Erst in den 1960er Jahren erzielte man über die Ursachen des Kriegsausbruchs einen weitgehenden Konsens. Danach bildete der August 1914 den Endpunkt einer Entwicklung, derzufolge Europa in ständiger Steigerung und in immer kürzerer Abfolge von Krisen einem Konflikt entgegenging. Das Deutsche Reich unter Wilhelm II. erschien dabei als *die* Großmacht, die durch weltpolitischen Aktionismus und Hochrüstung entscheidend zur Destabilisierung Europas beigetragen hatte. Daher, so der deutsche Historiker Fritz Fischer, komme ihm die Hauptverantwortung für die Eskalation und den Beginn des Krieges zu. Neuerdings wird diese Interpretation wieder in Frage gestellt. Friedrich Kießling vertrat 2002 die These, nicht Spannung, sondern Entspannung sei das eigentliche Charakteristikum der internationalen Beziehungen in den Jahren vor 1914 gewesen. Auch Holger Afflerbach sucht am Beispiel des Dreibundes (Deutsches Reich, Österreich-Ungarn und Italien) namhaft zu machen, dass dieser eine bedeutsame Rolle bei der Bewahrung des Friedens in Europa gespielt habe. Demgegenüber ist zu sagen, dass zwischen Österreich-Ungarn und Italien stets Rivalität bestand (vor allem wegen der Zukunft Trients und Triests) und Italien sich von den beiden Großreichen nie als gleichrangiger Partner ernst genommen fühlte. Überdies bestand auf Seiten des Deutschen Reiches und Österreich-Ungarns immer ein gewisses Misstrauen im Blick auf die Bündnistreue Italiens. Auch das Gegenbündnis zum Dreibund, die Triple-Entente, sieht Afflerbach als »Element der Entspannung«, weil dieses Gegenüber das Gleichgewicht der Mächte gewährleistet habe. Doch mit diesem Ansatz kann er kaum erklären, warum es dann schließlich doch zum Krieg kam. Die neuerliche Diskussion kommt dem Wort des ehemaligen britischen Premiers David Lloyd George wieder bedenklich nahe, alle europäischen Mächte seien im Juli 1914 in den Krieg »hineingeschlittert«. Doch diese Lesart ist ohne Erklärungswert und kann lediglich der Exkulpation Deutschlands dienen.

In der Zwischenkriegszeit bestand Europa aus 28 Staaten. Allein aus den drei zusammengebrochenen Großreichen gingen elf Staaten hervor. Der gewünschte »Anschluss« des deutschsprachigen Österreichs an das Deutsche Reich war aufgrund des Versailler Vertrages nicht möglich. Hinzu kamen acht weitere neue Staaten, die auf dem Gürtel zwischen Baltikum und Adria entstanden. Zwischen 1922 und 1937 schied die Republik Irland aus dem Britischen Reich aus. Dagegen scheiterten die Selbstständigkeitsbewegungen Kataloniens und des Baskenlandes. In Großbritannien, Nordeuropa und den Beneluxstaaten blieben Monarchien mit einer parlamentarischen Regierungsform bestehen. Die ostmitteleuropäischen Staaten entschieden sich für republikanische Staatsformen, der Südosten für Monarchien. Doch sowohl diese wie jene entwickelten sich meist zu Diktaturen konstitutioneller, autoritärer oder faschistischer Prägung.

Aufgrund der Machtpolitik des »Dritten Reiches«, der UdSSR und des faschistischen Italiens verschwanden bis 1939 weitere Demokratien – die Tschechoslowakei, die Benelux-Staaten, Frankreich, Dänemark und Norwegen –, aber auch sieben Diktaturen: Polen, die baltischen Staaten, Jugoslawien, Albanien und Griechenland.

Insgesamt kann man bis 1938 von einem dramatischen Schwund parlamentarischer Verfassungsstaaten sprechen. Angesichts der Probleme erschienen sie als untauglich. Als Regierungsform der Zukunft trat dagegen die Diktatur auf. Diese Entwicklung ist ein Indikator für die Instabilität der 1919 etablierten neuen Ordnung.

Ideologisch verlor der Liberalismus unaufhaltsam an Einfluss. Der Konservativismus hatte einen Teil dessen demokratischer Forderungen übernommen, der Sozialismus stellte wesentliche Maximen des Liberalismus in Frage: Besitz, Freiheit des Privateigentums und des Marktes. Politik wurde nun auf der im Weltkrieg mobilisierten Massenbasis betrieben, für die die traditionellen politischen Äußerungsformen zu differenziert waren. Das Problem der ethnischen, sprachlichen und religiösen Minderheiten und der Wunsch nach deren Assimilierung im Interesse nationaler Homogenität setzten das liberale Prinzip der Selbstregierung außer Kraft. Auf der anderen Seite zersplitterten die Parteiensysteme entsprechend der konfessionellen, ethnischen, sozialen und ökonomischen Partialinteressen und zeigten wenig Neigung zu stabilen Koalitionsbildungen. Vielmehr ging die Tendenz hin zu radikalen Äußerungsformen wie Massenstreiks, Putsch- und Revolutionsversuchen.

1.3 Wellen der Diktaturerrichtung in Europa: Die Dynamik von konstitutionellen zu totalitären Diktaturen

In keinem der Staaten, die aus dem Ersten Weltkrieg als Verlierer hervorgegangen waren, hatte das parlamentarische System Bestand. Weite Teile der Bevölkerung akzeptierten die Transformation von einem autoritären System in einen demokratischen Verfassungsstaat westlicher Provenienz nicht; territoriale Einbußen auf der einen Seite und das Problem ethnischer, religiöser und linguistischer Minderheiten auf der anderen Seite schufen eine labile Ausgangssituation. Aber auch alle neugegründeten Staaten – mit Ausnahme der Tschechoslowakei – vermochten es nicht, das parlamentarische System zu stabilisieren. Die politischen und ökonomischen Probleme in diesen Ländern führten schon früh zu Verwerfungen – insbesondere auch bedingt durch die forcierten Modernisierungsprozesse und die fehlende demokratische Kultur. Die Zersplitterung der Parteiensysteme (parteiheterogene Koalitionsregierungen von kurzer Dauer) und das Prinzip der territorial geschlossenen Nationalstaaten bildeten ein erhebliches Problem. Entweder wollte man die Minderheiten (zwangs)assimilieren oder man diskriminierte sie – wie die Juden in Ostmitteleuropa – und setzte sie damit einem wachsenden Vertreibungsdruck aus. In Rumänien beispielsweise wurden die Juden als Ausländer behandelt, die kein Wahlrecht besaßen. Es gelang nicht, Konsensdemokratien zu errichten. Vielmehr kämpfte jede Gruppierung gegen die andere, nahm dabei die Zerstörung des Systems in Kauf (Dissensdemokratie) und bahnte so den Weg in eine Konsensdiktatur (Mehrheit antidemokratischer Kräfte).

Demgegenüber erwiesen sich die demokratisch-parlamentarischen Verhältnisse in jenen Staaten als stabil, die den Krieg gewonnen hatten und die bereits vor 1914 etabliert waren. Dabei zeigten Systeme mit weniger als fünf Parteien eine besondere Stabilität.

Der Versuch, die parlamentarisch-demokratischen Verhältnisse über so genannte Bürgerblock-Koalitionen zu stärken, führte in Italien schon 1922 zur Machtübernahme Mussolinis. Am Ende der Nachkriegszeit, etwa um 1925, lähmten sich die Parteien gegenseitig; keine Gruppierung – weder die bürgerlichen noch die sozialistischen Parteien konnten eine klare Mehrheit für sich gewinnen. Es etablierten sich Minderheitskabinette, die darauf angewiesen waren, toleriert zu werden.

Es gelang den parlamentarischen Systemen zwar, Revolutionen von links zu ersticken, nicht aber solche von rechts, weil diese zunächst systemimmanent operierten und erst nach ihrer Machtübernahme, in einer zweiten Phase, zur illegalen Machteroberung fortschritten.

Der erste Schritt auf dem Weg in die *totalitäre Diktatur* bildete die Einrichtung einer *konstitutionellen Diktatur* (Selbstbeschreibung: »gelenkte Demokratie«). Dieser »weiche« Einstieg kennzeichnet sich dadurch, die alten Eliten einzubeziehen, die politischen Institutionen formal beizubehalten und die Opposition nicht vollständig zu unterdrücken. Die konstitutionelle Diktatur camoufliert sich als vorübergehende Notmaßnahme angesichts einer politisch oder ökonomisch katastrophalen Situation und erhebt gerade nicht den Anspruch, die bestehenden Verhältnisse ändern zu wollen – im Gegenteil, es geht um die Aufrechterhaltung, ja, die Rettung des Bestehenden. Massenbewegungen, ausgearbeitete Zukunftsentwürfe oder Ideologien waren den autoritären Regimes meist fremd. Ihre Führer appellierten lediglich an die innere Geschlossenheit der Nation und an den Erhalt des Nationalstaates. Damit einher ging ein gesteigertes Nationalbewusstsein.

Diese Entwicklung hin zur konstitutionellen Diktatur vollzog sich in einer ersten Welle zwischen 1921 und 1923 in Ungarn, Spanien und

Italien, Griechenland und Albanien. In einer zweiten Welle, etwa um 1926, in der Italien bereits das Stadium der *autoritären Diktatur* erreichte, folgten Polen, Portugal und Jugoslawien als konstitutionelle Diktaturen. In Ostmitteleuropa nahmen die autoritären Regime meist die Gestalt von *Präsidialdiktaturen* an – so 1926 in Polen und Litauen, 1934 in Estland und Lettland.[4] Mit wenigen Ausnahmen verfolgten die autoritären Regime in Ostmitteleuropa außenpolitisch defensive Ziele, waren also lediglich auf territoriale Konsolidierung, nicht auf Eroberungen aus. 1932 wurde Portugal, 1935 Polen zu einer autoritären Diktatur. Dazwischen, 1932, mit den Präsidialkabinetten Franz von Papen und Kurt von Schleicher, begann auch in Deutschland die konstitutionelle Diktatur.»Autoritäre wollen einen starken, aber begrenzten Staat. Sie zögern mit sozialen Wohlfahrtsprogrammen oder Eingriffen in die Wirtschaft, die der Faschismus bereitwillig durchführt. Sie hängen eher am Status quo als daran, einen neuen Weg zu proklamieren.«[5]

Eine dritte Diktatur-Welle setzte mit der Weltwirtschaftskrise ein. Auffallend ist jetzt, wie rasch, beispielsweise in Deutschland, konstitutionelle, autoritäre und totalitäre Diktatur aufeinander folgten. Dazu brauchte es im »Dritten Reich« nur weniger Wochen (das definitive Ende der »Machtergreifung« kam freilich erst mit dem so genannten »Röhm-Putsch« im Juni 1934). Besonders lang benötigte die Sowjetunion, die sich – ungeachtet des revolutionären Terrorismus unter Lenin – erst unter Josef Stalin 1928/29 zur vollen Willkürherrschaft, nämlich zur uneingeschränkten Partei- und Führerdiktatur entwickelte.

Nach der Machtübernahme Adolf Hitlers gab es nunmehr zwei rechtsgerichtete, konkurrierende Diktaturmodelle in Europa, an denen sich angehende Diktatoren orientierten – wie Griechenlands General Ioannis Metaxas an Deutschland oder Ungarns Miklós Horthy an Portugal. Angeblich zum Schutz gegen das Revolutionspotenzial von Sozialismus, Faschismus und Nationalsozialismus bildeten sich auch Diktaturen wie in Österreich. Engelbert Dollfuß' Diktatur ruhte auf ständestaatlich-katholischen Idealen und richtete sich ebenso gegen den Nationalsozialismus wie gegen den Marxismus, verurteilte aber auch den Kapitalismus und die Parteienherrschaft. Ihre Einordnung als »Abwehrdiktaturen« wird von weiten Teilen der österreichischen Zeitgeschichtsforschung zurückgewiesen.

Nach 1934 etablierten sich auch in Südosteuropa Diktaturen. In Bulgarien wurde 1935 eine *Königsdiktatur* errichtet, die auf die Verfassung von 1879 zurückgriff. 1935/36 begann die Diktatur Metaxas in Griechenland (mit KZs und der Deportation politischer Gegner etc.), 1937/38 ging Horthys Regime in Ungarn zur Diktatur über, 1938 wurde in Rumänien eine Königsdiktatur aufgebaut. 1936 putschte General Francisco Franco in Spanien und errichtete unter Bürgerkriegsverhältnissen eine blutige Diktatur.

Die Königsdiktaturen – sie wurden neben Bulgarien auch in Albanien, Jugoslawien und Rumänien etabliert – markierten meist keinen scharfen Bruch zu den parlamentarisch-konstitutionellen Monarchien, aus denen sie hervorgingen. Vielmehr entstanden sie durch eine »graduelle Erweiterung der monarchisch-absolutistischen Elemente«[6], die bereits in dem System angelegt waren. Der Monarch trat aus dem Hintergrund auf die politische Bühne, übernahm die Regierungsgeschäfte selbst und setzte die ohnehin schwach entwickelten formal-parlamentarischen Spielregeln außer Kraft. Getragen wurde sein Regime nicht von einer politischen Massenbewegung, sondern vom bürokratischen Apparat, den alten politischen Eliten, Teilen des Militärs, den Großgrundbesitzern und Unternehmern. Der traditionalistische Monarchokrat verstand sich als patrimonialer »Erzieher« seiner Nation. Ähnlich wie in den Präsidialdiktaturen ging es auch den Königsdiktaturen vornehmlich um die Konsolidierung der Nationenbildung im Rahmen einer »geschlossenen« Gesellschaft.

Gute Voraussetzungen, diktatorische Verhältnisse zu etablieren, boten ein fanatischer Nationalismus und romantisierende Großreichvorstellungen mit Rückgriff auf die Geschichte (vor allem in Italien und Deutschland, aber auch in Spanien, Griechenland, Serbien und anderswo). Damit einher gingen die Diskriminierung ethnischer und religiöser Minderheiten sowie die Einschränkung politischer wie kultureller Pluralität.

Im Unterschied zur konstitutionellen und zur autoritären Diktatur beansprucht die totalitäre Diktatur, neu zu sein. Sie möchte einen »Neuen Staat« mit »Neuen Menschen« schaffen, will nicht mehr nur Unterwerfung, sondern uneingeschränkte Zustimmung. Sie setzt neue Orientierungen, schreibt ein neues ideologisches Wertekonzept vor und will die Lebensverhältnisse der Einzelnen wie der Gesellschaft insgesamt grundlegend transformieren. Eine neue soziale Wirklichkeit mit veränderten Koordinaten – etwa einer Neubestimmung der Zugehörigen wie der Nicht-Zugehörigen in der neuen »Volksgemeinschaft« –

soll das gesamte Leben der Menschen bestimmen.[7] Da den Worten auch Taten folgen, die Ideologie also gesellschaftlich umgesetzt wird, gewinnt das Postulierte Faktizität. Das Bedürfnis nach kollektivem Aufgehobensein und nach heteronomer Verantwortung, aber auch das nach sozialer, emotionaler und materieller Anerkennung und Aufwertung wird befriedigt. Das Private wird zunehmend zurückgedrängt, alle Aktivitäten werden über eine restlose Mobilisierung und vollkommene Kontrolle Partei und Staat dienstbar gemacht, konkurrierende kulturelle, ideologische oder politische Einrichtungen werden bekämpft, gleichgeschaltet oder liquidiert. Partei- und Staatsapparat bleiben formal getrennt, doch die Partei dient allein dem Schutz und Machterhalt des Staatsapparats. An der Spitze dieser »Volksgemeinschaft« steht ein charismatischer Führer, der engagierte Gefolgschaftstreue mit dem Aufbruch in ein diese Welt transzendierendes Reich zu belohnen verspricht.[8] Hat der Führer seine Anhänger erst einmal »charismatisiert«, bedarf es für die »charismatische Triangel« nur noch der außerordentlichen Krise, aus der er sie und alle anderen mit seinem »übermenschlichen Potenzial« herauszuführen in der Lage ist.[9] Diese negative Legitimation – die Fähigkeit zur Erlösung aus der Not – wird durch die positive der Ideologie ergänzt. Der Führer übt seine Herrschaft im Namen einer Ideologie aus, der er nur dient und an die alle unbedingt glauben müssen.

Ernst Nolte, Juan Linz, Roger Griffin, Stanley Payne und andere haben ein Bündel von Kriterien, Merkmalsausprägungen beziehungsweise Typologien der europäischen faschistischen Bewegungen in der Zwischenkriegszeit vorgeschlagen. Payne benannte drei Charakteristika: 1. Antiliberalismus, Antikommunismus und Antikonservatismus als typische faschistische Verneinungen, 2. die Schaffung eines neuen Typs von autoritärem Staat, Korporatismus, Expansionismus und die Kreation einer neuen modernen Kultur als ideologische Ziele, 3. die Betonung der Ästhetik, Massenmobilisierung, Militarisierung, Gewalt, eine organische und männlich dominierte Sicht der Gesellschaft, Überhöhung der Jugend und des Führerprinzips als Merkmale des Herrschaftsstils und der Organisation.[10] Als ein »Spätling« in der politischen Szene besaß der Faschismus notwendigerweise eine starke negative Akzentuierung.[11] Er präsentierte sich selbst als komplettes Kontrastangebot zu den etablierten Parteien, als eine Revolte gegen die wahrge-

nommene Dekadenz der bürgerlichen Demokratie, des Liberalismus
und Pluralismus.

Nach Ernst Nolte, François Furet, Ian Kershaw und Moshé Lewin
suchte auch Stanley Payne die Frage nach den gegenseitigen Beziehungen zwischen Faschismus und Kommunismus zu beantworten.[12] Neben den offensichtlichen Ähnlichkeiten in politischer, formaler und
struktureller Hinsicht – Massenmanipulation, die Schaffung vollende-
ter Tatsachen durch direkte militärische Intervention, Personenkult
und charismatische Herrschaft, ideologischer und politischer Opportunismus, die Einführung systematischen Massenterrors und Massen-
mords, Konzentrationslager für politische Gefangene, Liquidation
durch Zwangsarbeit, Brutalisierung des politischen Lebens, Massen-
gewalt, Militarisierung der politischen Rhetorik, Symbolhandlungen
und die Eliminierung ganzer Bevölkerungsgruppen – nennt Payne auch
grundlegende Differenzen zwischen dem sowjetischen Kommunismus
und dem europäischen Faschismus. Die Sowjets bestanden mehr auf
einer materialistischen als auf einer vitalistischen Philosophie, ihr Programm beinhaltete die völlige Verstaatlichung der Industrie und die
Kollektivierung der Landwirtschaft. Sie unterdrückten offen die Ausübung religiöser Praxis, nahmen »Säuberungen« unter der ganz normalen Bevölkerung vor, vertraten offiziell die Lehre des Internationalismus und bemühten dauerhaft die Friedensrhetorik. Schließlich
führten sie Militäraktionen nur gegen kleine Länder oder Nachbarstaaten durch und initiierten keinen Konflikt mit einer Großmacht. Allerdings hebt Payne davon das Verhältnis der beiden »maximal regimes
of dictatorship and violence« im 20. Jahrhundert – die Sowjetunion
und das nationalsozialistische (NS) Deutschland – ab. Beide Diktaturen propagierten – im Unterschied zu anderen faschistischen und
kommunistischen Regimes – eine ständige Revolution.[13] Auch im in-
stabilen, konfliktuösen Verhältnis zwischen revolutionärer Ideologie,
Einheitspartei und Bürokratie sieht Payne mit Michael Mann Parallelen zwischen Stalinismus und Nationalsozialismus. Beide wiesen institutionelle Kompromisse sowohl gegenüber Feinden wie Alliierten
zurück. »Sie versuchten, Uneinigkeit durch den gewalttätigen Frontal-
ansturm einer Dauerrevolution zu überwinden.«[14]

Kommunismus und Faschismus waren dialektisch miteinander verbunden, es gab viele Ähnlichkeiten und auch bedeutsame gegenseitige
Beeinflussungen.

Auch innerhalb der totalitären Diktaturen zeichneten sich auf allen Ebenen *polykratische Strukturen* ab: Die ideologische und lebenspraktische Gleichschaltung gelang niemals vollständig.»[...] kein Regime, nicht einmal das Hitlers oder Stalins, schaffte es, auch noch den allerletzten Rest Privatheit und persönlicher oder gruppenbezogener Autonomie zu vereinnahmen.«[15] Das lag zum Teil auch an den Gegensätzen an der Diktaturspitze selbst. Bestimmte religiöse Vorstellungen seitens hoher Würdenträger des NS-Regimes wurden beispielsweise von anderen nicht geteilt und sogar konterkariert. Auf politischer Ebene gab es weiterhin den »Normenstaat«, andererseits den »Maßnahmenstaat«, in dem die nationalsozialistischen Funktionsträger unabhängig von den überkommenen Rechts- und Normvorstellungen agierten.[16]

Die Begriffsprägung »totalitär« stammt ursprünglich von der italienischen Opposition gegen den Mussolini-Faschismus (Giovanni Amendola, 1923) und kritisierte in negativer Konnotation dessen uneingeschränkten Herrschaftsanspruch. Typisch für die »Umwertung der Werte« ist, dass Giovanni Gentile und Mussolini den Begriff aufnahmen und positiv besetzten. Hitler war vorsichtiger und zog es zunächst vor, vom »autoritären« Staat zu sprechen.

»Im Unterschied zu Mussolini, Hitler und Stalin erfreuen sich die Repräsentanten der autoritären Regime Ostmitteleuropas in ihren Ländern auch heute noch eines beachtlichen Ansehens, und die kritische Auseinandersetzung der Historiker mit ihren Diktaturen stößt in einer breiten Öffentlichkeit häufig auf Unverständnis.«[17] Das gilt heute besonders für Polen, dessen nationalkonservative Regierung unter Lech Kaczyński dem Piłsudski-Regime eine besondere Würdigung zuteil werden lässt. Meist verbindet sich mit der Erinnerung an jene Diktatoren wie Antanas Smetona (Litauen), Konstantin Päts (Estland), Kārlis Ulmanis (Lettland) oder eben Józef Piłsudski die kollektive Erinnerung an die Neu- beziehungsweise Wiederbegründung der Staaten, die sie führten, und an die Sicherung von deren außen- wie innenpolitisch gefährdeter Existenz.

Während die autoritären Regime Sicherheit, eine Festigung der traditionellen Strukturen und moderate Modernisierung versprachen, lösten Mussolinis Italien, Lenins oder auch Stalins Sowjetrussland und Hitlers »Drittes Reich« in ihren eigenen Ländern wie im Ausland darüber hinaus sogar eine kollektive Faszination aus. Sie galten als hochattraktiv, wurden bewundert für den mächtigen Modernisierungsschub und erhielten eine beträchtliche Unterstützung. Daran erinnert Jerzy W. Borejsza und plädiert dafür, nicht nur die Analogien des Terrors, sondern auch die der Begeisterung herauszuarbeiten, die totalitäre Systeme miteinander verband und ihnen im Ausland erheblichen Kredit verschaffte.[18] Andererseits unterschieden sich Sowjetrussland und das »Dritte Reich« wiederum grundlegend darin, dass es in der UdSSR am Anfang und auch später, im Grad der Intensität variierend, massiven Widerstand beziehungsweise passive Resistenz gegen den Bolschewismus gab.

2. Autoritarismus – Kommunismus – Faschismus – Nationalsozialismus

Die Entwicklung in den einzelnen Nationalstaaten (I)

2.1 Die Russischen Revolutionen und ihre Folgen: Leninismus und Stalinismus

Modernisierungsschübe

Im zarischen Russland der Jahrhundertwende bestand eine Kooperation zwischen der gouvernementalen Selbstverwaltung – den 1864 eingerichteten *zemstva* – und der überkommenen zarischen Administration. Doch dieser Herrschaftskompromiss litt unter vielfältigen Widersprüchen. Da gab es die Spannung zwischen autokratischem Staat und »liberaler« Gesellschaft wie die zwischen liberaler Gesellschaft und »einfachem Volk«. Schließlich ist der tiefe Unterschied zwischen Stadt und Land zu nennen, einerseits eine rasch fortschreitende Industrialisierung, andererseits eine Bauernschaft, an der jegliche Modernisierung spurlos vorüberging.

1861 war es zu dem epochalen Akt der Bauernbefreiung gekommen. Doch der formale Rechtsakt wurde nicht mit einer Bodenreform verbunden, so dass – auch angesichts des Bevölkerungszuwachses – sich der Landmangel noch verschärfte. Es kam zur Übernutzung kleiner Flächen. Faktisch bestand die Leibeigenschaft in Gestalt von Pachtverträgen fort: Die Bauern mussten für die Großgrundbesitzer Arbeitsleistungen erbringen, um ihr Pachtland behalten zu können.

Dennoch, und das steht im Widerspruch zu früheren Forschungen, trug die Landwirtschaft in den letzten Dekaden des Zarenreiches erheblich zum Wachstum der russischen Volkswirtschaft bei und ernährte die Bevölkerung – auch im internationalen Vergleich – besser, als bislang angenommen. Die Landwirtschaft behinderte auch die industrielle Entwicklung nicht, wie früher behauptet wurde.

Gleichwohl spielten die Bauernunruhen und die Agrarsituation bei den revolutionären Erschütterungen von 1905/06 und denen von 1917 eine entscheidende Rolle. Die bäuerlichen Vorstellungen von einer gerechten Verteilung des Landes, der Traum von Land und Freiheit, sowie die wachsende Mobilität der Landbevölkerung trugen zu der Unruhe bei, die dem Ausbruch Vorschub leisten sollten.

Ursprünglich bildete die Bauernschaft das Fundament der zarischen Herrschaft. Doch deren militärische Niederlagen und mangelnde Fürsorge sowie die Abnahme ihrer charismatischen Kraft einerseits, wachsende Einsicht der Bauern in den Gesamtzusammenhang von Staat und Gesellschaft andererseits, ließen es zu einer immer größer werdenden Distanz zwischen dem Herrscherhaus und der Landbevölkerung kommen.

Die industrielle Entwicklung und die Arbeiterfrage sind aus der Vorgeschichte der Russischen Revolution nicht wegzudenken. Nach der Niederlage des zarischen Regimes im Krimkrieg (1854–1856) war deutlich, dass Russland den industriellen Anschluss an die Westmächte bekommen musste. Innerhalb eines halben Jahrhunderts gelang es dann immerhin, den vierten Rang unter den Wirtschaftsmächten Europas zu erreichen. In rasendem Tempo wuchs die Industrieproduktion, ohne freilich andere Sektoren des gesellschaftlichen Lebens mitzuziehen. Ein Höhepunkt der Entwicklung waren der Bau der Transsibirischen Eisenbahn in den 1890er Jahren und die Hochkonjunktur unmittelbar vor dem Ausbruch des Ersten Weltkrieges. Dorfbewohner strömten in die Städte und schufen dort – zeitverschoben – soziale Verhältnisse, die wir aus der Industrialisierung westlicher Staaten viele Dekaden zuvor kennen. Die Geschichte der Arbeiterbewegung in Russland begann mit all jenen Begleiterscheinungen gesellschaftlichen Verfalls, die man bereits in England hatte beobachten können und verhindern wollen.

Immer noch aber bildeten am Vorabend des Ersten Weltkrieges die Landarbeiter die größte Gruppe der Beschäftigten, nämlich ein Viertel von allen. Aber auch die 6,1 Millionen Industriearbeiter waren oftmals noch mit dem Land verbunden. Viele behielten ihre kleine Parzelle im Heimatdorf und kooperierten mit den Daheimgebliebenen, indem sie Geld schickten und sich damit einen Rückzugsplatz auf dem Dorf sicherten. Im Falle von Arbeitslosigkeit und Invalidität, im Alter und bei Krankheit konnte man angesichts der katastrophalen sozialen Verhältnisse nur in der Heimat überleben.

Der Kontakt mit der Stadt sorgte freilich für einen Bildungsschub. Hatten in den 1880er Jahren nur 36 Prozent der Moskauer Bevölkerung lesen und schreiben können, so waren es 1918 immerhin schon landesweit 64 Prozent aller Arbeiter und sogar über 80 Prozent der 14-Jährigen, die über solche Elementarkenntnisse verfügten. Mit der Arbeiterschaft entstand eine neue gesellschaftliche Form des Protests. Dieser begann schon 1870 und entlud sich zum ersten Mal im Januar 1905. Als zarische Soldaten auf einen friedlichen Demonstrationszug schossen, löste dies einen landesweiten Streik aus, der noch dadurch an Kraft gewann, dass das Regime gerade eine blamable militärische Niederlage gegen Japan zu verkraften hatte. Ein weiteres neues Moment in der Entwicklung war die Kooperation der Intelligenz mit den Protestlern. Mit ihrer Hilfe wurde im Generalstreik vom Oktober 1905 die Zusage einer Verfassung erzwungen. Es kam erstmals zur Gründung eines Rates (*sovet*) als oberstem Repräsentativgremium und zu branchenmäßig organisierten Gewerkschaften.

Doch die Macht dieses ersten Rates zerfiel rasch wieder. Anfang Dezember 1905 vermochte die zarische Polizei seine 250 Delegierten zu verhaften, ohne auf Gegenwehr zu stoßen. Die Gewerkschaften konnten jedoch weiterhin wirken. Obwohl die staatliche Zwangsherrschaft bis Sommer 1907 wiederhergestellt war, hatten die Unruhen mentale Fakten geschaffen, die nicht wieder zu beseitigen waren.

Im Frühjahr 1912 gaben Soldaten erneut Schüsse auf demonstrierende Arbeiter einer Goldmine ab. Dieser Zwischenfall sorgte für ähnliche Massenunruhen wie 1905. In Petrograd mussten Polizei und Kosaken Stellung beziehen, um die Paläste und Kaufhäuser vor der plündernden Menge zu schützen. Es kam zu einer Radikalisierung der Arbeiter. Die Sozialdemokraten mussten 1912 zur Kenntnis nehmen, dass der Metallarbeitergewerkschafts-Kongress sich mehrheitlich für stärker links engagierte Delegierte entschied. Die radikalen Parolen gegen die herrschenden Klassen von Staat und Gesellschaft wurden lauter. Der Konjunkturaufschwung seit 1909 brachte weitere Arbeiter in die Städte und führte der unruhigen Arbeiterschaft neue Kräfte zu. Diese Menschen waren ihrer gewohnten Umgebung entrissen, entwurzelt und daher besonders empfänglich für revolutionäre Parolen.

Auf der anderen Seite hatte sich eine »Arbeiteraristokratie« entwickelt – gut ausgebildete Facharbeiter mit erhöhtem Selbstbewusstsein, die in den Städten verwurzelt waren und eher der Sozialdemokratie zuneigten. Auch deren Hoffnungen im Zusammenhang mit der Zulassung von Gewerkschaften im März 1906 waren durch das Verbot im

Juni 1907 tief enttäuscht worden. Das sozialistische Protestpotenzial wuchs.

Das Ideal einer sozialistischen Gesellschaft fand jetzt in den Repräsentativorganen zunehmend Anklang. Eine Schlüsselrolle für frühsozialistische Bestrebungen auch unter der Intelligenz hatte der Mord an Zar Alexander II. am 1. März 1881 gespielt. Die allgemein erwartete Erhebung der Arbeiter auf dieses Fanal blieb damals allerdings aus. Der russische Frühsozialismus hatte sich mit einem eigenartigen slawophil-nationalen Sendungsbewusstsein verbunden. Dies sorgte für Skepsis gegenüber der westlichen Entwicklung. Kollektives patriotisches Denken bremste immer wieder den bestehenden Hang zum Umsturz. Alexander III. errichtete ein hartes, autokratisches Regime, ohne auf nennenswerten Widerstand in der Bevölkerung zu treffen. Erst die verheerende Hungersnot von 1891/92 führte wieder zu einem beachtlichen Widerstand. 1901/02 kam es zur Gründung der reformistischen Sozialrevolutionären Partei (PSR).

Alle Sozialisten, auch die Sozialdemokratie, standen in Russland vor dem Problem, dass sie nach marxistischer Lehre das städtische Proletariat zur entscheidenden Triebkraft im Zarenreich erklären mussten. Dabei schrieben sie der Wirtschafts- und Sozialordnung einen Entwicklungsgrad zu, der in Russland noch gar nicht erreicht war. Immerhin drang der Marxismus bis in die Intelligenz vor und erschien auch liberalem Reformdenken als attraktiv.

Innerhalb der marxistischen Bewegung gab es in den 1890er Jahren heftige Strategiedebatten. Die zukünftigen Menschewiki plädierten für eine prinzipiell offene, demokratische Arbeiterpartei, die Bolschewiki für eine schlagkräftige Arbeiterpartei. Auf dem zweiten Parteitag 1903 setzten sich die Bolschewiki (Mehrheitler) durch. Demgegenüber gab es eine reformorientierte Gruppierung, die man vage als »liberal« bezeichnen könnte. Zu ihr gehörte der »Adelsliberalismus« – Modernisierer aus Adel und Beamtenschaft, die die notorischen Administrationsmängel abstellen wollten und die Schaffung eines allrussischen Repräsentationsgremiums mit erweiterten Kompetenzen anmahnten. Die 1864 eingerichtete gouvernementale Selbstverwaltung (*zemstva*) sollte mit erweiterten Rechten ausgestattet werden. Als Nikolaj II. an die Spitze der Monarchie trat, wurden solche liberalen Wünsche nach einer Konstitutionalisierung der Monarchie laut. Da der Zar solche Bestrebungen strikt zurückwies, formierte sich Ende 1903 der Bund der

Zemstvo-Konstitutionalisten. Der liberale Adel und die Intelligenz schlossen sich im Januar 1904 im Bund der Befreiung (*Sojuz osvoboždenija*) zusammen. Aus diesem ging während der liberalen Revolution von 1905 die »liberale« Partei der Volksfreiheit oder der Konstitutionellen Demokraten (Kadetten) hervor.

Die schweren Unruhen, die 1905/06 das Zarenreich erschütterten, standen in engem Zusammenhang mit Missernten und der schon erwähnten Niederlage im Krieg gegen Japan. Beinahe alle gesellschaftlichen Gruppierungen drängten jetzt auf Veränderungen: Die Arbeiter forderten bessere Arbeitsbedingungen und soziale Garantien; die Bauern verlangten Land, die Repräsentanten von Besitz und Bildung wollten politische Partizipation. Revolutionäres und liberales Engagement verschmolzen im Generalstreik vom Oktober 1905. Es kam zur Organisation von Berufsverbänden, die sich zu einem Dachverband zusammenschlossen, der als Verbindungsglied zur Arbeiterbewegung fungierte. Der Aufruhr der Bauern, die zur Selbsthilfe griffen und plündernd durch das Land zogen, konnte angesichts des an der Front befindlichen Militärs nicht niedergeschlagen werden.

Diese liberale Revolution – es ging den Intellektuellen um demokratisch-liberale Ziele – war eine Generalprobe für die Februarrevolution von 1917. Das Ergebnis der Revolution war eine deutliche Verwestlichung mit Verfassung, Parlament, Parteien und politisch-publizistischer Öffentlichkeit. Ende April 1906 trat die erste Duma zusammen. Sie war ein Kind der Revolution, obwohl die sozialistischen Parteien die Wahl boykottierten. Als die Aufstandsenergien in Stadt und Land erlahmten, löste die Regierung die Duma wieder auf und ließ Neuwahlen ausschreiben. In die neue Duma vom Februar 1907 zogen nun auch Sozialdemokraten und Sozialisten in beträchtlicher Zahl ein; diesmal hatten sie an den Wahlen teilgenommen. Am 3. Juni 1907 kam es über der Agrarfrage erneut zur Auflösung des Parlaments. Ein neues Wahlgesetz sollte eine systemloyale Mehrheit sicherstellen. Doch auch die Wahlrechtsänderung brachte der Regierung keine Vorteile. Zur Durchsetzung des Regierungsprogramms musste die Duma vertagt werden, man beschritt den Notverordnungsweg. Im September 1911 wurde der Premier Pjotr A. Stolypin ermordet. Jetzt suchte das Regime zur alten Ordnung zurückzukehren.

Der Erste Weltkrieg gab dem maroden System den Rest. Russland wäre in jedem Fall auf eine gewaltige Krise zugesteuert. Die wachsen-

de Diskrepanz zwischen sozioökonomischer und politischer Modernisierung, die immer größer werdende Entfremdung zwischen Staat und
Gesellschaft hätte früher oder später den Kessel platzen lassen. Peter
Holquist spricht für die Jahre zwischen 1914 und 1921 von einem »continuum of crisis«.

Der Krieg verschob vor allem die Kräfte zwischen Regierung und parlamentarischer Opposition. Zunächst suchte der Zar eine Art Burgfrie-
den zu stiften und die Parlamentarier nach Hause zu schicken. Doch
schon im Frühjahr 1915 wurde der Ruf nach Parlamentssitzungen immer lauter. Die Stadtparlamente gründeten einen Städtebund, der die
Koordination der Armeeversorgung übernahm. Nicht mehr der Staat,
sondern parlamentarische Gremien sorgten für ein Mindestmaß innerer Funktionsfähigkeit. Nach dem Einbruch der Südwestfront schlossen
sich die Parteien der breiten Mitte zum *Progressiven Block* zusammen
und beschlossen ein Programm, das den Bauern rechtliche Gleichstellung versprach und den Arbeitern die Wiederzulassung der Gewerkschaften. Außerdem forderte man ein Ende der Diskriminierung religiöser und ethnischer Minderheiten, die Amnestie für politische
Gefangene, mehr Rechtsstaatlichkeit und Toleranz.

Nikolaj II. übernahm im Spätsommer 1915 den Oberbefehl über die
Armee und löste erneut die Duma auf – beides schwere politische Fehler. Durch die Abwesenheit des Zaren konnte die spiritistische Clique
um den Wunderheiler Rasputin und die Zarin verstärkt ihr Unwesen
in Petrograd treiben.

Infolge des Krieges geriet die Wirtschaft des Landes zunehmend ins
Trudeln. Die Arbeitszeit wurde erhöht, und 1915 hob man das Verbot
der Nachtarbeit für Frauen und Kinder auf. Dennoch war die ökonomische Lage verzweifelt. Sie führte im Herbst 1916 zu den ersten
Hungerrevolten. Krankheiten griffen um sich, nicht zuletzt wegen der
katastrophalen hygienischen Verhältnisse. Der Mehrbedarf an Arbeitskräften, aber auch die Flüchtlinge aus dem Kriegsgebiet sorgten für eine nicht zu bewältigende Überbevölkerung in den Städten. Der Staat
zeigte sich immer weniger in der Lage, die Versorgung der Bevölkerung
mit Grundnahrungsmitteln sicherzustellen. Es kam zu Rationierungen
und Fabrikschließungen, weil die Arbeiter nicht mehr verpflegt werden
konnten. Diese Verhältnisse führten schließlich zur Februarrevolution
von 1917.

Von der Februar- zur Oktoberrevolution

Die Monate zwischen Februar und Oktober 1917 sollten bis zum Jahr 1992 zu den freiesten Zeiten gehören, die Russland je erleben durfte. Soldaten, Arbeiter und die erschöpfte Bevölkerung zogen in Massen vor die Paläste und skandierten:»Nieder mit dem Krieg« und»Nieder mit der Autokratie«. Die Demonstrationen weiteten sich zum Generalstreik aus, die Soldaten weigerten sich, auf die Streikenden zu schießen; stattdessen kam es zu massenhafter Fahnenflucht der hauptstädtischen Soldaten und zu Verbrüderungsszenen zwischen Soldaten und Arbeitern. Die Regierung erklärte geschlossen ihren Rücktritt. Die Duma setzte ein Provisorisches Komitee zur Wiederherstellung der öffentlichen Ordnung ein. Es bestand im Wesentlichen aus Mitgliedern des Progressiven Blocks, dem Vorsitzenden der menschewistischen Duma-Fraktion und dem Revolutionär Aleksandr F. Kerenski. Am 28. Februar 1917 wandte sich das Komitee an die Öffentlichkeit, mahnte Gewaltverzicht an und versprach die Bildung einer vertrauenswürdigen Regierung.

Auch die Aufständischen schufen sich ein Organ. Es bestand aus menschewistischen und sozialistischen Abgeordneten, die ein Provisorisches Exekutivkomitee des Arbeiterdeputiertenrates gründeten. In diesem Komitee saßen sechs Menschewiki, fünf Parteilose und zwei Bolschewiki. Hinzu kamen bald Vertreter der Truppen, so dass sich der Arbeiterrat in einen Arbeiter- und Soldatenrat wandelte. Es folgte die Machtübernahme von Komitees in den Regimentern, die mit dem Exekutivkomitee zusammenarbeiteten.

Mit dem Provisorischen Komitee aus der Duma-Mitte und dem Exekutivkomitee (*Sowjet*) aus der rechten Linken waren die Grundlagen für eine Doppelherrschaft gelegt. Beide Organe einigten sich auf die Bildung einer Provisorischen Regierung, die die ganze Breite des politischen Spektrums abdecken sollte. Von den Liberalen bis zu den Menschewiken und Sozialrevolutionären waren alle Kräfte vertreten. Allerdings hatte sich die politische Achse deutlich nach links verschoben. Versuche Zar Nikolajs II., mit Hilfe von Frontverbänden die Revolution niederzuschlagen, schlugen fehl. Da die Unruhen im Militär weiter um sich griffen, wurde der Zar gedrängt, zurückzutreten. Nicht nur für sich, sondern auch für seinen minderjährigen Sohn verzichtete er am 3. März 1917 auf den Thron.

Aufgrund der Doppelherrschaft blieben die Machtstrukturen fragil. Die Provisorische Regierung löste zuerst – mit Zustimmung des Sowjets – die Versprechungen hinsichtlich der politischen Freiheiten ein. Die Durchsetzung dieser Freiheiten in den russischen Provinzen konnte freilich kaum garantiert werden. Überdies gab es nahezu überall das gespannte Nebeneinander von Bürgerausschüssen auf der einen und Arbeiter- und Soldatenräten auf der anderen Seite. Das Miteinander von Föderalismus und Zentralismus aufzubauen, wie es in den westlichen Ländern bestand, fiel unendlich schwer.

Im Mittelpunkt der Problematik stand die Versorgungsfrage. Der Sowjet appellierte an die Bauern, die Ernährung des Landes sicherzustellen, um die Revolution zu retten. Damit hing die Schwierigkeit zusammen, den Krieg fortzuführen und eine freiheitliche Ordnung zu verankern. Abgesehen von den radikalen Kräften (Bolschewiki) bestand Einvernehmen darüber, dass das Vaterland verteidigt werden müsse. Die neue Würde des einfachen Soldaten musste hergestellt, aber die Fahnenflucht auch streng bestraft werden. Die Provisorische Regierung wollte ebenfalls die eingegangenen Bündnisverpflichtungen wahrnehmen. Hier kam es zu Spannungen mit dem Sowjet. Dieser wandte sich in einem von Maxim Gorki entworfenen Manifest an die »Völker der Welt« und rief sie zu einem »Frieden ohne Annexionen und Kontributionen« auf.

Die Meinungsverschiedenheiten zwischen Provisorischer Regierung und Sowjet verschärften sich noch mit der Rückkehr prominenter Revolutionäre aus dem Exil. Dreißig Personen kamen im plombierten Waggon via Deutsches Reich aus der Schweiz und wurden vom Sowjet mit großem Zeremoniell am Bahnhof empfangen. Die Provisorische Regierung wurde zu einer Erklärung gezwungen, wonach Russland auf alle territorialen Ansprüche verzichtete. In einer »Koalition der Vernunft« suchten die gemäßigten Kräfte ein Gegengewicht zu dem erstarkten Sowjet zu schaffen, der zu einem dem Parlament gleichgeordneten Organ aufgestiegen war.

Allerdings war auch die Linke zerrissen; innere Streitigkeiten schränkten ihren Handlungsspielraum empfindlich ein. Anfang Juni 1917 wurde in Petrograd der erste Allrussische Kongress der Räte der Arbeiter- und Soldatendeputierten eröffnet. Hier wie bei den Bauernräten besaßen die Sozialrevolutionäre und die Menschewiki eine solide Mehrheit.

Um den Bündnisverpflichtungen zu genügen, befahl Kerenski Mitte Juni die mit der Entente vereinbarte Offensive im Südosten. Sie wurde ein kläglicher Misserfolg. In Scharen desertierten die russischen Soldaten. Ganze Regimenter und Divisionen ergriffen die Flucht.

Nach diesem Desaster begann der politische Siegeszug der Bolschewiki im Militär. Die Bolschewiki waren im Sowjet bisher eine Minderheit gewesen, die sich bis Frühsommer gefügt hatte. Nun aber betrat Lenin die Bühne, der mit Charisma und Beharrlichkeit einen neuen Kurs verfolgte: Totalopposition gegen die Übergangsregierung. Obwohl sich die Bolschewiki an dem so genannten »Juliputsch« nicht direkt beteiligten, entsprach dieser den taktischen Zielen Lenins. Die Nachricht vom Anmarsch einiger Fronttruppen sorgte jedoch für ein jähes Ende dieses bolschewistischen Aufstandsversuches. Die Partei der Bolschewiki wurde verboten, Lenin floh nach Finnland und dirigierte von dort aus die illegale Tätigkeit seiner Anhänger.

Neben allen anderen Problemen musste die Provisorische Regierung auch die Auflösung des russischen Großreiches fürchten. Dabei ging es nicht so sehr um Finnland oder Polen, Länder, die man durchaus in die Unabhängigkeit entlassen wollte. Aber im Blick auf die Ukraine wollten die Liberalen deren Nationalstaatsbildung nicht mittragen und schieden aus der Regierung aus. Das Rumpfkabinett unter Kerenski bildete in einer zweiten Koalition eine rein sozialistische Regierung aus Sozialrevolutionären und Menschewiki.

Durch die Organisationsfreiheit, die seit der Februar-Revolution herrschte, regenerierten sich die Gewerkschaften, Fabrikräte entstanden. Die Rätebewegung konnte freilich den ökonomischen Niedergang nicht aufhalten, sondern beschleunigte ihn eher. Die Wirtschaft des Landes stand im Sommer und Herbst 1917 vor dem Zusammenbruch, die Produktion war um 30,5 Prozent zurückgegangen. Selbst Brotkarten waren wertlos, weil es kein Mehl mehr gab. Diese Verhältnisse wiederum zerstörten den sozialen Frieden, Streikwellen erschütterten das Land.

Die Februarrevolution war von den Bauern, ehemals die Stütze der Monarchie, nicht mit Ablehnung, sondern mit freudiger Hoffnung begrüßt worden. Die Linksliberalen waren auch bereit, Großgrundbesitzer gegen Entschädigung zu enteignen und an die Bauern Land zu verteilen. Doch die Landreform fand im Kabinett keine Mehrheit und wurde schließlich fallen gelassen. Damit hatten die politischen Träger

der Provisorischen Regierung ihren Kredit bei den Bauern verspielt.
Der Allrussische Bauernsowjet, seit März neben dem Arbeiter- und Soldatensowjet eingerichtet, votierte ähnlich wie dieser. Unter den 1.115 Delegierten waren nur 14 Bolschewiki. Die Bauerndeputierten forderten mit wachsender Ungeduld die Sozialisierung des Landes und verschafften ihren Forderungen durch wilde Plünderungen Nachdruck. Als letzte Option blieb den Konservativen und Liberalen ein Militärputsch. Eine vorübergehende Militärdiktatur, so argumentierte man in diesen Kreisen, könnte die bevorstehende Katastrophe noch aufhalten. Diese Erwägungen hatten nicht nur ökonomische, sondern auch militärische Aspekte: Am 21. August 1917 besetzten deutsche Truppen Riga und standen damit nahe an der Hauptstadt. Als der Oberbefehlshaber General Lawr G. Kornilow seine Umsturzvorbereitungen traf, meinte er im Einverständnis mit Kerenski zu handeln. Doch als er ihm seinen Plan schließlich mitteilte, enthob ihn dieser vom Oberkommando. Kornilow verweigerte den Gehorsam und schickte Truppen nach Petrograd. Doch da die Eisenbahnergewerkschaft den Truppentransport boykottierte, scheiterte die Gegenrevolution schon im Ansatz. Das Kabinett trat zurück und Kerenski bildete eine fünfköpfige Notstandsdiktatur. Zur Krisenbewältigung wurde eine Demokratische Konferenz einberufen (14.–23. September 1917), in der sich die Säulen des Februar-Regimes trafen. Das Spektrum in ihm verschob sich nach links. Kerenski konnte am 25. September die dritte Koalition vorstellen. Der aus der Demokratischen Konferenz hervorgegangene Demokratische Rat, bald als Vorparlament bekannt, repräsentierte nun alle sozialen Schichten und Parteien mit Ausnahme der Bolschewiki, die unter Protest auszogen.

Die Bolschewiki konnten bei der Wahl des Petrograder Stadtrates und der Moskauer Stadtbezirksräte beachtliche Erfolge verbuchen, denn nach dem gescheiterten Militärputsch stilisierten sie sich als Retter der Revolution – gegen alle anderen, die irgendwie Mitverantwortung an der verfahrenen Situation trugen. Am 25. September löste Leo Trotzki im Präsidium des Petrograder Sowjet den menschewistischen Amtsinhaber ab.

Es ist deutlich, dass die Bolschewiki von den kapitalen Fehlern der Provisorischen Regierung profitierten. Sie meinten mit einem gewissen Recht, die Zeit arbeite für sie, und gingen davon aus, bald zur Mehrheitspartei zu werden und die Führung gewaltlos zu erringen. Wie alle anderen Parteien waren auch die Bolschewiki tief gespalten. Dafür war vor allem Lenin verantwortlich. Kurz nach der Wiederzulassung der Bolschewiki im September 1917 trat er ohne Wenn und Aber für die bedingungslose Offensive ein. Er wollte, mit den Petrograder und Moskauer Räten im Rücken, den Aufstand wagen. Unter Berufung auf Marx' »Kunst des Aufstandes« meinte er, es handele sich jetzt um den richtigen Zeitpunkt, und es sei naiv, auf eine formelle Mehrheit der Bolschewiki zu warten. Als das bolschewistische Zentralkomitee (ZK) nicht in seinem Sinne reagierte, drohte er mit Rücktritt von der Parteiführung. Trotzki wechselte nun zu Lenins radikaler Strategie über und empfahl, das Vorparlament zu boykottieren. Am 5. Oktober schloss sich das gesamte ZK seinem Vorschlag an. Es ging den Bolschewiki nun darum, den Zerfall der Regierungskoalition zu beschleunigen. Am 10. Oktober wurde eine von Lenin entworfene Resolution verabschiedet, die den »bewaffneten Aufstand« zur aktuellen Aufgabe erklärte.

Die Bolschewiki versprachen den Massen einen sofortigen Waffenstillstand, die unverzügliche Verteilung des Bodens, die Lösung der Versorgungsprobleme und sofortige Wahlen zur Konstituierenden Versammlung – alles Punkte, die von der Februarrevolution versprochen, aber nicht eingehalten worden waren. Die Bolschewiki stilisierten sich nun auch noch als Garanten der Parlamentarischen Ordnung; von »alle Macht den Räten« redeten sie auf einmal nicht mehr.

Wie war die Machtergreifung zu bewerkstelligen? Wieder lieferte die Provisorische Regierung eine Steilvorlage. Die deutschen Truppen waren immer weiter vorgerückt, noch im Oktober musste mit einem Angriff auf die damalige Hauptstadt Petrograd gerechnet werden. In dieser Situation trug sich die Regierung mit der Absicht, Petrograder Garnisonsregimenter zum Fronteinsatz zu schicken. Ihre entsprechende Order interpretierten die Bolschewiki so, als wolle die Regierung die Hauptstadt kampflos räumen. Die Regimenter setzten ihrer Verlegung entschiedenen Widerstand entgegen. Zur Verteidigung der Stadt wurde Mitte Oktober ein von der Regierung unabhängiges Militär-Revolutionäres Komitee geschaffen, das unter bolschewistischer Führung stand. Als die alten Befehlshaber der Garnison sich weigerten, alle Befehle vom Militär-Revolutionären Komitee gegenzeichnen zu lassen, wurden sie abgelöst. Am 23. Oktober erhielten die neuen Befehlshaber die Anweisung, den Befehlen des Militär-Revolutionären Komitees Folge zu leisten. Kabinett und Militärbehörden setzten dem zunächst keinen Widerstand entgegen. Als Kerenski sich zur Gegenwehr entschloss, war es zu spät. Erste Gegenmaßnahmen, wie die Schließung der Zeitung *Prawda*, boten den Revolutionären nur die Gelegenheit, sich als Verteidiger des Petrograder Sowjet zu stilisieren und die Regierung der Konterrevolution zu bezichtigen. Lenin fuhr mit der Straßenbahn zum Sowjet und schürte dort die Emotionen. Kerenski verspielte eine letzte Chance, indem er es versäumte, durchgreifende Reformen zu verkünden. Am 25. Oktober besetzten Soldaten der Garnisonsregimenter alle strategisch wichtigen Punkte der Stadt. Kurz darauf floh Kerenski in einem Auto der amerikanischen Botschaft ins Hauptquartier der Nordfront, nach Pskow, um dort Unterstützung zu erhalten. Der Staatsstreich war ohne alles Blutvergießen gelungen; die Verantwortlichen hatten den Umsturz genial als Erhalt der Februarrevolution getarnt.

Lenin verkündete am 25. Oktober den Sturz der Provisorischen Regierung und ließ sich im Petrograder Arbeiter- und Soldatenrat als Retter feiern. Am Abend desselben Tages kam der Allrussische Sowjetkongress zusammen, in dem die Bolschewiki über eine knappe Mehrheit verfügten. Während die linken Sozialrevolutionäre sich den Bolschewiki anschlossen, verließen rechte Sozialrevolutionäre und Menschewiki unter Protest die Versammlung, weil sie die radikalen Beschlüsse nicht mittragen wollten. Damit erwiesen sie jedoch den Bolschewiki einen Gefallen, ihnen fiel dadurch alle Macht zu. Trotzki interpretierte das Geschehen nicht als Verschwörung, sondern als Aufstand der Massen. Mit den Stimmen der linken Sozialrevolutionäre nahm der Rumpfkongress am Morgen des 26. Oktober das historische Manifest zur Gründung des Sowjetregimes an.

Jetzt ging es um die Sicherung der Macht. Der Bürgerkrieg brach erst im Frühjahr 1918 aus. Doch schon der harte Winter 1917/18 machte alle Hoffnungen der Bevölkerung in das neue Regime zunichte. Elend und Hungersnot sollten bis 1921/22 andauern. Derweil ging Lenin daran, Staat und Gesellschaft zu verschmelzen. Trotz der Belastungen konnte sich die bolschewistische Herrschaft halten. Das bleibt erklärungsbedürftig.

Einige Varianten des Totalitarismuskonzepts führen hier den ungeheuren Machttrieb und die bedenkenlose Gewaltausübung der Verantwortlichen an, allen voran Lenin und Trotzki. Andere suchen die Erklärung in langanhaltenden Entwicklungen, einer beschleunigten sozioökonomischen Modernisierung und auch Zufällen; die handelnden Personen treten mehr in den Hintergrund, die Meinungsverschiedenheiten unter den Bolschewiki selbst werden dagegen stärker gewichtet. Statt der ideologischen Besessenheit der Akteure treten sozioökonomische und kulturelle Prozesse in den Fokus der Aufmerksamkeit. Aus dieser Perspektive erscheint die Entwicklung hin zum Stalinismus durchaus nicht zwangsläufig, zumal eine »Theorie der neuen Gesellschaft« gar nicht existierte.

Anstelle der Minister agierten nun Volkskommissare, und das Kabinett bestand aus dem Rat dieser Volkskommissare – eine Erfindung von Trotzki beziehungsweise Lenin, die nicht in die Rätestruktur passte. Die neu geschaffene Arbeiter- und Bauernregierung war als Provisorium gedacht. An den Doppelstrukturen hielt man zunächst fest. Erst die Konstituierende Versammlung sollte befugt sein, die Grundsatzentscheidungen zu treffen.

Ähnlich wie auch in anderen Ländern – etwa in Deutschland, wo die kaiserlichen Beamten notgedrungen in ihren Ämtern verblieben, weil man kein anderes Personal besaß – mussten auch die bolschewistischen Kommissare mit dem zarischen Personal vorlieb nehmen, auf dessen Fachwissen man nicht verzichten konnte. Im März 1918 wurde die Hauptstadt von Petrograd nach Moskau verlegt – ein symbolträchtiger Schritt, der zugleich den Vorteil hatte, Kontinuitäten brechen zu können. Jetzt wurden die Räte allmählich entmachtet, die bolschewistische Parteispitze übernahm Zug um Zug alle Schlüsselkompetenzen. Der zweite Allrussische Sowjetkongress wählte ein neues Exekutivkomitee, in dem die Partei das Sagen hatte. Das galt auch für das ebenfalls neugebildete Kabinett. Von vornherein setzte Lenin auf Zentralismus und Alleinherrschaft. Wer in seiner Partei eine andere Position einnahm, musste gehen. Einer Koalitionsbildung mit den linken Sozialrevolutionären, die dem gemeinsam getragenen Umsturz eine höhere Legitimität verschafft hätte, stimmte das ZK auf Druck der menschewistisch-sozialrevolutionären Gewerkschaften zu. Aber Lenin und Trotzki widersetzten sich der ZK-Mehrheit, zwangen deren Führer zum Rückzug und beharrten auf der Alleinherrschaft der Bolschewiki.

Bereits am 26. Oktober 1917 war das berühmte Landdekret erschienen, das alle privaten Besitztitel aufhob. Künftig sollte das Land denjenigen gehören, die es mit ihren eigenen Händen bearbeiteten. Inhaltlich entsprach das Dekret vollkommen dem Programm der Sozialrevolutionären Partei von 1905. Trotzdem waren die Bauern noch nicht gewonnen. Als sich auf einer außerordentlichen Tagung des Allrussischen Bauernsowjets am 10. November 1917 zeigte, dass die Linken Sozialrevolutionäre hier das Sagen hatten, mussten sich die Bolschewiki zur Teilung der Macht bequemen und das Landwirtschaftsressort wie das Kommissariat für Verkehrswesen Linken Sozialrevolutionären überlassen. Auf dem zweiten ordentlichen Allrussischen Kongress der Bauerndeputierten vom 26. November bis 10. Dezember 1917 konnten die Anhänger der alten Regierung immer noch beinahe die Hälfte der Stimmen auf sich vereinigen. Darum strebten Bolschewiki und Linke Sozialrevolutionäre eine Auflösung des Kongresses und dessen Verschmelzung mit dem Arbeiter- und Soldatensowjet an. Zu diesem Zweck wurde Mitte Januar 1918 ein dritter Allrussischer Bauerndeputiertenkongress einberufen, der einstimmig für seine eigene Liquidierung votierte. Nunmehr gab es nur noch *einen* Arbeiter-, Soldaten- und Bauernrat, der leicht zu kontrollieren war.

Um das städtische Proletariat für sich zu gewinnen, sollte das bolschewistische Versprechen eingelöst werden, eine »Arbeiterkontrolle über die Industrie« zu errichten. Allerdings wollte man keinen anarchisch-syndikalistischen Verhältnissen Vorschub leisten. Gebremst durch Gewerkschaften und Arbeiterräte, konnte die Arbeiterkontrolle zunächst nur wenig ausrichten. Der wirtschaftliche Niedergang ließ ihnen ohnehin wenig Spielraum. Als einziges Betätigungsfeld blieb die Überführung der Betriebe in staatliches Eigentum, eine Entwicklung, die die Bolschewisten ohnedies anstrebten.

Viele Gewerkschafter, die Eisenbahner wie die Beschäftigten der Post- und Telegraphenämter und die Drucker, machten durch einen landesweiten Streik deutlich, dass sie von der Machtergreifung der Bolschewisten nichts hielten. Die Angestellten des öffentlichen Dienstes und der Banken protestierten gegen den Staatsstreich und mussten von der Tscheka, der Allrussischen Kommission für den Kampf gegen Konterrevolution und Sabotage beziehungsweise der bolschewistischen Geheimpolizei, die aus diesem Anlass gegründet wurde, mühsam niedergerungen werden.[19] Auf dem Ersten Allrussischen Gewerkschaftskongress vom 7. bis 15. Januar 1918 konnten die Bolschewiki ihre Vormacht schließlich sichern. Kernforderungen der Gewerkschaften wurden durch die Bolschewiki eingelöst: der Achtstundentag, die Achtundvierzigstundenwoche, Verbot der Kinderarbeit und Einführung von Kranken- wie Sozialversicherungssystemen.

Die Soldaten konnten nur durch einen Frieden wirkungsvoll und bleibend für die Bolschewisten gewonnen werden. Ende November 1917 kam es zu einem Waffenstillstand, der im Dezember noch einmal erneuert wurde. Parallel dazu fand eine vorbehaltlose Demokratisierung der Armee statt. Bereits am 26. Oktober 1917, mit dem ersten Dekret der Sowjetmacht überhaupt, hatte sich der Rätekongress für einen Verständigungsfrieden und das Selbstbestimmungsrecht aller Völker ausgesprochen. Damit entließ er verbal auch alle nichtrussischen Völker aus dem Reichsverband.

Das Deutsche Reich gedachte den Notstand der russischen Regierung auszunutzen und einen Siegfrieden zu schließen. Die formelle Loslösung der Ukraine bot der deutschen Armeeführung die Möglichkeit, am 9. Februar 1918 einen Separatfrieden mit der Ukraine abzuschließen. Darüber hinaus sollte Russland auf Polen, Finnland, die baltischen Provinzen und weite Teile Weißrusslands verzichten. Als die russische Seite diesen Diktatfrieden nicht annehmen wollte, eröffnete der deutsche Generalstab erneut die Offensive. Unter diesem Druck wurde schließlich am 3. März 1918 der Separatfrieden von Brest-Litowsk unterzeichnet.

Innenpolitisch bedeutete dieser Diktatfrieden heftige Auseinandersetzungen innerhalb der Bolschewiki und das Ende der Koalition mit den Linken Sozialrevolutionären, die aus Protest die Regierung verließen.

Nun musste noch die Konstituierende Versammlung ausgeschaltet werden, deren Wahl am 12. November begann. Es waren bis 1993 die ersten und letzten demokratischen Wahlen in Russland. Sie brachten den Sozialrevolutionären mit fast der Hälfte der abgegebenen Stimmen einen triumphalen Erfolg. Damit war klar, dass die Konstituierende Versammlung zu einem gewichtigen Gegner des Oktoberregimes werden konnte. Als die Roten Garden – eine im März/April 1917 initiierte Kampftruppe der russischen Arbeiterschaft – gegen Liberale und andere »Volksfeinde« der Konstituierenden Versammlung vorgingen, war deutlich, welchen Weg die Bolschewisten nehmen würden. Die Delegierten traten am 5. Januar 1918 zusammen. Für die Bolschewisten stand fest, dass sie an der Räterepublik festhalten und die parlamentarische Lösung torpedieren würden. Mit Hilfe der Linken Sozialrevolutionäre, die sich wiederum von den Bolschewisten vereinnahmen ließen, wurde das demokratische Parlament nach dem ersten Verhandlungstag geschlossen. Wie sich herausstellte, fand die Konstituierende Versammlung in der Bevölkerung keine Verteidiger. Keine Hand rührte sich zum Schutz des Parlaments. Damit war der Weg frei zur Ausgestaltung der Räteverfassung. Die plebiszitäre Legitimation für diese Entwicklung lieferte der dritte Allrussische Kongress der Arbeiter- und Soldatendeputierten, der vom 10. bis 18. Januar 1918 tagte. Die Transformation der Revolution in Staatsorgane fand mit der Verfassung der Russischen Sozialistischen Föderativen Sowjetrepublik ihren Abschluss. Die »Diktatur des Proletariats und der armen Bauernschaft«, die Lenin ausgerufen hatte, war damit errichtet. Es folgte ein Sturm auf alle Tradition und jegliches Herkommen, eine Art Kulturrevolution, die alle Lebensbereiche erfasste und tatsächlich in eine neue Gesellschaft mündete.

Von diesem alternativen Gesellschaftsmodell ging eine eigenartige Faszination aus. Zwischen 1917 und 1939 pilgerten Sozialisten aus den verschiedensten Ländern in das Arbeiter- und Bauernparadies. Nicht selten wurde aus hochfliegender Bewunderung tiefe Desillusion, aus anfänglicher Apologie klare Ablehnung.

Bürgerkrieg und Terror

Spätestens seit der Auflösung der Konstituierenden Versammlung lief der Konflikt auf einen Bürgerkrieg hinaus. Es handelte sich freilich um keine rein innerrussische Auseinandersetzung. Neben den nationalen Eigeninteressen innerhalb des Reiches spielte auch eine wichtige Rolle, dass die Deutschen und die Alliierten auf dem Kriegsschauplatz eingriffen. Schon im Sommer 1917 verließen namhafte Oppositionelle, vor allem die so genannten »Kadetten«, Zentralrussland in Richtung Süden und Südosten des Reiches. Viele Sozialrevolutionäre, die Verlierer des Jahres 1917, suchten in den agrarischen Gouvernements an der unteren Wolga Zuflucht – ihrem Stammland. Sie wollten eine dritte Kraft zwischen »Weißen« und »Roten« bilden. Die erste Etappe des Bürgerkrieges dauerte etwa bis November 1918 und konzentrierte sich auf das Dongebiet und die mittlere Wolga. Hauptakteure auf der gegnerischen Seite waren deutsche Truppen, Kosaken und die Tschechoslowakische Legion. Die ukrainische Regionalregierung duldete auf ihrem Territorium die Sammlung der antisowjetischen Kräfte. Ende Januar 1918 gelang es der aus den bolschewistischen Milizen gebildeten »Roten Ar-

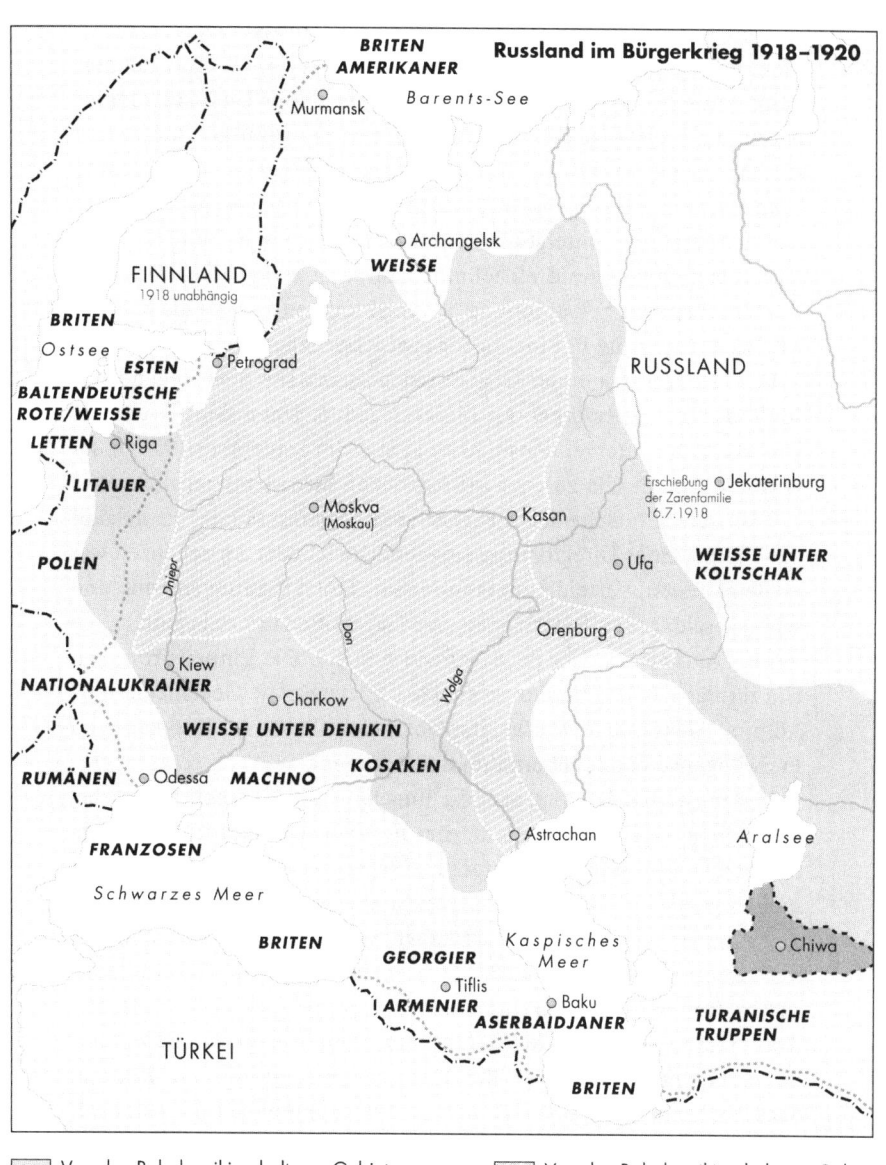

Russland im Bürgerkrieg 1918–1920

BRITEN
AMERIKANER

Barents-See

Murmansk

Archangelsk

WEISSE

FINNLAND
1918 unabhängig

RUSSLAND

BRITEN

Ostsee   ESTEN   Petrograd

BALTENDEUTSCHE
ROTE/WEISSE

LETTEN   Riga

LITAUER

Moskva
(Moskau)   Kasan

Erschießung   Jekaterinburg
der Zarenfamilie
16.7.1918

POLEN   Ufa

WEISSE UNTER
KOLTSCHAK

Dnjepr

Don   Orenburg

Kiew

NATIONALUKRAINER

Charkow

Wolga

WEISSE UNTER DENIKIN

RUMÄNEN   Odessa   MACHNO   KOSAKEN

FRANZOSEN   Astrachan   Aralsee

Schwarzes Meer

Chiwa

BRITEN   GEORGIER   Kaspisches
Meer

Tiflis   Baku

ARMENIER   ASERBAIDJANER   TURANISCHE
TRUPPEN

TÜRKEI

BRITEN

Von den Bolschewiki gehaltenes Gebiet
im Frühling 1919

Von den Bolschewiki gehaltenes Gebiet
im Herbst 1919

Chanat Chiwa

–·–· Grenzen 1918   ······ Grenzen 1921

mee«, Kiew und dann auch die Hafenstadt Rostow am Don einzunehmen, das Zentrum des Kosakenterritoriums. Im März 1918 nahmen
dann deutsche Truppen Kiew wieder ein; mit ihrer Unterstützung eroberte die Freiwilligen- und Kosakenarmee die gesamte Don-Region
zurück. Die gut bewaffnete Tschechoslowakische Legion, die über Wla-
diwostok in ihre Heimat wollte, weil ihr der Weg nach Westen und Norden versperrt war, unterstützte die Gegenregierung in Samara. Diese
Gegenregierung bestand vornehmlich aus geflohenen Mitgliedern der
Konstituierenden Versammlung, deren Komitee (*Komuč*) die bolschewistische Regierung in Moskau für abgesetzt erklärte.

Das Grundproblem der Gegner des bolschewistischen Regimes bestand darin, dass es ihnen an Einigkeit fehlte. Unter dem Druck der
ausländischen Interventionsmächte kam es im September 1918 in der
russischen Stadt Ufa zu einer Allrussischen Staatskonferenz aus etwa
170 Vertretern verschiedener Parteien und Organisationen, die sich auf
die Bildung eines Direktoriums einigten. Doch in der Zwischenzeit war
es dem neuen Verteidigungskommissar Trotzki gelungen, mit den
schon geschlagenen Rotarmisten eine Gegenoffensive zu beginnen, die
ihn bis Anfang Oktober nach Samara brachte. Die Einheitsfront von
Ufa zerbrach. Mitte November endete die letzte zivile Gegenregierung,
Admiral Aleksandr V. Kolčak, der Oberbefehlshaber der Kosaken- und
Freiwilligenverbände, übernahm das Regiment.

In der zweiten Kriegsphase, die ungefähr mit dem neuen Jahr begann, gingen weiße Truppen an drei Fronten zum Angriff über – unterstützt von britischen und amerikanischen Soldaten, die Kriegsgerät
und Geld zur Verfügung stellten, selbst aber kaum mitkämpften. Alle
drei Angriffe blieben stecken, und auch Kolčaks Armee, die von Osten
nach Zentralrussland vorstieß, brach im Juni unter der Gegenoffensive der Roten Armee zusammen. Die Auswirkungen der deutschen
Novemberrevolution hatten den weißen Militärregimes am Don, auf
der Krim und im Vorland des Kaukasus die militärische Rückendeckung genommen. Mitte Dezember 1919 konnte die Rote Armee in
Kiew einmarschieren und die Ukraine wieder unter großrussisch-bol-
schewistische Oberhoheit zurückbringen. Im Mai 1919 standen drei
Armeen bereit: die Freiwilligenverbände im Siedlungsgebiet der Don-
und Kubankosaken unter Anton I. Denikin, die kaukasische Armee unter General Pëtr N. von Wrangel und die Truppen Kolčaks. Am weitesten stieß die Armee Denikins vor, nämlich bis vor Tula. Sie blieb jedoch

ohne Flankenschutz, der Vormarsch kam zum Stehen, und bald mussten die Truppen überstürzt den Rückzug antreten. Auch eine weitere
Armee unter General Nikolaj N. Judenič, die mit Unterstützung estni-
scher, lettischer und litauischer Freiheitskämpfer aus dem Norden nach
Petrograd vorstieß, erreichte ihr Ziel nicht.

In der dritten Phase – dem Jahr 1920 – war der Krieg bereits entschieden, und die triumphierende Rote Armee jagte nur noch die sich
auflösenden weißen Verbände; letzte Versuche im Süden, Terrain zu-
rückzugewinnen, scheiterten. Es war dem Sowjetregime gelungen, in
kürzester Zeit eine schlagkräftige Armee aufzubauen, indem es zu den
traditionellen Strukturen zurückkehrte und in diesem Bereich alle
»Errungenschaften« der Revolution – etwa die Wahl der Offiziere
durch die Mannschaften – aufgab. Die überkommenen Strukturen mit
etwa 48.000 Offizieren und 215.000 Unteroffizieren aus der zarischen
Armee wurden durch die Institution der politischen Kommissare auf-
gewirbelt. Diese motivierten die Soldaten durch politische Erziehung.
Schließlich trug Trotzki maßgeblich zum Sieg bei, indem er rastlos mit
dem berühmten, rot beflaggten Panzerzug von Front zu Front eilte,
inspirierte, organisierte und so »zum suggestiven Symbol des Sieges«[20]
wurde. Ein weiterer Grund für den Sieg der Roten Armee lag in dem
Umstand, dass in Zentralrussland die wichtigsten industriellen
Ressourcen konzentriert und die Transportwege am besten ausgebaut
waren.

Insgesamt hatte der Bürgerkrieg drastische Folgen für die weitere
Entwicklung des Sowjetregimes. Alle basisdemokratischen Ansätze gingen verloren, dafür hielten Ordnung, Disziplin und Kontrolle Einzug,
das Kriterium der Effizienz spielte eine große Rolle, und Gewalt als
Mittel zur Durchsetzung von Zielen gehörte jetzt zum Alltag. Auf dem
ökonomischen Sektor bildete sich ein System der Mangelwirtschaft heraus, das die zukünftige sozialistische Wirtschaftsform prägen sollte.
Dazu gehörten die Verstaatlichung der gesamten Großindustrie und die
Enteignung aller Betriebe mit mehr als zehn Lohnarbeitern, um die
staatliche Kontrolle über Rohstoffe und Konsumgüter zu gewährleis-
ten. Auf den Dörfern wurde das Getreide zwangsweise eingetrieben. Im
Rahmen der »Versorgungsdiktatur« entstand eine separate »Versor-
gungsarmee«, die die Güter verteilte. Der gesamte Warenverkehr zwischen Stadt und Land wurde reguliert, alle marktwirtschaftlichen Mechanismen offiziell außer Kraft gesetzt – auf dem Schwarzmarkt

allerdings blühten sie auf. Da Kauf und Verkauf entfielen und die Inflation galoppierte, ging die Tendenz dahin, den Lohn in Naturalien
auszuzahlen. In die »proletarische Naturalwirtschaft« waren Gas, Wasser, Strom, Post und Telegraph sowie alle Konsumgüter einbezogen. Im
Winter und Frühjahr 1921/22 erlebte Russland die bis dahin verhee-
rendste Hungersnot mit drei bis fünf Millionen Toten. Noch Schlim-
meres verhinderten großzügige amerikanische Hilfslieferungen. Die
Unzufriedenheit unter den Gewinnern der Revolution – sie hatten sich
das gutsherrliche Land genommen – wuchs. Schon im Sommer 1920
waren unter den ausgeraubten Bauern, die eine Rückkehr zu den »Prinzipien des Oktober« forderten, Unruhen ausgebrochen. Das Regime
schlug den bewaffneten Widerstand mit erbarmungsloser Härte nieder,
es kam zu Massenerschießungen.

Der Bürgerkrieg hatte eine weitere Begleiterscheinung, die das Sowjetregime nicht wieder loswerden sollte: der organisierte Überwa-
chungs- und Terrorapparat – die Tscheka. Ursprünglich zur Bekämpfung von Streiks ins Leben gerufen, stellte sie, nach den Planungen
ihres Schöpfers Feliks Dserschinski, seit Mitte Januar 1918 bewaffnete
Verbände auf und richtete in den Provinzen eigene Abteilungen ein.
Die Attentate auf den deutschen Botschafter Graf Mirbach am 6. Juli
1918 und auf Lenin selbst am 30. August 1918 bewirkten eine gründliche Reorganisation und Vergrößerung der Tscheka, vor allem eine
Kompetenzerweiterung – bis hin zum politischen Mord. Das Motto
hieß: Auslöschen des Klassenfeindes. Nach Schätzungen kamen bei
Exekutionen und der Unterdrückung von Aufständen zwischen 1917
und 1922 280.000 Menschen ums Leben. Ein weiteres Resultat des
Bürgerkrieges war die bestialische Ermordung der Zarenfamilie in Eka-
terinburg – auf den Befehl Lenins selbst, wie wir heute wissen.

Mit dem Aufbau der Staatsverwaltung ging der Aufstieg der bolschewistischen Partei einher. Nach dem Ausschluss der Mehrheitssozial-
revolutionäre und Menschewiki Mitte Juni 1918 avancierten die Bolschewiki – die sich im März des Jahres in Kommunistische Partei
umbenannten – zur Monopolpartei. Je stärker das Sekretariat der Partei wuchs, umso mehr Beitrittswillige gab es. Der Krieg beförderte allerdings eine deutliche Umschichtung der Bevölkerungsgruppen. Während der Anteil der Arbeiter von etwa 60 Prozent auf 40 Prozent sank,
stieg der Anteil von Soldaten und jenen Personen, die bald Funktionäre genannt wurden. Die direkten, basisdemokratischen Rätestrukturen

wurden immer deutlicher abgelöst. Die exekutive Macht im Land übernahmen die Tscheka, die Organe der Verwaltung – etwa im Rahmen der Versorgungsdiktatur – und die Armee. Die brutale Niederschlagung des Aufstandes der Matrosen von Kronstadt, der ehemaligen Speerspitze der radikalen Revolution, sollte zum »Symbol der Deformation des Sowjetregimes«[21] werden. Der Bürgerkrieg, der etwa zehn Millionen Menschen das Leben gekostet und zwei Millionen in die Emigration getrieben hatte, war die Wende in der Revolution. Er versetzte den hohen Idealen und Hoffnungen auf eine freie sozialistische Gesellschaft den Todesstoß. Als Nachwirkung des Bürgerkrieges wird man ebenfalls die Vertreibung der »bourgeoisen« Intelligenz 1921/22 verstehen können – insgesamt 224 Geisteswissenschaftler, Literaten und Naturwissenschaftler verließen das Land.[22] Auch in diesem Fall veranlasste und überwachte Lenin persönlich deren Ausschiffung. Der Bürgerkrieg besaß zudem eine imperiale Komponente, er stellte die großrussische Hegemonie über alle Gebiete – mit Ausnahme des Baltikums – wieder her und annullierte die 1917 proklamierte nationale Emanzipation.

Vom Leninismus zum Stalinismus: Der Kampf um Lenins Erbe

Die neue Ära, die Anfang der 1920er Jahre begann und am Ende des Jahrzehnts abgeschlossen war, erscheint in der Retrospektive von einer gewissen Offenheit: Noch bestand eine eingeschränkte innerparteiliche Meinungsfreiheit, die Ablieferungspflicht der Bauern wurde durch eine Naturalsteuer abgelöst, der Markt wieder zugelassen und dadurch die Bauernschaft motiviert, den Überschuss frei zu verkaufen. Der »friedliche Aufbau« stand nicht mehr nur unter dem Arbeitersymbol des »Hammers«, sondern suchte die bäuerliche »Sichel« zu integrieren. Auf beiden Säulen ruhte die »Neue Ökonomische Politik« (NÈP) – jene halb staatlich gelenkte, halb »freie« Marktwirtschaft zur Weckung von Privatinitiativen, auf die sich spätere Reformer von Chruschtschow bis Gorbatschow nicht ohne Nostalgie besannen. Andererseits erschien die Zulassung eines begrenzten »Kapitalismus« so problematisch, dass Lenin und die Mehrheit seiner Partei als Gegenmittel das Genossenschaftswesen empfahlen und größte Wachsamkeit, Geschlossenheit und Disziplin innerhalb der Partei für unumgänglich hielten. Darum verabschiedete der 10. Parteitag auch das berüchtigte Fraktionsverbot. Auch die Arbeiterschaft wollte nach dem »Kriegskommunismus« zurück zu den ursozialistischen Forderungen nach schöpferischer Selbstverantwortung in den Betrieben. Die Arbeiteropposition verlangte nicht mehr und nicht weniger, als die gesamte Wirtschaftsleitung in die Hände der Gewerkschaften zu legen. Trotzki dagegen verteidigte den Status quo, eine autoritäre Organisations- und Entscheidungsstruktur, die für freie Gestaltung kaum Spielraum ließ. Gewarnt durch Streiks, suchte Lenin eine vermittelnde Position einzunehmen. Die Gewerkschaften sollten zu Helfern der Partei werden, aber nicht die Macht über die Wirtschaft übernehmen.

Anfang der 1920er Jahre artikulierte sich auch deutliche Kritik der Parteibasis an der wachsenden Selbstherrlichkeit der Parteispitze. Der bürokratische Zentralismus wurde zunehmend zum Stein des Anstoßes. Lenin selbst besaß ein sensibles Gespür für Missstände. Überdies waren den Revolutionären seiner Generation Institutionen, Behörden und Verwaltungen stets eine Quelle tiefen Misstrauens. Der Versuch, eine Bürokratiekritik zu institutionalisieren, scheiterte jedoch an der Inkompetenz und der Korruption sowohl innerhalb der Bürokratie wie der sie kritisierenden Revision. Dennoch ließ Lenin nicht locker. Sein letzter Kampf galt dem »Zentralismus«. Ende Mai 1922 erlitt der erst 52-Jährige seinen ersten Gehirnschlag. Dieser Zwischenfall verdeutlichte Lenin, dass es an der Zeit war, sein Haus zu bestellen. Gemeinsam mit seinem »Kronprinzen«, Trotzki, plante er eine radikale Personalumgruppierung, die vor allem einen Mann getroffen hätte: Stalin. Dieser war vom 11. Parteitag im März/April 1922 zum Leiter des Organisationsbüros und zum Generalsekretär des ZK bestellt worden und hatte nach Meinung von Lenin und Trotzki schon zu viel Macht angehäuft.

Die Debatte um Zentrum und Peripherie erhielt auch neue Nahrung im Blick auf die Verfassung der Union der Sozialistischen Sowjetrepubliken (UdSSR). Die brutale Missachtung von ethnischen Minderheiteninteressen, die vor allem Stalin als Nationalitätenkommissar im Streit um die Eingliederung Georgiens auszeichnete, gefährdete die bis dahin bestehende Kooperation mit den Nationalbewegungen innerhalb des bolschewistischen Machtbereichs.

Am 16. Dezember 1922 erlitt Lenin seinen zweiten Schlaganfall, am 23. Dezember begann er mit dem Diktat seines »politischen Testaments«. Darin schlug er vor, das ZK auf bis zu hundert Mitglieder zu erweitern, wobei er weiterhin der romantischen Idee anhing, einfache, politisch unerfahrene Arbeiter und Bauern zu kooptieren, die zwar klassenbewusst, aber noch im Stande politischer Unschuld seien. Die Rivalität zwischen Trotzki und Stalin war dem todkranken Lenin nur allzu bewusst. Was er in seiner letzten Zeit noch schrieb und tat, geschah, um Trotzki zu stärken und Stalin zurückzudrängen. Im Blick auf die Industrialisierung des Landes suchte er das Tempo zu bremsen. Seine Parole »Lieber weniger, aber besser« wurde bald zum geflügelten Wort.

Trotzki nutzte jedoch seine Chance nicht, Stalin zu demontieren, sondern beließ es bei der Anweisung einer Kurskorrektur in der nationalen Frage, die Stalin, Grigorij J. Sinowjew und Lew B. Kamenew – die so genannte »Troika« – gerne akzeptierten. Auch während des 12. Parteitages vom 17. bis 25. April 1923 überließ Trotzki anderen die Regie und schwieg während der Debatte um die Frage der Behandlung von Minderheiten innerhalb des Sowjetreiches. Auch sonst verhielt sich Trotzki passiv. So schwieg er auch, als Lenins Vorschlag einer Erweiterung des ZK (von 27 auf 40 Mitglieder) von der Mehrheit des Politbüros um Stalin zwar akzeptiert, aber so vollzogen wurde, dass sich die Mehrheit der neuen Vollmitglieder als treue »Stalinisten« erwies.

Im Sommer 1923 geriet die erst zwei Jahre zuvor eingeführte »Neue Ökonomische Politik« in ihre erste schwere Krise. Industrielle Absatzprobleme führten zu Entlassungen, das zu niedrige Einkommen der Bauern ließ Produktion und Handel stagnieren. Es kam wieder zu Streiks und zu einer wachsenden Opposition auf Seiten der radikalen Linken. Als alle Parteimitglieder ermahnt wurden, solche Gruppenbildungen zu melden, protestierte Trotzki gegen diese Aufforderung zur Denunziation. Als er und andere – darunter 46 prominente Bolschewiki, die einen Protestbrief an das ZK richteten – breite Unterstützung erhielten, änderten Stalin und seine Anhänger die Strategie, setzten sich selbst an die Spitze der Kritiker des Apparats und forderten in einer Resolution eine stärkere Demokratisierung in Partei und Gesellschaft. Obwohl Trotzki dieser als »neuen Kurs« bezeichneten Politbüro-Resolution vom 5. Dezember 1923 zustimmte, erneuerte er drei Tage später in einem Brief seine Vorwürfe gegen den »Sekretärsapparat«. Daraufhin schlugen Stalin und seine Anhänger in der *Prawda* zu, bezeichneten Trotzki als Opportunisten und verkappten Menschewik, der – so mussten die Leser schließen – eigentlich nicht in die bolschewistische Partei gehöre. Der innerparteiliche Machtkampf hatte begonnen.

Aus diesem ging Stalin als Sieger hervor. Auf der 13. Parteikonferenz im Januar 1924 hielt er erstmals das Hauptreferat, das mit lebhaftem Beifall bedacht wurde. Die Rede wie die Resolution zielten darauf ab, *eine* Sünde zu geißeln: parteischädigendes Verhalten. Abweichungen von der geltenden Parteimeinung wurden kriminalisiert, der Weg zur innerparteilichen Monokratie geebnet. Wenige Tage später, am 21. Januar 1924, starb Lenin an den Folgen seines vierten Hirnschlages. Trotzki, der immer wieder an einem rätselhaften Fieber erkrankte, weilte zur Kur an der östlichen Schwarzmeerküste und fehlte daher bei der Bestattung des schon zu Lebzeiten allseits verehrten Revolutionsführers. Er überließ Stalin und dessen Anhängern die Moskauer Trauerbühne. Dieser nutzte sie, indem er das Vermächtnis Lenins hervorhob und sich selbst als treuen Gralshüter empfahl. Stalins Rede bei der Trauerfeier war liturgischen Formen nachempfunden, diente der Kanonisierung Lenins und setzte mit ihrer hochemotionalisierten Form auf Massensuggestion – Methoden, die von den totalitären Regimes des 20. Jahrhunderts bis zur Perfektion entwickelt wurden.

Auf dem 13. Parteitag Ende Mai 1924 sollte den Delegierten Lenins »Testament« zur Kenntnis gegeben werden, in dem dieser unter anderem Trotzki als den »wohl fähigsten Mann im gegenwärtigen ZK« bezeichnete und ihn kaum kritisch behandelte, dafür aber umso mehr Stalins Machtgier und seine »Grobheit« verurteilte, ja, sogar dessen Ablösung als Generalsekretär empfahl. Unter dem Einfluss Stalins beschloss das ZK mit 30 gegen 10 Stimmen, auf eine öffentliche Verlesung des »Testaments« zu verzichten. Trotzki schwieg.

Die Nachfolgekämpfe waren in vollem Gang, da gab sich Trotzki durch die Veröffentlichung seiner Schrift über die »Lehren des Oktobers« eine Blöße. Darin zog er eine Parallele zwischen dem erfolgreichen Oktoberaufstand und dem gescheiterten Aufstand der KPD in Sachsen im Herbst 1923, der auf Drängen der Komintern stattgefunden hatte.[23] Die Schuld am Scheitern der Weltrevolution gab er jenen, die die Lehren des Jahres 1917 nicht beachtet hätten. Diese Kritik zielte auf seine Gegner im Politbüro des Jahres 1924, die die »einzigartige revolutionäre Situation von weltgeschichtlicher Bedeutung« ungenutzt hätten verstreichen lassen. Ihr »Versöhnlertum« habe die Weltrevolution verhindert. Sinowjew und Kamenew sowie die anderen, die sich betroffen fühlten, polemisierten daraufhin gegen Trotzki und trafen ihn an seinem schwächsten Punkt – seiner nichtbolschewistischen Vergangenheit bis Frühsommer 1917. Die Hauptgefahr für die Konterrevolution liege in den »kleinbürgerlichen« Elementen des »Menschewismus«, dem Trotzki wohl niemals entwachsen sei. Stalin relativierte Trotzkis revolutionäre Verdienste als Vorsitzender des Petrograder Sowjets und stufte ihn in die grauen Reihen des Parteikollektivs zurück.

Ein zweiter Angriffspunkt war Trotzkis angebliche Irrlehre von der so genannten »Theorie der permanenten Revolution«. Tatsächlich hatte auch für Lenin ein unverbrüchlicher Zusammenhang zwischen der russischen und der internationalen Revolution bestanden. Nach Lenins fester Überzeugung konnte sich die russische Revolution nicht ohne die Weltrevolution behaupten, die er in erster Linie von Deutschland erwartete. Darum war anstelle der im Ersten Weltkrieg zerbrochenen Brüsseler Sozialistischen Internationale im März 1919 in Moskau die Kommunistische Internationale (Komintern) aus der Taufe gehoben worden – ein Gremium aus Repräsentanten der kommunistischen Parteien aller Länder, gedacht als Instrument einer kommunistischen Weltpolitik. Von Moskau gesteuert, verfolgte die Komintern zunächst – neben und weitgehend unabhängig von der »nationalen« »Real«-Außenpolitik des Volkskommissariats für auswärtige Angelegenheiten unter Außenkommissar Georgij W. Tschitscherin – eine visionäre internationalistische Weltrevolutionspolitik. Doch bald schon folgte das »verbündete Proletariat« nahezu bedingungslos den praktischen politischen Interessen der Sowjetunion – dem »Aufbau des Sozialismus« in einem Land bis hin zum Kampf gegen die Sozialdemokratie seit Sommer 1928. Unter dem Eindruck der deutsch-polnischen Verständigung am 26. Januar 1934 musste die Komintern eine neuerliche Volte schlagen und die Wende zur »Volksfront« mit den Sozialdemokraten gegen den Faschismus vollziehen. Zum Zeitpunkt des Hitler-Stalin-Pakts musste die Komintern auch diesen Schwenk mitmachen. Am 15. Mai 1943 befahl Stalin schließlich die Auflösung der Komintern – aus Rücksichtnahme gegenüber seinen neuen westlichen Alliierten und weil die Organisation nicht mehr gebraucht wurde.

Stalin ging es nicht um das Entfachen der Weltrevolution, sondern um die Möglichkeit des »Sozialismus in einem Lande«; deshalb polemisierte er gegen die »internationalistische Phrase«. Die Oktoberrevolution avancierte angesichts des unterentwickelten Landes zum Sonderfall in der Geschichte der Weltrevolution. Mit seiner Koppelung von Sozialismus und Nationalismus kam Stalin dem russischen Selbstverständnis und -bewusstsein voll entgegen. Trotzki kapitulierte, erklärte seine Theorie der »permanenten Revolution« zum Gegenstand der »Parteigeschichtsforschung« und wurde am 26. Januar 1925 mit der Absetzung von seiner Position als Kriegskommissar bestraft.

Damit war Trotzki vorerst ausgeschaltet, und der Machtkampf begann innerhalb der Troika Sinowjew, Kamenew und Stalin. Vordergründig ging es dabei um den Sozialismus im eigenen Land, das Tempo der Industrialisierung und um eine dementsprechende Agrarpolitik. Auf dem 14. Parteitag im Dezember 1925 hielt Stalin erstmals im Namen des ZK das Hauptreferat. Wiederum parierte er mit großem Geschick alle Kritik und brachte mit seiner Aufbruchsrede und mit der Aufforderung, sich gegen alle internationalen Widerstände aus der Rückständigkeit zu befreien, die meisten Delegierten hinter sich. Kamenew, der offen an der Führungskraft Stalins zweifelte, sah sich heftigen Angriffen ausgesetzt. Stalin ließ Wjatscheslaw M. Molotow, seine rechte Hand im Parteisekretariat, so lange an der Parteibasis gegen seine Widersacher agitieren, bis Kamenew vom Vollmitglied des ZK auf den Kandidatenstatus zurückgestuft wurde; auch Sinowjew wurde domestiziert. Trotzki schaute all dem zu, ohne sich zu Wort zu melden.

Dennoch kam es im Frühsommer 1926 in Gestalt der »Erklärung der 13« noch einmal zu einer innerparteilichen Opposition gegen die Parteiführung. Daraufhin wurde Sinowjew aus dem Politbüro ausgeschlossen. Im September 1926 folgte ein neuer Versuch der Opposition, die sich dazu bekannte, innerhalb der Partei eine Fraktion gebildet zu haben. Als angekündigt wurde, Stalin werde auf dem 15. Parteitag Thesen zur Verurteilung der Opposition vorlegen, bezeichnete Trotzki ihn als »Totengräber der Revolution«. Daraufhin schloss das ZK auch Trotzki aus dem Politbüro aus, Kamenew verlor seinen Kandidatenrang und Sinowjew sein Amt als Vorsitzender der Komintern an Nikolaj I. Bucharin. In seiner Abrechnung behauptete Stalin, Trotzki betrachte die russische Revolution nicht als sozialistische Revolution; diesen Status könne sie erst durch die Weltrevolution erringen.

Der Sieg Tschiang Kai Tscheks gegen die Kommunisten in Schanghai und Nanking (China) im Frühjahr 1927 führte zum Vorwurf der Opposition, das ZK habe die ungeheure Niederlage im internationalen Kampf gegen den Imperialismus mit zu verantworten, weil es die Abkehr vom Klassenstandpunkt und proletarischen Kurs vollzogen habe.

Damit hatte die Opposition ein weiteres Mal gegen das Fraktionsverbot verstoßen.

Erstmals griff die Geheimpolizei ein und ließ die Druckerei der Opposition ausheben. Noch vor dem zehnjährigen Jahrestag der Oktoberrevolution schuf Stalin klare Verhältnisse. Auf seinen Antrag hin beschloss das ZK, Trotzki und Sinowjew wegen wiederholten parteischädigenden Verhaltens aus seinen Reihen zu verstoßen. Auf dem 15. Parteitag im Dezember 1927 wurden 75 »Trotzkisten« und 23 Anhänger der Demokratischen Zentralisten aus der Partei ausgeschlossen. Damit wurde der Pluralismus endgültig erstickt. »Die Partei wurde zur Kirche, extra partiam nulla salus.«[24] Das war nicht zuletzt durch einen Generationswechsel möglich. Die zweite Generation der bolschewistischen Führung bestand nicht mehr aus Revolutionären, sondern aus Verwaltern der Revolution. Ein neues Karrieredenken, der Gewinn von Macht, Prestige und Einkommen waren jetzt wichtige Beweggründe für den Eintritt in die Partei. Die Revolutionäre der ersten Generation waren dagegen bereit gewesen, um der Revolution willen auf ihre bürgerliche Existenz zu verzichten. Nicht mehr Volkstribune, sondern Organisatoren bestimmten jetzt die Szene. Stalin repräsentierte diesen Typus wie kein Zweiter. An den nationalen Reinigungsprozess schloss sich der internationale an. Die von Moskau beherrschte Komintern verfolgte seit Sommer 1928 nicht mehr nur eine Abgrenzung gegen die Sozialdemokratie, sondern proklamierte auch den Kampf gegen sie.

In den 1920er Jahren erhielt das sowjetische Reich sein institutionelles Gesicht. Zu den Merkmalen des neuen Staates gehörte die Degradierung der regulären Führungsorgane zu bloß repräsentativen Gremien; die Sowjetdemokratie verfiel zu einer bloßen Fassade. Ein weiteres Merkmal war die Konzentration der gesamten Macht bei der bolschewistischen Partei. Andere Parteien oder öffentliche Organisationen mit eigener Zielsetzung blieben verboten, genauso wie ein innerparteilicher Pluralismus, der als Fraktionierung galt. Nicht mehr die Partei selbst, sondern nur noch deren oberste exekutiven und administrativen Gremien trafen die Entscheidungen. Schließlich wurden in der neu geschaffenen UdSSR die föderativen Strukturen missachtet, die Nationalitätenpolitik untergraben und auch hier alle Entscheidungen auf der höchsten Parteiebene beziehungsweise der von ihr kontrollierten Regierung getroffen. Alle wesentlichen Entscheidungen fielen an der Parteispitze.

Politische Religion und russisch-orthodoxe Kirche

Der kulturelle Anspruch, einen »neuen Sowjetmenschen« zu bilden, konnte nur sehr bedingt erfüllt werden. Im Kampf gegen den Analphabetismus erzielte man zwar beachtliche Fortschritte, aber diese betrafen nur den europäischen Teil der Sowjetunion, und hier war die Quote bei Frauen deutlich schlechter. Vorstellungen von Ehe, Familie und Geschlechterrollen – Grundpfeiler der Gesellschaft – erlebten dramatische Veränderungen. Die Einführung der Zivilehe und die Erleichterung der Scheidung sorgten für eine entsprechend hohe Quote an Trennungen und erhebliche soziale Folgelasten. 1920 erfolgte die Freigabe der Abtreibung, ein Statut von Mitte November 1926 stellte die dauerhafte Lebensgemeinschaft mit der Ehe gleich. Den Hintergrund für diese Neuerungen bildeten freilich weniger genuin »sozialistische«, sondern liberale Emanzipationsbestrebungen feministischer Provenienz, wie sie Säkularisierungsprozesse auch andernorts mit sich brachten. Auch den Sowjetfrauen ging es um bürgerliche Gleichstellung und gerecht aufgeteilte Verantwortung zwischen Frau und Mann. Die neue Gesellschaft sollte die Frau von der Versorgung für Mann und Kinder befreien; Kinderkrippen, Gemeinschaftsküchen und -wäschereien sollten die Hausarbeit im Arbeitskollektiv minimieren und die traditionelle Familie überflüssig machen. Solche Vorstellungen propagierte auch die Volkskommissarin für Sozialfürsorge und spätere Leiterin der »Frauenabteilung« des ZK, Aleksandra Kollontaj, ohne dass ihre Pläne durchweg von Lenin geteilt worden wären und sich alle in der nachrevolutionären Gesellschaft hätten durchsetzen können.

Die Riten um die entscheidenden Ereignisse Geburt, Heirat und Tod hatten vor der Revolution unter dem prägenden Einfluss der russisch-orthodoxen Kirche gestanden. Sie mussten durch neue Liturgien ersetzt werden, die der atheistischen Staatsideologie entsprachen. An die Stelle der Taufe sollte die *oktjabrina*, die Oktoberfeier treten, in der das Neugeborene den Ideen des Roten Oktobers geweiht wurde. Zu der Zeremonie einer »roten Hochzeit« gehörten ein rotes Tischtuch, ein Leninporträt, Segenswünsche eines Parteivertreters und die stehend gesungene Internationale. Beerdigungen wurden durch »rote Fahnen«, einen »revolutionären Trauermarsch«, eine »Gewehrsalve als Abschiedsgruß« und durch einen Trauerzug begangen. Vor dem Hintergrund der ausladenden Sterbe- und Begräbnisrituale der russisch-

orthodoxen Kirche – letzte Ölung, Seelenmesse und Totengesang –
wirkte das neue kommunistische Ritual sehr dürftig. Diese nüchterne,
ja, asketische Haltung entsprach aber ganz dem propagierten Menschenbild: Der »neue Mensch« sowjetischer Prägung ergötzte sich an
den aktuellen naturwissenschaftlichen Errungenschaften, vermied jeglichen Luxus und orientierte sich ganz an dem Wohl seiner Klasse, die
von der allwissenden Partei repräsentiert wurde.[25]

Diese schuf sich und dem proletarischen Staat eine neue Symbol-
welt, die den Sinn des neuen Regimes repräsentieren und emotional
überhöhen sollte. Den Rahmen bildeten Massenagitation und -organi-
sation, die das Denken und Handeln manipulierten und affektive Bindungen herstellen sollten – alles ausgerichtet auf eine scheinbar freiwillige Unterwerfung unter den Willen der Partei. Um dem revolutionären
Regime Gehorsam und Ehrerbietung erweisen, aber auch um die wahr-
haften Gefolgsleute auszeichnen zu können, waren Zeichen erforderlich. Im Mittelpunkt dieses Emblem-Systems standen Hammer und
Sichel, über Kreuz gelegt, als Ausdruck der Verbindung von Proletariat und armer Bauernschaft, beide eingebettet in einen Roten Stern.
Letzterer war der religiösen Tradition entlehnt und symbolisierte den
Anbruch einer säkular-eschatologischen Heilszeit. Dieses Basissymbol
erschien in der neuen sowjetischen Flagge und gehörte bald zur kommunistischen Ikonographie aller radikalsozialistischen Bewegungen.
Auf dem Staatssiegel war außerdem eine Weizengarbe und eine aufge-
hende Sonne zu sehen, wiederum Symbole für Wohlergehen in einer
das Bisherige transzendierenden Wirklichkeit. Besondere Bedeutung
kam der Farbe Rot zu, die einerseits auf Bauernunruhen und alte sozialistische Traditionen zurückging, andererseits einen sakralen Bei-
klang besaß. »Rot« hieß im Russischen auch »schön«, und in diesem
Sinne nannte man den Eckplatz der Ikone in den Bauernkaten die »rote Ecke«. Nach der Einführung des Lenin-Kults erbte dieser den sakralen Platz, der nun »Lenin-Ecke« hieß.

Die Verschmelzung alter Traditionen mit neuen Inhalten und Symbolen kam sinnfällig auch in der Verlegung des Regierungssitzes in die
alte Zarenstadt Moskau zum Ausdruck. Der Kreml und der Rote Platz
rückten wieder ins Zentrum der politischen Macht. Den russischen Sit-
ten und Gebräuchen folgend, gehörte der Personenkult – das Verhältnis zwischen Zar und Volk – ins Zeremoniell der politischen Religion.[26]
Schon zu seinen Lebzeiten verkörperte Lenin, ins Mythische überhöht,

die Revolution und den neuen Staat. Nur wer in seinem Geiste handelte, besaß Legitimität. Dabei verschmolzen Machtkalkül und affektive Bewunderung zu einem schwer unterscheidbaren Kult-Amalgam. Bereits in den ersten Darstellungen der Revolution schwebte Lenin über den Wolken, und man kanonisierte seine Schriften – als kongeniale Weiterentwicklung der Marxschen Lehren – zu heiligen Büchern. Die fortan marxistisch-leninistische Lehre genannte Doktrin verfestigte sich zur ideologischen Orthodoxie des Kommunismus, auf die man sich zum Selbstschutz berief, weil man es bald nicht mehr wagte, im eigenen Namen zu sprechen. Man schuf ein Lenin-Institut, das den Charakter einer Gedenkstätte trug, und sorgte für eine ubiquitäre Präsenz des Staatsgründers im Leben der Menschen – bis hin zur Umbenennung Petrograds in Leningrad. Als Lenin am 21. Januar 1924 starb, entschied die Beisetzungskommission des Politbüros, den »Unsterblichen« zu konservieren und in einem Mausoleum auszustellen. Seit dem ersten August 1924 kann er dort vom Publikum besichtigt werden – endlose Warteschlangen dokumentieren ein bis heute anhaltendes Interesse. Erst Anfang April 2006 empfahl Wladimir Lawrow, der Direktor des historischen Instituts der Russischen Akademie der Wissenschaften, den Roten Platz vor dem Moskauer Kreml »zu entpolitisieren«[27]. Dazu gehöre, das Leninmausoleum abzureißen und die sterblichen Überreste Lenins zu entfernen. Russland könne sich nur dann demokratisch entwickeln, wenn es sich von den Symbolen der Repression trenne. Tatsächlich käme eine solche Maßnahme einem Göttersturz gleich – der »unsterbliche« Lenin fiele dem Schicksal aller Sterblichen anheim.

Für die russisch-orthodoxe Kirche, die eine feste Stütze der absolutistischen Zarenherrschaft gewesen war und die traditionelle Religion Russlands vertrat, hatte die Oktober-Revolution und die darauf folgende Entwicklung dramatische Auswirkungen. Am 5. November 1917 sollte im Rahmen der Wiedererrichtung des Patriarchats durch das Landeskonzil der russisch-orthodoxen Kirche (ROK) ein neuer Patriarch gewählt werden. Per Los wurde Tichon (Wassilij I. Belawin) dazu bestimmt. Die aus der Februar-Revolution hervorgegangene Provisorische Regierung hatte die seit 1721 bestehende staatliche Kirchendirektion, das Amt des Oberprokurators, aufgelöst und der Einberufung des Landeskonzils zugestimmt. Am 11. November 1917 verabschiedete das Landeskonzil eine Botschaft, wonach die Bolschewiki als erbitterte Feinde des russischen Volkes bezeichnet wurden. Am 19. Januar 1918 sprach Tichon den Kirchenbann gegen die Bolschewiki aus:»Durch die uns von Gott verliehene Gewalt verbieten wir euch den Zutritt zu den Sakramenten Christi, sprechen wir das Anathema über euch aus!« Wenige Tage darauf wurde das von Lenin persönlich unterzeichnete Dekret über die Trennung von Staat und Kirche erlassen. Der kirchliche Besitz wurde zum Volkseigentum erklärt. Der VIII. Parteikongress der Bolschewiki formulierte im März 1919 das Ziel,»das völlige Absterben der religiösen Vorurteile« aktiv zu befördern. Im Bürgerkrieg stand die offizielle Kirche auf Seiten der »Weißen« und feierte zunächst deren Siege mit Glockengeläut und Festgottesdiensten. Dies zog auf dem Territorium der »Roten« schwere Verfolgungen nach sich. In der Hungersnot 1921 konfiszierte die Regierung die Kirchenschätze. Weigerte sich der Klerus, geweihte Gegenstände herauszurücken, wurde er erschossen. Zwischen 1917 und 1922 wurden mindestens 30.000 Geistliche ermordet, von tausend Klöstern (1914) bis 1922 siebenhundert aufgelöst. Darüber hinaus wurden Reliquien, heiliges Gerät und Kirchen entweiht.

Bei ihrem Vorgehen gegen die ROK konnten sich die Bolschewiki auf die schismatische Bewegung der so genannten »Erneuerer« stützen, Reformkreise aus dem weltlichen Klerus. Sie leiteten ihre Berechtigung aus dem elenden Zustand der vorrevolutionären Kirche ab. Diese hatte sich ganz dem Staat untergeordnet, zeigte keine spirituellen Impulse mehr und war resistent gegenüber sozialen Fragestellungen. Die Reformer plädierten für die Einführung des Russischen als Kirchensprache und forderten unter anderem moderne, am aktuellen Leben orientierte Predigten, eine kürzere Liturgie sowie eine Egalisierung des kirchlichen Personals. Sie vertraten die Überzeugung, dass die christlichen Ideale mit den sozialistischen harmonierten. Indem die Bolschewiki die Erneuerer förderten, schwächten sie den Patriarchat. Die »Kirchenbolschewiki« appellierten an die kirchenfeindliche Kommissarregierung, sie möge innerkirchliche Streitigkeiten schlichten. Aufgrund von Denunziationen der Erneuerer konnte Patriarch Tichon am 9. Mai 1922 für mehr als ein Jahr arretiert werden. Die Reformer rissen die Kirchenführung an sich und hoben den Bann vom Januar 1918 auf. Dafür erhielten sie von den Bolschewiki eine Reihe von Vergünstigungen. Seit Sommer 1922 wurde die ROK nicht mehr zu den »gesellschaftlichen Organisationen« des Landes gezählt und stand damit faktisch außerhalb des Gesetzes. Durch Skandale in den eigenen Reihen verloren die »Erneuerer« allmählich den Rückhalt bei den Gläubigen. Um 1930 war das Schisma so gut wie beendet. Die Stalinschen Säuberungsmaßnahmen nach 1935 unterschieden nicht mehr zwischen den traditionellen Orthodoxen und den Erneuerern. Tichon änderte im Gefängnis seine Position und ließ am 27. Juni 1923 in der Regierungszeitung *Iswestija* eine Reueerklärung veröffentlichen. In dieser heißt es: »Von nun an bin ich kein Feind der Sowjetmacht mehr!« Nach Tichons Tod erschien in der *Prawda* wie in der *Iswestija* sein »Testament«. Darin bat er die Gläubigen, jeden Widerstand gegen die Bolschewiki aufzugeben. Nach seinem Tod ließ die Sowjetregierung keine Neuwahl zu. Nachdem zwei Patriarchatsverweser liquidiert worden waren, konnte sich schließlich Metropolit Sergij (Iwan N. Stragorodskij) halten, der einen konsequenten Anpassungskurs an die Bolschewiki einschlug. In seiner Deklaration vom 29. Juli 1927 heißt es: »Wir wollen Rechtgläubige sein und uns zugleich dessen bewusst bleiben, dass die Sowjetunion unsere bürgerliche Heimat ist, deren Freuden und Erfolge unsere Freuden und Erfolge und deren Misserfolge unsere Misserfolge sind.« Diese vollkommene Identifizierung mit dem Sowjetstaat führte zur Trennung von der russischen Geistlichkeit im Ausland. Außerhalb Russlands lebende Geistliche, die keine schriftliche Loyalitätserklärung gegenüber der Sowjetmacht abgaben, wurden aus der ROK ausgeschlossen. Doch selbst die Deklaration vom 29. Juli 1927 hinderte die Bolschewiki nicht daran, die Verfolgungen einzustellen. Fünf Jahre nach Lenins Tod verfügte Stalin 1929 einen Fünf-Jahres-Plan zur Atheisierung der Sowjetunion. Er ließ militante Atheistenverbände unterstützen und eine Religionsgesetzgebung verabschieden, die jegliche Religiosität im Sowjetstaat ausmerzen sollte. Fast die gesamte Geistlichkeit wurde ausgerottet, die kirchliche Organisation zerschlagen. Von 55.000 Kirchen zum Zeitpunkt der Revolution gab es 1940 nur noch 500; alle Klöster und Priesterseminare waren geschlossen.

Die Verfolgung der christlichen Kirchen war ein Phänomen der nachrevolutionären Entwicklung. Das Judentum dagegen war in Russland immer wieder von Pogromen und Vernichtung bedroht gewesen. Das änderte sich auch nach der Revolution nicht. Allerdings gab es eine davon abweichende Entwicklung mit der Errichtung des »Jüdischen Autonomen Gebiets« (Birobidžan) nahe der chinesischen Grenze im Jahr 1934. Bis 1948, der Gründung Israels, traf dieses Projekt im In- und

Ausland auf Beachtung und Zustimmung. Nach der Gründung Israels befürchtete Stalin, dass sich die sowjetischen Juden fortan illoyal gegenüber der UdSSR verhalten würden, initiierte eine antisemitische Kampagne und nahm den sowjetischen Juden jede kulturelle Selbstständigkeit. Infolge dieser antijüdischen Politik am Ende der Stalin-Ära ging auch das »Jüdische Autonome Gebiet« zugrunde.

Stalins »Zweite Revolution«

Zwischen 1929 und 1933 erfolgte die Ausformung des »Stalinismus« in Gestalt einer »Mobilisierungsdiktatur« – dem später so genannten »entwickelten Sozialismus«. Die Koexistenz zwischen staatlicher und privater Wirtschaft, die »Neue Ökonomische Politik«, bereits seit 1926 demontiert, wurde aus ideologischen Gründen widerrufen, obwohl sie gerade in der Landwirtschaft eine positive Bilanz vorweisen konnte; Künstler, Wissenschaftler und Journalisten wurden an die kurze Leine genommen. Aus der öffentlichen Verwaltung wurde ein neuer, riesiger Apparat geschaffen, der den Herrschenden unbedingt ergeben war. Stalin etablierte sich endgültig im Zentrum der Macht und schuf – zeitgleich mit dem Nationalsozialismus – das »zweite Exempel einer totalitären Ordnung«[28]. Damit einher gingen die Einführung des 1. Fünfjahresplans und die gewaltsame Kollektivierung der Landwirtschaft. Mit der Verkündung des 1. Fünfjahresplans begann eine Serie von Schauprozessen, die sich in den Folgejahren zu Justizmorden an Rivalen und »Abtrünnigen« steigerte. Zwischen Frühjahr und Herbst 1929 wurde eine neue »rechte« Opposition verfolgt, der im November auch Bucharin zum Opfer fiel. Widerrufe und Reuebekenntnisse der Ausgeschlossenen fruchteten in der Regel wenig. Anfang der 1930er Jahre erlitten weitere Opponenten, die gegen die maßlose Zentralisierung und zügellose Bürokratie Stalins aufbegehrt hatten, das gleiche Schicksal. Da die Zahl der Eintrittswilligen in die Partei rasant anstieg (1927: 775.000 Mitglieder; 1933: 2,2 Millionen Mitglieder), konnte man sich »Durchleuchtungen« der Kandidaten leisten. Auch die Disziplinierung der Parteimitglieder in Gestalt von »Säuberungen« und »Schauprozessen« sollte dem elitären Charakter der proletarischen Avantgarde dienen und jeglichen »Wildwuchs« beschneiden. Der »Säuberung« vom Januar 1933 fielen 17 Prozent der Parteimitglieder zum Opfer. Während mit diesem Verfahren Einzelne bestraft wurden und ihr Schicksal den verbliebenen Parteimitgliedern ein abschreckendes Exempel lieferte, sollten die Schauprozesse die Funktion einer Domestizierung der »Gesellschaft« erfüllen.

Trotz aller flankierenden Maßnahmen erwies sich der 1. Fünfjahresplan als ein Fehlschlag. Die Preise überholten die Löhne bei weitem, die rasche Industrialisierung und die damit einhergehende Mobilität lösten schwere gesellschaftliche Spannungen aus. Die Auflösung der Privatbetriebe durch die Zwangskollektivierung führte zu Produktionsausfällen in der Landwirtschaft. Immer noch war die UdSSR der einzige »sozialistische Staat« auf der Welt und sah sich einer wachsenden internationalen Isolierung ausgesetzt. Ideologisch suggerierten Klassenkampfparolen einen Bedrohungszustand, um aus der Bevölkerung das Äußerste an Leistung herauszuholen. Die Überlegenheit des Sozialismus in Gestalt des Staatseigentums gegenüber dem Kapitalismus und dessen Individualbesitz sollte endlich sichtbar werden. Um das zu erreichen, wurde nicht nur mit Massenpropaganda, sondern eben auch mit zentralistischen Zwangsmaßnahmen nachgeholfen. Kern und Wesen der angestrebten Wirtschafts- und Gesellschaftsordnung war die Planwirtschaft, die der gefürchteten »Anarchie des Marktes« ein Ende setzen sollte und den Glauben an die Machbarkeit des sozialen Glücks bediente.

Es ist kaum zu bezweifeln, dass viele Sowjetbürger an den »Aufbau des Sozialismus« glaubten und ihre Identität aus der Zustimmung zum neuen Regime und seinen Visionen bezogen. Von der Aufwärtsbewegung im Zuge der beschleunigten Industrialisierung und dem Elitentausch profitierten viele und folgten begeistert oder zumindest loyal der Partei. Unter diesen Bedingungen konnten sich Gefühle von »Zugehörigkeit« entwickeln, und trotz der unübersehbaren Kontrollinstanzen verfügte auch diese Diktatur über Freiräume.[29] Stalin verkörperte den neuen Kurs und die omnipotente Partei, die den Aufbruch in eine neue Zukunft verhieß. Die Zustimmung zu ihm schloss auch die Faszination für seine Führung ein, eine Mischung aus Bewunderung und Schaudern – trotz oder gerade wegen ihrer Brutalität. Zum 50. Geburtstag Stalins im Dezember 1929 begann die Glorifizierung des »Führers« (*vožd*). Erstmals wurde dieses Ereignis mit Huldigungen und Propagandafanfaren gefeiert.

Stalins »Machtergreifung« ist als »zweite Revolution« in die Geschichte der UdSSR eingegangen. Das politische System verschmolz

mit der Person Stalins. Terror und Schauprozesse sollten auch in der
zweiten Hälfte der 1930er Jahre als Instrumente seiner Herrschaft eine wichtige Funktion besitzen. Aber die Jahre zwischen 1934 und 1941
spiegelten – nach den Turbulenzen der forcierten Industrialisierung
und Zwangskollektivierung – auch eine gewisse Konsolidierung der
Machtverhältnisse in ihrer paradoxen Verbindung von demokratischem
Schein und diktatorischer Wirklichkeit. Es begann die erste Periode des
eigentlichen »Stalinismus«. Ein Ausdruck dieser neuen Verhältnisse –
ein »sozialistischer Staat von Arbeitern und Bauern« – war die von Stalin selbst angeregte neue Verfassung, die ein außerordentlicher Sowjetkongress im November 1936 verabschiedete. Sie fasste den historischen
»Sieg des Sozialismus« – Überführung sämtlicher Produktionsmittel in
öffentliches Eigentum, die »Liquidierung« der »Kulaken« als Klasse
sowie die Errichtung der Arbeiter- und Bauernherrschaft – kurz zusammen und nannte die für alle geltenden Bürgerrechte: Anspruch auf Arbeit, Ruhe und Erholung, materielle Sicherheit im Alter, Bildung und
Gleichberechtigung für die Frauen. Weiterhin wurden Versammlungs-
und Redefreiheit, unzensiertes Schreiben sowie das Demonstrations-
recht als Grundfreiheiten garantiert. Der föderative Charakter des Ge-
samtstaates wurde unterstrichen, die Unabhängigkeit der Justiz betont
und das Wahlrecht so gestaltet, dass die Stimmabgabe geheim, frei, direkt und gleich erfolgen sollte. Da in der »Diktatur des Proletariats«
von den Räten alle Macht ausgehe, sei der Widerspruch zwischen Demokratie und Diktatur aufgehoben. Die Partei hatte den verfassungsmäßigen Auftrag, die »Avantgarde der Werktätigen« zu sein. Das Ver-
fassungswerk wurde als Triumph der Demokratie gefeiert und verstand
sich nach der Interpretation Stalins auch als »Anklageschrift gegen den
Faschismus«. Diese demokratische Musterverfassung war ganz dazu
angetan, im Ausland den Eindruck zu erwecken, die »Sowjetdemokratie« werde nun vollendet. Die Wirklichkeit sah freilich ganz anders aus.
Die Verfassung, die bis 1977 in Kraft blieb, war nicht das Papier wert,
auf dem sie gedruckt war.

Entgegen den Verfassungsidealen liefen die tatsächliche Meinungs-
bildung und Entscheidungsprozesse in der Bevölkerung, in der Partei
und im Staat von oben nach unten – eine Entwicklung, die schon durch
die Planwirtschaft vorgezeichnet war. Das Neue in den 1930er Jahren
war nicht die Hegemonie der Partei, sondern die persönliche Diktatur
eines Mannes über die Partei sowie sein Gebrauch des Terrors als Herr-

schaftsinstrument. Da Stalin rhetorisch weniger überzeugen und gewinnen konnte als Lenin, griff er rasch zur Methode der Entmachtung, Unterwerfung und schließlich zur Liquidierung seiner Gegner. Damit höhlte er jegliche Legalität aus. Anders als Lenin, der bei seinen Gegnern über eine gewisse Autorität verfügte, musste sich Stalin gegen vielfältigen Widerstand durchsetzen, wirkliche oder vermeintliche Gegner unterwerfen, entmachten und schließlich liquidieren. Stalin verkörperte nicht, wie Lenin, die Herrschaft der Partei über die Bevölkerung, sondern seine eigene Macht und die einer kleinen Clique um ihn herum innerhalb der Partei; er förderte eine Machtkonzentration der Parteispitze gegen den Rest der Partei. Stalin holte faktisch die Prinzipien und Praktiken des Bürgerkriegs zurück und etablierte sie auf Dauer.

Schauprozesse, Sondergerichte und das einfache Verschwinden weniger Prominenter sprachen der in der Verfassung garantierten Unabhängigkeit der Justiz Hohn. Im Zuge der Gründung des Geheimdienstes NKWD Mitte 1934 begann ein Sonderkomitee seine Arbeit, das es ermöglichte, Strafen an den ordentlichen Gerichten vorbei zu verhängen. Insbesondere die Schnelligkeit dieser unkontrollierten Sonderjustiz verhinderte jegliche Intervention oder die Chance einer Amnestie. Im April 1935 wurde überdies das Straffähigkeitsalter bei schwereren Delikten auf zwölf Jahre abgesenkt – ein Indiz für die wachsende Härte und Verschärfung der Strafbestimmungen. Öffentlichkeitswirksame Schauprozesse gebrauchte man nur in prominenten Fällen. Zahllose andere Opfer der Willkürjustiz »verschwanden« ganz einfach auf Nimmerwiedersehen. Stalins Kurswechsel kostete einen großen Teil der alten Parteiprominenz die Karriere, wenn nicht das Leben. Von den 1.966 Delegierten des Parteitages Ende Januar 1934 gehörten 80 Prozent zur alten Garde, das heißt, sie hatten im Revolutionsjahr oder im Bürgerkrieg mitgekämpft. 1.108, also 56 Prozent dieser Abgeordneten, sollten im Lauf der kommenden Jahre wegen »konterrevolutionärer Verbrechen« verhaftet werden. Dabei hatte sich Stalin zehn Jahre nach Lenins Tod mehr als durchgesetzt und wurde als der unbestrittene Nachfolger des Regimegründers gefeiert. Seine ehemaligen Gegner huldigten ihm in devoter Weise – nur um weiter dazugehören zu dürfen. Doch sie alle sollten ihr Leben verlieren.

Besonders prominent ist der Mord an dem Leningrader Parteichef Sergej M. Kirow, der in der Literatur oft mit dem so genannten »Röhm-Putsch« verglichen wird. Die genauen Umstände des Falles sind bis heute nicht geklärt. Eine eindeutige Urheberschaft Stalins an dem Verbrechen konnte auch durch eine 1989 vom Politbüro der KPdSU eingesetzte Kommission nicht nachgewiesen werden. Jedenfalls war der Hintergrund, dass Kritiker Stalins dessen Ablösung betrieben und Kirow – ohne dessen Mitwirken – zum Hoffnungsträger stilisiert hatten. Kirow war so populär, dass er nicht nur ins ZK, sondern auch zu einem der Sekretäre des ZK gewählt wurde. Obwohl schon früher ein Attentatsversuch Leonid W. Nikolajews auf Kirow entdeckt worden war, setzte man den Täter wieder auf freien Fuß und ließ ihm sogar seine Pistole. Beim zweiten Mal, am 1. Dezember 1934, erschoss er Kirow, obwohl dieser sich in seinem gut bewachten Dienstgebäude aufhielt. Kirows Leibwächter kam auf der Fahrt zum Verhör mit zwei NKWD-Leuten auf mysteriöse Weise ums Leben.

Mit dem Mord an Kirow war eine neue Qualität des Terrors erreicht. Bis dahin hatte man Gegner beziehungsweise Abweichler von der verordneten Parteilinie entmachtet, aus der Partei ausgeschlossen oder des Landes verwiesen. Jetzt behandelte man sie wie die Konterrevolutionäre von einst: Sie mussten mit Gefängnis, Arbeitslager oder gar Liquidation rechnen. Der Mord an Kirow wurde als Vorwand für ein Dreipunkte-Dekret genutzt, das die Untersuchungsbehörden ermächtigte, bei Terrorakten im Eilverfahren vorzugehen und sofort nach der Urteilsverkündung die Hinrichtung zu vollstrecken. Keine zwei Wochen später traf es auf Anschuldigung von Kirows Nachfolger, Andrej A. Schdanow, die alte Garde aus den frühen 1920er Jahren: Sinowjew, Kamenew und eine Reihe von Trotzkisten. Ihnen wurde vorgeworfen, den Anschlag geplant und Nikolajew gedungen zu haben. Man inszenierte Schauprozesse gegen die einstige Parteiprominenz, nutzte dabei gefälschte Dokumente, Denunziationen, erlogene Zeugenberichte und unter der Folter erpresste Geständnisse der Opfer. Von Anfang bis Mitte 1935 rollte die erste Woge des Massenterrors durchs Land. Im Juni des Jahres trat ein Generalstaatsanwalt sein Amt an, der von nicht wenigen Historikern mit dem Vorsitzenden des nationalsozialistischen »Volksgerichtshofs«, Roland Freisler, verglichen wird. Der Name dieses Generalstaatsanwalts, Andrej J. Wyschinskij, wurde zum Synonym für die nun folgenden, scheinlegalen Schauprozesse. Es traf nicht mehr nur »Klassenfeinde«, sondern in der Terminologie Stalins »Volksfeinde«. Nach außen hin bemühte sich das staatsterroristische System weiterhin um eine Fiktion der Rechtmäßigkeit, indem man Geständnisse

erpresste und Anschuldigungen durch eingeschüchterte Zeugen inszenierte. Der Schauprozess gegen Kamenew, Sinowjew und andere begann Mitte August 1936. Nach der Versicherung Stalins, dass es keine
Todesurteile geben werde, gestand Kamenew, gemeinsam mit Trotzki
und Sinowjew die Verschwörung gegen Kirow organisiert und geleitet
zu haben. Sinowjew bezichtigte sich gar, über den Trotzkismus zum
Faschismus abgeglitten zu sein. Das alles half ihnen nichts. Schon am
25. August wurden sie hingerichtet. Der zweite Prozess fand noch rou-
tinierter Ende Januar 1937 statt. Die Terrormaschine lief reibungslos,
Missliebige verschwanden, Denunzianten wurden förmlich ermuntert,
Verwandte und Bekannte der Opfer sowie Mitwisser an den Vorgängen
gleich mit beseitigt. Über die Zahl der Opfer wurde bis Anfang der
1990er Jahre viel spekuliert, oft mit unrealistisch hohen Angaben.
Dann tauchten Listen des NKWD auf. Diesen zufolge befanden sich
im Frühjahr 1940 in 53 Arbeitslagern und Arbeitskolonien etwa zwei
Millionen Menschen. Hinzu kamen 1,5 Millionen in Gefängnissen und
Verbannte des »Kulakenexils«. Während des großen Terrors der Jahre
1937/38 wurden maximal 2,5 Millionen Menschen verhaftet, ungefähr
680.000 von ihnen hingerichtet. Hinzu kommen Unzählige, die infolge
von Hunger, Krankheit oder Erschöpfung gestorben sind. Wichtig ist,
dass nicht der große Terror von 1938 die meisten Opfer forderte, sondern die Schlussphase der Stalinschen Herrschaft nach 1948. Eine dritte, Aufsehen erregende Prozesswelle gegen die politische Prominenz –
darunter Bucharin – begann Anfang März 1938. Gleichzeitig ebbte die
Verfolgungsgier ab beziehungsweise wandte sich nun gegen die »Säuberer« selbst. Den Parteiorganisationen wurden Fehler bei den Aus-
schlussverfahren vorgeworfen. Zahlreiche NKWD-Agenten wurden verhaftet und in die Gefängnisse gesteckt, in denen sich bis dahin ihre
Opfer befunden hatten. Diese Aktion diente gleichzeitig der Beschwich-
tigung jener, die lähmendes Entsetzen über die Vorgänge gepackt hatte. Es illustriert die Verschlagenheit Stalins, dass er mit seinem Ruf,
zur Ordnung zurückzukehren, auch diese Kampagne losgetreten hatte
und sich so der mitwissenden Folterknechte entledigte.

Dennoch blieb Terror das Signum der Stalinschen Herrschaft. Er er-
goss sich lawinenartig von der obersten Ebene bis nach unten, ohne
dass es dazu irgendeines ausdrücklichen Befehls bedurft hätte. Ähnlich
wie in der NSDAP gilt auch für die KPdSU, dass der totalitäre Apparat
nicht klar hierarchisch, sondern polykratisch funktionierte und so lo-

kalen Grausamkeiten freie Entfaltungsmöglichkeiten bot. Zentral inszenierte Vernichtung und willkürliche Gewalt im Rahmen des Massenterrors blieben unkoordiniert, aber ergänzten sich zu einem Ge-
samtszenario des Schreckens.

Natürlich hatte man auch früher schon Gewalt ausgeübt – etwa im
Bürgerkrieg oder bei der Zwangskollektivierung –, aber die Gewaltor-
gien, die von Stalin ausgingen, stellten alles bis dahin Gewesene in den
Schatten. »Die persönliche Diktatur nahm die Form totalitärer, durch
die Partei und ihren Führer ausgeübter Herrschaft an.«[30]

Die Schreckensherrschaft war mitnichten ein durchgeplantes Unternehmen. Vielmehr entwickelte sich nach unten eine lawinenartige
Eigendynamik, die von oben gar nicht mehr zu beherrschen war. Das
Außerkraftsetzen zivilisatorischer Standards öffnete förmlich die
Schleusen. Über die Menschen brach das Chaos ungeordneter Gewalt
herein. Ermutigt zu Denunziation, Verrat, Deportation und Mord, zeigten die Chargen auf unterer Ebene ein beachtliches Engagement.
Neben gezielt inszenierter Gewalt wie bei den Schauprozessen gab es
somit eine zweite willkürliche Gewalt, von der Parteiführung still-
schweigend gebilligt, von strukturellen Bedingungen begünstigt. Die
Qualität des totalitären Schreckens resultierte sowohl im Stalinismus
wie im NS-Regime »aus dieser Verbindung von ›zentraler‹ Initiative
und ›lokaler‹ Umsetzung, samt dem ›Eigensinn‹, der dadurch legitimiert wurde«[31].

Der Terror wurde flankiert von neuen Methoden der Massenbeein-
flussung, sozialer Kontrolle und politischer Lenkung. Innerhalb der
Partei kam es durch die »Säuberungen« zu einem neuerlichen Elitentausch, der es Stalin ermöglichte, der Partei seinen Stempel aufzudrücken. Überdies hatte die Stalinsche Herrschafts- und Verwaltungsorga-
nisation einen hohen Bedarf an systemkonformem Führungspersonal
mit einschlägiger Vorbildung für die Lenkung von Staat, Industrie und
Landwirtschaft. Darum mussten auch aus diesen Gründen Untaugli-
che gegen Qualifizierte ausgetauscht werden. 1933 erreichte die Partei
ihren vorläufig höchsten Mitgliederstand von 1,35 Millionen, der dann
aufgrund der Gewaltmaßnahmen und eines Aufnahmeverbots abfiel,
um erst Ende der 1930er, Anfang der 1940er Jahre, als neue stalinistische Partei wiedererstanden, die alten Zahlen zu übertreffen. Schätzungen zufolge gehörten 1939 etwa 70 Prozent der Delegierten einer Ge-

neration an, die erst nach 1929 zur Partei gestoßen war und sich in ihrem Apparat bewährt hatte.

Damit hatte sich auch die schichtenspezifische Zusammensetzung der Partei grundlegend gewandelt. Die Zahl der Arbeiter war Ende der 1930er Jahre gegenüber der Situation zehn Jahre zuvor halbiert (81,2 Prozent 1929; 41 Prozent 1939), die Zahl der Bauern ebenfalls gesunken (1929 17,1 Prozent; 1939 15,2 Prozent); dafür stellte die neue Sowjetintelligenz, Angestellte und qualifizierte Kader, mit 43,8 Prozent der Mitglieder (1929 1,7 Prozent) nun die größte Gruppe. Zwischen dem 17. Parteitag Anfang Februar 1934 und dem 18. Parteitag im März 1939 war die Hälfte der Politbüro-Mitglieder aufgrund der geschilderten Ereignisse verloren gegangen. Aufgrund des tiefgreifenden Generationenwechsels besaß die Sowjetunion mit einem Durchschnittsalter von 39 Jahren die jüngste Regierung der Welt. Diese Riege trat nicht mehr ab, viele von ihnen bestimmten bis in die 1980er Jahre die Geschicke der UdSSR – Leonid I. Breschnew und Aleksej N. Kossygin sind dafür ein Beispiel. Die neuen Kader unterwarfen sich völlig der diktatorischen Führung Stalins.

Das galt auch für den Komsomol, den Zusammenschluss der jungen Aktivisten. Im Rahmen der »Säuberungen« in den Jahren 1935/36 wurden schätzungsweise 450.000 Mitglieder ausgeschlossen. Der Verband sollte künftig nicht so sehr als eigensinnige Elite beim Aufbau des Sozialismus helfen, sondern in Abhängigkeit gehalten werden und wieder vorrangig als »Transmissionsriemen« zwischen Partei und Masse dienen.

Auch das Militär erlebte einen »Säuberungsprozess«. Ideologisch befand sich die Truppe in gutem Zustand, litt aber unter deutlichen Aufrüstungsmängeln. Stalin begann den Umbau der Armee mit einer Reorganisation ihrer Führung. Die Friedensstärke der Streitkräfte wurde erheblich erhöht – von 562.000 auf 940.000 Mann – und ihre inneren Strukturen verändert, das Nationalprinzip zugunsten der Einheitlichkeit der Sowjetarmee eindeutig gestärkt, das Gewicht der Territorialmiliz geschwächt. Bis 1935/36 konnte die nummerische Stärke auf 1,3 Millionen Mann erhöht werden, im Juni 1941 war die UdSSR in der Lage, 4,7 Millionen Mann zu mobilisieren. Aber auch die technische Ausrüstung wurde in der zweiten Hälfte der 1930er Jahre erheblich verbessert, so dass die Rote Armee am Ende dieses Jahrzehnts auf dem Weg war, zu einer der schlagkräftigsten Armeen der Welt zu werden. Diese Entwicklung war freilich um den Preis erkauft, dass die Armee zu einem Staat im Staate wurde und immer mehr politisches Gewicht erlangte. Damit verlor sie im Verständnis Stalins an Zuverlässigkeit. Wie im Falle anderer gesellschaftlicher Einrichtungen wurden darum die führenden Generäle, Helden des Bürgerkriegs und allesamt Bolschewiki, der militärisch-politischen Verschwörung gegen die Sowjetmacht angeklagt und liquidiert. Es »verschwanden« drei von fünf Marschällen, 13 von 15 Armeekommandeuren, 57 von 85 Korpskommandanten, 110 von 195 Divisionskommandeuren, 220 von 406 Brigadekommandeuren, alle elf Stellvertreter des Verteidigungskommissars, 75 von 80 Mitgliedern des Obersten Militärrats, alle Oberkommandierenden der Militärbezirke sowie die Kommandeure der Luftwaffe und Marine bis auf eine Ausnahme. Nach Rängen lässt sich summieren, dass neun von zehn Generälen und acht von zehn Obersten dem Wahn des Diktators zum Opfer fielen. Obwohl Sowjetrussland nach eigenem Verständnis von der kapitalistischen und faschistischen Außenwelt bedroht war, machte Stalin mit diesen Verfolgungsmaßnahmen irrationalerweise die eigene Armee führungslos. Der strategische Verlust wurde beim Winterkrieg gegen Finnland und dann vor allem seit Juni 1941 im Abwehrkampf gegen die deutsche Aggression deutlich. Im Inneren kehrte die Armee zu den Machtverhältnissen des Bürgerkriegs zurück: Die politischen Kommissare erhielten wieder das gleiche Gewicht wie die Militärs, alle Befehle mussten wieder von beiden Seiten unterzeichnet werden.

Planwirtschaft, Zwangskollektivierung und industrielle Zentralisierung wirkten sich auch auf die Nationalitätenpolitik aus. Für regionale Besonderheiten war in diesem System kein Platz. Im Frühjahr 1930 wurden 45 ukrainische Politiker und Intellektuelle angeklagt, die Sezession ihrer Heimat von der UdSSR betrieben und geplant zu haben, den Kapitalismus wieder einzuführen. Ähnliche Auseinandersetzungen gab es in Kasachstan, wo die Verstaatlichung der Landwirtschaft mit der zwangsweisen Sesshaftmachung des nomadisierenden kasachischen Volkes verbunden war. Die Ausweitung zentralstaatlicher Herrschaft ging mit einer konsequenten Russifizierung der fremdethnischen Gebiete einher, um den regional-nationalen Pluralismus immer weiter einzuschränken. Stalin begründete den Abbau des Föderalismus auch mit der notwendigen Entwicklung eines proletarischen Vaterlandsverständnisses, das nur auf den einen Sowjetstaat fokussiert sein könne.

Alle diese Maßnahmen standen einerseits im Widerspruch zur Verfassung von 1936, die den Föderalismus durch die Bildung weiterer autonomer Republiken sogar gestärkt hatte. Andererseits entzog die Verfassung den einzelnen Republiken zentrale Kompetenzen wie das Rechtswesen, so dass diesen letztlich nur noch die Leitung des Erziehungswesens, der lokalen Wirtschaft und der Sozialfürsorge blieb. Der große Terror wütete in den peripheren Republiken überdies noch viel ausgeprägter als im Zentrum und dezimierte die indigenen politischen und kulturellen Eliten drastisch. Allein in der Ukraine verschwanden 1937 150.000 Parteimitglieder, in Weißrussland entkam praktisch kein ZK-Mitglied der Vernichtung. In Stalins Heimatprovinz Georgien überstanden von den 644 Delegierten des dortigen regionalen Parteitages im Mai 1937 nur 219 den Terror. Die Übrigen wurden verhaftet, verbannt oder erschossen.

Stalin und Hitler

Im Blick auf die Außenpolitik Stalins prallen die Deutungen heftig aufeinander. Die einen sehen die Entwicklung ganz vom Abschluss des Hitler-Stalin-Pakts im August 1939 her. Dieser Nichtangriffspakt und besonders das geheime Zusatzprotokoll über die Aufteilung der Interessensphären hätten gezeigt, dass beide Diktaturen eng miteinander verwandt gewesen seien. Beide hätten nach maximalem territorialem Gewinn gestrebt und sich letztlich ihre Nachbarn und die Welt unterjochen wollen. In einem gewissen Gegensatz dazu steht, dass Stalin sich so lange wie irgend möglich aus kriegerischen Auseinandersetzungen heraushalten wollte. Umstellt von »kapitalistischen« Gegnern, ging es ihm – auch beim Ausbau der militärischen Ressourcen – in erster Linie um die »kollektive Sicherheit« der UdSSR. Dabei verfuhr Stalin widersprüchlich und inkonsequent, so dass sich eine klare außenpolitische Linie seines Handelns kaum erkennen lässt.

Andererseits war Stalin darum bemüht, sein Land durch die forcierte Industrialisierung für den »Endkampf« in eine möglichst gute wirtschaftliche Position zu bringen, und seit 1937 stellte er mehr Ressourcen für den Ausbau der Armee zur Verfügung. Unbestreitbar sind allerdings auch die außenpolitischen Anstrengungen der UdSSR in den 1920er und frühen 1930er Jahren, mit den Nachbarländern, aber auch Frankreich, ein Netz von Freundschafts-, Neutralitäts- und Gewaltverzichtsabkommen zu knüpfen. Zwischen 1925 und 1927 wurden solche Vereinbarungen mit der Türkei, Afghanistan und Persien getroffen; 1932 folgten Finnland, Lettland und Estland – alles misstrauische Nachbarn, die früher zum zarischen Russland gehört hatten. Ebenfalls 1932 tauschte die UdSSR mit Polen und Frankreich gegenseitige Gewaltverzichts- und Neutralitätserklärungen. Vorfristig unterzeichnete die UdSSR 1928 den Kellog-Pakt, einen Kriegsächtungsvertrag.

Die Machtübernahme Hitlers 1933 schien an dem deutsch-russischen Verhältnis zunächst nichts zu ändern. Die wirtschaftlichen Vereinbarungen blieben in Kraft, im Mai 1933 wurde das Berliner Neutralitätsabkommen von 1926 verlängert; es gab weiter informelle Kontakte im wirtschaftlichen und politischen Bereich, während woanders, in verschiedenen Teilen Europas, Faschismus und Sozialismus aufeinander prallten und einen ideologisch bestimmten Kampf um die richtige politische Weltanschauung führten.

Als Frankreichs traditioneller Bündnispartner Polen Ende Januar 1934 einen Aufsehen erregenden Nichtangriffsvertrag mit dem »Dritten Reich« schloss, sorgte die französische Volksfrontregierung im September 1934 für eine rasche Aufnahme der UdSSR in den Völkerbund. Erst ein knappes Jahr zuvor waren Deutschland und Japan aus diesem Gremium ausgeschieden. Auf Betreiben Frankreichs wurde Anfang Mai 1935 der Nichtangriffspakt zu einem Beistandspakt ausgeweitet – als Schutz gegen den aggressiven deutschen Nachbarn. Ein Beistandsvertrag der UdSSR mit der Tschechoslowakei Mitte Mai 1935 diente demselben Ziel. Die französische Idee eines umfassenderen, multilateralen »Ostpakts« lehnte die UdSSR dagegen ab und zeigte sich nur an bilateralen Abkommen interessiert. Alle diese Bündnissysteme hatten die klare Funktion, Deutschland in die Schranken zu weisen. Die UdSSR mochte allerdings nicht so weit gehen, einem multilateralen Bündnis gegen Deutschland beizutreten, denn auch mit diesem Staat wollte Stalin zu einem Modus Vivendi kommen. Zwischen 1935 und 1937 übermittelte der Leiter der sowjetischen Handelsmission, David Kandelaki, bei verschiedenen Treffen Reichswirtschaftsminister Hjalmar Schacht und anderen die Botschaft, Moskau sei zu einer politischen Verständigung bereit. So weit wiederum mochte Berlin zu diesem Zeitpunkt nicht gehen.

Eine Schlüsselrolle spielten für Stalin letztlich die Sudetenkrise, das Münchner Abkommen und die Annexion der »Resttschechei«. Die

UdSSR machte keinerlei Anstalten, dem Bündnispartner Tschechoslowakei millitärisch zur Seite zu stehen, was freilich leicht fiel, weil es keine gemeinsamen Grenzen gab und weder Polen noch Rumänien ihre Einwilligung gegeben hätten, russische Truppen über ihr Territorium marschieren zu lassen. Die UdSSR war anscheinend aus Sicherheitsgründen an Bündnisverträgen sehr interessiert, schreckte aber davor zurück, diese gegen ihre Interessen auch einzuhalten. Aus dem Ergebnis des Münchner Abkommens, an dem die UdSSR nicht beteiligt wurde, musste diese den Schluss ziehen, dass die Westmächte nicht bereit zu sein schienen, das nationalsozialistische Deutschland in die Schranken zu weisen. Dieser Eindruck kann sich im März 1939, nach der Besetzung der »Resttschechei«, nur verstärkt und mag Stalin bewogen haben, über einen Pakt mit dem »Dritten Reich« seine Politik der kollektiven Sicherheit auf sensationellen Wegen fortzusetzen. Äußerungen Stalins im Rahmen seines Rechenschaftsberichts vor dem 18. Parteitag der KPdSU (B) (Kommunistische Partei der Sowjetunion [Bolschewiki], so der offizielle Parteiname von 1925 bis 1952, als man den Zusatz [B] wieder fallen ließ) im März 1939 deuten darauf hin, dass er dem »Dritten Reich« Interesse an einem Pakt signalisieren wollte. Auch die gleichzeitige Ablösung des prowestlichen jüdischen Außenkommissars Maksim M. Litwinow durch den Großrussen Molotow wird in dieser Richtung gedeutet. Schließlich interpretierte auch der Staatssekretär im Auswärtigen Amt, Ernst von Weizsäcker, eine Unterredung mit dem sowjetischen Botschafter in Berlin, Aleksej F. Merekalow, von Mitte April 1939 in diesem Sinne.

Im selben Monat nahm die UdSSR allerdings auch Verhandlungen mit Großbritannien und Frankreich zum Zweck eines Dreierbündnisses auf, das der Abwehr von Angriffen gegen ein Nachbarland der Sowjetunion dienen sollte. Die Verhandlungen verliefen mühsam; zwar sollte am 24. Juli 1939 ein politisches Abkommen paraphiert werden, aber zu militärischen Beistandsverpflichtungen kam es vorerst nicht. Auf diese Frage wollte man in separaten Verhandlungen eingehen, die für den 12. August 1939 anberaumt worden waren.

Deutschland musste über diese Entwicklung alarmiert sein, denn ein solches Abkommen gefährdete den längst beschlossenen Überfall auf Polen. Darum gab es auf Seiten des »Dritten Reiches« ein hohes Interesse, sich in dem kommenden Konflikt der wohlwollenden Neutralität der UdSSR zu versichern. Die Aufzeichnungen Merekalows legen nahe, dass nach dessen Eindruck nicht die Sowjets, sondern die Deutschen den Abschluss eines Bündnisses vorantrieben. Unter Zeitdruck geraten – der Operationsplan gegen Polen stand bereits –, ergriff Deutschland die Initiative und regte einen Nichtangriffspakt mitsamt der Festlegung von osteuropäischen Interessensphären an. Nach anfänglicher Ablehnung zeigte sich die UdSSR wenige Tage später äußerst interessiert und war auf Drängen Hitlers sogar bereit, den ins Auge gefassten Verhandlungstermin vorzuverlegen. Schon am 23. August 1939 empfing Stalin den deutschen Außenminister Joachim von Ribbentrop und stimmte dem Arrangement zu.

In dem auf zehn Jahre festgelegten Nichtangriffspakt verpflichteten sich beide Staaten zur friedlichen Lösung aller zwischenstaatlichen Auseinandersetzungen und zur Neutralität im Konfliktfall – ein bemerkenswerter Vorgang zwischen ideologischen Feinden, die im Spanischen Bürgerkrieg auch militärisch gegeneinander agiert hatten. Außerdem verabschiedete man ein geheimes Zusatzprotokoll, das erst sechs Jahre später bekannt wurde und dessen Existenz die UdSSR bis 1989 leugnete. Erst ein Beschluss des Volksdeputiertenkongresses vom 24. Dezember 1989 annullierte dieses Protokoll offiziell. Das Zusatzprotokoll war auf sowjetische Initiative hin zustande gekommen und steckte »für den Fall einer territorial-politischen Umgestaltung« die Einflusssphären beider Staaten ab. Danach sollten die baltischen Republiken und Ostpolen an die UdSSR fallen; Finnland gehörte ebenfalls zum sowjetischen Einflussbereich. Das Interesse der Sowjets an Wilna wurde akzeptiert, Litauen aber dem deutschen Herrschaftsgebiet zugeschlagen. Über Südosteuropa gab es zu diesem Zeitpunkt noch keinen Regelungsbedarf. Ansprüche auf eine Ausdehnung der UdSSR auch auf diese Region stellte Molotow erst bei seinem Gegenbesuch in Berlin Mitte November 1940.

Der Vorgang illustriert einleuchtend das Deutungsmuster des herrschaftsorientierten Totalitarismuskonzepts: Zwei macht- und territorialhungrige Diktatoren teilen sich die Beute. Mit diesem Vertrag stimmte die UdSSR einer Vernichtung Polens zu und orientierte ihre territorialen Expansionswünsche ganz an den Grenzen des ehemaligen Zarenreiches, in dessen großrussisch-imperiale Tradition Stalin sich jetzt ungescheut stellte. Nach dem Sieg der Deutschen über Polen zögerte die UdSSR mit der Besetzung Ostpolens und musste erst von den Deutschen aufgefordert werden, in das ohne eigenen Einsatz gewonnene Gebiet einzumarschieren. Auch gegenüber den baltischen Staaten ging die UdSSR eher zögerlich vor. In einem zweiten Zusatzprotokoll vom 28. September 1939 wurde nun auch Litauen dem russischen Beuteteil zugeschlagen; als Ersatz dafür erhielt Deutschland Teile Ostpolens. Die baltischen Staaten wurden Ende September/Mitte Oktober 1939 zu Beistandsabkommen mit der UdSSR gepresst und mussten der sowjetischen Armee Stützpunkte einräumen. Ende Juli 1940 wurden sie schließlich in Sowjetrepubliken umgewandelt. Finnland weigerte sich im Oktober 1939, ein Beistandsabkommen mit der UdSSR abzuschließen, und leistete gegen die Rote Armee in dem sich anschließenden Winterkrieg so anhaltend Widerstand, dass die UdSSR am 12. März 1940 einem Kompromissfrieden zustimmen musste, durch den Teile Kareliens an Moskau fielen.

Das Verhältnis zwischen der UdSSR und Deutschland blieb von all dem ungetrübt. Am 11. Februar 1940 wurde ein umfangreiches Wirtschaftsabkommen geschlossen, das auf eine langjährige ökonomische Allianz hinzudeuten schien. Erste Irritationen auf deutscher Seite verursachten die sowjetischen Forderungen vom Juni 1940, Bessarabien und die nördliche Bukowina annektieren zu wollen. Deutschland stimmte zu und zwang Rumänien, auf das sowjetische Ultimatum einzugehen. Mitte November 1940 stellte Molotow bei seinem Berlin-Besuch weitere Forderungen: Die deutschen Truppen sollten sich aus Finnland zurückziehen und Bulgarien dem russischen Einflussgebiet zugeschlagen werden. Außerdem wollte die UdSSR einen Vertrag mit der Türkei schließen, der Moskaus Interessen am Bosporus sichern sollte. Da die Deutschen in dieser Region ebenfalls Interessen hatten und auch der sowjetischen Expansion Einhalt gebieten wollten, verweigerten sie ihre Zustimmung. Molotow musste unverrichteter Dinge wieder abreisen, und im Monat darauf erteilte Hitler den Befehl, mit der Vorbereitung des Unternehmens »Barbarossa« zu beginnen.

Jüngst wird mit neuen Belegen wieder verstärkt die These vertreten, die UdSSR habe sich »spätestens seit Anfang der dreißiger Jahre auf einen ideologisch bedingten Angriffskrieg vorbereitet«[32]. Allerdings hätten die »Säuberungen« im Offizierskorps die Angriffsfähigkeit der Roten Armee – trotz massiver Aufrüstung – beträchtlich verzögert. Zwischen 1936 und 1939 verlor sie etwa jeden dritten Offizier und rund 48 Prozent der Generalität. Dieser Rekonstruktion zufolge bereitete sich die UdSSR – freilich ohne konkrete Planung – seit Anfang der

1940er Jahre auf einen Angriff gegen Deutschland vor. Diese vagen An-
griffsabsichten Stalins hatten jedoch keinen Einfluss auf die deutschen
Planungen. Schon am 31. Juli 1940 hatte Hitler Vorbereitungen für
den Überfall auf die Sowjetunion angeordnet und – vollkommen unabhängig von den sowjetischen Überlegungen – am 18. Dezember den
Angriffsbefehl – »Weisung Barbarossa« – erlassen. Der deutsche Angriff war also mitnichten ein »Präventivkrieg«, sondern ein vorsätzli-
cher Eroberungs- und Vernichtungskrieg. Aber auch Stalins Sowjetunion war eben kein »friedliebender«, sondern ein aggressiver Staat,
der sich bereit zeigte, seine Armee rücksichtslos einzusetzen, um eigene, ideologisch bedingte Machtinteressen zu verfolgen.

Rätselhaft bleibt, wie die UdSSR von dem deutschen Überfall am
22. Juni 1941 so vollkommen überrascht werden konnte. Trotz der of-
fenkundigen Abkühlung des beiderseitigen Verhältnisses wollte Stalin
den Meldungen über den bevorstehenden Einfall deutscher Truppen
in die UdSSR keinen Glauben schenken. Denn er meinte, Hitler werde keinen Zweifrontenkrieg riskieren. Bis zuletzt hielt die UdSSR ihre
Lieferverpflichtungen aus dem Wirtschaftsvertrag ein; auch der Handelsvertrag, der erst am 10. Januar 1941 abgeschlossen worden war,
wurde weiter erfüllt.

Mit dem Angriff des »Dritten Reiches« auf die Sowjetunion wurde
der Zweite Weltkrieg endgültig zu einem ideologisch begründeten Vernichtungskrieg, einer weltanschaulichen Auseinandersetzung von erbarmungsloser Härte und besonderer Schonungslosigkeit. Wendungen
wie »Kreuzzug« gegen den atheistischen Kommunismus, mit denen
Franco und Mussolini während des Spanischen Bürgerkrieges gespielt
hatten, entpuppten sich vor dem Hintergrund dieses Zusammenpralls
als bloße Stellvertreterkriege. In der Konfrontation zwischen den beiden ideologischen Todfeinden, die jetzt anhob, ging es um die letzte
Schlacht, das politisch-religiöse Armagedon. Die Nationalsozialisten
wollten den »jüdischen Bolschewismus«, das »slawische Untermen-
schentum« für immer vernichten, die Bolschewiken den »tollwütigen«
faschistischen »Barbaren« ein Ende bereiten.

Entgegen älteren Darstellungen ist zu unterstreichen, dass die
UdSSR dem Angreifer technisch kaum unterlegen war und auch quan-
titativ genügend Waffen und Truppen besessen hätte, um sich des Geg-
ners von Anfang an wirkungsvoll erwehren zu können. Was sich dramatisch auswirkte, war die Dezimierung des Offizierscorps während der

Säuberungen in der zweiten Hälfte der 1930er Jahre und die aktuelle Unentschlossenheit beziehungsweise Unfähigkeit Stalins. Der meinte zunächst, der Konflikt ließe sich schon regeln, und legte seine Armee dann auf die verfehlte Doktrin der Vorwärtsverteidigung fest. Deswegen und aufgrund des Überraschungseffekts fielen der Wehrmacht im ersten Halbjahr des Russlandkrieges etwa drei Millionen sowjetische Soldaten und große Mengen an Waffen und sonstigem Gerät in die Hände. Im Dezember 1941 war aber nicht mehr zu bestreiten, dass den Deutschen dieses Mal der »Blitzkrieg« misslungen war und sich mögliche Konsequenzen abzuzeichnen begannen.

Im Unterschied zu Hitler erwies sich Stalin als lernfähig. Er rückte im Inneren von ideologischen Fehlentscheidungen ab – etwa indem die Rote Armee wieder mehr an die hierarchisch-elitäre Struktur der zarischen Armee angeglichen und den Armeegenerälen großer Einfluss eingeräumt wurde. Die Ernennung Georgij K. Schukows zum Oberbefehlshaber der Westfront markierte eine wichtige Zäsur. Zusammen mit dem Generalstabschef Aleksandr M. Wasilewskij setzte er das gewagte Unternehmen Uranus, die Einkesselung der 6. Armee in Stalingrad, um und führte damit die definitive Wende im Zweiten Weltkrieg herbei. Dieser und die folgenden militärischen Siege stabilisierten das Regime, obwohl die enormen Verluste durch Fehler und Versäumnisse der sowjetischen Führung mit verursacht worden waren. Der legendär überhöhte »Große Vaterländische Krieg« diente als Legitimation und zur Verherrlichung der sozialistischen Ordnung – gleichsam als letzter Erweis ihrer prinzipiellen Überlegenheit über den Kapitalismus und dessen Extremform, den Faschismus und Nationalsozialismus. In der sowjetischen Geschichtsschreibung wird neben den Taten der Roten Armee der Beitrag der Partisanen als wichtig für den schwer errungenen Sieg über das Deutsche Reich herausgearbeitet. Die Opfer dieses Krieges summieren sich auf sowjetischer Seite zu einer Größenordnung von 40 bis 50 Millionen Menschen. Um die 2,5 Millionen Juden wurden durch die SS oder die »Einsatzgruppen« deportiert oder ermordet.

Der Krieg zeitigte erhebliche Auswirkungen auf die innere Struktur der Sowjetunion. Es kam zu keiner Autoritätskrise – etwa aufgrund der fatalen Fehleinschätzungen des Diktators –, sondern zu einem Höchstmaß an organisatorischer Zentralisierung und Bündelung der Kompetenzen in wenigen handlungsfähigen Gremien, denen Stalin stets angehörte, und zu einer starken Personalisierung dieser autoritären Herrschafts- und Verwaltungsstrukturen. »Vieles spricht dafür, dass der ›Führerstaat‹ den regulären Staat [...] in noch stärkerem Maße ersetzt hatte als im Dritten Reich.«[33] Das sicherlich wichtigste dieser Gremien war das »Staatliche Verteidigungskomitee« (GKO), in dem neben Stalin Lawrentij P. Berija, Molotow, Malenkow und Kliment J. Woroschilow saßen. Ihre Evakuierung infolge der anrückenden deutschen Verbände marginalisierte die ordentlichen Behörden, aber auch die Parteiorgane zugunsten der neuen kleinen Spitze weiter. Trotz dieses Sachverhaltes schmiedete der Aggressor von außen Herrschende und Beherrschte in einer so nicht gekannten Weise zusammen: eine wichtige Voraussetzung für den sowjetischen Sieg. Die Mitgliederzahlen der Kommunistischen Partei schnellten – abhängig von der aktuellen Kriegslage – in die Höhe und erreichten 1946 4,13 Millionen (1941: 2,49 Millionen). Bei allen Verlusten brachte der Krieg der Roten Armee wie der Partei einen erheblichen Machtzuwachs. Mitte Juli 1941 führte man den Kriegskommissar und den Politleiter (*Politruk*) wieder ein, 1943 waren etwa 240.000 politische Offiziere im Einsatz. Der ganze Glanz des Sieges fiel freilich auf Stalin, den unbezwingbaren Generalissimus und Vater des Vaterlandes. Für die ethnischen Minderheiten bedeutete der Krieg Deportation nach Südsibirien oder Kasachstan und weitere Entrechtung. Das galt für die Wolgadeutschen, aber auch für solche nichtrussischen Nationalitäten, die der Front fern waren und die zu den Deutschen keinerlei kulturelle oder sonstige Verbindungen besaßen.

Ein wichtiger Grund für den Sieg ist in der erfolgreichen Evakuierung von Fabriken und sonstigen Unternehmen in den Osten des Landes zu sehen. Mit den geretteten Maschinen zogen die Menschen, die sie an den neuen Orten wiederaufbauten und bedienten. Was diese Mobilisierung bevölkerungspolitisch bedeutete, geht aus dem rasanten Wachstum von Städten wie Swerdlowsk (dem früheren Jekaterinburg) oder Stalingrad hervor, deren Bewohnerzahl um 30 beziehungsweise 50 Prozent anstieg. Eine große Leistung der sowjetischen Industrie bestand auch darin, alle annähernd geeigneten Fertigungsvorgänge für militärische Zwecke umzurüsten. Nach dem Tiefpunkt des Jahres 1942 gelang es, die Produktion bis zum Ende des Krieges durch Verlagerung der Produktionsstätten und Bergwerke in Richtung Ural und Südsibirien ständig zu steigern. Die Landwirtschaft, der am stärksten betroffe-

ne Sektor, hätte die Ernährung der Bevölkerung kaum bewältigen können, wenn es nicht zur Ermunterung oder wenigstens Duldung privater Produktion gekommen wäre. Zweifellos kam dem Land auch zugute, dass es sich seit Anfang der 1930er Jahre in einem permanenten
Ausnahmezustand befand. Der Krieg setzte zwar eine Zäsur, führte
aber nicht zu einer Diskontinuität, sondern beschleunigte den Transformationsprozess in Richtung auf eine moderne Industriegesellschaft
noch. Aufgrund der Einberufungen veränderte sich innerhalb der Arbeiterschaft die Altersstruktur; der Anteil der unter 18-Jährigen fiel von
65 Prozent im Jahr 1940 auf 15 Prozent im Jahr 1942, während die
Quote der 18- bis 49-Jährigen nur von 85 Prozent auf 73 Prozent sank.
Aus dem gleichen Grund veränderte sich auch die Geschlechterstruk-
tur; im Maschinenbau stellten Frauen bald 40 Prozent der Arbeitskräfte, in der Landwirtschaft 60 Prozent. Die Fluktuation und regionale
Umverteilung der Arbeitskräfte wirkte sich auf die Arbeit aus, zumal die
Qualifikation der neu Geworbenen nicht der der alten Arbeitskräfte
entsprach. Die Versorgung der Bevölkerung mit Lebensmitteln und
Wohnraum bewegte sich auf dem untersten Niveau. Hunger gehörte zu
den alltäglichen Begleiterscheinungen des Lebens. Ohne die Hilfe der
Westalliierten, insbesondere der USA[34], hätte die UdSSR – trotz aller
eigenen Anstrengungen – diesen Krieg ökonomisch kaum durchgestan-
den. Umso erstaunlicher ist, dass auch in vielen neueren Darstellungen
zur Geschichte der UdSSR dieser Sachverhalt unerwähnt bleibt.

Der Krieg veränderte nicht nur die Herrschaftsstrukturen und die
sozioökonomischen Lebensbedingungen, sondern auch die Ideologie
des Sowjetstaates. An die Stelle des Sozialismus trat nun endgültig der
Patriotismus. Das kam schon in der stereotypen Sprachregelung »Großer Vaterländischer Krieg« zum Ausdruck und setzte sich in den nationalen Durchhalteparolen fort, die Stalin gebrauchte, als Moskau bedroht war. In dieser Lage steigerte sich der Lobpreis auf den »Vater,
Lehrer und Führer«, »den großen Feldherrn«. Symptomatisch für den
patriotischen Geist, die Liebe zu Heimat und Volk war die Einführung
einer neuen Staatshymne. Anstelle der »Internationale« mit ihren revolutionären Idealen von 1917 trat jetzt ein Text, in dem es hieß: »In
Schlachten stählten wir unsere Armeen,/den erbärmlichen Eindring-
ling werden wir schlagen!/Wir entscheiden in Schlachten das Schicksal von Generationen/und werden zum Ruhme unserer Heimat siegen!« Dichter und Schriftsteller verbreiteten Hasstiraden gegen die

»Vandalen«; unter ihnen nahm Ilja Ehrenburg eine zweifelhafte Vorrangstellung ein, wenn er ausrief, es gebe nichts Schöneres als deutsche
Leichen. Nicht mehr »Sozialismus« und »Imperialismus« waren die antagonistischen Systeme, sondern die russische Kultur rang mit der
deutschen. Auch der Film stand ganz im Dienst der propagandistischen
Kriegführung; unter den Produktionen ragte künstlerisch Sergej M.
Eisensteins *Iwan der Schreckliche* (Teil I 1944, Teil II 1946) heraus. Im
Bildungswesen wurde noch mehr als bisher Disziplin und Leistung
betont, die »Ehre« und das Auszeichnungswesen spielten eine große
Rolle. Damit einher ging die Aufwertung der Familie, verbunden mit
einer Rückbesinnung auf die traditionelle Sexualmoral – eine Entwicklung, die freilich schon mit dem Abtreibungsverbot von 1936 begonnen
hatte und ihren Höhepunkt in einem entsprechenden Familiengesetz
von 1944 fand. Vom Krieg profitierte nicht zuletzt die russisch-orthodoxe Kirche, die sich bedingungslos in den patriotischen Dienst für
Volk und Vaterland stellte, was das Regime mit größerer Toleranz gegenüber der Religion belohnte.

2.2 Die baltischen Staaten: Autoritäre und profaschistische Regimes zwischen deutschem und russischem Großmachtimperialismus

Wiederherstellung der staatlichen Souveränität

Die russische Revolution von 1905 führte auch in den Ostseeprovinzen
zu sozialrevolutionären Bewegungen. Deren Bestreben galt vor allem
einer nationalen Autonomie innerhalb der russischen Föderation. Der
Petersburger »Blutsonntag« Anfang 1905 löste auch in den baltischen
Städten revolutionäre Unruhen und Streikaktionen aus, die in radikale
demokratische Reformen mündeten. Aufständische Bauern besetzten
die kurländische Stadt Tuckum und lieferten sich Anfang Dezember
1905 heftige Kämpfe mit dem russischen Militär. Im Zusammenhang
mit den Unruhen fielen in den baltischen Provinzen 184 Herrenhöfe
in Schutt und Asche, 82 Deutsche und viele Geistliche wurden ermordet. Die zarische Armee unterdrückte den Aufstand mit äußerster Brutalität. 908 Esten und Letten wurden hingerichtet, Hunderte zu Gefängnisstrafen verurteilt und Tausende nach Sibirien verbannt. Die
Deutschbalten reagierten auf die Revolution mit gesteigertem Nationalbewusstsein und deutlicher Distanz zur einheimischen Landbevölke-

rung. »Deutsche Vereine« schossen förmlich aus dem Boden, und deutsche Bauern aus Wolhynien wurden forciert in Kurland und Livland angesiedelt. Man hielt an der aristokratischen Landesverfassung fest, die mit den Wünschen der estnischen und lettischen Bevölkerung nach Mitbeteiligung nicht vereinbar war. Während sich in Estland und Lettland die revolutionär-nationale Bewegung vornehmlich gegen die russische Autokratie, die deutschbaltische Oberschicht und die lutherische Landeskirche gerichtet hatte, waren in Litauen die revolutionären Ten-

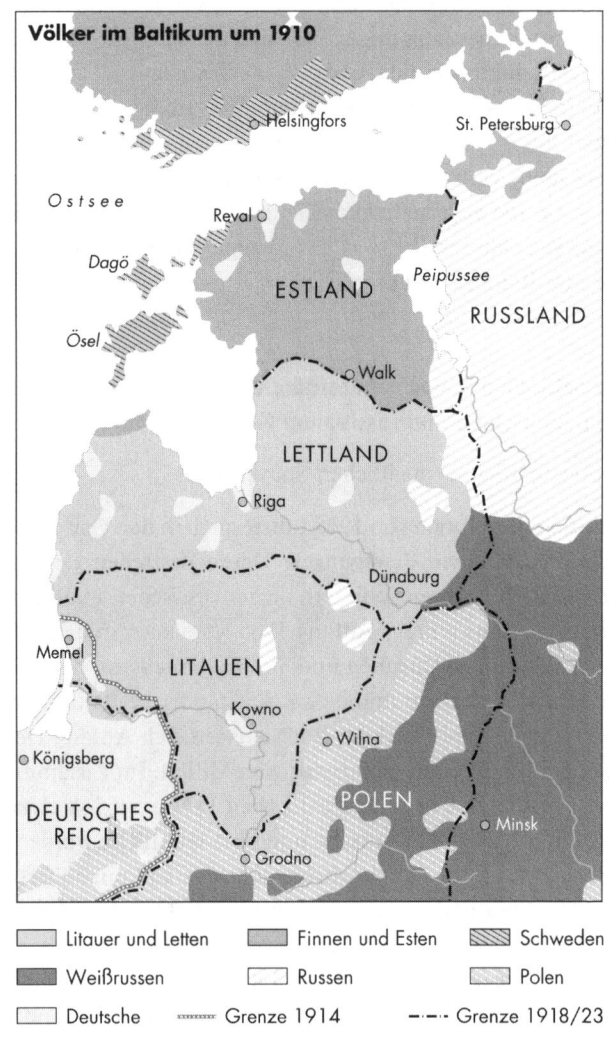

denzen nicht antiklerikal, sondern verbanden sich mit der katholischen Kirche gegen die russische Orthodoxie. Die litauischen Aufständischen waren darüber hinaus vor allem antirussisch und weithin antipolnisch. Man forderte die nationale Autonomie auf territorialer Grundlage und mit einem demokratisch gewählten Landtag.

Nach der Umwandlung der zarischen Autokratie in eine konstitutionelle Monarchie zogen einige wenige Volksvertreter der drei baltischen Republiken in die Reichsduma ein. Da alle nichtrussischen Nationalitäten und die unteren Bevölkerungsschichten nur gering repräsentiert waren, konnten die baltischen Abgeordneten, die sich über mehrere Parteien verteilten, Autonomieforderungen nicht durchsetzen.

Als die beiden mächtigen Nachbarn Russland und Deutschland der Niederlage im Ersten Weltkrieg entgegensahen, gedachte man in den baltischen Ländern, das entstandene machtpolitische Vakuum zu nutzen und – im Kampf gegen Bolschewismus wie den Deutschkonservativismus – die Selbstständigkeit zu erlangen. Zwischen März und September 1915 hatten die deutschen Truppen das gesamte von Litauern besiedelte Gebiet erobert. Ende 1915 kam der deutsche Vormarsch an der Düna kurz vor Riga zum Stehen. Aus den zahlreichen litauischen und lettischen Flüchtlingen organisierten sich eigene Truppenverbände. Die national-lettischen Einheiten – etwa 130.000 Mann – wurden an der Düna-Front eingesetzt, was sehr zur Stärkung des lettischen Nationalbewusstseins beitrug. Estland war von den Kriegsfolgen weniger betroffen und verzichtete auf die Aufstellung nationaler Regimenter. Aber auch hier erhoffte man sich vom Ende des Krieges eine Umgestaltung des russischen Reiches zugunsten größerer Autonomie für das eigene Land.

Nach dem Sturz der Zarenherrschaft in der Februarrevolution 1917 setzten in den russisch besetzten Gebieten *Estland*s und Lettlands starke Autonomie-Kampagnen ein. Bald entstanden politische Parteien, die nationalpolitische und soziale Forderungen stellten. Nachdem 40.000 Esten vor dem Sitz der Provisorischen Regierung in Petrograd demonstriert hatten, schuf diese eine administrative Einheit Estland unter dem Gouvernementskommissar von Reval, Jaan Poska. Im Mai/Juni 1917 wurden allgemeine Wahlen abgehalten, aus denen ein Landesrat (*Maapäev*) hervorging, der erstmals im September das Ausscheiden aus dem russischen Reichsverband erörterte. Aber noch wollte eine Mehrheit an einer gesamtrussischen Föderation festhalten. Darum entsandten Esten wie Letten ihre Vertreter zum Kongress der Völker Russlands nach Kiew. Unter dem Eindruck der Oktoberrevolution forderte dann der *Maapäev* die nationale Eigenständigkeit Estlands und eine Anbindung an die westlichen Großmächte. Aber die neuen russischen Machthaber enthoben Poska seines Amtes und lösten den Landtag auf. Am 24. Februar 1918, unmittelbar vor der Besetzung Revals durch deutsche Truppen, richteten Konstantin Päts und sein »Rettungskomitee« ein Manifest an »alle Völker Estlands«, in dem ein selbstständiger Freistaat Estland ausgerufen wurde. Aber dieser Akt besaß lediglich symbolische Bedeutung.

Ende März 1917 wählte man in Wolmar einen Provisorischen Landesrat, der den Zusammenschluss von Südlivland, Kurland und Lettgallen zu einem einheitlichen Staat *Lettland* forderte. Der Gouvernementskommissar Andrejs Krastkalns wurde abgesetzt. An dessen Stelle trat der ehemalige sozialdemokratische Duma-Abgeordnete Andrejs Priedkalns, sein Stellvertreter wurde Kārlis Ulmanis. An die Spitze des Rigaer Stadtrats trat Gustavs Zemgals. Anfang September 1917 eroberten die deutschen Truppen Riga. Wie die Russen unterschätzten auch die Deutschen den Willen der lettischen Bevölkerung zur Autonomie. Im Unterschied zu Estland erhielten die Bolschewiki in lettischen Städten Mehrheiten von bis zu 70 Prozent. Die lettischen Parteien waren über die Zukunft des Landes durchaus uneins. Während die Bolschewiki sich Sowjetrussland anschließen wollten, optierte die konservative Lettische Volkspartei für einen Anschluss an Deutschland. Sozialdemokraten, Liberale und Bauern traten für die Unabhängigkeit Lettlands ein. Ende Januar 1918 reichte die Livländische Ritterschaft beim sowjetischen Geschäftsträger in Stockholm – unter Berufung auf Lenins Deklaration des Selbstbestimmungsrechts aller nichtrussischen Völkerschaften Russlands vom 15. November 1917 – eine Unabhängigkeitserklärung ein. Daraufhin wurden 567 Deutschbalten deportiert und die Bolschewiki erklärten den gesamten deutschbaltischen Adel für vogelfrei. Im Vorgriff auf die noch einzuberufende Verfassunggebende Versammlung bildeten die Parteien einen Volksrat, der am 18. November 1918 die Unabhängigkeit Lettlands proklamierte. Das erste Ministerkabinett unter Kārlis Ulmanis bildeten die bürgerlichen Parteien, toleriert von den Sozialdemokraten.

In *Litauen* wurde im März 1917 ein »Litauischer Nationalrat« gebildet, der ein vorläufiges »Verwaltungskomitee für Litauen« wählte. Daneben gab es weitere litauische Aktivitäten, die den Anschluss an Russland oder den Kontakt zur Entente wünschten. Nach Lage der Dinge ließ sich eine Autonomie nur mit Zustimmung der Deutschen verwirklichen. Im September 1917 tagte in Vilnius eine Konferenz aller politischen Parteien, die übereinstimmend die Bildung eines unabhängigen demokratischen litauischen Staates forderten. Aus dieser Konferenz ging ein Landesrat hervor (*Lietuvos Taryba*), dem der deutschfreundliche Antanas Smetona vorstand. Insbesondere die polnische Minderheit verweigerte jedoch die Zusammenarbeit mit dem Landesrat, weil sie den Zusammenschluss Litauens mit Polen zu einem gemeinsamen Staat vorzog. Am 11. September 1917 proklamierte der Landesrat die »Wiederherstellung eines unabhängigen litauischen Staates mit der Hauptstadt Vilnius«. Am 16. Februar 1918 erfolgte die offizielle Staatsgründung. Gegen den massiven Widerstand der Opposition ging der neue Staat eine Bündnisverpflichtung mit Deutschland ein, welches ihn daraufhin am 23. März 1918 anerkannte. Solange der Einfluss Deutschlands währte, sah der Verfassungsentwurf die Errichtung einer konstitutionellen Monarchie unter einem deutschstämmigen Fürsten vor. Am 2. November 1918 erließ der Landesrat eine vorläufige, nach westlichem Vorbild gestaltete Verfassung. Neun Tage später – das Deutsche Reich unterzeichnete an diesem 11. November den Waffenstillstand von Compiègne – hob man den Beschluss zur Bildung einer konstitutionellen Monarchie wieder auf und konstituierte eine Republik.

Die baltischen Völker mussten ihren Wunsch nach staatlicher Unabhängigkeit nicht nur gegen bolschewistische und bürgerliche Russen erkämpfen, sondern auch gegen die jahrhundertealte deutschbaltische Vormachtstellung in ihren Ländern und gegen die von den Deutschbalten stets geförderten Annexions- und Kolonisationspläne der Reichsdeutschen. Den estnischen Freiwilligenverbänden gelang es bis zum Februar 1919, die bolschewistischen Truppen aus ihrem Land zu vertreiben. Mitte November 1918 wurde zum Schutz Lettlands eine Baltische Landwehr gegründet, daneben bildete sich eine aus Freiwilligen der abziehenden deutschen 8. Armee bestehende so genannte »Eiserne Brigade«. Zwischen dem lettischen Volksrat und dem einflussreichen Baltisch-Deutschen Nationalausschuss gab es bald heftige Differenzen. Nachdem sich die baltischen Truppen wegen der bolschewistischen Übermacht aus Riga hatten zurückziehen müssen, putschte ein deutscher Stoßtruppführer gegen die Regierung Ulmanis und setzte eine Marionettenregierung unter Führung des lettischen Pastors Andrievs Niedra ein, die keinerlei Rückhalt in der Bevölkerung besaß. Obwohl es sich bei dieser Regierung nur um eine achtzigtägige Episode handelte, einte das baltendeutsche Vorgehen die zersplitterten lettischen Kräfte gegen die Deutschen und führte dazu, dass diese sich einhellig hinter die Regierung Ulmanis und den Volksrat stellten. Unterstützt von estnischen Verbänden, wurden die baltische Landeswehr und die Eiserne Brigade bis nach Riga zurückgedrängt. Unter dem Jubel der Bevölkerung kehrte Ulmanis nach Riga zurück. Der am 3. Juli 1919 abgeschlossene Waffenstillstand sah vor, dass alle deutschen Truppen so rasch wie möglich das Land verlassen sollten. Die berüchtigten Freikorps – ehemalige russische Kriegsgefangene und deutsche Freiwillige – unter dem Oberkommando von Pavel Bermont-Avalov setzten mit immerhin 40.000 Mann ihre brutalen militärischen Aktionen im Raum Riga fort und konnten nach empfindlichen Niederlagen erst Mitte Dezember 1919 aus dem Land vertrieben werden. Mit polnischer Hilfe gelang dann die Befreiung Lettgallens von sowjetischen Truppen.

Litauen konnte mit Hilfe seiner Ende 1918 aufgestellten Armee, die vor allem zurückgelassenes deutsches Kriegsgerät nutzte, bis Ende Sommer 1919 sein Territorium von bolschewistischen Truppen befreien. Aber nun hatte es sich den polnischen Forderungen nach Eingliederung in den neuen polnischen Nationalstaat zu erwehren. Am 1. Januar 1919 übernahmen polnische Freiwilligenverbände die Macht in Vilnius, die litauische Regierung musste nach Kaunas ausweichen. Während des polnisch-russischen Krieges konnte Vilnius am 15. Juli 1920 von litauischen Truppen zurückerobert werden. Nach der Anerkennung Litauens durch Polen im Vertrag von Sulvaki am 7. Oktober 1920 brach zwei Tage später der polnische General Lucjan Żeligowski aus eigenem Gutdünken das Abkommen wieder und besetzte das Wilna-Gebiet. Die polnische Regierung unter Józef Piłsudski sanktionierte aber diesen Unrechtsakt, weil sie das jagiellonische Großreich wiederherstellen wollte. Auch der von Litauen angerufene Völkerbund vermochte den latenten Kriegszustand zwischen Polen und Litauen nicht zu beenden. Am 17. Mai 1938 schließlich setzte Polen ultimativ die Aufnahme diplomatischer Beziehungen zu Litauen sowie den Abschluss einer Reihe von Abkommen durch. Erst 1939, im Zusammenhang mit dem erzwungenen Beistandspakt mit der UdSSR, erhielt Litauen das Wilna-Gebiet zurück.

Der estnische Oberkommandierende General Johan Laidoner unterstützte zunächst die weißrussischen, antibolschewistischen Einheiten. Als deren Offensive vor Petrograd scheiterte, kam es im November 1919 in Dorpat zu Sondierungsgesprächen der drei baltischen Staaten mit der sowjetrussischen Regierung. Da Lettland und Litauen aber noch zögerten, das russische Friedensangebot zu akzeptieren, entschloss sich allein Estland zum Abschluss eines Friedensvertrages. In diesem am 2. Februar 1920 abgeschlossenen Vertrag sicherte die Russische Sozialistische Föderative Sowjetrepublik (RSFSR), so der offizielle Name Russlands seit Januar 1918, Estland die Unabhängigkeit zu und verzichtete »freiwillig und auf alle Zeiten« auf sämtliche Souveränitätsrechte über das Land.

In den lettisch-sowjetischen Friedensverhandlungen verfolgte Moskau vor allem das Ziel, die lettisch-polnische Allianz zu beenden. Am 1. August 1920, vor der entscheidenden Wende im polnisch-sowjetischen Krieg, unterzeichneten Lettland und Sowjetrussland einen Friedensvertrag, der im Wesentlichen dem mit Estland entsprach. Lettgallen wurde mit den übrigen lettischen Gebieten verbunden. Mitte Juli 1920 kam es auch zur Unterzeichnung des litauisch-sowjetischen Friedensvertrages, in dem das von Polen beanspruchte Wilna-Gebiet ausdrücklich als Teil Litauens mit der Hauptstadt Vilnius anerkannt wurde. Damit hatten die drei baltischen Staaten – in hohem Maß durch eigene politisch-militärische Anstrengungen – ihre völlige Unabhängigkeit von den imperialen Mächten Deutschland und Russland erlangt. Sie konstituierten sich als demokratisch-parlamentarische Republiken und leiteten vor allem Agrarreformen ein, die den Großgrundbesitz empfindlich einschränkten und neue Bauernwirtschaften begründeten.

Rechtsautoritäre Präsidialregime mit diktatorischen Zügen

Im Mai 1926 zerbrach im katholischen *Litauen* der bis dahin dominierende klerikale Block. An seine Stelle trat eine Minderheitenregierung aus Volkssozialisten und Sozialdemokraten. Diese neuen politischen Konstellationen beunruhigten konservative Bauern, das Militär und die katholische Kirche. In der Nacht vom 16. auf den 17. Dezember 1926 putschten Teile der Armee gegen die gewählte Regierung, erklärten den Kriegszustand und lösten gewaltsam den Seimas, das Parlament, auf. Am Weihnachtsabend wurden vier kommunistische Führer zum Tode verurteilt und drei Tage später erschossen. Nach dem Staatsstreich Mitte Dezember 1926 wurde ein Präsidialregime unter Antanas Smetona mit Augustinas Voldemaras als Ministerpräsident eingesetzt. Smetona war bereits 1919/20 Staatspräsident gewesen und sollte es nunmehr bis 1940 bleiben. Den Staatsstreich hatte er wiederholt mit dem sowjetischen Botschafter in Kaunas erörtert und konnte offenkundig mit der vollen Unterstützung der sowjetischen Seite handeln.[35] Vermutlich förderte Moskau die Entstehung autoritärer Regime im Baltikum – auch Konstantin Päts in Estland erhielt Rückendeckung –, weil deren Nationalismus eine umfassende Allianz untereinander beziehungsweise mit Polen verhindern sollte.

Voldemaras war 1918 der erste Ministerpräsident und Außenminister des unabhängigen Litauens. Er und Smetona gehörten zum Kern der Nationalen Partei (*Tautininkai*). Ein Rumpfparlament wählte – mit Unterstützung des Christlich-Demokratischen Blocks – Smetona zum

Litauen 1918–1938

▨ Litauisches Staatsgebiet ab 1920   ▢ Memelland, 1923 annektiert
–·–·· Staatsgrenzen 1924   ·········· Litauische Grenze nach   ·········· Grenze des
dem Vertrag von Moskau 1920   Memelgebietes

Präsidenten, der unter dem Einfluss der katholischen Kirche ein konservativ-ständestaatliches Regime errichtete. Doch im April 1927 kam es zu Spannungen zwischen den Klerikalen und den *Tautininku Sajunga*; der Landtag wurde aufgelöst, die Nationalisten beherrschten nun allein das Feld. Am 9. September 1926 fand eine oppositionelle Erhebung in Tauragē statt, die vom Militär blutig niedergeschlagen wurde: Acht der Teilnehmer wurden sofort erschossen, etwa zweihundert verhaftet. Mitte Mai 1928 erließ Smetona eine neue Verfassung, die das Amt des Staatspräsidenten weiter stärkte und seinen Inhaber faktisch zum gesetzgebenden Organ werden ließ. Voldemaras konnte mit Hilfe des Kriegszustandes eine diktatorische Herrschaft etablieren, die er mehr und mehr ausbaute. Am 19. September 1929 ließ ihn Staatspräsident Smetona verhaften und in die Verbannung schicken. Unabhängig davon konnten die Tautinakai ihre Position weiter stärken, einen mächtigen Parteiapparat errichten und – nach dem Aufstand vom September 1926 – einen ständig stärker werdenden Kampfverband mit dem Namen »Eiserner Wolf« organisieren, der dem Vorbild der faschistischen Miliz Italiens nachgebildet war. Leiter dieser Miliz war Voldemaras, Smetona Ehrenmitglied. Ein Wahlgesetz von 1931 räumte den Tautininkai entscheidenden Einfluss ein, um die Wiederwahl Smetonas zum Staatspräsidenten abzusichern. Im Februar 1934 folgte ein »Gesetz zum Schutz von Nation und Staat«, das für Vergehen gegen die Regierung und die diktatorische Staatsordnung strenge Strafen vorsah. Da den Anhängern des gestürzten Voldemaras die bestehende Staatsordnung nicht faschistisch genug war, unternahmen rechtsextreme Offiziere der Garnison Kaunas im Sommer 1934 einen Putschversuch, um Voldemaras wieder an die Macht zu bringen. Nach dessen Scheitern wurde Voldemaras erneut verhaftet und mit Gefängnis bestraft. 1938 amnestiert, ging er nach Südfrankreich ins Exil, kehrte 1940 in das schon von den Sowjets besetzte Litauen zurück, wurde verhaftet und in die UdSSR deportiert. Mitte Dezember 1942 starb er im Moskauer Butyrka-Gefängnis.

Als Antwort auf die Unruhen der politischen Extreme verbot Smetona alle Parteien mit Ausnahme der Tautininkai und änderte 1936 erneut das Wahlgesetz, demzufolge der Landtag lediglich zu einem beratenden Organ der Regierung herabgestuft wurde. Im Februar 1938 erhielt der Staat seine fünfte, nunmehr ausgesprochen autoritäre Staatsverfassung. Sie proklamierte die Trennung von Staat und Kirche

sowie weitere Rechte zugunsten des Staatspräsidenten. Smetona trat
als »Volksführer« (*Tautos Vadas*) auf, knüpfte nach faschistischem Vorbild an litauische Großmacht-Traditionen an, errichtete nach dem
Muster katholischer Ständestaaten berufsständische Kammern und
etablierte so einen autoritären Einparteienstaat mit ausgesprochen diktatorischen Zügen.

Auch in *Estland* hatte das parlamentarisch-demokratische System
keinen Bestand. Wie in Litauen war auch hier die kommunistische Partei verboten worden. 1920 und 1924 hatte die Regierung aufständische
Kommunisten und Gewerkschafter verfolgt, verhaftet und zum Teil
hingerichtet. Nach verschiedenen Krisen beschleunigte die Depression
der Wirtschaft seit 1929 den Aufstieg demokratiefeindlicher Kräfte.
1932 konstituierte sich unter Führung des pensionierten Generals Andres Larka sowie des Rechtsanwalts Artur Sirk der aus ehemaligen Teilnehmern des Freiheitskrieges bestehende »Verband der Freiheitskämpfer« (*Vabadussõjalaste Liit*) als politische Partei – man trug graugrüne
Hemden und schwarzweiße Armbinden. Die »Freiheitskämpfer« forderten den starken Staat mit einem Führer an der Spitze einer geschlossenen Volksgemeinschaft, die Abschaffung des Parteiwesens und des
Parlaments. Ihr Kampf galt dem Kommunismus wie dem Liberalismus
und seinen rechtsstaatlichen Traditionen. Die Bewegung trug eindeutig faschistoide Züge.[36] Sie erhielt Unterstützung von bürgerlichen Mittelschichten, aber auch von Großunternehmen und Banken. 1933
brachten die »Freiheitskämpfer« eine schon 1926 im Parlament vorgestellte, seinerzeit aber abgelehnte autoritäre Verfassungsänderung
durch den Landtag und ließen diese im Oktober 1933 auch noch durch
ein Referendum bestätigen. Die Verfassungsreform sah eine Konzentration der Staatsgewalt in den Händen eines vom Volk direkt gewählten Staatspräsidenten vor. Dieser sollte das Recht besitzen, das Parlament zu entlassen, den Ausnahmezustand zu erklären, die Regierung
ein- und abzusetzen und Dekrete mit Gesetzeskraft zu erlassen. Am
21. Oktober 1933 trat die bisherige Regierung zurück und eine provisorische Regierung unter dem Landesältesten Konstantin Päts von der
konservativen Landwirte-Partei sollte bis Frühjahr 1934 zu der neuen,
nahezu absoluten Präsidialverfassung überleiten. Doch als sich abzeichnete, dass der »Verband der Freiheitskämpfer« die Präsidentschafts-
und Parlamentswahlen gewinnen würde, rief Päts, unterstützt vom Militär, das fest hinter General Laidoner stand, den Notstand aus und ließ

den »Verband der Freiheitskämpfer« wegen Gefährdung der öffentlichen Sicherheit und versuchten Staatsstreichs verbieten. In einem Hochverratsprozess wurden 37 Freiheitskämpfer zu Gefängnisstrafen verurteilt. In Wahrheit hatten jedoch nicht die Freiheitskämpfer, sondern Päts und das Militär einen Putsch unternommen. Zur Rechtfertigung dieses Verfassungsbruchs berief sich Laidoner ausdrücklich auf den autoritären Kurs des österreichischen Bundeskanzlers Engelbert Dollfuß und dessen Verbot der Nationalsozialistischen Partei Österreichs. Päts führte im Herbst 1934 die autoritäre Regierung ein, ließ Anfang Oktober 1934 das Parlament suspendieren, im März 1935 die politischen Parteien auflösen und eine neue Einheitsorganisation mit Namen »Vaterländische Union« (*Isamaaliit*) gründen. Wie in Litauen wurde das politische Leben in berufsständischen Interessenvertretungen oder Kammern organisiert. Mitte Januar 1935 erklärte Päts die Verfassung des Vorjahres für untauglich, da sie einer Diktatur Vorschub leiste, und veranlasste im Februar 1936 ein Referendum über die Einberufung einer neuen Konstituante. Ein Versuch der Freiheitskämpfer vom Dezember 1935, die Macht gewaltsam zu übernehmen, scheiterte und verhalf Päts bei der Volksbefragung zu einer deutlichen Mehrheit (62,5 Prozent). Die aus wenigen Mitgliedern der ehemaligen Parteien und einer großen Repräsentanz der Selbstverwaltungskörperschaften bestehende neue Nationalversammlung bestätigte den Regierungsentwurf für eine neue Präsidialverfassung, die am 1. Januar 1938 in Kraft trat. Danach sollte der mit beachtlichen Vollmachten ausgestattete Präsident von einer Wahlkammer gewählt werden, die sich aus Abgeordneten der Parteien und der Selbstverwaltungskörperschaften zusammensetzte. Es gab in dem neuen System zwar eine sozialistische und eine liberaldemokratische Opposition, aber Forderungen nach Aufhebung des Parteienverbots oder der Einschränkung von Versammlungs- und Pressefreiheit gab Päts, von 1938 bis 1940 Staatspräsident, nicht nach. Am 30. Juli 1940 wurde er von den Sowjets nach Ufa am Ural deportiert.

In *Lettland* leitete ein aggressiver Nationalismus das Ende der parlamentarisch-demokratischen Staatsordnung ein. Dieser führte 1929 zur Sprengung des deutschbaltischen Landwehrdenkmals, das zum 10. Jahrestag der Befreiung Rigas errichtet worden war, 1931 kam es zu Einschränkungen der Schulautonomie, 1936 weihten lettische Patrioten in Riga ein Freiheitsdenkmal ein. Hinter solchen Aktionen standen Grup-

pen, die nach italienischem und deutschem Muster die geltende Ordnung stürzen und eine faschistische errichten wollten. Eine lettische
nationalsozialistische Partei unter J. Štelmachers bewunderte Hitler,
war aber gleichzeitig ausgesprochen deutschfeindlich. Am bedeutendsten war die extrem nationalistische und minderheitenfeindliche Organisation »Donnerkreuz« (*Pērkonkrusts*) mit ihrem Führer Gustav Celmiņš. Ihre Anhänger trugen graue Hemden mit schwarzen Baretts und
grüßten mit dem »römischen Gruß« der Faschisten. Sie traten mit der
Parole »Lettland den Letten« auf, waren minderheitenfeindlich und
antisemitisch. Vor allem um den Einfluss der »Donnerkreuzler« einzudämmen, verhängte der im März 1934 zum siebten Mal zum Ministerpräsidenten gewählte Ulmanis – am Staatspräsidenten Alberts Kviesis
vom Bauernbund vorbei – Mitte Mai 1934 den Kriegszustand. Dabei
konnte er sich auf das Militär – namentlich General Alfrēds Bērziņš
und Kriegsminister General Jānis Balodis – sowie die lettische Schutzwehr (*Aizargi*) stützen. Ähnlich wie in den anderen baltischen Staaten
betrachtete Ulmanis das Parlament und die Parteien als Ursache für
unnötige Friktionen im Volk. Darum schaltete er das Parlament aus,
beseitigte die Parteien und suspendierte die Verfassung. Er vereinigte
die gesetzgebende Gewalt wie die Ämter des Ministerpräsidenten und
des Staatspräsidenten in seiner Person, verzichtete sogar auf die Bildung eines Einparteiensystems, bezeichnete sich, in Anlehnung an das
nationalsozialistische Führerprinzip, als »Führer des Volkes« (*Tautas
Vadonis*) und berief sich dabei auf historische Vorbilder wie Oliver
Cromwell. Es kam zu keiner Verfassungsreform oder einer nachträglichen Legitimierung durch ein Referendum. Lediglich Berufskammern,
die den entsprechenden Ministerien zugeordnet waren, erhielten das
Recht zur Beratung, ohne freilich wirklichen Einfluss auf die politische
Gestaltung zu besitzen. Nachdem der stellvertretende Regierungschef
Balodis das Land zu demokratischen Verhältnissen zurücklenken wollte, musste er Anfang 1940 die Regierung verlassen. Am 22. Juli 1940
wurde Ulmanis von den sowjetischen Behörden in den Kaukasus deportiert, zwei Jahre später starb er in Krasnowodsk (Turkmenistan).

In Estland und noch deutlicher in Lettland lösten Staatsstreiche die
parlamentarisch-demokratischen Regierungen ab, um vermeintlich
drohenden oder tatsächlich bevorstehenden faschistischen Umstürzen
zuvorzukommen. Anstatt jedoch die Demokratie zu verteidigen, etablierten die Putschisten – keine demagogischen Emporkömmlinge wie

in Italien oder Deutschland, sondern meist die Staatsgründer selbst – autoritäre Präsidialregime mit diktatorischen Zügen und einer unverkennbaren Nähe zu faschistoiden Ständestaatsmodellen. In Litauen war Premierminister Voldemaras selbst der entscheidende Führer der profaschistischen Rechten. Staatspräsident Smetona, der durchaus Sympathien für Mussolini hegte, führte das Land nach Voldemaras' Entlassung auf den Weg eines autoritären Einparteienstaates. Wie in Lettland, so fehlten auch in Litauen terroristische Gewaltmethoden im Inneren. Darum kann man nicht von einem ausgeprägten faschistischen System sprechen. Die deutliche Affinität zu autoritären ständestaatlichen Modellen hatten nicht nur die katholischen Litauer, sondern auch die lutherisch geprägten Esten und Letten. Die Staatsstreiche nahmen freilich den nationalen Minderheiten die Möglichkeit, ihre Interessen in den Parlamenten wahrzunehmen. In Litauen und Lettland wurden die Minderheitenrechte von Verfassungsreform zu Verfassungsreform eingeschränkt, bis sie in der zweiten Hälfte der 1930er Jahre schließlich ganz wegfielen oder völlig marginalisiert waren.

Zusammensetzung der Nationalitäten der baltischen Länder

Estland	%	Lettland	%	Litauen	%
Esten	90,1	Letten	75,5	Litauer	84,0
Russen	5,8	Russen	10,5	Juden	7,6
Deutsche	2,0	Juden	5,2	Polen	3,3
Schweden	0,6	Deutsche	3,8	Russen	2,6
Letten	0,6	Polen	3,4	Deutsche	1,4
Juden	0,5	Esten	0,6	Sonstige	1,1
Sonstige	0,6	Sonstige	1,0		

Quelle: Hans Masalskis, Kleine Geschichte Litauens im Zusammenhang mit seinen Nachbarn, Oldenburg 2005, S. 137

Erzwungene Rückkehr in den sowjetischen Staatsverband

Außenpolitisch sollten die drei baltischen Staaten – seit September 1922 Mitglieder des Völkerbundes – nach dem Willen der Großmächte eine Pufferfunktion zwischen Deutschland und Russland einnehmen, in der Vorstellung Sowjetrusslands einen Schutzgürtel gegen die befürchtete »imperialistische Aggression« bilden und der französischen

Strategie zufolge einer »Einkreisung« Deutschlands dienen. Bezogen auf Estland und Lettland verband Deutschland seine Außen- und Außenwirtschaftspolitik mit einer intensiven Deutschtumspolitik. Als Kompensation für das von Polen annektierte Wilna-Gebiet besetzte und erhielt Litauen schließlich 1924 das von Deutschland abgetrennte und einem alliierten Kondominium unterstellte Memelgebiet, dem allerdings ein Autonomiestatus zugesprochen wurde. Die gemeinsame antipolnische Grundhaltung sowie wirtschaftliche Interessen ließen deutsch-litauische Spannungen zunächst nicht aufkommen. 1928 schlossen beide Länder einen Grenz- und im Jahr darauf einen Handelsvertrag. Nachdem die litauische Regierung aus Anlass angeblich staatsfeindlicher Bewegungen im Memelgebiet am 8. Februar 1934 das »Gesetz zum Schutz von Nation und Staat« erlassen hatte, kam es jedoch zu Spannungen mit den Memeldeutschen. Im Juni 1934 verbot die litauische Regierung zwei nationalsozialistisch orientierte Parteien im Memelgebiet, ihre Führer – darunter der Pfarrer Freiherr von Sass – und weitere memeldeutsche Mitglieder wurden im Dezember 1935 zu hohen Zuchthausstrafen verurteilt, aber 1938 wieder freigelassen, um das nationalsozialistische Deutschland nicht zu provozieren. Nach dem »Anschluss« Österreichs und der Besetzung des Sudentenlandes erhöhte Deutschland den Druck auf Litauen, das sich am 22. März 1939 zur Rückgabe des Memellandes an das Reich gezwungen sah.

Die Sowjetunion schloss nach den Friedensverträgen von 1920 mit Lettland und Estland 1927 beziehungsweise 1929 Handelsverträge und 1932 Nichtangriffspakte mit allen baltischen Staaten. Diese legten sich auf eine Neutralitätsverpflichtung gegenüber allen Großmächten fest und stimmten überein, den Durchmarsch fremder Truppen über ihr Territorium nicht zuzulassen. Dem Abschluss des deutsch-polnischen Nichtangriffspaktes vom Januar 1934 folgte am 17. Februar 1934 ein Bündnisvertrag zwischen Estland und Lettland. Im September 1934 kam es zu einem Konsultativvertrag aller drei baltischen Länder. Doch aufgrund konkurrierender wirtschaftlicher und unterschiedlicher politischer Interessen besaß diese »Baltische Entente« nur geringe Bedeutung.

Am 7. Juni 1939 – wenige Wochen vor dem Hitler-Stalin-Pakt – schloss auch das Deutsche Reich einen Nichtangriffspakt mit Estland und Lettland. Die deutsch-sowjetischen Verhandlungen vom August 1939 erbrachten neben einem Wirtschaftsabkommen und einem Nichtangriffspakt auch das geheime Zusatzprotokoll, in dem Estland und

Lettland der sowjetischen Einflusssphäre ausgeliefert wurden. Charakteristisch für die beiden totalitären Systeme war die Tatsache, dass die Verträge ohne Ratifizierung sofort in Kraft traten. Nach der Okkupation Polens durch Deutschland legte ein ebenfalls geheimes Zusatzprotokoll zum »Deutsch-sowjetischen Grenz- und Freundschaftsvertrag« vom 28. September 1939 fest, dass auch »das Gebiet des litauischen Staates in die Interessensphäre der UdSSR fällt«. In den beiden darauf folgenden Wochen setzte die UdSSR gegenüber den drei baltischen Staaten ultimativ den Abschluss von Beistandspakten und die Gewährung von Militärstützpunkten auf baltischem Territorium durch. Im sowjetisch-finnischen Winterkrieg 1939/40 flog die sowjetische Luftwaffe von estnischem Territorium aus Einsätze gegen Finnland.

Ein vertrauliches Protokoll zum »Deutsch-sowjetischen Grenz- und Freundschaftsvertrag« ermöglichte den Deutschbalten in Estland und Lettland die Umsiedlung ins Reich. Davon machten bis 1941 82.000 Personen Gebrauch. Aufgrund einer deutsch-sowjetischen Umsied-

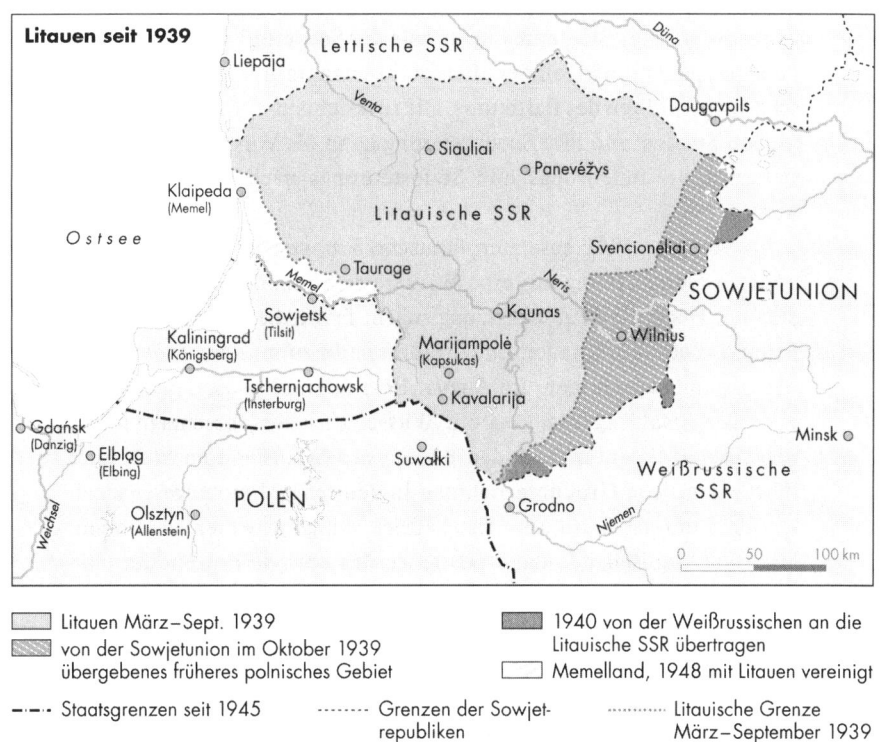

Litauen seit 1939

Litauen März–Sept. 1939
von der Sowjetunion im Oktober 1939 übergebenes früheres polnisches Gebiet
–·–· Staatsgrenzen seit 1945

1940 von der Weißrussischen an die Litauische SSR übertragen
Memelland, 1948 mit Litauen vereinigt
········ Grenzen der Sowjetrepubliken
············ Litauische Grenze März–September 1939

lungsvereinbarung vom 10. Januar 1941 verließen auch viele Deutsche Litauen, kehrten aber kurz darauf – nach der Besetzung des Landes durch die Wehrmacht – wieder zurück.

Im Frühjahr 1940 begann – vor dem Hintergrund kleinerer Widerstandsaktivitäten im Raum um Vilnius – eine konsequente Sowjetisierung des Baltikums. Die UdSSR inszenierte einige Provokationen, die sie dann Mitte Juni 1940 zum Vorwand nahm, ultimativ den ungehinderten Zugang der Roten Armee ins Baltikum und die Bildung sowjetfreundlicher Regierungen zu fordern. Hochrangige Moskauer Emissäre bereiteten in Tallinn, Riga und Kaunas das Feld für die »Revolution von 1940«. Nach einer Änderung des Wahlrechts wurden Mitte Juli 1940 manipulierte Parlamentswahlen nach sowjetischem Muster durchgeführt. Die nach Ausschluss aller oppositionellen Kräfte zustande gekommenen Abgeordnetenversammlungen erklärten die baltischen Staaten zu sozialistischen Sowjetrepubliken und stellten Anfang August im Obersten Sowjet in Moskau Anträge auf Eingliederung in den sowjetischen Staatsverband. Es folgten Massendeportationen »antisowjetischer Elemente« ins Innere der Sowjetunion – etwa 48.000 Personen, ein großer Teil der alten politischen, militärischen und wirtschaftlichen Eliten des Baltikums. Die rücksichtslose Annexion der baltischen Staaten und ihre Sowjetisierung kann als Vorspiel zur Sowjetisierung Ostmitteleuropas und Südosteuropas nach 1945 betrachtet werden.

Im Sommer 1941 besetzten deutsche Truppen das Baltikum und weckten die Hoffnung auf eine Wiedererrichtung der drei baltischen Staaten. Doch die neue Besatzungsmacht fasste die »Generalbezirke« Estland, Lettland, Litauen und Weißrussland zum »Reichskommissariat Ostland« zusammen. Im August 1941 übernahm die deutsche Besatzungsverwaltung das gesamte Wirtschaftsleben, beschlagnahmte sowjetisches Eigentum, gab den Bauern den Status von Pächtern und führte sämtliche Großunternehmen in deutsche Monopolgesellschaften über, um das Baltikum wirtschaftlich völlig ausbeuten zu können. Mit Hilfe litauischer Kollaborateure wurden etwa 90 Prozent der jüdischen Minderheit Litauens – etwa 230.000 Personen – vernichtet, in Lettland fanden 66.000 Juden den Tod, in Estland etwa 1.000.

Eine im litauischen Kaunas gebildete provisorische Regierung musste sich am 5. August 1941 wieder auflösen, weil sie nicht bereit war, lediglich als Vertrauensrat der deutschen Zivilverwaltung zu fungieren.

Es bildeten sich zahlreiche Widerstandsgruppen, die gegen die deutsche und später gegen die sowjetische Okkupation kämpften. Im Herbst 1944 wurde Litauen durch die Dritte Weißrussische Armee zurückerobert. Zusammen mit einer aus Flüchtlingen gebildeten »Litauischen Division« rückte sie im Januar 1945 in Memel ein, was zur Vergrößerung des Territoriums der wieder errichteten Sowjetrepublik Litauen führte.

In Estland kooperierte der letzte verfassungsmäßig ernannte Premierminister Jüri Uluots zunächst mit den Deutschen, die bis zu 60.000 Mann für ihre Armeen rekrutieren konnten. Im September 1944 ernannte Uluots den ehemaligen Justizminister Otto Tief zum Chef einer unabhängigen estnischen Regierung, die von Moskau freilich nicht anerkannt wurde. Uluots' Bemühungen, sein Nationalkomitee in der schwedischen Emigration zu einer veritablen Exilregierung umzuwandeln, scheiterten an der mangelnden Unterstützung durch die Westmächte.

Das 1943 entstandene Zentralkomitee der nationalen Widerstandsbewegungen Lettlands forderte 1944 ebenfalls die Wiederherstellung einer unabhängigen lettischen Republik. Auf der anderen Seite kämpften über 100.000 Letten in deutschen Verbänden – charakteristisch für jene Mischung aus Widerstand und Kollaboration in den baltischen Staaten. Von wo aus immer sie agierten, das gemeinsame politische Ziel der meisten Balten bestand in der Wiederherstellung der Souveränität ihrer drei Republiken. Aufgrund von Zwangsmobilisierungen mussten Ende des Krieges etwa 30.000 Esten, 50.000 Letten und 82.000 Litauer in der Roten Armee kämpfen.

Nach der Wiedereroberung des Baltikums setzten die Sowjets mit noch größerer Intensität die Sowjetisierung der drei Länder fort. Nach Verhaftungen, Hinrichtungen und Deportationen von Zehntausenden wurde den Menschen die Wirtschaftsordnung und Gesellschaftsstruktur der Sowjetunion aufgezwungen. Härter noch als bei den formal selbstständig bleibenden Satelliten setzten Stalins Kommissare die Kollektivierung der Landwirtschaft durch und forcierten seit 1949 die Industrialisierung des Baltikums. Als »Kulaken« diffamierte Mittelbauern wurden in Kolchosen gezwungen, die stetige Zuwanderung von Russen, Weißrussen und Ukrainern, die oft Schlüsselstellungen im Verwaltungs- und Parteiapparat wie im Militär und bei der Polizei besetzten, änderte die ethnische Zusammensetzung. Auch damit trieben sie die Sowjetisierung voran. Die Funktionäre der KPdSU sahen in dieser Bevölkerungsverschiebung und der damit einhergehenden fortschreitenden Russifizierung des öffentlichen Lebens eine willkommene Annäherung hin zu einer »einheitlichen multinationalen Sowjetkultur«. Die russische Sprache setzte sich immer mehr als Amtssprache, aber auch in der Wissenschaft wie in den öffentlichen Medien durch. Dies

Die Republiken Lettland und Estland seit 1945

☐ im Januar 1945 von der Lettischen SSR abgetrennt und der RSFSR übertragen

▨ im Januar 1945 von der Estnischen SSR abgetrennt und der RSFSR übertragen

–·–·– Staatsgrenzen von 1939

entsprach ganz der absurden Vision Stalins von »einer gemeinsamen internationalen Sprache«[37]. 1944/45 entzogen sich 66.000 Litauer, 120.000 Letten und 80.000 Esten durch Flucht in den Westen der sowjetischen Okkupationsmacht. Die Sowjetunion betrachtete diese Flüchtlinge als sowjetische Staatsbürger und forderte deren Repatriierung. Einige Länder, zum Beispiel Schweden, gaben dem von der UdSSR ausgeübten Druck nach. Zwischen 1947 und 1952 folgte eine zweite Flüchtlingswelle, mit der weitere 127.000 Balten in den Westen gelangten.

2.3 Der italienische Faschismus und Mussolinis Diktatur

Sozialer Nationalismus als »Bewegung«

Wie Deutschland, Japan, Ungarn und Rumänien gehört Italien zu den »verspäteten« Nationen. Ein erstes imperiales Expansionsstreben führte 1896 zu einer desaströsen Niederlage in Adua (Äthiopien). 1911/12 folgte unter der liberalen Regierung Giovanni Giolittis der zweite Versuch: Italien marschierte in Libyen ein und zwang das Osmanische Reich, diese Gebiete an Italien abzutreten. Weitere Gebiete in Ostafrika und die *terra irredenta*, die »unerlösten Gebiete« Triest und das Trentino, die im Besitz der habsburgischen Monarchie waren, wollte Italien ebenfalls unter seine Herrschaft bringen.

Infolge der Industrialisierung kam es um die Jahrhundertwende zu einem rasanten Aufstieg der sozialistischen Bewegung. Die bedeutendste Formierung war die Italienische Sozialistische Partei (*Partito Socialista Italiano*, PSI), deren Führung 1912 der junge Journalist Benito Mussolini übernahm. Lenin begrüßte den Aufstieg Mussolinis, denn beide waren der Meinung, dass nur eine revolutionäre Avantgarde die neue revolutionäre Gesellschaft herbeiführen könne, und lehnten jeden Kompromiss mit der Bourgeoisie ab. Doch Mussolini und seine Gefolgsleute scheiterten 1914 vorerst, ein Generalstreik und ein Aufstand (die »rote Woche«) blieben folgenlos. Sechs Wochen später begann der Erste Weltkrieg. Trotz des Beistandspaktes mit Deutschland und Österreich-Ungarn tendierte Italien zur Entente. 1915 wurde in London ein Geheimvertrag abgeschlossen, der Italien verpflichtete, an der Seite der Entente in den Krieg einzutreten. Als Gegenleistung wurden dem neuen Verbündeten Triest das gesamte Trentino-Gebiet sowie Territorien an der östlichen Adria, in der Türkei und in Afrika versprochen.

Nicht nur die Rechte, auch die mächtigen Kräfte der Linken drängten zu einer Intervention. Der syndikalistische Gewerkschaftsverband trat dagegen für eine Neutralitätspolitik ein. Es war die Zeit der Bünde, der *Fasci* – ein Begriff, den die Linke seit den 1870er Jahren für ihre Zusammenschlüsse gebrauchte. Der neu gegründete *Fascio Rivoluzionario d'Azione Internazionalista* sah im Kriegseintritt den besten Weg zur Revolution. Darin unterschied er sich nicht von vielen anderen sozialistischen Parteien in Europa. Allein die Italienische Sozialistische Partei weigerte sich, ähnlich wie die Bolschewiki, für den Krieg einzutreten.

Mitte Oktober 1914 verließ Mussolini die PSI, legte sein Amt als Herausgeber der Zeitschrift *Avanti* nieder und schloss sich im Dezember 1914 dem *Fascio Rivoluzionario* an. Er startete die Herausgabe einer neuen Zeitung mit dem Titel *Il Popolo d'Italia*. Mussolini ging es nunmehr um eine Volksbewegung. Anfang Januar 1915 wurde der *Fascio* als *Fasci d'Azione Rivoluzionaria*, als faschistische Bewegung reorganisiert. Gegen das zögernde Parlament setzten sich, unterstützt von Massendemonstrationen, im Mai 1915 die kriegswilligen Gruppen durch. Auch die konservativen Liberalen unter Ministerpräsident Antonio Salandra hofften, der Krieg bringe Annexionen und gesellschaftliche Veränderungen. Doch anders als Mussolini wollten sie die Reformen der vergangenen Jahre rückgängig machen und zu einem autoritären Liberalismus zurückkehren. In dem Krieg erzielte die italienische Armee keinen Geländegewinn, band aber starke Kräfte der österreichisch-ungarischen Armee. Zehntausende italienischer Soldaten, vorwiegend aus dem armen Süden, desertierten, nur siebenhundert von ihnen wurden hingerichtet.

Der Krieg verschob das politische Spektrum nach rechts, die linken interventionistischen Gruppen, auch Mussolinis *Fasci*, verloren an Boden. Die *Fasci d'Azione Rivoluzionaria* lösten sich schließlich auf. Mussolini versuchte nun, den infolge des Krieges neu entflammten Nationalismus für sich nutzbar zu machen und einen revolutionären sozialen Nationalismus als Bewegung zu initiieren.

Der Kriegsausgang hatte Italien neue Gebiete aus dem ehemaligen Habsburger Reich, darunter auch Südtirol, eingebracht, weder aber, wie erhofft, Territorien in Afrika noch die von Italienern bewohnte Stadt

Fiume (Rijeka) an der jugoslawischen Adriaküste. Weil sie diese Ziele nicht erreicht hatten, wurden die Regierenden als *rinunciatari*, als Verzichtler diffamiert. Der Sieg erschien als verstümmelter, als beschnittener Sieg. Da sich die ökonomische Situation nach dem Krieg nicht, wie erwartet, verbesserte, kam es zu neuen Streikwellen und im Süden zu Landbesetzungen.

Die ersten Nachkriegswahlen vom September 1919 – nach einer Wahlrechtsreform, die das Verhältniswahlrecht und größere Wahlkreise eingeführt hatte – gewannen die Sozialisten. Dennoch übten die alten Mittelklassen-Liberalen ihre Minderheitenherrschaft weiter aus. Die Revolutionären Sozialisten (*massimalisti*) verlangten in ihrem neuen Parteistatut vom Oktober 1919, die politische Macht gewaltsam zu erobern und eine Diktatur des Proletariats zu errichten. Sie traten Lenins neuer Kommunistischer Internationale bei; der ihr angeschlossene Gewerkschaftsverband schwoll bis 1920 auf nahezu zwei Millionen Mitglieder an und organisierte Massenstreiks in der Industrie und auf dem Land. Es kam zu Landbesetzungen und zur Ankündigung, dass in Kürze eine Revolution ausbreche, die der in Russland gleichkäme. Die Jahre 1919/20 erhielten darum die Bezeichnung »*biennio rosso*«. Die über sechzig Jahre stabile Ordnung, der liberale italienische Staat mit seinen autoritären Institutionen und Funktionsmechanismen, geriet in eine schwere Herrschaftskrise.

Um diese Entwicklung zu bremsen, riefen die Liberalen im Juni 1920 den 79-jährigen liberalen Vorkriegspolitiker Giovanni Giolitti erneut in die Regierungsverantwortung. Die von den Kriegsfolgen enttäuschten linken Interventionisten und Nationalisten entfachten derweil die so genannte »Neunzehner-Bewegung«. Diese Bewegung veranstaltete Ende März 1919 eine Versammlung in Mailand, aus der ein neuer Bund hervorging: die *Fasci Italiani di Combattimento*, nationalistische Kampfverbände, deren harter Kern aus ehemaligen Mitgliedern der italienischen Sturmtruppen, den *arditi*, bestand. Während des Krieges hatten sie – als Symbol des Todes – schwarze Uniformen getragen. Mussolini gehörte zu den wichtigsten Führern der *Fasci Italiani di Combattimento*. Er konzipierte den Bund als Antipartei, verlangte die Bildung einer Elite und bezeichnete seine Bewegung in *Il Popolo d'Italia* als Erneuerungsbund zur Festigung der Demokratie und der Nation. Das Programm war progressiv: allgemeines Stimmrecht für Männer und Frauen ab einem Alter von 21 Jahren, demokratische Wahlen zu

einer neuen Nationalversammlung, Achtstundentag, Beteiligung der
Arbeiter an der Führung der Industrieunternehmen, Umverteilung von
Land etc.

Die radikal nationalistische Initiative wurde von dem Dichter und
Kriegshelden Gabriele D'Annunzio angeführt. Mit einem kleinen Ex-
peditionscorps besetzte er 1919 die in Jugoslawien gelegene italienische
Stadt Fiume und schuf dort den »faschistischen Stil« – eine Mixtur aus
Zeremonien, Sprechchören, Reden vom Balkon zu einem Massenpub-
likum, schwarzen Uniformen und römischem Gruß. In einem Vertrag
zwischen Italien und Jugoslawien wurde Fiume schließlich im November 1920 als »Freie Stadt« anerkannt; die italienische Armee vertrieb
D'Annunzios Freischar aus der Stadt. Aus der Krise um Fiume gingen
Aktionsgruppen hervor, die gewaltsam gegen slawische Minderheiten
und die sozialistische Bewegung vorgingen, weil diese von einem »anti-
nationalistischen« Geist beseelt seien. Aus diesen Schlägertrupps sollten sich die Squadristen rekrutieren.

Mussolini sah sich in der Popularität durch D'Annunzio auf die hin-
teren Plätze verwiesen. Seine *Fasci* scheiterten bei den Parlamentswahlen im November 1919. Das Problem der Bewegung bestand darin, dass
sie sich als Nationalisten *und* Sozialisten verstanden und deshalb von
keiner Seite Unterstützung erhielten. 1920 erholten sich die *Fasci* ein
wenig und begannen nun mit einem Symbolkult, der ganz an D'Annunzio erinnerte.

Unterdessen gelangte Mitte 1920 die Sozialistische Initiative zu einem gewissen Höhepunkt: Die Streikwellen und Meutereien unter den
Soldaten nahmen derart zu, dass es Ende des Jahres so aussah, als stünde die sozialistische Machteroberung kurz bevor. Doch angesichts der
schwelenden Bedrohung des Mittelstandes hatte auch dieser sich zu
Bünden zusammengeschlossen: dem *Fascio d'Azione Popolare* und der
militant antisozialistischen *Associazone Nazionalista Italiana*. Letztere
hatte eine Miliz organisiert, die blaue Hemden trug. Ihre Mitglieder
nannten sich *Sempre Pronti*, die »Immer Bereiten«.

Auch Mussolinis *Fasci Italiani di Combattimento* organisierten 1920
eine politische Miliz, die aus *squadre*, »Kommandos«, bestand. Im
Herbst 1920 verlagerte sich das Tätigkeitsfeld der *Fasci* von den Städten aufs Land. *Squadristi di Fasci* in schwarzen Hemden begannen nun,
die Sozialisten auf dem Land anzugreifen. Aber auch die Großgrundbesitzer bedienten sich der *squadre*, um gegen die organisierten Land-

arbeiter vorzugehen. Solche Kampfverbände aus Milizionären waren nicht nur charakteristisch für den italienischen Faschismus. In Deutschland, Spanien, Ungarn und Rumänien beispielsweise spielten solche Banden eine ähnliche Rolle. Aus der rumänischen »Eisernen Garde« rekrutierten sich regelrechte »Todeskommandos«, die mit äußerster Brutalität gegen politische Gegner vorgingen. In dieser Phase der innenpolitischen Auseinandersetzungen rückte Mussolini allmählich von der sozialistischen Programmatik ab, verwarf den Internationalismus und proklamierte stattdessen die italienische nationale Revolution.

Die *Fasci Italiani di Combattimento* wurden immer gewaltbereiter und verursachten mit ihren »Strafexpeditionen« gegen Sozialisten ihrerseits bürgerkriegsähnliche Zustände. Ihre neue Ausrichtung verschaffte ihnen regen Zulauf. Von ursprünglich 20.000 Mitgliedern Ende 1920 wuchs ihre Bewegung bis Ende 1921 auf 100.000 an und konnte sich in den Folgemonaten noch einmal beinahe verdoppeln. Sie stellte jetzt die größte politische Massenbewegung dar. Zwischen Ende 1920 und Ende 1921 kam es zu einem fast vollständigen Austausch der Sozialstrukturen der Bewegung. Nur Mussolini und wenige andere konnten den atemberaubenden, programmatischen Wechsel von den interventionistischen Sozialisten zu den militanten Nationalisten überleben. Dieser neue Faschismus war in den ländlichen Gebieten des Nordens entstanden und stand den Mittelklassen näher als den Sozialisten, war wirtschaftlich gemäßigter und trat entschieden gegen den radikalen Sozialismus auf.

Um die faschistische Bewegung zu »konstitutionalisieren«, entschloss sich Ministerpräsident Giolitti bei den vorgezogenen Parlamentswahlen vom Mai 1921, die Faschisten in die Liste der »nationalen Blöcke« aufzunehmen. Im Parlament bildeten die Faschisten noch eine Minderheit von sieben Prozent. Insgesamt erhielten die nationalen Blöcke eine schwache Mehrheit (275 von 535 Sitzen), die Sozialisten konnten sich mit 122 Abgeordneten halten, die katholische Volkspartei von Don Sturzo und Alcide De Gasperi nahm zu und kam auf 108 Mandate. Auf der Grundlage dieses Wahlergebnisses bildete man ein zerbrechliches Koalitionskabinett verschiedener liberaler Richtungen und der Volkspartei. Weite Kreise des Bürgertums und der Bürokratie erfasste angesichts dieser Entwicklung ein tiefes Unbehagen gegenüber dem Parlamentarismus und seiner Idee des politischen Ausgleichs. Sie sympathisierten darum zunehmend mit dem faschistischen Gedankengut und seiner Idee eines »starken« Staates und einer »starken« Regierung.

In dieser Situation suchte Mussolini Ansehen als respektabler Staatsmann zu gewinnen, indem er sowohl eine Einigung mit der ultramonarchistischen Rechten wie eine Versöhnung mit den Sozialisten anstrebte. Er wollte auch nach diesen Wahlen noch immer den Spagat zwischen Linken und Rechten aufrechterhalten und strebte eine nationalistisch-linksgerichtete Koalitionsregierung an. Immer wieder suchte er Verhandlungen mit den Sozialisten, um durch eine Art »Befriedungspakt« die bürgerkriegsähnlichen Zustände im Land zu beenden. Doch die Schwarzhemden provozierten ständig neue Konflikte mit den Sozialisten, um die Verhandlungen zu sabotieren. Daraufhin bestellte Mussolini erstmals eine Kommission zur »Säuberung« der *squadristi* von »kriminellen Elementen«. Am 2. August 1921 unterzeichneten Faschisten und Sozialisten einen Befriedungspakt. Doch daraufhin setzten faschistische Provinzführer Mussolini derart unter Druck, dass er zurücktreten wollte. Praktisch wurde der »Befriedungspakt« wirkungslos, weil ihn die *squadristi* immer wieder unterliefen. Sie waren entschlossen, den Bürgerkrieg gegen die Linke fortzuführen.

Für die Zeit vom 7. bis zum 10. November 1921 berief Mussolini einen Kongress der *Fasci Italiani di Combattimento* ein, um aus der Bewegung eine reguläre Partei zu machen. Die große Mehrheit der Delegierten befürwortete die Umbildung der *Fasci* zur *Partito Nazionale Fascista* (PNF). Dabei kam es zu einer Dissidentenbewegung des revolutionären Flügels, der auf eine Fortsetzung des Umsturzes drängte und den Versöhnungskurs missbilligte. Auch das gehört zu den Charakteristiken einer zur Staatspartei gerinnenden faschistischen Bewegung. Als Exekutivorgan der *Partito Nazionale Fascista* fungierte ein elfköpfiges Komitee mit Mussolini an der Spitze. Dieser übernahm nun immer mehr die Rolle des charismatischen Führers. Man begann, ihn immer häufiger mit »*Duce*« anzureden. Seine Argumente trug der »Führer« stets in apodiktischer, mystischer und emotionsbeladener Form vor.

Das insgesamt auf Pragmatismus und Opportunismus angelegte Programm der neuen Partei befürwortete den imperialen italienischen Nationalstaat, eine starke Staatsführung und ökonomischen Liberalismus. Drei Säulen sollten die Partei bestimmen: Die Parteielite (Kader), die *squadre* und die faschistischen Gewerkschaften. Mehr als die Hälfte der

220.000 Parteimitglieder lebte im Norden, ein Fünftel stammte aus dem Süden, der Rest entfiel im Verhältnis zwei zu eins auf Zentralitalien und die Inseln. Im Lauf des Jahres 1922 wuchs die Partei weiter, während die Angehörigen der Sozialistischen Partei auf 70.000 zurückgingen. Alle Bevölkerungsschichten waren in der PNF vertreten; überrepräsentiert waren Oberschüler und Studenten; letztere gehörten zum radikalen Parteiflügel. Immerhin die Hälfte der höchsten Partei-Repräsentanten kam von der Linken, unter den so genannten 136 Bundessekretären waren 22 Freimaurer – eine der Gruppen, die später verboten wurden.

Großen Wert legte Mussolini auf die Ausgestaltung der faschistischen »Liturgie« (Flaggen, Zeremonien, Märsche, pompöse Trauerfeierlichkeiten für die Gefallenen der Bewegung, Verlesung ihrer Namen und der Ruf »Presente« im Chor). Dabei konnte Mussolini auf die Riten zurückgreifen, die D'Annunzio in Fiume entwickelt hatte. Der Mythos vom antiken Rom wurde wieder belebt, die Idee des »Stato Nuovo«, des »neuen Rom«, beflügelte die Faschisten. An die Stelle des 1. Mai, des internationalen Feier- und Kampftages der Arbeiter, setzten die Faschisten symbolträchtig den 21. April, den Geburtstag Roms, ein nationaler, volkstümlicher und kaiserlicher Feiertag. Anfang 1922 diagnostizierte Mussolini: »il mondo va a destra«, die Welt gehe nach rechts, Demokratie und Sozialismus hätten ausgedient. Ein neues, ein »aristokratisches« Zeitalter breche an.

Politisch vermochten die Faschisten erfolgreich, unter Einsatz von Terror und Gewalt, einen nördlichen Distrikt nach dem anderen zu erobern. Ende 1922 waren nur noch die Städte Turin und Parma in sozialistischer Hand. Im Februar 1922 hatte der gemäßigte Liberale Luigi Facta eine zweite Mitte-Rechts-Koalition unter Beteiligung der Faschisten gebildet. Obwohl die Linke sich jetzt zu einer »Arbeiterallianz« zusammenschloss, wurde sie von Monat zu Monat schwächer. Ihr Proteststreik Anfang August 1922 gegen die undemokratischen Verhältnisse schürte nur die Angst weiter Teile der Bevölkerung vor der »roten Gefahr« und veranlasste die Regierung keineswegs, gegen die Faschisten vorzugehen. Vielmehr gingen diese zur Offensive über, besetzten Gewerkschafts- und Rathäuser, bemächtigten sich der großen Städte und fanden positive Resonanz im Bürgertum.

Im Königshaus gab es Sympathisanten der faschistischen Bewegung, ebenfalls in der Armee und unter den führenden liberalen Intellektu-

ellen des Landes (wie zum Beispiel Benedetto Croce). Auch Papst
Pius XI., im Februar 1922 gewählt, nahm eine eher wohlwollende Haltung ein. Im hohen Klerus Italiens gab es ausgesprochen zustimmen-
de Signale – etwa wenn der Erzbischof von Mailand die faschistische
Fahne auf seiner Kathedrale hissen ließ.

Der »Marsch auf Rom« und die faschistische Regierungsübernahme

Mussolini sah den richtigen Zeitpunkt gekommen, die Macht zu erobern. Mitte Oktober 1922 fiel die Entscheidung zum »Marsch auf
Rom« – in Wahrheit eine große Massierung der Schwarzhemden in der
Hauptstadt. Das Ganze war als Machtdemonstration mit Hilfe von
25.000 *squadristi*, nicht als Putsch der Faschisten gedacht. Die Aktion
sollte dazu führen, legal die Regierungsverantwortung übertragen zu
bekommen. Der italienische König Viktor Emanuel III. verweigerte der
Regierung Facta, die den Belagerungszustand ausgerufen wissen wollte, die Unterstützung. Daraufhin trat Facta am 27. Oktober 1922 zurück. Der konservativ-profaschistische Liberale Salandra war zur Regierungsbildung mit den Faschisten bereit. Aber Mussolini bestand
darauf, selbst Ministerpräsident zu werden. Am 30. Oktober 1922 beauftragte schließlich der König den erst 39-jährigen Mussolini mit der
Regierungsbildung. Die Schwarzhemden, die vor den Toren Roms ihren Marsch beendet hatten, zogen tags darauf als triumphierende Sieger in die Stadt ein.

Am 30. Oktober 1922 bildete Mussolini sein erstes Kabinett, zunächst eine typische Koalitionsregierung. Er erhielt vom Parlament die
Genehmigung, ein Jahr mit Notverordnungen zu regieren. Der neue
Ministerpräsident verzichtete zunächst auf Gewaltmaßnahmen, die
Linke verhielt sich auffällig ruhig, die Wirtschaft, die kurz zuvor in eine Erholungsphase eingetreten war, machte – trotz eines restriktiven
Sparhaushalts – weiter Fortschritte. Im Dezember schuf Mussolini ein
leitendes Exekutivorgan – den »Faschistischen Großrat« – und domes-
tizierte die Schwarzhemden durch Reorganisationsmaßnahmen. Sie
wurden nun – als staatliche Institution – zur »Freiwilligen Miliz für
Staatssicherheit« (*Milizia Volontaria per la Sicurezza Nazionale*, MVSN).
Bis Ende 1923 wuchs die Faschistische Partei auf nahezu 800.000 Mitglieder an. Dies führte zu parteiinternen Streitigkeiten zwischen den
»altgedienten« Squadristen und den neu Hinzugekommenen über die

Zukunft und das Programm der Bewegung. Während die einen die Errichtung einer faschistischen Diktatur beschleunigen wollten, suchten die Gemäßigten einen kulturell-politischen Dauerreformismus durchzusetzen, an dessen Ende erst das neue »Imperium Romanum« stehen sollte. Daneben existierten noch die weniger bedeutenden Gruppen der »clerico-fascisti«, der »monarchistischen Faschisten«, der heidnischen Faschisten und andere.

Anlässlich seines Rom-Besuchs im Mai 1923 bezeichnete der britische Monarch George V. Mussolini – mit durchaus positiver Konnotation – als »starken Mann«. Er verlieh ihm einen Orden und beglückwünschte ihn dafür, dass er Italien aus der Krise geführt habe. Diese Auffassung teilten auch zahlreiche Politiker und Journalisten in Großbritannien, Frankreich und den USA. Man schien vergessen zu haben, dass Mussolini in vielen seiner Reden antibritische Attitüden benutzt und dass er eine ausgesprochen aggressive Haltung gegen Jugoslawien und andere Staaten gezeigt hatte. Der *Duce* und seine Bewegung faszinierten nicht nur weite Teile Europas, sondern strahlten sogar über den Atlantik.[38] 1927 assoziierten die Amerikaner mit einer Diktatur vor allem die italienischen Verhältnisse und den *Duce*.[39] Mussolini muss in den Vereinigten Staaten eine so positive Ausstrahlung besessen haben – Kraft, Effektivität, Modernität, Kontrolle und erotisches Appeal –, dass Studebaker sein Modell EU Standard Six »Dictator« nannte und immerhin 40.000 Exemplare des Automobils verkaufen konnte.[40] Seit 1923 boten die Vereinigten Staaten Mussolini Kooperation und Unterstützung auf politischem wie wirtschaftlichem Gebiet an. Mussolini vermied es von da an, gegen Einwanderungsbeschränkungen italienischer Emigranten zu wettern, und sorgte dafür, dass auch die Netzwerke italienischer *Fasci* in Amerika nicht weiter betrieben wurden. Ein zentrales Motiv der Westmächte für die positive Aufnahme der Regierung Mussolini bestand darin, dass sie meinten, nun sei das Gespenst des Bolschewismus aus dem Herzen des Mittelmeerraums vertrieben worden. Wenn auch in abgemilderter Form, schlug einer Reihe von faschistischen Nachfolgestaaten, nicht zuletzt Deutschland zehn Jahre später, zunächst diese grundsätzliche Offenheit und Bereitschaft des Auslands entgegen, Gewaltakte zu verharmlosen und die Zusammenarbeit anzustreben.

Im April 1924 wurden auf der Grundlage eines neuen Wahlgesetzes Neuwahlen abgehalten. Danach erhielt die Partei, deren Kandidaten mit einfacher Mehrheit, mindestens aber mit 25-prozentiger Mehrheit die Wähler auf sich vereinigen konnte, zwei Drittel der Parlamentssitze zugesprochen. Die Koalition aus Faschisten, Gemäßigten und Konservativen gewann 66 Prozent der Stimmen und eine absolute Mehrheit im Parlament. Nach der Entführung und Ermordung des gemäßigten Sozialisten Giacomo Matteotti verließen die linke Minderheit und die wenigen noch verbliebenen Liberalen das Parlament. Jetzt waren die Koalitionäre unter sich, der König stützte Mussolini. Dieser konnte darangehen, die faschistische Diktatur zu errichten.

Etablierung der faschistischen Diktatur

Der italienische Faschismus erlebte sowohl zwischen 1925 und 1929 als auch zwischen 1929 und 1939 entscheidende Transformationen. In den Jahren zwischen 1925 und 1929 wurde die eigentliche faschistische Diktatur etabliert. Im Jahr 1925, als die Diktatur in Kraft trat, begannen Mussolini und sein Unterrichtsminister Giovanni Gentile den Begriff »totalitär« zu verwenden, um die Struktur und die Ziele des neuen Staates zu kennzeichnen. Paradoxerweise war das faschistische Italien strukturell aber zunächst nicht totalitär. Mit dem Stalinismus und Nationalsozialismus hatte Mussolinis Italien lange Zeit wenig Ähnlichkeit. In der Praxis bezog sich der faschistische »Totalitarismus« auf die überragende Autorität des Staates in Konfliktbereichen, nicht auf totale institutionelle Kontrolle im Alltag. Das wird freilich in der neueren Literatur auch von der UdSSR behauptet. Im Vergleich mit dem Nationalsozialismus, schreibt etwa Manfred Hildermeier, seien »viele Freiräume« geblieben, so dass die Identifikation mit dem Regime nicht nur hätte schwanken können; es sei auch »Platz für andere Loyalitäten« gewesen.[41] Im Blick auf den Nationalsozialismus gibt es ebenfalls solche »Spielraum«-Hypothesen. Andererseits wohnte auch dem italienischen Faschismus – zunächst »ein halbpluralistisches institutionelles System«[42] – die Tendenz inne, immer radikaler und expansiver zu werden.[43]

Die Phase des italienischen Faschismus von 1929 bis 1934 bezeichnet man auch als die »Jahre des Konsenses«. In dieser Phase gab es kaum mehr politische Opposition, und es fanden auch keine freien Wahlen mehr statt. Mussolini trug jetzt, anstatt der Bezeichnung »Ministerpräsident«, den Titel »*Capo del Governo*« (Regierungschef) und behielt nur noch das Innenministerium für sich – die Parallelen zu Polen springen ins Auge (s. 154 ff.). Der Prozess der Bürokratisierung der faschistischen Partei war in dieser Zeit in vollem Gange. 1931 und 1933 gab es zwei kleinere »Säuberungen«, die vor allem das Ziel verfolgten, ultrakatholische Parteimitglieder auszuschließen. Ähnlich wie in den anderen Diktaturen schoss die Zahl der Parteimitglieder in die Höhe (1935: 2,7 Millionen) und führte zu einer weiteren Bürokratisierung des revolutionären Faschismus.

In der *Enciclopedia Italiana* erschien 1932 ein Artikel über »*Fascismo*«, den Giovanni Gentile geschrieben, aber Mussolini unterzeichnet hatte. Darin wird bekräftigt, dass der Faschismus weder links noch rechts stehe. Angesichts des kollektiven Jahrhunderts sei das »Jahrhundert des ethischen Staates« als der neuen Form der Gemeinschaft angebrochen. Eine große Rolle spielte der staatliche Kult, den man um den Faschismus errichtete. Die Politik der Mythenproduktion gebar Institutionen wie die »Schule der faschistischen Mystik« (1930); es kam zur Sakralisierung von Politik und Staat. Der Faschismus enthielt fraglos Ansätze zu einer neuen Religion – ein Grund, warum es trotz der generell weiter bestehenden Religionsfreiheit zu Konflikten mit dem Römischen Katholizismus kommen konnte. Der Kult der Gefallenen beispielsweise nahm in der faschistischen Liturgie eine zentrale Rolle ein und konkurrierte als Märtyrerkult deutlich mit christlichen Märtyrern. Es bestand wohl die Absicht, den Katholizismus dem Faschismus einzuverleiben und eine allgemeine »Religion Italiens« zu schaffen (ähnlich der Situation in Polen[44]). Der höchste faschistische Kult galt dem *Duce* selbst. In der Bevölkerung hatte der »*ducismo*« wohl einen stärkeren Rückhalt als der »*fascismo*« (vergleichbar der Rolle Stalins[45]). Das kulturelle Konzept des Regimes beruhte auf Ordnungs- und Hierarchieprinzipien und einer Verherrlichung nationaler Größe mit dem Anspruch der Wiederaufnahme historischer Traditionen – es ging um nichts weniger als die Errichtung eines neuen römischen Weltreiches. Um die Massen einzubeziehen, wurde ein komplexer Apparat von Massenorganisationen, Freizeiteinrichtungen und Propagandaorganen aufgebaut und dazu alle verfügbaren Kommunikationsmittel – einschließlich Radio und Kino – eingesetzt. Andersdenkende galten als »Feinde der Nation«. Folgerichtig konnte es eine politische Opposition nicht geben; sie wurde ausgeschaltet.

Innerhalb des italienischen Faschismus gab es einen antisemitischen Minderheitenflügel, den Giovanni Preziosi anführte. Dessen Sprachrohr war die von Mussolini 1924 gegründete Tageszeitung *Il Tevere*. 1933 untersagten entsprechende Vorschriften die Ehe und das Zusammenleben zwischen italienischen Bürgern und eingeborenen »Untertanen der Kolonien«; den Kindern aus diesen Beziehungen wurde nicht automatisch die Staatsbürgerschaft gewährt. Diese rassistische Gesetzgebung verstärkte sich infolge des Abessinienkrieges und der dort verübten Massaker. Wie eingangs schon erwähnt und übrigens ganz im Einklang mit der modernen historischen Forschung vertrat schon Hannah Arendt die Auffassung, dass die modernen Kolonialkriege und der damit einhergehende Völkermord die Bedeutung von Massakern und deren Opfer auf ein Minimum reduziert hätten.[46] Zwischen Sommer und Herbst 1938 erließ das faschistische Regime Verfügungen, welche die Juden – sowohl italienische Staatsbürger als auch Immigranten – diskriminierten und zur Verfolgung freigaben.

Gleichzeitig mit Italien erließen auch die rumänische und ungarische Regierung antisemitische Gesetze. In anderen Ländern mit faschistischem Hintergrund – etwa Lettland, Estland, Polen, Österreich, Ungarn, Jugoslawien und Bulgarien – gab es ebenfalls einen tief verwurzelten Antisemitismus und zum Teil gravierende Diskriminierungen, ohne dass diese in den genannten Ländern zu entsprechenden Gesetzen geführt hätten. Für die verbreitete These, dass der italienische Antisemitismus und die entsprechende Gesetzgebung 1938 vor allem dem deutsch-italienischen Verhältnis geschuldet gewesen seien und keine eigene Basis besessen hätten, gibt es, so Brunello Mantelli, keine archivalischen Belege.[47] Jedenfalls stand diese etwa 40.000 Personen umfassende Minderheit jüdischen Glaubens den italienischen Vorstellungen von einer »totalitären« nationalen Identität im Wege. Der Rassismus gehört insofern zum Faschismus, als dieser keinen offenen Gesellschaftsbegriff mit verschiedenen ethnischen, sprachlichen oder religiösen Identitäten zulässt.

Die italienische Nationalkultur war und ist eng mit der römisch-katholischen Kirche verbunden, ebenso wie die russisch-orthodoxe Kirche – Moskau, das »Dritte Rom« – eng mit der russischen Nationalkultur verbunden war. Im Vergleich mit Lenin und erst recht mit Stalin, aber auch mit Hitler, verfolgte Mussolini eine Religionspolitik, die sich grundsätzlich von den beiden anderen großen Diktaturen unterschied.

Der *Duce* selbst war areligiös, ja lange Zeit antiklerikal eingestellt, was mit seiner ursprünglichen Nähe zum italienischen Sozialismus zusammenhing. Aus Pragmatismus drängte er jedoch schon in den Jahren zwischen 1919 und 1922 den Antiklerikalismus wie den Antisemitismus zurück. Diese Linie verfolgte er im Blick auf das Judentum bis 1936/37. Wegen der Zuwendung vieler Juden zum Zionismus änderte er dann seine Politik.[48]

Bereits 1926/27 ließ er eine umfassende Verständigung mit dem Heiligen Stuhl schriftlich ausarbeiten, die 1929 als Lateranverträge in die Geschichte eingegangen ist.[49] Damit revidierte er den ursprünglich liberal und antiklerikal geprägten Kurs, den der italienische Nationalstaat seit 1861 eingeschlagen hatte, zugunsten des Vatikans. Das Christentum gehörte in Mussolinis Verständnis zum historischen Bestand des Römischen Imperiums, das er wieder aufrichten wollte. Es hat nur zwei Mal Konflikte zwischen dem italienischen Faschismus und dem Vatikan gegeben: 1931 wegen der staatlichen Zugriffe auf die »Katholische Aktion« und 1938 wegen der Rassendekrete. Bis zum Zweiten Weltkrieg schloss Mussolini immer wieder Kompromisse mit den alten Eliten, so auch mit der Kirche.»Sein politisches Credo war deshalb nicht auf eine Weltanschauung zentriert. Was der *Duce* totalitär nannte, war nach unseren Begriffen ›nur‹ autoritär; und dabei blieb es in Italien generell bis 1938, in vielen Bereichen, so auch im Verhältnis zur Kirche, bis 1943.«[50]

Im Unterschied zu Mussolini gab es durchaus Faschisten wie Giovanni Gentile, die den Faschismus auch als »politische Religion« verstanden und den Nationalstaat auf eine neue Zivil- und National-Religion gründen wollten. Doch sie konnten sich damit nicht durchsetzen. Der offizielle Kult auch der faschistischen Organisationen blieb der katholische. Das zeigen unter anderem die monumentalen Sakralbauten, die in der Mussolini-Ära in Rom entstanden.

Bei den Verhandlungen mit Mussolini machte Papst Pius XI. die Erfahrung, dass das autoritäre faschistische Regime der Kirche mehr zu bieten hatte als pluralistisch orientierte Staaten. Die Verständigung zwischen den letztlich beiden autoritären Systemen begünstigte die institutionelle zentralistische Stellung des Papsttums und stärkte die Zurückweisung des modernistischen Weltanschauungspluralismus. In den Lateranverträgen von 1929 wurde die katholische Religion als die einzige Religion des italienischen Staates anerkannt und dem Papst die

volle Souveränitat des Heiligen Stuhles zugesprochen. Umgekehrt verpflichtete sich der Papst zu strikter Neutralität und erkannte den Nationalstaat Italien mit Rom als Hauptstadt an. Damit war die seit 1871
schwelende »Römische Frage« endgültig beigelegt. Den Geistlichen
wurde jede parteipolitische Tätigkeit untersagt, der Religionsunterricht
zur »Grundlage und Krönung« des gesamten öffentlichen Unterrichts
erklärt. Für den Verlust des früheren Kirchenstaates erhielt der Vatikan eine hohe finanzielle Entschädigung. Mit dieser Gesetzgebung
erreichte Mussolini national wie international den Höhepunkt seines
Ansehens.

1937/38 näherte sich Mussolini auch weltanschaulich den totalitären Diktatoren Hitler und Stalin an. Er wollte jetzt einen neuen Men-
schentyp mit kämpferischer, antibürgerlicher und imperialer Gesinnung schaffen. Schritte dahin waren der Sieg über die afrikanischen
»Barbaren« – der Äthiopienkrieg 1935 – und der »Kreuzzug« gegen die
Kommunisten im Spanischen Bürgerkrieg. Im Frühjahr 1937 begann
eine Pressekampagne gegen die Juden. Es erschienen antisemitische
Pamphlete, und Mussolini nahm, wie schon erwähnt, um nicht hinter
Hitler zurückzustehen, den Antisemitismus in sein Regierungsprogramm auf. Im Gesetzesdekret vom 17. November 1938 wurde der Antisemitismus mit national-kultureller und nicht rassischer Begründung
verordnet. Danach wurden Juden aus der italienischen Gesellschaft
ausgeschlossen, ihre Eheschließung mit Nichtjuden verboten. Pius XI.
tadelte mehrfach, dass Italien dem deutschen Beispiel nacheifere (beispielsweise in der öffentlichen Audienz vom 28. Juli 1938). Da im Zusammenhang mit der neuen Ehegesetzgebung Artikel 34 des Konkordats berührt war, protestierte der Papst gegen das »Mischehen«-Dekret
als Konkordatsverletzung. Der Streit eskalierte nicht weiter, weil Pius
XI. am 11. Februar 1939 verstarb und sein Nachfolger Pius XII. jede
Konfrontation mit dem italienischen Staat zu vermeiden suchte. Er
wollte diplomatisch vermitteln und jedenfalls Italien aus dem Zweiten
Weltkrieg heraushalten. Immerhin billigte er die Einsegnung von
»Mischehen« durch Geistliche.

»Ohne das italienische ›Faschismusmodell‹ wären die ihm nach-
folgenden Modelle, auch das nationalsozialistische, nicht denkbar.«[51]
Hitler legte sich gegen innerparteiliche Widerstände auf das »italienische Vorbild fest und profitierte von dem profaschistischen Meinungs-
klima in der Weimarer Republik«[52]. Gewiss darf nicht übersehen wer-

den, dass es in Deutschland, Österreich, Ungarn, Portugal, Spanien, Rumänien, Jugoslawien, Polen und den baltischen Staaten aufgrund eigener Nationaltraditionen auch spezifische Triebkräfte für die Entwicklung autoritärer oder totalitärer Rechtsdiktaturen gab. Aber in verschiedener Hinsicht verband sie alle eine tiefe, teilweise nachahmende Bewunderung für Mussolinis Faschismus. Nach seiner Romreise Ende Mai 1933 äußerte sich beispielsweise Goebbels mit emphatischer Begeisterung über Mussolini und den Faschismus:»Der Faschismus ist am Werk. Seine Schöpferkraft ist unbegrenzt. Mussolini ist sein Motor. [...] Der Faschismus ist modern und volksverbunden. Da sollen wir lernen.«[53]

Seit 1924 propagierte Giuseppe Renzetti den italienischen Faschismus in Deutschland und vermittelte später zwischen der NSDAP und den Faschisten – insbesondere deren führenden Funktionären. Entgegen früheren Untersuchungen bekräftigt die moderne Forschung über den italienischen Faschismus, dass es sich bei der Ausformung der italienischen Diktatur durchaus um keine harmlose Spielart des ungleich grausameren Nationalsozialismus gehandelt habe. Vielmehr werden zunehmend die strukturellen Schwächen des italienischen Staates als Gründe für das begrenzte Herrschafts- und Eroberungsvolumen benannt.[54] Darüber hinaus gab es in der Bundesrepublik Deutschland lange Zeit auch wissenschaftspolitische Faktoren, die den deutsch-italienischen Faschismusvergleich verhinderten.»Anstelle ›faschistischer‹ Gemeinsamkeiten zwischen Faschismus und Nationalsozialismus«, so Wolfgang Schieder,»hob man die ›totalitären‹ Affinitäten von Nationalsozialismus und Sowjetkommunismus hervor, welche diese Regime von demokratischen Verfassungsstaaten unterschieden. Auch wenn diese totalitaristische Herrschaftstheorie nicht politisch verbindlich war, hatte sie doch ebenfalls in hohem Maße einen doktrinären Charakter. [...] Wer versuchte, sich auf vergleichende Faschismusforschung einzulassen, geriet unter Kommunismusverdacht oder er musste sich vorwerfen lassen, den Nationalsozialismus zu ›unterschätzen‹, was immer damit gemeint sein mochte.«[55]

Auch Robert O. Paxton bemüht sich um eine transnationale Faschismustheorie, in der sowohl der Italo-Faschismus wie der Nationalsozialismus ihren Platz haben. Für ihn stellt das nationalsozialistische Deutschland»ein faschistisches Regime« dar, das als Einziges»die äußersten Horizonte der Radikalisierung«[56] erreichte. Der Faschismus ist

nach Paxton eine »Form des politischen Verhaltens, das gekennzeichnet ist durch eine obsessive Beschäftigung mit Niedergang, Demütigung oder Opferrolle einer Gemeinschaft durch kompensatorische Kul-
te der Einheit, Stärke und Reinheit, wobei eine massenbasierte Partei
von entschlossenen nationalistischen Aktivisten in unbequemer, aber
effektiver Zusammenarbeit mit traditionellen Eliten demokratische
Freiheiten aufgibt und mittels einer als erlösend verklärten Gewalt und
ohne ethische oder gesetzliche Beschränkungen Ziele der inneren Säuberung und äußeren Expansion verfolgt«[57].

Der Faschismus bildete keine Abwehrreaktion auf den Sozialismus,
wie behauptet wurde, sondern verstand sich als eigenständige politische Ideologie.[58] Wenn man nach einem Gegenmodell sucht, dann ist
es das liberale, auf den Prinzipien der Französischen Revolution grün-
dende demokratische Denken. Der Faschismus wollte eine zeitgemäße
Antwort auf die Massengesellschaft nach dem Ende des Ersten Weltkrieges geben, ohne den demokratischen Lösungsmodellen der westlichen Gesellschaften – vor allem Großbritannien und den Vereinigten
Staaten – folgen zu müssen. Die Massen wurden miteinbezogen, aber
die damit in einer Demokratie einhergehenden sozialen und politischen Konflikte unterbunden. Das faschistische Regime versprach –
im Unterschied zum sowjetrussischen Weg – einerseits die Konservie-
rung der »alten Werte«, bezeichnete sich aber andererseits auf wirtschaftlichem und sozialem Gebiet durchaus als »revolutionär« im Sinne eines Modernisierungsprozesses. Doch die »Modernität« bezog sich
nur auf die wirtschaftliche Entwicklung des Landes, nicht auf die individuellen Entfaltungsmöglichkeiten oder die Überwindung traditioneller gesellschaftlicher Segmentierungen und Rollenbilder. Diese »Modernität ohne Modernisierung« zeigte sich im italienischen Faschismus
besonders gut auf dem Feld des Industriebürgertums. Es nutzte die faschistische Kontrolle des Arbeitsmarktes, der Einkommen wie der öffentlichen Investitionen nicht zu einer dynamischen Wirtschaftspolitik
– etwa zu Rationalisierungen und Produktexpansion –, sondern begnügte sich mit schnellen Mitnahmeeffekten ohne unternehmerisches
Risiko. Das Ausbleiben solcher Impulse führte im faschistischen Itali-
en zu einer eigenartigen Mischung aus Modernität und Rückständigkeit, Stagnation und Entwicklung.

Militärische Schwäche und Untergang

Im November 1937 trat Italien dem antisowjetischen Anti-Komintern-pakt bei, am 11. Dezember schied es aus dem Völkerbund aus. Erst am 11. März 1938 wurde Mussolini von Deutschland über den am Folge-tag stattfindenden Einmarsch deutscher Truppen in Österreich infor-miert. Am 28. September 1938 bat der englische Premierminister Neville Chamberlain Mussolini um Vermittlung in dem deutsch-tsche-choslowakischen Konflikt um das so genannte Sudetengebiet – für den *Duce* ein hoher Prestigeerfolg. Die an der Münchner Konferenz vom 29. September 1938 Beteiligten begnügten sich damit, die deutschen Forderungen zu sanktionieren, die betroffene Tschechoslowakei war zu den Verhandlungen nicht eingeladen, und der Vermittler Italien war alles andere als unparteiisch. Mussolini fürchtete, dass Italien bei der einsetzenden Revision der Grenzen von 1919 leer ausgehen werde. Ver-geblich initiierte er nach seiner Rückkehr aus Deutschland eine anti-französische Pressekampagne, in der territoriale Forderungen erhoben wurden. Tunesien, Dschibuti, Korsika, Nizza und Savoyen sollten an Italien fallen. Unmittelbar darauf trieb er den Plan voran, Albanien zu besetzen und seinem neuen Imperium Romanum einzuverleiben. Am 7. April 1939 landeten italienische Truppen in Albanien, das Land wur-de zum Vasallenstaat unter der Krone des italienischen Königs Viktor Emanuel III. Drei Wochen zuvor hatte Deutschland Böhmen und Mähren annektiert und zu Reichsprotektoraten erklärt. Unter dem Ein-fluss Deutschlands trennte sich die Slowakei von Tschechien, ein kle-rikalfaschistisches System unter dem katholischen Priester Jozef Tiso erhielt den Status eines nationalsozialistischen Vasallenstaates. Die Tschechoslowakei existierte nicht mehr.

Diese Entwicklung setzte das faschistische Italien unter Druck, woll-te es gleichrangiger Partner Deutschlands bleiben. Am 22. Mai 1939 unterzeichneten Italien und Deutschland den »Stahlpakt« – einen Bündnisvertrag mit weit reichenden gegenseitigen Verpflichtungen auf politischem und militärischem Gebiet. Hinsichtlich der militärischen Bündnisverpflichtungen wies Italien außerhalb des Vertragstextes aller-dings darauf hin, dass seine Truppen vor 1942 nicht kriegsfähig seien. Nach italienischem Kalkül sollte der deutsche Verbündete für Musso-linis Balkanpläne – in denen der *Duce* eine eindeutige Hegemonialstel-lung Italiens anstrebte – militärische Rückendeckung geben. Im Blick

auf das italienische Engagement zugunsten Deutschlands rechnete er
anscheinend damit, dass sich die drohende deutsch-polnische Krise
ebenso lösen lasse wie der Sudeten-Konflikt. Am 23.
August 1939 –
dem Tag der Unterzeichnung des Hitler-Stalin-Paktes – legte er dem
britischen Botschafter einen Plan zur Reintegration Danzigs in das
Deutsche Reich vor.
Acht Tage später überschritten deutsche Truppen die polnische
Grenze, am 3. September erklärten Frankreich und Großbritannien
Deutschland den Krieg. Italien, das am 25.
August durch einen Brief
Hitlers von den bevorstehenden Kampfhandlungen in Kenntnis gesetzt
wurde und entsprechend den Bestimmungen des »Stahlpaktes« die
Gegner Deutschlands hätte angreifen müssen, erklärte am Tag darauf
seine generelle Verfügbarkeit – allerdings unter der Voraussetzung ei-
ner unzumutbar hohen Forderung an Deutschland, Rohstoffe und
Waffen zu liefern. Hitler akzeptierte die am 1. September verkündete
»Nicht-Kriegführung« Italiens und verlangte als Zeichen der Bündnistreue umgekehrt italienische Arbeitskräfte für die deutsche Wirtschaft
und die Nutzung des Landes als Nachschublieferant für Rohstoffe und
Fertigprodukte. Am 1. Februar 1940 erklärte London, dass es im Rahmen seiner Seeblockade auch italienische Handelsschiffe aufbringen
und deutsche beziehungsweise für Deutschland bestimmte Waren be-
schlagnahmen werde. Damit sollten auch die deutschen Kohleliefrun-
gen an Italien gestoppt werden, für die Großbritannien einspringen
wollte. Wäre Italien auf diese Bedingungen eingegangen, hätte Mussolini seinen Großmachtplänen entsagen und sich mit einer Rolle, wie
Franco sie einnahm, begnügen müssen. Stattdessen verzichtete Mussolini ganz auf britische Kohlelieferungen und unterzeichnete im März
1940 ein Handelsabkommen mit Deutschland, demzufolge der deutsche Partner sich verpflichtete, den gesamten Kohlebedarf auf dem
Landweg an Italien zu liefern. Am 9. April 1940 überfiel Deutschland
Nordeuropa, am 10. Mai 1940 begann der deutsche Angriff auf Frankreich, das am 14. Juni um einen Waffenstillstand bat. In weniger als
einem Jahr hatte sich Deutschland große Teile Europas unterjocht. Der
Krieg schien zu Ende. In dieser Situation entschlossen sich die Führungseliten Italiens zum Kriegseintritt, um sich in letzter Minute, wie
man meinte, auf die Seite der Sieger zu schlagen.

Am 10. Juni 1940 verkündete Mussolini den Kriegseintritt »gegen
die plutokratischen und reaktionären Demokraten«. Am 21. Juni 1940

drangen italienische Truppen längs der westlichen Alpengrenze nach Frankreich ein. Unter großen Opfern eroberten die italienischen Soldaten Menton und ein paar Alpendörfer und schlossen am 24. Juni mit Frankreich einen Waffenstillstand. Deutschland gab dem Vichy-Regime gegenüber zu verstehen, dass es die italienischen Gebietsansprüche nicht unterstützen werde. Italien, das wiederum seine militärische Schwäche gezeigt hatte, erhielt in der »Neuen Europäischen Ordnung« nicht den Platz, den Mussolini für sein Land beanspruchte. Als im Oktober 1940 deutsche »Lehrtruppen« in Rumänien einmarschierten, meinte Italien, ein Gegengewicht zu dem übermächtigen Verbündeten herstellen zu müssen, und fiel am 28. Oktober 1940 in Griechenland ein. Doch bei der griechischen Gegenoffensive vom 2. November 1940 eroberten die griechischen Einheiten ein Drittel Albaniens und zwangen die italienischen Truppen in die Defensive. Nun war vor aller Öffentlichkeit das Missverhältnis zwischen der machtvollen Rhetorik Mussolinis und der kümmerlichen Niederlage seiner Soldaten zutage getreten.

In Nordafrika scheiterte ein zweiter Versuch Mussolinis, im Windschatten der deutschen Siege einen »parallelen«, von Deutschland unabhängigen Krieg zu führen. Am 11. September 1940 eröffnete der italienische Gouverneur Libyens, General Rodolfo Graziani, mit einer Übermacht von 150.000 Soldaten gegen nur 30.000 Briten den Angriff auf Ägypten. Eine Offerte Hitlers vom August 1940, Panzereinheiten für die Operation in Ägypten zur Verfügung zu stellen, hatte Mussolini abgelehnt. Doch die italienischen Stellungen brachen unter der britischen Gegenoffensive vom 9. Dezember 1940 zusammen, 100.000 italienische Soldaten gingen in Kriegsgefangenschaft, die Briten eroberten einen großen Teil Libyens.

Zwischen dem 19. Januar und dem 18. Mai 1941 besetzten britische Truppen Eritrea, Somalia und Äthiopien. Das sechs Jahre zuvor eroberte Kaiserreich existierte nicht mehr. Wieder musste Mussolini den deutschen Diktator um Hilfe bitten. Wirtschaftlich wie militärisch vollkommen abhängig von Deutschland, fiel Italien im weiteren Verlauf des Krieges eine zunehmend subalterne Rolle zu.

Am 6. April 1941 überschritten deutsche Truppen die jugoslawische Grenze. Nach der Kapitulation Belgrads begann der deutsche Angriff auf Griechenland, das am 21. April kapitulierte. Bereits am 11. Februar 1941 waren die ersten Einheiten des deutschen Afrika-Korps in Tripolitanien, dem Teil Libyens, der noch unter italienischer Kontrolle stand, gelandet. Das modern ausgerüstete Expeditionskorps stoppte den britischen Vorstoß und ging am 30. März 1941 zur Gegenoffensive über. Zusammen mit den italienischen Verbündeten eroberten die Deutschen die Cyrenaika zurück und drangen bis nach Sollum in Ägypten vor. Erst am 22. Juni 1941 wurde Mussolini offiziell über die laufende deutsche Offensive gegen die UdSSR informiert. Obwohl es in den vorangegangenen zwei Jahren Kontakte und Bündniserwägungen zwischen Rom und Moskau gegeben hatte, wollte Mussolini unbedingt an diesem Krieg teilnehmen, weil er wieder mit einem raschen Sieg rechnete. Am 26. Juni 1941 wurde das italienische Russland-Korps, das *Corpo di Spedizione Italiana in Russia* (CSIR), aufgestellt. Es handelte sich um Truppen und Ausrüstung, die ursprünglich für Nordafrika gedacht waren und dort fehlten. Zunächst verhielten sich die Deutschen eher ablehnend, weil sie die Schwächen der italienischen Verbände kannten. Angesichts der hohen Widerstandskraft der sowjetischen Truppen änderte Hitler Ende November 1941 seine Meinung und stimmte der italienischen Beteiligung zu. Mit der Mobilisierung neuer italienischer Einheiten im Frühjahr 1942 wurde aus der CSIR die ARMIR, die *Armata Italiana in Russia* – eine 229.000 Mann umfassende Armee. Mitte Dezember 1942 wurde die ARMIR von der Roten Armee vernichtet.

Etwa gleichzeitig kam es zur Niederlage der Achsenmächte in Nordafrika. Da sich das Vichy-Regime bei der Landung der Alliierten in Nordafrika nicht eindeutig auf die Seite Deutschlands und Italiens gestellt hatte, marschierten deutsche und italienische Truppen in den bisher unbesetzten Teil Frankreichs ein. Auf Verlangen Italiens hin wurden Korsika und die Provence bis zur Rhône seinem Besatzungsgebiet zugeschlagen. Nach dem Zusammenbruch Jugoslawiens und Griechenlands hatte Rom bereits West-Slowenien und Dalmatien annektiert. Die Provinzen Fiume und Zara wurden vergrößert und zusätzlich die von Split und Cattaro gebildet. Montenegro, Kosovo-Metohija, das zusammen mit einem montenegrinischen Küstenstreifen und West-Makedonien mit Albanien vereint wurde, die Ionischen Inseln und ein Teil der griechischen Inseln in der Ägäis kamen unter italienische Verwaltung. Die italienischen Besatzungsbehörden deportierten aus den besetzten Gebieten Tausende in Konzentrationslager nach Italien und auf die dalmatischen Inseln. Vom Kriegseintritt bis zum Waffenstillstand vom 8. September 1943 entstanden in Italien etwa fünfzig Konzentrationslager.[59] Das Militär unterdrückte mit blutiger Gewalt Partisanenbewegungen und verantwortete Vergeltungsmaßnahmen gegen Dörfer, Geiselerschießungen und Massaker. Während des Winters 1941/42 verhungerten 360.000 Griechen, weil die Besatzer die Bevölkerung nicht ernähren konnten. Mitte Mai 1943 stellte die Achse in Nordafrika die Kämpfe ein, am 24. Juli nahmen die Alliierten Sizilien ein. Auf die äußere Schwäche des Regimes folgte die innere. Unter der italienischen Zivilbevölkerung machte sich eine resignative Haltung breit. Die Alliierten bombardierten den Süden, die Kaufkraft fiel ständig und die Lebensmittelrationen wurden gekürzt. Ziel des Missmutes weiter Bevölkerungskreise waren das Regime und seine Parteifunktionäre. Gegen die Verteuerung und die Reduzierung der täglichen Brotration initiierten vor allem Frauen Straßenproteste. Der Schwarzmarkt florierte, und die Bauern weigerten sich, ihre Produkte bei den staatlichen Sammelstellen abzuliefern, weil sie dort nur Niedrigstpreise erzielten. Zwischen dem 5. und 10. März 1943 traten die Arbeiter zahlreicher Fabriken im Norden in den Streik. Sie forderten eine Erhöhung der Löhne wie der Lebensmittelrationen und demonstrierten für den Frieden. Erstaunlicherweise griff die Miliz nicht ein, auch von den faschistischen Agitatoren der PNF war nichts zu sehen und zu hören; der vom Regime erzwungene soziale Friede war zerbrochen, die antifaschistische Opposition wieder da. Die weniger kompromittierten Führungseliten, vor allem die Krone, wollten mit dem faschistischen Regime nicht untergehen und sannen auf autoritäre Alternativen ohne Mussolini. Dieser suchte am 5. Februar 1943 durch einen Führungswechsel innerhalb der Ministergruppe die Macht auf seine Person zu zentrieren – unter den Entlassenen waren so profilierte Faschisten wie sein Schwiegersohn Galeazzo Ciano, Dino Grandi und Alessandro Pavolini.

Im Untergrund wurden die Kommunistische Partei, die Sozialliberalen und der politische Katholizismus wieder aktiv. Im Jahr 1942 kam es zu förmlichen Partei-Reorganisationen. Neben den Kommunisten entstand die liberal-sozialistische Aktionspartei, *Partito d'azione*, und die *Democrazia Christiana* (DC). 1943 folgte die Gründung der Bewegung der proletarischen Einheit, *Movimento di unità proletaria*, und die Sozialistische Partei der proletarischen Einheit, *Partito socialista italiana di unità proletaria* (PSIUP).

Am 24. Juli 1943 berief Mussolini nach vier Jahren erstmals wieder den Großen Faschistischen Rat ein, die theoretisch höchste Instanz des Regimes. Dem hier präsentierten Antrag Dino Grandis, das militärische Oberkommando der Krone zurückzugeben, stimmten 19 der 28 Mitglieder zu. Tags darauf, als Mussolini sich zu der üblichen Audienz beim König begab, teilte ihm dieser mit, er habe als neuen Regierungschef Marschall Pietro Badoglio ernannt, und ließ den *Duce* von Karabinieri verhaften. Der befürchtete Aufstand der Faschisten unterblieb, und die Massen ließen den König und Badoglio hochleben, weil sie meinten, der Frieden stünde unmittelbar bevor. Die Symbole der faschistischen Herrschaft – Rutenbündel, Kaiseradler und Mussolinibüsten – wurden von den öffentlichen Gebäuden entfernt.

In den 45 Tagen seiner Herrschaft suchte Badoglio einen Separatfrieden mit den Alliierten auszuhandeln, bei dem Italien möglichst glimpflich davonkommen sollte – eine Illusion. Andererseits versicherte er die Deutschen seiner Bündnistreue und sah sich gezwungen, Einheiten der Wehrmacht unter dem Befehl Rommels zur »gemeinsamen Verteidigung« nach Italien kommen zu lassen. Badoglio schwebte vermutlich vor, einen autoritären Postfaschismus zu etablieren. Gegen Demonstrationen ging er mit harter Hand vor, ließ die politischen Gefangenen in den Kerkern und bestrafte die faschistischen Eliten nicht.

Am 3. September 1943 unterzeichnete General Giuseppe Castellano die Kapitulation, damit war Italien aus dem Krieg ausgeschieden. Am 8. September gab General Dwight D. Eisenhower bekannt, dass Italien den Waffenstillstand unterzeichnet habe, wenige Stunden später flohen der König, Badoglio und die Staatsspitze auf dem Seeweg nach Brindisi. Der italienische Staat schien sich aufgelöst zu haben, eine gesetzmäßige Regierung gab es nicht mehr. Drei Tage später kontrollierte die Wehrmacht Italien von den Alpen bis zur alliierten Front.

Hitler wollte die Faschisten wieder an die Macht bringen und eine von Benito Mussolini geführte, achsentreue Regierung etablieren. Am 12. September befreiten deutsche Fallschirmspringer den *Duce* aus dem Gefängnis von Gran Sasso. Drei Tage später verkündete eine Radiomeldung die Wiedererrichtung des faschistischen Regimes als Republik und die Wiederbelebung der Partei mit Alessandro Pavolini an der Spitze. Am 23. September kehrte Mussolini, der zuvor Hitler getroffen hatte, nach Italien zurück. Da die Hauptstadt zu nahe an der Front lag, richtete sich die Regierung am Gardasee, in der Nähe des Städtchens

Salò, ein. Norditalien war für Deutschland von hoher Bedeutung, denn es handelte sich nach Frankreich um das größte Industriegebiet außerhalb des Reiches, das sich unter deutscher Herrschaft befand. Es wurde ein Vasallenstaat, die *Repubblica Sociale Italiana* (RSI), geschaffen, der dem französischen Vichy-Staat ähnelte. Neben einer Miliz der Republikanischen Faschistischen Partei (PFR) sollte nach dem Willen Mussolinis auch ein italienisches Heer wieder aufgebaut werden. Doch die über 800.000 italienischen Soldaten, die in die Gewalt der Deutschen gekommen waren, wurden von diesen selbst als Arbeitskräfte oder für die Waffen-SS benötigt. 75 Prozent von ihnen weigerten sich, unter Hitler oder unter Mussolini zu dienen. Im August 1944 machte die deutsche Regierung die *Internati Militari Italiani* schließlich zu Zivilarbeitern. Der Regierung von Salò blieb nur übrig, die Jahrgänge von 1922 bis 1925 einzuberufen. Doch trotz Androhung der Todesstrafe für Wehrdienstverweigerer meldete sich nur weniger als die Hälfte der Wehrpflichtigen. Dagegen war die Zahl derjenigen, die sich wieder als Mitglieder der PFR registrieren ließen, beachtlich. Am 14. November 1943 verkündete ihr Sekretär Alessandro Pavolini, es gäbe 251.000 Mitglieder, im März 1944 waren es schon 487.000.

Partei und Staat erfuhren eine Nazifizierung des Faschismus, die insbesondere in der Judenvernichtung zum Ausdruck kam. Die Republik von Salò leistete Beihilfe zur Deportation von 9.000 Juden in die Konzentrationslager, wo über 8.000 umkamen; weitere 30.000 Italiener wurden in die Lager deportiert, weil sie Gegner des Faschismus waren. Am 26. Juli 1944 wurde die »Schwarze Garde« gegründet, eine Miliz aus Parteimitgliedern zwischen 16 und 60 Jahren, die gegen die Partisanen eingesetzt werden sollten. Das nationale Befreiungskomitee Oberitaliens, *Comitato di Liberazione Nazionale Alta Italia*, kämpfte gegen die nationalsozialistische Besatzung wie gegen das Kollaborationsregime.[60] Es gehörte zu den wichtigsten Aufgaben des neuen Heeres unter der Leitung Grazianis, die Partisanenaufstände zu unterdrücken, aber auch Massenproteste und Streiks mit Gewalt zu beenden. Seit Winter 1944/45 operierten etwa 80.000 Bewaffnete der *Resistenza* in den noch verbliebenen Gebieten der Salò-Regierung und im deutschen Besatzungsgebiet. Am 12. April 1945 begann der entscheidende Angriff der Alliierten auf die so genannte »Goten-Linie« (La Spezia-Rimini), am 25. April bereiteten sich die Partisanen auf den nationalen Aufstand vor. Über den Erzbischof von Mailand, Kardinal Ildefonso Schuster, suchte Mussolini vergeblich, mit den Alliierten zu verhandeln. Schließlich schloss er sich dem deutschen Rückzug an. Am 27. April 1945 traf die Kolonne in Dongo auf einen Kontrollposten der Partisanen. Um unbehelligt weiterziehen zu können, lieferten die deutschen Militärs Mussolini und die Seinen aus. Am 28. April wurden sie teils in Dongo, teils in Giulino di Mezzegra erschossen und die Toten in Mailand öffentlich zur Schau gestellt.

2.4 Die Revolutionen in Ungarn und die Totalisierung des Landes im Zeichen der territorialen Integritätspolitik

Rasches Scheitern der bürgerlichen Demokratie

Ungarns außenpolitisches Problem am Anfang des 20. Jahrhunderts bestand darin, das Karpatenbecken zu sichern, in dem hauptsächlich Rumänen lebten. Darum suchte man vor dem Ersten Weltkrieg durch eine probulgarische Politik Rumänien und dessen territoriale Forderungen an Ungarn zu neutralisieren. Deutschland forderte dagegen aus ebenfalls außenpolitischen Erwägungen eine Verständigung mit Rumänien. Erst Mitte Juli 1914, nachdem Deutschland die Neutralität Rumäniens garantiert hatte, stimmte der ungarische Ministerpräsident István Tisza einem Krieg gegen Serbien zu. Die anfängliche Kriegsbegeisterung der Bevölkerung wich angesichts der katastrophalen Versorgungslage und militärischer Niederlagen bald einer großen Kriegsmüdigkeit.

Aufgrund des Krieges verschärften sich die Forderungen der Nationalitäten innerhalb der Doppelmonarchie. Dabei stand nicht nur das seit 1867 bestehende Bündnis zwischen Österreich und Ungarn in Frage. Es ging auch nicht mehr nur um interne Strukturveränderungen, sondern um die Bildung selbstständiger Nationalstaaten. Diese Bestrebungen machten sich die Entente-Mächte zunutze, indem sie bereits im August 1916 in Geheimverhandlungen mit Rumänien diesem territoriale Gewinne zusagten. Ähnliche Abmachungen folgten am 8. April 1918 in Rom und kurz darauf mit dem tschechoslowakischen Nationalrat in Paris. Im Sommer 1918 kapitulierte Bulgarien. Um die Auflösungserscheinungen innerhalb des Vielvölkerstaates aufzuhalten, erklärte König Karl IV. durch ein Manifest vom 16. Oktober 1918 Österreich-Ungarn zu einem Bundesstaat. Doch diese den Nationalitäten Raum gebende Strukturveränderung kam zu spät. Darüber hinaus weigerte sich Ungarn, in der Nationalitätenfrage nachzugeben. Nach der militärischen Niederlage wurden die seit 400 Jahren bestehenden staatsrechtlichen Beziehungen zwischen Ungarn und der Habsburger Monarchie aufgehoben. Ungarn wurde mit Billigung der Entente-Staaten von tschechoslowakischen, serbischen und rumänischen Truppen militärisch besetzt, die endgültige Grenzziehung blieb einer Friedenskonferenz überlassen.

Angesichts der aus Russland zurückströmenden Kriegsgefangenen verschärften sich die wirtschaftlichen Probleme des Landes und bereiteten den Boden für revolutionäre Umbrüche. Auf den Druck der Straße hin trat die Regierung Sándor Wekerle am 23. Oktober 1918 zurück. Der König ernannte den Grafen János Hadik zum Ministerpräsidenten, der sich freilich nur sieben Tage halten konnte. An seine Stelle trat der führende Oppositionspolitiker Graf Mihály Károlyi, ein Großgrundbesitzer, der aber im Verlauf des Kriegs zur bürgerlichen Opposition gefunden hatte. Unter Károlyis Führung bildete sich am 24. Oktober ein Nationalrat, der ein breites politisches Spektrum bis hin zu den Sozialdemokraten vertrat. Der Nationalrat hatte die Aufgabe, eine Regierung zu bilden. In Vorbereitung dieser Aufgabe veröffentlichte er ein 12-Punkte-Programm, das unter anderen folgende Grundsätze proklamierte: die völlige Unabhängigkeit Ungarns; die sofortige Beendigung des Krieges und die Auflösung des Bündnisses mit dem Deutschen Reich; Neuwahlen nach dem Prinzip des allgemeinen Wahlrechts; das Selbstbestimmungsrecht für alle Nationalitäten; territoriale Integrität, aber politisch-kulturelle Autonomie; die Garantie bürgerlicher Freiheitsrechte; die Durchführung einer Agrarreform und die Anerkennung der Nationalstaaten auf dem Territorium der früheren Doppelmonarchie.

Auf dieser Basis übernahm Károlyi in der Nacht vom 30. auf den 31. Oktober 1918 in einer bürgerlich-demokratischen Revolution (der so genannten Astern-Revolution) die Regierungsgewalt. Jetzt sollte das Vermächtnis der 1848er Revolution eingelöst und ein demokratisches Ungarn geschaffen werden. Am 16. November 1918 wurde vom Nationalrat die unabhängige und selbstständige Ungarische Volksrepublik proklamiert. Kurz darauf, am 23. November, wurde ein Wahlrechtsgesetz erlassen, das das allgemeine und geheime Wahlrecht für Männer einführte. Allerdings bestand völlige Unklarheit darüber, für welches

Territorium das Gesetz galt. Es folgte ein Gesetz zur Pressefreiheit, und andere, bis dato existierende Diskriminierungsgesetze wurden abgeschafft. Doch die Einführung der bürgerlichen Demokratie ging dem Adel zu weit. Auf der anderen Seite forderten die Anhänger der am 24. November 1918 gegründeten Kommunistischen Partei Ungarns die Bildung einer Räterepublik nach dem Beispiel der Bolschewiki. Die bürgerliche Regierung stand unter einem enormen wirtschaftlichen und sozialen Druck. Der Binnenmarkt der Doppelmonarchie war zusammengebrochen, die Kriegswirtschaft hatte einseitige ökonomische Strukturen gefördert, die Besetzung großer Teile des Landes durch Truppen der Nachbarländer hatte den einstigen Wirtschaftsorganismus zerstückelt. Aufgrund dieser Verhältnisse war der Rohstoff- und Lebensmittelmangel eklatant. Die Arbeitslosenzahlen, verstärkt durch die Demobilisierung der Soldaten, wuchsen rapide. Hinzu kamen die Flüchtlingsströme aus den besetzten Gebieten, insbesondere aus Oberungarn/Slowakei und aus Siebenbürgen. Die Versorgung dieser Gruppen belastete den Staatshaushalt enorm. Die Regierung hatte kein Konzept zur Bekämpfung der wirtschaftlichen Notsituation, sondern arbeitete lediglich mit akuten Sofort- und Notmaßnahmen. Ihre Anordnungen zur Konsolidierung der Wirtschaft und der sozialen Lage (wie die Erhöhung der Einkommens- und Vermögensteuer und die Versorgung der Arbeitslosen) stießen bei weiten Teilen der Bevölkerung auf scharfen Widerspruch. Die Verabschiedung des Bodenreformgesetzes im Winter 1918/19 verzögerte sich, weil die katholische Kirche und die Großgrundbesitzer heftig opponierten und die Regierung sich nicht an die Spitze einer sozialrevolutionären Bewegung stellen wollte. Das Gesetz, das schließlich am 16. Februar 1918 zustande kam, war verwässert und erwies sich in seinem Vollzug als bürokratisch kompliziert. Überdies hatten die neuen Besitzer an die alten Eigentümer Entschädigungen zu zahlen, die kaum aufzubringen waren. Mit Ausnahme des Regierungschefs selbst, der sein Land verteilte, wurde das Gesetz nicht weiter umgesetzt.

Diese innenpolitischen Probleme führten zusammen mit der außenpolitischen Entwicklung schließlich zum Ende der bürgerlichen Regierung Károlyi. Im Vertrauen auf die Vierzehn Punkte Wilsons – der im Januar 1918 formulierten Grundsätze für eine Friedensordnung nach dem Krieg – hatte die Regierung den Waffenstillstandsvertrag von Padua (3. November 1918) und den Waffenstillstandsvertrag von Belgrad

(13. November 1918) unterzeichnet. Danach konnten die Alliierten sich auf dem Territorium Ungarns frei bewegen und alle strategisch wichtigen Orte besetzen.

Der Vertrag mit Rumänien legte die Waffenstillstandslinie entlang der ethnischen Grenzen fest, Ungarn räumte das Gebiet militärisch, behielt aber die Verwaltungshoheit. Die Demarkationslinien wurden allerdings nicht eingehalten, die Truppen drangen weiter auf ungarisches Territorium vor, um im Blick auf den kommenden Friedensvertrag Fakten zu schaffen.

Demgegenüber bestand das Konzept der Regierung darin, den Nationalitäten zwar ein Selbstbestimmungsrecht und kulturelle, sprachliche und lokale Autonomie zu gewähren, aber die territoriale Integrität Ungarns zu wahren. Bereits Ende Oktober 1918 hatten zwei Nationalitäten, die Kroaten und die Slowaken, ihre Loslösung von Ungarn deklariert. Auch die Rumänen im Gebiet Siebenbürgens waren mit der gewährten Autonomie nicht zufrieden. Rumänische Truppen drangen in das Gebiet ein; die ungarischen Rumänen erklärten am 1. Dezember 1918 ihren Anschluss an das Königreich Rumänien. Diesem Beschluss stimmten später auch die Siebenbürger Sachsen zu. Nur dort, wo die Nationalitäten in der Minderheit waren und keine ko-nationalen Nachbarstaaten die Ablösung und Integration in die neuen Staatsverband befördern konnten, ließ sich das ungarische Konzept durchsetzen.

Auf die ungarischen Proteste gegen die militärische Teilbesetzung des Landes durch tschechische und rumänische Truppen gingen die Siegermächte nicht ein und forderten umgekehrt den Rückzug ungarischer Truppen aus der Slowakei. Ein letzter Versuch Károlyis, mit dem Konzept der Donaukonföderation nach dem Vorbild der Schweiz das Nationalitätenproblem zu lösen und den gemeinsamen Wirtschaftsraum zu erhalten, scheiterte. Der Nationalstaatsgedanke war stärker. Aufgrund der Vix-Note vom 20. März 1919, die auf die Pariser Friedenskonferenz vom 26. Februar 1919 zurückging, wurden die Demarkationslinien für Ungarn noch ungünstiger festgelegt und der Rückzug der ungarischen Truppen auf diese Linie gefordert. Die Regierung Károlyi nahm dieses Ultimatum nicht an und trat zurück. Damit war der bürgerlich-demokratische Weg gescheitert, denn auch keine andere bürgerliche Partei hätte das Ultimatum annehmen können. Allein die Sozialdemokratische Partei, die einen starken Rückhalt in der Bevölkerung hatte, konnte ein solches Wagnis eingehen. Darum übergab Károlyi die Regierungsgewalt der Sozialdemokratie.

Sozialistische Räterepublik und rechtsautoritäre Restauration

Allerdings hatte diese schon vorher mit den im Gefängnis sitzenden Führern der Kommunistischen Partei (vor allem mit Béla Kun) Verhandlungen aufgenommen. Sie führten am 21. März 1919 zur Vereinigung der beiden Parteien zur Sozialistischen Partei Ungarns. Sofort wurde der Revolutionäre Regierende Rat gebildet, die Minister nannten sich, nach sowjetischem Vorbild, Volkskommissare; die Räterepublik wurde ausgerufen. Diese bloße Machtübernahme führte alsbald zu einer revolutionären Entwicklung. Die Kommunisten dominierten in der neuen Partei und setzten das Programm einer Diktatur des Proletariats durch. Ein Rätesystem sollte errichtet, Großgrundbesitz, Bergwerke, Großbetriebe (mit mehr als zwanzig Beschäftigten), Banken und Verkehrsunternehmen sozialisiert werden. Der enteignete Boden sollte nicht verteilt, sondern in sozialistische Produktionsgenossenschaften umgewandelt werden. Ausländisches Eigentum wurde unter die Kontrolle eines Arbeiterrats gestellt. Die nicht erfolgte Bodenverteilung führte auf Seiten der ländlichen Bevölkerung zu tiefer Enttäuschung und Distanz gegenüber dem kommunistischen Regime. In diesem Milieu entwickelte sich der Nährboden für eine konservative Gegenrevolution.

Die Räterepublik erhöhte die Löhne, dehnte die Kranken- und Unfallversicherung aus und garantierte kostenlose medizinische Versorgung im Rahmen des verstaatlichten Gesundheitswesens. Wohnungen wurden beschlagnahmt und neu verteilt, sämtliche Bereiche der Kultur, Wissenschaft und Bildung sollten religiös umgestaltet werden (eine Aufgabe, bei der der Philosoph György Lukács eine wichtige Rolle spielte). Die klare Trennung von Staat und Kirche minderte deren Einfluss; die Verstaatlichung des Schulwesens trug ebenfalls dazu bei, dass man sich von der überkommenen kirchlichen Kultur zunehmend distanzierte. Progressive Künstler wurden staatlich gefördert und stellten sich in den Dienst der Räterepublik.

Das nach sowjetischem Muster gestaltete Rätesystem sollte die Diktatur des Proletariats verwirklichen. Die ersten Rätewahlen – wahlberechtigt waren allein die Besitzlosen, die etwa 50 Prozent der Bevölkerung ausmachten – fanden am 7. April 1919 statt. Den Räten standen Exekutivkommissionen, so genannte Direktorien, vor. Die Gerichte wurden durch Revolutionstribunale abgelöst, die zu zwei Dritteln aus Arbeitern und Bauern, zu einem Drittel aus Juristen bestanden.

Obwohl die Außenpolitik von dem Kommunisten Béla Kun bestimmt war, ging auch dessen Konzeption von der territorialen Integrität Ungarns aus. Kun meinte, die Alliierten wären zu Zugeständnissen bereit; außerdem rechnete er mit einer unmittelbaren militärischen Unterstützung durch die Sowjetunion. Beides erwies sich als Illusion. Da sich die Räterepublik weigerte, die Vix-Note zu akzeptieren, rückten rumänische Truppen immer weiter nach Westen vor. Anfang Mai 1919 erreichten sie die Theiß und hielten damit fast ein Drittel des ungarischen Kernlandes besetzt. Die neu geschaffene Rote Armee Ungarns begann Mitte Mai eine erfolgreiche Offensive gegen die Tschechoslowakei, um das frühere Oberungarn zurückzuerobern. Am 7. Juni 1919 und wesentlich schärfer noch am 13. Juni 1919 forderte der französische Premierminister Georges Clemenceau die ungarischen Truppen zum Rückzug aus der Slowakei auf und versprach als Gegenleistung den Rückzug rumänischer Truppen auf die alte Demarkationslinie. Daraufhin zog sich Ungarn aus der Slowakei zurück, Rumänien räumte aber das Gebiet jenseits der Theiß nicht. Eine militärische Offensive gegen Rumänien scheiterte, weswegen der Revolutionäre Rat am 1. August 1919 zurücktreten musste. Die ungarische Räterepublik nach sowjetischem Muster hatte sich nur viereinhalb Monate, vom 21. März bis 1. August 1919, halten können. Abgesehen von dem militärischen Desaster hatte sie auch durch ihre innenpolitischen Maßnahmen in weiten Teilen der Bevölkerung an Rückhalt verloren. Die Art der Bodenreform, das radikale Verstaatlichungsprogramm und die entschiedene Abkehr von überkommenen Traditionen führten zur Ablehnung des kommunistischen Modells.

Die nun folgenden beiden sozialdemokratischen Gewerkschaftsregierungen konnten sich jeweils nur wenige Tage halten. Während der Zeit der Räterepublik hatten sich in der südungarischen Stadt Szeged gegenrevolutionäre Kräfte formiert – Mitglieder aus der alten politischen Führungsschicht, des mittleren Adels, Großgrundbesitzer, Industrielle und Offiziere aus jenen Verbänden, die sich der Revolutionsregierung nicht unterstellt hatten. Diese Kreise bildeten in Szeged eine Gegenregierung, in der der ehemalige Oberbefehlshaber der k. u. k. Marine, Admiral Miklós Horthy, als Kriegsminister fungierte. Im November 1919 rückte Horthy mit seiner Nationalen Armee in Budapest ein und übernahm die Macht. Die von Offizieren zusammengestellten Sonderkommandos übten nun einen »weißen Terror« gegen die Sozialisten aus, der dem vorangegangenen »roten Terror« in nichts nachstand. Am 1. März 1920 wurde Horthy vom Parlament, unter Androhung von Gewalt, zum Reichsverweser gewählt. Er sollte in dieser quasi-monarchischen Position der Zwischenkriegszeit in Ungarn seinen Stempel aufdrücken. Erst mit der im Juli 1920 gebildeten, von den restaurativen Kräften gestützten Regierung Pál Teleki kehrte wieder eine relative staatliche Ordnung ein. Die abermals in Angriff genommene Bodenreform scheiterte erneut, weil die abgegebenen Flächen zu klein und die Entschädigungssummen für die Bezugsberechtigten zu hoch waren.

Am 4. Juli 1920 wurde von der restaurativen Regierung der Friedensvertrag von Trianon unterzeichnet. Ungarn verlor zwei Drittel seines früheren Territoriums mit drei Millionen Magyaren, also Einwohnern

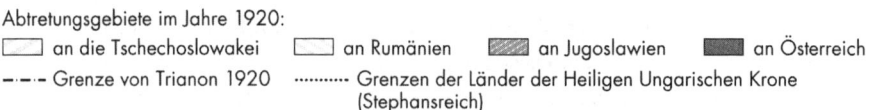

Die Aufteilung Ungarns im Friedensvertrag von Trianon 1920

Abtretungsgebiete im Jahre 1920:
☐ an die Tschechoslowakei   ☐ an Rumänien   ▨ an Jugoslawien   ■ an Österreich
–·–·– Grenze von Trianon 1920   ·········· Grenzen der Länder der Heiligen Ungarischen Krone (Stephansreich)

ungarischen Ursprungs. Bei kaum sieben Millionen Ungarn im Kernland entsprach dies einem Drittel des ethnischen Bestandes. Allein in den an Rumänien abgetretenen Gebieten lebten 1,7 Millionen Ungarn. Die Grenzziehungen lösten die ethnischen Probleme in der Region nicht, sondern bildeten die Grundlage für neue Nationalitätenkonflikte. »Trianon« war das »Versailles« der Ungarn und wurde in der Bevölkerung auch entsprechend aufgenommen. Ungarn durfte seine staatliche Souveränität – etwa zugunsten eines Zusammenschlusses – nicht aufgeben und nur 35.000 Mann unter Waffen halten (Panzer und anderes schweres Gerät blieben verboten). Reparationszahlungen und wirtschaftliche Bestimmungen zugunsten der Alliierten bildeten eine schwere Last für das ausgeblutete Land. Der Friedensvertrag ging von dem Konzept aus, mit Hilfe einer Reihe unabhängiger Nationalstaaten Deutschlands Übergewicht in Mitteleuropa einzudämmen und eine Barriere gegen den Bolschewismus zu bauen. Dem diente der politische Ring um Ungarn in Gestalt der so genannten Kleinen Entente (Jugoslawien, Tschechoslowakei, Rumänien).

Der Autoritarismus des Horthy-Regimes ebnete Rechtsradikalismus und Antisemitismus in Ungarn den Weg. Versuche im Jahr 1921, die Monarchie wiederherzustellen, scheiterten. Allerdings schien unter der Regierung István Bethlen (1921–1931) zunächst eine Stabilisierung einzutreten. Die militärischen Sonderkommandos wurden verboten, Gewerkschaftler und Sozialdemokraten aus den Internierungslagern entlassen. Die Sozialdemokraten durften sich beschränkt politisch betätigen, Streiks waren nicht erlaubt. Etwa 30 Prozent der erwachsenen Bevölkerung erhielten das Wahlrecht. Das autoritäre System trug faschistische Züge, rechtsstaatliche Elemente blieben rein äußerlich. Das Parlament besaß keine Macht. Im Mittelpunkt stand die Pflege eines ungarischen Nationalismus und superioren Kulturdünkels. Dieser umfasste auch einen neuen »christlichen Nationalismus«.

Als bedeutsame politische Kraft trat der Antisemitismus auf. Aufgrund der Verkleinerung des ungarischen Territoriums war der Anteil der jüdischen Minderheit um etwa einen Prozentpunkt gestiegen. Die 473.000 Menschen umfassende jüdische Minorität machte nun 5,9 Prozent der ungarischen Gesamtbevölkerung aus. Bereits 1920 wurde ein Numerus clausus eingeführt, der die Anzahl von Juden im höheren Bildungswesen und in der Bürokratie einschränken sollte. Im Bürgertum wie im Militär war antisemitisches Denken weit verbreitet.

Neben der innen- und wirtschaftspolitischen Konsolidierung bildete die Revision des Friedensvertrages von Trianon *das* außenpolitische Thema. Ihm kam innenpolitisch eine wichtige ideologische Bedeutung zu, denn Trianon wurde gegenüber der Bevölkerung für alle inneren Probleme des Landes verantwortlich gemacht. Doch im Zusammenhang mit der 1929 beginnenden Wirtschaftskrise, die zu gravierenden sozialen Problemen führte, genügte diese Erklärung nicht mehr. Die Regierung Bethlen wurde im Sommer 1931 gestürzt, es kam zu einem weiteren Rechtsruck.

Der neue starke Mann, der am 1. Oktober 1932 die Regierung übernahm, hieß Gyula Gömbös, besaß in der Armeeführung einen starken Rückhalt, war selbst Offizier und hatte sich bei der Leitung der Sonderkommandos einen Ruf als konsequenter Kämpfer für einen rechtsradikalen Kurs erworben. Gömbös wollte in Ungarn eine totalitäre faschistische Diktatur nach italienischem und deutschem Vorbild aufbauen. Einen ersten Höhepunkt hatte die faschistische Bewegung bereits in den Jahren zwischen 1919 und 1922 erreicht, um dann zu stagnieren. Sie hatte ihr Hauptzentrum im Süden, wo ihre Mitglieder als »Szegeder Faschisten« bekannt wurden. Gömbös gründete eine faschistische Jugendorganisation, eine neue Kaderorganisation und eine politische Miliz. Auch unter dem Einfluss des Nationalsozialismus (NS) wuchs die Bewegung in den folgenden Jahren rasch an. Aufgrund des plötzlichen Todes Gömbös' am 6. Oktober 1936 zerschlugen sich die Pläne zur Errichtung einer totalitären Diktatur.

Die Pfeilkreuzler-Bewegung

Neben Gömbös' Bewegung gab es eine ganze Reihe weiterer rechtsradikaler beziehungsweise nationalsozialistisch orientierter Organisationen, die in den 1930er Jahren aus dem Boden schossen. Auch in diesen tauchte als Emblem das Pfeilkreuz auf – in Anlehnung an das Hakenkreuz der deutschen Nationalsozialisten –, die Anhänger trugen grüne Hemden. Es wurden Pläne von einem karpato-danubischen Großen Vaterland geschmiedet, in das die früher zu Ungarn gehörenden Ethnien mit einer gewissen Autonomie integriert werden sollten (*konnacionalizmus*). Dieses Großreich sollte gleichberechtigt neben dem faschistischen Italien und dem nationalsozialistischen Deutschland als dritte totalitäre Diktatur etabliert werden. Die wichtigste, den konservativen

Rahmen sprengende Massenbewegung waren die hungaristischen Pfeil-kreuzler unter Führung von Ferenc Szálasi. Szálasi ließ sich nicht in Gömbös' Bewegung integrieren, sondern gründete am 1. März 1935, zusammen mit seinem Freund Sándor Csia, eine eigene »Partei des Willens der Nation« (*Nemzet Akaratának Pártja*, NAP). Bereits im zwei-ten Rundbrief der Partei vom Februar 1936 hieß es in aller Offenheit: »Wir erklären entschlossen, unmissverständlich und zum wiederholten Male, dass die Partei sich für die Machtübernahme organisiert und auf die vollständige Machtergreifung dringt.«[61]

Nach dem kläglich gescheiterten »Marsch auf Budapest« der Sensenkreuzlerbewegung am 1. Mai 1936 wurde diese rechtsradikale Bewegung verboten. Viele ehemalige Sensenkreuzler schlossen sich der Szálasi-Partei an und stärkten so deren Reihen. Im Oktober 1936 ver-brachten Szálasi und Csia einige Wochen in Berlin, Nürnberg und München, um den deutschen Nationalsozialismus zu studieren. Tief be-eindruckt kehrten sie zurück und wollten Horthy in der für sie typi-schen loyalen Weise vorschlagen, eine Militärdiktatur zu errichten, um das Land aus der schweren Krise zu befreien. Der Reichsverweser emp-fing sie nicht einmal. Nach Gerüchten über einen Umsturz wurde Szá-lasi am 15. April 1937 verhaftet und seine Partei zeitweise verboten. Er verbüßte drei Monate im Staatsgefängnis und zwischen August 1938 und September 1940 noch einmal drei Jahre im »Sterngefängnis« für politische Straftäter in Szeged. Von messianischem Sendungsbewusst-sein erfüllt, führte Szálasi seine politischen Prozesse durch alle Instan-zen und stilisierte sich als »Märtyrer« der Bewegung.

Anfang August 1937 schloss sich die im Untergrund weiter arbeiten-de NAP mit der Rassenschützler-Sozialistischen Partei (*Fajvédö Szocia-lista Párt*) zur Ungarischen Nationalsozialistischen Partei (*Magyar Nem-zeti Szocialista Párt*, MNSZP) zusammen. Ende März 1938 gründete der zu Szálasi gestoßene Journalist Kálmán Hubay die Nationalsozialisti-sche Ungarische Partei – Hungaristische Bewegung (*Nemzeti Szocialista Magyar Párt – Hungarista Mozgalom*, NSZMP-HM) als Nachfolgeorga-nisation der am 24. Februar 1938 verbotenen MNSZP. Diese Partei er-lebte unter Szálasi einen wahren Höhenflug; der »Anschluss« Öster-reichs verschaffte der Bewegung einen gewaltigen Aufschwung. Unter der Parole »1938, das Jahr der Befreiung der Nation« entwickelte sich die Partei zu einer landesweiten Organisation mit fester Hierarchie. Nach der Fusion mit der »Ungarischen Nationalsozialistischen Partei«

des Grafen Sándor Festetics im August 1938 nannte sich die Szálasi-Partei »Ungarische Nationalsozialistische Partei – Hungaristische Bewegung« (*Magyar Nemzeti Szocialista Párt – Hungarista Mozgalom*, MNSZP-HM). Das Konzept der hungaristischen Weltanschauung reichte von einem rassischen Antisemitismus über Sozialreformen bis zur Neuregelung der Arbeitswelt durch die Errichtung eines Ständesystems.

Gömbös' Nachfolger, Kálmán Darányi, suchte zwar in nationalkonservatives Fahrwasser zurückzusteuern und eine größere Distanz zu der italienischen und deutschen Diktatur zu gewinnen, doch der wachsende Einfluss des nationalsozialistischen Deutschland, vor allem auch wirtschaftliche Abhängigkeiten, sorgten für eine zunehmende Annäherung an die Hitler-Diktatur. Bei seinem Besuch in Berlin im November 1937 erkannte Darányi vor dem Hintergrund der deutschen Außenpolitik die Möglichkeiten einer Gebietsrevision mit deutscher Unterstützung. Seine Partei verordnete sich einen Rechtsruck, Anfang März 1937 verkündete Darányi ein millionenschweres Wiederbewaffnungsprogramm. Gleichzeitig erklärte er die gesetzliche Regelung der »Judenfrage« zum Regierungsprogramm. Die Vorarbeiten zum Entwurf des ersten »Judengesetzes« wurden eingeleitet. 1938/39 folgten weitere antisemitische Gesetze, die vor allem Intellektuelle und Händler trafen. Der Anteil von Juden in der Wirtschaft sollte auf zwölf Prozent, der in den akademischen Berufen auf sechs Prozent gesenkt werden.

Darányi wollte die Pfeilkreuzler in die Regierung integrieren und traf ein Arrangement mit Szálasi, worin dieser versprach, gegen eine angemessene politische Beteiligung auf einen Putsch verzichten zu wollen. Ausgerechnet dieser Pakt sollte eine der Ursachen für Darányis Sturz werden. Er hatte sich zu weit nach rechts vorgewagt. Unter seinem Nachfolger Béla Imrédy, der Mitte Mai 1938 zum Ministerpräsidenten ernannt wurde, ließ die NSZMP jede Zurückhaltung fallen. Die hungaristische Revolution regierte die Straßen; ihre Flugblattaktionen, Demonstrationen, Massenveranstaltungen und Gewalttätigkeiten bestimmten den Alltag. Imrédy, dessen gesellschaftspolitische Vorstellungen von der päpstlichen Enzyklika *Quadragesimo anno* von 1931 bestimmt waren,[62] versuchte mit allen Mitteln, die Pfeilkreuzler zurückzudrängen – nicht zuletzt, weil er selbst die »Nationalsoziale Volkspartei« (*Nemzeti Szociális Néppárt*) als »Ungarische Front« gründen wollte, ein Sammelbecken für alle rechten Bewegungen. Zur Realisierung dieses Projektes hoffte er auf ein Ermächtigungsgesetz. Am 6. Januar 1939 fand unter seiner Leitung die offizielle Gründung einer »Bewegung des Ungarischen Lebens« (*Magyar Élet Mozgalom*, MÉM) statt, die von rechts die Hungaristen verdrängen und aufsaugen sollte. Alle Gesetze und Verordnungen gegen die diversen Pfeilkreuzler-Gruppen und die Sozialdemokraten (!) bewirkten jedoch nicht deren Schwächung. Das Pfeilkreuzler-Wochenblatt *Összetartás* (Zusammenhalt) entwickelte sich im Laufe des Sommers 1938 zu einem Massenblatt. Illegale, der Pfeilkreuzler-Bewegung nahe stehende Terrororganisationen wie die »Schwarze Front« organisierten Straßenkämpfe, verübten Anschläge und führten Attentate durch.

Im Herbst 1938 bot Imrédy dem »Dritten Reich« die Unterstützung der Achsenmächte, den Beitritt zum Antikomintern-Pakt, den Austritt aus dem Völkerbund und den Abschluss eines zehnjährigen Wirtschaftsabkommens an, wenn Hitler einer militärischen Invasion Ungarns in die Tschechoslowakei zum Zwecke der Gebietsrevision zustimme. Hitler lehnte ab, der Erste Wiener Schiedsspruch vom 2. November 1938 – über den die revisionistischen Ansprüche Ungarns auf friedlichem Wege durchgesetzt werden sollten – führte zur Enttäuschung Imrédys nicht zur Angliederung der Karpato-Ukraine an Ungarn.[63] Den Altkonservativen missfielen Imrédys rechtsautoritäre Politik, seine Annäherung an Deutschland, seine diktatorischen Absichten und seine Pläne für eine Regierungspartei auf Massenbasis. Dennoch suchte Horthy ihn zu halten. Erst am 15. Februar 1939, als die Opposition bei Imrédy einen jüdischen Großelternteil entdeckt hatte, trat er nach Aufforderung des Reichsverwesers zurück. Vor Imrédys Rücktritt hatte seine Regierung noch das Verbot der MNSZP-HM beschlossen. Acht Tage nach dem Verbot gründeten vier angesehene pensionierte Offiziere die »Pfeilkreuzpartei« (*Nyilaskeresztes Párt*, NYKP). Sie gab sich gemäßigter als ihre Vorgängerin, aber verfolgte ganz ähnliche Ziele. Ein eigener Abschnitt des Parteiprogramms galt dem »Schutz des ungarischen Blutes«, forderte antijüdische Gesetze wie die Nürnberger Rassegesetze und die Ausweisung der Juden aus Ungarn. Das moderatere Auftreten der Pfeilkreuzler hatte auch damit zu tun, dass ihnen das Schicksal Corneliu Codreanus und der Eisernen Garde in Rumänien vor Augen stand, die im November 1938 vernichtet worden war.

Mitte Februar 1939 folgte auf Imrédy der konservative, aber verfassungstreue Pál Teleki (bis April 1941) als Regierungschef. Während seiner Regierungszeit erlebte die NYKP mit ihrem Wahlerfolg Ende Mai

1939 und ihrem Einzug ins Parlament zunächst ihren Höhepunkt als Massenbewegung und dann bald ihren Niedergang. Es gelang Kálmán Hubay, dem eher moderaten Parteiführer während des Gefängnisaufenthaltes Szálasis, nicht, den konservativen mit dem radikalen Parteiflügel zu verschmelzen. Im Zusammenhang mit der Bodenreformdiskussion im Herbst 1939 forderte er für eine Zustimmung zum Regierungsentwurf die Freilassung Szálasis, die Aufhebung der Internierung von Parteimitgliedern und des Verbots für Beamte, in die NYKP einzutreten. Als die Regierung ablehnte, trat die NYKP in den parlamentarischen Streik, den sie allerdings bald darauf wieder abbrechen musste, weil er erfolglos blieb. Hubay vertrat in der Bodenreformfrage eine konservative Auffassung, die den Großgrundbesitzern diente. Nach Szálasis Entlassung drängte der radikale Parteiflügel wieder nach vorn und forderte eine systemverändernde Neuordnung der landwirtschaftlichen Besitzverhältnisse.

Der Abstieg der Bewegung wurde besiegelt mit einem von den Abgeordneten Hubay und Vagó am 7. Juni 1940 im Parlament eingebrachten Gesetzentwurf, demzufolge die einzelnen Volksgruppen eine größere Autonomie erhalten sollten; eine Magyarisierung wollte man in dem ins Auge gefassten Großungarn nicht mehr dulden. Die Regierung Teleki polemisierte gegen den Entwurf, weil er die Einheit der Nation auflöse und das Ungarntum zur bloßen Volksgruppe degradiere. Mit der Begründung, sie hätten ihre Treuepflicht zur ungarischen Heimat und Nation verletzt, verloren die beiden NYKP-Abgeordneten ihr Mandat. Die Öffentlichkeit und andere rechtsgerichtete Gruppierungen rückten empört von der NYKP ab und näherten sich dem konservativen Flügel der MÉP an. Die NYKP geriet in den Verdacht, die Fünfte Kolonne der NSDAP in Ungarn zu sein, der Gesetzentwurf sei von volksdeutschen Hintermännern verfasst worden. Kurz vor dem Zweiten Wiener Schiedsspruch vom 30. August 1940, der die Wiederangliederung Nordsiebenbürgens an Ungarn beschloss, amnestierte Horthy den Hungaristenführer Szálasi. Er profitierte von dem Zusatzprotokoll zum Wiener Schiedsspruch, wonach den Mitgliedern der deutschen Volksgruppe das freie Bekenntnis zur nationalsozialistischen Weltanschauung garantiert werden musste. Damit war die Verfolgung der Pfeilkreuzler nicht mehr zu legitimieren. Erst durch den Beitritt Ungarns zum Dreimächtepakt fühlte sich Horthy wieder gestärkt genug, um gegen die umstürzlerischen Umtriebe der Pfeilkreuzler vorzugehen.

Bis Ende August 1944 blieb Szálasi aber loyal gegenüber dem Reichsverweser, unter dem er – ähnlich wie Mussolini unter dem italienischen
König – die Rolle des »Führers« einzunehmen gedachte. Alles Werben
um Horthy blieb jedoch vergeblich, der Reichsverweser zeigte sich
nicht einmal bereit, den Pfeilkreuzler-Führer zu empfangen. Die Fusion der NYKP mit der Ungarischen Nationalsozialistischen Partei (*Magyar Nemzeti Szocialista Párt*, MNSZP) am 6. Oktober 1940, also kurz
nach der Haftentlassung Szálasis, schien eine weitere Konzentration
der faschistischen Bewegung zu bewirken. Doch Szálasis Hungarismus
geriet in immer größeren Gegensatz zu den deutschen Vorstellungen,
wonach zumindest die deutsche Volksgruppe sich der NSDAP unterstellen sollte. Während für die Deutschen der Nationalsozialismus ein
deutsches Prinzip war, sah Szálasi darin eine gemeinsame weltanschauliche Grundlage für die Völker Europas. Anfang Oktober 1940 trat unter der Führung Imrédys der rechte Flügel aus der Regierungspartei
aus und gründete die »Partei der Ungarischen Erneuerung« (*Magyar
Megújulás Pártja*, MMP). Die kleine, aber hoch einflussreiche Partei
agierte ausgesprochen deutschfreundlich und suchte, um eine Massenbasis zu gewinnen, die Fusion mit Szálasis Partei – allerdings unter der
Führung Imrédys. Als sich Szálasi beharrlich weigerte, betrieben die
Deutschen eine Spaltung seiner Partei, der NYKP. Am 18. September
1941 erfolgte die Neugründung der MNSZP, die sechs Tage später ein
Fraktionsbündnis mit der MMP einging. Der innere Erosionsprozess
der NYKP setzte sich weiter fort. Austritte, die ihren Höhepunkt Ende
1943 erreichten, zeigten den Zerfall der NYKP-Massenbasis an. Selbst
der Mythos Szálasi begann zu bröckeln.

Bündnis mit Faschismus und Nationalsozialismus

Während der Zwischenkriegszeit war die ungarische Außenpolitik ganz
auf eine Revision des Friedensvertrages von Trianon ausgerichtet gewesen, obwohl es eigentlich gar keine außenpolitischen Gestaltungsmög-
lichkeiten gab. Die Revision sollte dem Land die abgetretenen Gebiete
wieder zusprechen. Dabei war unklar, ob eine vollkommene Revision
angestrebt wurde oder ob man sich mit einer solchen begnügen wollte, die ethnische Gesichtspunkte berücksichtigte. Am 31. Januar 1923
wurde Ungarn in den Völkerbund aufgenommen. Davon versprach
man sich bessere Vertretungsmöglichkeiten ungarischer Minderheiten

im Ausland, eine Revision von Trianon aufgrund von Artikel 19 der
Völkerbundsatzung sowie Aufbau-Kredite für die rückständige Wirtschaft. Bilaterale Verhandlungen zur Überwindung der außenpolitischen Isolation – 1924 mit der Sowjetunion und 1925/26 mit Jugoslawien – führten nicht zum Erfolg. Mit dem Vertrag vom 5. April 1927
gelang Ungarn jedoch eine Annäherung an Italien, die dem gemeinsamen Ziel diente, den französischen Einfluss im Donaubecken zurückzudrängen. Ministerpräsident Bethlen strebte, wie dann auch sein
Nachfolger Gyula Gömbös, an, Deutschland in dieses Bündnis einzubeziehen – eine außenpolitische Zielvorstellung, die 1928 noch nicht
realisierbar war. Solange eine Achse der faschistischen Staaten nicht zu
erreichen war, lavierte Ungarn zwischen Italien und Deutschland hin
und her. Seit der Machtübernahme Hitlers intensivierten sich die Wirtschaftsbeziehungen zwischen Ungarn und Deutschland, da das »Dritte Reich« die kleinen Länder des Donauraumes seinem Hegemonial-
bereich zurechnete und darum über wirtschaftliche Bindungen die
deutsche Führung zu erlangen suchte. Ungarn dagegen war vor allem
auf die Möglichkeit einer Grenzrevision mit Hilfe des Deutschen Reiches fixiert. Allerdings musste man bei entsprechenden Verhandlungen 1933 enttäuscht feststellen, dass Deutschland die ungarischen
Grenzrevisionen nur im Blick auf die Tschechoslowakei zu unterstützen bereit war. Wegen der Bodenschätze in Jugoslawien und Rumäni-
en suchte das Deutsche Reich zu beiden Ländern gute Beziehungen.
Diese wären durch ungarische Gebietsforderungen, die Deutschland zu
fördern hätte, gefährdet worden. Im Februar 1934 wurde ein Handelsvertrag zwischen Deutschland und Ungarn abgeschlossen, der den
Markt vor allem für ungarische Agrarprodukte öffnete. Der Anteil
Deutschlands am ungarischen Export stieg Mitte der 1930er Jahre auf
24 Prozent an und steigerte sich bis 1943/44 auf 60 bis 70 Prozent. Damit wuchs die Abhängigkeit Ungarns vom Reich, zumal die Verschuldung Deutschlands gegenüber Ungarn bereits 1939 54 Millionen
Reichsmark betrug. Das ungarische Guthaben in Deutschland band
das Land an den großen Partner. Dennoch suchte Ungarn zunächst seine Unabhängigkeit zu wahren. Mit Italien, 1934 noch ein Gegengewicht zu Deutschland, schloss Ungarn im März 1934 die Römischen
Verträge ab. Der Nachfolger Gömbös', Ministerpräsident Kálmán Darányi, versuchte das Land aus der deutschen Umklammerung zu lösen,
indem er Verhandlungen mit den Staaten der Kleinen Entente (Jugo-

slawien, Tschechoslowakei, Rumänien) über einen Nichtangriffspakt und Minderheitenfragen aufnahm. Aber diesen diplomatischen Bemühungen blieb der Erfolg versagt.

Im November 1937 unterrichtete Hitler die ungarische Regierung über seine Pläne im Blick auf Österreich und die Tschechoslowakei. Er forderte von Ungarn, es möge sich Jugoslawien annähern und auch mit Rumänien einen Modus vivendi suchen. Um die wachsende Abhängigkeit Ungarns von Deutschland zu beenden, intensivierte die Regierung Béla Imrédy (1938/39) 1938 die Beziehungen zu Polen und versuchte erneut mit der kleinen Entente durch Verhandlungen zu einem Ausgleich zu gelangen. Im August 1938 schließlich stellten sich erste Erfolge ein: Die Ententemächte erkannten die Rüstungsgleichberechtigung Ungarns an und zeigten sich auch in der Minderheitenfrage zu Konzessionen bereit. Bei dem Staatsbesuch Horthys in Berlin Ende August 1938 ließ Hitler diese Erfolge jedoch nicht gelten und offerierte dem ungarischen Reichsverweser stattdessen die Slowakei und die Karpato-Ukraine, falls sich die ungarische Regierung an der Zerschlagung der Tschechoslowakei beteilige. Das Münchner Abkommen gab Ungarn dann noch einmal eine Art diplomatischer und militärischer Galgenfrist. Durch Mussolinis Engagement kam es auch zu einer Anlage zum Münchner Abkommen, in dem die ungarischen Territorialforderungen Erwähnung fanden. Ungarn und die Tschechoslowakei sollten zunächst in bilateralen Verhandlungen die Territorialansprüche klären, was natürlich scheiterte. Im Ersten Wiener Schiedsspruch vom 2. November 1938 erhielt Ungarn dann die von Magyaren bewohnten Gebiete der Slowakei zugesprochen.

Die Regierung Pál Teleki versuchte eine zweigleisige Außenpolitik, indem sie – in Anerkennung der Vorherrschaft Hitlers in Ostmitteleuropa – eine deutschfreundliche Haltung einnahm, aber gleichzeitig auch mit den Westmächten auf gutem Fuße stehen wollte. So schien ihr der Revisionsgewinn am Besten gesichert: Über den Einfluss Deutschlands erwartete man die territoriale Rückgabe verlorener Gebiete, durch die guten Beziehungen mit den Entente-Mächten wollte man diese Territorien auch dann für sich sichern, wenn es zu einer deutschen Niederlage käme. Dieser Weg führte unweigerlich zu einer immer größeren militärischen und wirtschaftlichen Abhängigkeit des Landes vom Deutschen Reich. Um dem mächtigen Nachbarn zu gefallen, erhöhte Ungarn seine Erdöl- und Bauxitproduktion und die Ausfuhr dieser Güter nach Deutschland. Am 24. Februar 1939 trat es aus dem Völkerbund aus, im März 1939 erhielt es die Karpato-Ukraine zugesprochen, am 20. November 1940 trat es dem Dreimächtepakt bei. Schon vorher, nämlich beim deutschen Angriff auf Polen, geriet das außenpolitische Konzept der Regierung Teleki ins Trudeln, denn Polen war ein Verbündeter Ungarns. Zahlreiche Polen flohen nach dem deutschen Angriff in das vermeintlich befreundete Nachbarland. Dass Ungarn im Zweiten Wiener Schiedsspruch vom 30. August 1940 Nordsiebenbürgen zugesprochen wurde – ein Territorium, das zuvor zu dem mit Deutschland verbündeten Rumänien gehört hatte –, brachte die Regierung Teleki in Zugzwang. Einerseits wollte sie sich aus dem Krieg heraushalten, andererseits musste sie befürchten, dass im Konfliktfalle das Territorium wieder verloren gehe, wenn Ungarn neutral bliebe. Ungarn hatte für den Zugewinn beträchtliche Zugeständnisse an Deutschland machen müssen: Die deutsche Minderheit in Ungarn erhielt einen besonderen Rechtsstatus, war gewissermaßen ein Staat im Staate und wurde praktisch vom 1938 gegründeten »Volksbund der Deutschen in Ungarn« geführt, der seinerseits vom Reich aus gelenkt wurde.[64] Ungarn musste weitere antisemitische Gesetze erlassen, die ungarischen Nationalsozialisten erhielten noch mehr Rechte und den Deutschen machte man weitere wirtschaftliche Zugeständnisse.

Mit dem Beitritt zum Dreimächtepakt im November 1940 hatte man endgültig das außenpolitische Pendelkonzept zwischen den Westmächten einerseits und Deutschland-Italien andererseits aufgegeben. Im April 1941 forderte Deutschland von Ungarn die Teilnahme am Angriff gegen Jugoslawien, obwohl beide Länder erst kurz zuvor, nämlich am 12. Dezember 1940, einen Freundschaftsvertrag abgeschlossen hatten. Großbritannien machte deutlich, dass ein Angriff auf Jugoslawien eine Kriegserklärung an Ungarn nach sich ziehen werde. Was sollte Teleki tun? Die ohnehin längst nicht mehr intakte Neutralität des Landes wahren und den Bruch mit Hitler riskieren oder den Vertrag mit Jugoslawien brechen und durch einen Krieg mit dem befreundeten Land alte territoriale Revisionsansprüche realisieren? Er wählte einen dritten Weg – den Freitod.

Dieses Ende führte dazu, dass Teleki in der jüngsten ungarischen Geschichtsschreibung außerordentlich positiv bewertet wird – ähnlich wie übrigens auch andere Politiker der Zwischenkriegszeit und das Horthy-Regime insgesamt. Dabei wird übersehen, welche unglückliche Rolle

diese Politiker im Zusammenhang mit der revisionistischen Territorial-
politik spielten.

Wenige Tage nach dem Selbstmord Telekis marschierten ungarische
Truppen in die Batschka ein. Mit Deutschlands Hilfe hatte Ungarn ein
Gebiet von 80.000 Quadratkilometern und fünf Millionen Einwohner,
darunter über zwei Millionen Magyaren, hinzugewonnen – allerdings
um den Preis, dass der Anteil an nationalen Minderheiten nunmehr
25 Prozent der Bevölkerung betrug und das Land sich in völlige Abhängigkeit von den Deutschen begeben hatte. Mit einer heftigen Magyari-
sierungspolitik, von der nur die Deutschen ausgenommen waren, suchte Ungarn zu einer nationalen Zwangs-Homogenität zu gelangen.

Ende Juni 1941 musste Ungarn der Sowjetunion den Krieg erklären.
Ähnlich wie Rumänien und Bulgarien nahm die ungarische Armee zunächst nicht an den unmittelbaren Kampfhandlungen teil, sondern
übernahm Verwaltungs- und wirtschaftliche Versorgungsaufgaben. Das
sollte sich erst ändern, als der deutsche Vormarsch ins Stocken geriet
und die Rote Armee in Gegenoffensiven vorstieß. Jetzt forderte
Deutschland von Ungarn einen unmittelbaren militärischen Einsatz.
Die 2. Ungarische Armee, alles in allem fast 300.000 Mann, wurde in
der Schlacht am Don im Januar 1943 nahezu völlig vernichtet.

Danach wollte die Regierung Miklós Kállay (9. März 1942 bis
19. März 1944) zu der früheren außenpolitischen Schaukelpolitik zurückkehren und führte im September 1943 diplomatische Geheimverhandlungen mit den Westmächten, um aus dem Krieg auszuscheiden.
Als den Deutschen diese Bestrebungen bekannt wurden, besetzten sie
am 19. März 1944 das völlig widerstandslose Ungarn und zwangen Horthy, eine den Nationalsozialisten nahe stehende Regierung einzusetzen.
Doch nicht diese Vasallenregierung, sondern der SS-Standartenführer
Edmund Veesenmayer, Leiter der deutschen Gesandtschaft in Budapest und Reichsbevollmächtigter, sollte in Wahrheit die Zügel in der
Hand halten. Veesenmayers Favorit bei der Bildung einer neuen Regierung war zunächst Imrédy. Doch weder Horthy noch die SS konnten
sich mit dieser Option arrangieren. Für die SS war der Politiker wegen
seiner jüdischen Abstammung völlig indiskutabel. Nach schwierigen
Verhandlungen setzte Veesenmayer schließlich den langjährigen ungarischen Gesandten in Berlin, Döme Sztójay, als Ministerpräsidenten einer Mehrparteienregierung durch. Mit deren Hilfe organisierte die SS
– vierzehn Tage nach der deutschen Besetzung des Landes – die De-

portation und Vernichtung von 440.000 ungarischen Juden und etwa
50.000 Sinti und Roma.[65] 200.000 Juden des Budapester Ghettos überlebten den Holocaust.

Bei der Regierungsbildung waren Szálasi und seine NYKP völlig un-
berücksichtigt geblieben. Nach wie vor hielt er an der hungaristischen
Weltanschauung fest, wonach das ungarische Volk fähig sei,»seine eigene nationalsozialistische Entwicklung aus eigener Kraft zu verwirklichen«[66]. Sowohl der Regierung Sztójay als auch den Deutschen lag daran, die NYKP in eine NS-Einheitspartei zu integrieren. Aber Szálasi
beharrte bei den Verhandlungen auf der Anerkennung der ungarischen
Souveränität und einer Koalition unter Führung seiner Partei. Nach einem Putschversuch rechter Kräfte, von denen sich Szálasi ausdrücklich
distanzierte, drängte Horthy am 17. Juli 1944 den deutschen Diktator,
die deutschen Truppen sowie die Einheiten von SS und Geheimer
Staatspolizei (Gestapo) zurückzuziehen. Außerdem kündigte er die Ablösung der Sztójay- durch eine Militärregierung an. Unter den Drohungen der Deutschen zog der Reichsverweser sein Vorhaben zwar zurück,
aber der Eindruck seiner politischen Unzuverlässigkeit ließ sich nicht
mehr wegwischen. Da sich die Sztójay-Regierung in einer Krise befand,
blieben als letzte Option nur noch der lange verschmähte Szálasi und
seine NYKP. Am 25. Juli und 6. August traf Veesenmayer mit dem
Hungaristenführer zusammen und ließ sich dessen Pläne für eine Ko-
alitions- oder eine hungaristische Regierung vortragen. Szálasi schwebte die Bildung einer NS-Europagemeinschaft vor – Ideen, die angesichts der militärischen Lage völlig illusionär waren.

Mit dem unerwarteten Frontwechsel Rumäniens geriet auch die
innenpolitische Lage Ungarns in ernsthafte Turbulenzen. Am 29. August 1944 entließ Horthy offiziell die Regierung Sztójay und beauftragte Generaloberst Géza Lakatos mit der Bildung einer »unpolitischen«
Regierung aus Fachleuten und hohen Militärs. Am 23. September überschritten sowjetische Truppen die ungarische Grenze, am 5. Oktober
eroberte die Rote Armee die Pässe in den Südkarpaten, am 6. Oktober
begann die eigentliche sowjetische Offensive. Diese Entwicklung zeigt,
dass die Deutschen nicht mehr in der Lage oder nicht willens waren,
Ungarn zu verteidigen. Horthys letzter Kontakt mit den Westalliierten
Anfang September 1944 in Neapel führte zu der Empfehlung, Ungarn
solle mit der UdSSR Gespräche über einen Waffenstillstand führen.
Nach Verhandlungen mit Moskau und ohne Absprache mit den Deut-

schen verkündete Horthy daraufhin Mitte Oktober 1944 im Rundfunk ein vorläufiges Waffenstillstandsabkommen mit der Sowjetunion und die Einstellung jeglicher Kriegshandlungen. Zu diesem Zeitpunkt hatten die Deutschen ihren Präventivschlag, das »Unternehmen Panzerfaust«, längst vorbereitet. Deutsche oder deutschfreundliche Offiziere übernahmen die Führung der ungarischen Armeen, die ungarische Regierung Lakatos und Horthy wurden im Zuge eines Staatsstreichs der Pfeilkreuzler unter Leitung der SS inhaftiert. Zusammen mit den sie unterstützenden Deutschen übernahmen Szálasi und die NYKP am 16. Oktober die Macht im Land. Horthy, dessen Sohn sich in deutschem Gewahrsam befand, musste das Waffenstillstandsabkommen widerrufen, den Pfeilkreuzler-Führer Ferenc Szálasi zum Ministerpräsidenten ernennen und seine Abdankung erklären. Szálasi bildete ein Koalitionskabinett der »nationalen Opposition«, die Funktion des Staatsoberhaupts übernahm ein Regentschaftsrat, in den Szálasi Verteidigungsminister Károly Beregfy, Kultusminister Ferenc Rajniss und seinen alten Weggefährten Csia berief. In den wenigen Monaten seiner Herrschaft brachte Szálasi noch einmal »schreckliches Leiden über die Hauptstadt und Westungarn«[67].

Die ungarische Widerstandsbewegung war zu schwach, das Land aus eigener Kraft zu befreien. Sowjetische Truppen besetzten Ungarn. Unter ihrem Schutz schlossen sich die Widerstandskräfte – bürgerliche Demokraten, Sozialdemokraten und Kommunisten – Anfang Dezember 1944 in der Stadt Szeged zur Ungarischen Nationalen Unabhängigkeitsfront zusammen. Sie beschlossen den Bruch mit Deutschland, eine Zusammenarbeit mit der UdSSR, die Demokratisierung Ungarns, eine radikale Bodenreform und die Verstaatlichung der Großindustrie und der Banken. Am 12. Dezember 1944 konstituierte sich eine Provisorische Nationalversammlung in Debrecen, die eine Provisorische Regierung bildete. Diese erklärte sogleich Deutschland den Krieg und schloss am 20. Januar 1945 ein Waffenstillstandsabkommen mit den Alliierten, das den Verzicht auf alle zwischen 1938 und 1941 hinzugewonnenen Gebiete einschloss. Am 13. Februar 1945 fiel Budapest, das zur Festung erklärt worden war und Haus für Haus erobert werden musste. Nach dem Fall der weitgehend zerstörten Hauptstadt, »eine der längsten und blutigsten Stadtbelagerungen des Zweiten Weltkriegs«, dauerten die Kämpfe um Westungarn noch weitere 194 Tage an. Erst am 13. April 1945 verließen die letzten deutschen Truppen das

Land. Szálasi und seine engsten Anhänger waren bereits am 29. März geflohen. Szálasi wurde in der amerikanischen Besatzungszone aufgespürt, von den Amerikanern an Ungarn ausgeliefert und 1946 als Hauptkriegsverbrecher zum Tode verurteilt und hingerichtet. Von den 14,5 Millionen Ungarn waren im Zweiten Weltkrieg 900.000 ums Leben gekommen – 340.000 bis 360.000 Soldaten und nahezu 500.000 Juden eingeschlossen.

Die Gedenk-Ausstellung im Budapester »Haus des Terrors«[68] auf dem prächtigen Andrassy-Boulevard – hier residierten einstmals die faschistischen Pfeilkreuzler und später die ungarische Staatssicherheit ÁVH – beginnt erst mit dem Zeitpunkt der wachsenden Abhängigkeit Ungarns vom Deutschen Reich und des Verlustes der ungarischen Souveränität. Trotz dieses Sachverhalts hätten die Magyaren, so der Begleittext, versucht, ihre Juden zu retten. Dem hält der ungarische Historiker István Rév entgegen: »Das Sondereinsatzkommando Eichmann – die Deportationsexperten, die nach der Okkupation Ungarns im März 1944 mit Eichmann kamen – bestand aus weniger als 200 Mann. Diese kleine Truppe konnte nur wegen der Kollaboration ungarischer Dienststellen Erfolg haben. Die Deportation begann erst am Morgen des 15. Mai und endete am 8. Juli. Innerhalb von 65 Tagen [...] wurden 437.000 Juden in 147 Zügen – mit Ausnahme von 15.000 – nach Auschwitz deportiert.«[69]

2.5 Die Wiedergeburt Polens, Piłsudskis Staatsstreich und die Errichtung einer autoritären Diktatur zur »moralischen Gesundung« der polnischen Nation

Lösung der »polnischen Frage«

Nach dem Tod Augusts III. (1763) folgte ihm Stanisław Poniatowski, ein Günstling der Zarin Katharina II., auf den polnischen Thron. Entgegen der russischen Absichten suchte dieser die polnische Krone zu stärken, was ihm aber nicht gelang. Es gab Spannungen zwischen Österreich und Russland, das seit 1764 mit Preußen verbündet war. Im Zuge des Ausgleichs dieser Spannungen kam es 1772 zur Ersten Teilung Polens. Russland erhielt die polnischen Gebiete östlich von Düna und Dnjepr, Preußen erhielt Westpreußen (außer Danzig und Thorn) sowie den Netzedistrikt und das Ermland; Österreich annektierte

Galizien. Bei der Zweiten Polnischen Teilung 1793 nahm sich Russland Litauen, Wolhynien und Podolien, Preußen erhielt Danzig, Thorn und Posen. Nach einem vergeblichen Freiheitskampf polnischer Patrioten kam es 1795 zur Dritten Teilung Polens. Preußen wurde das Land zwischen Weichsel, Bug und Njemen mit Warschau sowie einem Teil des Gebietes von Krakau zugeschlagen. Österreich erhielt Westgalizien und Krakau, Russland gliederte sich den Rest des polnischen Territoriums und das Herzogtum Kurland an. Im Zuge der Neuordnung Europas auf dem Wiener Kongress (1814/15) verschoben sich Russlands Grenzen nach Westen. Die in der Dritten Polnischen Teilung an Preußen gegangenen Gebiete fielen an Russland. Der größte Teil des Herzogtums Warschau – Kongresspolen – wurde konstitutionelle Monarchie unter der Herrschaft des russischen Zaren.

Beim Ausbruch des Ersten Weltkrieges gab es auf Seiten der deutschen und russischen Regierung kein Konzept für die Behandlung der so genannten »Polnischen Frage«. Das war im Fall der österreichisch-

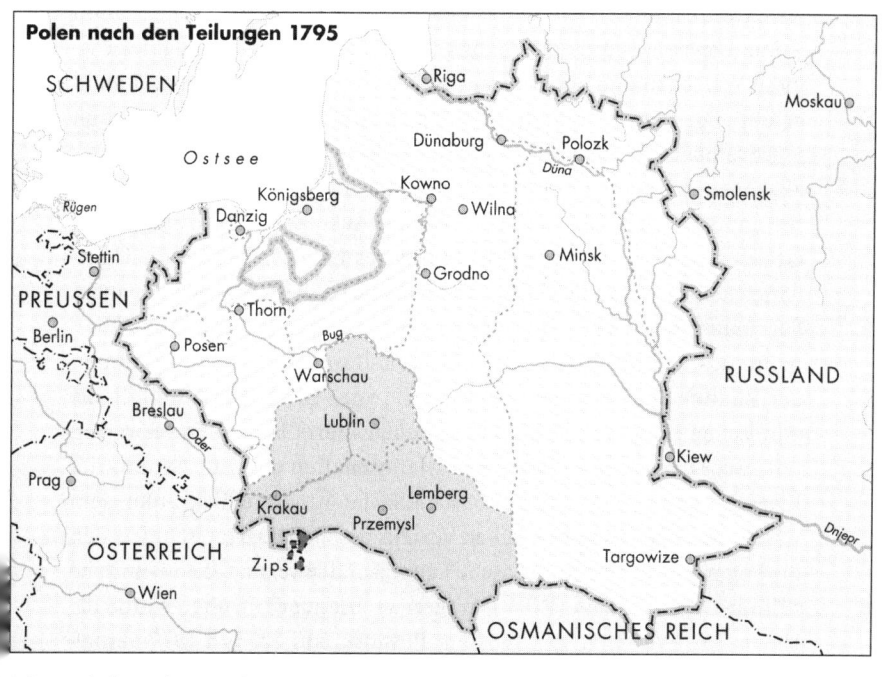

Polen nach den Teilungen 1772–1795:

☐ an Preußen   ☐ an Russland   ▨ an Österreich   ■ Zips 1769 österr. besetzt

ungarischen Regierung anders. Hier wollte man Kongresspolen mit Galizien vereinigen und eine österreichisch-ungarisch-polnische Dreifachmonarchie bilden. Vor diesem Hintergrund einer eigenen Staatengründung traten am 16. August 1914 gemäßigte und konservative Politiker (Vertreter einer Nationaldemokratie) in Krakau zum »Obersten National-Komitee« (NKN) zusammen. Der polnische Politiker Józef Piłsudski vertrat dagegen eine andere Konzeption: Polen müsse aus eigener Kraft seine Souveränität erringen. Am 6. August gab er in Warschau die Konstituierung einer Nationalregierung bekannt und bildete sogleich ein eigenes Freikorps. Doch die österreichische Heeresleitung zwang ihn, sich dem »Obersten National-Komitee« zu unterstellen und seine Truppen einer »Polnischen Legion« einzugliedern, die das NKN gebildet hatte.

Während des Ersten Weltkrieges versprachen alle Seiten eine Wiederherstellung des polnischen Staates, wobei offen blieb, wie viel Souveränität das zarische Russland beziehungsweise das Deutsche Reich und die Habsburger Monarchie dem neu zu schaffenden Staat bereit waren einzuräumen. Nach der deutsch-österreichischen Okkupation Kongresspolens wurde das Gebiet in ein deutsches Generalgouvernement Warschau und ein österreichisches Generalgouvernement Lublin geteilt. Die gemeinsame deutsch-österreichische Proklamation vom 5. November 1916 über die Wiederherstellung eines polnischen Staates als konstitutionelle Monarchie fand unter den Polen weitgehende Zustimmung, vermied aber wiederum klare Aussagen über die künftigen Grenzen und den Souveränitäts-Status des Landes. Obwohl die Unabhängigkeitslinken unter Führung von Piłsudski diese Entwicklung nicht begrüßten, trat dieser dem »Provisorischen Staatsrat« bei und übernahm das Referat für Heeresfragen. Die Besatzungsmächte stimmten der Bildung einer eigenen polnischen Armee nicht zu, sie wollten die polnischen Einheiten ihren Armeen eingliedern. Daraufhin verweigerten zwei Drittel der Offiziere und Mannschaften den Eid. Seitens der Kriegführenden wurde die polnische Sache ausschließlich unter dem Aspekt des eigenen militärischen Vorteils gesehen. Darum schufen sich die Polen eine eigene militärische Untergrundbewegung, die »Polnische Militär-Organisation« (POW). Wegen wachsender Unruhen wurde die Universität Warschau geschlossen, Piłsudski am 22. Juli 1917 verhaftet und bis Kriegsende in der Festung Magdeburg arretiert. Mitte Februar 1918, im Zusammenhang mit der russischen Februar-Revolution, trat die polnische Legion unter General Haller geschlossen zu den Russen beziehungsweise zu den Westalliierten über. Diese hatten seit Anfang 1917 versprochen, den Krieg auch für die Wiedergewinnung der polnischen Selbstständigkeit zu führen. Besondere Bedeutung besaß in diesem Zusammenhang die »Frieden ohne Sieg«-Rede Woodrow Wilsons vom 22. Januar 1917, in der sich der amerikanische Präsident für die Schaffung eines unabhängigen polnischen Staates ausgesprochen hatte.

Nach der Februar-Revolution 1917 ließ die provisorische russische Regierung das polnische Volk wissen, sie betrachte die Teilungsverträge für nichtig und trete für einen polnischen Nationalstaat ein. Dieser solle eine Militärallianz mit Russland eingehen. Durch die bolschewistische Oktoberrevolution ging die Initiative dann jedoch an die Westmächte. Mitte Juni beschloss die Polnische Sozialistische Partei (PPS) Piłsudskis, zum offenen Kampf gegen die Besatzungsmächte überzugehen, Piłsudski selbst legte am 24. Juni 1917, vor seiner Verhaftung, sein Mandat im Staatsrat nieder. Am 4. Juni 1917 organisierte die französische Regierung die Aufstellung einer polnischen Armee aus polnischen Kriegsgefangenen und Emigranten. Diese »blaue Armee« operierte von Paris aus und wurde am 21. September 1918 dem Oberbefehl General Hallers unterstellt. Am 15. August 1917 war in Lausanne ein »Polnisches Nationalkomitee« (KNP) gegründet worden, das den Anspruch erhob, die Exilregierung des neu gegründeten polnischen Staates zu sein. Unter dem Einfluss der polnischen Divisionen wie des Nationalkomitees erklärten die Westmächte seit Januar 1918 (Punkt 13 der Vierzehn Punkte Wilsons), dass ein polnischer Nationalstaat zu errichten sei. In der polnischen Historiographie werden die Vierzehn Punkte Wilsons als ein besonderes Ereignis hervorgehoben, da sie dem polnischen Staat die Erlangung der Unabhängigkeit erst ermöglichten.

Nach dem Sieg der Mittelmächte über Russland und der Bolschewisierung des Landes erschien den konservativen Kräften in Polen Deutschland wieder als geeigneter Verbündeter. Doch die Friedensschlüsse von Brest-Litowsk schadeten dem deutsch-polnischen Verhältnis schwer. Die Mittelmächte schlossen am 9. Februar 1918 mit der Ukrainischen Volksrepublik (UNR) einen Friedensvertrag, der im Südosten Ostgalizien von Polen abtrennte und den Ukrainern zusprach. Dieses Zugeständnis hatten die Deutschen gemacht, weil sie mit großen Lebensmittellieferungen aus der Ukraine rechneten. Auch die Bildung eines neuen »Königreichs Litauen« im Norden am 16. Februar 1918 entsprach nicht den Wünschen Polens, weil dieses Gebiet ihrer Ansicht nach zu dem alten Jagiellonenreich gehörte. Lemberg wie Wilna sah man als polnische Städte an. Als deutsche Truppen im östlichen Litauen auf polnische Legionen stießen, forderten sie vergeblich deren Demobilisierung. Nach heftigen Kämpfen vernichteten deutsche Truppen Mitte Mai 1918 die polnischen Streitkräfte im Osten.

Nachdem im August 1918 klar geworden war, dass die Mittelmächte den Krieg verlieren würden, kam es vollends zur Umorientierung der polnischen Seite. Durch die französisch-polnische Militärkonvention vom 28. September 1918 wurde die polnische Armee unter General Haller in Frankreich als »alliierte und kriegführende Armee« anerkannt und ihr auch die verstreuten polnischen Verbände im Osten unterstellt. Am 8. Oktober 1918 legte das polnische Nationalkomitee Präsident Wilson eine Denkschrift vor, die einen starken polnischen Nationalstaat »als Schanze gegen den deutschen Drang nach Osten« forderte. Im Westen sollte dieses Gebiet Posen, Westpreußen, Oberschlesien und Teile Ostpreußens umfassen, im Süden ganz Galizien und Teschen, im Osten nahezu ganz Litauen, Teile von Wolhynien und Podolien.

Während die Mittelmächte zerfielen, eskalierte im projektierten polnischen Staat das Zerwürfnis zwischen den konservativen Nationaldemokraten mit Sitz in Krakau und den polnischen Sozialisten, die ihre Hochburg in Lublin hatten. Beide erhoben Anspruch auf die Regierungsmacht. Ein Bürgerkrieg schien unvermeidbar. Just zu diesem Zeitpunkt, am 10. November 1918, kehrte Piłsudski nach Warschau zurück. Ihm gelang eine Befriedung der innerpolnischen Gegensätze; Kongresspolen und Westgalizien waren von den Mittelmächten geräumt. Er übernahm die Regierungsgewalt von dem noch von den beiden Kaisern eingesetzten Regentschaftsrat und ließ sich von den Legionen zum »Ersten Marschall von Polen« küren. Am 14. November 1918 wurde Piłsudski zum Staatschef ernannt.

Über die Konzeption des neuen Staates wie über dessen Grenzen bestand unter den verschiedenen politischen Gruppierungen freilich nach wie vor kein Einvernehmen. Noch gab es auch die Exilregierung in Paris. Am 26. Januar 1919 kam es zu den ersten gleichen, geheimen und direkten Wahlen in Polen. Piłsudski legte daraufhin seine diktatorischen Vollmachten in die Hände des neuen Sejms, des polnischen

Die Republik Polen 1919/21–1939

SCHWEDEN

Jelgava (Mitau) o   o Riga   LETTLAND   SOWJETUNION

Liepāja (Libau)

Ostsee   Memel o   LITAUEN   Daugavpils o (Dünaburg)   Polozk o

Witebsk o

Kaunas o   o Wilna   Dnjepr

Köslin o   Freie Stadt Danzig   Königsberg   Ostpreußen   Borissow o   Minsk o

DEUTSCHES REICH   Bydgoszcz (Bromberg)   o Allenstein   o Grodno

Schneidemühl o   o Toruń (Thorn)   o Łomża   Njemen

Frankfurt   o Poznań (Posen)   Weichsel

o Warszawa (Warschau)   o Brest   Pripjet

Glogau o   o Łódź   POLEN

Schlesien   o Radom   Kiew o

Breslau o   Oder   o Lublin

Oppeln   o Częstochowa (Tschenstochau)

o Kraków (Krakau)

(Teschen) o Cieszyn/Český Těšín   Przemyśl   o Lemberg

Galizien   Tarnopol

TSCHECHOSLOWAKEI   Košice (Kaschau)   Stanislau

ÖSTER-REICH   UNGARN   RUMÄNIEN   o Tscherniwzi (Czernowitz)

0   100   200 km

▨ Polen nach dem Frieden von Riga 1921   ▨ Ostgalizien   ▨ Wilna-Gebiet (»Mittellitauen«)   ⊞ Abstimmungs-gebiete

▭ Grenze des Deutschen Reiches bis 1918   ▭ »Curzon-Linie«   –·–·– Staatsgrenzen

==== Grenzforderungen Polens auf der Konferenz von Versailles

Parlamentes, der ihn als Staatschef und Oberbefehlshaber bestätigte. Freilich war noch völlig unklar, wie die definitiven Grenzen des neuen Staates verlaufen würden.

Der bei der Ankunft des polnischen Exil-Ministerpräsidenten Ignacy Paderewski in Posen ausgebrochene Aufstand brachte bis zum 8. Januar 1919 fast die ganze preußische Provinz in polnische Hand. Doch nicht das Pariser Nationalkomitee, sondern Piłsudski hatte unter Einsatz seiner militärischen Mittel das Territorium eingenommen (Waffenstillstand am 7. Februar 1919). Die Deutschen waren nur bereit gewesen, jene Distrikte abzutreten, die von Polen bewohnt wurden. Insgesamt beanspruchte Polen 84.198 km² des Reichsterritoriums. Auf Insistieren des britischen Premiers Lloyd George wurde das Gebiet auf 42.927 km² mit knapp drei Millionen Bewohnern reduziert. Neben Posen betrafen die Gebietsabtrennungen Teile Mittelschlesiens und Westpreußens; für Oberschlesien und die Gebiete um Marienwerder und Allenstein wurden Plebiszite angeordnet, Danzig mit 315.000 deutschen und 15.000 polnischen Einwohnern zur Freien Stadt erklärt. Ein schlesischer Aufstand im August 1919 sollte die territoriale Entscheidung zugunsten Polens erzwingen. Das Plebiszit in Oberschlesien vom 20. März 1921 erbrachte 56,9 Prozent der Stimmen für einen Verbleib bei Deutschland und 40,4 Prozent für die Angliederung an Polen. Daraufhin nahm der Völkerbundsrat auf Drängen Frankreichs eine Aufteilung vor, bei der Polen ein Gebiet von 3.213 km² mit rund einer Million Einwohnern, aber 85 Prozent aller Kohlevorräte und 75 Prozent der Industrieanlagen erhielt. Dem Deutschen Reich wurden mit 9.713 km² und 1,3 Millionen Einwohnern drei Viertel des Gebiets und 56 Prozent der Bewohner zugesprochen. In den Gebieten um Marienwerder und Allenstein erlitt Polen vernichtende Abstimmungsniederlagen (7,6 Prozent beziehungsweise 2,2 Prozent). Die von den Alliierten schließlich durchgesetzte deutsch-polnische Grenze wurde sowohl von Polen wie auch vom Deutschen Reich als unzumutbar betrachtet. Den einen ging sie nicht weit genug, den anderen erschien sie als bloßes Diktat der Sieger.

Zur Beurteilung der Kämpfe um die polnischen Staatsgrenzen sind die Konflikte des jungen Staatswesens mit der Tschechoslowakei (um Teschen) und mit der UdSSR in die Betrachtung mit einzubeziehen, außerdem die Vorgänge um das Wilna-Gebiet und die Annexion Ostgaliziens. Im Blick auf die innerpolnischen Kontroversen hatte der Nationalstaatsgedanke der Nationaldemokraten über den föderalistischen der Sozialisten gesiegt, obwohl es sich bei dem 390.000 km² umfassenden Staat mit 27 Millionen Menschen faktisch um einen Vielvölkerstaat handelte. Mehr als acht Millionen Staatsbürger gehörten zu einer nationalen Minderheit. Infolgedessen begann ein zunehmend stärker werdender Polonisierungsdruck. Paderewskis Vorstellung von den »Vereinigten Staaten von Osteuropa«, die er am 12. April 1919 der Pariser Kommission für polnische Angelegenheiten vorgetragen hatte, blieb eine flüchtige Idee. Nach zweijährigen Beratungen wurde am 17. März 1921 die Staatsverfassung Polens, der französischen Verfassung nachgeformt, angenommen. Die Wahlen zur ersten gesetzgebenden Nationalversammlung fanden am 5. und 12. November 1922 statt.

Im Verlauf der militärischen Auseinandersetzungen im Osten bekam Piłsudski im Blick auf Russland vorübergehend eine Schlüsselstellung. Die ersten Erfolge der polnischen Armee gegen die Bolschewiki rührten vor allem daher, dass in Russland der Bürgerkrieg tobte und die Kräfte der Roten Armee durch Abwehrkämpfe gegen die Weißen Armeen gebunden waren. In dieser Konstellation fiel Polen eine Art Schiedsrichterrolle im Kampf zwischen »Rot« und »Weiß« zu. Immerhin gebot Piłsudski über 400.000 Mann, von denen über 230.000 an den polnischen Ostgrenzen standen. Im Sommer und Herbst 1919 suchten sowohl Lenin als auch der weißrussische General Anton Denikin und die Entente Piłsudski auf ihre Seite zu ziehen. Denikin beging den Fehler, nicht auf die territorialen Forderungen der polnischen Seite einzugehen. Unter diesen Umständen nützte es auch nichts, dass die Entente Piłsudski drängte, zugunsten der Weißen in die Kämpfe einzugreifen. Stattdessen traf Piłsudski mit den Bolschewiki Vereinbarungen, die diese militärisch indirekt stützten. Über die nach wie vor strittigen Grenzfragen brach dann kurz darauf der polnisch-sowjetische Krieg aus, der zunächst zuungunsten Polens verlief. Die militärischen Erfolge der Roten Armee ließen die Bolschewiki an die Fortsetzung der Weltrevolution im Westen glauben. In einem Brief an Lenin vom 20. Juli 1920 entwarf Stalin schon die Vision eines künftigen Sowjetdeutschlands, Sowjetpolens, Sowjetungarns und Sowjetfinnlands. Der russische General Tuchatschewski brachte in seinem Angriffsbefehl vom 2. Juli 1920 die Erwartungen seiner Regierung zum Ausdruck: »Im Westen entscheidet sich das Schicksal der Weltrevolution, über den Leichnam Polens führt der Weg zum allgemeinen Weltbrand.« Der von der Entente vermittelte Waffenstillstand vom 11. Juli 1920 legte nach dem Vorschlag des britischen Außenministers Lord George N. Curzon (»Curzon-Linie«) die Demarkationslinie so fest, dass die Gebiete Weißrutheniens, der Ukraine und Ostgaliziens an Russland fallen sollten. Doch im August 1920 begann Polen mit 900.000 Mann eine Gegenoffensive, in der es alle strittigen Gebiete zurückeroberte (Vorfriedensvertrag von Riga am 12. Oktober 1920). Infolgedessen kamen Litauen (12. Juli 1920), Lettland (11. August 1920) und Finnland (14. Oktober

1920) zu günstigen Friedensverträgen. Der Vormarsch der Roten Armee nach Westen war vorerst gestoppt.

Minderheitenpolitik, Nationalkatholizismus und Piłsudski-Mythos

Als Vorbedingung für die Gebietsgewinne im Westen hatte Polen am 28. Juni 1919 einen Minderheitenschutzvertrag unterzeichnen müssen, der die deutsche und jüdische Bevölkerung vor einer raschen und gewaltsamen Assimilierung schützen sollte. Nichtsdestoweniger setzte eine Verdrängung und Polonisierung der deutschen Bevölkerung ein. Bis 1929 emigrierten allein 700.000 Deutsche aus Posen. Auf Verletzungen der Minderheitenschutzverträge konnten die betroffenen Minoritäten mit Informationen oder Petitionen an den Völkerbundsrat reagieren. Im Falle ihrer Zulässigkeit wurden diese dem Generalsekretär Eric Drummond vorgelegt, der sie gegebenenfalls dem Direktor der Minderheitensektion weiterreichte. Zusammen mit diesem bearbeiteten dann Dreierkomitees aus Ratsmitgliedern nicht beteiligter Staaten die Petition. Seit Juni 1921 wurde den betroffenen Staaten die Möglichkeit eingeräumt, binnen zwei Monaten zu den Vorwürfen Stellung zu nehmen.

Zur »Kirchenfrage« im engeren Sinne gab es nur die Petition der Evangelisch-unierten Kirche in Posen vom August 1920, die letztlich daran scheiterte, »dass das Minderheitenschutzverfahren des Völkerbundes zu diesem Zeitpunkt noch nicht so recht entwickelt war«. Eine britische Beschwerde wegen der Schließung zweier Waisenhäuser der nicht anerkannten Methodistischen Kirche und mancherlei anderer Repressalien wurde auf Empfehlung des Direktors der Minderheitensektion eingestellt, nachdem die polnische Regierung versichert hatte, die Missstände zu beheben.

Im Zusammenhang mit dem Minderheitenschutz ist daran zu erinnern, dass es sich um einen neuen Regelmechanismus in einer alten Angelegenheit handelte, der bis dahin kaum Rechnung getragen wurde. Im Gegenteil. Bismarck hatte am 31. Januar 1863 festgestellt: »Das Ziel der Staats-Regierung muss unbeirrt darauf gerichtet sein, die Provinz [Posen] zu germanisieren, und dies lässt sich nur durch Verdrängung des polnischen Elements herbeiführen.« Für den preußischen Ministerpräsidenten und späteren Reichskanzler stand fest, dass der katholische Klerus die gefährlichsten nationalpolnischen Aktivitäten entfaltete. Diese Sicht der Dinge war nicht aus der Luft gegriffen. 1897 schrieb Jan Ludwik Popławski, einer der Begründer der Nationalbewegung in Polen:»Uns Polen verbindet mit dem Katholizismus, mit dem päpstlichen Rom, nicht nur das religiöse Interesse, sondern vor allem das politische Interesse. Unter den heutigen Umständen kann die polnische Sache nur durch Vermittlung Roms ihren internationalen Charakter bewahren [...]. Rom ist für uns die höhere Instanz, die von fremden Regierungen unabhängig ist und an die wir wenigstens in manchen Fällen appellieren können.«[70]

Das von den Führern der nationaldemokratischen Bewegung wie Roman Dmowski beförderte Kirchenverständnis als dem einer »nationalen Einrichtung«, die ganz im Dienste der nationalen Existenz stehen sollte, rief allerdings Widerspruch auf Seiten der universal orientierten, katholischen Kirche hervor. Dessen ungeachtet stand freilich für den polnischen Klerus im Spiegel seiner Äußerungen zwischen 1863 und 1918 fest, dass nur loyale römische Katholiken auch wirkliche Polen sein konnten.

Nach der Unabhängigkeit 1918 verloren die kontroversen Gesichtspunkte zwischen polnisch-nationalideologischem und römisch-universalem Katholizismus jedoch zusehends an Bedeutung. Die führenden Persönlichkeiten der Zweiten Polnischen Republik, Intellektuelle wie Politiker, kamen aus dem Milieu einer neu belebten katholischen Religiosität. So blieb das konfessionelle Element als nationale Bestimmungsgröße nicht nur erhalten, sondern konnte sich auch zunehmend gegenüber einer bloß »nationalen Weltanschauung« durchsetzen. Und dies umso mehr, als deren Antipode, die »sozialistische Weltanschauung« und ihre politischen Repräsentanten, keine Bedeutung mehr besaß.

In der 1921 verabschiedeten polnischen Staatsverfassung definierte sich die Zweite Polnische Republik in hohem Maße als national und katholisch, wobei Letzteres zunehmend die Oberhand gewann.[71] In keinem anderen Land Mittel- und Ostmitteleuropas besaß die katholische Kirche solche Einflussmöglichkeiten wie in Polen. Nach dem Staatsstreich Józef Piłsudskis Mitte Mai 1926 näherte sich die ideologisch-politische Konzeption der Nationaldemokratie immer mehr dem katholischen Standpunkt an, die Angelegenheiten der Nation wurden nunmehr den Gesetzen einer thomistisch bestimmten katholischen Ethik untergeordnet. Unter den »jungen« katholischen Nationalisten ging –

mit positiver Konnotation – Anfang der dreißiger Jahre schließlich die Parole vom »neuen Mittelalter« um, die Losung von der Bildung eines »Katholischen Staates Polnischer Nation«[72].

Piłsudski selbst, der zwischen 1899 und 1916 der Evangelisch-Augsburgischen Kirche[73] angehört hatte, blieb, wie die Mehrheit der Obristen, religiös eher indifferent, wenngleich nach außen hin ein anderer Eindruck erweckt werden sollte.[74] Doch die katholische Kirche ließ sich nicht täuschen. Die Frage, ob Piłsudski denn wirklich katholisch sei, führte im Zusammenhang mit seiner Beisetzung zu Konflikten mit dem Krakauer Erzbischof Adam Sapieha.[75] Die kultische Verehrung seiner Person, die der von Mussolini und später Hitler oder Franco in nichts nachstand, wurzelte denn auch weniger in den katholischen Überzeugungen Piłsudskis als in dessen militärischen und politischen Taten. So schrieben seine Anhänger die Staatsgründung und den Sieg Polens über die Rote Armee 1920 allein dem Genie ihres »Führers« zu und werteten den Mai-Umsturz 1926 als weiteres zentrales Datum für die Wiederherstellung von Ruhm, Größe und Stärke des polnischen Staates.[76] Auch die rücksichtslose Ausschaltung der parlamentarischen Opposition 1930 war ein Bestandteil des Piłsudski-Mythos.

Nach dem deutsch-polnischen Abkommen vom 26. Januar 1934[77] schloss sich die nationalsozialistische Führung dem polnischen Piłsudski-Bild an. Im Geleitwort des preußischen Ministerpräsidenten Hermann Göring zur autorisierten deutschsprachigen Piłsudski-Biographie »Erinnerungen und Dokumente« heißt es:

»In selbstloser und äußerster Hingabe hat Marschall Piłsudski für sein Vaterland gearbeitet. In mythischer Größe ist er schon zu Lebzeiten in die Geschichte seines Vaterlandes eingegangen. Das heutige Polen wäre nicht ohne Piłsudski. [...] Jozef Piłsudski war aber auch der Mann, der mit dem deutschen Führer und Kanzler die Voraussetzungen und Grundlagen schuf, auf denen zum Segen unserer Nationen und darüber hinaus zur Erhaltung des Friedens der Welt weitergebaut werden konnte und weitergebaut wird.«[78]

Bereits im April 1919 hatte der Heilige Stuhl diplomatische Beziehungen mit Polen aufgenommen, der bisherige apostolische Visitator und spätere Papst Pius XI., Achille Ratti, wurde Nuntius. Allerdings verhielt sich der Vatikan in den Abstimmungsgebieten neutral und suchte während der Auseinandersetzungen um die Grenzfragen die gegnerischen Gruppen dazu zu verpflichten, auf nationalistische Hetze zu verzichten. Adolf Kardinal Bertram verbot die Teilnahme von Geistlichen an der Abstimmungsagitation. 1925 wurde das Konkordat zwischen Polen und dem Vatikan ratifiziert. Das nach wie vor national-katholische Verständnis der polnischen Regierung wie der polnischen Geistlichkeit drückte sich auch dadurch aus, dass die Forderungen der kleinen Minderheit deutscher Katholiken im Posener Land und in Mittelpolen hinsichtlich der Erhaltung ihrer kulturellen Eigentümlichkeiten kaum Unterstützung fanden. In dem Polen zugeteilten Gebiet Oberschlesiens lebte immerhin eine Viertelmillion römischer Katholiken deutscher Sprache. Ähnlich erging es den litauischen Katholiken im Gebiet um Wilna, wo sie die Mehrheit der Bevölkerung stellten. Solche Beobachtungen verstärken den Eindruck, dass in Deutschland wie in Polen die beiden großen christlichen Konfessionen im Interesse nationaler Besitzansprüche politisch instrumentalisiert wurden.

Nach dem in Warschau vorherrschenden Verständnis musste ein guter Pole zwei Bedingungen erfüllen: Er musste polnischer Nationalität sein und der katholischen Kirche angehören. Der offiziellen Statistik zufolge betrug der nicht-polnische Bevölkerungsanteil aber rund 34 Prozent. Diese Minderheiten setzten sich aus 2,1 Millionen Juden, 1,1 Millionen Weißruthenen, 4 Millionen Ukrainern und 1,1 Millionen Deutschen zusammen – sie allen waren »Fremde«; ihr »Anderssein« bestand unter anderem auch darin, dass sie zumeist nicht der römisch-katholischen Kirche angehörten. Unter den Andersgläubigen waren auch rund 835.000 protestantische Christen, 2,6 Prozent der Staatsbürger. Das in diesem Fall Besondere war, dass es sich nicht nur um Deutschstämmige handelte, sondern auch um eine kleine Minderheit protestantischer Polen – eine Konstellation ähnlich der in Frankreich. Während dort jedoch die breite laizistische Bewegung im französischen Protestantismus ein wichtiges aufklärerisches Element sah und die Evangelischen demzufolge einen politisch-sozialen Handlungsraum besaßen, gab es in Polen nichts Entsprechendes. Die polnisch sprechenden Protestanten wurden, ähnlich wie die französischen Protestanten, von der katholischen Mehrheit mit Argwohn betrachtet, weil man sie für national unzuverlässig hielt. Um ihren Landsleuten das Gegenteil zu beweisen, mussten sie daher besonders patriotisch auftreten. Zum Teil schlägt sich dieser Sachverhalt in den heftigen Auseinandersetzungen zwischen polnisch und deutsch sprechenden Protestanten in der Zweiten Polnischen Republik nieder.

Antiparlamentarismus, Putsch und rechtsautoritäre Diktatur

Nach der Etablierung des neuen Staates hatte sich Piłsudski zunächst von den Regierungsgeschäften zurückgezogen. Doch der Staatsnotstand zwischen 1923 und 1926 – in der Zeit der rein parlamentarischen Regierungsform – ließ ihn zu der Überzeugung kommen, das Land brauche wieder eine starke Hand. Im Parlamentarismus, meinte er, würden Korruption und Misswirtschaft eher gefördert (»Dirnen-Sejm«). Seine Sorge galt vor allem der Armee. Die Heeresführung erkannte die parlamentarische Aufsicht über die Armee als legitim an, aber Piłsudski wollte die Armee unabhängig vom Parlament halten. Auf seiner Seite standen die ehemaligen Legionsoffiziere und die Sozialistische Partei Polens (PPS). »Wir wollen ihn auf hohem verantwortlichem Posten sehen«, erklärte Feliks Perl, der Theoretiker der PPS, »aber wir müssen feststellen, dass Piłsudski nicht unser Mann ist. Man kann aus ihm keinen linken Mussolini machen.« Am 13. November 1925 machte Piłsudski einen Vorstoß beim Staatspräsidenten Wojciechowski. Er plädierte für die Eindämmung des Parlamentarismus und für eine innerpolitische Abschirmung der Armee. Doch der Präsident wollte an der verfassungsmäßigen Legitimität festhalten. Immerhin setzte Piłsudski die Ernennung eines Vertrauten, nämlich des Generals Żeligowski, zum Kriegsminister durch. Dieser sammelte Regimenter, die Piłsudski ergeben waren. Am 12. Mai 1926 besetzte Piłsudski an der Spitze von fünfzehn Regimentern Praga und eroberte bis zum 14. Mai, gegen den erbitterten Widerstand regierungstreuer Verbände, Warschau. Sein Putsch kostete immerhin 397 Menschen das Leben. Die PPS hatte den Generalstreik ausgerufen, so dass die Eisenbahnergewerkschaft den Transport weiterer Regierungstruppen in die Hauptstadt vereitelte. Die gewählte Regierung und der Staatspräsident traten zurück, Piłsudski hatte alle Macht in den Händen. Er ging nun an den Umbau von einer parlamentarischen zu einer autoritären Regierung. Die von ihm veranlassten Maßnahmen schlossen auch die Ermordung von Generälen und die Überwachung der von ihm eingesetzten Regierung ein. Dies alles meinte er im Namen der »moralischen Gesundung« der polnischen Nation tun zu müssen. Gleichwohl verzichtete er auf die Errichtung einer totalitären Diktatur und legte Wert auf die äußere Fortführung des parlamentarischen Staatslebens. In der neuen Regierung Kazimierz Bartel übernahm er selbst das Amt des Kriegsmi-

nisters, das er bis zu seinem Tod nicht mehr aus der Hand gab. Am 31.
Mai 1926 wurde er mit Zweidrittelmehrheit zum Staatspräsidenten gewählt, lehnte das Amt aber ab. Er zog es vor, aus dem Hintergrund die
Fäden zu ziehen. Aufgrund einer Gesetzesnovelle vom 2. August 1926,
ermöglicht von rechten Nationaldemokraten, erhielt der Präsident das
Recht, das Parlament aufzulösen und im Umfang des Vorjahres Staats-
ausgaben ohne parlamentarische Mitwirkung zu tätigen. Die Macht
hatte Piłsudski mit Hilfe der Linken gewonnen, die Stabilisierung der
Staatsgewalt betrieb er mit Unterstützung der Rechten. Hier gibt es offenkundige Parallelen zu Mussolini. Am 2. Oktober 1926 bildete Piłsudski ein weitgehend konservatives Kabinett, dessen Leitung er selbst
übernahm. Darüber kam es zu Spannungen mit der PPS, die Mitte Dezember 1926 beschloss, gegen die »monarchistischen und reaktionären
Elemente« im Kabinett Piłsudski zu opponieren. Piłsudski lavierte zwischen der Rechten und der Linken, ließ sich einmal von diesen, ein an-
dermal von jenen stützen. Im Januar 1927 formierte er aus Politikern
aller Parteien, die zu seinen Anhängern zählten, ein Regierungslager,
das sich zu einem nicht parteigebundenen Block der Zusammenarbeit
mit der Regierung zusammenschloss (BBWR). Gegen diesen Zusammenschluss schuf die Rechtsopposition ein Sammellager aller nationalen Kräfte – das »Großpolnische Lager« (OWP). Bei den Wahlen im
März 1926 erhielt der BBWR mit einem Viertel aller Stimmen die relative Mehrheit. Die Linke verstärkte nun, ebenso wie die nunmehr in
der Nationalpartei (SN) zusammengeschlossenen Rechten, ihre Opposition. Aufgrund der Mehrheit des BBWR konnte Piłsudski Ende Juni
1928 das Amt des Ministerpräsidenten wieder Bartel überlassen.

Nachdem der Finanzminister auf Anweisung Piłsudkis Staatsgelder
ohne parlamentarische Bewilligung verausgabt hatte, kam es im März
1929 zu einem Konflikt zwischen Regierung und Parlament. Jetzt zerbrach das Bündnis zwischen Piłsudski und der PPS, die den Finanzminister vor den Staatsgerichtshof brachte, endgültig. Piłsudski bildete
eine Kampfregierung mit mehrheitlich ihm nahe stehenden Generälen und Obristen, schüchterte den Staatsgerichtshof ein und erschien
Ende Oktober 1929 mit 100 bewaffneten Offizieren zur Wiedereröff-
nung der Nationalversammlung. Daraufhin weigerte sich der polnische
Parlamentspräsident, der Sejm-Marschall, das Parlament zu eröffnen.

Ende Oktober 1929 schlossen sich sechs Parteien aus der Linken und
der Mitte zur Zentrumslinken (*Centrolew*) zusammen. Bei der *Sejm-*

Eröffnung am 5. Dezember 1929 stürzten die Zentrumslinken auf parlamentarischem Weg die Regierung und wollten im Jahr darauf, zusammen mit den Polnischen Sozialisten, auch das Piłsudski-Regime zugunsten der parlamentarischen Demokratie zu Fall bringen. Tatsächlich musste Mitte März 1930 die Regierung Bartel zurücktreten. Zum selben Zeitpunkt machten sich die Auswirkungen der Weltwirtschaftskrise bemerkbar. Jetzt entschied sich Piłsudski für einen klar autoritären Kurs. Er berief Ende März 1930 eine Regierung (mit Walery Sławek an der Spitze), die nur noch aus seinen Untergebenen bestand. Ministerpräsident Sławek vertagte das Parlament, beschuldigte die Opposition, einen gewaltsamen Umsturz vorzubereiten, und ließ siebzig Oppositionspolitiker, vor allem der Zentrumslinken, wegen Hochverrats verhaften. Diese wurden auf der Festung Brest-Litowsk vom Kommandanten misshandelt, gedemütigt und gequält. Am 25. August 1930 übernahm Piłsudski noch einmal selbst das Amt des Ministerpräsidenten und griff das Parlament scharf an; die Oppositionspolitiker der Zentrumslinken bezeichnete er als »Lumpen«. Die Parlamentswahlen vom November 1930 brachten dem Regierungslager die absolute Mehrheit. Wieder hatte Piłsudski die Auseinandersetzung mit dem Parlament gewonnen und konnte darum am 4. Dezember 1930 sein Ministerpräsidentenamt wieder abgeben.

Gemessen an Stalin und auch Mussolini war Piłsudski mit der Opposition gewiss milder umgegangen. Aber auch er hatte den Parlamentarismus und die Rechtsprechung gründlich ausgehöhlt und die Regierung des Landes seinen Offizieren und Funktionären ausgeliefert. Das Regierungslager suchte nun eine Verständigung mit der Nationalpartei. Diese setzte sich unter ihrer neuen jungen Führung, allen voran Tadeusz Bielecki, für rein nationalistische und nationalradikale Ziele ein und wollte einen hierarchisch gegliederten, halbfaschistischen Staat. Damit hatte sie sich dem Regierungslager beträchtlich angenähert.

Die Regierung wurde nun mit Hilfe eines riesigen Beamtenapparates von den Obristen Piłsudskis nach dessen Anweisungen geführt. Wie auch im faschistischen Italien üblich, rotierten seine Vertrauten in den wichtigsten Staatsämtern. Regieren wurde als Machtausüben verstanden – mit all jenen Begleiterscheinungen, gegen die Piłsudski einst angetreten war: Korruption, Geschäftemacherei und Karrierismus. Die Versammlungs- und Vereinsfreiheit wie auch die richterliche Unabhängigkeit wurden vom Obristenregime eingeschränkt. Die allmähliche

Orientierung hin zu rein diktatorischen Regierungsformen fand ihren Ausdruck im Ermächtigungsgesetz vom 23. März 1933. Danach konnte der Staatspräsident Verordnungen mit Gesetzeskraft erlassen.

Mitte Mai 1933 spaltete sich von der Nationalpartei das »National-Radikale Lager« (ONR) ab, das extrem nationalistische, polonisatorische und antisemitische Ideen vertrat. Dem ONR wurde die Ermordung von Innenminister Broniław Pieracki Mitte Juni 1934 zur Last gelegt, seine Führer daraufhin ins Konzentrationslager *Bereza Kartuska* eingeliefert. Das KZ war übrigens auf den Rat Goebbels' hin eingerichtet worden.

Mehr noch als alle anderen Ressorts trug die Außenpolitik die Handschrift Piłsudskis. In Russland sah er den Hauptgegner, in Deutschland einen gefährlichen Nachbarn, den er mit Hilfe Frankreichs in Schach halten müsse. Die auf polnischer Seite angestrebte deutsch-polnische Verständigung im letzten Drittel der 1920er Jahre scheiterte an der Ablehnung Stresemanns, in der Frage einer territorialen Revision auf bilateraler Ebene Zugeständnisse zu machen. Auf der anderen Seite ließen der Rapallo-Vertrag (vom 17. April 1922) zwischen Berlin und Moskau sowie der deutsch-sowjetische Neutralitätspakt (Berliner Vertrag vom 24. April 1926) befürchten, dass beide Nachbarn Polen in die Zange nehmen wollten.

Um diesen Druck abzumildern, suchte Piłsudski, durch die Litwinow-Protokolle (Februar 1929) ein erträgliches Verhältnis mit der Sowjetunion herzustellen und die Deutschen militärisch einzuschüchtern. Er erwog sogar einen Präventivkrieg gegen das Deutsche Reich.

Zwei Jahre später hatten sich die außenpolitischen Konstellationen wiederum verändert: Durch den japanischen Einmarsch in die Mandschurei (Herbst 1931) war die Sowjetunion militärisch gebunden. Im Juli 1932 kam es zum Abschluss des polnisch-sowjetischen Nichtangriffspaktes. Nun konnte Piłsudski den Druck auf Deutschland erhöhen. Im März 1932 konzentrierte er Truppen um Ostpreußen und ließ den Zerstörer »Wicher« in die Danziger Bucht einfahren. Das führte zu Regierungskrisen in Deutschland. Um die Überlegenheit der polnischen Armee über die deutsche aufrechtzuerhalten, sollte deren Aufrüstung auf diplomatischem Weg verhindert werden. Da nach der Machtübernahme Hitlers die Aufrüstungs- wie die Revisionspolitik fortgesetzt wurden, hielt Piłsudski an seiner Abschreckungspolitik fest. Anfang März 1933 ließ er das polnische Munitionslager auf der Westerplatte mit einer unverhältnismäßig starken militärischen Besatzung versehen und trug sich wieder mit Plänen für einen Präventivkrieg, der nach dem Muster der Ruhrbesetzung als »Polizeiaktion« firmieren sollte (geplant waren die Besetzung Danzigs, Ostpreußens und Rest-Oberschlesiens als »Faustpfänder« zur Einhaltung der Versailler Bestimmungen). Als sich Frankreich diesen Plänen verschloss, ließ Piłsudski dem Deutschen Reich am 2. Mai 1933 eine ultimative Anfrage im Blick auf die deutschen Revisionsansprüche übermitteln. Hitler versicherte, er werde die bestehenden deutsch-polnischen Grenzen respektieren. Ab Juni 1933 verringerte Hitler die Zusammenarbeit mit der UdSSR allmählich und suchte nach einer Übereinkunft mit Piłsudski, den er bewunderte und für einen Mann seines Schlages hielt. Mit Hilfe des Danziger Senatspräsidenten Hermann Rauschning beendete er die Spannungen um Danzig. Am 24. Januar 1934 kam es zur Unterzeichnung der deutsch-polnischen Nichtangriffserklärung. Nach dem Vorbild des Abkommens mit Deutschland ließ Piłsudski im Mai 1934 den polnisch-sowjetischen Pakt von 1932 aktualisieren, um eine strikte Parallelisierung im Verhältnis zu den beiden Nachbarn herzustellen (»Gleichgewichtspolitik«). Einer Anregung Hermann Görings zu einem gemeinsamen Vorgehen gegen die Sowjetunion vom Januar 1935 erteilte er eine klare Absage.

Der Versailler Vertrag und seine Folgen schienen den Deutschen seit 1933 noch weniger hinnehmbar als in den 1920er Jahren. Allerdings beendete die Unterzeichnung des auf zehn Jahre befristeten deutsch-polnischen Nichtangriffspaktes vom 26. Januar 1934 die bis dahin auch vom Staat geförderte antipolnische Propaganda. Die von dieser Wendung völlig überraschte deutsche Minderheit wurde nunmehr vom »Dritten Reich« zu wenigstens äußerem Wohlverhalten gegenüber dem polnischen Staat angehalten. Bald darauf, am 10. April 1934, forderte der ständige Delegierte Polens beim Völkerbund, Graf Edward Raczyński, die Behandlung eines Resolutionsentwurfes in der Völkerbundsversammlung, wonach die Polen im Minderheitenschutzvertrag von 1919 auferlegten Pflichten als für alle Staaten verpflichtend erklärt werden sollten. Durch eine solche Ausweitung sollten die als einseitige Beschneidung der Souveränität empfundenen Vertragsverpflichtungen getilgt werden. Als dieser Vorschlag abgelehnt wurde, kündigte der polnische Außenminister Józef Beck Mitte September 1934 den Minderheitenschutzvertrag und schuf damit in ethnischer Hinsicht vollende-

te Tatsachen. Die deutsch-polnische Minderheitenerklärung vom
5. November 1937 konnte an der inzwischen eingetretenen Verschlechterung der Lage für die Minoritäten nichts mehr ändern und besaß, da
sie im Falle der Verletzung keinerlei Sanktionen vorsah, rein proklamatorischen Charakter.

Im Frühjahr 1935, wenige Wochen vor seinem Tod, hatte Piłsudski
noch eine neue Verfassung unterzeichnet, die das Parlament endgültig
marginalisierte. Die gesamte Exekutive lag fortan in den Händen des
Präsidenten, der sich nur noch gegenüber »Gott und der Geschichte«
verantwortlich wusste. Aus Protest boykottierte die Opposition im selben Jahr die Wahlen, an denen sich lediglich 46 Prozent der Bevölkerung beteiligten. Auch die Wahlen von 1938, die ebenfalls von der
Opposition boykottiert wurden, waren eine Farce. Außerhalb des Parlaments blieben die gegnerischen politischen Kräfte aktiv, der Widerstand gegen eine Uniformierung der polnischen Gesellschaft hatte von
seiner Lebendigkeit nichts verloren.

In der Nach-Piłsudski-Ära kam es zu einer immer stärkeren Polarisierung in der Bevölkerung. Das militante National-Radikale Lager
(ONR) provozierte antisemitische Krawalle, rief zum Boykott jüdischer
Geschäfte auf und plädierte – ähnlich wie in Ungarn – für Zulassungsbeschränkungen jüdischer Studenten an den Universitäten. Auf der anderen Seite gab es in Polen eines der wichtigsten Zentren jiddischer
Kultur in Europa: Wilna galt als das »Jerusalem des Nordens«. Obwohl
Polen, wenn auch unterbrochen von Krisen, seit den 1920er Jahren einen beträchtlichen wirtschaftlichen Aufschwung verzeichnen konnte,
ließen sich die ökonomischen und mentalen Unterschiede zwischen
den einzelnen Landesteilen doch kaum überbrücken. Zwischen 1935
und 1939 stieg die Industrieproduktion um 53 Prozent an, im Wesentlichen kam diese Entwicklung jedoch dem Westteil Polens zugute, wo
ansatzweise eine Konsumgesellschaft entstand. Hier lebten 52 Prozent
der Bevölkerung. 92 Prozent der Industrie war im Westen angesiedelt;
im rückständigen Osten gab es nicht einmal ein Viertel der Verdienstmöglichkeiten, die der Westen bot. Dennoch lagen die Reallöhne im
Jahr 1939 durchschnittlich um 43 Prozent höher als zehn Jahre zuvor,
und die Arbeitslosigkeit war von elf Prozent im Jahr 1936 auf fünf Prozent im Jahr 1938 gefallen.

Neben den Deutschen verhielt sich auch die ukrainische Minderheit
ausgesprochen feindselig gegenüber dem polnischen Staat; große Tei-

le der ukrainischen Bevölkerung wünschten eine eigene Regierung. Anstatt der Minderheit mehr kulturelle Rechte zuzugestehen, führten der Polonisierungsdruck und Diskriminierungen im Alltag zu einer weiteren Radikalisierung der ukrainischen Minderheit. Obwohl versprochen, wurde die ukrainische Universität in Lemberg nie gegründet. Wenn auch vom Westen weithin unbeachtet, entstand dagegen in Warschau eine Kulturmetropole. Neben einem hervorragenden Wissenschaftszentrum gediehen hier Literatur, Musik und Malerei. Theater und Zeitungsredaktionen prägten die hauptstädtische Szene. Diese war vital und selbstbezogen, nach langer Fremdbestimmung auf der Suche nach einer eigenen Identität. Doch das polnische Gemeinwesen sollte unvollendet bleiben. Am 1. September 1939, nach nur zwanzigjährigem Bestehen, vernichtete die deutsche Armee in einem von vornherein »total« geführten Krieg[79] die Zweite Polnische Republik. Anders als im Westen hatte Deutschland seine neue Grenze im Osten nie endgültig anerkannt.

2.6 Der Untergang der Weimarer Republik und das »Dritte Reich«

Kontinuität im Wandel – die SPD als Garant der Demokratie

Nach dem Ersten Weltkrieg erwartete Deutschland einen »gerechten Frieden«, ohne freilich dessen Inhalt genau beschreiben zu können. Gebietsabtretungen hätten durch den »Anschluss« Deutschösterreichs kompensiert werden können. Die Provisorische Nationalversammlung in Wien am 12. November 1918 hatte Deutschösterreich zur Republik und zu einem Bestandteil des Deutschen Reiches erklärt. Dies wäre eine Lösung im Sinne des von Wilson in seinen Vierzehn Punkten geforderten Selbstbestimmungsrechts der Völker gewesen. Die Sozialdemokraten beider Länder befürworteten die Bildung eines solchen »großdeutschen« Nationalstaates. Doch die Alliierten, insbesondere Frankreich, lehnten den Zusammenschluss ab. Dagegen blieben mit ihrer Zustimmung deutsche Truppen nach dem Waffenstillstandsabkommen vom 11. November 1918 vorerst im Baltikum, um ein weiteres Vordringen der Bolschewiki zu verhindern.

Ein kommunistischer Umsturz in Deutschland hätte zum militärischen Eingreifen der Entente geführt, also eine Fortsetzung des Krieges bedeutet und im Inneren wahrscheinlich bürgerkriegsähnliche

Zustände heraufbeschworen. Nach dem Zusammenbruch des Obrigkeitsstaates, verkörpert in der erzwungenen Abdankung des Kaisers, schien darum die Errichtung einer parlamentarischen Demokratie nach westlichem Vorbild aus außen- wie innenpolitischen Gründen geboten.[80] Abgesehen davon war Deutschland bereits zu industrialisiert und zu demokratisch, als dass sich eine radikale Umwälzung – etwa nach dem Vorbild der Revolutionen von 1789 oder 1917 – angeboten hätte. Der bestehende Grad der Demokratisierung war beispielsweise daran abzulesen, dass das Reichstagswahlrecht das allgemeine und gleiche Wahlrecht für Männer kannte. Dieses musste »lediglich« auf die Frauen und auf die Wahlgesetze der Länder ausgedehnt werden. Außerdem war eine Parlamentarisierung des Regierungssystems erforderlich. Die Mehrheitssozialdemokraten (MSPD) im Rat der Volksbeauftragten – einer am 10. November 1918 gebildeten, vorläufigen, nur vom Arbeiter- und Soldatenrat Groß-Berlins bestätigten Regierung aus MSPD und Unabhängigen Sozialdemokraten (USPD) – sahen sich mehr in der Rolle von Konkursverwaltern als in der von Gründungsvätern einer Demokratie. Sie wollten die Früchte der im Wesentlichen von ihnen während des Kaiserreichs erkämpften Demokratisierung nicht für eine »Diktatur des Proletariats« aufs Spiel setzen, sondern die Demokratie selber ausbauen. Darum lag ihnen daran, so rasch wie möglich den demokratisch nicht legitimierten Rat der Volksbeauftragten unter dem Vorsitz des von Prinz Max von Baden am 9. November »ernannten« vorläufigen Reichskanzlers Friedrich Ebert abzulösen und eine Verfassunggebende Nationalversammlung zu wählen.

Da die MSPD auf dem vom 16. bis 21. Dezember 1918 in Berlin tagenden Ersten Allgemeinen Kongress der Arbeiter- und Soldatenräte Deutschlands eine überwältigende Mehrheit besaß, wurde dort entschieden, dass die Wahl zur Verfassunggebenden Deutschen Nationalversammlung so früh wie irgend möglich stattfinden sollte. Mit 344 gegen 98 Stimmen lehnten die Delegierten den USPD-Antrag ab, die Verfassung der sozialistischen Republik auf das Rätesystem zu gründen. Eine klare Mehrheit – nämlich 400 gegen 50 Kongress-Delegierte – sprach sich dagegen für die Konstituante aus. Die Wahlen zur Nationalversammlung sollten schon am 19. Januar 1919 durchgeführt werden. Das russische Beispiel und der drohende Umschlag vom Rätesystem in eine »Diktatur des Proletariats« ließen die Sozialdemokraten vor dem Alternativmodell »Räterepublik« zurückschrecken.

Über den so genannten »Berliner Weihnachtskämpfen« zwischen re-
bellierenden Matrosen und staatsloyalen Truppen, die von den Mehrheitssozialdemokraten zu Hilfe gerufen worden waren, zerbrach am
28. Dezember 1918 die Regierungskoalition. Zwei Tage später kam es
zur Gründung der Kommunistischen Partei Deutschlands (KPD)
durch die extreme Linke der USPD und die Internationalen Kommunisten Deutschlands. Als am 4. Januar 1919 der preußische Ministerpräsident Paul Hirsch, ein Mehrheitssozialdemokrat, den Berliner Po-
lizeipräsidenten, einen Anhänger des linken Flügels der USPD, entließ,
schürten USPD und KPD den Volkszorn – mit dem Ziel, die Regierung
Ebert-Scheidemann zu stürzen und so die Wahlen zur verfassunggebenden Nationalversammlung zu verhindern. Mit Waffengewalt
befreiten Regierungstruppen die von den Aufständischen, einer radikalen Minderheit, im so genannten »Spartakusaufstand« besetzten Zei-
tungsbetriebe. Offiziere der in Berlin einrückenden Freikorps, auf die
sich die Mehrheitssozialdemokraten ebenfalls stützten, ermordeten am
15. Januar die kommunistischen Führer Karl Liebknecht und Rosa
Luxemburg.

Aus den Wahlen zur Verfassunggebenden Deutschen Nationalversammlung gingen drei Parteien als Sieger hervor: Die MSPD kam auf
37,9 Prozent, die linksliberale Deutsche Demokratische Partei (DDP)
auf 18,5 Prozent und der Politische Katholizismus – Zentrum und Bayerische Volkspartei (BVP) – auf zusammen 19,7 Prozent. Zu den Ver-
lierern gehörten mit 10,3 Prozent die monarchisch-restaurative Deutschnationale Volkspartei (DNVP) und die nationalliberale Deutsche
Volkspartei (DVP), die nur 4,4 Prozent der Stimmen erhielt. Das von
den Sozialdemokraten erkämpfte Frauenwahlrecht kam ihnen nicht zugute, sondern den konfessionell orientierten Parteien.

Die zehn Wochen zwischen dem Sturz der Monarchie und der Wahl
der Nationalversammlung waren mehr durch Kontinuität als Diskontinuität gekennzeichnet. In der Literatur ist gar von »Überkontinuität«
die Rede. Sowohl in der Armee als auch im Bereich der zivilen Verwaltung blieb alles beim Alten. An einen Eingriff in die bestehenden
Eigentumsverhältnisse dachten weder die Mehrheitssozialdemokraten
noch die Freien Gewerkschaften. Der ostelbische Großgrundbesitz
blieb im Wesentlichen erhalten, eine Bodenreform hätte die Lebens-
mittelversorgung gefährdet. Gewerkschaften und Industrielle einigten
sich Mitte November 1918 auf eine gegenseitige Anerkennung in Ge-

stalt der »Zentralarbeitsgemeinschaft der industriellen und gewerblichen Arbeitgeber- und Arbeitnehmerverbände Deutschlands«. Damit war auch das Gespenst der Sozialisierung gebannt. Die Sozialdemokraten setzten – zum Wohl des Gemeinwesens – ganz auf Verständigung zwischen Arbeiterschaft und Bürgertum.

Die Regierungsbildung spiegelte diese Haltung: SPD, DDP und Zentrum gingen eine Koalition miteinander ein, die provisorische Verfassung wurde am 10. Februar verabschiedet. Tags darauf wählten die Abgeordneten Friedrich Ebert zum vorläufigen Reichspräsidenten. Dieser beauftragte noch am selben Tag Philipp Scheidemann mit der Regierungsbildung. Am 13. Februar nahm das Kabinett seine Arbeit auf.

Für die Erarbeitung der endgültigen Reichsverfassung hatten die Volksbeauftragten die thüringische Stadt Weimar gewählt, weil sie dort – anders als in Berlin – keine Unruhen befürchten mussten und die Stadt Goethes und Schillers das Ausland an jene deutschen Traditionen erinnern sollte, die in der Welt einen guten Ruf besaßen. Die Verfassung vom 11. August 1919 – dem Tag der Unterzeichnung – bedeutete eine Vermehrung der Volksrechte durch eine konstitutionelle Festlegung der Grundrechte und den möglichen Einfluss des Volkes auf die Politik durch Volksbegehren und Volksentscheid. Der Reichspräsident wurde direkt vom Volk für sieben Jahre gewählt und besaß – als eine Art Gegengewicht zum Parlament – eine starke Stellung. Er ernannte und entließ den Reichskanzler; Artikel 48 der Reichsverfassung gestattete es ihm, beim Nichtzustandekommen einer arbeitsfähigen Regierung mit Hilfe von Notverordnungen zu regieren. Der Reichstag wurde vom Volk in allgemeinen, gleichen, direkten und geheimen Wahlen gewählt; neben dem Recht der Gesetzgebung konnte er in der Politik des Reiches aktiv mitbestimmen. Der Reichsrat trat an die Stelle des früheren Bundesrates. Er besaß nur ein aufschiebendes Vetorecht gegen neue Gesetze. Die Reichsflagge trug die Farben Schwarz-Rot-Gold und markierte damit auch symbolisch den Willen zur politischen Anknüpfung an die deutsche Freiheitsbewegung von 1848. Der Schulartikel war Gegenstand heftiger Kontroversen. Der Kompromiss lautete schließlich, dass die Simultanschule die für alle Bekenntnisse geltende Regelschule sei. Aber auf Antrag der Erziehungsberechtigten konnten an ihre Stelle eine konfessionelle oder eine bekenntnisfreie Schule treten.[81]

In den ersten Monaten des Jahres 1919 musste sich die neue Regierung mit den Streikbewegungen in Mitteldeutschland und im Ruhrgebiet auseinander setzen. Sie wurden von radikalen Teilen des Proletariats getragen und bildeten den zweiten Teil der deutschen Nachkriegs-Revolution – den Versuch, mit Gewalt gesellschaftliche Veränderungen zu erzwingen, die durch die Wahlen nicht zustande gekommen waren. Alle Sozialisierungsforderungen und -versprechen in dieser Auseinandersetzung verliefen letztlich im Sande. Dagegen kommt der radikalen Linken das Verdienst zu, durch ihre Bewegung die innerbetriebliche Mitbestimmung – verabschiedet schließlich im Gesetz vom 4. Februar 1920 – mit angestoßen zu haben.

In diese zweite revolutionäre Phase gehören auch die Auseinandersetzungen um die beiden Münchener Räterepubliken.[82] Am 21. Februar wurde der bayerische Ministerpräsident und Vorsitzende der bayerischen USPD Kurt Eisner ermordet. Am Tag nach der politisch motivierten Tat wählte eine allgemeine Münchner Räteversammlung einen Zentralrat der bayerischen Republik, der sich aus Vertretern von MSPD, USPD, KPD und Bauernräten zusammensetzte. An dessen Spitze stand der Lehrer und linke Sozialdemokrat Ernst Niekisch. In Anlehnung an den ungarischen Kommunisten Béla Kun, der eine ungarische Räterepublik proklamiert hatte, rief der Zentralrat am 7. April 1919 die Räterepublik Bayern aus. Die abgesetzte Regierung des Mehrheitssozialdemokraten Johannes Hoffmann wich nach Bamberg aus und organisierte gemeinsam mit der Republikanischen Soldatenwehr den Widerstand gegen die Putschisten. Aus den Kämpfen gingen die Kommunisten als Sieger hervor, die am 13. April unter Eugen Leviné die zweite Räterepublik errichteten. Auf Weisung des Reichswehrministers Gustav Noske eilten die württembergischen Freikorps der bayerischen Regierung zu Hilfe und wüteten unter den Aufständischen. Am 3. Mai 1919 war auch die zweite Räterepublik blutig beseitigt, Leviné wurde wegen Hochverrats zum Tode verurteilt und hingerichtet, Niekisch erhielt zwei Jahre Gefängnis. Nach diesen Umsturzversuchen entwickelte sich die bayerische Hauptstadt zu einer Hochburg des Rechtsextremismus – ein idealer Nährboden für die Agitation Adolf Hitlers.

Wenige Tage nach Beilegung der Münchner Unruhen wurde die junge Republik durch die harten Versailler Friedensbedingungen einer neuen Bewährungsprobe ausgesetzt. Infolge der moralischen Verurteilung durch den mit Empörung aufgenommenen »Kriegsschuldartikel« 231 des Versailler Vertrages, der die Mittelmächte zu Urhebern aller Verluste und Schäden machte, verlor Deutschland ungeheure humane und materielle Ressourcen. Es büßte ein Siebtel seines Territoriums und ein Zehntel seiner Bevölkerung ein, dazu die Kolonien; ein Drittel der Kohlen- und drei Viertel der Erzvorkommen mussten abgetreten werden. Außerdem waren riesige, in ihrer Höhe nicht definitiv festgelegte Reparationsforderungen zu erfüllen. Scheidemann weigerte sich, den Vertrag zu akzeptieren, und trat zurück; die DDP trat aus der Regierungskoalition aus. Da die Wiederaufnahme von Kriegshandlungen für Deutschland aussichtslos war, ermächtigte das Parlament mit den Stimmen der beiden sozialdemokratischen Parteien, der Mehrheit der Zentrumsabgeordneten und einer Minderheit aus der DDP die neue Regierung Gustav Bauer, den Vertrag zu unterzeichen. Die Sammlung deutscher Dokumente zum Kriegsausbruch blieb unveröffentlicht, weil sie die Mittelmächte stark belasteten und man den Siegern nicht noch weitere Argumente in die Hände spielen wollte. Aus dieser Konstellation ergaben sich zwei Legenden, die den Weimarer Staat in seiner demokratischen Substanz schwer diskreditierten: Die »Kriegsschuldlüge« und die »Dolchstoßlegende«. Beide Legenden unterstellten fälschlicherweise der deutschen Republik, durch die Revolution dem deutschen Heer in den Rücken gefallen zu sein und ohne militärische Notwendigkeit einem »Schandfrieden« zugestimmt zu haben.

Wie vergiftet die Atmosphäre war, sollte sich bald zeigen. Matthias Erzberger vom Zentrum, seit 21. Juni 1919 Reichsfinanzminister, wurde im Januar 1920 von einem entlassenen Offiziersanwärter niedergeschossen und schwer verletzt. Neben der Tatsache, dass Erzberger den Waffenstillstand vom November 1918 unterzeichnet hatte, mag auch seine Reichsfinanzreform konservative Kräfte gegen ihn aufgebracht haben. Denn außer zu einer Zentralisierung und Vereinheitlichung des deutschen Steuerwesens führten seine Maßnahmen auch zur Belastung der Vermögenden. Nach einer breiten Diffamierungskampagne trat Erzberger am 12. März 1920 zurück.

Seit Inkrafttreten des Versailler Vertrages am 10. Januar 1920 gärte es in weiten Kreisen der Reichswehr-Offiziere, denn die Reduzierung der deutschen Armee auf 100.000 Mann bedeutete das Ende vor allem für die »Freikorps«. Mit den Offizieren im Bunde standen Politiker und

Abstimmungsgebiete   Verluste des Deutschen Reiches

Nach Versailler Vertrag (28.6.1919)

1. Besatzungszone   2. u. 3. Besatzungszone   Sanktionen u. Einbrüche
(geräumt bis Ende Febr. 1926)   (geräumt bis Ende Juni 1930)   (geräumt bis Ende Febr. 1926)

andere Zivilisten des äußersten rechten Flügels – altpreußische Ritter-
gutsbesitzer und monarchistisch gesonnene Beamte, unter ihnen der
ostpreußische Generallandschaftsdirektor Wolfgang Kapp, nach dem
der nun folgende Putsch-Versuch genannt wurde. Ihr Ziel war die Errichtung eines autoritären Regimes. Am Morgen des 13. März rückte
ein Freikorps, die so genannte »Marinebrigade Ehrhardt«, in Berlin ein
und besetzte die Regierungsgebäude. Reichspräsident Friedrich Ebert,
Reichskanzler Gustav Bauer und die meisten Minister wichen zunächst
nach Dresden, dann nach Stuttgart aus, die Sozialdemokraten und Frei-
en Gewerkschaften riefen die Arbeiter und Angestellten zum Generalstreik gegen den Militärputsch und für die verfassungsmäßige Staatsgewalt auf. Unter dem Druck loyaler Truppenverbände trat die

»Regierung« Kapp schließlich am 17. März zurück und die Marinebrigade Ehrhardt zog aus dem Regierungsviertel ab.

Die Freien Gewerkschaften und der Deutsche Beamtenbund knüpften an das Ende des Ausstands die Bedingung einer grundlegenden Demokratisierung der Armee und der Verwaltung sowie des Rücktritts
einiger Minister, darunter Noske. Anstelle von Bauer wurde Hermann
Müller, neben Otto Wels einer der beiden SPD-Vorsitzenden, neuer Regierungschef. Tatsächlich gelang dem neuen preußischen Ministerpräsidenten Otto Braun und seinem Innenminister Carl Severing ein
Demokratisierungsprozess, der den ehemaligen Hohenzollernstaat zu
einem Bollwerk der Weimarer Republik machen sollte. Unter dem Einfluss rechtskonservativer Kräfte, die den oberbayerischen Regierungs-
präsidenten Gustav Ritter von Kahr zum Ministerpräsidenten wählten,
entwickelte sich Bayern dagegen zu einem Refugium für die republik-
feindliche Opposition. Im Schatten des rechten Kapp-Putsches hatte
im rheinisch-westfälischen Industrierevier die linkssozialistisch-kommu-
nistische »Rote Ruhrarmee« die Macht an sich gerissen. Während die
preußische Regierung mit den kompromissbereiten Sozialisten das
»Bielefelder Abkommen« vom 24. März aushandelte, schlugen bis zum
3. April 1920 Reichswehr und Freikorps, die kurz zuvor noch den Kapp-
Putsch unterstützt hatten, den Aufstand nieder. Dabei kamen weit über
1.000 Ruhrbergarbeiter ums Leben. Mit dem Ruhraufstand, den man
als die dritte Phase der deutschen Revolution bezeichnet hat, endeten
im Großen und Ganzen die proletarischen Massenerhebungen in
Deutschland – der von der Komintern angezettelte Umsturzversuch
vom Herbst 1923 in Mitteldeutschland steht auf einem anderen Blatt.[83]
Nur mit Hilfe rechtskonservativer Militärs, die eine antirepublikanische Gesinnung pflegten, hatten sich die Sozialdemokraten gegen die
radikale Linke behaupten können. Im Wesentlichen von Bayern aus
konnten dagegen die Rechtsradikalen weitgehend ungestört ihre Gegenrevolution vorbereiten.

Politische Polarisierung, Gewaltbereitschaft und
Minderheitskabinette

Die Reichstagswahlen vom 6. Juni 1920 gerieten für die republikanischen Kräfte zu einem Debakel. Aufgrund der Stimmenverluste von
SPD – sie sank von 37,9 Prozent auf 21,6 Prozent – und DDP – sie fiel

von 18,5 Prozent auf 8,4 Prozent – verlor die Weimarer Koalition ihre Mehrheit. Das Bürgertum war nach rechts, die Arbeiterschaft nach links gerückt. Der neuen bürgerlichen Regierung aus Zentrum, DDP und DVP des Zentrumspolitikers Konstantin Fehrenbach, die am 25. Juni 1920 ernannt wurde, gehörte die SPD nicht mehr an.

Ein dreiviertel Jahr später stürzte die Republik in zwei neue Krisen: Obwohl sich am 20. März 1921 60 Prozent der oberschlesischen Bevölkerung für den Verbleib ihrer Provinz bei Deutschland aussprachen, entschied der Völkerbundsrat am 20. Oktober 1921, in Missachtung des Selbstbestimmungsrechts, dass vier Fünftel des oberschlesischen Industriegebietes zu Polen kommen sollten. Am 5. Mai 1921 überreichte der britische Premier David Lloyd George der deutschen Regierung ein alliiertes Ultimatum, wonach Reparationszahlungen im Wert von über 150 Milliarden Goldmark zu leisten seien, davon etwa 3,3 Milliarden bis Ende des Jahres. Andernfalls werde die am 8. März begonnene Besetzung von Teilen des Ruhrgebiets auf die gesamte Region ausgedehnt. Die Regierung Fehrenbach trat aus Protest zurück, die Wahlverlierer SPD und DDP bildeten mit dem Zentrum das erste Minderheitskabinett unter Joseph Wirth (Zentrum) und übernahmen – von der Rechten als »Erfüllungspolitik« diffamiert – die Verantwortung für die wirtschaftlich katastrophale, aber politisch unausweichliche Annahme des Londoner Ultimatums. Obwohl die Regierung Wirth, auch mit der parlamentarischen Unterstützung durch die USPD, die Reparations-Krise des Frühjahrs 1921 meistern konnte, blieb das Klima in der Republik unverändert antizivilgesellschaftlich und gewaltverherrlichend. Am 9. Juni 1921 wurde der Fraktionsvorsitzende der USPD im bayerischen Landtag, Karl Gareis, ermordet, am 26. August, im zweiten Versuch nach 1920, der Zentrumspolitiker Matthias Erzberger. Den Ausgang der Oberschlesien-Krise überstand die Regierung Wirth nicht. Vor allem der Koalitionspartner DDP beharrte nach der Entscheidung des Völkerbundsrats vom Oktober 1921 auf der Demission, um vor aller Welt den deutschen Protest kundzutun.

Das zweite Kabinett Wirth, faktisch getragen von derselben Koalition, stand zunächst unter dem Primat der Außenpolitik, für deren »Westorientierung« der neue Reichsaußenminister Walter Rathenau eintrat, während Wirth, der Chef der Heeresleitung, General Hans von Seeckt, und der Leiter der Ostabteilung im Auswärtigen Amt, Ago von Maltzan, eine »Ostorientierung« betrieben. Am Rande einer internationalen Konferenz in Genua, die im April 1922 auf Einladung des Obersten Rates der Alliierten zustande gekommen war und wirtschaftliche Aufbau- wie Reparationsprobleme erörtern wollte, schlossen die »Verlierer«, das Deutsche Reich und Sowjetrussland, ein Abkommen, ohne die Westmächte auch nur zu informieren. Der unweit von Genua im oberitalienischen Seebad Rapallo am 16. April unterzeichnete Vertrag beinhaltete den wechselseitigen Verzicht auf kriegsbedingte Entschädigungsansprüche, die Wiederaufnahme diplomatischer Beziehungen und handelspolitische Vorteile (»Meistbegünstigungsklausel«). Das mentale Ferment dieses Abkommens bildeten antipolnische Affekte, Gebietsansprüche an den polnischen Staat und die gemeinsame Überzeugung, von den Siegermächten übervorteilt worden zu sein. Die Westalliierten, insbesondere Frankreich, zeigten sich alarmiert über den deutsch-russischen Alleingang, an wirkliche Fortschritte in der Reparationsfrage war unter diesen Voraussetzungen nicht zu denken.

Am 24. Juni 1922 wurde Walther Rathenau von zwei demobilisierten Leutnants erschossen, die aus demselben deutschvölkisch-nationalistischen Milieu kamen wie die Erzberger-Mörder. Der Ermordete war in ihren Augen für die »Erfüllungspolitik« verantwortlich und bot als Jude den fanatischen Antisemiten im extremen rechten Lager eine ideale Projektionsfläche. In diesen Kreisen wurden die Juden – gegen alle Vernunft – als ideologische Urheber und materielle Nutznießer der deutschen Niederlage wie der verhassten Weimarer Republik hingestellt. Für den angeblichen »moralischen Verfall« Deutschlands in den 1920er Jahren wurden sie ebenfalls verantwortlich gemacht. Als Reaktion auf die Ermordung eines amtlichen Repräsentanten der Republik verabschiedete das Parlament am 18. Juli 1922 mit der notwendigen verfassungsändernden Zweidrittelmehrheit das so genannte »Republikschutzgesetz«, das solche Delikte mit schweren Strafen belegte, und etablierte beim Reichsgericht in Leipzig einen dafür zuständigen Staatsgerichtshof. Durch einen Verfassungsbruch setzte Bayern dieses Gesetz für sein Territorium außer Kraft. Mühsame Verhandlungen mit dem Reich endeten mit einem Kompromiss, der zu einer bayerischen Sonderregelung führte. Mannigfaltige Versuche, die Distanz weiter Bevölkerungskreise zur Republik zu schmälern und positive Identifikationsprozesse zu fördern, scheiterten am Widerstand der nationalkonservativ regierten Länder – so etwa der Vorschlag, den 11. August 1919 als Verfassungstag zum gesetzlichen Feiertag zu erheben.

Unter dem Eindruck des erstarkenden Rechtsradikalismus schlossen sich MSPD und USPD im September 1922 in Nürnberg wieder zu einer Partei zusammen, was einerseits das Gewicht der Partei im Parlament stärkte, aber andererseits auch zu einem re-ideologisierenden Linksruck führte. Als bürgerliches Gegengewicht zur Vereinigten Sozialdemokratischen Partei Deutschlands (VSPD) bildeten am 19. Juli 1922 DVP, DDP und Zentrum die »Arbeitsgemeinschaft der verfassungstreuen Mitte«. Ende Oktober 1922 richtete Wirth eine Kommission zur Lösung der wirtschaftlichen Schwierigkeiten ein, an der sich nicht nur die Regierungskoalition, sondern auch die DVP beteiligte. Die Arbeitsergebnisse – Vorschläge für einen ausgeglichenen Haushalt und eine flexible Arbeitszeitregelung – konnten sich sehen lassen und bildeten die Grundlage für die Reparationsnote vom 13. November 1922. Eine große Koalition der verfassungstreuen sozialistischen und bürgerlichen Parteien schien in greifbare Nähe gerückt. Doch die VSPD entschied sich mit Dreiviertelmehrheit dagegen, Wirth trat zurück und Ebert ernannte am 22. November den parteilosen, katholischen Wirtschaftsfachmann Wilhelm Cuno zum Reichskanzler. Sein von der SPD tolerietes Minderheitskabinett, bestehend aus parteilosen Fachleuten sowie Politikern aus Zentrum, BVP, DDP und DVP, mutete wie ein »Rückfall in den Obrigkeitsstaat«[84] an und sollte sich den neuen Herausforderungen kaum gewachsen zeigen. Am 11. Januar 1923 besetzten französische und belgische Truppen unter dem Vorwand, dass Reparationslieferungen nicht fristgerecht erfolgt waren, das Ruhrgebiet. Infolge des passiven Widerstandes, zu dem die Regierung Cuno aufgerufen hatte, musste das Reich Millionenbeträge für die Fortzahlung der Gehälter aufbringen, da die Besatzer dazu übergegangen waren, die Zechen, Kokereien und Transportmittel in eigener Verantwortung zu betreiben. Die dadurch verursachte Hyperinflation musste über kurz oder lang zum Abbruch des passiven Widerstands führen. In dieser Situation ging die radikale Rechte zum aktiven Widerstand über und verübte Sabotageakte im besetzten Gebiet. Unter den Saboteuren war auch der Nationalsozialist Albert Leo Schlageter, den die französischen Behörden verhafteten und zum Tode verurteilten. Er ging als Märtyrer der Bewegung in die nationalsozialistische Legendenbildung ein. Die KPD profitierte ebenfalls enorm von den sozialen Verwerfungen im Ruhrgebiet, wie ihre Gewinne bei Gewerkschafts-, Kommunal- und Landtagswahlen zeigten.

Die SPD hatte die Regierung Cuno toleriert, obwohl diese von allen bisherigen Weimarer Kabinetten am weitesten rechts stand und sogar Beziehungen zu rechtsradikalen Freikorps unterhielt. Nach dem Sommer 1923 schien ihr nunmehr die Große Koalition doch als das kleinere Übel. In Verhandlungen mit den bisherigen Regierungsparteien konnte sie als Bedingung für ihren Wiedereintritt in die Regierung festlegen, dass energische Maßnahmen zur Eindämmung der Inflation ergriffen würden, sich die Reichswehr von allen illegalen paramilitärischen Organisationen löse, diplomatische Aktionen zur Lösung der Reparationsfrage in Gang gesetzt würden und das Deutsche Reich einen Antrag zur Mitgliedschaft im Völkerbund stelle. Am 13. August 1923 wurde Gustav Stresemann (DVP) zum Reichskanzler ernannt; sein Kabinett wurde von einer Großen Koalition unter Beteiligung der SPD getragen.

Unmittelbar darauf war die Republik von einem kommunistischen Umsturz in Mitteldeutschland und einem rechtsautoritären Militärputsch in Bayern bedroht. Der Komintern wie der sowjetischen Führung schien der Ruhrkonflikt günstig, eine kommunistische Revolution in ganz Deutschland zu initiieren. Zum fünften Jahrestag der deutschen Revolution sollte eine der russischen Oktoberrevolution nachempfundene Revolte stattfinden. Die KPD-Führung erhielt aus Moskau die Anweisung, sich an der sächsischen Minderheitsregierung des linken Sozialdemokraten Erich Zeigner, die sie tolerierte, zu beteiligen, was am 10. Oktober 1923 auch geschah. Sechs Tage später bildeten SPD und KPD auch in Thüringen eine linke Einheitsfrontregierung. Obwohl kein Zweifel daran bestehen konnte, dass von Mitteldeutschland aus die kommunistische Revolution nach ganz Deutschland getragen werden sollte, unternahmen die beiden Kabinette zunächst keine reichsfeindlichen Schritte. Dennoch verbot der sächsische Wehrkreisbefehlshaber Mitte Oktober die paramilitärischen Proletarischen Hundertschaften der KPD und unterstellte die sächsische Polizei der Befehlsgewalt der Reichswehr. Zwischen dem 21. und 25. Oktober übernahm die Reichswehr die Kontrolle über ganz Sachsen, und Stresemann forderte Zeigner auf, eine Regierung ohne die Kommunisten zu bilden. Als Zeigner sich weigerte, erfolgte Ende Oktober die förmliche Reichsexekution und die Einsetzung Karl Rudolf Heinzes (DVP) zum Reichskommissar für Sachsen. Unmittelbar darauf bildete Alfred Fellisch (SPD) ein von der DDP toleriertes Minderheitskabinett, um den Ausnahmezustand so rasch wie möglich wieder zu beseitigen. Im Unterschied zu dem energischen Vorgehen gegen die Kommunisten in Mitteldeutschland zeigte die Reichsregierung zur Empörung der Linken gegenüber den rechtsradikalen Bestrebungen in Bayern ein ganz anderes Verhalten.

Kaum hatten Reichspräsident und Reichsregierung am 26. September das Ende des passiven Widerstandes an der Ruhr bekannt gegeben, antwortete die Bayerische Staatsregierung mit der Verhängung des Ausnahmezustands und übertrug Gustav Ritter von Kahr die exekutive Gewalt. Die Reichsregierung reagierte daraufhin noch am selben Tag ebenfalls mit einer Verhängung des Ausnahmezustandes über ganz Deutschland und übertrug dem Reichswehrminister die Exekutive. Dem hätte sich die Bayerische Regierung fügen und ihre Maßnahmen außer Kraft setzen müssen. Aber sie dachte nicht daran, und die Reichsregierung wagte die Machtprobe nicht. Die »nationale Diktatur« unter einem vom Chef der Heeresleitung, General von Seeckt, geführten »Direktorium« lag in der Luft. Sie entsprach ganz den Wünschen prominenter Schwerindustrieller. Als die DVP auch noch die Abkehr vom Achtstundentag, die Konfrontation mit Frankreich und die Einbeziehung der DNVP in die Große Koalition forderte, war diese und damit das Kabinett Stresemann am Ende. Am 3. Oktober reichte er seinen Rücktritt ein, um drei Tage später doch wieder mit der Regierungsbildung beauftragt zu werden. Dem vorausgegangen war eine Verständigung in der Arbeitszeitfrage, wonach der Achtstundentag grundsätzlich beibehalten werden sollte, aber auf tariflichem oder gesetzlichem Weg überschritten werden konnte. Auf der Grundlage eines Gesetzes mit verfassungsändernder Mehrheit ergingen einschneidende Verordnungen zur Erwerbslosenfürsorge, zum Personalabbau im öffentlichen Dienst und eine Verordnung zur staatlichen Zwangsschlichtung von Tarifkonflikten. Damit war die Tarifautonomie weitgehend außer Kraft gesetzt und die Verantwortung für den Arbeitsfrieden an den Reichsarbeitsminister delegiert.

Derweil setzte Kahr in Bayern das Republikschutzgesetz außer Kraft, ließ Ostjuden ausweisen und machte den von Reichswehrminister Otto Karl Geßler am 20. Oktober entlassenen Münchner Wehrkreisbefehlshaber Otto von Lossow zum bayerischen Landeskommandanten. Zusammen mit dem Landeskommandeur der bayerischen Polizei, Oberst Hans von Seißer, wollten sie den »Marsch auf Berlin« vorbereiten und

Seeckt mit der Reichsführung beauftragen. Doch dieser war ein Legalist und ließ sich, trotz unzweifelhafter Sympathien für den bayerischen Weg, zu einem Putsch nicht missbrauchen. Am 30. Oktober forderte die Reichstagsfraktion der SPD die Aufhebung des militärischen Ausnahmezustandes und ein zu Sachsen analoges Vorgehen gegen Bayern. Da die Bürgerlichen einen solchen Schritt für unmöglich hielten, trat die SPD am 2. November aus der Koalition aus. Vier Tage danach unterstrich man in Berlin nochmals das grundsätzlich unterschiedliche Vorgehen bei drohenden Linksdiktaturen. Mit der Einwilligung Eberts rückte die Reichswehr auch in Thüringen ein, erzwang die Auflösung der Proletarischen Hundertschaften und die Aufkündigung der rot-roten Koalition durch die SPD.

Am 8. November eskalierte die bayerische Krise. Adolf Hitler, der Führer der Nationalsozialistischen Deutschen Arbeiterpartei (NSDAP), nutzte eine Versammlung der Anhänger Kahrs im Münchner Bürgerbräukeller, um die »Nationale Revolution« auszurufen. Tags darauf machte die bayerische Landespolizei dem Putschversuch ein Ende. Um die bayerische Reichswehr auf Loyalitätskurs zu halten, beauftragte Ebert den Chef der Heeresleitung, Seeckt, mit der Ausübung der vollziehenden Gewalt. Da Seeckt selbst nicht putschte, wurde die Republik noch einmal gerettet. Er verbot NSDAP, KPD und die Deutschvölkische Freiheitspartei. Auf sein Drängen hin wurde der militärische Ausnahmezustand schließlich am 28. Februar 1924 beendet und die Parteienverbote aufgehoben.

Am 15. November 1923 bewerkstelligte das Minderheitskabinett Stresemann das »Wunder der Rentenmark«, eine Währungsreform, die die galoppierende Inflation stoppte. Am 25. Oktober 1923 signalisierte der französische Ministerpräsident Poincaré den beiden anderen Alliierten Entgegenkommen in der Reparationsfrage. Die Weichen konnten auf den so genannten »Dawes-Plan« hin gestellt werden, ein nach dem amerikanischen Bankier Charles Dawes benanntes Reparationsabkommen vom Frühjahr 1924, das für Erleichterungen und den wirtschaftlichen Aufschwung Deutschlands während der mittleren 1920er Jahre sorgen sollte. Im Herbst des Jahres 1923 zeichnete sich auch ab, dass die von Frankreich und Belgien unterstützte Separationsbewegung des Rheinlandes von der breiten Bevölkerung abgelehnt wurde und mithin scheitern musste.

Aus Protest gegen die ungleichartige Behandlung von Sachsen und Thüringen einerseits und Bayern andererseits brachte die SPD am 22. November 1923 einen Misstrauensantrag gegen das Minderheitskabinett Stresemann ein. Dieser reagierte mit der Vertrauensfrage, die er verlor. Am 30. November 1923 bildete Wilhelm Marx (Zentrum) ein bürgerliches Minderheitskabinett aus seiner Partei, der DVP, DDP und BVP, der Stresemann als Außenminister angehörte. Auch diese Regierung war auf eine Tolerierung durch die SPD angewiesen. Das Kabinett Marx kürzte die Beamtengehälter und brachte eine neue Arbeitszeitregelung durch, die den Zehnstundentag gesetzlich erlaubte. Auf Kosten der Sparer und Wertpapierbesitzer stabilisierte sie durch Geldentwertung die neue Währung und sanierte den Staatshaushalt. Verlierer dieser Politik waren in der Regel erhebliche Teile der Mittelschichten, Gewinner hochverschuldete Großgrundbesitzer und Inhaber großer industrieller Vermögen. Diese Finanzintervention erschütterte das Vertrauen auf Seiten der nivellierten Arbeitnehmer – gleichviel ob Arbeiter, Angestellte oder Beamte – in die Republik fundamental und tauchte den kaiserlichen Obrigkeitsstaat in ein verklärendes Licht. Die über Sachvermögen verfügenden Nutznießer der Geldentwertung hatten die Republik stets abgelehnt und änderten auch jetzt ihre Meinung nicht.

Die zweiten Reichstagswahlen vom 4. Mai 1924 brachten den radikalen Gruppierungen Gewinne, den gemäßigten Parteien dagegen – mit Ausnahme der Konfessionellen – Verluste. Die DNVP konnte 19,5 Prozent der Wähler gewinnen, die mit der Deutschvölkischen Freiheitspartei verbündete NSDAP erreichte auf Anhieb 6,5 Prozent. Die SPD sank auf 20,5 Prozent; ein Teil ihrer Wähler war zur KPD gewandert, die auf 12,6 Prozent kam. Die DVP verlor gegenüber den Wahlen von 1920 4,7 Prozent ihrer Wähler und kam auf nur noch 9,2 Prozent, die DDP konnte nur noch 5,7 Prozent der Wähler überzeugen. Lediglich Zentrum und BVP blieben relativ stabil (13,4 Prozent beziehungsweise 3,2 Prozent). Am 3. Juni 1924 bildete Marx sein zweites bürgerliches Minderheitskabinett – eine Regierung ohne verlässliche parlamentarische Mehrheit, weil die SPD ihre Tolerierungspolitik nicht mehr fortsetzte. Darum mussten am 7. Dezember 1924 ein zweites Mal Reichstagswahlen abgehalten werden, die ganz unter dem Eindruck des wirtschaftlichen Aufschwungs standen und daher den Extremen Stimmen entzogen. Gewinner waren die SPD (26 Prozent) und die DNVP

(20,5 Prozent), die Verschiebungen in der bürgerlichen Mitte blieben gering. Der parteilose Hans Luther bildete ein Mitte-Rechts-Kabinett – erstmals mit der DNVP, aber ohne die DDP.

Am 28. Februar 1925 starb Reichspräsident Friedrich Ebert im Alter von nur 54 Jahren. Er hatte sich um den Ausgleich zwischen Arbeiterschaft und Bürgertum bemüht, allerdings durch das Unterzeichnen zahlreicher Notverordnungen einen Weg vorgezeichnet, der die Republik in die Sackgasse führen sollte. Bei den ersten Direktwahlen zum Reichspräsidenten am 29. März 1925 erreichte keiner der Kandidaten die im ersten Wahlgang notwendige absolute Mehrheit. Für den zweiten Wahlgang einigten sich die »Weimarer« Parteien auf Wilhelm Marx, der rechte »Reichsblock« stellte den pensionierten 77-jährigen Generalfeldmarschall Paul von Hindenburg auf. Dieser erhielt 48,3 Prozent der Stimmen und gewann am 26. April mit einem Vorsprung von 900.000 Stimmen vor Marx (45,3 Prozent). Die Kommunisten hätten die Wahl Hindenburgs verhindern können, wenn sie nicht mit ihrem eigenen Kandidaten Ernst Thälmann in die Wahlen gegangen wären, der auf 6,4 Prozent der Stimmen kam. Die plebiszitäre Demokratie hatte die Republik nach rechts gerückt, die Abneigung der Wähler gegen den Parlamentarismus zum Ausdruck gebracht und mit Hindenburg ein Stück autoritären Staat zurückgeholt – als Bollwerk gegen die parlamentarische Demokratie. Gegen diese Entwicklung standen das gemäßigte Bürgertum und die Arbeiterschaft – tief getrennt von den Rechtskonservativen einerseits und den Kommunisten andererseits, aber nicht entschlossen genug beisammen, um die Extreme zu neutralisieren.

Außen-, Wirtschafts- und Sozialpolitik

Die Locarno-Verträge vom 26. Oktober 1925 sollten die europäische Nachkriegsordnung festigen und Deutschland in den Kreis der europäischen Mächte zurückführen. Aber nur die Westgrenzen wurden völkerrechtlich abgesichert, während sich Deutschland bei den deutschen Grenzen zu Polen und der Tschechoslowakei lediglich mit Schiedsverträgen begnügte – ein Verfahren, das die friedliche Revision dieser Grenzen als politisches Ziel proklamierte. Diesem Anliegen diente auch der deutsch-sowjetische Neutralitätsvertrag vom 10. Juni 1926. Er sollte die deutsche Westpolitik nach Osten hin ausbalancieren und den

Druck auf Polen erhöhen. Am 10. September 1926 trat Deutschland in den Völkerbund ein und erhielt – im Unterschied zu Polen – sogleich einen ständigen Sitz im Rat. Der Architekt dieser auf Verständigung mit dem Westen zielenden Außenpolitik – Gustav Stresemann – erhielt zusammen mit seinem französischen Kollegen Aristide Briand am 10. Dezember 1926 den Friedensnobelpreis.

Als die DNVP aus Protest gegen die Locarno-Verträge die Koalition im Oktober 1925 verließ, sorgte die SPD für deren Annahme im Reichstag, ohne in die Regierung Luther einzutreten. Das ihr am 12. Mai 1926 folgende bürgerliche Minderheitskabinett Marx hätte eine Regierungsbeteiligung der SPD gerne gesehen. Diese aber hatte sich gerade an dem von der KPD eingebrachten Volksbegehren und Volksentscheid über die entschädigungslose Enteignung ehemaliger deutscher Fürsten beteiligt, der sein Ziel am 20. Juni 1926 verfehlte.[85] Darum fühlte sie sich der bürgerlichen Mitte weiter entfernt denn je. Am 18. Dezember 1926 stürzte die Regierung Marx über einen von der SPD eingebrachten Misstrauensantrag, der die geheime Finanzierung der Reichswehr zum Gegenstand hatte. Es folgte am 29. Januar 1927 ein viertes Kabinett Marx, eine Mitte-Rechts-Koalition, an dem sich Zentrum, BVP, DVP und DNVP beteiligten. Unter dieser Regierung verabschiedete der Reichstag im Juli 1927 mit großer Mehrheit das Gesetz über die Arbeitslosenversicherung – die wichtigste Errungenschaft der Weimarer Sozialpolitik. Im Dezember 1927 bescherte eine Besoldungsreform vor allem den unteren Beamten eine kräftige Gehaltserhöhung. Über der kulturpolitischen Frage einer rechtlichen Gleichstellung von konfessionellen Schulen mit Simultanschulen zerbrach Mitte Februar 1928 die Mitte-Rechts-Koalition, Ende März löste Hindenburg den Reichstag auf und setzte auf den 20. Mai 1928 Neuwahlen fest. Aus diesen Wahlen gingen die Sozialdemokraten mit 29,8 Prozent als Sieger hervor, die Deutschnationalen mit 14,3 Prozent als Verlierer. Die DDP kam nur noch auf 4,9 Prozent. Die KPD konnte ihren Anteil auf 10,6 Prozent steigern, während es die NSDAP nur auf magere 2,6 Prozent brachte. Am 28. Juni 1928 kam eine Große Koalition unter Führung des Sozialdemokraten Hermann Müller zustande, die über den Bau des »Panzerkreuzers A« sogleich in eine schwere Krise schlidderte. Denn die sozialdemokratische Reichstagsfraktion unter Otto Wels stellte den Antrag, auf den Panzerkreuzer zu verzichten und die Mittel stattdessen für die Kinderspeisung zu verwenden. Obwohl sie in ihrer Regierung keinerlei Bedenken gegen den seit langem geplanten Bau des Panzerkreuzers hatten geltend machen können, stimmten Müller und die beiden sozialdemokratischen Minister mit der SPD und damit gegen ihre eigene Regierung. Da alle bürgerlichen Parteien und die NSDAP gegen den SPD-Antrag votierten und damit die Regierung vor einer Niederlage retteten, erlitt die SPD einen immensen Glaubwürdigkeitsverlust.

Im Frühsommer 1929 gingen mit dem Young-Plan – benannt nach dem amerikanischen Leiter der Expertenkommission zur Regelung der Reparationsfrage, Owen D. Young – die Reparationsverhandlungen der Alliierten mit Deutschland zu Ende. Sie brachten eine abschließende Übereinkunft über die zu zahlende Wiedergutmachung. Danach sollte Deutschland bis 1988 Reparationen in Höhe von zunächst ca. 2 Milliarden Reichsmark pro Jahr an die Bank für Internationalen Zahlungsausgleich in Basel zahlen. Dafür erhielt das Reich seine volle wirtschaftspolitische Souveränität zurück und die Zusage einer restlosen Räumung des Rheinlands bis zum 30. Juni 1930. Die Rechte agitierte geschlossen gegen den Young-Plan und suchte das Vertragswerk durch ein Volksbegehren zu Fall zu bringen. Die radikale Linke verschärfte derweil unter dem Einfluss der Komintern und Moskaus ihre Parolen gegen die »verbürgerlichte« Sozialdemokratie, von der die KPD seit 1926 sagte, sie verkörpere »Sozialfaschismus«. Auf das Verbot einer »Roten Frontkämpferbund«-Demonstration hin kam es – gleichsam als Bestätigung dieser Einschätzung – zum »Blutmai« 1929, bei dem 32 Zivilisten durch die sozialdemokratisch geführte Berliner Polizei ums Leben kamen. Die Radikalisierung der Linken erfolgte vor dem Hintergrund der nachlassenden Konjunktur und dem jähen Anwachsen der Arbeitslosenzahlen – im Februar 1929 schon über drei Millionen. Die Reichsanstalt für Arbeitsvermittlung und Arbeitslosenversicherung musste beim Reich einen Kredit aufnehmen, den dieses sich durch ein Bankenkonsortium geben ließ. Eine Reform der Arbeitslosenversicherung war unerlässlich, führte aber zum Streit zwischen den Koalitionspartnern SPD und DVP. Die Sozialdemokraten wollten die Beiträge erhöhen, die Nationalliberalen die Leistungen senken. Durch einen Kompromiss konnte Anfang Oktober 1929 noch einmal die Große Koalition gerettet werden.

Am 3. Oktober starb Gustav Stresemann – jener Politiker, der im Inneren wie nach außen stets für eine Verständigung eingetreten war und zu den Verfechtern der Großen Koalition gehört hatte. Der von den Rechten initiierte Volksentscheid über ein »Gesetz gegen die Versklavung des Deutschen Volkes« und gegen den Young-Plan scheiterte zwar am 22. Dezember, aber immerhin mehr als ein Fünftel der Wahlberechtigten hatte ihn unterstützt. In diesen Monaten konnte die NSDAP – sie war Mitglied im Reichsausschuss für das deutsche Volksbegehren – bei Landtags- und Kommunalwahlen beachtliche Erfolge für sich verbuchen und die deutschen Universitäten erobern. Die gemessen am Bevölkerungsanteil überproportionale Präsenz von Juden an den Universitäten mobilisierte den Sozialneid vieler Akademiker, die sich gegen den Prozess ihrer ökonomischen »Proletarisierung« zur Wehr setzen wollten.

Die wirtschaftliche Lage verdüsterte sich zusehends. Am 24. Oktober 1929 kam es an der New Yorker Börse zu einem erdrutschartigen Aktien-Absturz. Die investierten Mittel hatten zu einem Waren-Überangebot geführt. Um wieder flüssig zu werden, forderten amerikanische Banken das in Europa angelegte Geld zurück. Das amerikanische Kreditvolumen an Deutschland belief sich auf 15,7 Milliarden Reichsmark. Reichsbankpräsident Hjalmar Schacht sah in der Geldknappheit die Chance zu einer langfristigen Sanierung der Reichsfinanzen. Er forderte für den Reichshaushalt 1930 eine Schuldentilgungssumme von 450.000 Millionen Reichsmark – ein Vorgehen, dem das Kabinett am 22. Dezember 1929 zustimmte. Der Reichslandbund, die Interessenvertretung der Großlandwirtschaft wie auch der Reichsverband der Deutschen Industrie und andere nationalkonservative Kräfte, darunter auch der Reichspräsident selbst, spekulierten auf eine Regierungskrise infolge der Finanzreform. In diesem Falle wollten sie die Gelegenheit nutzen, die ihnen verhasste Sozialdemokratie aus der Regierungsverantwortung zu drängen und von der parlamentarischen zu einer präsidialen Regierungsweise zu wechseln.

Heinrich Brüning, seit Dezember 1929 Fraktionsvorsitzender des Zentrums, wollte die Zustimmung seiner Koalitionspartei zum Young-Plan an eine Einigung in Sachen Finanzreform knüpfen. Zu dieser gehörte auch eine Neuregelung der notleidenden Arbeitslosenversicherung. Doch die DVP, der Koalitionspartner auf dem rechten Flügel, erklärte sich in dieser Frage zu keinerlei Zugeständnissen bereit. Anfang März 1930 schien die Krise gelöst, als Finanzminister Paul Moldenhauer (DVP) eine Beitragserhöhung der Arbeitslosenversicherung von

3,5 auf 4 Prozent vorschlug. Doch wie so oft in der Weimarer Republik fiel ihm die eigene Reichstagsfraktion in den Rücken und lehnte den Regierungskompromiss ab. Hindenburg erklärte sich am 11. März 1930 zunächst bereit, unter Rückgriff auf Artikel 48 die Regierung für ihre Pläne zu bevollmächtigen, zog dieses Angebot unter dem Einfluss seiner Berater aber wenige Tage später wieder zurück. Am 12. März 1930 verabschiedete das Parlament zwar den Young-Plan, aber in den Tagen darauf scheiterten alle weiteren Kompromissvorschläge bezüglich der Arbeitslosenversicherung an der einen oder anderen Koalitionspartei. So blieb Reichskanzler Müller am 27. März nichts anderes übrig, als dem Reichspräsidenten seinen Rücktritt mitzuteilen. An diesem Tag begann die Auflösungsphase der Weimarer Republik.

Hindenburgs Präsidialregime

Die Verlagerung der Macht vom Parlament auf den Reichspräsidenten erfolgte zunächst beinahe lautlos. Am 30. März beauftragte Hindenburg den Zentrumsvorsitzenden Heinrich Brüning mit der Regierungsbildung. Der neue Reichskanzler aus dem katholischen Milieu besaß sowohl enge Verbindungen zu den christlichen Gewerkschaften als auch zu den Konservativen. Darum erhielt sein Minderheitskabinett, bestehend aus Zentrum, DVP, DDP und BVP, zunächst auch parlamentarische Unterstützung durch einen Teil der Deutschnationalen, so dass die Regierung immer wieder knappe Mehrheiten im Reichstag fand. Nach drei Monaten trat aber die Situation ein, dass der Steuerausschuss des Reichstags eine Haushalts-Deckungsvorlage der Regierung ablehnte. Daraufhin suchte der Reichspräsident die Machtprobe mit dem Parlament. Er ließ am 16. Juli 1930 erklären, dass er den Reichskanzler ermächtigt habe, sein Deckungsprogramm aufgrund von Artikel 48 in Kraft zu setzen. Falls das Parlament diese Notverordnung oder den Reichskanzler über einen Misstrauensantrag zu Fall bringe, werde er den Reichstag auflösen. Tatsächlich stimmte das Parlament am 18. Juli für die Aufhebung der Notverordnungen, und der Reichspräsident löste den Reichstag auf. Die Neuwahlen setzte er auf den 14. September fest. Ende Juli 1930 ging Hindenburg zum offenen Präsidialregime der Notverordnungen über, indem er mit einer neuen »Notverordnung« die dringendsten finanziellen, wirtschaftlichen und sozialen Probleme des Landes zu beheben suchte. Es kam zur Einfüh-

rung einer gestaffelten Bürgersteuer, zu einer Reichshilfe für Festbe-
soldete, einem Zuschlag zur Einkommenssteuer, einer Ledigensteuer
und der Anhebung der Arbeitslosenversicherung auf 4 Prozent.

Die Reichstagswahlen vom 14. September 1930 wiesen die höchste
Wahlbeteiligung seit 1920 auf – 82 Prozent der wahlberechtigten Deutschen gingen zu den Urnen. Aber die eigentliche Sensation dieser Wahlen war der Anstieg der NSDAP von 2,6 auf 18,3 Prozent. Sie gewann
damit 107 Reichstagsmandate gegenüber bisher 12 und wurde zweitstärkste Fraktion hinter der SPD mit 143 Mandaten. Auch die Kommunisten konnten sich steigern und kamen von 10,6 auf 13,1 Prozent.
Im Reichstag verfügten sie nun über 77 statt der bisherigen 54 Sitze.
Alle anderen Parteien gingen aus diesen Wahlen als Verlierer hervor.
Am dramatischsten verlor die DNVP, deren Stimmanteil halbiert wurde (von 14,3 Prozent auf 7 Prozent) und die jeden dritten ihrer Wähler an die NSDAP abgeben musste – kein Wunder, denn die stärksten
Gewinne konnte die NSDAP bei den konservativ-protestantischen Mittelschichten erzielen. Bei den liberalen Parteien setzte sich der kontinuierliche Abwärtstrend weiter fort. Sie verfügten nicht über ein be-
stimmtes soziales oder konfessionelles Milieu wie die SPD oder das
Zentrum und folgten einfach zeitverzögert und darum chancenlos dem
Trend nach rechts. Wirklich »modern« war allein die neue »Volkspartei des Protests« (Jürgen Falter), die NSDAP, die mit den Mitteln der
Massenkommunikation die überkommenen Milieugrenzen sprengte
und über die Klammer eines extremen Nationalismus das Bedürfnis
nach Gemeinschaft jenseits von Stand, Klasse und Konfession befrie-
digte. Entsprechend kam die Zustimmung aus nahezu allen Schichten
der Bevölkerung.

Nach der Septemberwahl 1930 konnte im Reichstag nach keiner Seite hin mehr eine positive Mehrheit gebildet werden. Reichskanzler
Heinrich Brüning sah sich nur deshalb keiner negativen Reichstags-
mehrheit gegenüber, weil sich die SPD, im Einklang mit den Freien Gewerkschaften, bis Mai 1932 dazu durchrang, sein Präsidialkabinett zu
tolerieren, um den Eintritt der Nationalsozialisten in die Reichsregierung zu verhindern und um sich das Zentrum als Koalitionspartner in
Preußen zu erhalten. Darum versagte sich die SPD auch den Miss-
trauensanträgen der extremen Rechten und Linken gegen Brüning. Mit
ihrer Tolerierungspolitik – insbesondere gegenüber der unpopulären
Sparpolitik Brünings – setzte sich die Partei freilich einer inneren Zer-

reißprobe aus und verlor ständig an Zustimmungspotenzial. Die Regierung bezahlte die Tolerierung durch gewisse soziale Zugeständnisse wie Gebührenfreiheit bei der Krankenversicherung für Erwerbslose. Aber der Abbau der parlamentarischen Demokratie schritt voran. Der Reichstag trat immer seltener zusammen – am 26. März 1930 vertagte er sich auf den 13. Oktober 1930 – und degenerierte zur bloßen Attrappe.

Als der Reichspräsident am 5. Juni 1931 eine neue Notverordnung erließ, die drastische Kürzungen im Bereich der Arbeitslosenunterstützung, der Beamten- und Angestelltengehälter sowie der Invalidenrenten dekretierte, begann es in der SPD ernstlich zu rumoren. Brünings Drohung, die Preußenkoalition aufzukündigen, wenn die SPD ihren Tolerierungskurs nicht fortsetze, bewirkte zwar das Einlenken der Sozialdemokraten – aber um den Preis, dass sich eine Abspaltung anbahnte: die Anfang Oktober 1931 schließlich gegründete Sozialistische Arbeiterpartei Deutschlands. Eine außenpolitische Niederlage, das Scheitern der deutsch-österreichischen Zollunion im September 1931, führte zum Rücktritt des Reichsaußenministers Julius Curtius (DVP) und im Weiteren zu einer Kabinettsumbildung. Im zweiten Kabinett Brüning, das im Oktober 1931 seine Arbeit aufnahm, waren die DVP und damit der rechte Unternehmerflügel nicht mehr vertreten. Am 16. Oktober 1931 überstand die Regierung im Reichstag den Misstrauensantrag der DVP und andere Misstrauensanträge mit sozialdemokratischer Hilfe. Fünf Tage zuvor hatte sich die »nationale Opposition« – NSDAP, DNVP, Stahlhelm, Reichslandbund, Alldeutscher Verband und diverse Einzelpersönlichkeiten – in der »Harzburger Front« zu einer Art »Heerschau« zusammengefunden und gemeinsame Stärke demonstriert.

Unter den Bedingungen der Weltwirtschaftskrise, die auch in Deutschland zu katastrophalen Auswirkungen geführt hatte, ließ sich der Young-Plan nicht mehr realisieren. Doch Brüning lag nichts mehr an Zahlungsaufschüben und Schuldenlastminderung, sondern sein Ziel war das Ende aller Reparationen und sonstiger Auflagen. Darum bemühte er sich mit Erfolg um eine Verschiebung der Reparationskonferenz, die ursprünglich für Januar 1932 in Lausanne geplant war.

Innenpolitisch stand das Frühjahr 1932 ganz unter dem Eindruck der kommenden Reichspräsidentenwahl. Am 22. Februar 1932 stellte die NSDAP Adolf Hitler auf. Da er noch kein deutscher Staatsbürger war, ließ er sich zum Regierungsrat der braunschweigischen Gesandtschaft in Berlin ernennen; Braunschweig wurde seit Oktober 1930 von einer Koalition aus Nationalsozialisten und Deutschnationalen regiert. Stahlhelm und Deutschnationale benannten ebenfalls einen eigenen Kandidaten – den stellvertretenden Bundesführer des Stahlhelm, Theodor Duesterberg. Die äußerste Linke nominierte Ernst Thälmann. Die SPD unterstützte die Wiederwahl Hindenburgs, um Hitler zu verhindern – ein Ergebnis der sozialdemokratischen Tolerierungspolitik, einer »Politik des kleineren Übels«. Aus dem Regierungslager gehörte Reichskanzler Brüning zu den entschiedensten Befürwortern einer Wiederwahl Hindenburgs. Der 84-Jährige wurde am 10. April im zweiten Wahlgang mit 53 Prozent der Stimmen gewählt – aber nicht von seinen Stammwählern des Jahres 1925, sondern von Sozialdemokraten und Katholiken. Auf Hitler entfielen 36,8 Prozent, auf Thälmann 10,2 Prozent.

Mit Hilfe der »Notverordnung zur Sicherung der Staatsautorität« vom 13. April 1932 verbot Brüning – sehr zum Missfallen des wiedergewählten Reichspräsidenten – Hitlers Privatarmeen SA (Sturmabteilung) und SS (Schutzstaffel). Damit war der Reichskanzler dem Ersuchen der wichtigsten Länder gefolgt, die aufgrund von polizeilichen Unterlagen einen solchen Schritt für geboten hielten. Da das Material gegen die SPD-nahe Vereinigung »Reichsbanner Schwarz-Rot-Gold« für eine analoge Maßnahme nicht ausreichte, fürchtete Hindenburg eine Schädigung seines Rufes auf der Rechten.

Am 24. April 1932, zwei Wochen nach den Reichspräsidentenwahlen, fanden in Preußen, Bayern, Württemberg, Anhalt und Hamburg Landtags- beziehungsweise Bürgerschaftswahlen statt. Die NSDAP konnte einen erheblichen Zuwachs verzeichnen und wurde – mit Ausnahme von Bayern – überall die stärkste Partei. Dramatisch war der Verlust der Regierungskoalition (SPD, Zentrum, Deutsche Staatspartei) in Preußen – von 423 Landtagsmandaten rutschte sie auf nur 163 ab. Am 24. Mai trat der neu gewählte preußische Landtag zusammen. Am gleichen Tag erklärte die Regierung Braun wegen fehlender Mehrheit ihren Rücktritt, blieb aber geschäftsführend im Amt.

Als Brüning am 30. April 1932 ohne greifbare Ergebnisse von der Abrüstungskonferenz in Genf zurückkehrte, war deutlich, dass er sich nicht mehr lange würde behaupten können, zumal Reichswehrminister Wilhelm Groener seinen Rücktritt vom Amt angekündigt hatte.

Brüning stürzte schließlich über den so genannten Siedlungsverordnungs-Entwurf. Diesem zufolge sollten nicht mehr entschuldungsfähige Güter über Zwangsversteigerungen für das Reich erworben und für bäuerliche Siedlungen verwendet werden. Daraufhin machte die größte landwirtschaftliche Interessenorganisation, der mächtige Reichslandbund, der großen Einfluss auf Hindenburg hatte, gegen Brüning mobil. Am 29. Mai 1932 teilte der Reichspräsident dem Reichskanzler mit, dass er den Rücktritt der Regierung erwarte. Brüning war am 30. März 1930 Kanzler geworden. Zu diesem Zeitpunkt – nach dem Zerbrechen der großen Koalition – war die Weimarer Republik bereits gescheitert. Brüning vollzog lediglich die Politik, die der Reichspräsident und seine Umgebung ihm vorgaben. Hier lag das Machtzentrum des späten Weimar, und diese Macht zielte auf die Transformation der Weimarer Republik in einen zunehmend autoritären Staat. Für den Rechtsschwenk war es nötig, den Nationalsozialisten entgegenzukommen und auf eine etwaige Tolerierung der Regierung durch die SPD zu verzichten. Am 30. Mai 1932 endete die erste, gemäßigte, parlamentarisch tolerierte Phase des Präsidialsystems. Jetzt begann eine zweite, autoritäre, offen antiparlamentarische Phase.

Brünings Nachfolger wurde Franz von Papen, ehemaliger Generalstabsoffizier, westfälischer Gutsbesitzer, Herrenreiter, Hauptaktionär der Zentrumszeitung »Germania« und Rechtsaußen der Zentrumsfraktion. Aber anders als Brüning band Papen das Zentrum nicht an die Regierung. Denn der Zentrums-Vorsitzende Prälat Ludwig Kaas machte dem neuen Reichskanzler deutlich, dass seine Nachfolge auf Brüning von der Partei als »Verrat« angesehen werde. Daraufhin trat - Papen aus dem Zentrum aus.

Im Kabinett Papen übernahm General Kurt von Schleicher, ein Regimentskamerad Oskar von Hindenburgs, Sohn des Reichspräsidenten, das Reichswehrministerium. Das Auswärtige Amt erhielt der bisherige Botschafter in London, Konstantin Freiherr von Neurath. Neuer Finanzminister wurde Lutz Graf Schwerin von Krosigk. Da in der Regierung Papen sieben Adlige und nur drei Bürgerliche saßen, bezeichnete der »Vorwärts« es am 1. Juni als »Das Kabinett der Barone«. Die Schlagzeile wurde zu einem geflügelten Wort. Die Duldung der neuen Regierung durch die NSDAP war an einige Bedingungen gebunden: Hitlers Partei hatte die Auflösung des Reichstags und Neuwahlen sowie die Aufhebung des Verbots von SA und SS gefordert. Am 4. Juni löste Hindenburg den Reichstag auf und setzte auf den 31. Juli 1932 Neuwahlen an. Am selben Tag wurde das SA- und SS-Verbot aufgehoben und das Tragen von Uniformen zugelassen. Die erste Notverordnung des Kabinetts von Papen, die Hindenburg am 14. Juli unterzeichnete, brachte eine Senkung der Arbeitslosenunterstützung um etwa 23 Prozent, eine Kürzung der Laufzeit von 20 auf 6 Wochen und ein anschließendes Fürsorgesystem auf niedrigstem Niveau.

Die Lausanner Reparationskonferenz, die am 16. Juni 1932 begann, führte zu einem Abkommen, für das Brüning lange gearbeitet hatte. Dieses sah eine deutsche Abschlusszahlung von höchstens drei Milliarden Reichsmark vor, war über einen längeren Zeitraum zu zahlen und stand unter der Voraussetzung, dass das wirtschaftliche Gleichgewicht im Reich wiederhergestellt sei.

Den Reichstagswahlkampf im Sommer 1932 bestimmten Gewalttaten der Nationalsozialisten und Kommunisten. Bei den politischen Auseinandersetzungen gab es über hundert Tote und mehrere hundert Verletzte. Am 11. Juli 1932 erhob Reichsinnenminister von Gayl gegen den sozialdemokratischen preußischen Innenminister Carl Severing den Vorwurf, er lasse durch seine Polizei die NS-Bewegung bekämpfen. Er folgerte daraus, in Preußen müsse ein Reichskommissar eingesetzt werden. Diesem Plan kam der »Altonaer Blutsonntag« entgegen. Ein Demonstrationsmarsch der SA durch »rote« Hochburgen des damals preußischen Altona führte zu 19 Toten in der Zivilbevölkerung, die meist Opfer von Polizeikugeln geworden waren. Ohne Rücksprache mit den Ländern erließ daraufhin die Reichsregierung ein Verbot von Versammlungen unter freiem Himmel; gestützt auf Artikel 48 der Verfassung ernannte Hindenburg den Reichskanzler zum Reichskommissar für Preußen und ermächtigte ihn, anstelle der Minister Kommissare einzusetzen. Für Severing bestellte Papen den Essener Oberbürgermeister Bracht zum preußischen Innenminister. Damit war Preußen, die zuverlässigste Stütze der Republik, ausgeschaltet worden. Die SPD nahm den »Preußenschlag« hin und hoffte darauf, dass die Wähler bei den Reichstagswahlen am 31. Juli das »Kabinett der Barone« abstrafen würden. Ihr Bestreben war es, auf jeden Fall einen Bürgerkrieg zu verhindern und die Legalität zu erhalten. Doch es sollte anders kommen.

Die Reichstagswahlen vom 31. Juli wurden zu einem triumphalen Erfolg für Hitlers NSDAP. Auf diese Partei entfielen 37,4 Prozent der abgegebenen Stimmen. Das entsprach einem Zuwachs von 19,1 Prozent gegenüber den vorangegangenen Reichstagswahlen vom 14. September 1930. Die SPD sank von 24,5 auf 21,6 Prozent. Leichte Zuwächse konnten die Kommunisten und die katholischen Parteien verbuchen. Vom politischen Liberalismus war mit 1,2 Prozent (DVP) beziehungsweise 1 Prozent (Deutsche Staatspartei) so gut wie nichts übrig geblieben. Der Norden und Osten Deutschlands hatte sehr viel deutlicher braun gewählt als der Süden und Westen; Protestanten hatten sich signifikant häufiger für die NSDAP entschieden als die Katholiken, deren Milieus sich als stabil erwiesen.

Enttäuscht darüber, dass sie nicht einfach die Macht übernehmen konnten, verübten SA-Leute blutige Attentate gegen den politischen Gegner. Am 9. August erließ die Reichsregierung eine neue Notverordnung gegen den politischen Terror, wonach auf Totschlag die Todesstrafe verhängt wurde. Einen Tag später schlugen SA-Leute in Potempa (Landkreis Gleiwitz) einen polnischen Anhänger der KPD tot. Den SA-Männern drohte nun die Todesstrafe, wenn Hitler nicht zuvor an die Macht gelangte.

Dazu bestanden allerdings gute Chancen, denn General von Schleicher führte Geheimgespräche mit Hitler, nach denen er davon überzeugt war, dass man diesem die Regierungsverantwortung übertragen könne, wenn nur die Reichswehr in seinen, Schleichers, Händen blieb. Doch Hindenburg zeigte sich am 10. August nicht bereit, den »böhmischen Gefreiten«, wie er ihn bei dieser Gelegenheit nannte, zum Reichskanzler zu berufen. Auch durch die Drohung Hitlers, den bisherigen Legalitätskurs zu verlassen und über einen Bürgerkrieg die Macht zu erlangen, ließ sich Hindenburg nicht zu einer anderen Haltung bewegen. Allerdings sorgte er dafür, dass die kommissarische preußische Regierung unter Papen den zum Tod verurteilten Potempa-Mörder zu lebenslangem Zuchthaus begnadigte. Bei der Begegnung Hindenburgs mit Hitler am 13. August 1932 wiederholte der Reichspräsident, dass er es nicht verantworten könne, der nationalsozialistischen Bewegung die Regierungsgewalt zu übertragen.

Nach Lage der Dinge stand zu erwarten, dass der Reichstag bald wieder aufgelöst werden musste. Gegen den Wortlaut des Artikels 25 der Verfassung sagte Hindenburg am 30. August 1932 dem Reichskabinett zu, dass wegen des gegebenen staatlichen Notstandes die Neuwahlen zum Reichstag nicht in der verfassungsmäßigen Frist von sechzig Tagen stattzufinden brauchten, sondern auf einen späteren Termin verschoben werden könnten. Damit wäre eine kommissarische Diktatur zum Schutz der bestehenden Verfassung Wirklichkeit geworden. Am selben Tag trat auch der neu gewählte Reichstag zusammen und wählte den Nationalsozialisten Hermann Göring zum Präsidenten. Während der 2. Sitzung des Reichstags am 12. September sollte nur die Regierungserklärung entgegengenommen werden. Doch das Parlament änderte auf Antrag der Kommunisten die Tagesordnung und setzte unter anderem auch die Misstrauensanträge gegen das Kabinett von Papen auf die Agenda. Da nicht ein einziger Abgeordneter widersprach, trat die veränderte Tagesordnung in Kraft. Um die Misstrauensanträge gegen seine Regierung zu verhindern, wollte Papen mit Hilfe der Hindenburgschen Order den Reichstag auflösen, doch Reichstagspräsident Göring ignorierte sowohl Papens Wortmeldung als auch die »rote Mappe« mit dem entsprechenden Schriftstück des Reichspräsidenten auf seinem Tisch. Die Abstimmung ergab, dass von den 560 abgegebenen Stimmen 512 Abgeordnete für den Misstrauensantrag votiert hatten. Die Abstimmung war zwar ungültig, weil die Auflösungsorder dem Reichstagspräsidenten bereits vorgelegen hatte, aber der politische Effekt war dennoch verheerend. Eine Verschiebung der Neuwahlen auf unbestimmte Zeit traute sich das Kabinett Papen jetzt nicht mehr zu und schlug als Termin für Neuwahlen den 6. November 1932 vor.

Papen hegte weiterhin Pläne zu einer Verfassungs- und Reichsreform, als deren Ziel ihm ein neuer autoritärer Präsidialstaat mit einer berufsständisch geprägten Ersten Kammer vorschwebte. Darin wurde er von seinen rechtskonservativ-katholischen Beratern bestärkt, die das parlamentarische System des Westens für untauglich hielten und die rückwärts gewandte Vorstellung vom »sacrum imperium«, die unzerstörbare Idee des heiligen Deutschen Reiches als mitteleuropäischer Ordnungsmacht, wiederbelebt sehen wollten. In Österreich hatte sich ein entsprechendes System bereits etabliert. In seiner Regierungserklärung vom 12. September, die er über den Rundfunk vortrug, umriss Papen jenen »Neuen Staat«, den er seit Sommer 1932 anstrebte. Dieser »Neue Staat« – ein mit berufsständischen Elementen versetzter autoritärer Präsidialstaat – war aus den katholisch dominierten Ländern Europas nur allzu gut bekannt.

Am 3. November begann der Streik der Berliner Verkehrsgesellschaft, der darin seine Besonderheit hatte, dass Kommunisten und Nationalsozialisten ihn im Kampf gegen Regierung und Gewerkschaften gemeinsam unterstützten. Dieses Verhalten schreckte viele Bürgerliche ab. Bei den Wahlen am 6. November 1932 verlor die NSDAP über zwei Millionen Stimmen. Ihr Anteil sank von 37,3 auf 33,1 Prozent. Aber auch die SPD fiel von 21,6 auf 20,4 Prozent. Die Kommunisten gewannen, wie die Deutschnationalen, ein wenig hinzu. Dadurch schrumpfte der Abstand zwischen den Arbeiterparteien auf nur mehr 3,5 Prozent. Wieder war die Situation so, dass die Bildung einer stabilen Regierungskoalition nicht möglich erschien und der Staatsnotstand hätte ausgerufen werden müssen. Schleicher wollte jedoch zunächst mit den Parteien verhandeln. Am 19. November 1932 empfahl ein größerer Kreis von Bankiers, Industriellen und Großgrundbesitzern dem Reichspräsidenten, Hitler die Leitung der Regierungsgeschäfte zu übertragen. Das kam einem Abrücken vom Kabinett Papen gleich. Dieser besaß nicht mehr das Vertrauen jener Kreise, dass er in der Lage sei, die Krise zu überwinden. Außerdem herrschte angesichts des kommunistischen Stimmenzuwachses blanke Angst vor einem Sowjetdeutschland, von dem die Alterspräsidentin des Reichstages, Clara Zetkin, am 30. August 1932 bei der Reichstagseröffnung geschwärmt hatte.

Die Gespräche Papens mit den Parteien – SPD und NSDAP verweigerten eine Unterredung – ergaben, dass das Zentrum und die Bayerische Volkspartei den Rücktritt des Kabinetts und eine Regierungsbeteiligung der NSDAP forderten. Doch eine schwarz-braune Koalition genügte nicht mehr für eine positive Mehrheit, und DNVP-Chef Alfred Hugenberg wies eine Kanzlerschaft Hitlers strikt zurück. Papen kam zu dem Schluss, dass ihm die Herbeiführung der nationalen Konzentration nicht möglich sei, und bot am 17. November seinen Rücktritt an, den Hindenburg umgehend akzeptierte. Allerdings bat er das Kabinett, die Geschäfte vorläufig weiterzuführen. Nach wie vor war Hindenburg nicht bereit, Hitler mit der Führung eines Präsidialkabinetts zu betrauen.

Sondierungsgespräche des Reichswehrministers Schleicher ergaben, dass die SPD weder einen Aufschub von Neuwahlen hinnehmen werde noch zu einer Tolerierungspolitik von Präsidialkabinetten bereit sei – auch nicht eines von Schleicher geführten Kabinetts. Dennoch verfügte der Reichswehrminister, der eine »Querfront« von den Gewerkschaften bis zum linken Flügel der NSDAP propagierte, über einen breiteren gesellschaftlichen Rückhalt als Papen. Hindenburg jedoch wollte Papen erneut mit der Regierungsbildung betrauen. Dieser forderte wiederum alle präsidialen Maßnahmen für ein Kampfkabinett im Falle eines eintretenden Staatsnotstandes. Ein solches Kabinett hätte sich im Falle von Unruhen nur noch auf die Reichswehr stützen können. In dieser Situation argumentierte Schleicher, dass die Reichswehr nicht in der Lage sein werde, das Reich erfolgreich gegen Kommunisten, Nationalsozialisten und eine mögliche polnische Offensive zu verteidigen. Demzufolge müsse die Verhängung des Staatsnotstandes mit den zu erwartenden Folgen unbedingt vermieden werden. Daraufhin ernannte Hindenburg am 3. Dezember 1932 Schleicher zum neuen Reichskanzler. Ein Misstrauensantrag seitens des Reichstages gegen Schleicher erfolgte zunächst nicht. Dieser hielt es im Dezember 1932 sogar für möglich, mit Hitler und dem Reichsorganisationsleiter der NSDAP, Gregor Strasser, dem er den Posten des Vizekanzlers angeboten hatte, zu einer Verständigung zu gelangen. Doch am 9. Dezember trat Strasser von allen Parteiämtern zurück – als Reaktion auf Hitlers Weigerung, Schleicher zu tolerieren.

Papen wollte indes an die Macht zurückkehren und traf sich zu diesem Zweck am 4. Januar 1933 im Hause des Kölner Bankiers Kurt Freiherr von Schröder mit Hitler. Hier vereinbarten sie ein »Duumvirat«. Papen offerierte Hitler, zwischen diesem und Hindenburg eine Brücke zu schlagen; beide wollten den Sturz Schleichers erreichen. Unter der Voraussetzung, dass Hitler bereit sei, sich in eine Koalitionsregierung zu begeben, beauftragte der Reichspräsident am 9. Januar von Papen, mit Hitler in Fühlung zu bleiben.

Der Reichslandbund, der schon am Sturz Brünings mitgewirkt hatte, griff am 11. Januar nun auch Schleicher direkt an und warf ihm vor, schlimmer könne auch ein marxistisches Regime die deutsche Landwirtschaft nicht behandeln. Daraufhin brach die Regierung die Beziehungen zum Reichslandbund ab, der Reichspräsident hielt den Kontakt aber aufrecht. Am 13. Januar machte auch der Leiter des Agrarpolitischen Apparates der NSDAP, Richard Walther Darré, gegen Schleicher mobil und warf dem »sozialen General« vor, nichts gegen die »um sich greifende Bolschewisierung des Deutschen Volkes« zu unternehmen. Am 21. Januar kündigte auch die deutschnationale Reichstagsfraktion ihre Opposition gegen Schleicher an, dessen Regierung in »sozialistisch-internationale Gedankengänge« abgleite.

Am 15. Januar 1933 fanden Wahlen in Lippe-Detmold, dem zweitkleinsten deutschen Land, statt. Mit einem ungeheuren Propagandaaufwand gelang es der NSDAP, 39,6 Prozent der Stimmen zu erringen. Dieser neuerliche Wahlerfolg hatte eine große psychologische Wirkung, denn er suggerierte, Hitler sei wieder auf dem Vormarsch. Schleicher war entschlossen, im Falle eines Misstrauensvotums durch das Parlament, das Ende Januar zusammentreten sollte, wie sein Vorgänger mit Hilfe einer Staatsnotstands-Order weiter zu regieren und die Neuwahlen für den Reichstag verfassungswidrig bis Spätherbst des Jahres 1933 hinauszuzögern. Doch es war unsicher, ob Hindenburg auch Schleicher dieselben Konditionen einräumen würde, die er seinerzeit Papen zugesagt hatte. Als Alternative zu diesem Vorgehen erörterte man im Kabinett die Nichtanerkennung eines Misstrauensvotums durch eine »»negative‹ Mehrheit« im Reichstag und die Bestätigung der Regierung durch den Reichspräsidenten, die geschäftsführend weiteramtieren könne.

Am 17. Januar trafen sich Hitler und Papen erneut – dieses Mal in der Berliner Villa des Sektkaufmanns Joachim von Ribbentrop, der kurz zuvor der NSDAP beigetreten war. Nach der gewonnenen Landtagswahl in Lippe-Detmold war Hitler noch selbstbewusster und forderte für sich nun das Amt des Reichskanzlers. Doch Hindenburg lehnte nach wie vor ab. Papen ließ nicht locker. Am 22. Januar 1933 trafen sich Hitler und Papen noch einmal bei Ribbentrop. Außer ihnen waren Oskar von Hindenburg, Hermann Göring und Wilhelm Frick bei dem Treffen zugegen. Dabei konnte Hitler den Reichspräsidenten-Sohn in einem Vieraugengespräch davon überzeugen, dass er als Reichskanzler mit Papen als Vizekanzler tragbar sei.

Tags darauf erteilte Hindenburg Schleichers Notstandsplanung eine Abfuhr. Die politischen Verhältnisse hatten sich geändert. Der so genannte Osthilfeskandal, der Missbrauch öffentlicher Mittel für die Sanierung hoch verschuldeter Rittergüter, vor allem in Ostpreußen, berührte auch den Reichspräsidenten selbst. Außerdem war öffentlich bekannt geworden, dass sein Gut Neudeck, ein Geschenk der deutschen Wirtschaft zu seinem 80. Geburtstag, auf den Namen des Sohnes Oskar eingetragen war, um diesem die Erbschaftssteuer zu ersparen. Schleicher tat nichts, um Hindenburg aus den prekären Skandalgeschichten herauszuhalten. Adlige Gutsnachbarn des greisen Reichspräsidenten drängten darum auf den Sturz Schleichers.

Auch SPD und Zentrum warnten Schleicher öffentlich davor, das staatliche Notstandsrecht zu proklamieren und den Wahltermin zu verschieben. Für sie besaß Legitimität die höchste Priorität – ein Umstand, der Hitler zugute kommen sollte und den Ernst Fraenkel als »Verfassungsfetischismus«[86] bezeichnet hat. Für beide großen Parteien erschien eine legal zustande gekommene Regierung Hitler mit parlamentarischer Mehrheit als das kleinere Übel gegenüber einer zeitweiligen Diktatur Schleicher, die durch Verfassungsbruch erkauft war. Am 29. Januar korrigierte die SPD freilich ihren Standpunkt. Jetzt sah sie richtig, dass ein Kabinett Hitler das »Sprungbrett für eine faschistische Diktatur« sei, und organisierte in Berlin eine Massenkundgebung. Aber zu diesem Zeitpunkt war es bereits zu spät.

Hindenburg wollte weiterhin Papen mit den Regierungsgeschäften beauftragen. Aber die NSDAP erklärte, dass sie einer von Papen geführten Notstandsregierung mit schärfster Opposition begegnen werde. Hierauf erklärte sich Papen bereit, Hitler die Leitung des Kabinetts zu überlassen. Am 28. Januar 1933 bat Schleicher den Reichspräsidenten nochmals um die Auflösungsorder für den Reichstag. Als Hindenburg ihm dies abschlug, erklärte Schleicher den Rücktritt seines Kabinetts. Was sollte nun geschehen?

Hitler wird Reichskanzler – Verfassungsbruch und Gleichschaltung der Gesellschaft

Nachdem es Papen gelungen war, Mitglieder der bisherigen Regierung für ein Kabinett Hitler zu gewinnen, zeigte sich auch Hindenburg bereit, seine Bedenken gegen einen Reichskanzler Hitler fallen zu lassen. Der DNVP-Vorsitzende und Medienunternehmer Hugenberg war nun – unter der Bedingung, dass er zum Wirtschafts- und Landwirtschaftsminister im Reich und in Preußen berufen werde – ebenfalls bereit, sich an der Regierung zu beteiligen. Papen sollte Vizekanzler werden und Reichskommissar für Preußen bleiben; allerdings wurde Göring sein Stellvertreter und damit zuständig für das preußische Innenministerium und für die Polizei. Hindenburg selbst wählte General Werner von Blomberg als Nachfolger Schleichers für das Amt des Reichswehrministers aus. Nachdem sich schließlich der Reichspräsident auch mit Hitlers Forderung nach Auflösung des Reichstages und Neuwahlen einverstanden erklärt hatte, konnten der neue Reichskanzler und sein Kabinett am Vormittag des 30. Januar 1933 auf die Weimarer Reichsverfassung vereidigt werden. Bis auf Wilhelm Frick, der zum Innenminister bestellt wurde, und Hermann Göring als Minister ohne Geschäftsbereich bestand das Kabinett aus Konservativen – darunter vier Ministern aus dem alten Kabinett von Papen: Außenminister Konstantin Freiherr von Neurath, Finanzminister Lutz Graf Schwerin von Krosigk, Justizminister Franz Gürtner und als Post- und Verkehrsminister Paul Freiherr von Eltz-Rübenach. Arbeitsminister Franz Seldte stand auch an der Spitze des »Stahlhelm«, einer militärisch-konservativen Organisation, die als Gegengewicht zu Hitlers SA gesehen werden konnte. Joseph Goebbels wurde Mitte März 1933 Chef des neuen »Ministeriums für Volksaufklärung und Propaganda« und gleichzeitig Göring Minister des Luftfahrtministeriums; am 10. April avancierte letzterer auch zum preußischen Ministerpräsidenten.

Sozialdemokraten und Gewerkschaften lehnten Ende Januar 1933 außerparlamentarische Aktionen ausdrücklich ab. Die Kommunisten besannen sich nun plötzlich auf eine proletarische Einheitsfront, aber für einen Generalstreik fehlten angesichts der sechs Millionen registrierten Arbeitslosen die ökonomischen Voraussetzungen. Das Zentrum wäre zu einer Koalition mit der NSDAP wohl bereit gewesen, musste Hitlers Vorschlag, die Einberufung des Reichstags ein Jahr zu vertagen, jedoch ablehnen. Damit lieferte es den Vorwand für die Notwendigkeit einer Reichstagsauflösung. Am 1. Februar erging die entsprechende Verordnung des Reichspräsidenten, am 5. März sollten Neuwahlen stattfinden. Mit seiner Legalitätstaktik war Hitler am Ziel seiner Wünsche angelangt, obwohl er nach wie vor über keine Mehrheit im Reichstag verfügte.

Hitlers Sendungsbewusstsein kumulierte in einer Art Erlösungswahn: Er wollte die Deutschen und darüber hinaus bald auch ganz Europa vom »internationalen Judentum« befreien. Dieses Stereotyp dämonisierte er zum Bösen schlechthin, das sich in der Gestalt von Liberalismus und Parlamentarismus nur unterschiedlicher Masken bediene. Sein politisches »Glaubensbekenntnis« hatte der Reichskanzler während seiner Landsberger Festungshaft 1924 in »Mein Kampf« – im ersten Teil, der zweite entstand erst im Jahr 1928 – formuliert. Beeinflusst war er von dem in der Habsburger Monarchie sehr ausgeprägten antisemitischen Milieu und von einer Reihe antisemitischer Autoren – darunter Jörg Lanz von Liebenfels.[87]

Ansonsten hatte der Nationalsozialismus mit dem italienischen Faschismus vieles gemein: die entschiedene Verurteilung von Liberalismus und Marxismus, einen übersteigerten Nationalismus, den Männlichkeits-, Gewalt- und Totenkult, die Faszination der Massenmobilisierung wie die charismatische Führerrolle.[88] Beide Bewegungen nährten die Furcht vor einer bolschewistischen Revolution und offerierten sich als »Retter« vor der roten Gefahr.

Zunächst von den radikalen Parolen abgeschreckt, befürwortete das Bürgertum bald die Ziele der nationalsozialistischen Wirtschafts- und Sozialpolitik: eine Stärkung des Mittelstandes und die »Beeignung« der Mittellosen auf dem Weg eines friedlichen Ausgleichs – also jenseits des drohenden proletarischen Klassenkampfes. Hitler nahm geschickt die in der Bevölkerung verwurzelten Heilsmythen auf; Sehnsuchtsvokabeln wie »das Reich« oder die »Volksgemeinschaft« schienen sich wieder mit Leben zu füllen. Preußische Traditionen verband er scheinbar mühelos mit großdeutschen zu einem gesamtdeutschen Erbe. Ohne Skrupel bediente er sich auch der sakralen Sprache aus dem Fundus des Christentums und stilisierte sich zum »Erlöser«, ohne diesen Anspruch je zu formulieren – im Gegenteil. Im Unterschied zu vielen seiner unmittelbaren Gefolgsleute – wie etwa der Parteiflügel um Heinrich Himmler – wies er einen religiösen Anspruch des Nationalsozialismus stets zurück. Ob es sich beim Nationalsozialismus tatsächlich um eine »totalitäre politische Religion« handelte, ist umstritten.[89] Der »Führermythos« bildete jedenfalls das entscheidende Ferment dieser »Volksgemeinschaft«. Er wurde durch Hitlers frühe Erfolge auf dem Feld der Ökonomie und in der Innen- wie der Außenpolitik begründet und verselbstständigte sich – immer wieder intermittierend verstärkt – hernach.

Zu den emotional gewichtigen nationalen Symbolhandlungen beim Übergang in die NS-Diktatur gehörten Hindenburgs Flaggenerlass vom 12. März (Schwarz-Weiß-Rot und Hakenkreuz statt Schwarz-Rot-Gold) und der »Tag von Potsdam« am 21. März anlässlich der Eröffnung des neuen Reichstags in der Potsdamer Garnisonkirche (Hindenburgs einsamer Gruftgang zum Sarg Friedrichs des Großen). Eine wichtige Symbolhandlung mit Blick auf das Selbstwertgefühl der organisierten Arbeiterschaft war auch die Entscheidung der Reichsregierung, den 1. Mai künftig als gesetzlichen »Feiertag der nationalen Arbeit« zu begehen. Tags darauf, am 2. Mai 1933, wurden die Freien Gewerkschaften entmachtet und am 10. Mai die Deutsche Arbeitsfront gegründet. Sie schloss auch die Arbeitgeberseite ein, um damit zu dokumentieren, dass in der neuen »Volksgemeinschaft« alle Klassenkämpfe ihr Ende gefunden hatten. Wenig später folgte der Agrarsektor: Der Reichslandbund ging im Juli 1933 in den neu geschaffenen Reichsnährstand über. Der Reichstagsbrand am 27. Februar 1933 gab den Nationalsozialisten einen willkommenen Anlass, elementare Grundrechte außer Kraft zu setzen, um ohne alle Rücksichten mit dem politischen Gegner abrechnen zu können. Zwar wurde die Kommunistische Partei nicht förmlich verboten, aber die Parteibüros der KPD geschlossen und alle ihre Abgeordneten und Funktionäre in Schutzhaft genommen.[90] Die sozialdemokratische Presse wurde für zwei Wochen verboten. Der Weimarer Staatsgründungspartei blieb bis zu ihrem Verbot am 21. Juni – offiziell wegen angeblich hochverräterischer Aktivitäten des SPD-Exil-Vorstandes – nur noch eine kurze Frist. In den Wochen darauf – Ende Juni bis Mitte Juli – lösten sich die bürgerlichen Parteien selbst auf – das Zentrum womöglich gegen Zugeständnisse zugunsten der römisch-katholischen Kirche (Reichskonkordat), wofür es allerdings keinen eindeutigen Beleg gibt.[91] Aufgrund des »Gesetzes gegen die Neubildung der Parteien« vom 14. Juli 1933 gab es in Deutschland fortan nur noch eine Partei: die NSDAP. Mit dem Gesetz »zur Sicherung der Einheit von Partei und Staat« vom 1. Dezember 1933 wurde schließlich festgeschrieben, dass die NSDAP »die Trägerin des deutschen Staatsgedankens und mit dem Staat unlöslich verbunden« sei.

Am 28. Februar 1933 hatte das Kabinett aufgrund des Artikels 48 der Weimarer Reichsverfassung die »Notverordnung zum Schutz von Volk und Staat« verabschiedet – faktisch die Liquidierung des Rechtsstaates. Neben Kommunisten gehörten viele bekannte Intellektuelle zu den ersten NS-Opfern. Alsbald forderte die »nationale Revolution« auch Pogromopfer (in Breslau initiierte die SA beispielsweise im März 1933 einen Pogrom gegen jüdische Akademiker und Geschäftsleute).

Aus den Reichstagswahlen vom 5. März 1933, die wegen des Terrors vor allem der SA und der Einschränkung der Pressefreiheit nur noch »halbfrei« waren, ging – bei hoher Wahlbeteiligung (88,8 Prozent) – die Regierung aus NSDAP (43,9 Prozent) und der »Kampffront Schwarz-Weiß-Rot« (DNVP und Stahlhelm, 8,0 Prozent) als Siegerin hervor. Kommunisten (12,3 Prozent) und Sozialdemokraten (18,3 Prozent) mussten starke beziehungsweise leichte Verluste hinnehmen, das Zentrum (11,2 Prozent) und die Bayerische Volkspartei (2,7 Prozent) konnten sich behaupten. Dem Wahlsieg folgte per Gesetz vom 7. April 1933 die überwiegend mit Gewalt durchgesetzte »Gleichschaltung« auf der Ebene von Ländern, Kreisen und Kommunen. In diesem Zusammenhang entstanden »wilde« Konzentrationslager, im März 1933 wurde in Dachau das erste offizielle Konzentrationslager eingerichtet. Hitler setzte elf Reichsstatthalter ein, die formal dem Reichsinnenministerium unterstanden, aber in Wirklichkeit parallele Parteiinstitutionen zum Staat darstellten. Neben dem legitimen »Normenstaat« etablierte die NSDAP so einen parteieigenen »Maßnahmenstaat«[92]. Die definitive Liquidation der Länder erfolgte dann im Januar 1934 mit dem »Gesetz über den Neuaufbau des Reiches«.

Das Gesetz zur Behebung der Not von Volk und Staat (»Ermächtigungsgesetz«) vom 23. März 1933 gab der Reichsregierung für vier Jahre das Recht, ohne parlamentarische Zustimmung Gesetze zu beschließen, die von der Reichsverfassung abwichen. Die SPD lehnte das Gesetz ab, die Sitze der Kommunisten waren annulliert worden, die kleineren bürgerlichen Parteien und vor allem das Zentrum stimmten geschlossen dafür. Die verfassungsändernde Mehrheit wurde bequem erreicht (444 Ja- gegen 94 Nein-Stimmen). Der Reichstag hatte sich selbst entmachtet.

Am 1. April 1933 inszenierte das Regime einen reichsweiten Boykott jüdischer Geschäfte, Anwalts- und Arztpraxen, der als spontane Abwehraktion und Antwort auf kritische Stimmen aus dem Ausland zur Behandlung der jüdischen Bürger in Deutschland erscheinen sollte. Es war nur der Anfang einer systematischen Verdrängung der Juden aus dem Wirtschaftsleben wie aus Kultur und Wissenschaft. Dem diente auch das »Gesetz zur Wiederherstellung des Berufsbeamtentums« vom 7. April 1933. Auf die erste antisemitische Welle folgten weitere (wie die Nürnberger Gesetze von 1935 oder der Novemberpogrom 1938). Von »Endlösung« der »Judenfrage« redete das Hauptamt des Sicherheitsdienstes (SD) seit 1938. Die »Maßnahmen« eskalierten – nach »Madagaskar-Plan«, Auswanderung, Vertreibung und Ghettoisierung – bis zum systematischen Völkermord (seit 1941).

Nach der »Machtübernahme« Hitlers begann der Exodus der Intellektuellen. Hunderte der aus dem Staatsdienst entlassenen Hochschullehrer emigrierten. Missliebige Universitätsleitungen wurden abgelöst und durch regimefreundliche ersetzt. Am 20. April, dem Geburtstag Hitlers, wurde Martin Heidegger zum Rektor der Freiburger Universität gewählt, am 10. Mai fanden in den deutschen Haupt- und Universitätsstädten öffentliche Bücherverbrennungen statt. Diese Aktion bildete den Auftakt für die Maßnahmen gegen »entartete Kunst«.

Auf der anderen Seite gab es eine überwältigende Mehrheit von Künstlern, Schriftstellern und Hochschullehrern, die bereit war, den NS-Staat zu akzeptieren. Im deutschen Protestantismus suchten die »Deutschen Christen« eine Synthese zwischen dem Nationalsozialismus und dem Christentum zu entwickeln. Nicht in der Pfarrerschaft, wohl aber an der Basis sympathisierte die Majorität der Kirchenmitglieder mit diesem Ansatz. Unter den NS-affinen Juristen nahm Carl Schmitt eine hervorgehobene Rolle ein. In seinen Schriften legitimierte er mit naturrechtlichen Argumenten die Verfassungsbrüche des Regimes. Im September 1933 errichtete Goebbels die Reichskulturkammer. Wer dieser nicht angehörte, konnte kein »Kulturschaffender« mehr sein. Auch hier funktionierte die »Gleichschaltung«.

Auf allen Ebenen fand diese organisatorische Einordnung in Stände, Kammern, in die Deutsche Arbeitsfront und in die NS-Gliederungen (SA und SS, Hitler-Jugend [HJ], NS-Frauenschaft, NS-Deutscher Studentenbund, NS-Deutscher Dozentenbund, NS-Deutscher Lehrerbund, NS-Deutscher Ärztebund, Reichsbund der Deutschen Beamten, NS-Volkswohlfahrt etc.) statt. In diesen Zirkeln konnten »wohlmeinende« Volksgenossen ungehemmt und nach Belieben kritische Geister denunzieren. Bei der »Nationalsozialisierung« des deutschen Volkes spielte auch das »Block- und Zellensystem« eine wichtige Rolle. Nach den Zielvorstellungen Robert Leys, des Leiters der Deutschen Arbeitsfront, sollte ein Block etwa vierzig bis sechzig Haushalte umfassen und der Blockwart diese ideologisch betreuen. Schon Anfang Juli 1933 erklärte Hitler vor Reichsstatthaltern, dass die »Revolution« beendet sei: »Die Partei ist jetzt der Staat geworden.« Jetzt sollte die evolutionäre Phase der Machtkonsolidierung beginnen.

Ein Jahr nach der »Machtergreifung« wurde ein verfassungsänderndes Gesetz erlassen, das die Volksvertretungen der Länder aufhob und deren Hoheitsrechte auf das Reich übertrug.[93] Die Länderregierungen unterstanden nun der Reichsregierung, die Reichsstatthalter der Dienstaufsicht des Reichsinnenministeriums. Diese Regelung führte immer wieder zu Kompetenzstreitigkeiten zwischen Reichsinnenminister Frick und den Reichsstatthaltern. Die hier exemplarisch aufscheinende, in den letzten Jahren wiederholt thematisierte »Polykratie« des NS-Staates zeigte sich vielfach und lenkte die Blickrichtung der um Einfluss Buhlenden immer wieder auf den monokratisch integrierenden, charismatischen »Führer«, dessen Schiedsrichterrolle aufgrund seiner Alleininhaberschaft der Macht damit bestärkt wurde.

Doch die Machtvollkommenheit dieses »Führerabsolutismus« war durch »alte Kämpfer« wie den SA-Führer Ernst Röhm gefährdet. Ihnen gefiel die rasche Etablierung und die staatstragende Pose der neuen NS-Elite nicht. Sie verweigerten sich der evolutionären Phase der Machtkonsolidierung und drängten auf eine Fortführung der »Revolution«. Auch bei der Entwicklung in Sowjetrussland haben wir bereits dieses Phänomen einer »zweiten Revolution« kennengelernt.[94] Nach Röhms Willen sollte die SA den Kern der künftigen Wehrmacht bilden, die alte Reichswehr dagegen die Funktion eines reinen Ausbildungsheeres übernehmen. Diese Rolle mochte Reichswehrminister Blomberg nicht akzeptieren; Hitler stellte sich in dem Konflikt auf die Seite der Reichswehr, indem er am 28. Februar 1934 erklärte, die Reichswehr müsse »der einzige Waffenträger der Nation« sein. Er wusste, dass die braunen Schlägerhorden ein permanentes Unruhepotenzial in der Bevölkerung darstellten und mit ihnen eine militärische Auseinandersetzung nicht zu gewinnen war. Aber er zögerte, daraus die Konsequenzen zu ziehen. Einzelne Zusammenstöße zwischen SA und Reichswehr ließen indes den Eindruck von Führungsschwäche auf Seiten des Reichskanzlers aufkommen – ein Signal für die Konservativen um Vizekanzler Franz von Papen, auf die Wiedererrichtung der Monarchie hinzuarbeiten. Eine Rede von Papens am 17. Juni 1934 an der Universität Marburg, verfasst von dem Publizisten Edgar Julius Jung, bekräftigte den Führungs- und Gestaltungsanspruch dieser Kreise. Hier war von abendländischen Werten wie Menschlichkeit, Freiheit und Gleichheit die Rede und von dem »widernatürlichen Totalitätsanspruch« in Glaubensfragen auf Seiten der Partei und des Staates. Außerdem erteilte Papen den Röhmschen Revolutionswünschen eine klare Absage.

Hitler fühlte sich von den dauerrevolutionären Nationalsozialisten wie von den katholisch-monarchistischen »Reichs«-Reaktionären nun in die Zange genommen und entledigte sich in einem Akt ungeheurer Brutalität beider Opponenten. Gestützt auf die Reichswehr und die SS ließ er am 30. Juni 1934 fünfzig hohe SA-Führer verhaften und erschießen, weil sie angeblich einen »Putsch« geplant hatten. Gleichzeitig nutzte er die Gelegenheit zur Liquidation von fünfunddreißig politischen Gegnern aus dem konservativen Lager – darunter Gustav Ritter von Kahr, Erich Klausener, Herbert von Bose, Edgar Jung, Ex-Reichskanzler Kurt von Schleicher und Hitlers ehemaliger Mitkämpfer Gregor Strasser. Papen erhielt zunächst Hausarrest, schied am 7. August aus dem Amt des Vizekanzlers aus und ging als Sonderbotschafter nach Wien, um dort für das Reich – nach dem nationalsozialistischen Umsturzversuch vom 25. Juli und der Ermordung von Bundeskanzler Engelbert Dollfuß – wieder diplomatisch Boden zu gewinnen.

Hitler ließ in einem Gesetz die Morde als »Staatsnotwehr« und für »rechtens« erklären. Staatsrechtler Carl Schmitt verlieh dem Gewaltakt zusätzlich rechtstheoretische Legitimität, indem er schrieb: »Der Führer schützt das Recht vor dem schlimmsten Missbrauch, wenn er im Augenblick der Gefahr kraft seines Führertums als Oberster Gerichtsherr unmittelbar Recht schafft. [...] Der wahre Führer ist immer auch Richter. [...] In Wahrheit war die Tat des Führers echte Gerichtsbarkeit. Sie untersteht nicht der Justiz, sondern ist selbst höchste Justiz.« Am 2. Juli 1934 gratulierte der im Sterben liegende Hindenburg Hitler wunschgemäß zu seinem »entschlossene[n] Zugreifen«.

Die SS, bis dahin der SA formell angegliedert, wurde am 20. Juli 1934 zur selbstständigen Organisation und im Rahmen der NSDAP »persönlich und unmittelbar« Hitler unterstellt. SS-Führer Heinrich Himmler, seit April 1934 auch Inspekteur der Geheimen Staatspolizei (Gestapo), erfuhr dadurch einen weiteren Machtzuwachs und konnte seine Organisation zum zentralen Exekutivinstrument der NS-Bewegung ausbauen.

Am 2. August 1934 starb Reichspräsident Paul von Hindenburg. Dessen »letzten Wunsch«, die Wiederherstellung der Hohenzollern-Monarchie, ließ Hitler nicht veröffentlichen, wohl aber das allerdings nicht authentische »Testament« des Reichspräsidenten, in dem er den ehemals gering geschätzten »böhmischen Gefreiten« als »meinen Kanzler Adolf Hitler« rühmte. Schon am 1. August hatte die Reichsregierung die Vereinigung der Ämter des Reichspräsidenten und des Reichskanzlers beschlossen; gleichzeitig kündigte Blomberg die Vereidigung der Wehrmachtsoldaten auf den »Führer und Reichskanzler« an. Damit war die »Machtergreifung« auch institutionell vollendet. »Die persönliche Machtfülle Hitlers hatte am 2. August 1934 ein Ausmaß erreicht, wie es das seit der Zeit des Absolutismus nicht mehr gegeben hatte.«[95] 84 Prozent der Stimmberechtigten hießen in einem Plebiszit am 19. Au-

gust 1934 die Fusion der beiden Staatsämter für gut. Damit war die
»Machtergreifung« definitiv abgeschlossen.

Aggressive Weltmachtpolitik, Rassismus und Annexionen

Neben der inneren Konsolidierung galt außenpolitisch in den folgenden Jahren als vorrangiges Ziel der nationalsozialistischen Diktatur,
nach einer Weltmachtposition auf rassistischer Grundlage zu streben.
Darüber hinaus gehörte es zum biologistischen Ziel der neu formierten
»arischen Volksgemeinschaft«, sich Lebensraum im Osten zu erkämpfen. Mit der Revision des Versailler Vertragssystems, der militärischen
Aufrüstung und den Annexionen bis 1938 schien Hitler sich jedoch zunächst ganz in den traditionellen Bahnen deutscher Außenpolitik seit
1919 zu bewegen. Dies und seine immerwährenden Friedensbekundun-
gen täuschten das Ausland lange Zeit über Hitlers wahre Pläne. Wegen
der militärischen Schwäche Deutschlands – seit 1933 liefen allerdings
massive Aufrüstungsprogramme, wobei die intensivste Rüstungsleis-
tung die Luftwaffe betraf – verhielt sich Hitler anfangs opportunistisch.
Als Polen an der deutsch-polnischen Grenze Truppen konzentrierte
und antideutsche Demonstrationen im östlichen Nachbarland stattfanden, reagierte die NS-Regierung am 3. Mai 1933 mit der Versicherung,
dass man sich streng an die bestehenden Verträge halten werde. Zwei
Tage später ratifizierte das »Dritte Reich« den schon von der Regierung
Brüning verlängerten Berliner Vertrag mit der Sowjetunion. Am
17. Mai 1933 erklärte Hitler in seiner so genannten Friedensrede:
»Franzosen, Polen [...] sind unsere Nachbarvölker, und wir wissen, dass
kein geschichtlich denkbarer Vorgang diese Wirklichkeit ändern könnte. [...] Das deutsche Volk wird bleiben genauso wie das französische
und – wie uns durch die geschichtliche Entwicklung gelehrt wurde –
das polnische!«
   Am 15. Juli 1933 unterzeichnete Deutschland in Rom den Vierer-
pakt mit Frankreich, Großbritannien und Italien. Als sich die Abrüstungskonferenz im Oktober 1933 ablehnend gegenüber der deutschen
Forderung nach Rüstungsgleichberechtigung verhielt, entschied sich
Hitler, diese sowie den Völkerbund zu verlassen. Gleichzeitig bekräftigte er aber am 14. Oktober erneut die Friedensbereitschaft des Deutschen Reiches mit den Nachbarn. Dies wurde durch die Unterzeichnung des Nichtangriffsabkommens mit Polen am 26. Januar 1934

scheinbar dokumentiert. Außenpolitisch schuf Hitler mit der »Dienststelle Ribbentrop« und dem »Amt Rosenberg« Parallelstrukturen zum Auswärtigen Amt, bis Joachim von Ribbentrop im Februar 1938 Neurath als Außenminister ablöste. Ein Triumph für das Regime war die Wiedereingliederung des Saarlandes in das Deutsche Reich. Bei der Volksabstimmung vom 13. Januar 1935 sprachen sich über 90 Prozent der Saarländer für eine Vereinigung mit dem Reich aus. Unter Missachtung des Versailler Vertrages wurde die darin verbotene Luftwaffe am 14. März 1935 zu einem Teil der Reichswehr, die nun »Wehrmacht« hieß. Als die französische Nationalversammlung am 15. März die Militärdienstzeit von einem auf zwei Jahre erhöhte, nutzte Hitler dies zur Wiedereinführung der allgemeinen Wehrpflicht. Die Locarno-Garanten und auch der Völkerbund protestierten gegen den deutschen Vertragsbruch, ohne daraus freilich irgendwelche Konsequenzen zu ziehen – im Gegenteil. Trotz des deutschen Verhaltens verhandelte Großbritannien, das bis Frühjahr 1939 eine klare Appeasementpolitik verfolgte, mit dem Reich über ein deutsch-britisches Flottenabkommen, das eine deutsche Selbstbeschränkung auf 35 Prozent (bei Kriegsschiffen) beziehungsweise 45 Prozent (bei U-Booten) der britischen Kapazitäten beinhaltete. Mit dem am 18. Juni 1935 erfolgreich abgeschlossenen Notenwechsel war auch dem Spirituosenhändler Ribbentrop ein beachtlicher diplomatischer Erfolg gelungen. Nicht zuletzt dokumentierte das Abkommen, dass Versailles endgültig zur Makulatur geworden war. Der nächste Coup, die konfliktlose Besetzung des entmilitarisierten Rheinlandes durch deutsche Truppen am 7. März 1936 – ebenfalls unter Bruch des Versailler Vertrages und des Locarno-Paktes –, festigte in den Augen der Deutschen den Ruf Hitlers als unbezwingbarer »Führer«. Bei seinen Vertragsbrüchen kamen Hitler zwei internationale Konflikte zustatten, aufgrund derer das deutsche Vorgehen nivelliert wurde: der Abessinienkrieg Mussolinis und der Spanische Bürgerkrieg. Ende Juli 1936 entschloss sich der »Führer« aus einer Reihe von Gründen, Franco zu unterstützen. Die ideologische Seite der Auseinandersetzung – das durch die »jüdisch-bolschewistische« Gefahr bedrohte Europa – spielte wohl eine tragende Rolle.

Zum Jahresbeginn 1938 kam es infolge des Sturzes von Kriegsminister Blomberg und General Werner von Fritsch zur »Gleichschaltung« der Wehrmacht als der letzten deutschen Institution, die sich trotz deutlicher Annäherung an das Regime noch eine eigenständige Position be-

wahrt hatte und potenziell gegen den NS-Staat hätte opponieren können. Der sechzigjährige Blomberg heiratete eine junge Frau, von der
nach der Hochzeit bekannt wurde, dass sie früher als Prostituierte gearbeitet hatte. Da er eine Trennung verweigerte, musste er, dem damaligen Ehrenkodex folgend, zurücktreten und erhielt am 27. Januar 1938
seinen Abschied. Obwohl ohne Ambitionen, besaß der Oberbefehlshaber des Heeres, Werner von Fritsch, die größten Chancen auf die Nachfolge Blombergs. Da es aber auch unter den NS-Größen Interesse an
der Position gab, fiel Fritsch einer Intrige zum Opfer. Eine Jahre zu-
rückliegende Verleumdung wegen homosexueller Verfehlungen wurde
durch einen fingierten Zeugen erhärtet; Fritsch trat zurück und wurde
am 4. Februar entlassen. Hitler verzichtete auf das Amt des Kriegsmi-
nisters und übernahm den Oberbefehl über die Wehrmacht selbst und
zog damit die Verfügungsmacht über die Armee unmittelbar an sich.
Im Zuge der Blomberg-Fritsch-Krise entließ er zwölf weitere Generäle
und modifizierte über fünfzig weitere Positionen.

Kurz darauf, am 12. Februar 1938, zwang Hitler den österreichischen Bundeskanzler Kurt von Schuschnigg, ein Abkommen zu unterzeichnen, das den bis dahin souveränen Staat zu einem bloßen Satelliten des Reiches machte. Die österreichischen Nationalsozialisten
sollten an der Regierung beteiligt und ihr Vorsitzender, Arthur Seyß-
Inquart, sollte zum Innenminister ernannt werden. Als Schuschnigg
seinerseits in die Offensive ging und am 9. März eine Volksabstimmung
über Österreichs Zukunft ankündigte, setzte ihn Hitler unter so massiven Druck, dass er das Referendum aussetzte. Außerdem forderte er
von Schuschnigg, sein Amt zugunsten von Seyß-Inquart freizugeben.
Nachdem sich sein Hilfersuchen an die Westmächte als vergeblich erwiesen hatte, trat Schuschnigg am 11. März zurück. Als der österreichische Bundespräsident Wilhelm Miklas sich zunächst weigerte, Seyß-Inquart zum österreichischen Bundeskanzler zu ernennen, erteilte Hitler
der Wehrmacht den Befehl zum Einmarsch. Die deutschen Truppen
wurden mit großem Jubel empfangen – ein Umstand, der den raschen
»Anschluss« erleichterte.

In der so genannten »Sudetenkrise« spielte Hitler die völkisch-natio-
nalistische Karte aus, wonach alle Deutschen in einem Staat zu vereinigen seien. Er veranlasste den Führer der Sudetendeutschen Partei,
Konrad Henlein, den ethnischen Konflikt zu schüren, indem er Forderungen stellen sollte, die für die tschechoslowakische Regierung »un-

annehmbar« waren. Nach vorbereitenden Gesprächen zwischen Hitler und dem britischen Premierminister Chamberlain trafen diese am 29. September 1938 in München mit dem französischen Premierminister Edouard Daladier und Benito Mussolini zusammen, um eine Vereinbarung zu beschließen, wonach die Tschechoslowakei bis 10. Oktober die sudetendeutschen Gebiete räumen musste. Am 13. März 1939 konnte der deutsche Diktator den slowakischen Ministerpräsidenten Jozef Tiso von der Notwendigkeit überzeugen, dass die Slowakei tags darauf ihre Unabhängigkeit erklären möge. An diesem 14. März forderte er den tschechoslowakischen Staatspräsidenten Emil Hácha und dessen Außenminister František Chvalkovský ultimativ auf, ein »Schutzverhältnis« des Deutschen Reiches gegenüber ihrem Staat zu akzeptieren. Noch in der Nacht vom 14. auf den 15. März rückten deutsche Truppen in Böhmen und Mähren ein. Kurz darauf, am 23. März, gab Litauen auf Ribbentrops Aufforderung hin das Memelgebiet an Deutschland zurück, um ein ähnliches Schicksal zu vermeiden.

Als Reaktion auf diese Gewaltakte legte Chamberlain am 31. März 1939 im britischen Unterhaus eine Garantieerklärung für die »polnische Unabhängigkeit« ab und gab am 6. April den Polen ein Beistandsversprechen. Davon unberührt, reagierte Hitler auf die Botschaft des amerikanischen Präsidenten Franklin D. Roosevelt, in der dieser außenpolitische Friedenszusicherungen verlangt hatte, mit der Aufkündigung des deutsch-polnischen Nichtangriffspakts vom Januar 1934. Als letzte Vorbereitung für den Krieg ist der Hitler-Stalin-Pakt vom 22. August zu sehen, mit dessen geheimem Zusatzprotokoll die beiden Diktatoren Ostmitteleuropa unter sich aufteilten.[96] Für beide Seiten kam dieses Bündnis einem ideologischen Salto mortale gleich, der sich gegenüber kommunistischen beziehungsweise faschistischen Verbündeten sowie der eigenen Gefolgschaft nur schwer begründen ließ.

In den Augen der Bevölkerung hatten der Nationalsozialismus und sein »Führer« Deutschland während der ersten sechs Jahre zu Triumphen geführt, die – gemessen an der Ausgangssituation – wahren Wundern glichen. Die Menschen waren euphorisiert und fasziniert von der »neuen Ordnung«, die das Land wieder an die Spitze geführt und ihnen persönlich Sicherheit und Wohlstand gebracht hatte. Die Löhne und Renten stiegen, die Arbeitslosigkeit wurde zurückgedrängt. So stabilisierte die NS-Führung ihre Macht im Inneren. Über die dramatischen Folgen der NS-Wirtschaftspolitik, die der mittelfristigen Kriegsvorbereitung diente und die künftige Zurückzahlung der Defizit-Finanzierung durch eine Ausbeutung der unterworfenen Völker einplante, machte man sich kaum Gedanken. Auch dass die rassistisch motivierte Volkstumsideologie für ethnische Minderheiten eine Katastrophe bedeuten musste, wurde verdrängt, denn die massenhafte Beschlagnahme jüdischen Vermögens seit dem Novemberpogrom 1938 – ebenso wie die »Bußzahlung« von einer Milliarde Reichsmark – kam der »arischen« Mehrheit zugute. Nach den »Blitzkriegen« wurde dieses System der Ausplünderung auf das besetzte Europa übertragen. Davon profitierten nicht nur das Regime und die deutsche Kriegsmaschinerie, sondern eben auch Millionen ganz gewöhnlicher Deutscher, die als Soldaten und Besatzer wichtige Güter und Luxusartikel nach Deutschland brachten, oder jene, die »Sonderzuteilungen« erhielten. Bis 1944 konnten die Deutschen so ihren Lebensstandard halten oder sogar erhöhen. Sie waren ein Volk von Nutznießern der Hitlerschen Verbrechen, welche nur zu rechtfertigen waren, wenn sie die rassistische Ideologie als ihre Grundlage anerkannten.[97] Unverblümt sprachen die Naziführer über die Ausrottung der jüdischen Rasse und nahmen damit die Bevölkerung in Mithaftung – auch wenn sie den Massenmord selbst als Staatsgeheimnis behandelten. Das Wissen vom Holocaust war deutsches Allgemeingut und wurde in dem Maße verdrängt wie klar wurde, dass nach dem verlorenen Krieg bedrohliche Konsequenzen auf die Deutschen zukommen würden.[98] Götz Aly hat das NS-System eine »Gefälligkeitsdiktatur« genannt und Hitler einen »Stimmungspolitiker«[99]. Letzteres war Mussolini auch, aber ihm gelang es nicht, seinem Volk die Opfer, die es bringen musste, materiell zu vergolden. Darin liegt vielleicht der wichtigste Unterschied zwischen der deutschen Diktatur auf der einen und der sowjetischen und der italienischen Diktatur auf der anderen Seite. Die beiden letztgenannten Regimes waren nicht in der Lage, ihr System für das breite Volk dauerhaft ökonomisch attraktiv zu gestalten.

Der »total« geführte Krieg

Auch nach Kriegsbeginn – dem Überfall auf Polen am 1. September 1939 –, der von der Bevölkerung eher zurückhaltend aufgenommen wurde, schien Hitlers Erfolg nicht zu enden, sondern vielmehr neuen Höhepunkten zuzustreben. Der »Weltanschauungs-, Volks- und Rassenkrieg«, von dem Hitler im Februar 1939 vor Truppenkommandeuren gesprochen hatte, schien die Überlegenheit der deutschen »Volksgemeinschaft« vollauf zu bestätigen: In wenigen Wochen war Polen besiegt, im April 1940 folgten die neutralen Länder Dänemark und Norwegen, im Mai die Niederlande, Belgien und Luxemburg, Ende Juni kapitulierte Frankreich. Der »Führer«, so schien es, hatte die »Schmach« von 1918 ausgelöscht, die deutsche Niederlage in einen triumphalen Sieg verwandelt. Die Begeisterung, das »gläubige Vertrauen« in Hitler kannte nun keine Grenzen mehr, und selbst seine ehemaligen Kritiker fielen in den allgemeinen Jubel ein.

Auch Hitlers Größenphantasien wuchsen jetzt ins Grenzenlose. Goebbels zufolge wollte er Ende 1939 den Frieden von Münster und Osnabrück von 1648 annullieren, das Heilige Römische Reich wieder errichten und eine dauerhafte Vorherrschaft über den Kontinent etablieren. In der allgemeinen Euphorie geriet aus dem Blickfeld, dass Großbritannien, der zu diesem Zeitpunkt bedeutendste Kriegsgegner, sich als unbezwinglich erwies und durch amerikanische Hilfslieferungen immer stärker wurde. Daran konnte auch ein antibritischer »Kontinentalblock« – bestehend aus Ungarn, Rumänien, der Slowakei und Bulgarien –, der dem Antikominternpakt (Deutschland, Italien und Japan) beitrat, nichts ändern.

Mit dem Krieg ging der völlige Zivilisationsbruch einher. Im Reich machte man sich skrupellos an die »Vernichtung lebensunwerten Lebens« und griff zu »Euthanasie«-Maßnahmen. In den eroberten Gebieten wüteten Einsatzgruppen der SS, die nicht nur massenweise Juden, sondern auch die einheimische Intelligenz vernichteten. Aus den annektierten Territorien wurden ca. 88.000 Polen deportiert, um deutschen Siedlern »Lebensraum« zu schaffen. Die polnische Bevölkerung wurde als rassisch minderwertig eingestuft; sie sollte kaum Schulbildung erhalten, sondern als »führerloses Arbeitsvolk« im Dienst der Deutschen ihr Leben fristen. In Vorbereitung des Krieges gegen die Sowjetunion im Frühjahr 1941 formulierte Hitler seinen berüchtigten »Kommissarbefehl«, wonach politische Hoheitsträger und Leiter des kommunistischen Systems, ja, die ganze Intelligenz, zu liquidieren waren.

Im Unterschied zur Kriegführung im Westen kam in der militärischen Auseinandersetzung mit den Völkern Ostmitteleuropas der brutale Weltanschauungskampf voll zum Tragen – er wurde von Anfang an als chiliastischer »Endkampf« zwischen zwei Prinzipien und Rassen stilisiert. Von daher war es kein Zufall, dass mit dem »Russlandfeldzug« auch die nationalsozialistische Vernichtungspolitik gegen die Juden in ihr letztes Stadium trat. An den Massenhinrichtungen waren häufig einheimische Antikommunisten, aber auch Soldaten der Wehrmacht beteiligt. In allen Satellitenstaaten des Reichs fanden sich bereitwillige Kollaborateure für die bald beginnenden Deportationen. Vom 1. September 1941 an mussten Juden auch in Deutschland den gelben Stern tragen, seit Oktober 1941 wurden sie aus dem Reichsgebiet in den Osten deportiert. Die Kriegserklärung an die USA am 7. Dezember 1941 beendete die letzten Reste taktischer Zurückhaltung und setzte das Fanal für die Liquidation des europäischen Judentums. Auf der so genannten »Wannseekonferenz« am 20. Januar 1942 wurde von hochrangigen Vertretern aus dem Partei- und Staatsapparat die »Endlösung der Judenfrage« besprochen und abgestimmt. Anfang Dezember 1941 begann die systematische Massentötung durch Vergasung in den eigens hierfür eingerichteten Vernichtungslagern. Nach allem, was wir wissen, hat es einen »Befehlsnotstand« bei der Judenvernichtung nicht gegeben. Die Mordaktionen entsprachen den Intentionen der NS-Führung, besaßen aber, im Blick auf die kritische Versorgungslage, auch funktionale Aspekte.

Wegen der Schwäche des italienischen Partners hatte sich der Angriff auf die UdSSR verzögert, Hitlers Armeen mussten zunächst Jugoslawien und Griechenland erobern.[100] Als am 22. Juni 1941 der Krieg gegen die UdSSR schließlich begann, hatte Hitler durch den »Blitzkrieg« auf dem Balkan bereits viel Zeit verloren. Der frühzeitig einsetzende Winter vereitelte die Eroberung Moskaus und den gewohnt raschen Sieg. Unter den Ersten, die den Überfall auf die UdSSR positiv kommentierten, waren die großen Kirchen. Sie begrüßten den »Kreuzzug« gegen den »Todfeind aller abendländisch-christlichen Kultur«, ohne damit freilich ein Bekenntnis zum Nationalsozialismus zu verbinden. In Einzelfällen, wie dem des Münsteraner Bischofs Clemens August von Galen, war die Rechtfertigung des Russlandkrieges sogar mit einer scharfen Kritik am Nationalsozialismus, insbesondere an der Tötung von Geisteskranken, verknüpft. Gegen den Mord an den Juden gab es aus den Reihen der Kirchen nur ganz vereinzelte Proteste.

Organisierten Widerstand gegen die NS-Herrschaft gab es von den Kommunisten bis zu den Deutschnationalen, ohne dass diese Kreise

nach 1938 mit einem beachtlichen Rückhalt in der Bevölkerung hätten
rechnen können. Das fehlgeschlagene Attentat auf Hitler am 20. Juli
1944 bildete – neben den Aktionen der oppositionellen Studentengrup-
pe »Weiße Rose« – den Höhepunkt der Widerstandsaktivitäten. Obwohl einige der Beteiligten bei ihrem Prozess vor dem Volksgerichtshof
unter anderem die Massenmorde des Regimes zur Sprache brachten,
blieben – Stimmungsberichten zufolge – die meisten Deutschen empört
über den Anschlag auf den »Führer«. Auch die empfindlichen militärischen Rückschläge seit Herbst 1942 hatten seinen Mythos noch nicht
wirklich erschüttern können. Dennoch hatten sich die Widerständler
des 20. Juli – etwa zweihundert wurden hingerichtet, darunter auch
Theologen – nicht umsonst geopfert: Sie bezeugten mit ihrem Tun der
Welt ein anderes, ein besseres Deutschland. Als Hitler am 30. April
1945 Selbstmord beging, war der Glaube an das Charisma des »Führers« unter dem Eindruck der Katastrophe schon erloschen. Sobald die
Alliierten sich einer Region näherten, suchten die Deutschen sich der
Symbole des »Dritten Reiches«, an das sie mehrheitlich so lange ge-
glaubt hatten, so rasch wie möglich zu entledigen. Viele fühlten sich
nur noch als »Mitläufer«.

2.7 Die »Republik (Deutsch-)Österreich«, der austrofaschistische
Ständestaat und der »Anschluss« an das Reich

Probleme des deutschsprachigen Reststaates

Am 12. November 1918 wurde im Wiener Parlament die Republik
»Deutsch-Österreich« ausgerufen, während draußen die Roten Garden
versuchten, das Gebäude zu stürmen. Die rot-weiß-rote Fahne wurde
heruntergerissen und eine rote gehisst – das Symbol für eine Räterepublik nach sowjetischem Vorbild. Auf der anderen Seite hatte der
Kaiser noch nicht abgedankt – bis in die 1960er Jahre hielt die Habsburger Dynastie an ihrem vermeintlichen Herrschaftsrecht fest –, und
die Grenzen des neuen Staates waren, ähnlich wie im Falle Ungarns,
noch völlig ungewiss. Im April 1919 putschten, allerdings erfolglos, die
Kommunisten, um den Weg des Landes in ihrem Sinne zu entscheiden. Als man die Republik ausrief, hatte man keinen unabhängigen
Staat im Sinne, sondern den Zusammenschluss aller von Deutschen
bewohnten Gebiete der vormaligen Doppelmonarchie – mit dem Ziel

einer Vereinigung dieses Territoriums mit dem Deutschen Reich. Diese Lösung befürworteten, nicht zuletzt aus ökonomischen Gründen, auch die in Österreich stets gemäßigten Sozialdemokraten, weil sie in großen Wirtschaftsräumen dachten, während sich die Christsozialen über den Gedanken eines Anschlusses an das »rote Deutschland« nicht gerade begeistert zeigten.

Die Sozialdemokraten gingen aus den Wahlen im Februar 1919, an denen erstmals auch Frauen teilnehmen durften, mit 72 Abgeordneten als die stärkste Partei hervor, gefolgt von den Christlichsozialen (69 Abgeordnete) und den Großdeutschen (26 Abgeordnete). Die große Koalition unter dem Sozialdemokraten Karl Renner sorgte dafür, dass der ehemalige Kaiser Karl I. ins Schweizer Exil ging und seine nicht im Privatbesitz befindlichen Güter konfisziert wurden. Ähnlich wie im Nachbarland Ungarn konnte die Regierung bei den Friedensverhandlungen in St. Germain den Grundsatz des »Selbstbestimmungsrechts der Völker« aber nicht durchsetzen. Der deutschsprachige Rand Böhmens ging an die »Siegermacht« Tschechoslowakei, Südtirol bis zum Brenner sowie das Kanaltal an Italien. Die Südsteiermark musste an das spätere Jugoslawien abgetreten werden. Kärnten wurde zu weiten Teilen – darunter im April 1919 die Hauptstadt Klagenfurt – von slowenischen Truppen eingenommen; doch die von der Entente angeordnete Volksabstimmung vom 10. Oktober 1920 brachte das Land zu Österreich zurück. Das zwischen Österreich und Ungarn strittige Burgenland gelangte ebenfalls an die »Österreichische Republik«, wie sie nach dem Verbot des Zusammenschlusses mit Deutschland (in den Verträgen von St. Germain und Versailles) hieß. Das Land Vorarlberg, alemannisch besiedelt und wirtschaftlich wie kulturell immer der Schweiz zugewandt, verblieb bei Österreich, obwohl die Vorarlberger sich bei einer Volksabstimmung im Mai 1919 mehrheitlich für den Anschluss an die Schweiz ausgesprochen hatten.

Das bei Folgeverträgen immer wieder erneuerte Verbot des Anschlusses an das Deutsche Reich führte das agrarisch dominierte Land in eine schwere Krise. Da die Wirtschaftsbalance innerhalb der Habsburger Doppelmonarchie zerstört und der Wirtschaftsraum aufgelöst war, verblieben dem deutschsprachigen Reststaat erhebliche Lasten. Österreich hatte 12 Prozent des Bevölkerungsanteils der alten Monarchie, aber einen prozentual weit geringeren Anteil an Industrie (zum Beispiel nur 0,5 Prozent der Kohleförderung) und Landwirtschaft.

Aber immerhin waren rund 30 Prozent der industriellen Kapazität hier
angesiedelt. In der für das kleine Land überdimensionierten Hauptstadt, dem »Wasserkopf« Wien, wimmelte es von ehemaligen kaiserlichen Beamten, die man versorgen musste. (Andererseits wird betont,
Wien sei das Finanzzentrum des Habsburger Reiches gewesen und immer noch sehr reich.[101]) In den Wintern 1918/19 und 1919/20 erschütterten Hungersnot und Inflation das Land. Ignaz Seipel, Prälat und
Universitätsprofessor für Moraltheologie in Salzburg, war der Obmann
der Christlichsozialen. Er lenkte die dringend notwendige Sanierungs-
politik des Staates in eine andere Richtung, als die Sozialdemokraten
es wünschten. Während diese eine stärkere Besteuerung der Reichen

durchsetzen wollten, zog Seipel es vor, Kredite aus dem Ausland in Anspruch zu nehmen. Die große Koalition aus Christlichsozialen und Sozialdemokraten verabschiedete noch die Verfassung; dann zerbrach sie. Das Ergebnis der Neuwahlen ermöglichte den Christlichsozialen und Großdeutschen (Deutschnationaler Landbund) die Regierungsbildung mit einer klaren Mehrheit. Nach einem einjährigen Intermezzo von Johannes Schober als Kanzler übernahm Seipel im Mai 1922 die Regierung. Im Vertrag von Lana (Lany) 1921 gewährte die Tschechoslowakei, gegen die abermalige Zusicherung eines Anschluss-Verzichts, Österreich einen hohen Aufbaukredit. Eine weitere Anleihe über 650 Millionen Gold-Kronen erhielt Österreich vom Völkerbund als Ergebnis der Genfer Protokolle vom 4. Oktober 1922 und konnte so – bis 1926 unter der Staatsfinanz-Aufsicht des Völkerbundes – seinen Staatshaushalt sanieren. Nachdem 1925 die Inflation unter Kontrolle gebracht worden war, wurde die »harte« Schilling-Währung eingeführt (»Seipel-Sanierung«). Ohne den »Anschluss« weiter zu verfolgen, wurde auf den Gebieten Verkehr, Kultur und Recht eine praktische Angleichungspolitik zwischen Deutschland und Österreich betrieben. Flankierend zu den Krediten setzte das Land einige unpopuläre Maßnahmen im innenpolitischen Bereich durch – so die Entlassung eigentlich unkündbarer Beamter, um die aufgeblähte Verwaltung auf die Dimension eines Kleinstaates zurückzuschneiden. Freilich drohten nun andere Probleme. Im Schatten der politischen Kontroversen – Anschlussdebatte, Abbau der Beamten, Fragen des Mieterschutzes – kam es zu einer wachsenden Polarität zwischen den beiden großen Parteien, die sich vor allem darin ausdrückte, dass beide Seiten den Aufbau von privaten Parteiarmeen betrieben.

Die österreichische Sozialdemokratie, die stärkste politische Kraft im Land, verfolgte zwar weiterhin den 1888/89 gewählten revisionistischen Weg, blieb aber auf dem linken Flügel (Otto Bauer, Rudolf Hilferding) nicht unbeeindruckt von der russischen Revolution und kommunistischem Gedankengut. Allerdings basierte der Austromarxismus wesentlich auf einem Neo-Kantianismus, der, ganz aufklärerisch, mit der Erziehung zu einem neuen Menschen beginnen wollte. Diese neuen Menschen sollten dann die Revolution bewerkstelligen. Lenin ging bekanntlich den umgekehrten Weg: Eine proletarische Revolution sollte eine revolutionäre Welt schaffen, von der die Menschen geprägt und verändert würden. Ihrem Ansatz entsprechend initiierte die österreichische Sozialdemokratie die Gründung einer ganzen Reihe von Bildungs-institutionen wie Volkshochschulen und Arbeiter-Büchereien, die auf eine alternative Gegenkultur zu der bürgerlich-kapitalistischen zielten. An der Spitze des Ausbildungssystems stand die Parteihochschule, an der viele bekannte Intellektuelle unterrichteten. Die Sozialdemokratie bildete das einzige Milieu, das sich von der antimodernen, extrem fort-schrittsfeindlichen katholischen Bildungswelt abhob. Außerdem ström-ten den Sozialdemokraten jüdische Intellektuelle zu, da die Linke als einzige keine antisemitischen Grundsätze in ihr Parteiprogramm aufge-nommen hatte.

Zur proletarischen Gegenkultur im sozialdemokratischen Milieu Österreichs gehörte auch eine alternative Festkultur – Arbeiterfeste, der 1. Mai, der Republikgründungstag am 12. November, der Gedenk-tag für die Revolution von 1848 am 13. März und die Geburtstage von Karl Marx (5. Mai) und Ferdinand Lassalle (11. April). Außerdem för-derte man Massensport und Körperbewusstsein, wobei besonders Teamgeist eingeübt wurde. Kollektives Bewusstsein konnten die Prole-tarierkinder auch bei den »Roten Falken« lernen, die Gegenorganisa-tion zu den Christlichen Pfadfindern. Die Emanzipation der Frau gab ihr neue Ausdrucksformen, Bubikopf-Frisuren wurden modern, knap-pere Badeanzüge und die Propagierung der Freikörperkultur. Zu den nicht realisierten politischen Forderungen der Sozialdemokratinnen ge-hörten die Legalisierung der Abtreibung und eine Scheidungsregelung ohne Einfluss der Kirche. Insgesamt blieb freilich das Frauenbild der Sozialdemokraten ambivalent. Denn neben den emanzipatorischen Anliegen propagierte man auch traditionelle Zuschreibungen wie Häus-lichkeit und Familie.

Die katholische und die sozialdemokratische Kultur prallten auch in der Frage der Feuerbestattung aufeinander. Nach der Errichtung eines Krematoriums beim Wiener Zentralfriedhof wurde die Kremation ge-radezu zu einem Bekenntnisakt. Oft auch im Freidenkerbund zusam-mengeschlossene, atheistische Sozialdemokraten ließen sich verbren-nen, treue Katholiken dagegen nicht. Unter diesen Voraussetzungen wundert es nicht, dass die Arbeiter-Begräbnisversicherung »Die Flam-me« einen enorm hohen Organisationsgrad aufwies.

Während die Christlichsozialen die Frontkämpfervereinigungen zu einer Heimwehr umbilden und auch das Berufsheer – wie die Gendar-merie und die Polizei – auf ihre Seite ziehen konnten, schuf sich die Sozialdemokratie im Republikanischen Schutzbund eine bewaffnete Partei-Formation. Sowohl die Heimwehr als auch der Schutzbund repräsentierten die jeweils radikalen Flügel der beiden Parteien.

Die Zentren der sozialdemokratischen Aktivitäten lagen in den Industriegebieten Oberösterreichs und der Steiermark sowie im »roten« Wien. Zwischen 1925 und 1934 bauten die Sozialdemokraten in der Hauptstadt fortschrittliche Wohnhausanlagen, die sich positiv von den Mietskasernen der Jahrhundertwende unterschieden und ebenfalls auf eine neue Kultur hinwiesen. Ein Kennzeichen dieser Anlagen waren Krabbelstuben und Kindergärten sowie das Fehlen von Wirtshäusern, weil die sozialdemokratische Abstinenzbewegung das Alkoholproblem in der Arbeiterschaft energisch bekämpfte. Hier blieb der Erfolg freilich ebenso bescheiden wie bei dem Versuch, das kollektive Bewusstsein etwa durch Gemeinschaftsküchen zu fördern.

Die Bildung des autoritären katholischen Ständestaates

Der Kanzler und Parteivorsitzende der Christlichsozialen, Ignaz Seipel, steuerte einen strikt antimarxistischen Kurs; er betrachtete den politischen Gegner als persönlichen Feind und suchte ihn mit wachsender Intensität zu zertrümmern. Sein Ideal war der katholische Einparteienstaat; für seine Gegner verkörperte er förmlich den klerikalen Faschismus. Das Fundament der politischen Ideologie von Ignaz Seipel bildete die christliche Soziallehre, wie sie Papst Leo XIII. 1891 in seiner Enzyklika »Rerum novarum« verkündet und Pius XI. 1931 in seiner Enzyklika »Quadragesimo anno« wieder aufgenommen hatte.[102] Die erstgenannte Enzyklika empfahl die Gründung von Vereinen »zur Hebung und Förderung der leiblichen und geistigen Lage der Arbeiter«, um sie den sozialistischen Organisationen zu entziehen. »Die Unwissenheit in Glaubenssachen, die wachsende Unkenntnis der Pflichten gegen Gott und den Nächsten soll durch geeignete Unterweisungen bekämpft werden. Man sorge für gründliche Aufklärung über die Irrtümer der Zeit und über die Trugschlüsse der Glaubensfeinde, für Belehrung und Warnung gegen die Lockmittel der Verführung.« Pius XI. nahm das vierzigjährige Gedächtnis an diese Enzyklika Leos XIII. zum Anlass, in einer eigenen Enzyklika einen gesellschaftlichen Ordnungsentwurf vorzustellen, der als Grundlage für den Aufbau eines katholischen Staates, für eine katholische Gesellschaft dienen sollte. Im Mittelpunkt dieses Konstrukts stand die »klassenfreie«, berufsständisch organisierte Gesellschaftsordnung. Unverkennbar ist der Anspruch der Kirche, Staat und Gesellschaft auf das Naturrecht und das Sittengesetz festzulegen. Danach sollen »wohlgefügte Glieder des Gesellschaftsorganismus sich bilden, also ›Stände‹, denen man nicht nach der Zugehörigkeit zur einen oder anderen Arbeitsmarktpartei, sondern nach der verschiedenen gesellschaftlichen Funktion des einzelnen angehört.«

Dieses Gedankengut, das in verschiedenen Staaten mit einer katholischen Majorität – besonders Polen, Portugal und Spanien[103] – dominant war, sollte auch das Handeln von Seipel bestimmen. Er wollte ein »christliches« Regime mit einer »Führerpersönlichkeit« an der Spitze errichten. Zur Umsetzung dieser Vorstellungen bedurfte es nur eines Vorwandes, der es erlaubte, die Mechanismen des demokratischen Verfassungsstaates außer Kraft zu setzen. Bei einer Auseinandersetzung zwischen Heimwehr und sozialdemokratischem Republikanischem Schutzbund Ende Januar 1927 im südlichen Burgenland töteten Heimwehr-Angehörige zwei Personen – einen Invaliden und ein Kind. Als das Schöffengericht die schuldigen Heimwehr-Männer freisprach, rief die sozialdemokratische *Arbeiterzeitung* zu einer Demonstration vor dem Justizpalast auf. Daraufhin kam es zu einer Arbeiter-Demonstration vor dem Justizpalast, der im Verlauf des Protests in Flammen aufging. Auf Befehl Seipels schossen Polizei und Armee auf die unbewaffneten Demonstranten. Während der Auseinandersetzungen gab es 89 Tote – darunter waren vier Polizisten.

Die blutigen Ereignisse wirkten sich ungünstig für Seipel und auch für die Kirche aus. Die antiklerikalen Empfindungen nahmen zu, es kam zu massenhaften Kirchenaustritten. Aufgrund dieser Vorfälle musste sich Seipel schließlich 1929 aus der aktiven Politik zurückziehen, hielt aber bis zu seinem Tod 1932 im Hintergrund weiterhin die Fäden in der Hand. »Sein Gedankengut bereitete den Austrofaschismus vor«[104], urteilt der österreichische Historiker Karl Vocelka und steht damit der These, in Österreich habe sich erst infolge der nationalsozialistischen Bedrohung eine »Abwehrdiktatur« gebildet, ablehnend gegenüber.[105] Bereits die Verfassungsreform von 1929 stärkte die Stellung des Bundespräsidenten zum Nachteil des Parlaments.[106]

Die Heimwehr-Bewegung – von Mussolini mit Geld und Waffen unterstützt, so dass der Einfluss des italienischen Faschismus auf diese Milizen zunahm – radikalisierte sich immer mehr und formierte sich bald zu einer eigenständigen politischen Kraft, dem Heimatblock. Im Mai 1930 formulierte dieser in seinem Korneuburger Eid ein faschistisches Programm, das die Errichtung eines Ständestaates und die Herrschaft einer Partei zum Ziel erhob. Bei den Wahlen im November 1930 erhielt der Heimatblock 9 Mandate, die Christlichsozialen 66, die Großdeutschen 19 und die Sozialdemokraten 72.

Trotz der soliden Mehrheit der Koalition brachte sie nur schwache Regierungen zuwege, und ihr drohte infolge der Weltwirtschaftskrise die durch die Seipel-Sanierung gewonnene wirtschaftliche Konsolidierung wieder zu verlieren. 1931 musste ein Putsch der steirischen Heimwehr niedergeschlagen werden; der Anführer des Aufruhrs, Walter Pfrimer, wurde zwar wegen Hochverrats angeklagt, aber freigesprochen.

Nach dem Tod Seipels im August 1932 rückte – auf dessen ideologischer Grundlage – eine neue Generation christlichsozialer Politiker nach: allen voran Engelbert Dollfuß[107] und Kurt Schuschnigg[108]. Letzterer hatte die »Ostmärkischen Sturmscharen« gegründet, die ein Gegengewicht zu den Heimwehren bilden sollten. Dollfuß, der 1932 Bundeskanzler wurde, galt als der neue starke Mann. Im selben Jahr gelang es, vom Völkerbund noch einmal einen Kredit von 300 Millionen Schilling zu erhalten (Lausanner Protokolle) und damit den wirtschaftlichen Schwierigkeiten, in denen sich das Land befand, zu begegnen. Aber auch dieser Vertrag enthielt als Bedingung das Anschlussverbot, was zu heftigen Diskussionen führte.

Als es in einer Parlamentsdebatte am 4. März 1933 wegen einer strittigen Stimme zu einer Wiederholung der gerade anstehenden Abstimmung kam, trat der sozialdemokratische Präsident des Nationalrats, Karl Renner, von seinem Amt zurück, um stimmberechtigt zu werden, was er als Präsident nicht war. Der christlichsoziale Vizepräsident und der deutschnationale dritte Präsident taten es ihm aus dem gleichen Grund nach. Dollfuß ergriff die Gelegenheit, um die vorübergehende Selbstlähmung des Parlaments zu dessen dauerhafter Ausschaltung zu nutzen, denn er fürchtete zu Recht, dass seine Partei bei den unter den gegebenen Umständen gebotenen Neuwahlen hohe Stimmenverluste würde hinnehmen müssen. Als der dritte Präsident die Gefahr erkannte und das Parlament einberief, wurden die erschienenen Abgeordneten mit Gewalt zum Verlassen des Gebäudes gezwungen. Umgehend ordnete das jetzt autoritär regierende Regime die Auflösung des sozialdemokratischen Schutzbundes an, verbot die Kommunisten und machte die Heimwehren zur Hilfspolizei. Als die sozialdemokratische Wiener Landesregierung beim Obersten Gerichtshof Klage erhob, traten dessen christlichsoziale Mitglieder zurück und machten das Gericht damit handlungsunfähig. Fortan regierten die Christlichsozialen auf der Grundlage des »kriegswirtschaftlichen Ermächtigungsgesetzes« aus der Zeit des Ersten Weltkrieges. Mit diesen Gewaltmaßnahmen hatte Dollfuß die sozialdemokratische Opposition ausgeschaltet[109] und, mit Notverordnungen und dem Standrecht regierend, einen autoritären Staat errichtet, der in der oligarchisch-elitären Maiverfassung von 1934 gipfeln sollte.

Im Juli 1933 folgte ein Verbot der NSDAP in Österreich. Viele Parteiführer gingen daraufhin nach Deutschland, bildeten dort die Österreichische Legion und sorgten auch für heftige Agitationen durch die nunmehr illegale Partei in Österreich selbst. Aus Anlass der Feierlichkeiten zum 250. Jahrestag der »Türkenbefreiung« 1683 am 11. September 1933 und des gleichzeitig stattfindenden Katholikentages erklärte Dollfuß unmissverständlich, dass er einen Ständestaat mit autoritärer Führung errichten wolle. Die Elemente seines Programms lauteten: die Herstellung einer »neuösterreichischen Identität« gegen die Anschlussbestrebungen des »Dritten Reiches« und die Schaffung eines »sozialen, christlichen, deutschen Staates Österreich auf ständischer Grundlage, unter starker, autoritärer Führung«[110]. Gleichzeitig erteilte er der parlamentarischen Demokratie eine programmatische Absage: »Das Parlament hat sich selbst ausgeschaltet, ist an seiner eigenen Demagogie und Formalistik zugrunde gegangen. [...] eine solche Volksvertretung, eine solche Führung unseres Volkes wird und darf nie wieder kommen.«[111]

Um den politischen Gegner zu arretieren, ließ die Regierung in Wöllersdorf ein so genanntes »Anhaltelager« einrichten,[112] ein Euphemismus zur Vermeidung des Begriffs Konzentrationslager. Mit Unterstützung der katholischen Kirche und des faschistischen Italiens begannen am 11. Februar 1934 Durchsuchungs- und Verhaftungsaktionen gegen die Sozialdemokratie und ihren Schutzbund, die zu bürgerkriegsähnlichen Auseinandersetzungen führten. Nach viertägiger Gegenwehr unterlag der Schutzbund der Übermacht aus Heimwehr, Militär und Polizei. Zweihundert Schutzbundleute wurden getötet, dreihundert verwundet. Tausende Sozialdemokraten wurden verhaftet, neun zum Tode verurteilt. Die Sozialdemokratische Partei und ihre Unterorganisationen wurden aufgelöst und verboten. Dollfuß'»Ständestaat« führte fortan einen Zweifrontenkrieg: gegen die Sozialdemokratie und gegen die Nationalsozialisten.

Am 1. Mai 1934 verkündete der austrofaschistische Staat »im Namen Gottes« eine neue Verfassung, die das Naturrecht, den autoritären Führungsgedanken und den Ständestaat zu den Grundprinzipien der neuen Gesellschaft erhob. Das Mehrparteiensystem wurde aufgelöst; es gab fortan nur noch eine Partei, die den Namen »Vaterländische Front« führte. Am selben Tag, dem 1. Mai 1934, »wurde auch das Konkordat [... ratifiziert], das nicht zuletzt der Preis für die Unterstützung der Kirche für das austrofaschistische System war«[113]. Der aus Graz stammende Theologe Alois Hudal brachte schon damals das österreichische Konkordat in Zusammenhang mit dem christlichen Ständestaat. 1935 schrieb er: »Dieses Konkordat findet [...] in gewisser Hinsicht seine Ergänzung und Vertiefung durch den Neuaufbau des Staates aus dem Ideal christlicher Ständeorganisationen, in dem die Schattenseiten der Demokratie und Überspitztheiten des Totalitätsstaates in kluger Weise durch einen goldenen Mittelweg vermieden werden können.«[114] Nach dem Willen des Vatikans sollte Österreich Ausgangspunkt und Zentrum einer katholischen Restauration in Mitteleuropa werden und die Rekatholisierung des Kontinents einleiten.[115] Auch wenn der berufsständische Aufbau in Wahrheit über marginale Ansätze nicht hinauskam, manifestierte er doch einen geradezu transzendentalen Anspruch: Dieser katholische Musterstaat leitete seine Verfassung aus päpstlichen Enzykliken ab. In Wirklichkeit propagierte er eine vormoderne Utopie mit faschistischen Zügen.

Der klerikale Ständestaat hatte zwar die Linke vernichten können, nicht aber die Nationalsozialisten, die – unterstützt vom Deutschen Reich – immer aggressiver agierten. Am 25. Juli 1934 verschafften sich Mitglieder der illegalen SS-Standarte 89 in Uniformen der österreichischen Armee Zutritt ins Bundeskanzleramt und nahmen die anwesenden Regierungsmitglieder fest. Dollfuß wurde bei einem Fluchtversuch erschossen. Der Putsch wurde rasch niedergeschlagen, aus Deutschland war keine Hilfe zu erwarten, da das faschistische Italien Truppen am Brenner zusammenzog und damit verdeutlichte, dass es die staatliche Integrität Österreichs zu schützen gedachte. Dollfuß aber ging in die Geschichte der Konservativen Österreichs als erstes Opfer des Nationalsozialismus ein. Um ihn entstand geradezu ein Kult.[116]

Dollfuß' Nachfolger Kurt Schuschnigg stand unter dem wachsenden Druck des »Dritten Reiches«. Als der bayerische Justizminister und Reichsjustizkommissar Hans Frank im Mai 1933 aus Österreich ausgewiesen wurde, weil er sich positiv über einen gewaltsamen Einmarsch in Österreich geäußert hatte, ordnete das Deutsche Reich eine »Tausend-Mark-Sperre« an: Jeder Deutsche, der nach oder durch Österreich reisen wollte, musste danach die extrem hohe Gebühr von 1.000 Mark zahlen. Darauf ging der Fremdenverkehr empfindlich zurück. Dollfuß reagierte im Juni 1933 mit einem Betätigungsverbot der NSDAP in Österreich.

1934 schloss Österreich mit Italien und Ungarn die Römischen Protokolle ab. Sie und die Ergebnisse der Stresa-Konferenz von 1935, an der England, Frankreich und Italien teilnahmen, garantierten die staatliche Selbstständigkeit Österreichs. Doch mit dem Abessinien-Krieg kam es zu einer Kluft zwischen den Westmächten und Italien einerseits und zu einer Annäherung zwischen Deutschland und Italien andererseits. Die Unterstützung Italiens mit deutschen Waffen und schließlich der Spanische Bürgerkrieg bereiteten die »Achse Berlin – Rom« vor.

Der »Anschluss« Österreichs

Diese Veränderungen bekam Österreich bald zu spüren. Im deutsch-österreichischen Vertrag vom 11. Juli 1936[117] garantierte Deutschland zwar die Souveränität Österreichs und hob auch die »Tausend-Mark-Sperre« auf, aber Österreich musste sich als »deutscher Staat« bekennen und durfte sich nicht gegen die Nationalsozialisten betätigen. Nicht nur die Stimmung im Ausland war günstig für einen Anschluss, auch die Österreicher selbst schauten erwartungsvoll auf das vermeintlich prosperierende Nachbarland und hatten keinerlei Vorbehalte gegenüber einer Integration ins »Reich«. Schon in seiner berühmten »Geheimrede« vom 5. November 1937 vor den Oberbefehlshabern der Wehrmacht nannte Hitler als erste Ziele seiner Lösung der »deutschen Raumfrage« »die Tschechei und gleichzeitig Österreich«. Im Februar 1938 drohte Hitler während eines Treffens in Berchtesgaden Schuschnigg mit einer militärischen Intervention und stellte an den österreichischen Bundeskanzler ultimative Forderungen, darunter die, den Führer der österreichischen Nationalsozialisten, Arthur Seyß-Inquart, als

Innenminister in seine Regierung aufzunehmen und die österreichische Außen- und Wirtschaftspolitik an die des Reiches anzupassen. Um sich wenigstens die formelle Unabhängigkeit zu bewahren, stimmte die Regierung in Wien zu. Als der Bundeskanzler jedoch am 9. März 1938 die Österreicher aufrief, sich in einem Plebiszit für ein »freies und deutsches, unabhängiges und soziales, für ein christliches und einiges Österreich« auszusprechen, erzwang Hitler die Absetzung der Volksabstimmung. Zwei Tage später trat Schuschnigg zugunsten von Seyß-Inquart zurück. Auf diese Weise wurde eine legale Machtübernahme inszeniert, die freilich vom Einmarsch deutscher Truppen flankiert wurde. Schon im April 1938 wurde Seyß-Inquart durch Gauleiter Bürckel abgelöst. Es kann keinem Zweifel unterliegen, dass weite Teile der österreichischen Bevölkerung, die das deutsche Militär mit »Sieg-Heil!«-Rufen empfingen, den »Anschluss« wirklich begrüßten. Vor über 100.000 Menschen verkündete Hitler am 15. März vom Balkon der Wiener Neuen Hofburg: »Als Führer und Kanzler der deutschen Nation und des Reiches melde ich vor der Geschichte nunmehr den Eintritt meiner Heimat in das Deutsche Reich!« Der Jubel der Menge wollte gar nicht enden. Nur die Sowjetunion und Mexiko protestierten gegen den Bruch völkerrechtlich verbindlicher Verträge.

Die reichsweite Volksabstimmung vom 10. April 1938 über den Anschluss Österreichs endete mit einem überwältigenden Ja. Auch der Sozialdemokrat Renner und die österreichischen Bischöfe, allen voran Kardinal Theodor Innitzer, unterstützten das Ja zum »Anschluss«. Es ist nicht zu bestreiten, dass bis zur Machtübernahme Hitlers im katholischen Österreich eine großdeutsche Gesinnung vorherrschte, die erst nach dem Anschluss einer Betonung der österreichischen Eigenstaatlichkeit wich.[118] In den ersten Wochen nach dem »Anschluss« wurden 60.000 Österreicher ins KZ Dachau eingeliefert. 2.700 Widerstandskämpfer wurden unter den Nationalsozialisten zum Tode verurteilt, 16.000 Österreicher kamen in KZs ums Leben, 10.000 in Gestapo-Gefängnissen und 6.000 in Gefängnissen in den besetzten Ländern.

Gegen die Annexion Österreichs gab es freilich auch Widerstand. Dabei muss allerdings gesagt werden, dass die wenigsten Widerstandsgruppen für ein unabhängiges demokratisches und republikanisches Österreich kämpften – gewiss nicht die Christlichsozialen, die Heimwehrfaschisten und die Monarchisten. Unter den Widerständlern und

Opfern des NS-Regimes waren auch Geistliche. In Österreich wurden 724 Priester inhaftiert, 20 starben oder wurden hingerichtet.

Österreichische Historiker urteilen heute meist recht kritisch über den österreichischen Ständestaat. Ernst Hanisch verweist darauf, dass dieses System sowohl auf faschistischem Gedankengut als auch auf den »Traditionen des spezifisch österreichischen Autoritarismus« basiert habe.[119] Wolfgang Maderthaner sieht den Versuch einer Verknüpfung von »wesentliche[n] Elemente[n] faschistischer Ideologie mit katholischem Klerikalismus«[120]. Dieter A. Binder spricht davon, »dass hier eine Gleichsetzung von ›absolutistischem Gottesgnadentum‹ und ›staatstragender Bürokratie‹ leitmotivisch intendiert« gewesen zu sein schien.[121]

2.8 Portugal: Salazarismus und *Estado Novo*

Vom liberalen laizistischen Staat zum katholischen Ständestaat

Anfang des 20. Jahrhunderts war Portugal ein liberaler Nationalstaat, eine konstitutionelle Monarchie mit eingeschränktem Parlamentarismus. Die berufstätige Bevölkerung des Landes war zu beinahe 60 Prozent in der Landwirtschaft tätig, nur 25 Prozent in der Industrie, und außer in Lissabon und Porto gab es keine städtisch-politische Kultur. Am 4. Oktober 1910 wurde die Monarchie durch eine Militärrevolte gestürzt und tags darauf die Republik ausgerufen. Das neue, von der Mittelschichts-Elite getragene republikanische Programm umfasste die Einführung des allgemeinen Wahlrechts, verfolgte eine strikte Trennung von Staat und Kirche, betrieb eine vorsichtige Loslösung von Großbritannien und die Verteidigung des Kolonialreiches. Doch der Systemwechsel brachte der breiten Bevölkerung keine Verbesserung ihrer kargen Lebensverhältnisse. Die Arbeiter nutzten das seit Dezember 1910 legale Streikrecht zur Durchsetzung ihrer Forderungen, die Staatsführung reagierte mit dem militärischen Schutz von Streikbrechern. 1911/12 folgte eine Welle von Landarbeiterstreiks zugunsten einer Bodenreform. Doch die Regierung scheiterte mit solchen Plänen am Widerstand der Großgrundbesitzer. Ihr laizistisches Programm wiederum brachte die Kirche gegen sie auf. Bischöfe suchten durch Hirtenbriefe die Bevölkerung gegen die Regierung einzunehmen. Bis zur Revolte waren fast das gesamte Bildungswesen, die Krankenhäuser und die Presse fest in kirchlicher Hand gewesen. Nicht nur das änderte sich. Es wurden auch eine Reihe von Orden aufgelöst; der kirchliche Besitz ging an den Staat. Die religiösen Feiertage, mit Ausnahme des Sonntags, wurden abgeschafft, das Scheidungsrecht eingeführt; Frauen und ledige Mütter erhielten mehr Rechte. Die Verfassung von 1911 etablierte ein parlamentarisches Mehrparteiensystem. In der Verfassunggebenden Versammlung hatten mehrheitlich die bürgerlichen Honoratioren gesessen (Ärzte, Offiziere, Anwälte und Beamte), also das Establishment. Es hatte sich gegen ein Präsidialsystem entschieden. Der auf vier Jahre gewählte Präsident besaß kaum Befugnisse. Alle Bürger galten als gleich, Geburtsprivilegien und religiöse Privilegierungen wurden abgeschafft.

Im Zusammenhang mit den ersten Wahlen kam es zur Spaltung der Republikanischen Partei in Radikale und Gemäßigte. Zum ersten Präsidenten wurde der gemäßigt Konservative Manoel de Arriaga gewählt. Aus dem gemäßigten Flügel der Republikanischen Partei ging die Demokratische Partei hervor, die erste Massenpartei des Landes. Daneben gab es die konservativen Unionisten und die liberalen Evolutionisten. Außerdem wurde die korporativ-autoritäre Katholische Zentrumspartei gegründet. Die republikanische Periode Portugals dauerte von 1910 bis 1926 und war durch ein beträchtliches Maß an Instabilität gekennzeichnet. In den sechzehn Jahren wurden 44 Regierungen gebildet, sieben Parlamente und acht Staatspräsidenten gewählt. Über 150 Streiks und mehr als 300 Attentate (unter anderem von Seiten monarchistischer Verschwörer) erschütterten das Land. Um die Regierung zu schützen, wurde eine Republikanische Nationalgarde ins Leben gerufen.

Der Erste Weltkrieg, an dem sich Portugal auf Seiten der Entente beteiligte, destabilisierte das Land weiter, kostete 35.000 Soldaten das Leben und führte zu Unruhen und einem Generalstreik. Die Regierung verhängte den Ausnahmezustand und unterdrückte die Unruhen mit Gewalt. Im Dezember 1917 unternahm Sidónio Pais einen Staatsstreich und errichtete eine Präsidialdiktatur mit deutlich faschistischen Zügen. Unterstützung erfuhr sein »missionarischer Nationalismus« durch das Militär und die Kirche, der er einen Teil ihrer Privilegien zurückgab. Nach der Ermordung Pais' 1918 kehrte das Land zu der früheren Regierungsform zurück. Die Wahlen von 1919 gewannen wiederum die Demokraten. Dennoch blieb der »Sidónismus« als politische

Option erhalten, wie verschiedene, freilich meist kurzlebige faschistische Parteigründungen, die sich zum Teil auf ihn beriefen (später auch auf Mussolini), zeigen. Auf der anderen Seite entstand eine Kommunistische Partei, die, verstärkt durch verschiedene Streikwellen, für Konservative und Liberale die »rote Gefahr« schlechthin darstellte. Wirtschaftlich kennzeichneten Kapitalflucht und hohe Schulden der öffentlichen Hand die erste Hälfte der 1920er Jahre. Durch weitere Partei-Zersplitterungen wuchs die Instabilität des republikanischen Systems.

Ein erster Militärputsch Mitte April 1925 scheiterte am Widerstand der regierungstreuen Republikanischen Nationalgarde. Ein zweiter Putsch Ende Mai 1926, den General Manuel de Oliveira Gomes da Costa anführte, brachte schließlich die Republik zum Einsturz. Neben den Militärs stützten die Kirche, Konservative und Faschisten die Putschisten. Aufgrund der Heterogenität dieser Kreise gab es zunächst heftige Widerstände im Blick auf eine rasche Faschisierung des Landes. Von Seiten republikanischer Radikaler und der Arbeiterbewegung gab es eine Reihe von Revolten gegen die entstehende Diktatur, die aber alle niedergeschlagen wurden.

Nach dem Militärputsch vom Mai 1926 wurde der Ökonomieprofessor António de Oliveira Salazar aus Coimbra zum Finanzminister der Militärregierung berufen. Da die Militärs jedoch seinem rigiden Sparkurs zur Sanierung der Wirtschaft nicht folgen mochten, verzichtete Salazar auf die Position. Erst Ende April 1928, unter der Regierung von General Carmona (bis 1958 Staatspräsident), übernahm Salazar das Finanzministerium, verschaffte sich schnell die Kontrolle über die Wirtschafts- und Finanzpolitik der Regierung und dirigierte damit faktisch das Kabinett. Er setzte seine Lehre vom »Finanzausgleich« und des korporativ strukturierten, starken Staates durch. Aufgrund seiner wirtschaftlichen Erfolge und dank der Unterstützung von konservativen Kreisen wurde er schließlich Anfang Juli 1932 zum Ministerpräsidenten ernannt – eine Funktion, die er bis zu einem Schlaganfall 1968 innehaben sollte.

Salazar, der alles andere als ein charismatischer Führer war,[122] nannte sein Regime ab 1930 *Estado Novo* (Neuer Staat) und gab ihm im Frühjahr 1933 eine ganz auf ihn selber zugeschnittene Verfassung.[123] In einer manipulierten Volksabstimmung gaben die 1,3 Millionen Wahlberechtigten dieser Verfassung ihre Zustimmung. Neben einem starken Präsidenten und der in ihren Befugnissen stark eingeschränkten Nationalversammlung sah die Verfassung eine Korporativkammer vor, in der die nach Berufszweigen gegliederten »Stände« als Konsultativorgan saßen. Die traditionellen Mittel des Arbeitskampfes, Streikrecht und Vereinigungsfreiheit, waren verboten. Diese korporatistische Staatsidee war das eigentlich Zentrale des Systems. Dahinter stand die Idee eines »Dritten Weges« und die Absage an eine klassenkämpferische Gesellschaftskonzeption kommunistischer Provenienz ebenso wie an den Individualismus eines liberal-kapitalistischen Systems. Im Grunde entsprach der »ständische« Gedanke der katholischen Gesellschaftslehre. Auch bei seiner Sozialgesetzgebung (Einführung eines festgesetzten Lohnes, fester Arbeitszeiten und eines Jahresurlaubs) berief er sich auf die kirchliche Soziallehre (Enzyklika »Quadragesimo anno« von 1931).[124] Die »einheitliche und korporative Republik« wollte alle moralischen und sozialen Interessen der Bevölkerung harmonisieren. Von katholischer Seite erhielt Salazar denn auch die deutlichste Unterstützung für dieses Staatskonzept. Trotz der formal nicht aufgehobenen Trennung von Staat und Kirche galt das römisch-katholische Bekenntnis als die traditionelle Konfession der portugiesischen Nation. 1940 wurden ein Konkordat und ein Missionsabkommen für die Kolonien abgeschlossen. Letzteres verpflichtete die staatlichen Schulen zum Unterricht in katholischer Religion und Sittenlehre.

Faktisch regierte Salazar ohne Parlament; die ihm unterstellte Regierung besaß eine Ausnahmekompetenz, Gesetzesverordnungen ohne parlamentarische Ermächtigung zu beschließen, was immer häufiger der Fall war. Mit einer »Finanzdiktatur«, die der Stadtbevölkerung große Opfer abverlangte, und mit dem Versuch einer langfristigen Wirtschaftsplanung sowie einer gelenkten Wirtschaft bemühte sich Salazar um eine Konsolidierung des Staatshaushalts. Ein Ziel solcher Maßnahmen bestand in wirtschaftlicher »Autarkie«. Doch das Industriewachstum stagnierte, noch 1940 machten die in der Industrie Beschäftigten nur zwanzig Prozent der arbeitenden Bevölkerung aus. Außenpolitisch gehörte die unbedingte Verteidigung des Kolonialreiches zu den Maximen seiner Diktatur. Das Kolonialreich war »heilig«; hier hatte Portugal eine »historische Mission«. Sie bestand darin, die indigene Bevölkerung zu zivilisieren und zu katholisieren.[125]

Salazar spitzte in den 1930er Jahren die Faschisierung des Systems zu; der entscheidende Schub erfolgte – unter dem Eindruck des Spanischen Bürgerkriegs – zwischen 1936 und 1939. Salazar schuf eine Politische Polizei, paramilitärische Milizen und einen Propagandaapparat. Der »Salazarismus« besaß verschiedene Massenorganisationen: die Einheitspartei (*União Nacional*, 1930 gegründet, von Marcello Caetano, dem Nachfolger Salazars, 1968 in *Acção Nacional Popular* umbenannt), die Portugiesische Legion (1936 gegründet), die nach dem Vorbild der Hitler-Jugend konzipierte Staatsjugend (ebenfalls 1936 gegründet) sowie eine Art von »Kraft durch Freude«-Vereinigung (*Fundação Nacional para o Alegria no Trabalho*).[126] Allerdings errang Salazars Einheitspartei nie eine vergleichbare Machtfülle wie die faschistische Partei in Italien oder die NSDAP in Deutschland. Nach dem Ende des Spanischen Bürgerkriegs verloren auch die Milizeinheiten wieder an Bedeutung. 1933 entstand, nach dem Vorbild der Gestapo, die Staatsschutzpolizei, ein Apparat von 10.000 Bediensteten, denen in der Armee wie in der zivilen Gesellschaft eine umfassende Überwachung des öffentlichen und privaten Lebens übertragen wurde. Diese Polizei verfügte über Sondergerichte und Spezialgefängnisse. Darüber hinaus gab es ein berüchtigtes System der politischen Justiz. Die Diktatur zielte auch auf die Stärkung der nationalen Identität durch die Kultivierung eines kulturellen und politischen Nationalismus, der in allen Bereichen präsent war. Es wurde versucht, das »echte Portugal« wieder zu entdecken, dabei erhielten Folklore und populäre Kultur einen besonderen Wert.[127]

Salazar verzichtete nicht auf die Farce, Wahlen durchzuführen, obwohl es stets nur eine Wahlliste gab, auf der lediglich Regierungsanhänger standen. Das Wahlrecht diskriminierte Frauen.[128] Es gab Pressezensur und nur eine eingeschränkte Versammlungsfreiheit. Anfang der 1930er Jahre wurden die Parteien und Gewerkschaften zerschlagen. Während des Zweiten Weltkrieges wahrte Portugal, das viele Verbindungen zu Großbritannien, aber gleichzeitig – als pseudofaschistische Diktatur – auch zu Deutschland und Italien unterhielt, die Neutralität und wurde daher nach dem Ende des Konfliktes nicht wie Francos Spanien zum Subjekt von Blockaden seitens der alliierten Mächte.[129] Obwohl es sich eindeutig um eine Diktatur handelte, gehörte Portugal wegen seiner strategischen Bedeutung 1949 zu den Gründungsmitgliedern der NATO. Portugal nahm auch am Marshallplan teil und konnte 1955 sogar der UNO beitreten.

Mit dem Prozess der Entkolonisierung nach 1961 begann in den Kolonien ein Krieg, der große Opfer seitens der dortigen Bevölkerungen forderte. Nach Salazars Schlaganfall 1968 übernahm Marcello Caetano die Regierungsverantwortung. Die wachsende Unzufriedenheit aller Schichten innerhalb der Bevölkerung fand ihren Ausdruck in der so genannten »Nelkenrevolution« vom 25. April 1974, einem von linksgerichteten Militärs inspirierten Aufstand, der Caetano und mit ihm die Diktatur zu Fall brachte.

2.9 Spanien: Von der Restaurationsmonarchie zum Franco-Regime

Entwicklung von 1875 bis 1923

Die Zeit von 1875 bis 1923 gilt als Spaniens »Restaurations-Ära«. Restauriert wurde die Bourbonendynastie. Politisch bestimmte eine »dynastische« Konservative Partei die Geschicke des Landes. Sie stützte die etwa 8.000 Großgrundbesitzer sowie den Beamtenstand und die Militärs. Gründer dieser Partei und Architekt des oligarchischen Systems war Cánovas del Castillo. Er bereitete die Verfassung von 1876 vor, die formal bis 1931 in Kraft blieb. Das Zensuswahlrecht wurde mit dem niedrigen Bildungsstand der Bevölkerung begründet (1900 waren immer noch 66,5 Prozent der Bevölkerung Analphabeten). Eine zweite, die so genannte Liberale Partei unter Práxedes Mateo Sagasta, war nicht weniger »dynastisch« orientiert. Sie trat für eine zaghafte Konstitutionalisierung des Systems ein; zu ihren Anhängern gehörte die industrielle Bourgeoisie, die mit den Großgrundbesitzern verwandt und verschwägert war. Zwischen 1875 und 1931 wurden 516 Nobilitierungen von Bürgerlichen vorgenommen; damit integrierte man das aufstrebende Bürgertum (die Finanz- und Industriebourgeoisie) in die Oligarchie. Die Liberalen drängten auf die Einführung des allgemeinen Männerwahlrechts, die 1890 schließlich erfolgte. 1885, anlässlich des Todes von König Alphons XII., schlossen beide Parteien den »Pardo-Pakt«, eine Übereinkunft zur Erhaltung des bestehenden Systems. Damit jede Partei zu ihrem Recht kam, wurde beschlossen, in der Regierungsbildung zu alterieren. Der Wechsel wurde dadurch erreicht, dass über Wahlmanipulationen die jeweils andere Partei gewann. Dadurch blieb die Opposition von der Macht ausgeschaltet.

Das Wahlsystem war eng mit dem so genannten »Kazikentum« verknüpft. Der Kazike eines Ortes – ein Großgrundbesitzer, der Bürgermeister oder der Pfarrer – sorgte dafür, dass die unkundigen und abhängigen Wähler »richtig« wählten. Beide Parteien betrieben eine klare Zentralisierungspolitik; die bis dahin bestehenden Sonderrechte der Provinzen (insbesondere des Baskenlandes seit 1876) wurden aufgehoben. Dennoch konnten der politische und kulturelle Nationalismus in den Regionen und das Sonderbewusstsein (besonders in Katalonien, bedingt durch die ökonomischen Unterschiede, und im Baskenland) nicht gebrochen werden; separatistische Tendenzen beziehungsweise Autonomiebestrebungen und eine klare Distanz zu Madrid (der kastilischen Fremdherrschaft) waren die Folge. Spanien wurde als Staat, nicht als Nation akzeptiert. In der spanischen Historiographie wird dagegen freilich häufig die Auffassung vertreten, dass die politischen und kulturellen Nationalismen sich erst nach 1876 entwickelt hätten.

Während der Restaurationszeit kam es in einigen Landesteilen an der Peripherie (in den Provinzen Vizcaya, Guipúzcoa [Baskenland], Barcelona, Valencia, Asturien) zu einem Industrialisierungsschub und infolgedessen zu kleineren Wirtschaftsbooms (in der Rohblei- und Quecksilberproduktion, im Kupferberg- und Eisenerzbau sowie bei der Schwefelsäure-Erzeugung) – sie waren vor allem von Fremd-Investoren gefördert. Die Hälfte aller spanischen Bergbauunternehmen ging in ausländischen Besitz über. Die Auslands-Nachfrage an diesen Produkten bildete einen wichtigen Faktor der spanischen Kapitalbildung. Zudem gingen etwa katalanische Textilwaren in die verbliebenen Kolonien (Kuba). Die Schwerindustrie war vor allem in den nördlichen Provinzen, die verarbeitende Industrie (Holzverarbeitung, Olivenöl, Textilherstellung) in Katalonien angesiedelt. Am Ende des 19. Jahrhunderts gehörte die spanische Handelsflotte zu den bedeutendsten der Welt. Trotz alledem war Spanien zu Beginn des 20. Jahrhunderts ein überwiegend agrarisch geprägtes Land.

In den genannten Industrieregionen entstand ein Proletariat, das gesellschaftspolitisch nicht integriert wurde. Die Lage der Arbeiterschaft war elend; durchschnittlich musste ein Arbeiter 75 Prozent seines Lohns für Ernährung ausgeben. Bis 1887 waren gewerkschaftliche Zusammenschlüsse verboten. Eine spanische Arbeiterbewegung bildete sich erst im letzten Drittel des 19. Jahrhunderts. 1910 wurde der Nationale Arbeiterbund (*Confederación Nacional del Trabajo*, CNT) gegründet; er entwickelte sich zur bedeutendsten Arbeitergewerkschaft des Landes. Bereits 1879 kam es zur Gründung der Sozialistischen Spanischen Arbeiterpartei (*Partido Socialista Obrero Español*, PSOE), zehn

Jahre später zur Sozialistischen Gewerkschaft (*Unión General de Trabajadores*, UGT). Beide Organisationen waren reformistisch orientiert und gehörten zur Zweiten Internationale.

Die großen Krisen des Restaurationssystems begannen mit der katastrophalen Niederlage Spaniens im Krieg gegen die USA 1898. Spanien verlor seine letzten Überseebesitzungen – Kuba, die Philippinen, Puerto Rico und die Inselgruppe Mikronesiens. Damit war die Epoche des spanischen Weltreichs definitiv zu Ende. Um die Jahrhundertwende starben auch die beiden Führungspersönlichkeiten der dynastischen Parteien (1897 wurde Cánovas ermordet; 1903 starb Sagasta); die Parteien splitterten sich auf, die nationalistischen Bewegungen und die Arbeiterbewegung gewannen an Bedeutung. Es entstand eine Erneuerungswelle, den »spanischen Krankheiten« wurde der Kampf angesagt. Auf dem Programm standen die Förderung von Erziehung und Bildung, Wiederaufforstungs- und Bewässerungsprojekte, Landverteilung und die Zerschlagung des Kazikentums. Auch konservative Politiker verschlossen sich diesem Anliegen nicht und forderten eine »wirkliche Revolution von oben«. Doch mitten in die Reformüberlegungen platzte die nächste Katastrophe für den spanischen Imperialismus. Im spanisch-französischen Vertrag von 1904 waren die Interessensphären beider Länder in Marokko festgelegt worden. 1906 gefährdeten Aufständische im spanischen Einflussgebiet (Rifregion) die Bergwerksgesellschaft bei Melilla. Die militärische Intervention entwickelte sich zu einem unpopulären, verlustreichen Kolonial- und Wüstenkrieg, der in Spanien selbst zu Unruhen führte. Im Juli 1909 wurde in Barcelona der Generalstreik ausgerufen. Daraus entwickelte sich – getragen von der 1908 gegründeten »Radikalen Republikanischen Partei« – in der so genannten »tragischen Woche« von Barcelona ein anarchistischer und antiklerikaler Aufstand. 1917 kam es zu Unruhen in der Armee, weil sich die Truppen im Mutterland gegenüber den Einheiten in Afrika benachteiligt fühlten, wenn es um Beförderungen ging. Es kam zur Bildung von berufsständischen Verbänden, so genannten Verteidigungsjuntas (*Juntas de Defensa*), die dem Auflösungsbefehl der Regierung nicht Folge leisteten. Da die Regierung auf die Armee als Bollwerk gegen reformistische Bestrebungen nicht verzichten konnte, gab sie nach. Gestärkt durch diese Erfahrung, unterbreiteten die Offiziersjuntas in den Folgejahren König Alphons XIII. (der 1902 als 16-Jähriger auf den Thron gekommen war) immer wieder Ultimaten, unterliefen dadurch die Zivilregierung und etablierten einen eigenen Machtanspruch des Militärs. Während des Krieges erfuhr der katalanische Nationalismus, besonders aufgrund der wirtschaftlichen Prosperität Kataloniens als Lieferant für die kriegführenden Mächte, einen neuen Aufschwung. Bürgerliche Kreise suchten die Schwäche der Madrider Regierung auszunutzen und eine Verfassungsreform mit föderalistischen Strukturen durchzusetzen, scheiterten aber an der Verweigerung der Arbeiterschaft und des Militärs. Wegen der schlechten sozioökonomischen Lage der Arbeiterschaft trotz der wirtschaftlichen Gewinne infolge des Krieges (wachsende Goldreserven der Bank von Spanien und hohe Gewinne der Bourgeoisie) rief die sozialistische Gewerkschaft UGT im August 1917 einen »revolutionären Generalstreik« aus. Das Militär schlug den Arbeiteraufstand nieder.

Aufgrund der Zersplitterung der Parteien, des raschen Wechsels der Kabinette und des Zusammenbruchs des Kazikensystems schien das Land unregierbar geworden zu sein. Immer häufiger griff der König ein und bestimmte über das Kabinett. In den Nachkriegsjahren verstärkte eine wirtschaftliche Depression die desolate politische Lage. Unternehmer und Arbeiterorganisationen lieferten sich unerbittliche Auseinandersetzungen, bei denen auf Seiten der Fabrikbesitzer gedungene Pistoleros und so genannte »Bürgerwehren« auf revoltierende Arbeiter schossen. Doch nicht nur in den industriellen Regionen, auch in Andalusien gärte es. Landbesetzungen, Agraraufstände und Landarbeiterstreiks bestimmten das Bild. Die Nachrichten aus Russland inspirierten den revolutionären Elan der Unterdrückten. 1920/21 spaltete sich die Kommunistische Partei Spaniens (*Partido Comunista de España*) von der Sozialistischen Partei ab. Ein neuerlicher Kolonialkrieg in Marokko im Jahr 1919 mit desaströsem Ausgang besiegelte schließlich das Schicksal des Restaurationssystems. Die Armee führte das militärische Debakel auf die Unfähigkeit und Labilität der Zivilregierungen zurück. »Verrat an der Heimatfront« hieß der Vorwurf, es ging um eine Art spanische Dolchstoßlegende.

Putsch und Diktatur Miguel Primo de Riveras

Am 13. September 1923 putschte sich Miguel Primo de Rivera, der Generalkapitän von Katalonien, gedrängt von der katalanischen Großbourgeoisie, an die Macht. Er war gegen Berufspolitiker, bekämpfte Separatisten wie Kommunisten und versprach die Errichtung einer guten sozialen Ordnung. Die Bürgerwehren der Unternehmer (*somatén*) bildeten den Grundstock für eine allgemeine Miliz. König Alphons XIII. ernannte Primo de Rivera zum Präsidenten eines Militärdirektoriums. Damit war das konstitutionelle System von 1876 zu Ende und eine Diktatur begann, die von 1923 bis 1930 dauern sollte.

Ähnlich wie die Regierungen zu Beginn der Restaurationszeit konnte sich der Diktator auf die Agraroligarchie im Zentrum des Landes einerseits und auf die Industriebourgeoisie an der Peripherie andererseits stützen. Als dritte Säule fungierte die römisch-katholische Kirche, die auf dem Erziehungs- und Bildungssektor zahlreiche Privilegien erhielt. Die vierte Stütze der Diktatur waren die Sozialisten. Auf der Grundlage der katholischen Soziallehre gelang Primo de Rivera, ähnlich wie Piłsudski in Polen,[130] die Integration von Nationalismus und Sozialismus. Im Zentrum dieser Bemühungen stand eine paternalistische Interessenharmonisierung zwischen Kapital und Arbeit. Paritätisch besetzte Schiedsgerichte regelten seit 1926 die Arbeitskonflikte.

Nach seiner Machtübernahme löste Primo de Rivera das Parlament auf, setzte neue Bürgermeister ein, schaffte das Kazikentum endgültig ab, führte die Zensur ein, gründete eine neue Staatszeitung (*La Nación*) und eine neue Regierungspartei (*Unión Patriótica*). Die alten dynastischen Parteien lösten sich auf, die Opposition wurde gewaltsam unterdrückt. Mit der traditionellen Rechten verständigte er sich und gab seinem Regime einen zivilen Anstrich, indem 1925 das Militärdirektorium durch eine Zivilregierung abgelöst und eine Beratende Nationalversammlung (*Asamblea Nacional Consultiva*) installiert wurde, in der verschiedene Fraktionen vertreten waren. Dabei handelte es sich um eine Notablen-Elite, die zur Stützung des Regimes beitragen sollte, indem sie ihm Legalität und Legitimität verschaffte. Das wichtigste Unternehmen in diesem Zusammenhang war die Ausarbeitung einer neuen Verfassung durch die *Asamblea*. Der im Juli 1929 der Öffentlichkeit präsentierte Verfassungsentwurf stieß wegen seiner absolutistischen Züge allerdings auf herbe Kritik seitens der Liberalen und Republikaner. Unter dem Einfluss Mussolinis wurden auch königliche Prärogativen beschnitten, was Alphons XIII. bewog, den Entwurf zurückzuziehen.

Zwischen 1925 und 1927 war es Primo de Rivera, gemeinsam mit Frankreich, gelungen, den Marokkokrieg erfolgreich zu beenden, was ihm in der Bevölkerung großes Prestige eintrug. Ein weiterer Schwerpunkt seiner Politik war der Arbeits-, Sozial- und Wirtschaftsbereich. Dabei gebrauchte er die für Diktaturen seiner Zeit üblichen Methoden: Staatsinterventionismus, Industrieprotektionismus und öffentliche Arbeitsbeschaffung. Der Industriesektor erfuhr einen Modernisierungsschub, die Produktion steigerte sich, die Wirtschaft expandierte, das Volkseinkommen stieg. 1924 wurde ein nationaler Wirtschaftsrat einberufen, der einen Wirtschaftsplan erarbeitete, nach dem die Industrieproduktion gelenkt werden sollte. Ferner wurde eine eigene Erdölgesellschaft gegründet, um von ausländischen Gesellschaften unabhängig zu sein. Das Verkehrsnetz wurde ausgebaut und modernisiert, Flüsse wurden begradigt und Staudämme angelegt.

Nach einer kurzen Phase wirtschaftlicher Erholung verursachte diese kostspielige Politik erhebliche Finanzprobleme, die durch eine Erhöhung der Steuern nicht aufgefangen werden konnten. Der Plan einer höheren Besteuerung der Reichen (Einkommens-, Luxus- und Gewinnsteuer) musste wegen der Opposition dieser Kreise fallen gelassen werden. Jetzt versagten die Konservativen und die katholischen Gewerkschaften der Diktatur ihre Unterstützung, weil sie die sozialistische UGT favorisiert hatte. Aber im Zuge der Finanzprobleme distanzierten sich auch die Sozialisten. Als ihm auch das Militär und der König das Vertrauen entzogen, trat Primo de Rivera im Januar 1930 zurück und ging nach Frankreich ins Exil, wo er kurz darauf starb.

Gründung der Zweiten Republik

Sein Nachfolger, General Dámaso Berenguer, wollte zur 1875er Verfassung zurückkehren. Doch Republikaner, Sozialisten und die Katalanische Linke schlossen sich im »Pakt von San Sebastián« zusammen und forderten Reformen sowie die Einführung der Republik. Die Gemeindewahlen am 12. April 1931 brachten in den Städten den verbündeten Republikanern und Sozialisten einen überwältigenden Wahlsieg; auf dem Lande konnten sich die Monarchisten behaupten. Es drohten blutige Auseinandersetzungen, die Alphons XIII. dadurch verhinderte, dass er dem Ultimatum des Revolutionskomitees folgte und Spanien verließ. Am 14. April 1931 wurde unter dem Jubel der Bevölkerung die Zweite Republik ausgerufen. Damit war das System der Restaurationsmonarchie beendet, der Versuch einer autoritären Modernisierung durch eine Diktatur vorerst gescheitert und der Weg frei, die überkommenen sozioökonomischen und politischen Strukturen aufzubrechen.

Das neue republikanische Modernisierungsregime bemühte sich um eine Modifikation der Agrarstrukturen und eine Demokratisierung der Gesellschaft. In diesem Prozess kämpften drei Richtungen miteinander um die politische Vorherrschaft: die katholisch-konservative Rechte, die bürgerlich-liberale Mitte und die anarchistisch-sozialistische Linke. Den Reformvorstellungen der bürgerlich-liberalen Kräfte, die bei dieser unblutigen »bürgerlichen Revolution« das Heft in der Hand hielten, entsprach ein laizistisch-liberaler Staat mit einer demokratischen Verfassung und Reformen auf dem Bildungs- und Agrarsektor. Außerdem waren diese Kräfte entschlossen, die Interessen der arbeitenden und mittellosen Bevölkerung zu vertreten. Den Unternehmern und Grundbesitzern gingen die Reformen natürlich viel zu weit, denn erstmals in der spanischen Geschichte waren nicht sie die Begünstigten. Innerhalb der republikanisch-sozialistischen Koalitionsregierung kam es schon bald zu erheblichen Differenzen, Flügelbildungen bei der *Partido Socialista Obrero Español* (PSOE) waren die Folge. Der anarchistisch-sozialistischen Linken, vertreten in der *Federación Anarquista Ibérica* (FAI), gingen die republikanischen Reformen nicht weit genug; sie drängte auf die Revolution, provozierte Streiks und Aufstände, die mit Härte niedergeschlagen wurden. Die *Partido Republicano Radical* (PRR), die während der Zweiten Republik immer weiter nach rechts rückte, verfolgte eine bürgerliche Politik unter Beibehaltung des sozioökonomischen Status quo. 1934 spaltete sich der linke Parteiflügel ab und bildete die *Unión Republicana*.

Bei den Wahlen zur Verfassunggebenden Versammlung im Juni 1931 erhielten Sozialisten und Republikaner eine überwältigende Mehrheit und bestimmten die *Cortes*, die spanischen Parlamentskammern. Das war auch darauf zurückzuführen, dass das Wahlsystem Parteienbündnisse begünstigte, Einzelparteien dagegen benachteiligte. Waren die Rechten 1931 noch wie gelähmt, gelang ihnen 1933 die Bildung eines ansehnlichen Zusammenschlusses (*Confederación Española de Derechas Autónomas*, CEDA), mit dessen Hilfe sie den Wahlsieg erringen konnten, während sich Sozialisten und Republikaner zersplitterten. Die Rechte vertrat die Interessen der alten Oligarchie, wobei sie sich auf die Soziallehre der katholischen Kirche berief. Ihr Kampf galt der sozialistischen und laizistischen Gesetzgebung.

In der ersten Phase der Republik (1931–1933) nahmen die verbündeten Sozialisten und Republikaner die notwendigen Reformen in Angriff; in der zweiten Phase machten die Rechten viele, vor allem die auf
dem Agrarsektor, wieder rückgängig, und in der dritten Phase, zwischen
Februar 1936 und dem Beginn des Bürgerkriegs im Juli des Jahres,
nahm die Entwicklung im Agrarbereich revolutionäre Züge an.

Der erste Schritt in der Reformphase war die Ausarbeitung einer Verfassung, die in ihrer Endgestalt stark von der Weimarer Reichsverfassung beeinflusst war. 1931, als in Deutschland der Weimarer Verfassungsstaat durch Notverordnungen längst außer Kraft gesetzt wurde,
erschienen in Spanien seine Grundlagen noch so überzeugend, dass sie
rezipiert wurden. Zu den zuförderst lösungsbedürftigen Komplexen in
dem Verfassungstext gehörten das Verhältnis zwischen den einzelnen
Provinzen und dem Gesamtstaat, das Verhältnis von Staat und Kirche
sowie – damit verbunden – gesellschaftspolitische Fragen wie Eheschei-
dung und Bildungspolitik. In der Eigentumsfrage und der Möglichkeit
von Enteignungen prallten bürgerlich-liberale und sozialistische Vorstellungen aufeinander und mussten im konstruktiven Kompromiss
gelöst werden.

Wie in den meisten Staaten an der Schwelle zur Moderne mussten
vor allem auf dem Agrarsektor Reformen in Angriff genommen werden. 96 Prozent aller landwirtschaftlichen Betriebe waren Minifundi-
en, die alle zusammen nur über 29,57 Prozent des Bodens verfügten.
Die Latifundien dagegen machten 33,28 Prozent des Gesamtbodens
aus, stellten aber nur 0,1 Prozent der Landwirtschaftsbetriebe dar, waren also in der Hand ganz weniger. Die landlosen Tagelöhner im Süden bildeten ein revolutionäres Agrarproletariat, das nach Land verlangte. Gegen den Widerstand der Großgrundbesitzer, die sogar vor
einem Putschversuch nicht zurückschreckten, wurde Mitte September
1932 das Agrarreformgesetz verabschiedet, aber von der Regierung
Manuel Azaña nicht umgesetzt. Nachdem die Konservativen 1933 die
Wahlen gewonnen hatten, setzte die Regierung Alejandro Lerroux einen großen Teil der Reformgesetze, darunter auch das Agrarreformgesetz, außer Kraft. Das von der alten Regierung beschlagnahmte Land
wurde an seine Vorbesitzer zurückgegeben und die Arbeitslöhne der
Landarbeiter wieder gesenkt, was zu deren Radikalisierung beitrug. Die
sozialistische Gewerkschaft UGT forderte nun revolutionäre Veränderungen, die äußerste Linke machte im Dezember 1933 einen Aufstand.

Die Verfassung von 1931 garantierte Gewissens- und Kultusfreiheit und stellte alle Religionen einander gleich. Auch die römisch-katholische Kirche wurde im Gegensatz zur Weimarer Reichsverfassung als Verein eingestuft und verlor alle Privilegien. Den religiösen Orden war es verboten, sich auf dem kommerziellen und dem Bildungssektor zu betätigen. Der Kirche wurde die Lehrbefugnis entzogen und der Jesuitenorden verboten. Die Durchsetzung der Trennung von Staat und Kirche mit einem deutlich laizistischen Akzent hatte dazu geführt, dass die Kirche sich als Gegnerin der Republik entwickelte und zum Sammelbecken oppositioneller Kräfte wurde. Auf dem rechten Flügel des konservativen Wahlbündnisses CEDA besaß sie einen starken Rückhalt. Die Frage der Stellung der römisch-katholischen Kirche in Spanien war von so hoher Bedeutung, dass der 1936 beginnende Bürgerkrieg oftmals als Religionskrieg bezeichnet wurde.

Die Reformregierung Azaña hatte sich um eine Demokratisierung der Streitkräfte und eine Militärreform bemüht. Dazu gehörte auch eine Verkleinerung des Offizierskorps und der Mannschaften. Durch diese Maßnahmen fühlte sich ein Teil der Militärs herabgesetzt und gedemütigt. Die Folge war – wie im Falle der Kirchen – eine Gegnerschaft zur Republik.

Katalonien erhielt zwar ein Autonomiestatut mit eigenem Parlament, eigener Regierung und umfangreichen Selbstverwaltungsrechten, nicht aber das Baskenland. Wegen des Streits um das nur teilweise baskische Navarra und die Religionsfrage – das Baskenland war katholisch-konservativ – kam es zu keiner Einigung mit der Reformregierung. Das gemäßigte Linkskabinett in Katalonien wiederum geriet mit der konservativen Madrider Regierung in Konflikt.

Den Regierungsantritt der konservativen CEDA (in Koalition mit der Radikalen Partei, PRR) im Oktober 1934 interpretierten die Sozialisten als Machtergreifung des Faschismus. Der ausgerufene Generalstreik weitete sich in einigen Regionen zu einem sozialen Aufstand aus. Die Zentralregierung schlug unter Einsatz der Armee die Revolten nieder und verhinderte auch die Sezession Kataloniens. Die Oktober-Ereignisse führten zu einer Rechts-Links-Polarisierung. Die Rechte verstand sich als Bollwerk gegen Separatismus, atheistischen Liberalismus und sozialrevolutionäre Bestrebungen; die Linke befürchtete – die Entwicklung in Italien, Deutschland und Österreich vor Augen – auch in Spanien den faschistischen Umsturz.

Francos Militäraufstand und Diktatur

Korruption und Misswirtschaft nötigten schließlich das konservative Wahlbündnis im Januar 1936 zur Auflösung der *Cortes* und zur Ausschreibung von Neuwahlen. Jetzt erhielt die Linke wieder eine überwältigende Mehrheit. Angesichts der weltweiten Depression war die Wirtschaftslage angespannt. Landarbeiterstreiks und wilde Enteignungen setzten die neue Volksfrontregierung unter Druck. Mit hoher Geschwindigkeit betrieb sie zwischen März und Juli 1936 die Landumverteilung, um das Agrarproletariat zu beruhigen. Doch ihre Bemühungen wurden durch den Militäraufstand vom 18. Juli 1936 jäh unterbrochen. Die fehlende Reformbereitschaft auf Seiten der alten Oligarchie, die an den Machtverhältnissen und der archaischen Gesellschaftsstruktur des 19. Jahrhunderts festhalten wollte, stürzte das Land in einen Bürgerkrieg. Die Volksfront und die Nationale Front standen sich als zwei große politische Blöcke unversöhnlich gegenüber.

Die Aufständischen konnten sich nicht in allen Landesteilen durchsetzen. Der gesamte Osten und Norden des Landes sowie große Teile des Südens blieben in republikanischer Hand. Vor allem die größeren Städte und Wirtschaftszentren Spaniens standen auf Seiten der legalen Regierung. Insgesamt lehnte der überwiegende Teil der Bevölkerung den Putsch ab und stellte sich hinter die Regierung, der auch die industriellen Ressourcen zur Verfügung standen. Von vornherein besaßen die Aufständischen aber die nummerisch stärkere Armee. Bis Frühjahr 1937 konnten sie – mit Hilfe deutscher Flugzeuge, die die Fremdenlegion und marokkanische Truppen auf das Festland brachten – etwa ein Drittel des Landes erobern. Zwischen Frühjahr 1937 und Frühjahr 1938 eroberten sie die Nordprovinzen. Dabei wurden sie aufgrund eines Hilfeersuchens des federführenden Generals Francisco Franco aus der Luft von der deutschen Legion Condor unterstützt. Mitte April 1938 wurde Katalonien vom übrigen republikanischen Territorium abgeschnitten. Barcelona fiel Ende Januar 1939, Madrid Ende März 1939. Auf Seiten der Republikaner kämpften die so genannten »Internationalen Brigaden« – 40.000 bis 60.000 Mann, darunter etwa fünftausend Deutsche. Im November 1938 wurden diese Brigaden aufgelöst. Großbritannien, Frankreich und die USA hielten sich offiziell an das Prinzip der Nichteinmischung; die USA und finanzielle Kreise anderer westlicher Staaten unterstützten indirekt Franco,[131] weil sie ihre ökonomischen Interessen bei ihm besser aufgehoben wussten als bei einer kommunistisch beeinflussten Volksfrontregierung. Der Präsident der französischen Volksfrontregierung, Léon Blum, zeigte sich am 20. Juli 1936 zwar bereit, einem Hilfeersuchen der legalen spanischen Regierung zu entsprechen; sein Kabinett beschloss jedoch die Nichtintervention. Allein die Sowjetunion unterstützte die Republikaner. Exakte Daten über das Ausmaß der Hilfe gibt es bis heute nicht (einige Hundert russische Panzer, alte Artillerie-Batterien, etwa siebenhundert Flugzeuge und zweitausend Mann Bedienungspersonal und Politoffiziere). Die Regierung zahlte mit den Goldreserven der Bank von Spanien.

Kurz nach Kriegsbeginn richteten die Aufständischen in der nationalistischen Hauptstadt Burgos eine provisorische Junta ein, die in den besetzten Gebieten die Gewerkschaften verbot, Parteien auflöste und

durch die Republikanische Armee besetzte Gebiete   durch Francos Armee besetzte Gebie

jeglichen Widerstand brutal unterdrückte. Die Agrarreform wurde rückgängig gemacht, der Boden den früheren Eigentümern zurückgegeben. Ende September 1936 ernannte die *Junta de defensa nacional* General Franco zum *Generalísimo* und Staatschef. Franco achtete darauf, dass die heterogene Staatspartei mit ihrer falangistischen Ideologie nicht den Staatsapparat beherrschte. Außerdem suchte er sich eine gewisse Unabhängigkeit von den Bürgerkriegsverbündeten Italien und Deutschland zu bewahren. Dabei hatte Franco dem *Duce* und Hitler beinahe alles zu verdanken. Mussolini hatte schon seit 1934 zur Destabilisierung der Republik beigetragen, indem er Faschisten und andere Rechtskräfte unterstützte. Ohne die massive militärische Intervention Deutschlands im Bürgerkrieg wäre der Putsch nach kurzer Zeit niedergeschlagen worden. Über die Motive des deutschen Eingreifens herrschen unterschiedliche Ansichten. Strategische Bündnisüberlegungen im Sinne antikommunistischer Frontbildungen spielten gewiss eine wichtige Rolle. Der gemeinsame Einsatz in Spanien bildete schließlich das Fundament für die »Achse Berlin–Rom«.

Die Falange - ihre Anhänger trugen Blauhemden mit dem faschistischen Pfeilkreuzemblem - war eine Partei, zu der Franco ursprünglich keine Beziehungen unterhielt. Ihr Gründer war der Sohn des ehemaligen Diktators Miguel Primo de Rivera, José Antonio Primo de Rivera, ein von Mussolinis Aufstieg begeisterter Intellektueller, der in den ersten Kriegsmonaten in Alicante von einem Hinrichtungskommando der Republikaner hingerichtet worden war. Sein Kult lebt bis heute.[132] Im Unterschied zum Faschismus in Italien oder zum Nationalsozialismus in Deutschland, aber auch zu den autoritär-faschistischen Bewegungen in Österreich, Ungarn oder Rumänien während der 1930er Jahre war die ursprüngliche Falange eine unbedeutende Gruppierung. Bei den Februarwahlen 1936 gewann sie lediglich 0,7 Prozent der Stimmen. Für die zunächst marginale Rolle des Faschismus werden mehrere Gründe genannt. In Spanien gab es keine demobilisierte Armee, kein arbeitsloses, städtisches Proletariat, das man hätte umwerben können, keinen stark ausgeprägten Antisemitismus und keine aktuellen Großmachtambitionen. Es fehlte auch so etwas wie eine kulturelle Krise. Der überall präsente Katholizismus verhinderte die Entstehung eines modernen, säkularen Nationalismus. Die Mittelklassen waren bereits durch liberale und katholische Parteien absorbiert. Das Militär bildete einen signifikanten politischen Machtfaktor, der auch die Möglichkeiten einer unabhängigen faschistischen Bewegung eingrenzte. Die spanische Rechte hatte nichts von einem revolutionären faschistischen Nationalismus, sondern verstand sich als Reaktion auf die wahrgenommene Bedrohung der spanischen Nation und Gesellschaft durch die revolutionäre Linke, die man »Kommunismus« nannte. Über Giménez Caballero kam der Faschismus als italienischer Import nach Spanien, der ihn als »neuen Katholizismus« zu hispanisieren suchte. Auch José Antonio Primo de Rivera wollte eine bloße Imitation vermeiden. Aber seine Überlegungen, Religion und traditionelle nationale Kultur mit faschistischem Gedankengut zu verschmelzen, blieben vage und nahmen nie den Charakter einer politischen Lehre an.

Franco, der bis zum Bürgerkrieg kein Interesse an der Falange zeigte, sondern der CEDA nahe stand, übernahm die falangistische Partei 1937 und vereinigte sie mit den traditionalistischen Karlisten, einer ursprünglich klerikalabsolutistischen Partei, die ihren Ursprung in den 1830er Jahren hatte (Karl war der Bruder Ferdinands VII.). Das Programm der neuen Falange war von konservativem und monarchistischem Gedankengut geprägt. Der *Caudillo*, »Führer«, wie Franco auch genannt wurde, nutzte sie beim Aufbau seines »Neuen Staates«[133]. Neben der Partei ruhte dieser auf zwei anderen Säulen: der Kirche und der Armee. Mit zwei Ausnahmen stellten sich die spanischen Bischöfe im Juli 1937 auf die Seite der Aufständischen. Die Kirche war in allen öffentlichkeitsrelevanten Bereichen präsent. Im Mai 1938 konnte der Jesuitenorden nach Spanien zurückkehren. Franco war ebenso wenig wie José Antonio Primo de Rivera »a generic fascist sensu strictu«[134]. Aber in den ersten zehn Jahren seiner Herrschaft verhielt er sich gewalttätiger, autokratischer und in jeder Hinsicht repressiver als der frühe Mussolini. Nach Beginn des Bürgerkrieges gebrauchte er die Sprache des »Totalitarismus« und übernahm das Modell des charismatischen Führers, um sein autoritäres neues System mit der eigenen *partido único* zu entwickeln. Aber abgesehen von den 26 Grundsatz-Punkten der *Falange Española Tradicionalista* (FET), die er beibehielt, schuf er ein synkretistisches Amalgam, in dem die Lehren der nichtfaschistischen Rechten, vermittelt durch die stark traditionellen und autoritären Formen des Katholizismus, dominant waren. Francos eindeutig profaschistische Haltung während des Bürgerkriegs und während der ersten Phase des Zweiten Weltkrieges führte allerdings nicht zu einer

Machtübernahme durch die Falangisten. Deren Schwäche bewahrte sie vor einem Schicksal wie dem der Legions-Bewegung in Rumänien, die Antonescu nach einer Revolte im Januar 1941 eliminierte. Seit dem Zusammenbruch des Nationalsozialismus und Faschismus in Europa gewann innerhalb des spanischen Amalgams von Faschismus und autoritärem katholischem Traditionalismus Letzterer die Oberhand.

Auf Seiten der Republikaner wechselten bis Mai 1937 ständig die Regierungen. Dabei wurden bürgerliche wie sozialistische Kabinette verschlissen und gegeneinander getrieben. Im Mai 1937 bildete sich schließlich unter dem sozialistischen Ministerpräsidenten Juan Negrín eine kommunistisch-sozialistische Regierung, die bis zum Ende des Krieges im Amt blieb. Aus den internen Machtkämpfen innerhalb des republikanischen Blocks gingen die von Moskau abhängigen Kommunisten (*Partido Comunista de España*, PCE) als Sieger hervor. Das lag zum Teil daran, dass sie die Internationalen Brigaden organisierten und – mit Hilfe sowjetischer Waffenlieferungen seit Spätherbst 1936 (bis März 1938) – die republikanische Armee aufbauten. Während die Putschisten nahezu alle Reformen rückgängig machten, rückten die Republikaner immer entschiedener nach links. Ihr Ziel war die Schaffung eines sozialistischen Wirtschaftssystems in einer herrschaftsfreien Gesellschaft mit räteähnlichen Organen. Mit großer Schnelligkeit betrieb man die Kollektivierung der Landwirtschaft, der Industrie und anderer Sektoren. Gegen die oft ausgesprochen anarchistisch-libertären revolutionären Bewegungen opponierten die Kommunisten wie die anderen Parteien der Volksfront.

Der Spanische Bürgerkrieg kostete Hunderttausende das Leben. Etwa 200.000 starben an den Fronten, etwa ebenso viele wurden ohne ein ordentliches Verfahren hingerichtet. Zahlreiche Republikaner, die vor Franco nach Frankreich flohen, wurden von der Vichy-Regierung oder den deutschen Besatzungstruppen an Franco ausgeliefert. Franco verfolgte von Beginn an einen spanischen »Sonderweg«, der alle modernen politischen Ideen, die Säkularisierung und westliche Demokratisierung (Verfassung, Gewaltenteilung etc.) als dem »urspanischen Wesen« fremd verdammte (»Demoliberalismus«). Sein »Neuer Staat« wollte zu den alten spanischen Werten und Traditionen zurückkehren. Damit meinte er konservativ-katholische und militärische Traditionen sowie – deutlich nachgeordnet – die Ideologie der Falange. Die höchste Legitimation für sein System zog er aus den Lehren der katholischen

Kirche. Sein Konzept des Nationalkatholizismus erinnert an das polnische Denken in den 1920er Jahren.[135] Statt einer Verfassung kam der
Franquismus mit so genannten ideologisch-dogmatischen »Grundge-
setzen« aus – dem Grundgesetz der Arbeit etwa, das eine Proklamation des Rechts auf Arbeit, des Privateigentums wie des Schutzes der
Familie beinhaltete. Typisch für diese Grundgesetze war ihr paternalis-
tisch-staatsfamiliärer Charakter, der schichtenspezifische Interessen-
kollisionen innerhalb einer Gesellschaft schlichtweg leugnete. Daneben fungierten die Falangisten als Modernisierungselite, die einen
revolutionären »Dritten Weg« mit sozialistischen Elementen zwischen
»liberalem Kapitalismus« und »marxistischem Materialismus« propagierte. In der Praxis obsiegten freilich die traditionellen Machteliten –
Kirche, Großgrundbesitz und Finanzbourgeoisie. Sie konnten unter
Franco ihr Ziel – die Wiederherstellung vorrepublikanischer Verhältnisse – erreichen und mussten keine wirtschaftlichen Einbußen hinnehmen. Eine Agrarreform etwa hat es während der gesamten Franco-
Diktatur nicht gegeben. »In diesem Sinne kann der Franquismus in
seiner Frühphase eine konterrevolutionäre Diktatur mit faschistoiden
Elementen genannt werden.«[136] Wer in Spanien das Sagen hatte, das
wurde auch im Zweiten Weltkrieg deutlich. Die Latifundisten, die
Finanzoligarchie und die Militärs waren gegen einen Kriegseintritt, die
Falangisten dafür. Franco lavierte erfolgreich zwischen den kriegführenden Parteien, unterstützte zunächst die deutsche Seite mit Rohstofflieferungen und der »Blauen Division« – etwa 45.000 Mann –, dann
1943, als der Kriegsausgang absehbar war, die Alliierten, die spanische
Flughäfen benutzen durften.

Zwischen 1936 und 1939 wurden die politischen Gegner Francos in
Konzentrationslager eingesperrt, in religiös-ideologischer Hinsicht
»umerzogen« und zum Arbeitsdienst gezwungen. Die Entstehung dieser Lager wurde im Oktober 1936 über das *Radio Burgos* von Franco auf
folgende Weise angekündigt: »Wir führen zeitgemäß und liebevoll ein
heiliges Werk in Form einer Sozialreform durch. Spanien organisiert
sich im Rahmen eines klaren totalitären Konzepts [...], in dessen Rahmen alle Spanier ohne Ausnahme zur Arbeit gezwungen werden; der
neue Staat darf keine Schmarotzer dulden.«[137]

Vor allem 1938 und 1939 konnte man in den Konzentrationslagern
Spaniens deutliche Tendenzen hin zu totalitären Strukturen feststellen.
Die Gefangenen des Bürgerkrieges hatten Hunger und tägliche Gewalt-

anwendung zu erleiden. Ihre unmenschliche Behandlung führte zu den meisten Opfern. Der Terror ging nach dem Ende des Bürgerkriegs im April 1939 weiter. Den neuesten Untersuchungen zufolge kam es in den Jahren 1939–1944 zu 130.000 bis 150.000 Hinrichtungen – unter den Ermordeten waren auch viele Frauen.[138] Es gab mindestens 104 KZs auf spanischem Boden, in denen 367.000 Menschen interniert waren.[139] Diese oft völlig überfüllten Lager bestanden bis etwa 1942 fort. Auch deutsche Gestapo-Agenten hatten dort Zutritt. Bis in die zweite Hälfte der 1950er Jahre wurden Bataillone von Zwangsarbeitern eingesetzt.

In den ersten Monaten des Zweiten Weltkrieges ähnelte Francos Spanien durchaus dem faschistischen Italien. Politisch bestand ohnedies eine größere Affinität zu Italien als zu Hitlerdeutschland. Spanien hatte die Wahl, entweder zusammen mit Italien und Deutschland in den Krieg einzutreten oder neutral zu bleiben. 1939 besaß es noch nicht genug Ressourcen für eine Intervention. Franco hielt sich freilich auch zurück, weil er um seine persönliche Zukunft fürchtete. Im Februar 1941 erklärte er Hitler, sein Land stecke in großen Schwierigkeiten und die deutschen Versprechen seien bisher unerfüllt geblieben. Vor diesem Hintergrund schien es unwahrscheinlich, dass Spanien sich noch an dem Krieg beteiligen würde. Allerdings kämpften spanische Freiwillige, die so genannte »Blaue Division«, von 1941 bis 1944 an der Ostfront. Insgesamt folgten rund 45.000 dem Ruf des spanischen Außenministers Ramón Serrano Suñer und kämpften an der Seite der Deutschen gegen die Rote Armee. Unter den Freiwilligen der Blauen Division herrschte eine große Bewunderung für das Dritte Reich, Hitler, den Nationalsozialismus und die deutsche Wehrmacht.[140]

Es dürfte schwierig sein, die Position Spaniens im Zweiten Weltkrieg präzise zu bestimmen. Angesichts der militärischen Schwäche des Landes hätte ein Kriegseintritt ohnedies nur eine solidarische, keine kriegsbeeinflussende Wirkung haben können. Überdies schwankte Spanien zwischen der Achse Rom–Berlin auf der einen und London auf der anderen Seite. Deutschland besaß nur kurzzeitig ein Interesse an einer spanischen Intervention und orientierte sich überwiegend in Richtung Osten. Italien legte auf einen Kriegseintritt Spaniens wenig Wert, weil es keinen mediterranen Konkurrenten bei der Verteilung der Kriegsbeute haben wollte. Auch Vichy-Frankreich fürchtete im Falle einer Allianz Spaniens mit den Achsenmächten um seine Kolonien in Nordafrika. Tatsächlich nahm Spanien im Zweiten Weltkrieg keine wirklich neutrale Haltung ein. Durch die Katastrophe des eigenen Krieges trug es überdies mittelbar zu den Katastrophen des Weltkrieges bei. Das spanische Territorium blieb für die Nationalsozialisten eine offene Basis, die der Versorgung wie der Erholung ihrer Luft- und Seestreitkräfte diente. Auch die begehrten Wolframgruben arbeiteten für die Versorgung der deutschen Industrie.

Spätes Ende des Franquismus, *transición* und Beschweigen der Vergangenheit

Nach dem Zweiten Weltkrieg war Spanien über beinahe zwei Jahrzehnte lang isoliert. Es erhielt keine Marshallplanhilfe, setzte seine Autarkiepolitik fort und litt unter wirtschaftlicher Stagnation. Politisch wurde ein starker Nationalismus als eine Art Rechtfertigungsideologie gefördert. In einer Sektion der Generalversammlung der Vereinten Nationen vom Dezember 1946 hieß es, das Franco-Regime sei »mit Gewalt und mit Unterstützung Nazideutschlands und des faschistischen Italiens entstanden«. In einer entsprechenden Deklaration stellte man fest, dass das Franco-Regime »nicht das spanische Volk repräsentiert, was die Teilnahme an internationalen Fragen schwierig macht«[141]. Einerseits brachten die Repräsentanten aus London und Washington ihren Abscheu gegenüber Franco und dessen Regime zum Ausdruck, andererseits blockierten sie aber auch alle Initiativen, um ihn mit Hilfe direkter Interventionen zu beseitigen. Stattdessen appellierten sie auf Initiative Churchills an das spanische Volk, es sollte seine Unzufriedenheit mit der Regierung deutlicher kundtun.

Nach 1945 unternahm Franco erhöhte Anstrengungen, die katholische Kirche in seine Regierung einzubinden. Auf diese Weise versuchte er nach außen den Eindruck zu erwecken, als sei Spanien kein faschistischer Staat mehr, sondern gehöre zu jenen christlichen Ländern Europas, in denen christliche Demokratien verankert waren.[142] Von 1945 bis 1951 beherrschte nationalkatholisches Denken das Land. Nichtsdestoweniger betrieb Franco in den fünfziger Jahren (1951–1959) auf allen Gebieten die Konsolidierung seiner Diktatur. Er verstand es stets, Vorschläge für alternative Systemgestaltungen und verschiedene oppositionelle Strömungen zu unterdrücken. Mitte der

1950er Jahre gewannen die Falangisten mit den Ministern José Girón und José Luis Arrese noch einmal an Einfluss.

Nach dem Stützpunktabkommen mit den USA 1953 erhielt das Land amerikanische Wirtschaftshilfe – ohne die direkte Militärhilfe summierten sich die Zahlungen bis 1963 auf 1,5 Milliarden Dollar. Dafür durften die Vereinigten Staaten in Spanien ihre Militärbasen errichten. Im Oktober 1953 stellte Franco zufrieden fest: »Wir sind die Zentralachse (*eje central*) der Weltpolitik«[143]. 1953 wurde auch das Konkordat mit dem Vatikan abgeschlossen. Der »Gottessohn« (*hijo predilecto de Dios*)[144] – wie Franco auch genannt wurde – und sein diktatorisches System erhielten jetzt päpstliche Unterstützung. Die definitive Konfessionalisierung des Staates fand ihren Ausdruck in der völligen Handlungsfreiheit der Kirche in Bildungsangelegenheiten und in der großzügigen finanziellen Unterstützung der Kirche.

1957 begann ein grundlegender Wechsel in der Wirtschaftspolitik. Bei diesem Wandlungsprozess saßen Opus-Dei-Technokraten an den Schalthebeln der Macht: Eine neoliberale, durchgreifende Modernisierung der Wirtschaft verbanden sie mit erzkonservativem katholischem Naturrecht (»konservativ-autoritäre Modernisierung«). Der Gründer des reaktionären katholischen Geheimordens Opus Dei war der Spanier José María Julián Mariano Escrivá de Balaguer y Albás. Er wurde 1992 selig und 2002 heilig gesprochen. Nach erfolgreich überstandenen politischen und wirtschaftlichen Turbulenzen in den Jahren 1956–1957 überwog in der spanischen Bevölkerung die Zufriedenheit mit der wirtschaftlichen Sicherheit und der politischen Ordnung. Es kam zu ernsthaften Bemühungen, das Regime bleibend abzusichern. Der populistische und paternalistische öffentliche Diskurs förderte die Entstehung des Mythos vom »guten Diktator«[145]. Den Höhepunkt dieser Entwicklung bildete der Besuch des nordamerikanischen Präsidenten und Fünf-Sterne-Generals Dwight D. Eisenhower in Madrid am 21. Dezember 1959. Franco fühlte sich bestätigt und stellte fest: »Mit Militärleuten versteht man sich besser«[146].

Die Jahre zwischen 1959 und 1965 wurden die »goldenen Jahre« genannt. Das Franco-Regime fühlte sich stark und war es auch. Die in diesen Jahren prosperierende Wirtschaft milderte den autoritären Charakter der spanischen Gesellschaft. In der zweiten Hälfte der sechziger Jahre gewann dann die Opposition eine größere Bedeutung. Gleichwohl stellte sie keine Gefahr für das Regime dar. Der Franquismus verstand es, mit der wachsenden Opposition und sogar mit dem Terrorismus zu leben.[147] In der ersten Hälfte der sechziger Jahre protestierten vor allem Studenten, in der zweiten Hälfte überwiegend Arbeiter. Von Mitte der sechziger Jahre an bis zu Francos Tod stieg die Zahl der Streiks enorm. 1966 registrierte man über hundert Arbeitsniederlegungen, die eineinhalb Millionen arbeitsfreie Tage verursachten. 1968 stieg die Zahl der ausgefallenen Arbeitstage auf das Dreifache: 309 Streiks verursachten vier Millionen Tage Arbeitsausfall. Die Auseinandersetzungen spielten sich vor allem in den traditionellen Arbeiterregionen ab – in Asturien, Barcelona, dem Baskenland und Madrid. Zu den Streiks kam es überwiegend in jenen Bereichen, in denen es ein traditionelles Arbeiterbewusstsein gab, wie dem Bergbau und den metallverarbeitenden Berufen.

Seit der zweiten Hälfte der sechziger Jahre trat mit den sozialen Protesten ein anderes Phänomen auf, das für die Opposition charakteristisch werden sollte: der Terrorismus. Obwohl die *Euskadi Ta Askatasuna* (ETA) schon früher entstanden war, griff sie erst 1967 zu terroristischen Maßnahmen. Von 1971 bis zu Francos Tod breiteten sich in allen Großstädten bewaffnete Konflikte aus, was zum Einsatz starker Polizeikräfte führte. Streiks und andere Manifestationen des Protestes forderten zahlreiche Verletzte und Tote. Polizeigewalt herrschte auch an den Universitäten. Hier nahmen die Proteste ständig zu und die Organisationen der extremen Linken wurden zahlreicher.

Die Regierungskrise, die 1969 begann, war in hohem Maße auf den schlechten Gesundheitszustand Francos zurückzuführen. Zwei Jahre zuvor hatte der *Caudillo* seinen fünfundsiebzigsten Geburtstag gefeiert. Franco war sich darüber im Klaren, dass er persönlich die Macht nicht mehr länger würde ausüben können. 1973 ernannte er den bisherigen Vizepräsidenten der Regierung, Luis Carrero Blanco, zum Präsidenten. Im Jahre 1973 befand sich die spanische Regierung zwischen Transition und Fortsetzung des Franquismus. Im Rahmen der Operation *Ogro* wurde Carrero Ende 1973 von der ETA umgebracht. Dieses Ereignis ließ die Krise der Diktatur eskalieren.[148] Zu Blancos Nachfolger wurde Carlos Arias Navarro bestellt. Am 12. Februar 1974 kam es zu einem wichtigen Ereignis, das als *espíritu del 12 de febrero* (Geist des 12. Februars) in die Geschichte eingegangen ist. An diesem Tag verkündete Navarro nämlich seine Bereitschaft, eine Systemreform durchzuführen. Der tatsächliche Inhalt des Reformprogramms war jedoch recht begrenzt.

Das letzte Lebensjahr Francos war von Agonie gezeichnet. Nachdem er im Oktober 1975 infolge eines Herzinfarktes ins Madrider Krankenhaus La Paz eingeliefert worden war, ließ der *Caudillo* die Öffentlichkeit an seinen Schmerzen teilhaben und empfing jeden Tag hunderte Besucher. Am 20. November 1975 informierte Arias Navarro via Fernsehen die Bevölkerung über das Ableben Francos. Unmittelbar darauf wurde Juan Carlos de Borbón im Parlament zum König proklamiert. Der Monarch würdigte Franco auf folgende Weise: »Eine außergewöhnliche Gestalt wird in die Geschichte eingehen. Der Name Francisco Franco ist ein Meilenstein des Spaniertums und ein Markenzeichen, auf das man sich ständig berufen muss, um den Sinn unserer zeitgenössischen Politik zu verstehen. Mit Respekt und Dankbarkeit möchte ich an die Gestalt erinnern, die so viele Jahre die schwierige Verantwortung auf sich nahm, den Staat zu regieren. [...] Spanien wird niemals vergessen, wer als Soldat und Politiker seine ganze Existenz dem Dienst geopfert hat.«[149]

Der bekannte spanische Historiker Javier Tusell Gómez vertritt die Position, dass die Regierung Francos trotz regelmäßiger Verletzungen der Freiheiten und der Menschenrechte kein totalitäres System wie andere zeitgenössische Diktaturen gewesen sei.[150] Auffällig ist, dass nach Francos Tod aus zahlreichen Franquisten – sowohl denjenigen, die Funktionen innehatten, als auch ganz gewöhnlichen Menschen – von einem Tag auf den anderen überzeugte Demokraten wurden. Den Umfragen zufolge, die in den letzten Jahren der Diktatur in Spanien durchgeführt wurden, stieg die Zustimmung der Bevölkerung zur Demokratie ständig an.[151] Der versuchte Staatsstreich vom 23. Februar 1981 blieb eine Episode. Das stümperhaft durchgeführte Unternehmen des Oberleutnants der *Guardia Civil*, Antonio Tejero, der mit zweihundert Mitstreitern in die *Cortes* eindrang und die Parlamentarier als Geiseln nahm, war nach sechzehn bangen Stunden beendet. König Juan Carlos hörte nicht auf seinen ehemaligen Tutor, General Alfonso Armada, und erklärte im Fernsehen, er könne es »nicht dulden, dass der demokratische Prozess durch Gewalt unterbrochen« werde. Dreiunddreißig Personen wurden angeklagt, zweiundzwanzig von ihnen, darunter ein Zivilist und der Rest Militärs und Polizisten, wurden zu Haftstrafen zwischen einem Jahr und dreißig Jahren verurteilt.

Nach dem Tod Francos beschwieg man das Ausmaß der Repressionen während seiner Diktatur. Der altfranquistische Ministerpräsident Carlos Arias Navarro gab keinen Impuls zur Abrechnung mit dem totalitären System. Aber auch der spätere Ministerpräsident Adolfo Suárez dachte nicht daran, eine Debatte über das Franco-Regime zu beginnen. Stattdessen stellte er Franco als denjenigen dar, der Spanien nach den harten Jahren des Bürgerkriegs Arbeit, Wohlstand und Frieden gebracht habe. Mit der Verabschiedung des Amnestiegesetzes vom 14. Oktober 1977 galt sowohl die juristische Bewältigung des Bürgerkrieges als abgeschlossen als auch die der Franco-Diktatur insgesamt. Die großen Zeitungen *ABC*, *El País* und *La Vanguardia* schwiegen über die faschistische Vergangenheit Spaniens. Sie galten als Hüter eines offiziellen Versöhnungsdiskurses und trugen mit dazu bei, die Auseinandersetzung mit der Franco-Diktatur von der Tagesordnung zu verbannen.[152]

An diesem Schweigen änderte sich auch in den achtziger Jahren nichts. Um den Demokratisierungsprozess nicht zu gefährden, verzichteten sogar die sozialistischen Regierungen (1982–1996) darauf, das historische Gedächtnis an die Kriegsjahre in besonderer Weise zu pflegen. Der fünfzigste Jahrestag des Ausbruchs des Bürgerkriegs im Juli 1986 verlief ohne eine besondere Resonanz in der Öffentlichkeit. Außer einigen wissenschaftlichen Kongressen gab es keine öffentliche Diskussion, die dem Andenken der Exilierten und der Kriegsopfer gewidmet gewesen wäre. Der »Pakt des Schweigens« zugunsten der Transition wurde auch von den Sozialisten kontinuierlich gefestigt.[153]

Erst im Jahre 2000 wurde er durchbrochen, als die »Gesellschaft zur Wiederherstellung des historischen Gedächtnisses« des Journalisten Emilio Silva eine breite öffentliche Diskussion initiierte. Der repressive Charakter des frühen Franquismus wurde von akademischen Kreisen neu entdeckt und genauer erforscht. Trotz des Interesses eines Teils der Wissenschaftler an der Auseinandersetzung mit dem Bürgerkrieg und der Franco-Diktatur war der politische Wille zur Belebung des historischen Gedächtnisses bis zum Ende der Regierung von José María Aznar nicht vorhanden. Der offizielle neopatriotische Diskurs der bis März 2004 regierenden Konservativen betonte nachdrücklich, dass der Franquismus definitiv in die Vergangenheit gehöre und unter einem Mantel des Vergessens begraben werden sollte. Forschungsprojekte, die kritische Auseinandersetzungen mit dem Bürgerkrieg und der Franco-Diktatur zum Ziel hatten, wurden in den meisten Fällen abgelehnt. Die

Herrschaftssymbole der Diktatur verschwanden nur sehr langsam aus dem öffentlichen Raum. Die letzten Pesetenstücke mit dem Konterfei des Diktators wurden erst in den neunziger Jahren endgültig aus dem Verkehr gezogen.[154]

Bis heute gibt es in Spanien eine »Francisco-Franco-Stiftung«, der die Tochter des Diktators, Carmen Franco Polo, vorsteht. Das Buch des Benediktinermönches Manuel Garrido »Francisco Franco: vorbildlicher Christ« von 1985, erschien im Jahr 2003 in fünfter Auflage und ist ganz dazu geeignet, den am 20. November 1975 gestorbenen Franco ebenfalls in die Reihe derjenigen einzuordnen, die selig gesprochen werden sollten. Die Stiftung unterstützt diese und andere Werke von und über Franco – unter anderem dessen Roman »Raza« (1942) – und verwaltet seinen umfangreichen Nachlass. Obwohl sie öffentliche Gelder in beträchtlichem Ausmaß erhält, wird manchen Historikern der Zugang zu diesen Quellen verwehrt.

Die Franco-Stiftung und der Benediktinerorden kümmern sich auch um das Mausoleum im »Tal der Gefallenen« (bei Madrid). Hier ließ Franco eine Basilika in den Berg der Sierra de Guadarrama treiben und ein riesiges, granitenes Kreuz auf den Berg setzen – so hoch wie der Kölner Dom. Die Anlage, an der Tausende von Zwangsarbeitern bauten, wurde 1959 fertig gestellt. In dieser »Weihestätte« weht nach Überzeugung seiner Anhänger noch der »Geist des *Caudillo*«. Im Innern der Höhlenkirche gibt es eine Art Ruhmeshalle, ausgestattet mit Schwertern, Fackeln und riesigen Wandteppichen, die Spaniens Größe verherrlichen. Am Ende der Halle steht ein Hochaltar mit zwei Grablegen: vor dem Altar das Grab von José Antonio Primo de Riveras, dahinter das Francos. Dass der »Franco-Mythos« noch lebt, zeigen die an seinem Grab niederknienden Menschen – bei feierlichen Anlässen zum Teil in den Uniformen der Falange oder der Blauen Division. In El Ferrol, der Geburtsstadt Francos, steht bis heute ein wuchtiges Reiterstandbild des *Caudillo*, das 1967 dort aufgestellt wurde. Reiterstandbilder, die Franco zeigen, gibt es auch in anderen Städten. In vielen Orten tragen einige Plätze und Straßen immer noch den Namen Francos oder den des Falange-Gründers José Antonio Primo de Rivera. In Madrid trägt das Militärkrankenhaus Francos Namen.

Auf der anderen Seite exhumieren seit Frühjahr 2003 Wissenschaftler des Archäologischen Instituts der Universität von Burgos dort und an anderen Orten die während des Krieges ermordeten und hastig verscharrten Republikaner. Diese Arbeit gehört zu einem Rehabilitations-Programm der Bürgerkriegsverlierer, der von Antirepublikanern verschrienen *rojos*. Erst im Jahr 2000 begannen alte Menschen, sich ihrer hingerichteten Angehörigen und der Massengräber zu erinnern. Davor hatte ihnen die Furcht vor möglicher Rache der Sieger die Erinnerung versagt.

Mit dem Tod Francos 1975 endete, mitten im Kalten Krieg, die letzte rechtsgerichtete Diktatur in Europa, ohne dass sich daran eine Aufarbeitung anschloss.[155] Man wollte den sanften Übergang von der Diktatur in die Demokratie (»Kontinuität im Wandel«) nicht stören und einigte sich kollektiv, aus Furcht vor einer Wiederkehr der alten Zeiten, auf ein Beschweigen der Vergangenheit.[156] Bis 2002 weigerte sich José María Aznar, Francos Militärputsch zu verurteilen. Erst mit der Parlaments-Resolution vom 20. November 2002 setzten sich alle Parteien für die »moralische Rehabilitierung« der Bürgerkriegsopfer ein. Erst damals verurteilte der *Congreso de los Diputados* mit der absoluten Mehrheit der PP (*Partido Popular*) den Franquismus. 75 Jahre nach der Ausrufung der II. Republik wollten die Opfer des Franquismus das Jahr 2006 zum Jahr des republikanischen Gedächtnisses ausrufen.[157] Auch die Geschichte der Blauen Division musste lange Zeit auf eine kritische Aufarbeitung warten. Erst 2004 ist die erste ernsthafte wissenschaftliche Studie darüber erschienen.[158] Es steht außer Frage, dass der Wahlsieg der Sozialistischen Partei (PSOE) Mitte März 2004 und Spaniens neuer Regierungschef José Luis Rodríguez Zapatero auch die Betrachtung der spanischen Geschichte wie die Gesellschaftspolitik des Landes verändern werden. Zapatero hat im Rahmen seiner Verfassungsreform den Katalanen und den Basken ein Autonomiestatut zugebilligt und das Staat-Kirche-Verhältnis gelockert. Bisher hat er die Homosexuellen-Ehe mitsamt Adoptionsrecht, die Abschaffung des Religionsunterrichts als Pflichtfach und ein beschleunigtes Scheidungsrecht durchgesetzt. Nach seiner Überzeugung ist die Demokratie nur mit einem nichtkonfessionellen Staat und dessen laizistischen Werten vereinbar. Mit diesen Maßnahmen brachte er nicht nur die Kirche, sondern auch die zentralspanischen Nationalisten gegen sich auf. Das im Juli 2006 vorgelegte Erinnerunggesetz für die Opfer des Franquismus[159] möchte eine symbolische Wiedergutmachung leisten. Den Opfern der Diktatur soll auf Antrag der Angehörigen eine offizielle Anerkennung zuteil werden. Die Regierung will allerdings die Urteile der Massenpro-

zesse gegen die Franco-Gegner nicht annullieren lassen, weil dies der
Doktrin des Verfassungsgerichts widerspräche. Auch die Namen der Täter sollen ungenannt bleiben.

2.10 Griechenlands Weg in die Diktatur und das anachronistische Obristenregime

Antiparlamentarismus und Militärrevolten

Der griechische König Konstantin I., ein Schwager Wilhelms II., glaubte während des Ersten Weltkriegs an den Sieg der Mittelmächte und
wollte sein Land neutral halten. Sein Premierminister Elefterios Venizelos drängte dagegen auf den Kriegseintritt an der Seite der Entente.
Im Falle eines Sieges hoffte er auf eine weitere Vergrößerung des griechischen Territoriums (durch die beiden Balkankriege von 1912/13
konnte Griechenland sein Territorium nahezu verdoppeln) auf Kosten
der Türkei. Nach der Vertreibung des Königs mit Hilfe der Entente erklärte Athen unter der Führung von Venizelos am 27. Juni 1917 den
Mittelmächten den Krieg. Auf der Pariser Friedenskonferenz konnte
Venizelos die territorialen Ansprüche seines Landes gegenüber Bulgarien und der Türkei durchsetzen. Dennoch verlor er im November 1920
die Wahlen, ging ins Exil und Konstantin I. kehrte nach Athen zurück.
Die kemalistische Bewegung widersetzte sich freilich den Friedensbe-
stimmungen; Griechenland konnte sie militärisch nicht durchsetzen
und musste sich im August 1922 nach der militärischen Niederlage aus
Kleinasien zurückziehen. Mit den Soldaten verließ die griechische Bevölkerung Kleinasien. Die geschlagene Armee machte die Regierung
für ihre Niederlage verantwortlich und zwang Konstantin zur Abdankung. Sein Nachfolger, Georg II., war nur eine Marionette in der Hand
des Revolutionären Rats der Frontoffiziere. Sie stellten jene Politiker
und Militärs vor ein Kriegsgericht, die sie für die militärische Niederlage verantwortlich machten, und verurteilten sie zum Tode. Die Vertreibung der griechischen Bevölkerung aus Kleinasien wurde durch den
griechisch-türkischen Vertrag vom 30. Januar 1923 und durch den Friedensvertrag von Lausanne vom 24. Juni 1923, von Venizelos ausgehandelt, als rechtmäßig festgestellt. In der Folgezeit hatte sich das schwache Land immer wieder gegen Gebietsansprüche Dritter zu wehren.

Griechenland 1830–1947

▨ Griechenland 1830	☐ Thessalien zu Griechenland 1881	▨ zu Griechenland 1912–1913 (nach den Balkankriegen)
▨ von Griechenland beanspruchtes Gebiet (bis 1923)	▨ von der Türkei bis 1923 an Griechenland abgetreten (Vertrag von Sèvres 1920)	☐ von Bulgarien an Griechenland abgetreten (Vertrag von Neuilly 1919)

⋯⋯ italienisch, 1947 griechisch

Italien besetzte im August 1923 Kerkyras; Serbien, Kroatien und Slowenien forderten eine Freihandelszone im Hafen von Thessaloniki.

Die Ausrufung der Republik am 25. März 1924 sorgte für innenpolitische Erschütterungen, weil die Monarchisten diese Entwicklung nicht akzeptieren wollten. 1925/26 kam es zu einer kurzzeitigen Diktatur des Generals Theodoros Pangalos. Venizelos, seit 1924 erneut im Exil, kehrte wieder zurück, gewann im August 1928 die Wahlen und bescherte für vier Jahre der II. Griechischen Republik eine stabile Pha se. Es gelang ihm durch Freundschaftsverträge mit Italien, Jugoslawien und der Türkei auch die außenpolitische Stabilisierung des Landes.

Die Weltwirtschaftskrise stürzte das Land in eine schwere Depression, die dazu führte, dass Athen am 1. Mai 1932 ein Schuldenmoratorium verkünden musste. Venizelos und seine Liberale Partei hatten am 26. September 1932 eine Wahlniederlage hinzunehmen. Panaris Tsaldaris und seine Volkspartei gewannen zwar die Wahlen, aber doch nicht genug Stimmen für die absolute Mehrheit. Es entstand eine Pattsituation zwischen den beiden großen Parteien. Mit Duldung der Liberalen übernahm die Volkspartei Anfang 1933 die Regierungsgewalt, wurde aber vierzehn Tage später von Venizelos schon wieder gestürzt. Dieser kündigte für den 5. März Neuwahlen an und schmiedete zusammen mit kleineren Parteien den Block »Nationales Bündnis«. Unter Führung der Volkspartei schlossen sich die oppositionellen Parteien zur »Vereinigten Opposition« zusammen. Als sich die Wahlniederlage Venizelos' abzeichnete, putschte der ihm nah estehende General Plastiras am 5. März 1933, erklärte das parlamentarische System für gescheitert und proklamierte die Diktatur. Da ihm jedoch die anderen Offiziere den Gehorsam verweigerten, scheiterte der Putsch, Venizelos entkam mit knapper Not einem Anschlag und die Volkspartei unter Tsaldaris wurde mit der Regierungsbildung beauftragt. In der Folgezeit tauschte die neue Regierung die venizelistischen Offiziere gegen solche aus, die royalistisch und der Volkspartei ergeben waren, um die Armee, die seit 1922 fest in den Händen der Liberalen war, in ihrem Sinne zu verändern. Dennoch ließen die wirtschaftlichen Erfolge der totalitären Regime in Europa eine Diktatur immer attraktiver erscheinen, um die vielfältigen Probleme des Landes endlich in den Griff zu bekommen. In beiden großen Parteien gab es Persönlichkeiten, die einen solchen Weg für aussichtsreich hielten – auf Seiten der Liberalen Plastiras, auf Seiten der Antivenizelisten Ioannis Metaxas. Auch Venizelos, der seinerzeit die Republik in Griechenland durchgesetzt hatte, war zur Demontage des parlamentarischen Systems bereit, um seine Partei wieder an die Macht zu bringen. Sein Putschversuch vom 1. März 1935 scheiterte jedoch am Widerstand der Regierung Tsaldaris und der ihr ergebenen Streitkräfte. Venizelos flüchtete nach Paris und Tsaldaris rief – ebenfalls verfassungswidrig – das Kriegsrecht aus, ließ auf allen Ebenen die Venizelisten verfolgen und das Armeecorps von republikanischen Offizieren »reinigen«. Im Juni 1935 veranlasste er Wahlen, die – wegen des Boykotts der Venizelisten – zu einem erdrutschartigen Sieg der Volkspartei (65 Prozent der Stimmen, 96 Prozent der Sitze im Parlament) führten.

Im Lager der Volkspartei wurden nun jene Stimmen wieder lauter, die die Restauration der Monarchie forderten. Heeresminister General Kondylis, der mächtigste Mann im Kabinett, beendete die Debatte, indem die Armee die Regierung Tsaldaris absetzte und ihn, Kondylis, zum Ministerpräsidenten machte. Kondylis ließ im Parlament die Monarchie ausrufen und am 3. November 1935 ein Referendum über ihre Etablierung abhalten. Durch Manipulation brachte das Referendum 97,80 Prozent der abgegebenen Stimmen für die Monarchie. Auch Venizelos war nun bereit, die Rückkehr Georgs II. zu unterstützen, wenn im Gegenzug alle Putschisten vom 1. März 1935 amnestiert würden. Sofort nach seiner Rückkehr setzte Georg II. Kondylis ab, bestellte eine Übergangsregierung und beraumte für den 26. Januar 1936 Neuwahlen an. Wiederum entstand aufgrund des Wahlergebnisses zwischen den beiden großen Parteien eine Pattsituation. Liberale wie Volkspartei mochten sich nicht zur Zusammenarbeit entschließen, aber auch nicht mit der Kommunistischen Partei koalieren. Die Verhandlungen mit dieser lösten gleichwohl Besorgnisse in der inzwischen streng royalistischen Armee aus.

Metaxas' Diktatur

Mitte März 1936 ernannte Georg II. Ioannis Metaxas, einen der schärfsten Kritiker des Parlamentarismus, zum Heeres- und Luftwaffenminister der Übergangsregierung. Gleichzeitig fungierte er als stellvertretender Ministerpräsident. Als Anfang April 1936 der Ministerpräsident der Übergangsregierung, Konstantinos Demertzis, verstarb, ernannte Georg II. am 13. April Metaxas zum Ministerpräsidenten, ohne mit den Parteien Rücksprache zu nehmen. Metaxas bewog das Parlament, sich bis zum 30. September zu vertagen und die Kontrolle einer vierzigköpfigen Abgeordnetenkommission zu überlassen – eine verblüffende Parallele zu Deutschland. Kurze Zeit später setzte Metaxas unter dem Vorwand, einem drohenden Generalstreik der Kommunisten begegnen zu müssen, wesentliche Artikel der Verfassung außer Kraft, beseitigte mit Duldung des Monarchen das Parlament und proklamierte einen »Neuen Staat«. Das »Regime des Vierten August

1936«, wie Metaxas seine Diktatur gerne nannte, war ein rückwärts ge-
richtetes, paternalistisches Regime - überdeckt von einer quasi-faschi-
stischen Rhetorik und mit vielen Anleihen bei Salazars Portugal. In Anlehnung an das »Dritte Reich« sprach er von der »Dritten Hellenischen
Zivilisation«, nach der griechischen Antike und dem mittelalterlichen
Byzanz. »Im wesentlichen war Metaxas ein totalitärer Paternalist, der
sich - wie auch dreißig Jahre später die Obristen - verpflichtet sah, seine von ihm als ungestüm und wild angesehenen Landsleute zu disziplinieren.«[160]

Metaxas führte eine staatliche Wirtschaftskontrolle ein, verwaltete
die Gewerkschaften und lenkte die Preisentwicklung. Die Sozialversi-
cherung wurde etwas ausgebaut, die Lebensverhältnisse der Bauern verbessert. Alle politischen Parteien wurden aufgelöst, aber keine neue
»Staatspartei« gebildet. Allerdings gründete Metaxas 1936 eine Nationale Jugendorganisation (EON), der nach zwei Jahren bereits eine Million junger Griechen angehörten. Er stärkte das Militär, schuf einen ef-
fizienten Polizeiapparat und richtete Gefangenenlager für politische
Gegner ein. Damit sorgte er für ein Klima der Furcht und neutralisier-
te die Gefahr aktiven Widerstands. Rassische Vorurteile waren Metaxas fremd, er schritt auch nicht zur physischen Vernichtung seiner Gegner, war aber von Hass gegen Kommunismus, Liberalismus und
Parlamentarismus erfüllt. Nach und nach wurden die älteren Verwal-
tungsbeamten durch jüngere ausgetauscht, die dem neuen Regime ge-
wogen waren. Nach zwei Jahren Herrschaft kam es zur Selbsternen-
nung Metaxas' zum Diktator auf Lebenszeit - mit Billigung des
Monarchen. Die Ideologie der Diktatur bestand in einem rückwärts ge-
wandten »Hellenismus«, wonach Griechenland durch das Regime wieder zu einer »Dritten Kultur« emporgeführt werden sollte. Das Regime
gebrauchte den faschistischen Gruß, verstand sich selbst als »totalitär«,
war es aber nicht. Es fehlte eine entsprechende revolutionäre Doktrin,
und es gab keine Massenmobilisierung. Letztlich handelte es sich um
eine »bürokratische Form von Autoritarismus«[161] auf der Grundlage
kultureller und religiöser Traditionen - ein rechtsradikales autoritäres
System, das sowohl von der Krone als auch von Großbritannien akzeptiert wurde. Metaxas löste sich freilich zunehmend von diesem traditionellen Verbündeten und suchte die ideologische Annäherung an
Deutschland und Italien. Nach seinem Tod Ende Januar 1941 und der
deutschen Invasion drei Monate später brach das Regime zusammen.

Andernfalls hätte sich diese autoritäre Diktatur noch einige Zeit halten können. Die Griechische Nationalsozialistische Partei unter Georgios Merkouris hatte dagegen nie einen nennenswerten Zulauf. 1938 hatte Metaxas ein formelles Bündnisabkommen mit Großbritannien vorgeschlagen, worauf die Inselmacht freilich nicht einging. Vor dem Hintergrund der Besetzung Albaniens durch Italien boten Großbritannien und Frankreich im April 1939 Griechenland eine Garantie seiner territorialen Integrität an, wenn es sich bei Angriffen von außen widersetze. Ende Oktober 1940 übergab der italienische Botschafter in Athen Metaxas ein demütigendes Ultimatum, wonach es Italien erlaubt sein sollte, strategisch wichtige Punkte griechischen Territoriums zu besetzen. Metaxas wies diese Zumutung umgehend zurück. Daraufhin überquerten italienische Streitkräfte die griechisch-albanische Grenze. Doch Metaxas' Truppen, getragen von einer Welle nationaler Begeisterung, schlugen den Angreifer weit auf albanisches Gebiet zurück und annektierten den südlichen, auch von Griechen bewohnten Teil Albaniens (Nordepirus). Churchills Angebot, Truppen zu entsenden, lehnte Metaxas ab, weil er hoffte, durch deutsche Vermittlung zwischen Griechenland und Italien den Kriegseintritt vermeiden zu können. Sein Nachfolger Alexandros Korysis bat um ein britisches Expeditionskorps, das aber zu spät eintraf, um die deutsche Invasion vom 6. April 1941 aufzuhalten. Die deutsche Armee besiegte rasch die griechisch-britischen Truppen. Am 23. April, drei Tage vor dem Fall Athens, handelte General Tsolakoglou einen Waffenstillstand mit den Deutschen aus, der König, seine Regierung und ein Teil der griechischen und britischen Streitkräfte zogen sich auf die Insel Kreta zurück. Ende Mai 1941 eroberten deutsche Luftlandetruppen auch die Insel Kreta und setzten ein Kollaborations-Regime ein. Mit dessen Hilfe sollten 1943 67.000 griechische Juden, 87 Prozent der gesamten jüdischen Bevölkerung des Landes, deportiert und getötet werden. Im Juni 1941 stand ganz Griechenland unter einer deutsch-italienisch-bulgarischen Besatzung. Infolge der Ausbeutung des Landes kam es im Winter 1941/42 zu einer Hungersnot, die 100.000 Menschen das Leben kostete.

Bürgerkrieg

Nach dem Überfall Deutschlands auf die UdSSR im Juni 1941 koordinierte die Kommunistische Partei Griechenlands den Widerstand und gründete im September 1941 die Nationale Befreiungsfront EAM (*Ethniko Apeleftherotiko Metopo*). Die alten bürgerlichen Parteien nahmen an dem Partisanenkampf der von der EAM geführten Nationalen Volksbefreiungsarmee (ELAS) nicht teil und überließen den Kommunisten das Feld. Im Nordwesten Griechenlands entstand die nichtkommunistische Griechische Republikanische Befreiungsliga EDES (*Ellinikos Dimokratikos Ethnikos Syndesmos*). Das schließlich im Sommer 1943 geschaffene, gemeinsame Hauptquartier der Widerstandskräfte wurde von der EAM und der ELAS dominiert. Eine Partisanendelegation, die im August 1943 in Kairo mit den Briten und der Exilregierung unter Georg II. verhandelte, forderte vergeblich Schlüsselpositionen im Exilkabinett und den Verbleib des Königs im Ausland so lange, bis eine Volksabstimmung wirklich zu seinen Gunsten entschieden habe. Im Winter 1943/44 kam es zu heftigen militärischen Auseinandersetzungen zwischen EDES und ELAS, der die Briten den Nachschub abschnitten. Im Februar 1944 konnte ein Waffenstillstandsabkommen zwischen den beiden Widerstandsgruppen vereinbart werden, demzufolge EDES auf die Region Epirus beschränkt blieb. Im März 1944 errichtete die EAM ein Politisches Komitee der Nationalen Befreiung (PEEA), das in den zurückeroberten Gebirgsregionen Griechenlands den Anspruch auf Regierungsgewalt erhob. Daraufhin kam es zu einer Meuterei unter den in Ägypten stationierten griechischen Streitkräften, die sich dem PEEA anschließen wollten. Britische Truppen schlugen die Meuterei nieder, und Churchill suchte im Oktober 1944 in Moskau durch eine Aufteilung Europas in Interessensphären eine Einflussnahme Stalins auf Griechenland zu unterbinden. Als Premierminister der neuen Exilregierung wurde der kurz zuvor aus Griechenland geflohene Georgios Papandreou eingesetzt, ein Venizelist und militanter Antikommunist. Er sollte eine Regierung der nationalen Einheit aufbauen, in der die Kommunisten nicht das Sagen hatten. Wahrscheinlich unter dem Einfluss einer sowjetischen Militärdelegation stimmte die EAM dem im Libanon geschlossenen, für sie sehr ungünstigen Abkommen zu und unterstellte auch ihre Truppen dem britischen Oberkommando.

Am 18. Oktober 1944 zog die Regierung Papandreou ins befreite Athen ein. Den Forderungen nach Bestrafung der Kollaborateure gab sie nicht nach und verhielt sich auch gegenüber der EAM nicht korrekt, die daraufhin aus dem Kabinett austrat und am 3. Dezember 1944 einen Generalstreik in Athen organisierte. Als Polizisten auf die Demonstrierenden schossen und fünfzehn Personen töteten, griffen ELAS-Einheiten in die Kämpfe ein und lieferten sich mit den britischen Streitkräften wilde Straßenschlachten. Die ELAS war mit 60.000 Kämpfern die größte bewaffnete Einzelformation und zeigte sich angesichts der Situation nicht mehr zur Demobilisierung bereit.

Vergeblich flogen Churchill und sein Außenminister Anthony Eden am 24. Dezember nach Athen, um zwischen den Parteien eine Übereinkunft zu erzielen. Der britische Premierminister gewann allerdings den Eindruck, dass die Bevölkerung stark gegen eine Rückkehr des Königs eingestellt sei, und bewog Georg II., Erzbischof Damaskinos von Athen bis zur ausstehenden Verfassung zum Regenten zu ernennen. Papandreou wurde durch den Alt-Venizelisten General Plastiras ersetzt. Erst mit Hilfe italienischer Verbände gewannen die Briten in Athen die Oberhand über die ELAS-Verbände. Mitte Januar 1945 konnte eine Feuerpause vereinbart werden, einen Monat später wurde in Varkisa ein Abkommen geschlossen: Gegen das Versprechen einer Amnestie für politische Straftaten war die ELAS nun zur Entwaffnung bereit. Auf ein Plebiszit für oder gegen die Monarchie sollten freie Wahlen folgen. Doch die Polarisierung der extremen politischen Fronten äußerte sich in gegenseitigen Racheakten. Ende 1945 wurde unter Themistoklis Sophulis, dem achtzigjährigen Führer der Liberalen Partei und politischen Erben Venizelos', eine Regierung gebildet, von der man sich Stabilität versprach. Sophulis kündigte für den 31. März 1946 zuerst Wahlen an und kehrte damit vereinbarungswidrig die Reihenfolge um. Daraufhin entschieden sich die Kommunisten unter Führung von Nikos Sachariadis für einen Boykott der Wahlen. Diese fanden somit unter irregulären Voraussetzungen statt und führten mit 55 Prozent der Stimmen zu einem überwältigenden Sieg einer rechtsgerichteten Koalition unter Führung der Volkspartei. Die neue Regierung unter Dinos Tsaldaris setzte nun die Volksbefragung auf den September 1946 fest. In dem unter fragwürdigen Bedingungen durchgeführten Plebiszit entschied sich die Bevölkerung zu 68 Prozent für eine Rückkehr des Königs. Die rechtsgerichtete Regierung verschärfte die Konflikte noch und trug somit ihren Anteil an dem Ausbruch des Bürgerkriegs. Im Oktober 1946 gaben die Kommunisten die Gründung einer Demokratischen Armee unter Führung von Vafiádis, einem früheren Führer von ELAS, bekannt.

Ende Dezember 1947 wurde die Kommunistische Partei zu einer illegalen Organisation erklärt. Der mit äußerster Brutalität geführte Bürgerkrieg dauerte bis Spätsommer 1949 und konnte von der Nationalen Armee der Regierung nur gewonnen werden, weil die USA in erheblichem Umfang ökonomische und militärische Hilfe leisteten. Im März 1947 gewährte der amerikanische Kongress Griechenland ein bedeutendes Nothilfeprogramm – Teil eines Unterstützungsprogramms für freie Völker, die von innerer Subversion bedroht waren (Truman-Doktrin). Die Demokratische Armee der Kommunisten erhielt Unterstützung von den Nachbarländern Jugoslawien, Bulgarien und Albanien. Als Jugoslawien 1948 aus der Kominform ausgestoßen wurde, nahmen die griechischen Kommunisten Partei für Moskau. Daraufhin stellte Jugoslawien seine Hilfe für die Demokratische Armee ein und schloss 1949 endgültig die Grenze für die Partisanen. Die UdSSR – zu diesem Zeitpunkt noch keine Atommacht – griff in den Konflikt nicht ein.

Das Obristenregime

1967 putschte sich eine Gruppe von relativ rangniedrigen Offizieren um die Obersten Georgios Papadopoulos und Nikolaos Makaresos sowie den Brigadegeneral Stylianos Pattakos an die Macht. Die Militärjunta stellte den anachronistischen Versuch dar, an das 1941 untergegangene Metaxas-Regime anzuknüpfen. Wie dieses behaupteten die Putschisten, einer nahe bevorstehenden kommunistischen Machtergreifung zuvorgekommen zu sein. Sie wollten die traditionellen Werte der hellenistisch-christlichen Zivilisation gegen die westlich-säkularen Einflüsse verteidigen. Dazu nahmen sie starke Anleihen bei der ideologischen Propaganda und den autoritären paternalistischen Grundsätzen des Metaxas-Regimes. Die »Revolution des 21. April 1967«, wie sich die Militärjunta hochtrabend nannte, war in Wahrheit einem Wahlsieg der Zentrumsunion zuvorgekommen, von dem sie befürchten musste, dass er zu einer Säuberungsaktion in der Armee geführt hätte. Dieser Säuberung wären genau jene ultrarechten Cliquen zum Opfer gefallen, denen sie selbst angehörten. Ideologisch vertrat das Regime einen militanten Antikommunismus und ließ Tausende von Menschen, denen linksgerichtete Sympathien vorgeworfen wurden, ins Gefängnis werfen, verbannen oder unter Hausarrest stellen. Viele Verfolgte emigrierten. Nachdem König Konstantin II. im Dezember 1967 einen dilettantischen Gegenputsch-Versuch unternommen hatte, musste auch er das Land verlassen. Oberst Papadopulos übernahm das Amt des Premierministers und weitere Schlüsselministerien. 1968 führte er eine totalitäre Verfassung ein, die er durch ein manipuliertes Plebiszit ratifizieren ließ. Ein schlagkräftiger Sicherheitsapparat erstickte jeden Widerstand gegen das unpopuläre Regime. Nach einer fehlgeschlagenen Meuterei der Marine im Mai 1973 wollte Papadopulos – als ersten Schritt auf dem Weg zu einer gelenkten Demokratie – eine Präsidiale Parlamentarische Republik errichten. Doch vor dem entsprechenden Referendum eskalierten die studentischen Unruhen zum Sturz der Junta. In der Nacht vom 16. auf den 17. November 1973 räumten Polizei und Militär unter Einsatz von Panzern die von Studierenden besetzten Universitätsgebäude in Athen. Das gewaltsame Vorgehen kostete mindestens dreißig Menschen das Leben, Hunderte wurden verletzt und eingekerkert. Aufgrund des Blutvergießens kam es zur Absetzung von Papadopulos und seiner Marionettenregierung. Ihm folgte Brigadegeneral Dimitrios Ioannidis von der gefürchteten Geheimpolizei, der noch brutaler gegen Regimegegner vorging.

Seit Ende 1973 verschärfte sich der Konflikt mit der Türkei, die im Gebiet der Ägäis nach Öl bohren wollte. Im Zuge dieser Auseinandersetzung forderte das Ioannidis-Regime von Präsident Makarios auf Zypern, er möge Athen als das nationale Zentrum des Hellenentums anerkennen. Als dieser sich weigerte und Anfang Juli 1974 die Entfernung aller griechischen Offiziere aus der zyprischen Nationalgarde forderte, reagierte Ioannidis mit einem Putsch gegen Makarios, der die Insel verlassen musste. Die Türkei sah in diesen Vorgängen den Beginn einer Vereinigung mit Griechenland und begann am 20. Juli 1974 eine Invasion im nördlichen Teil der Insel. Beide NATO-Länder machten gegeneinander mobil, die Region befand sich am Rand eines Krieges. Doch das heillose Durcheinander bei der Mobilisierung, die Ioannidis angeordnet hatte, gab dem Militärregime den Todesstoß. Mächtige Kreise in der Armee wie das alte politische Establishment forderten die Rückkehr zu einer bürgerlichen zivilen Regierung. Man rief Konstantin Karamanlis (Führer der Griechischen Sammlung/Nationalradikalen Union, ERE) aus dem französischen Exil zurück und beauftragte ihn, für einen Übergang von der militärischen Herrschaft zu einer pluralistischen Demokratie zu sorgen. Am 24. Juli 1974 legte er seinen Eid als Premierminister ab.

2.11 Die Bildung Jugoslawiens, Königsdiktatur und autoritärer Staat

Gründung eines südslawischen Staates unter serbischer Führung

Bereits vor und während des Ersten Weltkrieges gab es Überlegungen, eine südslawische staatliche Einheit zu bilden. Serbien erklärte am 7. Dezember 1914 die Befreiung aller Serben, Kroaten und Slowenen von der österreichisch-ungarischen Herrschaft zum Kriegsziel. Auf Seiten kroatischer Emigranten gab es ebenfalls Kräfte, die bei der Entente für eine föderative Staatenbildung der genannten Territorien eintraten. Die im »Jugoslawischen Ausschuss« zusammenarbeitenden Emigranten waren auch bestrebt, den Londoner Vertrag vom 26. April 1915 einer Revision zuzuführen, denn darin hatte die Entente Italien als Gegenleistung für den Kriegseintritt unter anderem Gebiete zugesprochen, die zum Staatsgebiet des neuen Jugoslawien gehören sollten. Nach den Vorstellungen der Entente sollte Serbien durch eine Westerweiterung entschädigt werden – eine Regelung, die auf Kosten der zukünftigen Föderation gegangen wäre. Das Problem in dem italienisch-jugoslawischen Grenzkonflikt lag darin, dass hier zwei »Siegermächte« miteinander verhandelten und die Entente den Streit nicht auf Kosten eines Verlierers schlichten konnte. Am 12. November 1920, im Vertrag von Rapallo, verzichtete Italien schließlich auf Dalmatien. Die Stadt Fiume (Rijeka) wurde einfach annektiert.[162] Der Verlust slowenischer und kroatischer Territorien schwächte das Gewicht dieser Regionen gegenüber Serbien. Ähnlich wie in Deutschland vor 1914 und in Polen nach 1919 betrieb Italien in seinen neuen Territorien eine rücksichtslose Assimilierungs- oder vielmehr Verdrängungspolitik im Blick auf die slawische Kultur und Sprache.

Im Mai 1917 empfing die serbische Exilregierung auf der Insel Korfu Vertreter des Jugoslawischen Ausschusses. Nach mehrwöchigen Gesprächen verabschiedeten die Verhandlungspartner am 20. Juli 1917 eine Deklaration, in der Serben, Kroaten und Slowenen als »dreinamiges Volk« definiert wurden. Die Herstellung eines gemeinsamen Staates wurde als Akt nationaler Einigung verstanden und mit der italienischen beziehungsweise deutschen Einigung im letzten Drittel des 19. Jahrhunderts verglichen. Eine weitere Initiative erfolgte durch kroatische und slowenische Abgeordnete im österreichischen Reichsrat. Diese forderten eine föderative Umbildung der habsburgischen Monarchie und damit ein hohes Maß an Unabhängigkeit für ihre Staatsgebiete. Schließlich trafen sich am 8. April 1918 polnische, tschechische, slowakische, rumänische, kroatische und slowenische Delegierte in Rom und forderten die Auflösung der Doppelmonarchie sowie eigene Nationalstaaten.

Am 6. Oktober 1918 bildete sich in Zagreb ein Nationalrat der Slowenen, Kroaten und Serben. Dieser einhundertfünfzig Mitglieder umfassende Nationalrat bestand aus ehemaligen Abgeordneten der österreichischen Kronländer und neuen Repräsentanten, die von den Parteien bestimmt worden waren. Am 29. Oktober, einen Tag nach der Proklamation des tschechoslowakischen Staates, erklärte der Nationalrat seine Unabhängigkeit von der Doppelmonarchie und die Bildung eines »Staates der Slowenen, Kroaten und Serben« (SHS). Die Wiener Regierung akzeptierte die Loslösung, was sie unter anderem dadurch zum Ausdruck brachte, dass sie am 31. Oktober 1918 dem neuen Staat die in Pula liegende k. u. k.-Flotte unterstellte.

Am 6. November 1918 nahmen Vertreter der serbischen Regierung und des Zagreber Nationalrates in Genf die Verhandlungen auf, um frühere Pläne über einen gemeinsamen südslawischen Staat zu konkretisieren. In ihrer Deklaration vom 9. November 1918 verkündeten sie die Bildung eines »Staates der Serben, Kroaten und Slowenen«. Dieser sollte eine Konföderation zwischen dem die früheren österreichischen Gebiete vertretenden Nationalrat und der Regierung des Königreichs Serbien sein und eine gemeinsame Vertretung nach außen bilden.

Doch diese Beschlüsse wurden nie in die Tat umgesetzt und waren bald auch überholt. Denn die politische Elite in Serbien hatte kein Interesse an einer gleichberechtigten Behandlung der vom Nationalrat vertretenen, früheren Territorien des Kriegsverlierers. Im Unterschied zu Kroatien und Slowenien betrachtete sich Serbien nach der Rückeroberung seines Staatsgebietes mit Hilfe der Entente-Mächte als Siegerstaat. Hinzu kam, dass der Zagreber Nationalrat dem Vordringen der italienischen Verbände auf sein Staatsgebiet nichts entgegenzusetzen hatte und schließlich Serbien um die Entsendung von Truppen bitten musste. Am 24. November 1918 beschloss der Nationalrat, dem ser-

Jugoslawien 1919–1940

Serbien 1912	Serbien 1914	Montenegro 1912	Montenegro 1914
von Steiermark von Österreich 1919	von Kärnten von Österreich 1919	Krain von Österreich 1919	Dalmatien von Österreich 1919
Kroatien-Slawonien von Ungarn 1920		von Ungarn 1920	
Bosnien-Herzegowina v. Österreich-Ungarn		von Bulgarien	–·–· Grenzen 1919–40

bischen Prinzregenten Aleksandar Karađorđević auch die Herrscher-
gewalt über das eigene Staatsgebiet anzutragen und damit ein
gemeinsames Staatsoberhaupt für Slowenen, Kroaten und Serben anzuerkennen. Der einzige Gegner dieser Lösung war Stjepan Radić, der
Führer der Kroatischen Bäuerlichen Volkspartei, weil er – zu Recht –
die Bildung einer Belgrader Zentralregierung fürchtete. Aleksandar akzeptierte das Angebot des Nationalrates und verkündete die Vereini-

gung Serbiens mit den Ländern des Unabhängigen Staates der Slowenen, Kroaten und Serben. Am 20. Dezember 1918 erfolgte die Bildung
eines Kabinetts für den Gesamtstaat. Ministerpräsident wurde der Serbe Stojan Protić, Außenminister Ante Trumbić vom Jugoslawischen
Ausschuss und Innenminister Svetorzar Pribicević von der Kroatisch-
serbischen Koalition. Am 1. März 1919 nahm die Provisorische Volksvertretung aus Delegierten aller Landesteile ihre legislative Arbeit auf.

In den ehemals österreichisch-ungarischen Gebieten gärte es
1919/20. Es gab wegen der in Kroatien bis dahin unüblichen Markie-
rung von Zugvieh durch Brandzeichen große Unruhe unter der Bauernschaft, die sogar in einem regionalen Aufstand eskalierte. Auch die
Geldumstellung und der Wechselkurs bereiteten erhebliche Schwierigkeiten. Schließlich sorgten die einseitige Beförderung serbischer Offiziere und die eindeutige Benachteiligung ehemaliger k.u.k.-Offiziere
für Irritationen. Überhaupt war das jugoslawische Offizierskorps
serbisch dominiert. 1938 betrug die Anzahl der Kroaten gerade zehn
Prozent.

Am 28. November 1920 fanden die Wahlen zur Verfassunggebenden
Nationalversammlung statt. Die beiden zentralistisch orientierten Regierungsparteien – die Demokratische Partei und die Radikale Partei –
gingen mit 92 beziehungsweise 90 von insgesamt 419 Sitzen als Sieger
aus diesen Wahlen hervor. Die Kommunisten erhielten 58 Sitze und
Radićs »Kroatische Volkspartei«, umbenannt in Kroatische Republikanische Bauernpartei (HRSS), 50 Sitze. Das Amt des Ministerpräsidenten übernahm Anfang 1921 der Serbe Nikola Pašić. Die HSS und
andere Parteien boykottierten den von der Verfassunggebenden Versammlung gewählten engeren Ausschuss. Darüber hinaus verweigerten
die Abgeordneten der HRSS den vorab auf den König geforderten Eid.
Stattdessen stellte die HRSS in Zagreb einen eigenen Verfassungsentwurf für die ehemaligen k.u.k.-Gebiete vor, der eine Konföderation mit
den anderen Territorien auf dem jugoslawischen Staatsgebiet vorsah.
Im Blick auf die Grenzen wurde der Vertrag von Rapallo für nichtig erklärt, und es wurden jene Gebiete zurückgefordert, die freilich erst
1945 wieder Kroatien zugeschlagen wurden.

Die Abstimmung über die erste jugoslawische Verfassung (Vidovdan-
Verfassung) erfolgte am 28. Juni 1921, dem Jahrestag der Schlacht auf
dem Amselfeld im Jahr 1389. Schon aus dem sinnfällig gewählten Datum war ersichtlich, dass der neue Staat ganz in der Tradition der ser-

bischen Geschichte stehen sollte. Die Verfassung wurde mit 223 zu 35 Stimmen angenommen; 161 Abgeordnete, vor allem Vertreter aus Kroatien-Slowenien und Dalmatien, boykottierten die Abstimmung. Der neuen Verfassung zufolge besaß der König wie das Parlament (die *Skupstina*) das Recht auf Gesetzesinitiativen und ein Veto-Recht; der Monarch bestellte auch die Regierung, hatte also eine recht starke Stellung inne. Die mit serbischer Mehrheit gegen den Willen der kroatischen und slowenischen Vertreter durchgesetzte Verfassung »erhob den amtlich propagierten Unitarismus in den Rang eines Verfassungsprinzips und verknüpfte ihn nach dem Motto ›eine Nation – ein Staat‹ mit einer zentralistischen Verwaltungsgliederung, die keinen Spielraum für regionale Belange ließ«[163].

1924 wurde diese neue zentralistische Verwaltungsgliederung eingeführt; sie unterteilte die historischen Territorien ohne Rücksicht auf überkommene Grenzen nach französischem Vorbild in 33 Départements (»Gebiete«, *oblasti*). Diese Maßnahme entsprach ganz derjenigen in Polen und der Tschechoslowakei.

Mit Ausnahme der Kommunisten waren die Parteien in diesem multinationalen Staat in erster Linie national, weniger weltanschaulich geprägt. Soweit sie nicht serbisch bestimmt waren, opponierten sie gegen den Führungsanspruch der serbischen Nation. Es dürfte daher kein Zufall sein, dass den Kommunisten, seit Ende 1920 in der Illegalität, nach 1945 für eine Epoche lang die Überwindung der nationalen Gegensätze gelang.

Die kroatische Bauernpartei HRSS von Radić basierte zunächst auf jenen Wählergruppen, die vor 1918 vom Wahlrecht ausgeschlossen waren. Sie profilierte sich alsbald zu einer institutionalisierten Nationalbewegung, die auf eine föderative Umgestaltung des jugoslawischen Staates hinarbeitete. Bei den Parlamentswahlen vom März 1923 kandidierte sie nicht mehr nur in Kroatien-Slowenien, sondern auch in Dalmatien und Teilen von Bosnien-Herzegowina und konnte ihre Wählerzahlen gegenüber den Wahlen zur Verfassunggebenden Versammlung von 1920 verdoppeln. In dem neuen Parlament, das über 315 Sitze verfügte, stellte die HRSS 70 Abgeordnete. Zusammen mit der Slowenischen Volkspartei (SLS) und der Jugoslawischen muslimischen Organisation (JMO) mit Sitz in Bosnien-Herzegowina bildete sie den Föderativen Block.

Durch diese Entwicklung drohten die beiden Regierungsparteien Demokratische Partei und Radikale Partei ihre Mehrheit zu verlieren, zumal sich 1924 von der Demokratischen Partei die Unabhängige Demokratische Partei (SDS) abgespalten hatte, die im Unterschied zu ihrer Mutterpartei einen scharf antiföderalen Kurs steuerte. Aleksandar, seit 17. August 1921 König, beauftragte, entsprechend der neuen Mehrheitsverhältnisse, nunmehr den gemäßigten Ljubo Davidović von der Demokratischen Partei mit der Regierungsbildung. Die Demokraten koalierten nun, unterstützt von der Bauernpartei, mit der Slowenischen Volkspartei und der Jugoslawischen Muslimischen Organisation. Im Sommer 1924 trat die Bauernpartei der kommunistischen Bauerninternationale bei.

Da Davidović die republikanisch orientierte Bauernpartei in seine Regierung einbinden wollte, löste Aleksandar ihn ab und betraute Pašić von der Radikalen Partei mit der Regierungsbildung, der mit Svetozar Pribićević von der Unabhängigen Demokratischen Partei koalierte. Die Bauernpartei wurde Ende 1924 wegen ihrer Zugehörigkeit zur Bauerninternationale aufgelöst und ihre führenden Politiker, darunter auch Radić, inhaftiert. Dennoch durfte die Bauernpartei bei den Wahlen des Jahres 1925 kandidieren und erhielt 67 Mandate. Aleksandar arrangierte sich nun mit Radić, der mit seiner Partei die Monarchie wie die Verfassung anerkannte und das »republikanisch« aus dem Parteinamen strich. Die sich nunmehr nur noch »Kroatische Bauernpartei« (HSS) nennende politische Gruppierung koalierte jetzt mit Pašićs Radikaler Partei. Doch das Bündnis hielt nicht einmal zwei Jahre. Nachdem die Koalition geplatzt war, traten zuerst die Slowenische Volkspartei, später auch die Jugoslawische Muslimische Organisation und die Demokratische Partei in eine Koalition mit der Radikalen Partei ein, die den Ministerpräsidenten – Veljko Vukičević – stellte.

Die Bauernpartei verlor die Wahlen im September 1927 – sie erhielt nur noch 61 Sitze –, fand aber in ihrem ehemaligen Gegner, der Unabhängigen Demokratischen Partei, einen neuen Verbündeten. Deren Parteiführer Pribićević gab seinen zentralistischen Kurs auf, weil er enttäuscht über die permanente Benachteiligung der Bevölkerung in den ehemaligen habsburgischen Landesteilen war. Beide Parteien taten sich zur Bäuerlich-Demokratischen Koalition (SDK) zusammen.

Das Steuerrecht, die Wirtschaftspolitik und auch das Kräfteverhältnis im Staatsapparat begünstigten eindeutig die Gebiete des alten Königreichs Serbien. Hatten die kroatischen Territorien im Habsburger Staat zu den rückständigsten gehört, so gehörten sie innerhalb Jugoslawiens – zusammen mit Slowenien – zu den am stärksten industrialisierten. Darum bevorzugten in den 1920er Jahren ausländische Investoren diese Landesteile. Doch seit Ende dieses Jahrzehnts stagnierte die Entwicklung, was nur zu einem geringen Teil auf die Weltwirtschaftskrise zurückzuführen war. Der Hauptgrund lag darin, dass seit dieser Zeit der jugoslawische Kapitalmarkt auf in Belgrad ansässige Banken konzentriert wurde, die bei der staatlichen Investitionspolitik Kroatien und Slowenien vernachlässigten und stattdessen den Schwerpunkt ihrer Förderung auf das frühere Serbien konzentrierten. Insgesamt dominierte im Jugoslawien der Zwischenkriegszeit die Agrarproduktion. 1921 waren 80 Prozent der Bevölkerung in der überwiegend vormodern strukturierten Landwirtschaft beschäftigt (in Kroatien 72 Prozent). 1920 begann eine Bodenreform, die vorwiegend ehemalige österreichische und ungarische Großgrundbesitzer betraf. Diese mussten einen Teil ihres Landes als Pachtland zur Verfügung stellen; seit 1925 konnten die Pächter das Land auf dem Weg der Ratenzahlung erwerben. Darüber hinaus wurden 1929 umfangreiche Enteignungen verfügt, für die der Staat eine Entschädigung zahlte. Mit der Landvergabe verbunden waren Gratifikationen und bevölkerungspolitische Ziele. Ehemalige serbische Kriegsfreiwillige erhielten das vorwiegend im Nordwesten und Norden enteignete Land und erhöhten damit den serbischen Bevölkerungsanteil in jenen Regionen.

Die neue Opposition der Bäuerlich-Demokratischen Koalition verlangte eine Verfassungsrevision im föderalen Sinne; die Parlamentsdebatten nahmen immer heftigere Gestalt an. Während einer Sitzung am 20. Juni 1928 tötete ein Abgeordneter der Radikalen Partei zwei Abgeordnete der Bauernpartei und verletzte Radić so schwer, dass dieser wenig später, am 8. August 1928, an den Folgen des Attentats starb. In der Folgezeit blieb die Opposition der Parlamentsarbeit fern und nahm ihre Zustimmung zur zentralistischen Verfassung vom Sommer 1921 wieder zurück.

Errichtung einer Königsdiktatur

Als um die Jahreswende 1928/29 keine neue Regierungsbildung möglich war, ordnete Aleksandar keine Neuwahlen an, sondern löste das

Parlament auf, suspendierte die Vidovdan-Verfassung und errichtete am 6. Januar 1929 eine Königsdiktatur. Alle Parteien, die regional bestimmt waren, wurden verboten und Wahlbeamte durch ernannte Beamte ersetzt. Ein General, der Chef der königlichen Garde namens Petar Živković, wurde zum Regierungschef bestimmt.

Ähnlich wie viele der jungen Demokratien scheiterte auch die jugoslawische an dem infolge der Krisen und der häufigen Regierungswechsel entstandenen Eindruck, die parlamentarischen Mechanismen seien untauglich für die Lösung der schwierigen nationalen Probleme und autoritäre Regierungsformen seien geeigneter zur Herstellung geordneter wirtschaftlicher und politischer Verhältnisse. Der Staat erhielt nun per Gesetz vom 3. Oktober 1929 den offiziellen Namen »Königreich Jugoslawien«; die 33 Départements wurden in neun Verwaltungsbezirke, so genannte Banschaften, zusammengelegt, die mit Ausnahme von dreien so geschnitten waren, dass die Serben in ihnen über eine Mehrheit verfügten. Die politische Opposition wurde mit harten gesetzlichen Maßnahmen verfolgt und rund 1.500 Haftstrafen verhängt. Die Unrechtsakte provozierten auch im Ausland heftige Kritik. Darum verkündete der Monarch am 3. September 1931 eine neue Verfassung, die ihm freilich eine noch stärkere Stellung einräumte als jene, die zehn Jahre zuvor verabschiedet worden war. Das Wahlrecht war ganz auf die zentralistischen Bestrebungen des Königs ausgerichtet. 1931 kandidierte nur die von General Živković gegründete Partei – die Jugoslawische Radikale Bauerndemokratie, 1933 umbenannt in Jugoslawische Nationalpartei (JNS). Da die illegalen traditionellen Parteien zu einem Wahlboykott aufgerufen hatten, war die Wahlbeteiligung außerordentlich gering.

Im November 1932 wagten der Nachfolger von Radić, Vladko Maček, und andere Politiker der illegalen Bäuerlich-Demokratischen Koalition in Zagreb die Verabschiedung von Grundsatzbeschlüssen, wonach der Staat nach föderalen Gesichtspunkten neu geordnet werden sollte. Die Initiative löste eine Lawine aus. Auch andere Parteien schlossen sich den Forderungen an, verwarfen das undemokratische Regime und forderten Reformen. Maček und andere wanderten daraufhin ins Gefängnis.

Am 9. Oktober 1934 fiel der König während eines Staatsbesuchs in Frankreich einem Attentat zum Opfer. An dem Anschlag in Marseille waren verschiedene Exilgruppen beteiligt, darunter auch die von Italien und Ungarn unterstützte kroatische *Ustaša* und eine von Bulgarien geförderte makedonische revolutionäre Organisation. Da der Thronfolger noch minderjährig war, übernahm ein Regentschaftsrat unter Vorsitz des Prinzen Pavle Karađorđević, ein Onkel von Aleksandar, die Leitung der Staatsgeschäfte. Der Prinzregent Pavle amnestierte Maček und schrieb für Mai 1935 Neuwahlen aus, an denen sich auch die Vereinigte Opposition beteiligen konnte, aber nur 67 von 370 Sitzen erhielt. Dagegen gewann die Jugoslawische Nationalpartei, jene von Aleksandar ins Leben gerufene Staatspartei, 303 Sitze. Diese Partei zerfiel jedoch alsbald wieder, und drei alte Parteien, die Radikale Partei, die Slowenische Volkspartei und die Jugoslawische Muslimische Organisation, gründeten eine neue Regierungspartei, die Jugoslawische Radikale Gemeinschaft (JRZ) unter Ministerpräsident Milan Stojadinović. Diese erkannte die Existenz einer so genannten »Kroatischen Frage« an.

1935 unterzeichnete die jugoslawische Regierung ein Konkordat mit dem Vatikan und legte den Vertrag – gegen den heftigen Protest der orthodoxen Kirche – auch dem Parlament vor. Als die orthodoxe Kirche jedoch mit einer Exkommunikation der Befürworter des Konkordats drohte, verzichtete die Regierung darauf, den Vertrag auch dem Senat zu präsentieren. Daraufhin blieben die verschiedenen Regelungen aus der Vorkriegszeit in Kraft – für Serbien das Konkordat von 1914, für den Rest des Staates die habsburgischen Vereinbarungen.

Bei den Wahlen Mitte Dezember 1938 sank der Stimmenanteil der Regierungspartei, der Jugoslawischen Radikalen Gemeinschaft, von vormals 60,6 Prozent auf 54 Prozent. Prinz Pavle, der überdies argwöhnte, Ministerpräsident Milan Stojadinović fördere um seine Person einen Führerkult, sorgte für dessen Ablösung. Am 6. Februar 1939 beauftragte er Dragiša Cvetković von der Radikalen Partei mit der Regierungsbildung. Dieser traf am 26. August 1939 mit Maček von der Kroatischen Bauernpartei ein Abkommen (*sporazum*) über die Bildung einer autonomen »Banschaft Kroatien«, die den traditionellen Siedlungsraum der Kroaten umfasste. Die Banschaft sollte über einen eigenen Landtag verfügen und selbstständig über Justiz, Sozial-, Wirtschafts- und Bildungspolitik in Kroatien entscheiden können. Die Verklammerung mit der Belgrader Zentralregierung erfolgte über die Ernennung Mačeks zum stellvertretenden Ministerpräsidenten im Kabinett Cvetković. Der neuen Koalitionsregierung stand eine breite Front der Ablehnung gegenüber. Es kam auch nur ansatzweise zur Umsetzung des vereinbarten Abkommens, denn fünf Tage nach seinem Abschluss begann der Zweite Weltkrieg. Die Belgrader Regierung erklärte ihre Neutralität, sah sich aber bald von tatsächlichen und potenziellen Gegnern – Italien, Deutschland, Ungarn, Rumänien, Bulgarien und Albanien – »eingekreist«.

Seit 1940 verstärkten die Achsenmächte den Druck auf Jugoslawien, dem Prinz Pavle nachgab. Am 25. März 1941 verkündete er einen Vertrag über den Beitritt seines Landes zu dem von Deutschland und Italien geführten Bündnis – Ungarn, Rumänien, die Slowakei und Bulgarien gehörten schon dazu. Daraufhin putschte, von Großbritannien gefördert, zwei Tage später eine Gruppe serbischer Offiziere unter Führung des Generals Dušan Simović. Die Putschisten erklärten den minderjährigen Sohn Aleksandars, Petar, für volljährig und ließen eine neue Regierung bilden, die beschloss, den Beitrittsvertrag zum Dreimächtepakt nicht dem Parlament vorzulegen, ihn allerdings auch nicht zu kündigen. Doch am Tag des Putsches hatte Hitler schon entschieden, Jugoslawien anzugreifen und als Staat zu vernichten.

Das *Ustaša*-Regime in Kroatien

Innerhalb einer Woche – zwischen dem 6. und 12. April 1941 – wurde Jugoslawien erobert, die Regierung ging ins Londoner Exil. Das NS-Regime beschloss, Jugoslawien aufzulösen und auf einem Teilgebiet einen kroatischen Staat zu errichten. Maček, dem die Zusammenarbeit mit den Deutschen angetragen wurde, lehnte ab. Dagegen erklärte sich der von Italien geförderte *Ustaša*-Führer Ante Pavelić, von Beruf Rechtsanwalt, zur Kooperation bereit. Von Seiten des Deutschen Reiches hatte die 1930 gegründete, faschistische *Ustaša*-Bewegung bis dahin keine Unterstützung erfahren. Am 15. April 1941 erkannten das Reich und Italien den wenige Tage zuvor proklamierten »Unabhängigen Staat Kroatien« (*Nezavisna država Hrvatska*, NDH) an. Von vornherein litt dieser Staat unter seiner beinahe vollständigen Abhängigkeit von den Achsenmächten – ein Umstand, der ihm einen erheblichen Vertrauensverlust bei der Bevölkerung eintrug. Dieser Mangel an Souveränität – deutlich dokumentiert durch die Präsenz deutscher und italienischer Truppen – kam bereits bei der Festlegung seiner Grenzen zum Ausdruck.

Bei der Aufteilung des ehemaligen Staates Jugoslawien erhielten die Achsenmächte und ihre Verbündeten erhebliche Territorien. Kroatien sollte als Preis für die italienische Unterstützung ganz Dalmatien an Italien abtreten; gegen weitere Zusicherungen begnügte sich der *Duce* schließlich nur mit einem Teil Dalmatiens. In den Römischen Verträgen vom 18. Mai 1941 verzichtete Kroatien auf alle Inseln bis auf Pag, Brač und Hvar. Überdies musste es Italien einen Festlandgürtel von Nin bis Split überlassen und verfügte in der Folge über keinen bedeutenden Seehafen mehr. Ursprünglich war die Errichtung eines Königreiches Kroatien mit einem König aus der italienischen Dynastie geplant. Aber daraus wurde nichts. Erst nach der Kapitulation Italiens 1943 gingen die von Italien annektierten Gebiete wieder an Kroatien.

Auch der Nationalstaat Kroatien war in Wirklichkeit ein Vielvölkerstaat. Von den 6,3 Millionen Einwohnern 1941 waren nur 3,3 Millionen Kroaten, 1,9 Millionen Serben und 0,9 Millionen Muslime. In den national gemischten Gebieten trieben die »wilden *Ustaša*« auf eigene Faust und mit unbeschreiblicher Grausamkeit die »Kroatisierung« des Landes und seiner Minderheiten voran. Nach Aufbau und Selbstverständnis orientierte sich der NDH-Staat ganz am NS-Staat und dem faschistischen Italien. Ante Pavelić inszenierte einen Kult um seine Person und ließ sich *Poglavnik* (Führer) nennen;[164] man schuf ein Einparteiensystem (»Kroatische Partei des Rechtes«), schaltete die gesellschaftlichen Institutionen gleich und kontrollierte die Wirtschaft. Natürlich gab es auch keine Gewaltenteilung oder gewählte repräsentative Körperschaften. Die Unabhängigkeit der Justiz wurde durch die *Ustaša*-Behörden ausgehöhlt, das Parlament (*Sabor*), dessen Mitglieder ernannt wurden, trat ganz selten – insgesamt nur achtmal – zusammen und hatte keine klaren Kompetenzen.

Die *Ustaša*-Bewegung förderte einen aggressiven Nationalismus, pflegte eine »Blut und Boden«-Romantik und betonte die überkommene Verbindung von Kroatentum und Katholizismus. Zwar ließ man am Stadtrand von Zagreb eine Moschee einrichten; faktisch aber waren Muslime Bürger zweiter Klasse. Daher suchten sie einen engen Kontakt zu den deutschen Besatzern. Vor diesem Hintergrund ist die Bildung der SS-Division *Handžar* zu verstehen, die die Eigenständigkeit der muslimischen Bosniaken hervorhob. Auf das Territorium der bosnischen Muslime erhoben sowohl die Serben als auch die Kroaten Anspruch. In Bosnien führten daher alle gegen alle Krieg. Um sich vom

Slawentum abzugrenzen, behaupteten die rassistischen *Ustaša*-Ideologen die Abstammung der Kroaten von den Goten. Um auch die Serben vereinnahmen zu können, bezeichnete man sie als »Prawoslawen«, also Orthodoxe kroatischer Nationalität. Um der Diskriminierung zu entgehen, traten viele Serben zur römisch-katholischen Kirche über; es kam freilich auch zu Zwangskonversionen, von denen sich der katholische Erzbischof Alojzije Stepinac freilich distanzierte. Eine andere Methode zur Nationalisierung der Serben war die Bildung einer »Kroatisch-orthodoxen Kirche« im Jahr 1943. Auf deutsche Intervention hin mussten die Kroaten 1942 ihre Serbenverfolgungen allmählich einstellen. Das Eingreifen hatte keine humanitären Gründe. Vielmehr fürchteten die Deutschen durch die serbischen Flüchtlingsströme nach Südosten Unruhen und Destabilisierung.

In der *Ustaša*-Weltanschauung war der Antisemitismus fest verwurzelt. Juden wurden enteignet, diskriminiert und in Lagern gequält und ermordet. Von den 34.000 in Kroatien lebenden Juden kamen 19.000 in kroatischen Lagern, 7.000 in deutschen Lagern ums Leben. Die hohe Gewaltbereitschaft des faschistischen *Ustaša*-Regimes drückte sich in den Verfolgungen Andersdenkender und »Andersrassiger« – Serben, Sinti und Roma sowie Juden – durch wilde Banden und organisierten Terror aus. Zu diesem Teil der Geschichte gehört auch die Einrichtung des Konzentrationslagers Jasenovac an der Save östlich von Sisak. Über die Opfer-Zahlen des Schreckens-Regimes herrscht bis heute Unsicherheit. Man schätzt, dass allein im Konzentrationslager Jasenovac 85.000 Menschen ermordet wurden. Am 17. April 1941 verkündete der »Maßnahmen-Staat« ein »Gesetz zum Schutz von Volk und Staat«, das so offen gehalten war, dass es der Willkür-Justiz Tür und Tor öffnete. Das Staatsbürgerschaftsgesetz vom 30. April 1941 erklärte die arische Rasse zur Voraussetzung für die Staatsbürgerschaft. Gewaltenteilung und repräsentative Körperschaften fehlten. 1942 wurde die Polizei in die *Ustaša*-Strukturen integriert.

Das serbische Kollaborationsregime unter General Nedić

Auf dem Kerngebiet Serbiens, das etwa den Grenzen von 1912 entsprach (ca. 51.000 km^2 und ca. 3.810 Millionen Einwohner), installierte man am 2. September 1941 ein serbisches Kollaborations-Regime, die »Regierung der nationalen Rettung« (*Vlada narodnog spasa*), unter

Milan Nedić – einem General der ehemaligen Jugoslawischen Armee, der bis November 1940 Minister für Streitkräfte und Marine gewesen war und abgelöst wurde, weil er eine Neutralität Jugoslawiens nicht für möglich hielt.[165] Weniger aus ideologischen als aus geostrategischen Gründen optierte er für eine Allianz mit dem Deutschen Reich. Allerdings besaß er persönliche und verwandtschaftliche Beziehungen zu Dimitrije Ljotić, dem Führer der kleinen nationalsozialistischen Bewegung *Zbor* (Sammlung). Schon Ende April 1941 hatte die Besatzungsmacht eine Kollaborationsverwaltung eingesetzt. Diese musste aber abgelöst werden, weil es ihr nicht gelungen war, den serbisch-nationalen Widerstand der *Četnici* unter Oberst Draža Mihajlović[166] und der kommunistischen *Partizani* zu brechen. Um das in seiner territorialen und ethnischen Integrität äußerst bedrohte »Rumpfserbien« zu erhalten, suchte Nedić die Bevölkerung zur Kollaboration mit den Deutschen zu bewegen, deren gute Absichten er ständig unterstrich. Dabei betonte er die jahrhundertelange kulturelle und politische Verbundenheit der Serben mit den Deutschen. Er pflegte den um ihn entstehenden Personenkult und näherte sich der nationalsozialistischen Ideologie an – etwa, wenn er in seinen Botschaften den Rassebegriff gebrauchte. Nach dem »historischen Fehler« des jugoslawischen Staates wollte er für die Wiedererrichtung Großserbiens kämpfen und mobilisierte zu diesem Zweck das nationalistische Potenzial. In seinen »Sendbriefen an das serbische Volk« vermischte Nedić seine ultrakonservativ-nationalistischen Überzeugungen mit den Vorstellungen der faschistisch beziehungsweise nationalsozialistisch orientierten *Zbor*-Bewegung um Dimitrije Ljotićs. Zu dieser Ideologie gehörten ein religiös-nationalistischer Mystizismus, »Blut- und Boden-Bilder«, Rassismus und Antisemitismus. Ende Mai 1941 wurden alle jüdischen Professoren entlassen, jüdische Studenten nicht mehr zu Prüfungen zugelassen. Die »dinarische« Rasse der Serben wurde mit der nordischen Rasse auf eine Stufe gestellt. Nedić propagierte einen Bauernständestaat, eine Gemeinschaft, für deren Dienst die Unterwerfung unter den Führer (Hausvater), die Hierarchie und die Disziplin unabdingbar seien. Den Gründer der autonomen, so genannten autokephalen serbisch-orthodoxen Kirche, Sava Nemanjić (1175–1236), bezeichneten die Ideologen von *Zbor* auch als den »Schöpfer des serbischen Nationalismus«. Trotz aller Bemühungen gelang es Nedić und den ihn unterstützenden Kreisen nicht, eine gesellschaftliche Basis zu mobilisieren, die breit genug gewesen wäre, dem Regime Rückhalt zu geben. Nicht einmal die Besatzungsmacht gab ihm die nötige Unterstützung zur Realisierung seiner Pläne.

Jugoslawischer Widerstand unter kommunistischer Führung

In allen Landesteilen des früheren Jugoslawien regte sich bald Widerstand gegen die Besatzer. Der serbisch-nationale Widerstand organisierte sich in der Bewegung der *Četnici* unter General Draža Mihajlović, der Mitglied in der jugoslawischen Exilregierung war. Die Četniks bildeten die einzige militärische Stütze der jugoslawischen Exilregierung und führten einen Partisanenkrieg gegen die Wehrmacht. Allerdings vertraten sie ein intolerantes, großserbisches Programm mit deutlich antikroatischen und antimuslimischen Akzenten. In ihrem Herrschaftsbereich entwickelten sie – bis hin zu Massakern – einen heftigen Gegenterror auch gegen Kroaten und Muslime.

Seit Juni 1941 sabotierten Partisaneneinheiten Eisenbahnen und nahmen ganze Städte ein. Am 4. Juli 1941 fasste die Kommunistische Partei unter dem Vorsitz von Josip Broz Tito – entsprechend einem Aufruf der Komintern – den offiziellen Beschluss zum bewaffneten Aufstand in Belgrad. Während der Zwischenkriegszeit waren die Kommunisten verboten gewesen. Sie plädierten im Untergrund für eine föderative Umgestaltung des Staates. Von 1937 an war Tito Generalsekretär der KP Jugoslawiens. Seit 1942 gelang es den Partisanen, immer größere Gebiete besetzt zu halten und einen Staat im Staate zu bilden. Mit Ausnahme der Eroberung Belgrads und der nördlichen Gebiete Serbiens, wo die Rote Armee Unterstützung gab, gelang es den kommunistischen Partisanen aus eigener Kraft, Jugoslawien zu befreien. Allein die Kommunisten konnten integrative Kräfte entfalten, während die Bewegungen der verschiedenen Nationalitäten innerhalb Jugoslawiens Friktionen entlang der Ethnien förderten. Ende November 1942 gründeten die Partisanen in Bihać den »Antifaschistischen Rat der nationalen Befreiung Jugoslawiens« (AVNOJ), der sowohl in Konkurrenz zur Exilregierung als auch zu den Satelliten-Regimes in Zagreb und Belgrad stand. Ein Jahr später beschloss der AVNOJ in Jajce die Errichtung einer föderativen sozialistischen Republik Jugoslawiens. Ein »Nationalkomitee zur Befreiung Jugoslawiens« unter dem Vorsitz Titos übernahm die Regierungsaufgaben. Aufgrund von Verhandlungen zwischen Churchill, Tito, Stalin und der Exilregierung bildeten am 7. März 1945 die Kommunisten und die königliche Exilregierung eine provisorische Regierung des Demokratischen Föderativen Jugoslawien (DFJ), die freilich nur wenige Monate amtierte.[167] Titos Erfolg lag in seinem Bekenntnis zum jugoslawischen Staat, den die Kommunisten, unter dem Einfluss der Komintern, zuvor als »Produkt des Versailler Systems« abgelehnt hatten. Er respektierte ferner die Multinationalität wie die Gleichberechtigung der jugoslawischen Völker und bezog die Bauern ein, ohne die der »Volksbefreiungskrieg« niemals gelungen wäre. Schließlich verschwieg er das Ziel der »sozialistischen Revolution« und versprach die »Unantastbarkeit des Privateigentums«.

Nach der Kapitulation Deutschlands flohen etwa 200.000 kroatische Soldaten und nahezu eine halbe Million Zivilisten vor den Kommunisten nach Kärnten, das von britischen Truppen besetzt war. Die Briten lieferten sie jedoch Mitte Mai 1945 an Titos General Milan Basta aus, dessen Soldaten ein wahres Massaker unter ihnen anrichteten.[168] Ante Pavelić konnte nach Spanien entkommen, lebte unbehelligt in Madrid und starb am 28. Dezember 1959 im Bett.

2.12 Königsdiktatur, Militär-Regime und »nationallegionäre Revolution«: Rumänien

Vom Fürstentum zum Königreich Großrumänien

1858 verlor Russland infolge des Krimkrieges die Herrschaft über die rumänischen Fürstentümer der Walachei und der Moldau. Diese unterstanden zwar formal noch der türkischen Oberhoheit, besaßen aber innenpolitisch bereits eine erhebliche Unabhängigkeit. Alexandru Ioan Cuza, Offizier und Teilnehmer an der 1848er Revolution, wurde Anfang 1859 zum Fürsten der Moldau und im März desselben Jahres zum Fürsten der Walachei gewählt. Gegen den Widerstand der Türkei und die Vorbehalte der Garantiemächte schuf er die »Vereinigten Fürstentümer Walachei und Moldau«; im Dezember 1861 bildete Cuza eine gemeinsame Regierung und rief die Vereinigung beider Fürstentümer unter dem Namen Rumänien aus. Auf dem Berliner Kongress 1878 kam es zur offiziellen Unabhängigkeit des neuen Landes. Cuza verfolgte radikale Reformpläne. Er erweiterte das Wahlrecht, führte die Grundschulpflicht ein, errichtete eine zentralistische Verwaltung nach französischem Vorbild, gründete eine autokephale rumänisch-orthodoxe Kirche, führte das lateinische Alphabet und das metrische System ein und wollte auch eine Bodenreform durchführen. Als dem die Großbojaren heftigen Widerstand entgegensetzten, putschte Cuza im Mai 1864, löste das Parlament auf und machte sich eher behutsam an die Agrarreform. Doch selbst diese eher zaghaften Schritte gingen den Großbojaren zu weit. Zusammen mit den Liberalen schmiedeten sie eine Anti-Cuza-Koalition, die 1866 einen Komplott gegen den Fürsten organisierte und ihn zur Abdankung zwang. An Cuzas Stelle wurde Prinz Karl von Hohenzollern-Sigmaringen zum Fürsten berufen und die erbliche Herrscherdynastie eingeführt. Am 10. Mai 1866 wurde Carol I. zum Regenten proklamiert und im selben Jahr eine Verfassung verabschiedet, die ihm eine starke Stellung einräumte.[169] Andererseits stand der eingeführte Bürgerrechtskatalog (Presse-, Versammlungs- und Religionsfreiheit, Recht auf Bildung, Gleichheit aller vor dem Gesetz) auf der Höhe der Zeit. Allerdings war das Zensuswahlrecht mit den Grundeinkünften verknüpft und gewährte daher Bauern wie Kleinbürgern keine politischen Rechte. Dagegen stiegen die Bojaren in dem neuen System zur herrschenden Klasse auf. Während des russisch-türkischen Krieges 1877 schlug sich Rumänien auf die Seite Russlands und proklamierte seine Unabhängigkeit und Souveränität, die 1878 im Frieden von San Stefano und dann durch den Vertrag von Berlin bestätigt wurde. Doch Carol konnte erst 1881 zum König Rumäniens gekrönt werden, weil die europäischen Großmächte als Bedingung für die Anerkennung eine Änderung des antijüdischen Artikels 7 in der rumänischen Verfassung forderten. Dieser Artikel verbot Nichtchristen sowohl Einbürgerung als auch Landbesitz. Trotz des Drucks konnte man sich nur zu einer gewissen Abschwächung dieser Bestimmung verstehen. Es folgte die Etablierung eines Zwei-Parteien-Systems aus Nationalliberalen (*Partidul Național Liberal*, PNL) und Konservativen (*Partidul Conservativ*, PC). Ähnlich wie in Spanien wechselten sich die Parteien an der Macht ab. Der wirtschaftliche Aufschwung, den das Land in der zweiten Hälfte des 19. Jahrhunderts erlebte, kam nur dem oligarchischen Großgrundbesitz und dem aufstrebenden Bürgertum zugute, nicht den Bauern. Aufgrund der hohen Bodenpachten kam es 1907 zu einem großen Bauernaufstand, der in antisemitische Bahnen gelenkt wurde, obwohl es nur ganz wenige jüdische Landverpächter gab. Nach den antijüdischen Pogromen beendete die Armee den Aufstand gewaltsam, 11.000 Bauern ließen ihr Leben.

Am ersten Balkankrieg im Oktober/November 1912 beteiligte sich Rumänien nicht, verlangte aber und erhielt auch eine »Rekompensation« zu Lasten des bulgarischen Territoriums. Am 9. Mai 1913 legten die Unterzeichnermächte des Berliner Vertrages fest, dass Silistra samt Umland an Rumänien fallen sollte. Am 10. Juli 1913 trat Rumänien in den Zweiten Balkankrieg ein und lud nach der Niederlage Bulgariens die Beteiligten zu einer Friedenskonferenz nach Bukarest. Bulgarien musste die Süd-Dobrudscha (Cadrilater) mit Silistra und dem Küstenort Balçik an Rumänien abtreten.

Zu Beginn des Ersten Weltkrieges verhielt sich Rumänien ebenfalls neutral. Seit 1912 hatte sich das Verhältnis zu Russland allerdings verbessert. In einem Geheimvertrag vom 1. Oktober 1914 verpflichtete sich Rumänien, gegenüber Russland neutral zu bleiben, und ging damit über die unverbindliche Neutralität hinaus eine vertragliche Bindung ein. Dafür garantierte Russland die Integrität des rumänischen Territoriums und sein Einverständnis für die Annexion der von Rumänen bewohnten Gebiete Ungarns – also Siebenbürgens und des Banats. Die Bukowina sollte zwischen Rumänien und Russland aufgeteilt werden. In Siebenbürgen stellten die Rumänen mit 56 Prozent die absolute Mehrheit, während die Ungarn hier nur ein Drittel der Bevölkerung ausmachten. Durch rücksichtslose Magyarisierungsmaßnahmen, die ihren Höhepunkt 1907 in den Appónyi-Gesetzen hatten, sollten die Rumänen zu guten Ungarn gemacht werden, was zu heftigen Spannungen zwischen Ungarn und Rumänien führte.[170]

Am 10. Oktober 1914 starb König Carol I. Sein Nachfolger, Ferdinand I., ein Neffe Carols, fühlte sich Deutschland weit weniger verbunden als sein Vorgänger. Anders auch als dieser überließ er im Wesentlichen dem Ministerpräsidenten Ion I. C. Brătianu die politische Führung des Landes. Nach dem Kriegseintritt Italiens im Mai und Bulgariens im Oktober 1915 schloss Rumänien einen Bündnisvertrag mit der Entente, weil es fürchtete, im Falle eines Sieges der Mittelmächte die Süd-Dobrudscha an deren Verbündeten Bulgarien zurückgeben zu müssen. Nach Anfangserfolgen musste sich die rumänische Armee unter dem Druck der Mittelmächte immer weiter zurückziehen und Bukarest räumen. Schließlich verblieb der rumänischen Regierung im Winter 1916/17 von ihrem ehemaligen Staatsgebiet nur noch die Moldau. Iaşi wurde zum provisorischen Regierungssitz. Nach der russischen Revolution verlor Rumänien auch die Rückendeckung

Russlands. Über die Ukraine umschlossen deutsche Truppen die Moldau auch vom Osten her. Am 10. Dezember 1917 musste Rumänien einem Waffenstillstand zustimmen, aber Ministerpräsident Brătianu war nicht bereit, sich einen Friedensvertrag aufdiktieren zu lassen, und trat zurück.

Auch sein Nachfolger, Alexandru Averescu, stimmte am 14. März 1918 nur einem Vorfriedensvertrag zu. Kurze Zeit darauf, am 9. April 1918, konnte Rumänien einen kleinen Erfolg für sich verbuchen: Das von Sowjetrussland unabhängig gewordene Bessarabien vereinigte sich mit dem rumänischen Nachbarn. Am 7. Mai 1918 unterzeichnete der Nachfolger Averescus, der Konservative Alexandru Marghiloman, mit den Vertretern Deutschlands, Österreich-Ungarns, Bulgariens und des Osmanischen Reichs den Friedensvertrag von Bukarest. Neben anderen Auflagen sah dieser eine Verbesserung des Status der jüdischen Bevölkerung in Rumänien vor. Darüber hinaus musste Rumänien einigen Grenzkorrekturen zustimmen und die Süd-Dobrudscha wieder an Bulgarien abtreten. König Ferdinand zögerte aber die Unterzeichnung des Vertrages so lange hinaus, bis sie sich erübrigte und der Separatfrieden damit keine Gültigkeit erlangte. Die Wende auf dem südosteuropäischen Kriegsschauplatz trat im September 1918 ein. Am 29. September 1918 musste Bulgarien einen Waffenstillstand mit den Entente-Mächten abschließen, im November folgten die Waffenstillstände mit den Mittelmächten. Am 10. November berief König Ferdinand General Coandă zum Ministerpräsidenten, der noch am selben Tag Deutschland den Krieg erklärte, damit die deutschen Truppen unverzüglich das Land verließen. Am 12. November 1918 wurde Bukarest geräumt, am 1. Dezember kehrte König Ferdinand in die Hauptstadt zurück und beauftragte wieder Ion I. C. Brătianu mit der Regierungsbildung. Dieser hatte erheblich an Ansehen gewonnen, denn seine Entscheidung zugunsten der Entente hatte sich als richtig erwiesen.

Für Rumänien ergab sich jetzt die Chance, unter Berufung auf die Zusagen seitens der Entente-Mächte im Bündnisvertrag von 1916 ein »Groß-Rumänien« zu schaffen. Zusammen mit den Entente-Truppen rückte die rumänische Armee auf das in Auflösung befindliche ungarische Staatsgebiet vor. Da Rumänien an den Belgrader Waffenstillstandsvereinbarungen vom 13. November 1918 nicht beteiligt war, konnten seine Truppen die Demarkationslinie überschreiten und ganz Siebenbürgen besetzen. Die Entente-Mächte duldeten dieses Vorgehen, weil Rumänien sich als Bollwerk gegen den vordringenden Bolschewismus empfahl. Die ungarische Regierung Károlyi erkannte, dass die neue Demarkationslinie entsprechende Gebietsannexionen zur Folge haben würde, verweigerte die Annahme der von den Alliierten ausgefertigten Note, trat zurück und übergab die Macht an die Kommunistische Partei, die am 21. März 1919 in Budapest die Räterepublik ausrief. Damit hatte sie der rumänischen Armee einen weiteren Vorwand geliefert, ihren Vormarsch fortzusetzen. In einer Großoffensive drangen die rumänischen Truppen bis Budapest vor, besetzten die Stadt und jagten das Räteregime Béla Kuns davon. Erst durch massiven Druck der Entente-Mächte konnte Rumänien zum Rückzug bewogen werden. Es bedurfte ebenfalls eines gehörigen Zwangs, bis Rumänien schließlich den Minderheitenschutzvertrag unterzeichnete, der den Minoritäten in den neu hinzugewonnenen Gebieten – der ehemaligen österreichischen Bukowina, dem ehemals ungarischen Siebenbürgen und Banat, dem früheren russischen Bessarabien und der bulgarischen Süd-Dobrudscha – das Leben möglichst erträglich gestalten sollte. Groß-Rumänien war ein Staat geworden, dessen Bevölkerung – nunmehr 18 Millionen gegenüber 6 Millionen im Jahr 1899 – und dessen Ausdehnung – nunmehr 294.967 km^2 – sich mehr als verdoppelt hatte. Aber der Nationalstaat war eine Fiktion. Fast ein Drittel der Bevölkerung gehörte einer Minderheit an. Um dennoch eine sprachlich geschlossene Bevölkerung zu erhalten, setzte man – etwa im Schulbereich – auf eine konsequente Rumänisierung und auf eine Benachteiligung der sich nicht assimilierenden Minderheiten.

Anstatt dem Land – entsprechend seiner unterschiedlichen Geschichte und Struktur – einen föderativen Aufbau zu geben, bestimmte die Verfassung von 1923, dass das Königreich Rumänien ein Zentralstaat sein sollte, der sich in jeder Hinsicht am Altreich orientierte. Das ganze Territorium wurde in Kreise unterteilt, die Verwaltung wie die Universitäten in den neu hinzugewonnenen Gebieten wurden konsequent rumänisiert. Die rumänische Orthodoxie – laut Verfassung die »herrschende« Kirche – begrüßte die staatliche Einigung und schuf für das gesamte Territorium eine entsprechende Nationalkirche mit einem Patriarchen in Bukarest. Ihr deutlich nachgeordnet, aber ebenfalls mit privilegiertem Status, erhielt auch die unierte »griechisch-katholische« Kirche Siebenbürgens die staatliche Anerkennung.

Zwischen 1917 und 1918 nahm Rumänien – zunächst durch Einzelgesetze – eine Agrarreform in Angriff. Das Projekt war von hoher sozialpolitischer Bedeutung, blieb aber – wie in vielen anderen Ländern der Region auch – in den Anfängen stecken und war ein ökonomischer Misserfolg. Etwa 30 Prozent der Nutzungsfläche ging an Klein- und Kleinstbauern über, die Großgrundbesitzer durften – je nach Bodenbeschaffenheit – 100 bis 500 Hektar behalten. Die Entschädigung für den enteigneten Grund übernahm der Staat. Jeweils die Hälfte der Entschädigung holte er sich bei jenen Bauern, die das Land erhalten hatten. 1938 verfügten immer noch rund 75 Prozent der Bauern über weniger als 5 Hektar, die als Existenzminimum galten. Überdies ging die Rentabilität und Leistungsfähigkeit der Betriebe zurück. Nachdem die Weizen erzeugenden Großgüter enteignet waren, sank die für den Export Rumäniens wichtige Produktion dieses Getreides. Die Kleinbauern zogen es vor, Mais anzupflanzen, den sie überdies weitgehend selbst verbrauchten. Maßnahmen zur Steigerung der Rentabilität und des Ertrags wurden staatlicherseits nicht ergriffen. Stattdessen förderte der Staat durch Subventionen, Steuererleichterungen und gezielten Ankauf

Altrumänien vor 1918   Nach dem Ersten Weltkrieg angeschlossene Gebie

der Produkte die Industrialisierung. Dennoch kam die wirtschaftliche Entwicklung schlecht voran. Das lag auch an der unzureichenden Verkehrsinfrastruktur, später an der Weltwirtschaftskrise, die 1929 und 1933 zu Streiks führte. Ein Hemmnis war auch die hohe Staatsverschuldung, die 1932 bis 1936 schließlich eine Finanzkontrolle durch den Völkerbund provozierte.

Die am 23. März 1923 verkündete neue Verfassung bildete den formalen Abschluss der Entstehung Groß-Rumäniens. Sie basierte auf liberal-demokratischen Regeln, gewährte Frauen die rechtliche und politische Gleichheit, setzte aber auch einige Traditionen der Verfassung von 1866 fort. So blieb die orthodoxe Kirche Staatskirche und das Verbot für Ausländer, Grundbesitz zu erwerben, galt weiterhin. Neu war, dass ein Krankheits- und Unfallversicherungsschutz für Arbeiter vorgesehen war. Ein Streikrecht oder das Recht auf gewerkschaftliche Zusammenschlüsse blieben dagegen außer Betracht. Ein Gewerkschaftsgesetz von 1921 gewährte den Gewerkschaften allerdings das Recht auf freie Betätigung – mit Ausnahme »politischer Ziele«. Neben dem Parlament gab es gleichberechtigt einen Senat, der ständische Elemente besaß und nur zur Hälfte frei gewählt wurde. Die dritte Kraft war der König, der eine starke Position innehatte: Jedes Gesetz bedurfte seiner Zustimmung; er konnte Regierungen entlassen und andere nach seinen Vorstellungen neu berufen, Neuwahlen veranlassen und so die Politik seines Landes bestimmen. Vieles, was die Verfassung und auf ihr basierende Gesetze dekretierten, stand freilich nur auf dem Papier. Korruption und Vetternwirtschaft bestimmten das Land. Auch Staatsbedienstete standen in dem Ruf, käuflich zu sein.

Politik, Administration, Wirtschaft und Kulturleben konzentrierten sich auf die Metropole Bukarest, die sich in der Zwischenkriegszeit den Ruf eines »Paris des Ostens« erworben hatte. In der Dobrudscha und Bessarabien schien dagegen die Zeit stillzustehen. Die in diesen Regionen weit verbreitete Unzufriedenheit der Bevölkerung mit der neuen Herrschaft wurde mit äußerster Brutalität im Keim erstickt – genauso wie kommunistische Gruppenbildungen. Landenteignungen der ursprünglichen Bevölkerung und Umsiedlungen von Rumänen in diese Gebiete, wo sie die Nichtrumänen drangsalierten, gehörten zu der dort ausgeübten, täglichen Herrschaftspraxis. Um zu dokumentieren, dass es seinen Anspruch auf Bessarabien aufrechterhielt, schuf Moskau unterdessen östlich des Grenzflusses Dnjestr auf ukrainischem Gebiet die

»Autonome Sowjetrepublik Moldau«, obwohl dieser Streifen nie zu Bessarabien gehört hatte.

Als König Ferdinand 1927 starb, wurde zunächst sein Enkel, der sechsjährige Mihai, zum König ausgerufen und ein Regentschaftsrat bestellt. Der Grund für ein Übergehen des unmittelbaren Thronfolgers, Carols II., lag in dessen Lebenswandel. Schon als Kronprinz erklärte er seinen Thronverzicht, reiste 1918 nach Odessa und heiratete dort eine Frau einfacher Herkunft.[171] Dem Königshaus gelang es, den Kronprinzen zurückzuholen und die Ehe annullieren zu lassen. Aus der standesgemäßen Verbindung mit der griechischen Prinzessin Elena 1921 ging dann sein Sohn Mihai hervor. Bald darauf löste eine Liaison Carols mit einer Frau jüdischer Herkunft – Elena Lupescu – den zweiten Skandal aus. Diese persönlichen Umstände und Meinungsverschiedenheiten mit Ministerpräsident Ion I. C. Brătianu von der regierenden »Nationalliberalen Partei« bewogen Carol im Dezember 1925 zum zweiten Mal zu einem Thronverzicht und zu der Versicherung, in den nächsten zehn Jahren nicht wieder rumänischen Boden betreten zu wollen. Nachdem Brătianu 1927 gestorben war, überlegte es sich Carol II. jedoch anders, kehrte nach Rumänien zurück und ließ sich am 8. Juni 1930 zum König proklamieren. Seine Geliebte, Elena Lupescu, lebte in Bukarest in der *Villa roşie* am Filipescu-Park – Grund genug für einen Dauerskandal.

Infolge der Agrarreform und der Aufhebung des Zensuswahlrechts hatte sich die vormals einflussreiche »Konservative Partei« überlebt. Dagegen konnte die ebenfalls schon im 19. Jahrhundert gegründete »Nationalliberale Partei« unter den neuen Verhältnissen ihre Stellung noch festigen und ausbauen. Die Parteileitung lag bis 1947 in den Händen des Brătianu-Clans. Zur zweiten politischen Kraft im Land entwickelte sich die »Nationale Bauernpartei« (*Partidul Naţional Ţărănesc*, PNŢ), ein 1927 entstandener Zusammenschluss aus der in Siebenbürgen beheimateten »Rumänischen Nationalpartei« und der altrumänischen »Bauernpartei«. Die herausragende Persönlichkeit der »Nationalen Bauernpartei« war der Siebenbürger Iuliu Maniu, dem 1928, nach heftigen Massenprotesten der unzufriedenen Landbevölkerung, ein triumphaler Wahlsieg gelang. Seit 1926 gab es auch eine gesamtrumänische Sozialdemokratische Partei, die *Partidul Social Demokrat*. Sie besaß nur einen geringen politischen Einfluss, hatte aber immerhin 75.000 Mitglieder. Von ihr spaltete sich 1921 ein linker Flügel ab, der sich 1922

Partidul Comunist Român nannte. Diese Partei machte sich für die Rückgabe Bessarabiens an Sowjetrussland stark und wurde 1924 verboten – das Verbot blieb zwanzig Jahre bestehen. Zusammen mit dem linken Flügel der Bauernpartei gründeten die Kommunisten 1929 den »Arbeiter- und Bauernblock«, der 1931 einen beachtlichen Wahlerfolg erzielen konnte. In diesem Milieu tauchen bereits jene Politiker auf, die nach 1945 das Ruder übernehmen sollten: Gheorghiu-Dej, der die Jahre von 1933 bis 1944 in einem der berüchtigten rumänischen Gefängnisse zubrachte, Ana Pauker, Nicolae Ceauşescu und andere.

Die Parteiendemokratie in Rumänien litt darunter, dass beinahe jährlich ein Regierungswechsel erfolgte und es so an Kontinuität fehlte, um längerfristige Vorhaben realisieren zu können. Jede neu eingesetzte Regierung hielt Neuwahlen ab und erreichte es mit den Mitteln des Staatsapparats, dass diese zu ihren Gunsten ausgingen. Nach dem Wahlrecht von 1926 erhielt eine Partei, die auf 40 Prozent der Wählerstimmen kam, als »Mehrheitsprämie« vorweg 50 Prozent der Parlamentssitze. Die übrigen 50 Prozent wurden entsprechend dem Wahlergebnis prozentual unter allen Parteien aufgeteilt, so dass die »40-Prozent-Partei« schließlich auf 70 Prozent der Mandate kam. Die häufig wechselnden Regierungen erweckten auch innenpolitisch den Eindruck einer krisenhaften Instabilität.

Die »Legion Erzengel Michael«

Diese Verhältnisse bildeten den Nährboden für die rechtsextremen »Eisernen Garden«. Nirgendwo in Südosteuropa erreichte eine faschistische Bewegung einen solchen Zulauf wie in Rumänien. Die Bewegung entstand als »Legion Erzengel Michael« aus nationalistischen studentischen Gruppen, die sich zwischen 1919 und 1923 an rumänischen Universitäten ausbreiteten. Das Charisma, das von dieser Bewegung ausging, wurzelte in dem tausendjährigen Kult der orthodoxen Christenheit um den Erzengel Michael und der Führerschaft Corneliu Zelea Codreanus,[172] dem 1927 angeblich der Erzengel erschien und der gar als dessen Reinkarnation galt.[173] Die »neue Generation« fühlte sich von einer chiliastischen Mission beseelt. Sie wollte einen integralen Nationalismus, eine kulturelle Reinigung und eine nationale Regeneration. Der Studentenführer Codreanu von der Universität Iaşi und sein Gesinnungsgenosse, der Jurastudent Ion Moţa von der Universität

Cluj, begründeten ihren Ruhm durch »heroische Aktionen«. Zwischen 1923 und 1927 inszenierten sie eine Reihe von Vorfällen, deren bekanntester 1924 die Erschießung des Polizeipräfekten von Iași während einer Gerichtsverhandlung war – Strafprozess und Freispruch eingeschlossen. Entscheidend für den Ausgang des Verfahrens war, dass die Polizei verhaftete Studierende gefoltert hatte. Essenziell für das strahlende Bild der Legion wie für die spirituelle Legitimation Codreanus selbst war freilich der Erzengel-Michael-Kult, ein zentrales ikonographisches Symbol der Orthodoxie. Er stand für den Kampf des Guten gegen das Böse und eignete sich darum vorzüglich für das Vorhaben einer spirituellen und nationalen Reinigung Rumäniens. Ähnlich wie Erzengel Michael den Drachen erschlagen hatte, kämpfte in seiner Nachfolge auch Codreanu gegen soziale und politische Ungerechtigkeit. Er wurde als Retter Rumäniens verehrt, der die Feinde der Nation – vor allem Juden und Kommunisten – vernichtete. Der eigentliche Schöpfer des messianischen Kultes um Codreanu war Ion Moța, dessen religiöse Bindung an den Freund einen charismatischen Konsens unter den Anhängern stiftete und beglaubigte. Nachdem Ion Moța den Anfang gemacht hatte, zögerten auch die anderen nicht, ihn als »ethisch-religiösen Propheten, spirituellen Reformer, prädestinierten Helden und politischen Schöpfer«[174] zu verehren. Im Unterschied etwa zu Hitler wurde Codreanu mehr als religiöser, denn als politischer Führer gesehen. Er war ein mittelmäßiger Redner und unbeholfener Politiker, der es vorzog, über religiöse Meditationen zu kommunizieren. Radu Ioanid nennt als Hauptzüge des rumänischen Faschismus »Nationalismus, Antisemitismus und Rassismus, der Kult um den höchsten Führer und seine Elite, Mystizismus, soziale Diversion und schließlich Antikommunismus«[175]. Daneben spielten der Ahnenkult, der Mythos um die Erde und die bäuerliche Existenz, auch der Totenkult, eine tragende Rolle. Im Blick auf die Vorfahren erinnert die Legion an die römische militärische Einheit, die Codreanu und seine Nachfolger als Symbol für ihren militärischen Geist ansahen.[176]

In der Zwischenkriegszeit erhielt der rumänische Antisemitismus eine deutlich rassistische Komponente, aber ebenso deutlich blieben die kulturellen und ökonomischen Motive. Überdies gründete der rumänische Rassismus in dem ethnischen Stolz, von den römischen Dakern abzustammen, und in der rumänischen Orthodoxie. Die Mehrheit der rumänischen Eugeniker sorgte sich um die Bevölkerungsentwicklung und hatte ein ambivalentes Verhältnis zur »Legions«-Bewegung.[177] Auf einen der Mentoren der Legionsbewegung, A. C. Cuza, geht die Idee von der Schaffung eines »neuen Menschen« zurück, den die Legionsbewegung als Erneuerungsimpuls ebenfalls beseelte. Nach 1933 nahm dieser Gedanke konkrete Gestalt an. Codreanu zufolge sollte die Legion als Schule für die Erziehung dieses Typs eines »neuen Menschen« dienen. »Der neue Mensch der erneuerten Nation setzt eine große spirituelle Erneuerung voraus, eine große spirituelle Revolution des ganzen Volkes, eine Revolution, die der spirituellen Richtung unserer Tage entgegensteht und eine ausgesprochene Offensive gegen diese Richtung darstellt.«[178] Die Legionärsverbände, Schulen des »neuen Menschen« für eine moralische Wiedergeburt Rumäniens, bestanden aus kleinen Einheiten, Nestern (*cuiburi*), an ihrer Spitze stand als Initiator und führende Kraft der *capitanul*.

1927 entschied sich die Legion, an den Wahlen teilzunehmen. Das enttäuschende Ergebnis führte zu dem Entschluss, 1930 die »Eisernen Garden« als politischen Arm der Bewegung zu gründen. Bereits 1929 hatten die »Legionäre« begonnen, gruppenweise in grünen Hemden und mit vorgehaltenem beziehungsweise auf der Brust aufgenähtem Kreuz in Dörfer und Kleinstädte zu ziehen und ihre Botschaft zu verkünden. Im Januar 1931 reagierte der Staat, den die Bewegung in der bestehenden Form abschaffen wollte, mit einem Verbot der »Eisernen Garden«. Bei den darauf folgenden Wahlen 1933 kandidierten sie als »Gruppe C. Z. Codreanu« und wurden wieder verboten. Daraufhin fiel im Dezember 1933 Ministerpräsident Ion Duca auf dem Bahnhof von Sinaia einem Anschlag der »Eisernen Garden« zum Opfer. Bei den Wahlen 1935 und 1937 traten sie erneut unter der Bezeichnung *Totul pentru Ţara* (»Alles für das Land«) an und erzielten im Dezember 1937 mit 15,6 Prozent der Stimmen das drittbeste Ergebnis.

Außenpolitisch suchte Rumänien die Gebietserwerbungen durch ein Bündnisgeflecht gegen die revisionistischen Staaten abzusichern. 1920/21 schlossen die Tschechoslowakei, Jugoslawien und Rumänien jeweils bilaterale Defensivverträge ab, die so genannte »Kleine Entente«. Darüber hinaus gab es einen Defensivvertrag zwischen Polen und Rumänien. Da die beteiligten Staaten ihrerseits Verträge mit Frankreich abgeschlossen hatten, erhielten sie von diesem Land eine gewisse Rückendeckung. Anfang Februar 1934 schlossen Jugoslawien, Rumänien, Griechenland und die Türkei den so genannten »Balkanpakt«. Schließlich nahmen Rumänien und die Sowjetunion 1934 diplomatische Beziehungen auf. Aus diesem Anlass versicherten sie, die Souveränität des anderen zu respektieren und sich nicht in die inneren Angelegenheiten des anderen Landes einzumischen.

Errichtung einer Königsdiktatur und eines Militärregimes

Die Jahreswende 1937/38 bedeutete eine tiefe Zäsur für Rumänien. Nach dem Wahlausgang am 20. Dezember 1937, der einen Rechtsruck brachte, beauftragte der König zunächst die viertstärkste Partei, die »Christlich-Nationale Partei«, die 9,1 Prozent der Stimmen auf sich hatte vereinigen können, mit der Regierungsbildung. Doch dann besann er sich eines anderen und übernahm am 10. Februar 1938 selbst die Macht. Er stellte seine Entscheidung als Rettungsaktion für Rumänien dar und gab der parlamentarischen Demokratie die ganze Schuld an der schwierigen Lage des Landes. Mit seiner Machtübernahme wollte er der »Eisernen Garde« zuvorkommen. Carol II. selbst schwebte ein berufsständisches Gesellschaftsmodell vor, das sich in drei Gruppen gliedern sollte: Landwirtschaft und Handwerk, Handel und Industrie, geistige Berufe. Als neuen Ministerpräsidenten berief er den Patriarchen der orthodoxen Kirche, Miron Cristea. In der neuen Verfassung vom 24. Februar 1938 besaß das Parlament nur eine beratende Funktion, zum eigentlichen Machtzentrum wurde der Kronrat, ein Beratergremium des Königs. Aus Anlass der neuen Verfassung hielt Ministerpräsident Cristea eine Rede, in der er sich von der »Hydra« der Parteiendemokratie verabschiedete. Sie habe nur Hass und Zwietracht in der Gesellschaft gestiftet. Im Gegensatz dazu sollte das berufsständische Modell eine harmonische Gesellschaft schaffen. Carols Königsdiktatur nahm eine Reihe von Anleihen bei der faschistischen und nationalsozialistischen Diktatur auf, präsentierte sich aber etwas gemäßigter. Darum wird sie in der Literatur meist als »autoritäre« Diktatur bezeichnet.

Am 15. Dezember 1938 ließ Carol die Staatspartei »Front der nationalen Wiedergeburt« (*Frontul Renaşterii Naţionale*) gründen, die bald zum Sammelbecken aller Staatsbediensteten und seiner Getreuen wurde. Die Mitglieder grüßten mit »*Sanatate*« (Gesundheit/Heil) und hoben dabei den rechten Arm; sie trugen Uniformen oder das Emblem der »Front« gut sichtbar auf der Brust ihrer Zivilkleidung. Die »Front«

besaß auch das alleinige Vorschlagsrecht für die Kandidaten aus den drei Berufsgruppen und besetzte bei den Wahlen im Juni 1939 alle Parlamentssitze. Die anderen Parteien waren zwar verboten, konnten aber weiterbestehen und sich zu Wort melden – die Kommunisten und die »Eiserne Garde« ausgenommen. Am 27. März 1938 wurde Codreanu vor einem Militärgericht wegen Verrats, Aufruhrs und anderer Vergehen zu zehn Jahren Gefängnis verurteilt. Seine Anhänger suchten mit Anschlägen seine Befreiung zu erzwingen. Beim Transport ins Gefängnis im November 1938 ermordete ihn das Bewachungspersonal und machte ihn damit zum Märtyrer der Bewegung. Die »Eiserne Garde« setzte ihre Anschläge fort und verübte am 21. September 1939 ein Attentat auf den Nachfolger Cristeas im Amt des Ministerpräsidenten, Armand Calinescu. Daraufhin töteten Polizei und Militär etwa zweihundertfünfzig Legionäre.

1938/39 erlebte Rumänien den Bankrott seiner bisherigen Außenpolitik. Bei der Abtretung des »Sudetengebiets« an Deutschland und der Südslowakei an Ungarn hatte sich die »Kleine Entente« als völlig handlungsunfähig erwiesen. Bald darauf existierten die Bündnispartner Tschechoslowakei und Polen nicht mehr, die Schutzmacht Frankreich musste kapitulieren. Angesichts dieser Situation verlegte sich Rumänien auf einen strikten Neutralitätskurs und schloss sowohl mit Deutschland als auch mit den Westmächten Wirtschaftsverträge. Der Hitler-Stalin-Pakt vom 23. August 1939 stellte für die territoriale Integrität Rumäniens eine unmittelbare Bedrohung dar. Eine stärkere Annäherung an Deutschland erschien als einziger Ausweg. Im Frühjahr 1940 kam es zwischen beiden Ländern zum Abschluss des »Waffen-Öl-Pakts«. Um den Deutschen entgegenzukommen, wurden »Legionäre« aus den Gefängnissen entlassen und die »Eiserne Garde« unter ihrem Führer Horia Sima stärker in die Politik mit einbezogen. So löste der König im Juni 1940 die »Front« auf und gründete die neue Einheitspartei *Partidul Naţiunii* (Partei der Nation), die auch »Legionären« offen stand. Die »Eiserne Garde« trat ein, erhielt Posten im Kabinett und konnte nun Einfluss auf die rumänische Politik nehmen.

Am 26. beziehungsweise 27. Juni 1940 forderte die UdSSR von Rumänien ultimativ die Abtretung Bessarabiens und der Nord-Bukowina. Berlin, das im Geheimabkommen mit Moskau dem neuen Partner diese territoriale Interessensphäre zugestanden hatte, und auch Rom rieten Rumänien zur Annahme des Ultimatums; am 28. Juni besetzten sowjetische Truppen diese Gebiete. Die Problemlosigkeit dieses Aktes weckte sofort auch die bulgarischen und ungarischen Begehrlichkeiten. Gegen die Rückgabe der Süd-Dobrudscha an Bulgarien sperrte sich Rumänien nicht. Am 2. August 1940 entschied der Zweite Wiener Schiedsspruch über die Teilung Siebenbürgens. Damit hatte Rumänien etwas mehr als ein Drittel seines Territoriums verloren. Die Abtretung Nord-Siebenbürgens löste in der Bevölkerung helle Empörung aus, so dass der König, um die Lage zu stabilisieren, am 4. September 1940 den General Ion Antonescu, mit umfangreichen Vollmachten versehen, zum Ministerpräsidenten ernannte. Dieser erklärte die Verfassung von 1938 für ungültig, löste das Parlament ganz auf und zwang Carol zugunsten seines Sohnes Mihai zum Rücktritt. Anstelle der aufgelösten »Partei der Nation« wurde nun die »Eiserne Garde« zur Staatspartei erhoben. Dem Dekret des Königs vom 14. September 1940 zufolge war Rumänien nun ein »nationallegionärer Staat«, Antonescu mit dem Titel *Conducător al Statului* (Staatsführer) der Chef dieses Staates und Horia Sima der Kommandant der Legionsbewegung. Antonescu trat auf einer Großkundgebung am 8. Oktober 1940 – gemeinsam mit Sima – im grünen Hemd der Bewegung auf und berief sich in seiner Rede auf Worte Codreanus. Nun übten die »Legionäre« blutige Rache an ihren Gegnern und errichteten den Opfern ihrer Bewegung im Bukarester Vorhof des »Casa Verde« – ihrem Hauptquartier – ein Grabmonument. Doch zwischen Antonescu und der »Eisernen Garde« kam es immer wieder zu Streitigkeiten. Vom 21. bis 23. Januar 1941 versuchte die »Eiserne Garde«, durch einen Aufstand die ganze Macht an sich zu reißen. Mit Hilfe der Armee konnte sich Antonescu jedoch behaupten, ein Militärregime errichten und die Legionärsbewegung, die der Aufstand vierhundert Tote gekostet hatte, als politische Kraft vernichten.

Da sich Rumänien weiterhin von der UdSSR bedroht fühlte, schloss es sich nun eng an Deutschland an. Am 22. November 1940 trat das Land der so genannten »Achse« bei, im Februar 1941 kamen deutsche Militärberater – 22.000 Mann – nach Rumänien, um die rumänische Armee zu modernisieren und Erdöl-Anlagen zu sichern. Den Vorstoß gegen Jugoslawien führte die Wehrmacht von rumänischem Boden aus, ohne rumänische Truppen zu beteiligen. Der Gebietszuwachs, den die beteiligten Länder Bulgarien und Ungarn nach dem Sieg über Jugoslawien für sich verbuchen konnten, heizte die ungarisch-rumänischen

Spannungen noch weiter an. Der Konflikt zwischen beiden offiziell »verbündeten« Ländern sollte bis 1945 ein Problem bleiben.

Am 12. Juni 1941 informierte Hitler in München Antonescu über den bevorstehenden Krieg mit der Sowjetunion. Beide Diktatoren verstanden die Auseinandersetzung als Weltanschauungskrieg gegen den Bolschewismus und das »Slawentum«. Der Angriff gegen die Sowjetunion begann am 22. Juni 1941, Bessarabien und die Nord-Bukowina wurden besetzt, alle Spuren der Sowjetisierung beseitigt und dem rumänischen Staatsgebiet wieder eingegliedert. Zusammen mit deutschen Truppen eroberten rumänische Einheiten dann die Ukraine und die Krim. Das Gebiet östlich von Bessarabien, zwischen Dnjestr und Bug, Transnistrien mit Odessa, kam unter rumänische Zivilverwaltung. Aber eine staatliche Eingliederung unterblieb, obwohl man Transnistrien als rumänisches Land ansah und entsprechend behandelte. Die rumänische Armee war mit neuen Verbänden auch an der Sommeroffensive 1942 beteiligt und wurde in Stalingrad aufgerieben. Obwohl es in der rumänischen Bevölkerung gärte, löste sich Antonescu nicht von seinem Verbündeten, unterstützte aber andererseits diplomatische Kontaktaufnahmen zu den Westmächten. Da Rumänien auch im April 1944 noch nicht bereit war, die alliierten Bedingungen zu erfüllen, kam es aber zu keiner Vereinbarung. Unter dem Druck der vordringenden Roten Armee sah sich König Mihai im August 1944 zum Abschluss eines Waffenstillstandes genötigt. Er ließ Antonescu und dessen Stab verhaften, ernannte eine Regierung unter dem General Constantin Sanatescu, setzte die Verfassung von 1923 wieder in Kraft, beendete alle Verbindungen zu Deutschland und leitete die Rückeroberung Nord-Siebenbürgens ein. Als Hitler Rumänien mit Gewalt halten wollte, erklärte Bukarest am 25. August 1944 Deutschland den Krieg. Am 30. August rückte die Rote Armee in Bukarest ein.

2.13 Militärputsch, Königsdiktatur und rechtsautoritäre Regierung: Bulgarien

Militärische Niederlagen und Radikalisierung

Im Ersten Balkankrieg 1912 vertrieb die Allianz des Balkanbundes – Serbien, Montenegro, Bulgarien und Griechenland – die Truppen des Osmanischen Reiches aus Europa. Die Entente war vom Erfolg des Balkanbundes überrascht worden und suchte im Frieden von London im Januar 1913 die Grenzziehung für die Türkei erträglich zu gestalten. Die Türkei musste Makedonien und Ostthrakien abtreten und wurde damit nahezu ganz aus Europa verdrängt. Doch im Mai 1913 kam es wegen Makedonien zum Streit zwischen den ehemaligen Verbündeten. Weiterhin stellte Rumänien an Bulgarien Gebietsansprüche: Es meldete Ansprüche auf die Süd-Dobrudscha an. Am 29./30. Juni 1913 eröffnete König Ferdinand von Bulgarien den Krieg gegen Serbien. Serbische und griechische Truppen drangen nun ihrerseits auf bulgarisches Gebiet vor, drei Tage später machte auch Rumänien mobil, besetzte die Stadt Varna am Schwarzen Meer und stieß mit einem zweiten Flügel nach Sofia vor. Am 10. Juli trat die Türkei in den Krieg gegen Bulgarien ein und eroberte jene Gebiete zurück, die sie im Ersten Balkankrieg an Bulgarien verloren hatte. Im Friedensvertrag von Bukarest am 10. August 1913 erhielt Serbien Binnenmakedonien mit Skopje und dem Kosovo, Griechenland Küstenmakedonien mit Saloniki und Westthrakien. Die ursprüngliche Grenze zwischen Bulgarien und der Türkei wurde wiederhergestellt.

Das am 17. Juli 1913 gebildete »Kabinett der nationalen Konzentration« neigte zu den Mittelmächten, die beide den bulgarischen Ex- und Import bestimmten. Alle übrigen Parteien traten für ein engeres Bündnis mit Russland ein. Bulgariens Ministerpräsident Wassil Radoslawow erklärte am 1. August 1914, sein Land werde neutral bleiben. Die Mittelmächte warben um Bulgarien, da sie eine strategisch wichtige Landbrücke zu ihrem Verbündeten Türkei gewinnen wollten. Um ebendies zu verhindern, suchten auch die Entente-Mächte Bulgarien auf ihre Seite zu ziehen. Da sie auf Serbien keine Rücksicht nehmen mussten, konnten die Mittelmächte Bulgarien weit reichendere territoriale Gegenleistungen zusagen. Am 6. September 1915 unterzeichnete Bulgarien einen Bündnisvertrag und ein Geheimabkommen mit dem Deutschen Reich. In dem Geheimabkommen sagte Sofia »kriegerische Operationen« gegen Serbien zu. Österreich-Ungarn trat diesen Verträgen bei. Zwischen Bulgarien und der Türkei wurde ein Militärabkommen getroffen, das die Abtretung eines 2.580 km² großen Gebietes im Marica-Tal an Bulgarien einschloss. Im Verlauf des Krieges fiel der »serbische« Teil Makedoniens an Bulgarien. Rumänien, das sich am 27. August 1916 der Entente anschloss, verlor die Dobrudscha. 1917 trat auch Griechenland an der Seite der Entente in den Krieg ein, der im Wesentlichen an der Makedonienfront als Stellungskrieg geführt wurde.

Der Krieg ruinierte das Land wirtschaftlich, da die Verbündeten – Deutschland und Österreich-Ungarn – Bulgarien rücksichtslos ausplünderten. Es kam zu Hungerunruhen und nach der erfolgreichen Gegenoffensive an der Saloniki-Front unter der Führung Frankreichs auch zu Desertionen und bürgerkriegsähnlichen Verhältnissen. Schon zuvor hatte Ferdinand von Bulgarien mit den Entente-Mächten Geheimverhandlungen aufgenommen, um einen ehrenhaften Frieden für Bulgarien zu erreichen. Am 29. September 1918 unterschrieb der Kronrat schließlich ein Waffenstillstandsabkommen mit der Entente, am 3. Oktober trat König Ferdinand zugunsten seines Sohnes Boris III. zurück und ging in die Emigration nach Deutschland.

Nach dem Ersten Weltkrieg befand sich das Land in einer wirtschaftlich katastrophalen Situation. In Handel, Industrie und Landwirtschaft fehlte es am Nötigsten, zahlreiche Streiks erschütterten das Land, die Besatzungstruppen der Alliierten, die von der Roten Armee aus der Krim vertriebene Wrangel-Armee, die heimkehrenden bulgarischen Truppen und die Flüchtlinge aus den abgetretenen Gebieten wollten versorgt sein. Unter diesen Umständen kam es zu einer politischen Radikalisierung des Landes, sozialistisches wie präfaschistisches Gedankengut fand Eingang in intellektuelle Kreise; es entstanden militante Gruppierungen und paramilitärische Organisationen.

Nach der kurzen Episode des Kabinetts Aleksandăr Malinov folgte von November 1918 bis Oktober 1919 die »Große Koalition zur Rettung Bulgariens« unter Teodor Teodorov, die alle Parteien mit Ausnahme der »engeren Sozialisten« vereinigte. Anfang Oktober 1919 übernahm für fast drei Jahre der Führer des Bauernvolksbundes, Aleksandăr Stambolijski, die Regierung. Diese verabschiedete ein Gesetz zur Bestrafung der Schuldigen für die »nationale Katastrophe« des Ersten Weltkrieges und verurteilte eine Reihe von Politikern. Am 27. November 1919 unterzeichnete sie in Neuilly-sur-Seine, einem Pariser Vorort, den Friedensvertrag mit den Alliierten, der dem Land drastische Gebietsverluste bescherte. Neben den im Ersten Weltkrieg eroberten Territorien musste Bulgarien das Gebiet um Strumica an das Königreich der Serben, Kroaten und Slowenen (ab 1929 Jugoslawien[179]) abtreten, außerdem West-Thrakien, das 1920 an Griechenland fiel. Damit war der 1912/13 errungene Zugang zur Ägäis wieder verloren.

Bulgarien nach den Balkankriegen (1912–1913)   Grenzen vor 1914

Makedonien wurde dreigeteilt; der Hauptteil mit der alten Hauptstadt Saloniki ging wieder an Griechenland, Binnen-Makedonien wurde Serbien zugesprochen; Bulgarien durfte nur einen kleinen Teil, »Pirin-Makedonien«, behalten. Der Vertrag enthielt weitere Härten: Neben Reparationen in Höhe von 2,25 Milliarden Goldfrancs, die Bulgarien auferlegt wurden, musste die Armee auf 33.000 Mann beschränkt werden. Unter dem beschönigenden Begriff »Bevölkerungsaustausch« mussten bulgarische Bürger die verlorenen Gebiete verlassen und ins Kernland umziehen. Von dieser Maßnahme waren umgekehrt auch einige Griechen betroffen, die Bulgarien zu verlassen hatten.

Die ständestaatlich orientierte Regierung Stambolijski bemühte sich ohne großen Erfolg, aus der diplomatischen Isolation herauszukommen. Es gelang ihr lediglich die Aufnahme Bulgariens in den Völkerbund (1920). Eine Föderation mit den Nachbarstaaten, vor allem Jugoslawien und der Tschechoslowakei, kam nicht zustande. Auf sozialem und ökonomischem Gebiet initiierte die Regierung Reformen, so etwa eine Bodenreform und die Einrichtung eines Arbeitsdienstes. Auf Seiten der Opposition – Reserveoffiziere, Intellektuelle und die orthodoxe Kirche – wandte man sich gegen die sich anbahnende Diktatur des bäuerlichen Standes. Die orthodoxe Kirche verübelte es der Regierung, dass sie kirchlichen und klösterlichen Besitz enteignet hatte. Demokraten und Radikaldemokraten taten sich im Konstitutionellen Block (*Konstitucionni blok*) zusammen, um Professor Aleksandăr Cankov sammelte sich ein rechtsgerichteter »Volksblock« (*Naroden blok*), und der Berufsverband ehemaliger Offiziere organisierte sich in der »Militärliga« (*Voenna liga*), später »Militärbund« (*Voenni sajuz*) genannt.[180] Schließlich verschloss sich die »Innere Makedonische Revolutionäre Organisation« (IMRO) jeglicher Zusammenarbeit mit der Zentralregierung, bildete eine Art Staat im Staate und verübte Terroranschläge. Die »engeren Sozialisten«, als Einzige unbeteiligt an der Katastrophe des Ersten Weltkrieges, änderten Ende Mai 1919 ihren Namen in »Bulgarische Kommunistische Partei« und suchten den Anschluss an Moskau.

Am 8./9. Juni 1923 putschte das Militär, angeführt vom Vorsitzenden des Militärs, Ivan Valkov, gegen die Regierung Stambolijski. Dessen paramilitärische Organisation »Orangegarde« konnte sich gegen die Armee nicht behaupten, Stambolijski und viele seiner Anhänger wurden ohne Gerichtsverfahren hingerichtet. Die neue Rechtsregierung unter Aleksandăr Cankov von der »Nationalsozialen Volksbewegung« (NSD) verfolgte auch die Kommunisten und ließ viele von ihnen inhaftieren. Als diese daraufhin einen Aufstand initiierten, schlug die Armee die Revolte blutig nieder und tötete 20.000 von ihnen.

Die Regierung bildete den »Konstitutionellen Block« in einen Block »Demokratische Einheit« um und löste alle anderen politischen Vereinigungen auf. Doch daraufhin bildeten sich verschiedene Parteiflügel, »Stämme« genannt. Eine Gruppierung scharte sich um Cankov, der den »weißen Terror« im Land ausgelöst hatte. Ein anderer Stamm sammelte sich um den gemäßigteren Andrej Ljapčev von den früheren Demokraten, ein dritter um Atanas Burov von der Vereinigten Nationalprogressiven Partei. Als Mitte April 1925 eine sektiererische kommunistische Untergruppe einen Anschlag auf die Kathedrale in Sofia verübte, bei dem 150 Menschen starben – ursprünglich war ein Attentat auf Zar Boris III. geplant gewesen, den man in der Kirche vermutet hatte –, nahm man dies als Fanal, um landesweit die Kommunisten und ihre Sympathisanten zu verfolgen. Ein entsprechendes Gesetz zum Schutz des Staates war im März 1925 verabschiedet worden. Zwischen 1924 und 1929 konnte das Land einen wirtschaftlichen Aufschwung verzeichnen, wenn auch die Reparationen und das Flüchtlingsproblem sich weiterhin als drückende Lasten erwiesen. Anfang 1926 lösten die gemäßigteren Politiker Ljapčev und Burov den radikalen Cankov ab und bemühten sich um die Wiederherstellung parlamentarischer Verhältnisse. Ein Ergebnis dieser Entwicklung war die Wiederzulassung der Kommunistischen Partei und ihrer legalen Organisationen. Im April 1927 – der Block »Demokratische Eintracht« zerbröselte immer mehr – bildete sich ein elitärer Zirkel, der sich »Zveno« (Kettenglied) nannte, einen überparteilichen Anspruch erhob und gegenüber den demokratischen Prinzipien die »starke Autorität« propagierte.

Außenpolitisch konnten in dieser Zeit ein paar Erfolge verbucht werden: Bulgarien trat am 14. November 1928 dem Kellogg-Pakt bei, der den Krieg als politisches Mittel ächtete. Im Januar 1930, im Rahmen der Haager Schlussakte, wurden die Reparationszahlungen von 2,25 Milliarden auf 171,6 Millionen gesenkt.

Die Weltwirtschaftskrise am Ende der 1920er Jahre traf auch den Agrarstaat Bulgarien außerordentlich hart. Infolge der wirtschaftlichen Not kam es zu einer Radikalisierung der politischen Kräfte im Land. Innerhalb des Bauernvolksbundes entstanden zwei Gruppierungen – die eher nach links tendierende *Pladne* (Mittag) und die zentralistisch-konservative *Vrabča 1.* Aus dem Volksblock Cankovs entwickelte sich die »Nationalsoziale Bewegung«, die sich ideologisch und organisatorisch stark an die deutschen Nationalsozialisten annäherte. So gründete Cankov den »Verband der bulgarischen Nationallegionen«, die »Bulgarische Heimwehr« oder den Jugendverband »Vater Paisij«. Nachdem die »Demokratische Eintracht« 1931 die Wahlen verloren hatte, bildete sich eine Koalitionsregierung aus Demokraten, Liberalen und dem konservativen Flügel des Bauernbundes. Sie konnte der Krise ebenfalls nicht Herr werden. Rufe nach der »starken Macht der Kompetenten« und Schmähungen der Regierung als »Tyrannei der Menge« wurden nun immer vernehmlicher.

Etablierung einer autoritären Königsdiktatur

Als Folge dieser Entwicklung putschten am 19. Mai 1934 Mitglieder der Militärliga und des elitären Zirkels *Zveno*, bildeten eine neue Regierung unter Kimon Georgiev und gaben dem Staat eine zentralistische und bürokratische Struktur nach dem Muster des italienischen Faschismus. Nicht mehr die Masse, sondern eine politische Elite sollte das Land regieren. Nachdem im Januar 1934 Meinungsverschiedenheiten zwischen Militärliga und *Zveno* zu einer Krise der Regierung Georgiev geführt hatten, betrat Zar Boris III., der sich bisher im Hintergrund gehalten hatte, im April 1935 selbst die politische Bühne, inszenierte einen Gegenputsch, übernahm nun selbst das »persönliche Regime« und setzte Beamtenregierungen ein. Damit war – nach Jugoslawien – eine zweite Königsdiktatur entstanden. Da sie antimonarchische Tendenzen aufwiesen, ließ Boris III. die rechtsradikalen Organisationen seines Landes auflösen. »Aufs Ganze gesehen [...] blieb das Regime autoritär und zeigte kaum Tendenzen zum Totalitarismus. Hier machte sich vor allem der Einfluss des Monarchen geltend, der befürchtete, dass totalitäre Tendenzen und die damit verbundene Tolerierung profaschistischer Kräfte seinen Thron gefährden könnten.«[181]

Die bulgarische Außenpolitik verfolgte in den 1930er Jahren vier Ziele: Überwindung der außenpolitischen Isolation, Revision der Verträge von Neuilly, Rückgewinnung der verlorenen Gebiete und Wahrung der Neutralität. 1934 hatten Jugoslawien, Rumänien, Griechenland und die Türkei den »Balkanpakt« geschlossen, in dem sie sich gegenseitig ihre Grenzen garantierten – indirekt auch gegen Bulgarien gerichtet. 1937 gelang Bulgarien die Annäherung an Jugoslawien in einem Pakt »ewiger Freundschaft«. Im Juli 1938 schloss Bulgarien auch ein Abkommen mit Griechenland. Am 15. September 1939, zwei Wochen nach Ausbruch des Zweiten Weltkrieges, erklärte Bulgarien seine allseitige Neutralität. Mitte Dezember 1939 und Anfang Januar 1940 unterzeichnete es zwei Schifffahrtsverträge mit der UdSSR.

Während das Land einen von Moskau offerierten Pakt ablehnte, um eine »Sowjetisierung« zu vermeiden, konnte es sich dem Druck des Deutschen Reiches auf Dauer nicht entziehen. Als Anreiz erhielt Bulgarien auf Betreiben Hitlers und Mussolinis von Rumänien die Süd-Dobrudscha zurück. Nach dem Angriff Italiens auf Griechenland am 28. Oktober 1940 und der Massierung deutscher Truppen in Rumänien drohte dem Land die Okkupation. Wirtschaftlich bestand ohnehin eine hohe Abhängigkeit von Deutschland. Wie die Nationalsozialisten verfahren konnten, hatten sie mit der Angliederung Österreichs und der Zerschlagung der Tschechoslowakei demonstriert. Bulgarien befürchtete ein ähnliches Schicksal und gab am 1. März 1941 schließlich dem Drängen Deutschlands nach. Die rechtsgerichtete Regierung Bogdan Filov unterzeichnete an diesem Tag die Beitrittserklärung zum Dreimächtepakt. Für die deutschen Truppen diente Bulgarien (wie Rumänien[182]) als Aufmarschgebiet für die Eroberung Griechenlands und Jugoslawiens. Die bulgarische Armee beteiligte sich an keinem Angriff, sondern besetzte und verwaltete die von den Deutschen eroberten Räume. Bei deren Verteilung erhielt Bulgarien nahezu alle Territorien zurück, die es infolge des Ersten Weltkriegs verloren hatte. Damit hatte es sein Staatsgebiet um die Hälfte vergrößert und die Bevölkerung um ein Drittel erhöht. Im weiteren Verlauf des Krieges ging es mit großer Härte gegen Griechen und Serben vor, diskriminierte Minderheiten und suchte das annektierte Land zu bulgarisieren.

Trotz erheblichen Drucks von Deutschland weigerte sich Bulgarien mit Erfolg, der UdSSR den Krieg zu erklären. Die gemeinsam mit Kroatien und der Slowakei abgegebene Kriegserklärung an Großbritannien und die USA vom 13. Dezember 1941 wollte Bulgarien nur als symbolischen Akt verstanden wissen und rechnete aufgrund seiner geographischen Lage damit, dass es niemals zu einer kriegerischen Handlung kommen werde. Auch die deutsche Vernichtungspolitik gegen die europäischen Juden trug Bulgarien nicht mit, unterlief die eigene antisemitische Gesetzgebung vom Januar 1941 und nahm keinerlei Deportationen vor, so dass alle Juden Bulgariens überlebten. Allerdings lieferten die bulgarischen Behörden in den besetzten Gebieten Makedonien und Thrakien die dort lebenden Juden an deutsche Stellen aus.

Nach den deutschen Niederlagen im Osten und dem Sturz Mussolinis erwog Bulgarien den Austritt aus dem »Dreimächtepakt«. Hitler bestellte daraufhin Boris III. nach Berlin ein und verlangte von ihm die Bereitstellung von zwei bulgarischen Divisionen. Da Boris III. kurz nach seiner Rückkehr aus Berlin am 28. August 1943 überraschend starb, hielt sich das Gerücht, er sei im Auftrag Hitlers ermordet worden. Ein daraufhin für den minderjährigen Thronfolger Simeon II. eingesetzter Regentschaftsrat, bestehend aus Prinz Kyrill, Bogdan Filov und General Nikola Michov, suchte Bulgarien aus dem Krieg herauszuführen. Anlass dafür waren auch innere Unruhen unter Führung der Kommunisten, die allerdings brutal unterdrückt wurden. Die wirkliche Macht im Land übte der Vertreter der faschistoiden Regierung, Dobri Moshilow, aus.

Am 1. September 1944 räumte Bulgarien das besetzte Makedonien. Vier Tage später überreichte der sowjetische Außenminister Molotow dem bulgarischen Gesandten in Moskau die Kriegserklärung. Um dessen ungeachtet zu einem Waffenstillstand mit der UdSSR zu gelangen, brach Bulgarien tags darauf die diplomatischen Beziehungen zu Deutschland ab, bildete die Regierung um und erklärte am 9. September 1944 Deutschland den Krieg. Doch das nützte nichts mehr. Die UdSSR ließ das Waffenstillstandsangebot unbeachtet und besetzte das Land, ohne auf nennenswerten Widerstand zu stoßen. Am 9. September 1944 wurde die gerade gebildete Regierung von Konstantin Muraviev durch einen Militärputsch gestürzt und ein »Nationalkomitee der Vaterländischen Front« übernahm die Macht. Jetzt konnte die UdSSR daran gehen, das Land auf dem üblichen Weg kommunistisch umzugestalten.

2.14 Zwischen orientalischem Potentatentum, okzidentaler Autokratie und Faschismus: Albanien

Spielball der Nationen

Infolge des 1. Balkankrieges proklamierte ein albanischer Nationalkongress am 28. November 1912, eher aufgrund der militärischen Lage als aus eigenem Antrieb, einen selbstständigen albanischen Staat. Wohl gab es eine breite albanische Literatur, die – meist in der Emigration – das nationale Albanertum pries, aber dieser Patriotismus hatte nicht zu einer Unabhängigkeitsbewegung von der Türkei geführt. Ende 1912 bildete Ismail Kemal Bey Vlora eine Provisorische Regierung, die paritätisch mit Muslimen und Christen besetzt war. Nach einer Fortsetzung des Krieges zwischen dem Balkanbund und der Türkei kam es durch Vermittlung der Großmächte am 30. Mai 1913 zum Frieden von London, der Albanien als selbstständigen Staat garantierte. Allerdings bestanden zwischen den Großmächten durchaus Differenzen hinsichtlich der Grenzen des neuen Staates. In einer Botschafterkonferenz einigte man sich in mühsamen Kompromissen auf das Territorium des als souveränes Fürstentum projektierten Staates. Um den albanischen Thron bewarben sich zahlreiche christliche und muslimische Fürstenhäuser – immerhin bekannten sich zwei Drittel der Albaner zum Islam. Die Großmächte einigten sich schließlich Anfang Oktober 1913 auf den deutschen Prinzen Wilhelm zu Wied, einen Protestanten. Diese Konfession war in Albanien nicht vertreten, was man offenbar für eine gute Voraussetzung hielt. Nachdem die Provisorische Regierung am 24. Januar 1914 zurückgetreten war, beherrschte Esad Pascha Toptani mit seinen Banden das Land. Unter seiner Führung reiste eine albanische Delegation zu Wilhelm von Wied nach Neuwied und trug ihm den Thron an. Am 7. März 1914 erreichte das Fürstenpaar die albanische Hafenstadt Durrës, die als Hauptstadt des Landes vorgesehen war. Wied beauftragte den ehemaligen türkischen Botschafter in Sankt Petersburg, Turhan Pascha Përmeti, mit der Regierungsbildung. Dieser übernahm das Amt des Ministerpräsidenten und des Außenministers, Esad Pascha Toptani wurde Innen- und Verteidigungsminister. Insgesamt gehörten dem Kabinett fünf Muslime und zwei orthodoxe Christen an, abgesehen von der Konfession beherrschten die Großgrundbesitzer das Kabinett. Als vorrangig zu lösendes Problem galt die Südgrenze des Landes. Entgegen dem Londoner Beschluss hielten die Griechen weiterhin Teile von Südalbanien besetzt und waren nicht bereit, diese zu räumen. Die von den Großmächten beauftragte Internationale Kontrollkommission nahm schließlich Kontakt zu den Sezessionisten in Nordepirus auf und sicherte dem Gebiet am 17. Mai 1914 sprachliche, kirchliche und Verwaltungsautonomie unter christlichen Gouverneuren zu. Die albanische Regierung hatte man an dieser Regelung erst gar nicht beteiligt.

Etwa gleichzeitig mit der Grenzfrage bedrohte ein muslimischer Aufstand in Mittelalbanien die Existenz des Staates. An der Spitze der Bewegung, die von religiösen, sozialrevolutionären und fremdenfeindlichen Motiven getragen war und von jungtürkischen Emissären unterstützt wurde, stand Scheich Haxhi Qamili, der mit seiner Botschaft die muslimischen Bauern in seinen Bann zog. Wied verdächtigte auch seinen untätigen Verteidigungsminister Esad Pascha der Mitverschwörung und zwang diesen, das Land zu verlassen. Mitte Mai 1914 brach eine offene Bauernrevolte aus. Unter Führung des ehemaligen türkischen Offiziers Qamil Haxhi Fejza konnten die Aufständischen bis zum 1. September nahezu das ganze Land erobern und die Hauptstadt Durrës vom Land her einschließen. Wegen des inzwischen ausgebrochenen Ersten Weltkrieges zogen die Großmächte zwischen dem 1. und dem 21. August ihre Truppenkontingente aus Albanien ab. Am 3. September verließ Wied über die See Durrës, hielt aber seinen Anspruch auf den Thron aufrecht. Der Fürst trat wieder in die deutsche Armee ein und gedachte, nach dem Krieg mit deutscher und österreichisch-ungarischer Hilfe nach Albanien zurückzukehren.

Nach dem Abzug Wieds besetzte der »Generalrat« der Aufständischen Durrës, hisste die türkische Flagge, etablierte sich als albanische Regierung und bot Istanbul die albanische Krone an. Doch diese Entwicklung der Dinge behagte Esad Pascha Toptani nicht. Er kehrte aus dem italienischen Exil zurück, eroberte am 3. Oktober 1914 mit serbischen Söldnern Durrës und zwang den Generalrat, ihn zum Präsidenten einer Provisorischen Regierung und zum Oberkommandierenden zu ernennen. Als die Türkei Anfang November auf Seiten der Mittelmächte in den Krieg eintrat, verschärfte sich der Konflikt zwischen dem protürkischen Generalrat und dem proserbischen Esad Pascha. Letzterer wurde in Durrës eingeschlossen und erst im Sommer 1915 von serbischen Truppen befreit. Die Führer des muslimischen Bauernaufstandes wurden verhaftet und hingerichtet. Es folgten keine weiteren Versuche mehr, Albanien wieder in den türkischen Machtbereich einzufügen.

Im Verlauf des Ersten Weltkrieges drangen italienische, griechische, serbische und montenegrinische Truppen in das neutrale Albanien ein. Ende 1915/Anfang 1916 wurde ganz Albanien von den Truppen der kriegführenden Mächte Österreich-Ungarn, Italien und Frankreich besetzt. Die Österreicher beherrschten mehr als zwei Drittel des Landes und richteten in Shkodra eine Militärverwaltung ein. Damit enttäuschten sie Ahmed Zogu, einen albanischen Politiker muslimischen Glaubens, den die politische Klasse seines Landes zum Präsidenten einer Initiativkommission der inzwischen konstituierten Provisorischen Nationalversammlung gewählt hatte. Zogu, der zu den Österreichern guten Kontakt hielt und als Kommandant einer albanischen Freiwilligenabteilung den Rang eines Obersten der k. u. k.-Armee bekleidete, hatte gehofft, dass mit Hilfe Österreich-Ungarns ein nach dem Nationalitätenprinzip geschaffenes größeres Albanien entstehen könne. Um einem Aufstand zuvorzukommen, versprach das österreichische Truppenkommando am 23. Januar 1917 den Albanern allerdings volle Selbstverwaltung unter österreichischem Schutz. Aufgrund der Kriegslage endete die Besetzung Nord- und Mittelalbaniens im September 1918, am 5. November 1918 wurde als letzte albanische Stadt Shkodra geräumt. Schon vor seinem Kriegseintritt hatte Italien Szani, Vlora und dessen Hinterland besetzt. Nach Artikel 6 des geheimen Londoner Protokolls vom 26. April 1915 hatte es sich weitere territoriale Rechte in Albanien zusichern lassen und besetzte bis März 1916 das restliche Südalbanien. Als nach der Februarrevolution von 1917 die Provisorische Regierung Russlands auch den Londoner Geheimvertrag veröffentlichte, brach in Albanien ein Proteststurm los. Diesem begegnete Italien am 3. Juni 1917, indem es die Einheit und Unabhängigkeit ganz Albaniens unter italienischem Protektorat proklamieren ließ. Diese Pläne konnte Italien jedoch nicht verwirklichen, zumal sie weit über den Londoner Vertrag hinausgingen.

Im Einverständnis mit dem griechischen Ministerpräsidenten Eleftherios Venizelos landete die Entente Truppen in Saloniki. Daraufhin zwang König Konstantin I. von Griechenland Venizelos zum Rücktritt, der im Oktober 1916 eine Gegenregierung in Thessaloniki bildete.[183] Infolge dieses Konflikts besetzten französische Truppen das südwestliche Albanien um Korça – ein Gebiet, das bis dahin von königlich-griechischen Truppen gehalten worden war. Als die Franzosen zunächst ihren griechischen Verbündeten die Verwaltung des Territoriums überließen, kämpften albanische Banden unter Themistokli Gërmenji und Salih Butka für eine albanische Selbstverwaltung. Dieser Forderung gaben die Entente-Mächte nach und schufen unter dem Schutz einer französischen Garnison am 10. Dezember 1916 das autonome Gebiet von Korça. Der albanische Verwaltungsrat, an dessen Spitze der ehemalige Bandenführer Gërmenji stand, setzte sich aus je sieben Muslimen und orthodoxen Christen zusammen. Als Griechenland im Juni 1917 an der Seite der Entente in den Krieg eintrat, verlor Korça Mitte Februar 1918 seinen Autonomiestatus wieder und kam unter direkte französische Militärverwaltung.

Auf der Pariser Friedenskonferenz 1919 erwarteten das neue Königreich der Serben, Kroaten und Slowenen, Griechenland und Italien einen Gebietszuwachs auf Kosten Albaniens. Die Albaner selbst, die keine Vertretung besaßen, bildeten rasch eine unter dem Vorsitz von Vorkriegsministerpräsident Tirhan Pascha Përmeti stehende Provisorische Regierung in Durrës. Da diese Regierung beziehungsweise ihre Delega-

Albanien 1941–1944

SERBIEN

MONTENEGRO

o Peć   o Priština

o Kotor

K o s o v o

Drin

Shkodersee   o
                    Prizren

o Shkoder   o Skopje
(Skutari)

ALBANIEN

Kičevo o

Durres o   o Tirana   BULGARIEN
(Durazzo)
         o
      Kavajë   o Ohrid
         Elbasan   Ohridasee

Adria   Prespasee

         Berat o   Devoll
Vlore o   Korca
(Valona)   Osum

ITALIEN   Vjosë

         Gjirokaster o
         (Argirocastro)
                    GRIECHENLAND

   Korfu   o Jannina
      o
    Kérkyra   0   50   100 km

▨ Albanien 1941–1944   –·–·· Grenzen 1941–1944

······· Von Griechenland im   Albanien nach 1945
Nov. 1940–März 1941 erobert

tion zu den Verhandlungen in Paris nicht zugelassen wurde, entschloss
man sich, das Angebot Italiens anzunehmen und Albanien seinem Protektorat zu unterstellen, sofern Albanien in den Grenzen von 1913 wiederhergestellt würde. Da Italien sich gegenüber den Großmächten jedoch nicht durchsetzen konnte, verbündete es sich mit Griechenland.
Am 29. Juli 1919 kam ein Abkommen zwischen beiden Staaten zustande, wonach Italien bereit war, die griechischen Forderungen nach einer
Annexion Südalbaniens zu unterstützen. Im Gegenzug sollte Italien

Flora sowie das strategische Hinterland und ein Protektorat über Rest-
albanien zugesprochen werden. Am 9. Dezember 1919 stimmten die
Alliierten dem italienisch-griechischen Abkommen im Prinzip zu.

Der Aufstieg Zogus zum König der Albaner

Damit hatte die Provisorische Regierung ihre staatserhaltende Funktion verloren. Trotz deren Verbots trat am 28. Januar 1920 ein Kongress aus antiitalienisch eingestellten, albanischen Notabeln in dem
Landstädtchen Lushnja zusammen, der die Regierung für abgesetzt erklärte und Tirana zur neuen Metropole erhob. Die Versammelten verabschiedeten eine provisorische Verfassung, derzufolge die obersten
Verfassungsorgane ein Nationalrat und ein Regentschaftsrat waren. Im
Falle der dreimaligen Ablehnung einer vom Regentschaftsrat vorgeschlagenen Regierung durch den Nationalrat sollte ein neuer Nationalkongress (*Asambleja*) einberufen werden. Dem Regentschaftsrat gehörten vier Personen an, die alle vier in Albanien vertretenen Religionen
repräsentieren sollten. Es oblag dem Regentschaftsrat, die Regierung
vorzuschlagen, dem 37-köpfigen Nationalrat, sie zu bestätigen. Diesem
Verfahren entsprechend wurde eine neue Regierung gebildet, der Süley-
man Bey Delvina vorstand; Außenminister wurde Mehmed Bey Koni-
ca, Innenminister Ahmed Bey Zogu.

Da die albanische Gendarmerie zur neuen Regierung überlief und
Italien nicht bereit war, militärisch zu intervenieren, musste die Regierung von Durrës am 21. Februar 1920 aufgeben. Der Regierung Delvina gelang es auch, mit Ausnahme der italienischen Truppen, den
Abzug der ausländischen Streitkräfte zu erwirken und damit die Souveränität des Landes wiederherzustellen. Die italienischen Truppen
mussten mit Hilfe von bewaffneten Freiwilligenverbänden aus dem
Land vertrieben werden. Am 20. August 1920 verpflichtete sich Italien,
seine Truppen aus ganz Albanien abzuziehen, ausgenommen die Insel
Sazani. Jetzt drohte der Regierung nur noch Gefahr von Esad Pascha
Toptani, der aus seinem Pariser Exil und mit Unterstützung Jugoslawiens die Regierung in Tirana stürzen wollte. Nachdem Esad Pascha
am 13. Juni 1920 unter mysteriösen Umständen ermordet worden war,
intervenierte Jugoslawien offen und besetzte albanisches Territorium.
Einen Aufstand der albanischen Bevölkerung im August 1920 unterdrückte das jugoslawische Militär brutal. Delvina musste mit Belgrad

verhandeln und den jugoslawischen Forderungen nachgeben. Dadurch verlor er aber den Rückhalt in der eigenen Bevölkerung und trat Mitte November 1920 zurück. Ihm folgte der Großgrundbesitzer Iljaz Bey Vrioni nach, der für 1921 Parlamentswahlen ausschrieb. Um Schutz vor seinen aggressiven Nachbarn zu erhalten, stellte Albanien am 12. Oktober 1920 Antrag auf Aufnahme in den Völkerbund und wurde – gegen das Votum von Jugoslawien und Griechenland – am 17. Dezember 1920 in das internationale Gremium aufgenommen. Eine in Paris tagende Botschafterkonferenz, bestehend aus Vertretern Italiens, Großbritanniens, Frankreichs und Japans, garantierte am 9. November 1921 die Souveränität Albaniens in den Grenzen von 1913. Des Weiteren wurde ein Quasi-Protektorat Italiens über Albanien errichtet.

Das Wahlgesetz vom Dezember 1920 war so gehalten, dass eigentlich nur Vertreter der alten Oberschicht, der kleinen Gruppe des städtischen Bürgertums sowie des Klerus in dem zu wählenden Parlament vertreten sein konnten. Im Zusammenhang mit den Wahlen, die von Januar bis April 1921 dauerten, bildeten sich zwei »Parteien« genannte parlamentarische Fraktionen: die »Volkspartei« und die »Fortschrittspartei«. Erstere trat für moderate Reformen ein, Letztere wollte die aus der Türkenzeit hervorgegangenen gesellschaftlichen Strukturen erhalten. 1922 spaltete sich aus der »Volkspartei« die »Demokratische Partei« ab, aus der »Fortschrittspartei« die »Unabhängigen«. Daneben existierten einflussreiche patriotische Vereinigungen mit kulturellen und nationalen Zielsetzungen. Ende April / Anfang Mai gründeten 34 solcher Gesellschaften den Dachverband »Das Vaterland« (*Atdheu*). Dieser wollte die nationale Einheit auf ethnischer Grundlage und den Fortschritt fördern. Im Juni 1922 wurde der *Atdheu* von der Regierung aufgelöst. An seine Stelle trat am 13. Oktober 1922 »Die Vereinigung« (*Bashkimi*).

Wiederum mit jugoslawischer Unterstützung versuchte im Sommer 1921 das neue Stammesoberhaupt der Mirditen, Gjon Marka Gjoni, eine Erhebung gegen die Regierung in Tirana und proklamierte in Prizren die »Republik Mirdita«. Trotz materieller Unterstützung durch Jugoslawien, das ihm auch internierte Soldaten der ehemaligen Wrangel-Armee zur Verfügung stellte, konnten albanische Regierungstruppen der Separation ein Ende bereiten.

Innenpolitisch war die Lage durch regionale Interessengegensätze gekennzeichnet. Oppositionelle Abgeordnete warfen dem zweiten Kabinett Vrioni vor, den Norden zu vernachlässigen, und schlossen sich unter dem strikt antijugoslawisch eingestellten Kosovaren Hasan Prishtina zu einer »Heiligen Union« (*Bashkimi i Shenjtë*) zusammen. Nach dem Sturz der Regierung Vrioni am 19. Oktober 1921 wurde kurzzeitig der Liberale Pandeli Evangjeli zum Ministerpräsidenten bestellt. Ende 1921 betraute der Regentschaftsrat dann ohne Zustimmung des Parlaments Hasan Prishtina mit der Regierungsbildung. Dieser beging den Fehler, Zogu als Truppenkommandanten zu entlassen und dessen Gegner Bajram Curri zu ernennen. Auf Veranlassung oppositioneller Abgeordneter marschierte Zogu daraufhin am 14. Dezember 1921 in Tirana ein, um die verfassungsmäßige Ordnung wiederherzustellen. Das Parlament trat am 22. Dezember zusammen, verurteilte das Handeln des Regentschaftsrates als Staatsstreich und wählte einen neuen Regentschaftsrat. Am 24. Dezember wurde eine neue Regierung unter Xhafer Bey Ypi gebildet, der Zogu als Innenminister angehörte. Diese Regierung nahm wichtige Reformen vor, führte am 16. Februar 1922 eine neue Währung, den Lek, ein und begann mit dem Ausbau des Verkehrsnetzes. Zogu scheiterte in Nordalbanien mit einer Aktion zur Entwaffnung der Bevölkerung und provozierte damit einen Aufstand, der von Nordalbanien ausging und dem sich Unzufriedene aus dem ganzen Land anschlossen. Die im März 1922 beginnende Revolte konnte jedoch niedergeschlagen werden. Sie kostete siebzig Menschen das Leben, die Rädelsführer wurden zum Tode verurteilt, mehr als dreihundert Personen wurden verhaftet, Hunderte von Häusern niedergebrannt und die Bewohner der Aufstandsgebiete zum Arbeitsdienst verpflichtet. Ein zweiter Aufstandsversuch vom Januar 1923 wurde ebenfalls niedergeschlagen.

Am 2. Dezember 1922 löste Zogu den bisherigen Ministerpräsidenten Ypi ab, kündigte Wahlen für eine Verfassunggebende Nationalversammlung an und ließ das Statut von Lushnja revidieren. Die provisorische Verfassung führte eine Gewaltenteilung ein. Regentschaft und Regierung übten die Exekutive aus, das Parlament besaß die Legislative und die Gerichte waren unabhängig. Die alten türkischen Adelstitel wurden abgeschafft, die bürgerlichen Grundrechte garantiert und keine der vier Religionen als Staatsreligion privilegiert. Aus den Neuwahlen vom November/Dezember 1923 gingen die Anhänger Zogus als eindeutige Sieger hervor. Auf Zogu wurde allerdings am 23. Februar ein Attentat verübt, hinter dem die Vereinigung »Bashkimi« unter der Führung von Avni Rustemi stand. Zogu wurde immerhin so stark verletzt, dass er an der Regierung nicht teilnehmen konnte. Aber er bewog den Regentschaftsrat, den reichsten Großgrundbesitzer Albaniens, Shefqet Vërlaci, mit dessen Tochter er verlobt war, mit der Regierungsbildung zu betrauen. Das überwiegend muslimische Kabinett wurde der innenpolitischen Schwierigkeiten nicht Herr. Ein Attentat auf Avni Rustemi am 20. April 1924, dem er erlag und hinter dem man Zogu als Drahtzieher vermutete, sollte zum Fanal werden. Die Opposition, zu der große Teile der Truppen überliefen, sammelte sich in Vlora. Vërlaci trat am 27. Mai 1924 zurück, sein Nachfolger Iljaz Vrioni floh nach Italien, als sich die Aufständischen Tirana näherten. Am 10. Juni zogen die Truppen der vom »Roten Bischof« Fan Noli geführten oppositionellen »Demokraten« in Tirana ein.

Im Kabinett des orthodoxen Bischofs wurden die Führer der »Demokratischen Revolution«, Rexhep Shala und Kasëm Qafëzezi, Innenbeziehungsweise Kriegsminister. In einem 20-Punkte-Programm erklärte die Regierung ihre Absicht, unter anderem den Feudalismus auszurotten, die Lage der Bauern zu verbessern, den Beamtenapparat zu verkleinern und weitere Reformen zum Wohle Albaniens durchführen zu wollen. Der einzige außenpolitische Erfolg war die Aufnahme diplomatischer Beziehungen mit der Sowjetunion im Dezember 1924. Im selben Monat musste die Regierung Fan Noli vor den heranrückenden Truppen Zogus fliehen, der mit massiver jugoslawischer Hilfe die Regierungtruppen besiegte und am 24. Dezember in Tirana einzog. Gleichzeitig mit Zogus Invasion von Jugoslawien aus überschritten Müfid Libohova und Kostaq Kota von griechischem Gebiet aus mit einer Freiwilligenarmee die albanische Grenze. Nach einer kurzen Interims-Regierung Vrioni beauftragte der Regentschaftsrat im Januar 1925 Zogu mit der Regierungsbildung. Das Kabinett Zogu bestand nur aus drei Männern: Müfid Libohova, Kostaq Kota und ihm selbst. Das Parlament, ursprünglich als Verfassunggebende Nationalversammlung gewählt, trat am 17. Januar 1925 zusammen – allerdings um ein Drittel vermindert. Denn die Abgeordneten, die die »Demokratische Revolution« unterstützt hatten, waren emigriert. Diese Nationalversammlung beschloss am 21. November, Albanien in eine Republik umzuwandeln. Ende Januar wurde Zogu zum Staatspräsidenten gewählt und der Regentschaftsrat aufgelöst. Die am 7. März verabschiedete Verfassung orientierte sich an dem amerikanischen Vorbild. Im

Unterschied zu den USA erhielt der Präsident allerdings unbeschränkte Vollmachten. Nach seiner legalen Machtübernahme ließ Zogu nahezu alle seine politischen Gegner ermorden – zuletzt Hasan Prishtina Mitte August 1933.

Zur Enttäuschung Belgrads ging Zogu auf Abstand zu seinen Unterstützern und suchte vor allem wirtschaftlich den Anschluss an Italien. Mitte März 1925 wurde ein Handels- und Schifffahrtsvertrag ratifiziert, wenige Tage später folgte ein Bank- und Anleihenvertrag. Die Albanische Nationalbank erhielt ihren Sitz in Rom, Hauptaktionär war die *Credito Italiano*. Italien gewann so ein hohes Maß an Kontrolle über die Finanzen Albaniens. Im August 1925 wurde ein geheimes Militärabkommen geschlossen, das eine gegenseitige Beistandspflicht vorsah. Am 27. November 1926 wurde der so genannte 1. Tiranapakt abgeschlossen. Dieser »Freundschafts- und Sicherheitspakt« begründete ein De-facto-Protektorat Italiens über Albanien.

Die Spannungen zwischen Jugoslawien und Albanien nahmen unterdessen zu. Ein von Jugoslawien beförderter Aufstand katholischer Bergstämme in Nordalbanien wurde von den Truppen Tiranas mit äußerster Härte niedergeschlagen. Am 27. Mai 1927 bezichtigte die albanische Regierung den Dolmetscher der jugoslawischen Gesandtschaft der Spionage und ließ ihn verhaften, neun Tage darauf brach Jugoslawien die diplomatischen Beziehungen zu Albanien ab. Durch italienische Vermittlung konnte der Konflikt beigelegt werden. Um Albanien noch enger an Italien zu binden, unterzeichneten der italienische Botschafter in Tirana, Ugo Sola, und der albanische Außenminister Iljaz Vrioni am 22. November 1927 den 2. Tiranapakt. Er ergänzte den ersten Pakt im militärischen Bereich und diente Mussolini zur Einkreisung Jugoslawiens. Auf Seiten Zogus stand vor allem der Wunsch, Albanien wieder in eine Monarchie umzuwandeln und König zu werden. Am 7. Juni 1928 beschlossen beide Kammern des Parlaments ihre Selbstauflösung; Zogu ordnete am 16. Juni Wahlen für eine neue Verfassunggebende Nationalversammlung an, um eine neue monarchische Verfassung verabschieden zu lassen. Die Wahlen wurden unter Zuhilfenahme von italienischem Geld heftig manipuliert. Am 25. August trat die Konstituante zum ersten Mal zusammen, wählte Pandeli Evangjeli zu ihrem Präsidenten und proklamierte am 1. September 1928 Zogu zum »König der Albaner«. Das neue Königreich wurde zuerst von Italien,

dann von Griechenland, Ungarn, den USA und dem Vatikan anerkannt. Bereits Mitte September 1928 folgte auch Jugoslawien.

Am 1. Dezember 1928 wurde die neue Verfassung des Königreiches
verkündet. Die Legislative lag bei König und Parlament, die Exekutive
bei der Regierung, die der König ernannte. Das alles war freilich west-
europäische Tünche. Zogu blieb ein orientalischer Potentat, der alle
Macht auf sich konzentrierte. Nicht zuletzt wegen der Hungergehälter
für Staatsbeamte herrschte in Albanien die Korruption, rund neun Prozent der Staatseinnahmen des bitterarmen Landes verausgabte der
König für den Bedarf seines Hauses. Zogu schuf sich Massenorganisationen, um in der Bevölkerung Rückhalt zu gewinnen. Die wichtigste
Organisation war der »Nationale Verband Albanischer Jugend« (*Enti
Kombëtar Djelmënija Shqiptare*), dem alle Jugendlichen bis 18 Jahre angehören mussten. Die Uniformen wie das Programm einer körperli-
chen, moralischen und patriotischen Erziehung zeigten Ähnlichkeit mit
der faschistischen »Balilla«-Organisation in Italien. Daneben gab es
eine albanische Frauenbewegung, die sich darum bemühte, die Frauen
vom Schleiertragen abzubringen. Zogu, der dem orientalisch geprägten
Land einen westlichen Anstrich zu geben suchte, betrieb einen intensiven Personenkult nach faschistischem Muster. Er ließ sich »Königs-
Erretter« (*Mbret-Shpëtimtar*) nennen und sich in Liedern als genialen
Staatsmann besingen – in einer Reihe mit »albanischen« Nationalhel-
den wie Alexander dem Großen oder dem Fürsten Skanderbeg, der Albanien im 15. Jahrhundert gegen die Osmanen verteidigt hatte. Neue
Brücken oder Straßen wurden nach dem König benannt.

Wohl strengte Zogu einen Modernisierungsprozess für sein Land an.
So nahm er etwa im Frühjahr 1930 eine Bodenreform in Angriff.
85 Prozent der Bevölkerung lebten auf dem Land, aber 52 Prozent
mussten den zu bearbeitenden Boden von den Großgrundbesitzern
pachten. Zogu wollte diesen besitzlosen Bauern Land geben und damit
auch den wirtschaftlichen und politischen Einfluss der Großgrundbesitzer schwächen. Aber auch diese Agrarreform scheiterte – ähnlich wie
in anderen Ländern Ostmittel- und Südosteuropas – an dem Unwillen
der Großgrundbesitzer, die Reform mitzutragen. Durch Schenkungen
und Verkäufe an Familienangehörige verkleinerten sie ihren Besitz und
entgingen so meist der Enteignung. Politisch wandten sie sich stärker
Italien zu, um Zogu nicht zu mächtig werden zu lassen. Bis 1938 wur-

den nur 4.700 Hektar aus Privat- und 3.400 Hektar aus Staatsbesitz neu verteilt.

Nach französisch-italienisch-schweizerischem Muster wurde ein Bürgerliches Gesetzbuch eingeführt, nach italienischem Vorbild ein Strafgesetzbuch, so dass rein äußerlich europäische Standards, wenn auch keine Rechtsstaatlichkeit, erreicht wurden. Die neue Gesetzgebung löste alte osmanische Gesetze und das Gewohnheitsrecht ab und schränkte die Blutrache zumindest ein. 1932 folgte ein neues Handelsgesetzbuch, das sich wiederum an der italienischen Vorlage orientierte.

1937 begann Zogu eine Bildungsreform, die dazu führte, dass 1938 immerhin 36,7 Prozent der schulpflichtigen Jugend eine Schule besuchten. Eine Hochschulausbildung war in Albanien überhaupt nicht möglich. 1936/37 besuchten 428 albanische Studenten ausländische Universitäten. Zogu wollte das Schulwesen allein in die Hände des albanischen Staates legen und ließ 1933 alle ausländischen und religiösen Privatschulen verbieten. Doch als Griechenland wegen der Schließung griechischsprachiger Privatschulen der Orthodoxen Kirche den Völkerbund anrief, gestand die albanische Regierung 1935 den Minderheiten wieder das Recht auf Privatschulen zu und hob im Jahr darauf deren Verbot ganz auf.

Auch die Religionsgemeinschaften wollte Zogu eng an den Nationalstaat binden. Mitte Juli 1929 wurden diese angehalten, dem Staat Statuten zur Genehmigung vorzulegen und auf finanzielle Unterstützung durch das Ausland zu verzichten. Die Leiter der Religionsgemeinschaften bedurften einer Bestätigung durch den Staat. Auch die mit Abstand größte Religionsgemeinschaft der Muslime musste sich 1929 ein Statut geben, wonach sie sich anderen Konfessionen gegenüber brüderlich zu verhalten und Modernisierungsprozesse zu unterstützen hatte. Polygamie wurde verboten, vom Tragen des Schleiers wurde abgeraten.

Am 20. Februar 1931 wurde auf Zogu ein Attentat verübt, hinter dem projugoslawische Emigrantenkreise standen; Mitte August 1935 machten Gendarmerie- und Armeeoffiziere in Mittelalbanien einen Putschversuch. Beides überlebte der König unverletzt. Um die oppositionelle Stimmung im Land aufzufangen, bildete Zogu am 22. Oktober 1935 eine neue Regierung unter dem als liberal geltenden Mehdi Frashëri. Als Vorbilder für die geplanten Reformen im Sinne eines modernen einheitlichen Nationalstaates galten das faschistische Italien und die kemalistische Türkei. Die neue Regierung sollte der Korruption ein

Ende machen, Beschwerden gegen Beamtenwillkür zulassen, das Bildungswesen fördern und die Lage in der Landwirtschaft durch die Bildung von Genossenschaften verbessern. Doch nach gut einem Jahr musste das Kabinett Frashëri zurücktreten, weil es den alten Politikern aus der Bey-Schicht nicht gewachsen war und das Geld für die Reformmaßnahmen fehlte.

Die Annexion Albaniens durch Italien

Außenpolitisch suchte sich Zogu der italienischen Umklammerung zu entziehen. So weigerte er sich, den im November 1931 auslaufenden 1. Tiranapakt zu verlängern, und stemmte sich 1932 auch der italienischen Forderung nach einer Zollunion entgegen. Er entließ die italienischen Militärinstrukteure und untersagte Albanern den Besuch italienischer Schulen. Aber das Land befand sich in völliger finanzieller Abhängigkeit von den großzügig gewährten italienischen Krediten, ohne die der albanische Staatshaushalt zusammenbrach. Als Italien 1932 einmal nicht zahlte, musste das albanische Budget im Haushaltsjahr 1932/33 von 32 Millionen Goldfranken auf 24 Millionen reduziert werden. Als Konsequenz daraus mussten Beamte und Offiziere entlassen oder deren Gehälter gekürzt werden. Andere Staaten gewährten Albanien keine Kredite mehr, weil sie das Land als Satelliten Italiens betrachteten. Darum zeigten sich die Mitglieder des am 9. Februar 1934 abgeschlossenen Balkanpaktes – Jugoslawien, Griechenland, Rumänien und die Türkei – an einem Beitritt Albaniens auch nicht interessiert. Als Reaktion auf die außenpolitischen Bemühungen Albaniens drohte Italien unverblümt mit militärischer Annexion, forderte einen noch engeren Anschluss an Italien und den Verzicht auf eine eigene Außenpolitik. Dies lehnte Albanien ab, verhielt sich aber strikt loyal. Als nach dem Abessinienkrieg im Völkerbund Wirtschaftssanktionen gegen Italien beschlossen werden sollten, gehörte Albanien, wie Österreich und Ungarn, zu jenen Ländern, die sich der Stimme enthielten. Bei der Frage der Anerkennung von Viktor Emanuel III. als Kaiser von Abessinien zählte Albanien zu den ersten, die positiv votierten.

Mitte März 1936 musste dann Albanien zwölf Wirtschafts- und Finanzabkommen sowie ein geheimes Militärabkommen mit Italien abschließen. Neben immensen Summen zur Stützung des albanischen Staatshaushalts zahlte der mächtige Nachbar Kredite zur Entwicklung

der Landwirtschaft, gewährte Sachlieferungen und ließ den Hafen von
Durrës zu einem für Hochseeschiffe tauglichen Hafen ausbauen. Dieses Projekt diente vor allem militärischen Zwecken. Darüber hinaus
musste Albanien hinnehmen, dass italienische Heeres- und Luftwaffenverbände im Land stationiert wurden. Der italienisch-jugoslawische
Freundschaftsvertrag vom 27. März 1937 weckte auf Seiten Albaniens
Befürchtungen, dass die beiden großen Nachbarn auf albanische Interessen keine Rücksicht nehmen würden.

Nach dem »Anschluss« Österreichs an das Deutsche Reich und Gerüchten über die Zerschlagung der Tschechoslowakei wollte Mussolini
mit dem deutschen Diktator gleichziehen. Der Beschluss, Albanien zu
annektieren, soll bereits Ende April 1938 gefallen sein[184]. Am 25. März
1939 wurde Zogu ein neuer Beistandspakt offeriert, der dem Land praktisch die Reste seiner Selbstständigkeit nehmen sollte. Darüber hinaus
sollte Albanien die Gründung einer faschistischen Organisation zulassen. Als Zogu zögerte, stellte ihm der italienische Außenminister Ciano
ein auf den 6. April 1939 befristetes Ultimatum. Am 7. April landeten
italienische Truppen in Durrës und besetzten, ohne auf nennenswerten Widerstand zu stoßen, das Land. Zogu hatte bereits am 5. April
über Griechenland Albanien verlassen, ging in die Emigration und sollte seine Heimat nicht wiedersehen. Er starb am 9. April 1961 in der
Nähe von Paris.

Die Eingliederung Albaniens in das faschistische Imperium erfolgte
rasch. Am 12. April trat eine neue Verfassunggebende Nationalversammlung zusammen, die ganz aus den alten Honoratioren des Landes bestand. Sie erklärten die bisherige Regierung für gestürzt und
bildeten eine neue Regierung unter Shefqet Vërlaci als Ministerpräsidenten. Dieses Kabinett beschloss die Einheit Albaniens mit Italien
und trug Viktor Emanuel III. in Personalunion die Krone Albaniens
an. Mitte April stimmten der Großrat des Faschismus und der italienische Ministerrat dieser Personalunion zu; Viktor Emanuel III. nahm
die Krone als König von Albanien an. Der bisherige italienische Botschafter in Tirana wurde zum Statthalter ernannt, im italienischen
Außenministerium ein Staatssekretär für albanische Angelegenheiten
etabliert. Am 23. April folgte die Gründung einer »Albanischen Faschistischen Partei« (*Partia Fashiste Shqiptare*). Anfang Juni ersetzte ein
»Grundstatut« die bisherige Verfassung, das den Anschluss an die
staatsrechtlichen Verhältnisse vollzog. Artikel 9 zufolge galt Mussolini

auch als Schöpfer des »neuen Albanien«. Nur die USA protestierten gegen die Annexion; die anderen Länder degradierten lediglich ihre Botschaften zu Generalkonsulaten.

Als Italien am 10. Juni 1940 an der Seite Deutschlands in den Zweiten Weltkrieg eintrat und Mussolini sich entschloss, Griechenland anzugreifen, war Albanien unmittelbar mitbetroffen. Nach propagandistischen Vorbereitungen, in denen zur Befreiung der unterdrückten Albaner in Epirus, in der Çamëria, aufgerufen wurde, startete am 28. Oktober 1940 der italienische Angriff von Albanien aus. Nach anfänglichen Erfolgen begannen die Griechen am 14. November mit einer Gegenoffensive, die sie tief auf albanisches Territorium führte. Die italienischen Verbände mussten schwere Verluste hinnehmen, die albanischen Truppen hatten nur geringe Kampfstärke gezeigt. Hitler entschloss sich, über Rumänien und Bulgarien einen Entlastungsangriff auf Griechenland durchzuführen, um dem italienischen Verbündeten beizustehen. Im Frühjahr 1941 suchte er zunächst Jugoslawien an die Achsenmächte zu binden. Schließlich erklärten der jugoslawische Prinzregent Paul und seine Regierung am 4. März, sie seien grundsätzlich bereit, dem Dreimächtepakt beizutreten, wenn sie die militärischen Aktionen der Achsenmächte nicht unterstützen müssten. Zwei Tage nach dem Beitritt am 25. März 1941 fegte ein Militärputsch den Prinzregenten und seine Regierung weg. Am 6. April griffen deutsche Truppen sowohl Jugoslawien als auch Griechenland an. Am 17. April kapitulierte Jugoslawien, am 24. April Griechenland.

Nun kam es zu einer Neuordnung auf dem Balkan. Die albanischen Besiedlungsgebiete Jugoslawiens wurden in eine deutsche, italienische und bulgarische Besatzungszone geteilt. Am 12. August vereinten die Italiener ihr Besatzungsgebiet in Kosovo und Makedonien sowie die einst montenegrischen Kreise Plav-Gusinje und Ulcinj mit Albanien und schufen so ein Großalbanien, wie es sich albanische Patrioten immer erträumt hatten. Allerdings kam das albanische Siedlungsgebiet in Nordgriechenland, die Çamëria, nicht an Großalbanien, sondern blieb unter italienischer Militärverwaltung. Ansonsten suchte Italien, ernüchtert vom Griechenlandfeldzug, dem Selbstständigkeitsbestreben der Albaner entgegenzukommen. Seit Ende 1939 hatte es antiitalienische Demonstrationen und passiven Widerstand gegen die Anordnungen der Besatzungsbehörden sowie Partisanen-Aktivitäten gegeben, die nationale Interessen verfolgten. Im Juli 1941 wurde das Staatssekreta-

riat für albanische Angelegenheiten in Rom aufgelöst und den Albanern völlige Selbstverwaltung in Aussicht gestellt. Zwischen Dezember
1941 und Mai 1943 wechselten die Vorsitzenden des albanischen Ministerrates allein fünfmal, was die erheblichen Schwierigkeiten der Italiener mit dem Land illustriert. Nach der Kapitulation Italiens am
8. September 1943 besetzten deutsche Truppen Albanien. Auf Betreiben der Deutschen wurde am 14. September 1943 ein Nationalkomitee gegründet, das die Unabhängigkeit Albaniens proklamierte und ein
Exekutivkomitee als Provisorische Regierung wählte. Diese Übergangsregierung unter ihrem Vorsitzenden, dem Elbasaner Ibrahim Biçaku,
erließ eine Amnestie für politische Gefangene und verstaatlichte den
italienischen Besitz in Albanien. Die von ihr einberufene Nationalversammlung trat am 16. Oktober 1943 in Tirana zusammen, setzte die
Verfassung von 1928 wieder in Kraft und wählte einen Regentschaftsrat. Am 5. November 1943 wurde die Regierung gebildet, der der Ko-
sovare Rexhep Mitrovica vorstand, ein Anhänger Großalbaniens in dessen ethnischen Grenzen. Unter dieser Regierung trat eine gewisse
Stabilisierung ein, wenngleich neuerliche Reformversuche, etwa im
Blick auf die Landverteilung, scheiterten. Die Erklärung der albanischen Unabhängigkeit, die das nunmehr neutrale Land im Sommer
1944 abgab, wurde allein von Deutschland positiv zur Kenntnis genommen. Die Alliierten ignorierten den Neutralitätsstatus Albaniens und
unterstützten die innenpolitischen Gegner der Regierung, um das Land
zu destabilisieren. Am 2. Oktober 1944 begannen die deutschen Truppen Albanien zu räumen. Mit ihnen verließen auch die albanischen
Politiker, die eng mit den Deutschen zusammengearbeitet hatten, das
Land – unter ihnen Biçaku.

Teil II
Vom Ende des Zweiten Weltkrieges
bis zum Zusammenbruch des Ostblocks
und Transitionsprozesse

3. Zwangsexport des Sozialismus nach Ostmittel- und Südosteuropa im Schlepptau der Roten Armee und der Beginn des Kalten Krieges

Ostmittel- und Südosteuropa unter dem Roten Stern

Die erste Hälfte des 20. Jahrhunderts stand eindeutig ganz im Zeichen autoritärer und totalitärer Diktaturen faschistischer Provenienz. Sie schienen die Gewinner im Kampf der autokratischen Überzeugungssysteme zu sein, während die Sowjetunion – im Widerspruch zu ihren ideologischen Grundsätzen – keine Weltrevolution zustande gebracht hatte, sondern ein isolierter Solitär geblieben war. Mit dem Zusammenbruch des »Dritten Reiches« und seiner Verbündeten kehrten sich die Verhältnisse gründlich um. Europa stand nicht mehr unter dem Hakenkreuz, sondern in weiten Teilen unter Hammer und Sichel. Es gehört zur Ironie der Geschichte, dass Hitler, der den »Bolschewismus« hatte vernichten wollen, diesen durch den Überfall auf die Sowjetunion im Juni 1941 und die sich daraus ergebenden Folgen erst zum Hegemon über Ostmittel- und Südosteuropa machte.

Im Dezember 1941, nachdem das »Dritte Reich« auch den USA den Krieg erklärt hatte, bildete sich die »Anti-Hitler-Koalition« – bestehend zunächst aus den USA, Großbritannien und der Sowjetunion. Ziel dieser Koalition war die militärische Zerschlagung des nationalsozialistischen Regimes. Zunächst war von einer Zerstückelung Deutschlands nach dem Sieg nicht die Rede. Im Gegenteil: die im August 1941 zwischen den USA und Großbritannien vereinbarte »Atlantik-Charta«, der nach einigem Zögern auch die UdSSR unter Vorbehalt beitrat, betonte den Verzicht auf fremdbestimmte Grenzverschiebungen und das Selbstbestimmungsrecht der Völker. Wohl aber thematisierte Stalin im Dezember 1941 gegenüber dem britischen Außenminister Anthony Eden in Moskau erste Neuordnungsvorstellungen für ein Nachkriegs-Europa.[1] Unter anderem erwartete er von den Westmächten eine Bestätigung der sowjetischen Annexionen, die vor dem Hintergrund des Hitler-Stalin-Pakts vom August 1939 erfolgt waren – darunter Ostpolen und das Baltikum. Darüber hinaus wünschte er generell eine Ausdehnung der sowjetischen Einflusszone. Doch noch wiesen die Briten das sowjetische Anliegen unter Hinweis auf ihren Beistandspakt mit Polen und die Atlantik-Charta zurück. Churchill gehörte zu den Ersten, die eine Hegemonialstellung der Russen auf dem Kontinent befürchteten und darum strategische Überlegungen für eine Nachkriegsordnung anstellten. Danach sollte Deutschland – eingebunden in ein westliches Bündnis – als Bollwerk gegen den Bolschewismus fungieren. Bei ihrer Konferenz in Casablanca im Januar 1943 entschieden die USA und Großbritannien einvernehmlich, den Krieg bis zur bedingungslosen Kapitulation Deutschlands fortzusetzen. Später sollte Großbritannien die sowjetische Forderung akzeptieren, wonach das Ziel der bedingungslosen Kapitulation auch auf die osteuropäischen Satellitenstaaten des Deutschen Reichs ausgedehnt wurde. Wegen der westalliierten Kriegsführung – immerhin trug die UdSSR die Hauptlast der Kämpfe – war es allerdings zwischenzeitlich zu Spannungen mit Stalin gekommen, der vergeblich einen Sonderfrieden mit dem »Dritten Reich« anstrebte. Nach dem Scheitern dieser Pläne kam es bei der Moskauer Außenministerkonferenz im Oktober 1943 und der ersten Zusammenkunft der »Großen Drei« auf neutralem Boden, nämlich in der sowjetischen Botschaft in Teheran im November/Dezember 1943, zu einer Wiederannäherung der Alliierten und ersten Vereinbarungen über eine Neuordnung Europas. Jetzt stimmten Großbritannien und die USA der Forderung der UdSSR nach einer Anerkennung der Grenzverschiebungen zu. An der Eingliederung Ostpolens und des Baltikums in die UdSSR sollte nicht mehr gerüttelt und Polen zu Lasten Deutschlands entschädigt werden. Sogar ein »Bevölkerungsaustausch« war bereits zu diesem Zeitpunkt im Gespräch.

Bei der Moskauer Außenministerkonferenz Mitte Oktober 1944 überraschte Churchill seinen Gastgeber auch mit einer prozentualen Aufteilung des Einflusses in den Balkanländern zwischen der UdSSR einerseits und Großbritannien und den USA andererseits. Stalin akzeptierte mit geringfügigen Änderungen die rasch hingekritzelten Zahlen. Auf dieser Basis einigten sich Molotow und Eden darauf, dass der sowjetische Einfluss in Bulgarien und Ungarn 80 Prozent, in Rumänien 60 Prozent und in Jugoslawien 60 Prozent betragen sollte. Dafür erhielten die Briten einen 90-prozentigen Einfluss in Griechenland. Letzteres bedeutete den Verzicht der Sowjetunion, die kommunistische Untergrundarmee in Griechenland zu unterstützen. Um diesen Preis hatte Churchill den Sowjets die Kontrolle über fast ganz Ostmittel- und Südosteuropa zugestanden. Allerdings beruhigte Stalin den britischen Premier auch, indem er diesem zusicherte, im Falle Polens und Rumäniens die sozialen Verhältnisse dort nicht antasten zu wollen. Ausdrücklich nannte er im Oktober 1944 die Länder Rumänien, Bulgarien und Jugoslawien als Beleg dafür, dass er nicht beabsichtige, eine bolschewistische Revolution in Europa durchzuführen.[2] Umgekehrt gaben die USA wie Großbritannien zu erkennen, dass sie – mit Ausnahme von Griechenland – keine territorialen Ziele in Südosteuropa verfolgten. Dass Churchill sich an die »Prozent-Berechnungen« hielt, belegt sein Verhalten nach dem Bericht des britischen Botschafters in Bukarest, der Anfang November 1944 London auf die sowjetische Einmischung in die inneren Angelegenheiten Rumäniens hinwies.[3] Der Premier unternahm nichts. Für die UdSSR war die Reaktion der Westalliierten auf ihre rücksichtslose Intervention in Rumänien eine Art »Testfall«.

Auf den beiden Konferenzen des Jahres 1943 wie auf der Konferenz von Jalta im Februar 1945 wurde auch die Aufteilung Deutschlands beschlossen, ohne dass die territorialen Grenzen im Einzelnen festgelegt worden wären. Seit Herbst 1943 arbeitete allerdings eine von den Außenministern eingesetzte *European Advisory Commission* (EAC) an Vorschlägen für eine Aufgliederung Deutschlands. Am 12. September 1944 wurde von dieser Kommission ein Protokoll verabschiedet, das auf der Grundlage eines britischen Vorschlags Deutschland in Besatzungszonen aufteilte. Bereits hier gab man frühere Überlegungen einer gemischten Zonen-Besetzung auf und legte fest, dass der jeweilige Zonen-Oberbefehlshaber die Hoheitsrechte über sein Territorium erhalten sollte. Davon ausgenommen blieb Berlin, für das die EAC eine gemeinsame Verwaltung plante. Ansonsten sollten die Aufgaben eines gemeinsamen Alliierten Kontrollrats auf jene Angelegenheiten beschränkt bleiben, die ganz Deutschland betrafen. Auf Drängen Großbritanniens hin vereinbarte man in Jalta die Anerkennung Frankreichs als vierte Besatzungsmacht und nahm das wieder befreite Land als Mitglied in den Alliierten Kontrollrat auf. Mit dieser Aufwertung Frankreichs reagierte Großbritannien bereits auf die immer offenkundiger werdenden Expansionsbestrebungen der UdSSR.

Unmittelbar nach Jalta ließen sich die Interessengegensätze kaum mehr überbrücken. Am 28. April 1945 protestierte Churchill in einer Botschaft an Stalin gegen das Vorgehen der Sowjets in Ostmittel- und Südosteuropa. In einem Telegramm an Truman zwei Wochen später äußerte er bereits seine Befürchtungen, dass bald ein »Eiserner Vorhang« Europa und die Welt zerteilen werde.[4] Doch auf amerikanischer Seite herrschte noch die Vorstellung, mit allen Bündnispartnern zu einvernehmlichen Regelungen zu gelangen. Immerhin hatte sich die UdSSR bereit erklärt, in den Krieg gegen Japan einzutreten und den Vereinten Nationen (*United Nations*, UN) beizutreten. Natürlich gab es unter den Diplomaten auch warnende Stimmen. Zu diesen gehörte George F. Kennan, damals Botschaftsrat in Moskau. Obwohl in Jalta keine definitiven Beschlüsse gefasst wurden, sah er in dem Verhalten der Westmächte ein Zurückweichen gegenüber dem Vormachtstreben der Sowjetunion. Die amerikanische Regierung hatte sich darauf beschränkt, auf freie Wahlen und die Bildung repräsentativer Regierungen in Osteuropa zu drängen, ohne diesem Anliegen freilich allzu großen Nachdruck zu verleihen. Kennans Aide-mémoire vom Mai 1945 ging bereits davon aus, dass zu den »neu hinzugewonnenen Einflusszonen« der UdSSR Polen, Deutschland bis zur Oder-Neiße-Linie, Ungarn, Rumänien, Bulgarien, die Slowakei, Tschechien, Jugoslawien und Österreich gehören würden.[5] Natürlich musste er einräumen, dass die USA sich in Bezug auf Italien ähnlich verhalten hatten wie die UdSSR in dem von ihr eroberten Machtbereich: Trotz der bestehenden gemeinsamen Kontrollkommission unternahm man beinahe alles, um den roten Alliierten von allen Einflussmöglichkeiten fern zu halten. Ein Jahr nach Jalta, im Februar 1946, telegraphierte Kennan Folgendes über den Moskauer Verbündeten nach Washington: »Wir haben es hier mit einer politischen Kraft zu tun, die sich fanatisch dem Glauben verschrieben hat, dass es mit den Vereinigten Staaten keinen permanenten Modus vivendi geben kann, dass es also wünschenswert und notwendig ist, die innere Harmonie unserer Gesellschaft zu unterminieren, unseren traditionellen Lebensstil zu zerstören und den internationalen Einfluss unseres Staates zu neutralisieren, um die Sowjetmacht zu sichern.«

Die Vereinigten Staaten reagierten auf die sowjetische Strategie der Vorfeldsicherung mit einer Politik der Eindämmung. Durch Wirtschaftshilfen und Sicherheitsgarantien sollten die antikommunistischen Kräfte in den gefährdeten Ländern gestützt und so dem weiteren Vordringen Moskaus Einhalt geboten werden. Am 11. März 1947 verkündete Truman vor beiden Häusern des amerikanischen Kongresses die nach ihm benannte Doktrin. Sie versprach zunächst Griechenland und der Türkei eine wirksame Hilfe. Wenig später, am 5. Juni

1947, bot Außenminister George C. Marshall sämtlichen Ländern Europas, auch jenen, die sich bereits im sowjetischen Machtbereich befanden, wirtschaftliche Aufbauhilfe an. Stalin verbot jedoch den Regierungen in Ostmittel- und Südosteuropa, diese anzunehmen, weil er verhindern wollte, dass die USA im Machtbereich Moskaus an Einfluss gewönnen. Am 22. September 1947 trafen sich auf seine Einladung hin die Führer der acht europäischen kommunistischen Parteien in Szklarska Poręba (Schreiberhau/ Polen), um als Nachfolgeorganisation der 1943 aufgelösten Komintern das »Kommunistische Informationsbüro« (Kominform) aus der Taufe zu heben. Die offizielle Gründung erfolgte im Oktober 1947 in Belgrad. Es handelte sich um einen Zusammenschluss der kommunistischen Parteien mehrerer europäischer Länder unter der Führung der KPdSU.[6] Nach dem Bruch mit Tito wurde das Kominform 1948 nach Bukarest verlegt und löste sich 1956 auf.

Das Kominform sollte dem Erfahrungsaustausch untereinander dienen und letztlich auch die kommunistischen Parteien gegen die Versuchungen des Westens immunisieren. Dem diente auch ein Netz internationaler Verträge auf den Gebieten der Sicherheits-, Innen- und Außenpolitik, der Wirtschaft sowie der Kultur- und Wissenschaftsbeziehungen. Um die wirtschaftlichen Aktivitäten der Satellitenstaaten zu koordinieren, schuf die UdSSR am 18. Januar 1949 schließlich den »Rat für gegenseitige Wirtschaftshilfe« (RGW/COMECON). Der militärischen Koordination diente der am 14. Mai 1955 gegründete »Warschauer Pakt«.

Uneinigkeit der Partisanen und enttäuschte Hoffnungen

So wie die Großen Drei seit dem Niedergang der deutschen Herrschaft über Europa Überlegungen für eine Neuordnung des Kontinents anstellten, »berieten im Kleinen auch die Widerstandsgruppen und Exilregierungen, die Parteien im Untergrund und die geheimen Diskussionszirkel über Gestalt und Ziel des erhofften Wiederaufbaus«[7]. Die meisten Länder befanden sich aufgrund der brutalen Ausbeutungs- und Vernichtungsstrategie der deutschen Besatzungsmacht in einer desaströsen Lage. Besonders in Ostmitteleuropa waren große Teile der Führungsschichten liquidiert worden. Die abziehenden deutschen Truppen verfolgten eine Politik der verbrannten Erde – oft unter Verschleppung der ansässigen Zivilbevölkerung –, sie ließen verwüstete, menschenleere Landstriche zurück. Überall fehlte es an Rohstoffen, funktionierenden Fabrikanlagen und vor allem an Lebensmitteln. Alle einmal vorhandenen Ressourcen hatten die Deutschen in den Kriegsjahren aufgebraucht oder bei ihrem Rückzug zerstört. Dort, wo es anfangs Kooperations- oder sogar Kollaborationsbereitschaft mit den Deutschen gegeben hatte, sorgte die deutsche Kriegs- und Besatzungspolitik alsbald für einen rapiden Stimmungswechsel. Daraus erklärt sich das rasche Anwachsen der Partisanenbewegungen. In der UdSSR einte der Widerstand gegen die unmenschlichen Besatzungstruppen die Bevölkerung und vergrößerte, unter patriotischen Vorzeichen, den Einfluss der Kommunistischen Partei – nun als Teil der Partisanenbewegung – auf weite Teile der Zivilbevölkerung. Die rücksichtslose Ausplünderung der besetzten Gebiete, die forcierte Massendeportation von Zwangsarbeitern sowie die Verwirklichung des Völkermordprogramms machten die Deutschen überall so verhasst, dass sie nach der Wende des Krieges im Frühjahr 1943 kaum auf Unterstützung hoffen durften, sondern sich im Gegenteil mit wachsendem Widerstand konfrontiert sahen. Da die Deutschen auch die pro-nationalsozialistischen Marionettenregimes und Nazi-Parteien, die auf Seiten der Bevölkerung meist keine nennenswerte Unterstützung besaßen, nicht nachhaltig förderten, sondern an diesen vorbei vor allem mit den traditionellen Eliten in Verwaltung und Wirtschaft kooperierten, erwuchs ihnen von dieser Seite ebenfalls keine Entlastung.

Zwischen den antifaschistischen Widerstandsgruppen gab es beträchtliche Differenzen. Vergröbert lassen sie sich in drei Hauptrichtungen unterteilen: den bürgerlich-nationalistischen Widerstand, meist interessiert an der Restauration der Vorkriegsverhältnisse, die prowestlich-demokratische Richtung, oft abhängig von den Westalliierten, und die überwiegend kleinen, aber gut organisierten und schlagkräftigen kommunistischen Gruppen, die, nach Liquidierung ihrer inländischen, national orientierten Führer, ausnahmslos unter dem Einfluss Moskaus standen. Indem die Kommunisten entschlossen gegen das unmenschliche nationalsozialistische Regime kämpften, veränderten sie auch die Außenwahrnehmung ihrer Bewegung: Sie stürzten keine demokratisch gewählten Regierungen, sondern wollten ihre Völker vom Joch der nationalsozialistischen Diktatur befreien. Dieses Ziel verlieh ihnen eine neue moralische Legitimität. Im Mai 1945 schrieb der sowjetische Schriftsteller Ilja Ehrenburg: »Jugoslawen, Polen und Tsche-

chen wissen, wer ihnen die Freiheit gebracht hat: Sie stehen vor den
Gräbern ihrer sowjetischen Brüder.«[8]

Nachdem freilich absehbar war, dass die Deutschen den Krieg verlieren würden, erhielten die politischen und ideologischen Widersprüche
zwischen den Widerstandsgruppen eine immer größere Bedeutung.
Nun trat die Frage der Nachkriegsordnung in den Vordergrund. Für die
besetzten Länder besaßen die Aktivitäten der Widerstandsgruppen eine wichtige legitimatorische Funktion. Allein ihre Existenz entkräftete
den Vorwurf der kollektiven Kollaboration und bestimmte – etwa in Jugoslawien – den Grad der Unabhängigkeit bei der Gestaltung des Gemeinwesens nach dem Sieg über das nationalsozialistische Deutschland. Je deutlicher der Beitrag zur Selbstbefreiung ausfiel, umso besser
konnten sich die Völker neuer Zumutungen von außen erwehren.

Eine solche Entwicklung lag zumindest nicht im Interesse der Sowjetunion, deren bereits östlich der Weichsel stehende Rote Armee beispielsweise nicht eingriff, als deutsche Truppen den Warschauer Aufstand der polnischen Heimatarmee vom August 1944 niederschlugen.[9]
Denn die Heimatarmee stand unter dem Befehl der prowestlichen Londoner Exilregierung. Ihr Sieg hätte die Neuordnung Polens zuungunsten der sowjetischen Pläne präjudiziert. In der letzten Kriegsphase kam
es zu heftigen Auseinandersetzungen zwischen den ideologisch unterschiedlich orientierten Widerstandsgruppen, die jetzt nicht nur gegen
den Aggressor von außen und dessen Helfershelfer, sondern auch gegeneinander kämpften. Insofern spiegelte diese Entwicklung nur die
mit dem sich abzeichnenden Kriegsende immer deutlicher zutage tre-
tenden Spannungen zwischen den Westalliierten und der UdSSR. Besonders in jenen Ländern, die nicht vollkommen eindeutig einem Einflussbereich zuzurechen waren – das galt vor allem für Jugoslawien,
Griechenland und die Tschechoslowakei –, entbrannten blutige Bürger-
kriege.

Der Bevölkerung in den europäischen Ländern waren bei Kriegsende die alliierten Planungen noch unbekannt. Viele sollten sich in ihrer
Erwartung, dass auf das Terrorregime liberale demokratische Verfassungsstaaten folgen würden, enttäuscht sehen. Selbst in der UdSSR
hofften viele Menschen auf eine Lockerung der diktatorischen Verhältnisse nach dem Sieg und mussten das Gegenteil erleben.[10] Nicht nur
in Deutschland,[11] sondern auch in anderen europäischen Ländern
richteten sich die Hoffnungen vieler Menschen auf die Westmächte, be-

sonders auf die Vereinigten Staaten von Amerika. Soweit es sich irgendwie bewerkstelligen ließ, suchten sie am Ende des Krieges den Herrschaftsbereich der Westmächte zu erreichen. Tödliche Enttäuschungen, wie die Auslieferung kroatischer Verbände durch die Briten, sollten
nicht ausbleiben. Kollaboration mit den Deutschen wog schwerer als
die intendierte Befreiung vom Kommunismus oder die Sorge um
rechtsstaatliche Behandlung der Angeklagten. General Andrej A. Wlassow, der von der SS bewaffnete Kommandant der Russischen Befreiungsarmee, wurde von den Amerikanern an die Sowjets ausgeliefert
und nach einem kurzen Prozess in Moskau im August 1946 zum Tode
verurteilt und exekutiert.

Mit Ausnahme Deutschlands und Österreichs sollten alle befreiten
europäischen Länder über ihre politische Nachkriegsordnung selbst bestimmen können. Auch Stalin unterzeichnete bei der Konferenz von
Jalta im Februar 1945 die »Erklärung über das befreite Europa«. Darin hieß es, die befreiten Völker hätten das Recht, »die letzten Spuren
des Nationalsozialismus und Faschismus zu beseitigen, demokratische
Einrichtungen nach ihrer eigenen Wahl zu schaffen« und so früh wie
möglich freie Wahlen abzuhalten. Was diese hehren Postulate wert waren, demonstrierte die siegreiche UdSSR, als sie die polnischen Grenzen, gegen den Willen der Exilregierung Polens und toleriert von den
Westmächten, einseitig festlegte. Die Regimewechsel in Rumänien,
Bulgarien und Ungarn erfolgten ebenfalls unter dem massiven Einfluss
der Sowjetunion. Da die Westmächte an der Allianz mit der UdSSR
über das Kriegsende hinaus festhielten und sich auf schwache Proteste
te beschränkten, trugen sie die neue Unterdrückung und Ungerechtigkeit faktisch mit. Der nichtsdestoweniger eskalierende Konflikt zwischen dem Westen und der Sowjetunion rechtfertigte im Nachhinein
Stalins »Cordon sanitaire« auch aus westlicher Perspektive – bildete die
Sicherheitszone der Satellitenstaaten doch auch einen gewissen Schutz
vor dem Umschlagen des »Kalten Krieges« in einen heißen.

Bei der beabsichtigten Neuordnung Europas wollte man nach Möglichkeit die Fehler von 1919 nicht wiederholen und von der Bildung
multi-ethnischer Nationalstaaten absehen. Durch »Umsiedlungen« beziehungsweise Vertreibungen sollte eine partielle ethnische Homogenisierung in Mitteleuropa erreicht und dadurch ethnische Konflikte vermieden werden. Millionen von Deutschen wurden genötigt, die neuen
polnischen Westgebiete in Richtung Sowjetische Besatzungszone zu

verlassen. In den geräumten Territorien wurden vor allem jene Polen angesiedelt, die in den von der UdSSR annektierten Gebieten Ostpolens gelebt hatten – eine weitere Gruppe kam aus Zentralpolen. Insgesamt waren etwa zwanzig Millionen Menschen von Rücksiedlung, Umsiedlung, Flucht und Vertreibung betroffen – neben Deutschen und Polen auch Tschechen, Slowaken, Ukrainer, Weißrussen, Ungarn und andere.

Für die UdSSR stand als langfristiges Ziel die Schaffung eines kommunistischen Nachkriegseuropas fest. Doch in der unmittelbaren Nachkriegszeit war man auf die politische und vor allem die ökonomische Zusammenarbeit mit den Westalliierten dringend angewiesen. Darum kam eine sofortige rücksichtslose Sowjetisierung und Gleichschaltung der osteuropäischen Parteien zunächst nicht in Betracht. Vielmehr strebte man danach, das gewünschte Ziel flexibel über Umwege und verdeckte Methoden zu erreichen. Die frühere »Vorstellung einer einheitlichen, schablonenhaften ›Sowjetisierung‹ lässt sich [...] heute nicht mehr aufrechterhalten«[12], resümieren Stefan Creuzberger und Manfred Görtemaker. »Von einem sowjetischen ›Masterplan‹ für Osteuropa kann jedenfalls keine Rede sein.«[13] Das Vorgehen Moskaus richtete sich nach den konkreten Gegebenheiten in den einzelnen Nationalstaaten, nahm Rücksicht auf die Traditionen und handelnden Personen der jeweiligen Region und berücksichtigte bei der Geschwindigkeit des Sowjetisierungsprozesses auch die geostrategische Bedeutung des jeweiligen Landes.

Über die Entstehung des Ostblocks im Blick auf die Kategorisierung der ihm zugehörigen Staaten gibt es verschiedene Theorien. Der russische Historiker und Jugoslawien-Spezialist Leonid Gibianskij nimmt eine Dreiteilung vor. Zur ersten Gruppe gehören danach Jugoslawien und Albanien; hier sei die Einführung der kommunistischen Regime überwiegend auf der Grundlage der inneren Entwicklung der Länder selbst erfolgt. Zur zweiten Gruppe zählt er Polen, Rumänien und Ungarn; in diesen Ländern habe die »direkte sowjetische Einmischung« dominiert. In einer dritten Gruppe fasst er Bulgarien und die Tschechoslowakei zusammen; in beiden Ländern hätten sich der Einfluss der Sowjetunion und die innere Entwicklung in den betreffenden Ländern gegenseitig beeinflusst. Gibianskij beschreibt die einzelnen Regime in den Ostblockstaaten. In seiner Wahrnehmung übten nur in Jugoslawien und Albanien die Kommunisten alleine die Macht aus. In Bulgarien, Polen und Rumänien hätten zwar auch die Kommunisten regiert, aber es habe Elemente von Koalitionsbildungen mit einer beschränkten Teilnahme auch nichtkommunistischer Gruppierungen gegeben. Bei den Regierungen der Tschechoslowakei und Ungarns sei es zu einem Austausch zwischen den kommunistischen Parteien und linken Gruppierungen sowie oppositionellen Kräften gekommen.[14] Diese zum Teil eher ungewöhnlichen Kategorienbildungen und Interpretationen eines russischen Kollegen belegen, wie weit die Perspektiven noch auseinander liegen können.

Passgenaue Konzepte der Sowjetisierung

Nach Auflösung der Komintern 1943 entstand eine Nachfolgeorganisation, die so genannte Abteilung für Internationale Information (OMI), die dem ZK der KPdSU (B) unterstand und von Georgi M. Dimitrov geleitet wurde. In den Händen der OMI lag es, die Moskauer Exilkader auf die politischen Aufgaben in ihren Heimatländern vorzubereiten sowie die Kommunikation zwischen Moskau und den einzelnen kommunistischen Parteien zu organisieren. Der Einfluss auf die Entwicklung des osteuropäischen Parteiensystems erfolgte über das Konzept der »Nationalen Front«. In den meisten besetzten Ländern besaßen die kommunistischen Parteien nur eine sehr begrenzte Bedeutung. Außerordentlich stark waren dagegen die Bauernparteien. Daneben formierten sich die aus der Zwischenkriegszeit bekannten Parteien – Sozialisten, Liberale und Christliche – rasch neu. Die Strategie der »Nationalen Front« trug diesen Konstellationen Rechnung, indem die bürgerlichen Parteien gedrängt wurden, Koalitionen mit der Kommunistischen Partei einzugehen. In Rahmen dieser Bündnisse mit anderen gesellschaftlichen und politischen Strömungen suchten die Kommunisten dann – etwa durch Abspaltungen von bestehenden Parteien – allmählich ihren Herrschaftsanspruch auszubauen und zu sichern. Solche Koalitionen besaßen überdies den Vorteil, breite Bevölkerungskreise anzusprechen und für Reformvorhaben zu gewinnen. Außerdem machten es solche demokratischen Fassaden den Westalliierten ausgesprochen schwer, politische Einwände zu erheben. Schon 1958 beschrieb Hannah Arendt diese Strategie so: »In jedem einzelnen Land ließen die russischen Machthaber einen Prozess los, demzufolge es so aussehen musste, als habe nicht eine Eroberung von außen, sondern eine revolutionäre Entwicklung im Innern stattgefunden, in welcher die einheimische kommunistische Partei schließlich an die Macht gedrängt wurde.«[15] Die Umsetzung dieses Konzepts nahm jedoch – entsprechend der konkreten Lage – einen sehr unterschiedlichen Verlauf. Von großer strategischer Bedeutung für die europäische Machtkonstellation waren zunächst Polen und Deutschland, aber auch Ungarn als Tor zum Südosten. Albanien, anfänglich kaum beachtet, gewann nach dem politisch-ideologischen Bruch zwischen Stalin und Tito 1948 eine neue strategische Bedeutung und erfuhr entsprechende Aufmerksamkeit seitens der UdSSR. Aber auch dort, wo geostrategische oder andere Überlegungen eine sofortige kommunistische Machtübernahme als wünschenswert erscheinen ließen, musste aufgrund schlechter Ausgangsbedingungen – etwa desolate Verhältnisse innerhalb der Kommunistischen Partei oder völlig fehlender Rückhalt derselben in der Bevölkerung – ein längerer Umweg gewählt werden. Die besten Voraussetzungen für eine rasche kommunistische Durchdringung der politischen Nachkriegsstrukturen boten sich der Kommunistischen Partei Jugoslawiens (KPJ). Aufgrund ihres erfolgreichen Partisanenkampfes bei der Bevölkerung beliebt, konnte sie schon zwischen 1941 und 1943 den Kampf um die Vorherrschaft in der Befreiungsbewegung für sich entscheiden und eine »volksdemokratische« Entwicklung einleiten. Da die »systematische Selbst-Sowjetisierung«[16] aber von einer Position der Unabhängigkeit von Moskau aus erfolgte – man hatte sich schließlich weithin ohne Hilfe der Roten Armee befreien können – ging Tito bei aller Bewunderung für Stalin, den er kopierte, alsbald eigene Wege und durchkreuzte mit seinen Südosteuropaplänen das Stalinsche Blockkonzept.

Am leichtesten fiel den Sowjets die Durchsetzung ihres Konzepts der »Nationalen Front« in jenen Ländern, die – wie Bulgarien, Rumänien und Ungarn – zu den ehemaligen Feindstaaten zählten und ungeachtet ihres späten Frontenwechsels militärisch besetzt wurden. Über die von ihnen beherrschten Alliierten Kontrollkommissionen, die im Gefolge der Waffenstillstandsverhandlungen etabliert wurden, konnten sie problemlos Einfluss im Sinne der Bildung »Nationaler Fronten« nehmen. Die von Moskau diktierten Waffenstillstandsbedingungen boten überdies die Möglichkeit, missliebige Organisationen und Parteien zu beschränken, die kommunistischen Parteien dagegen gezielt zu fördern und die innere Entwicklung der Länder direkt oder indirekt zu steuern.

Auch bei den Wahlen wie den anschließenden Regierungsbildungen in den Jahren 1945/46 spielten die Alliierten Kontrollkommissionen eine Schlüsselrolle; sie wurden von Moskau genutzt, einseitig die kommunistischen Schwesterparteien und deren Personal zu begünstigen. Mit welcher Intensität Moskau Einfluss nahm, geht schon aus dem personellen Engagement hervor. Allein in der sowjetischen Mission der Alliierten Kontrollkommission für Ungarn waren etwa 750 Mitarbeiter tätig.[17] Im Falle von Bulgarien und Rumänien musste die UdSSR sogar mäßigend auf die dortigen Kommunistischen Parteien einwirken, um den Abschluss der Friedensverträge und die internationale Anerkennung der Regime nicht zu gefährden.[18] Bukarests Kommunisten beispielsweise holten erst nach Abschluss des Friedensvertrages mit den ehemaligen Kriegsgegnern – am 10. Februar 1947 – zum entscheidenden Schlag gegen die politische Opposition aus.[19]

Eine Sonderrolle nahm der ehemalige Feindstaat Deutschland ein, weil die Ausgangsbedingungen hier völlig unterschiedlich zu denen in den anderen Ländern waren. Ein besonderes Hemmnis lag in der Tatsache, dass die Sowjets nur in Absprache mit den Westalliierten vorgehen konnten. Um sich dennoch taktische Vorteile zu verschaffen, ließ die sowjetische Militärverwaltung in ihrer Besatzungszone besonders frühzeitig politische Parteien zu und siedelte deren Leitungen in ihrem territorialen Einflussbereich an. Unter den Augen und begleitet von der Sowjetischen Militäradministration in Deutschland (SMAD) sollten Strukturen entstehen, die in den Westzonen ebenfalls Geltung und Einfluss beanspruchen konnten, aber auch geeignet waren, die sowjetischen Eingriffe in ihrer eigenen Besatzungszone zu legitimieren. Aufgrund der gegebenen Verhältnisse sah sich die UdSSR schließlich gezwungen, im Blick auf die Sowjetisierung der politischen Institutionen in der Sowjetischen Besatzungszone (SBZ) beziehungsweise Deutschen Demokratischen Republik (DDR) eine besonders lange Übergangsphase mit einer Reihe von parlamentarisch-demokratischen Fassadenkonstruktionen in Kauf zu nehmen. Wohl setzten schon 1945 Bemühungen zur Gleichschaltung ein, aber erst seit 1947 ging man forciert daran, die SED (Sozialistische Einheitspartei Deutschlands – zu der sich SPD und KPD in der SBZ zusammenschließen mussten)[20] nach dem Vorbild der KPdSU (B) zu stalinisieren und die bürgerlichen Parteien zu entmündigen, zu marginalisieren und der »führenden Rolle der SED« unterzuordnen.

Sehr viel schwieriger lagen die Dinge in solchen Ländern, die nicht zu den »Feindstaaten« gehört hatten und überdies mit den Westalliierten verbündet waren. Das galt besonders für Polen, dessentwegen Großbritannien und Frankreich 1939 in den Krieg eingetreten waren. Ohne Zweifel besaß die Londoner Exilregierung legitime Herrschaftsansprüche, die anfänglich von den Westmächten auch bestätigt wurden. Andererseits gehörte Polen zu jenen Staaten, die Moskau aus geostrategischen Überlegungen unbedingt unter seinem Einfluss wissen wollte. Mit Hilfe der von Moskau völlig abhängigen Polnischen Arbeiterpartei (*Polska Partia Robotnicza*, PPR) und einer Provisorischen Koalitionsregierung, in der die PPR das Sagen hatte, unternahm die UdSSR darum seit Sommer 1944 allerlei Winkelzüge, um bis zum Kriegsende vollendete Tatsachen zu schaffen. Tatsächlich musste man sich bei der Regierungsbildung 1945 aus Rücksichtnahme gegenüber den Westalliierten zu einigen Kompromissen bequemen – wie den der Beteiligung der Unabhängigen Bauernpartei und einiger Exilpolitiker –, aber am Ende konnte sich die UdSSR mit ihren Vorstellungen eines kommunistischen Regimes doch durchsetzen. Das Ganze inszenierte man als einen innerpolnischen Streit zwischen verschiedenen politischen Gruppierungen. Bis zum Vorabend der Sejm-Wahlen im Januar 1947 übten sich die Stalinisten allerdings in relativer Zurückhaltung, um dann über Wahlfälschungen, Repressionen und Versprechungen die bürgerlichen Parteien völlig ins Abseits zu drängen oder sich hörig zu machen.[21]

Anders als in Polen, wo die Kommunisten stets nur eine kleine Minderheit gebildet hatten, besaß die Kommunistische Partei in der Tschechoslowakei (KPČ) einen starken Rückhalt in der Bevölkerung. Vor dem Hintergrund des Verhaltens der Westmächte 1938/39 suchten überdies auch die bürgerlichen Parteien aus sicherheitspolitischen Gründen einen stärkeren Rückhalt bei der UdSSR. Schon Mitte Dezember 1943 unterzeichnete – sehr zum Missfallen der britischen Gastgeber – die Londoner Exilregierung mit der UdSSR einen »Vertrag über Freundschaft, gegenseitige Unterstützung und die Zusammenarbeit nach dem Kriege«. Dieser Freundschaftspakt und die Folgevereinbarungen mit den kommunistischen Emigranten führten zu einem »Kooperationsmodell« im Rahmen einer »Nationalen Front«, das der KPČ – mit ausdrücklicher Duldung des Präsidenten Edvard Beneš, der das »Konzept einer ›dirigistischen Demokratie‹« verfolgte – die Möglichkeit einer sukzessiven Machtübernahme bot. Die scheinbare Pluralität der tschechoslowakischen Parteienlandschaft endete mit der Februar-Krise 1948. Sanktioniert von Beneš, auf dessen Unterstützung die bürgerlichen Parteien gesetzt hatten, übernahm am 25. Februar 1948 das kommunistische Kabinett von Klement Gottwald die Macht und vollendete die Eingliederung in den sowjetischen Block.[22]

Beträchtliche Unterschiede lassen sich auch bei der Sowjetisierung Bulgariens, Rumäniens und Ungarns feststellen. Aufgrund des bulgarischen Spitzenpolitikers Georgi Dimitrov und der engen Zusammenarbeit zwischen der KPdSU (B) und der bulgarischen KP konnten die in der »Vaterländischen Front« zusammengeschlossenen Linksgruppierungen zügig die anderen Parteien eliminieren und die Grundlage für den späteren Einparteienstaat legen. Moskau musste diesen Prozess nicht stimulieren, sondern im Gegenteil bremsend auf die Entwicklung einwirken, um gegenüber den Westmächten den Schein zu wahren.

Sehr viel schwieriger verlief der Prozess der kommunistischen Machtübernahme in Rumänien, weil die dortige Kommunistische Partei (PCR) in der Bevölkerung bisher nur eine marginale Rolle gespielt hatte und die Rote Armee bei ihrem Einmarsch 1944 bereits ein Regierungsbündnis – den Nationaldemokratischen Block (BND) – vorfand, in dem die Kommunisten lediglich eine randständige Position innehatten. Um dennoch ihre Vorstellungen verwirklichen zu können, musste die UdSSR rücksichtslos in die innenpolitische Entwicklung eingreifen und das erhalten gebliebene Zwischenkriegssystem mit Gewalt beseitigen. In mehreren Etappen erreichte sie schließlich ihr Ziel – und zwar so vollständig, dass nicht einmal mehr Blockparteien übrig blieben.

Vielleicht am kompliziertesten entwickelten sich die Dinge in Ungarn, obwohl die UdSSR auch hier frühzeitig mit der Kommunistischen Partei des Landes (MKP) detaillierte Machtübernahme-Pläne für die Zeit nach dem Waffenstillstand ausgearbeitet und eine provisorische Übergangsregierung nach dem Muster der »Nationalen Front« etabliert hatte.[23] Wohl ermutigt von der optimistischen Lagebeurteilung der MKP und den klaren antikommunistischen Grundkonsens in der Bevölkerung unterschätzend, ließ Moskau schon im November 1945 halbwegs freie Wahlen zu, die mit einem Desaster für die Kommunisten und mit einem überwältigenden Wahlsieg für die bürgerliche Partei der Kleinen Landwirte endeten. Diese Erfahrungen mit den ersten Wahlen im sowjetischen Einflussbereich sollten weit reichende Konsequenzen nicht nur für Ungarn, sondern auch für die anderen osteuropäischen Staaten haben. Fortan bestand Moskau bei Wahlen auf der Bildung strategischer Blöcke, griff massiv ein oder erteilte eindeutige Weisungen. In Ungarn, aber auch in den anderen besetzten Ländern, verhinderte man in der Folgezeit mit allen zu Gebote stehenden Machtmitteln die Etablierung eines Parteiensystems nach westlich-demokratischem Muster. In Ungarn stand am Ende des Gleichschaltungsprozesses die Zwangsvereinigung der Arbeiterparteien.

Stalin war davon überzeugt, dass der Sieger in diesem »Weltanschauungskrieg« den besetzten Staaten sein Gesellschaftssystem aufzwingen werde. Darin war er sich mit seinem unterlegenen Antipoden Hitler einig gewesen. Gegenüber seinem damals engsten Verbündeten Tito soll Stalin die viel zitierte Bemerkung gemacht haben: »Dieser Krieg ist nicht wie in der Vergangenheit; wer immer ein Gebiet besetzt, erlegt ihm auch sein eigenes System auf. Jeder führt sein eigenes System ein, so weit seine Armee vordringen kann. Es kann gar nicht anders sein.«[24] Doch zunächst verhielt sich die UdSSR ausgesprochen taktierend – reaktiv-abwartend, bedächtig-vorsichtig und im Blick auf die Westmächte, deren ökonomische Unterstützung sie so dringend brauchte, auch opportunistisch. Diese Haltung wurde durch die innere Struktur der Stalinschen Diktatur noch verstärkt – die Scheu auf den unteren Ebenen, Entscheidungen zu treffen, und das ständige, freilich willkürliche Bemühen an der Basis, den Willen der Spitze zu erraten und zu exekutieren. Auf höchster Ebene waren im Wesentlichen sieben Funktionäre mit der sowjetischen Außenpolitik befasst: Josef (Jossif) Wissarionowitsch Stalin, Wjatscheslaw Michajlowitsch Molotow, Andrej Aleksandrowitsch Schdanow, Lawrentij Pawlowitsch Berija, Anastas Iwanowitsch Mikojan, Georgij Maksimilianowitsch Malenkow und Nikolaj Aleksejewitsch Wosnessenskij. Sie fertigten Vorlagen an und nahmen an den Spitzengesprächen mit den Politikern anderer Länder teil. Iwan Michajlowitsch Majskij und Maksim Maksimowitsch Litwinow gehörten zwar nicht zum engsten Führungszirkel, arbeiteten aber als Vorsitzende von Kommissionen, die im Herbst 1943 beim Volkskommissariat für auswärtige Angelegenheiten (NKID) gebildet worden waren, im Januar 1944 beziehungsweise 1945 Memoranden über die sowjetischen Nachkriegsvorstellungen aus.[25] Inwiefern diese tatsächlich die sowjetische Realpolitik bestimmten, muss offen bleiben.[26] Das gilt nicht für die dritte, die Woroschilow-Kommission, in der man sich ausführlich mit der Zonengrenzziehung beschäftigte. Die Memoranden

zeigen, dass die sowjetische Führung von einem Nachkriegseuropa ausging, das klar in Einflusssphären aufgeteilt sein sollte. Trotz der erheblichen Variationsbreite und Unsicherheit bei den Entscheidungsprozes-
sen der sowjetischen Führung sind doch einige Grundsätze des
politischen Handelns der UdSSR klar erkennbar: Ihr ging es um die völlige Kontrolle der angrenzenden Gebiete, die sie auch dadurch zu erreichen trachtete, dass sie diese gegenüber dem Westen abzuriegeln
suchte. Unter Zurückstellung ihrer ideologischen Prinzipien lag der
UdSSR an der Bildung von »antifaschistischen« »Volksfront«-Koalitio-
nen, innerhalb derer die in der Regel schwachen KPs durch sowjetische
Einrichtungen im Land – vor allem die Kontrollkommissionen – gestärkt wurden. Nicht nur Parteien, sondern meist auch Massenorganisationen – wie Gewerkschaften und Jugendverbände – wurden in die
Volksfront integriert, so dass diese nach außen ein durchaus plurales
Erscheinungsbild simulierte. Kollaborationen mit nichtkommunistischen politischen Kräften erfolgten allein unter pragmatischen, nicht
unter ideologischen Gesichtspunkten. Dem äußeren Wachstum der
KPs diente eine großzügige Aufnahmepolitik, der inneren Stärkung die
Entsendung sowjetischer Kader. Beim Aufbau der Geheimdienste wie
der politischen Polizei, die ein Agenten- und Informationsnetz über die
Gesellschaft und ihre Subkulturen spannen sollte, um die Bevölkerung
steuerbar zu machen, wurde strikt darauf geachtet, dass Kommunisten
in den Schlüsselpositionen saßen. Im ökonomisch-politischen Bereich
gab es eine klare Vorordnung der Interessen der UdSSR vor den Interessen der neuen »Verbündeten«. Dass aus der daraus resultierenden
Plünderung der Ressourcen jener Staaten, die sowjetisiert werden sollten, eine deutliche Ablehnung gegenüber dem Kommunismus erwuchs, nahm die UdSSR offenbar in Kauf. Um multiethnische Staaten
und die mit ihnen einhergehenden Probleme zu vermeiden, hatten die
Siegermächte entschieden, ethnisch homogenisierte Staaten zu schaffen. Die UdSSR bediente sich der Gewaltmethoden von »Umsiedlung«
und Vertreibung, um dieses Ziel zu erreichen. Ideologisch wie pragmatisch begründet – die sozialistischen Parteien waren oft stärker in der
Bevölkerung verankert als die kommunistischen –, führte die UdSSR,
auch unter Zwang, eine Vereinigung der Arbeiterparteien herbei.

In der Literatur wird immer wieder die Fixierung der UdSSR auf die
Grenzen des alten Russischen Reiches erwähnt. Diesen imperialen Anspruch dokumentierte Moskau 1945, indem es sich die nach 1917 ver-

loren gegangenen Gebiete Ostpolen, das Baltikum, die Bukowina und Bessarabien wieder einverleibte. Zur Bewahrung der neuen Grenzen wie der Festigung des Sicherheitsgürtels um die UdSSR sollten in den eroberten Staaten sowjetische Truppen stationiert werden; auf deren Umwandlung in Sowjetrepubliken wollte man allerdings verzichten.

4. Systemwechsel: Von der nationalsozialistischen zur sowjetischen Herrschaft

Die Entwicklung in den einzelnen Nationalstaaten (II)

4.1 Das sowjetische Modell – Gesellschaftssystem und Lebensumstände in der UdSSR 1934 bis 1953

Stalins Terror-Herrschaft und die Arrangements mit dem Westen

Die Sowjetisierung der Satellitenstaaten bedeutete nichts anderes als die Einführung jener Verhältnisse, die in der UdSSR seit 1929 schon bestanden. Die Vor- beziehungsweise Besatzungsmacht des sich bildenden Ostblocks behandelte im Grundsatz ihre Satrapen nicht besser oder schlechter als die eigenen Untertanen.

Die Herrschaft Stalins zwischen 1934 und 1941 entsprach ganz dem, was die UdSSR nach dem Krieg in Ostmitteleuropa errichtete. Die KPdSU hatte nicht nur den Staat, sondern alle Bereiche der Gesellschaft und des Lebens durchdringen und beherrschen wollen.[27] »Fraglos war der Anspruch der Bolschewiki in diesem Sinne totalitär.«[28] Trotz der Ausübung von Diktatur hielt die herrschende Partei paradoxerweise an der Fiktion fest, dass sie die legitime Repräsentation der Volksherrschaft darstelle und es sich darum bei ihrer »sozialistischen« Wirtschafts- und Sozialordnung um ein »demokratisches« Unternehmen handle.

Obwohl die Sowjetunion mit der Niederlage des NS-Staates ihren größten Triumph erlebte, folgte alsbald eine tiefe Depression. Der Ausgang des Krieges hatte vor allem Stalin gestärkt und das System gefestigt. Liberalisierungen beziehungsweise Erleichterungen, die während des Krieges nötig geworden waren, um die Bevölkerung an die Staatsführung zu binden, wurden Zug um Zug wieder zurückgenommen. Manfred Hildermeier spricht von einer »Restauration des ›Kommandosozialismus‹ der dreißiger Jahre«[29]. Da Stalin die unbestrittene Nummer Eins blieb, alterte mit ihm freilich auch das Gesamtsystem.

Der Diktator nahm in »neopatrimonialer« Manier eine singuläre Position ein: Er vereinigte auf sich die Ämter des Generalsekretärs der einzigen Partei, des Regierungschefs und des Oberbefehlshabers der Armee. Obwohl auch Faschisten – so Franco und Tschiang Kai Tschek – diesen Titel erhalten hatten, wie von Schukow kritisch angemerkt wurde, ließ er sich auch noch den Titel eines »Generalissimus« verleihen. Wegen dieses Einwandes verlor Schukow, dessen Popularität Stalin fürchtete, seinen Posten als Oberkommandierender des Heeres und wurde in die Provinz nach Odessa abgeschoben. Da es keine Kontrollinstanzen gab, herrschten Stalin und die kleine Kamarilla seiner Vertrauensleute, die freilich selbst stets um ihre Stellung wie um ihr Leben besorgt sein mussten, mit uneingeschränkter Macht. Stalin lebte vor allem in seiner »Nahen Datscha« in Kuncevo bei Moskau. Hierhin lud er seine Getreuen ein, ließ sich von ihnen berichten, traf Entscheidungen, schaute mit ihnen die neuesten Wildwest- und sonstigen westlichen Filme an und feierte mit ihnen bei reichlichem Alkoholgenuss und Delikatessen bis in den frühen Morgen. Immer wieder riss in diese Runde, wie in den engsten Kreis seiner Bediensteten, das leicht entzündbare Misstrauen Stalins eine unerwartete Lücke. Jeder von Stalin geförderte Neuaufsteiger musste damit rechnen, bald nach seiner Erhöhung zurückgestutzt zu werden: Chruschtschow 1951 mittels der Affäre um einen *Prawda*-Artikel, Berija durch die »Mingrelische Affäre«, Bulganin durch einen Skandal in der Rüstungsindustrie. Die Einladungen zu Stalin lösten darum so widersprüchliche Gefühle wie Stolz und Ehre, aber auch Furcht und Erschrecken aus. Wer gestern noch als Favorit galt, konnte morgen in Ungnade fallen und alles verlieren. Die Partei wie die Sicherheitsbehörden gaben den Ton an, zwischen Partei- und Staatsführung herrschte eine enge Verzahnung. Das Quartett Berija, Malenkow, Chruschtschow und Bulganin bestimmte Stalins Männerrunden; diese vier gehörten zur technisch-administrativen Intelligenz der ersten Sowjetgeneration. Über ihnen gab es im Politbüro noch jene Älteren, Andrej A. Andrejew und Anastas I. Mikojan, die den »Säuberungen« entgangen waren.

Auf organisatorischer Ebene strebten Einrichtungen von Wirtschaft, Staat und Armee nach einer Teilhabe an der Macht. Eine Institutionalisierung dieser Größen wie der dadurch notwendige Interessenausgleich zwischen den Gruppenrivalitäten zeitigten ihre Wirkung.

Obwohl die Partei die unumstrittene Macht ausübte, kam es immer seltener zu Plenarzusammenkünften. Hatte das ZK bis 1927 sechsmal im Jahr getagt, so gab es zwischen 1936 und 1940 insgesamt nur noch sechs Treffen. Zwischen 1941 und 1952 wurde das ZK nurmehr zwei- oder dreimal einberufen. Parteitage wurden nach 1939 gar nicht mehr anberaumt. 1952 berief der Diktator eine Parteigroßversammlung ein, um aus dem Politbüro ein deutlich größeres »Präsidium« des ZK zu machen; die Kommunistische Partei hieß fortan KPdSU. Da das Präsidium zu groß und schwerfällig war, kreierte man bald darauf ein kleineres Büro, in dem wieder nur Stalins Vertraute saßen. Mitte März 1946 wurden die Volkskommissariate in Ministerien umbenannt, ohne dass sich in der Sache etwas änderte. Der allerdings gegenüber dem Rat der Volkskommissare vergrößerte Ministerrat – er vereinigte 57 Ministerien, drei Jahre später immerhin noch 48 – besaß bei den industriellen Ressorts einen deutlichen Schwerpunkt. Bürokratisierung, Überzentralisierung und eine strenge Hierarchisierung prägten die sowjetische Autokratie der spätstalinistischen Zeit. Der Armee blieb es trotz oder gerade wegen ihrer Triumphe nicht erspart, ins Glied zurückzutreten und sich erneut der 1942 fallen gelassenen Kontrolle durch die Partei zu beugen.

Die Partei – 1950 zählte sie 5,34 Millionen Mitglieder – wurde zwar nicht mehr terroristischen Säuberungen im Stil der dreißiger Jahre unterzogen, aber es gab nach wie vor Abstürze wie den Schdanows in der so genannten »Leningrader Affäre« und Ende September 1949 einen entsprechenden Prozess vor einer allerdings eingeschränkten Öffentlichkeit. Damit begann wieder eine Säuberungswelle, in deren Verlauf zwischen 1949 und 1951 an die 2.000 Funktionäre verhaftet und getötet wurden. Es folgten weitere Intrigen, auf die hin hart durchgegriffen wurde. Sehr bizarr war das so genannte »Ärztekomplott« Anfang 1953, dem die Ärzte der Spitzenpolitiker zum Opfer fielen. Man warf ihnen vor, hohe Parteiführer durch falsche Medikamente umgebracht zu haben. Die Ärzte, so behauptete man, seien von Juden angestiftet worden. Daraufhin kam es zu massiven antisemitischen Verfolgungen.

Unmittelbar nach Kriegsende traf russische Kriegsgefangene, Vertriebene, Versehrte und Kranke, die sich im Feindesland aufgehalten hatten, die größte Verhaftungswelle. Die meisten von ihnen – ungefähr 2,3 Millionen – standen unter pauschalem Verratsverdacht und verschwanden im »Archipel GULag«. Die Lager, die sich während des Krieges geleert hatten, füllten sich nun aufs Neue. Terror und Gewalt bestimmten bis zuletzt das Stalinsche Herrschaftssystem.

Nicht nur innenpolitisch, auch außenpolitisch brachten die Folgen des »Großen Vaterländischen Krieges« manche Enttäuschungen. Mit dem Hitler-Stalin-Pakt hatte die UdSSR die Westmächte vor den Kopf gestoßen. Doch nach dem Überfall der deutschen Armeen war Großbritannien schon am 12. Juli 1941 zur Stelle, um ein Hilfsabkommen zu unterzeichnen. Am 7. November 1941 beschloss der amerikanische Kongress, die UdSSR in das zunächst nur auf Großbritannien bezogene Gesetz über vergünstigte Lieferungen (*lend-lease*-Gesetz) einzubeziehen. Am 7. Dezember 1941 – nach dem japanischen Überfall auf Pearl Harbor – traten die USA in den Krieg ein und bildeten mit der UdSSR eine Allianz, die nur durch den gemeinsamen Feind begründet war. Je länger sie dauerte, desto mehr bekam diese Kriegskoalition Risse und sollte schließlich gar in einen »Kalten Krieg« münden. Die USA lieferten zwar schwere Waffen an die Sowjetunion, eröffneten aber keine zweite Front in Europa, so dass die UdSSR die Hauptkriegslast tragen musste. Bei dem Treffen in Casablanca im Januar 1943 – hier verständigte man sich auf eine bedingungslose Kapitulation Deutschlands – stand Stalins Forderung nach einem höheren britisch-amerikanischen Einsatz noch immer im Raum. Als man sich Ende November 1943 im sowjetisch besetzten Teheran traf, befanden sich die deutschen Truppen in der UdSSR auf dem Rückzug, Italien hatte im September kapituliert. Jetzt erst erreichte Stalin die Zusage der westlichen Verbündeten, eine zweite Front in Frankreich eröffnen zu wollen. Dafür stimmte er dem amerikanischen Anliegen zu, nach dem Krieg eine Weltorganisation zu gründen, die den Frieden global sichern sollte. Weiterhin legte Stalin die Westmächte auf die schon 1919 von den Briten markierte Curzon-Linie als Ostgrenze Polens fest, das durch ostdeutsches Territorium entschädigt werden sollte.

Der sowjetische Diktator erkannte, dass dieser Krieg vor allem auch ein ideologischer war und dass, wer über das Territorium verfügte, auch die Macht besaß, diesem Territorium seinen politischen und sozioökonomischen Stempel aufzudrücken. Im September 1944 und bei dem gesonderten Treffen zwischen Churchill und Stalin im Oktober in Moskau wurden, wie bereits erwähnt, diese territorialen Einflusssphären skizziert. Beide Seiten setzten den Gegensatz der Systeme voraus und suchten in imperialer Manier ein Gleichgewicht auszutarieren, ohne die Interessen der Betroffenen zu berücksichtigen.

Zum Zeitpunkt der Konferenz von Jalta im Februar 1945 hatte sich die Situation weiter zugunsten der UdSSR verschoben. Sie hatte die deutschen Armeen niedergerungen, während die USA in Ostasien noch nicht erfolgreich waren. In den Krieg gegen Japan war die UdSSR bis dahin nicht eingetreten. Sie hatte den Nichtangriffspakt mit Japan vom August 1941 eingehalten und erklärte sich erst in Jalta diesbezüglich zu einer Kurswende bereit. Aus dieser starken Position heraus weigerte sich Stalin, freie Wahlen in dem abermals neu zu gründenden polnischen Staat zuzulassen. Die Westalliierten nahmen das hin und überließen Polen damit der Hegemonie der östlichen Vormacht. Mit seinen Sicherheitsbedürfnissen begründete die UdSSR die Bildung eines von ihr abhängigen Pufferstaates.[30] Zum Zeitpunkt des Treffens in Potsdam – vom 17. Juli bis zum 2. August 1945 – hatte sich abermals Entscheidendes verändert. Deutschland war besiegt, anstelle des verstorbenen Roosevelt war der neue Präsident Harry S. Truman gekommen. In Polen regierten die Kommunisten, und die Rote Armee stand in Budapest, Bukarest, Wien und Prag. Aber einem entscheidenden Wunsch der UdSSR stimmten die Westmächte nicht zu – Reparationen aus Gesamtdeutschland zu erhalten.

Im Februar 1946 hielt Stalin eine öffentliche Rede, in der er die Überlegenheit des Sozialismus proklamierte und den kapitalistischen Staaten ideologiekonform »Selbstzerfleischung« prophezeite. Am 5. März 1946 antwortete Churchill, nun Oppositionsführer, im amerikanischen Fulton mit der Wendung vom »Eisernen Vorhang«, hinter dem die Sowjetunion keinen westlichen Einfluss zulasse. Für die Amerikaner stand im Wesentlichen seit September 1946 – manifestiert in einer Rede des amerikanischen Außenministers James F. Byrnes in Stuttgart – fest, dass sie vor allem Westeuropa unter ihrer Führung konsolidieren müssten, während Ostmitteleuropa verloren sei – ganz entsprechend den Analysen George F. Kennans.

Die Achillesferse der UdSSR war nicht so sehr der ideologisch-politische, sondern der wirtschaftlich-finanzielle Bereich. Genau auf diesem Sektor startete der neue amerikanische Außenminister George C. Marshall am 5. Juni 1947 in einer Rede an der Harvard-University eine Offensive. Sie galt als Antwort auf die abermals ergebnislos gescheiterte Außenministerkonferenz im März/April in Moskau. Vergeblich hatte Stalin hier noch einmal Reparationen aus allen Besatzungszonen gefordert. Nach der Truman-Doktrin vom 12. März 1947 – der aus-

drücklichen Erklärung der USA, Griechenland unter ihren besonderen
Schutz zu stellen – markierte die Marshall-Plan-Hilfe den letzten Versuch, den »Eisernen Vorhang« zu öffnen. Erwartungsgemäß lehnte
Molotow die Teilnahme am Marshall-Plan ab und zwang seine Satrapen, es der UdSSR gleichzutun.

Die UdSSR lag wirtschaftlich am Boden, war aber andererseits zu einer industriellen Aufholjagd mit dem Westen gezwungen, die sie nicht
gewinnen konnte. Eine »Dollaroffensive« in Gestalt des Marshall-
Plans, so fürchtete Stalin, hätte seinen Sozialismus ökonomisch unter-
höhlt und den politisch-ideologischen Weltkonflikt zugunsten der USA
entschieden. Als auch die Londoner Außenministerkonferenz Ende No-
vember/Anfang Oktober 1947 keine Einigung über eine gemeinsame
Nachkriegsordnung brachte, wurden endgültig die Weichen für die
Gründung eines deutschen Weststaates gestellt. Der entscheidende
Schritt auf diesem Weg war die Währungsreform vom Juni 1948. Um
den Prozess aufzuhalten, blockierte die UdSSR alle Zufahrtswege nach
Berlin. Am 12. Mai 1949 musste sie diese Blockade aufgeben, ohne ihr
Ziel erreicht zu haben. Im Gegenteil: die Blockade beschleunigte die
Bildung des deutschen Weststaates, dessen Grundgesetz am 23. Mai
1949 in Kraft trat. Die Gründung der DDR am 7. Oktober 1949 besiegelte dann die Spaltung Deutschlands und Europas endgültig. Ob die
Stalin-Note vom 10. März 1952 tatsächlich ernst gemeint war und vor
allem, ob ein neutrales Gesamtdeutschland zwischen den Blöcken
überlebensfähig gewesen wäre, soll dahingestellt bleiben. Jedenfalls ist
davon auszugehen, dass beide Großmächte nichts unversucht gelassen
hätten, diesen Staat auf ihre Seite zu ziehen oder gar zu zwingen.

Der über der Berlin-Krise ausgebliebene kriegerische Konflikt entlud sich in Ostasien. 1949 endete der Bürgerkrieg in China mit einem
Sieg der Kommunisten unter Mao-tse-tung. Die USA waren schockiert
und verunsichert. Dass Truppen Nordkoreas 1950 in den Süden des
Landes einmarschiert waren, konnte nicht ohne die Zustimmung Moskaus geschehen sein. In Verbindung mit der UNO reagierten die USA,
indem sie Anfang Juli 1950 mit eigenen Truppen in den Konflikt eingriffen. Als Nordkorea im Begriff war, den Krieg zu verlieren, intervenierte die Volksrepublik China. Inwieweit diese Intervention mit der UdSSR
abgestimmt war, ist bis heute ungewiss. Jedenfalls vermittelte Moskau
seit Juni 1951 einen Waffenstillstand, der freilich erst am 8. Juni 1953
unterzeichnet wurde. Auf die neuen Verteidigungsanstrengungen des

Westens in Europa Anfang der 1950er Jahre reagierte Stalin mit einer Einladung an alle »Volksrepubliken«. Während der Mitte Januar 1951 in Moskau tagenden Konferenz gab er seinerseits Anweisungen an seine Satelliten für ein gigantisches Aufrüstungsprogramm.[31] Die Konferenz gilt als Vorläufer der späteren Warschauer-Pakt-Organisation.

Aus sowjetischer Sicht kann man die Geschehnisse so interpretieren, dass Moskau auf der ganzen Linie gegen den Westen verloren hatte: Es gab keine Reparationen aus ganz Deutschland, der Berlin- und auch der Korea-Konflikt entwickelten sich zu Niederlagen. Nur in einer Hinsicht hatte die UdSSR Kapital aus dem Krieg schlagen können: Ihre territoriale Ausdehnung und ihr Einflussbereich übertrafen selbst das Zarenreich.

Verschiedene Deutungsmuster des Stalininismus

Die Epoche der Herrschaft Stalins über die UdSSR wird als »Stalinismus« bezeichnet – im Unterschied zum »Faschismus« eine Fremdbezeichnung. Dabei handelt es sich mehr um einen politischen Kampfbegriff denn um eine deskriptiv-neutrale Bezeichnung eines Clusters von charakteristischen Merkmalen. Im Totalitarismuskonzept hat es mannigfaltige Versuche gegeben, strukturelle Kennzeichen herauszuarbeiten, die die Herrschaftstypen von Faschismus und Stalinismus vergleichbar machen. Schrankenlosigkeit der Zentralgewalt, Regellosigkeit, Allgegenwart und Durchschlagskraft der Machtausübung, jederzeit möglicher Eingriff in das Leben des Einzelnen und Vermassung des Individuums waren Merkmale, die man in der einen wie in der anderen Diktatur entdeckte.

Totalitäre Diktaturen verfügen über eine »ausgearbeitete«, alle Lebensbereiche der Menschen umfassende »Ideologie«. Sie verheißt den Menschen einerseits einen gleichsam paradiesischen Endzustand von Gesellschaft und Staat und gibt andererseits eine auch mit historischen Rekonstruktionen arbeitende Welterklärung, die das verheißene Ziel als logische Konsequenz gewissermaßen wissenschaftlich begründet und absichert. Zur Erreichung dieses Endzustandes fordert das System jedoch Opfer und Entbehrungen in der Gegenwart. Eine monopolistische Massenpartei und der Diktator verwalten die offizielle Ideologie, geben ihr die authentische Interpretation und schaffen ein Netz von Führungspositionen, das bis in die kleinste Zelle der Gesellschaft hinunter reicht. Zu ihrer Machtsicherung baut die Partei einen Terror-apparat auf, der Geheimpolizei und Internierungsanstalten unterhält, die außerhalb der Gerichtsbarkeit operieren. Außerdem hat die Partei den alleinigen Zugriff auf die Massenkommunikation, steuert sie und nutzt sie zu propagandistischen Zwecken. Militär, Wirtschaft und alle anderen gesellschaftlichen Bereiche stehen unter ihrer vollkommenen Lenkung und Kontrolle.

Diese Beschreibung aus den verschiedenen Konzepten der Totalita-rismusforschung hat den Nachteil, dass die komparative Absicht dazu führt, ohne Rücksicht auf die jeweiligen Besonderheiten starre Merk-malsausprägungen zu nennen, die eine statische Sichtweise begünsti-gen. Die sozialwissenschaftliche Forschung hat demgegenüber die his-torisch-genetische Dimension, die dynamische Komponente bei der Entstehung und der spezifischen Ausprägung von Diktaturen betont. Aus einem solchen Blickwinkel treten die Unterschiede zwischen den verschiedenen Diktaturen stärker in den Blick, die Gemeinsamkeiten schmelzen auf eine Reihe bloß formaler struktureller Parallelen zusam-men. Die Aufmerksamkeit richtete sich stärker auf die Analyse der einzelnen Diktaturen. Der neue Interessenschwerpunkt lag seit den 1970er Jahren mehr auf sozial- und wirtschaftsgeschichtlichen Frage-stellungen.

Auch gegen die stillschweigende Gleichsetzung von Leninismus und Stalinismus beziehungsweise gegen die Behauptung einer Kontinuität zwischen beiden gab es zunehmend Einwände. Vielmehr wurde eine tiefe Zäsur zwischen beiden Systemen konstatiert, gar eine Abkehr des Stalinismus vom »bolschewistischen programmatischen Denken« be-hauptet.[32] Neuartig seien auch die zentrale ökonomische Planung auf-grund einer völlig verstaatlichten Industrie und Landwirtschaft, die ter-roristische Disziplinierung der Gesellschaft, die neue Elite als Trägerschicht, der omnipotente Staatsapparat und die Spezifik der dik-tatorischen Spitze gewesen. Dabei blieb unbestritten, dass Lenin die Vo-raussetzungen für diese Entwicklung schuf, ohne sie damit zwingend zu determinieren.

Die sozialhistorische Forschung hat auf der Ebene von Strukturen und Verhaltensweisen Argumente geltend gemacht, die einen Perspek-tivwechsel nahe legen: So suchte man zu zeigen, dass die proletarische Avantgarde den Eindruck hatte, sich gegen die Übermacht dörflicher »Kleineigentümer« und zählebiger Traditionen auch mit Gewalt be-

haupten zu müssen, um den »Aufbau des Sozialismus« nicht zu gefährden. Es darf auch nicht außer Acht bleiben, dass – jedenfalls in der ersten Phase – eine breite Mehrheit der Bevölkerung den Aufbruch mit-
trug. Das Regime musste nicht nur Gewalt anwenden, es konnte sich
auch auf zahlreiche überzeugte Helfer stützen.[33]

Entgegen der älteren Forschung haben neuere Untersuchungen des
sowjetischen Staats- und Parteiapparats hervorgehoben, dass die Funk-
tions- und Gestaltungsfähigkeit des Regimes durch Desorganisation
und Improvisation erheblich beeinträchtigt war.[34] Von seinem Ziel einer letztinstanzlichen Durchdringung aller Lebensbereiche war das System aufgrund innerer Mängel also weit entfernt. Es konnte darum nur
in eingeschränktem Maße totale Kontrolle ausüben und diktatorisch
omnipotent wirken. Mit Blick auf die Schreckensherrschaft der 1930er
Jahre wurde in diesem Zusammenhang festgestellt, dass der Terror
nicht allein auf zentrale Anweisungen zurückging, sondern sich auf regionaler Ebene durch zusätzliche Faktoren eigentümlich verstärkte.

Neben das Totalitarismuskonzept und die sozialhistorische Betrachtungsweise tritt seit einiger Zeit die alltagsgeschichtliche Sicht. Sie fragt
nach den »Werten« und »Träumen« sowohl der einfachen Leute wie
der Eliten und möchte auf lebensweltlicher Ebene namhaft machen,
was die Menschen bewegte und wie sich ihre Begegnungen und Konflikte in der alltäglichen Realität auswirkten. Im Mittelpunkt der
Betrachtung steht der »gelebte« Stalinismus, nicht der Stalinismus als
System.

Ein damit verbundener, eher bewusstseins- beziehungsweise menta-
litätsgeschichtlicher Zugriff bemüht sich darum, den Stalinismus von
innen zu beschreiben. Anhand von persönlichen Aufzeichnungen, Tagebüchern, Briefen und anderen Quellen soll die subjektive Wahrnehmung und Verarbeitung der Erfahrungen derjenigen, die dabei waren,
erforscht werden. Warum haben sich Menschen so und nicht anders
verhalten?

Als Periode des Stalinismus bezeichnet man die Jahre 1929 bis 1953
und markiert damit eine Zäsur gegenüber der Phase des Leninismus
wie gegenüber der Zeit nach Stalin. Auch danach entstand ein qualitativ anderes System. Während die dem älteren Totalitarismuskonzept
Verpflichteten vor allem die Kontinuitäten betonen, akzentuieren deren Kritiker die unterschiedlichen Formen der Herrschafts-, Sozial- und
Wirtschaftsverfassung sowie deren Auswirkungen auf das kulturelle Le-

ben. Der Stalinismus ruhte aber fraglos auf Voraussetzungen: Dazu gehören die Phase des Zarismus wie die des Leninschen Bolschewismus.

Natürlich ist der totalitaristische Grundansatz, dass es zwischen der bolschewistischen Revolution und der stalinistischen Diktatur einen Zusammenhang gibt, nicht zu leugnen. Stalin fand politische und soziale Bedingungen vor, die essentielle Strukturmerkmale dessen enthielten, was zum Inbegriff seines Systems werden sollte. So gab es bereits eine monopolistische Partei, die den Staat vereinnahmt hatte und auch innerhalb der eigenen Fraktion keine unterschiedlichen Auffassungen duldete. Vielmehr gaben die Zentralgremien die zu vertretende Meinung vor.

Der Generationenwechsel innerhalb der bolschewistischen Partei Mitte der 1920er Jahre vertrieb den polyglotten Geist aus der bolschewistischen Partei. An die Stelle der welterfahrenen Emigranten traten eher provinzielle Kämpfer der ersten Stunde ohne Auslandserfahrungen. Diese zeigten die Neigung, an vorrevolutionäre, russische Praktiken, die sie gut kannten, anzuknüpfen. Auch Sachverhalte wie die gelenkte Industrialisierung, die Unterdrückung der Bauern, die absolute Herrschaft einer Oberschicht und ähnliche unterzivilisatorische Zustände weisen deutliche Parallelen zu zarischen Verhältnissen und alten russischen Träumen auf. Zu denken ist etwa an die brutale Industrialisierung des rückständigen Landes – ein Programm, das seit Peter dem Großen auf der russischen Agenda stand. In diesen Beobachtungen gründet die These, der Stalinismus sei eigentlich ein russifizierter Bolschewismus gewesen. Hierhin gehört auch die selbstverständliche Nationalisierung der ursprünglich universal gemeinten Oktoberrevolution. Der rätedemokratische Geist wich allzu rasch einer Wiederherstellung der wohlbekannten zentralistischen Staatlichkeit. »Der Stalinismus war eine Zivilisation, die aus dem sowjetischen Imperium kam und mit dem Tod Stalins zugrunde ging«[35], formuliert der Berliner Osteuropahistoriker Jörg Baberowski gegen die Autoren des »Schwarzbuches« und die so genannten »Revisionisten«.

4.2 Polens Wiedergeburt und die Eingliederung in den sowjetischen Machtbereich

Rivalität zwischen der Exilregierung und der von Stalin eingesetzten Lubliner Regierung

Seit dem sowjetischen Vormarsch 1943 verfolgte Stalin eine konsequente Politik der Bolschewisierung aller eroberten Territorien. Die polnische Exilregierung in London wie auch die polnische Heimatarmee standen seinen Plänen im Wege. Als im April 1943 der deutsche Rundfunk die Entdeckung von Massengräbern Tausender polnischer Offiziere in Katyń meldete und die Sowjets dafür verantwortlich machte, konnte die polnische Exilregierung darüber nicht hinweggehen.[36] Sie bat das Internationale Rote Kreuz, die Leichenfunde zu untersuchen und die Umstände des Massakers zu klären. Wenige Tage darauf brach Stalin die Beziehungen zu der Exilregierung ab. Unter ungeklärten Umständen kam der Premierminister der Exilregierung, General Władysław Sikorski, am 4. Juli 1943 bei einem Flugzeugabsturz in Gibraltar ums Leben.[37] Sein Nachfolger, Stanisław Mikołajczyk, besaß sowohl im besetzten Polen als auch bei den Alliierten ein weit geringeres Ansehen. Obwohl die Exilregierung seit 1941 den polnischen Untergrund beherrschte und von der Bevölkerungsmehrheit als die eigentlich legale Regierung angesehen wurde, unterstützte Stalin die polnischen Kommunisten – ohne Rücksicht darauf, dass diese kaum Rückhalt im Land hatten. Nach dem Abbruch der Beziehungen mit der Londoner Exilregierung ließ er den Verband polnischer Patrioten (ZZP) gründen, der unter Oberst Zygmunt Berling bald auch eigene Truppen aufstellte. 1942 war die Polnische Arbeiterpartei gegründet worden, die Bolesław Bierut, ein Günstling Moskaus, führte. Als die sowjetischen Truppen Anfang 1944 die alte polnisch-sowjetische Grenze erreicht hatten, wurde in Warschau ein von Kommunisten dominierter Landesnationalrat (KRN) unter dem Vorsitz Bieruts eingerichtet. Vergeblich bemühte sich Mikołajczyk, der von den Teheraner Beschlüssen nichts wusste, um die Unterstützung der Westalliierten für seine Pläne zur Befreiung Polens aus eigener Kraft – mit Hilfe der Heimatarmee. Unterdessen kämpften polnische Einheiten unter dem Oberbefehl von Władysław Anders an der Seite der Westalliierten in Italien. Im früheren Ostpolen fehlten diese Truppen. Sobald sich die Deutschen unter dem Druck der sowjetischen Armeen aus einer polnischen Stadt zurückzogen, konnte zwar die polnische Heimatarmee einrücken, sich aber gegen die sowjetischen Truppen nicht behaupten. Die polnischen Offiziere wurden meist verhaftet, die Soldaten in die kommunistische Berling-Armee gezwungen. Am 20. Juli 1944, dem Tag des Attentats auf Hitler, erreichte die sowjetische Armee die Curzon-Linie und hatte damit »ihren« Teil Polens zurückerobert. Schon zwei Tage später rief der Verband polnischer Patrioten (PPR) unter Führung seines Generalsekretärs Władysław Gomułka und anderer »fortschrittlicher« Kräfte ein prosowjetisches Polnisches Komitee der Nationalen Befreiung (PKWN) aus, das bald in Lublin residieren konnte und die polnische Westgrenze an der Oder proklamierte.

Am 1. August 1944 brach der polnische Aufstand in Warschau aus, um, wenn schon nicht das ganze Land, so doch wenigstens die Hauptstadt aus eigener Kraft zu befreien. Obwohl die den Deutschen hoffnungslos unterlegene Heimatarmee immerhin zwei Monate kämpfte, erhielt sie weder Unterstützung von den vor Warschau stehenden sowjetischen Panzerverbänden, noch folgten die Briten der Bitte der Londoner Exilregierung, eine polnische Fallschirmjägerbrigade über Warschau abspringen zu lassen. Während der Warschauer Aufstand von den Deutschen niedergeschlagen und die Stadt völlig zerstört wurde, führte Stalin mit Mikołajczyk, dem Premier der Londoner Exilregierung, Gespräche in Moskau, bei denen er von diesem die Anerkennung der Curzon-Linie forderte und ihn im Übrigen auf die Lubliner Regierung verwies, die von Moskau bereits anerkannt worden sei. Die Positionen von Stalin und Mikołajczyk erwiesen sich als unvereinbar, so dass der Exilpremier auch nicht auf Bieruts Vorschlag einging, eine Regierung der nationalen Einheit zu bilden, in der er selbst die Position des Premiers und Bierut die des Präsidenten hätte einnehmen sollen.

Faktisch beherrschte die Rote Armee das Land, der NKWD ging gegen die Anhänger der Londoner Exilregierung vor, verhaftete die Führer der Heimatarmee, erschoss Untergrundeinheiten und gab auch im Verband Polnischer Patrioten den Ton an. Nach der Niederlage im Warschauer Aufstand waren die polnischen Eliten demoralisiert und fügten sich der Machtübernahme der kommunistischen Strohmänner. Dem Lubliner Regime unterstand zunächst das polnische Territorium zwischen Bug und Weichsel. In diesem Gebiet wurden zwangsweise Truppen für die Berling-Armee ausgehoben und eine Bodenreform verfügt. Aufgrund dieser Maßnahmen kam es zu einem Bürgerkrieg zwischen der Heimatarmee und der neuen kommunistischen Armee. Letztere wurde vom NKWD und der sowjetischen Armee unterstützt. Gemeinsam liquidierten sie den »Londoner« Untergrundstaat und dessen Heimatarmee, die man nun als »terroristische Banden« diffamierte.

Um den Schein zu wahren und die Westmächte zu beruhigen, wurde im Juni 1945 auf einer Moskauer Konferenz eine Koalitionsregierung zwischen der Lubliner und der Londoner Regierung vereinbart, der Mikołajczyk als stellvertretender Ministerpräsident angehören sollte. Danach wollte man freie Wahlen abhalten. Bis zur Potsdamer Konferenz im Juli/August 1945 hatten die Alliierten keine Einigung über die zukünftigen Grenzen Polens erzielen können. Stalin forderte als deutsch-polnische Grenze anstelle der Glatzer Neiße die Lausitzer Neiße. Die Westmächte wollten ein Junktim zwischen der Grenzfrage und einer demokratischen Entwicklung in Polen herstellen und verpflichteten die neue polnische »Regierung der Nationalen Einheit« zur Abhaltung freier Wahlen und einer Garantie der Pressefreiheit. Bierut sicherte diese Bedingungen zu, und Stalin verpflichtete sich, die Rote Armee aus Polen abzuziehen – mit Ausnahme von Truppenteilen, die die Transitwege nach Deutschland sichern sollten.

Polnische Truppen hatten nicht nur im Nahen Osten und in Italien gekämpft. Die Truppen der Lubliner Regierung waren auch bei der Eroberung Berlins mit dabei und durften sogar für kurze Zeit die polnische Fahne an der Siegessäule hissen. Freilich galt für die Londoner wie für die Lubliner Regierung, dass die Siegermächte ihr militärisches Engagement nicht anerkannten. Zur Siegesparade wurden sie nicht geladen.

Auf der Potsdamer Konferenz entstand das neue, nach Westen und Norden verschobene Polen – kein unabhängiger Staat, aber immerhin auch keine Sowjetrepublik. Mit der Aufteilung Deutschlands in drei beziehungsweise vier Besatzungszonen festigte sich das Denken in Einflussbereichen. Noch waren die Grenzen zwischen der östlichen und der westlichen Welt nicht zu unüberwindlichen Barrieren geworden, noch gab es auch ideologische Überschneidungsflächen. Aber eines war schon deutlich geworden: Der eigentliche ideologische Gewinner dieses Krieges war die Sowjetunion. In allen Ländern Ostmitteleuropas und Südosteuropas, die die Rote Armee erobert und damit der deutschen Einflusssphäre entrissen hatte, etablierte sie – meist gegen den Willen der Bevölkerung – kommunistische Regierungen. Diese Länder

Polen seit 1945

Polen nach dem Frieden von Riga 1921   · · · · · · · deutsch-sowjetische Demarkationslinie 1939
·—·· Grenzen von 1945   - - - - Grenzen der Sozialistischen Sowjetrepubliken
▨ Gebietsaustausch Polen Sowjetunion 1950

taumelten von einer Katastrophe in die andere: Zuerst standen sie unter der nationalsozialistischen Diktatur, dann unter der kommunistischen. Polen war gegenüber der Wiedergründung von 1918/19 ein völlig anderes Land geworden – geographisch wie ethnisch, im Blick auf die Eliten wie das Wirtschaftsmodell und das Geschichtsbild. Zwischen

1939 und 1945 hatte Polen 7,5 Millionen Menschen verloren, davon drei Millionen polnischer Juden. Die Eliten waren – je nach Berufsgruppe – um ein Drittel bis zur Hälfte dezimiert, was sich teilweise auch auf die Repressionspolitik der UdSSR in den von ihr okkupierten Territorien zurückführen lässt. Über der besonders von den »Lublinern« gefeierten und ideologisierten »Westverschiebung« darf nicht übersehen werden, dass Polen, obwohl es sich auf der Landkarte jetzt geographisch schön kompakt präsentierte, gegenüber 1919 um ein Fünftel kleiner geworden war. Schließlich befand sich das Land im Bürgerkrieg. Allein 50.000 Mitglieder der »Heimatarmee« wurden in die Sowjetunion deportiert; sowjetische Truppen beherrschten das Land. War die polnische Republik zuvor ein Vielvölkerstaat gewesen (»jagiellonische Idee«), so meinte man jetzt, an das »Polen der Piasten« anknüpfen zu sollen – einen ethnisch geschlossenen Staat, der freilich tausend Jahre zurücklag, mit siebenhundert Jahren deutscher Geschichte dazwischen, die im Guten wie im Schlechten unauflöslich mit der polnischen Geschichte verknüpft war. In offenkundigem Widerspruch zu dieser Geschichte definierte sich der neue Staat vor allem antideutsch, was man ihm vor dem Hintergrund der unmittelbar zurückliegenden Erfahrungen mit den Deutschen freilich kaum verdenken konnte. Der Hass auf die Deutschen gehörte zum Integrationsfaktor der neuen polnischen Gesellschaft.[38] Seit August 1945 erhielt Polen fünfzehn Prozent der deutschen Reparationen an die Sowjetunion, seit 1947 nur noch die Hälfte und seit der Gründung der DDR gar nichts mehr.

Vertreibung, Blockpolitik und kommunistische Machtübernahme

Die Vertreibung der rund 3,5 Millionen Deutschen aus Polen verlief in drei Phasen: erst als Flucht, später als wilde und dann schließlich als vertraglich festgelegte Vertreibung. Die Flucht begann in den östlichen Gebieten des Deutschen Reiches und den deutschen Siedlungen in Osteuropa bereits 1944. Im Mai 1945 folgten die »wilden Vertreibungen«. Im Beschluss des Zentralkomitees der Polnischen Arbeiterpartei vom 26. Mai 1945 wurde auf die Notwendigkeit der Vertreibung aller Deutschen aus den »wieder gewonnenen Gebieten« innerhalb eines Jahres und der Neuansiedlung von Polen hingewiesen. Die Grundlage für eine »legalisierte Vertreibung« bildete die Potsdamer Konferenz. Auch nach dem Versuch der Einführung einer gewissen »Ordnung« verliefen diese Vorgänge, ähnlich wie am Anfang, unter chaotischen Umständen.[39] Gleichzeitig strömten die aus dem ehemaligen Ostpolen vertriebenen beziehungsweise zwangsumgesiedelten Polen – etwa zwei Millionen – nach Schlesien, Pommern und Ostpreußen. Zu den ersten Siedlern in den neuen Nord- und Westgebieten Polens gehörten Militärangehörige.

Bei den Begriffen »Aussiedlung« oder »Umsiedlung« handelt es sich meist um politisch motivierte Euphemismen. Die Angst der Menschen vor dem Ungewissen paarte sich mit Hass und Brutalität gegenüber den Deutschen, die man – zu Unrecht – ausnahmslos für die erlittene Pein verantwortlich machte. Władysław Gomułka, der »Minister für die wiedergewonnenen Gebiete«, appellierte vergeblich an seine Landsleute, sie möchten gegen die Deutschen nun ihrerseits keine Nazi-Methoden ergreifen.[40]

Im Sommer 1945 gründete der Vizepremier Stanisław Mikołajczyk eine Oppositionspartei, die Polnische Volkspartei (PSL), der nach einem halben Jahr schon eine halbe Million Mitglieder angehörten. Obwohl in der Minderheit, hielten die Kommunisten, darin unterstützt von den Sowjets, die Macht in Händen und suchten diese durch die Bildung eines »Demokratischen Blocks« zu legitimieren. Dem Block gehörten neben Teilen der Polnischen Sozialistischen Partei (PPS) die Bauernpartei (SL) und die Demokratische Partei (SD) an. Mikołajczyk weigerte sich, mit seiner PSL dem Demokratischen Block beizutreten. Die Kommunisten wollten eine geschlossene Gesellschaft imaginieren, in der es keine Opposition gab. Darum veranstalteten sie im Sommer 1946 ein Referendum über Fragen, die im polnischen Volk tatsächlich nicht umstritten waren (Oder-Neiße-Grenze, wirtschaftliche und soziale Reformen, Abschaffung des Senats). Bereits hier wie bei den Sejm-Wahlen im Januar 1947 kam es zu massiven Wahlfälschungen, so dass das kommunistische Bündnis daraus mit gut 80 Prozent der Stimmen als haushoher Sieger hervorging. Kurz darauf floh Mikołajczyk nach London, weil er des Landesverrats und der Spionage für die Westmächte angeklagt werden sollte. So vollzog sich die »Machtergreifung« der Kommunisten, die sich in Wahrheit nur auf eine kleine Minderheit in der Bevölkerung stützen konnten. Die 1942 gegründete Kommunistische Partei (PPR) bildete keine Einheit, sondern bestand aus sich gegenseitig bekriegenden Subkulturen ganz verschiedener Provenienz, darunter einer starken Gruppe jüdischer Parteifunktionäre, die Hitlers

Herrschaft in der UdSSR überlebt hatten. Innerhalb der Moskauer Gründungsgruppe kam es 1942/43 zu ungeklärten Mordfällen. 1943 wurde Gomułka Generalsekretär der PPR. Aus Furcht vor den Deutschen plädierte er für eine Anlehnung seines Landes an die UdSSR, verfolgte aber andererseits einen eigenen »polnischen Weg« des Sozialismus, um sich von den sowjetischen Kommunisten abzugrenzen.

Von den ehemaligen Verbündeten im Westen war eine Befreiung von den russischen »Befreiern« nicht mehr zu erhoffen. Im Zeichen des Kalten Krieges mussten die Polen vielmehr fürchten, dass ihre Westgrenze in Frage gestellt würde. Anfang März 1946 hatte Churchill an Trumans Alma Mater, dem Westminster College in Fulton, nicht nur von dem »Eisernen Vorhang«, sondern auch davon gesprochen, dass die territorialen Ansprüche Polens an Deutschland unbegründet seien. An eine Rückgabe Ostpolens durch die Sowjets war nicht zu denken. Wenn es nicht eine weitere Verkleinerung seines Territoriums hinnehmen wollte, musste Polen sich auf Stalin stützen. Vom Westen fühlte man sich verraten. Auf den Druck Moskaus hin sah man sich in Polen – übrigens ebenso wie in der Tschechoslowakei und in Jugoslawien – dazu gezwungen, im Sommer 1947 auf Hilfe durch den »Marshall-Plan« zu verzichten. Um das positive Bild Polens im Westen zu zerstören und damit die Brücken dorthin abzureißen – so lautet eine These –, schürten der sowjetische und der polnische Geheimdienst in der polnischen Bevölkerung antisemitische Affekte und knüpften damit an die in der Mentalität breiter Bevölkerungskreise tief verwurzelte Judenfeindschaft an. Andererseits arbeiteten viele kommunistische Juden in den Geheimdiensten, und der Antisemitismus gehörte zum Stereotyp der Antikommunisten. Jedenfalls sorgten antisemitische Pogrome wie in Krakau 1945 oder in Kielce 1946 im Westen für helles Entsetzen.

Bei ihrer stufenweisen Machtübernahme konnte sich die PPR auf eine von Kommunisten kontrollierte Miliz sowie auf das Amt für Sicherheit (UB) stützen. Beide Einrichtungen waren sowjetisch dominiert, ihre Mitglieder kannten keine Skrupel. Die Armee wurde von Offizieren gesäubert, die dem kommunistischen Regiment nicht genehm waren.

Nach der Dezimierung der Eliten war es für die Kommunisten nicht schwer, zu einer »Kulturrevolution« aufzurufen, die sich freilich nicht an genuin polnischen sozialistischen Traditionen orientierte, sondern an der sowjetischen Kultur, vor allem an dem so genannten Sozialistischen Realismus. Zwar folgte man immer dem Motto »national in der Form, sozialistisch im Inhalt«, aber den Rahmen des »Nationalen« setzte die Partei eng und autokratisch. Auch darum suchten polnische Intellektuelle innerhalb des sozialistischen Paradigmas Moskauer Provenienz nach einem eigenen »polnischen Weg«. Die trotz Zensur und Bedrückung noch relativ freien Jahre zwischen 1944 und 1948 galten der Suche nach dem eigenen »geistigen Standort«, man verlangte nach Identität angesichts wachsender Überfremdung durch die Russen. Die Leuchttürme der traditionsbewussten polnischen Intelligenz – insbesondere auch der katholischen Intellektuellen – waren die seit 1945 in Krakau erscheinende katholische Wochenzeitung *Tygodnik Powszechny* und die in Paris zwei Jahre später gegründete Monatsschrift *Kultura*. In diesen Kreisen gab es eine klare Orientierung an dem lateinischen Westen. Dagegen machte die PPR mobil, indem sie die kleinadlige Herkunft der polnischen Intelligenz betonte und sie beschuldigte, sie hätte seit jeher die Aufstiegschancen der Bauern verhindert. Das sollte sich unter der kommunistischen Herrschaft nun ändern.

4.3 Illusionäre Selbst-Kommunisierung: die Tschechoslowakei

Demokratische Selbstbehauptung, Annexion durch Hitler und Londoner Exilregierung

Das Münchner Abkommen vom 29. September 1938, in dem das Sudetengebiet an Deutschland abgetreten wurde, sowie die Autonomiebestrebungen der Slowakei und der Karpato-Ukraine eine Woche später zerstörten die einzige nach dem Ersten Weltkrieg etablierte und während der Zwischenkriegszeit erhalten gebliebene parlamentarische Demokratie. Das bedeutet freilich nicht, dass es in der Tschechoslowakei keine autoritären und totalitären Strömungen gegeben hätte. »Die Zurückdrängung des Parlaments als Forum des freien demokratischen Interessenausgleichs offenbarte [...] auch hier ein autoritäres Potential, das zwar zur Stabilisierung des Staates, jedoch um den Preis der Einschränkung demokratischer Partizipation eingesetzt wurde.«[41] Ähnlich wie in anderen europäischen Ländern entstanden auch hier in der ersten Hälfte der 1920er Jahre sowohl schwache als auch starke pro-faschistische Bewegungen. Den Anfang des tschechischen Faschismus kann man auf das Jahr 1922 datieren, er hängt unmittelbar zusammen

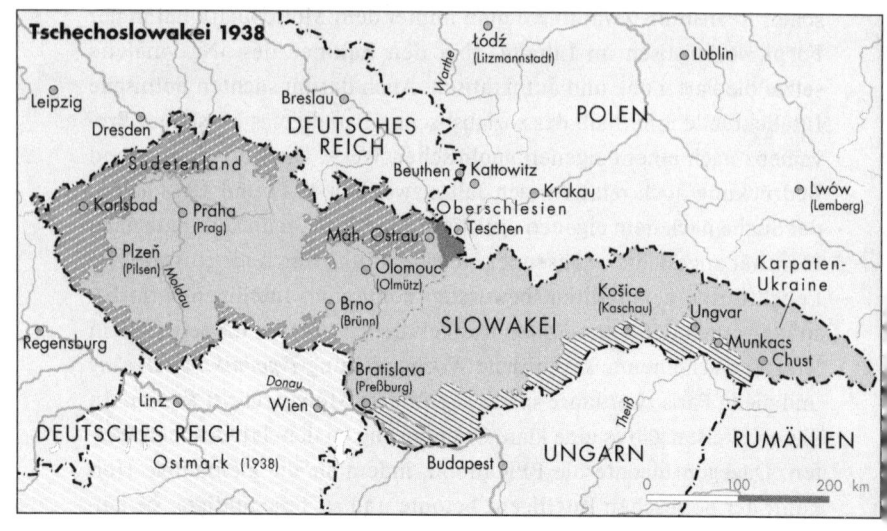

Tschechoslowakei September 1938 bis März 1939   Gebietsverluste an Deutschland 1938

Gebietsverluste an Polen 1938   Gebietsverluste an Ungarn 1938

–·–·· Staatsgrenzen von 1937

mit dem Anwachsen des tschechischen Nationalismus. Zuerst besaß der Faschismus ein eher nebulöses Programm. Er war aggressiv nationalistisch, überwiegend antideutsch, aber auch antisozialistisch, antiinternationalistisch und antisemitisch. In den Jahren 1922/23 bildeten sich einige extrem rechtsnationalistische Gruppierungen heraus. Ihr Ziel war es, einen starken Staat der Tschechen und Slowaken zu schaffen. 1926 entstand die »Nationale faschistische Gemeinde« (*Národní obec fašistická,* NOF). Ihr Führer war der berühmte und im Jahr 1926 suspendierte tschechoslowakische Legionsgeneral Radola Gajda. Die faschistische Bewegung wandelte sich zu einer politischen Partei mit einem »Führer« an der Spitze. Ihre beiden Versuche in den Jahren 1926 und 1933, durch einen faschistischen Umsturz an die Macht zu kommen, scheiterten. Im Rahmen der NOF wirkten weitere Organisationen wie zum Beispiel der »Bund der faschistischen Studentenschaft«, die »Faschistische Jugend« oder das »Jungvolk«. Später beriefen sich die faschistischen Strömungen in Tschechien auf Józef Piłsudski in Polen. Jan Herben aus dem Lager Masaryks, des ersten Präsidenten der Tschechoslowakei, schrieb in der Zeitschrift *Národní práce*: »Viele fordern Präsident Masaryk schon seit langem zu einem

Umsturz auf, wie ihn Piłsudski in Polen durchführte. Viele rufen nach seiner Diktatur«[42]. 1935 gewannen die Faschisten 2,4 Prozent der Gesamtstimmen, was sechs Abgeordneten entsprach – unter ihnen war auch Gajda.

Nach dem Anschluss Österreichs hatte die Sudetendeutsche Partei Konrad Henleins den demokratischen Kurs verlassen und sich offen zum Nationalsozialismus bekannt. Edvard Beneš, seit 1935 Staatspräsident, zog aus dem politischen Fiasko die Konsequenzen, trat am 5. Oktober zurück und emigrierte Ende Oktober 1938, nach der Besetzung des Sudetengebietes, nach London. In enger Abhängigkeit vom Deutschen Reich schuf Prag nunmehr diktatorische Verhältnisse. Man errichtete ein bipolares Parteiensystem mit einer Regierungspartei (*Strana národní jednoty*, Partei der nationalen Einheit) und einer zugelassenen Oppositionspartei (*Národní strana práce*, Nationale Arbeitspartei), suspendierte die Verfassung, verabschiedete ein Ermächtigungsgesetz, richtete ein Konzentrationslager für politische Gefangene ein und verletzte im hohen Maß fundamentale Menschenrechte. Parallel dazu brach sich ein offener Antisemitismus Bahn. Doch die politische wie mentale Annäherung an den Nationalsozialismus nutzte dem amputierten Staatswesen nichts mehr. In Übereinstimmung mit Berlin besetzte Ungarn am 14. März 1939 die Karpato-Ukraine, am gleichen Tag verkündete die Slowakei ihre Unabhängigkeit. Tags darauf marschierten deutsche Truppen in das noch verbliebene tschechische Staatsgebiet ein. Durch »Erlass des Führers über das Protektorat Böhmen und Mähren« vom 16. März 1939 wurde schließlich auch die »Resttschechei«, ein Gebiet von 49.000 km^2 mit 7,3 Millionen Einwohnern, als minderberechtigter Teil in das deutsche Reichsgebiet eingegliedert und verlor damit alle Merkmale eines souveränen Staates. Gegen diesen Gewaltakt wurden kaum Stimmen des Protestes laut; die tschechische Bevölkerung fühlte sich von den Westalliierten aufgegeben und hilflos der deutschen Übermacht ausgeliefert. Die dem Protektorat zugestandene Selbstverwaltung unterstand faktisch der Weisungsbefugnis des am 18. März 1939 ernannten Reichsprotektors. Zunächst hatte der ehemalige deutsche Außenminister Konstantin Freiherr von Neurath diese Position inne, dann seit dem 25. August 1943 der ehemalige Reichsinnenminister Wilhelm Frick, ein Vertreter des »harten Kurses«. Deren Stellvertreter, Reinhard Heydrich und nach dem Attentat auf diesen der Polizei-Generaloberst Kurt Daluege, unterdrückten das tschechische Bürgertum und die tschechische Intelligenz mit brutaler Gewalt, während sie die für den Rüstungsprozess notwendigen tschechischen Arbeiter mit allerlei Vergünstigungen für das Regime zu gewinnen suchten. Karl Hermann Frank fungierte zunächst als »Staatssekretär beim Reichsprotektor«, dann seit dem 25. August 1943 als »Staatsminister für Böhmen und Mähren«.

Am 27. April 1939 wurde die Protektoratsregierung unter Ministerpräsident General Alois Eliáš eingesetzt. Für eine gewisse Kontinuität sorgte der am 30. November 1938 gewählte Staatspräsident Emil Hácha, zuvor Präsident des Obersten Verwaltungsgerichtshofes. Nachdem im Februar 1940 zwei Kabinettsminister nach Großbritannien geflohen waren und den Deutschen bekannt wurde, dass selbst der Ministerpräsident geheime Kontakte zur Londoner Exilregierung unterhielt, wurde Eliáš Ende September 1941 verhaftet, wegen versuchten Hochverrats zum Tode verurteilt und am 19. Juni 1942 hingerichtet. Bis April 1945 lieferte die ganz auf Rüstungsindustrie umgestellte tschechische Wirtschaft wichtige Kriegsgüter. Der Gleichschaltungsprozess des Protektorats mit dem politischen Leben in Deutschland hatte nach der Annexion rasche Fortschritte gemacht. Der durch Propaganda, Geheime Staatspolizei und ein feinmaschiges Spitzelsystem beförderte Transformationsprozess war mit einer Verwaltungsreform, die am 15. Juli 1942 in Kraft gesetzt wurde, im Wesentlichen abgeschlossen. Artikel 2 des Protektoratsvertrages machte die Tschechen zu Menschen minderen Rechts. Je nach Art der begangenen Delikte unterstanden sie der deutschen oder der tschechischen Gerichtsbarkeit.

Anstelle der am 21. März 1939 aufgelösten Parteien trat die extrem konservative, von der alten Agrarpartei dominierte Sammelbewegung »Nationale Gemeinschaft« (*Národní souručenství*), die nach dem Führerprinzip strukturiert war. Das Programm dieser Bewegung trug streng christlich-nationalistische, scharf antisemitische, stark antisozialistische und antiliberale Züge. 1940 gehörten dieser Gruppierung, an deren Spitze der Agrarexperte Adolf Hrubý trat, bereits zwei Millionen Erwachsene und 500.000 Jugendliche an. Allein die faschistische Bewegung blieb relativ unabhängig von der »Volksgemeinschaft«. Bei einem Plebiszit im Mai 1939 erhielt die »Volksgemeinschaft« 99,25 Prozent aller Stimmen, verlor dann aber zunehmend das Vertrauen der Bevölkerung. Sie wurde mehrfach reorganisiert und sank immer mehr zu einem Propagandainstrument des Nationalsozialismus herab. Als Ersatz für das abgeschaffte Parlament fungierte ein fünfzig beziehungsweise achtzig Mitglieder starker »Nationalrat«, der aber keinerlei Einfluss auf die Geschicke des Landes besaß. Trotz der Bereitschaft des tschechischen Volkes, sich den neuen Verhältnissen anzupassen und im nationalsozialistisch gewordenen Kontinentaleuropa konstruktiv mitzuwirken, versperrte die rassistische Ideologie Hitlers einen wirklichen Integrationsprozess. Im Gegenteil: die »wertvollere Hälfte des tschechischen Volkes« sollte germanisiert, der »rassisch minderwertige mongolische Teil«[43] und die tschechische Intelligenz sollten liquidiert werden. Demonstrationen und anschließende Studentenkrawalle bildeten einen willkommenen Vorwand zur Schließung aller tschechischen Universitäten und sonstiger höheren Ausbildungsstätten, Akademikern wurde Berufsverbot erteilt und bald Tausende in die Konzentrationslager nach Dachau und Oranienburg verbracht. Etwa 35.000 Menschen – Künstler, Intellektuelle, Politiker und sonstige Angehörige des Mittelstandes – fielen der deutschen Oberherrschaft zum Opfer. Im Unterschied dazu erhielt die Arbeiterschaft Privilegien und materielle Vergünstigungen – nicht zuletzt, um in der Rüstungsindustrie ungestört weiter produzieren zu können. Die so praktizierte, im Großen und Ganzen erfolgreiche Spaltung der Bevölkerung führte dazu, dass bis Mai 1945 keine größeren Unruhen ausbrachen – trotz Ausnahmezustands (seit September 1941) und Massenhinrichtungen.

Diese Strategie, das tschechische Volk gefügig zu machen, sollte es nach 1945 den Kommunisten erleichtern, die Macht zu übernehmen. Es gab zwar Widerstandsgruppen im Land – etwa die Beneš nahestehende Organisation »Politisches Zentrum« (*Politické ústředí*), erweitert zur »Zentrale der Widerstandsbewegung im Lande«, die sozialdemokratische Gruppe »Wir bleiben treu« (*Věrni zůstaneme*), die sich aus ehemaligen Armeeoffizieren rekrutierende »Verteidigung des Volkes« (*Obrana národa*) und eine kommunistische Organisation – aber ihnen fehlte der Rückhalt im Volk und damit jede Breitenwirkung.

Die einzige größere Widerstandsaktion und tiefste Zäsur der Protektoratszeit bildete das Attentat auf Heydrich. Um den Eindruck zu konterkarieren, das tschechische Volk habe sich bereitwillig den Deutschen untergeordnet, ließ die tschechische Exilregierung unter Beneš eine Gruppe von Fallschirmjägern mit Spezialausbildung, die bei der tschechischen Exilarmee dienten, abspringen. Sie führte am 27. Mai 1942 den Anschlag aus, obwohl die im Lande verbliebenen Widerstandsorganisationen sich gegen diese Intervention ausgesprochen hatten. Nachdem Heydrich am 4. Juni 1942 an seinen Verletzungen gestorben war, übten die Deutschen grausame Rache. Das Bergarbeiterdorf Lidice und später das Dorf Ležáky wurden völlig zerstört und alle männlichen Bewohner, die über 14 Jahre alt waren, ermordet. Die Attentäter wurden verraten und entzogen sich durch Selbsttötung der deutschen Gefangennahme. Die etwa 100.000 Juden des Protektorats wurden zunächst aus der tschechischen Gesellschaft verbannt und dann im Winter 1941 nach Theresienstadt (Terezín) transportiert; 65.000 kamen ums Leben.

Erst Anfang Mai 1945, als die abziehenden deutschen Truppen und die Russische Freiheitsarmee des Generals Andrej Wlassow die Prager Bevölkerung mit rücksichtloser Brutalität behandelten, setzten sich die Tschechen in einem Aufstand zur Wehr.

Der slowakische Satellitenstaat

In der Slowakischen Volkspartei hatte es seit 1919 Autonomisten gegeben, denen die Gründung eines eigenen, von Tschechien unabhängigen Nationalstaates Slowakei am Herzen lag. Die politische Entwicklung im Schutze Hitlers schien diesen Plänen günstig. Die Staatsgründung am 14. März 1939 entsprach den Wünschen einer slowakischen Mehrheit und fand auch die einhellige Unterstützung des katholischen Klerus. Allerdings wurde mit der Unterzeichnung des »Schutzvertrages« am 23. März 1939 sowie eines vertraulichen Wirtschaftsprotokolls bald deutlich, in welcher Abhängigkeit sich der »Schutzstaat« von Hitler-Deutschland befand. Dennoch war den 2,6 Millionen Slowaken auf ihren 38.000 km² so immer noch eine größere Eigenständigkeit sicher, als wenn sie unter den Anrainerstaaten Ungarn, Polen und Deutschland aufgeteilt worden wären. An der Spitze der neuen Regierung stand der Landpfarrer Jozef Tiso, umgeben von einem Kabinett, in dem germanophile Hardliner wie Vojtěch Tuka, Ferdinand Ďurčanský und Alexander Mach einen starken Einfluss ausübten. Obwohl das neu gebildete Land von 27 Staaten, darunter der UdSSR, Frankreich und Großbritannien, anerkannt worden war, hinderte das die Deutschen nicht, es über »Berater«-Delegationen und die deutsche Gesandtschaft entsprechend den deutschen Bedürfnissen und Verhältnissen anzupassen. Auch in der Slowakei blieb es lange Zeit ruhig, wenn man davon absieht, dass der Ausbruch des Slowakischen Nationalaufstandes am 29. August 1944 in der Mittelslowakei deutsche Truppen zur Intervention zwang. Im Hinblick auf die materiellen Lebensumstände hatte die Bevölkerung keinen Grund zur Klage.

Mitte März 1939 nahm Innenminister Tuka den Umbau des Staates nach nationalsozialistischem Muster in die Hand, wobei er die am 8. November 1938 proklamierte Einheitsvolkspartei und den fünf Wochen später gewählten Landtag zu integrieren suchte. Die am 21. Juli 1939 verabschiedete Verfassung trug ständestaatliche Züge und war eindeutig vom Austrofaschismus wie der Konstitution des »Neuen Staates« Portugal beeinflusst. Im Blick auf die politische Praxis orientierte man sich an Italien und Deutschland. Die Hlinka-Garde unter ihrem Kommandeur Mach, benannt nach dem slowakischen Autonomiepolitiker und Priester Andrej Hlinka, formierte sich nach dem Vorbild der italienischen *Fasci di Combattimento* und der deutschen SA und übte – zusammen mit der Volkspartei – die eigentliche Macht im Staate aus. Beide Elemente – der faschisierte slowakische Nationalismus unter Führung von Tuka und das christlich-autoritäre Programm Tisos – rivalisierten miteinander. In der Bevölkerung stieß Tiso auf eine größere Resonanz, die Deutschen begünstigten den fanatisch-radikalen Tuka, der 1939 Ministerpräsident wurde, nachdem Tiso das Amt des Staatspräsidenten übernommen hatte. Obwohl Tuka am 22. Oktober 1942 per Gesetz das Führerprinzip in Partei und Regierung dekretierte, konnte er seine totalitären Pläne gegen Tiso nicht durchsetzen. Auch bei der Verfolgung der 135.000 slowakischen Juden konnte die Politik Tisos mildernd wirken. Zunächst stimmte er nur der Verdrängung der Juden aus dem Wirtschaftsleben zu. Doch mit Gesetz vom 29. Mai 1940 wurden die Juden zur Zwangsarbeit verpflichtet und verloren danach ihre Bürgerrechte. Am 10. September 1940 wurde im Parlament ein Ermächtigungsdekret verabschiedet, das zu einer Judengesetzgebung nach dem Vorbild der Nürnberger Gesetze führte. Wieder bemühte sich Tiso auf dem Wege von Präsidialverfügungen um eine Abschwächung dieser Gesetze. Aber im Frühjahr 1942 stimmte auch er dann der Deportation von etwa 60.000 Juden nach Ostpolen zu. Nach Protesten des Vatikans verfügte Tiso am 15. Mai 1942 jedoch das Ende der Transporte und ließ die Juden in slowakische Konzentrationslager bringen. Nach der Niederschlagung des slowakischen Nationalaufstandes übernahmen die Deutschen direkt die Verantwortung für die Deportationen.

Abgesehen von dem wirtschaftlichen Nutzen des Landes während des Krieges diente das Territorium den deutschen Truppen auch als Aufmarschgebiet gegen Polen und die UdSSR. Nach dem Polenfeldzug, an dem auch einige slowakische Verbände teilgenommen hatten, erhielt die Slowakei die 1919 und 1938 an Polen gefallenen Gebiete (Jaworina, Arwa-Distrikt) zurück. Staatspräsident Tiso wurde das Großkreuz des Schwarzen Adlerordens verliehen. Während des Russlandfeldzuges stellte die Slowakei zunächst 50.689 Mann. Nach Massendesertionen an der Kaukasusfront wurde der größte Teil der Truppen als technische Division in Italien eingesetzt. Die Karpatendeutschen fanden in der Waffen-SS Verwendung. Am 24. November 1940 trat die Slowakei dem deutsch-italienisch-japanischen Dreimächtepakt bei und erklärte am 13. Dezember 1941 den USA den Krieg. Ähnlich wie die anderen von Deutschland abhängigen Länder wurde auch die Slowakei rücksichtslos ausgebeutet, sogar die slowakische Schwerindustrie in die Hermann-Göring-Werke eingegliedert; etwa 120.000 slowakische Arbeiter wurden in der Rüstungsindustrie des Reiches beschäftigt.

Ähnlich wie in Bulgarien, Rumänien oder Ungarn veränderte die Kriegslage im Winter 1942/43 auch das Verhältnis zwischen den Deutschen und der slowakischen Bevölkerung. Die innerslowakischen Unruhen nahmen zu, die Londoner Exilregierung und die tschechoslowakischen Exilkommunisten unter Gottwald in Moskau einigten sich auf die Wiedererrichtung einer »Tschechoslowakischen Nachkriegs-Republik«, nachdem die slowakischen Kommunisten ihren separatistischen Kurs aufgegeben hatten. Weihnachten 1943 erzielten auch die Untergrundorganisationen ein entsprechendes Abkommen. Der dilettantisch vorbereitete slowakische Nationalaufstand vom 29. August 1944 wurde allerdings von den Deutschen blutig niedergeschlagen und die Slowakei besetzt. Ein Teil der Aufständischen konnte sich in die Berge zurückziehen und in den letzten Kriegsmonaten mit kleineren Partisanenaktionen für Unruhe sorgen. Am 5. September 1944 wurde eine ganz von den Deutschen abhängige Regierung unter dem Politiker und Rechtsanwalt Štefan Tiso eingesetzt. Als die Rote Armee Anfang 1945 die Slowakei besetzte und am 4. April Preßburg (Bratislava) einnahm, setzten sich Tiso und seine Regierung mit den deutschen Truppen nach Österreich ab.

Moskaufreundliche Politik der Londoner Exilregierung und Kommunistische Machtübernahme

Von seinem Londoner Exil aus kämpfte Edvard Beneš für die Wiederherstellung der ČSR in den Grenzen vor dem Münchner Abkommen. Zunächst mehr geduldet als akzeptiert, führte Hitlers Annexionspolitik dazu, dass Beneš auf die weltpolitische Bühne zurückkehren konnte. Schon am 19. März 1939 protestierte er in Chicago gegen die deutsche Besetzung der »Resttschechei« und vermochte sich im Westen zunehmend als Repräsentant des untergegangenen tschechoslowakischen Staates zu profilieren. Immer wieder betonte er die Schuld der Westalliierten an der katastrophalen Entwicklung und suchte den Kontakt zur UdSSR. Nach Beginn des Zweiten Weltkrieges wurde – zunächst von Frankreich – die »Tschechoslowakische Befreiungsbewegung« als kriegführender Verbündeter akzeptiert und mit der »Provisorischen Regierung der Tschechoslowakischen Republik« die Aufstellung einer selbstständigen Armee beschlossen. Das unter Beneš' Leitung stehende »Tschechoslowakische Nationalkomitee« wurde im November beziehungsweise Dezember 1939 von der französischen und der britischen Regierung als Vertretung des tschechoslowakischen Volkes anerkannt und am 23. Juli 1940 zur »Provisorischen Regierung der Tschechoslowakei« umgebildet. Innerhalb dieser Vertretung sorgte der autoritäre Beneš für die Ausschaltung aller oppositionellen Kräfte. Mit starker Hand und hohem Selbstbewusstsein – von den britischen Gastgebern nicht selten argwöhnisch beäugt – regierte Beneš von dem Landsitz Ashton Abbots aus seinen nicht existenten Staat. Am 11. Dezember 1940 richtete Beneš ein Exilparlament, den »Staatsrat«, ein und ließ eine 7.000 Mann starke Auslandsarmee aufbauen. Doch diese kam nie zum Einsatz – im Unterschied zu der nach 1942 aufgestellten, doppelt so starken tschechoslowakischen Auslandsarmee in der UdSSR unter General Ludvík Svoboda, die bei der Befreiung der Tschechoslowakei mitwirkte. Seit Juni 1941 gaben die tschechoslowakischen Kommunisten ihre Opposition gegen die Regierung Beneš auf, sie gehörten seit November 1941 auch dem »Staatsrat« an und integrierten sich schrittweise in das Gefüge der tschechoslowakischen Exilgruppen.

Enttäuscht über das Verhalten der westlichen Staaten im Rahmen des Münchner Abkommens und beflügelt von seinen romantisch-slawophilen Vorstellungen, begann Beneš, sich außenpolitisch umzuorientieren, von West nach Ost. Er suchte die enge Kooperation mit der UdSSR, pflegte Kontakte mit den sowjetischen Botschaftern in Washington, D.C., und London, Konstantin A. Umanskij und Iwan M. Majskij, und brachte es so durch Verhandlungen zuwege, dass die UdSSR am 18. Juli 1941 die Provisorische Tschechoslowakische Regierung anerkannte. Am selben Tag schloss der tschechoslowakische Außenminister Jan Masaryk mit Majskij einen Vertrag über die Anerkennung der Tschechoslowakei in den Grenzen vor dem Münchner Abkommen, in dem die ČSR als ein unabhängiger und souveräner Staat bezeichnet wurde. Allerdings hatte sich Beneš schon seit 1922 bemüht, die Beziehungen seines Landes zur UdSSR zu intensivieren, und im Mai 1935 einen gegenseitigen Beistandspakt und ein Luftfahrtabkommen mit der UdSSR abgeschlossen. Diese Vorgeschichte sollte sich jetzt positiv auswirken. Auf Initiative der UdSSR kam es zu Garantieerklärungen der Alliierten zugunsten der territorialen Integrität der ČSR in den Vormünchner Grenzen. Beneš' Sorge, die UdSSR könnte Ansprüche auf die Karpato-Ukraine erheben, begegnete Außenminister Molotow am 9. Juni 1942 mit einer Garantieerklärung des territorialen Bestandes. Diese Zusage wurde nicht eingehalten. Am 5. August 1942 gab Außenminister Eden die Annullierung des Münchner Abkommens bekannt, im Monat darauf schloss sich General Charles de Gaulle im Namen des »Freien Frankreich« dieser Erklärung an. Zwei Jahre später bekräftigte die französische Regierung in einer gemeinsamen britisch-französischen Deklaration noch einmal diesen Standpunkt.

Mit seiner Annäherung an die UdSSR unterlief Beneš die kommunistische tschechoslowakische Opposition im Moskauer Exil. Klement Gottwald und andere prominente Kommunisten hatten Beneš zunächst als Werkzeug des westlichen Imperialismus und Totengräber des Tschechoslowakischen Staates gebrandmarkt. Seit Ende Juli 1941 schwenkten sie auf Kooperationskurs um.

Nachdem 1943 offenbar geworden war, dass das nationalsozialistische Deutschland den Krieg nicht mehr gewinnen konnte, vollzog Beneš eine noch stärkere Hinwendung zur UdSSR, vertrat in den USA nachdrücklich einen prosowjetischen Kurs und bestand auf einer Reise nach Moskau, um zu einer vertraglichen Bindung mit der östlichen Vormacht zu gelangen. Nach dem Zusammentreffen der »Großen Drei« – Roosevelt, Churchill und Stalin – in Teheran unterzeichnete Beneš am 12. Dezember 1943 in Moskau einen »Vertrag über Freundschaft, gegenseitige Unterstützung und die Zusammenarbeit nach dem Kriege«. Darin sicherte die UdSSR dem kleinen Partner Unabhängigkeit, Souveränität und Nichteinmischung in innere Angelegenheiten zu. Gleichzeitig traf Beneš mit Gottwald weitreichende Vereinbarungen über die politische Zukunft der Tschechoslowakei. Er einigte sich mit den Kommunisten auf die Bildung einer »Nationalen Front« von fünf Parteien unter Führung des sozialistischen Blocks (Sozialdemokraten, Volkssozialisten und Kommunisten), auf die Marginalisierung der früheren Rechtsparteien, auf die Bildung von »Nationalausschüssen« (*Národní výbory*) anstelle der alten Distrikt- und Gemeindeverwaltungen sowie auf eine Regierung ohne parlamentarische Opposition. Beneš versicherte Gottwald bei dem Moskauer Treffen, die Kommunistische Partei werde »das stärkste Element im neuen Regime«. Auf Druck der UdSSR musste die Landwirte-Partei aus der künftigen Regierung ausgeschlossen werden – offenbar, weil Moskau aufgrund von Erfahrungen in anderen Staaten fürchtete, die Agrarier könnten zu einflussreich werden. Mit diesem Arrangement hatte sich Beneš von einer Rückkehr zur parlamentarischen Demokratie endgültig verabschiedet. Im Januar 1944 übergab Gottwald der Regierung Beneš ein Memorandum Stalins, in dem dieser die sowjetischen Vorstellungen von den Grenzen Nachkriegspolens niedergelegt hatte. Beneš vertrat den Westmächten gegenüber mit Eifer das Stalinsche Konzept einer Westverschiebung Polens auf Kosten Deutschlands und unter Wahrung der territorialen Integrität der UdSSR. Im Blick auf die Exilvertreter der Sudetendeutschen gab er nun alle Zurückhaltung auf, denn Stalin hatte seinem Plan einer vollständigen, entschädigungslosen Vertreibung uneingeschränkt zugestimmt.

Seit Winter 1943/44 wurde die Tschechoslowakei dem sowjetischen Einflussbereich zugerechnet. Allerdings hatte Beneš bei den Moskauer Verhandlungen durchaus um die Eingliederung der Tschechoslowakei in die sowjetische Einflusssphäre gebeten und versprochen, dass er in der Außenpolitik nichts ohne Genehmigung der sowjetischen Führung unternehmen werde. Am 8. Mai 1944 wurde in London die Vereinbarung zur völligen Besetzung des Landes durch sowjetische Truppen unterzeichnet. Anschließend sollte in den befreiten Gebieten sogleich eine tschechoslowakische Zivilverwaltung unter Leitung der vereinbarten Regierung etabliert werden. In der Mitte März 1945 in Moskau neu gebildeten tschechoslowakischen Regierung besaßen die

Kommunisten nicht nur die Mehrheit; sie standen auch allen politisch einflussreichen Ressorts vor. Am 4. April 1945 übernahm das neue Kabinett unter dem linken Sozialdemokraten Zdeněk Fierlinger die Regierung mit Sitz im ostslowakischen Kaschau (Košice), am 16. Mai 1945 kehrte Präsident Beneš triumphal nach Prag zurück. Vor dem Hintergrund der verschiedenen Vereinbarungen mit der UdSSR seit Dezember 1943 hatten die bürgerlich-demokratischen Kräfte keine Chance. Zug um Zug wurde nun das in Kaschau verabschiedete und veröffentlichte Regierungsprogramm umgesetzt. Es trug ganz die Handschrift der Moskauer Führung der KPČ, die es letztlich auch entworfen hatte.

Kommunistische Umgestaltung des Landes

Die durch das Präsidialdekret Nr. 1 vom 2. April 1945 eingesetzte Regierung Fierlinger wollte eine grundlegende Umgestaltung der sozioökonomischen und politischen Verhältnisse vornehmen. Neben der KPČ verblieben noch vier weitere Parteien – die Sozialdemokraten, die Volkssozialisten, die Tschechoslowakische Volkspartei und die Slowakischen Demokraten. Mit deren Zustimmung wurden die Agrarpartei, die Gewerbepartei, die Nationale Vereinigung, die Slowakische Volkspartei und die Vertretungen nationaler Minderheiten verboten – Gruppierungen, die am Münchner Abkommen und an der deutschen Besatzungspolitik beteiligt gewesen waren. Einverstanden zeigten sich die übrig gebliebenen Parteien auch im Blick auf die Aussiedlung und Enteignung der Sudeten- und Karpatendeutschen sowie der Magyaren. Schließlich einigte man sich auch auf die Strafverfolgung von Kollaborateuren slawischer Herkunft. Von diesen Maßnahmen waren etwa 30 Prozent der Bevölkerung betroffen.

Auf wirtschaftlichem und politischem Gebiet standen ebenfalls drastische Veränderungen auf der Agenda. Man wollte einen Wohlfahrtsstaat mit sozialer Sicherheit für alle errichten, die Großindustrie verstaatlichen, ebenso die Banken und das Versicherungswesen. Am 9. September und 24. Oktober 1945 stimmte Beneš in den Dekreten Nr. 100–103 der Verstaatlichung sämtlicher Großbetriebe, Bergwerke, Banken und Versicherungsgesellschaften zu. Alles in allem wurde der Staat für 80 Prozent der Industriearbeiter zum Arbeitgeber. An Stelle der traditionellen Distrikt- und Gemeindeverwaltungen traten kommunistisch dominierte »Nationalausschüsse« (*Národní výbory*), bei denen

Legislativ- und Exekutivfunktionen nicht mehr getrennt waren. Erziehung und Kultur wurden den neuen Verhältnissen angepasst und die Armeestrukturen an den sowjetischen Streitkräften ausgerichtet. Wie in anderen Satellitenstaaten der UdSSR implantierte man den Mythos von der »Völkerfreundschaft« – in diesem Fall mit der Tschechoslowakei – und feierte die UdSSR als »Befreier« vom nationalsozialistischen Joch. Am 13. April 1945 schlossen sich die sozialistischen Parteien zu einem »Sozialistischen Block« – als Vorstufe für die zukünftige Sozialistische Einheitspartei – innerhalb der »Nationalen Front« zusammen.

Entsprechend der festgelegten Einflusssphären verzichteten die Westalliierten auf eine Überschreitung der Linie Karlsbad-Pilsen-Budweis und mischten sich nicht in den politischen Wiederaufbau des Landes ein. Darin fühlten sie sich auch durch Beneš bestärkt, der die tschechischen und slowakischen Kommunisten als echte Demokraten hinstellte. Ähnlich wie Polen entledigte sich auch die Tschechoslowakei weitgehend ihrer Minderheiten. Die Vertreibung der Sudetendeutschen wurde von Beneš schon seit Beginn des Krieges im Londoner Exil gefordert. Die tschechoslowakische Regierung legte im November 1944 den alliierten Großmächten ihren Plan vor, alle Deutschen bis auf einen assimilierbaren Rest auszusiedeln. Die Vertreibung, von der 2,8 Millionen Menschen betroffen waren, begann im Mai 1945 und wurde auf Grundlage des Potsdamer Abkommens systematisch zu Ende geführt.[44]

Aufgrund »wilder Vertreibungen« verließen bereits im Sommer 1945 etwa 750.000 Sudetendeutsche ihre Heimat. Nach dem Potsdamer Abkommen mussten 1945/46 noch einmal 800.000 gehen, die meisten zunächst in die sowjetische Besatzungszone. Weitere 1,5 Millionen Sudetendeutsche wurden in der amerikanischen Besatzungszone aufgenommen. Schätzungsweise eine halbe Million Deutschstämmiger verblieb in der ČSR, nur ein Drittel bekannte sich zur deutschen Nationalität. In die weitgehend verlassenen Gebiete wanderten 1,8 Millionen Tschechen, meist aus Mittelböhmen, ein – oft besitzlose Landarbeiter und Kleinbauern.

Am 27. Februar 1946 wurde ein Abkommen zwischen Ungarn und der Tschechoslowakei unterzeichnet, das die Grundlage für einen Bevölkerungsaustausch bildete. 100.000 Magyaren aus der Südslowakei und etwa gleich viele Slowaken aus Ungarn wurden gegen eine entsprechende Entschädigung umgesiedelt. Die Deportationen der Ungarn begannen im Januar und Februar 1947. Daraufhin erfolgte ein Bevölkerungsaustausch von jeweils rund 75.000 Ungarn und Slowaken. Die regelrechte Vertreibung der Ungarn aus der Slowakei begann im April 1947. Im Rahmen der Aktion, die in zwei Phasen stattfand, wurden über 68.000 Ungarnstämmige gewaltsam nach Ungarn umgesiedelt.[45]

Während die Tschechoslowakei im Friedensvertrag mit Ungarn vom 10. Februar 1947 die 1938 abgetretenen Gebiete zurückerhielt und sich auch den von Polen 1938 besetzten Distrikt von Teschen einverleiben konnte, musste sie im Vertrag vom 29. Juni 1945 die Karpato-Ukraine an die Ukrainische Sowjetrepublik abtreten. Aufgrund des Retributionsdekrets vom 19. Juni 1945 fanden bis zum 5. Mai 1947 Volksgerichtsprozesse statt, in deren Verlauf mehrere Tausend Deutsche und Tschechen zum Tod verurteilt wurden. Etwa ebenso viele aus beiden Ethnien wurden zu einer lebenslänglichen Freiheitsstrafe verurteilt, weitere 19.888 Personen zu Gefängnisstrafen von durchschnittlich mehr als zehn Jahren. Wegen Kollaboration verlor eine Viertelmillion Tschechen und Slowaken das aktive und passive Wahlrecht. Das konfiszierte Land – etwa 1,65 Millionen Hektar Ackerboden und 1,3 Millionen Hektar Wald – wurde zum Teil den Ansiedlungswilligen zugeteilt. Damit gewann die KPČ in diesen Kreisen viel Sympathie. Die Umstrukturierung der Landwirtschaft führte zu einem gewaltigen Rückgang der Agrarproduktion und 1947 zu einer verschärften Nahrungsmittelknappheit. Zwar sprang die UdSSR ein, erzwang in diesem Zusammenhang aber den Verzicht der ČSR auf die Marshall-Plan-Hilfe. In einer zweiten Phase nach 1948 wurde durch die Zwangskollektivierung die frühere Landverteilung wieder aufgehoben, was eine weitere Agrarkrise verursachte. Im Industriesektor konnten Betriebe mit weniger als 250 Beschäftigten zunächst unbehelligt weiterarbeiten. Erst mit Verkündung des Zweijahresplans am 28. Oktober 1946 kam es zu drastischen Einschnitten auch im Bereich der Privatwirtschaft.

Weder Beneš noch die bürgerlichen Parteien setzten der Kommunisierung ihres Landes ernsthaften Widerstand entgegen – im Gegenteil. Die Stimmung in allen Parteien war klar pro-sozialistisch; man unterschied sich lediglich in der Vorstellung, wie viele Freiheiten man mit einem sozialistischen Regime verband. Die Parteien sandten Ergebenheitsadressen an die sowjetische Hegemonialmacht, der Präsident verzichtete auf eine ausreichende Kontrolle der Regierung. Seine Vision, die ČSR als Brücke zwischen Ost und West, zwischen bürgerlicher Demokratie, Marxismus und Christentum auszubauen, musste unter den Bedingungen des Systemkonflikts freilich scheitern.

Nach ihren Erfahrungen seit 1938 ging es der Bevölkerung vor allem um die Befriedigung ihres Sicherheitsbedürfnisses. Darum passte sie sich den neuen Verhältnissen rasch an. War die KPČ 1938 mit ihren 80.000 Mitgliedern eine unbedeutende Organisation gewesen, so besaß sie am 1. April 1946 bereits eine Million Mitglieder, Mitte Juli 1948 waren es gar 2,3 Millionen. 1961 gehörten 11,6 Prozent der Bevölkerung der KPČ an.[46] Bei dieser Entwicklung spielte auch die von der KPČ kontrollierte Einheitsgewerkschaft eine wichtige Rolle. Die Transformationsprozesse verliefen in einer äußerlich ruhigen Atmosphäre – in manchen Bereichen, etwa dem Verhältnis von Staat und Kirche, gab es geringere Spannungen als in der Ersten Republik. Das mochte auch daran liegen, dass von Beneš' früherem Atheismus nichts mehr zu spüren war und der Präsident nunmehr rege Kontakte zum politischen Katholizismus unterhielt. Am 1. Dezember 1945 verließen die alliierten Truppen das Land, was ausländische Beobachter zu günstigen Prognosen für die Unabhängigkeit des Landes veranlasste. Sogar die Vorbereitungen für die zum 26. Mai 1946 ausgeschriebenen Wahlen verliefen in vollkommener Ruhe.

Während die KPČ mit ihrem VIII. Parteitag Ende März 1946 den Wahlkampf eröffnete, erhielten die bürgerlichen Parteien Schützenhilfe von den tschechoslowakischen Bischöfen. In einem Hirtenbrief forderten diese die Gläubigen auf, nur für Kandidaten zu stimmen, die dem Christentum zugeneigt seien. Bei den freien und geheimen Wahlen vom 26. Mai 1946 konnte die KPČ mit einem Stimmenanteil von 37,94 Prozent einen großen Sieg erringen. Von den 7,6 Millionen abgegebenen Stimmen entfielen 2,2 Millionen auf die Kommunisten. Mit der slowakischen Sektion konnte die KPČ damit 114 von 300 Mandaten gewinnen. Die Volkssozialisten erhielten 55 Mandate, die Volkspartei 46, die Slowakischen Demokraten 43, die Sozialdemokraten 37, die Slowakische Freiheitspartei drei und die Slowakische Partei der Arbeit zwei Mandate. Zusammen mit den tschechischen und slowakischen Sozialdemokraten besaßen die Kommunisten nun die Mehrheit und das Recht zur Nominierung des Ministerpräsidenten. Am 19. Juni 1946 hatte die Verfassunggebende Nationalversammlung bereits einstimmig Beneš im Amt des Ministerpräsidenten bestätigt, am 3. Juli konnte der Kommunist Klement Gottwald sein Kabinett präsentieren. Neun

Minister kamen aus der KPČ, vier von der bürgerlichen Partei der Volkssozialisten, die Slowakischen Demokraten stellten ebenfalls vier Minister, drei Minister waren Sozialdemokraten und drei gehörten der Volkspartei an. Die meisten Schlüsselressorts beanspruchten die Kommunisten für sich. Gottwald sollte es bis 1953 gelingen, die bürgerlichen Kräfte weiter an den Rand zu drängen, sich selbst gemäßigt zu präsentieren und die Bevölkerung mit Versprechungen über den Ausbau der sozialen Errungenschaften auf seine Seite zu ziehen. In Wahrheit aber vertiefte er die Kluft zu den Westmächten, band sein Land eng an die UdSSR und trieb die Planwirtschaft voran. Am 26. Juli 1946 verhandelten er und Außenminister Jan Masaryk mit Stalin und Molotow. Gegen das Versprechen, bei den kommenden Friedensverhandlungen die ČSR gegenüber Ungarn und Deutschland zu unterstützen, für einen Militärkredit und die Zusage einer beschleunigten Überführung ehemals deutscher Unternehmen in tschechoslowakischen Staatsbesitz musste die ČSR ein für sie ungünstiges Handelsabkommen mit der UdSSR unterzeichnen und der östlichen Vormacht praktisch ihre Lufthoheit abtreten. Da gleichzeitig die Presse gegen die »westlichen Imperialisten« polemisierte, stornierten die USA einen Warenkredit über 40 Millionen Dollar und brachen die Verhandlungen über eine Anleihe von 150 Millionen Dollar ab.

Am 28. Oktober 1946, dem Staatsfeiertag, verkündete die Prager Regierung den ersten Zweijahresplan. Dieser Beschluss wie auch der am 10. März 1947 abgeschlossene Freundschafts- und Beistandsvertrag mit Polen verschärfte die Spannungen im Kabinett. Bei den Wahlen zum »Beauftragtenausschuss« (Landtagswahlen) in der Slowakei musste die KPČ eine herbe Niederlage einstecken und konnte trotz eines inszenierten Generalstreiks in Bratislava nicht verhindern, dass Forderungen nach einer stärkeren Föderalisierung laut wurden. Mit Unterstützung der Sozialdemokraten und der Volkssozialisten, die beide einen zentralistischen Kurs verfolgten, schmälerte Gottwald daraufhin den Spielraum des slowakischen Beauftragtenausschusses und warf der mit dem Episkopat in Verbindung stehenden Opposition klerikalfaschistische Tendenzen vor.

Das vom Volksgerichtshof am 15. April 1947 verkündete Todesurteil gegen den ehemaligen slowakischen Präsidenten Jozef Tiso erschütterte die Republik aufs Neue, denn obwohl zwei Drittel der slowakischen Bevölkerung für eine Begnadigung des populären Priesterpolitikers optiert hatten, bestand die Zentralregierung auf einer Vollstreckung des Urteils, und auch Beneš machte von seinem präsidialen Recht auf Begnadigung keinen Gebrauch. Um die Autonomiebestrebungen der Slowakei zu brechen, wurde im Oktober 1947 behauptet, es sei eine Verschwörung der extremen Rechten entdeckt worden. Nach der Verhaftung einiger hundert Personen, darunter auch Oppositionspolitiker, erfolgte Mitte November 1947 eine Umbesetzung des »Beauftragtenausschusses«, in dessen Folge auch hier die Kommunisten wieder die Mehrheit stellten.

Diese Entwicklung belastete die Prager Koalitionsregierung und führte in der Verfassunggebenden Nationalversammlung auch zu offener Kritik an den kommunistischen Willkürmaßnahmen. Vor dem Hintergrund schwerer Versorgungsengpässe und einer drohenden Hungersnot wollte das Kabinett am 7. Juli 1947 eine Verhandlungskommission zu einer Konferenz in Paris entsenden, um im Rahmen des Marshall-Plans Finanzhilfe zu erhalten. Tags darauf drohte die UdSSR, den Freundschafts- und Beistandspakt aufzukündigen, wenn die ČSR diese Delegation abreisen ließe. Daraufhin gab die Regierungskoalition nach und unterzeichnete stattdessen am 18. Juli 1947 einen weiteren ungünstigen Handelsvertrag mit der UdSSR. Dafür erhielt das Land als Soforthilfe 700.000 Tonnen Brot- und Futtergetreide. Mitte Dezember 1947 garantierte die UdSSR der ČSR außerdem die Lieferung von 40 Prozent ihres Weizenbedarfs; weiterhin wollte die UdSSR 25 Prozent des Baumwoll-, 10 Prozent des Woll- und 15 Prozent des tschechoslowakischen Eisenbedarfs decken.

Die nach Gründung des »Kommunistischen Informationsbüros« (Kominform) im September 1947 ausgegebene Maxime, dass die Kommunistischen Parteien die uneingeschränkte Staatsgewalt in den Volksdemokratien übernehmen sollten, musste auch Gottwald erst noch umsetzen. Das war angesichts der Mehrheitsverhältnisse schwierig, zumal die Bevölkerung die bürgerlichen Parteien wieder stärker unterstützte. Er suchte darum immer wieder Krisen zu provozieren, um die politische Lage zu destabilisieren. Ein solches Instrument war die von den Kommunisten vorgeschlagene »Millionärssteuer« zur Unterstützung der notleidenden Landwirtschaft. Im Streit um diese Steuer, die vor allem das mittelständische Bürgertum getroffen hätte, brach die Sozialdemokratische Partei auseinander. Auf dem Parteitag in Brno (Brünn) am 16. November 1947 konnte sich der rechtssozialistische Flügel um

Bohumil Laušmann gegen den Linksflügel um Fierlinger durchsetzen. Nun wurde die politische Atmosphäre durch Attentats-Meldungen weiter angeheizt – unter anderem sprach man von einem durch Kommunisten vereitelten Anschlag gegen Beneš, den angeblich slowakische Faschisten hatten ausführen wollen.

Im Frühjahr 1948 sollten die Verfassung verabschiedet und die Wahlen zur Nationalversammlung abgehalten werden. Nach dem Stand der Dinge konnten die Kommunisten keine Mehrheit zu ihren Gunsten erwarten. Gottwald geriet immer mehr unter Druck, denn Moskau erwartete einen kommunistischen Sieg und die Ausschaltung aller bürgerlichen Kräfte sowie des Klerus aus der Wirtschaft und dem öffentlichen Leben. Die bürgerlichen Parteien wollten die Verfassung erst nach den Wahlen verabschieden und wussten die noch nicht unterwanderte Armee hinter sich. Doch die der KPČ zur Verfügung stehenden Organisationen – die bewaffneten Arbeitermilizen wie die verschiedenen Parteigliederungen – besaßen eine große innere Geschlossenheit; überdies war die Staatssicherheit fest in kommunistischer Hand. Mitte Februar 1948 brach in der Koalitionsregierung ein heftiger Streit über den Einfluss der Kommunisten auf die Polizei – das wichtigste Instrument für die Abhaltung freier Wahlen – aus. Als acht kommunistische Polizeioffiziere ohne vorherige Absprache eine außerordentliche Beförderung erhielten, nahmen die bürgerlichen Minister diesen Vorgang zum Anlass, ihre Ämter niederzulegen. Da jedoch die linken Sozialdemokraten und der parteilose Außenminister Masaryk nicht demissionierten, blieb Gottwald die Kabinettsmajorität erhalten, so dass er laut Verfassung weiterregieren konnte. Beneš empfahl, die Regierungskrise auf dem Verhandlungswege beizulegen, und gab damit den Kommunisten genug Zeit, um Massendemonstrationen und Aktionskomitees zu organisieren. Gottwald rief zum Widerstand gegen die bürgerliche Reaktion auf.

Gestärkt durch den Besuch des stellvertretenden sowjetischen Außenministers und früheren Botschafters in der Tschechoslowakei, Valerian A. Zorin, in Prag am 19. Februar 1948, forderten drei Tage darauf 7.000 kommunistische Betriebsräte eine vollständige Nationalisierung der Industrie. Kommunisten besetzten die Büros der bürgerlichen Parteien und die Amtsräume der zurückgetretenen Minister. Der Rechtssozialdemokrat Laušman hielt dem Druck nicht stand, trat zurück und lieferte damit seine Partei dem linken Flügel unter Fierlinger aus. Am 23. Februar 1948 patrouillierten bewaffnete Gewerkschafter und kommunistische Stoßtrupps durch die Straßen Prags, um den kommunistischen Forderungen Nachdruck zu verleihen und die Bevölkerung einzuschüchtern. Eine studentische Gegendemonstration wurde von der Polizei unter Anwendung von Schusswaffen auseinandergetrieben. Da Beneš sich weigerte, die Armee in Bereitschaft zu versetzen, hatten die Bürgerlichen kaum eine Chance gegen die zu allem entschlossenen Kommunisten. Diese organisierten am 24. Februar 1948 einen Warnstreik, an dem sich 2,5 Millionen Arbeiter beteiligten, und drohten mit Generalstreik. Beneš, der bürgerkriegsähnliche Verhältnisse fürchtete, gab am 25. Februar nach, akzeptierte den Rücktritt der bürgerlichen Minister und das neue Koalitionskabinett Gottwald. Dieser hatte seine Regierung mit willfährigen Kollaborateuren aus den bürgerlichen Parteien aufgefüllt; die Hälfte des Kabinetts bestand aus Mitgliedern der KPČ. Am 26. Februar protestierten die Westmächte erfolglos gegen die kommunistische Machtübernahme.

Stalinisierung der ČSR und Kulturkampf

Am 11. März 1948 stimmten 230 der 300 Abgeordneten dem Machtwechsel zu. Damit gaben sie der Regierung die Legitimation, jede Opposition zu unterdrücken und den »Übergang vom Kapitalismus zum Sozialismus« wie zur »Diktatur des Proletariats« auf allen Gebieten voranzutreiben. Nach einer Mitteilung des Sozialministeriums vom 9. April 1948 entließ man 4.800 Personen wegen Unzuverlässigkeit aus dem Staatsdienst. Am 25. Oktober verabschiedete die Regierung ein Dekret, wonach »arbeitsscheue« Personen und solche, die das Regime oder das Wirtschaftsleben gefährdeten, in Zwangsarbeitslager verbracht werden konnten. Ungesicherten Angaben zufolge gab es noch 1955 230 solcher Lager mit 240.000 Insassen – zu 80 Prozent politische Häftlinge, die »umerzogen« werden sollten.

Nach Ungarn, Rumänien und Bulgarien fiel nun auch die Tschechoslowakei einer brutalen Stalinisierung zum Opfer. Außenminister Masaryk wurde nach einem ungeklärten Fenstersturz am 10. März 1948 tot vor seinem Amtssitz gefunden. Beneš weigerte sich, den von den Kommunisten umgeschriebenen Verfassungsentwurf, der am 9. Mai 1948 die einstimmige Billigung der anwesenden Abgeordneten gefunden hatte, zu unterzeichnen. Er gab am 7. Juni 1948 die Präsidentschaft auf und starb kurz darauf (3. September 1948). Ihm folgte Gottwald, der anstelle Beneš' am 9. Juni 1948 die Verfassung unterzeichnete und sich fünf Tage später zum Staatsoberhaupt wählen ließ. Er bekleidete dieses Amt bis 1953.

Die Verfassung der nunmehr »Volksdemokratie« genannten Tschechoslowakei bestand aus einer Mischung von sowjetischen Prinzipien mit Relikten aus der Ersten Republik. So wurde zwar die demokratisch-parlamentarische Regierungsstruktur formal beibehalten, aber auch die absolute Machtstellung der KPČ gesichert. Das Präsidium der Nationalversammlung wurde gegenüber dem einflusslosen Parlament aufgewertet und übernahm gleichzeitig die Funktion eines Verfassungsgerichts. Die Nationalversammlung wählte für jeweils sieben Jahre den Staatspräsidenten, dem eine große Machtfülle zukam. Das am 16. April 1948 vom Parlament angenommene Wahlgesetz legalisierte die Einheitsliste und sprach den Aktionskomitees das Recht zu, die Verzeichnisse der Wahlberechtigten zu säubern. Am 28. April wurden weitere Verstaatlichungsgesetze beschlossen, die nunmehr alle Betriebe mit mehr als fünfzig Beschäftigten unter staatliche Kontrolle brachten – das entsprach 91,5 Prozent der gesamten Produktion. Bei den Wahlen vom 30. Mai 1948 entfielen 6,43 Millionen Stimmen (89,25 Prozent) auf die Einheitsliste der Nationalen Front, 1,57 Millionen Wahlberechtigte stimmten mit Nein oder blieben fern. Die KPČ verfügte nun über 211 Sitze, die Sozialdemokraten über 25, die Volkssozialisten über 26, die Volksparteiler über 23, die aus der verbotenen Demokratischen Partei hervorgegangene Slowakische Erneuerungspartei über 12 und die Slowakische Partei über drei. Am 27. Juni 1948 erfolgte die formelle Vereinigung der Sozialdemokraten mit der KPČ, am 27. September gab die slowakische Sektion der Kommunistischen Partei ihre Selbstständigkeit auf und ging ganz in der KPČ auf. Der populäre Gewerkschaftsführer Antonín Zápotocký übernahm zunächst die Regierung und folgte dann 1953 Gottwald im Amt des Staatspräsidenten nach. Nur fünf der 21 Minister der Regierung Zápotocký gehörten nicht der KPČ an. Im Grunde war schon jetzt deutlich, dass weder das Parlament noch die Regierung die Herrschaft im Lande ausübten, sondern die KPČ. Diese Entwicklung wurde in den kommenden Jahren weiter vorangetrieben.

Um den slowakischen Separatismus zu bekämpfen, ergriff man eine ganze Reihe von Maßnahmen zur Zentralisierung des Staates. Am 30.

November 1948 wurden die bisherigen Länderverwaltungen aufgelöst und durch dreizehn tschechische und sechs slowakische Bezirke (*kraje*) ersetzt. Eine umfassende Gerichtsreform veränderte die Rechtsprechung nach sowjetischem Vorbild.

Die Entwicklung in der Slowakei ist deswegen so interessant, weil man dort in den Jahren von 1945 bis 1948 keine Anzeichen für die Entstehung eines totalitären Regimes feststellen konnte. Der tschechische Politologe Lubomír Kopeček betont, dass man nach den Kategorien von Juan Linz nicht von einem totalitären Regime in der Slowakei vor 1948 sprechen könne. Die dortige Gestalt der gesellschaftspolitischen Ordnung habe – im Gegensatz zu den tschechischen Gebieten – keine autoritären Züge getragen. Die Slowakei habe sich bis 1948 in einer Grauzone zwischen Demokratie und Diktatur befunden.[47]

Ab Februar 1949 wurde auch die Armee nach sowjetischem Muster umgebaut und zahlreiche »bürgerliche Offiziere« durch Gerichtsverfahren, die mit dem Urteil Kerkerhaft oder gar Todesstrafe endeten, aus der Truppe entfernt.

Nicht nur die Selbstkommunisierung der Tschechoslowakei blieb in dieser Form ohne Parallele. Auch das Staat-Kirche-Verhältnis nahm dort zunächst eine positive und im Ostblock singuläre Entwicklung. Die Kommunisten bemühten sich zunächst mit Erfolg um ein gutes Verhältnis. 1946 wurden die diplomatischen Beziehungen mit dem Heiligen Stuhl wieder aufgenommen und die vakanten Bistümer in Prag, Budweis und Brünn neu besetzt. Doch bereits während des ersten Zweijahresplans trübte sich das Verhältnis zwischen Staat und Kirchen ein, weil die kommunistische Führung zugunsten der wirtschaftlichen Entwicklung einige kirchliche Feiertage strich. Wer an einem solchen Feiertag nicht zur Arbeit erschien, dem drohte Entlassung. Auch Bemühungen um die Einführung eines einheitlichen säkularen Schulwesens fanden unter den Gläubigen kein positives Echo und ließen bereits Schlimmes ahnen. Die einzige Kirche, die sich völlig auf der Linie der Nationalfront bewegte, war die »nationale« Tschechoslowakische Kirche; zahlreiche ihrer Vertreter hatten hohe Ämter in der Kommunistischen Partei inne. Der Prager Erzbischof Josef Beran, hoch angesehen wegen seiner KZ-Haft in Dachau zwischen 1942 und 1945, zelebrierte nach Gottwalds Wahl zum Staatspräsidenten am 14. Juni 1948 sogar eine Messe im Veitsdom.

Zahlreiche Geistliche bekleideten unter dem neuen Regime hohe Posten im Staat wie in den Parteien. Dem machten nicht die UdSSR oder die tschechischen Kommunisten ein Ende, sondern der Vatikan. Am 18. Juni 1948 entband dieser die Priesterpolitiker ihrer kirchlichen Funktionen. Spektakuläre Fälle waren der des Gesundheitsministers und Vorsitzenden der Volkspartei, Josef Plojhar, sowie der von zwei Mitgliedern des slowakischen Beauftragtenausschusses. Alle drei zogen es vor, ihre politischen Ämter zu behalten. Im Herbst 1948 verlangte die Regierung die Abberufung von vier Bischöfen, im Frühjahr 1949 eine Loyalitätserklärung aller Bischöfe gegenüber dem neuen Regime. Beides wies der Vatikan entschieden zurück. In verschiedenen Memoranden und schließlich in einem Hirtenbrief vom 15. Juni 1949 suchte Erzbischof Beran die Bedingungen für einen erträglichen Modus vivendi zwischen Staat und Kirche zu formulieren. Doch als Gesundheitsminister Plojhar eine der Katholischen Aktion ähnliche, nationalkatholische Massenbewegung ins Leben rief, antwortete der Vatikan Ende Juni/ Mitte Juli 1949 mit Exkommunikationsdekreten. Alle Förderer des Kommunismus erklärte er für exkommuniziert. Als daraufhin die Regierung den Entwurf von zwei Kirchengesetzen publizierte, die Mitte Oktober 1949 verabschiedet wurden, brach ein regelrechter Kulturkampf aus.

Das Gesetz Nr. 217/1949 schuf eine Staatsbehörde für kirchliche Angelegenheiten (*Státní úřad pro věci církevní*), die in der Machthierarchie einem Ministerium glich. Das zweite Gesetz Nr. 218/1949 »Über die Wirtschaftssicherung der Kirchen und der religiösen Gemeinschaften durch den Staat« bestand bei kirchlichen Beauftragungen und Verlautbarungen auf einem Plazet und verlangte von den Geistlichen einen Treueid gegenüber dem Staat. Um diese Maßnahmen zu kontrollieren, waren bereits im Juni 1948 staatliche Beauftragte bei den Diözesanverwaltungen eingesetzt worden. Im Sinne der Bildung einer Nationalkirche übernahm die Regierung die Besoldung der Geistlichen, was dazu führte, dass der Klerus den Anweisungen des Episkopats, gegen das Kirchengesetz zu opponieren, nicht folgte. Bis Januar 1950 hatten bereits 98 Prozent der Geistlichen den Treueid geleistet. Auf den Widerstand des höheren Klerus hin überzog der Staat diesen mit einer Reihe von Prozessen, die zu Internierungen und langjährigen Kerkerstrafen führten. Erzbischof Beran und andere wurden in so genannten »Konzentrationsklöstern« interniert. Der Erzbischof durfte Prag nicht mehr betreten, erhielt aber nach seiner Ernennung zum Kurienkardinal die Genehmigung zur Ausreise nach Rom.

Im Frühjahr 1950 wurden die in der ČSR ansässigen Orden der Spionage bezichtigt und der Klosterbesitz konfisziert. Etwa im gleichen Zeitraum brach der Heilige Stuhl die diplomatischen Beziehungen zur ČSR ab. Dennoch gewann die vom Staat geförderte »Bewegung patriotischer Priester« wachsenden Einfluss auf den niederen Klerus und konnte sich der bischöflichen Kurien bemächtigen. Wer den neuen, meist staatstreuen Kirchenoberen nicht gehorchte, musste mit Haft oder Zwangsarbeitslager rechnen. In den protestantischen Denominationen propagierten überdies international bekannte Theologieprofessoren wie Josef Lukl Hromádka und František M. Bartoš ein Synthese-Konzept zwischen Christentum und Kommunismus.[48]

Im Bereich der Kultur kam es zu ähnlichen Gleichschaltungsmaßnahmen, im Schul- und Universitätswesen zu Reformen nach sowjetischem Vorbild.[49] Die Wissenschaft wurde von allen Kontakten mit der westlichen Welt abgeschottet. Es war nahezu unmöglich, ausländische Literatur zu kaufen; man erhielt nur sowjetische. 1949 wurde die Prager »Hochschule für politische und ökonomische Wissenschaften« (*Vysoká škola politických a hospodářských věd*) gegründet und parallel dazu drei andere geschlossen – die »Hochschule für Politik und Soziales" (*Vysoká škola politická a sociální*) und die „Hochschule für Wirtschaftswissenschaften« (*Vysoká škola věd hospodářských*), beide in Prag, sowie die »Hochschule für Soziales« (*Vysoká škola sociální*) in Brünn. Eine neue »Hochschule für Politische Wissenschaften« (*Vysoká škola politických věd*) wurde gegründet, die beim Zentralkomitee der Tschechoslowakischen Kommunistischen Partei ressortierte. Der Marxismus als Weltanschauung und einzige Forschungsmethode wurde vor allem für die humanistischen Fächer eingeführt. Vor 1948 war das wissenschaftliche Leben in verschiedenen Institutionen und Gesellschaften organisiert gewesen. 1952 entschied die Partei, alle außeruniversitären Institutionen aufzulösen und sie in Form der Tschechoslowakischen Akademie der Wissenschaften (*Československá akademie věd – ČSAV*) zu vereinheitlichen. Als Vorbild diente die Sowjetische Akademie der Wissenschaften. Im slowakischen Teil der Tschechoslowakei wurde 1953 die Slowakische Akademie der Wissenschaften und Kunst zur Slowakischen Akademie der Wissenschaften (*Slovenská akadémia vied – SAV*) umgebildet.[50]

4.4 Brutale Sowjetisierung und Ausbeutung: Rumänien als Testfall

Sturz der Diktatur Antonescus und Etablierung einer demokratischen Regierung

Trotz der verheerenden Niederlage der rumänischen Armee bei Stalingrad Ende 1942 und einer schon länger bestehenden Kriegsmüdigkeit in der rumänischen Bevölkerung zeigte sich der rumänische Diktator Ion Antonescu im Januar 1943 weiterhin bereit, rumänische Verbände an der Ostfront einzusetzen. Zugleich suchte er auf diplomatischem Weg über neutrale Staaten nach Möglichkeiten, mit Großbritannien und den USA einen Sonderfrieden zu schließen, um den unabwendbaren Einmarsch der Roten Armee zu verhindern. Als Hitler im April 1943 Antonescu mit dieser Doppelstrategie konfrontierte, gab der rumänische Diktator die Versicherung ab, sein Land werde bis zum Ende des Krieges fest an der Seite Deutschlands stehen. Dennoch setzte er die diplomatischen Sondierungen fort, in die 1944 auch die Sowjetunion einbezogen wurde. Die Waffenstillstandsbedingungen der Alliierten sahen jedoch völlige Bewegungsfreiheit für die Rote Armee auf rumänischem Territorium vor. Rumänien war nicht bereit, diesen Weg zu gehen. Im März 1944 eroberten die Sowjets das unter rumänischer Zivilverwaltung stehende Gebiet zwischen Dnjestr und Bug – Transnistrien mit Odessa – zurück. Alliierte Flugzeuge bombardierten Bukarest. Anfang August 1944 machte Antonescu den deutschen Diktator auf die prekäre militärische Lage aufmerksam, zwei Wochen später zwang ein sowjetischer Großangriff die beiden rumänischen und die neue 6. deutsche Armee tief in rumänisches Gebiet zurück, die 6. Armee wurde eingeschlossen und musste kapitulieren. Angesichts der militärisch aussichtslosen Lage forderte der rumänische König Mihai I. den sofortigen Abschluss eines Waffenstillstandes, doch Antonescu zögerte noch immer. Schon längst hatte sich die Opposition gegen ihn formiert. Im Juni 1943 hatten sich die »Nationale Bauernpartei«, die »Nationalliberale Partei«, die »Sozialdemokratische Partei« und die »Kommunistische Partei« zu einem »Nationaldemokratischen Block« (BND) zusammengeschlossen. Dieser stand mit dem königstreuen Teil des Generalstabs in Verbindung.

Am 23. August 1944 ließ der König Marschall Antonescu von seiner Palastwache festnehmen, ernannte eine neue Regierung unter General Constantin Sănătescu, an der erstmals seit 1938 auch die Parteien wieder beteiligt waren, und setzte die Verfassung von 1923 erneut in Kraft. Der König proklamierte das Ende der Allianz mit Deutschland, annullierte den 2. Wiener Schiedsspruch und befal seinen Truppen die Rückeroberung Nord-Siebenbürgens. Gleichzeitig erklärte Mihai das Ende der Diktatur und aller Unterdrückung. Der 23. August sollte zum National- und Staatsfeiertag werden.

Da kein Waffenstillstand mit der UdSSR ausgehandelt worden war, behandelte diese Rumänien nach wie vor als Kriegsgegner und drang weiter auf rumänisches Territorium vor. Nach dem Willen der neuen Regierung sollte die deutsche Wehrmacht das Land binnen zwei Wochen verlassen; den Krieg wollte man Deutschland nicht erklären. Doch Hitler befahl, Rumänien mit Gewalt im Bündnis zu halten, was am 25. August zur Kriegserklärung führte. Die mit deutschen Waffen ausgerüsteten rumänischen Truppen zwangen die deutschen Verbände unter großen Verlusten zum Rückzug. Die Kämpfe verursachten in der Hauptstadt und im rumänischen Erdölgebiet erhebliche Zerstörungen. Ende August 1944 zogen sowjetische Verbände in Bukarest ein. Mit ihnen kamen Einheiten der Tudor-Vladimirescu-Division – einer 1943 unter Leitung von Ana Pauker aus rumänischen Kriegsgefangenen und Überläufern gebildeten rumänischen Truppe. Unter militärischen Gesichtspunkten bedeutete der Frontwechsel Rumäniens – im September folgten Bulgarien und Griechenland –, dass die Deutschen sich aus dem gesamten südlichen Balkan zurückziehen mussten. Die UdSSR zögerte den Waffenstillstand mit Rumänien bis Mitte September 1944 hinaus. Er wurde unter der Bedingung geschlossen, dass Rumänien den Krieg gegen Deutschland fortsetzte, Reparationszahlungen akzeptierte und Bessarabien wie die Nord-Bukowina an die UdSSR zurückgab. In der alliierten Kontrollkommission, die gebildet wurde, gaben die Sowjets den Ton an. Ein letzter Versuch der Deutschen, aus den nach Deutschland geflohenen Resten der »Eisernen Garde« ein neues rumänisches Regiment zu bilden, das einer in Wien sitzenden »rumänischen Nationalregierung« zur Rückkehr nach Bukarest verhelfen sollte, scheiterte. Am 7. September 1944 erklärte Rumänien Ungarn den Krieg. Gemeinsam mit der Roten Armee eroberten rumänische Truppen bis Ende Oktober ganz Siebenbürgen zurück. Die neue rumänische Verwaltung in Siebenbürgen übte eine solche Schreckensherrschaft über den ungarischen Bevölkerungsteil aus, dass ihr die alliierte Kontrollkommission vorübergehend die Oberhoheit wieder entzog.

Von vornherein bestand auf sowjetischer Seite die Absicht, Rumänien dem Einflussbereich Moskaus einzugliedern. Auf dem Weg zur »Sowjetisierung« gingen die sowjetischen Kommandanturen brutaler vor als in anderen Staaten Ostmittel- und Südosteuropas. Dem Kabinett Sănătescu gehörten parteilose Fachleute an, die Vorsitzenden der vier politischen Parteien waren als Minister ohne Geschäftsbereich in die Regierung eingetreten. Mit Außenminister Gheorghe Tătărescu, einem Minister mit pro-deutscher und antisemitischer Vergangenheit, verfügten die Sowjets bei der Regierung wie innerhalb der Nationalliberalen Partei über einen willfährigen Kollaborateur, den man instrumentalisieren konnte, um das Parteiensystem zu sprengen.[51] Unter den Parteien besaß die kommunistische – seit 1924 verboten und mit kaum mehr als 1.000 Mitgliedern – die geringste Bedeutung. Das sollte sich nach dem Willen der Sowjets nun ändern. Mit der Entlassung kommunistischer Führer aus der Haft – darunter Gheorghe Gheorghiu-Dej – und der Rückkehr kommunistischer Emigranten aus Moskau konnte die Partei – massiv unterstützt von der Sowjetunion – ihre Position ausbauen. Sie warb erfolgreich um Mitglieder und scheute sich auch nicht, ehemalige Kämpfer der »Eisernen Garde« aufzunehmen, die sich auf diese Weise der Bestrafung zu entziehen suchten. Schon Ende September 1944 erschien die erste legale Ausgabe der Parteizeitung *Scînteia* (Funke). Größeren Zulauf fanden allerdings die Sozialdemokraten. Im Oktober 1944 beendeten die Kommunisten das Aktionsbündnis mit der Bauernpartei und der Nationalliberalen Partei. Stattdessen schmiedeten sie mit den Sozialdemokraten und einigen Splittergruppen ein neues Linksbündnis – die *Frontul Național Democrat*. Unterstützt von den sowjetischen Militärbehörden, erzwang diese »National-Demokratische Front« den Rücktritt der Regierung Sănătescu. Der König beauftragte zwar Sănătescu erneut mit der Regierungsbildung, konnte aber nicht verhindern, dass auch Mitglieder der Linksfront – darunter Gheorghiu-Dej – in das neue Kabinett eintraten.

Kommunistische Machtübernahme und Einpassung in die sowjetische Kultur

Am 2. Dezember 1944 gab Sănătescu endgültig auf. An seine Stelle trat übergangsweise General Nicolae Rădescu. Nach Propagandakampagnen, Demonstrationen und Ausschreitungen, die von der Linken pro-

voziert wurden, kam der stellvertretende sowjetische Außenminister
Andrej J. Wyschinskij am 27. Februar 1945 nach Bukarest, forderte,
Rădescu abzulösen und Petru Groza, den bisherigen Stellvertretenden
Ministerpräsidenten, mit der Regierungsbildung zu beauftragen. Am
6. März gab der König dem sowjetischen Verlangen nach. Der etwas
undurchsichtige neue Premierminister, von Haus aus Großgrundbesitzer und Industrieller, aber auch ein Verehrer des »großen Lehrers« Stalin, bildete eine kommunistisch dominierte Koalitionsregierung, die engen Kontakt zu den sowjetischen Dienststellen hielt. Als Belohnung für
diesen Schritt wurde am 9. März 1945 Nord-Siebenbürgen rumänischer
Verwaltung unterstellt. Etwa gleichzeitig wurden in ganz Rumänien die
Rathäuser und Präfekturen von den Kommunisten übernommen. Den
angloamerikanischen Mitgliedern der Alliierten Kontrollkommission
konnte die »Sowjetisierung« nicht verborgen bleiben. Sie protestierten,
weigerten sich, die Regierung Groza anzuerkennen, und erhielten auf
der Potsdamer Konferenz im Juli 1945 zur Antwort, dass die UdSSR in
Italien und Griechenland auch keinen größeren Einfluss besitze als die
Briten und Amerikaner in Rumänien. Wegen seiner verfassungsmäßig
starken Stellung umwarb die sowjetische Regierung König Mihai, indem sie ihm den Viktoria-Orden der Sowjetunion verlieh und ihn reich

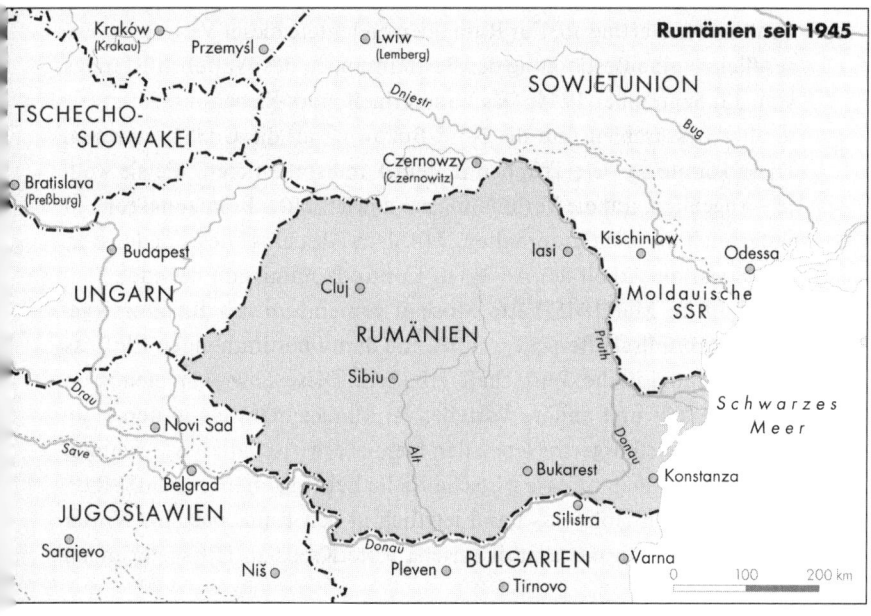

beschenkte. Doch dieser machte sich die Auffassung der Westalliierten zu Eigen und stellte im August 1945 die Zusammenarbeit mit dem Kabinett Groza ein. Als Groza dann jedoch je ein Mitglied der Bauernpartei und der Nationalliberalen in sein Kabinett aufnahm, erkannten die USA und Großbritannien seine Regierung an, und auch der König gab den früheren Widerstand auf.

Die Regierung Groza leitete 1945 eine Boden- und Agrarreform ein, die an besitzlose Landarbeiter Grund vergab und sie so für das Regime einnahm. Zur Verteilungsmasse gehörten ehemalige deutsche Bauernhöfe, die Höfe rumänischer »Faschisten« und enteigneter Boden von Großgrundbesitzern. Jeder Bauer durfte nur noch bis zu 50 Hektar landwirtschaftliche Flächen besitzen. Bis zum Frühjahr 1949 waren 1.468.000 Hektar an rund 918.000 Bauern vergeben, 359.000 Hektar behielt der Staat als Reserve.

Bei den am 19. November 1946 stattfindenden Parlamentswahlen durften erstmals auch Frauen an die Urnen. Allerdings manipulierte die Regierung diese Wahlen so massiv, dass auf die Linkskoalition 378 von 414 Sitzen entfielen; die Bauernpartei kam nur noch auf 33 Sitze, die Nationalliberale Partei gar nur noch auf drei Sitze.

Im Februar 1947 schlossen Rumänien, Bulgarien, Finnland, Ungarn und Italien in Paris mit den ehemaligen Kriegsgegnern und Siegern einen Friedensvertrag ab. Für Rumänien bedeutete dieser Vertrag im Wesentlichen eine Bestätigung der Bestimmungen des Waffenstillstandes vom 12. September 1944: Das Land erhielt Nord-Siebenbürgen, musste aber Bessarabien und die Nord-Bukowina an die UdSSR abtreten. Diese konnte so viele Truppen in dem Land stationieren, wie sie wollte – angeblich, um die Verbindung zur sowjetischen Besatzungszone in Österreich aufrecht zu erhalten. Mit dem Abschluss des Friedensvertrages war die Arbeit der Alliierten Kontrollkommission beendet.

Schon im Mai 1945 hatte Moskau gemeinsam mit Bukarest »gemischte Gesellschaften« gegründet und damit bestimmenden Einfluss auf die rumänische Wirtschaft erhalten. Diese *Sovromuri* genossen Steuerfreiheit und andere Vorteile; ihr Management lag in den Händen von Sowjetbürgern. Neben den hieraus erwirtschafteten Gewinnen musste Rumänien weitere wirtschaftliche Leistungen für die UdSSR erbringen, deren Höhe das Land letztlich in den Ruin trieb. Im Winter 1946/47 sah sich das amerikanische Rote Kreuz zu Hilfslieferungen nach Rumänien veranlasst, um die dort herrschende Hungersnot zu lindern. Die Rückzahlungen an die UdSSR waren 1952 abgeschlossen. Im Waffenstillstandsabkommen vom 12. September 1944 hatte sich Rumänien dazu verpflichtet, faschistische Organisationen zu verbieten und die alten Machthaber zu bestrafen. Der ehemalige Staatschef Ion Antonescu, sein Außenminister Mihai Antonescu sowie weitere Personen wurden verhaftet und vor Gericht gestellt. Wegen Kriegsverbrechen, darunter auch die Massaker an Juden in Odessa, verurteilte sie das neue Regime zum Tode und ließ sie erschießen.

1947 begannen die Gleichschaltungsmaßnahmen. Sie galten zunächst den oppositionellen Parteien. Die »Nationale Bauernpartei« wurde Mitte August 1947 verboten, ihre führenden Persönlichkeiten verhaftet und in einem Schauprozess wegen Hochverrats und krimineller Beziehungen zu US-Diplomaten abgeurteilt. Der »Nationalliberalen Partei« erging es nicht besser. Ihr Vorsitzender Constantin Brătianu starb 1951 im Gefängnis. Am 30. September 1947 zwangen Ministerpräsident Groza und KP-Chef Gheorghiu-Dej den König zur Abdankung. Wie sein Vater Carol II., der in Brasilien lebte, musste er zusammen mit seiner Mutter Elena emigrieren. Noch am selben Tag rief das Parlament die *Republica Populară Română*, die Volksrepublik Rumänien, aus.

Im März 1948, bei den Wahlen zur verfassunggebenden Nationalversammlung, gewann die Rumänische Arbeiterpartei, die mit der Sammelliste *Frontul Național Democrat* antrat, 405 von 414 Sitzen. Die Mitte April 1948 einstimmig angenommene Verfassung sorgte für neue Verhältnisse im Land. Staats- und Kollektiveigentum wie Privateigentum wurden immerhin verfassungsrechtlich garantiert, aber die orthodoxe Kirche des Landes verlor ihre privilegierte Stellung. In den beiden folgenden Jahren wurden die Verstaatlichung von Industrie, Banken und Handel vorangetrieben; es folgten die kleineren Betriebe, Krankenhäuser, Theater, Hotels und Pensionen. Nach dem Vorbild der Sowjetunion forcierte man den Ausbau der Schwerindustrie; zu Lasten von Konsum, Landwirtschaft und Wohnungsbau setzte das Regime ganz auf die Industrialisierung des Landes. 1948 fiel der Beschluss, die Planwirtschaft einzuführen, 1950 trat der erste Fünfjahresplan in Kraft. 1949 begann das Großprojekt Donau-Schwarzmeer-Kanal, das den Schiffsverkehr abkürzen sollte. Bei den Bauarbeiten kamen in großer Zahl politische Gefangene zum Einsatz. Viele überlebten die Strapazen nicht. Die im März 1949 beschlossene »sozialistische Umgestaltung« der privaten Landwirtschaft zu Kollektivbetrieben schritt wegen des Widerstands der Bauern nur sehr schleppend voran. Erst zehn Jahre später konnte die Bildung von Kolchosen sowjetischer Prägung in Angriff genommen werden – zu einem Zeitpunkt, als man in Polen und Jugoslawien schon von der Zwangskollektivierung abgerückt war. 1962 feierte die »Große Nationalversammlung« in Bukarest – in Anwesenheit Tausender Bauern – den Abschluss der Kollektivierung.

Die »Sowjetisierung« erfasste nahezu alle Lebensbereiche und prägte das Erscheinungsbild der Städte. Bukarest, das »Paris des Ostens«, verwandelte sich zu einer tristen Stadt im Stil der Stalin-Zeit – mit jener charakteristischen Verbindung von Elendsquartieren und imperialen Bauten wie der 1950 begonnenen *Casa Scînteii* im »Zuckerbäckerstil« am Stadtrand der Metropole. Braşov erhielt den Namen Oraşul Stalin (Stadt Stalin). Die reiche Kultur des Landes fiel der Zensur zum Opfer, das Russische – bisher ohne jede Tradition im Land – stieg zur ersten Fremdsprache auf, während die überkommenen Bindungen zum Westen verkümmerten. Mehr als vieles andere illustriert eine Modifikation des rumänischen Alphabets im Rahmen einer Rechtschreibreform 1954 den Willen zur kulturellen Überprägung im Sinne einer russophilen Slawisierung. In Anlehnung an die russische Orthographie ersetzte man den Buchstaben »â« durch »î« – eine Maßnahme, die sogar den Landesnamen von »România« in »Romînia« veränderte. Bei Personen- und Ortsnamen wurde das »â« freilich vielfach beibehalten. Anfang der 1960er Jahre, mit der Politik der »nationalen Unabhängigkeit«, wurde die kulturelle Russifizierung vollständig zurückgenommen.

Seit 1948 gehörte der Marxismus zum Grundbestand des Schul- und Bildungswesens. Die sozialistische Kulturpolitik erlaubte keine Privatschulen, was auch zur Enteignung konfessioneller Bildungsstätten führte. Ein neues Kultusgesetz grenzte den Freiheitsspielraum der Religionsgemeinschaften empfindlich ein und ordnete sie der Staatsmacht unter. Die orthodoxe Kirche passte sich den neuen Verhältnissen an, indem sie nur noch solche Persönlichkeiten zu Bischöfen machte, die sich dem Staat gegenüber vollkommen loyal verhielten. Umgekehrt suchte das Regime eine offene Verletzung der religiösen Gefühle der Bevölkerung zu vermeiden. Unter Druck gerieten allerdings die römisch-katholische Kirche und die mit Rom unierte »griechisch-katholische« Kirche. Letztere mit immerhin 1,5 Millionen Mitgliedern wurde am 1. Dezember 1948 verboten. Offiziell kehrten die Gläubigen »freiwillig« in den Schoß der Orthodoxie zurück. Der feierliche Wiedervereinigungsakt fand in Alba Iulia, in der Krönungskirche Ferdinands I., statt. Sie erhielt aus diesem Anlass den Namen *Catedrala Reîntregiru* – »Wiedervereinigungskirche«.

Ähnlich wie in anderen Ostblockstaaten kam es Ende der 1940er Jahre zu Parteisäuberungen. Für die Kommunisten Rumäniens bildeten der Bruch Titos mit Stalin im Frühjahr 1948 und die daraus rührende Furcht vor einer national-kommunistischen Entwicklung den unmittelbaren Anlass. Zwischen 1948 und 1950 wurden rund 192.000 Mitglieder aus der Partei ausgestoßen, der »einheimische« Parteichef Gheorghiu-Dej entledigte sich bei dieser Gelegenheit auch der »Moskauer« Parteikonkurrenz – jener Genossen, die in die UdSSR emigriert und erst 1944 nach Rumänien zurückgekehrt waren. Dem internen Machtkampf der beiden moskautreuen Parteiflügel, den Gheorghiu-Dej für sich entscheiden konnte, fielen auch Justizminister Lucreţiu Pătrăşcanu, Außenministerin Ana Pauker, Finanzminister Vasile Luca und andere zum Opfer. Als Anklagepunkte wurden Spionage für den Westen, Zugehörigkeit zur »faschistischen Tito-Clique« und ähnliche »Vergehen« vorgebracht.

Im Juni 1952 übernahm der politisch gestärkte Parteichef Gheorghiu-Dej auch das Amt des Regierungschefs. Bei den Neuwahlen zur »Großen Nationalversammlung« im selben Jahr überbot die »Rumänische Arbeiterpartei« den Erfolg des Jahres 1948 noch einmal und konnte jetzt 98,94 Prozent der abgegebenen Stimmen auf sich vereinigen. Sie feierte sich als »führende Kraft des arbeitenden Volkes«.

Die Verflechtungen zwischen der UdSSR und Rumänien beruhten auf einer Vielzahl direkter und indirekter Bindungen, die von 1947 an ihre Wirkung entfalteten. In diesem Jahr schloss Rumänien einen Vertrag mit Jugoslawien, 1948 folgten weitere bilaterale Verträge mit Bulgarien, Ungarn und der UdSSR. Daneben gehörte Rumänien zu den Gründungsmitgliedern des 1949 gegründeten Rates für gegenseitige Wirtschaftshilfe (RGW / COMECON) sowie zu dem 1955 etablierten Militärbündnis des Warschauer Paktes. Diese Vertragssysteme schufen freilich keinen großen Ostblock-Binnenraum. Vielmehr riegelten sich die Comecon-Staaten gegenseitig ab; so gab es etwa keine Kontakte zwischen Rumänien und der rumänischen Bevölkerung in Bessarabien, das nunmehr zur UdSSR gehörte.

4.5 Pro-Sowjetismus im stalinistischen Musterland: Bulgarien

»Vaterländische Front« unter Beteiligung der Kommunisten

Wenige Tage nach der Kapitulation Rumäniens am 23. August 1944 erreichte die Rote Armee die Donau. Die bulgarische Regierung unter Konstantin Muraviev suchte die Eroberung ihres Landes durch die Sowjets zu verhindern, indem sie das Bündnis mit Deutschland aufkündigte und den Kriegsaustritt Bulgariens erklärte. Doch Moskau nahm diese Bemühungen wie auch das Waffenstillstandsangebot Sofias offiziell gar nicht zur Kenntnis und erklärte am 5. September 1944 Bulgarien den Krieg. Vier Tage später wurde die Regierung Muraviev durch einen Militärputsch gestürzt und von einem »Nationalkomitee der Vaterländischen Front« ersetzt. Die aktive Kommunistische Partei Bulgariens (*Bălgarska komunističeska partija*, BKP) war in den 1920er Jahren dezimiert und in den Untergrund gedrängt worden. Ihre Führer, Geor-

gi Dimitrov und Vasil Kolarov, konnten in die UdSSR fliehen. Im Berliner Reichstagsbrandprozess 1933 hatte Dimitrov internationales Ansehen gewonnen, weil er es gewagt hatte, den Nationalsozialisten zu widersprechen. In seinem Prozess vor dem Reichsgericht bot er der Öffentlichkeit einen Schlagabtausch mit dem als Zeugen geladenen Hermann Göring. Als das Gericht Dimitrov am 4. November 1933 das Wort entzog, weil er für den Kommunismus Propaganda machte und die Sowjetunion pries, entgegnete dieser, Göring mache für den Nationalsozialismus Propaganda. Und direkt an Göring gewandt: »Haben Sie Angst, auf meine Fragen zu antworten?«[52]

Nach seinem Freispruch versuchte er – nunmehr Generalsekretär der Komintern –, von Moskau aus die versprengten kommunistischen Kader in Bulgarien zu organisieren, und kehrte dann am 4. November 1945 – zusammen mit Vasil Kolarov, Georgi Damjanov und Vălko Červenkov – wieder in seine Heimat zurück. Aber auch in der Heimat hatte sich schon – unter Trajčo Kostov, Cola Dragojčeva und Anton Jugov – die Bulgarische Kommunistische Partei neu formiert. Der Konflikt mit den »Moskauern« und den im Land gebliebenen Kommunisten war programmiert. Dimitrovs Empfehlung an die Kommunisten in der Heimat aus dem Jahr 1941 hatte gelautet, eine »Vaterländische Front« aus allen antifaschistischen Kräften zu bilden. Doch die großen Parteien – der Bulgarische Bauernvolksbund wie die Demokratische Partei – hatten sich geweigert, mit den Kommunisten gemeinsame Sache zu machen. Koalitionsbereit waren lediglich linke sozialdemokratische Splittergruppen unter Grigor Češmedžuev, die nationale Offiziers- und Intellektuellengruppe *Zveno* (Bindeglied) und eine linksradikale Abspaltung des Bauernvolksbundes – die Pladne-Gruppe unter Nikola Petkov. Im September 1943 bildeten diese Gruppierungen die »Vaterländische Front« und deren ständiges Exekutivorgan, das Nationalkomitee. Am 9. September 1944 übertrugen die Besatzungsbehörden dieser von den Kommunisten geführten »Vaterländischen Front« die Regierungsgewalt in Bulgarien. Anders als in den meisten anderen Ländern, die Moskau seinem Sicherheitsgürtel zurechnete und unterwarf, besaß die UdSSR ein gewisses Vertrauenspotenzial in Bulgarien. Immerhin hatte Russland zur Befreiung Bulgariens von der türkischen Herrschaft beigetragen. Außerdem nahm die *Zveno* in diesem Regierungsbündnis eine starke Rolle ein. Ihre Führer und die Akteure des Staatsstreichs vom 19. Mai 1934 – die Militärs Kimon Georgiev und

Damjan Velčev – stellten in der »Vaterländischen Front« den Minister-präsidenten und den Kriegsminister. Die zahlenmäßig schwachen Kommunisten beanspruchten nur zwei der 16 Ministerämter – das In-nen- und das Justizministerium; dies waren allerdings Schlüsselpositio-nen. Im Unterschied zu den jugoslawischen Kommunisten besaßen sie keine Partisanenarmee, keine widerstandserprobte Organisation und kaum Rückhalt in der Bevölkerung. Darum benötigten die bulgarischen Kommunisten Unterstützung von Seiten der östlichen Vormacht.

Als erste Maßnahme ging die neue Regierung gegen die Kollabora-teure Deutschlands und die Anhänger des bulgarischen Zarismus mit großer Härte vor. Prominente Politiker und Militärs wurden von »Volks-milizen« gejagt, verhaftet und zu langjährigen Haftstrafen oder zum Tode verurteilt. In einem Hochverratsprozess wurden 86 führende bul-garische Politiker, darunter Prinzregent Kyrill und die Ministerpräsi-denten der achsenfreundlichen Kriegskabinette Bogdan Filov, Dobri Božilov und Ivan Bagrianov, zum Tode verurteilt und sofort hingerich-tet. »Volksgerichtshöfe« verhängten über 2.138 Generäle, Offiziere und ehemalige Regierungsmitglieder Todesurteile. 3.500 wirkliche oder ver-meintliche Anhänger des alten Regimes verschwanden lebenslänglich in Zuchthäusern. In die Positionen der alten Eliten rückten Kommu-nisten nach. Auch der Führer des Bauernschutzbundes, Konstantin Muraviev, der sich nichts hatte zuschulden kommen lassen, blieb bis zu seinem Tod im Jahr 1965 eingesperrt. Andere, wie der demokrati-sche Politiker Nikola Mušanov, die sich weigerten, mit der »Volksfront« zusammenzuarbeiten, schickte man in Arbeitslager. Dabei konnte man sich auf die Besatzungsmacht stützen, die den bulgarischen Kommu-nisten Informationen des Geheimdienstes und meist fingiertes Beweis-material gegen unliebsame Politiker zur Verfügung stellte.

Der Bauernvolksbundführer Georgi M. Dimitrov-Gemeto hatte vor der zarischen Polizei aus Bulgarien flüchten müssen, kehrte nach dem Krieg zurück und wurde im Oktober 1944 Generalsekretär des Bauern-volksbundes. Da er seine Partei als oppositionelle Kraft im Lande pro-filieren wollte, drangsalierten ihn die Kommunisten so lange mit Ver-leumdungskampagnen und anonymen Drohungen, bis er schließlich in die amerikanische Mission flüchtete und ins Ausland geschleust wurde. Mit einer anderen Methode entledigte man sich des Führers der *Pladne*-Gruppe und stellvertretenden Ministerpräsidenten der Ko-alitionsregierung, Nikola Petkov. Man spaltete seine Partei und zwang ihn im Juli 1945 zum Rücktritt. Ähnlich erging es dem Führer der sozialdemokratischen Abspaltung, Grigor Češmedžuev. Im Zuge einer »Säuberung« der bulgarischen Armee stürzte man den Kriegsminister Oberst Damjan Velčev, einer der beiden *Zveno*-Führer, und berief stattdessen den Kommunisten Georgi Damjanov.

Mit diesen und anderen Methoden brachte Dimitrov das Land rasch auf Moskauer Kurs. Ein Referendum vom 8. September 1946 über die zukünftige Staatsform führte sehr deutlich zur Abwahl der Monarchie. Es handelte sich nicht um eine demokratisch legitimierte Volksabstimmung, aber es konnte keinem Zweifel unterliegen, dass sich die Monarchie in der Bevölkerung keiner großen Beliebtheit mehr erfreute. Am 15. September 1946 proklamierte die Nationalversammlung die Volksrepublik Bulgarien (*Nrodna republika Bălgarija*, NRB), wählte den aus Moskau zurückgekehrten Altkommunisten Vasil Kalarov zum Vorsitzenden des Präsidiums der Nationalversammlung und damit zum provisorischen Staatsoberhaupt. Der neunjährige Thronfolger Simeon verließ mit seiner Mutter das Land und sollte erst 1996 zurückkehren – triumphal von der Bevölkerung empfangen, mit seiner monarchistischen Splitterpartei politisch zunächst chancenlos, um dann doch von 2001 bis 2005 als Premier seinem Land zu dienen.

Im Oktober 1946 wurde das Parlament aufgelöst und eine Verfassunggebende Nationalversammlung einberufen. Dimitrov kandidierte an der Spitze der Einheitsliste »Vaterländische Front«, die in demokratisch zweifelhaften Wahlen 70 Prozent der Bevölkerung hinter sich brachte. Aufgrund des Wahlergebnisses konnte er den *Zveno*-Führer Oberst Kimon Georgiev als Ministerpräsidenten ablösen. Nikola Petkov, nunmehr Vorsitzender der oppositionellen Bauernvolkspartei, warf den Kommunisten öffentlich Wahlfälschung und Manipulation bei der Regierungsbildung vor. Daraufhin verlangte die im Herbst eingerichtete Alliierte Kontrollkommission, dass zwei Oppositionspolitiker in die Regierung aufgenommen werden sollten. Doch Dimitrov zog die Verhandlungen solange in die Länge, bis der Abschluss des Friedensvertrages am 10. Februar 1947 die unerwünschte Einmischung von außen obsolet machte. Kaum hatten die USA am 4. Juni 1947 den Vertrag ratifiziert, ließ Dimitrov seinen Gegner Petkov verhaften, des Hochverrats anklagen und am 16. August 1947 zum Tode verurteilen. Obwohl die Alliierten gegen das eindeutig politische Urteil protestierten, wurde es am 23. September 1947 vollstreckt.

Der Friedensvertrag beließ die Süd-Dobrudža bei Bulgarien, das makedonische Territorium musste geräumt und an Jugoslawien wie Griechenland Reparationen gezahlt werden.

Umgestaltung nach sowjetischem Vorbild

Am 4. Dezember 1947 verabschiedete die Große Nationalversammlung eine neue Verfassung, die die »Tărnovo-Verfassung« von 1879 ablöste. Diese neue bulgarische Verfassung glich der sowjetischen »Stalinverfassung« von 1936 aufs Haar. Auch hier wurde die Gewaltenteilung abgeschafft, Judikative und Exekutive wurden der zweimal jährlich zusammentretenden Nationalversammlung (*Narodno săbranie*) übertragen. Ein ständig tagendes, neunköpfiges Präsidium, dessen Vorsitzender zugleich als Staatsoberhaupt fungierte, übernahm die anfallenden Aufgaben – wie Ernennung der Regierung, der Obersten Richter, des Generalstaatsanwalts und die Verabschiedung des Haushalts. Die Beschlüsse des Präsidiums wurden von der Nationalversammlung nachträglich gutgeheißen. Wohl wurden in der Verfassung die Freiheitsrechte garantiert, aber sie erfuhren eine drastische Einschränkung, insofern bestimmt war, dass sich diese Freiheiten nicht »gegen den Staat und die öffentliche Ordnung« richten dürften. Aber abstrakte Freiheitsrechte schienen der Bevölkerung zunächst weniger wichtig zu sein. Mit großer Zustimmung begrüßten sie dagegen den »Wohlfahrtsstaat« – die Arbeitsplatzgarantie sowie das Versprechen einer materiellen Absicherung und einer angemessenen Ausbildung. Mit Ausnahme des von einer linken Gruppierung beherrschten Bauernvolksbundes lösten sich die anderen Koalitionsparteien der »Volksfront« auf. Der neue Vorsitzende des Bauernvolksbundes, Georgi Trajkov, erkannte die »führende Rolle der Arbeiterklasse und der kommunistischen Partei« an. Die Parteien außerhalb der »Vaterländischen Front« wurden ebenfalls aufgelöst oder gingen – wie die in der Koalition verbliebenen Sozialdemokraten – in der Kommunistischen Partei auf. Im Dezember 1948 konnte Dimitrov dem V. Kongress der Bulgarischen Kommunistischen Partei die frohe Botschaft überbringen, dass in Bulgarien das Proletariat die Macht übernommen habe. Das unter Stalin entwickelte staatssozialistische System des »demokratischen Zentralismus« wurde unverändert übernommen, die Partei in regelmäßigen Abständen »gesäubert«. Zwischen 1944 und 1949 musste nahezu ein Viertel der Mitglieder wegen

»kleinbürgerlicher Gesinnung« oder aus anderen Gründen die Partei verlassen. Die »Nomenklatura«, eine der Partei treu ergebene und privilegierte Klasse, beherrschte das Land, in dem sich angesichts der Willkürmaßnahmen zunehmend Angst ausbreitete.

Die kommunistischen Parteien der Ostblock-Staaten wollten mit Hilfe der KPdSU (B) an die Macht kommen und von den Errungenschaften der UdSSR profitieren, sich aber nicht dauernd von Moskau bevormunden lassen, sondern in ihren Ländern einen eigenen »nationalen« Kommunismus aufbauen. Diesem Ziel einer gewissen Unabhängigkeit von der UdSSR dienten auch die Pläne zur Schaffung einer »Balkan-Union«. Im Herbst 1947 verhandelten die bulgarische und die jugoslawische Regierung über eine Zusammenarbeit, die schließlich in einer solchen Konföderation münden sollte. Als Dimitrov bei einem Staatsbesuch im Januar 1948 in Bukarest einen Staatenbund anregte, dem außer Bulgarien und Jugoslawien auch Rumänien, Ungarn, Albanien, die Tschechoslowakei und Polen – ja sogar Griechenland nach einem Sieg der Kommunisten – angehören sollten, fürchtete die UdSSR das Entstehen eines zweiten, von Moskau unabhängigen Zentrums des Weltkommunismus in Belgrad. Am 28. Januar 1948 legte die *Prawda* ihr Veto gegen Dimitrovs »fragwürdiges und gekünsteltes« Föderationsprojekt ein. Stalin und Molotow bestellten Dimitrov und Tito nach Moskau ein, um ihnen die Leviten zu lesen. Tito ließ sich von Milovan Djilas vertreten, der später darüber berichtete, wie Dimitrov abgekanzelt wurde.[53] Nach seiner Rückkehr aus Moskau trat Dimitrov kaum mehr in der Öffentlichkeit auf, im März 1949 verließ er Sofia und begab sich in eine Moskauer Klinik. Dort starb er wenige Monate darauf, erst 67-jährig; sein Leichnam wurde mit großem Pomp nach Sofia überführt. Gegenüber dem ehemaligen Zarenschloss in Sofia wurde für ihn ein Mausoleum mit Glassarg errichtet. 1990 wurde sein Leichnam, den seinerzeit der Einbalsamierer Lenins präpariert hatte, auf dem Sofioter Friedhof beigesetzt.

Um den von Belgrad ausgehenden Bazillus der Verselbstständigung wirksam zu bekämpfen, wurde im Juni 1948 die KP Jugoslawiens aus dem Kominform ausgestoßen und der »Titoismus« gebrandmarkt. Parteisäuberungen mit Schauprozessen und die Einsetzung besonders gefügiger Kader sollten in den anderen Ländern ähnliche Entwicklungen verhindern. Dimitrovs Posten als Generalsekretär der Bulgarischen Kommunistischen Partei wurde zunächst nicht besetzt, in das Amt des

Ministerpräsidenten rückte Vasil Kolarov nach, ein Kampfgefährte Dimitrovs aus Moskauer Tagen. Als dieser nach wenigen Monaten starb, folgte ein willfähriger, moskautreuer Mann: Välko Červenkov. Dass der Stalin blind ergebene Červenkov, ein Schwager Dimitrovs, an die Spitze des bulgarischen Staates hatte gelangen können, hing mit der brutalen Beseitigung Trajčo Kostovs zusammen. Der Revolutionär und kommunistische Kämpfer gegen die Nationalsozialisten war 1940 Sekretär der Bulgarischen Kommunistischen Partei im Untergrund geworden und leitete während des Krieges eine Partisaneneinheit. Im Unterschied zu Dimitrov war er kein »Moskauer«, sondern immer in Bulgarien geblieben – als Held des Widerstandes hochverehrt und in der Partei eine Autorität. Von Stalin immer wieder unterbrochen, beharrte er am 10. Februar 1948 bei dem Moskauer Zusammentreffen auf seiner Kritik an der sowjetischen Dominanz in der bulgarischen Wirtschaft und äußerte, dass diese seinem Land schade.

Damit hatte er sein Urteil selbst gesprochen. Dimitrov leitete noch im Januar 1949 das Parteiverfahren »wegen nationalistischer Gesinnung« gegen ihn ein. Kostov verlor seine Ämter, auch das als Stellvertretender Ministerpräsident, das Politbüro schloss ihn aus, aber er durfte Mitglied des ZK bleiben. Gegen diese milde Behandlung protestierten die Anhänger Moskaus in der Bulgarischen KP. Am 27. Mai 1949 erklärte Vasil Kolarov, Antisowjetismus sei die »verabscheuungswürdigste Form nationalen Abweichlertums«. Im Monat darauf nahm Červenkov in Moskau Anweisungen gegen Kostov entgegen, woraufhin Kolarov seine Anklagen noch verschärfte. Jetzt wurde Kostov »Titoismus« vorgeworfen. Es folgten Parteiausschluss und Verlust des Mandats in der Nationalversammlung. Kostov wurde verhaftet, Anfang Dezember 1949 kam es zu einem Schauprozess gegen ihn. Dort widerrief er vor der Weltöffentlichkeit sein unter Folter abgelegtes Geständnis, für westliche Geheimdienste gearbeitet zu haben. Doch kurz darauf präsentierten die Richter erneut sein schriftliches Geständnis. Kostov wurde zum Tode verurteilt und am 16. Dezember 1949 gehenkt. Mehrere bulgarische Angestellte der amerikanischen Botschaft wurden ebenfalls verhaftet und zum Tode verurteilt. Als Bulgarien die USA aufforderte, den Botschafter Donald R. Heath abzuberufen, brachen diese im Februar 1950 die diplomatischen Beziehungen zu Sofia ab. Erst im März 1959 tauschten beide Länder wieder Botschafter aus.

Červenkov hatte die Anklagen gegen Kostov und dessen nationalkommunistische Freunde vorbereitet und auch den Innenminister Anton Jugov sowie den Vorsitzenden der Plankommission, Dobri Terpeš-
ev, beschuldigt, sie hätten von der antisowjetischen Agitation wissen
müssen. Damit qualifizierte sich Červenkov für das höchste Amt. Stalin empfahl ihn nach dem Tod Vasil Kolarovs am 1. Februar 1950 für
das Amt des Ministerpräsidenten. Am 11. November 1950 wurde Červenkov auch zum Generalsekretär der Bulgarischen Kommunistischen
Partei gewählt und besaß damit dieselbe Machtfülle wie Dimitrov. Weitere Anklagen und Parteisäuberungen – über 100.000 Mitglieder wurden ausgeschlossen, viele in Arbeitslager geschickt – konsolidierten die
neuen Machtverhältnisse. Nach sowjetischem Vorbild übernahm Červenkov den Führerkult um seine Person, sein Porträt wurde neben dem
von Marx, Engels, Lenin und Stalin durch die Straßen getragen. Die
Bevölkerung nannte ihn den »kleinen Stalin«.

Červenkov setzte auf eine rigorose Gleichschaltung aller gesellschaftlichen Gruppierungen, auch der Minderheiten, die etwa 14 Prozent der
Bevölkerung ausmachten. Die über 44.000 bulgarischen Juden hatten
zwar unter der antisemitischen Politik Bulgariens während des Zweiten
Weltkrieges gelitten, den Judenstern tragen müssen und waren in Ghettos gepfercht worden, aber sie hatten den Holocaust überlebt. Nach einer vorübergehenden bürgerlichen Gleichstellung in der Nachkriegszeit wurden sie nun von den Kommunisten ebenfalls diskriminiert und
zur Auswanderung gedrängt. Innerhalb weniger Jahre verließen fast alle Juden Bulgarien. Die bulgarischen Türken, mit 675.500 Menschen
nahezu ein Zehntel der gesamten Bevölkerung, wollte Bulgarien ebenfalls loswerden. Sie sollten in die Türkei abgeschoben werden. Bis November 1951 nahmen die türkischen Behörden etwa 220.000 von ihnen
auf und schlossen dann wieder die Grenze. Da infolge des hohen Ge-
burtenzuwachses die Zahl der bulgarischen Türken bis 1968 wieder auf
über 750.000 angestiegen war, kam es in diesem Jahr zu einem weiteren Auswanderungsabkommen mit der Türkei. Minderheiten, die nicht
emigrierten, waren einer massiven Assimilierungskampagne ausgesetzt.

Červenkov wollte darüber hinaus die Bevölkerung radikal von der
Kirche entfremden. Schon 1945 war der Religionsunterricht in den
Schulen abgeschafft, die ausländischen Gymnasien 1948 geschlossen
worden. Der Grundbesitz der Kirchen wurde enteignet, Denominationen mit amerikanischen Mutterkirchen, wie Baptisten und Methodis-

ten, wurden – auch im Zeichen des Kalten Krieges – gnadenlos verfolgt. Im Frühjahr 1949 inszenierte das Regime gegen fünfzehn evangelische Pfarrer einen Schauprozess wegen Spionage, Hochverrats und Devisenvergehen. Bischof Vasil Ziarkov und drei weitere Pfarrer wurden zu lebenslanger Haft, die anderen zu langjährigen Zuchthausstrafen verurteilt. Auch die katholische Kirche Bulgariens wurde brutal unterdrückt, ein Schauprozess gegen Bischof Evgenij Bosilkov, kirchliche Redakteure sowie dreißig Priester, Nonnen und Laien endete im Oktober 1952 mit vier Todesurteilen. Die anderen Angeklagten verschwanden für viele Jahre oder für immer in Arbeitslagern und Zuchthäusern. Die Anklage lautete auf »Spionage für den Vatikan«, die Anlage heimlicher Waffendepots und Propaganda gegen den Kommunismus.

Auch die Bulgarische Orthodoxe Kirche, der 84,5 Prozent der Bevölkerung angehörten, erlebte grausame Verfolgungen. Zeitweise befanden sich über 300 Priester in dem berüchtigten Lager Belene auf der Donauinsel. Viele Geistliche wurden gefoltert und ermordet. Die erste Nachkriegsregierung hatte zunächst eine Reorganisation der Orthodoxen Kirche unterstützt. Am 21. Januar 1945 wurde der Metropolit von Sofia, Stefan, zum Exarchen gewählt und vom Ökumenischen Patriarchat in Konstantinopel anerkannt. Da Stefan auf kirchlicher Selbstständigkeit bestand und den Priestern verbot, in politischen Parteien tätig zu werden, kam es bald zu Konflikten mit dem Staat. Kontrolle und Zensur waren an der Tagesordnung. Die Dimitrov-Verfassung vom 4. Dezember 1947 vollzog schließlich eine klare Trennung von Staat und Kirche und schaffte die religiöse Erziehung ab. Am 6. September 1948 wurde Exarch Stefan zum Rücktritt gezwungen und in das Kloster Bačkovo verbannt. An seiner Stelle wurde der gefügige Metropolit Mihail gewählt. Die Orthodoxe Kirche verhielt sich nun strikt staatsloyal, ihre Priester durften in kommunistischen Organisationen aktiv werden, und sie verzichtete auf »religiöse Propaganda unter der Jugend«. Ein »Gesetz über die Freiheit der Religionsausübung« vom 1. März 1949 verbot dem Klerus sämtliche Kontakte zum Ausland und stellte Kritik an der Regierung oder an der Kommunistischen Partei unter Strafe. Am 1. Dezember 1950 erhob ein Kirchenstatut das Exarchat in den Rang eines Patriarchats. Im Mai 1953 berief der Nationalkongress der Orthodoxen Kirche den Metropoliten Kyrill von Sofia zum ersten bulgarischen Patriarchen seit dem 18. Jahrhundert. Kyrill verstand es, auf der gemeinsamen Basis des Patriotismus mit Staat und Partei einen Modus vivendi zu finden. Aber die atheistische Propaganda zeigte Ergebnisse. Als der Metropolit von Loveč, Maksim, im Juli 1971 Kyrills Nachfolge antrat, war die Zahl der Priester gegenüber 1940 von fast 3.000 auf die Hälfte gesunken, viele Kirchen standen leer und verfielen.

Massive Verfolgungen hatte die muslimische Religionsgemeinschaft zu erleiden, zu der sich 1946 rund eine Million Gläubige bekannten. Seit 1949 durften die Imams von den Minaretten nicht mehr zum Gebet rufen, die Koranschulen mussten geschlossen werden, Moscheen verschwanden, und die Zahl der Geistlichen ging von 2.700 im Jahr 1956 auf 600 im Jahr 1979 zurück.

Gegen die Sowjetisierung der bulgarischen Wirtschaft erhob sich in der bitterarmen Bevölkerung kaum Widerstand – im Gegenteil. Das radikaldemokratische Programm der Kommunisten und die Zerstörung der alten Gesellschaftsstrukturen fanden bei der Jugend und den Besitzlosen durchaus Anklang, denn die neue soziale Mobilität eröffnete den Unterschichten erstmals Chancen für einen Aufstieg. Die beschleunigte Industrialisierung galt als Zauberformel, um endlich den Anschluss an die Kernstaaten des Westens zu erreichen. »Das sozialistische Wirtschaftssystem des stalinistischen Typs musste den verzweifelten und gedemütigten Völkern nicht aufgezwungen werden. Es überzeugte durch einen nach außen sichtbaren Erfolg.«[54] Das Versprechen, soziale Sicherheit, Chancengleichheit und wachsenden Wohlstand herbeizuführen, besaß eine höhere Anziehungskraft als vage Versprechungen von Freiheit, die den Menschen ohnedies unbekannt war.

Die Kollektivierung der Landwirtschaft verlief ebenfalls nach sowjetischer Schablone. Um Stahlwerke und Maschinenfabriken aufbauen zu können, wurden die Bauern des Agrarlands erbarmungslos ausgebeutet. Sie mussten ihre Produkte zu lächerlich niedrigen Preisen dem Staat verkaufen, der sie in den Städten überteuert anbot. Den Erlös steckte man in die Industrialisierung. Vier Fünftel der Bevölkerung lebten von der Landwirtschaft, meist handelte es sich um Kleinbauern. Der Boden war durch Erbteilungen zersplittert. Das Genossenschaftswesen, Gemeineigentum und Großfamilienstrukturen erleichterten den Menschen den Übergang zum kommunistischen System. Dennoch gelang es erst Červenkov, den Widerstand der Bauern gegen die Kollektivierung zu brechen. 1958 waren immerhin mehr als 90 Prozent der landwirtschaftlichen Nutzfläche in Produktionsgenossenschaften eingebracht; Bulgarien war – nach der UdSSR – das zweite kommunistische Land, das seine Landwirtschaft fast völlig kollektiviert hatte. Schon während des Zweiten Weltkrieges hatte die staatliche Lenkung der Industrieproduktion ein hohes Niveau erreicht, so dass sich der Übergang zur kommunistischen Planwirtschaft für die Bevölkerung beinahe unmerklich vollzog. In der zweiten Hälfte der 1940er Jahre gab es bereits gigantische Entwicklungspläne für eine Industriestadt Dimitrovgrad im Tal der Marcia und einen Plan für den Bau eines Wasserkraftwerkes in der Nähe von Kazanläk im oberen Tundža-Tal. Im ersten Fünfjahresplan – in der Periode von 1949 bis 1953 – floss ein Großteil des aus der Landwirtschaft gewonnenen Kapitals in den Aufbau der Schwerindustrie und in die Elektrifizierung. Da die Landwirtschaft vernachlässigt wurde, traten jedoch bald ernste Versorgungsengpässe auf, ein riesiger Behördenapparat steuerte auf dem Industriesektor die schwerfällige Produktion und legte jenseits von Marktkriterien die Preise fest. Durch manipulierte Produktionszahlen, gefälschte Statistiken und geschönte Erfolgsberichte erweckte die Partei aber stets den Eindruck, es werde immer besser.

Die UdSSR unterstützte ihre meist agrarisch geprägten Satellitenstaaten beim Aufbau der Industrialisierung auch deshalb, weil sie einen auf Moskau konzentrierten Großwirtschaftsraum schaffen wollte. Bulgarien und die anderen Staaten sollten ihre traditionellen Handelsbeziehungen zum Westen auflösen und ihre Kapazitäten dem »sozialistischen Weltmarkt« (Stalin) zuführen. Bulgarien galt als Musterschüler der UdSSR, aber auch als jenes Land, das wie kein anderes vom »großen Bruder« ausgebeutet wurde. Vier Fünftel des Warenaustauschs wurden im Comecon abgewickelt, davon mehr als die Hälfte mit der UdSSR. Da es in dem Land von sowjetischen Experten, Technikern und Bürokraten nur so wimmelte, besaß die UdSSR intensive Kontrollmöglichkeiten.

Dennoch wehrte sich selbst Bulgarien, nur der spezialisierte Teil »eines ökonomischen Generalplanes« zu sein, wie es im Gründungsprotokoll des Comecon hieß. Jede noch so kleine Volkswirtschaft bemühte sich um eine möglichst komplette Industriestruktur und lehnte die von Moskau verordnete Arbeitsteilung im Comecon-Raum ab. Beinahe überall, auch im moskautreuen Bulgarien, setzten sich die Verfechter einer möglichst eigenständigen nationalen Entwicklung durch. Da der sowjetische Markt alle Produkte aufnahm, auch solche, die den westlichen Standards nicht genügten, regte der Export in die UdSSR die bulgarischen Produzenten nicht dazu an, eine höherwertige Qualität zu erzeugen. Bereits wenige Jahre nach der Machtübernahme der Kommunisten machten sich unter der Bevölkerung Enttäuschung und Lethargie breit. Anstatt einer allmählichen Besserung der Lebensverhältnisse traten Versorgungsmängel ein, der ohnehin niedrige Lebensstandard sank weiter ab. Das System hatte allen Kredit verloren. Červenkov machte für die Versorgungsmisere den Landwirtschaftsminister Titko Černokolev verantwortlich. Aber die sowjetische Führung bestrafte auch Červenkov selbst, indem sie den Wiederaufstieg seines ärgsten Parteifeindes Anton Jugov betrieb. Im Sommer 1952 musste er den Rivalen zum Stellvertretenden Ministerpräsidenten Bulgariens ernennen.

4.6 Allmähliche Unterordnung: Ungarn

Aushöhlung der bürgerlichen Ordnung

Nach dem Zusammenbruch des Horthy-Regimes und der Befreiung von den Pfeilkreuzlern wie den Deutschen schien sich in Ungarn erstmals die Chance zu eröffnen, autoritäre Strukturen abzustreifen und den Weg zu einer modernen Gesellschaft zu nehmen. Einer jungen Generation von Politikern wie dem Rechtsphilosophen István Bibó stand die Notwendigkeit einer tief greifenden sozialen Umwälzung der ungarischen Gesellschaft klar vor Augen. Mit Hilfe der Westalliierten wollte man einen *harmadik út*, einen »Dritten Weg« zu einer eigenständigen »östlichen Demokratie«, beschreiten und beiden »totalitären« Optionen – dem Faschismus wie dem Bolschewismus – eine klare Absage erteilen. Doch die Realität sah anders aus: Ungarn gehörte zu den von der Roten Armee besetzten Staaten. Die am 21. Dezember 1944 im bereits befreiten Debrecen konstituierte Provisorische Nationalversammlung (*Ideiglenes Nemzetgyülés*) wählte am Tag darauf eine Provisorische Nationale Regierung (*Ideiglenes Nemzeti Kormány*) unter dem parteilosen General Béla Miklós-Dálnoki. Am 28. Dezember 1944 erklärte diese Provisorische Regierung Deutschland den Krieg und unterzeichnete am 20. Januar 1945 in Moskau das Waffenstillstandsabkommen mit den Alliierten. Nach den Bestimmungen dieses Abkommens musste Ungarn die Festlegung seiner Grenzen nach dem Stand vom 31. Dezember 1937 akzeptieren und einer Reparationszahlung von 200

Millionen Dollar zustimmen. Obwohl die Rote Armee in dem bereits von den Deutschen ausgeraubten Land plünderte, vergewaltigte und auch sonst in jeder Hinsicht Angst verbreitete, verhielt sich die sowjetische Besatzungsmacht in politischer Hinsicht – ähnlich wie in Rumänien – zunächst eher zurückhaltend. Wohl auch aus Rücksicht auf die Westalliierten beließ sie die Provisorische Regierung Miklós-Dálnoki im Amt und suchte nach außen hin den Anschein zu erwecken, als mische sie sich nicht in die inneren Angelegenheiten des Landes ein. Aber unter dem Vorwand der »Entfaschisierung« konnte aus dem Hintergrund der Vorsitzende der Alliierten Kontrollkommission, Marschall Kliment E. Woroschilow, unmittelbar in die innerungarischen Verhältnisse eingreifen. Er ließ Entnazifizierungsausschüsse und Volksgerichte zur Aburteilung von Kriegsverbrechern und Kollaborateuren einrichten. Unter der Leitung des Kommunisten Gábor Péter entstand – im Einvernehmen mit Woroschilow – eine neue Politische Polizei (*Àllamvèdelmi Osztàly*, ÀVO), später *Àllamvèdelmi Hivatal* (ÀVH). Die Volksgerichte stellten etwa 60.000 Menschen unter Anklage und verurteilten über 10.000 – davon 400 zum Tode. Unter den Hingerichteten waren die Ministerpräsidenten der Kriegsjahre – Lásló Bárdossy, Béla Imrédy und Döme Sztójay – sowie Ferenc Szálasi und die Minister seines Kabinetts.

Unter der Provisorischen Nationalregierung wurde im März 1945 eine Bodenreform eingeleitet, die zu den radikalsten nach dem Zweiten Weltkrieg gehörte. »Die Reform besaß das Ausmaß einer Agrarrevolution.«[55] Über die Hälfte der ungarischen Bevölkerung lebte von der Landwirtschaft, die in einer Art »halbfeudalistischer« Agrarverfassung vom Großgrundbesitz dominiert wurde. Etwa 15.000 Familien, 0,1 Prozent der Bevölkerung, besaßen Betriebe von jeweils 575 Hektar, was zusammen 25,6 Prozent der landwirtschaftlichen Fläche ausmachte; 0,9 Prozent der Eigentümer besaßen 45,4 Prozent der landwirtschaftlichen Fläche. Dagegen verfügten 68,7 Prozent der Eigentümer über einen Besitz von weniger als drei Hektar und damit lediglich über 8,8 Prozent der gesamten landwirtschaftlichen Fläche. Mit über 600.000 Hektar gehörte die katholische Kirche zu den größten Grundbesitzern in Ungarn. Am 15. März verfügte der Landwirtschaftsminister, der Kommunist Imre Nagy, die Enteignung von insgesamt 35 Prozent der gesamten Nutzfläche, die zum größten Teil an über 640.000 Personen verteilt wurde – im Durchschnitt 5,1 Joch pro Besitzer. Damit gehörten 42 Prozent der landwirtschaftlichen Nutzfläche Klein- und Kleinstbesitzern, ein Großteil der Großgrundbesitzer verließ das Land in Richtung Westen.

Im August 1945 teilte Woroschilow dem Ministerpräsidenten der Provisorischen Regierung und den Parteivorsitzenden der in der Nationalen Unabhängigkeitsfront zusammengeschlossenen Parteien – der Sozialdemokratischen Partei, der Kommunistischen Partei, der Unabhängigen Partei der Kleinen Landwirte, der Nationalen Bauernpartei und der Bürgerlichen-Demokratischen Partei – mit, dass im Sinne der Konferenz von Jalta vom Februar 1945 in Ungarn Parlamentswahlen durchgeführt werden müssten. Bereits bei den Budapester Stadtratswahlen vom 1. Oktober 1945 mussten die auf einer gemeinsamen »Liste der Werktätigen« kandidierenden Sozialdemokraten und Kommunisten mit 42,8 Prozent der Stimmen eine herbe Niederlage hinnehmen. Die Partei der Kleinen Landwirte erhielt dagegen, ungewöhnlich für eine in der Stadt kandidierende Bauernpartei, 50,5 Prozent der Stimmen. Deutlicher konnte die Abfuhr für die ungarischen Kommunisten und ihre sowjetischen Helfershelfer kaum ausfallen. Die fünf Wochen später stattfindenden Wahlen zur Nationalversammlung, die weitgehend frei und demokratisch abliefen, ergaben ein ähnliches Bild: Die Partei der Kleinen Landwirte gewann mit 57 Prozent der Stimmen eindeutig die Wahlen; auf die Sozialdemokratische und die Kommunistische Partei entfielen je 17 Prozent der Stimmen, die Nationale Bauernpartei kam auf sieben Prozent. Hinter den Siegern – der Partei der Kleinen Landwirte – standen nicht nur die Bauern, sondern auch die Bürger, die Intellektuellen und der Klerus. Den Kommunisten hatte das Verhalten der sowjetischen Besatzungsmacht – Übergriffe auf die Bevölkerung sowie die umfangreiche Demontage von Industrieanlagen – eindeutig geschadet. »Während man die Herzen der Proletarier gewinnen wollte, wurden ihre Fabriken demontiert und abtransportiert und sie verloren ihre Arbeit.«[56] Woroschilow freilich hatte schon im Vorfeld der Wahlen, am 22. Oktober, die ungarische KP vernichtend kritisiert; unter ihren Mitgliedern befänden sich kriminelle Elemente, Karrieristen und Abenteurer.[57] Eine Säuberung sei unerlässlich. Den Parteivorsitzenden Rákosi hielt Woroschilow für völlig überfordert. Trotz des eindeutigen Wahlsieges der Partei der Kleinen Landwirte bestand Woroschilow auf der Bildung einer Koalitionsregierung. Auf seine Intervention hin gehörten dem neuen, aus den vier großen Parteien gebildeten Kabinett unter Zoltán Tildy (Mitglied der Partei der

Kleinen Landwirte) von achtzehn Ministern nur neun dieser Partei an. Dagegen erhielten die Kommunisten vier Ministerposten, die mit den beiden aus Moskau zurückgekehrten Ernö Gerö und József Révai sowie mit den in Ungarn gebliebenen Widerstandskämpfern László Rajk und János Kádár besetzt wurden. Gegen den erklärten Willen der Partei der Kleinen Landwirte bestimmte Woroschilow auch, dass Gerö das Innenressort übernahm. Am 1. Februar 1946 stimmte die Nationalversammlung für die Abschaffung des Königtums und die Einführung der Republik. Zoltán Tildy wurde zum Präsidenten der Republik gewählt, der kurz darauf seinen Parteifreund Ferenc Nagy zum neuen Ministerpräsidenten ernannte.

Unter Berufung auf die Bestimmungen des Potsdamer Abkommens vom Juli/August 1945 forcierte die Tildy-Regierung im Januar 1946 die »Umsiedlung« von über 400.000 Deutschen aus Ungarn. Politisch begründete man diesen Akt zu Unrecht mit der »Komplizenschaft« aller Ungarndeutschen mit dem »Volksbund der Deutschen in Ungarn«, der seinerseits das nationalsozialistische Deutschland repräsentiert habe. Ungarischen Quellen zufolge wurden insgesamt 135.000 Ungarndeutsche in die amerikanische und rund 50.000 Ungarndeutsche in die sowjetische Besatzungszone ausgesiedelt. Die verbliebenen 50 Prozent lebten bis zur Gründung des Demokratischen Verbandes Ungarländischer Deutscher im Jahr 1955 in politisch-gesellschaftlicher Diskriminierung. In die von den Deutschen geräumten Häuser zogen die während des Krieges nach Ungarn umgesiedelten Bukowiner Székler. Etwa zeitgleich mit der Vertreibung der Deutschen nahmen – nach der einseitigen Aberkennung der Staatsbürgerschaft von in der Tschechoslowakei lebenden Bürgern ungarischer Nationalität – Ungarn und die Tschechoslowakei schließlich auf der Grundlage einer Regierungsvereinbarung einen Bevölkerungsaustausch vor.[58] Etwa 95.000 Ungarn aus der Slowakei wurden nach Ungarn und etwa 73.000 Bürger slowakischer Nationalität aus Ungarn in die Slowakei umgesiedelt.

Das Frühjahr 1946 dominierte die innenpolitische Konfrontation zwischen den bürgerlichen Kräften und den von der Sowjetunion unterstützten Kommunisten. Das Ergebnis war am 5. März 1946 die Bildung eines Links-Blocks aus Kommunisten, Sozialdemokraten, Mitgliedern der Nationalen Bauernpartei und Gewerkschaftern. Dieser Block proklamierte den Kampf gegen die »reaktionären Kräfte« und opponierte geschlossen gegen die regierende Partei der Kleinen Landwirte.

Anfang August 1946 gelang der Koalitionsregierung mit der Einführung einer stabilen Währung, des Forinth, eine wirksame Bekämpfung der Inflation. Von außenpolitischer Bedeutung war der Besuch einer ungarischen Delegation der Ferenc-Nagy-Regierung in Moskau, Großbritannien und den Vereinigten Staaten im Frühsommer 1946 sowie die Eröffnung der Friedenskonferenz der Siegermächte des Zweiten Weltkriegs in Paris im Juli 1946. Die Hoffnungen auf eine Revidierung der Zugehörigkeit Siebenbürgens zu Rumänien sollten sich nicht erfüllen. Der im Herbst 1946 fertig gestellte und am 10. Februar 1947 unterzeichnete Friedensvertrag stellte nahezu vollständig die Grenzen von Trianon wieder her. Mit der Begründung, sie müssten die Verbindung zu den in Österreich stationierten sowjetischen Besatzungstruppen halten, blieben die sowjetischen Truppen im Land und boten den Kommunisten und der von Kommunisten geführten Politischen Polizei Rückendeckung für eine allmähliche Aushöhlung der bürgerlichen Ordnung.

1947 gehörten 80 Prozent der Beamten der Politischen Polizei zur ungarischen KP. Mit Hilfe kompromittierender Materialien wurden Politiker anderer Parteien zur Zusammenarbeit gezwungen. Die Gespräche der Parteiführer wie auch die des ungarischen Ministerpräsidenten Ferenc Nagy ließ man abhören und deren Inhalt Mátyás Ráko-

si, dem Generalsekretär der KP Ungarns, übermitteln. Die von den Westmächten hingenommene Entwicklung zielte vor allem auf die »Zerstückelung der Partei der Kleinen Landwirte«[59]. Angebliche »Verschwörungen« wurden aufgedeckt, was zu »Säuberungen« und der Ausschaltung des rechten Flügels der Partei führte. Im Februar 1947 wurde deren Generalsekretär, Béla Kovács, verhaftet, im Mai dankte Ministerpräsident Ferenc Nagy ab und emigrierte in die Schweiz. Ihm folgte alsbald der Präsident der Nationalversammlung, Béla Varga. Ende Mai 1947 trat Lajos Dinnyés vom linken Flügel der Partei der Kleinen Landwirte, ein Sympathisant des Links-Blocks, das Amt des Ministerpräsidenten an. Seine Koalitionsregierung mit László Rajk als Außen- und János Kádár als Innenminister übernahm praktisch das Programm des Links-Blocks und lehnte auf Druck Moskaus die Marshall-Plan-Hilfe zum wirtschaftlichen Wiederaufbau ab. Stattdessen schloss sie am 15. Juli 1947 ein Wirtschafts- und Kreditabkommen mit der UdSSR. Am 18. Februar 1948 folgte ein bilateraler Freundschafts- und Beistandsvertrag.

Bildung einer Volksfront und Verstaatlichung von Schlüsselindustrien

Ende Juli 1947 wurde das Parlament vorzeitig aufgelöst, Ende August 1947 fanden Neuwahlen statt. Trotz massiver Wahlbeeinflussung und -manipulation erreichte die Kommunistische Partei nicht die angestrebte absolute Mehrheit. Mit 22,3 Prozent der Stimmen wurde sie aber stärkste Partei und verfügte mit den anderen Parteien des Links-Blocks über 61 Prozent der Stimmen. Die am 23. September 1947 neu gebildete Regierung trug schon ganz den Charakter einer Volksfrontregierung. Mit einem umfassenden Maßnahmenbündel veränderte sie das politisch-ökonomische System Ungarns. Dazu zählten die Verstaatlichung der Banken und der in ihrem Besitz befindlichen Unternehmen im November 1947. Im Frühjahr 1948 folgte die Verstaatlichung der Bergwerke und der Schwerindustrie sowie aller Industriebetriebe mit mehr als einhundert Arbeitern. Im Sommer 1948 wurden alle kirchlichen Schulen verstaatlicht. Diese Maßnahme traf vor allem die römisch-katholische Kirche, deren Primas József Kardinal Mindszenty in klarer Gegnerschaft zum kommunistischen Regime stand. Nach der Verstaatlichung ihres Grundbesitzes hatte die katholische Kirche mit ihren Schulen die zweite Säule ihres Einflusses auf Gesellschaft und Politik verloren.

Am 12. Juni 1948 vereinigten sich die ungarischen Kommunisten mit den linken Sozialdemokraten zur Partei der Ungarischen Werktätigen (*Magyar Dolgozók Pártja*, MDP). Diesen von Moskau bestimmten Namen trug sie bis zum 1. Februar 1949. Dem Zusammenschluss waren innerhalb der Sozialdemokratischen Partei heftige Flügelkämpfe vorausgegangen. Am 13./14. Juni 1948 hielt die MDP ihren ersten Parteitag ab, wählte den ehemaligen Sozialdemokraten Árpád Szakasits zu ihrem Vorsitzenden und den Kommunisten Mátyás Rákosi zu ihrem Generalsekretär. Am Tag darauf wählte das Parlament Szakasits zum Präsidenten der Republik, nachdem Zoltán Tildy zur Abdankung gezwungen und in einem Schauprozess verurteilt worden war. Im Dezember 1948 erlitt Kardinal Mindszenty das gleiche Schicksal.[60] Er wurde wegen »staatsfeindlicher Umtriebe« unter Anklage gestellt und am 8. Februar 1949 zu lebenslanger Haft verurteilt.

Mit der Gründung der Ungarischen Unabhängigkeitsvolksfront (*Magyar Függetlenségi Népfront*) am 1. Februar 1949 und der Annahme der neuen Verfassung des Landes durch das Parlament am 18. August 1949 war Ungarn zu einer »Volksrepublik« nach sowjetischem Muster geworden. Auch die Verfassung entsprach ganz der sowjetischen von 1936. Zu den neu geschaffenen Organen gehörten ein 21-köpfiger Präsidialrat (*Elnöki Tanács*), der die Funktion eines Ersatzparlaments einnahm, und ein Ministerrat (*Minisztertanács*), der als gesetzgebende Instanz fungierte. Weiterhin wurden im Sommer 1949 die Grundlagen zur Einführung des ungarischen Ratssystems (*tanácsrendszer*) gelegt, das man 1950 beziehungsweise 1954 in zwei ergänzenden Gesetzen etablierte. Jetzt konnte die »Diktatur des Proletariats« beginnen – ein Herrschaftssystem, das Mátyás Rákosi im Stile Stalins ausübte, für dessen »besten ungarischen Schüler« er sich hielt. Das Regime schuf sich mit der Staatsschutzbehörde ein wirksames Unterdrückungsinstrument. Mit dessen Hilfe kam es zu fingierten Anklagen und immer wieder zu Schauprozessen, denen auch Mitglieder der Kommunistischen Partei zum Opfer fielen – unter ihnen László Rajk, der Außenminister. In dieser Phase des Spätstalinismus wurden Verfahren gegen 1,1 Millionen Personen eingeleitet; fast die Hälfte endete mit einer Verurteilung und drakonischen Strafen.

Parallel zur staatlichen Reorganisation fuhr man fort, auch die ökonomischen Grundsätze der UdSSR zu übernehmen. Die Verstaatlichungsmaßnahmen wurden fortgesetzt, die Investitionen einseitig auf den Aufbau der Schwerindustrie konzentriert. Der 1. Fünfjahresplan (1950–1954) sah die Erhöhung der Industrieproduktion um 90 Prozent vor, der Schwerindustrie um 105 Prozent, der Landwirtschaft und des Lebensstandards um jeweils 35 Prozent. Die viel zu hoch gesteckten Ziele sollten eine verheerende Wirkung auf die ungarische Wirtschaft haben. Es fehlte an einer ausreichenden Rohstoff- und Energiebasis; sozialistische Prestigeprojekte wie das Staustufensystem der Theiß oder die neuen sozialistischen Städte, die neben den schwerindustriellen Zentren entstanden – zum Beispiel Stalinstadt, das heutige Dunaújváros –, überdehnten die Ressourcen. Geringe Investitionen in die Verbrauchsgüterindustrie und in die Landwirtschaft führten – verbunden mit der Zwangskollektivierung, von der 32 Prozent der Bauernschaft betroffen waren – zum Rückgang der landwirtschaftlichen Produktion. Das frühere Agrarexportland musste Lebensmittel importieren, um die Versorgung der Bevölkerung sicherzustellen. Das Realeinkommen und der Lebensstandard der Bevölkerung sanken kontinuierlich, Unzufriedenheit machte sich breit.

4.7 Die sowjetische Gründung eines »friedliebenden demokratischen Deutschlands«: von der SBZ zur DDR

Rückkehr der kommunistischen Kader aus Moskau

Die KPD-Führung im Moskauer Exil beabsichtigte seit 1943, unter dem Protektorat der Roten Armee Gesamtdeutschland zu beherrschen. Obwohl sie dieses Ziel auch nach Bekanntwerden der Zonenaufteilung nicht aus dem Blick verlor, ging sie zunächst daran, auf dem Gebiet der SBZ eine von ihr bestimmte politisch-soziale Ordnung zu etablieren. Bereits auf ihrer Exilkonferenz im Oktober 1935, die in der Nähe von Moskau stattfand, hatte sie – den Beschlüssen der VII. Weltkonferenz der Komintern folgend – ihr Konfrontations-Konzept in Bezug auf die SPD fallen gelassen und setzte sich nun für eine antifaschistische Aktionseinheit von KPD und SPD ein, für eine Volksfront aller Werktätigen zur Bekämpfung der faschistischen Diktatur. Bereits zu diesem Zeitpunkt wurde an die »Schaffung einer einheitlichen revolu-

Deutschland 1945–1949

Besatzungszonen der Alliierten
- amerik.
- brit.
- franz.
- seit 1946 franz. Zoll- u. Wirtschaftsgebiet

seit 1949 BRD   seit 1957 BRD

- sowjetische Zone] seit 1949 DDR   Berlin: Viermächtestatus
- - - Grenze von 1937   ····· Oder-Neiße-Linie

tionären Massenpartei des deutschen Proletariats« gedacht, für die der
1935 gewählte KPD-Vorsitzende Wilhelm Pieck 1936 erste Richtlinien
ausarbeitete. Nachdem das Pariser »Auslandssekretariat« der KPD unter Franz Dahlem bei Kriegsausbruch interniert worden war, konnte
Pieck, ursprünglich nur von den in Russland lebenden emigrierten
deutschen Kommunisten gewählt, auch formell die Führung der Partei übernehmen. Zur Parteiführung gehörten außerdem Wilhelm Florin, Walter Ulbricht, Anton Ackermann und Elli Schmidt. Für das Intermezzo des Hitler-Stalin-Paktes (August 1939 bis Juni 1941) erhielt
die Moskauer Exil-KPD von der Komintern die Anweisung, erneut ge-

gen die SPD Front zu machen. Diese hatte sich nämlich entschlossen, gemeinsam mit anderen sozialdemokratischen Parteien und an der Seite der westeuropäischen Demokratien gegen das NS-Regime zu kämpfen. Damit hatte sie sich als »reaktionäre« Kraft erwiesen und musste, wie die anderen »bürgerlichen« Parteien, bekämpft werden. 1943 ließ Stalin die Komintern auflösen; die KPD-Führung erhielt ihre Anweisungen nun direkt von den sowjetischen Partei- und Staatsstellen – oft über den ehemaligen Generalsekretär der Komintern, Georgi Dimitrov, der nun in der Abteilung für Internationale Information (OMI) als Verbindungsmann der KPdSU (B) zu den anderen kommunistischen Parteien fungierte. Zu den sowjetischen Initiativen gehörte die Gründung des Nationalkomitees »Freies Deutschland« (NKFD) am 12./13. Juli 1943 in Krasnogorsk bei Moskau. Dessen vorrangige Aufgabe bestand darin, unter den deutschen Fronttruppen und Kriegsgefangenen mittels Rundfunk und Flugblättern Propaganda zu machen. Das Manifest des NKFD forderte den Sturz des NS-Regimes durch das deutsche Volk und war von zwölf kommunistischen Emigranten sowie 33 Wehrmachtsoffizieren unterzeichnet worden.

Wie die Parteien in anderen Ländern hoffte auch die KPD zunächst auf einen Aufstand in Deutschland, so dass eine Besetzung des Landes durch alliierte Truppen vermieden würde. Im November 1943 instruierte die KPdSU (B) dann die KPD, dass mit einer Okkupation Deutschlands gerechnet werden müsse und Bündnisüberlegungen für die Gestaltung Nachkriegsdeutschlands angestellt werden sollten. Die entsprechenden Bemühungen der KPD-Führung mündeten im Herbst 1944 in ein »Aktionsprogramm des Blockes der kämpferischen Demokratie«. Dieses Programm war als eine Art Brücke zwischen der faktisch unvermeidlichen Etablierung bürgerlich-parlamentarischer Verhältnisse und dem Endziel einer sozialistischen Gesellschaft gedacht. In dem angestrebten antifaschistischen und antiimperialistischen Block, einer Art nationaler Sammlungsbewegung, sollten die Kommunisten freilich die innen- und außenpolitische »Hauptorientierung« geben. Wie zwiespältig diese Zielsetzung war, kam im Entwurf des Aktionsprogramms vom Herbst 1944 zum Ausdruck, das demokratische mit staatssozialistischen Vorstellungen verband und einen starken Akzent darauf legte, das NS-Gedankengut zu überwinden. Die Forderung einer Wirtschaftskontrolle durch den Staat stand neben einer Garantie der Wirtschaftsfreiheit des gewerblichen Mittelstandes; das Postulat der Pressefreiheit und die Zusicherung geheimer und freier Wahlen wurden durch den Aufbau von »Volksorganen zur Kontrolle und Sicherung der Durchführung der beschlossenen Gesetze und Maßnahmen zur Heranziehung der Volksmassen zur aktiven Teilnahme am Staatsleben« flankiert. Außerdem proklamierte das Papier eine scharfe Bestrafung der Kriegsverbrecher in allen Bereichen und die antifaschistische »Umerziehung des ganzen deutschen Volkes zur Demokratie«.

Einem Vortrag vom März 1945 zufolge wollte Wilhelm Pieck die KPD einerseits zu einer »großen, wahrhaft nationalen Volkspartei entwickeln«, die für alle, auch für Anhänger der Kirchen, offen sein sollte. Andererseits mochte er sich nicht von dem Anspruch einer zentralistischen »bolschewistische[n] Partei mit fester revolutionärer Disziplin« trennen. Organisatorisch sollte mit der SPD die »Einheit der Arbeiterklasse« hergestellt werden, ohne erneut einen »Sozialdemokratismus« entstehen zu lassen. Die Moskauer Exilkommunisten konnten 264 Parteimitglieder für Kaderzwecke stellen, aus den westeuropäischen Ländern rechnete man mit etwa 1.500 deutschen Kommunisten, die nach einer entsprechenden Schulung am Neuaufbau der KPD im Nachkriegsdeutschland beteiligt werden sollten. Weitere Kommunisten sollten in den sowjetischen Kriegsgefangenenlagern rekrutiert werden. Wegen der »volksparteilichen« Öffnung erschien eine eingehende Überprüfung und besonders sorgfältige Schulung der Kader erforderlich, da ansonsten die absolute Orientierung an den Interessen der UdSSR und der KPdSU (B) verloren zu gehen drohte.[61] An die dreißig handverlesene deutsche Kommunisten wurden bereits Ende April/Anfang Mai nach Deutschland eingeflogen – unter ihnen Walter Ulbricht für den Einsatz in Berlin, Anton Ackermann für Sachsen-Mitteldeutschland und Gustav Sobottka für Mecklenburg-Vorpommern. Am 2. Mai 1945, dem Tag der Kapitulation von Berlin, nahm die Gruppe Ulbricht ihre Arbeit in Berlin auf und suchte – gemeinsam mit den Offizieren der sowjetischen Besatzungsmacht – nach Partnern aus anderen politischen Lagern. Als Bürgermeister für die Berliner Arbeiterbezirke schlug die Gruppe Ulbricht den sowjetischen Kommandanturen meist Sozialdemokraten vor, für die »Villenviertel« im Westen bürgerliche Antifaschisten. Den Posten des ersten stellvertretenden Bürgermeisters, die Dezernentenstellen für Personalfragen und Volksbildung sowie den Aufbau der Polizei behielten sich die Kommunisten selbst vor. Auch die Massenmedien – Rundfunk und Tageszeitungen – blieben fest in kommunistischer Hand. Um den Westalliierten zuvorzukommen und ihnen keinen Anlass zur Kritik zu geben, ordnete Stalin schon Ende Mai 1945 an, die Gründung antifaschistischer Parteien und freier Gewerkschaften in der SBZ zuzulassen. Anfang Juni 1945 erhielten die deutschen Kommunisten in Moskau die Anweisung, sich auf den Aufbau ihres Parteiapparates zu konzentrieren, nicht auf die Bildung einer »Einheitspartei der Arbeiterklasse« hinzuwirken, die Errichtung einer parlamentarisch-demokratischen Republik für ganz Deutschland zu propagieren und die Enteignung aller Großgrundbesitzer zu fordern. Dem provisorischen Zentralkomitee der KPD gehörten dreizehn Personen an, nur drei kamen aus deutschen Gefängnissen und Konzentrationslagern – darunter Franz Dahlem, der im Mai 1945 aus dem Konzentrationslager Mauthausen befreit worden war. Dieser Personenkreis unterzeichnete den auf den 11. Juni 1945 datierten (Gründungs-)»Aufruf des ZK der KPD«, der wesentliche Teile des Aktionsprogramms des »Blocks der kämpferischen Demokratie« enthielt.

Zwei Tage zuvor war die »Sowjetische Militäradministration in Deutschland« (SMAD) errichtet worden.[62] Sie übernahm die oberste Regierungsgewalt in der SBZ, verwaltete das Gebiet und sorgte für die Durchführung der Beschlüsse des Kontrollrats. Die SMAD errichtete ein dichtes Befehls- und Kontrollnetz, das zeitweise knapp 50.000 Angestellte erforderlich machte. Oberster Leiter der SMAD war zunächst Marschall Schukow, dann Marschall Wassilij D. Sokolowskij; seit 1946 leitete der Deutschlandexperte Wladimir S. Semjonow die Politabteilung der SMAD, Oberst Sergej I. Tulpanow die Propaganda- beziehungsweise Informationsverwaltung. Während dieser auf eine rasche Sowjetisierung der SBZ in enger Kooperation mit der KPD drängte, wollte jener die Verhältnisse eher in der Schwebe halten, um gegebenenfalls auf gesamtdeutsche Konstellationen beziehungsweise Initiativen der Westalliierten reagieren zu können. Mit der SMAD war ein koordinierter sowjetischer Sicherheitsapparat verbunden, der das sowjetische Personal wie die deutsche Bevölkerung überwachte und auf Personalentscheidungen Einfluss nahm. Die eigentlichen Entscheidungsgremien für das Handeln der SMAD saßen natürlich in Moskau – das sowjetische Außenministerium unter Molotow und das Sekretariat des ZK der KPdSU. Deren Strategie zielte auf flexible Reaktionsmöglichkeiten – in Abhängigkeit von den jeweiligen gesamtpolitischen Konstellationen.

Da die SMAD über alle materiellen, organisatorischen und informationellen Ressourcen verfügte und über ein dichtes Berichtsnetz ihre politischen Anweisungen kontrollierte, besaßen die im Aufbau begriffenen deutschen Verwaltungsstellen wie auch die KPD lediglich die Funktion von ausführenden Organen. Dabei sollte es im Wesentlichen bleiben. Auch nach Gründung der DDR konnte die SED stets nur in enger Absprache mit der Sowjetischen Kontrollkommission in Deutschland (SKK), der Nachfolgeeinrichtung der SMAD, handeln. Einen noch geringeren Spielraum besaßen die »bürgerlichen« Parteien – CDU, LDP und auch SPD –, die seitens der SMAD streng kontrolliert und gegenüber der KPD/SED ständig benachteiligt wurden. Zugelassen wurden nur solche Parteien, die zuvor ihre Bereitschaft erklärt hatten, im »antifaschistischen« Block mitzuarbeiten. Ständige Behinderungen des Führungspersonals – bis hin zu Verhaftungen – und die Verhinderung freier Wahlen nach den für die SED unbefriedigend verlaufenen Landtagswahlen 1946 bestimmten schon vor Gründung der DDR das politische Klima.

Parteigründungen, Einheitsblock und Vereinigung von SPD und KPD zur SED

Drei Tage nach der Gründung der KPD, am 15. Juni 1945, wurde in der SBZ die SPD zugelassen, die sich ebenfalls mit einem Aufruf an die Bevölkerung wandte. Auch sie forderte die Enteignung des Großgrundbesitzes, die Verstaatlichung von Banken, Versicherungsunternehmen, Bergwerken und der Energiewirtschaft sowie eine starke sozialistische Selbstverwaltung. Darüber hinaus plädierte der Zentralausschuss der Ost-SPD für eine Rückbesinnung auf den revolutionären Marxismus und – als Lehre aus der NS-Diktatur – die rasche Vereinigung mit den Kommunisten. Ohne zentrale Lenkung orientierte sich der Partei-Aufbau auf Bezirksebene an den Strukturen, wie sie in der Weimarer Republik bestanden hatten. Der Zentralausschuss der SPD konnte seinen Führungsanspruch nur in der SBZ behaupten, während er in den westlichen Besatzungszonen an dem Widerstand Kurt Schumachers scheiterte. Schon im Sommer 1945 empfahl der Zentralausschuss unter Otto Grotewohl der SPD ein Konzept der »Ostorientierung«. Andere führende Sozialdemokraten warben für ein Konzept der »Brückenfunktion« zwischen Ost und West. Auch die SPD verstand sich als klassenbewusste Arbeiterpartei, die zwar im antifaschistischen Kampf mit den bürgerlichen Parteien verbunden war, sich ansonsten aber strikt von ihnen abgrenzte. Trotz mancherlei Behinderungen durch die sowjetischen Besatzungsbehörden erhielt die SPD einen so großen Zulauf – im Herbst 1945 hatte sie bereits 300.000 Mitglieder –, dass die von der Besatzungsmacht geförderte KPD eindeutig ins Hintertreffen geriet. Am 19. Juni 1945 vereinbarte die KPD mit den Sozialdemokraten die Bildung eines gemeinsamen Arbeitsausschusses, der die SPD einbinden sollte.[63]

Die CDUD (Christlich-Demokratische Union Deutschlands) wurde von der SMAD als dritte Partei zugelassen – unter der ausdrücklichen Maßgabe, sich dem Einheitsblock anzuschließen. In ihrem Gründungsaufruf vom 26. Juni 1945 unterstrich sie ihre politische Orientierung an christlichen, demokratischen und sozialen Prinzipien. Da die CDU-Führung der entschädigungslosen Bodenreform nicht zustimmen wollte, wurden ihr erster und zweiter Vorsitzender, Andreas Hermes und Walther Schreiber, schon im Dezember 1945 von der SMAD abgesetzt. Ihre Nachfolger, Jakob Kaiser und Ernst Lemmer, strebten einen »Sozialismus aus christlicher Verantwortung« an, den sie als »Dritten Weg« zwischen Kapitalismus und Sowjetismus betrachteten. Bei den Gemeinde- und Landtagswahlen Anfang September beziehungsweise am 20. Oktober 1946 konnte die CDU immerhin 19 beziehungsweise 25 Prozent der Stimmen auf sich vereinigen. Als die beiden CDU-Vorsitzenden den Marshall-Plan in Anspruch nehmen und nicht an dem von der SED inszenierten 1. Deutschen Volkskongress Anfang Dezember 1947 teilnehmen wollten, wurden auch sie zum Rücktritt gezwungen. Das neue Führungstrio, bestehend aus Otto Nuschke, Hugo Hickmann und Georg Dertinger, verhielt sich absolut sowjetfreundlich und stimmte 1949 sogar der Staatsgründung der DDR zu. Allerdings hatte man der Partei versprochen, im Jahr darauf freie Wahlen ohne Einheitslisten abhalten zu wollen. Ende 1947 stellte die westliche CDU/CSU aus Protest gegen die Zwangsmaßnahmen die Zusammenarbeit mit dem CDU-Vorstand Ost ein.

Als Nachfolgepartei der liberalen Weimarer DDP erhielt – auf Initiative der ehemaligen Reichsminister Wilhelm Külz und Eugen Schiffer – die LDPD (Liberal-Demokratische Partei Deutschlands) am 10. Juli 1945 von der SMAD ihre Lizenz. Auch sie musste freilich dem »Einheitsblock« beitreten. Einerseits vertrat die liberale Partei traditionelle

Prinzipien wie Rechtsstaatlichkeit oder eine marktwirtschaftliche Ordnung mit dem Recht auf Privateigentum, plädierte aber auch für die entschädigungslose Enteignung landwirtschaftlichen Bodens, stimmte der Verstaatlichung größerer Industriebetriebe zu und nahm an der Volkskongressbewegung teil. Bei den beiden Herbstwahlen von 1946 erzielte sie, trotz erheblicher Behinderungen, mit 21 beziehungsweise 25 Prozent der Stimmen das zweitbeste Ergebnis. Der erste LDP-Vorsitzende, Waldemar Koch, musste schon im November 1945 zurücktreten; ihm folgte Külz. Als sich nach dessen Tod im April 1948 die Partei gegen die »Bolschewisierung« des Landes zur Wehr setzte, wurde sie unter Androhung ihrer Auflösung gezwungen, eine gefügige Parteispitze einzusetzen. Aufgrund der erzwungenen Beitritte zur »Einheitsfront der antifaschistisch-demokratischen Parteien« wurde nach außen hin der Eindruck erweckt, dass auch die bürgerlichen Parteien die gesellschaftspolitischen Veränderungen mittrugen. Innerhalb des Blocks hatten sie kaum eine Chance, da KPD und SPD ihnen nach Vorabsprachen stets geschlossen entgegentraten.

Hatte sich die SPD, insbesondere ihr starker linker Flügel im Zentralausschuss der Ost-SPD, zunächst für die »Einheit der deutschen Arbeiterklasse« ausgesprochen, so rückte sie Mitte September 1945, angesichts ihres Erfolges und der Behinderungen durch die SMAD, von einer raschen Vereinigung mit der KPD ab. Grotewohl erhob nun seinerseits einen Führungsanspruch innerhalb der Arbeiterklasse. Auf Seiten der KPD verlief die Entwicklung genau umgekehrt: Um die eigenen Parteistrukturen aufzubauen und nach außen hin moderat und nach allen »antifaschistischen« Richtungen hin bündnisfähig zu erscheinen, lehnte man zunächst eine rasche Vereinigung beider Arbeiterparteien ab. Nach dem Erfolg der SPD änderte Wilhelm Pieck dann seine Strategie und plädierte seit Herbst 1945 für eine rasche Verschmelzung. Anfang Oktober 1945 verständigten sich in Wennigsen bei Hannover West- und Ost-SPD auf das vorläufige Nebeneinander zweier provisorischer Parteiführungen, weil Kurt Schumacher befürchtete, dass eine gesamtdeutsche SPD von der Sowjetunion instrumentalisiert werden könne. Ende 1945 verschärfte sich von Seiten der SMAD der Druck auf die Ost-SPD, sie möge der Vereinigung zustimmen, denn man fürchtete ein Desaster der KPD bei den bevorstehenden Gemeinde- und Landtagswahlen. Grotewohl wollte einer Vereinigung nur auf gesamtdeutscher Basis zustimmen, gab sich schließlich aber auf einer

Konferenz von je dreißig Parteivertretern aus SPD und KPD am 20./21. Dezember 1945 mit einer nur mündlich gegebenen Versicherung zufrieden, dass sein Konzept Priorität besitze.

Schumacher jedoch verweigerte sich einer gesamtdeutschen SPD-Strategie, betrachtete die KPD zu Recht als bloße Erfüllungsgehilfin der sowjetischen Politik und empfahl der Ost-SPD die Selbstauflösung. Derweil verstärkten KPD und SMAD den Druck auf den Zentralausschuss, er möge der Verschmelzung zustimmen. Gegner der Vereinigung wurden bedroht, Befürworter belohnt, an der Basis in den neu gebildeten sozialdemokratischen Betriebsorganisationen schürte man die Stimmung zugunsten einer Einheitsfront, um die SPD auch »von unten« unter Druck zu setzen. Der Zentralausschuss suchte dennoch an einer gesamtdeutschen Lösung festzuhalten. Ende Januar 1946 forderte Stalin die Vereinigung beider Parteien zum 1. Mai des Jahres. Mitte Februar 1946 fand eine Sitzung des SPD-Zentralausschusses mit den Landesvorsitzenden statt, die sich mehrheitlich für eine sofortige Vereinigung aussprachen. Daraufhin schwenkte auch der Zentralausschuss um; am 21. Februar billigte der SPD-Parteiausschuss die Vereinigungsempfehlung des Zentralausschusses. Bei einer zweiten Konferenz von je dreißig SPD- und KPD-Repräsentanten am 26. Februar 1946 wurde definitiv die Marschroute zur Gründung der SED festgelegt. Als letzte Hürde musste nur noch Berlin genommen werden, wo die sozialdemokratischen Funktionäre aus den Westsektoren eine Urabstimmung gefordert hatten. In der am 31. März 1946 in den Westsektoren vorgenommenen Abstimmung – im Ostsektor durfte sie nicht durchgeführt werden – sprachen sich zwar 61,7 Prozent der Abstimmungsteilnehmer für ein Bündnis mit der KPD aus, aber 82,2 Prozent lehnten den sofortigen Zusammenschluss ab. In der SBZ dagegen sprach sich eine breite Mehrheit der jeweiligen Parteiführungen – Urabstimmungen wurden von der Besatzungsmacht vereitelt – zugunsten einer raschen Vereinigung aus. Nach Vereinigungsparteitagen auf Kreis- und Bezirksebene im März 1946 folgte am 7. April die Gründung von SED-Landesverbänden. Am 19./20. April 1946 beschlossen die Parteitage der Ost-SPD und der KPD Ost und West einstimmig die SED-Gründung. Daran schloss sich ein gemeinsamer Parteitag an, bei dem die Delegierten von KPD und SPD wiederum einstimmig für den offiziellen Vereinigungsbeschluss stimmten. Bei der Formulierung des Programms wie der Statuten der neuen Partei konnte man auf die Vorarbeiten einer gemeinsamen »Studienkommission« zurückgreifen, die schon seit dem 21. Dezember 1945 arbeitete. In den »Grundsätzen und Zielen der Sozialistischen Einheitspartei Deutschlands« hieß es als Zugeständnis an die Sozialdemokraten, die neue Partei beschreite einen demokratischen Weg zum Sozialismus. Der KPD-Chefideologe Anton Ackermann hatte in einem Artikel des neuen SED-Theorieorgans *Einheit* sogar von einem »besonderen deutschen Weg zum Sozialismus« gesprochen. Dies und der Verzicht auf die Erwähnung des Leninismus im gemeinsamen Statut konnten als Selbstständigkeitserklärung gegenüber dem sowjetischen Weg verstanden werden. Die Kommunisten konnten ihre strukturellen Vorstellungen vom Aufbau einer Partei nahezu vollständig durchsetzen, die Vorstandspositionen wurden paritätisch besetzt. Bei Gründung der Partei besaß die SED offiziell 1,3 Millionen Mitglieder – davon 620.000 ehemalige KPD- und 680.000 ehemalige SPD-Genossen. Bis zum September 1947 stieg die Zahl der Parteimitglieder auf 1,8 Millionen an. Allmählich veränderte sich die Mitgliederstruktur: Überwog anfangs die Arbeiterschaft, so wuchs bis 1953 der Anteil an Angestellten und der Intelligenz. Wer sich in der neuen Partei zu den alten sozialdemokratischen Positionen bekannte oder gar Kontakte zum Ostbüro der SPD unterhielt, musste bald mit erheblichen Repressalien rechnen. Zahlreiche ehemalige Sozialdemokraten wurden verhaftet und zu Zwangsarbeit verurteilt.

Die Verschmelzung von SPD und KPD betrachteten die einen als Ausdruck des »Einheitswillens«, die anderen als »Zwangsvereinigung«. Beides trifft in gewisser Weise zu. Richtig ist, dass es nach 1945 zunächst eine starke programmatische Nähe zwischen SPD und KPD gab. Richtig ist aber auch, dass die SPD keine sofortige Vereinigung wünschte und dem Druck wie den Versprechungen der sowjetischen Besatzungsmacht und der KPD nachgab. Vielleicht glaubten viele SPD-Politiker, sie könnten angesichts der Stärke ihrer Partei der SED ein sozialdemokratisches Gesicht geben. Das erwies sich freilich als Irrtum.

Da die SED bei den Landtagswahlen im Oktober 1946 ein vergleichsweise schlechtes Ergebnis erzielte – insgesamt 47,6 Prozent gegenüber 49,1 Prozent für CDU und LDP – und es im »Blockausschuss« ständig Reibereien mit den bürgerlichen Parteien gab, verordnete die SMAD ihrer Zone zwei neue, formal nichtsozialistische Parteien, um die bürgerlichen Parteien zu schwächen. Im April 1948 erfolgte mithilfe der SMAD die Gründung der Demokratischen Bauernpartei Deutschlands

(DBD), in deren Vorstand SED-Funktionäre saßen. Sofort erhielt die neue Blockpartei, die die führende Rolle der SED anerkannte, Vertretungen in allen wichtigen politischen Gremien und stärkte auf diese Weise die Stellung der SED. Die im Juni 1948, nach Beendigung der Entnazifizierung, lizensierte Nationaldemokratische Partei Deutschlands (NDPD) entstand ebenfalls in enger Absprache mit der SMAD und sollte jenen eine politische Heimat bieten, die sich als ehemalige Nazi-Mitläufer, Offiziere, Kriegsgefangene oder Vertriebene mit der Sowjetisierung nicht anfreunden konnten und daher als Protestwähler den bürgerlichen Parteien Rückhalt gaben. Der erste Parteivorsitzende, Lothar Bolz, war ehemaliges KPD-Mitglied und in der UdSSR Lehrer an Antifaschulen für Kriegsgefangene gewesen. Als sein Stellvertreter fungierte der ehemalige Wehrmachtsgeneral Vincenz Müller, der als Oberkommandierender von Minsk kapituliert hatte. Außerdem gehörte eine Reihe Kriegsgefangener, die im Nationalkomitee Freies Deutschland und im Bund Deutscher Offiziere mitgearbeitet hatten, zum Führungspersonal der neuen Partei.

Gründung von Massenorganisationen

Neben der Bildung von Parteien ordnete die SMAD auch die Gründung gesellschaftlicher Organisationen an, um dem Aufbau unabhängiger Zusammenschlüsse zuvorzukommen und diese zu verhindern. Zu den wichtigsten »Massenorganisationen« gehörten die Gewerkschaften, die Mitte Juni 1945 unter kommunistischer Vorherrschaft neu begründet wurden. Den traditionell starken Einfluss der Sozialdemokratie auf die Gewerkschaftsbewegung drängte die KPD mit Hilfe der SMAD so erfolgreich zurück, dass sie bei den Vorstandswahlen Mitte Februar 1946 immerhin schon die Hälfte der Vorstandssitze gewinnen konnte. Im Rahmen der Vereinigungsbestrebungen spielten die Gewerkschaftsfunktionäre eine Schlüsselrolle bei der Mobilisierung der Basis. Auf dem zweiten Kongress des Freien Deutschen Gewerkschaftsbundes (FDGB), der Einheitsgewerkschaft der SBZ/DDR, ein gutes Jahr später errang die SED die absolute Mehrheit im Vorstand.[64] Die neue Funktion des FDGB bestand nicht in der Wahrnehmung von Arbeiterrechten, sondern in der Organisation betrieblicher Sozialpolitik und allgemeiner sozialer Versorgung für alle Arbeitnehmer. Schließlich diente er der SED als »Überwachungs- und Mobilisierungsinstrument«.

Auch andere Massenorganisationen nutzte die kommunistische Politik als Transmissionsriemen – so den Kulturbund zur demokratischen Erneuerung Deutschlands, der am 3. Juli 1945 gegründet wurde und ebenfalls ganz unter dem Einfluss kommunistischer Kader stand. Besonders wichtig war der SMAD und KPD die ideologische Jugenderziehung. Der im September 1945 gebildete Zentrale Jugendausschuss unter Vorsitz von Erich Honecker und Edith Baumann bildete die Vorbereitungsorganisation für die schließlich am 7. März 1946 gegründete »Freie Deutsche Jugend« (FDJ). Der ersten provisorischen Leitung, an deren Spitze Honecker stand, gehörten mehrheitlich SED-Mitglieder, aber auch Repräsentanten der CDU und LPD an. Als später CDU-Vertreter verhaftet wurden, zogen die bürgerlichen Parteien ihre Mitglieder aus den Führungszirkeln der FDJ zurück. Immer deutlicher wurde nun auch nach außen hin, dass es sich bei der FDJ um eine SED-Organisation handelte, die die Jugend in ihrem Sinne zu indoktrinieren gedachte. Aufgrund ihrer Monopolstellung konnte auch die Freizeitgestaltung der Jugendlichen weitgehend beeinflusst und kontrolliert werden. Mitte Dezember 1948 gründete die FDJ ihre Kinderorganisation, den »Verband der Jungen Pioniere«; seit 1952 trug er den Namen »Ernst Thälmann«.

Schließlich gründete die SED 1947 die »Gesellschaft zum Studium der Kultur der Sowjetunion«, aus der 1949 die »Gesellschaft für deutsch-sowjetische Freundschaft« (DSF) hervorging, denen zum Ziel gesetzt war, die deutsche Bevölkerung für die UdSSR einzunehmen. Als weitere wichtige Organisationen entstanden in der SBZ der »Demokratische Frauenbund Deutschlands« (DFD), die »Vereinigung der gegenseitigen Bauernhilfe« (VdgB) und die »Gesellschaft für Sport und Technik« (GST).

Um gegenüber den bürgerlichen Parteien eine klare Majorität zu erhalten, propagierte die SED seit Herbst 1946, die Massenorganisationen in den »Block der antifaschistisch-demokratischen Parteien« einzubeziehen. Dieses Projekt wurde seit 1948 nach und nach realisiert; im Oktober 1950 wurde diesen Organisationen auf der Einheitsliste eine feste Zahl von Abgeordneten zugewiesen. Mit der Aufnahme von DBD und NDPD wie der Massenorganisationen in den »Einheitsblock« simulierten SED und SMAD eine plurale Interessenvertretung. In Wahrheit hielten sie die Macht in Händen und präfigurierten mit dieser Konstruktion bereits das politische System der späteren DDR.

Trotz der faktischen Auseinanderentwicklung der ehemaligen Alliierten und der Bildung von zwei Lagern versuchte die SED zunächst noch, die sich ankündigende Weststaatsbildung durch gesamtdeutsche Kampagnen zu verhindern und so die Ziele der sowjetischen Deutschlandpolitik weiter zu verfolgen. Im Vorfeld der alliierten Außenministerkonferenz Ende 1946 in London rief die SED eine »Volkskongressbewegung« ins Leben, die das gesamte deutsche Volk für die deutsche Einheit mobilisieren sollte. Von den 2.000 Delegierten, die Anfang Dezember 1947 in Berlin zusammentraten, kamen 650 aus den Westzonen, obwohl die Westmächte die »Volkskongressbewegung« verboten hatten. Klarerweise dominierte in diesem Gremium, das eine Entschließung zugunsten eines Friedensvertrages und einer gesamtdeutschen Regierung fasste, eindeutig die SED. Auf dem 2. Volkskongress im März 1948 wurde ein »Deutscher Volksrat« gewählt, dem vierhundert Mitglieder angehörten, davon rund einhundert aus Westdeutschland. Dieser Volksrat, in dem wiederum die SED über die absolute Mehrheit verfügte, erhielt quasi-parlamentarische Strukturen und war das erste zentrale Repräsentationsgremium der SBZ. Er zog Länderkompetenzen an sich und wirkte so im Sinne einer Zentralisierung.

Reparationen, Enteignungen und Verstaatlichung

Unmittelbar nach ihrem Einmarsch begann die Rote Armee mit Beschlagnahmungen in allen Industriebereichen. Diese »wilden« Demontagen wurden weder registriert noch auf die späteren Reparationen angerechnet. Die von der SMAD angeordneten gesellschaftlichen Umgestaltungen zielten darauf, den Lebensstandard auf das Niveau der UdSSR abzusenken und die sowjetische Wirtschaft mit Hilfe der deutschen Ressourcen wiederaufzubauen. Alle Befehle der SMAD waren von vornherein auf diesen Aspekt und im selben Zug auf eine Transformation der Gesellschaft hin abgestellt. So diente die Verstaatlichung des Bankenwesens zum einen einer Beschlagnahme der Aktiva und zum anderen einer Umgestaltung der Wirtschaft hin zu einer Zentralisierung in der Deutschen Wirtschaftskommission (DWK). Bereits im September 1945 begannen SMAD und KPD auch mit aufwendigen Propagandaaktionen zugunsten einer Bodenreform. An vorderster Stelle stand – in Wiederaufnahme der Diskussion nach dem Ersten Weltkrieg – die Forderung nach der Enteignung des Großgrundbesitzes.

Eine entsprechende Entscheidung fiel schon auf der konstituierenden Sitzung des Blocks der antifaschistisch-demokratischen Parteien am 29. August 1945. Gegen den Widerspruch der CDU beschloss der Blockausschuss eine entschädigungslose Enteignung des Bodenbesitzes über 100 Hektar. Am 3. September wurde die entsprechende Verordnung für Sachsen in Kraft gesetzt und später als Vorlage für die anderen Länder und Provinzen benutzt. Insgesamt requirierten die Behörden – zum Teil unter Einsatz äußerster Gewalt – 3,3 Millionen Hektar Land; davon wurden 2,2 Millionen an Landarbeiter, Flüchtlinge und Kleinlandwirte verteilt, der Rest verblieb in staatlichem Besitz. Wie in anderen Ländern ging wegen der zu kleinen Flächen und fehlender Kenntnisse die landwirtschaftliche Produktion zurück, was letztlich der Argumentation zugunsten der späteren Kollektivierung der Landwirtschaft zugute kam. Bei einem Volksentscheid in Sachsen vom 30. Juni 1946 legitimierten über drei Viertel der Abstimmenden im Nachhinein die Enteignung der Betriebe von »Kriegsverbrechern«. Der Anteil dieser verstaatlichten Betriebe an der Produktionsleistung in der SBZ betrug 1948 etwa 60 Prozent.

Aus den 1945 unter Militärverwaltung gestellten Betrieben entstanden zwischen Herbst 1946 und Ende 1947 insgesamt dreiunddreißig »Sowjetische Aktiengesellschaften« (SAG), die in den sowjetischen Wirtschaftsplan integriert waren, über eine halbe Million Menschen beschäftigten und die Reparationsansprüche der UdSSR zu befriedigen hatten. Die Reparationsleistungen beliefen sich insgesamt auf zwölf Milliarden Dollar – ebensoviel wie die sehr viel größere Bundesrepublik an »Wiedergutmachungszahlungen« zu leisten hatte. Die Anfang Juni 1947 gegründete »Deutsche Wirtschaftskommission« (DWK) organisierte ab Mitte 1948 die systematische zentrale Wirtschaftsplanung und erhielt bald darauf die Staatsbetriebe zugeordnet. Mitte Mai 1948 erfolgte der »Beschluss über die Aufstellung eines Zweijahresplans« für die SBZ; er markierte den Übergang in eine sozialistische Planwirtschaft. Die Vertreibung und Flucht der ökonomischen Eliten wie zahlreicher Fachkräfte bildeten – neben den schon genannten Faktoren – eine weitere schwere Belastung für den wirtschaftlichen Wiederaufbau.

Mit den Vorbereitungen zur Umgestaltung des Bildungswesens begannen SMAD, KPD und SPD bereits im Oktober 1945. Ein »Gesetz zur Demokratisierung der deutschen Schule« vom Mai/Juni 1946 sollte über eine einheitliche achtjährige gemeinsame Grundschule und eine vierstufige Ober- beziehungsweise dreistufige Berufsschule das »bürgerliche Bildungsprivileg« brechen. Privatschulen wurden geschlossen. Im Hochschulbereich entließ man belastete und konservative Professoren; die mehrheitlich nichtkommunistisch besetzten studentischen Repräsentationsorgane wurden mit repressiven Mitteln – gestützt auf FDJ und den »Demokratischen Block« – gleichgeschaltet. Spezielle Vorbereitungskurse in neuen Institutionen, die später zu Arbeiter- und Bauernfakultäten ausgebaut wurden, erhöhten den Anteil der Arbeiter- und Bauernkinder unter den Studierenden. Neben der fachlichen Qualifikation erwartete das Regime von der neuen Elite ein klares ideologisches Bekenntnis zur Partei.

Trotz manches Sträubens trugen die Blockparteien die strukturellen Veränderungen in Gesellschaft und Staat weitgehend mit. Viele Transformationen entsprachen auch der Programmatik der SPD. Die neu gegründete CDU kämpfte für einen »christlichen Sozialismus«, plädierte für eine Planung in der Wirtschaft, aber auch für rechtsstaatliche Verfahren. Darum sprach sie sich gegen entschädigungslose Enteignungen aus, obwohl auch sie einer Bodenreform das Wort redete. Auch der leiseste Widerstand von Seiten der Blockparteien wurde mit Drohungen, Repressionen und Verhaftungen gebrochen.

Beim Wiederaufbau der staatlichen Verwaltung – den fünf Länder- beziehungsweise Provinzialverwaltungen sowie den elf Zentralverwaltungen in Berlin – achteten die SMAD wie die KPD/SED strikt darauf, dass die Schlüsselpositionen von erprobten und loyalen Kadern übernommen wurden. Ende Juli 1946 entstand die Deutsche Verwaltung des Inneren. Sie lag ganz in kommunistischer Hand. Natürlich sorgte man hier beim Aufbau der verschiedenen Polizeiformationen für die absolute »Zuverlässigkeit« des Führungspersonals. Trotz der Wahlniederlage der SED bei den Landtagswahlen im Oktober 1946 änderte sich in den Landes- und Provinzialregierungen – Allparteienregierungen – nichts, weil die SED mit Unterstützung der SMAD weiterhin alle Schlüsselressorts besetzt hielt. Im Frühjahr 1947, nachdem die Spannungen zwischen den Westmächten und der UdSSR sich verschärft hatten, forcierten SMAD und SED den Transformationsprozess von Staat und Gesellschaft wie die Gleichschaltung des Personals in den Verwaltungen. Auch die SED, die im September 1947 1,8 Millionen Mitglieder zählte, befand sich auf dem Weg der Zentralisierung und Sowjetisierung. Punkte wie die Einheit des politischen Handelns, das

Fraktionsverbot und die Übernahme von Kritik und Selbstkritik gehörten jetzt zum festen Bestandteil der Parteischulungen. Der II. Parteitag der SED im September 1947 betonte ebenfalls die notwendige Orientierung der SBZ an der UdSSR und ihrer führenden Partei sowie die Weiterentwicklung der SED zur »Partei neuen Typs« – also in eine marxistisch-leninistische Kaderpartei. Aus Anlass der Gründung des Kominform im Oktober 1947 erklärte die SED ihre Zugehörigkeit zum sozialistischen Lager. Im Zusammenwirken mit der SMAD erarbeitete das Zentralsekretariat der SED, mit Unterstützung des Zentralen Parteiapparates, die Beschlüsse für den Parteivorstand, der sie in der Regel ohne Änderungen einstimmig verabschiedete. Die SED verstand sich als »Staatspartei«, und sie verstand den Staat als Transmissionsriemen der Parteivorgaben. Der Partei galt die erste Loyalität, nicht dem Staat. Durch eine entsprechende Kaderpolitik gewährleistete man die personelle Verflechtung von Partei- und Staatsfunktionen, strukturell dienten parallele Organisationsprinzipien von Partei und Staat der gegenseitigen Durchdringung. Der Partei zur Seite standen die Massenorganisationen, allen voran der FDGB, der für das richtige gesellschaftliche Bewusstsein im Betrieb zu sorgen hatte.

Säuberungen

Der 1948 tobende Kampf gegen den »Sozialdemokratismus« galt vor allem jenen innerhalb der SED, die aus der SPD stammten und diszipliniert werden sollten. Wer sich nicht fügte, dem wurden Veruntreuung, Agententätigkeit für den Westen (»Schumacher-Agenten«) oder Korruption vorgeworfen. Den Konsequenzen solcher Beschuldigungen entzogen sich viele durch Flucht, andere wurden verhaftet, zu Gefängnisstrafen verurteilt oder deportiert. Den Parteisäuberungen fielen insgesamt 2.600 Mitglieder zum Opfer. Auf der 14. Tagung des Parteivorstandes im September 1948 wurde die Einrichtung einer Parteikontrollkommission beschlossen, die »parteifeindliche Kräfte« entdecken und unschädlich machen sollte. Ebenfalls im September, auf einer Tagung zuvor, hatte sich der Parteivorstand vom »besonderen deutschen Weg zum Sozialismus« verabschiedet und bekannte sich nun offen zum sowjetischen Weg des Sozialismus. Dieser Schritt, der die frühere Lesart als bloß taktische Maßnahme zur Beruhigung der Sozialdemokraten entlarvte, war durch den »Abfall« der KP Jugoslawiens nötig geworden. Mit den anderen sowjettreuen Kommunistischen Parteien verurteilte auch die SED die Gruppe um Tito als kleinbürgerlich und nationalistisch. Mit dem Bekenntnis zur unverbrüchlichen Freundschaft mit der Sowjetunion und der Einrichtung einer Parteikontrollkommission wenig später wappnete man sich gegen die ideologischen Abweichler. Außerdem verordnete im selben Monat das Zentralsekretariat allen Parteimitgliedern Stalins »Kurzen Lehrgang« zur »Geschichte der Kommunistischen Partei der Sowjetunion (Bolschewiki)« als Pflichtlektüre. Der 1. Parteitag der SED im Januar 1949 vollendete dann die innerparteiliche Transformation nach sowjetischem Vorbild, indem ein Politbüro und zu dessen Unterstützung ein »Kleines Sekretariat« unter der Leitung Walter Ulbrichts geschaffen wurden. Der Marxismus-Leninismus galt nun offiziell als verbindliche Ideologie, der »demokratische Zentralismus« als Ordnungsprinzip.

Bei der Entnazifizierung stützte sich die SMAD auf die alliierte Gesetzgebung und die Direktiven des Alliierten Kontrollrats. Bis August 1947 wurden 400.000 belastete Personen entlassen, die über 250 Entnazifizierungskommissionen waren überwiegend mit SED-Mitgliedern besetzt. Danach übernahmen politische Sonderstrafkammern an deutschen Gerichten die Entnazifizierung. Von den 1,5 Millionen ehemaligen NSDAP-Mitgliedern auf dem Gebiet der SBZ mussten sich 850.000 einem Entnazifizierungsverfahren stellen, knapp drei Prozent der Bevölkerung war von den Maßnahmen betroffen – mehr als in den Westzonen Deutschlands. Aber auch in der SBZ konnten viele ehemalige Nationalsozialisten – meist nach Konversionsprozessen in sowjetischer Kriegsgefangenschaft – in hohe und höchste Ämter des neuen Regimes gelangen. Im Februar 1948 leitete die SMAD das offizielle Ende der Entnazifizierung in der SBZ ein. Die SED stärkte mit der Entnazifizierung ihren Antifaschismus-Mythos und nutzte das Verfahren zur gesellschaftlichen Umgestaltung, indem sie Oppositionelle beschuldigte, früher Nationalsozialisten gewesen zu sein. Im Zusammenhang mit der Entnazifizierung erfolgten auch die Neubesetzung des Justizapparats mit geeigneten Kadern und eine Sowjetisierung des Strafprozessrechts.

Auf Veranlassung des NKWD richteten 1945 die sowjetischen Militärbehörden Sonderlager ein, in denen zunächst Kriegsverbrecher und aktive Nationalsozialisten interniert wurden.[65] Von 1945 bis 1950 existierten zehn solcher Lager, die in ehemaligen Konzentrationslagern, Kriegsgefangenenlagern oder Strafanstalten untergebracht waren – darunter Buchenwald, Berlin-Hohenschönhausen, Bautzen und Sachsenhausen. Im Februar 1950 überstellten die sowjetischen Besatzungsbehörden die verbliebenen Gefangenen der Deutschen Volkspolizei. Mit Unterstützung deutscher Kommunisten verschleppte der NKWD auch missliebige Personen und verbrachte sie – oft ohne Gerichtsverfahren – in sowjetische Arbeitslager. Von den 150.000 bis 180.000 Insassen der Sonderlager kamen rund 42.000 ums Leben. Die Zahl der vor Sowjetischen Militärtribunalen (SMT) wegen angeblicher oder wirklicher NS-Verbrechen Verurteilten liegt bei 35.000.[66] Besonders ab 1947 wurden immer mehr »Diversanten«, »Spione« und »Saboteure« nach Paragraph 58 des russischen Strafgesetzbuches abgeurteilt – unter ihnen ehemalige Sozialdemokraten und Blockparteiler. Die Durchführung der Verfahren entsprach in keiner Weise rechtsstaatlichen Normen, entsprechend drastisch waren die Urteile. Bis 1947 wurden über 20.000 Menschen in die Sowjetunion verschleppt, in Zwangsarbeitslager verbracht oder hingerichtet. Die meisten Überlebenden wurden im Zuge der Entstalinisierung bis Ende 1956 entlassen.

Gründung des sozialistischen Einheitsstaates nach sowjetischem Muster

Ab Dezember 1947 nahmen die Westalliierten erste Weichenstellungen vor, um einen westdeutschen Teilstaat zu bilden und ihn in die westliche Staatengemeinschaft zu integrieren. Die Sowjetisierung der ČSR und die Machtübernahme der Kommunisten dort im Februar 1948 wirkten als Beschleuniger dieses Prozesses. Schritte auf dem Weg zu einem westdeutschen Teilstaat waren der Abschluss des Brüsseler Pakts Mitte März 1948, die Teilnahme der Westzonen im April 1948 an der Organisation für europäische wirtschaftliche Zusammenarbeit (*Organisation for European Economic Co-operation*, OEEC) und die Währungsreform im Juni 1948. Auf den letzten Schritt hin erfolgte die sowjetische Blockade der Zufahrtswege von und nach West-Berlin zwischen dem 24. Juni 1948 und dem 12. Mai 1949. Ebenfalls im Mai 1949 waren die Beratungen des Parlamentarischen Rates über eine Verfassung und deren Billigung abgeschlossen, Mitte August 1949 fanden die Wahlen zum ersten Bundestag statt, am 15. September wurde Konrad Adenauer zum ersten deutschen Bundeskanzler gewählt.

Die UdSSR hatte sich mit allen Mitteln gegen diese Entwicklung gestemmt. Erst im Oktober 1948 leitete auch sie erste Maßnahmen zur östlichen Staatsbildung ein, wartete aber mit der definitiven Anordnung zur Gründung der DDR bis September 1949. Zum Aufbau des Staates schuf die SED die nötigen Repräsentationsgremien und konzipierte in Abstimmung mit der Besatzungsmacht den Verfassungsentwurf. Dieser folgte nicht der Stalinschen Verfassung von 1936, sondern lehnte sich an die Weimarer Reichsverfassung an. Der Deutsche Volksrat billigte den vom Verfassungsausschuss erarbeiteten Entwurf. Auch der 3. Deutsche Volkskongress, im Mai 1949 auf Grundlage einer Einheitsliste unter schweren Manipulationen gewählt, stimmte dem Verfassungsentwurf zu. Am 7. Oktober 1949 trat der Deutsche Volksrat als Provisorische Volkskammer der »Deutschen Demokratischen Republik« (DDR) zusammen, vier Tage später wählten diese und die Provisorische Länderkammer Wilhelm Pieck zum ersten Staatspräsidenten der DDR, am 12. Oktober konstituierte sich die provisorische Regierung unter Ministerpräsident Otto Grotewohl. Die SMAD hatte sich am 10. Oktober aufgelöst, ihre Nachfolgeorganisation, die »Sowjetische Kontrollkommission« (SKK), übernahm nun die Steuerung der DDR-Regierung. Die deutschen Kommunisten hatten trotz schwachen Rückhalts in der Bevölkerung »ihren« Staat. Damit ging ein alter Traum in Erfüllung. Doch ohne das sowjetische Konzept eines Sicherheitsgürtels von Satellitenstaaten wäre es kaum zu dieser Staatsgründung gekommen. Stalin hätte es wohl vorgezogen, ganz Deutschland zu beherrschen. Als dies nach Lage der Dinge kaum mehr zu realisieren war, gab er grünes Licht für die Bildung des östlichen Teilstaates, der freilich an der Rhetorik eines einheitlichen Deutschlands festhielt.

Militärische Konflikte, insbesondere der Korea-Krieg, forcierten auch die Remilitarisierung der beiden deutschen Staaten. Nachdem der Bundesrepublik im Mai 1952 durch den »Deutschland-Vertrag« weitgehende Souveränität in Aussicht gestellt worden war, riegelte die DDR die innerdeutsche Grenze ab. Dem vorausgegangen war eine deutschlandpolitische Initiative der UdSSR vom 10. März 1952 – die an die Westmächte gerichtete so genannte erste »Stalin-Note«. Sie schlug einen Friedensvertrag, freie Wahlen und die Wiedervereinigung eines neutralisierten Deutschlands vor. Die Westalliierten lehnten diesen und weitere Vorschläge ab, so dass die sowjetische Initiative im September 1952 als gescheitert gelten konnte. Bis heute ist der Streit nicht definitiv entschieden, ob das Angebot Stalins unter den genannten Bedingungen ernst gemeint war oder ob er nur ein diplomatisches Manöver vollführte, um die Westintegration der Bundesrepublik zu beenden und die westdeutsche Bevölkerung gegen Adenauer aufzubringen, der fest an der Seite der Westmächte stand.

Der III. Parteitag der SED im Juli 1950 bildete anstelle des Parteivorstandes ein Zentralkomitee (ZK) und schloss damit die Entwicklung zu einer »Partei neuen Typs« nach sowjetischem Vorbild ab. Erstmals wurde das symbolträchtige Parteilied von Louis Fürnberg »Die Partei, die Partei, die hat immer recht« intoniert. Inhaltlich ging es um den Fünfjahresplan 1951 bis 1955 und die neue Kulturpolitik. Im Oktober 1950 erschütterte eine zweite Säuberungswelle die Partei; sie führte zum Ausschluss von 150.000 Parteimitgliedern. Ähnlich wie in der UdSSR veränderte sich die Sozialstruktur der Partei. Der Anteil der Arbeiter fiel von 55 Prozent im Jahr 1946 auf 39 Prozent im Dezember 1953, der Anteil der Angestellten stieg im gleichen Zeitraum von 17,5 Prozent auf 32,4 Prozent. Von Ende 1949 bis 1952 wurden auch die Blockparteien mit Hilfe von Gewaltmaßnahmen diszipliniert, bis sie sich schließlich dem Führungsanspruch der SED unterwarfen. Mit der Staatsgründung war der Einheitsblock aus Parteien und Massenorganisationen zur »Nationalen Front« umgebildet worden. Diese stellte sich bei den Volkskammerwahlen im Oktober 1950 nach dem Prinzip der Einheitslisten zur Wahl und erzielte aufgrund massiver Wahlfälschungen eine Wahlbeteiligung von 98,5 Prozent und einen Ja-Stimmen-Anteil von 99,72 Prozent. Zur völligen Herstellung eines sozialistischen zentralistischen Einheitsstaates nach sowjetischem Muster beschloss die SED im Sommer 1952 die Auflösung der Länder und nahm eine Neugliederung in Bezirke und Kreise vor.

Über die Schul- und Jugendpolitik, insbesondere über die Erteilung von Religionsunterricht in Schulräumen, kam es zu heftigen Konflikten zwischen dem SED-Staat und den Kirchen. Sie eskalierten mit der Deklaration der »Jungen Gemeinden« zu illegalen »Agenten- und Spionageorganisationen«. Nach einer kurzen Phase der Deeskalation infolge des »Neuen Kurses« seit Juni 1953 führten die Einführung der »Jugendweihe« und die kirchliche Unvereinbarkeitserklärung von Konfirmation und Jugendweihe zu neuen heftigen Auseinandersetzungen.

Im Jahr 1950 schuf sich die SED mit dem Ministerium für Staatssicherheit (MfS) einen effektiven Überwachungs- und Unterdrückungsapparat, dessen Bedeutung stetig wuchs. Unter anderem oblagen ihm auch die Verfolgung von NS-Verbrechen und damit die Pflege des antifaschistischen Gründungsmythos des SED-Staates.[67] Zwei Jahre darauf begann die SED-Führung mit dem Aufbau »nationaler« Streitkräfte. Das Justizwesen wurde nach sowjetischem Vorbild reorganisiert, die von der Partei gegängelten abhängigen Justizorgane als Instrument der »Arbeiter- und Bauernmacht« verstanden. Nach Auflösung der sowjetischen Speziallager verurteilte die DDR-Justiz 1950 in Waldheim die noch verbliebenen, unter dem Verdacht von NS-Verbrechen stehenden Insassen. Unter den 3.300 Angeklagten waren auch ehemalige Sozialdemokraten, Christdemokraten und Kommunisten. In den Waldheim-Prozessen – inszenierten Verfahren ohne Rechtscharakter – wurden einunddreißig Menschen zum Tode verurteilt und vierundzwanzig hingerichtet. In zahlreichen Fällen verurteilte das Gericht die Angeklagten zu Freiheitsstrafen von über zehn Jahren. Verurteilungen wegen politischer Delikte gehörten auch nach den Waldheim-Prozessen zur Tradition dieser Terrorjustiz.

Während die Zahl der Privatbetriebe und des privaten Handels bis 1955 auf 15 Prozent beziehungsweise 31 Prozent gesenkt werden konnte, blieben in der Landwirtschaft bis 1955 etwa 60 Prozent der bebauten landwirtschaftlichen Fläche in privater Hand. Erst 1960 konnte die Zwangskollektivierung der landwirtschaftlichen Betriebe als abgeschlossen gelten. Durch den Beitritt der DDR zum Rat für gegenseitige Wirtschaftshilfe (RGW) im Jahr 1950 wurde die Übernahme der sowjetischen Wirtschaftsordnung mit zentraler Planung, Lenkung und Kontrolle forciert. Ähnlich wie in anderen Ostblockstaaten ging die einseitige Akzentsetzung auf die Schwerindustrie zu Lasten des Konsumgütersektors und forderte den Menschen manche Opfer ab. Auf vielen Sektoren blieb die Versorgungslage prekär. Soweit sie nicht die Flucht vorzogen, beugten sich viele der Obrigkeit, die Züge einer »antifaschistischen Erziehungsdiktatur« annahm. Andere waren zum Widerstand bereit, wie der 17. Juni 1953 zeigen sollte. Hohe Priorität besaßen die ideologische Schulung der Bevölkerung in Marxismus-Leninismus und die geistig-kulturelle Ausrichtung an der UdSSR – seit 1951 wurde Russisch zur einzigen Pflichtfremdsprache an den Schulen. Die radikalen Umwälzungen im politischen, ökonomischen und sozialen Bereich bis 1953 hatten neue Realitäten geschaffen.

4.8 Selbst-Sowjetisierung und Selbstbewusstsein durch Selbstbefreiung: Jugoslawien

Bildung eines Antifaschistischen Rates der nationalen Befreiung Jugoslawiens

Im Unterschied zu allen anderen Ländern Ostmittel- und Südosteuropas gelang es den Völkern Jugoslawiens noch während des Zweiten Weltkrieges aus eigener Kraft, weite Teile ihres Landes von den Besatzern zu befreien und unter eigene Kontrolle zu bringen. Die Partisanen zerschlugen die von den Achsenmächten geschaffene Ordnung und bauten eigene Strukturen auf.[68] Auch die kommunistische Partei unter ihrem Generalsekretär Josip Broz Tito war nicht auf sowjetische Hilfe zur Machtgewinnung angewiesen. In der Zwischenkriegszeit eine eher schwache Bewegung, hatten sich die Kommunisten für eine dezentrale, föderale Struktur Jugoslawiens eingesetzt. Dies entsprach ganz den Vorgaben der Komintern, die den Isolationsgürtel antisowjetischer Staaten rings um die UdSSR schwächen wollte. Während des Weltkrieges gingen die kommunistischen Partisanen zunächst mit großer Brutalität gegen jene Landsleute vor, die ihre ideologische Haltung nicht teilten. Da diese Strategie fehlschlug, suchten sie daraufhin mit Erfolg alle Bevölkerungsschichten für sich einzunehmen. Zunächst auf Kroatien und Bosnien-Herzegowina konzentriert, konnten sie immer größere Teile des Landes für sich gewinnen, eine funktionstüchtige Verwaltung aufbauen und das Wirtschaftsleben in Gang halten. Damit schufen sie sich eine stabile Versorgungs- und Rekrutierungsbasis. Die »Nationale Befreiungsarmee« näherte sich in Aufbau und Befehlsstruktur immer mehr regulären Streitkräften. 1944 liefen ganze Einheiten der kroatischen Armee und der serbischen *Četnici* zu der Partisanenarmee über. Die Alliierten lieferten ihr die Waffen.

Die kommunistisch geführten Partisanen besaßen vor allem Rückhalt bei der jüngeren Generation, die begriffen hatte, dass die ethnischen Friktionen das Land nur schwächten. In Konkurrenz zur Exilregierung, für die der *Četnik*-Oberst Dragljub (Draža) Mihajlović kämpfte, wie auch in Konkurrenz zu dem »Unabhängigen Staat Kroatien« des *Ustaša*-Führers Ante Pavelić und zu dem serbischen Kollaborations-Regime der »nationalen Rettung« unter General Milan Nedić[69] bauten sie eine eigene politische Organisation auf – den »Antifaschistischen Rat der nationalen Befreiung Jugoslawiens« (*Antifašističko vijeće Norod-*

nog oslobodjenja Jugoslavije, AVNOJ) –, der Ende November 1942 erstmals tagte. Obwohl kommunistisch dominiert, waren hier auch andere politische Kräfte, wie die »Kroatische Bauernpartei«, vertreten. Aus dem Rat heraus wurde ein Exekutivkomitee gebildet, das die kontinuierliche Leitung übernahm. Auf der zweiten Sitzung des AVNOJ im Jahr darauf, am 29. November 1943, wurden die Wiedererrichtung Jugoslawiens und seine Neuordnung auf föderativer Grundlage beschlossen. Darum erklärte man diesen Tag der nationalen Wiedergeburt später zum Nationalfeiertag. Die Exilregierung wurde abgesetzt und mit Genehmigung Stalins Ende 1943 ein »Nationalkomitee zur Befreiung Jugoslawiens« (NKOJ) unter Führung Titos geschaffen, das nunmehr die Regierungsaufgaben übernahm.

Trotz ständiger Konsultation war für die UdSSR eine völlig neue Situation entstanden: Zum einen hatte sie die jugoslawische Exilregierung anerkannt, zum anderen stand in den anderen Ländern der kommunistische Widerstand unter ihrer Aufsicht. In Jugoslawien dagegen handelte es sich um eine freiwillige Selbst-Sowjetisierung des Widerstands. Es gab zwar eine ständige Funkverbindung nach Moskau, was seitens der Sowjets immer geleugnet wurde, aber auch gute Kontakte zu Großbritannien. »Churchill bewunderte und verklärte die Aktivität der Partisanen«[70], obwohl klar war, dass sie unter kommunistischer Führung standen. Als einzige Partisanenarmee in Europa führten sie einen erfolgreichen Kampf gegen die deutschen und italienischen Besatzungstruppen. Darum beschloss London, sie als einzige Gruppierung in Jugoslawien zu unterstützen – noch vor Moskau, das öffentlich bis in das Jahr 1944 hinein zögerte. Insgeheim aber richteten Stalins Militärbevollmächtigte schon im Mai 1944 für die KPJ eine Geheimpolizei (OZNA, seit Frühjahr 1946 *Udba*) ein, die bei der Durchsetzung des neuen Rechtssystems nach sowjetischen Prinzipien Hilfestellung leistete. Nach der Befreiung des Landes standen die OZNA und die nach sowjetischem Organisationsschema reorganisierte Partisanenarmee bereit, wichtige Institutionen zu besetzen und gründliche »Säuberungen« – bis hin zu Massenhinrichtungen von Regime-Gegnern – vorzunehmen. Mit dem »Gesetz über Verbrechen gegen das Volk und den Staat« vom September 1945 schuf man sich dann eine weitere Grundlage zur Legitimierung von Deportationen, Zwangsarbeit und Hinrichtungen. Seit Sommer 1944 betrieb die KPJ eine Zentralisierung ihrer

Partei und sorgte für eine Durchsetzung des entstehenden Staatsapparats mit ihren Parteimitgliedern.

Der kroatische Widerstand, der im Juni 1943 einen »Antifaschistischen Landesrat der nationalen Befreiung Kroatiens« unter Führung des Kommunisten Andrija Hebrang eingesetzt hatte, billigte ebenfalls die Entscheidung des »Antifaschistischen Rates der nationalen Befreiung Jugoslawiens« und proklamierte Anfang Mai 1944 einen »Föderalen Staat Kroatien« innerhalb des gemeinsamen Staates Jugoslawien. Einerseits knüpfte dieser Landesrat an die Tradition kroatischer Staatlichkeit an, indem er sich zum *Sabor* (Landtag) erklärte, andererseits gestaltete er diesen nach dem Prinzip der Räteverfassung um, indem er auf eine Gewaltenteilung in Legislative und Exekutive verzichtete. Die ehemals stärkste politische Kraft im Land, die »Kroatische Bauernpartei«, war an dieser Entwicklung nicht beteiligt. Die profaschistische Regierung des »Unabhängigen Staates Kroatien« hatte die Kroatische Bauernpartei verboten und ihren Führer Vladko Maček zunächst ins KZ gesperrt und dann unter Hausarrest gestellt. Der rechte Parteiflügel hatte sich überdies mit der *Ustaša* arrangiert, der linke Flügel eine neue Partei unter dem Namen »Kroatische Republikanische Bauernpartei« gegründet. Dieser linke Flügel näherte sich dem »Antifaschistischen Landesrat der nationalen Befreiung Kroatiens« an. Nach Kriegsende emigrierte Maček, der keinen politischen Rückhalt im Land mehr besaß, in die USA. Die kroatischen Kommunisten übernahmen als führende Sprecher der kroatischen Nationalbewegung nunmehr faktisch die Rolle der alten Bauernpartei. Dieses Beispiel illustriert, wie der Faschismus den kommunistischen Kräften in die Hand arbeitete, indem er während seiner Herrschaft die ansatzweise vorhandenen demokratischen Strukturen zerschlug. Auch in Kroatien verhielten sich die Kommunisten zunächst ausgesprochen gemäßigt und vermieden jede radikale Reform, obwohl gewiss auch Hebrang als Fernziel ein sozialistisches Gesellschaftssystem vorschwebte. Der zentralen KP-Führung Jugoslawiens behagte die Selbstständigkeit Hebrangs nicht. Darum setzte sie ihn Anfang Oktober 1944 ab und berief Vladimir Bakarić als seinen Nachfolger.

Die Londoner Exilregierung musste seit November 1943 fürchten, jeden Rückhalt in der Bevölkerung zu verlieren. Unter dem Druck Churchills entließ König Petar II. Karađorđević das Exilkabinett, das mit den großserbischen *Četnici* sympathisiert hatte, und ernannte als neuen Ministerpräsidenten den Kroaten Ivan Šubašić. Zwischen ihm und Tito kam es am 16. Juni 1941 zu einem Abkommen auf der Adriainsel Vis, in dem sich die Exilregierung verpflichtete, die »Nationale Befreiungsarmee« zu unterstützen. Ferner vereinbarte man, nach Kriegsende in einem Referendum eine Entscheidung über die Staatsform herbeizuführen und Kollaborateuren den Prozess zu machen. Zu diesen gehörten nun auch die *Četnici*, die sich immer mehr aus dem Kampf gegen die Besatzungsmacht zurückgezogen und mit ihr gemeinsame Sache gegen den Rivalen Tito und seine Partisanenbewegung gemacht hatten. Ihr Führer Mihajlović, bis dahin Repräsentant und Mitglied des Exilkabinetts, musste sich nach Kriegsende verstecken, wurde aber im März 1946 aufgespürt und im Juli desselben Jahres hingerich-

–·–·– Staatsgrenzen   ⬚⬚⬚ Republikgrenzen   ······ Provinzgrenzen (Kosova u. Vojvodin

tet. In einem zweiten Abkommen vom 1. November 1944 wurde vereinbart, dass König Petar II. nicht vor dem Referendum ins Land zurückkehren und eine gemeinsame Regierung aus Vertretern des Antifaschistischen Rates und des Londoner Exils gebildet werden solle. Petar II.
suchte die Umsetzung dieses Abkommens zu verhindern, musste dann
aber auf Druck der Alliierten am 3. März 1945 einen Regentschaftsrat
ernennen, der vier Tage später Tito mit der Regierungsbildung beauftragte. In dieser Übergangsregierung wurde der serbische Exilpolitiker
Milan Grol von der »Demokratischen Partei« (*Demokratska stranka*,
DS) stellvertretender Ministerpräsident, Šubašić für die »Kroatische
Bauernpartei« (*Hrvatska seljačka stranka*, HSS) Außenminister und
Hebrang Industrieminister. Am 14. April 1945 bildete der Kommunist
Vladimir Bakarić in Split die kroatische Regionalregierung der »Natio-
nalen Front« unter Führung der Kommunisten und je einem Stell-
vertreter aus der »Kroatischen Republikanischen Bauernpartei«
(*Hrvatska republikanska seljačka stranka*, HRSS) und der »Serbischen
Demokratischen Partei« (*Srpska demokratska stranka*, SDS).

Seit 1941 hatten sich die Alliierten für die Wiederherstellung des
Staates Jugoslawien ausgesprochen. Versuche von zwei Ministern des
»Unabhängigen Staates Kroatien«, diesen durch einen späten Seitenwechsel zu den Alliierten zu erhalten – ähnlich wie Rumänien, Bulgarien, Ungarn und Italien –, scheiterten. Überdies zeigte sich Pavelić mit
dem Plan nicht einverstanden, informierte die Deutschen und sorgte
dafür, dass die Seitenwechsler ins Zuchthaus kamen, wo sie kurz vor
Kriegsende umgebracht wurden. Am 4. Mai 1945 wandte sich Pavelić
selbst an die Westalliierten, leugnete, dass sein Staat faschistisch sei,
und votierte für dessen Fortbestand. Das Memorandum wurde nicht
einmal beantwortet. Drei Tage später floh Pavelić aus Zagreb nach
Madrid, wo er 1959 starb.

Am 8. Mai 1945 konnten die Partisanen Zagreb kampflos einnehmen. Auf Intervention von Erzbischof Alojzije Stepinac hatten die
Deutschen und die *Ustaša*-Befehlshaber auf die Sprengung zentraler
Gebäude und Brücken verzichtet. Die Kollaborateure der deutschen
Besatzer – *Ustaša*-Einheiten, slowenische Weißgardisten und andere,
etwa 100.000 Personen – suchten den Racheakten der Partisanen zu
entkommen, indem sie sich auf österreichisches Gebiet begaben. Doch
der britische Feldmarschall Harold Alexander ließ sie an die Partisanen ausliefern.[71] Erst am 29. Mai 1945, nachdem die Massaker an de-

nen, die abgeschoben wurden, bekannt geworden waren, beendete Alexander die Auslieferungen. Die sozialistische Geschichtsschreibung Jugoslawiens hat diese Gräueltaten stets unerwähnt gelassen. Vermutlich wurden etwa 55.000 Kroaten und Muslime und 8.000 slowenische Weißgardisten von den Partisanen ermordet. In Jugoslawien kamen während des Krieges etwa zwei Millionen Menschen ums Leben.

General Nedić, der »nicht Kollaborateur genug« gewesen war, um »Hitlers Vertrauen [und Förderung] gewinnen zu können«[72], verließ im Oktober 1944 mit den deutschen Truppen »Großserbien« und suchte von Wien und Kitzbühel aus eine Rückkehr nach Serbien vorzubereiten. Nach der Kapitulation wurde er auf Anforderung der jugoslawischen Regierung von den amerikanischen Besatzungsbehörden verhaftet und Anfang Januar 1946 ausgeliefert. Er starb unter ungeklärten Umständen – angeblich durch Sturz aus dem Fenster – in Untersuchungshaft. Die Mitglieder seines Kabinetts wie der Kommandant der *Četnik*-Bewegung, Mihajlović, wurden im Sommer 1946 vor Gericht gestellt und zum Tode verurteilt.

Eine von Moskau unabhängige Konföderation unter kommunistischer Führung

Abgesehen von der Eroberung Belgrads und der nördlichen Gebiete Serbiens Ende 1944, bei denen die Rote Armee Unterstützung leistete, konnte die kommunistisch dominierte Partisanenarmee ihr Land aus eigenen Kräften befreien und unter diesem Ziel auch die verschiedenen Nationen integrieren. Aus diesen Gründen entfielen Zugeständnisse an die Siegermächte oder gar ein Mitspracherecht beim Neuaufbau des Landes. Da es in der Zwischenkriegszeit keine nennenswerte sozialdemokratische Bewegung gegeben hatte, erübrigte sich die Bildung einer sozialistischen Einheitspartei. Entsprechend dem Abkommen vom 1. November 1944 konnten sich die traditionellen Parteien neu konstituieren, wurden aber in ihrer Arbeit behindert, wenn sie sich nicht der kommunistisch kontrollierten »Volksfront« (*Narodna fronta*) anschlossen. Wegen der Schikanen kandidierten die Parteien außerhalb der »Volksfront« bei den Wahlen im November 1945 nicht und spielten danach keine Rolle mehr. Bis zu diesem Zeitpunkt hatte die KPJ sorgfältig vermieden, von »Revolution« zu reden, sondern stets erklärt, es ginge ihr um »Antifaschismus« und »Demokratisierung«; nach außen hin suchte man den Schein einer pluralistischen Entwicklung zu wahren, während in Wahrheit die Vorrangstellung der KPJ innerhalb der Volksfront rücksichtslos durchgesetzt wurde. Diese gewann 90,4 Prozent der Stimmen für den direkt gewählten Bundesrat und 88,4 Prozent der Stimmen für den von den einzelnen föderalen Einheiten beschickten Nationalitätenrat. Am 29. November 1945 hob das neu gewählte Parlament die Monarchie auf und proklamierte die »Föderative Volksrepublik Jugoslawien« (*Federativna Narodna Republika Jugoslavije*, FNRJ). Am 20. Januar 1946 gab sich der Staat eine nach sowjetischem Vorbild konzipierte Verfassung. Die Föderation aus sechs Republiken – Slowenien, Kroatien, Bosnien-Herzegowina, Serbien, Montenegro und Makedonien – entsprach den Forderungen der Opposition aus der Zwischenkriegszeit. Auf der Pariser Friedenskonferenz 1946/47 wurde entschieden, dass das Gebiet östlich von Gorizia und Istrien ohne seinen Nordwesten Jugoslawien zugeschlagen werden sollte. 1954 wurde der ursprünglich geplante, aber nie realisierte »Freistaat Triest« zwischen Jugoslawien und Italien aufgeteilt.

Ebenso rasch wie die politische Transformation Jugoslawiens verlief auch die wirtschaftliche. Der Besitz der Deutschen wie der aller Kollaborateure wurde verstaatlicht. Ein Gesetz vom Dezember 1946 ordnete dann die Nationalisierung aller größeren Industrie- und eines Teils der Handelsbetriebe an. Im April 1948 folgte ein schärferes Gesetz, das zur Enteignung auch mittlerer Produktionsbetriebe führte. Zwischen 1947 und 1951 wurde der von Andrija Hebrang erarbeitete und geleitete Erste Fünfjahresplan realisiert, der vor allem dem Ausbau der Schwerindustrie galt. Anders als in vielen kommunistisch gewordenen Ländern vermied man bei der Agrarreform vom August 1945 radikale Schritte. Die konfiszierten beziehungsweise nationalisierten Ländereien aus dem früheren Besitz der Deutschen, der Banken und Kapitalgesellschaften, der Großgrundbesitzer und der Kirchen kamen in einen staatlichen Bodenfonds, aus dem Neubauern – je nach Region – maximal 25 bis 35 Hektar zugeteilt bekamen.

Die etwa 500.000 Menschen umfassende deutsche Minderheit in Jugoslawien wurde wegen Zusammenarbeit mit der Besatzungsmacht ausnahmslos enteignet, in Lager verbracht und vertrieben. Damit hörte auch die dortige evangelische Kirche auf zu existieren. Der Zagreber evangelische Bischof Philipp Popp wurde 1945 unter dem Vorwurf der Kollaboration hingerichtet. Fünfhundert Priester der römisch-katholischen Kirche kamen kurz vor und nach Kriegsende durch Gewalteinwirkung ums Leben. Der Zagreber Erzbischof Alojzije Stepinac wurde 1946 wegen Kollaboration mit dem NDH zu sechzehn Jahren Zwangsarbeit verurteilt; nach fünf Jahren begnadigte man ihn zu Hausarrest in seinem Heimatort Krašić bei Karlovac. Durch die Agrarreform hatte die katholische Kirche einen bedeutenden Teil ihres Vermögens verloren; das kirchliche Schulwesen wurde immer mehr eingeschränkt und 1952 der Religionsunterricht aus den Schulen verbannt. Im selben Jahr wurden die diplomatischen Beziehungen zwischen Jugoslawien und dem Vatikan abgebrochen. Später entspannte sich das Verhältnis allmählich wieder. Aufgrund des Belgrader Protokolls von 1966 erfolge eine Normalisierung der Beziehungen zwischen dem Vatikan und Jugoslawien. In Kroatien konnte sich – ähnlich wie in Polen – die römisch-katholische Kirche als Trägerin der nationalen Identität behaupten.

Jugoslawien betrieb seit 1945 eine von Moskau eigenständige Außenpolitik und plante den Aufbau einer eigenen Hegemonialsphäre – den Anschluss Albaniens an Jugoslawien und eine Konföderation mit Bulgarien. Ohne Abstimmung mit der UdSSR sollten ferner zwei jugoslawische Divisionen in Albanien stationiert werden, um den kommunistischen Kämpfern im griechischen Bürgerkrieg Hilfestellung zu leisten. Stalin hatte zu diesem Zeitpunkt längst die Preisgabe Griechenlands beschlossen. Als der bulgarische Parteichef Dimitrov am 17. Januar 1948 gar eine Föderation aller südost- und ostmitteleuropäischen Länder vorschlug, die sich im sowjetischen Herrschaftsbereich befanden, fürchtete Stalin die Bildung eines von Moskau unabhängigen, zweiten kommunistischen Gravitätszentrums in Europa.[73] Am 10. Februar 1948 mussten eine bulgarische und eine jugoslawische Delegation in Moskau erscheinen und sich rügen lassen. Während jedoch Dimitrov sofort Selbstkritik übte, äußerten die jugoslawischen Kommunisten auf ihrer ZK-Sitzung am 1. März 1948 Kritik an der Bevormundung ihres Landes und ihrer Partei durch Moskau. Außerdem brachten sie die für ihr Land nachteiligen Wirtschaftsverträge mit der UdSSR zur Sprache. Daraufhin wurden die sowjetischen Wirtschaftsberater abgezogen. Ein scharfer Briefwechsel zwischen den Parteiführern suchte den machtpolitisch bedingten Konflikt auf die ideologische Ebene zu heben. Nachdem die jugoslawischen Kommunisten sich auch noch geweigert hatten, im Juni 1948 vor der Konferenz des »Kommunistischen Informationsbüros«, des 1947 gegründeten Kominform, zu erscheinen und ihre Verurteilung entgegenzunehmen, verurteilten die Kommunistischen Parteien – darunter auch die französische und die italienische KP – die Haltung der jugoslawischen Genossen und schlossen sie aus dem Kominform aus. Als weitere Strafaktionen folgten eine Wirtschaftsblockade und die politische Isolierung des Landes. Zunächst suchte die KPJ ihre Moskauer Kritiker an Linientreue zu übertreffen und forcierte – nach entsprechender Kritik – eine Kampagne zur Kollektivierung der Landwirtschaft.

Tito hatte zu den treuesten Stalin-Anhängern gehört und beim Befreiungskampf die Direktiven der Komintern stets beachtet. Es gab zwischen ihm und Stalin eine »große Übereinstimmung in den politischen Auffassungen, Zielen und Methoden, die eine wichtige Grundlage für ihre engen Beziehungen bis 1948 bildete«[74]. Diese enge Geistesverwandtschaft trat besonders bei den innerparteilichen Säuberungsaktionen der KPJ in Erscheinung, die zwischen 1945 und 1948 stattfanden. Sie galten den alten Parteikadern ebenso wie den »Kominform-Anhängern« und trugen die Züge eines innerparteilichen Machtkampfes. Viele Verurteilte wurden in das neue Straflager »Kahle Insel« (*Goli otok*) zwischen den Inseln Krk und Rab deportiert. Selbst nach dem Bruch mit Stalin herrschte also – bis hin zum Personenkult[75] – in Jugoslawien der Stalinismus. Vor dem Hintergrund der späteren Entwicklung wird der frühe Titoismus oft allzu weich gezeichnet. Unter den Opfern der Säuberungen war auch der kroatische Kommunist Andrija Hebrang. Ihm wurde vorgeworfen, er habe die KPJ spalten wollen und früher mit dem *Ustaša*-Regime kollaboriert. Angeblich soll Hebrang 1949 im Belgrader Gefängnis Selbstmord begangen haben. In Wahrheit wurde er ermordet.

Nach dem Ausschluss aus dem Kominform näherte sich Jugoslawien vorsichtig den Westmächten an und nahm nunmehr auch die Marshall-Plan-Hilfe in Anspruch. Nach dem Tod Stalins 1953 kam es zwar zu einer gewissen Entspannung zwischen beiden Ländern, aber nicht zu einer Eingliederung Jugoslawiens in den Ostblock. Seit 1956 spielte Jugoslawien eine führende Rolle in der Blockfreien-Bewegung.

Seit Anfang der 1950er Jahre rückte Jugoslawien auch im Bereich der Innenpolitik ideologisch von seinem Moskauer Vorbild ab. 1950 brach die betriebliche »Arbeiterselbstverwaltung« mit dem Prinzip des »demokratischen Zentralismus«, 1952 mutierte die zentralistisch geführte Kaderpartei KPJ zum »Bund der Kommunisten Jugoslawiens«. Aus der »Volksfront« wurde der »Sozialistische Bund des werktätigen Volkes«. 1953 endete das Programm der Kollektivierung; die meisten Bauern traten aus den bereits gebildeten Genossenschaften aus. Der Ausbau des »Selbstverwaltungssozialismus« war mehr als nur sprachliche Kosmetik, aber auch weit entfernt vom Aufbau eines demokratischen Verfassungsstaates.

4.9 Zwischen Jugoslawisierung und Sowjetisierung: Albanien

Albanischer Widerstand unter kommunistischer Führung

In dem Agrarland Albanien hatte kommunistisches Gedankengut nicht Fuß fassen können. Nur einige wenige im Ausland lebende Albaner schlossen sich den kommunistischen Bewegungen in den jeweiligen Ländern an. Zu ihnen gehörten Anhänger des Bischofs Fan Nolis – dessen langjähriger Sekretär Sejfulla Malëshova, Llazar Fundo und Tajar Zavalani. Einige Albaner wurden im Ausland förmliche Mitglieder von dortigen Kommunistischen Parteien. Ein prominentes Beispiel dafür war der spätere Ministerpräsident Mehmed Shehu, der zuerst der spanischen, dann der italienischen Kommunistischen Partei angehörte. Shehu nahm in der XII. Internationalen Brigade am Spanischen Bürgerkrieg teil. In Moskau gab es eine kleine Zelle albanischer Kommunisten, die dort von der Komintern geschult wurden, um später in Albanien weiterzuwirken. Zu dieser Gruppe gehörte Ali Këlmendi. Der in Peć geborene Sohn eines Landarbeiters floh nach dem Verbot der jugoslawischen KP nach Albanien und hielt sich dann zwischen 1925 und 1930 in der Sowjetunion auf. Wieder in Albanien, gründete er dort kommunistische Zellen und reorganisierte die illegale kommunistische Gruppe in Korça. Diese soll bereits 1928 als erste rudimentäre kommunistische Zelle in Albanien gegründet worden sein. Sechs Jahre später entstand eine zweite Gruppe in Shkodra. Zu ihr gehörten der spätere Vorsitzende des kommunistischen Jugendverbandes, Qemal Stafa, und das spätere Mitglied des Bundes der Kommunisten Jugoslawiens, Fadil Hoxha. Eine weitere kommunistische Gruppe mit Namen *Zjarri* (Feuer) wurde 1937 von Andrea Zisi in Athen gegründet. Dann gab es 1940 eine Abspaltung von der *Korça*-Gruppe, die sich *të Rinjve* (die Jungen) nannte. Diese und andere Gruppen umfassten insgesamt nicht mehr als 200 Mitglieder und waren untereinander völlig zerstritten, ohne dass fundierte ideologische Auseinandersetzungen hätten stattfinden können. Denn die grundlegenden Werke von Marx und Lenin gab es in albanischer Sprache nicht. 1939 wurde der Versuch einer Koordination in Gestalt eines gemeinsamen Zentralkomitees unternommen, aber Auseinandersetzungen um den Kurs der Partei – Kaderpartei oder Massenpartei – führten 1940 zur Selbstauflösung des ersten ZK.

Nach dem Überfall des »Dritten Reiches« auf die UdSSR rief die Komintern die kommunistischen Parteien aller Länder zum »Antifaschistischen Befreiungskampf« auf und gab damit den Anstoß zur Gründung einer KP Albaniens am 8. November 1941. Bei dieser Parteigründung leisteten die Abgesandten Titos – Miladin Popović und Dušan Mugoša –Geburtshilfe. Von daher lag es nahe, dass es zwischen der KP Jugoslawiens und der KP Albaniens eine enge Kooperation gab, die sich in manchen Ritualen wie der Übernahme des jugoslawischen Partisanengrußes –»Tod dem Faschismus, Freiheit dem Volke« –, aber auch in der Volksfronttaktik niederschlug. Wegen ihrer geringen Zahl vermochten die Kommunisten freilich wenig gegen die Besatzungsmacht auszurichten, wenn man von kleineren Partisanenaktionen absieht. Darum nahmen die Kommunisten rasch Kontakt zu den nichtkommunistischen Partisanen auf, die sich bereits erfolgreich gegen die Italiener zur Wehr gesetzt hatten. Einige ihrer Führer, wie Myslim Peza oder Haxhi Lleshi, fanden später – 1943 beziehungsweise 1952 – zur KP.

Im Sommer 1942 riefen die Kommunisten zu einer Konferenz auf, die dann am 16. September in Peza stattfand. Die dort versammelten rund zwanzig Freischärler gründeten die »Nationale Befreiungsfront« (*Fronti Nationalçlirimtar*, FNÇ), die von einem siebenköpfigen »Provisorischen Generalrat der Nationalen Befreiung« geleitet wurde und in ihrem Manifest die Mobilisierung aller patriotischen Kräfte ohne Ansehen der ideologischen Zugehörigkeit proklamierte. Nach regionalen Befreiungsaktionen sollte es zu einem allgemeinen bewaffneten Volksaufstand kommen. Bei alledem ließ die KP keinen Zweifel an ihrem Führungsanspruch, der beinahe überall akzeptiert wurde und sich in der Platzierung von politischen Kommissaren in jeder Partisaneneinheit niederschlug.

Zu der Konferenz in Peza am 16. September 1942 war aber nicht der Nationalist Midhat Frashëri erschienen. Er kämpfte für den Erhalt »Großalbaniens« und sprach sich daher gegen eine Zusammenarbeit mit dem jugoslawischen Widerstand aus, der aus nationalen Gründen das Kosovo nicht Albanien überlassen wollte. Im November 1942 gründete Frashëri eine überparteiliche Nationale Front, die *Balli Kombëtar*, die sich zur ernsthaften Konkurrenz für die FNÇ entwickelte. Die *Balli* war national und in ihren sozialen Forderungen radikaler als die »Nationale Befreiungsfront« der Kommunisten. Darum schlossen sich ihr auch kleinere marxistische Gruppen an. Im Januar 1943 berief die *Balli* ihren ersten Kongress ein, aus dem ein achtköpfiges Zentralkomitee unter dem Vorsitz von Frashëri hervorging. Unter dessen Leitung entstanden eine eigene Jugendorganisation, eine Untergrundpresse und Partisanenabteilungen, die gegen die italienische Besatzung kämpften. Das großalbanische Programm, verbunden mit den radikalen sozialen Forderungen, zog viele Albaner an, so dass die *Balli* bald zum Hauptgegner der Kommunisten avancierte.

Versuche einer Zusammenarbeit in Gestalt eines gemeinsamen »Komitees zur Rettung Albaniens«, zwischen *Balli* und FNÇ Anfang August 1943 beschlossen, wurden bereits nach einem Monat von der FNÇ aufgekündigt. Daraufhin traten die Royalisten aus der FNÇ aus, gründeten die Organisation *Legaliteti* (Legalität) und taten sich mit der *Balli* zusammen. FNÇ und *Balli* führten Ende 1943 einen Bürgerkrieg. Nachdem letztere sich mit den deutschen Besatzungstruppen arrangiert hatte, erhielt die FNÇ als einzige Oppositionsgruppe verstärkt Hilfe von den Westalliierten und konnte mit deren Hilfe den inneralbanischen Kampf für sich entscheiden. Ende Mai 1944 bildete die FNÇ auf ihrem »I. Antifaschistischen Kongress der Nationalen Befreiung« den 121 Mitglieder umfassenden »Antifaschistischen Rat der Nationalen Befreiung« (*Këshilli Antifashist Nacional-Çlirimtar*, KANÇ). Dieser wiederum ernannte ein zwölfköpfiges »Antifaschistisches Nationales Befreiungskomitee«, das mit Enver Hoxha an der Spitze als vorläufige Regierung fungierte. Bei einem zweiten Kongress im Oktober 1944 wurde das »Befreiungskomitee« dann offiziell in die »Demokratische Regierung Albaniens« umgetauft und Enver Hoxha zum Ministerpräsidenten ernannt. Dieser vereinigte damit drei Ämter auf sich: Er war Generalsekretär des ZK der KP Albaniens, Oberbefehlshaber der Streitkräfte und oberster Repräsentant des Staates. Ende November 1944 konnte er seine Regierung in der Hauptstadt etablieren. Da die Großmächte zögerten, die Regierung anzuerkennen, unternahm Jugoslawien Ende April 1945 als erstes souveränes Land diesen Schritt.[76] Ihm folgten am

7. November 1945 Polen und am 10. November die UdSSR. Die Anfang Dezember 1945 abgehaltenen Wahlen entsprachen nicht annähernd westlichen Standards. Deswegen und wegen eines Zwischenfalls im Korfu-Kanal – britische Zerstörer liefen auf Minen – verweigerten die USA und Großbritannien die Anerkennung des albanischen Staates. Am Widerspruch Großbritanniens scheiterten mehrfach auch albanische Anträge, in die UNO aufgenommen zu werden. Das gelang erst Mitte Dezember 1955.

Volksrepublik unter jugoslawischer Kontrolle

In der Folgezeit geriet Albanien wieder in die Abhängigkeit Jugoslawiens, das die außenpolitische Vertretung des Landes übernahm, es aber auch im 1947 gegründeten Kommunistischen Informationsbüro (Kominform) mit vertrat. Um Hoxha zu kontrollieren, stellte Jugoslawien ihm den ZK-Sekretär für Organisationsfragen, Koçi Xoxe, zur Seite – ein Vertrauensmann des Nachbarlandes, der auch die im März/ April 1945 abgehaltenen Prozesse gegen prowestliche »Volksfeinde« persönlich überwachte. Wie die jugoslawische KP verhängte auch die albanische in ihren so genannten »Volksgerichten« drakonische Urteile über alle »faschistischen« Sympathisanten und früheren Kollaborateure. Die »Volksfeinde« wurden enteignet und auf die durch den Handel mit den Besatzungsmächten erzielten Gewinne nachträglich horrende Steuern erhoben. Bis auf die Teilnahme an den Massenorganisationen der Nationalen Befreiungsfront wurden alle anderen politischen Aktivitäten verboten und unter Strafe gestellt.

Von den Verfolgungen besonders betroffen war die katholische Geistlichkeit, die einen Großteil ihrer Priester einbüßte. Aber die albanische KP »säuberte« sich auch mehrfach selbst von »Parteifeinden« und brachte von Welle zu Welle oft auch die »Säuberer« der vorangegangenen Mordaktionen um. So erging es beispielsweise Koçi Xoxe.

Die Verstaatlichung der albanischen Wirtschaftsbetriebe begann mit den Bergwerken und dem Transportwesen; bis 1947 erreichte sie alle Zweige der Wirtschaft unter Einschluss der Handwerksbetriebe. Im Spätsommer 1945 begann die entschädigungslose Enteignung aller Großgrundbesitzer, die 40 Hektar behalten durften, wenn sie das Land selbst bewirtschafteten. Im Juni des folgenden Jahres wurden die Maßnahmen auch auf Obstgärten, Weinberge, Olivenhaine, Gebäude und landwirtschaftliches Inventar ausgedehnt. Von der Gesamtanbaufläche von 292.000 Hektar wurden 173.000 enteignet, davon 155.000 zu je fünf Hektar an landlose Bauernfamilien gegeben; der Rest wurde in Staatsgüter umgewandelt. Nach der Bodenreform begann die Kollektivierungskampagne. Angeblich auf freiwilliger Basis entstanden schon 1946 die ersten Produktionsgenossenschaften. Wie in der UdSSR unter Stalin wurden die landwirtschaftlichen Gewinne als Ressource für den forcierten Aufbau der Industrialisierung verwendet. Das reine Agrarland – der Anteil der Industrie an der Netto-Warenproduktion betrug 1938 nur 4,5 Prozent – sollte binnen kürzester Zeit industrialisiert werden. Nach sowjetischem Vorbild erhielt die Entwicklung der Schwerindustrie Vorrang vor der Leichtindustrie. Eine wichtige Grundlage bildeten die reichlich vorhandenen Bodenschätze – Kupfer, Eisen, Nickel, Bitumen und vor allem Chrom. Als Energieträger waren Braunkohle, Erdöl, Erdgas und Wasserkraft vorhanden. Die gewonnenen Rohstoffe wurden zunächst exportiert, seit den 1960er Jahren begann man, sie im Lande weiterzuverarbeiten. Aufgrund des staatlich geförderten Bevölkerungswachstums – die Wachstumsrate betrug jährlich etwa 3 Prozent, die Lebenserwartung stieg von 38 Jahren 1938 allmählich auf 72 Jahre – nahm der inländische Ernährungsbedarf so rasant zu, dass immer wieder Versorgungsengpässe entstanden.

Anfang Dezember 1945 ging aus einer Listenwahl – die FNÇ benannte sich in die Liste der »Demokratischen Front« um – die Konstituierende Nationalversammlung hervor. Am 10. Januar 1946 trat die Nationalversammlung zum ersten Mal zusammen und erklärte am 11. Januar Albanien zur »Volksrepublik«. Wie in vielen anderen Bereichen folgte sie auch hier dem Beispiel Jugoslawiens, das schon seit Ende November 1945 – als erster Staat des Ostblocks – »Volksrepublik« hieß. Mitte März 1946 wurde die Verfassung verabschiedet – Vorbild war auch hier die jugoslawische Verfassung vom 31. Januar 1946, die ihrerseits der Stalinschen Verfassung von 1936 nachempfunden war. Am 23. März 1946 wurde eine neue Regierung gebildet, der wiederum Enver Hoxha als Ministerpräsident und Xoxe – von der Machtfülle etwa gleichgewichtig – als dessen Stellvertreter vorstand. Der Krieg, die Verstaatlichungsmaßnahmen und Missernten stürzten das Land in dramatische Versorgungsprobleme. Neben der *United Nations Relief and Rehabilitation Administration* (UNRRA), die bis 1948 26 Millionen Dollar an Wirtschaftshilfe leistete, zahlte Jugoslawien im selben Zeitraum nochmals 33 Millionen Dollar an Unterstützung für das Nachbarland. Im Hintergrund stand der jugoslawische Plan, eine große Balkanföderation unter seiner Führung zu schaffen, die neben Albanien auch Bulgarien umfassen sollte. Diesem Zweck diente auch der Abschluss einer Reihe von Verträgen im Sommer 1946, die Albanien politisch, militärisch, wirtschaftlich und finanziell eng an Jugoslawien binden sollten. Ende November 1946 folgten weitere Verträge, die zur Koordination der Wirtschaftspläne beider Länder, zur Angleichung ihrer Währungen und Preissysteme sowie zu einer Zollunion führen sollten.

Bruch mit Jugoslawien und Anschluss an die Sowjetunion

Durch dieses Projekt wäre in Südosteuropa ein zweites kommunistisches Zentrum neben Moskau entstanden – eine Vorstellung, die im Widerspruch zu Stalins Großmachtpolitik stand.[77] Darum unterstützte die sowjetische Seite Enver Hoxhas eher nationalkommunistische Bestrebungen gegen den pro-jugoslawischen Xoxe. Ein sowjetischer Wirtschaftskredit vom Juli 1947 sollte die einseitige Abhängigkeit Albaniens von Jugoslawien durchbrechen und führte innerhalb der KPA zu heftigen Auseinandersetzungen zwischen den Anhängern beider Lager. Bis zum sowjetisch-jugoslawischen Konflikt im Frühjahr 1948, der schließlich Ende Juni 1948 zum Ausschluss Jugoslawiens aus dem Kominform führte, konnten die albanischen Gefolgsleute Belgrads das Feld behaupten und brachten Hoxha in schwere Bedrängnis. Dann wendete sich das Blatt. Am 29. Juni 1948 erklärte sich das ZK der KP Albaniens mit der Kominform-Resolution solidarisch und bezichtigte die KP-Führung Jugoslawiens – fortan die »Tito-Clique« genannt – des »Verrats« und »Trotzkismus«. Albanien kündigte alle Wirtschaftsabkommen, Mitte November 1949 löste Jugoslawien auch den Freundschaftsvertrag mit dem Nachbarland. Albanien mutierte zum Hauptgegner Jugoslawiens, dem es »großserbischen Chauvinismus« vorwarf und so die Kosovo-Frage wieder aufrollte; ein anderes Mal nannte es Belgrad die »Agentur des anglo-amerikanischen Imperialismus«.

Nach zahlreichen Grenzzwischenfällen brach die jugoslawische Regierung Mitte Oktober 1950 die diplomatischen Beziehungen zu Albanien ab. Der Seitenwechsel brachte Albanien den Vorteil, mit einem Schlag die Auslandsschulden gegenüber Jugoslawien, das mit zinslosen Darlehen die Hälfte des albanischen Staatshaushaltes bestritten hatte, losgeworden zu sein. Jetzt musste die Sowjetunion das bankrotte Land mit Krediten über Wasser halten. Bis 1961 gewährte sie Albanien zinsgünstige Kredite in Höhe von 156 Millionen Dollar; die technische und militärische Hilfe der UdSSR schätzt man auf zusätzliche 100 Millionen Dollar. Die übrigen RGW-Staaten unterstützten Albanien mit einer Wirtschaftshilfe von 133 Millionen Dollar.

Dafür entwickelte sich Albanien zum innen- wie außenpolitischen Musterschüler Moskaus. Die Verehrung Stalins ging weit über dessen Tod hinaus. Zu Ehren seines 71. Geburtstages wurde die Stadt Kuçova in Stalinstadt – Qyteti Stalin – umbenannt. Erst Anfang Januar 1991 erhielt sie ihren alten Namen zurück. Dem Stalinkult fehlte jegliche Berechtigung, denn abgesehen von der finanziellen Unterstützung nahm Stalin Albanien nicht ernst und behandelte es politisch deutlich schlechter als die übrigen Satelliten Moskaus. So wurde ihm nicht einmal der ansonsten obligatorische Freundschafts- und Beistandspakt angeboten.

5. Der »real existierende Sozialismus« und der gesellschaftliche Umbruch. Vom Ende der Stalin-Ära bis ins erste Jahrzehnt des neuen Jahrhunderts

Die Entwicklung in den einzelnen Nationalstaaten (III)

5.1 Von der personalen Diktatur über die Oligarchie, *glasnost'* und *perestrojka* zum autoritären Staat Putins

Der Aufstieg Chruschtschows und die Entstalinisierungskampagne

Vielfach wird gesagt, dass mit dem Tod Stalins im März 1953 die sowjetische Nachkriegsgeschichte erst begann. Das aus einem Roman Ilja Ehrenburgs stammende Bild vom »Tauwetter« charakterisiert die Gefühlslage eines ganzen Volkes mitsamt der Parteispitze: Eine schwere Last fiel von den Menschen, Bildung und Wissenschaften lebten auf. Gleichwohl bestanden in der Nomenklatura Differenzen über das Ausmaß der Distanzierung vom »Stalinismus«. Einig war man sich lediglich darin, dass der Terror ein Ende haben müsse. Denn die allgegenwärtige Gewalt hatte die Menschen nicht dazu gebracht, das Regime aktiv zu unterstützen, sondern sie nur apathisch und furchtsam gemacht und damit dem wirtschaftlichen, sozialen und politischen Leben des Landes schwer geschadet. Stalins Erben wollten wieder stärker mit politischen Mitteln regieren, aber nicht von der Sowjetordnung lassen. Darin lag von vornherein ein tiefer Widerspruch: Stalins Ungeist sollte beseitigt werden, nicht aber die unter und von ihm geschaffene sozioökonomische und politische Gesamtordnung der Sowjetunion. Chruschtschows Idee bestand vor allem darin, durch entsprechende Reformen das Eigeninteresse der Menschen wieder stärker anzusprechen, um sie aus der Gleichgültigkeit und Interesselosigkeit für das Ganze herauszuholen.

Zunächst aber saß die alte Führung noch fest im Sattel. Als deren mächtigster galt der Staatssicherheitsminister Berija, gefolgt von Malenkow, dem Chef des Parteiapparats. Auch Molotow und Mikojan besaßen aufgrund ihres Dienstalters und ihrer Erfahrung großen Einfluss. Dass Malenkow am 9. März 1953 die Trauerrede auf Stalin halten durfte, zeigte seine bedeutende Stellung in der alten Führungsriege an. Er gehörte denn auch zu dem Triumvirat, das – ähnlich wie 1923 nach dem Schlaganfall Lenins – zunächst die Geschicke des Landes lenken sollte. Molotow und Berija waren die beiden anderen. An Nikita Sergejewitsch Chruschtschow, lediglich Mitglied des Präsidiums und des Sekretariats der Partei, dachte zunächst keiner – und das, obwohl er einen festen Platz im Parteiapparat hatte. Drei Wochen nach Stalins Tod wurde die erste Amnestie verkündet: Die Kreml-Ärzte, die Stalin eines Komplotts bezichtigt hatte, durften das Gefängnis verlassen, einzelne weitere Freilassungen, von Berija handverlesen, folgten. Aber eine Auflösung der Lager hatte keiner aus dem Triumvirat im Sinn.

Der skrupellose Chruschtschow nutzte die Angst aller vor Berija, um gegen diesen eine Intrige zu spinnen. Malenkow, der wohl Ähnliches beabsichtigt hatte, schloss sich ihm an, auch mehrere Generäle. Er wurde nach den üblichen Vorwürfen am Ende einer Sitzung des Parteipräsidiums am 26. Juni 1953 verhaftet und zusammen mit sechs Vertrauten in einem Geheimprozess zum Tode durch Erschießen verurteilt. Das Urteil wurde Ende Dezember 1953 vollstreckt. Weitere Todesurteile gegen Anhänger Berijas folgten 1954. Damit endete die sowjetische Phase, politische Probleme durch Mordaktionen zu lösen.

Am 14. März 1953 hatte sich Malenkow aus dem Sekretariat des ZK zurückgezogen und auf den Posten des Ministerpräsidenten beschränkt. Zu diesem Zeitpunkt stand Chruschtschow nur auf Platz fünf in der offiziösen Rangordnung – hinter Malenkow, Berija, Molotow und Woroschilow, dem Vorsitzenden des Präsidiums des Obersten Sowjets. Chruschtschow, der einzige, der das Amt eines Sekretärs des ZK mit einem Sitz im Präsidium verband, nutzte diese Stellung, um sich im September 1953 zum Ersten Sekretär der KPdSU wählen zu lassen. Damit hatte er die Macht über die Staatspartei. Die Parallelen zum Aufstieg Stalins sind unübersehbar.

Für den gewieften Taktiker Chruschtschow sprach zudem, dass er mit seinem Anspruch neue Konzepte für eine bessere wirtschaftliche Zukunft verknüpfte. Durch die Erschließung von Neuland wollte er die Agrarproduktion erhöhen und damit den Lebensstandard der Bevölkerung verbessern. Mit diesem Plan zeigte sich auch die Schwerindustrie einverstanden, erforderte die Erschließung von Neuland doch nur in geringem Maße, Ressourcen von der Industrie auf den agrarischen Sektor zu verlagern. Malenkow dagegen vertrat das aufwendigere Konzept, die bestehenden landwirtschaftlichen Flächen intensiver zu nutzen. Das durch Chruschtschow wieder zum Leitungsorgan aufgewertete ZK folgte ihm, die *Prawda* erhob schwere Vorwürfe gegen Malenkow, der am 8. Februar aufgab und zurücktrat. Zu seinem Nachfolger wurde Nikolai A. Bulganin, ein Mitstreiter Chruschtschows, gewählt. Auf dem XX. Parteitag der KPdSU Mitte Februar 1956 trug Chruschtschow dann zunächst seinen Bericht als Erster Sekretär vor und hielt – nach dem offiziellen Ende der Zusammenkunft – seine berühmte »Geheimrede«. In dem Bericht verhieß er außen- wie innenpolitisch eine gewisse Öffnung. Abgesehen von der Intervention in Ungarn 1956, dem Berlin-Ultimatum 1958 und der Kuba-Krise 1962 sollte es tatsächlich zum Modus vivendi der »friedlichen Koexistenz« und im Inneren der Partei zu so etwas wie »Kollektivführung« kommen. In der zweiten, vierstündigen Rede legte Chruschtschow auf der Grundlage von Dokumenten aus dem früheren Besitz von Berija, die man ihm 1955 übergeben hatte, und einer daraufhin eingerichteten Untersuchungskommission Stalins Verbrechen am eigenen Volk offen. Scharf hob er davon Lenin und die Idee der Partei ab – einschließlich des Prinzips der kollektiven Führung. Er sprach sie nicht nur von jeder Schuld frei, sondern ließ sie auch im hellsten Licht erscheinen. Chruschtschow löste sich also vom stalinistischen System, zu dem er selbst gehört hatte, und machte jene zu den eigentlich Mitschuldigen, die nicht gewillt waren, den gleichen Weg der Offenlegung und Erneuerung zu gehen. Außenpolitisch hätte die sowjetische Entstalinisierungskampagne beinahe das gesamte Machtgefüge im Ostblock zum Einsturz gebracht.[78]

Chruschtschows Reformen, seine Fehler und sein Sturz

Nach dem Neulandprogramm forcierte Chruschtschow sein Projekt, die industrielle Planung und Leitung zu dezentralisieren, und handelte sich damit gefährliche Gegner ein – vor allem jene Funktionäre, die als Konsequenz aus der Metropole in die Provinz umsiedeln mussten. Unter Führung von Lasar M. Kaganowitsch, Molotow, Woroschilow und Malenkow – Bulganin war ebenfalls mit von der Partie – beschloss das höchste Parteigremium am 18. Juni 1957, das Amt des Ersten Sekretärs abzuschaffen, und empfahl dem ZK die Annahme einer entsprechenden Vorlage. Doch Chruschtschow ließ die Sitzung wegen des Fehlens einiger ZK-Mitglieder unterbrechen und diese mit Unterstützung des ihm ergebenen Verteidigungsministers Schukow wie auch des KGB-Chefs Iwan Serow nach Moskau holen. Er drohte sogar mit einem Putsch der Armee, die unter seiner Förderung selbstbewusster geworden war, und brachte so schließlich das Plenum dazu, ihn gegen den Willen des Vorstandes im Amt des Ersten Sekretärs zu bestätigen. Seine Gegner wurden sofort oder etwas später aus dem Parteipräsidium, der Regierung und dem ZK ausgeschlossen und auf unwichtige Posten abgeschoben. Für die Geschassten rückten sechzehn neue Funktionäre ins Parteipräsidium nach – unter ihnen Leonid I. Breschnew, Chruschtschows Nachfolger. Mit seinem umfassenden, aber unblutigen Personalaustausch stärkte Chruschtschow die Partei gegen die Administratoren und beendete definitiv die Kämpfe um das Erbe Stalins. Im März 1958 ließ sich Chruschtschow auch zum Ersten Vorsitzenden des Ministerrates wählen und besaß damit die gleiche Machtfülle wie seine Vorgänger Lenin und Stalin. Diese Personalunion von Partei- und Regierungschef entsprach der engen Verzahnung von Partei und Regierung auf der höchsten Ebene.

Trotz Chruschtschows überragender Position verstummte die Kritik an seiner Person und an seinen oft sprunghaften ökonomisch-politischen Entscheidungen nicht. Seine bekannteste Fehlentscheidung war der Anbau von Mais, den er bei seiner Amerikareise im Spätsommer 1959 kennen gelernt hatte – zu Lasten der bewährten Getreidearten. Da der Mais in dem trockenen Kontinentalklima nur schlecht gedieh, kam es 1963 – erstmals seit den 1920er Jahren – zu einer ernsten Unterversorgung. Vor den Augen der Weltöffentlichkeit musste die UdSSR Getreide aus den USA einführen. Im Jahr zuvor hatte die Sowjetunion eine schwere außenpolitische Schlappe hinnehmen müssen: den Abzug ihrer Raketen aus Kuba. Chruschtschows Absicht, die Ressourcen vom Produktionsgütersektor auf die Konsumindustrie zu verlagern, um auf diesem Gebiet die USA zu übertrumpfen, kostete ihn schließlich viele Sympathien bei den Vertretern der Nomenklatura wie der Armee und der Wirtschaft, die alle ihre Machtpositionen bedroht sahen. Auf dem XXII. Parteitag im Herbst 1961 wurde ein neues Parteiprogramm verabschiedet, das das von 1919 ablöste, sowie ein revidiertes Parteistatut. Dahinter stand der Anspruch, eine neue Stufe der historischen Entwicklung erreicht zu haben: Nach der Verwirklichung des Sozialismus sollte es nun um die Vollendung des »Glücks aller Völker«, um die Verwirklichung des Kommunismus gehen. Die neue Parteisatzung sah eine Rotation vor, ein Wahlsystem von hohen Funktionären, das diese nach einer gewissen Zeit um Macht und Privilegien bringen musste. Parallel dazu vollzog das ZK einen Akt von hoher symbolischer Bedeutung: Stalins präparierter Leichnam wurde aus dem Mausoleum am Roten Platz entfernt und an der Kremlmauer – neben anderen prominenten Sowjetführern – beigesetzt. Auf dem Höhepunkt seiner Macht hatte Chruschtschow noch einmal seinen Vorgänger degradiert. Auf dem XXII. Parteitag wurde schließlich auch der Großteil jener Personen in das ZK gewählt, die bis zum Beginn der *perestrojka* die Führung der Partei in ihren Händen halten sollten. Der Alterungsprozess der bis zuletzt großrussisch-zentralistisch orientierten Partei nahm unaufhörlich zu, ebenso wie der Anteil des gehobenen qualifizierten Personals ständig stieg und Bauern und Arbeiterschaft mehr und mehr verdrängte – eine Folge der sprunghaft ansteigenden höheren und mittleren Ausbildung.

Bei Breschnew, den Chruschtschow für einen seiner loyalsten Zöglinge hielt, und bei dem ZK-Sekretär Nikolaj W. Podgornyj liefen die Fäden der Verschwörung gegen den mächtigsten Mann der UdSSR zusammen. Sie wurden vom Chef des KGB, Wladimir E. Semitschastny, und dessen Vorgänger, Aleksandr N. Schelepin, unterstützt. Dieses Mal stimmten alle ZK-Mitglieder dem Absetzungsbeschluss des Partei- und Regierungschefs zu. Chruschtschow, der sich im Herbsturlaub befand, musste am 13. Oktober 1964 zurückkehren und den Bescheid entgegennehmen. Begründet wurde dieser Schritt im ZK mit den fatalen Fehlentscheidungen im ökonomischen wie außenpolitischen Bereich sowie mit Vetternwirtschaft. Dass ausgerechnet während der Chruschtschow-Ära die UdSSR ihre weltweit größten wissenschaftlichen Triumphe hatte feiern können – die Zündung der Wasserstoffbombe (1953) sowie die ersten Erdsatelliten Sputnik I und II (1957) und der erste bemannte Raumflug (1961) –, blieb während des Tribunals unerwähnt. Nach außen kaschierte man die Absetzung als Rücktritt aus Gesundheitsgründen. Die sowjetische Öffentlichkeit nahm den gewaltlosen Machtwechsel teilnahmslos hin, zumal dem Pensionär kleine Privilegien wie Datscha und Dienstwagen blieben. Um unbequeme Diskussionen zu vermeiden, beriefen die neuen Machthaber den XXIII. Parteitag erst 1966 ein. Das Motiv der eigenen Anhänger, Chruschtschow abzulösen, lag in der Sorge um den institutionellen Bestand des selbstbewusster gewordenen Sowjetsystems, vor allem um den Machterhalt der Nomenklatura. Im Ergebnis führte diese Strategie zu einer zunehmenden Erstarrung der Sowjetunion. Chruschtschow bildete ein Übergangsphänomen zwischen der personalen Diktatur eines Lenin und Stalin, für die er selber auch noch stand, und der institutionellen Diktatur eines Breschnew und seiner Nachfolger, denen er selber mit seiner Rückkehr zur »kollektiven Führung« wie mit seiner Unterstützung des Föderalismus zur Macht verholfen hatte. Chruschtschow hatte dem ZK und den Parteitagen zwar einen Teil ihres alten Einflusses zurückgegeben und ihnen das Gefühl der Mitsprache vermittelt, aber in Wirklichkeit hielt eine Funktionärs-Oligarchie die Macht in Händen. Der Historiker Manfred Hildermeier lehnt daher den »monokratisch-herrschaftsbezogenen (totalitaristischen)« Interpretationsansatz ab und zieht eine deutliche Trennungslinie zwischen Stalin und Chruschtschow.[79] Dennoch unterstreicht er, dass trotz des Endes von Massenterror und einer höheren Gesetzlichkeit auch unter Chruschtschow von unabhängiger Justiz und Beachtung der international anerkannten Menschenrechte nicht die Rede sein konnte.

In den Geisteswissenschaften und in der Literatur konnte man nur wenig von dem Chruschtschowschen »Tauwetter« spüren. Der Roman »Doktor Schiwago«, das sozialismuskritische Spätwerk des Lyrikers Boris L. Pasternak, durfte nicht in der UdSSR erscheinen. Nachdem der Autor das Buch 1957 in Mailand herausgebracht und im Jahr darauf auch noch den Nobelpreis erhalten hatte, traten die Kulturpolitiker des Politbüros eine unbeschreibliche Hasskampagne gegen ihn los. Pasternak schlug die ihm offerierte Emigration aus und schrieb an Chruschtschow persönlich, er werde auf die Entgegennahme des Nobelpreises verzichten und im Lande bleiben. Sein Begräbnis 1960 gestaltete sich zur »ersten politischen Demonstration im nachstalinistischen Russland«[80]. Lediglich bei der Behandlung des dunklen Kapitels der »Stalin-Ära« konnten Literaten zwischen 1961 und 1963 auf größere Toleranz hoffen. So durfte Alexander Solschenizyn seine Lagerprosa »Ein Tag im Leben des Iwan Denissowitsch« mit Chruschtschows Billigung 1962 in der UdSSR herausbringen. Vieles andere blieb verboten und kursierte nur in Kreisen einer erstmals gegen Ende der Chruschtschow-Zeit entstehenden intellektuellen Subkultur. Nach Chruschtschows Absetzung mochte die Nomenklatura auch keine Fundamentalkritik mehr am Stalinismus zulassen: Die Veröffentlichung von Solschenizyns Roman »Der erste Kreis der Hölle« (1968) musste unterbleiben.

Breschnew und die Herrschaft der Nomenklatura

Mit der »Ablösung« Chruschtschows hatte die Nomenklatura, der fest etablierte Teil der Sowjetintelligenz, die Macht übernommen. Auch die neuen Herren – Leonid Breschnew als Generalsekretär und Aleksej N. Kossygin als Vorsitzender des Ministerrats sowie, ihnen deutlich nachgeordnet, Podgornyj, Suslow und Schelepin – waren Reformen nicht abgeneigt, gedachten diese aber nur so weit vorzunehmen, dass die überkommenen Herrschaftsstrukturen nicht angetastet würden. Wie sich schnell herausstellte, war das eine ohne das andere jedoch nicht möglich. So nahm bald die Erstarrung zu, Stagnation und Verkrustung prägten spätestens seit Mitte der 1970er Jahre die sowjetische Gesellschaft. Zunächst nahmen Chruschtschows Nachfolger Schritt für Schritt seine Reformansätze zur Dezentralisierung der Ordnungssysteme zurück: Die Spaltung der Parteiorganisation in einen industriellen und einen agrarischen Zweig wurde aufgehoben, die Zentralisierung der Kompetenzen in der Metropole wurde erneut verstärkt. Auch die Begrenzung der Amtszeit für Funktionäre entfiel wieder, das Parteipräsidium wurde in Politbüro zurückbenannt, der Erste Sekretär nannte sich wieder Generalsekretär. Um Ruhe ins Sowjetreich zu bringen, brach man die Entstalinisierung ab, Stalins Verbrechen hießen nunmehr »Fehler«.

Obwohl Breschnew und Kossygin – zusammen mit den anderen einflussreichen Funktionären – anfangs alle wichtigen Entscheidungen gemeinsam trafen, gab es deutliche Rivalitäten zwischen ihnen. Wenn auch in klar abgemilderter Form, wiederholte sich unter den aus einer Alterskohorte stammenden »Duumviren«, was sich bei den bisherigen Machtwechseln in der UdSSR immer wieder abgespielt hatte und den älteren Parteimitgliedern wohl vertraut sein musste: der Kampf um die Spitzenstellung. In diesem erlangten die Reformkonzepte und deren Unterstützer wieder zentrale Bedeutung. Breschnew wie Kossygin wollten das Konsumniveau heben, aber im Einvernehmen mit dem Apparat. Ersterer erwies sich als gelehriger Schüler seines Lehrers Chruschtschow und übte sich in der Quadratur des Kreises, um keine der mächtigen Interessenvertreter gegen sich aufzubringen. Er setzte mithin auf die Steigerung der landwirtschaftlichen Produktion, die dieses Mal freilich vor allem durch die Intensivierung bereits genutzter Böden erzielt werden sollte. Dafür waren erhebliche Investitionen erforderlich.

Kossygin wollte durch materielle Anreize die leichtindustrielle Produktion ausdehnen, also die Lohnskala erweitern und sich mehr an marktwirtschaftlichen Leistungs- und Effizienzkriterien orientieren. Dieser Ansatz war zwar nicht neu, schloss aber an die westlichen Erfolgsmodelle an. Damit verstieß er aber gegen die sozialistische Ideologie. Wohl auch darum entschied sich das ZK im März 1965 für das Breschnewsche Programm. Ausschlaggebend für diese Entscheidung war jedoch, dass die ebenso konservative wie mächtige Schwer- und Rüstungsindustrie für Breschnew optierte, weil sie im Falle einer Realisierung der Kossyginschen Reformideen um ihre Ressourcen fürchtete. Mit der immer wieder erneuerten Zusicherung, er werde das allgemeine materielle Lebensniveau nicht auf Kosten des »militärisch-industriellen Komplexes« heben, hatte Breschnew die mächtigsten Interessengruppen, die auch im neuen Parteipräsidium repräsentiert waren, auf seine Seite gezogen. Durch Gewaltverzichtsabkommen und Abrüstungsvereinbarungen verminderte Breschnew gleichzeitig den Druck, der bis dahin auf der sowjetischen Armee gelastet hatte. Der XXIV. Parteitag Ende März 1971 markierte eine Zäsur in der »kollektiven Führung«, nun sah sich die Partei wieder in einem Mann repräsentiert: Breschnew. Um ihn setzte ein regelrechter Personenkult ein, der aus der Parteigeschichte nur allzu gut bekannt war. Dennoch hütete sich Breschnew, auf die Mitentscheidung des Politbüros zu verzichten. Er vermied eine offene Rückkehr zu personal zentrierten diktatorischen Strukturen und konnte sich so – trotz heftiger Rückschläge vor allem in der Wirtschaftspolitik und trotz dramatischer Missernten infolge großer Trockenheit – unangefochten im Amt behaupten. 1976 erhielt er gar den seltenen Marschallrang, 1977 gelang es ihm, Podgornyj zum unfreiwilligen Rücktritt zu veranlassen und selbst den Vorsitz im Obersten Sowjet zu übernehmen.

Ende der Reformpolitik, weitere Erstarrung und beginnende Dissidenz

Viereinhalb Jahrzehnte nach dem gewaltsamen Ende dörflichen Wirtschaftens musste auch Breschnew erkennen, dass die sozialistische Landwirtschaft trotz massiver Investitionen nicht funktionierte und aufgrund gravierender Unterversorgung der Menschen das Wirtschafts- und Sozialsystem der UdSSR gefährdete. Wegen mangelnder Ressourcen und um die ihn stützende Schwer- und Rüstungsindustrie zufrieden stellen zu können, beendete Breschnew ein Reformvorhaben nach dem anderen. Während das wirtschaftliche Wachstum versiegte, stiegen die Militärausgaben. Die unbefriedigten Konsumansprüche der Bevölkerung verstärkten Lethargie und Leistungsunwillen. Die Defekte der zentralen Planwirtschaft ließen sich nicht beheben. Überdies fehlte es an Arbeitskräften und Kapital. Neben den Missernten machten die Rüstungsausgaben – der NATO-Doppelbeschluss 1978 und der Afghanistankrieg seit 1979 – der UdSSR zu schaffen. Der ökonomische Offenbarungseid der Nach-Breschnew-Ära kam bereits in Sicht. Die Trägheit der Greise dominierte die Partei zusehends, aber die von Breschnew beherrschten, gigantisch angewachsenen Apparate funktionierten mit erstaunlicher personeller Kontinuität an der Spitze bis Mitte der 1980er Jahre und kontrollierten alle Bereiche von Staat, Wirtschaft, Gesellschaft und Kultur. Der Partei kam die unzweifelhaft führende und lenkende Rolle zu. Trotz einiger Ausschlussprozeduren stieg die Zahl der Parteimitglieder schneller als die der Einwohnerzahl (1967: 12,7 Millionen; 1977: 16 Millionen; 1983: 18,12 Millionen. 1961 betrug die Mitgliederzahl 4,4 Prozent der Gesamtbevölkerung, 1971 5,9 Prozent und 1981 6,6 Prozent). Zwischen der Partei und der riesigen Armee (reguläre Truppenstärke 1985: 5,3 Millionen Soldaten) bestand ein symbiotisches Verhältnis. Wie tief die Partei in der Armee verwurzelt war, erschließt sich daraus, dass neunzig Prozent des Offizierscorps Parteimitglieder waren; jeder fünfte Militärangehörige trat der Partei bei. Breschnew, der engen Kontakt zur Armeeführung hielt und auch mit dem KGB als der dritten Säule der Sowjetmacht ein gutes Verhältnis pflegte, folgte der Doktrin, dass die Parteispitze möglichst viel, das Volk aber möglichst wenige Kompetenzen erhalten sollte. Die nach 1924 und 1936 nunmehr dritte Verfassung vom Oktober 1977 proklamierte zwar die »Herrschaft durch sozialistische Gesetzlichkeit«, aber an der elenden Lage der Bevölkerung änderte sich kaum etwas. Obwohl der föderale Staatsaufbau 1977 bekräftigt wurde, hatten im Zeichen des erstarkenden russischen Zentralismus regionale Interessen kaum eine Chance. Vier Fünftel aller sowjetischen Spitzenpolitiker stammten aus den drei herkömmlichen Kerngebieten Russland, Ukraine und Weißrussland. Das Verhältnis zwischen der Monopolpartei einerseits und den Räten, der Regierung und Verwaltung andererseits legte die neue Verfassung einseitig fest: Die KPdSU sollte die Politik bestimmen und das Personal stellen. Die offiziellen Träger der Souveränität mussten sich mit der Rolle ausführender Organe begnügen. Im Politbüro, Ministerrat und ZK war die gesamte Führungsspitze des Landes vertreten. Doch trotz der nach wie vor diktatorischen Verhältnisse verhielt sich diese »neue« Funktionärselite über beinahe zwanzig Jahre anders als die Generation vor ihr. Sie handelte pragmatisch, nicht ideologisch, repräsentierte institutionelle Interessen, lehnte utopische Gesellschaftsentwürfe ab und suchte den konstruktiven Kompromiss, anstatt Gewaltmethoden anzuwenden. Aber gerade diese Haltung innerhalb einer »Gerontokratie«, der jeglicher Enthusiasmus abhanden gekommen war, musste auf die Dauer den sozialistischen Lehren alle Glaubwürdigkeit nehmen. Unter Stalin groß geworden, hatte die Funktionärselite eine erstaunliche Wandlung durchgemacht: Nachdem sie die Entstalinisierung Chruschtschows unterstützt hatte, orientierte sie sich an dem Prinzip der »kollektiven Führung« und verzichtete – mindestens unter ihresgleichen – auf gewaltsame Lösungen. Und obwohl diese alten Männer eisern an ihren Ämtern festhielten, duldeten sie bis zu einem bestimmten Punkt auch den Aufstieg von dynamischen Jungfunktionären wie Michail S. Gorbatschow oder Eduard A. Schewardnadse. Das Reservoir für die Politbürokratie bildeten die Republiks- und Gebietssekretäre. Aus der personalen Diktatur eines Stalin und bis zu einem gewissen Grad auch eines Chruschtschow war eine oligarchische Diktatur geworden.

Dass es sich nach der Absetzung Chruschtschows im Herbst 1964 um eine »konservative Wende« handelte, wurde auch im Bereich von Kultur und Wissenschaft deutlich. Legal konnte kein weiteres Werk Solschenizyns erscheinen. Strengere Kontrolle, Zensur und Maßregelung bestimmten wieder die kulturelle Szene. Auch der Spielraum der Massenmedien wurde erneut drastisch eingeschränkt. Die vorangegangenen Lockerungen hatten jedoch den geistigen und politischen Widerstand gefördert, wie sich unter Breschnew zeigen sollte. Hinzu kam, dass gegen Ende der Breschnew-Ära auch in jenen Bereichen der Wissenschaft, in denen die UdSSR einst Höchstleistungen vollbracht hatte, der Rückfall auf einen minderen Rang offenkundig wurde. Die Nobelpreise nahmen ab, obwohl es nicht an Investitionen – etwa in die Akademie der Wissenschaften – fehlte. Eine Ursache für das sinkende Niveau, besonders auf Seiten der Naturwissenschaften, war wohl der Mangel an leistungsstarken Computern, teuren Apparaturen und

Schlüsseltechnologien. Auch die Überalterung in den Wissenschaften – analog zur Situation in der Politik – spielte eine Rolle. Die eher randständigen Geistes- und Sozialwissenschaften litten unter der nach wie vor strengen ideologischen Aufsicht. Wer sein Werk im Ausland veröffentlichte (*tamisdat*) oder es illegal zirkulieren ließ (*samisdat*), zählte – mit allen damit verbundenen Nachteilen – zu den »Dissidenten«. Viele Schriftsteller verließen die UdSSR, andere gingen in die innere Emigration. Eine dritte Gruppe fand eine Nische in ländlich orientierter, nostalgischer Prosa mit neo-slawophiler Akzentuierung. Politikfern, aber Ordnung und Unterordnung sowie andere altrussische Tugenden propagierend, genoss sie die relative Toleranz des Breschnew-Regimes. Neben Solschenizyn, der mit seinen Schriften zum Symbol des geistigen Widerstandes geworden war und 1974 das Land verlassen musste, gab es eine Reihe weiterer Rebellen wie Andrej D. Sinjawskij, denen man den Prozess machte. Die Veröffentlichungen des berühmten Physikers Andrej D. Sacharow über den Fortschritt, friedliche Koexistenz und geistige Freiheit (1968) führten dazu, dass er alle Ämter verlor und 1980 – nach seinem Protest gegen den Einmarsch in Afghanistan – in die gesperrte Stadt Gorkij (heute wieder Nischnij Nowgorod) verbannt wurde. Anders als noch zu Stalins Zeiten ließen sich solche Vorgänge gegenüber dem Ausland nicht mehr verbergen. Der kommunikationstechnische Fortschritt überwand problemlos den »Eisernen Vorhang«. Dieser Umstand veranlasste die Partei- und Staatsführung zu relativer Mäßigung. Seit Mai 1969 gab es eine Initiativgruppe zur Verteidigung der Menschenrechte in der UdSSR. Dieses Komitee prangerte Verletzungen der UNO-Menschenrechtsdeklaration von 1948 an, die auch von der UdSSR durch ihren Beitritt sanktioniert worden war. Im August 1975 unterzeichnete das Regime die Schlussakte der Konferenz über Sicherheit und Zusammenarbeit in Europa (KSZE) von Helsinki. Diese garantierte der UdSSR die Unverletzlichkeit der bestehenden Grenzen und schrieb damit faktisch die Ergebnisse des Zweiten Weltkrieges fest. Dafür war sie bereit, die »Achtung der Menschenrechte einschließlich der Gedanken-, Gewissens- und Überzeugungsfreiheit« (den so genannten Korb 1) sowie die Zusammenarbeit im Bereich von Information, Kultur und Bildung (den so genannten Korb 3) zuzusagen. Mitte Mai 1976 entstand auf Initiative von Juri F. Orlow eine »Öffentliche Gruppe zur Förderung der Durchführung der Abmachungen von Helsinki in der UdSSR«, der es darum ging, Verletzungen der Beschlüsse aufzudecken und publik zu machen. Das Regime schwankte zwischen hartem Durchgreifen und bloßer Kontrolle und suchte offenkundig, auf die Weltöffentlichkeit Rücksicht zu nehmen. Insgesamt handelte es sich bei den Dissidenten freilich um eine kleine Gruppe. Schätzungen zufolge umfasste sie etwa 9.000 politische Häftlinge und etwa ebenso viele in Freiheit lebende Oppositionelle. Anders als die *Solidarność*-Bewegung in Polen blieb der russische Dissens immer eine Angelegenheit der Intelligenz.[81]

Die russisch-orthodoxe Kirche

Auch innerhalb der russisch-orthodoxen Kirche entwickelte sich Mitte der 1960er Jahre eine Dissensbewegung. Ausgerechnet Chruschtschows Entstalinisierung hatte der seit 1945 herrschenden religiösen Toleranz ein Ende gesetzt und zwischen 1959 und 1964 zu neuen vehementen Kirchenverfolgungen geführt. Ein Dekret des ZK vom 7. Juli 1954 ordnete an, die wissenschaftlich-atheistische Propaganda zu forcieren und den kirchlichen Einfluss zurückzudrängen. Chruschtschows ideologischer Eifer, zum Kommunismus im Sinne des Leninismus zurückzukehren, traf nicht nur den Stalinismus, sondern auch die Religionen. Seit Oktober 1960 wurden im Rahmen der »sozialistischen Gesetzlichkeit« alle Angriffe auf die Trennung von Staat und Kirche mit Strafe bedroht. Im Februar 1961 wurde der bisherige Vorsitzende des »Rats für die Angelegenheiten der russisch-orthodoxen Kirche«, Georgij Karpow, beim Ministerrat der UdSSR – ein Altstalinist – abgelöst. Die Religion sollte ausschließlich auf die »Kulthandlungen« in den Kirchengebäuden beschränkt werden. Spätestens seit 1963 durften religiöse Lehren nicht mehr an Kinder und Jugendliche weitergegeben werden. Um die 10.000 Kirchen und etwa vierzig Klöster wurden geschlossen, die geistlichen Ausbildungsstätten mussten in eine Zwangssäkularisierung einwilligen. Das Regime propagierte – allerdings mit bescheidenem Erfolg – die von der Partei angebotenen Passageriten: Namensgebungsfeier, Jugendweihe und Hochzeiten in »Heiratspalästen«. Zur Aufsicht über das kirchliche Leben schuf man so genannte »Hilfskommissionen zur Kontrolle und Beachtung der Kultgesetzgebung«. Aufgrund einer Neuregelung des Verhältnisses zwischen Kirchengemeinden und örtlichen Sowjets aus dem Jahr 1961 konnte der Pope nicht mehr an der Verwaltung seiner eigenen Gemeinde teilnehmen, sondern musste sich ausschließlich auf Liturgie und Seelsorge beschränken. Damit verbunden war allerdings eine materielle Besserstellung der Gemeinden. Breschnew entideologisierte die antireligiösen Maßnahmen, hielt aber an den Verordnungen und Gesetzen fest. Da die offizielle Kirche alle diese Repressionsmaßnahmen mit trug, durfte sie nach dem Tod des Patriarchen Aleksij im April 1970 eine landesweite Synode einberufen und den unbedingt staatsloyalen Pimen zum Nachfolger wählen. Ein neues Religionsgesetz vom 23. Juni 1975 fasste im Wesentlichen die bestehende Rechtslage zusammen. Anfang der 1970er Jahre ging man immerhin noch von vierzig Millionen Anhängern allein der orthodoxen Kirche aus, etwa 17 Prozent der Bevölkerung. Der kirchliche Dissent wandte sich gegen die kirchliche Obrigkeit und warf ihr vor, der Zerstörung durch den Staat tatenlos zuzusehen und mit diesem zu kollaborieren. 1976 wurde – in Analogie zur Menschenrechtsgruppe – ein »Christliches Komitee für die Verteidigung der Rechte der Gläubigen in der UdSSR« gegründet, das einige Jahre später in den USA die sowjetischen Verstöße gegen die Religionsfreiheit veröffentlichte. Das Regime setzte seine Eindämmungspolitik fort, schwankte im letzten Jahrzehnt der Breschnew-Ära aber auch in diesem Bereich zwischen Härte und relativer Toleranz. Nach Protesten gegen den Afghanistankrieg stieg die Zahl der wegen ihres religiösen Engagements Inhaftierten von 39 im Jahr 1979 auf 200 im Jahr 1984. Diese Maßnahmen konnten nicht verhindern, dass sich eine wachsende Zahl aus der kritischen Intelligenz wieder der Kirche zuwandte.

Friedliche Koexistenz und labiler Ostblock

Außenpolitisch brachte die Breschnew-Zeit gegenüber dem Westen ein höheres Maß an Ausgeglichenheit und friedlicher Koexistenz als die Chruschtschow-Ära. Dabei war es auch Chruschtschow um eine friedliche Entwicklung im Inneren und um ein Arrangement mit dem äußeren Gegner gegangen. Doch seine Entstalinisierungspolitik im Sinne einer ideologischen Lockerung, die globale Systemkonkurrenz in Ländern der »Dritten Welt« und immer neue Versuche, eine Gleichrangigkeitspolitik mit den USA durchzusetzen, führten im Wechsel zu Phasen der Konfrontation wie zu solchen der Verständigung. Chruschtschows Bemühungen, die Risse in der kommunistischen Welt zu kitten, waren nur kurzzeitige Erfolge beschieden. Die Rückgabe von Port

Arthur an die Volksrepublik China im September 1954 konnte den ideologischen Konflikt mit Peking nicht verhindern. Der Besuch des Kreml-Chefs in Belgrad im Mai 1955 milderte den Bruch mit Tito, änderte aber nichts am selbstständigen Kurs Jugoslawiens. Mitte Mai 1955 entließ Chruschtschow ein neutralisiertes Österreich[82] aus der sowjetischen Vorherrschaft und stimmte einem ersten Treffen der Regierungschefs der Siegermächte seit Potsdam zu, das im Juli 1955 in Genf stattfand. Eine dort vereinbarte, weitere Begegnung scheiterte wegen des Abschusses eines amerikanischen Aufklärungsflugzeuges vom Typ U-2 über sowjetischem Territorium in der Nähe von Swerdlowsk am 1. Mai 1960.

Im Inneren des Ostblocks sorgte Chruschtschows Entstalinisierungspolitik für eine ideologische Labilisierung der Satelliten. Erste Auflösungserscheinungen begannen in Polen.[83] Nach dem plötzlichen Tod des polnischen Stalinisten Bolesław Bierut in Moskau am 12. März 1956 sollte ein ähnlich orientierter Nachfolger, Roman Zambrowski, installiert werden. Doch der persönlich nach Warschau gereiste Chruschtschow setzte auf Edward Ochab und ermunterte diesen, innenpolitische Zwänge abzubauen. Die Sympathien der Partei und weiter Bevölkerungskreise galten indes einem Opfer der Stalinzeit: Władisław Gomułka. Wegen der schlechten Versorgungslage traten am 28. Juni 1956 landesweit die Industriearbeiter in den Ausstand; es kam zu blutigen Zusammenstößen mit der Polizei. Ein Führungswechsel schien unvermeidlich, und wieder musste Chruschtschow am 19. Oktober persönlich nach Warschau reisen, um Gomułka gegen die stalinistischen Gegner in seiner Partei durchzusetzen. Fortan schenkte die neue polnische Führung den landeseigenen Belangen – insbesondere der Versorgung der Bevölkerung – mehr Aufmerksamkeit. Ohne die grundsätzliche Loyalität gegenüber der sowjetischen Vormacht in Frage zu stellen, besaß Polen seit dieser Zeit einen größeren Spielraum. Nach fast fünfzehnjähriger Herrschaft musste auch Gomułka wegen Arbeiterstreiks im Dezember 1970 weichen und Edward Gierek Platz machen.

Auch der ungarische Aufstand im Herbst 1956 steht in unmittelbarem Zusammenhang mit Chruschtschows Entstalinisierung. Aus den Auseinandersetzungen um den neuen Kurs ging Premierminister Mátyás Rákosi hervor, der sich als Vermittler zwischen den Reformern und den Stalinisten empfahl. Tausende politischer Gefangener wurden aus der Haft entlassen und Rákosis Gegner Imre Nagy wieder in die Partei aufgenommen. Am 23. Oktober kam es zu einem Aufstand, der im Wesentlichen von Studierenden und Intellektuellen getragen wurde. Nagy konnte die sowjetische Vormacht davon überzeugen, dass er in der Lage sei, die Konterrevolution mit friedlichen Mitteln beizulegen. Doch der neue Premier verscherzte sich schnell die Sympathien Moskaus, als er am 1. November ankündigte, Ungarn wolle aus dem Warschauer Pakt austreten und seine Neutralität erklären. Drei Tage später rückte die Rote Armee auf Budapest vor und nahm die Stadt nach heftigen Straßenschlachten am 11. November 1956 ein. Es war die blutigste Intervention seit Ende des Zweiten Weltkrieges. Hilfeersuchen an die Westmächte erwiesen sich als vergeblich, weil diesen aufgrund der Suez-Krise die Hände gebunden waren.[84] Nagy wurde gestürzt und János Kádár eingesetzt, der wieder der Moskauer Linie folgte. Eine Viertelmillion Ungarn emigrierte. Vor der Weltöffentlichkeit war endgültig offenbar geworden, dass die sowjetische Ordnung den Satelliten mit Gewalt aufgezwungen wurde.

Zehn Jahre nach Stalins Berlin-Blockade versuchte Chruschtschow, mit dem Berlin-Ultimatum vom 27. November 1958 der anderen Supermacht erneut zu demonstrieren, wie verwundbar sie sei. Doch die Westmächte verweigerten kategorisch jede Veränderung des politischen Status von Berlin und Chruschtschows halbjähriges Ultimatum verstrich folgenlos.

Die antiamerikanische Revolution auf Kuba im Jahr darauf, der Sturz des proamerikanischen Diktators Fulgencio Batista und die dilettantischen Versuche der USA, im April 1961 die Insel vor ihrer Haustür zurückzuerobern, bildeten den Auftakt zu einem neuen Kräftemessen, zumal ein Gipfeltreffen in Wien im Juni 1961 ergebnislos verlaufen war. Die neuerliche Provokation bestand im Berliner Mauerbau vom 13. August, dem die Westmächte letztlich nur verbale Proteste entgegenstellten, weil sie weiterhin von der 1945 akzeptierten Aufteilung in Einflusssphären ausgingen. Die Moskauer Maßnahme diente einer gewissen Konsolidierung ihres deutschen Staates, denn sie unterband die Abwanderung von Arbeitskräften in den Westen.

Die äußerste Zuspitzung des Kalten Krieges war die Kuba-Krise vom Herbst 1962, in deren Verlauf ernsthafte Strategieüberlegungen für einen nuklearen Krieg zwischen den Machtblöcken stattfanden. Als Motiv für dieses Vorpreschen erklärt Chruschtschow in seinen Memoiren wiederum, er habe ein wirkliches Gleichgewicht der Kräfte herstellen wollen. Denn auch die USA verfügten über Raketen mit atomaren Sprengköpfen, die in der Türkei, direkt an der Grenze zur UdSSR, stationiert waren. Eine von den US-Militärs empfohlene militärische Blockade, die der amerikanische Präsident John F. Kennedy am 22. Oktober 1962 ankündigte, führte zu einem Rückzugsangebot Chruschtschows. Er versprach, die sowjetischen Raketen aus Kuba abziehen zu wollen, wenn die USA eine Garantie abgäben, Kuba nicht anzugreifen. Außerdem sollten die USA ihre Raketen von der sowjetisch-türkischen Grenze abziehen. Um diesen Preis wurde der Frieden gerettet.

Nach dem Machtwechsel in Moskau im Oktober 1964 setzten Breschnew und Kossygin die außenpolitische Generallinie ihres Vorgängers fort, ohne freilich dessen gefährlich aktionistische Schaukelpolitik zwischen Eskalation und Deeskalation weiterzuführen. Der unausweichliche Wechsel von Kooperation und Konfrontation erschien nun berechenbarer. Das Ende der Breschnew-Ära, das mit dem Amtsantritt von US-Präsident Ronald Reagan 1981 zusammenfällt, stand im Zeichen der sowjetischen Afghanistan-Invasion und der amerikanischen *Strategic Defense Initiative* (SDI) – es war eine »neue Eiszeit«. Dazwischen gab es Perioden, in denen die beiden Supermächte durch Konflikte gebunden und darum gezwungen waren, den Status quo zu beachten. Für die UdSSR gehörte die Auseinandersetzung mit China – bis hin zu den Gefechten um eine unbewohnte Insel im Grenzfluss Ussuri im März 1969 – zu den belastenden Bürden, für die USA entwickelte sich der Vietnam-Krieg seit 1964 zu einem gravierenden Hindernis, angemessen auf der weltpolitischen Bühne zu agieren. Die Erosion des amerikanischen Einflusses auf die Weltpolitik wirkte sich 1968 bei der Invasion sowjetischer und anderer Ostblock-Truppen in die ČSSR aus. Beeinflusst von »eurokommunistischen« Vorstellungen wollte man in Prag einen »Sozialismus mit menschlichem Antlitz« schaffen. Die UdSSR gelangte bald zu der Überzeugung, dass die tschechoslowakischen Reformen eine systemverändernde Qualität annahmen, und fürchtete den Verlust ihres Satelliten an die westliche Einflusssphäre sowie ein Übergreifen der Reformstimmung auf Polen und Ungarn. Mit der denkbar knappsten Mehrheit von sechs zu fünf Stimmen traf das Politbüro die Entscheidung zur Invasion und setzte mit militärischen Mitteln dem »Prager Frühling« ein Ende. Der Reformsozialist Alexander Dubček wurde von dem gemäßigten Gustáv Husák abgelöst. Die bald so genannte »Breschnew-Doktrin« räumte den Satelliten nur noch eine begrenzte Souveränität ein, die größere Abweichungen vom ideologisch-politischen Kurs Moskaus nicht zuließ.

Mit der Ostpolitik der sozialliberalen Koalition unter Bundeskanzler Willy Brandt zog die Bundesrepublik Deutschland die Konsequenzen aus dem Status quo der beiden Supermächte und begab sich auf den Weg einer faktischen Anerkennung der nach 1945 geschaffenen politischen Verhältnisse. Die im Dezember 1969 mit der UdSSR aufgenommenen Gespräche führten am 12. August 1970 in Moskau zur Unterzeichnung eines Vertrages über die Normalisierung der Beziehungen. Um die Möglichkeit einer Wiedervereinigung der beiden deutschen Staaten nicht auszuschließen, einigte man sich auf die Kompromissformel »Unverletzlichkeit« statt »Unabänderbarkeit« der deutsch-deutschen Grenze. Am 7. Dezember 1970 folgte der Warschauer Vertrag, in dem die Bundesrepublik Deutschland die Oder-Neiße-Linie anerkannte; am 21. Dezember eröffnete der deutsch-deutsche Grundlagenvertrag die Möglichkeit für den Austausch »Ständiger Vertretungen« zwischen Bonn und Ost-Berlin und für weitere Vereinbarungen (Transitabkommen, Besuchsregelung etc.). Am 11. Dezember 1973 regelte schließlich ein Vertrag die Beziehungen zwischen der Bundesrepublik und der ČSSR. Die UdSSR lehnte es kategorisch ab, die Westsektoren Berlins als Teil der Bundesrepublik anzuerkennen, während Ost-Berlin als Hauptstadt der DDR betrachtet wurde. Im westlichen Vertragstext ist lediglich von »Bindungen« West-Berlins an die Bundesrepublik die Rede, im russischen gar nur von »Verbindungen«, was sich auch als bloß verkehrstechnische Anbindung verstehen ließ. Im Verlauf dieses Entspannungsprozesses musste SED-Chef Walter Ulbricht, der sich vehement gegen diesen wehrte, am 3. Mai 1971 gehen und seinen Platz für Erich Honecker frei machen.

Der regionale Entspannungsprozess war eingebunden in einen globalen. Nach der Kuba-Krise wurde zwischen dem Weißen Haus und dem Kreml eine direkte Telefonverbindung geschaltet (das »rote Telefon«) und 1963 ein erstes Abkommen zur Begrenzung oberirdischer Atomtests getroffen. Andererseits rüstete die UdSSR auf, um endlich mit den USA aus einer Position der Stärke heraus verhandeln zu können. Bis Ende der 1960er Jahre hatte sie die Zahl ihrer Interkontinentalraketen so weit gesteigert, dass die USA ins Hintertreffen gerieten.

Etwa zum gleichen Zeitpunkt begannen die ersten Gespräche über die beidseitige Begrenzung der strategischen Waffen, die auf amerikanischer Seite der seit 1969 amtierende konservative Präsident Richard M. Nixon und sein Außenminister Henry Kissinger vorantrieben. Im Mai 1972 konnte während des ersten Gipfeltreffens zwischen Nixon und Breschnew in Moskau ein auf fünf Jahre laufendes Abkommen über die Obergrenze für verschiedene Waffensysteme (SALT I) getroffen werden. Darüber hinaus gab es eine Vielzahl zusätzlicher Vereinbarungen. Im Rahmen eines Gegenbesuchs Breschnews 1973 in Washington folgten weitere Abkommen.

Am 3. Juli 1973 begann in der finnischen Hauptstadt Helsinki eine internationale Konferenz, an der alle europäischen Staaten mit Ausnahme Albaniens sowie die USA und Kanada teilnahmen. In der Schlussakte von Helsinki vom 1. August 1975 verpflichteten sie sich, in einem »Korb 1«[85] alle Grenzen in Europa als »unverletzlich« zu betrachten und auf alle Versuche einer gewaltsamen Änderung zu verzichten – ein lang ersehntes Ziel der UdSSR. Aber der Westen bestand gegen den Widerstand der UdSSR auf einem »Korb 3«, wonach die Wahrung der Menschen- und Bürgerrechte unter Einschluss der freien Meinungsäußerung, die Presse- und Informationsfreiheit sowie die ungehinderte, auch grenzüberschreitende Mobilität garantiert wurden.

Bereits während des Helsinki-Prozesses veränderte sich die Stimmung in den USA wie im Moskauer Politbüro. Die konservativen Kritiker in den USA meinten, die mit Moskau getroffenen Vereinbarungen stützten nur die östliche Vormacht. Der Kongress verknüpfte im Ratifizierungsverfahren die Meistbegünstigungsklausel im bilateralen Handelsabkommen mit dem Recht diskriminierter Minderheiten, die UdSSR zu verlassen (*Jackson-Vanik-Amendment*). Nun musste die UdSSR begreifen, dass die Schlussakte von Helsinki mehr darstellte als die von ihr gewünschte Aufteilung der Welt. Der im November 1976 gewählte neue Präsident Jimmy Carter und sein Sicherheitsberater Zbigniew Brzezinski, ein bekannter Theoretiker des Totalitarismuskonzepts, bestanden auf einer globalen Respektierung der Menschenrechte und brachten damit die UdSSR in nicht geringe Verlegenheit. Daraufhin setzte die sowjetische Führung wieder auf militärische Überlegenheit und eine weitere Ausdehnung ihres Einflussbereichs in der »Dritten Welt«. In Angola und Moçambique griff sie – mit Hilfe kubanischer Truppen – in den dort tobenden Bürgerkrieg ein. Als die

amerikanische Aufklärung von den neuen sowjetischen Mittelstreckenraketen SS-20 erfuhr, verabschiedeten die NATO-Staaten am 12. Dezember 1979 den Doppelbeschluss: einerseits der UdSSR weiterhin
Abrüstungsverhandlungen zu offerieren, andererseits aber Marschflugkörper (*cruise missiles*) und Mittelstreckenraketen neuesten Typs (Per-
shing II) zu stationieren.

Als am 26./27. Dezember 1979 die Rote Armee in Afghanistan ein-
marschierte, bedeutete dies auch das Ende der SALT II-Bemühungen.
Der Vertrag zur beiderseitigen Begrenzung von Vernichtungskapazitä-
ten wurde zwar im Juni 1979 in Wien von Carter und Breschnew noch
unterzeichnet, aber im amerikanischen Kongress nicht mehr ratifiziert.
Mit dem Amtsantritt Ronald Reagans Anfang 1981 begann schließlich
eine neue Periode des Kalten Krieges. Es war der erklärte Wille dieses
Präsidenten, mit Hilfe einer Aufrüstung zum »Sternenkrieg« die
UdSSR militärisch und ökonomisch in die Knie zu zwingen. Mit seiner
Politik verschärfte er die sowjetische Systemkrise.

Dieses System, nach seiner Selbstdefinition der »entwickelte Sozialismus«, hatte tatsächlich mit der Sowjetunion Stalins nur noch ent-
fernte Ähnlichkeit. Mit dem herrschaftslastigen Totalitarismuskonzept
ließ es sich kaum mehr erklären. Sein charakteristisches Merkmal war
eine bürokratische Struktur. Viele Beobachter interpretierten diese als
eine systemneutrale Begleiterscheinung von Industrialisierung und Modernisierung und konstatierten somit tendenzielle Konvergenzen zwischen den rivalisierenden Systemen. Aber diese Ansätze ließen außer
Acht, dass auch die moderne Diktatur keine wirkliche Pluralität in Freiheit aus sich heraus entwickeln konnte – es blieb bei einem »konsulta-
tiven Autoritarismus«. Zu Recht hat man auf die wachsende Macht der
Sowjetapparate hingewiesen, auf die Rivalitäten untereinander, aber
auch auf das korporatistisch-bürokratische Zusammenwirken zwischen
mächtigen Interessengruppen. Nach wie vor legte die Partei alle Re-
gime-Ziele fest und behauptete das Monopol über die Interpretation
der Ideologie. Ihre Hegemonie begrenzte individuelle Anliegen wie die
von Gruppen und unterband damit kreative Impulse außerhalb der vorgegebenen Linie. Das System des »entwickelten Sozialismus« verzichtete auf Massenterror, gebrauchte aber durchaus drakonische Strafen
zur Disziplinierung einzelner und resistenter Kräfte. Der nicht zu be-
zweifelnde sozioökonomische Modernisierungsprozess in Richtung auf
eine industriegesellschaftliche Gesamtverfassung erreichte in der ers-

ten Hälfte der Breschnew-Ära seinen Zenit und geriet dann in der zweiten Hälfte in einen zunehmenden Widerspruch zu dem starren Konzept einer monopolistisch organisierten Gesellschaft. Die wachsende Kluft zwischen der sozioökonomischen Modernisierung einerseits und der fehlenden politischen Partizipation andererseits machte einen Reformprozess erforderlich, der die Legitimation des Systems in Frage stellen musste.

Breschnews Dahinsiechen in der zweiten Hälfte der 1970er Jahre lähmte die Supermacht, zumal das überalterte Politbüro die gravierenden Ausfälle seines kranken Generalsekretärs nicht kompensieren konnte. Ein reguläres Verfahren zur Auswechslung der politischen Führung gab es nicht, so dass man – wenn man nicht putschen wollte – nur auf eine rasche »biologische Lösung« hoffen konnte. Der anscheinend unaufhaltsame Niedergang der industriellen Produktion, der Mangel an qualifizierten Arbeitskräften, die schlechte Versorgung der Bevölkerung, der Druck durch das neue Wettrüsten – all das drängte zum Handeln.

Dass das Politbüro hinter den Kulissen bereits Vorbereitungen für die Zeit nach Breschnew traf, wurde deutlich, als im Januar 1982 die »graue Eminenz« Suslow starb. Nicht der von Breschnew favorisierte Konstantin U. Tschernenko, sondern KGB-Chef Jurij W. Andropow wurde zum Nachfolger Suslows als Sekretär für Fragen der Ideologie gewählt. Als Breschnew am 10. November 1982 starb, blieben Diadochenkämpfe aus. Schon zwei Tage später wurde der bereits 68-jährige Andropow zum Generalsekretär der KPdSU gewählt, im März 1983 übernahm er auch das Amt des Vorsitzenden des Verteidigungsrates und im Juni den Vorsitz im Präsidium des Obersten Sowjets der UdSSR. Binnen sieben Monaten hatte er dieselbe Machtfülle erreicht, für deren Kumulation Breschnew dreizehn Jahre gebraucht hatte. Andropow war zwischen 1953 und 1957 Botschafter in Ungarn gewesen und hatte den dortigen Aufstand wie dessen Niederschlagung aus eigener Anschauung erlebt. Als Kontaktmann zu den außersowjetischen Bruderparteien kannte er das Gedankengut des Eurokommunismus genau. Seiner Funktion an der KGB-Spitze seit 1967 verdankte er einerseits seine gefürchtete Hausmacht, andererseits eine gewisse Unabhängigkeit von der Klientel Breschnews. Andropow zeigte Innovationsbereitschaft und Entschlossenheit, mit der Misswirtschaft und Korruption im Land aufzuräumen sowie vorsichtige Öffnungen einzuleiten, ohne die gegebenen Machtverhältnisse und die ideologische Basis zu verletzen. Außerdem setzte er einen umfänglichen Personalwechsel an der Spitze in Gang, dem nicht nur Gorbatschow selbst, sondern auch seine späteren Mitstreiter ihren weiteren Aufstieg verdankten: Nikolai I. Ryschkow rückte ins Zentralsekretariat der Partei auf, Jegor K. Ligatschow avancierte zum ZK-Sekretär für Kaderfragen. Gorbatschow hielt die Verbindung zum Politbüro, als Andropow im November 1983 ins Krankenhaus eingeliefert wurde, das er bis zu seinem Tod am 9. Februar 1984 nicht mehr verlassen sollte. Zu seinem Nachfolger bestimmte das Politbüro nicht den jungen, 1931 geborenen Gorbatschow, sondern den schon 72-jährigen ehemaligen Vertrauten Breschnews, Tschernenko. Ihm zur Seite stellte man als Vertreter Gorbatschow, der bald auch die Politbürositzungen leitete. Bereits im Dezember 1984 erkrankte Tschernenko schwer und starb am 10. März 1985.

Die kommunistische Reformpolitik Gorbatschows und ihr Scheitern

Einen Tag später wurde Michail Gorbatschow mit hauchdünner Mehrheit zum Nachfolger Tschernenkos gewählt. Der dynamische und hochintelligente Aufsteiger aus der Region zwischen Schwarzem Meer und Kaukasus hatte eine steile Karriere hinter sich. Er verfügte über das, was den meisten Apparatschiks fehlte: Charisma und die Gabe der Öffentlichkeitswirksamkeit. Trotz aller Protektion durch Andropow und andere wäre er, jedenfalls zu diesem Zeitpunkt, wahrscheinlich noch nicht gewählt worden, wenn das Regime nicht vor dem Kollaps gestanden hätte. Alle waren sich darüber einig, dass Reformen in einer bis dahin unbekannten Dimension unausweichlich waren. Aber niemand, wohl nicht einmal Gorbatschow selbst, erwartete systemsprengende Maßnahmen. Die Reformen, die er einleitete, trugen denn auch einen klar obrigkeitlichen Charakter und damit systemimmanente Züge. Aber der neue Generalsekretär griff zu ungewöhnlichen Mitteln, und sein Konzept wie die Resonanz in der Bevölkerung radikalisierten sich kumulativ.

Die erste Phase der Reformen reichte bis Ende 1986 und betraf besonders den wirtschaftlichen Sektor. Gorbatschow erweckte ganz den Eindruck, in der Nachfolge seines Mentors Andropow zu stehen, was ihm ein hohes Maß an Integrität verlieh. Doch seine erste Kampagne gegen »Trunkenheit und Alkoholismus« – ein altes Volksübel, das beträchtliche ökonomische und soziale Schäden verursachte – brach nach kurzer Zeit zusammen. Die Bevölkerung mochte vom Alkohol nicht lassen und brannte heimlich zu Hause Wodka, dem Staat aber fehlten die Einnahmen aus dem Alkoholverkauf. Infolgedessen musste dieser Feldzug schnell beendet werden.

In seiner ersten Rede am 10. Dezember 1984 sprach Gorbatschow von der »Hauptaufgabe unserer Tage« und verstand darunter eine »wesentliche Beschleunigung des ökonomischen und sozialen Fortschritts«. Dies gedachte er über das »lebendige Schöpfertum des Volkes«, für ihn das »Wesen des Sozialismus«, zu erreichen. Für ihn stand fest, dass die notwendigen Umgestaltungen nur dann verwirklicht werden konnten, wenn die Menschen dazu motiviert würden. Auf dem XXVII. Parteitag im Frühjahr 1986 wiederholte er in seinem Rechenschaftsbericht diese Aspekte und sprach von der »weiteren Demokratisierung der Gesellschaft«. Als Weg dahin benannte er die lokalen und regionalen Sowjets, über deren Reaktivierung er zu den vitalen Anfängen des Sozialismus zurückkehren wollte. Als nächsten Schritt nutzte er seine Kompetenzfülle, um ein Personalrevirement vorzunehmen, das nur mit dem in den 1930er Jahren vergleichbar war. Dabei gelang es ihm, einen Großteil seiner Gegner abzulösen und damit die Voraussetzungen für sein Transformationsprogramm zu schaffen. Im April 1985 rückten als Vollmitglieder ins Politbüro der Vorsitzende des KGB, Wiktor M. Tschebrikow, sowie Ligatschow und Ryschkow auf. Im Juli desselben Jahres verabschiedete sich sein Hauptrivale Grigorij W. Romanow »aus Gesundheitsgründen« aus ZK und Politbüro. Für ihn rückte der georgische Parteichef Schewardnadse nach. Er übernahm dann von dem greisen Andrej A. Gromyko das Außenministerium. Im September gab der 80-jährige Tichonow den Vorsitz im Ministerrat an Ryschkow ab. Der XXVII. Kongress wählte fünf neue Sekretäre, darunter die Wissenschaftler Alexander N. Jakowlew und Wadim A. Medwedew, die – neben den engsten Gorbatschow-Beratern Anatolij S. Tschernjajew und Georgij Ch. Schachnasarow – entscheidenden Anteil an der Weiterentwicklung der *perestrojka* (Umbau) haben sollten. Darüber hinaus wurden vierzig Prozent der ZK-Mitglieder ersetzt und 57 der 157 »Präfekten«, die Ersten Parteisekretäre der Gebiete (*oblast'*).

Am 26. April 1986 sprach die ganze westliche Welt über eine schwere Atomkatastrophe in der Sowjetunion – nur Moskau bewahrte Stillschweigen.[86] Wie stark das Land noch in den alten Denkstrukturen verhaftet war, lässt sich daran erkennen, dass den Politbüro-Protokollen der KPdSU zufolge die Geheimhaltung – besonders auch der Auswirkungen der Tschernobyl-Katastrophe – als oberstes Gebot galt. Man tat im Gegenteil alles, die tatsächlichen Ausmaße der radioaktiven Kontamination der Menschen zu verschleiern. Diese Vorgänge führten zu einer ersten Ernüchterung über Gorbatschow, der noch kurz vor der Katastrophe davon gesprochen hatte, dass das Volk unter allen Umständen ein Recht auf die Wahrheit habe. Dann aber brauchte er neunzehn Tage, um dieses Volk mit dürftigen Informationen zu versehen. In der Hauptsache aber zieh er die westlichen Medien einer Hetzkampagne gegen das Vaterland aller Werktätigen. Erst im Februar 1989, vor den ersten freien Wahlen, wurde die Informationssperre über die Folgen der Katastrophe weitgehend aufgehoben. Nachdem die Menschen erfahren hatten, wie unfähig die sowjetischen Behörden auf den GAU reagiert hatten, kam es in Minsk zu Demonstrationen. Das Vertrauen in die Weisheit und Allmacht der Parteigrößen – den Hoffnungsträger Gorbatschow eingeschlossen – war für immer zerstört.

Die zweite Phase der Reformen reichte von Ende 1986 bis Mitte 1988 und stand ganz im Zeichen von *glasnost'* (Transparenz, Öffentlichkeit). Auch diese neue Öffnung sollte die gegebene Grundordnung nicht in Frage stellen; darum erschienen politisch besetzte Begriffe wie Demokratie, Freiheit oder Reform untauglich. Bei dem, was Gorbatschow beabsichtigte, ging es um einen von der Obrigkeit initiierten und kontrollierten Wandel, nicht um eine Volksbewegung. Dennoch gewannen viele Reformkommunisten an seiner Seite den Eindruck, dass er an den Grundfesten der Leninschen Revolutionsordnung rüttelte, und bezogen darum Stellung gegen ihn. Als ihr Sprecher trat Gorbatschows einstiger Mitstreiter Ligatschow hervor, der ZK-Sekretär für Ideologie- und Kaderfragen. Er musste Ende September 1988 seinen Posten räumen und sich mit dem Amt des ZK-Sekretärs für Landwirtschaft begnügen. Schon auf dem XXVII. Parteitag 1986 hatte Gorbatschow – unter Berufung auf Lenin – betont, dass Kommunisten »unter allen Umständen« auf »die Wahrheit« – nach dem Namen des offiziellen Parteiorgans *Prawda* – angewiesen seien. In diesem Sinne handelte er, als er Sacharow am Telefon persönlich mitteilte, er dürfe im Dezember 1986 nach Moskau zurückkehren. Mitte Februar 1987 ermutigte er Journalisten und Wissenschaftler, sich der »weißen Flecken« in der sowjetischen Geschichte anzunehmen.[87] Daraufhin entwickelte sich in der publizistischen Öffentlichkeit rasch eine bemerkenswerte Meinungsvielfalt, die den Verzicht der Partei und des Staates auf den geistig-weltanschaulichen Monopolanspruch dokumentierte. Nicht nur die Printmedien, sondern auch Rundfunk und Fernsehen nutzten die neuen Möglichkeiten der freien Meinungsäußerung, indem sie Direktübertragungen von Diskussionen und sogar von Veranstaltungen aus dem Ausland ins Programm nahmen. Im November 1987, dem 70. Jahrestag des »Roten Oktober«, wiederholte Gorbatschow noch einmal alle bekannten Geschichtsklitterungen über die Zeit der Stalin-Ära, nahm damit Chruschtschows Entstalinisierungsprogramm wieder auf beziehungsweise ging über dieses weit hinaus. Stalins Terrorsystem, die Zahlen der Opfer und die Zwangskollektivierung wurden offen erörtert und 636 namhafte Opfer dieses Systems – etwa Nikolaj I. Bucharin Anfang Februar 1988 – rehabilitiert. Schriftsteller wie Pasternak durften wieder gedruckt werden, neue Romane erschienen, und auch ausländische Literatur konnte verlegt werden. Die für 1988 geplante Veröffentlichung von Solschenizyns »Der Archipel GULAG« verzögerte sich allerdings um ein Jahr wegen eines Einspruchs des ZK.

An den Fundamenten der bestehenden Ordnung wollte Gorbatschow aber nicht rühren. Sein Versöhnungskurs sparte die Revolution, die Lenin-Ära, ja, das sowjetische System insgesamt aus. Auch blieb er ein Anhänger der »Neuen Ökonomischen Politik« (NÈP) der 1920er Jahre, aus der er Elemente für seine Wirtschaftsreformen zu übernehmen gedachte. Im Zusammenhang mit der Aufstellung des 12. Fünfjahresplans für die Jahre 1986 bis 1990 musste Gorbatschow an die Lösung der ernsten wirtschaftlichen Probleme gehen. Ihm schwebte sowohl eine Steigerung der Produktion als auch eine bessere Versorgung der Bevölkerung mit Konsumgütern vor. Angesichts der knappen Finanzmittel versuchte Gorbatschow einen Kompromiss und proklamierte ein Jahreswachstum der Industrieproduktion von 4,1 Prozent, eine Steigerung der Arbeitsproduktivität um 4,4 Prozent und eine Erhöhung der landwirtschaftlichen Bruttoerzeugung um 2,8 Prozent – eine illusorische Planung.

Entlastung insbesondere auf dem Militärsektor, der immerhin vierzig Prozent des Staatshaushaltes fraß, sollte ein »neues Denken« in der Außenpolitik – neue Entspannungsbemühungen – bringen, nachdem SALT II faktisch gescheitert war. Noch im Herbst 1985 kam es zu einem ersten Gipfeltreffen mit Reagan in Genf. Im Dezember 1987, bei

Gorbatschows Besuch in den USA, konnte der INF-Vertrag (*Intermediate Range Nuclear Forces*) unterzeichnet werden. Mit diesem Abkommen wurde eine ganze Waffengattung beseitigt – auf sowjetischer Seite die SS-20-Raketen, auf amerikanischer Seite die Pershing-Raketen und Marschflugkörper. Jetzt wurden Ressourcen für die Produktion ziviler Güter frei.

Gorbatschow machte sich an den Umbau der Wirtschaftsstruktur, indem er Elemente des Marktes zuließ und an die Stelle des Kollektivprinzips Leistung und Gewinnstreben wirken lassen wollte. Dabei ging er allerdings außerordentlich vorsichtig vor, indem er sich aus dem Repertoire der NÈP bediente und so etwas wie eine »sozialistische Marktwirtschaft« kreierte. Nach dem »Gesetz über die Staatsunternehmen« vom Juni 1987 sollten diese in eigener Verantwortung einkaufen, produzieren und verkaufen, eine erfolgsabhängige Lohnentwicklung einführen und sogar Arbeiter entlassen können. Ein weiteres Gesetz vom Januar 1989 öffnete das System noch weiter für marktwirtschaftliche Prinzipien. Auch im Blick auf private Kleinbetriebe griff Gorbatschow auf eine ökonomische Mischform zurück, die schon aus der NÈP bekannt war. Das Privatunternehmertum blieb zunächst auf den Dienstleistungssektor beschränkt und wurde hoch besteuert. Erst ein neues Gesetz vom 26. Mai 1988 öffnete den Markt weiter und stellte private Unternehmen staatlichen gleich. Allerdings etablierten sich die zahlreichen »Neukapitalisten« aus dem In- und Ausland im Bereich von Handel, Banken und Börse – nicht auf dem Produktionssektor, was die wirtschaftliche Sanierung kaum voran brachte. Gorbatschow zögerte zu lange, ging zu vorsichtig vor, um rasche Erfolge vorzeigen zu können. Die Revolution von 1917 und Lenins »Errungenschaften« blieben für ihn tabu, denn die Legitimation der Sowjetunion wollte er nicht in Frage stellen. Aber die neue Öffentlichkeit, die er zugelassen hatte, entfaltete nun eigene Kräfte, die nicht mehr zu kontrollieren waren. Neben die Reformsozialisten traten jetzt marktwirtschaftliche Demokraten, die weit über Gorbatschows Ziele hinausgehen wollten, aber auch autoritäre Nationalisten, denen sein Kurs überhaupt nicht behagte.

Ende Juni 1988, mit der 19. Parteikonferenz, begann die dritte Phase der *perestrojka*, die bis zum Herbst 1990 dauern sollte. Gorbatschow wollte die Reform systemimmanent über eine Wiederbelebung des Rätesystems vorantreiben. Entsprechende Beschlüsse zur »Vertiefung der *perestrojka*« in Partei und Gesellschaft fasste man auf dieser Konferenz.

Als entscheidend und folgenreich erwies sich bald der Beschluss, eine neue oberste gesetzgebende Versammlung zu schaffen, die im April 1989 aus allgemeinen Wahlen hervorgehen sollte. Der Oberste Sowjet wurde beauftragt, alle dafür notwendigen, auch verfassungsändernde, Schritte einzuleiten. Nachdem Gromyko am 1. Oktober 1988 aus allen Ämtern ausgeschieden war, wurde Gorbatschow auch Vorsitzender des Präsidiums des Obersten Sowjets. Der Generalsekretär wollte damit die Macht von der Staatspartei auf den Staat verlagern und sich selbst zum Staatspräsidenten küren lassen. Die neue oberste gesetzgebende Versammlung, basisdemokratisch »Volksdeputiertenkongress« genannt, bestand aus 2.250 Mitgliedern; zwei Drittel sollten durch Wahlen bestimmt werden, ein Drittel auf dem Weg der Nominierung durch gesellschaftliche Institutionen – also Repräsentanten des alten Systems.[88] Die Akademie der Wissenschaften benannte Sacharow, die anderen Delegierten waren größtenteils Parteimitglieder. Das war nicht die einzige Konzession an die alte Ordnung. Aber dieser Volksdeputiertenkongress war das erste Repräsentativorgan der UdSSR, das seine Gesetzgebungs- und Kontrollfunktion wirklich ausübte. Nach seiner ersten Sitzungsperiode, die vom 25. Mai bis 9. Juni 1989 reichte, wählte der Kongress aus sich heraus einen 542 Mitglieder umfassenden Obersten Sowjet – zweigeteilt in eine Unions- und eine Nationalitätenkammer. Dieser neue Oberste Sowjet verlieh sich selbst das Recht, alle vom alten Obersten Sowjet verabschiedeten Gesetze zu kontrollieren und zu verändern. Die konkrete Arbeit wurde von 23 Ausschüssen getan. Am 26. Mai 1989 beschloss der Volksdeputiertenkongress, dass die Mitglieder seines neuen Obersten Sowjets volle staatliche Diäten erhalten und damit zu Berufspolitikern in einem Parlament werden sollten. Die Debatten im Obersten Sowjet wurden live im TV übertragen, Ende Mai 1989 redete Sacharow erstmals im Fernsehen, vor den Augen des Fernsehpublikums forderte Boris N. Jelzin, ebenfalls nachgerücktes Mitglied des neuen Obersten Sowjets, radikaldemokratische Reformen und die Einführung marktwirtschaftlicher Prinzipien. Sowohl die Mitglieder des Volksdeputiertenkongresses als auch die des Obersten Sowjets waren mit Immunität ausgestattet und besaßen ein imperatives Mandat – nicht gebunden an die Parteiräson der KPdSU. Damit war der Keim für eine ausdifferenzierte Parteienlandschaft gelegt. Neben den Kommunisten beziehungsweise Reformsozialisten um den Präsidenten gruppierten sich im Mai 1989 die oppositionellen Demokraten um Jelzin, Sacharow und den Ökonomen Gawril Ch. Popow. Die nationalkonservativ, antiwestlich und antidemokratisch gesonnenen Delegierten schlossen sich daraufhin im Oktober 1989 zur »Russischen Volksfront« zusammen. Zu einem späteren Zeitpunkt traten zu diesen drei Gruppen die regionalen Nationalbewegungen, die gemeinsam Autonomie vom Zentralreich verlangten. Aufgrund dieser Entwicklung verlor die KPdSU ihre Alleinherrschaft, der politische Pluralismus begann. Gorbatschow sträubte sich lange gegen die Aufhebung des Parteimonopols, obwohl er die Voraussetzungen für diesen Prozess selbst initiiert hatte. Anfang Februar 1990 stimmte das ZK schließlich dem Antrag Gorbatschows zu, dass der Volksdeputiertenkongress am 13. März 1990 Artikel 6 aus der Verfassung von 1977 streichen konnte – jener Paragraph, der die alleinige Führungsrolle der KPdSU festschrieb. Außerdem machte das ZK den Weg frei für die Einführung eines neuen Präsidentenamtes mit weit reichenden Kompetenzen. Am 14. März 1990 wurde Gorbatschow ohne Gegenkandidat mit nur 59,2 Prozent vom Volksdeputiertenkongress zum Präsidenten gewählt. Mit dem neuen Präsidentenamt rief Gorbatschow auch einen Präsidentenrat ins Leben, dem als ständige Mitglieder der Vorsitzende des Obersten Sowjets, der Premier-, Außen- und Verteidigungsminister sowie die Vorsitzenden von KGB und *Gosplan* (Planbehörde) angehörten. Weitere zehn Mitglieder konnten frei berufen werden. Parallel zu dieser Entwicklung verstand es Gorbatschow, weit reichende personelle Umbesetzungen in allen politischen Gremien zu erreichen. Im ZK mussten alle Mitglieder, die das 65. Lebensjahr erreicht hatten, ihren Stuhl räumen. Als immer noch amtierender Generalsekretär der KPdSU verlegte Gorbatschow den XXVIII. Parteitag, der turnusmäßig erst 1991 fällig gewesen wäre, auf die erste Julihälfte 1990 und sorgte dafür, dass 412 neue Vollmitglieder ins ZK entsandt wurden. Doch der Parteiaustritt Boris Jelzins, der erst kurz zuvor zum Vorsitzenden des Obersten Sowjets der Russischen Sozialistischen Föderativen Sowjetrepublik (RSFSR) gewählt worden war, machte deutlich, dass der Zerfall der KPdSU nicht mehr aufzuhalten war.

Gorbatschows größtes Problem bestand darin, dass er den voranschreitenden wirtschaftlichen Niedergang nicht stoppen konnte und mit der Erosion der gesamtstaatlichen Autorität in den Unionsrepubliken sezessionistische Bestrebungen um sich griffen. Wegen der dramatisch zurückgehenden Produktivität machten sich auf vielen Sektoren gravierende Versorgungsengpässe bemerkbar. Im Winter 1990/91 konnten nur Hilfssendungen aus dem Ausland, besonders aus Deutschland, die drohende Hungersnot abwenden. In den Augen der Bevölkerung hatte Gorbatschows *perestrojka* nicht zu einer Verbesserung, sondern zu einer deutlichen Verschlechterung der materiellen Lebensverhältnisse geführt. Zwar war auf den improvisierten Märkten, in Kiosken und an Ständen beinahe alles zu kaufen, aber zu Preisen, die von den allermeisten nicht gezahlt werden konnten. Mit der neuen Freiheit wuchs auch die Kriminalität, die sich besonders im Güterverteilungssektor breit machte und mafia-ähnliche Strukturen annahm. 1989 begannen Massenstreiks von Bergleuten, an denen auf dem Höhepunkt der Bewegung 500.000 Arbeiter teilnahmen. Der Ausstand stürzte das Land in eine schwere Energiekrise.

Angesichts der dramatischen Verschlechterung der Wirtschaftslage stellte sich die Frage nach einer Radikalkur. Das hieß nichts anderes als die Frage aufzuwerfen, ob das öffentliche Besitzmonopol an Kapital und Land – die Grundmaxime des Sowjetstaates und Kern seiner Ideologie – preisgegeben werden sollte. Bejahte man diese Frage, verneinte man die systemimmanente Reformierbarkeit des Sowjetsozialismus. Im Dezember 1989 legte Premierminister Ryschkow dem Volksdeputiertenkongress ein erstes marktwirtschaftlich orientiertes Reformkonzept vor, im Mai 1990 folgte ein überarbeiteter Entwurf. Vor allem aufgrund der damit verbundenen drastischen Preiserhöhungen lehnte der Volksdeputiertenkongress diese Ansätze ab. Neben Ryschkows Arbeiten lagen dem Volkskongress zwei weitere Konzepte vor. Da keine Einigung erzielt werden konnte, bat der Oberste Sowjet Gorbatschow um eine Synthese aller drei Modelle. Diese »Richtlinien für die Stabilisierung der Volkswirtschaft und den Übergang zur Marktwirtschaft« wurden am 19. Oktober 1990 angenommen. Aber vor dem Hintergrund heftiger Proteste seitens der Anhänger einer sozialistischen Ordnung wurde Premierminister Ryschkow, ein prominenter Mitstreiter Gorbatschows, abgelöst. An seine Stelle trat der Finanzminister Walentin S. Pawlow, ein Anhänger der staatlichen Marktregulierung. Damit machte Gorbatschow eine konservative Kehrtwendung. Auch ihm war der Kapitalismus ein Übel, die Rückkehr zu sozialistischen Verhältnissen ein Herzensanliegen.

Im Mittelpunkt der Frage, wie weit man sich auf marktwirtschaftliche Grundsätze einlassen wolle, stand die ideologische Grundsatzentscheidung, ob man wieder Privateigentum zulassen solle oder nicht.

Um das Interesse der Landarbeiter an dem von ihnen bloß bearbeiteten Boden wieder zu wecken, wurde die individuelle Pacht eingeführt, seit Mitte 1988 auch mit längerfristigen Laufzeiten bis zu fünfzig Jahren. Mitte März 1990 erklärte ein neues Gesetz die prinzipielle Gleichbehandlung von Privateigentum und Kollektiv- beziehungsweise Staatseigentum. Damit war das Landdekret vom Oktober 1917 faktisch aufgehoben. Der private Grund wurde allerdings hoch besteuert, durfte auch nicht weiterverkauft und konnte nur von Familienmitgliedern bearbeitet werden. Nach fünfzig Jahren Diktatur zeigten sich jedoch nur wenige zur Eigeninitiative bereit und wagten den Schritt in die Selbstständigkeit. Ohne betriebswirtschaftliche Kenntnisse und einen entsprechenden Markt zur Veräußerung der landwirtschaftlichen Produkte schien das Risiko außerordentlich hoch. So brachte diese Auflockerung nicht den gewünschten Effekt – nämlich eine Verbesserung der Versorgung mit landwirtschaftlichen Gütern.

Zerfall der UdSSR und Putsch

Neben den ökonomischen Problemen, aber nicht unabhängig von diesen, verstärkten sich zunehmend nationale und regionale Bewegungen, deren Ziel darin bestand, sich vom Gesamtstaat loszulösen und sich auch wirtschaftlich auf eigene Beine zu stellen, um der ökonomischen Misere zu entkommen. Diese Bewegungen waren in ihrer Massenwirksamkeit durch die *perestrojka*, vor allem die neuen Möglichkeiten des freien Meinungsaustausches, erst möglich geworden. Das Bild vom supranationalen Sowjetmenschen, wie es in der Verfassung von 1977 festgeschrieben worden war, erwies sich als weitere Selbsttäuschung des Systems. Nur durch großrussischen Zwang unter der Oberfläche gehalten, hatten autochthone Nationalkulturen weiter existiert, die nun wieder mit Macht hervordrängten, zumal es sich nicht einmal wirtschaftlich lohnte, im Bund zu bleiben. Den Anfang machte die zu Aserbaidschan gehörende, aber von Armeniern bewohnte Exklave Bergkarabach. Es folgten die baltischen Republiken, die auf eine lange Eigenstaatlichkeit zurückblicken konnten und diese als Opfer des Hitler-Stalin-Pakts vom 23. August 1939 verloren hatten. Sie verlangten schlicht eine Korrektur geschehenen Unrechts. Auch die Ukraine strebte nach Selbstständigkeit, ebenso die mittelasiatischen Republiken und Weißrussland. Jetzt rächte sich, dass Sowjetrussland in den 1920er Jahren mit Gewalt das zarische Imperium wiederhergestellt und die Föderalisierung nicht ernsthaft durchgeführt hatte. Die UdSSR erlebte jetzt einen Dekolonisierungsprozess, mit dem sich die anderen Imperien schon Mitte des Jahrhunderts konfrontiert gesehen hatten.

Wie so oft verspätet und nur zögernd, suchte Gorbatschow die Sezessionsbewegung aufzuhalten, indem er im November 1990 durch ein neues Vertragsangebot die Union retten wollte. Doch die Republiken lehnten diesen Entwurf ebenso ab wie der Volksdeputiertenkongress. Anfang März 1991 legte Gorbatschow einen neuen Entwurf vor, der an der Zentralgewalt festhielt und den er durch eine Volksbefragung legitimieren lassen wollte. Zwar stimmten bei dem Referendum 76,4 Prozent für den Erhalt der Union, aber die baltischen Republiken, Armenien, Georgien und Moldawien nahmen an der Abstimmung gar nicht mehr teil. Immerhin mit neun Republiken konnte Gorbatschow Verhandlungen führen, als deren Ergebnis ein Gesetz entstand, das am 20. August 1991 hätte unterzeichnet werden sollen. Viele und vor allem die wichtigsten Unionsrepubliken zeigten freilich kein Interesse mehr an einem Gesamtstaat.

Ein wichtiger Grund für diese Entwicklung waren die Neuwahlen in den einzelnen Republiken zu den lokalen und regionalen Sowjets, die im März 1990 stattfanden und ebenfalls zur Konstituierung von Volksdeputiertenkongressen führten. Weiterhin wurde der Ablösungsprozess auch durch die Entwicklung im Kernland der UdSSR befördert, in der Russischen Sozialistischen Föderativen Sowjetrepublik (RSFSR) selbst, denn auch hier kam es zu Sezessionsbestrebungen. Nach dem Unions-Austritt Litauens am 11. März 1990 folgte eine Souveränitätserklärung nach der anderen. Dieser Verfallsprozess erhielt durch die Wahl Boris Jelzins zum Vorsitzenden des Volksdeputiertenkongresses im Juni 1990 einen weiteren Beschleunigungsschub, denn der alte Rivale Gorbatschows, nunmehr im Zentrum der Macht, proklamierte radikale demokratische und marktwirtschaftliche Reformen und entließ die baltischen Staaten wie die Ukraine rasch in die Unabhängigkeit.

Das endgültige Zerbröseln der Zentralgewalt begann im Sommer 1990, das Ende der UdSSR markiert der August-Putsch von 1991, der zur förmlichen Auflösung der Sowjetunion am 31. Dezember 1991 führte. Letztlich ausschlaggebend für diesen Putsch der alten Kräfte war nicht die Verdrängung des alten Obersten Sowjets durch den halbdemokratischen Volksdeputiertenkongress oder die Abschaffung des

Parteimonopols, sondern das drohende Ende der Zentralgewalt und mit ihr der Untergang des sowjetischen Imperiums. Gorbatschow selbst hatte dem Staatsstreich Vorschub geleistet, als er – im Zuge seiner »konservativen« Wende – nicht nur Pawlow zum Ministerpräsidenten ernannte, sondern auch den liberalen Innenminister Wadim W. Bakatin durch den Reformgegner Boris K. Pugo ersetzte und den Funktionär Gennadi I. Janajew zu seinem Stellvertreter machte. Hinzu kam der überraschende Rücktritt von Außenminister Schewardnadse am 20. Dezember 1990. Der international renommierte Politiker deutete bei seinem Abschied dunkel an, dass ein Staatsstreich durch reformfeindliche Kräfte bevorstehe. Vermutungen, dass er Gorbatschow selbst zu jenen rückwärtsgewandten Kräften zählte, sind nicht von der Hand zu weisen. Auch Boris Jelzin erhob ähnliche Vorwürfe. Im Januar 2006 flammte der Streit zwischen ihm und Gorbatschow erneut auf. Jelzin warf Gorbatschow vor, dieser habe von dem Putsch gewusst und abgewartet, wer siegen würde. Gorbatschow erklärte, Jelzin wolle mit den Vorwürfen nur seine schwere Schuld für die Zerschlagung der UdSSR abwälzen.[89]

Ein Vorspiel zum Moskauer Putsch war der Versuch, die besonders renitente Unionsrepublik Litauen zu disziplinieren. Dort hatte sich die Kommunistische Partei am 19. Dezember 1989 von der KPdSU losgesagt und die Unabhängigkeitserklärung vom 11. März 1991 mitverantwortet. Aus diesem Unabhängigkeitsprozess ging eine demokratische Regierung hervor – die erste nichtkommunistische in der UdSSR. Als Litauen sich im Januar 1991 weigerte, seinen Beitrag zum Unionsbudget zu leisten, umstellte die Sowjetarmee das Parlament sowie den Fernseh- und Rundfunksender von Wilna. Beim Sturm der Armee am 13. Januar 1991 auf das Rundfunkgebäude starben fünfzehn Litauer, über Hundert wurden verletzt. Hunderttausende gingen daraufhin auf die Straßen und verteidigten das Parlament. Gorbatschow versicherte mehrfach, den Befehl zur Einnahme des Rundfunkgebäudes nicht gegeben zu haben, Boris Jelzin kam zur Beerdigung der Opfer und stellte sich damit demonstrativ auf die Seite der Sezessionisten.

Gorbatschow bemühte sich durch das oben erwähnte Referendum vom 17. März 1991 um demokratische Legitimation und um den Abschluss eines neuen Unionsvertrages. Den landesweiten Bergarbeiterstreik vom März 1991 und den Ausstand russischer Industriearbeiter einen Monat später vermochte freilich nicht er zu beenden, sondern

Jelzin. Dieser wurde Mitte Juni 1991 mit großer Mehrheit (57,3 Prozent) zum ersten demokratisch legitimierten Präsidenten Russlands gewählt und stieg damit zum stärksten Mann in der mit Abstand wichtigsten Sowjetrepublik auf. Mit diesem Votum für Jelzin hatte die Bevölkerung auch dessen Kurs einer raschen radikal-demokratischen und marktwirtschaftlichen Reform gutgeheißen – unabhängig davon, welchen Weg die Union gehen würde. Am 20. Juli 1991 verbot Jelzin alle kommunistischen Parteizellen in russischen Staatseinrichtungen und ließ die weiß-blau-rote Nationalflagge hissen, die das Hammer-und -Sichel-Banner mehr und mehr verdrängte.

Am Samstag, dem 17. August 1991, kamen die Hauptverschwörer – KGB-Chef Wladimir Krjutschkow, Verteidigungsminister Dimitrij T. Jasow, Ministerpräsident Pawlow und Vizepräsident Janajew – zusammen, um den Putsch im Einzelnen vorzubereiten. Tags darauf schickten sie eine Delegation zu Gorbatschow, der gerade auf der Krim Urlaub machte, und forderten diesen auf, ihrem Plan zur Verhängung des Notstandes zuzustimmen oder seine Befugnisse auf Janajew zu übertragen. Als dieser sich weigerte, riegelten sie sein Urlaubsdomizil ab, so dass Gorbatschow sich mit niemandem in Verbindung setzen konnte. Am Montag, dem 19. August, teilten die Putschisten den Sowjetbürgern mit, dass Gorbatschow außerstande sei, seine Amtsgeschäfte zu führen und Janajew diese übernommen habe. Ihn unterstützte ein »Staatskomitee für den Notstand«, das ein Demonstrationsverbot verhängte, die Kontrolle über die Medien übernahm und den Ausnahmezustand erklärte. An die Bevölkerung erging ein Aufruf, in dem erklärt wurde, die *perestrojka* sei am Ende, das Land sei »unregierbar« geworden, die »Einheit des Vaterlandes« in Gefahr und die Marktwirtschaft werde zu korrupten Zwecken missbraucht.

Gleichzeitig ließen die Putschisten Panzer in das Zentrum der Hauptstadt vorrücken und das »Weiße Haus an der Moskwa«, Sitz des russischen Präsidenten und Tagungsort des Volksdeputiertenkongresses, umstellen. Gleichwohl hinderte niemand Jelzin daran, seinen Amtssitz zu betreten und von dort aus den Widerstand zu organisieren. Von einem Panzer aus wandte sich Jelzin an die Bevölkerung, verurteilte die Kaltstellung Gorbatschows, bekräftigte den von ihm eingeschlagenen Reformweg und erklärte alle Anordnungen des Notstandskomitees für gesetzeswidrig. Die Offiziere und Soldaten erinnerte er an ihren »Treueid auf das Volk«. An den beiden folgenden Tagen versuchten beide Seiten, die verfügbaren Armee-Einheiten auf ihre Seite zu ziehen. Als am 21. August stärkere Panzerverbände, die sich auf das Weiße Haus zu bewegten, in den Barrikaden und der Menschenmenge stecken blieben, gaben sich die Putschisten geschlagen. Gorbatschow, der die vier Putschtage lang interniert gewesen war, kehrte nach Moskau zurück, besaß nun aber kaum mehr Rückhalt und blieb in den folgenden Monaten ganz abhängig von Jelzin. Seine Partei hatte nichts für ihn getan, seine eigene Regierung ihn verraten. Am 23. August 1991 sprach der machtlose Präsident der UdSSR vor dem russischen Parlament und musste erleben, dass Jelzin in seiner Anwesenheit ein Dekret unterschrieb, das die Tätigkeit der KPdSU auf dem Territorium der RSFSR untersagte. Die *Prawda* wurde geschlossen, das ZK-Gebäude versiegelt. Am 24. August trat Gorbatschow als Generalsekretär der KPdSU zurück. Ende August erweiterte der Oberste Sowjet der UdSSR Jelzins Erlass auf das ganze Staatsgebiet und löste sich im Monat darauf selbst auf. Am 24. Oktober wurde der KGB abgeschafft. Unterdessen versuchte Gorbatschow den Gesamtstaat am Leben zu erhalten, indem er neue sowjetische Organe schuf. Er begründete wieder einen Obersten Sowjet, der sich aus Repräsentanten von elf Unionsrepubliken zusammensetzte – die drei baltischen Staaten und Georgien, das Anfang April 1991 seinen förmlichen Austritt aus der Union erklärt hatte, blieben fern. Die Präsidenten der elf Republiken bildeten einen Staatsrat, dem Gorbatschow vorsaß. Doch der Putsch hatte das Vertrauensverhältnis zur Zentralmacht endgültig zerstört. Am 20. August trat Estland aus, am 21. Lettland, am 24. die Ukraine, am 25. Weißrussland, am 27. Moldawien, am 30. Aserbaidschan, am 31. Kirgistan, am selben Tag Usbekistan, am 9. September Tadschikistan, am 23. Armenien und am 27. Turkmenistan. Nur Kasachstan und Russland waren übrig geblieben. Wieder ergriff Jelzin die Initiative und regte gegenüber der Ukraine und Weißrussland die Bildung eines Staatenbundes an. Am 7. Dezember 1991 gründeten die drei Republiken die »Gemeinschaft unabhängiger Staaten« (GUS). Kurz darauf, am 12. Dezember, trafen sich acht nichtslawische Republiken in Aschbad und beschlossen ihren Beitritt zur GUS. Am 21. Dezember unterzeichneten alle elf Mitgliedstaaten ein entsprechendes Dokument. Vier Tage später trat Gorbatschow zurück. Die Sowjetunion hatte aufgehört zu existieren.

Transitionsprozess und autoritärer Kurs

Als Nachfolgeapparat des Zentralkomitees der KPdSU richtete sich der erste Präsident Russlands, Boris Jelzin, eine riesige Administration mit 1.945 Mitarbeitern ein, die im ehemaligen ZK-Gebäude residierte. Mit dem Scheitern der *perestrojka* leitete Jelzin den mühseligen Umbau der Sowjetwirtschaft in die Marktwirtschaft ein. Nach 1991 geriet die Volkswirtschaft in Russland in eine schwere Transformationskrise, die länger anhielt als in den meisten anderen ostmitteleuropäischen Ländern. Der über viele Jahre vernachlässigte Kapitalstock verfiel rasch und sorgte für einen massiven Produktionseinbruch. Obwohl es seit den späten achtziger Jahren die liberale Marktwirtschaft mit privatem Kapital gab, agierte die neue Unternehmerschicht noch lange Zeit zurückhaltend. Die neuen Privateigentümer waren meistens keine klassischen Unternehmer, die durch finanziellen Einsatz, Risikobereitschaft und harte Arbeit die jeweilige Firma zum Erfolg führten. Viele kamen zwar – unter Ausnutzung früherer Beziehungen und Kontakte – schnell an Kapital. Sie dachten jedoch nicht daran, zu investieren und zu produzieren, sondern wollten mit geringem Einsatz möglichst viel Geld verdienen.[90]

In einem Referendum vom 25. April 1993 wurde Jelzins Wirtschafts- und Sozialpolitik bestätigt. 64,5 Prozent der russischen Bürger beteiligten sich an dem Referendum, 58,7 Prozent der Wähler bekundeten dem Präsidenten der Russischen Föderation Boris Jelzin ihr Vertrauen, 53 Prozent sprachen sich für seine Wirtschafts- und Sozialpolitik aus. Obwohl Russland seine völlige Souveränität wieder erlangt und der Demokratisierungsprozess begonnen hatte, besaß das Land noch keine Verfassung. Unter dem Vorsitz von Jelzin arbeitete seit Juni 1990 eine Verfassungskommission. Deren Beratungen dauerten lange – nicht zuletzt wegen der Auseinandersetzung zwischen dem Präsidenten und dem Parlament. Jelzin entschied sich schließlich für ein Referendum und berief am 12. Mai 1993 eine Kommission ein, deren Aufgabe in der Ausarbeitung des Grundgesetzes bestand. Trotz des Widerspruchs seitens zahlreicher politischer Kräfte wurde am 12. Juli 1993 der Verfassungsentwurf angenommen. Am 12. Dezember 1993 sprach sich die Mehrheit der russischen Bürger in einem Referendum für die Verfassung aus.

Die Duma-Wahlen vom 12. Dezember 1993 führten zu einem beunruhigenden Wahlergebnis. Als stärkste Gruppe erwies sich zwar das Jelzin-nahe Bündnis »Russland Wahl«, danach folgte jedoch die nationalistische »Liberaldemokratische Partei Russlands« (LDPR) des Rechtsextremisten Wladimir Schirinowski. Die LDPR stellte, gemeinsam mit den Kommunisten und der reformfeindlichen Agrarierpartei, im neuen Parlament die Mehrheit. Nach den Duma-Wahlen wuchsen, besonders im Baltikum, Befürchtungen vor einer aggressiven Außenpolitik Moskaus.

Am 3. Juli 1996 wurde Jelzin in einer Stichwahl zum zweiten Mal zum Präsidenten gewählt. In seiner Rede an die Nation am 6. März 1997 sprach er vor allem über die Ordnung im Land und versprach eine Verbesserung der schwierigen Wirtschaftslage. Ende Juli 1998 ernannte Jelzin den früheren Ersten Stellvertreter Bürgermeister Leningrads, Wladimir Putin, zum Direktor des FSB und Ende März 1999 zum Sekretär des Nationalen Sicherheitsrates. Anfang August 1999 wurde Putin Regierungschef. Dieses Amt des Premiers hatte Jelzin bis Frühjahr 1992 in Personalunion mit dem Präsidentenamt wahrgenommen.

Am 31. Dezember 1999 trat Jelzin vorzeitig zurück und bestimmte Wladimir Putin zum amtierenden Präsidenten. Ende März 2000 wurde Putin bereits im ersten Wahlgang mit 53 Prozent der Stimmen als Staatspräsident bestätigt. Zur Wahl stellten sich außer ihm weitere elf Kandidaten. Putin profitierte von seinem Amtsbonus als Premierminister, die Medien unterstützten ihn und verliehen ihm das Image des siegreichen Feldherrn im Tschetschenienkrieg.

Putin brachte als Premier (1999–2000) und später als Präsident (seit 2000) seine Anhänger systematisch in führende Positionen. Diese Personalpolitik betraf die Administration des Präsidenten, die Regierung und die Wirtschaft. Alle seine Mitarbeiter kamen aus Sankt Petersburg oder Moskau und hatten bereits früher mit ihm zusammengearbeitet. Putin vertrat von Anfang an einen starken Staat, der die wirtschaftliche Ordnung garantierte. Nach seinen Vorstellungen sollte die Verbesserung der Lebensverhältnisse in erster Linie nicht durch soziale Programme, sondern durch Wirtschaftswachstum erreicht werden. Die notwendigen Grundlagen für eine funktionierende Marktwirtschaft – etwa die Herausbildung eines Mittelstandes – wurden jedoch nicht geschaffen. Ein weiteres Anliegen Putins war eine kremlfreundliche Haltung der Medien, vor allem des Fernsehens. Über dieses Massenmedium sind die meisten Menschen in Russland zu erreichen. Die zentralen Presseorgane werden nur in kleinen Auflagen verlegt und von nicht mehr als zwei Prozent der Bevölkerung gelesen. Um bei der Bevölkerung hohe Zustimmung zu erzielen, versuchte Putin mit einigem Erfolg, durch populistische Aktionen die Quoten für sein Regime nach oben zu treiben.[91]

Bereits zu Beginn seiner ersten Präsidentschaft proklamierte Putin den »starken Staat«, »nationale Würde«, »traditionelle Werte« und insgesamt »Russlands Größe«. In Wirklichkeit gelang es ihm, einen autoritären Staat zu schaffen. Politische Grundsatzentscheidungen in Russland unterliegen keinerlei demokratisch institutionalisierten Kontrollen. Die Gewaltenteilung hat nur formalen Charakter, weil eine öffentliche Kritik an der offiziellen Kreml-Linie mit zu großen Risiken verbunden ist. Die Pressefreiheit ist konsequent demontiert worden. Nicht selten bedient sich Putin der Propagandaslogans aus der Sowjetzeit. Bei den Dumawahlen im Dezember 2003 stand auf dem Wahlplakat der Präsidentenpartei »Einiges Russland« der Aufruf »Zusammen mit dem Präsidenten«. In seiner zweiten Amtszeit setzte Putin den Umbau des politischen Systems fort: Republikpräsidenten und Gouverneure werden nicht mehr durch die Bevölkerung gewählt, sondern durch die regionalen Parlamente. Zur Wahl stehen jedoch nur die vom Präsidenten vorgeschlagenen Kandidaten. Der Einfluss des Inlandgeheimdienstes FSB auf innenpolitische Entscheidungen und auf die Personalpolitik hat noch mehr zugenommen. In seiner Struktur und seinem Umfang ähnelt der FSB dem früheren KGB, was mit den Erfahrungen Putins als früherem KGB-Mitarbeiter korrespondieren dürfte. Der Präsident schuf sich auf föderaler wie auf regionaler Ebene ein breites Kaderfundament. Etwa einhundertfünfzig dieser Kader besitzen wichtige Positionen nicht nur in der Exekutive und der Legislative, sondern auch in der Wirtschaft. Das Ziel bleibt nach wie vor die Schaffung eines »starken« Staates.[92]

Bedenklich ist die Reaktion der russischen Gesellschaft, die diesen Führungsstil mehrheitlich unterstützt. Die 2004 durchgeführten repräsentativen Umfragen haben ergeben, dass 76 Prozent der Russen die Zensur der Massenmedien befürworten. Nur elf Prozent der Befragten halten die verfassungsmäßigen Freiheitsrechte für wichtiger als eine Stabilisierung des Landes. 88 Prozent der Russen sagten, dass Ordnung wichtiger sei als Demokratie. Problematisch ist die Tatsache, dass man keinen signifikanten Unterschied in den Einstellungen zwischen älteren Bürgern und der jungen Generation Russlands feststellen kann. Empirischen Untersuchungen zufolge sind die Jüngeren ebenso anfällig für den autoritären Staat und den neuen Nationalismus wie die Älteren. Das hängt in hohem Maße mit dem Bildungssystem und den erziehungspolitischen Leitlinien zusammen. In den Lehrplänen der Schulen werden die Verbrechen des Stalinismus völlig ausgeblendet. Eine »Aufarbeitung« der sowjetischen Vergangenheit, die diesen Namen verdiente, findet kaum mehr statt. Der Staat sucht die Archive möglichst verschlossen zu halten.[93] Dissidenten und Nichtregierungsorganisationen wie »Memorial« oder die »Soldatenmütter« werden von staatlicher Seite schikaniert.

Unter diesen Voraussetzungen erscheint es offensichtlich, dass Putin nur sehr bedingt dazu beigetragen hat, Russland auf den Weg zu einer Demokratie und einem Rechtsstaat zu bringen. Sein einziger Verdienst besteht in hohen Wachstumsraten der Wirtschaft. Dieses Wirtschaftswachstum der letzten Jahre reicht jedoch nicht aus, um die in den vergangenen zehn Jahren dramatisch gestiegenen Einkommensunterschiede abzubauen. Eine Mittelschicht ist in Russland nur sehr schwach ausgebildet. Die zehn Prozent der Bevölkerung mit dem höchsten Einkommen verfügen über das Dreiundzwanzigfache der zehn Prozent mit dem niedrigsten Einkommen. Die versteckte Arbeitslosigkeit liegt sehr hoch. 25 Prozent der russischen Bevölkerung leben unterhalb der Armutsgrenze. Kleine und mittlere Unternehmen leiden unter der Willkür der regionalen und örtlichen Verwaltungsangestellten. Aber auch große Konzerne sind nicht vor Schikanen und Erpressung gefeit, wie die Jukos-Affäre 2004 illustrierte.[94] Russland ist heute eine gelenkte Demokratie mit autoritären Zügen. Einschränkungen von Pluralismus und Zivilgesellschaft stehen in dem Land auf der Tagesordnung.[95]

Es erscheint schwierig, die Außenpolitik Russlands zu beschreiben, weil sich das Land weder nach Osten noch nach Westen orientiert. Erkennbar sind vielmehr Methoden und Argumentationsmuster der Sowjetdiplomatie, die Kompromissbereitschaft als Zeichen von Schwäche interpretierte. Präsident Jelzin pflegte die Differenzen zwischen den USA und Europa im Interesse Russlands zu nutzen. Das entsprach einer Fortführung der sowjetischen Außenpolitik. Putin bemerkte jedoch rasch, dass das Schüren transatlantischer Differenzen nicht im russischen Interesse liegen konnte. Für ihn gehören die Beziehungen sowohl zu den USA als auch zu Europa zur Westpolitik. In den sicherheitspolitischen Fragen haben die USA Vorrang. Die GASP (Gemeinsame Außen- und Sicherheitspolitik) und ESVP (Europäische Sicherheits- und Verteidigungspolitik) der Europäischen Union werden von Russland nicht ernst genommen. Dagegen nimmt Europa im wirtschaftlichen Bereich für Russland eine vorrangige Position ein. Mit der Hilfe Europas soll in Putins starkem Staat eine moderne, hoch entwickelte Wirtschaft entstehen. 2004 entfielen über 48 Prozent des Außenhandels auf die EU, davon beinahe 13 Prozent auf die neuen EU-Länder. Der Anteil des Außenhandels mit den USA fiel mit 3,8 Prozent nicht nur weit hinter Europa zurück, sondern auch hinter die GUS (19 Prozent) und China (6 Prozent).[96] 60 Prozent des internationalen Telefonverkehrs Russlands findet mit der EU statt und 60 Prozent aller internationalen Flugreisen gehen in die EU.[97]

Politisch stößt die EU jedoch auf offene Ablehnung. In Moskau hört man oft die Frage, warum man die politischen und rechtlichen Standards der EU übernehmen solle, wenn Russland doch keine Aussichten auf eine EU-Mitgliedschaft habe. Im 1994 zwischen der EU und Russland unterzeichneten Partnerschafts- und Kooperationsabkommen wurden eine politische Kooperation und Handelserleichterungen für russische Produkte vereinbart. Wegen der Auseinandersetzungen über den Tschetschenienkonflikt wurde das Abkommen erst im Dezember 1997 ratifiziert. Ein Jahr zuvor, im Februar 1996, wurde Russland in den Europa-Rat aufgenommen. Im Juni 1999 unterbreitete die EU Russland den Vorschlag, bei der Schaffung von demokratischen, rechtsstaatlichen und marktwirtschaftlichen Strukturen sowie einer Zivilgesellschaft Hilfestellungen zu geben. Der Kreml beantwortete die Offerte mit einer Betonung seiner Machtposition. Von Moskauer Seite wird vor allem die wirtschaftliche Zusammenarbeit gewünscht. Im Dezember 2001 arbeitete die EU das Russland-Strategiepapier für die Jahre 2002 bis 2006 aus, in dem sie erneut ihre Ziele gegenüber Russland formulierte. Zu den wichtigsten Punkten gehörten die Unterstützung von Reformen des russischen Rechts- und Verwaltungssystems sowie der Aufbau einer Zivilgesellschaft. Auf dem Gipfel in Sankt Petersburg im Mai 2003 wurden mit dem Vorschlag, einen gemeinsamen Wirtschaftsraum zu errichten, die EU-Ziele noch einmal ausgeweitet. Im Februar

2004 wurden in den Grundsatzdokumenten der Kommission, des Parlaments und des Rates der EU die Beziehungen zwischen der EU und Russland evaluiert. In allen Dokumenten kam die Enttäuschung der EU über die Vorgänge in Russland zum Ausdruck. Auf dem Moskauer Gipfel im Mai 2005 wurde die Schaffung von vier gemeinsamen Räumen beschlossen: 1. Wirtschaft; 2. Freiheit, Sicherheit und Justiz; 3. äußere Sicherheit; 4. Forschung, Bildung und kulturelle Aspekte. Es war jedoch zu erkennen, dass beide Seiten unterschiedliche Vorstellungen und Erwartungen hinsichtlich gemeinsamer Werte wie Freiheit, Sicherheit und Justiz hatten.[98]

Innerhalb der EU ist Deutschland seit Jahren der bedeutendste Handelspartner, der wichtigste ausländische Investor und der größte internationale Gläubiger Russlands. Für Putin ist die Bundesregierung der wichtigste Gesprächspartner in allen Fragen, die das Verhältnis Russlands zur EU betreffen. Meistens handelt es sich um Wirtschaftskooperationen. In nicht wenigen Ländern – vor allem in Polen und in den baltischen Staaten – wurde das von Bundeskanzler Gerhard Schröder und Präsident Putin am 8. September 2005 unterzeichnete Abkommen über ein gemeinsames Pipeline-Projekt heftig kritisiert. Als rohstoffarmes Land hat Deutschland ein großes Interesse an gesicherten Energie- und Rohstofflieferungen aus Russland. Der deutsch-russische Warenverkehr entwickelte sich progressiv. Im Zeitraum von 2000 bis 2003 erhöhte sich der Gesamtumsatz um 19,2 Prozent. Die deutschen Exporte nach Russland stiegen in diesen Jahren um fast 75 Prozent an.[99]

Die jüngste Umfrage des Meinungsforschungsinstituts Lewada-Zentr hat ergeben, dass Deutschland zu der Gruppe jener Länder gehört, mit denen Russland gerne zusammenarbeitet. An erster Stelle wurde Weißrussland genannt. Lettland, Litauen, Estland, die Ukraine und die USA sind nach Ansicht der Befragten gegenüber Russland am unfreundlichsten eingestellt.[100] Am Rande des Wirtschaftsforums in Sankt Petersburg Mitte Juni 2006 betonte Putin, dass er auf eine Überwindung der Schwierigkeiten zwischen Russland und Lettland hoffe.[101]

Sowohl in den USA als auch in der EU – allerdings kaum in Deutschland – wird die Gewalt gegenüber Tschetschenien kritisiert, die Russland seit 1994 demonstriert. Nach der Deeskalation der Balkankonflikte ist der Nordkaukasus die explosivste Konfliktregion Europas. Die Kämpfe finden vor allem in Tschetschenien und den benachbarten Krisenzonen Dagestan und Inguschetien statt. Es ist die größte humanitäre Katastrophe im Raum der OSZE (Organisation für Sicherheit und Zusammenarbeit in Europa, Nachfolgeorganisation der KSZE).[102]

Bereits seit November 2005 bereitet Putin seine Nachfolge vor: Er machte seine Vertrauten, Präsidialkanzleichef Dimitrij Medwedew und Verteidigungsminister Sergej Iwanow, zu Vizepremiers. 2007 werden die Russen ein neues Parlament, im Jahr darauf einen neuen Präsidenten wählen. Nur die Rückkehr der liberalen Parteien in die Duma könnte die Fortsetzung des gegenwärtigen autoritären Kurses verhindern.[103]

5.2 »Singende Revolution« und schnelle Anpassung an die EU im Baltikum

In den 1970er Jahren wuchs auch in den baltischen Sowjetrepubliken der Widerstand gegen die russische Oberherrschaft. In Litauen, das den höchsten Ausstoß an *Samisdat*-Literatur verzeichnen konnte, erhielten die Dissidenten erhebliche Unterstützung durch die katholische Kirche. Nach der Selbstverbrennung des 19-jährigen Romas Kalanta in Kaunas am 14. Mai 1972 demonstrierten Tausende junger Menschen unter der Losung »Freiheit für Litauen!«. Im selben Jahr forderten estnische Dissidenten bei der UNO die Wiederherstellung der Selbstständigkeit Estlands. Ein entsprechender gemeinsamer estnisch-lettischer Aufruf war 1975 an die in Helsinki tagende KSZE gerichtet. Im August 1979, zum vierzigsten Jahrestag des Hitler-Stalin-Pakts, sandten Dissidenten einen gemeinsamen »Baltischen Appell« an die UNO und zahlreiche Regierungen, in dem sie die Veröffentlichung des Geheimprotokolls sowie die Feststellung seiner Völkerrechtswidrigkeit forderten.

Widerstände und die ersten freien Regierungen in Estland

Zu Beginn der 1980er Jahre entstanden vor allem in Estland verschiedene Dissidentengruppen, die gegen das Regime opponierten. Zu den Bekanntesten gehörten der Historikerklub, die Neue Bewegung *Tartu* und die Theatergruppe *Walhalla*. Die Taktik dieser Generation bestand darin, auf legale Weise – etwa durch Klubaktivitäten, Theatervorstellungen und Ähnliches – ihre Kritik an dem Regime zum Ausdruck zu bringen.[104]

Die sowjetischen Behörden ließen daraufhin zahlreiche Bürgerrechtler zu langjährigen Haftstrafen verurteilen. Mitte der 1980er Jahre dann ermutigte Gorbatschows *perestrojka* baltische Dissidenten zu neuen Forderungen, Geschichtsverfälschungen und Fehlentwicklungen zu korrigieren. Angesichts des geplanten Phosphoritabbaus in Estland und der Projektierung weiterer Kernkraftwerke spielten bei den Protesten zunächst ökologische Themen eine große Rolle. Es folgten Forderungen nach wirtschaftlicher Autonomie und, im Herbst 1988, die Bildung so genannter »Volksfronten« – vergleichbar mit der Einrichtung »Runder Tische« in Polen oder der DDR.[105] Diese Volksfronten organisierten breite, nationalitätenübergreifende Massenbewegungen zugunsten von Autonomiebestrebungen innerhalb einer demokratisch reformierten Sowjetunion.

Auf dem estnischen Sängerfest im September 1988 kamen etwa 300.000 Menschen zusammen, im August 1989 verband eine Menschenkette, an der rund eine Million Menschen teilnahmen, die baltischen Metropolen Tallin, Riga und Vilnius miteinander – ein symbolischer Protest gegen den Hitler-Stalin-Pakt fünfzig Jahre zuvor. Auf baltische Initiative hin erfolgten erstmals im Machtbereich der UdSSR die Veröffentlichung der deutsch-sowjetischen Geheimprotokolle von 1939 und eine Erklärung ihrer rechtlichen Ungültigkeit. Daraufhin verlangten baltische Abgeordnete des Volksdeputiertenkongresses in Moskau, eine Kommission zur Bewertung des deutsch-sowjetischen Nichtangriffspakts von 1939 einzusetzen. Im Dezember 1989 räumte der Kongress die Existenz der Geheimprotokolle ein und erklärte sie rechtlich für nichtig.

Die »Volksfront« entstand zuerst in *Estland*; sie verkündete am 16. November 1988 eine »Deklaration über die Unabhängigkeit Estlands«. Am 2. Februar 1990 wurde diese Deklaration angenommen. Der nächste bedeutende Schritt war das Gesetz über die staatliche Symbolik aus dem Jahr 1990, das einige Gesetze aus dem Jahr 1932 wieder einführte. Dabei handelte es sich um den Versuch, an die Vorkriegslegalität des unabhängigen Estlands anzuknüpfen. Die Krönung der Unabhängigkeitsbestrebungen in Estland war die Annahme des Grundgesetzes in einem Referendum am 28. Juni 1992; die Verfassung Estlands trat am 3. Juli 1992 in Kraft. Die ersten Parlamentswahlen nach der Wiedererlangung der Unabhängigkeit fanden am 20. September 1992 statt. Die meisten Stimmen bekam mit 22 Prozent aller Stimmen die Partei

Isamaa (Vaterland), auf Platz zwei kam mit 13,6 Prozent *Kindel Kodu* (Sichere Heimat) und auf Platz drei mit 12 Prozent *Rahvarinne* (Volksfront). In das Parlament gelangten auch die *Mõõdukad* (Gemäßigten), die *Eesti Rahvusliku Sõltumatuse* Partei (Estnische Nationale Unabhängigkeitspartei), die Unabhängigen Royalisten, die *Eesti Kodanikud* (Estnische Bürger), die *Rohelised* (Grüne) und die Unternehmer-Partei. Da keine der politischen Gruppierungen eine absolute Mehrheit bekam, bildeten die Parteien *Mõõdukad, Isamaa* und *Eesti Rahvusliku Sõltumatuse* eine Mitte-Rechts-Koalition. An der Spitze der estnischen Regierung stand Mart Laar, der bis zum 8. November 1994 Regierungschef blieb. Innerhalb der regierenden Rechten kam es ständig zu internen Konflikten, und die Unterstützung für *Isamaa* wurde immer schwächer. Von Bedeutung waren die dritten freien Wahlen im unabhängigen Estland, denn sie brachten einen Wechsel der Regierungskoalition. Der Gewinner war mit 24,4 Prozent der Stimmen *Keskerakond* (Zentrum), danach folgten mit 16,1 Prozent *Isamaaliit* (Vaterland) und mit 16 Prozent *Reformierakond* (Reformpartei). Ins Parlament gelangten außerdem *Mõõdukad, Koonderakond* (Sammlungspartei), *Maarahva Erakond* (Landvolkpartei) und *Ühendatud Rahvapartei* (Vereinigte Volkspartei). In den letzten Wahlen vom 2. März 2003 wurde die Zentrums-Partei mit 25,4 Prozent der Stimmen bestätigt. Ins Parlament kamen außerdem *Res Publica* (24,6 Prozent), *Reformierakond* (17,7 Prozent), *Rahvaliit* (Volksunion) mit 17,7 Prozent, *Isamaaliit* (Vaterland) mit 7,3 Prozent und *Mõõdukad* (7 Prozent).

Trotz der kurzen Amtsdauer der Kabinette kann man im Blick auf die Regierungspolitik Estlands eine klare Kontinuität feststellen. Dieser Sachverhalt wirkt sich vor allem positiv auf die wirtschaftliche Entwicklung des Landes aus. Im Jahr 2005 wurde ein Wirtschaftswachstum von etwa sieben Prozent erzielt. Die nationale Währung ist stabil, staatliche Subventionen für Industrie und Landwirtschaft werden immer geringer und ein Haushaltsdefizit wird vermieden. Hier liegen die Gründe für die erfolgreiche Wirtschafts- und Außenpolitik Estlands. Ausländische Investoren sind in Estland viel stärker präsent als in Lettland und Litauen.[106] Wegen seiner ökonomischen Vorreiterrolle wird Estland auch als »Tiger des Baltikums« bezeichnet.[107] Trotzdem musste das estnische Kabinett im März 2006 von seinem wirtschaftspolitischen Ziel abrücken, bis zum 1. Januar 2007 dem Euro-Raum beitreten zu können, weil nicht alle Konvergenzkriterien des Maastricht-

Vertrags erfüllt wurden. Die Inflation in Estland liegt mit 4,1 Prozent weit über dem derzeitigen Referenzwert von 2,6 Prozent.[108]

Außenpolitik Estlands und die Aufarbeitung der kommunistischen Vergangenheit

Estland spielt in verschiedener Hinsicht eine besondere Rolle unter den baltischen Ländern. Der sowjetischen Führungsschicht ist es nicht gelungen, sich die estnische Bevölkerung unterzuordnen. Im Gegensatz zu den Litauern, die nach dem politischen Umbruch Anfang der neunziger Jahre das Gefühl hatten, sich zwischen Ost und West zu befinden, waren die Esten immer stark antisowjetisch und später antirussisch eingestellt. Die Esten übten sich gegenüber den totalitären Ambitionen der Sowjetunion stets in Opposition, ihre nationale Identität ist sehr stark ausgeprägt. Die estnische Sprache ähnelt den nordeuropäischen Sprachen und enthält keine russischen Elemente. Die Beziehungen Estlands zu Skandinavien waren immer intensiver als zu den anderen baltischen Nachbarn.[109] Aus diesen Gründen wurde sowohl der postsozialistische Wandel als auch der EU-Beitritt Estlands von vielen Esten als Rückkehr in die westliche Welt interpretiert. Der Integrationsprozess erfolgte rasch: 1995 wurde die Bewerbung eingereicht und 2003 sprachen sich die Esten für eine EU-Mitgliedschaft aus. Es gibt keine politische Partei im Land, die man als antieuropäisch bezeichnen könnte.[110] Als EU-Mitglied legt Estland großen Wert auf ein »wettbewerbsfähiges und offenes Europa«. Trotz der gescheiterten Referenden in Frankreich und den Niederlanden befürwortet die estnische Regierung weiterhin den europäischen Verfassungsvertrag. Das Land strebt einen raschen Beitritt zur Währungsunion und den Wegfall der Binnenkontrollen an. Bis 2007 will Estland Mitglied der »Schengen-Zone« werden.[111] Gleichzeitig muss man sagen, dass der EU-Beitritt Estlands mehr das Projekt der estnischen Elite als das der breiten Bevölkerung war. Es gab unter den Bürgern spürbare Ängste vor dem Verlust der eigenen kulturellen Identität.[112]

Die Zahl der nicht-estnischen Einwohner Estlands beträgt 503.000 (35 Prozent der Bevölkerung), davon sind 400.000 Russen. In der geteilten Stadt Narva in der estnisch-russischen Grenzregion leben bis zu achtzig Prozent Russen. Die Beziehungen Estlands zu Russland sind sowohl in ökonomischer als auch in politischer Hinsicht äußerst schwach entwickelt. Man hält Russland für eine potenzielle Gefahren-quelle. Russland weigert sich, die russisch-estnische Grenze von 1920 anzuerkennen. Eine Anerkennung wäre für Estland deswegen wichtig, weil in dem damaligen Friedensvertrag dem Land von der russischen Seite Unabhängigkeit »für alle Zeiten« garantiert wurde. Den Höhe-punkt der Streitigkeiten bildete die Verweigerung des Einreisevisums für den estnischen Außenminister Urmas Paet, als dieser im November 2005 an einer Konferenz in Sankt Petersburg teilnehmen wollte.[113] Die Politik der estnischen Regierung gegenüber der russischen Minderheit entsprach bis zum EU-Beitritt Estlands nicht den europäischen Krite-rien, so dass bis Anfang Mai 2004 einige Gesetze nachgebessert werden mussten. Anfang der neunziger Jahre gab es in Estland 400.000 Staa-tenlose, heute sind es nur noch 100.000. Die Mehrzahl der ehemaligen Staatenlosen hat sich für die estnische Staatsbürgerschaft entschie-den.[114] Trotzdem wirft Russland Estland kontinuierlich eine Benach-teiligung der russischsprachigen Volksgruppe vor.

Gemeinsam mit den Regierungen Lettlands, Litauens und Polens wandte sich Estland gegen das deutsch-russische Pipeline-Projekt, nach dessen Fertigstellung im Jahr 2010 Gas von Russland nach Westeuro-pa transportiert werden soll. Die Pipeline soll von Russland über die Ostsee bis zum deutschen Hafen in Greifswald verlaufen, ohne die bal-tischen Länder, die Ukraine und Polen einzubeziehen. Ähnlich wie die anderen Länder kritisierte auch Estland die deutsche Bundesregierung, vor allem den ehemaligen Bundeskanzler Gerhard Schröder, für die Unterstützung dieses Vorhabens.

An den Moskauer Feierlichkeiten am 9. Mai 2005 aus Anlass des sechzigsten Jahrestages des Endes des Zweiten Weltkrieges nahm Est-land nicht teil. Für dieses Land bedeutete das Kriegsende nicht die Wie-derherstellung der Unabhängigkeit, sondern die Verfolgung und Depor-tation der estnischen Bevölkerung.

Von den drei baltischen Ländern begann Estland am frühesten mit dem Lustrationsprozess, also der Aufarbeitung der Vergangenheit. En-de der achtziger Jahre wurden allerdings Archivmaterialien – parallel zu den Unabhängigkeitsbestrebungen Estlands – durch den KGB ver-nichtet. Im Jahre 1992 übernahm die neu gegründete Sicherheitspoli-zei einen großen Teil der Archivbestände der Geheimpolizei. Neben der Sicherheitspolizei gibt es in Estland einige staatliche und gesellschaft-liche Institutionen, die Materialien mit Informationen über totalitäre

Regime sammeln. In unabhängigen Organisationen und Stiftungen forschen und beschreiben Historiker und Archivare Terrorakte, die am estnischen Volk begangen wurden. Trotz des entschiedenen Wunsches der politischen Eliten, sich von der sowjetischen Vergangenheit so rasch wie möglich zu trennen, können die Ergebnisse der Lustration nicht als befriedigend angesehen werden. Den Grund dafür bildet weniger die schlechte Gesetzgebung als die geringe Zahl der in Estland erhalten gebliebenen Archivdokumente. Es fehlt an Quellen, auf deren Basis man die Zusammenarbeit bestimmter Personen mit den ehemaligen kommunistischen Sicherheitsdiensten beweisen könnte.[115] Die Frage, ob es sich 1940 um einen »Anschluss« oder eine »Okkupation« gehandelt habe, gehört zu den neuralgischen Punkten des estnischen Selbstverständnisses und der estnischen Historiographie.[116]

Das freie Lettland

In *Lettland* formierte sich im Oktober 1988 die »Nationale Front«. Sie forderte politische und wirtschaftliche Unabhängigkeit, wollte jedoch das Bündnis mit der UdSSR nicht aufkündigen, sondern nur zahlreiche Reformen durchführen, um die Lebensverhältnisse im Land zu verbessern. Bei diesem Bemühen stieß die »Nationale Front« allerdings auf Widerstand seitens der UdSSR. In Opposition zu den reformerischen Kräften formierte sich in Lettland die »Interfront«. Zu ihr gehörten jene politischen Kreise, die sich für die Zugehörigkeit Lettlands zur Sowjetunion aussprachen. Die Aktivitäten der Nationalen Front waren jedoch bereits so weit fortgeschritten, dass die lettische Regierung deren Forderungen zu verwirklichen begann. Am 5. Mai 1989 wurde die lettische Sprache als Amtssprache anerkannt, am 28. Juli 1989 verkündete der Höchste Lettische Nationalrat die Unabhängigkeit Lettlands. Im Frühjahr 1990 fanden in Lettland die ersten demokratischen Wahlen statt. Bis August 1991 bestand jedoch eine Art Doppelherrschaft, weil die sowjetische Führung die Unabhängigkeit Lettlands nicht anerkennen wollte. Erst nach dem Moskauer Putsch vom August 1991 wurde es zu einem unabhängigen Land. Nach der »Wende« beherrschten radikale und populistische Parolen die politische Szene. Als Ergebnis der ersten Wahlen 1993 bildete das national-liberale Wahlbündnis *Latvijas ceļš* (Lettlands Weg) gemeinsam mit dem konservativen *Latvijas zemnieku savienība* (Lettischer Bauernbund) eine Regierung.

In den ersten Jahren nach Erlangung der Unabhängigkeit überwogen in der lettischen Bevölkerung Unmut und Unzufriedenheit, was mit einer Verschlechterung der wirtschaftlichen Lage zusammenhing. Die Parlamentswahlen von 1995 waren Protestwahlen. Die bisherige Regierungspartei *Latvijas ceļš* verlor mehr als die Hälfte ihrer Wähler. Wahlgewinner waren das radikal-nationale Bündnis *Tēvzemei un brīvībai* (Für Vaterland und Freiheit) und die populistische Partei *Tautas kustība Latvijai* (Volksbewegung für Lettland). Zu den Gewinnern dieser Wahl zählten aber auch Parteien, in deren Reihen sich viele ehemalige Kommunisten befanden. Die meisten Sitze im Parlament (18) errang *Demokrātiskā partija saimnieks* (Demokratische Partei »Der Hauswirt«) unter Führung des ehemaligen Komsomolfunktionärs und späteren ersten Innenministers Lettlands, Ziedonis Čevers. Außerdem waren im Parlament folgende Parteien vertreten: *Latvijas vienības partija* (Lettlands Einheitspartei) des früheren erfolgreichen Kolchosvorsitzenden und späteren Gorbatschow-Beraters, Alberts Kauls; weiter *Tautas saskaņas partija* (Partei der Volkseintracht), die sich vor allem für die Rechte der nationalen Minderheiten einsetzte und um ein ausgewogenes Verhältnis zu Russland wie zur EU bemüht war, sowie die aus der moskautreuen Kommunistischen Partei Lettlands hervorgegangene Partei *Līdztiesība* (Gleichberechtigung). In der 1995 gebildeten Regierungskoalition befanden sich ehemalige Reformkommunisten, moskautreue Kommunisten und radikal-nationale, antikommunistische Kräfte.

Im Unterschied zu dem estnischen zeigte das lettische Parteiensystem große Unreife und fehlende Kontinuität, was in allen Parlamentswahlen von 1993 bis 2002 deutlich wurde. Jedes Mal gewann eine neue Partei, während die bis dahin existierenden Parteien verloren und geschwächt aus den Wahlen hervorgingen. Nach den Parlamentswahlen vom Oktober 2002 erhielt das Land sein drittes Kabinett. Im Parlament bildete sich eine Vierparteienkoalition aus Konservativen *Tautas partija* (Volkspartei), *Jaunais laiks* (Neue Zeit), *Latvijas primā partija* (Lettlands Erste Partei) und *Zaļo un zemnieku savienība* (Union der Grünen und Bauern). Außerdem verfügten die Partei *Par cilvēktiesību vienotā Latvijā* (Für Menschenrechte in einem vereinten Land) über 25 Sitze und *Tēvzemei un brīvībai* (Für Vaterland und Freiheit) zusammen mit *Latvijas nacionālas neatkarības kustība* (Lettlands Nationale Unabhängigkeitsbewegung) über sieben Sitze im Parlament.

Außenpolitik und Aufarbeitung der kommunistischen Vergangenheit in Lettland

Ähnlich wie Estland verfolgt Lettland einen an der Nato, der EU und der Marktwirtschaft orientierten Kurs. Zu den Prioritäten der Regierung Aigars Kalvītis gehören eine Gesundheitsreform, die Bekämpfung der Inflation, eine Verbesserung der internationalen Wettbewerbsfähigkeit des Landes, der Abschluss der Privatisierung und eine Ratifizierung des Europäischen Verfassungsvertrags. Das letztgenannte Ziel wurde Anfang Juni 2005 erreicht. Mit einer Mehrheit von 71 zu fünf Stimmen ratifizierte das lettische Parlament die EU-Verfassung. Bezogen auf die Inflationsbekämpfung hatte Lettland einen geringeren Erfolg. Im August 2005 gab das europäische Statistik-Amt bekannt, dass das Land die höchste Inflationsrate aller 25 EU-Staaten aufweist.[117] Die Intensität der ausländischen Direktinvestitionen ist in Lettland viel geringer als in Estland.[118]

Die bilateralen Beziehungen zwischen Lettland und Russland gestalten sich noch schwieriger als die zwischen Estland und Russland. Die Verantwortung dafür liegt auf beiden Seiten. Russland zeigt gegenüber den baltischen Staaten eine eher unfreundliche Einstellung. Die Regierung unter Wladimir Putin will nicht akzeptieren, dass die baltischen Staaten durch Stalin okkupiert wurden. Sie interpretiert die Annexion durch die Rote Armee als freiwilligen Beitritt zur Sowjetunion und leugnet ein halbes Jahrhundert Besatzungsherrschaft.[119] Die Grenze zwischen Lettland und Russland ist vertraglich nicht geregelt. Als man einmal schon kurz vor einer Vereinbarung stand, verweigerte Moskau im Mai 2005 die Unterschrift, weil man von lettischer Seite Gebietsansprüche befürchtete. Trotz dieser Schwierigkeiten sprach sich Lettlands Ministerpräsident Aigars Kalvītis bei der Eröffnung des 10. Wirtschaftsforums in Sankt Petersburg Mitte Juni 2006 für eine Intensivierung der Zusammenarbeit mit Russland und der EU im Bereich der Energiesicherheit aus. »Russland ist und bleibt ein wichtiger Energielieferant – unter anderem auch für Lettland«[120].

In Reaktion auf die Politik der russischen Regierung wandte sich Lettland gegen die rund 900.000 Personen umfassende russische Minderheit. Nach der Zählung von 1989 lebten in dem wieder entstandenen Staat 55 Prozent Letten, während 45 Prozent den russischsprachigen Teil der Bevölkerung ausmachten. Damit ist Lettland von allen baltischen Staaten die am stärksten russifizierte Republik. Der Streit über die Staatsbürgerschaft hat die Innenpolitik Lettlands schwer belastet. Mehr als 400.000 Russen sind staatenlos, weil sie nicht die Bedingungen für die Annahme der lettischen Staatsbürgerschaft erfüllen. 2005 gab es in Lettland heftige Proteste, weil an den russischen Schulen 60 Prozent des Unterrichts auf lettisch abgehalten werden muss (früher waren es 50 Prozent). Das Problem besteht allerdings darin, dass es an den Schulen nicht genug lettisch sprechende Lehrer gibt. In der Kampagne zur Abstimmung über den Beitritt Lettlands zur EU wurden in den lettischen Massenmedien häufig antirussische Argumente gebraucht.[121] Im Bereich der Außenpolitik, vor allem der Sicherheitspolitik, orientiert sich Lettland stark an den Vereinigten Staaten. Vorbehalte gegenüber der GASP und der ESVP der EU sind im Land verbreitet.[122]

Der Lustrationsprozess ist in Lettland weniger fortgeschritten als in Estland und Litauen, aber auch dort begann er relativ schnell. Das erste und letzte Dokument, auf dem dieser Prozess in Lettland basiert, ist das Gesetz über die Erhaltung und Nutzung der Dokumente des ehemaligen Sicherheitsdienstes sowie das über die Feststellung der Zusammenarbeit mit dem KGB. Ähnlich wie in Estland gibt es auch in Lettland das Problem des erschwerten Zugangs zu den Dokumenten, weil ein großer Teil des Materials nach Russland verbracht wurde. In Lettland zurückgeblieben sind nur die weniger wichtigen Dokumente aus den 1980er und 1990er Jahren. Unter den lettischen Politikern gibt es eine heftige Diskussion, ob man die Archive öffnen oder für die nächsten Jahre verschlossen halten solle. Wichtig erscheint dabei die Tatsache, dass die Befürworter oder Gegner einer Öffnung sich nicht in demokratische und postkommunistische oder in rechte und linke Parteien aufteilen lassen. Furcht vor einer Öffnung der Archive äußern sogar jene politischen Gruppierungen, die seinerzeit für die Unabhängigkeit des Landes eintraten.[123] Die Deutung der Vergangenheit erfolgt meist unter dem Leitgedanken einer nationalen Leidensgeschichte; das kulturelle Gedächtnis – manifestiert in Gedenktagen, Museen etc. – orientiert sich ganz an der lettischen Ethnizität, obwohl Russland auch vor 1940 in verschiedenen Phasen der lettischen Geschichte eine wichtige Rolle spielte.[124] Wie problematisch es ist, an russische Persönlichkeiten oder solche in russischen Diensten zu erinnern, illustriert die so genannte Rigaer Denkmalschlacht. Im Geschichtsbild der lettischen

Eliten haben Zar Peter I. und andere keinen Platz, während die aufgrund von Zuwanderungsprogrammen in den 1950er Jahren nach Lettland gekommenen Russen in der Wiederaufstellung solcher Denkmäler die multiethnische Vergangenheit Rigas unterstreichen und damit ihre gegenwärtige Präsenz als völlig normal darstellen wollen. Im November 1998 setzte der lettische Staatspräsident Guntis Ulmanis eine 25-köpfige Historikerkommission ein, die seither zentrale Probleme der neuesten lettischen Geschichte aufarbeitet.[125]

Litauens schwerer Übergang in die Demokratie

In *Litauen* formierte sich im Jahre 1988 die Litauische Bewegung *Sąjūdis*, zu der vor allem wichtige Kreise der litauischen Intelligenz gehörten. Sie forderten eine Selbstbeschränkung des Staates, die Wiederherstellung der litauischen Staatsbürgerschaft, die Anerkennung der litauischen Sprache als Amtssprache, die Garantie bürgerlicher Freiheiten, die Schaffung eines nationalen Bildungssystems, die Verurteilung des Stalinismus und die Rehabilitierung seiner Opfer sowie eine Rückerstattung der Kirchengüter. Die Arbeiten am Entwurf einer neuen Verfassung wurden am 11. November 1988 abgeschlossen, und am 20. November 1988 verkündete man während der außerordentlichen Sitzung von *Sąjūdis* eine Deklaration über die moralische Unabhängigkeit Litauens. Zu diesem Zeitpunkt kam es jedoch noch nicht zur Annahme der neuen Verfassung, weil sich der Oberste Sowjet der UdSSR gegen die Verselbstständigung ausgesprochen hatte.

Von den drei baltischen Ländern ist die Innenpolitik Litauens am wenigsten konsolidiert. Sie zeichnet sich durch einen ständigen Wechsel, Machtkämpfe und Korruptionsaffären aus.

Die ersten demokratischen Wahlen in Litauen waren gleichzeitig die ersten in der UdSSR. Sie fanden in zwei Etappen statt – am 24. Februar und am 5. März 1990. Die Koalition der unabhängigen Bewegung *Sąjūdis* unter der Führung von Vytautas Landsbergis gewann mit 141 von 231 möglichen Mandaten. Den folgenden Parlamentswahlen im Jahr 1992 ging eine sehr aggressive Wahlkampagne voran. Alle vierzig Parteien und politischen Organisationen sprachen sich für die Unabhängigkeit aus. Keine gab jedoch eine konkrete Antwort auf die Frage, wie man angesichts der völligen Abhängigkeit von sowjetischen Rohstoffen eine wirtschaftliche und gesellschaftliche Stabilisierung des

Landes erreichen könnte. Das Wahlergebnis spiegelte die Unzufriedenheit mit *Sąjūdis* wider. Die meisten Stimmen (42,6 Prozent) erhielt *Lietuvos demokratinės darbo partija* (Litauische Demokratische Arbeitspartei) und damit 67 Sitze in der *Seimas*, dem litauischen Parlament. Adolfas Šleževičius übernahm das Amt des Ministerpräsidenten. Nach der Entdeckung, dass er geheime Regierungsinformationen zu seinem eigenen materiellen Vorteil genutzt hatte, wurde er im Februar 1996 zum Rücktritt gezwungen und durch Laurynas Mindaugas Stankevičius ersetzt. Bei den Wahlen des Jahres 1996 gewann *Tėvynės sąjunga / Lietuvos konservatoriai* (Vaterlandsunion / Litauische Konservative) mit beinahe 30 Prozent der Stimmen und 69 Sitzen im Parlament. Zwischen 1992 und 1996 war dieses Bündnis in der Opposition gewesen und hatte die Litauische Demokratische Arbeitspartei wegen Korruption und ständigen Regierungswechsels kritisiert. Nach den Wahlen ging die Vaterlandsunion / Litauische Konservative eine Koalition mit *Lietuvos Krikščionių demokratų partija* (Christdemokratische Partei Litauens) und *Lietuvos centro sąjunga* (Zentrumsvereinigung Litauens) ein. An der Spitze der Regierung stand Gediminas Vagnorius, der nach einem Konflikt mit dem Präsidenten Litauens, Adamkus, im Mai 1999 sein Amt niederlegte. Es kam zu einer Regierungskrise, die die politische Ordnung Litauens erschütterte. Die Wahlen zum *Seimas* im Herbst 2000 führten zu einer schweren Niederlage der Regierungsparteien und zu einem erneuten Machtwechsel. Gewinner war das Wahlbündnis *Socialdemokratinė koalicija* (Sozialdemokratische Koalition) – bestehend aus *Lietuvos demokratinės darbo partija* (Litauische Demokratische Arbeitspartei), *Lietuvos socialdemokratų partija* (Sozialdemokratische Partei Litauens), *Lietuvos rusų sąjunga* (Vereinigung der Russen Litauens) und der *Naujosios demokratijos partija* (Partei der neuen Demokratie). Das Wahlbündnis konnte 31,1 Prozent der Stimmen auf sich vereinen und erhielt 51 Sitze im Parlament. Ministerpräsident wurde Algirdas Brazauskas.

Im Februar 2000 trat das Lustrationsgesetz in Kraft, wonach Personen, die ihre frühere Zusammenarbeit mit dem KGB eingestehen, keine Konsequenzen tragen müssen. Ihre Daten sollen auch nicht öffentlich bekannt gemacht werden. Ähnlich wie in Estland war freilich diesem Gesetz auch in Litauen kein Erfolg beschieden. Bis September 2000 gestanden nur 1.500 Personen ihre Zusammenarbeit mit ehemaligen sowjetischen Spezialdiensten ein, während die geschätzte Zahl der

Mitarbeiter in Wirklichkeit 30.000 Personen umfasste. Außerdem gestattet der Zustand der Archive – ähnlich wie in Estland – keine zuverlässige Aufarbeitung der Vergangenheit.[126]

Am 10. und 23. Oktober 2004 fanden in zwei Etappen die nächsten Parlamentswahlen in Litauen statt. Die stärkste Kraft wurde – entsprechend den Prognosen der Meinungsforschungsinstitute – die Arbeitspartei des Millionärs Viktor Uspaskich. Sie gewann 39 der 141 Parlamentssitze. Das bisherige Regierungsbündnis *Už darbą Lietuvai* (»Wir arbeiten für Litauen«) aus Sozialdemokraten und Sozialliberalen kam auf 31 Mandate. Die konservative *Tėvynės sąjunga* (Vaterlandsunion) erhielt 25 und *Lietuvos liberalų sąjunga* (Vereinigung der Liberalen) 18 Sitze.

Die als Moskau-nah eingeschätzte Arbeitspartei des russisch stämmigen Unternehmers Uspaskich gilt wegen ihres nebulösen Programms und ihrer weitreichenden Versprechungen als populistisch. Sie fand Unterstützung vor allem auf dem Lande, bei älteren Menschen, Erwerbslosen und all jenen, die als Verlierer der Transformationsprozesse anzusehen sind. Man kann hier Parallelen zu Polen und der dortigen Unterstützung der populistischen Parteien bei den letzten Parlamentswahlen im Jahr 2005 ziehen. Die innenpolitische Lage in Litauen wurde in der Folgezeit nicht stabiler. Im April 2005 trat der sozialdemokratische Finanzminister Algirdas Butkevicius zurück, und im Juni 2005 legte Wirtschaftsminister Viktor Uspaskich sein Amt nieder. Am 31. Mai 2006 traten der Ministerpräsident Brazauskas und sein gesamtes Kabinett zurück. Die innenpolitische Krise verschärfte sich noch durch staatsanwaltschaftliche und geheimdienstliche Ermittlungen gegen die Arbeitspartei. Der Partei von Uspaskich wird illegale Wahlkampffinanzierung und Korruption beim Verteilen von EU-Fördergeldern vorgeworfen.[127]

Litauens Wirtschaftswachstum hält sich seit 2003 auf dem gleichen Niveau von 6,7 Prozent. Das staatliche Budget ist zwar nicht ausgeglichen, aber der Fehlbetrag von zwei Prozent hält sich in Grenzen. Die Gesamtverschuldung ist gering und die Inflationsrate niedrig.[128] Die ausländischen Direktinvestitionen sind jedoch in Litauen mit 2,1 Prozent viel niedriger als in Estland und Lettland.[129] Die wichtigsten Handelspartner Litauens sind Russland, Lettland und Deutschland. Die Inflation bleibt hoch – der Hauptgrund für die EU-Kommission, den Beitritt Litauens zur Euro-Zone abzulehnen. Am 16. Mai 2006 verkündete der EU-Währungskommissar Joaquín Almunia: »Litauen erfüllt alle Konvergenzkriterien außer der Inflation«. Kurz danach teilte der neue alte Ministerpräsident Algirdas Brazauskas nach einem Treffen mit EU-Haushaltskommissarin Dalia Grybauskaite mit, dass sich sein Land offiziell von dem Ziel verabschiede, zum 1. Januar 2007 dem Euro-Raum beitreten zu können. Auch ein Beitritt im Jahr 2008 erscheine wenig realistisch.[130]

Außenpolitik und Geschichtsbild Litauens

Nach dem Beitritt zu EU und NATO wurden in Litauen die außen- und sicherheitspolitischen Prioritäten neu definiert. Im November 2004 ratifizierte Litauen als erster der 25 Staaten der EU die neue europäische Verfassung. Man versuchte auch, die Kooperation mit Russland, vor allem mit dem Bezirk Kaliningrad, zu intensivieren. In der Praxis hat sich jedoch das Verhältnis zu Russland nicht verbessert. Der litauische Staatspräsident fuhr nicht zu den Gedenkfeiern anlässlich des 60. Jahrestages des Kriegsendes nach Moskau. Aus litauischer Sicht hätte eine Teilnahme an der Zeremonie Litauens Okkupation durch die Sowjetunion legitimiert. Moskau fühlte sich düpiert und schickte dem damaligen Präsidenten Valdas Adamkus keine Einladung zum 750-jährigen Stadtjubiläum der benachbarten russischen Exklave Kaliningrad am 1. Juli 2005.

Das neue litauische Geschichtsbild schwankt noch zwischen den alten, national orientierten Werten und bemerkenswerten Korrekturen dieser Perspektive.[131] Im Streit um den Aufbau eines Parks, in dem die sowjetischen Skulpturen wieder aufgestellt werden sollten, setzten sich die Befürworter des Projektes durch. Der Grūtas-Park zeigt Denkmäler international bekannter oder lokaler kommunistischer Größen. In der Stadt Klaipėda (Memel) mit ihrer multikulturellen Geschichte wird eine Erinnerungskultur gepflegt, die deutsche Traditionen mit aufnimmt. Bei den neuen offiziellen Gedenktagen wurde großer Wert darauf gelegt, die Eigenstaatlichkeit Litauens seit dem Mittelalter zu betonen. In der Geschichtswissenschaft sind die nationalen Paradigmen modernen regionalen Betrachtungsweisen gewichen. Sowohl in der breiten Öffentlichkeit als auch in der Politik sind professionelle Historiker als Vermittler einer angemessenen historischen Kultur sehr gefragt.

Anders als Estland und Lettland ist Litauen ethnisch weitgehend homogen. Die russische Minderheit ist dort nicht sehr zahlreich. Es gibt allerdings das Problem der polnischen Minderheit, die immer wieder den litauischen Interessen widersprach. Die Aufrufe der polnischen Nationalisten, Vilnius müsse wieder polnisch werden, riefen dort Angst vor einer erneuten Polonisierung hervor. Bei der Abstimmung im litauischen Parlament über die Unabhängigkeit Litauens stammten die einzigen Stimmenthaltungen von polnischen Abgeordneten. Deswegen besitzt die seit 1997 entwickelte »strategische Partnerschaft« mit Polen für Litauen so große Bedeutung. Die Nachbarländer arbeiten im politischen und militärischen Bereich eng zusammen. Nach dem EU-Beitritt vereinbarten die Außenminister beider Länder, regelmäßig Konsultationen zur Ausarbeitung gemeinsamer Vorschläge für die EU-Nachbarschaftspolitik abzuhalten. Litauen und Polen unterstützten im Herbst 2004 gemeinsam die »Orangene Revolution« in der Ukraine. Auf der unteren Ebene stören jedoch zahlreiche Vorurteile und Stereotype die reibungslose Zusammenarbeit. Umfragen zufolge empfinden die Litauer noch weniger Sympathie für die Polen als für die Russen. Die meisten polnischen Einwohner Litauens identifizieren sich nicht mit ihrer neuen Heimat, sondern verbleiben in ihren eigenen polnischen Kulturkreisen.[132]

5.3 Polen – der Revolutionsherd im kommunistischen Ostblock, *Solidarność* und die Wiedererlangung der Freiheit

Vom »polnischen Stalin« Bierut zum »Retter der Nation« Gomułka

Infolge des »Kalten Krieges« forcierte Stalin die Gleichschaltung der Satellitenstaaten. Jetzt wurde auch Polen – wenn auch gegenüber der DDR zeitverschoben – in die sowjetische Einflusszone zwangsintegriert. Die 1942 neu gegründete Polnische Sozialistische Partei (PPS) musste 1948 – zwei Jahre nach den deutschen Sozialdemokraten – einer Vereinigung mit der Polnischen Arbeiterpartei (PPR) zustimmen. Nach einer Verhaftungs- und drei Säuberungswellen hatte man den Widerstandswillen der PPS gebrochen. Die Partei verlor in diesem Prozess eine Viertelmillion Mitglieder. Die verbliebenen Mitglieder unter ihrem Generalsekretär Józef Cyrankiewicz – einem ehemaligen Auschwitzhäftling, der später jahrelang die Funktion des Ministerpräsidenten wahrnahm – vollzogen schließlich die Vereinigung mit der zahlenmäßig unbedeutenden PPR zur Polnischen Vereinigten Arbeiterpartei (PZPR). Kurz vor der Vereinigung musste Gomułka wegen »rechtsnationalistischer Abweichungen« seine Position als Parteichef räumen und diese dem bisher »parteilosen« Bolesław Bierut überlassen. Er galt bald als der »polnische Stalin«. Seit seiner Jugend hatte Bierut für den sowjetischen Geheimdienst gearbeitet und besaß daher das Vertrauen Moskaus. Gomułka, der es im Moskauer Exil bis zum Generalsekretär seiner Partei gebracht hatte und nach seiner Rückkehr einer der Hauptverantwortlichen für den Terror gegen die Angehörigen der westorientierten »Heimatarmee« und der in Schlesien wie in Masuren zurückgebliebenen deutschen Bevölkerung war, wurde ein Jahr nach seinem Sturz aus dem ZK ausgeschlossen und 1951 verhaftet. Bierut, bald für die Inhaftierung Zehntausender und die Ermordung Tausender seiner Landsleute verantwortlich, ließ ihn nicht hinrichten, weil er schwere Erschütterungen innerhalb der Partei fürchtete. So konnte Gomułka während des »Tauwetters« 1956 als »Retter der Nation« an die Macht zurückkehren.

Mit der Verstaatlichung der Wirtschaft verlor der private Handel sein Existenzrecht, zudem wurde eine gewaltige Staatsbürokratie aufgebaut, die den Menschen jedes Interesse an Eigeninitiative und Selbstständigkeit nahm. Zu einer allgemeinen Kollektivierung der Landwirtschaft kam es jedoch nicht. Die Kleinbauern durften ihren Grund behalten, zumal die gegründeten großen Produktionsgenossenschaften einen dramatischen Misserfolg erleben mussten. Wie in den anderen Ostblockstaaten zeigte die Wirtschaft bald deutliche Schwächen. Der 1947 verabschiedete erste Dreijahresplan brachte zwar noch einigen Erfolg, aber der anschließende Sechsjahresplan führte zu einem solchen Desaster, dass es im Sommer 1956 zur Eruption kommen sollte.

Auch im kulturellen und juristischen Bereich setzte Bierut eine Revolution durch. Wenn Autoren weiter veröffentlichen wollten, mussten sie sich an der Lehre vom »sozialistischen Realismus« orientieren, auch Verlage und Zeitungen wurden auf stalinistische Linie gebracht oder mussten schließen. Im Rahmen der nun geförderten sozialistischen Massenkultur engagierte man sich zwar für eine Alphabetisierung der Landbevölkerung, ließ billige Bücher drucken, Kulturhäuser bauen und 62 neue Hochschulen gründen, verharrte aber auf einem insgesamt niedrigen Niveau, da die alten Lehrkräfte entlassen worden waren und die klassische Philosophie wie die Sozialwissenschaften marginalisiert wurden. Zahlreiche Literaten fügten sich der Kulturrevolution und vertraten in servilen Schriften das Gegenteil von dem, was sie früher bekundet hatten. Der 1951 emigrierte Schriftsteller Czesław Miłosz schildert in seinem Traktat »Verführtes Denken« diesen Anpassungsprozess. Im Bereich der Architektur suchte Stalin mit dem Warschauer Kulturpalast, einem »Geschenk der Sowjetunion«, dem Satelliten seinen Stempel aufzudrücken. Bierut seinerseits demonstrierte seine Nähe zu Moskau dadurch, dass er dem Diktator eine polnische Stadt zu Füßen legte: Er ließ Katowice in Stalinogród umbenennen. Man versuchte, die polnische Sprache der russischen anzugleichen, indem man die russische Anrede in der zweiten Person Plural, *Wy*, einführte; im Polnischen erfolgt die übliche Anrede in der dritten Person Singular, *Pan* oder *Pani*. Eindrucksvoller als diese Symbolpolitik war der Wiederaufbau der zerstörten Metropole Warschau in den ersten Nachkriegsjahren. Dieser Wiederaufbau, der meistenteils keine historisch getreue Nachbildung aus der Vorkriegszeit darstellte, sollte der Stärkung des Identitätsbewusstseins der Einwohner mit ihren Wohnorten dienen.

Trotz erheblicher Anstrengungen auf wirtschafts- und kulturpolitischem Gebiet blieb im Vergleich zu den anderen Ostblockstaaten ein wesentlicher Unterschied erhalten: die machtvolle Existenz der römisch-katholischen Kirche in Polen. Da Pius XII. nicht nur die Vertreibung der Deutschen verurteilt, sondern auch die Exkommunikation von Kommunisten verkündet hatte, galt die Kirche – neben dem amerikanischen Kapitalismus – als der Hauptfeind. Der Streit begann um die Besetzung der neuen Diözesen in den Westgebieten und eskalierte mit der Verhaftung zahlreicher Geistlicher – darunter auch des 1948 inthronisierten Primas Stefan Wyszyński im Jahr 1953. Nach russischem Beispiel versuchte man es auch mit einer Spaltung: Bolesław Piasecki begründete die »fortschrittliche« Laienbewegung PAX, die zu einer regimetreuen christlichen Bewegung werden sollte, aber keinen Massenzuspruch finden konnte, sondern nur Anhänger im Intellektuellen-Milieu – darunter auch Tadeusz Mazowiecki. Allerdings warf Piasecki ihn und andere Intellektuelle 1955 wieder hinaus, weil die Kritiker den allzu offensichtlichen Anbiederungskurs an die polnischen Kommunisten beanstandet hatten.

Die katholische Kirche Polens bewegte sich insofern in ihrer nationalkatholischen Tradition, als sie entgegen den diplomatischen Vorgaben des Vatikans nicht auf Konfrontation ging, sondern einen Kompromisskurs mit dem Regime ansteuerte. Auf diese Weise konnte sie sich als loyale weltanschauliche Opposition behaupten und eigenständiges Denken wie Handeln praktizieren. Ein wichtiges intellektuelles Organ dieses oppositionellen Katholizismus, die Zeitung *Tygodnik Powszechny*, wurde zwischen 1953 und 1956 zeitweise verboten.

Aber nicht nur eine starke Kirche sorgte für ein Gegengewicht zur kommunistischen Weltanschauung. Das Erstaunliche an der polnischen Nachkriegsgeschichte ist die Tatsache, dass dieses Land für den sowjetischen Hegemon einen dauerhaften Krisenherd bildete. Von 1956 an kam es immer wieder zu Machtkämpfen, ausgelöst durch spontane oder organisierte Opposition gegen das Regime. 1970, 1976 und 1980 erschütterten immer wieder Aufruhr und Massenstreiks das Land und mit ihm die Moskauer Vormacht sowie den Ostblock insgesamt. Diese labilen Verhältnisse blieben nicht ohne Auswirkung auf die führende Partei. Anstatt die reine Lehre hochzuhalten, entwickelte sie ein hohes Maß an Pragmatismus und Geschmeidigkeit, um in solchen Verhältnissen bestehen zu können.

Wie in allen Diktaturen bestand das Volk jedoch vor allem aus solchen Menschen, die das System mit trugen; die Oppositionellen blieben eine Minderheit. Die eigentliche Stütze der Klassenpartei, das Industrieproletariat, musste freilich erst geschaffen werden. Wie in den anderen Staaten unter sowjetischem Einflussbereich auch, trieb man die Industrieproduktion, vor allem die Schwerindustrie, voran. Ein Beispiel für diese Anstrengungen war das Hüttenkombinat Nowa Huta in Krakau.

Nach dem Tod Stalins brach sich sowohl innerhalb der heterogenen Staatspartei Polens wie innerhalb der polnischen Bevölkerung eine Pluralität von Meinungen Bahn, die schwer zu beherrschen war. Eine breite Unzufriedenheit über den stagnierenden Bau der winzigen Wohnungen und die lahmende Konsumindustrie suchten ein Ventil. Bei den Box-Europameisterschaften in Warschau 1953 entluden sich massive antisowjetische Emotionen. Die erzwungene Loyalität in der intellektuellen Szene, unter Jugendlichen und in der Arbeiterschaft begann merklich zu bröckeln – zumal *Radio Free Europe* oder *BBC* über die Machenschaften der Staatssicherheit wie der Parteiführung permanent aufklärten. Die Machthaber reagierten elastisch, indem sie den Minister für Staatssicherheit auswechselten und Gomułka aus der Haft entließen. Die Weltjugendfestspiele in Warschau 1955 glichen einer Massenkonversion zur Lebensart des Westens. Nicht die Uniformen der kommunistischen Jugendorganisation, sondern Jazz und Jeans beherrschten das Bild. Junge Philosophen, Soziologen und Schriftsteller wie Leszek Kołakowski, Stanisław Ossowski oder Marek Hłasko rückten mit analytischen und erzählerischen Mitteln den Widersprüchen und Glaubwürdigkeitslücken des Systems zu Leibe.

Der treue Stalinist Bierut starb während des XX. Parteitages der KPdSU im Frühjahr 1956 – an einem Herzanfall sagen die einen, weil er sich über die Geheimrede des sowjetischen Parteichefs Chruschtschow so aufgeregt habe, der die Verbrechen Stalins an der Partei anprangerte. Andere sagen, er habe angesichts des Zusammenbruchs seiner ideologischen Welt Selbstmord begangen. Wie dem auch sei, der Tod Bieruts war ein weiteres Aufbruchssignal. Edward Ochab, der blasse Parteichef des Übergangs, ließ in den wenigen Monaten seiner Herrschaft die Zügel schleifen – so sehr, dass man Chruschtschows Geheimrede gedruckt auf dem Warschauer Flohmarkt kaufen konnte. Die Bevölkerung begriff die Demontage Stalins als Startsignal für politische Lockerungen und thematisierte nunmehr völlig offen die Wirtschaftsprobleme und andere Missstände im Land.

An der Parteispitze kämpften zwei Lager um die Vormacht. Auf der einen Seite stand der Reformflügel, unterstützt von den Intellektuellen des Landes; ihnen ging es wesentlich um eine Liberalisierung des Systems. Auf der anderen Seite beharrten die Stalinisten auf der bisherigen Zwangsordnung, um das Volk beherrschbar zu halten. Ende Juni 1956 entlud sich der Zorn der Bevölkerung. In Posen kam es zu Demonstrationen streikender Arbeiter gegen die Partei, die zu Straßenschlachten eskalierten. Die Warschauer Regierung setzte Panzer ein, sowjetische Truppen griffen in die Kämpfe ein, denen etwa fünfzig Menschen zum Opfer fielen.

Mit der Niederschlagung des Posener Aufstands hatten die Stalinisten verloren. Der Reformflügel konnte sich mit seinem Ruf nach Gomułka durchsetzen, von dem man meinte, dass er sich nicht bedingungslos der Moskauer Linie unterwerfen werde. Die im Oktober 1956 nach Warschau geeilte sowjetische Parteidelegation unter Chruschtschow musste zähneknirschend Gomułkas Rückkehr zur Macht akzeptieren. Dies ist das einzige Beispiel in der Geschichte des real existierenden Sozialismus, dass eine Volksbewegung einen Kommunisten an die Schaltstellen der Macht gebracht hat. Gomułka wurde zum Volkshelden, obwohl er alles andere als ein Liberaler war. Die Funktionäre des Verbandes der polnischen Jugend ZMP bemühten sich, die Gomułka-Linie innerhalb der Partei zu unterstützen, indem sie in den Warschauer Fabriken Arbeiterselbstverwaltungen ins Leben riefen und die Entfernung sowjetischer Generäle aus der polnischen Armee forderten – unter Einschluss des sowjetischen Marschalls Konstantin Rokossowskij, der zum polnischen Verteidigungsminister ernannt worden war.

Zwischen gesellschaftlicher Pluralisierung und neuer Repression

Kaum war Gomułka wieder an der Macht, betätigte er sich als Bremser jeglicher Liberalisierung, verlegte sich aufs Lavieren gegenüber der sowjetischen Vormacht, schlug sich innerhalb seiner Partei auf die Seite der kommunistischen Betonköpfe und unterstützte die nationalistischen Kräfte um General Mieczysław Moczar und seine »Partisanen«. Nachdem 1957 die radikal-liberale Wochenzeitung *Po prostu* ihr Erscheinen einstellen musste, verlor Gomułka die Unterstützung der kritischen Intelligenz seines Landes. Dennoch schritt die Auflösung der stalinistischen Verhältnisse voran. Die Armee wurde von polnischen Offizieren geführt, die »Heimatarmee« rehabilitiert. Die Kollektivierung wurde zurückgenommen und das private Kleingewerbe wieder zugelassen. Die zentrale Jugendorganisation ZMP löste sich selbst auf; an ihre Stelle traten verschiedene Jugendkulturen bis zum Wiederaufleben der traditionellen Pfadfinderbewegung. Die freiere Atmosphäre kam auch den Universitäten zugute, die ihre alten Lehrer zurückholten und mehr Autonomie beanspruchten. In der polnischen Außenpolitik setzte man eigene Akzente, und die Kulturpolitik näherte sich weiter dem Westen an.

Auch die katholische Kirche gehörte zu den Gewinnern der Entstalinisierung. Wyszyński konnte das Kloster, in dem man ihn arretiert hatte, verlassen, verschiedene »Klubs der Katholischen Intelligenz« wurden zugelassen und im *Sejm* saß nun eine winzige Opposition – die unabhängige katholische *Znak*-Gruppe.

Binnen kurzer Zeit verspielte Gomułka mit seiner Engstirnigkeit und aliberalen Haltung den gesamten Vertrauensvorschuss, den er 1956 erhalten hatte. Dennoch nahm das Land bis etwa 1958 einen wirtschaftlichen Aufschwung, insbesondere verzeichnete es einen Produktionszuwachs in der privaten Landwirtschaft. Doch kaum fingen die 1956 begonnenen Lockerungen an zu greifen, setzte die Parteiführung schon wieder auf Investitionen in die Schwerindustrie, die – ähnlich wie in der UdSSR – über eine einflussreiche Lobby in der Partei verfügte. Wie in den anderen Ostblockstaaten auch schuf man auf diese Weise schwerfällige Apparate und sah sich zunehmend mit Energie-, Transport- und Versorgungsproblemen konfrontiert. Da die systemimmanenten Wirtschafts-Manöver sich als wirkungslos erwiesen, kam es Mitte der 1960er Jahre zu einer wirtschaftlichen Stagnation und dann zu einer akuten Wirtschaftskrise, über die Gomułka 1970 schließlich stürzte.

Innerhalb der Partei verloren die Liberalen immer mehr an Rückhalt. Dafür stieg seit dem III. Parteitag »der Stabilisierung« 1959 eine Gruppe junger Politiker aus dem bäuerlichen Milieu auf, die sich Moczars »Partisanen« anschlossen. Sie dachten polozentrisch, antideutsch, waren russophob und antiintellektuell. Sie heroisierten die polnische Geschichte und suchten in einer Art Kulturstreit ihre Positionen in der Partei durchzusetzen. Gegen diese »ideologischen Revisionisten« formierte sich eine intellektuelle Opposition, die den antisozialistischen Kräften den Kampf ansagte.

Ende der 1950er/Anfang der 1960er Jahre herrschte in Polen eine kulturelle Freiheit und eine Öffnung zum Westen hin, die im gesamten Ostblock einmalig war. Tausende junger Polen konnten ins westliche Ausland reisen und dort ihre Erfahrungen sammeln. Gleichzeitig begannen neue Repressionen. 1964 protestierten führende Intellektuelle in einem »Brief der 34« gegen die Verschärfung der Zensur; zwei Assistenten der Warschauer Universität wurden zu drei Jahren Gefängnis verurteilt, weil sie in einem »Offenen Brief« eine wirksame Kontrolle der Partei gefordert hatten. Im Oktober 1966 wurde Leszek Kołakowski aus der Partei geworfen, weil er die herrschende Doktrin kritisiert hatte, die den Mangel an Freiheit geradezu voraussetze. Moczar, seit 1964 Innenminister, griff 1968 in die Kulturszene ein, ließ Mickiewicz' Nationaldrama »Totenfeier« absetzen und die daraufhin protestierenden Studenten durch sein »Arbeiteraktiv« zusammenschlagen. Hunderte von Studenten wurden inhaftiert und zu Freiheitsstrafen verurteilt.

Allein die *Znak*-Gruppe im Parlament und der Episkopat setzten sich für die jungen Leute ein. Im gleichen Zug fand eine »Säuberung« der Partei, der Ministerien und der Verlage statt. Sie galt so genannten »Revisionisten« oder »Zionisten«. Mehr als 20.000 polnische Juden emigrierten.

Gomułka gelang es, mit Hilfe pragmatischer Parteifunktionäre, unter ihnen der erfolgreiche Parteichef von Oberschlesien, Edward Gierek, noch einmal, die Krise des März 1968 in den Griff zu bekommen und die Anhänger Moczars in die Schranken zu weisen, aber namhafte Intellektuelle und die kritische Jugend hatte er verloren.

Außenpolitisch schien Gomułka dagegen erfolgreicher. Er hatte gegen Chruschtschow die nationale Souveränität Polens verteidigt. Die in Polen stationierten sowjetischen Truppen konnten reduziert und die wirtschaftlichen Leistungen des Landes an die UdSSR angemessener vergütet werden. Außerdem hatte er es erreicht, dass 30.000 Polen aus der Sowjetunion in ihr Heimatland ausreisen durften – viele von ihnen hatten als politische Gefangene in den Lagern ihr Leben gefristet. Zugleich verteidigte Gomułka das besondere Verhältnis zur UdSSR auch, obwohl das beschwiegene Trauma von Katyń zwischen beiden Völkern stand. 1957 unternahm Polen einen eigenständigen Versuch zur Pazifizierung Mitteleuropas. Der polnische Außenminister Adam Rapacki trug vor der UNO den Plan einer atomwaffenfreien Zone vor. Polen, die Tschechoslowakei und ein wiedervereinigtes, neutralisiertes Deutschland sollten einen solchen Gürtel zwischen den antagonistischen Blöcken bilden. Diese Regelung sollte die Einbeziehung der Bundesrepublik in die atomare Struktur der NATO verhindern und Polen wie die Tschechoslowakei vor der Stationierung sowjetischer Truppen bewahren. Der Schritt brachte Polen im Westen viel Anerkennung. Der französische Staatspräsident Charles de Gaulle suchte das Land in seiner Sonderrolle zu bestärken. 1967 unternahm er eine Polenreise, während der er für die europäische Vereinigung wie die deutsch-polnische Versöhnung warb.

Trotz der Anerkennung der Oder-Neiße-Grenze durch die DDR im Görlitzer Vertrag von 1950 blieb das Verhältnis zwischen beiden Nachbarn gespannt. Neben den historischen Gründen hatte das auch ideologische und machtpolitische Ursachen. Walter Ulbricht galt als unbedingt loyaler Gefolgsmann Moskaus mit einer deutlich stalinistischen Prägung. Er hielt nichts von den ideologischen Abweichungen in Polen, er fürchtete vielmehr, dass renitentes Gedankengut über die Westgrenze Polens schwappen könnte. Darum beklagte er sich verschiedentlich bei der UdSSR über den Nachbarn und brachte im Oktober 1956 gar eine Internationalisierung Stettins ins Gespräch. Über diese manifesten Gründe hinaus spielte das Feindbild »Deutschland« für die Selbstvergewisserung des polnischen Wir-Gefühls eine tragende Rolle. Anfang der 1960er Jahre ließ Gomułka das tausendjährige Bestehen Polens feiern – auch als ein Gegengewicht zur kirchlichen Feier des Millenniums der Taufe Polens. 1960 feierte Polen in Grunwald den 550. Jahrestag seines Sieges über den Deutschen Orden. Als Begleitmusik polemisierte man gegen die Bundesrepublik, die sich beharrlich weigerte, die Oder-Neiße-Grenze anzuerkennen, und zeigte auf einem Plakat Adenauer im Mantel des Deutschen Ordens.

Aus Rivalitätsgründen leistete sich Gomułka mit der katholischen Kirche einen Kleinkrieg um Wallfahrten und ähnliche Dinge, obwohl Primas Wyszyński ihn zunächst unterstützt hatte. Aber es gab auch Differenzen mit der Kirche wegen der deutsch-polnischen Frage. Der polnische Episkopat betrieb seit Ende der 1950er Jahre eine Politik der Versöhnung mit den deutschen Glaubensbrüdern und -schwestern. 1965, im Vorfeld der Millenniums-Feiern, richteten die polnischen Bischöfe einen Brief an ihre deutschen Amtskollegen, in dem sie Vergebung aussprachen und um Vergebung baten. Daraufhin bezichtigte die politische Gruppe um Moczar die Kirche des Verrats an den polnischen Interessen, zumal die deutsche Seite eher zurückhaltend antwortete. Es sollte sich zeigen, dass der Episkopat weitsichtiger war als die Parteiführung, denn alsbald nahmen Intellektuelle auf beiden Seiten die Gesprächssignale auf und begannen den grenzüberschreitenden Dialog. Neben dem Briefwechsel der katholischen Bischöfe sorgte die Denkschrift der Evangelischen Kirche in Deutschland (EKD) aus demselben Jahr für den Beginn des deutsch-polnischen Entspannungsprozesses.

Im außenpolitischen Konzept Gomułkas war es von höchster Priorität, die deutsche Teilung zu verstetigen, denn nur so schien ihm das Polen der Nachkriegszeit sicher zu sein. Darum tat er beinahe alles zur Stützung der DDR und Ulbrichts. Die stalinistische Haltung des DDR-Staatsratsvorsitzenden galt dem polnischen Nationalkommunisten lange als Garantie für ein unversöhnliches Ost-West-Verhältnis. Aufweichungstendenzen wie in der ČSSR traten beide mit aller Entschlossenheit entgegen. Nach dem politischen Schwenk der östlichen Vormacht nahm aber auch Gomułka die Verhandlungen mit Bonn auf. Als deren Ergebnis wurde im Dezember 1970 der deutsch-polnische Vertrag unterzeichnet. Willy Brandts Kniefall vor dem Denkmal für die Helden des Warschauer Ghettos[133] wollten die Gastgeber zunächst gar nicht publik machen; er erschien den polnischen Politikern interpretationsbedürftig. Doch nachdem das Ereignis in der Bevölkerung bekannt geworden war, bewirkte es einen Stimmungsumschwung zugunsten der Westdeutschen.

Ablösung Gomułkas durch Gierek, Öffnung nach Westen und neue Unruhen

Im selben Monat löste die Ankündigung von Preiserhöhungen Streiks und Tumulte an der Küste aus, die von der Miliz brutal unterdrückt wurden und mehrere hundert Menschenleben forderten. Dieser Aufstand fegte freilich auch Gomułka aus dem Amt. Sein Nachfolger, Edward Gierek aus Schlesien, gehörte zu den ideologisch wenig interessierten jungen Technokraten. Er kannte den Westen, sprach Französisch und kam aus einer Region, die als hoch entwickelt galt. Der neue Generalsekretär der PZPR versprach den Arbeitern leistungsgerechte Löhne, den Bauern die Abschaffung von Zwangsablieferungen an den Staat zu niedrigen Preisen und den Intellektuellen eine Lockerung der Zensur wie die Herstellung einer politischen Öffentlichkeit. Damit und mit dem Wiederaufbau des von den Deutschen 1939 gesprengten Königsschlosses beschwichtigte er seine aufgebrachten Landsleute und brachte sie dazu, ihn zu unterstützen.

Tatsächlich schien es aufwärts zu gehen. Mit Hilfe von günstigen westlichen Krediten und Lizenzen lebte die Wirtschaft auf, die Produktion des kleinen Fiat-Autos »Lütten« sorgte für die Motorisierung des Landes, westliche Firmen wie *Coca Cola*, *Grundig* oder *Berliet* produzierten ihre Konsumgüter in Polen. Doch die polnischen Produkte ließen sich nicht mit Gewinn verkaufen. Das lag zum Teil an der mangelnden Qualität, den oft veralteten Lizenzen, schlechten Transportmöglichkeiten und vor allem an der Verrechnung des Handels im »Rat für gegenseitige Wirtschaftshilfe« (RGW, englische Abkürzung: COMECON) in »Transferrubel«. Mit diesem System schöpfte die UdSSR die polnischen Kredit-Dollar ab, ohne bei den Produkten die Deviseneinlagen angemessen zu vergüten. So lieferten polnische Werften Schiffe mit moderner westlicher Elektronik an die UdSSR und erhielten dafür nicht einmal den Gegenwert des Produkts. Überdies diktierte die COMECON-Zentrale den Satelliten oftmals Produktionsschwerpunkte, die sich als sinnlos erwiesen – so die niemals rentablen Hüttenwerke. Darum kam es – bei einem Produktionsanstieg um 65 Prozent binnen drei Jahren – zu entsetzlichen Verlusten und einer entsprechend hohen Verschuldung. Durch eine Verwaltungsreform, die aus 17 *Wojewodschaften* 49 Départements machte, zerschlug Gierek größere regionale Einheiten, zentralisierte so das Land noch stärker und verhinderte auf diese Weise den Aufstieg von Provinzfürsten, wie er selber einer gewesen war.

Gierek und seine Anhänger – Pragmatiker, keine Reformer – nutzten die Entspannung zwischen Ost und West zur Öffnung des Landes, indem sie beispielsweise Hunderttausende junger Polen in die Bundesrepublik reisen ließen; hier konnten sie den »Kapitalismus« ebenso wie Land und Leute selbst in Augenschein nehmen. Im Westen Deutschlands wurden die jungen Polen – anders als in der DDR, wo man den polnischen Einkaufstourismus seit der Grenzöffnung 1972 nicht mochte – überaus freundlich empfangen. Die kritischen Intellektuellen in der DDR schauten sehnsüchtig nach dem freieren Nachbarland im Osten und lösten in der Literatur geradezu eine »Polenwelle« aus. Polnische Literaten und Filmemacher schöpften aus den romantischen und heroischen Quellen des 19. und frühen 20. Jahrhunderts. Andrzej Wajda, der fast jedes Jahr einen neuen Film herausbrachte, feierte beispielsweise in »Die Hochzeit« (1973) Piłsudski als Freiheitspropheten. Emigrierte Literaten wie Leszek Kołakowski, der nun in Oxford lebte, kommentierten den Aufbruch jedoch skeptisch und meinten, die sozialistische Form der Unfreiheit ließe sich nicht reformieren, sondern müsse restlos beseitigt werden. Kaum ein anderes Land des Ostblocks nahm solchen Anteil an der westlichen Jugendrevolte wie die polnische Reformlinke; auch sie suchte in ihrem Land eine »Gegenkultur« zu etablieren. Zu ihnen stießen die jungen katholischen Intellektuellen, die im Krakauer Raum ihren Schwerpunkt hatten. Mit dem Buch »Die Kirche und die polnische Linke – von der Konfrontation zum Dialog« (dt. 1980) gelang Adam Michnik, der gerade aus dem Gefängnis entlassen worden war, eine Verbindung beider Strömungen.

Mit der KSZE-Konferenz 1975 war der territoriale Status Polens endgültig gesichert, gleichzeitig garantierte »Korb 3« der Helsinki-Schluss-

akte Bürgerrechte und Freizügigkeit auch für die Polen. Ein Milliarden-
kredit aus der Bundesrepublik und die vereinbarte Ausreise von
125.000 Deutschstämmigen festigten die deutsch-polnischen Kontakte. Derweil suchten die Chefideologen in Moskau ihre Satelliten wieder fester an sich zu binden, weil sie mit Recht fürchteten, dass »Korb 3«
zu weiteren Auflösungserscheinungen führen werde. Völlig unsensibel
für die historische Tradition der polnisch-sowjetischen Spannungen
zeichnete Gierek 1972 den sowjetischen Generalsekretär Breschnew
mit dem Orden *Virtuti Militari* aus, der seit dem Krieg gegen die russische Teilungsmacht 1792 nur für besondere Tapferkeit auf dem
Schlachtfeld vergeben wurde. Als Gierek gar die »unverbrüchliche brüderliche Verbundenheit« mit der UdSSR in die polnische Verfassung
aufnehmen wollte, hagelte es Proteste seitens der Intellektuellen wie
der Kirche. Daraufhin wurde die Formulierung auf »Festigung der
Freundschaft und Zusammenarbeit« abgeschwächt, aber Gierek hatte
in den intellektuellen Kreisen jeglichen Kredit verspielt. Er sollte jedoch nicht über seine unpatriotische Haltung, sondern über das wirtschaftliche Desaster, in das er das Land geführt hatte, stürzen.

In der polnischen Historiographie wird betont, dass es in Polen seit
dem Oktober 1956 immer wieder zu Oppositionsbewegungen gekommen war und dass das Land daher einen beständigen Unruheherd im
Ostblock bildete. Die Zeit zwischen 1956 und 1989 kann man in zwei
Perioden aufteilen: Zwischen 1956 und 1976 gab es zahlreiche spontane Proteste, die jedoch nicht zu einer langfristigen Mobilisierung der
Massen führten. Die in der Zeit zwischen 1976 und 1989 aufkommen-
den Protestbewegungen trugen durch ihre Massen mobilisierende Wirkung dagegen wesentlich zum Zerfall des Ostblocks bei.[134]

Nach den Unruhen im März 1968 und Dezember 1970 führte im Juni 1976 die Ankündigung radikaler Preiserhöhungen für Fleisch, Zu-
cker und andere Lebensmittel zu landesweiten Streiks. Die Arbeiter des
Traktorenwerks *Ursus* bei Warschau blockierten eine Eisenbahnlinie
und drohten, den Transit Moskau-Berlin lahm zu legen. Die Miliz verhaftete Hunderte von Streikführern. In Schnellgerichtsverfahren wurden sie zu langjährigen Gefängnisstrafen verurteilt. Doch schon nach
wenigen Wochen kapitulierte die Regierung Gierek, nahm die Preiserhöhungen zurück und amnestierte einen Teil der Verurteilten. Aus dieser Protestbewegung entstand die erste offen agierende oppositionelle
Organisation, die sich mit legalen Mitteln für verfolgte Arbeiter und ih-

re Familien einsetzte – das »Komitee zur Verteidigung der Arbeiter« (KOR). KOR repräsentierte ganz unterschiedliche Kreise der polnischen Gesellschaft – Linke wie Konservative, Priester wie Sozialisten. Es vereinte so bekannte Autoritäten wie Jerzy Andrzejewski, Jan Józef Lipski, Jan Zieja, Jacek Kuroń und andere. Die Organisation wurde zu einem wichtigen Bestandteil des kulturellen und politischen Lebens in Polen; sie leistete nicht nur konkrete Hilfe, sondern gab auch Zeitschriften – das *Biuletyn informacyjny* oder die Kulturzeitschrift *Zapis* – und Bücher heraus. In ihrem *Nowa*-Verlag, in dem so bekannte Autoren wie Tadeusz Konwicki, Kazimierz Brandys, Stanisław Barańczak, Adam Zagajewski oder Jerzy Andrzejewski publizierten, konnte beispielsweise auch Günter Grass' »Blechtrommel« erscheinen. Damit schuf KOR eine Gegenöffentlichkeit, ein Korrektiv zur offiziellen Kulturszene. Das Kulturmonopol des Staates war gebrochen. Nun öffneten sich auch die katholischen Zeitschriften – unterstützt von dem Krakauer Bischof Karol Wojtyła – für die Gedanken der Reformer innerhalb und außerhalb der Kirche. Überall entstanden neue Oppositionsbewegungen, die sich nicht mehr unterdrücken ließen, obwohl der Staat immer wieder Oppositionelle für 48 Stunden wegsperrte und so eine Drohkulisse aufrechterhielt. Auch vor Morden an Oppositionellen, die man als Unfälle tarnte, schreckte der Sicherheitsdienst nicht zurück. Der zündende Funke, der die weithin unkoordinierten Schwelbrände zu einem Großfeuer werden ließ, war die Wahl Wojtyłas zum Papst im Herbst 1978. Mit dieser Wahl identifizierte sich eine überwältigende Mehrheit der polnischen Nation und sah in ihm jenes »andere Polen« symbolisiert und ausgezeichnet, zu dem sie sich selbst zählten. Mit seiner ersten Pilgerfahrt nach Polen gab Johannes Paul II. das Signal zum Aufbruch und bestimmte auch den Modus der gesellschaftlichen Auseinandersetzung: Die Revolte vollzog sich friedlich, kontrolliert und beherrscht. Gewalttätige Streiks mutierten gewissermaßen zu Messen.

Solidarność-Bewegung und Verhängung des Kriegszustandes

Im Oktober 1979 musste Gierek angesichts der radikalen Verschlechterung der wirtschaftlichen Lage auf dem ZK-Plenum seine Ratlosigkeit eingestehen. Die Ablösung des für die desolate Wirtschaft verantwortlichen Premiers Piotr Jaroszewicz im Frühjahr 1980 und die Ankündigung von Reformen kamen zu spät. Als die Streikwelle vom

Sommer 1980 losbrach, traf sie den Apparat unerwartet, obwohl sie sich seit langem durch viele Vorzeichen angekündigt hatte. Längst hatte sich unter den Arbeitern an der Küste so etwas wie ein unabhängiger Gewerkschaftskern gebildet; die hektographierte Zeitung *Robotnik* erreichte eine Auflage von 20.000 Exemplaren. Im August 1979 kursierte bereits eine »Charta der Arbeiterrechte«, die vieles von dem enthielt, was im Jahr darauf den Verhandlungen auf der Danziger Werft zugrunde lag. All das war nur möglich durch die enge Zusammenarbeit von Intellektuellen und Arbeitern. Die Streiks auf den Werften wurden flankiert von Angriffen auf die »Fassadenkultur« der Machthaber. Literaten, Journalisten und Filmemacher bildeten das ganze Elend der polnischen Gesellschaft ab, Emotion und Reflexion kamen zusammen; sie brachten ein ganzes Volk auf die Straße.

Wie so oft in der Volksrepublik Polen, bildeten Preiserhöhungen den Anlass für die Revolte. Zur Subventionierung der Grundnahrungsmittel musste die Regierung Gierek rund 40 Prozent des Staatshaushaltes aufbringen, ihre Auslandsschulden waren auf 20 Milliarden Dollar angewachsen. Wenn die Wirtschaft saniert werden sollte, musste die Subventionierung abgebaut werden. Den Menschen ging es aber um noch mehr. Sie präsentierten dem Regime die Rechnung für 25 Jahre Diktatur. Als Anna Walentynowicz, ein Mitglied des »Gründungskomitees Unabhängiger Gewerkschaften«, von der Danziger Lenin-Werft entlassen wurde, streikte man nicht nur für ihre Wiedereinstellung, sondern auch für die seit 1976 Entlassenen. Und man streikte für ein Denkmal zu Ehren der 1970 Erschossenen. Lawinenartig schlossen sich zahlreiche Großbetriebe an der Küste und in Oberschlesien den Streiks an. Das Regime war in einer überaus schwierigen Lage. Denn schon vom ersten Streiktag an, dem 24. August, als Lech Wałęsa über die Mauer auf das Werftgelände sprang und Vorsitzender des Streikkomitees wurde, lehnte der Oberbefehlshaber der Marine einen Einsatz des Militärs gegen die Arbeiter kategorisch ab. Und die Vertreter der Wojewodschafts-Parteikomitees waren zu Verhandlungen mit der Streikleitung bereit. Beraten von kritischen Intellektuellen wie Tadeusz Mazowiecki und Bronisław Geremek, gingen wenige Tage später die Streikforderungen weiter: Man forderte die Gründung freier Gewerkschaften, die Abschaffung der Zensur und die Freilassung aller politischen Gefangenen. Die Werft wurde zur eigentlichen Metropole Polens; binnen weniger Wochen entstand hier eine ganz eigene Kultur – eine Mischung aus politischer Kundgebung, kirchlicher Messe, Volksfest und Festung. Das Regime – ehrgeizige Technokraten, eben keine ideologischen Hardliner – gab dem Druck der Straße nach. Eine Rückkehr in die frühen 1950er Jahre wollten auch die kommunistischen Funktionäre nicht. Am 28. August trennte sich das ZK von seinen Betonköpfen, drei Tage später unterzeichnete Lech Wałęsa die Danziger Vereinbarung. Sie legte den Grundstein für unabhängige und sich selbst verwaltende Gewerkschaften.

Dem Verständnis der meisten polnischen Historiker zufolge endete der August 1980 erst zehn Jahre später, als der Danziger Arbeiterführer Lech Wałęsa nach den ersten freien und direkten Präsidentschaftswahlen General Wojciech Jaruzelski ablöste. Der Weg dahin war beschwerlich. Denn die polnische Revolte der Massen war eine sich selbst beschränkende Revolution. Sie war realistisch genug, weder freie Wahlen, noch gar eine völlige Unabhängigkeit von der sowjetischen Vormacht zu fordern. Ihr ging es zunächst nur um eine Pluralisierung des öffentlichen Lebens, um eine rationale Wirtschaftsreform sowie um Freiheit für die Wissenschaft und Kultur. Damit war freilich eine gehörige Aufweichung der alten Strukturen verbunden. Die Polnische Vereinigte Arbeiterpartei verlor in den Monaten nach dem August 1980 eine Viertelmillion ihrer Mitglieder und zerfaserte in feindliche Gruppen: Es gab in ihr Stalinisten, faschistoide Nationalisten, Sozialdemokraten und radikale Erneuerer.

Im Dezember 1980 drohte Polen ernsthaft eine Intervention durch die »Bruderländer« Sowjetunion und Tschechoslowakei. Die DDR hatte den Einmarsch befürwortet. In der Folgezeit schottete sie sich gegen den »polnischen Bazillus« ab, die SED-Propaganda griff auf antipolnische Klischees aus der Nazizeit zurück. Als Helmut Kohl am 19. Dezember 1989 in Dresden vor der Ruine der Frauenkirche sprach, jubelten die Massen. Aber als er der *Solidarność* für ihren jahrelangen Widerstand dankte, gab es auch Pfiffe. Das hat man in Polen nicht vergessen. Neuere Studien belegen allerdings auch, dass die Kontakte zwischen Bürgerrechtlern und Intellektuellen aus der DDR und der VR Polen nie ganz abbrachen. Ein Manifest des gemeinsamen Protestes bildete die Erklärung zum 30. Jahrestag der ungarischen Revolution von 1956, die am 23. Oktober 1986 von der »Initiative Frieden und Menschenrechte« gemeinsam mit 118 polnischen, tschechischen und ungarischen Bürgerrechtlern herausgegeben wurde.[135]

Stanisław Kania, Giereks Nachfolger auf dem Posten des Ersten Sekretärs, reklamierte für sich, Breschnew die verheerenden Folgen einer Intervention für ganz Europa vor Augen geführt und den Generalsekretär von seinem Vorhaben abgebracht zu haben. Im Februar 1981 wurde General Jaruzelski Ministerpräsident und machte den als Sozialdemokraten verschrienen Mieczysław F. Rakowski, bisher Chefredakteur der *Polityka*, zu seinem Stellvertreter. Der General bat um neunzig streikfreie Tage, aber als die Milizen in Bromberg Repräsentanten der Bauern-*Solidarność* verprügelten, antwortete die Bewegung mit einem vierstündigen Warnstreik. Drei Tage später kam es zu einem fragwürdigen Kompromiss zwischen Rakowski und Wałęsa, der eine wackelige Partnerschaft zwischen Regierung und Gewerkschaft begründete. Im Lande zeichnete sich so etwas wie eine Doppelherrschaft ab. Innerhalb der Arbeiterpartei verfolgte man nun einen eingeschränkten Reformkurs, behauptete aber weiter deren führende Rolle. Auch in der *Solidarność*-Bewegung kam es zu Auseinandersetzungen zwischen Realisten und Radikalreformern. Letztere verantworteten einen »Aufruf an die Arbeiter Osteuropas«, es den Polen gleichzutun. Als Partei und Regierung eine Art Notstandsgesetz für den kommenden Winter ankündigten, wollte *Solidarność* darauf mit Straßendemonstrationen, einem Generalstreik und einem Referendum über die Herrschaftsmethoden antworten.

Dazu kam es nicht mehr. Denn Jaruzelski verhängte den Kriegszustand. In der Nacht zum 13. Dezember 1981 hatte man Tausende von *Solidarność*-Aktivisten verhaftet und interniert. Auf den Straßen beherrschte Militär das Bild. *Solidarność*-Anhänger wurden massenweise aus den Staatsbetrieben entlassen, in den Staatsmedien wurde gegen die Bewegung polemisiert. Das Land befand sich in einem bürgerkriegsähnlichen Zustand. Wałęsa sprach von einem »Krieg um Polen« und bezeichnete die Regierung als Junta. Im Herbst 1982 wurde die *Solidarność* für illegal erklärt, viele ihrer Mitglieder wanderten zu den neu gebildeten regimetreuen Gewerkschaften (OPZZ) ab. Aber ein harter Kern blieb. Die Auseinandersetzungen ruinierten endgültig die schon schwer angeschlagene Wirtschaft des Landes. Allein die Hilfe aus dem Ausland – darunter vor allem aus der Bundesrepublik – verhinderte eine ernste Versorgungskrise der Bevölkerung. Es kam zu bis heute unaufgeklärten Morden an Oppositionellen. Die massenhaften Demonstrationen auf den schockierenden Meuchelmord an dem Priester Jerzy

Popiełuszko 1984 zwangen die Regierung, den von ihr selbst gedunge-
nen Auftrags-Mörder in einem öffentlichen Prozess in Toruń zu verurteilen.

Die Ära Gorbatschow erlaubte Jaruzelski vorsichtige Reformen. Polen erhielt Institutionen eines Rechtsstaats – vom Verfassungsgericht
über den Ombudsmann für Bürgerrechte bis hin zum Volksentscheid.
Gelegentlich noch rügten die Sowjets die polnischen Abweichungen.
Doch schon 1984 verbat man sich in der offiziellen polnischen Presse
derartige Belehrungen. Anders als im Westen bejubelten die Polen Gorbatschow nicht. Der Großrusse und überzeugte Kommunist fand bei
seinem Besuch in Polen 1988 keine klaren Worte zu Katyń und der
»Breschnew-Doktrin«.

Der Runde Tisch, freie Wahlen und Demokratisierung

Im Frühsommer 1988 erschütterte eine mächtige Streikwelle das Land.
In einem weiteren Kompromiss von Regierung und Opposition einigte
man sich im Frühjahr 1989 schließlich auf einen so genannten »Runden Tisch«. In wirtschaftlich hoffnungsloser Lage sollte *Solidarność* in
die Verantwortung eingebunden werden. Bei den halbfreien Wahlen
vom 4. Juni 1989 erlitt die Arbeiterpartei eine herbe Niederlage, *Solidarność* gewann 99 Prozent der Mandate im völlig frei gewählten Senat
und sämtliche der zu 35 Prozent frei gewählten Mandate im *Sejm*. Mit
Tadeusz Mazowiecki als Ministerpräsidenten hatte Polen am 24. August 1989 – dank *Solidarność* – den ersten nichtkommunistischen Regierungschef im Ostblock. Die vorgezogenen Präsidentschaftswahlen
vom November 1990 markierten dann das eigentliche Ende von *Solidarność*. Nicht Mazowiecki sollte zum eigentlichen Gegner Wałęsas
werden, sondern ein bis dahin unbekannter Millionär aus Übersee, Stanisław Tymiński. Das Land sehnte sich nach wirtschaftlichem Erfolg
und schaute nach Westen. Erst im zweiten Wahlgang gewann Wałęsa
– mit den Stimmen der Mazowiecki-Anhänger – gegen Tymiński, da
allerdings spielend. Im Dezember 1990 – zwanzig Jahre nach dem blutigen Streik an der Küste und zehn Jahre nach der Gründung von *Solidarność* – konnte der Elektriker aus Danzig ins Warschauer Belvedere
einziehen. Volkspolen hatte aufgehört zu existieren. Das brachte der
Präsident der bis dahin immer noch existierenden Londoner Exilregierung symbolträchtig zum Ausdruck, als er Wałęsa bei dessen

Amtseinführung zum Staatspräsidenten die Insignien Vorkriegspolens überreichte.

Nach den Wahlen im Oktober 1991 waren im neuen Parlament 29 Parteien vertreten, von denen zehn direkt aus der *Solidarność*-Bewegung hervorgegangen waren. In einer unverändert schlechten Lage befand sich derweil die Wirtschaft. Besondere Verdienste bei den Wirtschaftsreformen kamen Jan Bielecki zu, der 1991 für einige Monate das Amt des polnischen Ministerpräsidenten innehatte. Zu den Schwerpunkten seiner Politik gehörten eine solide Haushaltsführung, Verhandlungen mit dem Internationalen Währungsfonds über einen Kredit und die Verständigung mit den ausländischen Gläubigern. Im Dezember 1991 wurde Jan Olszewski neuer Ministerpräsident. Seine kurze Regierungszeit (bis Juni 1992) machte es jedoch unmöglich, das Reform-Tempo aufrecht zu halten. Danach folgte die Regierung unter Hanna Suchocka, die mit der Einführung der Mehrwehrtsteuer einen wichtigen Beitrag zur Stabilisierung des Haushalts leistete. Private Unternehmen schossen damals wie Pilze aus dem Boden und trugen zu Wachstum und Beschäftigung bei. Im Jahre 1995 verlor Wałęsa die Präsidentschaft an Aleksander Kwaśniewski. Dieses Wahlergebnis kam einer Niederlage des *Solidarność*-Mythos gleich.

Aus den Parlamentswahlen im Herbst 1993 gingen die Ex-Kommunisten (Allianz der Demokratischen Linken, SLD) als die mit Abstand stärkste Partei (20,4 Prozent) hervor. Die nunmehr pragmatischen Sozialdemokraten unterstützten die Demokratie-Entwicklung und die freie Wirtschaft in Polen. 2001 zählte die SLD über 100.000 Mitglieder.

Zwischen 1994 und 1997 hatte sich die wirtschaftliche Entwicklung Polens so deutlich verbessert, dass man von dem Land als dem »osteuropäischen Tiger« sprach.[136] Die nach 1989 dritte Regierung, das Kabinett von Jerzy Buzek und Leszek Balcerowicz, brachte in den *Sejm* Entwürfe zu einer Verwaltungs-, Renten-, Gesundheits- und Bildungsreform ein. Nach den Parlamentswahlen des Jahres 1997 konnte man den Eindruck gewinnen, die politische Szene in Polen stabilisiere sich. Aus den Wahlen ging mit 34 Prozent die Wahlaktion *Solidarność* (AWS), gefolgt vom Bündnis der Demokratischen Linken (SLD) mit 27 Prozent, als Sieger hervor.

In Vorbereitung auf die EU-Mitgliedschaft unternahm die polnische Politik Anfang 2000 starke Anstrengungen. Zu diesem Zweck modernisierte man vor allem das polnische Staatswesen, was im Wesentlichen eine Zurückdrängung des Staates bedeutete. Nach den Parlamentswahlen 2001 kam es zu einer fast vollständigen Veränderung der politischen Parteienlandschaft. Jene Parteien, die nach 1996 eher hintere Ränge eingenommen hatten, standen nun in vorderster Front. Die Koalition aus SLD und der Union der Arbeit (UP) erreichte 41 Prozent der Stimmen, danach folgte die Bürgerplattform (PO) mit 13 Prozent.

Der EU-Beitritt Polens im Mai 2004 beeinflusste die Haltung der polnischen Bevölkerung zur Europäischen Integration positiv. Während einen Monat vor dem Beitritt negative Meinungen überwogen hatten, wurden nach der EU-Erweiterung im Mai 2004 überwiegend Hoffnung, Freude und Stolz und in viel geringerem Ausmaß Befürchtungen, Trauer und Verbitterung laut. Die größte Akzeptanz betraf die Wirtschaftsintegration; sie wurde von 71 Prozent der Polen befürwortet. 52 Prozent der Befragten unterstützten auch die Vereinigung Polens mit der Europäischen Union im politischen Bereich. Umfragen zufolge wuchs innerhalb eines Jahres die Zustimmung der polnischen Bevölkerung zur EU-Mitgliedschaft um sieben Prozent. 58 Prozent der befragten Polen vertraten im Mai 2005 die Meinung, der EU-Beitritt habe für ihr Land Vorteile gebracht. Während 2004 15 Prozent der Polen in der Erweiterung Nachteile sahen, waren es ein Jahr später nur noch 10 Prozent. Jeder Dritte war der Auffassung, dass sich die Situation im Lande verbessert habe. Im Juni 2005 gehörten 74 Prozent der Polen zu den Befürwortern der Integration, nur 15 Prozent votierten dagegen.[137]

Polens Wirtschaftswachstum hat sich gegenüber 2004, dem Jahr des EU-Beitritts, deutlich verlangsamt. Eine der Schwachstellen der polnischen Wirtschaftspolitik bildet das hohe Haushaltsdefizit. Die Arbeitslosigkeit schwankt zwischen 17 und 18 Prozent, in manchen Regionen liegt sie gar bei über 30 Prozent.[138]

Die Parlaments- und Präsidentschaftswahlen vom Herbst 2005 legen die Annahme nahe, dass von einem abgeschlossenen Konsolidierungsprozess noch nicht die Rede sein kann. Rechtskonservative und populistische Parteien gingen aus den Wahlen gestärkt hervor, die sozialdemokratische Linke dagegen geschwächt. Die politische Mitte ist ganz verschwunden. Der offenkundige Erfolg einer populistisch-konfrontativen Politik macht die innenpolitische Entwicklung in Polen schwer berechenbar. Nach mehrmonatigen Verhandlungen wurde im Mai 2006 die neue polnische Koalitionsregierung gebildet. Sie besteht aus den Parteien »Recht und Gerechtigkeit« (PiS), der populistischen »Selbstverteidigung« (*Samoobrona*) und der Liga der Polnischen Familien (LPR). Die liberale Bürgerplattform (PO), die in den Parlamentswahlen mit 24 Prozent auf die zweite Stelle gelangte, ging in die Opposition.

Jarosław Kaczyński, der Bruder des polnischen Staatspräsidenten Lech Kaczyński und Vorsitzende der Partei »Recht und Gerechtigkeit«, unterzog in seiner letzten Parteirede vom Juni 2006 die polnische Politik seit 1989 einer heftigen Generalkritik. Aus seiner Perspektive handelte es sich um ein »postkommunistisches Monstrum mit einer Menge Pathologie«. Die Verdienste der polnischen Außenpolitik nach 1989, der NATO- und EU-Beitritt fanden in der Rede keine Erwähnung.[139]

Aufarbeitung der kommunistischen Vergangenheit

Die Aufarbeitung der kommunistischen Vergangenheit ist in Polen viel weniger fortgeschritten als in den neuen deutschen Bundesländern. Dabei existiert in der polnischen Bevölkerung ein tief verwurzeltes Geschichtsbewusstsein, das sich freilich von der jeweiligen offiziellen Geschichtspolitik wie der Geschichtswissenschaft unbeeinflusst zeigt.[140]

Der Prozess der Aufarbeitung der kommunistischen Vergangenheit nahm in Polen auch einen anderen Verlauf als in anderen ehemals kommunistischen Ländern. Während man zum Beispiel in Tschechien zügig über die Institutionalisierung dieses Prozesses entschied, das »Amt für Dokumentation und Untersuchung kommunistischer Verbrechen« einrichtete und erst im Nachhinein Debatten über die Richtigkeit dieser Entscheidung begannen, verlief es in Polen genau umgekehrt: Zuerst tobte auf der politischen und wissenschaftlichen Ebene ein heftiger Streit über die angemessene Vorgehensweise; nach dessen Ende im Jahr 1998 nahm der polnische *Sejm* dann das Gesetz über das Institut für Nationales Gedenken an. Es dauerte jedoch geraume Zeit, bis dieses Institut seine Arbeit aufnehmen konnte, weil der damalige Präsident Aleksander Kwaśniewski sein Veto gegen das Gesetz einlegte. Er führte das Argument ins Feld, dass das Gesetz eine bestimmte Kategorie von Bürgern diskriminiere – nämlich die ehemaligen Funktionäre der Sonderdienste der Volksrepublik Polen sowie deren geheime Mitarbeiter –, indem ihnen der Zugang zu den Aktenbeständen verweigert werde. Das Präsidenten-Veto rief in Polen heftige Reaktionen hervor. Kwaśniewski wurde als der »Präsident aller Stasi-Leute« bezeichnet. Der politische Streit führte dazu, dass erst im Juni 2000 der Vorsitzende des Instituts, Professor Leon Kieres, gewählt werden konnte.

Im Archiv des Instituts für Nationales Gedenken befinden sich Dokumente, die in den Jahren 1939 bis 1989 von den polnischen Sicherheitsorganen des Staates, aber auch von den Geheimdiensten des »Dritten Reiches« und der Sowjetunion verfasst wurden. Die Arbeit des Instituts verläuft nicht problemlos. Im Jahr 2004 kam es zu einer Aufsehen erregenden Affäre.[141] Bronisław Wildstein, ein Journalist der polnischen Tageszeitung *Rzeczpospolita* und ehemaliger Oppositioneller, veröffentlichte im Internet eine Liste mit den Namen jener Personen, die angeblich mit dem Sicherheitsapparat der Volksrepublik Polen in Verbindung gestanden haben sollen.[142] Das Problem der so genannten Wildstein-Liste bestand darin, dass aus ihr nicht deutlich hervorging, wer Täter und wer Betroffener war.[143] Bis heute ist nicht geklärt, wie Wildstein an die Namen gelangt ist. Der Vorgang führte zu Konsequenzen auf der Benutzerebene. Auch Wissenschaftlern wurde nun der Zugang zu dem Aktenmaterial beträchtlich erschwert. Seit Bildung der neuen rechtskonservativen Koalitionsregierung vom Mai 2006 wird die Liste mit Namen ehemaliger Agenten des polnischen Sicherheitsdienstes allerdings immer länger, denn die Aufdeckung der kommunistischen Vergangenheit gehört zu den vorrangigen politischen Zielen der Brüder Kaczyński.[144] Einer repräsentativen Umfrage vom Juni 2006 zufolge wünscht sich eine Mehrheit der Polen, nämlich 59 Prozent, eine »Lustration«, wie es in dem Nachbarland heißt, aber nur dann, wenn der Beschuldigte vor Gericht das Recht auf Verteidigung besitzt.[145] Eine kurz darauf für die polnische Tageszeitung *Gazeta Wyborcza* durchgeführte repräsentative Umfrage zeigte jedoch, dass die Mehrheit der Polen an einer solchen Lustration nicht eigentlich interessiert ist. 56 Prozent der Befragten vertraten die Meinung, dass sie einen »schlechten Einfluss auf die polnische Politik« habe. Nur 30 Prozent waren entgegengesetzter Meinung. Vor allem unter jenen 67 Prozent Polen, die einen Hochschulabschluss vorweisen können, überwiegt die Skepsis gegenüber einer Aufarbeitung.[146]

Wandlung von Meinungen und Geschichtsbildern

Der über lange Zeit die polnische Symbolkultur bestimmende *Solidarność*-Mythos hat inzwischen an Bedeutung verloren. Nach den jüngsten Umfragen, die das polnische Meinungsforschungsinstitut CBOS aus Anlass des 25. Jahrestages der Entstehung der *Solidarność*-Bewegung im Sommer 2005 durchführte, zählt der 31. August, der Gründungstag der *Solidarność*, nicht zu den Jahrestagen, welche die Polen für besonders wichtig halten. Zu den wirklich wichtigen Tagen zählen nach der Meinung der Befragten dagegen der 11. November (Tag der Unabhängigkeit), der 3. Mai (Jahrestag der Verfassung), der 1. September (Beginn des Zweiten Weltkrieges), der 1. Mai (Tag der Arbeit) und der 1. August (Beginn des Warschauer Aufstandes).[147]

46 Prozent der Polen sind der Meinung, Edward Gierek, der Erste Sekretär der PVAP in den 1970er Jahren, habe sich unter den Staatsmännern nach 1945 die größten Verdienste für Polen erworben. Lech Wałęsa kommt nur auf Platz zwei.[148] 71 Prozent der polnischen Leser der angesehenen polnischen Wochenzeitung *Polityka* vertreten die Auffassung, Wojciech Jaruzelski sollte für die Einführung des Kriegszustandes in Polen nicht verurteilt werden.[149]

In Polen ist man gegenwärtig nicht sehr zufrieden mit der Demokratie. Die Prozentzahl derjenigen, die der Meinung sind, die Demokratie bedeute vor allem Unordnung und Chaos, ist von 20 Prozent im Jahre 2001 auf 31 Prozent Ende 2005 gestiegen. Eine entschiedene Mehrheit der Polen, nämlich 77 Prozent, ist mit dem Statement einverstanden, in der Demokratie gäbe es zu viel Unentschiedenheit und bloße Floskeln, eine Demokratie habe Schwierigkeiten mit der Aufrechterhaltung der Ordnung. Die Tendenz zur Akzeptanz autoritärer Herrschaftsformen ist in der polnischen Gesellschaft – wenn man den Zeitraum seit Anfang der neunziger Jahre betrachtet – gegenwärtig am größten. 52 Prozent der befragten Polen vertreten die Auffassung, eine nichtdemokratische Herrschaftsform sei wünschenswerter als eine demokratische. Nur 27 Prozent sind der gegenteiligen Meinung.[150]

Vor dem Hintergrund dieser Umfrage-Ergebnisse verwundert es nicht, warum heute viele Polen den autoritären Führungsstil Józef Piłsudskis für vorbildlich halten. Auch die meisten Politiker der rechtskonservativen Regierung berufen sich nicht selten auf ihn. Das polnische Geschichtsbild erscheint nach wie vor von den Mythen der

Zweiten Republik beeinflusst, die zum Teil »eine unheilvolle Verbindung«[151] mit den kommunistischen Projektionen eingingen. Die romantische Opferperspektive, nicht selten verquickt mit einem messianischen Erlösungsmythos, prägt noch immer das polnische Selbstbild. Ein Teil der polnischen Historiographie hat in den vergangenen fünfzehn Jahren indes manche Tabus – beispielsweise das Verhältnis zu den nationalen Minderheiten oder das Problem der postulierten ethnischen Einheitlichkeit – aufgegriffen. Wichtige Beiträge etwa zur »Jedwabne-Debatte« 2001 – der Ermordung polnischer Juden durch Polen 1941 in dem Dorf Jedwabne – haben zudem Soziologen, Anthropologen oder Kulturwissenschaftler geleistet.

Außenpolitisch pendelt Polen zwischen Europa und den USA. Seit der politischen Wende bemüht sich das Land um ein gutes Verhältnis zu den Vereinigten Staaten und um eine Intensivierung der transatlantischen Beziehungen. Gleichzeitig möchte Polen aber auch eine einflussreiche Position innerhalb der EU einnehmen. Anfang der 1990er Jahre intensivierten sich die deutsch-polnischen Beziehungen. Seit einigen Jahren hat sich das Vertrauensverhältnis zwischen beiden Ländern allerdings wieder abgekühlt. Während die Meinungsverschiedenheiten zwischen Deutschland und Polen im Blick auf den Irak-Krieg und den EU-Konvent rasch wieder in Vergessenheit gerieten, bietet die deutsche Initiative eines »Zentrums gegen Vertreibungen« in Berlin bis heute reichlich Konfliktstoff. Als ein ganz neues Problem für die deutsch-polnischen Beziehungen erweist sich die Pipeline, die künftig russisches Gas nach Deutschland und von dort weiter nach Westeuropa transportieren soll, ohne dass Polen in das Projekt einbezogen wurde. Es muss jedoch betont werden, dass die genannten Probleme zu keiner dauerhaften Krise der Beziehungen zwischen den Gesellschaften beider Länder geführt haben. Im Januar 2004, nach dem Streit über den EU-Konvent, bezeichneten 57 Prozent der Polen Deutschland als das Land, das gegenüber Polen am feindlichsten eingestellt sei. Im Dezember 2005 dagegen meinten 62 Prozent der befragten Polen, dass Deutschland zur besseren Zusammenarbeit in Europa beitrage. Die Polen erwähnten Deutschland in der ersten Reihe jener Länder, mit denen Polen wirtschaftlich kooperieren solle.[152]

Die Wirtschaftsbeziehungen zwischen Deutschland und den neuen EU-Mitgliedsländern gestalten sich seit Anfang der 1990er Jahre dynamisch. Dennoch fürchteten zunächst viele deutsche Unternehmer die

Konkurrenz infolge der EU-Erweiterung. Dies erwies sich jedoch als unbegründet. Deswegen vertraten im Jahr 2005 54 Prozent der befragten Unternehmer die Auffassung, es gäbe für sie keine Bedrohung durch ostmitteleuropäische Firmen. Die Mehrheit der Geschäftsleute fürchtet auch die Einfuhr billiger Produkte aus Ostmitteleuropa nicht mehr. Nach Meinung deutscher Analytiker wird die Arbeiter-Migration aus den EU-Beitrittsländern zum Wirtschaftswachstum in Deutschland beitragen. Man rechnet in diesen Kreisen mit der Schaffung neuer Arbeitsplätze in Deutschland. Im Jahr 2005 war ein enormer Anstieg des Umsatzes aus dem Wirtschaftsaustausch mit den neuen EU-Mitgliedsländern zu verzeichnen.[153]

Seit einigen Jahren rücken auch die östlichen Nachbarn ins Blickfeld der polnischen Außenpolitik. Polen bemüht sich um eine künftige EU-Mitgliedschaft der Ukraine und Moldawiens. In Weißrussland zeigt Polen vor allem auf der Ebene der Nichtregierungsorganisationen Engagement. Problematisch erscheinen dagegen die Beziehungen zu Russland. Polen übt insbesondere Kritik an der energiewirtschaftlichen Abhängigkeit Europas von Russland, an der russischen Kriegsführung in Tschetschenien und an dem Zustand der Presse und der Meinungsfreiheit in dem östlichen Nachbarland.

5.4 Reformkommunismus und früher Systemwandel: Ungarn

Rückfall in den Stalinismus und Volksaufstand

Nach dem Tod Stalins verkündete die neue »kollektive Führung« der UdSSR eine Politik des »Neuen Kurses« nicht nur für das eigene Land, sondern für den Ostblock insgesamt. Im Juni 1953 begann man mit den Korrekturen in Ungarn. Mitte des Monats – noch vor dem Volksaufstand in der DDR – wurde die Führungsriege der ungarischen Kommunisten nach Moskau bestellt und musste sich massive Kritik gefallen lassen. Insbesondere Ministerpräsident Mátyás Rákosi und der Wirtschaftspolitiker Ernö Gerö erhielten eine schwere Rüge. Ersterer übte danach auf der Sitzung des ZK der MDP, der kommunistischen Partei Ungarns, Selbstkritik und trat sein Amt an Imre Nagy[154] ab, blieb aber weiterhin Parteichef. Der Fünfjahresplan wurde korrigiert, die Investitionen zugunsten der Konsumgüterindustrie umgewichtet und viele Opfer der Stalinära rehabilitiert. 39 Prozent der Bauern machten von dem ihnen zugestandenen Recht Gebrauch, aus den Genossenschaften auszutreten. Gábor Péter, der gefürchtete Chef des Geheimdienstes ÁVH, wurde arretiert und am 13. März 1954 wegen Vergehen gegen den Staat und das Volk verurteilt. Die Menschen fassten während der Regierungszeit Nagys neue Zuversicht, die Kunst- und Literaturszene blühte auf, und das optimistische Gefühl eines allgemeinen Aufbruchs bestimmte den Alltag. Doch dann kam es zu heftigen parteiinternen Auseinandersetzungen zwischen dem Reformflügel um Imre Nagy, der zu rechtsstaatlichen Strukturen zurückkehren wollte, und der von Rákosi repräsentierten orthodox-marxistischen Richtung. Rákosi konnte sich mit Chruschtschows Unterstützung, dem die Reformen Nagys zu weit gingen, durchsetzen; Imre Nagy musste wegen seiner »antimarxistisch-antikommunistischen Anschauungen« am 14. April 1955 alle seine Ämter in der MDP aufgeben. An seiner Stelle übernahm der erst 33-jährige András Hegedüs das Ministerpräsidentenamt – ein Strohmann für Rákosi und Gerö. Im Mai 1955 verlor Nagy auch seinen Posten als Vizepräsident der Patriotischen Volksfront (*Hazafias Népfront*), die Ende Oktober 1954 zur breiteren gesellschaftlichen Unterstützung seiner Politik gegründet worden war. Ende 1955 wurde er auch noch als »Rechtsabweichler« aus der MDP ausgestoßen und verweigerte die öffentliche Selbstkritik.

Ungeachtet des ungarischen Rückfalls in den Stalinismus – mit forcierter Zwangskollektivierung und neuerlichen Repressionen durch den verhassten Geheimdienst ÁVH – wurde Ungarn am 14. Dezember in die Vereinten Nationen aufgenommen. Das Blatt wendete sich erst im Februar 1956 nach der Geheimrede Chruschtschows auf dem XX. Kongress der KPdSU. Im März 1956 musste Rákosi einräumen, dass der Prozess gegen Rajk und andere auf »Provokation« beruht und außerhalb der Legalität gelegen habe. Als die Stimmen nach einer Überprüfung der Parteilinie immer lauter wurden und auch die Offenlegung der Zuständigkeiten gefordert wurde, übernahm Rákosi im Mai 1956 die Verantwortung für die Folgen des Personenkults und stellte Rehabilitationsverfahren in Aussicht. Etwa gleichzeitig machte in der Bevölkerung der 1955 gegründete »Petöfi-Kreis« – ein Zirkel junger Literaten und Intellektueller, die fortan mit Fachdiskussionen an die Öffentlichkeit traten und eine immer größere Zuhörerschaft anzogen – erstmals von sich reden. In Anwesenheit des prominenten Schriftstellers Gyula Illyés und des Komponisten Zoltán Kadály begingen mehr als fünfzig Persönlichkeiten des öffentlichen Lebens am 7. Juni 1956 in aller Feierlichkeit den 60. Geburtstag Imre Nagys bei diesem Zuhause – es war ein Akt der Würdigung für diesen Mann, der ein Symbol des Wechsels war und den Oppositionsgeist förmlich verkörperte.

Mitte Juli 1956 drohte Rákosi mit der »vollständigen Liquidierung der Nagy-Verschwörung«, konnte seine Absicht aber nicht mehr verwirklichen, weil das ZK der MDP ihn wenige Tage später, auf sowjetischen Druck hin, seines Postens enthob. Rákosi reiste in die UdSSR, um sich dort »ärztlich behandeln zu lassen«; er kehrte nicht wieder zurück und starb nach langer Krankheit am 5. Februar 1971. Die Partei dachte allerdings nicht an eine wirkliche Erneuerung, denn sie bestimmte Ernö Gerö, den Intimus Rákosis, zu dessen Nachfolger.

Am 6. Oktober 1956 versammelte sich eine große Menschenmenge von etwa 100.000 Personen aus Anlass des feierlichen Staatsbegräbnisses für die rehabilitierten Opfer der stalinistischen Säuberungen – ein symbolisches Eingeständnis der Partei, dass sie unrechtmäßig gehandelt hatte. Der Trauerakt für László Rajk, Tibor Szönyi, András Szszalai und György Pálffy glich einer stillen Demonstration des Volkes – die Parteispitze fehlte, weil sie in Belgrad mit Jugoslawien über eine Normalisierung der bilateralen Beziehungen verhandelte.

Elektrisiert von der Rehabilitierung des polnischen Nationalkommunisten Gomułka – eine Reaktion auf den Posener Arbeiteraufstand vom 28. Juni 1956[155] – verlangten Studierende und das Exekutivkomitee der Schriftsteller Ungarns in friedlichen Kundgebungen immer, dass auch ihr Hoffnungsträger Imre Nagy rehabilitiert werde. Als dies schließlich am 13. Oktober geschah, hatte sich die Stimmung an den Universitäten weiter aufgeladen. Am 15. Oktober 1956 erklärten beispielsweise die Studierenden von Szeged ihren Austritt aus dem kommunistischen Jugendverband und die Gründung eines unabhängigen Bundes der Ungarischen Hochschul- und Universitätsjugend. Sieben Tage später rief eine Studentenversammlung zu einer Schweigedemonstration auf, »um ihrer tiefen Sympathie für die Polen und ihrer Zustimmung zu den Ereignissen in Polen Ausdruck zu geben«[156]. Die Kundgebung zugunsten der Reformbewegung in Polen zielte natürlich auch auf die Umgestaltung des politischen Lebens in Ungarn. Studierende der Budapester Technischen Universität hatten eine Erklärung verbreitet, in der sie sich für eine neue Bestimmung des sowjetisch-ungarischen Verhältnisses und den Abzug sowjetischer Truppen aus Ungarn aussprachen. Ferner forderten sie eine neue Regierung unter der Führung von Imre Nagy, freie und geheime Wahlen, ein Mehrparteiensystem, Meinungs-, Presse- und Religionsfreiheit und eine Verurteilung derjenigen, die für die Schauprozesse verantwortlich waren. Anstelle des Stalin-Denkmals auf dem Pocession-Platz in Budapest sollte für die Helden und Märtyrer von 1848/49 eine Gedenkstätte errichtet werden.[157] Nachdem die Parteiführung zunächst entschieden hatte, die für den Nachmittag des 23. Oktober anberaumte Kundgebung zu verbieten, besann sie sich doch noch und erteilte schließlich die Genehmigung.

Dieser Tag hat sich in das kollektive Gedächtnis der Ungarn unvergesslich eingebrannt.[158] Die Protestierenden versammelten sich auf dem Petöfi-Platz und zogen dann zum Denkmal des polnischen Befreiungskämpfers General Józef Bem. Auf ihrem Weg sangen sie alte Freiheitslieder und intonierten Sprechchöre. Unter den Parolen dominierte: »Russki geh' nach Hause!« Immer mehr schlossen sich den Demonstrierenden an, bis sich vor dem Parlamentsgebäude schließlich annähernd 200.000 Menschen zusammengefunden hatten. Sie begehrten Nagy zu sehen, der schließlich auch erschien und noch einmal die Ziele seines Programms aus dem Jahr 1953 nannte. Als Nagy die Menge mit »Kameraden« ansprach, erntete er entrüstete Rufe: »Wir sind keine Kameraden«. Ein zweiter Protestzug hatte sich zwei Kilometer entfernt auf dem Heldenplatz versammelt, zog zum Pocession-Platz und riss die acht Meter hohe Stalin-Statue nieder. Den riesigen Kopf des 1951 errichteten Standbildes schleiften sie durch die Stadt. Stalin war ihnen nicht nur das Symbol alles Bösen; seinem Denkmal hatten auch hoch respektierte Gestalten aus der ungarischen Geschichte weichen müssen. Eine dritte Gruppe von Demonstranten war vor den Radiosender gezogen und forderte dort die Verlesung der bekannten Forderungen. Doch nicht sie, sondern Gerö erhielt Zugang zu den Mikrophonen, charakterisierte die Demonstration als »nationalistischen Protest« und drohte mit Repressalien. »Das war der Punkt, an dem eine bis dahin friedliche Massendemonstration sich in einen bewaffneten Aufstand zu verwandeln begann.«[159]

Als einer der Sicherheitskräfte in die Menge schoss, bemächtigten sich die Menschen der Waffen von Polizisten und Soldaten, die sich ihnen anschlossen, und plünderten die Waffengeschäfte der Stadt. Ab 21 Uhr an diesem Abend des 23. Oktober waren die sowjetischen Truppen durch Befehl aus Moskau ermächtigt, in die Unruhen einzugreifen. Aber erst das Hilfeersuchen der Gerö-Regierung, die das Standrecht hatte verhängen lassen, führte am Morgen des 24. Oktober zum aktiven Eingreifen der Besatzungsmacht. Am Vorabend hatte das Zentralkomitee die unter dem Rákosi-Regime verurteilten »Nationalkommunisten« Imre Nagy, János Kádár,[160] Gyula Kállai und Ference Donáth wieder in seinen Reihen aufgenommen. Auf Druck der sowjetischen Führung – Anastas I. Mikojan, einer der Ersten stellvertretenden Ministerpräsidenten der UdSSR, und Mihail Suslow, der Chefideologe der KPdSU, waren am 24. Oktober in Budapest eingetroffen – musste Nagy zum Ministerpräsidenten ernannt werden, Gerö konnte vorerst seinen Posten als Erster Sekretär der MDP behalten. Aber auch die reaktivierten Parteifunktionäre des Reformflügels verurteilten zunächst die Aufständischen als »Faschisten und reaktionäre Elemente« beziehungsweise als »Konterrevolutionäre«. Die aktiven Kämpfer, sicher nicht mehr als ein paar Tausend, rekrutierten sich aus Studenten, Arbeitern und Angestellten – bildeten also einen Querschnitt durch die Bevölkerung, auf deren Unterstützung sie zählen konnten.

Derweil breiteten sich die Freiheitskämpfe von Budapest über das ganze Land aus. Eilig gegründete Arbeiterräte riefen zum Generalstreik auf. Nagy wurde bald klar, dass er entweder auf eine brutale Niederschlagung des Aufstandes durch sowjetische Truppen oder auf Verhandlungen mit den Aufständischen setzen musste. Am 27. Oktober entschied er sich für die zweite Version und bildete eine neue Regierung, in die er auch zwei Nichtkommunisten – Zoltán Tildy als Landwirtschaftsminister und den gerade aus sowjetischer Verbannung zurückgekehrten Béla Kovács als Staatsminister – berief. Am 28. Oktober redete das Zentralkomitee nicht mehr von »Konterrevolution«, sondern von einer »nationalen demokratischen Bewegung«, berief János Kádár zum Vorsitzenden eines neuen sechsköpfigen Präsidiums und beauftragte ihn mit der Reorganisation der Partei. Gerö verließ das Land. Am Nachmittag des 28. Oktober machte sich Nagy die Forderungen der Aufständischen zu eigen und kündigte den unmittelbar bevorstehenden Abzug der sowjetischen Truppen nicht nur aus Budapest, sondern aus dem ganzen Land an. Die Legitimität der Revolutionskomitees wurde anerkannt und den Teilnehmern an der bewaffneten Auseinandersetzung volle Amnestie zugesichert. Der verhasste Geheimdienst sollte aufgelöst werden. Unter Mitwirkung von Generalmajor Béla Király begann man mit dem Aufbau einer »Nationalgarde«, die zur Wiederherstellung der Ordnung eingesetzt werden sollte.

Am 30. Oktober wurde die MDP aufgelöst und unter dem Namen »Ungarische Sozialistische Arbeiterpartei« (*Magyar Szocialista Munkáspárt*, MSZMP) neu gegründet. Gleichzeitig erfolgte eine Wiederbegründung der alten Koalitionsparteien. Mit diesen bildete Nagy dann am 2. November eine Koalitionsregierung. Am 31. Oktober erschien auch Kardinal József Mindszenty, der seit 1948 unter Hausarrest gestanden hatte, wieder in der Hauptstadt. Die UdSSR erweckte den Eindruck, als billige sie die Entwicklung, zumal jeder Schritt nach vorherigen Konsultationen mit dem sowjetischen Botschafter Jurij W. Andropow erfolgte. Die UdSSR willigte auch in Verhandlungen über den Abzug sowjetischer Truppen aus Ungarn ein und veröffentlichte am 30. Oktober eine Erklärung über die Nichteinmischung in die inneren Angelegenheiten der sozialistischen Bruderländer. Tatsächlich spielte die sowjetische Führung kurze Zeit mit der Idee einer »Finnlandisierung« Ungarns, entschloss sich aber am 31. Oktober – unter dem Eindruck der Suez-Krise, die den Westen in Atem hielt – dann doch zur Okkupation. Andropow, den Nagy am 1. November wegen der sowjetischen Truppenbewegungen ansprach, leugnete, dass die Rote Armee sich auf die Besetzung Ungarns vorbereite. Nachdem sich Nagy davon überzeugt hatte, dass die UdSSR ein doppeltes Spiel trieb, erklärte er am Abend des 1. November über das Radio die Neutralität Ungarns und den Austritt seines Landes aus dem Warschauer Pakt. Eine entsprechende Botschaft richtete er an den UN-Generalsekretär Dag Hammarskjöld und die Westmächte – mit dem Ersuchen, Ungarns Neutralität anzuerkennen und den UN-Sicherheitsrat mit der ungarischen Angelegenheit zu befassen. Trotz mehrfacher Appelle erhielt er jedoch keine Antwort. In der Zwischenzeit war es Andropow gelungen, Kádár auf seine Seite zu ziehen. Am 1. November nachts flog er mit ihm nach Moskau, wo Kádár die ihm zugedachte Rolle in der Konterrevolution akzeptierte. Am 3. November wandte sich Kardinal Mindszenty in einer Ansprache an das ungarische Volk und mahnte dessen nationalen Zusammenhalt an. Unterdessen führte eine ungarische Militärdelegation unter Leitung des Verteidigungsministers Pál Maléter Verhandlungen im sowjetischen Hauptquartier in Tököl bei Budapest über den Abzug sowjetischer Truppen. Um Mitternacht verhaftete der KGB die ungarischen Teilnehmer und lähmte damit die Einsatzbereitschaft der ungarischen Armee. Als im Morgengrauen des 4. November die »Operation Wirbelwind« begann – der zweite wichtige Tag der Revolution, an den sich die Ungarn bis heute erinnern[161] –, stießen die sowjetischen Truppen zunächst auf keinerlei Widerstand. Die ungarische Regierung hatte um Asyl in der jugoslawischen Botschaft nachgesucht, Kardinal Mindszenty war in die amerikanische Botschaft geflüchtet, Tildy wollte in die britische, fand dort jedoch keine Aufnahme. Im Widerspruch zu dieser Sachlage ließ Nagy über das Radio in einer aufgezeichneten Botschaft die Meldung verbreiten, dass die Regierung auf ihrem Platz sei und die ungarische Armee gegen die Invasoren kämpfe. Vor diesem Hintergrund leisteten die Aufständischen in Budapest den mit 2.500 Panzern einrückenden sowjetischen Truppen erbitterte Gegenwehr. Unter den 2.500 Toten auf ungarischer Seite waren 44 Prozent unter 25 Jahren und 58 Prozent Arbeiter. Nach dem Ende der Kämpfe am 15. November 1956 flohen über 200.000 Menschen aus Angst vor Vergeltung über die österreichische und jugoslawische Grenze aus dem Land. Etwa zeitgleich mit dem sowjetischen Angriff auf Budapest gab János Kádár über Rundfunk aus Szolnok die Gründung einer ungarischen »Revolutionären Arbeiter- und Bauernregierung« bekannt – also faktisch einer prosowjetischen Gegenregierung.

»Kádárismus« – Machtsicherung, begrenzte Offenheit und sozialistische Marktwirtschaft

Die Revolution bildete einen Wendepunkt in der ungarischen Nachkriegsgeschichte. Man hatte gelernt, dass man sich pragmatisch verhalten musste, keinesfalls die Interessen der Sowjetunion missachten und mit Unterstützung aus dem Westen nicht rechnen durfte. Kádárs schwierigste Aufgabe bestand darin, seinem Regime – er war am 7. November symbolträchtig auf einem sowjetischen Panzer nach Budapest gebracht worden – Legitimität zu verschaffen. Anfang Dezember 1956 stellte das provisorische Zentralkomitee der neu gegründeten Ungarischen Sozialistischen Arbeiterpartei (USAP/MSZMP) fest, mit Hilfe westlicher Imperialisten und Parteigängern des alten Systems sei eine Konterrevolution angezettelt worden, die sich die schweren Fehler der Rákosi-Gerö-Clique hätte zunutze machen können. An dieser offiziellen historisch-politischen Lesart wurde bis 1988 nicht gerüttelt; wer sie verletzte, musste mit polizeilicher Verfolgung rechnen.

Die UN-Generalversammlung brachte die »ungarische Frage« am 12. November 1956 zwar auf die Tagesordnung, forderte den Abzug sowjetischer Truppen und die Einreise von UN-Beobachtern, behandelte ansonsten aber die Angelegenheit diplomatisch-dilatorisch und nahm sie 1962 schließlich ganz von der Agenda. Just am 12. November wurde auch die Gründung des Zentralen Arbeiterrats von Groß-Budapest bekannt gegeben, der zu einem Generalstreik aufrief. Parallel dazu veröffentlichte der ungarische Schriftstellerverband eine Erklärung, in der die ungarische Revolution als Willensäußerung des ungarischen Volkes bezeichnet und der Abzug sowjetischer Truppen verlangt wurde. Nach verschiedenen Versuchen des Kádár-Regimes, Arbeiterräte und Intellektuelle für sich zu gewinnen und deren Widerstand zu brechen, wurde Mitte Dezember 1956 der Generalstreik mit Gewalt niedergeschlagen und eine drakonische Abrechnung mit den Freiheitskämpfern vorgenommen. Die Kádár-Regierung verhängte das Standrecht. Etwa 16.000 Personen wurden zu langjährigen Haftstrafen verurteilt, mehr als dreihundert hingerichtet. Insgesamt kamen bei den Kämpfen von 1956 2.700 Ungarn und 669 »Sowjetverbündete« um.[162] Zudem entledigte man sich Imre Nagys und seines engsten Zirkels. In einem Kommuniqué der Kádár-Regierung vom 23. November hieß es, Nagy und seine Gefährten hätten auf eigenen Wunsch die jugoslawische Botschaft verlassen und seien nach Rumänien abgereist. In Wahrheit hatte man der jugoslawischen Regierung die Zusicherung gegeben, die Personengruppe erhalte freies Geleit. Doch nach Verlassen der jugoslawischen Botschaft wurden Nagy und seine Gefährten vom KGB entführt und nach Rumänien deportiert. Nach einem Geheimprozess in Ungarn wurden Nagy, Miklós Gimes, Pál Maléter und József Szilágyi am 16. Juni 1958 hingerichtet. Der unnachsichtige Vergeltungsprozess sollte zur kollektiven Kapitulation der Gesellschaft führen und mündete dann in kontrollierte Reformmaßnahmen beziehungsweise kalkulierte Lockerungen.[163] 1959/60 wurde eine Teilamnestie verkündet, 1961 wurden die Volksgerichte abgeschafft und eine hohe Zahl ehemaliger ÁVH-Offiziere vom Polizeidienst suspendiert. 1958 schrieb Hannah Arendt: »Wenn die Tragödie der Ungarischen Revolution zu nichts gedient hat, als der Welt zu zeigen, dass dieser politische Elan [der Arbeiterbewegung] trotz aller Niederlagen und scheinbaren politischen Apathie noch nicht erloschen ist, dann sind ihre Opfer nicht umsonst gefallen.«[164]

Das Kádár-System basierte auf der Überzeugung, dass sich ein politischer Machtverfall wie 1956 nie mehr wiederholen dürfe, dass aber andererseits auch politische Verfolgungen und eine massive Unterdrückung der Gesellschaft das politische System destabilisierten. Nach der »Säuberung« versuchte Kádár darum, sich auf politische Mittel der Machtsicherung zu beschränken und eine begrenzte Offenheit und Durchlässigkeit des politischen Systems zuzulassen. Schließlich zog er aus den Vorgängen von 1956 die Lehre, dass an der Grundstruktur des sowjetisch geprägten Sozialismusmodells und an dem Machtmonopol der Partei nicht gerührt werden dürfe. Mit möglichst geringen Zugeständnissen ging er daran, eine Aussöhnung mit der ungarischen Gesellschaft zu erreichen. Im Mai 1957 stellte er ein neues Staatswappen im Parlament vor. Das bedeutete Distanzierung sowohl vom Wappen aus dem Jahr 1949 als auch vom so genannten Kossuth-Wappen, das Imre Nagy im Oktober 1956 wieder eingeführt hatte.[165]

Tatsächlich gelang es ihm nach 1962 – in der Konsolidierungsphase seines Systems –, bei der Bevölkerung eine gewisse Popularität zu erreichen. Zu diesem Ziel gelangte er auf materieller Basis: durch eine Modernisierung der Wirtschaft und eine Hebung des Lebensstandards. Im November 1962 verkündete der VII. Parteitag der USAP den »sozialistischen gesamtnationalen Konsens«, 1963 wurde eine Generalamnestie erlassen, die 3.000 politischen Gefangenen die Freiheit wiedergab; die Arbeitslager wurden aufgelöst. Flankierend zu diesen Maßnahmen erfolgten Lockerungen im Blick auf das Privatleben der Bevölkerung, die Tolerierung persönlicher Glaubensüberzeugungen und größere Freizügigkeit im Reiseverkehr.

Bei der erneuten Kollektivierungskampagne 1958 ging man behutsamer vor und konnte diese bereits 1961 abschließen. Im systembedingten Rahmen baute das Kádár-Regime Formen einer Rechtsstaatlichkeit und Demokratisierung des politischen Lebens aus. Dazu gehörte die Liberalisierung des Strafrechts, vor allem der politischen Strafpraxis, der Verzicht auf politisch-soziale Diskriminierung von Nicht-Parteimitgliedern und jungen Menschen, die nicht dem Arbeiter- und Bauernmilieu entstammten. Mehrere Wahlrechtsreformen in den 1970er und 1980er Jahren ermöglichten eine breitere Auswahl zwischen den wählbaren Kandidaten, das Parlament erhielt eine höhere Bedeutung, und Dezentralisierungsmaßnahmen vergrößerten die Partizipationsmöglichkeiten an der Basis. Innerhalb der USAP gab es eine größere

Diskussionsoffenheit als in anderen sozialistischen Parteien des Ostblocks. Der Kommunistische Jugendverband (KISZ) und der ungarische Zentralrat der Gewerkschaften (SZOT) unterschieden sich dagegen kaum von den Organisationen in den »Bruderländern«, verloren aber in den 1980er Jahren stark an Bedeutung. Umgekehrt spielte die Patriotische Volksfront, die alle Kräfte der Gesellschaft zum Aufbau des Sozialismus mobilisieren sollte, bis in die 1980er Jahre eine eher marginale Rolle, um dann unter Imre Pozsgay zu einem Motor des Demokratisierungsprozesses zu werden. Vor diesem Hintergrund wird das Kádár-System oft als ein »paternalistisch-autoritärer, sozialistischer Wohlfahrtsstaat mit relativ großem Freiheitsgrad für die Bevölkerung«[166] charakterisiert.

Im Unterschied zu vielen anderen Ostblockstaaten strebte man in der Industrialisierungspolitik eine harmonische Entwicklung von Industrie und Landwirtschaft an, unter starker Betonung des Konsumgütersektors. Schwerpunkte bildeten sich in der chemischen Industrie, im Maschinenbau, im Bau von Starkstromanlagen, Werkzeugmaschinen und Dieselmotoren heraus. Hinsichtlich der Energieversorgung wie der Rohstoffe bestand freilich eine große Abhängigkeit von der UdSSR beziehungsweise den COMECON-Ländern.

Wachsende Schwierigkeiten im Zusammenhang mit der Konzentration von Industrieunternehmen führten am 1. Januar 1968 zu einer Wirtschaftsreform, die mit dem Namen des Politbüromitglieds Rezsö Nyers verbunden ist, sich »Neuer Ökonomischer Mechanismus« (*Új gazdasági mechanizmus*) nannte und seitens der UdSSR keinen Widerspruch erfuhr. Dieses sozialistische Marktwirtschaftsmodell sah eine dezentralisierte, selbstständige Produktionsplanung sowie die Entlohnung der Beschäftigten und die Vermarktung der eigenen Produkte durch die Betriebe selbst vor. Als oberstes Ziel der ökonomischen Tätigkeit der Unternehmen wurde die Maximierung der Unternehmensgewinne definiert. Mit dieser Reform schlug Ungarn einen deutlich anderen Weg ein als die übrigen sozialistischen Länder und erreichte in den Jahren zwischen 1968 und 1972 tatsächlich eine positive wirtschaftliche Entwicklung. Allerdings stießen die Reformansätze auf Seiten der Bündnispartner und auch innerhalb der Partei auf zum Teil heftigen Widerstand. Vor dem Hintergrund der Niederschlagung des »Prager Frühlings«, an dem sich auch Ungarn beteiligte,[167] herrschte ein tiefes Misstrauen gegen alle Reformansätze. 1972 erfolgte ein innenpolitischer Kurswechsel, der die Reformpolitiker aus ihren leitenden Positionen fegte. Was von dem Aufbruch blieb, war die Möglichkeit, neben der offiziellen Tätigkeit noch andere Arbeiten im Rahmen der so genannten »Zweiten Wirtschaft« zu verrichten. Diese Doppelstrukturen trugen zwar erheblich zur Behebung von Versorgungsmängeln sowie zur Einkommensverbesserung bei, führten aber zu einer großen Arbeitsbelastung mit gesundheitlichen Folgen. Analog zur »Zweiten Wirtschaft« entwickelte sich auf dem kulturellen Sektor eine »Zweite Öffentlichkeit«, die zu einer Flut von *Samisdat*-Literatur und einer eigenen oppositionellen Subkultur führte. In den 1970er Jahren wurden die Erinnerungen an den Aufstand von 1956 besonders lebendig. Die Menschen stellten vereinzelt Kerzen in die Fenster. Die Künstler bedienten sich der Zeichen und Symbole, die auf den Aufstand verwiesen.[168]

Ende der 1960er/Anfang der 1970er Jahre erwarb sich Ungarn große Popularität im westlichen Ausland. Man sprach vom »kommunistischen Wunderland« und intensivierte die diplomatischen wie die wirtschaftlichen Beziehungen. 1971 erhielt Kardinal Mindszenty eine Ausreisegenehmigung. Es kam zum Aufbau bilateraler Beziehungen mit Österreich, Finnland und der Bundesrepublik Deutschland. Im Juni 1977 empfing Papst Paul VI. den ungarischen Premier, um Meinungsverschiedenheiten zwischen Rom und Budapest auszuräumen.

Die Reformen zu Beginn der 1980er Jahre knüpften bei den Grundsätzen von 1968 an, indem sie die Dezentralisierung und die kleinbetriebliche Produktion förderten. Doch eine Finanzkrise verhinderte, dass Ungarn seinen einstigen wirtschaftlichen Erfolg wiederholen konnte. 1982 betrugen die Auslandsschulden mehr als neun Milliarden Dollar, die Devisenreserven schrumpften auf weniger als eine halbe Milliarde Dollar, die Auslandsverschuldung des Landes stieg auf über zwanzig Milliarden Dollar an, so dass Zahlungsunfähigkeit drohte. Mit Hilfe einiger restriktiver Maßnahmen gelang zwar eine gewisse Konsolidierung, aber diese konnte die systembedingten Probleme kaum verdecken. Darum wurden seit 1986 die Forderungen nach einer grundlegenden, umfassenden Wirtschaftsreform, die natürlich über den engeren Bereich der Wirtschaft hinausgehen musste, immer lauter. Als klar war, dass das 1985 vom XIII. Parteitag verabschiedete wirtschaftliche Aufschwungprogramm gescheitert war, geriet Kádárs Reformpolitik in eine Vertrauenskrise. Der »Gesellschaftsvertrag«, der seitens der

Bevölkerung politisches Wohlverhalten um den Preis sozialer Sicherheit, konsumorientierter Politik und einer Erhöhung des Lebensstandards zusicherte, geriet ins Wanken. Im Juni 1986 besuchte Michail Gorbatschow Budapest. Mit seinem Aufenthalt stärkte er die »Reformkommunisten« gegen die doktrinären »Altkommunisten«, die sich erbittert gegen alle Reformansätze zur Wehr setzten. Die Oppositionsbewegung verfolgte drei große Themen: die Umweltverträglichkeit des Donaukraftwerkes Gabčíkovo-Nagymaros, die unzumutbare Lage ungarischer Minderheiten in den Nachbarländern und die Bewertung der Ereignisse vom Herbst 1956. In allen drei Bereichen warf man der Kádár-Regierung Versagen vor und forderte die Partei zum Dialog heraus. Dazu waren die reformerischen Kräfte durchaus bereit – unter Einschluss personeller Konsequenzen. Im Juni 1987 wurde der Altkommunist György Lázár durch Károly Grósz als Ministerpräsident abgelöst. Grósz legte sofort ein drastisches Sparprogramm auf, um das Haushaltsdefizit zu reduzieren. Die sachlich gebotenen Maßnahmen führten zu Einkommensverlusten und Massenaustritten aus den kommunistischen Organisationen.

Vom kommunistischen zum demokratischen Ungarn

Anfang der 1980er Jahre begann die intellektuelle Opposition ihre journalistischen Aktivitäten zu erweitern und sie in der Öffentlichkeit bekannter und zugänglicher zu machen. Die Menge der Untergrundliteratur wie der unabhängigen Presseerzeugnisse nahm beträchtlich zu und erreichte immer breitere Leserkreise.[169]

Im September 1987 fand die erste Versammlung der ungarischen Oppositionsbewegung in Lakitelek statt, sie gab die Gründung des Ungarischen Demokratischen Forums (*Magyar Demokrata Forum*, MDF) bekannt. Zu den Initiatoren gehörte der Generalsekretär der Patriotischen Front, Imre Pozsgay. Daneben formierten sich das »Netzwerk« und zahlreiche andere zum Teil elitäre Oppositionsbewegungen, die sich erst im März 1989 alle zu einem Runden Tisch zusammenschlossen. Eine rechtliche Basis für die Existenz dieser oppositionellen Gruppen wurde erst mit dem Vereins- und Versammlungsgesetz vom Januar 1989 geschaffen. Neben ihnen formierten sich auch die alten, bisher verbotenen Parteien neu: die Unabhängige Partei der kleinen Landwirte, die Sozialdemokratische Partei, die Ungarische Volkspartei und die Christlich-Demokratische Partei.

Derweil bekämpften sich in der kommunistischen Partei drei Flügel: die Altkommunisten, die gemäßigten Reformer, die zwar einen gesellschaftlichen Pluralismus zulassen, aber am Herrschaftsmonopol der USAP festhalten wollten, und die Radikalreformer, deren Absicht es war, ein bürgerliches Mehrparteiensystem zu etablieren. Noch im April 1988 wurden vier Radikalreformer aus der Partei ausgeschlossen. Auf einer Sonderkonferenz der USAP im Mai 1988 wurden die Reformpolitiker Imre Pozsgay sowie Rezsö Nyers ins Politbüro gewählt und János Kádár auf das eigens für ihn geschaffene Amt eines Ehrenvorsitzenden abgeschoben.

Zwei Wochen später gründeten die Angehörigen der Opfer des Aufstandes von 1956 und die Gegner des Regimes illegal das »Komitee für historische Gerechtigkeit« (*Történelmi igazságtétel bizottsága*, TIP). Sie forderten »die vollständige moralische, politische und rechtliche Rehabilitierung der Opfer nach dem Volksaufstand und Vergeltung«[170]. So entstanden bis Ende 1988 in Ungarn verschiedene Organisationen, die vorsichtig nach einem Systemwandel verlangten; eine wirkliche Opposition gab es de jure aber nicht.[171]

Der neue Parteichef Károly Grósz gehörte zur Gruppe der gemäßigten Reformer und suchte mit Hilfe technokratischer Reformen den Radikalen das Wasser abzugraben. Zu seinen beachtlichsten außenpolitischen Erfolgen zählte ein Wirtschaftsabkommen mit der EU, wonach Ungarn die Meistbegünstigungsklausel eingeräumt wurde. Im November 1988 übernahm Miklós Németh das Amt des Regierungschefs. Gegen die Widerstände in der eigenen Partei versuchte er, den Reformprozess zu beschleunigen. Ein unübersehbares Signal für die wachsende Durchlässigkeit des Eisernen Vorhangs waren die 1988 ausgegebenen neuen ungarischen Reisepässe, mit denen ihre Inhaber in alle Staaten der Welt reisen konnten. Die ungarisch-österreichische Grenze wurde im Mai 1989 als erste Grenze des »Eisernen Vorhangs« geöffnet.[172] Im Winter 1988/89 verabschiedete das Parlament schließlich einen Programmentwurf der Regierung, wonach durch rechtsstaatliche Reform- und Demokratisierungsmaßnahmen Schritt für Schritt der Systemwandel herbeigeführt werden sollte.[173] Am 29. Januar 1989 veröffentlichte Imre Pozsgay ohne Absprache mit seiner Partei die Ergebnisse einer vom ZK eingesetzten Historikerkommission über die Er-

eignisse des Herbstes 1956. Indem die Historiker die Auffassung vertraten, es habe sich nicht um eine Konterrevolution, sondern um einen
Volksaufstand gehandelt, versetzten sie der Kádárschen Geschichtsle-
gende den Todesstoß und nahmen dem Regime jegliche Legitimität.
Vor diesem Hintergrund konnten sich die radikalen Reformer schließlich durchsetzen. Die offizielle Umwertung der 1956er Ereignisse von
einer »Gegenrevolution« zum »Volksaufstand« in der ZK-Sitzung Mitte Februar 1989 beschleunigte den Transformationsprozess; sie diente
den Oppositionellen als »historische Grundlage« ihrer Verhandlungen
mit den Machthabern.[174]
Die nächsten Stationen auf dem Weg in den Systemwechsel waren
ein Beschluss des ZK vom 10./11. Februar 1989 zugunsten der Einführung des Mehrparteiensystems, eine Demonstration am 15. März 1989
– dem Jahrestag der 1848er Revolution –, die Verabschiedung einer gemeinsamen politischen Plattform der unabhängigen Oppositionsbewegungen, die Absetzung Kádárs als Ehrenvorsitzendem der USAP und
sein Ausschluss aus dem ZK, die feierliche Neubestattung sowie die
politische und juristische Rehabilitierung von Imre Nagy und seinen
Gefährten am 16. Juni beziehungsweise 6. Juli 1989. Am gleichen Tag
verstarb János Kádár nach langer schwerer Krankheit im Alter von
77 Jahren.
Von erheblicher Bedeutung für den Transformationsprozess vom
posttotalitären Staat in eine pluralistische Demokratie waren die Verhandlungen zwischen der Regierung und der außerparlamentarischen
Opposition am »Oppositionellen Runden Tisch« (*Ellenzéki Kerekasz-
tal*).[175] Die hier getroffenen Vereinbarungen mündeten in Gesetzen
und Verordnungen, die das Parlament in den nächsten Monaten verabschieden sollte. Auf ihrem XIV. Parteikongress am 6./10. Oktober
1989 beschloss die USAP schließlich ihre Selbstauflösung. An ihrer
Stelle gründete der Reformflügel die »Ungarische Sozialistische Partei«
(MSZP). Am 23. Oktober 1989, dem 33. Jahrestag der Revolution von
1956, erfolgte schließlich die Proklamation der Republik Ungarn (*Magyar Köztársaság*) durch den Parlamentspräsidenten. Vor seiner Auflösung am Ende der Legislaturperiode verabschiedete das Parlament
noch eine neue Übergangsverfassung, ein Parteiengesetz sowie ein neues Wahlgesetz. In einer Volksabstimmung am 26. November 1989 entschieden die Ungarn, ihren Präsidenten nicht durch eine Direktwahl

vor den Parlamentswahlen, sondern erst durch das neue Parlament wählen zu lassen.

Der Systemwechsel hatte über eine zwischen Reformkommunisten und Oppositionellen ausgehandelte, konsensuelle Revolution stattgefunden; Träger dieses Prozesses, der sich durch Gewaltlosigkeit und Kompromissbereitschaft auszeichnete, waren die politischen Eliten auf Seiten der Kommunisten wie der Dissidenten – nicht, wie 1956, die breite Masse.

Seit dem Systemwechsel von 1989 fanden in Ungarn fünf freie Wahlen statt. Im Unterschied zu den anderen Ländern des ehemaligen Ostblocks ist hier bis heute keine Regierung vorzeitig gescheitert.[176]

Aufgrund des komplizierten Wahlmodus, der eine Mischung aus Direkt- und Verhältniswahlrecht darstellt, mussten die rund 7,5 Millionen Wahlberechtigten ihre Stimme zwei Mal – am 25. März und 8. April 1990 – abgeben. Sechs Parteien gelangten ins Parlament: das Ungarische Demokratische Forum (MDF) mit 42,5 Prozent der Stimmen, der liberale Bund der Freien Demokraten (SZDSZ) mit 24,1 Prozent, die Unabhängige Partei der Kleinen Landwirte (FKgP) mit 11 Prozent, die Ungarische Sozialistische Partei (MSZP) mit 8,6 Prozent, der Bund der Jungen Demokraten (FIDESZ) mit 5,4 Prozent und die Christlich-Demokratische Volkspartei (KDNP) mit 5,4 Prozent. Der Medizinhistoriker und Vorsitzende des MDF József Antall bildete eine national-konservativ-christliche Koalitionsregierung. Am 3. August 1990 wählte das Parlament den Schriftsteller Árpád Göncz zum Staatspräsidenten. Vier Jahre später gewann der frühere Außenminister der reformkommunistischen Németh-Regierung, Gyula Horn, mit seiner MSZP die Wahlen (53 Prozent der Stimmen) und bildete mit der SZDSZ eine Koalitionsregierung. Wegen ihres harten Sparkurses wurde auch diese Regierung nach vier Jahren abgewählt. Zum Entsetzen vieler konnte 1998 die radikal-nationalistische »Partei der Ungarischen Wahrheit und Leben« (*Magyar Igazság és Élet Pártja*, MIÉP) ins Parlament einziehen. Im Juli 1998 bildete der Vorsitzende der nationalkonservativen FIDESZ, Viktor Orbán, mit der FKgP und MDF eine Koalitionsregierung. Aus den Parlamentswahlen vom 7. April 2002 ging dann die oppositionelle Ungarische Sozialistische Partei (MSZP) unter ihrem neuen Vorsitzenden László Kovács als Sieger hervor, die wiederum mit der SZDSZ ein Bündnis einging.

Während des Parteitages der MSZP Mitte Oktober 2004 wurde István Hiller, ein Verbündeter von Ministerpräsident Ferenc Gyurcsány,
zum neuen Vorsitzenden gewählt. Anfang 2005 legte Gyurcsány das
»Programm der hundert Schritte« zur Revitalisierung des Arbeits-
markts und zur Modernisierung der sozialen Sicherungssysteme vor. Er
kündigte auch eine umfassende Steuerreform für den Zeitraum von
2006 bis 2010 an, die den Bürgern ein höheres Einkommen sichern
sollte. Die Reformankündigungen zeigten Wirkung. Das Budget-Defi-
zit Ungarns lag im Jahr 2005 bei 6,1 Prozent des Bruttosozialprodukts.
Das Wirtschaftswachstum entwickelte sich jedoch nicht so gut wie erwartet. 2004 lag es über der Vier-Prozent-Marke, 2005 erreichte es nur
etwa 3,7 Prozent. Im Jahr 2006 beträgt das Haushaltsdefizit acht Prozent des Bruttoinlandsprodukts. Nach Angaben des Wiener Instituts
für Internationale Wirtschaftsvergleiche (WIIW) stieg die Verschuldung Ungarns von 2000 bis 2005 um 87 Prozent, während das Bruttoinlandsprodukt nur um 66 Prozent zunahm.[177] Eine Einführung des
Euro im Jahr 2010, wie Ministerpräsident Gyurcsány angekündigt hatte, scheint deswegen wenig realistisch zu sein.[178] Ungarn verfehlt gegenwärtig alle Kriterien für die Euro-Einführung.

Im April 2006 konnte – bei einer Wahlbeteiligung von 65 Prozent –
die regierende Koalition aus Sozialisten und Liberalen erneut die Parlamentswahlen gewinnen. Erstmals seit den ersten freien Wahlen 1990
wurde damit eine Regierung bei den Parlamentswahlen bestätigt. Die
nationalkonservative FIDESZ musste eine Niederlage hinnehmen, was
auf die programmatische Strategie der Partei und die Wahlkampftaktik
zurückzuführen war. Der siegreiche Ministerpräsident Ferenc Gyurcsány erklärte, die Koalition seiner MSZP mit der SZDSZ fortsetzen und
den wirtschaftlichen Reformkurs weiter verfolgen zu wollen, um sein
Land Euro-tauglich zu machen. Ferenc Gyurcsány dominiert die ungarische Politik und stützt sich auf informelle Strukturen, *think tanks* und
beratende Gremien.[179]

Die regierende Koalition aus Sozialdemokraten und Liberalen verfolgt innenpolitisch eine »linke Kulturpolitik, jedoch ›rechte‹ Wirtschaftspolitik«[180] – einen Kurs, den die »rechten Sozialnationalisten«
der Oppositionspartei FIDESZ als Ausverkauf der Nation anprangern.
Die rechtspopulistischen Kräfte propagieren die Verteidigung einer eth-
nisch-nationalen und klerikal-christlichen Identität im Sinne einer groß-
ungarischen Schicksalsgemeinschaft. Sie setzen auf eine anti-postkom-

munistische Diskontinuität und eine etatistisch-marktbegrenzende Steuerung der Wirtschaft. Anders als ihre nationalkonservativen Schwesterparteien in Polen konnten sie mit diesem prämodernen Programm die Wähler jedoch nicht überzeugen. Nach den Wahlen in Ungarn befinden sich nicht nur die Besiegten, sondern auch die Wahlsieger in einer prekären Situation. Die Regierung muss schwierige wirtschaftliche Aufgaben lösen: Der Staatshaushalt ist zu sanieren und die sozialen Sicherungssysteme zu reformieren.[181] Gegenwärtig gilt Ungarn als größter Defizitsünder in der EU.

Aufarbeitung der kommunistischen Vergangenheit, Symbole und Geschichtsbilder

Ungarn entschied sich relativ rasch, mit der kommunistischen Vergangenheit zu brechen. Nachdem 1998 die nationalkonservative FIDESZ an die Macht gelangt war, bestimmte eine stark antikommunistische Stimmung den politischen Diskurs. 1990 hatte die SZDSZ einen Gesetzesentwurf vorgelegt, wonach den ehemaligen Mitarbeitern der Geheimpolizei die Übernahme in staatliche Beschäftigungsverhältnisse verboten werden sollte. Seinerzeit wurde das Vorhaben von der Regierung abgelehnt. Die Vorschläge der Freien Demokraten konnten erst mit dem Lustrationsgesetz von 1994 verwirklicht werden. Strafen für ehemalige Agenten waren jedoch nicht vorgesehen. Im Jahre 1997 wurde das »Historische Amt« gegründet, in dem Dokumente der ehemaligen Sicherheitsdienste aus der Zeit von 1944 bis 1989 archiviert werden. Theoretisch sind die Archive für alle zugänglich, praktisch haben jedoch nur Historiker Zugang. Durch den milden Charakter des Systemwandels verband sich mit der Lustration nicht der Versuch einer Aufrechnung; sie geriet auch nicht zum Gegenstand heftiger politischer Auseinandersetzungen. Allerdings gab es immer wieder Versuche, die Unterlagen im Kampf gegen den politischen Gegner zu nutzen.[182] Da sich freilich rasch herausstellte, dass sich nicht nur unter den Postkommunisten, sondern auch unter den Konservativen eine hohe Zahl ehemaliger Geheimdienstagenten befand, neutralisierten sich solche Entdeckungen gegenseitig.[183]

Im Zuge des Systemwandels verabschiedete sich die ungarische Bevölkerung von verschiedenen Feier- und Gedenktagen. Dazu gehörten der Tag des Beginns der Sowjetrepublik (21. März), der Tag der Befreiung (4. April) und der Tag der Oktoberrevolution (7. November).[184] Als neuen Staatsfeiertag wählte man nicht den 15. März 1948 oder den 23. Oktober 1956, sondern den 20. August – den Gedenktag des Staatsgründers Stefan der Heilige. Im postkommunistischen Jahrzehnt errichtete Ungarn über vierhundert verschiedene Denkmäler zur Erinnerung an 1956. Dabei handelt es sich meist um Kreuze, Steine, die Loch-Flagge[185] und oft ein Grabdenkmal aus Holz in der siebenbürgischen Tradition.[186]

Im Zusammenhang mit der Demontage der kommunistischen Monumente und Statuen entstand die Idee eines Statuenparks. Dieser erhielt einen Platz außerhalb der Stadtgrenzen Budapests und konnte im Herbst 1993 eröffnet werden. Am Eingang empfängt ein Schild den Besucher mit einem Zitat aus dem Gedicht des Dichters Gyula Illyés: »Die Tyrannei bist auch du selbst«. In den Park gelangen jene Statuen von öffentlichen Plätzen, deren Entfernung von den lokalen Selbstverwaltungsbehörden beschlossen wurde. Alle Monumente sind authentisch und beziehen sich auf die Zeit zwischen 1919 und 1956. Der Besucher erhält das Bild, als habe Ungarn ein kollektives Martyrium unter dem Kommunismus erlebt. Die letzte, lange Phase des Kommunismus in Ungarn, die Herrschaft des Kádárismus, wird völlig ausgeblendet.[187]

Fast zehn Jahre später, im Februar 2002, wurde das »Haus des Terrors« eröffnet, das an die Diktaturgeschichte Ungarns erinnern soll.[188] Dass die Wahl auf das prächtige, aus dem 19. Jahrhundert stammende Haus auf dem Andrássy-Boulevard fiel, war kein Zufall: Zwischen 1937 und 1945 befand sich das Gebäude in den Händen der ungarischen Faschisten, und von 1945 bis 1965 residierte hier die ungarische Staatssicherheit. Die historische Ausstellung im »Haus des Terrors« stellt eine enge Verknüpfung von nationalsozialistischem und kommunistischem Terror her und suggeriert eine Kontinuität zwischen den beiden Herrschaftsformen. Die Ungarn werden als Opfer des Nationalsozialismus wie des Kommunismus präsentiert, »die Perioden des faschistischen und des kommunistischen Terrors gleichgesetzt«[189]. Die eigene Verwicklung in die Untaten beider Regime bleibt ausgeblendet.[190]

Anders sieht dies die moderne ungarische Geschichtsschreibung, zu deren Themenschwerpunkten der Friedensvertrag von Trianon, die Rolle Ungarns im Zweiten Weltkrieg, das Horthy-Regime und die Kádár-Ära gehören. Im Unterschied zu der kritischen historischen Betrachtung dieser Themen lebt in Ungarn ein Horthy-Kult fort, der sich besonders bei der Umbettung seiner sterblichen Überreste von Portugal in sein Heimatdorf 1993 zeigte. Vor dem Hintergrund der Tatsache, dass zwanzig Prozent der erwachsenen Bevölkerung Mitglieder in der Ungarischen Sozialistischen Staatspartei waren, fragen die Historiker, ob – entgegen heutiger Bekundungen – nicht doch ein erheblicher Teil der Ungarn die Zielsetzungen und Methoden des Kommunismus akzeptierte. Außerdem gehen sie der Frage nach den Ursachen der Krise und des Untergangs des Kádár-Regimes nach. Die öffentlichen historischen Debatten stehen stark unter tagespolitischen Einflüssen. Nicht nur die Überführung Horthys, sondern auch die Umbettungen der Leichname von Imre Nagy und József Mindszenty spielten als symbolische Handlungen für die Herausbildung eines neuen nationalen Konsenses eine große Rolle.

Außenpolitik

Am 12. April 2003 votierten die Ungarn mit großer Mehrheit für den Beitritt ihres Landes zur Europäischen Union. In der Außenpolitik verfolgt Ungarn seit 1989 drei Grundziele: die euroatlantische Integration, Verantwortung für die ungarischen Minderheiten im Ausland und die Pflege gutnachbarlicher Beziehungen zu jenen Ländern, die der EU noch nicht angehören. Ähnlich wie Polen und Tschechien spricht sich auch Ungarn für eine engere Zusammenarbeit zwischen Europa und den USA aus. Angesichts der Tatsache, dass eine hohe Zahl von Bürgern magyarischer Herkunft in den Nachbarländern lebt – bei keinem anderen europäischen Land gibt es ähnlich umfangreiche Minderheiten jenseits der Staatsgrenzen –, nimmt dieses Problem auf der außenpolitischen Agenda Ungarns eine hohe Priorität ein. Gerade in diesem Bereich gibt es jedoch erhebliche Differenzen zwischen den politischen Lagern. Die Parteien des rechten Spektrums setzen vor allem auf eine Fürsorgepolitik zugunsten der Auslandsungarn. Die Linke achtet dagegen mehr auf gute internationale Beziehungen und sucht die ungarischen Minderheiten im Rahmen von bilateralen Abkommen zu unterstützen. Exemplarisch für den Streit war die Debatte über eine doppelte Staatsbürgerschaft aus Anlass des Referendums im Jahre 2004. Das Vorhaben wurde von FIDESZ, dem ungarischen Weltverband und den politischen Organisationen der Ungarn in den Nachbarstaaten unterstützt. Auf diese Weise wollte man jenen Auslandsungarn helfen, die ansonsten von den negativen Folgen der EU-Mitgliedschaft Ungarns – vor allem einer Einschränkung der Reisefreiheit – betroffen gewesen wären. Die Sozialisten und die Liberalen lehnten das Vorhaben mit der Begründung ab, dass durch die doppelte Staatsbürgerschaft nicht nur die Sozialsysteme, sondern auch die Beziehungen zu den Nachbarländern belastet würden. Nach dem Scheitern der Volksabstimmung präsentierte Gyurcsány seine »Politik der nationalen Verantwortung«. Sie stellt eine Alternative zur doppelten Staatsbürgerschaft dar und zielt auf eine Verbesserung der Lage ungarischer Minderheiten in den Nachbarländern.[191] Die ungarische Minderheitenpolitik wird eines der wichtigsten Themen der ungarischen Außenpolitik bleiben.

5.5 Vom Neo-Stalinismus über den »Prager Frühling« und die »Samtene Revolution« zu getrennten Wegen in die Demokratie: die Tschechoslowakei

Misswirtschaft, Unterdrückung und Säuberungswellen

Ganz ähnlich wie in den anderen Ländern des Ostblocks wurden auch in der Tschechoslowakei seit 1948 Wirtschaft und Landwirtschaft sozialisiert und die tschechoslowakischen Kapazitäten in das sowjetische Plansystem integriert. Ende 1954 lagen nur noch 0,3 Prozent des gewerblichen Sektors außerhalb der staatlichen Aufsicht. Der Anfang 1949 in Kraft gesetzte erste Fünfjahresplan konnte die immer wieder auftretenden Engpässe in der Nahrungsmittel- und Verbrauchsgüterversorgung nicht beseitigen. Zudem verursachten Missernten aufgrund schwerer Überschwemmungen immer wieder Versorgungsengpässe. Das Mitte Dezember 1948 unterzeichnete Handelsabkommen räumte der UdSSR in allen wirtschaftlichen Bereichen eine Vorrangstellung ein; das COMECON bewirkte, dass 1954 78 Prozent des tschechoslowakischen Außenhandels mit den sozialistischen Staaten abgewickelt wurden. In die UdSSR lieferte die ČSR vor allem Maschinen, für deren Herstellung alle Rohmaterialien importiert werden mussten. Die im September 1951 für die Volkswirtschaft eingeführte Zentralverwaltung erwies sich als zu schwerfällig; das System wurde im März 1953 gelockert, um im Frühjahr 1958 wieder nach sowjetischem Vorbild umstrukturiert zu werden.

Eine tiefe Zäsur für die tschechoslowakische Wirtschaft und die Bevölkerung bedeutete die nach dem sowjetischen Vorbild von 1947 und ohne Genehmigung des Internationalen Währungsfonds am 1. Juni 1953 durchgeführte Währungsreform. Die Regierung mit Viliam Široký an der Spitze beabsichtigte mit diesem Schritt, den Schwarzmarkt aufzulösen, Lebensmittelmarken abzuschaffen – im Gegensatz zu anderen Ländern völlig verspätet –, und vor allem sich endlich perfekt an das sowjetische Wirtschaftsmodell anzugleichen. Infolge dieser Reform wurden die Gehälter im Verhältnis fünf zu eins sowie das Barvermögen der Bürger im Verhältnis fünf zu eins beziehungsweise fünfzig zu eins (bei mehr als dreihundert Kronen) gekürzt. Der gesamte Geldumlauf des Staates wurde von 52,1 Milliarden Kronen auf 1,4 Milliarden reduziert. Das Unbehagen der Bürger war ungeheuer und beschädigte auf Dauer das Vertrauen in die Fähigkeit des Staates, die Anlagen vernünftig zu verwalten. Zu offenen Unruhen kam es im westböhmischen Pilsen, wo Arbeiter der Škoda-Betriebe eine Demonstration organisierten und daraufhin von der Miliz auseinandergetrieben wurden. Auch die Beliebtheit des Präsidenten Antonín Zápotocký sank erheblich, denn er hatte der Bevölkerung noch in den Abendnachrichten des 31. Mai versichert, es werde keine Währungsreform geben.[192]

Der erste Fünfjahresplan endete im Jahr 1953 mit so erbärmlichen Ergebnissen, dass die Regierung zunächst auf Einjahresplanungen umstieg. Die Steigerung der Energieversorgung in den zwei Einjahresplänen für 1954 und 1955 und in dem darauf folgenden Fünfjahresplan für 1956 bis 1960 bereitete erhebliche Schwierigkeiten und führte auch zum Abbruch des dritten Fünfjahresplans im Sommer 1962. Bis 1964 verschlechterte sich die Wirtschaftslage kontinuierlich; erst eine Reform, die 1966 zu greifen begann, führte zu einer allmählichen Verbesserung. In der Landwirtschaft reihte sich ebenfalls Misserfolg an Misserfolg. Der ständige Rückgang der Agrarproduktion nötigte schließlich das Regime, die Bauern aus den Genossenschaften austreten zu lassen. Von 1955 an wurde die Kollektivierung wieder energisch vorangetrieben, wobei der Druck auf die Bauern in den Jahren 1958 bis 1959 seinen Höhepunkt erreichte; 1960 waren bereits neunzig Prozent des Bodens kollektiviert. Durch die anhaltende Landflucht sank die Agrarproduktion in dem ehemals autarken Land so stark, dass ein Drittel der Nahrungsmittel eingeführt werden musste. Die unzulängliche

Versorgung der Bevölkerung verbreiterte die Basis der Unzufriedenen und sollte später mit zum Sturz des Novotný-Regimes beitragen.[193]

Außenpolitisch mussten auf Druck Moskaus die Spannungen zwischen der ČSR und den sozialistischen Bruderstaaten Polen und der DDR 1947 beziehungsweise 1955 über Verträge und Abkommen beigelegt werden. Dagegen verschärfte sich die Propaganda gegen die westlichen Staaten und Jugoslawien. Im Jahr 1950 wurde ein angeblicher jugoslawischer Spionagering enttarnt und der in Preßburg residierende jugoslawische Vizekonsul Šefik Kević wegen Spionage und Hochverrats zu lebenslanger Haft verurteilt.

Nach dem Beitritt zum Warschauer Pakt Mitte Mai 1955 sollte die ČSR im Auftrag Moskaus ihre Kontakte zu den Entwicklungsländern intensivieren und Kriegsmaterial in die dortigen Krisengebiete exportieren. Das Land leistete nach der UdSSR den höchsten Beitrag an Entwicklungshilfe und stand auch bei der Aufnahme von Studierenden aus den Entwicklungsländern an zweiter Stelle.

Seine herausgehobene Stellung beim Ideologie-Export hinderte das Regime nicht, den 1962 zaghaft eingeleiteten Entstalinisierungsprozess zu bremsen. Vor dem Hintergrund der polnischen Initiative, durch den Rapacki-Plan eine atomwaffenfreie Zone in Mitteleuropa zu schaffen und die Bundesrepublik Deutschland zum Austritt aus der NATO zu veranlassen,[194] begann Ministerpräsident Široký im Juli 1958 Verhandlungen mit Bonn – mit dem Ziel, diplomatische Beziehungen aufzunehmen und einen Nichtangriffspakt auszuhandeln. Die sowjetische Deutschlandpolitik ließ diese Entwicklung indes nicht zu. Ab Dezember 1963 erhielten westdeutsche Touristen in größerer Zahl Einreisevisen, und die Handelsbeziehungen zwischen Westdeutschland und der ČSR intensivierten sich zusehends. Doch die tschechoslowakische Forderung nach einer deutschen Verzichtserklärung im Hinblick auf jegliche Gebietsansprüche, die Aktivitäten der sudetendeutschen Landsmannschaften und die Frage von Entschädigungsleistungen für die Ausbeutung der Wirtschaftsressourcen während der Protektoratszeit sorgten immer wieder für politische Spannungen, die sich nur schwer abbauen ließen.

Auch die KPČ erlebte 1949/50 Säuberungswellen. 1950/51 gab es einen Machtkampf zwischen den »tschechischen« Kommunisten um Gottwald und der später als »Zionisten« und »Trotzkisten« gebrandmarkten Gruppe um den Generalsekretär der KPČ, Rudolf Slánský. Einig waren sich die beiden Gruppen allerdings in ihrer Ablehnung der auf mehr Selbstständigkeit pochenden slowakischen Kommunisten um Gustáv Husák, Ivan Horváth, Ladislav Holdoš und Daniel Okáli. Anfang Mai 1950 wurden sie ihrer Parteiämter enthoben; Karol Bacílek leitete nun das neu eingerichtete Sicherheitsministerium. Im September 1950 ließ sich Gottwald dann in Moskau die Zustimmung zur Ausschaltung der Slánský-Fraktion geben, dem alle Schuld für den Engpass bei der Nahrungsmittelversorgung zugeschoben wurde. Nachdem zunächst seine Gefährten als Verräter und Verschwörer verurteilt worden waren, verhaftete man Ende November 1951 auch Slánský selbst wegen angeblicher Konspiration gegen den Staat. In einem Schauprozess Ende November 1952 wurden er, Vladimír Clementis, Bedřich Geminder und acht weitere Angeklagte zum Tode durch den Strang verurteilt, drei erhielten lebenslange Haft. Doch Gottwald konnte sich seines Sieges nicht lange freuen. Am 14. März 1953, drei Tage nach der Beisetzung Stalins, starb er, erst 57-jährig. Damit die innerparteilichen Kämpfe nicht erneut aufflammten, setzte die Sowjetunion durch, dass Zápotocký zum Staatspräsidenten und Široký zum Premier berufen wurden. Antonín Novotný erhielt das Amt des Generalsekretärs. Auch unter der neuen Partei- und Staatsspitze kam es zu keiner wirklichen Kurskorrektur. 1953/54 wurden weitere Säuberungsaktionen durchgeführt; Husák und sein Kreis erhielten wegen »Titoismus« und »slowakischem Separatismus« hohe Haftstrafen. Im März 1954 mussten Arbeiterunruhen in der Slowakei unterdrückt werden. Am 1. Mai 1955 konnte in Prag zum zehnten Jahrestag der »Befreiung durch die siegreiche Rote Armee« ein riesiges Stalin-Monument enthüllt werden.

Weder Chruschtschows Geheimrede vom Februar 1956 noch die Revolten in Polen und Ungarn im Oktober 1956 lösten in der ČSR wirkliche Erschütterungen oder gar ein »Tauwetter« aus. Kleinere Unruhen in der Slowakei waren schnell erstickt, eine weitere Säuberung der Parteikader brachte alle kritischen Stimmen zum Schweigen. Der antiliberale Novotný profitierte von der neuen Frostperiode und folgte dem Mitte November 1957 verstorbenen Zápotocký im Präsidentenamt nach. Im März 1959 machte der III. Allstaatliche Schriftstellerkongress allen Liberalisierungstendenzen im kulturellen Bereich ein Ende. Anfang April 1960 legte Parteichef und Staatspräsident Novotný einen neuen Verfassungsgesetzentwurf vor, der Mitte Juli 1960 verabschiedet wurde. Das neue sozialistische Grundgesetz sollte den Abschluss des sozialistischen Aufbaus und den Übergang zum echten Kommunismus markieren – auch dadurch gekennzeichnet, dass sich der Staat jetzt »Tschechoslowakische Sozialistische Republik« (ČSSR) nannte. Der auf dem XXII. Parteitag der KPdSU im Oktober 1961 eingeleitete zweite Entstalinisierungsschub brachte Novotný und den Kreis der Neo-Stalinisten um ihn herum in beträchtliche Schwierigkeiten. Er löste das Problem, indem er den 1952 hingerichteten Slánský posthum zum Altstalinisten erklärte und sich die frühe tschechoslowakische »Entstalinisierung« als Verdienst zuschrieb. Anfang Februar 1962 ließ er zudem einen möglichen Reformer in seiner Regierung, den Innenminister Rudolf Barák, wegen »Missbrauchs staatlicher Gelder« verurteilen. Durch die Entstalinisierungsprozesse in Ungarn und Bulgarien unter Druck geraten, musste die KPČ-Führung allerdings dann auf dem XII. Parteitag im Dezember 1962 »Verletzung der sozialistischen Gesetzlichkeit« eingestehen und Besserung geloben. Ende November 1962 hatte man sich bereits zu einem symbolträchtigen Akt entschlossen – der Demontage des sieben Jahre zuvor errichteten Stalin-Monuments.

Mitte Mai 1963 gab das ZK der KPČ bekannt, dass die Drahtzieher der Slánský- und anderer Terrorprozesse ihrer Ämter enthoben worden seien. Von der Slowakei ausgehend, trieben Schriftsteller und Journalisten die Revisions-Dynamik weiter an. Im Frühjahr 1963 wurden die »bürgerlichen Nationalisten« Husák und Novomeský rehabilitiert und wieder in die Partei aufgenommen, im Sommer 1963 die Unrechtsurteile gegen Slánský und die anderen aufgehoben. Am 20. September 1963 musste Ministerpräsident Široký wegen »Unfähigkeit« sein Amt aufgeben. Den Vorsitz im Kabinett übernahm der Präsident des Slowakischen Nationalrats, Jozef Lenárt. Der 20. Jahrestag des Slowakischen Nationalaufstandes von 1944 brachte wieder die verdrängte Debatte über eine Föderalisierung der ČSSR in Gang, die der neue slowakische Parteisekretär Alexander Dubček nicht mehr in den Griff bekam. Am 15. Oktober 1964 wurde Chruschtschow gestürzt, der Novotný stets gestützt hatte. Dieser beging auch noch den Fehler, Breschnew und Kossygin vorzuhalten, dass die Entmachtung Chruschtschows ohne vorherige Konsultation stattgefunden habe. Trotz der für ihn prekären Lage wurde Novotný Mitte Dezember 1964 für weitere fünf Jahre im Amt bestätigt.

»Prager Frühling«

Die desolate Wirtschaftslage, bedingt durch die einseitige Förderung der Schwerindustrie sowie eine Überalterung der Maschinen und das direktiv-zentralistische Planungssystem, führte schließlich im Januar 1965 zu einem ZK-Beschluss, der die Weichen in Richtung auf eine »sozialistische Marktwirtschaft« stellte. Anstelle einer detaillierten Planung sollten Marktmechanismen den Produktionsprozess bestimmen. Der Volkswirtschaftler und Urheber der Reformen, Ota Šik, verfolgte eine Dezentralisierung und wollte vor allem erreichen, dass die Betriebe an ihren Wirtschaftsergebnissen materiell interessiert waren, die Gleichmacherei im Lohnbereich beseitigt wurde und die Wirtschaft sich sukzessiv von der obligatorischen direkten Lenkung durch die Organe der politischen Macht befreite.[195] Doch bevor sich erste Erfolge einstellen konnten, benötigte die ČSSR Wirtschaftshilfe von der UdSSR. In den Anfang Oktober 1965 abgeschlossenen Verhandlungen stimmte die ČSSR einer Erweiterung des Warenaustausches mit der UdSSR um fünfzig Prozent zu und gewährte Moskau einen Kredit von 560 Millionen Dollar für den Ausbau der westsibirischen Erdölfelder, der mit Rohöllieferungen abgetragen werden sollte. Aufgrund der Missernte 1965 musste die UdSSR der ČSSR ferner 1,3 Millionen Tonnen Weizen liefern.

Einerseits zwang die ökonomische Abhängigkeit von der UdSSR zu einem strikt konservativ-moskautreuen Kurs, andererseits formierte sich in der KPČ eine Gruppe liberal-demokratischer Reformer, die sich für einen eigenständigen Weg ihres Landes zum Sozialismus einsetzten. Das Novotný-Regime suchte durch einschränkende Gesetze und repressive Maßnahmen die Äußerungen kritischer Wissenschaftler und Publizisten zu unterdrücken und den antisowjetischen Ressentiments zu begegnen. Der Austausch von Handelsvertretungen zwischen Bonn und Prag markierte die Grenzen des außenpolitischen Spielraums. Auf die verordnete pro-arabische Stellungnahme der tschechoslowakischen Führung nach Israels Sechstage-Krieg hagelte es auf dem IV. Kongress des Schriftstellerverbands Ende Juni 1967 massive Kritik. Diese bezog sich auch auf die politischen, wirtschaftlichen und sozialen Verhältnisse in der ČSSR selbst. Protestdemonstrationen von Intellektuellen und Studierenden wegen unzumutbarer Wohn- und Studienbedingungen wurden von der Polizei brutal auseinandergetrieben. Novotný tat die slowakischen Forderungen nach echter Föderalisierung als »bourgeoisen Nationalismus« ab. Aber die Krise mit dem alten Apparat ließ sich nicht mehr beilegen. Der um Unterstützung gebetene Breschnew erklärte zwar, sich nicht in die inneren Angelegenheiten der KPČ einmischen zu wollen, dürfte aber mit der Wahl des Slowaken Dubček zum Ersten Sekretär des ZK der KPČ am 5. Januar 1968 sehr einverstanden gewesen sein. Von dem in der UdSSR sozialisierten Politiker versprach man sich in Moskau eine rasche Konsolidierung der ČSSR.

Nach seiner völlig unspektakulären Amtsübernahme sprach der eher hölzern wirkende Dubček anlässlich seines Antrittsbesuchs in Moskau am 29./30. Januar 1968 von der Notwendigkeit kleinerer Reformen, beteuerte aber gleichzeitig seinen Willen zu engster Kooperation mit der UdSSR, dem Warschauer Pakt und dem Rat für gegenseitige Wirtschaftshilfe. Von einem Demokratisierungsprozess war nicht die Rede. Auch die Bevölkerung erwartete von ihm, dem jegliches Charisma abging, nichts dergleichen. Am 21./22. Februar 1968 ging Dubček in einer Rede vor den Spitzen der Kommunistischen Parteien der Ostblockstaaten in seinen Andeutungen über Reformen überraschend etwas weiter: Er reklamierte für seinen Staat außenpolitisch Gleichberechtigung und innenpolitisch die Einhaltung der Bürgerrechte. Damit löste er in der ČSSR eine Flut von Resolutionen aus, die weitergehende Demokratisierungsbemühungen, Verfassungsänderungen und die Klärung vergangener Unrechtsakte einforderten.[196] Als gar die präventive Zensur fiel und der Grundsatz des Rechts auf freie Meinungsäußerung in der tschechoslowakischen Gesellschaft Einzug hielt, reagierten die UdSSR, aber auch Polen und die DDR alarmiert; sie fürchteten ein Übergreifen des »Freiheits-Bazillus« auf ihre Länder. Die Diskussion um das Aktionsprogramm der KPČ, das die Trennung von Staat und Partei anstrebte, die Flucht des Generals Jan Šejna, eines tschechischen Geheimnisträgers, in den Westen und die antisowjetischen Ressentiments in der Bevölkerung, die regelmäßig bei internationalen Sportereignissen zum Ausbruch kamen, führten weiter zu erheblichen Besorgnissen im Ostblock. Darum rief Breschnew für den 23. März 1968 die Parteichefs der Warschauer-Pakt-Staaten zu einer Konsultation nach Dresden und zwang die KPČ zur Unterzeichnung einer Vereinbarung, die der UdSSR unter anderem die ständige Stationierung von Truppen auf dem Gebiet der ČSSR ermöglichte. Diese Vereinbarung wurde von der tschechoslowakischen Delegation einstimmig abgelehnt und nie unterzeichnet. Breschnew verhielt sich allerdings im »Tribunal« unmissverständlich, bot der Tschechoslowakei »moralische, politische und materielle (militärische) Hilfe«[197] an und betonte stets die gemeinsame Verantwortung sowie die gemeinsamen Sicherheitsinteressen. Während die »Fünfergruppe« scharfe Kritik übte, beschränkte sich die KPČ auf Rechtfertigungen und suchte die direkte Konfrontation mit der KPdSU zu vermeiden. »Auch zu den gegebenen Ratschlägen verhielten die Reformer sich defensiv und unklar.«[198] An dieser Taktik, die auch eine nahezu konträre Interpretation der abgeschlossenen Vereinbarungen beinhaltete und gegenüber Teilen der politischen Führung wie der Öffentlichkeit den Ernst der Lage verheimlichte, sollte die KPČ lange festhalten. Die im Westen verklärte Freiheitsbewegung ist dem Urteil tschechischer Historiker zufolge von Unklarheiten und Widersprüchen – nicht zuletzt auf Seiten der handelnden Persönlichkeiten – gezeichnet.[199]

Am 22. März war Staatspräsident Novotný abgelöst worden, dem am 30. März 1968 General Ludvík Svoboda nachfolgen sollte – ebenfalls ein in der UdSSR hoch geschätzter Genosse. Neben ihm rückte Josef Smrkovský ins Amt des Parlamentspräsidenten nach – ein dynamischer Reformer mit Ausstrahlung, der bei den Erneuerungsbemühungen eine zentrale Rolle spielen sollte. Er galt als einer der Verfasser des am 5. April 1968 verabschiedeten Aktionsprogramms der KPČ, in dem das viel zitierte Reform-Motto vom »Sozialismus mit menschlichem Antlitz« festgeschrieben war. Das Programm erhob den Anspruch, »eine neue Phase einer sozialistischen Revolution« einzuleiten, in der die KPČ nur noch als eine entscheidende progressive Kraft wirken sollte. Eine ähnlich eingeschränkte Bedeutung kam der KPČ auch im Regierungsprogramm und der Regierungserklärung des am 8. April 1968 ernannten neuen Ministerpräsidenten Oldřich Černík zu. Die Erklärungen der KPČ vom 24./25. April 1968 bekräftigten, den Demokratisierungskurs fortsetzen zu wollen, und nannten als konkrete Ziele eine Neuordnung des Verhältnisses von Tschechen und Slowaken, die Gleichberechtigung von Minderheiten, die Garantie bürgerlicher Freiheiten und das Recht auf freie Religionsausübung. Solche Äußerungen gaben den Reformhoffnungen der jungen Leute neuen Auftrieb und drängten Dubček, selbst beileibe kein energischer Reformer, in die Rolle des vermittelnden Moderators zwischen radikalen Neuerern und konservativen Kräften in Partei und Regierung. Hinzu trat der wachsende Druck von außen – beleidigende Pressekampagnen der »Bruder-länder« gegen den Kurs der ČSSR, erste Überlegungen zu einer militä-rischen Intervention und die Weigerung der UdSSR, dem wirtschaft-lich desolaten Land eine Anleihe zu gewähren.

Am 8. Mai 1968 begann eine Serie von bilateralen oder multilatera-len Konsultationen zwischen den Partei- und Staatsführungen der UdSSR, der DDR, Polens, Ungarns und Bulgariens, in denen es darum ging, die ČSSR mit allen zu Gebote stehenden Möglichkeiten von ih-rem Weg abzubringen. Zu den Scharfmachern gehörten Gomułka und Ulbricht, während Kádár sich durch moderatere Voten isolierte. Unter-stützung erhielt die ČSSR dagegen von den Abweichlern Jugoslawien und Rumänien – bekräftigt durch den Besuch von Tito und Ceauşescu Mitte August 1968 in Prag. Zwischen dem 20. und 30. Juni fanden Ma-növer in Westböhmen statt, an denen neben polnischen Verbänden auch 18.000 Rotarmisten teilnahmen, die nach Abschluss der Übun-gen größtenteils das Land nicht verließen. In der gleichen Zeit beriet die Nationalversammlung in Prag über Gesetzentwürfe zur Föderalisie-rung des Landes, zur Rehabilitierung der Opfer des Stalinismus und zur Aufhebung der Zensur. Als am 27. Juni der Schriftsteller Ludvík Vaculík das »Manifest der zweitausend Worte« veröffentlichte, in dem er den Machtmissbrauch der kommunistischen Parteibürokratie gegen-über Andersdenkenden anprangerte, verlangte Breschnew, das Doku-ment zu verbieten und dass die Prager Führung sich von dieser »offizi-ellen Plattform der Konterrevolution«[200] distanziere. Mitte Juli 1968 forderte ein in Warschau verfasster Brief der Mitglieder der Warschau-er-Pakt-Staaten die ČSSR abermals zu einer Kursänderung und Unter-werfung unter die Vormacht UdSSR auf. Das ZK der KPČ wies alle Vor-würfe zurück, konnte aber nicht verhindern, dass Moskau durch die Bekanntgabe angeblicher Waffenfunde aus dem Westen und ebenfalls entdeckter Operationspläne der CIA die Legende von der »Konterrevo-lution« in der ČSSR zu erhärten suchte, was wiederum die konservati-ve Fraktion innerhalb der KPČ – Drahomír Kolder, Vasil Biľak und Ol-dřich Švestka – zum Handeln ermutigte. Derart unter Druck gesetzt, traf sich das Präsidium der KPČ am 29. Juli mit der sowjetischen Par-teiführung im ostslowakischen Čierná nad Tisou, doch es gelang den Moskauern nicht, wie beabsichtigt, die KPČ zu spalten. Drei Tage spä-ter kam es zu einem weiteren Treffen – dieses Mal der »Warschauer Fünf« – mit dem Präsidium des ZK der KPČ in Bratislava, das mit einer halbherzigen Erklärung zugunsten einer engeren Zusammenarbeit endete. Die Delegiertenwahlen zum XIV. Parteitag der KPČ Mitte August machten deutlich, dass die Reformer eine deutliche Mehrheit besaßen. Daraufhin fiel in Moskau die Entscheidung zu intervenieren, um die konservativen Kräfte in der KPČ an die Macht zu bringen. Am 20. August – nach einem bestellten »Hilferuf« tschechoslowakischer Kollaborateure – überschritten sechzehn sowjetische, drei polnische, zwei ungarische und eine bulgarische Division, insgesamt über eine halbe Million Soldaten,[201] die tschechoslowakischen Grenzen. Die ebenfalls beteiligten beiden ostdeutschen Divisionen standen unter sowjetischem Kommando, sicherten aber lediglich den Nachschub und das Hinterland, hielten sich also die ganze Zeit auf dem Territorium der DDR auf und marschierten nicht in die Tschechoslowakei ein. Im Erzgebirge standen zusätzlich zwei Divisionen in Bereitschaft.[202] Die tschechoslowakische Führung reagierte mit einem Aufruf an die Bevölkerung, gegen die unrechtmäßige Okkupation keinen Widerstand zu leisten. Militärisch verlief die Aktion der »Warschauer Fünf« reibungslos, politisch war sie ein Fiasko.

Es gelang weder, in Prag eine Kollaborationsregierung zu installieren, noch das Zusammentreten des XIV. Parteitages der KPČ zu verhindern, noch den Generalstreik zu unterbinden oder das im Untergrund arbeitende Informationsnetz zu zerstören, geschweige denn die Bevölkerung für sich zu gewinnen. »Die Intervention rief [...] eine ungeheuer spontane Widerstandsbewegung und – zumindest einige Tage lang – eine Emanzipation der Bürgergesellschaft hervor. Die Kommunistische Partei schaffte es, wenn auch nur für wenige Tage, aus ihrem eigenen Schatten hervorzutreten, und etablierte sich zur führenden Widerstandskraft gegen die Intervention.«[203] So musste die sowjetische Führung mit Staatspräsident Svoboda Verhandlungen aufnehmen, der sich jedoch weigerte, ohne die in der Karpato-Ukraine festgesetzten Reformer – Dubček, den Premier Černík und Smrkovský – die Gespräche weiterzuführen. In den Vereinbarungen vom 26. August zwang Moskau die tschechoslowakische Führung zu weit reichenden Zugeständnissen: Die Reformen sollten zurückgenommen und missliebige Politiker entfernt werden, die Pressezensur sollte wieder eingeführt und die Beziehungen zur KPdSU verstärkt werden. Da die konservativen Parteigenossen weder in der Partei noch in der Bevölkerung einen nennenswerten Rückhalt besaßen, behielten die Reformpolitiker ihr

Amt. Als am 31. August gar die moskautreuen tschechoslowakischen Kommunisten aus dem Präsidium der KPČ abgewählt wurden, verstärkte die Sowjetführung erneut ihren Druck. Am 10. September musste Černík wegen erheblicher wirtschaftlicher Schwierigkeiten Moskau um Hilfe bitten. Bei einem Gespräch zwischen der sowjetischen Führung und Dubček, Černík sowie dem neuen slowakischen Parteichef Husák am 3./4. Oktober im Kreml hatten die Vertreter der ČSSR einen Truppenstationierungsvertrag zu akzeptieren, der die sowjetische Besetzung im Nachhinein legalisierte. Zehn Tage später folgte ein weiterer Vertrag, der es der Roten Armee erlaubte, jederzeit pass- und zollfrei Soldaten und Kriegsgerät in die ČSSR zu bringen. Nach dem 21. Oktober begannen die ersten Truppenabzüge, im Land verblieben etwa 80.000 Rotarmisten. Anfang Dezember 1968 wurde die tschechoslowakische Armee wie auch die Politische Militärakademie von »konterrevolutionären Elementen« gesäubert. Antisowjetische Demonstrationen – etwa am fünfzigsten Jahrestag der Staatsgründung der ČSSR, dem 28. Oktober, oder am Gedenktag der Revolution, dem 7. November – veranlassten Moskau, behutsam, aber energisch vorzugehen. Es dauerte fast ein Jahr, bis in vielen kleinen Etappen – über Rückzugsmanöver der Reformer, Personalwechsel und Übernahme der Kontrolle über die KPČ – die alten Verhältnisse wiederhergestellt waren. Zunächst benötigte man die Reformkommunisten noch, um die »Schmutzarbeit der Befriedung der Öffentlichkeit«[204] zu erledigen. Während des ZK-Plenums der KPČ Mitte November 1968 übernahmen die Konservativen wichtige Schlüsselpositionen, aber es war nicht ihre Stunde, sondern die der Gruppe der Realisten oder Normalisierer, gegen die sich zunehmend auch der Widerstand der Bevölkerung richtete. Auf die Seite der Troika der Normalisierer – Černík, Husák und der ehemalige Innenminister Lubomír Štrougal – schlug sich nach und nach der größte Teil derjenigen, die man für Reformer gehalten hatte. Bis zur Jahreswende war von der Substanz der Reformen eigentlich nur die Föderalisierung des Einheitsstaates übrig geblieben, die am 1. Januar 1969 in einem entsprechenden Verfassungsgesetz in Kraft trat. Mit ökonomischem Druck – die ČSSR benötigte von der UdSSR dringend Getreide-, Erdgas- und Erdöllieferungen sowie einen 500–Millionen-Dollar-Kredit – versuchte man in Moskau, den Normalisierungsprozess zu beschleunigen. Wahrscheinlich wäre es daher schon Mitte Januar 1969 auf dem ZK-Plenum der KPČ zu einer Ablösung von Smrkovský und Dubček

gekommen. Aber die Selbstverbrennung des 21-jährigen Philosophie-
studenten Jan Palach am 16. Januar hatte eine ungeheuere Erregung
in der Bevölkerung hervorgerufen. Am 1. April forderte Moskau ultimativ, Böhmen/Mähren und die Slowakei direkt dem Staatspräsidenten Svoboda zu unterstellen und die Zentralregierung umzubilden. Mitte April 1969 rehabilitierte das ZK-Plenum alle im August 1968 der
Kollaboration beschuldigten Parteifunktionäre, um nach dieser Geste
Dubčeks Rücktritt »auf eigenen Wunsch« hin anzunehmen und Husák
zum Ersten Sekretär der KPČ zu wählen.

Husáks nationaler Kommunismus und Opportunismus gegenüber der UdSSR

Mit Dubček wurden nahezu alle Reformer entmachtet, in ihre Positio-
nen rückten die Normalisierer ein. Nachdem Husák sich vorsichtig zur
Breschnew-Doktrin bekannt hatte, stützten die Sowjets ihn dadurch,
dass sie in Wirtschaftsfragen ein gewisses Entgegenkommen zeigten.
Der neue Erste Sekretär der KPČ verfolgte – ähnlich wie Kádár oder
Gomułka – einen Kurs des »nationalen Kommunismus« bei völliger
Respektierung der sowjetischen Interessen. Ein orthodoxer Kommunist war er nicht; darum musste er sich ständiger Intrigen seitens der
Konservativen erwehren, die diese in Moskau gegen ihn anzettelten.
Indem er Demonstrationen erfolgreich von Armee- und Polizeieinhei-
ten unterdrücken ließ, bewies er der östlichen Vormacht, dass er Herr
der Lage und mithin der richtige Mann an der Spitze war. Im September 1969 nahm das ZK-Plenum die Stellungnahme seines Präsidiums
vom 21. August 1968 zurück, wonach es sich bei der Intervention der
Warschauer-Pakt-Staaten um eine »Okkupation« gehandelt habe. Vielmehr hätten die Bruderstaaten aus Sorge um den Fortbestand des Sozialismus gehandelt. Innerhalb der Partei begann ein gewaltiger Säuberungsprozess: 71.000 Mitglieder wurden ausgeschlossen, 390.000 von
ihrer Mitgliedschaft suspendiert, 350.000 kamen durch Austritt ihrem
Parteiausschluss zuvor. Über 28.000 Tschechen und Slowaken, meist
hoch qualifizierte Kräfte, emigrierten in den Westen – ein Exodus, der
die wirtschaftlichen Probleme des Landes weiter verschärfte. Daraufhin wurde der Reiseverkehr empfindlich eingeschränkt.

Im Januar 1970 erfolgte eine Umbildung der Regierung. Husáks
schärfster Rivale Štrougal übernahm von Černík das Amt des Premiers,

neuer Parteichef wurde Jozef Lenárt, ehemaliger Ministerpräsident der Novotný-Ära. Bei der Revision des Ende November 1963 verlängerten Freundschafts- und Beistandspakts von 1943 setzte Außenminister Gromyko Anfang Mai 1970 die Aufnahme der Breschnew-Doktrin durch und verpflichtete die ČSSR zur Hilfeleistung nicht nur im europäischen, sondern auch im asiatischen Bereich. Ende Mai verlor Dubček auf Druck der konservativen KPČ-Fraktion seine Parteimitgliedschaft und musste einen Monat später auch seinen Botschafterposten in Ankara räumen. Die KPdSU hielt an Parteichef Husák fest, unterstützte aber auch die Konservativen in der KPČ, um keine Seite zu stark werden zu lassen. Im Streit der zerstrittenen Genossen Husák, Štrougal und Biľak konnte sie sich als Schlichter inszenieren. Für die Hilfe aus Moskau gegen die konservative Fraktion in der eigenen Partei musste Husák einen hohen Preis zahlen: Der glühende Anhänger der slowakischen Autonomie wurde genötigt, einschneidenden Re-Zentralisierungsmaßnahmen zuzustimmen. Auf dem XIV. Parteitag der KPČ Ende Mai 1971 dankte er gar den Invasoren und insbesondere Breschnew für die Hilfe, die »Konterrevolution« in seinem Land zu unterdrücken. Vor diesem Hintergrund ist das Urteil Oldřich Tůmas zu verstehen, im »besseren Falle« hätten die »Helden« von 1968 in den Jahren danach »eine sehr zwiespältige und traurige Rolle« gespielt, im schlechteren eine »sehr abstoßende«[205].

1971 war das Personalrevirement soweit abgeschlossen. Nur noch 25 Mitglieder des 115 Personen umfassenden Zentralkomitees hatten diesem Gremium im August 1968 angehört – darunter Husák und Svoboda. Nach den Parlamentswahlen Ende November 1971 rückten überdies absolut zuverlässige Kommunisten in zentrale Ämter: Der ehemalige Außenminister Václav David wurde Vorsitzender der Volkskammer, ZK-Sekretär Alois Indra Präsident der Föderalversammlung und Bohuslav Chňoupek Außenminister. Die bereits seit Herbst 1969 aufgenommenen politischen Prozesse gegen ehemalige Protagonisten des »Prager Frühlings« wurden nun ausgeweitet und energisch vorangetrieben; im Januar und Februar 1972 wurden einige hundert Bürger verhaftet und verurteilt. Mit diesen Maßnahmen versuchte die politische Führung, die Bevölkerung zu einer möglichst passiven Haltung zu zwingen. Doch die Verhaftungen und Prozesse gegen populäre Reformpolitiker lösten weltweit Proteste aus und schürten auch die Unruhen im Lande, zumal die Entspannungspolitik zwischen West und Ost –

Mitte Dezember 1973 konnte ein Vertrag zwischen der Bundesrepublik und der ČSSR unterzeichnet werden – nicht zu einer neuen Liberalisierungswelle führte. Angesichts der bevorstehenden KSZE-Konferenz entschied sich Moskau, die gemäßigten Normalisierer gegen die dogmatischen Kommunisten zu stützen. Die UdSSR wollte nach außen hin ein positives Bild der Verhältnisse in der ČSSR simulieren. Zu den Feierlichkeiten anlässlich des 25. Jahrestages der kommunistischen Machtübernahme reiste Breschnew persönlich nach Prag und zeichnete Husák mit dem Lenin-Orden aus. Mit dem Segen Moskaus wurde er Ende Mai 1975 anstelle des erkrankten Svoboda zum Staatspräsidenten der ČSSR gewählt, wobei er das Amt des Generalsekretärs der KPČ behielt. In der Folge legte Husák ein noch größeres Maß an Unterwürfigkeit und Opportunismus gegenüber der UdSSR an den Tag.

Dennoch ließen sich die Proteste im Land nicht ersticken. Ende 1972 hatten 36 Liberale, unter ihnen die international bekannten Literaten Ludvík Vaculík, Ivan Klíma und Pavel Kohout, eine Petition an Präsident Svoboda gerichtet und um Freilassung der politischen Häftlinge gebeten. Auch der ehemalige Parlamentspräsident Smrkovský, Dubček und der frühere ZK-Sekretär Zdeněk Mlynář meldeten sich in Briefen und Dokumentationen zu Wort, die sie an Breschnew, die KPdSU sowie an die italienischen und französischen Kommunistischen Parteien richteten. Darin klagten sie über Machtmissbrauch sowie die Verletzung sozialistischer Prinzipien und der Menschenrechte durch die neue Prager Führung. Die Menschen zogen sich in private Nischen zurück, es herrschte eine trügerische Ruhe, die Kluft zwischen der Bevölkerung und den Machthabern wuchs ständig, zumal sich die wirtschaftliche und kulturelle Lage kaum verbesserte. Zahlreiche repressive Maßnahmen ließen auch die Präsenz der Religionsgemeinschaften in der ČSSR in den 1970er Jahren so dramatisch zurückgehen, dass sich der tschechische Theologe Oto Mádr veranlasst sah, über den *Modus moriendi* der Kirche in der Tschechoslowakei zu sprechen. Über die kommunistische Gründung parteitreuer Organisationen, wie die *Pacem in terris* (Friedenspriester-Bewegung), wurde eine innere Spaltung der Kirchen angestrebt. Man wollte sie dem Herrschaftsanspruch des Regimes unterwerfen.

Die »Charta 77«

Anfang Januar 1977 gründete sich in Prag die »Charta 77«, »eine freie, informelle und offene Gemeinschaft von Menschen verschiedener Überzeugungen, verschiedener Religionen und verschiedener Berufe«[206]. Die neue Vereinigung verstand sich nicht als politische Opposition, forderte aber die Staats- und Parteiführung zu einem »konstruktiven Dialog« über die Einhaltung der in der Verfassung garantierten Grundrechte auf. Unter den 257 Erstunterzeichnern waren anerkannte Reformpolitiker, Schriftsteller – darunter Vaculík, Kohout und Václav Havel –, Wissenschaftler, aber auch einfache Arbeiter und Angestellte. Das Regime sah in der Bewegung eine neue Konterrevolution und versuchte, über Verhaftungen, Verhöre, Schikanen und Abschiebungen potenzielle Sympathisanten abzuschrecken und die »Charta 77« zu marginalisieren. So internierte man Havel Mitte Januar 1977; der Charta-Sprecher Jan Patočka, ein Philosoph, starb nach einem elfstündigen Verhör an einer Gehirnblutung. Im Klima weltpolitischer Entspannungsbemühungen stießen solche Methoden nicht nur im Westen, sondern auch in den »Bruderländern« auf Unverständnis und Kritik. Die Vorgänge kamen vor dem Forum der KSZE-Nachfolgekonferenz in Belgrad im Sommer 1977 zur Sprache, bewirkten aber im Inland nicht einmal eine Eindämmung der Bewegung. Vielmehr gewann die »Charta 77« immer mehr Mitglieder – im Sommer 1979 waren es über tausend Personen. Das im Geiste der »Charta 77«-Forderungen am 24. April 1978 gegründete »Komitee zur Verteidigung ungerecht Verfolgter« (*Výbor na obranu nespravedlivě stíhaných*, VONS) machte von sich reden mit 1.120 Mitteilungen über rechtswidrig Verfolgte, die es bis zum Regimefall 1989 an die tschechoslowakischen Behörden schickte. Die Internationalisierung des Konflikts veranlasste die Partei- und Staatsführung, die Unterzeichner der »Charta 77« als Krawallmacher und Asoziale zu diffamieren. Als Werkzeug dafür wussten die Kommunisten auch Künstler zu benutzten. So ließen sie von berühmten Musikern und Schauspielern, unter ihnen auch Karel Gott oder Jan Werich, ein Dokument unterzeichnen, das den Namen »Für schöpferische Taten im Namen von Sozialismus und Frieden« (*Za nové tvůrčí činy ve jménu socialismu a míru*) trug. Bekannter ist dieser Text als die so genannte »Anticharta«. Als die »Charta 77« zum zehnten Jahrestag der Militärintervention den Abzug sowjetischer Truppen forderte und

eine förmliche Zusammenarbeit mit der polnischen Bürgerrechtsbewe-
gung KOR begann, ließ das Regime alle diplomatischen Rücksichten
fallen und verurteilte sechs Charta-Aktivisten wegen subversiver Betätigung und staatsfeindlicher Hetze. Kohout wurde ausgebürgert. Die
Universitäten erhielten am 10. April ein Hochschulgesetz, das sie zu In-
doktrinierungsstätten herabwürdigte und verhindern sollte, dass sie
zum Hort abweichenden Gedankenguts werden konnten.[207]

Gleichzeitig verschärfte die Parteiführung auch den Ton gegenüber
Abweichlern wie Albanien, Rumänien und Jugoslawien oder den Euro-
kommunisten, um sich damit in Moskau weiteren Rückhalt zu verschaffen. Während die Distanz zum Westen wuchs, schloss die ČSSR
am 5. Oktober 1977 mit der DDR einen neuen Vertrag über Freundschaft, Zusammenarbeit und gegenseitige Hilfe. Außerdem engagierte
sie sich auf Anweisung der UdSSR wieder stärker im Nahen Osten, in
Afrika, Kuba und Mittelamerika. Da Husák auch im Blick auf den ägyp-
tisch-israelischen Ausgleich und die Haltung zur VR China absolut auf
Moskauer Linie lag, war seine Wiederwahl als Staatspräsident am
22. Mai 1980 nur eine Formalie – ähnlich wie im darauf folgenden Jahr
seine Bestätigung als Generalsekretär.

Große Unruhe löste die innenpolitische Lage in Polen im August
1980 aus. Die unabhängige Gewerkschaftsbewegung *Solidarność* stieß
bei den tschechischen und slowakischen Arbeitern auf große Zustimmung. Das Regime musste Nachahmungen befürchten. Die schlechte
Wirtschaftslage – etwa im Kohlerevier von Ostrava – bot genug Anlass
für große Unzufriedenheit. Nun war es die ČSSR, die – den Aussagen
des Generals Stanislav Procházka zufolge – gemeinsam mit der UdSSR
in Polen militärisch intervenieren wollte. Mit großer Zustimmung reagierte die ČSSR auf die Ausrufung des Kriegszustandes in Polen am
13. Dezember 1981 und das Verbot der *Solidarność*.

Neben der politischen Repression und den wirtschaftlichen Problemen litt die ČSSR unter schweren ökologischen Schäden. Zu Jahresbeginn 1983 lebte ein Viertel der Bevölkerung in hochgradig verpesteter
Luft. Den Partei- und Staatsdokumenten zufolge war die Umwelt in der
Tschechoslowakei zu diesem Zeitpunkt in einem so katastrophalen Zustand, dass die Gesundheit der Menschen in der Republik unmittelbar
bedroht war und dadurch auch die wirtschaftliche und soziale Entwicklung des Landes gebremst wurde.[208] Als die »Charta 77« dieses Problem thematisierte und sich auch eigene Bürgerinitiativen zu bilden be-

gannen, erklärte die Partei- und Staatsführung Daten über die Umweltbelastung flugs zum Staatsgeheimnis.

Unbeirrt setzte derweil Husák seinen ganz an Moskau orientierten Kurs fort und reiste ständig zu Konsultationen in die UdSSR. Als amerikanische Mittelstreckenraketen in Europa stationiert werden sollten, stimmte die Regierung der ČSSR 1983 im Gegenzug der Stationierung von sowjetischen taktischen Raketenwaffen auf ihrem Territorium zu. Die ständigen Angriffe des KPČ-Organs *Rudé právo* (Rotes Recht) auf die Sudetendeutsche Landsmannschaft und die Kritik der Staatsregierung an der Teilnahme des westdeutschen Bundespräsidenten an einem Pfingsttreffen der Vertriebenen führte dazu, dass sich die westdeutsch-tschechoslowakischen Beziehungen empfindlich abkühlten. Nachdem der slowakische Historiker Jan Mlynárik im Jahr 1978 einen Text zur »Vertreibung der tschechoslowakischen Deutschen« veröffentlichte, nahm sich auch die »Charta 77« dieses Themas an. Mit einigem Erfolg schürte daraufhin die Regierung in der Bevölkerung Ängste vor einer Rückkehr der Sudetendeutschen oder vor Entschädigungszahlungen.

Die restriktive Kirchenpolitik der Regierung stieß insbesondere in der tiefgläubigen bäuerlichen Bevölkerung der Slowakei auf gesteigertes Unverständnis. Trotz der Androhung drakonischer Strafen kam es zu heimlichen Priesterweihen und der Bildung von »Katakombenkirchen«, während die Glaubenskongregation des Vatikans im Frühjahr 1982 den Priestern die Mitgliedschaft in der parteiabhängigen Organisation *Pacem in terris* untersagte.[209]

Der mit dem Tod Breschnews verbundene Machtwechsel in Moskau beeinträchtigte das Verhältnis zwischen der UdSSR und der ČSSR nicht. Aber mit dem Wechsel der Parteiführung zu Gorbatschow und dessen Ankündigung einer Politik der Erneuerung und einer deutlicheren Beachtung der Menschen- und Freiheitsrechte gerieten in Prag wie in den anderen Ostblockländern die ideologischen Koordinaten durcheinander. Husák war zu seinem siebzigsten Geburtstag 1983 zum »Helden der ČSSR« gekürt worden, am 22. Mai 1985 wurde er einstimmig als Staatsoberhaupt wieder gewählt und im Frühjahr darauf vom XVII. Parteitag im Amt des Generalsekretärs bestätigt. Von ihm durfte man nicht erwarten, dass er die Impulse aus Moskau aufnahm. Vielmehr gedachte er, an den bisherigen Methoden zur Regulierung der Wirtschaft festzuhalten und die Oppositionellen weiterhin mit Einschüchterungen zu domestizieren. Doch die prekäre Wirtschaftslage machte Reformen dringend erforderlich, auch wenn der für Ideologie und Information verantwortliche ZK-Sekretär vor den Folgen einer möglichen Instabilität warnte. Die parteiinternen Auseinandersetzungen zwischen reformbereiten Pragmatikern und konservativen Machterhaltern sorgten für eine beinahe zweijährige Erstarrung. Erst am 25. Februar 1987 gab das Präsidium der KPČ bekannt, ähnliche Schritte unternehmen zu wollen wie die UdSSR. Der Besuch Gorbatschows in Prag am 9. April 1987 glich einem Triumphzug: Über 150.000 Menschen feierten ihren Hoffnungsträger. Aber der Generalsekretär der KPdSU fand unter den tschechoslowakischen Genossen wenig Bereitschaft zu Reformen und flog früher als geplant von Bratislava nach Moskau zurück.

Mitte Dezember 1987 musste Husák, mit vielen Komplimenten versehen, den Posten des Generalsekretärs Miloš Jakeš überlassen, einem alten Gegner des »Prager Frühlings«. Obwohl für Wirtschaftsfragen zuständig, war er durch Innovationen in diesem Bereich bislang nicht aufgefallen, galt aber als Kompromisskandidat zwischen den Parteifronten. Um die in tiefe Resignation gesunkene Bevölkerung vom Aufbegehren abzuhalten, verfolgte Jakeš die probate Methode, mit einem verbesserten Konsumgüterangebot relative Zufriedenheit herzustellen. Premier Štrougal, der bei den Wahlen zum Generalsekretär gegen Jakeš verloren hatte und bislang nicht als Reformer bekannt war, versuchte sich jetzt als Neuerer. Das ZK-Plenum wählte am 8./9. April 1988 einige »Betonköpfe« ab, und Jakeš kündigte eine Aufgabentrennung von Partei und Staat sowie größere Religionsfreiheit an. Im Sommer 1988 wurde jedoch jeder Demonstrationsversuch aus Anlass des zwanzigsten Jahrestages des »Prager Frühlings« von Sicherheitskräften brutal niedergeknüppelt. Am 10. Oktober 1988 musste Štrougal das Amt des Ministerpräsidenten an Ladislav Adamec, seinen langjährigen Stellvertreter und Chef der Tschechischen sozialistischen Teilrepublik, abgeben. Etwa gleichzeitig mussten auch die Hardliner Biľak und Kempný aus Altersgründen ihre Posten im Präsidium der KPČ aufgeben. Nun wurden die Töne zwar moderater und beispielsweise an Gedenktagen die vormals verpönten Politiker Masaryk und Beneš wieder gefeiert, aber gravierende Probleme – etwa Umweltzerstörung, Gesundheitsschäden, zu niedrige Renten, Alkoholismus und steigende Kriminalität – immer noch nicht angepackt und die Repression gegen exponierte Mitglieder der »Charta 77« nicht eingestellt. Etwa ein Dutzend neuer Bürgerrechtsgruppen schossen aus dem Boden; sie schlossen sich zu der Dachorganisation »Bewegung für bürgerliche Freiheiten« zusammen.

Als jugendliche Demonstranten Mitte Januar 1989 auf dem Prager Wenzelsplatz des Todes von Jan Palach gedenken wollten, wurden sie mit Schlagstöcken auseinander getrieben und 91 Aktivisten – darunter Havel – verhaftet und zu Gefängnisstrafen verurteilt. Daraufhin unterzeichneten nahezu 3.000 Schriftsteller, Theaterleute und Wissenschaftler eine Resolution gegen die Übergriffe der Polizei. Der langjährige Kultusminister Miroslav Válek, der in *Rudé právo* nur bemerkt hatte, der unvermeidliche Umbau brauche Garantien und die Partei müsse den Mut haben, »ihre Ideen an der Realität zu messen«, verlor daraufhin prompt seine Partei- und Regierungsämter. Jakeš wies die von Bürgerrechtlern geforderte moralische und politische Rehabilitierung der Reformpolitiker von 1968 strikt zurück. Mit wachsendem Unmut beobachtete die tschechoslowakische Führung, wie das Machtmonopol der kommunistischen Parteien in Polen und Ungarn von den Reformern allmählich untergraben wurde. Nur seitens der SED erhielten die Prager Genossen noch Unterstützung. Am 21. August 1989 warnte die KPČ vor den antisozialistischen Agitationen des Auslands, die geeignet seien, den im Gang befindlichen Umbau und die sozialistische Demokratie zu zerstören. Als sich auf dem Wenzelsplatz über 3.000 Personen zu einer nicht genehmigten Demonstration versammelten, trieben Sicherheitskräfte sie mit Gewalt auseinander und verhafteten 370 von ihnen. Hilflos standen die Funktionäre vor dem Phänomen, dass sie sich nur noch auf ihren überdimensionierten Geheimdienst *Státní bezpečnost* (Staatssicherheit, StB) mit seinen 10.000 hauptamtlichen Agenten und mindestens 130.000 Inoffiziellen Mitarbeitern stützen konnten, während die Bevölkerung neue Wege ohne sie gehen wollte. Auch die Gesten der Verständigungsbereitschaft gegenüber den Religionsgemeinschaften waren halbherzig und führten daher nicht zum Erfolg. Neben Rumänien und Albanien gehörte im Herbst 1989 nur noch die ČSSR zu jenen Partei- und Staatsführungen, die sich an das kommunistische System klammerten und bis zuletzt glaubten, es mit Zwangsmitteln aufrechterhalten zu können.

Die »Samtene Revolution«

Den Auslöser für die *Sametová revoluce*, die »Samtene Revolution«, bildete die gewaltsame Auflösung einer studentischen Kundgebung in Prag am 17. November 1989, an der über 40.000 Demonstranten teilnahmen. Die Menschen hatten nur des fünfzigsten Jahrestages der Ermordung des tschechischen Studenten Jan Opletal durch die nationalsozialistischen Okkupanten gedenken wollen. Schon tags darauf fanden in mehreren Städten Demonstrationen statt, die eine wirkliche Demokratie, Freiheit und die Beendigung des kommunistischen Machtmonopols forderten. Um die verschiedenen Bürgerrechtsaktivitäten zu koordinieren, wurde am 19. November 1989 im Prager Schauspiel-Club ein *Občanské fórum*, ein Bürgerforum, gegründet, dessen Leitung Václav Havel übernahm. Zunächst reagierte die KPČ-Führung unvermindert hart und kündigte an, keine »Provokationen« dulden zu wollen. Dann aber äußerten die Tschechoslowakische Sozialistische Partei und die Jugendzeitung *Mladá fronta* vorsichtig Kritik an der konfrontativen Politik der KPČ und mobilisierten 80.000 streikende Studenten, Künstler und Schauspieler sowie die Arbeiter in den Fabriken. Als die Zahl der Demonstrierenden immer weiter anschwoll, sah sich das Regime schließlich zum Einlenken gezwungen. Während über 200.000 Menschen auf dem Wenzelsplatz der Ansprache Havels und der Verlesung eines Briefes des greisen Kardinals František Tomášek lauschten, sprach Ministerpräsident Adamec erstmals mit Vertretern des Bürgerforums. Auf einer Sondersitzung des ZK vom 24. November 1989 trat das bisherige Präsidium mit Generalsekretär Jakeš zurück und machte Karel Urbánek Platz, einem unscheinbaren Mann, der als absolut unfähig und realitätsfern galt.[210] Am Abend desselben Tages feierten 300.000 Menschen Dubček, der die Polizei, Miliz und Streitkräfte aufgefordert hatte, nichts gegen das Volk zu unternehmen. Am 25. November zogen nach einer Pontifikalmesse anlässlich der Heiligsprechung der Přemyslidin Agnes im St. Veits-Dom 750.000 Menschen auf den Letná-Hügel, um den Aufruf von Havel und Dubček zu einem Generalstreik zu unterstützen. Zwei Tage später folgte die Hälfte aller Beschäftigten im Land diesem Aufruf. Sowohl das Bürgerforum als auch die entsprechende slowakische Organisation *Verejnosť proti násiliu* (Öffentlichkeit gegen Gewalt, VPN) forderten den Rücktritt des Staatspräsidenten Husák, die baldige Durchführung freier Wahlen, freie Religionsausübung sowie die Verurteilung der Okkupation 1968 durch die Regierung und die Bundesversammlung der ČSSR. Ministerpräsident Adamec sagte den Vertretern des Bürgerforums am 28. November 1989 zu, eine Koalitionsregierung auf breiter Grundlage zu bilden und alle politischen Häftlinge freizulassen. Unter dem Druck der Straße billigte die Bundesversammlung tags darauf, die Verfassungsklausel über die führende Rolle der KPČ in Staat und Gesellschaft sowie die über den Marxismus-Leninismus als Grundprinzip von Erziehung und Bildung zu streichen. Das Präsidium des ZK der KPČ willigte am 30. November ein, die Vorgänge des Jahres 1968 einer kritischen Neubewertung zu unterziehen.

Als Ministerpräsident Adamec am 3. Dezember 1989 nur kosmetische Veränderungen an seinem Kabinett vornahm, kam es erneut zu Massenkundgebungen. Auf die Drohung der Bürgerrechtler, am 11. Dezember einen weiteren Generalstreik initiieren zu wollen, trat er am 7. Dezember zurück und empfahl seinen Stellvertreter Marián Čalfa als Amtsnachfolger. Sowohl die Bundesregierung als auch die beiden Landesregierungen wurden nun so umgebildet, dass die ehemaligen Blockparteien und die Unabhängigen in der Mehrheit waren. Am 10. Dezember vereidigte Husák die neue Regierung Čalfa. In dem neuen Kabinett saßen die führenden Köpfe der Opposition: Ján Čarnogurský, Jiří Dienstbier, Václav Klaus und Petr Miller. In seinem Regierungsprogramm vom 20. Dezember 1989 plädierte Čalfa für den Übergang zur parlamentarischen Demokratie und zur freien Marktwirtschaft sowie für die Auflösung des Warschauer Paktes und den raschen Abzug sowjetischer Truppen aus der ČSSR. Dubček erhielt den Vorsitz in der Bundesversammlung, und am 29. Dezember wurde Václav Havel, Mitbegründer und Sprecher der »Charta 77«, zum Staatspräsidenten der ČSSR gewählt. In seiner Neujahrsansprache 1990 erinnerte der Präsident an die humanistischen und demokratischen Traditionen und nannte als Ziel für sein Land, die ČSSR wieder zur »geistigen Drehscheibe Europas« machen zu wollen. Innerhalb von nur sechs Wochen war die Diktatur, die eine kommunistische Elite über 41 Jahre aufgebaut und aufrecht erhalten hatte, in sich zusammengebrochen[211] – als Ergebnis eines friedlichen, aber intensiven Drucks der Bevölkerung.

Geschichtsbilder und Tabus

Mit dem Zusammenbruch des Zwangs-»Normalisierungs«-Regimes kehrten auch jene Dissidenten-Historiker aus der »Charta 77«-Bewegung zurück, die das kommunistische Geschichtsbild der Nation schon in der *samisdat*-Literatur korrigiert hatten. Insofern konnte man bei der entscheidenden Zäsur von 1968 wieder anknüpfen.[212] Nach dem Lustrationsgesetz vom 4. Oktober 1991 durften belastete Historiker jedoch an den Universitäten verbleiben – wenn auch nicht als Direktoren oder Lehrstuhlleiter. Das Institut für Zeitgeschichte der Akademie der Wissenschaften wurde im Jahr 1990 neu gegründet und das Masaryk-Institut im selben Jahr wiederbegründet. Beide sind Teil der Tschechischen Akademie der Wissenschaften. Das Geschichtsbild erfuhr einige Korrekturen: Die Erste Republik (1918–1938) wurde rehabilitiert, wenn nicht gar – auch in ihrem Demokratiepotenzial – glorifiziert und damit zu einem wichtigen Orientierungspunkt der nationalen Staatsgeschichte. Von daher verbot sich in den 1990er Jahren eine kritische Betrachtung Masaryks und Beneš' – unter anderem ein Grund für die Tabuisierung der so genannten »Beneš-Dekrete«, die eine gesetzliche Grundlage für die Vertreibung der Deutschen nach 1945 bildeten. Ferner sah man sich als die eigentliche Mitte Europas, weswegen man sich auf die EU zu bewegen wollte. In der tschechoslowakischen Nationalgeschichte dominierte – auch vor der Staatstrennung – die tschechische Perspektive. Die Kollaboration während der Protektoratszeit wurde überdeckt von patriotischen Bildern des Widerstands, der nun einen positiven Wert für die nationale tschechische Geschichtsschreibung gewann. Dabei spielen Bedrohungsszenarios, in denen Deutschland eine zentrale Funktion zukam, nach wie vor eine tragende Rolle. Nationale Immunisierungsstrategien in der Geschichtswissenschaft, um eine »kollektive Kriminalisierung« der ČSR-Geschichte nach 1945 abzuwehren, haben gar zu tschechischen Varianten eines »*histórikrštraits*« geführt. Den Widerpart geben jüngere Historiker, Journalisten und Politikwissenschaftler, die eine rückhaltlose Aufarbeitung der Nationalgeschichte fordern. Auch im Blick auf die Staatssymbolik – Wappen, Flagge, Feiertage – setzte man, sozialistische Veränderungen eliminierend, ganz auf historische Kontinuität. Der 1. Januar 1993, der Gründungstag der neuen tschechischen Republik, wird als »Tag der Erneuerung der tschechischen Staatlichkeit« gefeiert. Mit der Entfernung und

(Wieder-)Aufrichtung von Denkmälern hatten die Tschechoslowaken seit 1918 kontinuierliche Erfahrungen sammeln können. Zu denen, die nach 1989 im Depot verschwanden, gehörte der zwischenzeitlich rosa angestrichene Sowjetpanzer, der in Praha-Smíchov stand.

Der »Bindestrich-Krieg«

Die »Samtene Revolution« in der Tschechoslowakei stand in enger Verbindung mit den Ereignissen in den Nachbarstaaten, vor allem in Polen und in der DDR. Zum Regimewechsel trug überwiegend der gesellschaftliche Druck bei. Der tschechische Historiker Oldřich Tůma stellt überdies Parallelen zwischen 1948 und 1989 fest, als die KSČ eine ähnlich große Wirkung besaß. Der wichtigste Unterschied bestehe jedoch darin, dass die Geschehnisse 1948 gründlich vorbereitet gewesen seien, im November 1989 habe es sich dagegen um überwiegend spontane Eruptionen gehandelt.[213] Die Mehrheit der Tschechoslowaken unterstützte die Revolution. Eine im April 1989 durchgeführte Umfrage ergab, dass sich 95 Prozent der Befragten für mehr Informationen, 89 Prozent für die Demokratisierung des Alltags und 91 Prozent für die Änderung der Volkswirtschaft aussprachen.[214]

In der Zeit zwischen der Wahl Václav Havels zum Präsidenten Ende Dezember 1989 und den Parlamentswahlen im Juni 1990 tobten harte politische Kämpfe – nicht nur mit den kommunistischen Kadern, sondern auch zwischen alten und neuen Parteien. Die tschechisch-slowakischen Beziehungen verschlechterten sich rapide, und der Streit über die zukünftige Gestalt der Föderation nahm zu. In erster Linie diskutierte man über den offiziellen Namen des neu entstehenden Staates. Die Auseinandersetzungen gewannen ein solches Ausmaß, dass der tschechische Historiker Jiří Suk sie als »Bindestrich-Krieg« apostrophierte.[215] Václav Havel schlug anstelle der bisherigen Bezeichnung »Tschechoslowakische Sozialistische Republik« (*Československá socialistická republika*, ČSSR) »Tschechoslowakische Republik« (*Československá republika*, ČSR) vor – den bis 1960 benutzten Staatsnamen. Der Slowakische Nationalrat (*Slovenská národní rada*, SNR) plädierte für »Föderation Tschechien-Slowakei« (*Federácia Česko-Slovensko*). Auf diese Weise wollte man deutlich machen, dass die Tschechoslowakei aus zwei Staaten bestand. Nach langen Diskussionen wurde am 29. März 1990 schließlich ein Gesetz verabschiedet, das dem Staat für

Tschechien die Bezeichnung »*Československá federativní republika*« (Tschechoslowakische Föderative Republik) und für die Slowakei den Namen »*Česko-slovenská federatívna republika*« (Tschecho-Slowakische Föderative Republik) gab. Danach kam es in der Slowakei zu Demonstrationen, während derer zum ersten Mal nach dem Umbruch die Forderung nach Unabhängigkeit der Slowakei erhoben wurde. Um die Gemüter zu beruhigen, beschloss man am 20. April 1990 ein korrigierendes Gesetz, wonach die offizielle Bezeichnung des Staates nunmehr »*Česká a Slovenská Federativní/Federatívna Republika*« (Tschechische und Slowakische Föderative Republik, ČSFR) lautete.[216]

Am 8. und 9. Juni 1990 fanden in beiden Republiken die ersten freien Wahlen statt. Im slowakischen Landesteil erhielt mit 29,34 Prozent der Stimmen die »Öffentlichkeit gegen Gewalt« (*Verejnosť proti násiliu*, VPN) den höchsten Zuspruch, an zweiter Stelle rangierte mit 19,2 Prozent der Stimmen die »Christlich-demokratische Bewegung« (*Kresťansko-demokratické hnutie*, KDH), danach mit 13,94 Prozent die Slowakische Nationalpartei (*Slovenská národná strana*, SNS); die »Kommunistische Partei der Slowakei – Partei der demokratischen Linken« (*Komunistická strana Slovenska – Strana demokratickej ľavice*, KSS-SDĽ) kam auf 13,34 Prozent und die ungarische Minderheitenliste (ESWMK) auf 8,66 Prozent. Im tschechischen Landesteil gewann das »Bürgerforum« (*Občanské fórum*, OF) 53,2 Prozent der abgegebenen Stimmen, gefolgt von den Kommunisten (13,5 Prozent) und der Tschechoslowakischen Volkspartei (*Československá strana lidová*, ČSL) mit 8,7 Prozent. Die neue tschechoslowakische Regierung basierte auf einer Koalition zwischen OF und VPN, unterstützt von einer Reihe zentralistischer und rechter Parteien. Es beteiligten sich die »Koalition KDU« (Tschechoslowakische Volkspartei ČSL und Christlich-soziale Partei KDS) und die »Slowakische Christlich-demokratische Bewegung« KDH mit Marián Čalfa (VPN) an der Spitze. Die tschechische Regierung wurde nach der Wahl im Juni 1990 von Petr Pithart (OF) und die slowakische von Vladimír Mečiar (VPN) geführt. Die erste offizielle Sitzung der tschechischen und der slowakischen Regierung fand vom 8. bis 9. August 1990 in Trenčianské Teplice statt. Am 9. November 1990 kam es in Luhačovice zum Treffen der Ministerpräsidenten Pithart und Mečiar. Die Verhandlungen ergaben, dass ein Kompromiss hinsichtlich der künftigen Staatsform kaum möglich schien, weil beide Seiten von unterschiedlichen Voraussetzungen ausgingen. Die Tschechen wollten die

Tschechoslowakei behalten und hielten deren Existenz eigentlich für selbstverständlich. Die slowakische Seite ging dagegen von der Existenz zweier Staaten aus. Die Regierungsparteien entschieden – gemeinsam mit Präsident Havel und den Regierungsvertretern –, dass man in einem ersten Stadium die Kompetenzen einstweilen aufteilen und danach die Arbeiten an der Lösung der tschechisch-slowakischen Angelegenheiten aufnehmen werde.

1991 kam es zu Umgruppierungen in der tschechischen und slowakischen Parteienlandschaft und zu weiteren politischen Veränderungen. Am 24. Februar löste sich das »Bürgerforum« (OF) auf: in die »Demokratische Bürgerpartei« (*Občanská demokratická strana*, ODS) von Václav Klaus und in die liberale »Bürgerbewegung« (*Občanské hnutí*, OH) von Jiří Dienstbier (am 27. April 1991 offiziell gegründet). Am 5. und 6. Juni 1992 fanden in beiden Ländern Wahlen zur Föderalen Versammlung und zu beiden Nationalräten statt. In Tschechien gewann die ODS von Václav Klaus in der Koalition mit der im November 1995 in die ODS integrierten »Christlich-Demokratischen Partei« (*Křesťanskodemokratická strana*, KDS). Die Koalition sprach sich eindeutig dafür aus, die Wirtschaftsreformen weiterzuführen und eine demokratische, an marktwirtschaftlichen Kriterien orientierte Gesellschaft zu schaffen.[217] In der Slowakei gewann die »Bewegung für die demokratische Slowakei« (*Hnutie za demokratické Slovensko*, HZDS)[218] von Vladimír Mečiar, dessen Programm stark populistische Elemente enthielt.[219] So propagierte Mečiar die internationale Unabhängigkeit der Slowakei, warb gleichzeitig aber auch für eine Beibehaltung der Tschechoslowakei. Die Befürworter einer selbstständigen Slowakei gaben ihre Stimmen freilich mehrheitlich der SNS, die sich ohne Wenn und Aber für einen unabhängigen Staat Slowakei aussprach.

Das Ende der alt-neuen Bindestrich-Republik

Im Juni 1992 nahmen Vertreter der slowakischen und der tschechischen Seite Verhandlungen über die Teilung der Tschechoslowakei auf. Am 24. Juni wurde das neue slowakische Kabinett unter Führung von Vladimír Mečiar gebildet. Eine Woche später berief Václav Havel die letzte föderale Regierung unter Jan Stráský, am selben Tag, dem 2. Juli, erfolgte auch die Bildung der tschechischen Koalitionsregierung (ODS-KDS – ODA – KDU-ČSL) mit Václav Klaus an der Spitze.

Die tschechische wie die slowakische Opposition wandten sich gegen
die Auflösung der Tschechoslowakei. Dabei konnten sie sich auf die Ergebnisse von Meinungsumfragen berufen, wonach eine Mehrheit der
Wahlberechtigten in Tschechien und der Slowakei sich für das Leben
in einem gemeinsamen Staat ausgesprochen hatte. Das Problem bestand jedoch darin, dass eine Einigung zwischen den verschiedenen politischen Kräften, die die Macht innehatten, nicht möglich schien. Am
17. Juli 1992 wurde im Slowakischen Nationalrat – in Anwesenheit des
Preßburger Metropoliten Erzbischof Ján Sokol – mit den Stimmen von
HZDS, SNS und überraschender Weise auch der Partei der Demokratischen Linken (*Strana demokratickej ľavice*, SDĽ) die »Deklaration der
Unabhängigkeit« beschlossen, in der die Slowakei als der Staat der slowakischen Nation bezeichnet wurde.[220] Am selben Tag legte Václav Havel sein Amt nieder, bis zur Trennung blieb der Gesamtstaat ohne
Staatspräsident. Dessen Vollmachten übte der amtierende Ministerprä-
sident der ČSFR, Jan Stráský, aus. Am 1. September 1992 nahm die
Slowakische Republik die neue Verfassung des nunmehr unabhängigen
Staates Slowakei an. Am 31. Dezember 1992 hörte die Tschechoslowa-
kei auf zu existieren.[221] Im Februar 1993 wurde das Gesetz über die
Aufteilung der Währung verabschiedet.[222]

Wirtschaftstransformation

Zu Beginn des Transformationsprozesses stellte sich die wirtschaftliche
Situation in der Tschechoslowakei besser dar als in anderen postkommunistischen Ländern. Die staatliche Finanzlage war stabil, die
Inflationsrate niedrig, die Außenhandelsbilanz ausgeglichen, die
Auslandsverschuldung nicht sehr hoch. Zum makroökonomischen
Gleichgewicht gehörten auch gut ausgebildete und qualifizierte Arbeitskräfte. Ein großer Nachteil der tschechoslowakischen Wirtschaft
lag jedoch in der Zentralisierung, die größer war als in anderen sozialistischen Ländern. Im Unterschied zu Ungarn gab es in der Tschechoslowakei auch keine Privatwirtschaft, und Handelsbeziehungen wurden
vor allem mit den COMECON-Staaten unterhalten. Im Zusammenhang mit der »Samtenen Revolution« kamen Diskussionen auf, welchen Weg die tschechoslowakische Wirtschaft in Zukunft gehen solle.
In der Bevölkerung herrschte gegenüber größeren Reformen zunächst

eine gewisse Skepsis. Mit einem direkten Übergang zum »Kapitalismus« rechnete man nicht.

Der »richtige« Transformationsweg in den Augen der Öffentlichkeit am Ende des Jahres 1989

	23.11.1989	09.12.1989
Sozialistischer Weg	45	41
Kapitalistischer Weg	3	3
»Dritter Weg«	47	52

Quelle: Názory na aktuální politickou situaci. Institut pro výzkum veřejného mínění [Meinungen über die aktuelle politische Situation. Institut für die Erforschung der öffentlichen Meinung], Praha 1989, S. 7

Die große Zahl der Anhänger eines »Dritten Weges« in der Bevölkerung macht zweierlei deutlich: Ein Teil der tschechoslowakischen Gesellschaft betrachtete die Novemberereignisse nicht als eine Zäsur, sondern als eine Fortsetzung des Prager Frühlings. Damit wurde offenkundig, welche große Rolle die Reformer aus den 1960er Jahren in den ersten Monaten nach dem Umbruch spielten.

Alle beteiligten Experten waren sich darin einig, dass die tschechoslowakische Wirtschaft an das liberale westliche Wirtschaftssystem angepasst werden müsse. Die Geister schieden sich allerdings an der Frage, wie die Transformation vonstatten gehen solle. Die tschechische Regierung schlug eine graduelle Transformation vor. Diese Position unterstützten Ökonomen, die bereits die Reformideen der 1960er Jahre geprägt hatten und vor allem bei der Liberalisierung der Außenwirtschaft die »Politik der kleinen Schritte« empfahlen, um die Stabilität der Betriebe nicht zu bedrohen. Eine zweite Gruppe bestand im Kern aus der föderalen Regierung um Václav Klaus und Vladimír Dlouhý. Deren Konzept zur Transformation der tschechoslowakischen Wirtschaft, auch bekannt unter dem Namen »Szenario der wirtschaftlichen Reform«, setzte sich schließlich durch und konnte seit Januar 1991 realisiert werden. Strukturell war das »Szenario« dem Plan des polnischen Finanzministers Balcerowicz durchaus ähnlich. Auch Klaus rechnete mit einer Schocktherapie; auf der Agenda standen eine rasche Liberalisierung des Außenhandels, eine Preisderegulierung und die Einführung einer frei konvertierbaren Währung. Im Unterschied zu Polen zauderte man nicht mit einer raschen und umfassenden Privatisierung des verstaatlichten Eigentums. Klaus erklärte seine Reformschritte in Dutzenden von Zeitschriftenartikeln; zu seinen Parolen gehörte vor allem »Kapitalismus ohne Attribute« und »Der Dritte Weg führt in die Dritte Welt«. Sein Konzept war gekennzeichnet von der Streichung des Wortes »sozial« und einer Abrechnung mit allen Reformversuchen in der Vergangenheit. »[Unser] Weg enthält weder den Gedanken des ›Dritten Weges‹, den wir vom Prager Frühling im Jahr 1968 kennen, noch die westliche Theorie der ›sozialen Marktwirtschaft‹ und schon gar nicht die Denkweise der ›Perestroika‹.«[223]

Eine zusätzliche Belastung für die wirtschaftliche Lage der Tschechoslowakei ergab sich aus dem Streit zwischen Tschechien und der Slowakei bezüglich einer gerechten Teilung der wirtschaftlichen Ressourcen. Dieser Konflikt wurde durch die mehrheitliche Überzeugung beider Nationen gespeist, dass in der Föderation stets der andere im Vorteil gewesen sei. Einer Umfrage vom Februar 1990 zufolge dachten 71 Prozent der Slowaken und 68 Prozent der Tschechen so. Die tschechische Seite betonte, dass die Slowakei jährlich mehr an Waren erhalte als sie produziere. Die slowakische Seite dagegen behauptete, dass ihre weniger gute Entwicklung mit dem ungünstigen Industriestandort zusammenhänge. Verantwortlich dafür sei die Zentralregierung in Prag. Anfang der 1990er Jahre durchgeführte Umfragen zeigten die zunehmend unterschiedliche Einstellung beider Völker im Blick auf den Transformationsprozess. Die Tschechen verstanden sich bereits 1991 als eine Gesellschaft, in der westlicher Arbeitsethos und Individualismus wieder Fuß gefasst hatten. 74,6 Prozent der befragten Böhmen, aber lediglich 50,7 Prozent der Slowaken vertraten die Überzeugung, dass Wettbewerb vorteilhaft sei. Die Frage, ob harte Arbeit Erfolg bringe, beantworteten 77,3 Prozent der befragten Böhmen, aber nur 60,4 Prozent der Slowaken positiv. Individuelle Verantwortung begrüßten 72,2 Prozent der böhmischen Bevölkerung (Prag 83,1 Prozent, Mähren 68,4 Prozent), aber nur 48,4 Prozent der slowakischen.[224]

Wahlen und Parteienentwicklung nach der Trennung

Die Teilung der Tschechoslowakei hatte keinerlei Folgen für das Parteiensystem. Es gab keine relevanten föderalen Parteien, und die Parteienlandschaft hatte sich bereits seit der Wende von 1989 getrennt entwickelt. Die Wahlen des Jahres 1992 bedeuteten eine Rückkehr zum klassischen Parteiensystem mit einer klaren Positionierung im Links-Rechts-Spektrum. Als Gewinner ging aus diesen Wahlen die von der ODS geführte wirtschaftsliberale Rechte hervor. Die ČSSD (*Československá sociální demokracie*, Tschechoslowakische Sozialdemokratie, seit Februar 1993 *Česká strana sociálně demokratická*, Tschechische sozialdemokratische Partei) konnte lediglich 7,67 Prozent der Stimmen auf sich vereinen. Dieses ernüchternde Ergebnis führte zu einer Parteireform, die mit der Wahl von Miloš Zeman zum Parteivorsitzenden im Jahr 1993 verbunden war. Aufgrund seiner aggressiven Antiregierungsrethorik konnte Zeman mit viel Sympathie aus der tschechischen Bevölkerung rechnen. Die Popularität der ČSSD nahm rasch zu (1995: 20 Prozent, 1998: 32,31 Prozent), die Partei profilierte sich als harte Opposition, die das ganze »Mitte-Links-Spektrum« beherrschte. Obwohl sich Zeman gegen eine Kooperation mit der Kommunistischen Partei auf Regierungsebene aussprach, nahm die Sozialdemokratie eine große Zahl ehemaliger Kommunisten in ihren Reihen auf. Von den sozialdemokratischen Kandidaten, die bei den Wahlen im Juni 2006 antraten, besaßen vierzig Prozent vor der Wende das kommunistische Parteibuch.

Auch rechts- und linkspopulistische Parteien konnten in der Tschechischen Republik einen bemerkenswerten Erfolg für sich verbuchen. Vor allem die Republikaner (*Sdružení pro republiku-Republikánská strana Československa*, Vereinigung für die Republik-Republikanerpartei der Tschechoslowakei), eine national-rechtsextremistische Strömung, waren von 1992 bis 1998 im tschechoslowakischen und später im tschechischen Parlament vertreten (1992: 6,48 Prozent, 1996: 8,01 Prozent). Mit Miroslav Sládek an der Spitze befürworteten sie eine harte Gangart im Bereich der inneren Sicherheit – verbunden mit antiamerikanischen und antikommunistischen Attitüden. Ihr Programm trug stark sozialpopulistische Züge, propagierte Maßnahmen gegen Roma und Homosexuelle und betonte das »Nationale« in Wirtschaft, Kultur und Erziehung. Infolge des Verlustes traditioneller Wählerschichten – junge Männer, Erstwähler, Unentschiedene, Arbeiter oder Leute ohne Ausbildung – erlitten die Republikaner bei den Wahlen des Jahres 1998 mit nur 3,9 Prozent eine schwere Niederlage. Ihre Wähler wechselten vor allem zur Kommunistischen Partei, die ähnliche Akzentsetzungen vornahm wie die Republikaner.[225] Von der Kommunistischen Partei

Böhmens und Mährens (*Komunistická strana Čech a Moravy*, KSČM) fühlten sich vor allem diejenigen angesprochen, die gegen einen Beitritt der Tschechischen Republik zur NATO oder gegen die Förderung der Sudentendeutschen waren. In beiden Parteien pflegte man eine antiglobalistische Rhetorik. Ähnlich wie die Republikaner betonten auch die Kommunisten traditionelle Werte wie Familie und Moral sowie nationale Interessen.[226]

Die Kommunisten, in den 1990er Jahren eine isolierte Partei am Rande der Gesellschaft und ohne Koalitionspotenzial, wurden nach der Jahrtausendwende immer salonfähiger. Der politische Durchbruch gelang ihnen mit den Wahlen des Jahres 2002, bei denen sie 18,51 Prozent der Stimmen erhielten, und im Februar 2003, als mit ihrer Hilfe Václav Klaus zum Präsidenten der Tschechischen Republik gewählt wurde. Auch die seit 2002 regierende, aber recht brüchige Koalition aus linken Sozialdemokraten (ČSSD), konservativer Volkspartei (KDU-ČSL) und liberaler Freiheitsunion (*Unie svobody* – US) bewirkte eine Stärkung der Kommunisten. Karl-Peter Schwarz bezeichnete die Verhältnisse in Prag während der letzten Wahlperiode 2002 bis 2006 zu Recht als »Volksfront light«, denn die Sozialdemokraten konnten nur mit Unterstützung der Kommunisten regieren.[227] Nach den Wahlen Anfang Juni 2006 traten die ausgesprochen undemokratisch-autoritären Züge des sozialdemokratischen Ministerpräsidenten Jiří Paroubek hervor, als dieser mit einem Stimmenanteil von 32,32 Prozent seine knappe Niederlage gegen die ODS (35,38 Prozent) nicht akzeptieren wollte. Der unterlegene Ministerpräsident deutete gar an, er werde das Wahlergebnis anfechten und eine Klage beim Obersten Verwaltungsgericht einreichen; die Art und Weise, wie die ODS die Wahlen gewonnen habe, gleiche der kommunistischen Machtübernahme vom Februar 1948.

Die Kommunistische Partei Böhmens und Mährens distanzierte sich nie von ihrer Vergangenheit, vor allem nicht von ihrer kritischen Bewertung des Prager Frühlings, und sie hielt am Wort »kommunistisch« in ihrem Namen fest. Auf dem 3. Parteitag im Jahr 1993 scheiterten alle Reformversuche; der progressive Vorsitzende Jiří Svoboda trat resigniert zurück, an seine Stelle rückte der dogmatisch orientierte Miroslav Grebeníček. Den Kern der Partei bilden immer noch orthodoxe Kommunisten mit einem Durchschnittsalter von 64 Jahren. Die Partei bleibt sich, siebzehn Jahre nach dem Umbruch, treu und unterstützt die kommunistischen Regimes in Kuba, Vietnam und China. Ihre Ideologie basiert immer noch auf einer für sie »wissenschaftlichen Theorie, deren Grundlagen K. Marx und F. Engels legten und zu deren Entfaltung auch V. I. Lenin beitrug. Sie ist auch weiterhin imstande, uns das wahre Bild der Welt und der Gesellschaft zu liefern [...] Das Programmziel der KSČM ist die grundsätzliche Veränderung des gesellschaftlichen Systems in Richtung Sozialismus.«[228]

Hinsichtlich ihrer Einstellung zur kommunistischen Ideologie und zur Kommunistischen Partei befindet sich die Tschechische Republik in einem vielsagenden Zwiespalt. Als am 29. November 1989 die tschechoslowakische Verfassung geändert wurde, strich man die führende Rolle der Kommunistischen Partei in der Gesellschaft und den Artikel über den Marxismus-Leninismus als Staatsideologie. Mit dem Gesetz Nr. 198 aus dem Jahr 1993 erklärte man die kommunistische Ideologie als »verbrecherisch, illegitim und verwerflich«[229]. Die »Kommunistische Partei der Tschechoslowakei, ihre Leitung und Mitglieder« wurden »für die Regierungsweise in unserem Land in den Jahren 1948–1989, vor allem für die programmatische Vernichtung der Werte der europäischen Zivilisation sowie für die bewusste Verletzung der Menschenrechte und -freiheiten« verantwortlich gemacht.

Angesichts der hohen Prozentpunkte, die die KSČM bei den Wahlen regelmäßig erzielt, und der Selbstverständlichkeit, mit der die Vertreter der Partei in der Öffentlichkeit auftreten, werden regelmäßig Proteste laut – mit dem Ziel, die KSČM endgültig zu verbieten (zuletzt im Mai 2006). Solche Initiativen finden in der tschechischen Öffentlichkeit jedoch keine Resonanz, denn die KSČM wird bereits als ein etablierter Teil des Parteiensystems betrachtet. Auf regionaler Ebene erzielt sie, vornehmlich in den eher stark industrialisierten Gebieten wie in Nordböhmen oder Nordmähren, große Erfolge und ist häufig in den Stadträten vertreten.

In der Slowakei gestaltete sich die politische Entwicklung nach der Trennung instabil. Die seit Juni 1992 regierende HZDS mit Vladimír Mečiar an der Spitze ging im Oktober 1993 mit der nationalistischen SNS (*Slovenská národná strana*, Slowakische Nationalpartei) eine Koalition ein. Beide Parteien waren aufgrund erheblicher innerer Differenzen zerrissen, so dass es im März 1994 zu einer Regierungskrise kam, die mit einem Misstrauensvotum gegen die Regierung Mečiar endete. Mit der Regierungsbildung wurde nun der ehemalige Außenminister

Jozef Moravčík beauftragt. Er schuf eine Koalition aus mehreren Parteien – unter anderem auch mit der Nachfolgerin der Kommunistischen Partei der Slowakei (Partei der demokratischen Linke, SDĽ), der konservativen Christlich-demokratischen Bewegung (*Kresťanskodemokratické hnutie*, KDH) und Moravčíks Demokratischer Union. Auch beide Parteien der ungarischen Minderheit unterstützten die Koalition.

Die vorzeitigen Neuwahlen Ende September/Anfang Oktober 1994 konnte die HZDS mit einem Stimmenanteil von 35 Prozent klar für sich entscheiden. Sie koalierte abermals mit der nationalistischen SNS und nahm erstmals die Arbeitervereinigung der Slowakei (*Združenie robotníkov Slovenska*, ZRS) mit ins Boot. Die neue Regierungskoalition behinderte die parlamentarische Opposition und ging dazu über, hohe staatliche Amtsträger und Verantwortliche in den Medien abzulösen und durch eigene Gefolgsleute zu ersetzen. Den Privatisierungsprozess in der Wirtschaft nahm sie vollständig in die eigene Hand, um ihre Interessen verfolgen zu können. Diese und andere Vorgänge nährten die Befürchtung, dass sich in der Slowakei unter dem Deckmantel einer formalen Demokratie politische Eliten mit autoritären und rechtsstaatswidrigen Praktiken etablieren könnten. Die Agenda 2000 der Europäischen Union kritisierte die politischen Verhältnisse im Lande mit aller Deutlichkeit.[230] Die Regierung verletzte die Verfassung und bediente sich in mehreren Fällen ausgesprochen krimineller Methoden; nachdem der Sohn des Präsidenten Michal Kováč entführt worden war, kam es zu einer Blockade der Ermittlungen; der Kronzeuge des Entführten, Róbert Remiáš, wurde ermordet. Allerdings existierte in der Slowakei auch während der Ära Mečiar eine freie Presse. Die Wahlen des Jahres 1998 beendeten die Regierung Mečiar und führten zu einer grundlegenden politischen Wende. Mikuláš Dzurinda, Christdemokrat und Vorsitzender der Slowakischen demokratischen Koalition (*Slovenská demokratická koalícia*, SDK), übernahm das Amt des slowakischen Ministerpräsidenten und blieb auch nach den Wahlen des Jahres 2002 in dieser Position.

Am 17. Juni 2006 fanden in der Slowakei vorgezogene Wahlen statt, da die Christdemokraten (KDH) vorzeitig aus der Koalition ausgetreten waren. Bei einer Wahlbeteiligung von 54,67 Prozent gewann mit großem Vorsprung die Sozialdemokratische Partei *Smer* (Die Richtung) mit 29,14 Prozent der Wählerstimmen, gefolgt von der Slowakischen Demokratischen und Christlichen Union (*Slovenská demokratická a kresťanská únia*, SDKÚ) mit 18,35 Prozent, der Slowakischen National-partei (*Slovenská národná strana*, SNS) mit 11,73 Prozent und der Par-tei der Ungarischen Koalition (*Strana maďarskej koalície*, SMK) mit 11,68 Prozent. Die HZDS (*Hnutie za demokratické Slovensko*, Bewegung für die demokratische Slowakei) von Vladimír Mečiar musste sich mit dem vierten Platz – das entsprach 8,79 Prozent der Wählerstimmen – zufrieden geben.

Nach zehntägigen Koalitionsverhandlungen, bei denen beinahe alle Kombinationen im Spiel waren, lud am 28. Juni 2006 der Vorsitzende der *Smer*-Partei, Robert Fico, die nationalistische SNS und Mečiars HZDS zur Regierungsbildung ein. Diese Koalition hat mit insgesamt 85 Mandaten im slowakischen Parlament eine zuverlässige Mehrheit.

Da die SNS und die HZDS mit der Zeit vor 1998 in Verbindung ge-bracht werden, befürchten manche eine erneute Isolierung der Slowa-kei und die Einstellung der liberalen Wirtschaftsreformen der Regie-rung Dzurindas. Die Kommentatoren sind voller Angst, dass sich Fico mit der Einladung der HZDS öffentlich zu Mečiars autoritärem Erbe bekannt habe.[231] Der Schritt der *Smer*-Partei scheint jedoch eher durch den tschechischen sozialdemokratischen Ministerpräsidenten und Fi-cos Freund Jiří Paroubek inspiriert worden zu sein. Er regierte von 2005 bis 2006 in einer Koalition mit zwei schwachen Partnern, der Freiheits-union und der Volkspartei, und besaß damit freie Hand zur Durchset-zung seiner politischen Vorstellungen.

Eine Rückkehr in die Zeit vor 1998 erscheint in der Slowakei kaum möglich, zumal die Vertreter beider Parteien keine Verfassungsfunktio-nen – Parlamentsvorsitzender oder Ministerpräsident – inne haben und nur fünf von sechzehn Ministerien bekommen sollen. Die Funktions-fähigkeit der slowakischen Verfassungsinstitutionen, vor allem die des Verfassungsgerichtes, wird jedoch auf eine harte Probe gestellt werden. Eine offene Diskriminierung der ungarischen Minderheit, etwa in Form der Änderung des Gesetzes zum Minderheitenschutz, steht aber nicht zu erwarten. Die ungarnfeindliche Rhetorik der SNS wird mit großer Wahrscheinlichkeit im Interesse einer permanenten Mobilisierung der Wähler betrieben, was allerdings zu einer Änderung der bisher relativ »versöhnlichen« Atmosphäre im Lande führen könnte.

Als völlige Ablehnung der Wirtschaftsreformen Dzurindas und als Kritik an seiner pro-europäischen Politik kann man den Wahlausgang also kaum bezeichnen. Die SDKÚ Dzurindas, die der Urheber der Reformen war, erzielte nämlich um die drei Prozent mehr als bei der letzten Wahl, und der Wahlgewinner Fico bekennt sich zu einer europafreundlichen Politik, die er trotz der Teilnahme der nationalistischen und fremdenfeindlichen SNS an seiner Koalitionsregierung ohne Wenn und Aber fortsetzen will.[232]

EU-Mitgliedschaft und Außenpolitik

Seit dem Beitritt in die EU im Mai 2004 kann sowohl Tschechien als auch die Slowakei ein stabiles Wirtschaftswachstum vorweisen. Beide Länder rechnen mit der Euro-Einführung im Jahr 2009 oder spätestens 2010. In der Slowakei wird seit 2002 eine radikale, marktorientierte Reformpolitik mit Steuerreformen, einem Umbau des Gesundheits- und Rentensystems betrieben, das dem Land das positive Image eines wirtschaftlichen Vorreiters in Ostmitteleuropa eingebracht hat. Ähnlich wie in Polen kommt auch in der Slowakei dieser wirtschaftliche Aufschwung großen Teilen der Bevölkerung, besonders in den ländlichen Regionen, bisher nicht zugute. In der Slowakei leben verschiedene nationale Minderheiten. Während das Zusammenleben zwischen Slowaken und Ungarn reibungslos verläuft, gibt es Probleme mit den Roma. Von den herben Einschnitten bei den Unterstützungszahlungen für Familien waren vor allem die kinderreichen Roma-Familien betroffen. Anfang 2004 kam es in der Ostslowakei, wo die meisten slowakischen Roma leben, zu Unruhen; die Roma plünderten Lebensmittelgeschäfte, woraufhin die slowakische Regierung – »zur Beruhigung der Lage« – 1.500 Polizisten und 500 Soldaten einsetzte.

In den Gesellschaften Tschechiens und der Slowakei ist die Zustimmung zur EU recht groß. Obwohl Tschechien weiterhin eine konsequente »transatlantische« Ausrichtung verfolgt, möchte es auch eine konstruktive Rolle als Mitglied der Europäischen Union spielen.[233] Umfragen zufolge vertrauten 2004 64 Prozent der Tschechen den europäischen Institutionen.[234] Ein Jahr nach dem EU-Beitritt Tschechiens äußerten 72 Prozent der befragten Tschechen ihre Zufriedenheit über diesen Schritt.[235] Heute sind 40 Prozent der Tschechen – die größte Gruppe unter den Befragten – mit der EU »weder zufrieden noch unzufrieden«. 37,1 Prozent der Befragten äußerten folgende Kritik an der EU-Mitgliedschaft ihres Landes: »Unterordnung, Abhängigkeit, man

muss sich fremden Normen beugen, sie diktieren uns sinnlose Verordnungen, wir dürfen über uns nicht selbst entscheiden«[236].

Prag bemüht sich stets, nicht einseitig seine Verbindungen zu Washington zu betonen. Im Unterschied zu Polen fiel auf Seiten der tschechischen politischen Eliten die Unterstützung für den Irakkrieg weniger eindeutig aus. Nach wie vor bleiben in der politischen Szene
Tschechiens Spannungen zwischen Integrationsbefürwortern und Eu-
ropaskeptikern bestehen. Staatspräsident Klaus und die Bürgerpartei
ODS, deren Ehrenvorsitzender Klaus ist, wenden sich gegen eine Vertiefung der europäischen Integration. Durch das Ergebnis der EU-Ver-
fassungs-Referenden in Frankreich und den Niederlanden erfuhr diese Haltung weiteren Auftrieb. Während im konservativen Lager Kritik
am »erstarrten« europäischen Sozialmodell geübt wird, setzen sich sozialdemokratische Proeuropäer für ein starkes und soziales Europa ein.

Ganz wichtig für Tschechien sind die Beziehungen zu Deutschland. Die
Ankündigung der Preußischen Treuhand, ihr früheres Eigentum auf
dem Rechtsweg zurückzufordern, führte in der Tschechischen Republik nicht zu ähnlich großen Ängsten wie in Polen. Auch die Initiative
von Erika Steinbach, der Präsidentin des Bundes der Vertriebenen, ein
»Zentrum gegen Vertreibung« in Berlin einzurichten, in dem die
Leiden überwiegend deutscher Vertriebener berücksichtigt werden sollen, wurde in Tschechien gelassener aufgenommen als in Polen. Prag
will sich jedoch auch nicht an dem von Berlin, Warschau, Budapest
und Bratislava initiierten Projekt »Europäisches Netzwerk Erinnerung
und Solidarität« beteiligen.[237] Für besonders gut halten die befragten
Tschechen die Beziehungen ihres Landes zur Slowakei, zu Polen und
Ungarn.[238]

Für die Slowakei besitzt der Westbalkan eine besondere Bedeutung.
Außerdem ist das Land am Aktionsplan EU-Ukraine beteiligt, das im
Rahmen der Europäischen Nachbarschaftspolitik verabschiedet wurde.
Beide Länder arbeiten auf dem Gebiet der Korruptionsbekämpfung,
der Justizreform und der Rechtsangleichung an EU-Vorgaben zusammen. Im Mai 2005 führte die Slowakei ein liberales, kostenfreies Visa-
regime gegenüber der Ukraine ein. Damit wurde die EU-Außengrenze,
die nach der EU-Osterweiterung nur schwer passierbar war, erheblich
aufgelockert. Die Slowakei unterstützt grundsätzlich die zukünftige EU-
Mitgliedschaft der Ukraine, engagiert sich dafür jedoch nicht so sehr
wie Polen.[239] Ähnlich wie für Tschechien und Polen bleibt auch für die

Slowakei die NATO das »wichtigste Forum des transatlantischen Dialogs und der politischen und sicherheitspolitischen Zusammenarbeit zwischen den europäischen und nordamerikanischen Mitgliedern der Allianz« [240].

Demokratiekonsolidierung

Im Blick auf den Grad der Demokratiekonsolidierung Tschechiens und der Slowakei gibt es unterschiedliche Einschätzungen. Weitgehende Einigkeit besteht darin, dass es sich bei beiden Staaten – bei der Slowakei erst nach den 1998er Wahlen – um konsolidierte Demokratien handelt. Der tschechische Politikwissenschaftler Michal Kubát bezeichnet aber die slowakische Demokratie als »semikonsolidiert«, denn »die Wahlen hier sind noch kein Signal für einen ›normalen‹ Machtwechsel im Rahmen der Demokratie; vielmehr herrschen hier immer noch gewisse Elemente des Streites um Prinzipien des demokratischen politischen Systems vor«[241]. Timm Beichelt bezeichnete 2002 die Slowakei – gemeinsam mit Russland und der Ukraine – immer noch als »minimaldemokratisches Regime«[242].

Karel Vodička sieht den Konsolidierungsprozess in der Tschechischen Republik auf der konstitutionellen und institutionellen Ebene als fortgeschritten an. Die Verhaltensebene und die Zivilgesellschaft können nach seiner Meinung jedoch noch nicht als konsolidiert bezeichnet werden. »Der Unternehmenssektor zeichnet sich durch die Tendenz aus, seine Interessen außerhalb der institutionellen Strukturen des Staates zu verfolgen. Die niedrige Effektivität des Verwaltungs- und Gerichtssystems trägt zu diesem Verhalten bei. In Tschechien ist es noch nicht gelungen, die überlange Dauer der Gerichtsverfahren zu verkürzen. Daher kommen die Unternehmer oft in die Versuchung, ihre Ansprüche und ihre Interessen mit Hilfe illegitimer Techniken wie Klientelismus, Bestechung und Betrug durchzusetzen [...] Im Vergleich zu konsolidierten westlichen Demokratien werden verschiedene Demokratiedefizite deutlich. Allgemeine Demokratieunterstützung, Demokratiezufriedenheit und Vertrauen in die Institutionen sind niedriger als in konsolidierten Demokratien. Die antidemokratischen Systemalternativen werden nicht ganz eindeutig abgelehnt, die Partizipationsbereitschaft ist gering.«[243]

Wenn die tschechischen Bürger das kommunistische Regime mit dem gegenwärtigen Verfassungsstaat vergleichen, sehen sie ebenso viele Vorteile wie Nachteile. Auch die Chancen, das politische Leben zu beeinflussen, lägen heutzutage auf dem gleichen Niveau wie im Kommunismus.[244] Parallelen zur Einstellung der polnischen Bevölkerung gegenüber der Demokratie sind unübersehbar.[245]

5.6 Sozialistischer Modellstaat und »doppelte Demokratisierung«: die DDR

Die Volkserhebung vom 17. Juni 1953, Verschärfung der Sicherheit und Zentralismus

Mit dem Versuch auf der II. Parteikonferenz im Juli 1952, den Prozess der Sowjetisierung zu beschleunigen und zum Abschluss zu bringen, brachte sich die SED in einen noch größeren Gegensatz zur Bevölkerung. Nach der Ankündigung, den Klassenkampf und den planmäßigen Aufbau des Sozialismus zu forcieren, schwollen die Flüchtlingsströme in den Westen weiter an – allein im zweiten Halbjahr 1952 verließen über 110.000 Personen die DDR. Im ersten Halbjahr 1953 steigerte sich die Zahl auf 300.000 Flüchtlinge. Um die Ausdünnung des Landes zu stoppen, befestigte die DDR, im Einvernehmen mit der sowjetischen Besatzungsmacht, die »Demarkationslinie« zwischen den beiden deutschen Teilstaaten zur undurchlässigsten Grenze in Europa. Berlin blieb das letzte »Schlupfloch«.

Ähnlich wie in anderen Ostblockstaaten führten die Konzentration auf die Schwerindustrie und die immer deutlicheren Restriktionen auf dem Konsumgütersektor zu einer katastrophalen wirtschaftlichen und sozialen Situation. Allein die Besatzungskosten, die Reparationszahlungen und andere Sonderleistungen an die östliche Vormacht verschlangen rund zwanzig Prozent des Staatshaushalts. Um die Lasten tragen zu können, mutete die Regierung der Bevölkerung immer mehr Einschränkungen zu, gleichzeitig erhöhte sie die Leistungsanforderungen. Durch eine vollständige Kollektivierung der Landwirtschaft und die Enteignung der restlichen Privatindustrie meinte das Regime, sich noch weitere Handlungsspielräume erschließen zu können. Die Justiz leistete dem repressiven Ausbeutungssystem entscheidende Hilfe, indem sie durch Gesetze und drakonische Strafmaßnahmen Furcht vor zivilem Ungehorsam verbreitete – bis Juni 1953 wurden rund 60.000 DDR-Bürger als politische Gefangene interniert. Nach sowjetischem Vorbild genossen auch SED-Mitglieder keine Schonung. Der Slánský-Prozess in der Tschechoslowakei bildete den Anstoß für Parteisäuberungen auch in der DDR.

Die Verunsicherung nach dem Tod Stalins und die Ankündigung der UdSSR, dem Satelliten bei seinen wirtschaftlichen Schwierigkeiten keine finanzielle oder materielle Unterstützung leisten zu können, führten im Mai 1953 seitens der SED zu der fatalen Fehlentscheidung, eine mindestens 19-prozentige Normerhöhung durchzusetzen. Daraufhin erhielt die SED-Spitze in Moskau konkrete Anweisungen zur »Gesundung der politischen Lage in der DDR«; heftig kritisiert wurde vor allem das Verhalten gegenüber den kleinbürgerlichen Schichten und den Kirchen. Der daraufhin am 9. Juni 1953 eingeleitete »Neue Kurs« nahm tatsächlich in vielen Bereichen merklich den Druck von der Bevölkerung, korrigierte aber nicht die Normerhöhung und führte auch zu keinem raschen Stimmungsumschwung. Bereits am 11. und 12. Juni 1953 kam es zu ersten Protestkundgebungen und vereinzelten Streiks, die auf eine Verbesserung der Arbeits- und Lebensbedingungen zielten.[246] Eine kritische Reportage im *Neuen Deutschland* über die diktatorischen Methoden, die Normerhöhung im VEB Wohnungsbau Berlin durchzusetzen, gab schließlich den letzten Anstoß. Der Artikel im Zentralorgan der SED ging auf den Baustellen und in den Betrieben von Hand zu Hand, Beschwichtigungsversuche der Gewerkschaftszeitung *Tribüne* und des FDGB-Vorstandes fruchteten nichts mehr. Am 15. Juni übergaben Bauarbeiter eine Resolution an den Ministerpräsidenten Otto Grotewohl, in der sie die Rücknahme der Normerhöhung forderten. Am Vormittag des 16. Juni verliehen sie ihrem Verlangen durch eine Demonstration Ausdruck, der sich spontan Tausende von Passanten anschlossen. Nun ging es nicht mehr allein um die Rücknahme der Normerhöhung. Vielmehr forderte die aufgebrachte Menge auch freie Wahlen und den Rücktritt der Regierung. Das Politbüro räumte noch am gleichen Tag ein, die Anordnung einer obligatorischen Normerhöhung sei »unrichtig« gewesen. Dieses rasche Zurückweichen erkannte die Bevölkerung sogleich als Eingeständnis von Schwäche und setzte ihre Proteste fort. In Ost-Berlin beteiligten sich etwa 100.000 Menschen an den Kundgebungen, in Halle etwa 60.000 und in Leipzig 40.000. Insgesamt kam es in vierhundert Städten zu Streiks und Aktionen gegen SED-Funktionäre und Parteihäuser, vereinzelt auch zu Plünderungen, Brandstiftungen und Gefangenenbefreiungen. Volkspolizei und Staatssicherheit wurden des Aufruhrs nicht Herr; die Kasernierte Volkspolizei (KVP) – wie die im Aufbau befindlichen Streitkräfte der DDR von 1952 bis 1956 genannt wurden – wollte man nur sehr begrenzt einsetzen, da man ihr offenbar misstraute. Also rief die Sowjetische Kontrollkommission (SKK) den Ausnahmezustand aus und ließ die Rote Armee den Aufstand niederschlagen sowie die Großbetriebe besetzen. Im Verlauf der Auseinandersetzungen wurden über fünfzig Protestierende getötet, mindestens zwanzig standrechtlich erschossen und 3.000 verhaftet. In einer zweiten Phase nahmen die DDR-Behörden noch einmal 13.000 Verhaftungen vor. Im Nachhinein suchte das SED-Regime die Lesart zu etablieren, es habe sich bei dem Volksaufstand um einen »konterrevolutionären Putsch« gehandelt, der von den »faschisierten Adenauer- und Eisenhower-Staaten« provoziert und gesteuert worden sei. In Wahrheit hatte sich der Westen größte Zurückhaltung auferlegt, außerordentlich moderat berichtet und die Übergänge in den Ostsektor der Stadt gesperrt. Über einen Fragenkatalog, den die SED-Führung an alle Bezirksleitungen schickte, suchte man sich über die Binnenverhältnisse in der DDR ein Bild zu machen. Daraus ergab sich, dass etwa eine halbe Million Menschen an den Streiks teilgenommen und sich über 400.000 an den Demonstrationen beteiligt hatten.

Als Folge der Volkserhebung entbrannte ein innerparteilicher Machtkampf zwischen Walter Ulbricht einerseits und Rudolf Herrnstadt, dem Chefredakteur des *Neuen Deutschland*, und Wilhelm Zaisser, dem Minister für Staatssicherheit, andererseits. Beide hatten darauf gedrungen, die Partei auf der Grundlage des »Neuen Kurses« zu reformieren, und kritisierten jetzt den autoritären Führungsstil Ulbrichts und die Verselbstständigung des Parteiapparats. Die Position des SED-Generalsekretärs begann zu wanken; sein Gegenvorwurf, Zaisser und Herrnstadt betrieben eine »fraktionelle Tätigkeit« und seien Anhänger des »Sozialdemokratismus«, wirkte nicht überzeugend. Das Politbüro schloss sich den Opponenten an und war für eine Ablösung des Generalsekretärs. Da kam diesem der Sturz Berijas am 26. Juni zu Hilfe; mit dessen Unterstützung hatten die Gegner Ulbrichts fest gerechnet. Angesichts der veränderten Machtverhältnisse schwenkte auch das Politbüro um, zumal Ulbricht am 8. Juli 1953 nach Moskau flog und dort im Amt bestätigt wurde. Nun war Ulbricht wieder am Zug. Zaisser und Herrnstadt wurden ihrer Funktionen im Politbüro und ZK enthoben und als Trotzkisten angeklagt; Justizminister Max Fechner wurde verhaftet und verlor wegen »staats- und parteifeindlichen Verhaltens« seine Ämter. Auf dem Weg einer umfassenden Parteisäuberung verlor ein hoher Prozentsatz ehemaliger Kader seine Funktionen, ein nahezu kompletter Elitenaustausch sorgte dafür, dass die Positionen Ulbrichts breite Unterstützung fanden. In den Blockparteien und Massenorganisationen fanden ähnliche Säuberungen statt. Um künftig bei Volkserhebungen besser gewappnet zu sein, ordnete die Parteiführung auf Bezirksebene die Bildung von Einsatzleitungen an, bildete eine Kommission für Sicherheitsfragen, reorganisierte und verstärkte das MfS und forcierte die Entwicklung bewaffneter Betriebskampfgruppen. Die Antwort auf den Volksprotest war also eine Zentralisierung der Macht und deren Kontrolle durch Partei- und Staatsorgane.

Der IV. Parteitag der SED Ende März/Anfang April 1954 trug in dem verabschiedeten neuen Statut den sowjetischen Vorgaben einer kollektiven Führung Rechnung, indem Ulbricht sich fortan Erster Sekretär des ZK der SED nannte. Ein Parteiaustritt war von nun an kaum mehr möglich. Die DDR erhielt nominell erweiterte Souveränitätsrechte, was freilich nur bedeutete, dass bei großer personeller Kontinuität die Kontrolle von der Behörde des Hohen Kommissars zu der sowjetischen Botschaft wechselte. Im September 1955 folgte – unter denselben Bedingungen – ein Vertrag über die gegenseitigen Beziehungen zwischen der DDR und der UdSSR, der dem Satelliten die volle Souveränität zusprach. Auf die Integration der Bundesrepublik in die NATO 1955 reagierte die UdSSR mit der Einbeziehung der DDR in den Warschauer Pakt. Im Sommer 1955 proklamierte Chruschtschow erstmals die deutsche »Zwei-Staaten-Doktrin«, wonach eine Wiedervereinigung nur unter Berücksichtigung der »sozialistischen Errungenschaften« der DDR möglich sei. 1956 entstanden aus der Kasernierten Volkspolizei die nach sowjetischen Grundsätzen aufgebaute Nationale Volksarmee und das Ministerium für Nationale Verteidigung.

Wie in anderen Staaten im Machtbereich der UdSSR löste die Geheimrede Chruschtschows im Februar 1956 einen Schock aus. Aus Moskau zurückgekehrt, distanzierte sich Ulbricht von Stalin, lehnte aber eine »rückwärtsgewandte Fehlerdiskussion« innerhalb der eigenen Partei strikt ab.[247] Immerhin führten die zarten Ansätze der Entstalinisierung zur Entlassung von 21.000 politischen Gefangenen – darunter auch ehemaligen Parteigenossen, die teilweise rehabilitiert wurden. Die Volkserhebung in Poznań im Frühjahr 1956 und der Ungarn-Aufstand im Herbst desselben Jahres setzten den Lockerungen jedoch enge Grenzen. Vereinzelte Streiks in der DDR ließen die Befürchtung wachsen, der polnische »Bazillus« könne überspringen. Darum schürte man in der Bevölkerung antipolnische Ressentiments.[248] Unruhen unter Studierenden und Hochschullehrern, die eine Entstalinisierung forderten, wurden mit aller Härte unterdrückt. Ende November 1956 ließ die Parteiführung den Berliner Philosophen Wolfgang Harich verhaften und zusammen mit einigen Mitstreitern zu zehn Jahren Zuchthaus verurteilen. Harich hatte einen »demokratischeren und liberaleren Sozialismus« propagiert. Auch der Leiter des Berliner Aufbauverlags, Walter Janka, wurde wegen Bildung einer »konterrevolutionären« Gruppe zu einer fünfjährigen Zuchthausstrafe verurteilt.

Die Verfolgungen der frühen Reformer im Zeichen der Entstalinisierung dauerten bis 1958 an und trafen auch wieder Kritiker des Ulbrichtschen Parteiflügels. Da Chruschtschow wegen der Aufstände in Polen und Ungarn die Parole ausgab, der Revisionismus müsse bekämpft werden, konnte sich Ulbricht mit Hilfe einer weiteren Parteisäuberung seiner innerparteilichen Gegner entledigen – darunter auch des Leiters des Ministeriums für Staatssicherheit (MfS), Ernst Wollweber. Ihm folgte der stets loyale Erich Mielke nach. Um künftige Revolten zu vermeiden, schuf der Erste Sekretär ein Überwachungs- und Abhängigkeitssystem, das den Staatsapparat und alle gesellschaftlichen Bereiche eng an die alles dominierende Parteiführung band. Das galt auch für das politische Strafrecht, das verschärft und den Interessen der Partei dienstbar gemacht wurde. In engem Zusammenspiel zwischen Parteiführung, Staatssicherheit und Justiz konnten Verfolgung, Verurteilung und Strafmaß für missliebige Personen koordiniert werden.

Nach dem Tod des Staatspräsidenten Wilhelm Pieck im September 1960 schuf die Parteiführung einen Staatsrat, dessen Vorsitz Walter Ulbricht übernahm. Im selben Jahr wurde für die Koordinierung der Militär- und Sicherheitsfragen ein Nationaler Verteidigungsrat gebildet, dem Ulbricht ebenfalls vorsaß. Die Blockparteien akzeptierten, wie bereits seit Beginn der 1950er Jahre, den Führungsanspruch der SED und ließen sich widerspruchslos als gesellschaftliche Transmissionsriemen nutzen. Auch die Massenorganisationen widersetzten sich ihrer Instrumentalisierung nicht. Der FDGB engagierte sich bei der Durchsetzung von Planvorgaben und wirkte in den Betrieben als Träger der Sozialpolitik, die FDJ arbeitete in der vormilitärischen Ausbildung und am sozialistischen Aufbau mit.

Die ehrgeizige Wirtschaftsplanung auf dem V. Parteitag 1958, mithilfe derer Ulbricht – analog zu Chruschtschows Wettlauf gegen die USA – den Systemwettbewerb gegen die Bundesrepublik gewinnen wollte, musste allerdings korrigiert werden. Nicht zuletzt die mit Drohungen und Nötigungen vorangetriebene Kollektivierung der Landwirtschaft – 1961 gehörten fast neunzig Prozent der landwirtschaftlichen Produktion zum sozialistischen Sektor – ließ den Flüchtlingsstrom wieder anschwellen, was zu erheblichen Produktionseinbußen führte. Allein 1960 verließen annähernd 200.000 Menschen die DDR. Auch das Handwerk, die Industrie und der Einzelhandel wurden Ende der 1950er/Anfang der 1960er Jahre, gewissermaßen im zweiten Anlauf, entschlossen kollektiviert. 1959 bestimmte ein Gesetz die »sozialistische Entwicklung des Schulwesens«, schrittweise wurde die zehnklassige allgemeinbildende polytechnische Oberschule eingeführt. Hier wie an den Hochschulen setzte man die Schwerpunkte bei den technisch-naturwissenschaftlichen Disziplinen und der ideologischen Erziehung. Schließlich propagierte die Parteiführung eine neue sozialistische Kultur und eine sozialistische Ethik.

Berlinkrise, Mauerbau und weitere Repressionen

Angestoßen von der UdSSR, startete die DDR im September 1958 eine deutschlandpolitische Initiative. Sie schlug den Siegermächten Beratungen über einen Friedensvertrag mit Deutschland vor und der Bundesrepublik die Einsetzung einer gemeinsamen Kommission zu diesem Zweck. Als Bedingung nannte sie, dass im Falle einer Vereinigung die Staats- und Gesellschaftsordnung des einen Staates nicht auf den anderen übertragen werden dürfe. Im Monat darauf begann der Vorstoß in der Berlin-Frage. Ulbricht beanspruchte auch den westlichen Stadtteil, der ebenfalls zum Hoheitsbereich der DDR gehöre. Ende November 1958 folgte das Berlin-Ultimatum Chruschtschows, wonach Berlin binnen eines halben Jahres zu einer entmilitarisierten freien Stadt erklärt werden sollte. Die Westmächte gingen auf die Forderung der UdSSR nicht ein. Stattdessen formulierten sie im Mai 1961 drei unverzichtbare Grundsätze: Die Bevölkerung West-Berlins sei frei, ihr eigenes politisches System zu wählen, westliche Truppen blieben solange in der Stadt, wie die Bevölkerung es wünsche, und die freie Zufahrt nach Berlin müsse gewährleistet sein. Mit ihrer Beschränkung auf West-Berlin hatten die USA wie die NATO freilich auch die Teilung Berlins als gegeben akzeptiert. Für die DDR stellte das Berlin-Problem wie die Existenz des attraktiven West-Staates zweifellos eine Überlebensfrage dar. Die ökonomische Krise des Landes verschärfte sich zusehends, die Unzufriedenheit der DDR-Bürger mit ihrer Lebenssituation stieg stetig an – hatten sie doch die prosperierende Bundesrepublik ständig vor Augen. Der Entwurf eines neuen Arbeitsgesetzbuches, das eine förmliche Verpflichtung zur Arbeit enthielt und das Streikrecht unerwähnt ließ, sorgte für Unruhe in der Bevölkerung. Die Flüchtlingszahlen stiegen weiter an. Nach mehrfachen vergeblichen Anläufen gelang es Ulbricht schließlich, die UdSSR und die Warschauer-Pakt-Staaten davon zu überzeugen, dass »der westliche Vorposten des sozialistischen Lagers« durch eine Mauer geschützt werden müsse. Das perfekt geheim gehaltene Unternehmen, gerechtfertigt als Akt der »Friedenssicherung«, begann am 13. August 1961. Gegen Kritiker wurde wegen staatsfeindlicher Hetze oder Staatsverleumdung scharf durchgegriffen – bis zum 4. September 1961 gab es deswegen allein 3.000 Verhaftungen. Im Kampf gegen angebliche Provokateure zeichnete sich die FDJ vor allen anderen Massenorganisationen aus. Um ihre Mitbürger von den westlichen Medien abzuschneiden, zerstörten FDJ-Mitglieder in einer »Aktion Blitz – kontra NATO-Sender« die nach Westen gerichteten Antennen. Ende September machte das Politbüro klar, dass gegen Grenzverletzer von der Schusswaffe Gebrauch zu machen sei. Bis 1989 wurden etwa 60.000 Personen wegen versuchter Republikflucht inhaftiert und verurteilt. Ende August 1961 führte die DDR wieder Arbeitslager ein, um »arbeitsscheue« Personen, »ohne dass die Verletzung eines bestimmten Strafgesetzes vorliegt«, durch »Arbeitserziehung« zu bessern.[249] Erst 1976 wurden diese Lager wieder abgeschafft. Die DDR nutzte also die durch den Mauerbau geschaffene Situation, um die Repressionen zu verschärfen. Da in der Wahrnehmung der Menschen nunmehr alle Hoffnungen auf eine Wiedervereinigung unrealistisch geworden zu sein schienen und sie das Territorium der DDR auch nicht mehr verlassen konnten, sah die Mehrheit zum Arrangement mit dem diktatorischen System keine Alternative.

Es gab nur eine kurze Phase der Lockerungen – bedingt durch einen blockweiten Entstalinisierungsschub zwischen 1962 und 1964: Knapp 16.000 politische Häftlinge wurden entlassen, auf dem VI. Parteitag im Januar 1963 wurde ein »neues Zeitalter des Sozialismus« proklamiert, man öffnete sich für individuelle Interessen (so in einem Jugendkommuniqué vom September 1963). Doch im März 1964 kehrte die SED zu ihrer harten Linie zurück. Der Chemie-Professor Robert Havemann, der dafür geworben hatte, den starren Dogmatismus zu überwinden, erhielt nach einem Interview mit dem *Hamburger Echo* eine fristlose Kündigung durch seine Universität und wurde aus der Partei ausgeschlossen. Das 11. ZK-Plenum schränkte im Dezember 1965 die kulturellen Spielräume empfindlich ein, indem es Filme, Theaterstücke und literarische Arbeiten des Skeptizismus und der Unmoral bezichtigte. Beat-Musik galt als dekadent. Der Liedermacher Wolf Biermann und der Schriftsteller Stefan Heym fielen während der neuen Eiszeit ebenfalls in Ungnade. Das »Gesetz über das einheitliche sozialistische Bildungssystem« vom Februar 1965 forderte die Erziehung zu sozialistischen Persönlichkeiten.

Gescheiterte Wirtschaftsreformen und die Ablösung Ulbrichts

Für die DDR-Führung blieb es immer wichtig, im Vergleich mit der Bundesrepublik zu beweisen, dass ihr Sozial- und Wirtschaftsmodell überlegen war. Nachdem auch von der UdSSR entsprechende Anregungen gekommen waren, leitete Ulbricht angesichts dieses Ziels einen wirtschaftspolitischen Kurswechsel ein. Das im Frühjahr 1963 begonnene »Neue Ökonomische System der Planung und Leitung der Volkswirtschaft« (NÖSPL) sollte den unteren Wirtschaftseinheiten – vor allem den Betrieben – größere Spielräume und Eigenverantwortlichkeit geben. Dazu gehörten wirtschaftliche Anreize wie eine freiere Gestaltung von Preisen, Abgaben, Zinssätzen, Gewinnen, Prämien und neuen Entlohnungskriterien. All das sollte systemimmanent geschehen und die bisherigen Machtkonstellationen nicht in Frage stellen – ein Problem, das die Staaten des Ostblocks bis 1989/90 an wirklich durchgreifenden Wirtschaftsreformen hinderte. Sowjetischen Bedenken folgend, schwenkte denn auch die DDR im Dezember 1964 allmählich zu zentralistischen und administrativen Planungs- und Lenkungsmethoden zurück, um die gesellschaftspolitischen Konsequenzen einer Wirtschaftsreform zu vermeiden. Unter dem Eindruck des »Prager Frühlings« und aufgrund neuer Versorgungsengpässe im Jahr 1970 stellte die SED-Führung das NÖSPL-Experiment mit Beschluss des Politbüros vom 8. September 1970 dann förmlich ein. Der ökonomisch-technische Wettlauf mit dem Westen – das musste man jetzt erkennen – war nicht zu gewinnen. Sympathiekundgebungen für den tschechoslowakischen Reformweg oder Proteste gegen die militärische Intervention wurden von den Sicherheitsorganen unterdrückt, aber immerhin 1.112 solche Fälle wurden registriert und geahndet.

Die neue DDR-Verfassung aus dem Jahr 1968 orientierte sich weitgehend an der Stalinschen Verfassung von 1936 und der tschechoslowakischen Verfassung von 1960. Darin wurde die führende Rolle der Partei gesetzlich fixiert und deren marxistisch-leninistische Weltanschauung als Wahrheitsnorm festgelegt. Die Grundrechtsformulierungen blieben in der DDR selbst Makulatur und sollten dem Staat vor allem Akzeptanz im Ausland verschaffen. Die DDR wurde als sozialistischer Staat deutscher Nation definiert.

Seit Dezember 1962 gab es zwar zwischen der Bundesrepublik und der DDR einige Vereinbarungen und auch wieder deutschlandpolitische Offensiven – so den Häftlingsfreikauf 1962, das Passierscheinabkommen 1963, die westdeutsche »Note zur Abrüstung und Sicherung des Friedens« vom März 1966 und den Offenen Brief der SED an die SPD –, aber keine diplomatische Anerkennung der DDR. Die Staaten des Warschauer Paktes nannten auf ihrer Bukarester Konferenz im Juli 1966 die Bedingungen für ernsthafte Verhandlungen mit der Bundesrepublik: Anerkennung aller europäischen Grenzen, insbesondere der Oder-Neiße-Grenze, Aufgabe des Alleinvertretungsanspruchs und der so genannten Hallstein-Doktrin (die die völkerrechtliche Isolierung der DDR zum Ziel hatte) sowie die Anerkennung der Existenz zweier deutscher Staaten und West-Berlins als selbstständiger politischer Einheit. Nachdem Willy Brandt im Oktober 1969 ein Verhandlungsangebot über die Existenz zweier deutscher Staaten unterbreitet hatte, zwang die UdSSR ihren Satelliten DDR, das Gespräch mit dem Weststaat aufzunehmen. Im Unterschied zu allen anderen Ostblockstaaten fehlte der DDR die völkerrechtliche Anerkennung durch die meisten Staaten außerhalb des Warschauer Pakts. Durch die entspannungspolitische Initiative in Europa, an der die UdSSR hohes Interesse zeigte, sollte sich das ändern.

In die Entspannungsphase fiel auch der erzwungene Rücktritt Walter Ulbrichts. Die Ursache dafür lag weniger in der Außen- als in der Wirtschaftspolitik. Aufgrund der Förderung von Zukunftsindustrien, von Forschung und Technologie war es zu Planrückständen und zu einer Verminderung der Konsumgüterproduktion gekommen. Gemeinsam mit Günter Mittag und Willi Stoph entwickelte Erich Honecker im Sommer 1970 eine Vorlage, um eine Korrektur des wirtschaftspolitischen Kurses einzuleiten, die sich das Politbüro am 8. September 1970 zu Eigen machte. Jetzt drängte Honecker gegenüber Breschnew auf Ablösung seines Ziehvaters. Am 21. Januar 1971 unterstützten 13 von 20 Mitgliedern und Kandidaten des Politbüros in einem Brief an Breschnew das Anliegen Honeckers. Mitte April erreichte den Ersten Sekretär ein entsprechendes Schreiben aus Moskau. Zehn Tage später präsentierte Ulbricht dem Politbüro sein mit Breschnew abgestimmtes Rücktrittsschreiben. Anfang Mai erklärte er vor dem ZK offiziell seinen Rücktritt und empfahl Honecker als Nachfolger.

Auf dem VIII. Parteitag im Juni 1971 sprach die SED-Führung erstmals von der »entwickelten sozialistischen Gesellschaft«, die der Bevölkerung mehr sozialen Wohlstand auf der Grundlage eines wirtschaftlichen Aufschwungs bescheren sollte. Proklamiert wurde eine neue Einheit von Wirtschafts- und Sozialpolitik. Auf der 9. ZK-Tagung im Mai 1973 gebrauchte der Chefideologe Kurt Hager zum ersten Mal die Formulierung »real existierender Sozialismus«. Der Anschluss an die UdSSR gestaltete sich noch enger, der verabschiedete Fünfjahresplan 1971 bis 1975 lehnte sich eng an die Ostblockerfordernisse an. Einerseits setzte man auf eine Rezentralisierung des ökonomischen Planungs- und Lenkungssystems, andererseits wurden die sozialpolitischen Erfordernisse – etwa der Wohnungsbau oder die Produktion von Konsumgütern – deutlicher berücksichtigt. Diese Politik führte zu einer starken Belastung der Volkswirtschaft und einer ständig ansteigenden Verschuldung im westlichen Ausland – bis 1980 wuchs sie auf vierzehn Milliarden Dollar. Die DDR begann, über ihre Verhältnisse zu leben, eine bedrohliche Abwärtsspirale der Volkswirtschaft setzte ein. Zum Nachteil der DDR-Wirtschaftskraft wurden 1972 überdies die letzten privaten Industrie- und Baubetriebe verstaatlicht und die industriemäßige Produktion in der Landwirtschaft vorangetrieben. Im kulturellen Bereich nahm Honecker zwar vorsichtige Lockerungen vor, sorgte aber auch für eine weitere Machtkonzentration bei der Partei. Deren

Kontrollkommission disziplinierte in der ersten Hälfte der 1970er Jahre die Mitglieder extrem hart und veranlasste etwa 50.000 Ausschlüsse. Das tat dem Andrang auf Parteimitgliedschaft keinen Abbruch. 1975 war die Zahl auf über zwei Millionen Mitglieder gestiegen. Ähnlich wie in der UdSSR und anderen Ostblockstaaten veränderte sich in dieser Phase deren soziologische Zusammensetzung: Die Zahl der Hoch- und Fachschulabsolventen stieg auf eine halbe Million und damit auch der Anteil der in Verwaltungs- und Leitungsfunktionen Beschäftigten gegenüber den Arbeitern in der Produktion. Der Anteil der Industriearbeiter unter den Parteimitgliedern fiel von 48 Prozent im Jahr 1947 auf 37,9 Prozent im Jahr 1986, der der Intelligenz stieg von 12,3 Prozent (1966) auf 22,4 Prozent (1986).[250] Um die Bevölkerung möglichst umfassend überwachen und einschüchtern zu können, ließ Honecker den Sicherheitsapparat ausbauen – allein das MfS stockte sein Personal von 43.000 auf knapp 60.000 Mitarbeiter auf – und subtilere Formen der Repression entwickeln.

Auf das permanente Drängen des Regimes hin hatten sich die evangelischen Landeskirchen auf dem Territorium der DDR 1969 aus dem Dachverband »Evangelische Kirche in Deutschland« (EKD) gelöst und einen eigenen DDR-Kirchenbund gegründet, der erst 1971 offiziell anerkannt wurde. Trotz dieses kirchlichen Zugeständnisses an die Eigenstaatlichkeit der DDR blieben die Kirchen bis zu einem gewissen Grad ein weltanschaulicher wie institutioneller Fremdkörper in dem kommunistischen Staat. Durch eine Differenzierung des Personals in progressive, realistische und negative Kräfte und entsprechende Interventionen suchte das Regime die immer noch sperrigen Kirchen zu einem ähnlichen Instrument umzuformen wie die Blockparteien. Den Höhepunkt der Verständigungsbemühungen bildete das Spitzengespräch zwischen Partei- und Kirchenführung am 6. März 1978. Darin erklärte der Vorsitzende des DDR-Kirchenbundes, Bischof Albrecht Schönherr, seine grundsätzliche Zustimmung zu den innen- wie außenpolitischen Zielen der DDR: Die »Kirche im Sozialismus« solle den christlichen Bürgern helfen, ihren Weg in der sozialistischen Gesellschaft zu finden.[251] Im Verlauf dieses Normalisierungsprozesses hatte es empfindliche Störungen gegeben – etwa durch die Selbstverbrennung des Pfarrers Oskar Brüsewitz im August 1976 aus Protest gegen die Unterdrückung des Christentums durch den Kommunismus. Aber auch danach – etwa im Zusammenhang mit der Einführung des Wehrkundeunterrichts an den Schulen – kam es immer wieder zu Konflikten zwischen Staat und Kirchen.

Entspannungspolitik, KSZE-Schlussakte und deutsch-deutsche Beziehungen

Die europäische Entspannungspolitik führte zu Gewaltverzichtsverträgen zwischen der Bundesrepublik, der UdSSR und Polen, die eine Unverletzlichkeit der bestehenden Grenzen, also auch der zur DDR, einschlossen. Im September 1972 ratifizierte der Deutsche Bundestag den Verkehrsvertrag mit der DDR – das erste völkerrechtlich verbindliche Abkommen zwischen den beiden deutschen Staaten. Der im November 1972 abgeschlossene Grundlagenvertrag regelte wichtige Fragen des innerdeutschen Verhältnisses. Die Bundesrepublik war für menschliche Erleichterungen von ihrem Alleinvertretungsanspruch abgerückt, die DDR erhielt ihre lang ersehnte internationale Anerkennung und Aufwertung. Dabei war sich die SED-Führung durchaus der Gefahr einer ideologischen Aufweichung bewusst, die mit der deutsch-deutschen Annäherung gegeben war. Sie suchte diesem Problem einerseits durch eine noch intensivere Zusammenarbeit mit der UdSSR – etwa in Gestalt des 1975 abgeschlossenen Freundschafts- und Beistandsvertrages – zu begegnen und andererseits die ideologische Abgrenzung vom Westen noch deutlicher zu akzentuieren. Alles, was noch auf gesamtdeutsche Bezüge hinwies, wurde in der Folgezeit getilgt. Das auf dem IX. Parteitag im Mai 1976 vorgestellte neue SED-Programm proklamierte die sozialistische deutsche Nation in der DDR.

Durch ihre besondere Situation an der Systemgrenze und im direkten Gegenüber zu einem deutschen Weststaat bereiteten der DDR die 1975 in der KSZE-Schlussakte getroffenen Übereinkünfte in humanitären Fragen noch größere Schwierigkeiten als den anderen Ostblockstaaten. Unter Berufung auf »Korb 3« der KSZE-Schlussakte forderten etwa DDR-Bürger ihr Recht auf Emigration in den anderen deutschen Staat – eine Entwicklung, die den Effekt des Mauerbaus in Frage stellen konnte. Die DDR suchte diesem Problem durch Diskriminierung beziehungsweise sogar Kriminalisierung Ausreisewilliger zu begegnen. Das Grenzgesetz von 1982 schloss diesen Prozess ab: Ein ungesetzlicher Grenzübertritt wurde fortan mit einer Freiheitsstrafe von bis zu acht Jahren geahndet. Durch die dauerhafte Akkreditierung westlicher

Journalisten in der DDR seit März 1973 erhielt die Bevölkerung im östlichen Deutschland – via westliche Medien – unzensierte Berichte über den eigenen Staat. Auf kritische Reportagen reagierte das Regime vereinzelt mit Ausweisungen, versuchte aber auch hier, vor allem mit geheimdienstlichen Mitteln – im wesentlichen Zersetzung und Differenzierung – das Problem unter Kontrolle zu halten. Kritische DDR-Intellektuelle wurden beobachtet und in einigen Fällen – wie Reiner Kunze oder Wolf Biermann – ausgewiesen beziehungsweise gezwungen, ihr Land zu verlassen. Andere Dissidenten mit eher eurokommunistischen Vorstellungen vom Sozialismus – wie Robert Havemann oder Rudolf Bahro – erhielten verschärften Hausarrest oder empfindliche Haftstrafen. Die Bedeutung des MfS für die innere Stabilität des Landes nahm ständig zu – ein Symptom hierfür war die Ernennung Erich Mielkes zum Mitglied des Politbüros 1976.

Nach dem Ende der Entspannungsphase, markiert durch Aufrüstungsbemühungen auf beiden Seiten und durch eine neue Konfrontation der Blöcke, geriet die Binnensolidarität der Warschauer-Pakt-Staaten zusätzlich unter Druck aufgrund der polnischen Gewerkschaftsbewegung *Solidarność*. In der breiten DDR-Bevölkerung gab es kaum Sympathien für die polnische Freiheitsbewegung; dominant waren eher Gefühle der Abneigung wegen des »Leerkaufens« von DDR-Läden, nachdem der visafreie Reiseverkehr eingeführt worden war. Auf politisch-militärischer Ebene favorisierte das SED-Regime eine harte Linie gegenüber den polnischen Reformern. Die Auseinandersetzungen deuteten – nach den Aufständen der 1950er Jahre und dem »Prager Frühling« 1968 – auf die abermalige Gefahr eines beginnenden Zerfallsprozesses im sozialistischen Lager hin. Im Inneren der DDR-Gesellschaft begann sich die unabhängige Friedens- und Abrüstungsbewegung – etwa unter dem Motto »Frieden schaffen ohne Waffen/Schwerter zu Pflugscharen« – von der offiziellen Friedenspolitik der DDR kritisch zu emanzipieren.

In einer kulturpolitischen Initiative versuchte sich die DDR Anfang der 1980er Jahre, in einer Neubewertung zentraler historischer Gestalten der progressiven Traditionen der deutschen Geschichte zu bemächtigen.[252] Einen Höhepunkt in dieser Entwicklung erreichte das Lutherjahr 1983 mit der Bildung eines staatlichen Luther-Komitees, dessen Vorsitz Honecker selbst übernahm.

Trotz der angespannten Weltlage bemühten sich beide deutschen Staaten – zum Teil gegen die Wünsche der UdSSR – um eine Fortdauer der guten Beziehungen. Eine formelle völkerrechtliche Anerkennung durch die Bundesrepublik blieb der DDR aus verfassungsrechtlichen Gründen zwar versagt, aber sie zog aus den parteiübergreifenden deutsch-deutschen Kontakten beträchtliche wirtschaftliche Vorteile. Unabhängig von dem Wechsel der Bundesregierungen suchten diese mit Milliardenkrediten den wirtschaftlich dahinsiechenden Nachbarn zu stabilisieren und so enger an sich zu binden. Alarmiert von der Zahlungsunfähigkeit anderer Ostblockstaaten reagierte die internationale Bankenwelt immer zurückhaltender auf Kreditersuchen aus dieser Region, während die UdSSR, selbst in erheblichen wirtschaftlichen Schwierigkeiten, ihre günstigen Rohöllieferungen an die DDR kürzte, um die eingesparten Kontingente selbst auf dem Weltmarkt verkaufen zu können. Die von der Bundesrepublik vermittelten Kredite wie auch die zusätzliche Erwirtschaftung freier Devisen durch die von Alexander Schalck-Golodkowski geleitete Abteilung »Kommerzielle Koordinierung« (KoKo) innerhalb des SED-Apparats verzögerten gegenüber anderen Ostblockstaaten den wirtschaftlichen Niedergang der DDR. Selbst in Moskau hielt man die DDR aufgrund ihrer wirtschaftlichen Sonderbeziehungen zur Bundesrepublik für ökonomisch und sozial einigermaßen stabil. Der Preisrückgang für Erdölprodukte seit 1986, die fälligen Zinszahlungen für Kredite aus der Hochzinsphase und der technologische Rückstand verschlechterten jedoch in der Endphase der DDR deren wirtschaftliche Situation. Die fortgesetzte Neuverschuldung hätte man nur um den Preis des Abbaus sozialpolitischer Errungenschaften aufhalten können. Doch die SED-Führung fürchtete, dass sich bei einer Senkung des Lebensstandards die soziale und politische Missstimmung intensivieren würde.

Trotz der Entscheidung für eine Beibehaltung des – verglichen mit anderen Ostblockstaaten – hohen Lebensstandards wuchs parallel zu den wirtschaftlichen Schwierigkeiten die Unzufriedenheit großer Teile der Bevölkerung mit den Lebensbedingungen in der DDR. Zunächst meist im Umfeld von Kirchengemeinden entstanden unabhängige Friedens- und Umweltgruppen, die – trotz mancher Disziplinierungsversuche seitens der Kirchenleitungen – für Abrüstungsbemühungen in Ost und West eintraten und zunehmend auch mehr Freiheit und Demokratie für DDR-Bürger forderten. Oppositionelle Künstler lehnten die offizielle DDR-Kultur ab und schufen ihre eigenen alternativen Kulturen. Linke Intellektuelle hingen ihrer Vision von einer qualitativ besseren sozialistischen Gesellschaft nach.[253] Von den späten 1970er Jahren an engagierten sich die so genannten Bausoldaten in der Friedensbewegung.[254] Seit Mitte der 1980er Jahre begann sich aus diesen Ansätzen eine vielfältige dezentrale politische Opposition zu formieren, deren Protest meist auf Reformen innerhalb des realsozialistischen Systems zielte.[255] Nach MfS-Erkenntnissen umfasste der harte Kern nicht mehr als sechzig Personen, zum engeren Sympathisanten- und Unterstützerkreis rechnete man etwa 2.500 Personen. Mit der »Initiative Frieden und Menschenrechte« (IFM) konstituierte sich eine Oppositionsgruppe, die ausdrücklich nicht unter dem Dach der Kirche Schutz suchte. In seinem Berliner Appell verlangte Pfarrer Rainer Eppelmann den Abzug der Besatzungstruppen aus beiden Teilen Deutschlands und das Selbstbestimmungsrecht für alle Deutschen. In kircheneigenen Räumen traten auch DDR-kritische Schriftsteller und Liedermacher aus nichtkirchlichem Milieu auf. Ursprünglich hatte die SED-Führung die westliche Friedensbewegung gegen die kapitalistischen Staaten instrumentalisieren wollen; jetzt sah sie sich selbst den kritischen Einwürfen oppositioneller Gruppen ausgesetzt und ließ diese Kreise mit wachsender Intensität durch das MfS beobachten und infiltrieren. Ein Symptom für die Unzufriedenheit der Bevölkerung war die hohe Zahl der Ausreisewilligen – in den 1980er Jahren verließen bis zu 40.000 Personen pro Jahr die DDR. Obwohl sie während der Wartezeit mit Diskriminierung und dem Verlust ihres Arbeitsplatzes rechnen mussten, stieg die Zahl der Antragsteller bis zum 30. Juni 1989 auf etwa 125.000 Personen an.

Verordnete Reformschübe seitens der UdSSR fielen bei den Satelliten selten auf fruchtbaren Boden. Auch auf die Gorbatschowschen Anstöße vom Frühjahr 1986 reagierte die SED-Führung mit deutlicher Reserve und betonte auf dem IX. Parteitag im April 1986 vor allem den eigenen technologischen Fortschritt. Die zunächst nur reservierte Haltung der SED-Führung gegenüber Gorbatschow schlug allmählich in feindselige Ablehnung um. Insbesondere Honecker erkannte die Gefahren, die von Gorbatschows Vorstellungen für den Fortbestand des sozialistischen Lagers ausgingen, und suchte die DDR von den aus Moskau kommenden Aufweichungstendenzen abzuschirmen. Obwohl der Personenkult in der DDR im Vergleich zu anderen Ostblockstaaten eher gering ausgeprägt war, bemühten sich die DDR-Medien, den Generalsekretär des ZK der SED möglichst häufig zu präsentieren – meist in der Rolle des freundlichen, aber Achtung gebietenden Patriarchen.

Von 1987 bis 1989 kämpfte das SED-Regime gegen eine Reform des real existierenden Sozialismus und für die strikte Beibehaltung des Status quo – also für die Existenz zweier souveräner deutscher Staaten mit unterschiedlicher Gesellschaftsordnung und Bündniszugehörigkeit. Damit vollzog es erstmals in seiner Geschichte eine ideologische Abgrenzung von der sowjetischen Vormacht. Wie andere Satelliten-Staaten zuvor meinte es, den Sozialismus besser zu verstehen als das »Vaterland aller Werktätigen«. Honecker hatte immer zu den Treuesten gehört, wenn es darum ging, die Unterordnung unter den Herrschaftsanspruch der UdSSR in ihrer Einflusssphäre zu betonen. Nun musste er zur Kenntnis nehmen, dass der Generalsekretär der KPdSU sich schrittweise von der Breschnew-Doktrin verabschiedete, indem er – etwa in Prag im April 1987 – unterstrich, auf jegliche Einmischung in die inneren Angelegenheiten anderer Staaten verzichten zu wollen. Dessen ungeachtet versicherten sich Moskau und Ost-Berlin bis zum Zusammenbruch des Ostblocks gegenseitig der unverbrüchlichen Freundschaft und Kampfgemeinschaft.

Während des Bundestagswahlkampfes 1986/87 und der Monate danach sah sich Honecker zum letzten Mal in einer deutsch-deutschen Schlüsselrolle. Um die SPD im Wahlkampf zu unterstützen, veranlasste er, dass nur noch Asylbewerber zum Transit über den Flughafen Schönefeld zugelassen würden, die über ein Anschlussvisum in die Bundesrepublik verfügten. Dafür versprach ihm Egon Bahr im Falle eines Wahlsieges der SPD die »volle Respektierung der Staatsbürgerschaft der DDR«[256]. Nachdem die SPD die Wahlen verloren hatte, verabschiedeten SPD und SED im August 1987 ein Grundsatzdokument unter dem Titel »Der Streit der Ideologien und die gemeinsame Sicherheit«. Darin attestierten sie sich gegenseitig Reformfähigkeit und bekräftigten, dass keine Seite der anderen die Existenzberechtigung absprechen dürfe. Kurz darauf wurde Honecker mit fast allen für einen Staatsbesuch üblichen Ehren in Bonn empfangen. Trotz der Tischrede Helmut Kohls, in der der Bundeskanzler den Auftrag des Grundgesetzes betonte, die »Einheit und Freiheit Deutschlands in freier Selbstbestimmung« zu erreichen, und in der er zur Achtung der Menschenrechte ermahnte, wähnte sich Honecker so gut wie am Ziel seiner Wünsche: der völkerrechtlichen Anerkennung seines Staates durch die Bundesrepublik.

Unruhen, Fluchtbewegung und Umbruch

Umso schwerer wog die weiter wachsende Unzufriedenheit der DDR-Bevölkerung wegen der Nichtgewährung politischer Freiheiten und der schlechten Versorgungslage. Die SED-Führung verfolgte unbeirrt ihren bisherigen Kurs, disziplinierte jene Parteimitglieder, die den reform-kommunistischen Ansichten Gorbatschows zuneigten, ließ die Ergeb-nisse der Kommunalwahlen im Mai 1989 fälschen und begrüßte das blutige Niederschlagen der studentischen Demokratiebewegung in Chi-na. Selbst als DDR-Bürger die bundesrepublikanischen Botschaften in Prag und Budapest besetzten, um so ihre Ausreise zu erzwingen, und die ungarische Grenze zu Österreich geöffnet wurde, bewirkte dies kein Umdenken. Das Regime versuchte Normalität zu simulieren, scheute aber auch vor brutaler Gewalt nicht zurück, als mehrere tausend Men-schen am 4. Oktober 1989 die aus Prag kommenden Flüchtlingszüge im Dresdner Hauptbahnhof erstürmen wollten. Während in Leipzig, Dresden und anderen Städten die Menschen gegen das SED-Regime demonstrierten, zelebrierte dieses am 7. Oktober, sorgfältig abge-schirmt von Sicherheitskräften, in Ost-Berlin seinen 40. Jahrestag. Am 9. Oktober zogen 70.000 Menschen den Leipziger Innenstadtring ent-lang und riefen Parolen wie: »Wir sind das Volk«. Das befürchtete Blut-bad nach chinesischem Muster blieb aus und ermutigte die Menschen zum Weitermachen. Am 16. Oktober demonstrierten schon 120.000 Menschen in Leipzig.

Jetzt zeitigten die Massendemonstrationen erste Wirkung. Am 17. Oktober löste das Politbüro »aus gesundheitlichen Gründen« Erich Honecker ab und ersetzte ihn durch Egon Krenz. Doch dieser Schritt hatte in der Bevölkerung keine positive Resonanz – im Gegenteil. Am 23. Oktober demonstrierten 250.000 Menschen in Leipzig gegen die SED und ihren Vormann und forderten freie Wahlen. Krenz warb in den DDR-Medien für eine von der SED eingeleitete Wende, ließ aber keinen Zweifel an der führenden Rolle der Partei. Dieser letzte Gene-ralsekretär des ZK der SED sollte eine Episode bleiben, seine Wortprä-gung »Wende« indessen, die ja als systemimmanente Wandlung gemeint war, trat einen wahren Siegeszug an und neutralisiert bis heute sprachlich den in Wahrheit revolutionären Vorgang.[257] Unter dem Eindruck fortlaufender Demonstrationen zerbröckelten auch die Massenorganisationen und Blockparteien, die nun ebenfalls innerparteiliche Demokratie, ein neues Wahlgesetz und freie Reisemöglichkeiten forderten. Am 7. November trat die Regierung Stoph zurück, einen Tag später kam es zur Neuwahl des Politbüros und am 9. November provozierte das sichtlich übermüdete Politbüromitglied Günter Schabowski mit der Bemerkung, das neue Reisegesetz gelte sofort, einen Ansturm auf die schließlich geöffneten Berliner Grenzkontrollpunkte. Damit war die Mauer faktisch gefallen, ohne dass zuvor die UdSSR über diesen Schritt informiert worden war. Allein im November 1989 siedelten 130.000 DDR-Bürger in die Bundesrepublik über. Der Zersetzungsprozess befiel nun auch die SED selbst. Zwischen Oktober und Dezember 1989 verließen etwa eine Million Mitglieder die Partei; viele von den verbleibenden forderten die sofortige Einberufung eines Parteitages.

Der Wahlbetrug bei den Kommunalwahlen im Mai 1989 und die bald darauf einsetzende Massenflucht hatten im Sommer 1989 zu oppositionellen Zusammenschlüssen geführt, die sich zum Teil als politische Foren verstanden, zum Teil aber auch schon in Parteistrukturen übergingen – der »Demokratische Aufbruch«, die Initiativgruppe zur Gründung einer »Sozialdemokratischen Partei« (SDP), das »Neue Forum« und »Demokratie jetzt«. Obwohl diese Initiativen wesentlich zum Zusammenbruch der DDR beitrugen, wichen ihre reformsozialistischen Ziele von denen der demonstrierenden Massen ab: während jene nämlich zumeist eine demokratisierte DDR erhalten wollten, wünschten diese den Anschluss an die Bundesrepublik – so wie sie war. Insofern sollten die Forderungen der breiten Bevölkerung alle Reformen überbieten, die der am 13. November in der Volkskammer gewählte neue DDR-Regierungschef Hans Modrow mit den wichtigsten Oppositionsgruppen am »Zentralen Runden Tisch« aushandelte. Vertreter der Opposition wie Repräsentanten des SED-Reformkurses forderten in dem am 28. November veröffentlichten Aufruf »Für unser Land« gemeinsam die Eigenständigkeit der DDR und warnten vor einem »Ausverkauf unserer materiellen und moralischen Werte«[258]. Über eine Million DDR-Bürger sollten in den kommenden Wochen den Appell unterzeichnen. Das ebenfalls am 28. November vorgestellte »10-Punkte-Programm« Helmut Kohls »zur Überwindung der Teilung Deutschlands und Europas« formulierte das Gegenmodell. Es entsprach dem Wunsch einer deutlichen Mehrheit in der DDR, wie sich herausstellen sollte. Die Zustimmung der DDR-Bürger zur Vereinigung stieg von 48 Prozent im November 1989 auf 79 Prozent im Februar 1990.

Auf der 12. und letzten ZK-Tagung am 3. Dezember 1989 wurden Honecker, Stoph und andere aus der Partei ausgeschlossen, das ZK löste sich selbst auf, und Krenz trat kurz darauf auch als Staatsratsvorsitzender zurück. Am 8. Dezember 1989 wählte die SED den Rechtsanwalt Gregor Gysi zum neuen Parteivorsitzenden und nannte sich in SED-PDS (Sozialistische Einheitspartei Deutschlands – Partei des demokratischen Sozialismus) um – jetzt nur noch eine politische Kraft unter anderen. Das MfS, »Schild und Schwert der Partei«, wurde nicht aufgelöst, sondern Mitte November 1989 in ein »Amt für Nationale Sicherheit« (AfNS) umgewandelt. Damit einher gingen Anordnungen zur Vernichtung brisanter Aktenbestände und sozialen Absicherung von ehemaligen Mitarbeitern des MfS. Unter dem Druck des Runden Tisches gab Modrow schließlich Mitte Januar 1990 die Auflösung des AfNS bekannt und bot den Oppositionsvertretern an, bei der Auflösung kontrollierend mitzuwirken. In vielen Städten konstituierten sich Bürgerkomitees, die eine weitere Aktenvernichtung zu verhindern suchten. Mit der förmlichen Auflösung wurden – anders als in anderen Ostblockstaaten – zwar institutionelle Kontinuitäten verhindert, nicht aber die Möglichkeit, ehemalige Mitarbeiter des MfS in anderen Bereichen zu beschäftigen.

An dem »Zentralen Runden Tisch« saßen sich jeweils 19 Vertreter aus der alten und neuen DDR gegenüber. PDS/SED-Vertreter wie Reformer verband der Wunsch nach einer Rettung der DDR. Was sie trennte, war die Strategie: Während die einen die Reste ihrer Macht konservieren wollten, bestanden die anderen auf einer Delegitimierung der alten Kräfte und einem grundlegenden Demokratisierungsprozess. Mit der am 28. Januar 1990 vereinbarten Beteiligung von Oppositionskräften an der Modrow-Regierung verloren diese in der Bevölkerung an Glaubwürdigkeit, ohne dass diese Einbindung die Bundesregierung zur finanziellen Stützung des maroden Staates hätte bewegen können. Im Blick auf die für März 1990 anberaumten Wahlen kam es zu einer Zersplitterung der Opposition: Während die SDP/SPD und die ehemaligen Blockparteien sich mit Unterstützung des Westens auf den Wahlkampf konzentrierten, verloren die nicht zu Parteien verfestigten oppositionellen Gruppen mit ihren eher basisdemokratischen Vorstellungen zunehmend an Relevanz. Bis zum Ende seiner Existenz am 12. März 1990 arbeitete der »Runde Tisch« am Wahlgesetz, an einem Verfassungsentwurf, an Vorschlägen für eine Sozialcharta – also am Erhalt sozialer Errungenschaften der DDR sowie an einer Stabilisierung derselben. Durch die Politik des Dialogs wurde eine Restituierung des SED-Machtmonopols verhindert und der gewaltfreie Systemwechsel ermöglicht.

Während die Mehrzahl derjenigen, die an der Eigenstaatlichkeit der DDR festhalten wollten, mit einer internationalen Koalition gegen die deutsche Vereinigung rechneten, setzte Helmut Kohl auf einen deutschlandpolitischen Kurswechsel Moskaus und auf die Unterstützung der USA wie des Europäischen Parlaments. Tatsächlich gelang es zwischen Februar und September 1990 im Rahmen der »Zwei-Plus-Vier«-Verhandlungen (zwischen den vier Siegermächten und beiden deutschen Staaten) gegen beachtliche wirtschaftliche Zugeständnisse der zerfallenden UdSSR alle wesentlichen Konzessionen für ein in den Westen und die Europäische Gemeinschaft integriertes, vereinigtes Deutschland abzuringen. Die Verhandlungen wurden von internationalen Politik-Gipfeln flankiert, auf denen Sicherheitsgarantien für alle Beteiligten ausgehandelt wurden. Gorbatschows Umdenken hing zweifellos mit der katastrophalen wirtschaftlichen Situation seines Landes und dem inneren Zustand der DDR zusammen. Gegen den Druck der DDR-Bevölkerung ließ sich der Satellit auf Dauer ohnehin nicht mehr halten; seine »Veräußerung« an den Westen schien eine Möglichkeit zu bieten, mit Hilfe der Bundesrepublik die UdSSR zu sanieren.

Angesichts des drohenden wirtschaftlichen Zusammenbruchs der DDR drängte die Regierung Modrow auf eine Vertragsgemeinschaft mit der Bundesrepublik und eine finanzielle Soforthilfe. Die am 1. Februar 1990 verabschiedete Wirtschaftsreform zielte auf das – im sich auflösenden Ostblock immer wieder favorisierte – Modell einer sozialistischen Marktwirtschaft und setzte stabile Märkte im COMECON-Raum voraus. Als die Bundesrepublik hinhaltend reagierte, startete Modrow – nach Rücksprache mit Gorbatschow Ende Januar 1990 – eine Initiative zu einer langsamen, stufenweisen Vereinigung eines neutralisierten Deutschlands. Auch unter diesen Prämissen zeigte sich die Bundesregierung Mitte Februar 1990 nicht zu einer finanziellen Soforthilfe bereit, obwohl die Opposition wie außerparlamentarische Kritiker dem raschen Vereinigungskurs Kohls heftig widersprachen.

Freie Wahlen, die Bildung der Regierung de Maizière und der Beitritt zur Bundesrepublik

Im Blick auf die bevorstehenden Wahlen formierten sich währenddessen die Parteien. Die im Januar in SPD umbenannte SDP sah sich laut Umfragen vom Februar 1990 als stärkste Kraft. Nach langem Hin und Her einigten sich die Gruppen »Neues Forum«, »Demokratie Jetzt« und die »Initiative Frieden und Menschenrechte« auf ein gemeinsames »Bündnis 90«. Auf Druck der West-CDU war die programmatisch veränderte Ost-CDU Ende Januar 1990 aus dem Kabinett Modrow ausgeschieden und hatte mit der Deutschen Sozialen Union (DSU) und dem »Demokratischen Aufbruch« (DA) das Wahlbündnis »Allianz für Deutschland« geschlossen. Das liberale Spektrum fand sich im »Bund Freier Demokraten« (BDF) zusammen. Die drei westlichen Schwesterparteien SPD, CDU und FDP leisteten massive Wahlhilfe, westliche Politiker dominierten zunehmend die politischen Auseinandersetzungen. Bei einer unerwartet hohen Wahlbeteiligung von 93,4 Prozent gewann die bürgerlich-konservative »Allianz für Deutschland« – mit dem Slogan »Freiheit und Wohlstand – nie wieder Sozialismus« und dem Versprechen einer raschen Vereinigung über Artikel 23 des Grundgesetzes (Beitritt zur Bundesrepublik) – mit knapp 48 Prozent die Wahlen. Die SPD hatte mit einer Vereinigung nach Artikel 146 geworben – also unter Erarbeitung einer gemeinsamen neuen Verfassung – und erhielt knapp 22 Prozent. Die seit Februar 1990 nur noch als PDS firmierenden Sozialisten konnten etwas über 16 Prozent der Wähler gewinnen. Bündnis 90 landete mit 3 Prozent weit abgeschlagen noch hinter der DSU mit 6 Prozent. Der am 12. April 1990 von der Volkskammer gewählte Ministerpräsident Lothar de Maizière (CDU) bildete aus seiner »Allianz«, der SPD und den Liberalen eine große Koalition mit einer verfassungsändernden Mehrheit.

Da die neue Regierung keine Anstalten machte, die Auflösung des MfS unbelasteten Kräften zu übergeben, hagelte es Proteste auf Seiten der Bürgerkomitees. Am 7. Juni 1990 beschloss die Volkskammer schließlich die Bildung eines »Sonderausschusses zur Kontrolle der Auflösung des ehemaligen Ministeriums für Staatssicherheit/Amt für

Nationale Sicherheit« unter dem Vorsitz des Abgeordneten Joachim Gauck (Fraktion Bündnis 90/Grüne). Mit großer Mehrheit wurde am 24. August 1990 ein Gesetz über die Sicherung und Nutzung der personenbezogenen Daten des ehemaligen MfS verabschiedet. Um zu verhindern, dass die Bundesregierung an diesem Gesetz Änderungen vornehmen konnte, fügte man dem Einigungsvertrag eine entsprechende Vereinbarung hinzu. Am 3. Oktober 1990 erhielt Gauck das Amt eines »Sonderbeauftragten der Bundesregierung für die personenbezogenen Unterlagen des ehemaligen Staatssicherheitsdienstes«.

Heftige Diskussionen in Ost und West gab es auch über die genauen Regelungen bei der geplanten Währungs-, Wirtschafts- und Sozialunion. Die Ankündigung einer überaus günstigen Umstellung der Löhne, Gehälter, Renten und eines Teils der Sparguthaben im ökonomisch unsinnigen, aber psychologisch gebotenen Verhältnis eins zu eins noch vor den Kommunalwahlen am 6. Mai sorgte vermutlich für das kaum veränderte Kräfteverhältnis zwischen den Parteien. Am 16. Mai vereinbarten die beiden deutschen Regierungen, einen »Fonds Deutsche Einheit« mit einem Volumen von 115 Milliarden DM einzurichten. Es folgten die noch lange Zeit danach strittigen Regelungen in Bezug auf Eigentumsfragen. Zwei Tage später wurde der zum 1. Juli 1990 in Kraft tretende Staatsvertrag zur Wirtschafts-, Währungs- und Sozialunion unterzeichnet. Die Übernahme des westdeutschen Sozialsystems garantierte eine gewisse soziale Abfederung des Transformationsprozesses, markierte aber auch das faktische Ende der DDR. Das Treuhand-Gesetz vom 17. Juni verpflichtete die gleichnamige Behörde, »die unternehmerische Tätigkeit des Staates durch Privatisierung so rasch und so weit wie möglich zurückzuführen«. Am 22. Juli 1990 einigte sich die Regierung de Maizière noch auf eine Neukonstituierung der Länder,[259] brach dann aber über der strittigen Frage der Reihenfolge von Beitritt und gesamtdeutschen Wahlen auseinander. Dem Druck der SPD nachgebend einigte man sich schließlich auf den Beitritt der DDR zur Bundesrepublik zum 3. Oktober 1990 gemäß Artikel 23 des Grundgesetzes und auf gesamtdeutsche Wahlen am 2. Dezember in einem Wahlgebiet und nach einem Wahlrecht. Aufgrund des Einspruchs des Bundesverfassungsgerichts musste das Wahlgesetz noch einmal geändert werden. Danach wurden zwei Wahlgebiete mit jeweils getrennter 5-Prozent-Klausel eingerichtet. Mit dem Ende August 1990 von beiden deutschen Innenministern unterzeichneten Einigungsvertrag waren die rechtlichen und institutionellen Grundlagen geschaffen, um einheitliche Lebensverhältnisse in Deutschland zu ermöglichen. Beide Regierungen waren auf die Unterstützung der Opposition angewiesen. Strittige Verfassungsfragen wurden vertagt, in vielen Bereichen – etwa dem Grundsatz der Transparenz bei der Benutzung von Aktenmaterial – konnte sich die DDR gegen restriktivere Vorstellungen aus dem Westen durchsetzen. Insgesamt wurde ein ganzes Gesellschaftssystem auf ein anderes Land übertragen, ohne dass die Bevölkerung im östlichen Deutschland mit den bundesrepublikanischen Verhältnissen im Einzelnen vertraut gewesen wäre. Sowohl bei den Landtagswahlen am 14. Oktober als auch bei den Bundestagswahlen am 2. Dezember konnten sich die Befürworter einer raschen Vereinigung unter den Beitritts-Bedingungen demokratisch legitimiert sehen. In den folgenden Jahren machte sich freilich auf beiden Seiten eine erhebliche Ernüchterung breit. Ein beträchtlicher Teil der Bevölkerung im östlichen Deutschland sah in den einströmenden Westdeutschen so etwas wie zivile Besatzer, Evaluierungs-, Umerziehungs- und Verwaltungspersonal aus einer anderen, ihnen fremden Welt. Im Westen wuchs die Unzufriedenheit über die hohen Kosten des Vereinigungsprozesses. Umfragen zufolge nahmen mentale Differenzen im Blick auf Haltungen und Einstellungen zwischen Ost und West nur sehr langsam ab. Bis heute sind Unterschiede in der persönlichen Lebenseinstellung wie im sozialen und politischen Bereich feststellbar.[260]

Michael Richter hat zu Recht auf die für die Ostblockstaaten singuläre »doppelte Demokratisierung« der ostdeutschen Bevölkerung hingewiesen.[261] Nach einem internen DDR-Transitionsprozess, aus dem organisatorisch ausdifferenzierte politische Gruppierungen hervorgingen, setzte am Vorabend der »institutionalisierten DDR-Demokratie« – nämlich im Kontext der März-Wahlen 1990 – ein spürbarer Einfluss westdeutscher Politiker ein. Insofern kann man von diesem Zeitpunkt an schon kaum mehr von einer Selbst-Demokratisierung der DDR reden. Kaum hatten die DDR-Bürger sich an die demokratisierten organisatorischen Strukturen ihres Staates gewöhnt, mussten sie mit der Übernahme des westdeutschen Systems ein zweites Mal Transformationsleistungen erbringen. Die damit einhergehenden Entfremdungs- und Verlusterfahrungen sind bis heute nicht vollständig verarbeitet. Hinzu kam die bittere Erfahrung, dass das neue System nicht hielt, was viele seiner Repräsentanten versprochen hatten. Massenarbeitslosigkeit und das Empfinden von mangelnder sozialer Absicherung führten in Teilen der Bevölkerung zu einem Festhalten an der postkommunistischen PDS/Linkspartei, zu einer Rückkehr zu derselben oder zu deren Neuentdeckung. Andere wandten sich dem Rechtsextremismus zu.[262]

Ob solche Tendenzen, die bei Demokratien im Konsolidierungsprozess nicht ungewöhnlich sind, auch eingetreten wären, wenn die Selbstentfesselung der DDR-Gesellschaft in der friedlichen Revolution nicht in das bundesrepublikanische System gemündet hätte, muss offen bleiben. Der ehemalige Bürgerrechtler Ehrhart Neubert meint jedenfalls, durch den Einfluss der etablierten Bundesrepublik habe der begonnene Befreiungsprozess sein Ziel nicht erreichen können. Stattdessen sei es zu einem Revisionismus in Sprache, Geschichte und Recht gekommen.[263] Ohne Frage liegt in dem Beitritt der DDR zur Bundesrepublik und in der dadurch früh einsetzenden äußeren Konsolidierungsphase eine Besonderheit, die im Vergleich mit den übrigen Transitionsgesellschaften in Ostmittel- und Südosteuropa einer sorgfältigen Berücksichtigung bedarf.[264]

Diese Sondersituation sowie die Erfahrung mit der ersten deutschen Diktatur haben auch dazu geführt, dass die historische Aufarbeitung rascher und konsequenter institutionalisiert wurde als nach 1945 und auch weit entschlossener angepackt wurde als in den Nachbarländern nach 1989.[265] Die trotz mancher Widerstände rasche Öffnung der Archive beflügelte die Forschung. Deren quantitativer wie qualitativer Umfang beeindruckt, auch wenn seit 1995 die Analysen zur NS-Diktatur zunehmend wieder die zeitgeschichtliche Arbeit in Deutschland dominieren. Das mag auch daran liegen, dass es nirgendwo sonst im ehemaligen Ostblock einen derart radikalen Wechsel in den intellektuellen Führungspositionen gab wie im östlichen Deutschland. Für die jetzt dort sitzenden westdeutschen Historiker aber besitzt der Diskurs über das »Dritte Reich« nach wie vor eine konstituierende Bedeutung. Ostdeutsche Historiker nehmen meist untergeordnete Positionen ein und haben sich an den gesamtdeutschen Kontroversen nach 1989 kaum beteiligt. Zu den inhaltlichen Fehlgewichtungen der DDR-Forschung gehört die einseitige Konzentration auf die Tätigkeit des Ministeriums für Staatssicherheit. Während der Umbruch von 1989 im Geschichtsbewusstsein der Westdeutschen kaum Spuren hinterlassen hat, mussten viele Ostdeutsche einen grundlegenden Bruch mit ihrem Geschichtsbild verkraften. Die beiden unterschiedlichen deutschen Geschichtskulturen könnten in einer europäischen Geschichtsidentität aufgehoben werden.

5.7 Vom Stalinismus über den Nationalkommunismus zur »unvollendeten Revolution«: Rumänien

Vom Moskauer Loyalitätskurs zum Prinzip der nationalen Unabhängigkeit

Der nach dem Tod Stalins 1953 von Chruschtschow verkündete »Neue Kurs« – kollektive Führung, Verbesserung der Versorgung mit Konsumgütern, mehr Rechtsstaatlichkeit und Abbau der Willkür von Justiz und Polizei – stieß auch in der rumänischen Nomenklatura auf wenig Gegenliebe. Der Partei- und Regierungschef Gheorghiu-Dej bequemte sich 1954 zu dem Kompromiss, den Parteivorsitz abzugeben. Im Jahr darauf wechselte er zurück in das Amt des Parteichefs und verzichtete auf das Amt des Regierungschefs. Ansonsten reagierte man damit, allzu ehrgeizige Industrialisierungsprojekte einzustellen beziehungsweise zu verlangsamen. Auch die fortschreitende Kollektivierung der Landwirtschaft wurde vorübergehend abgebremst, und die Bauarbeiten am Donau-Schwarzmeerkanal wurden 1953 gestoppt. Als Chruschtschow dann auf dem 20. Parteitag der KPdSU im Februar 1956 das Signal für eine offene Entstalinisierung gab, hielt Gheorghiu-Dej keine Maßnahmen für nötig, weil man bereits zwischen 1948 und 1952 Parteisäuberungen vorgenommen habe. Von den Auswirkungen der Unruhen in Polen und vor allem in Ungarn 1956 war in Rumänien – abgesehen von einigen Studentenprotesten in Bukarest und Cluj – wenig zu spüren. Allerdings suchte die Regierung oppositionellen Bestrebungen entgegenzuwirken, indem sie Ende 1956 eine Lohnerhöhung verordnete und die Bevölkerung besser als bisher mit Konsumgütern versorgte. Außerdem wurden einige Spitzenpolitiker – Miron Constantinescu, Iosif Chişinevski und andere – im Juni 1957 »wegen des Versuchs, die Partei an einer liberalistischen und revisionistischen Anarchie zu orientieren«[266], von ihren Ämtern entbunden. 1959 sollte in Oraşul Stalin (Braşov) ein Prozess gegen fünf regimekritische deutschstämmige Schriftsteller zeigen, dass die Kommunisten das Heft fest in der Hand hielten.[267] Der Kreml honorierte die Haltung seines

Satelliten. Er gab 1956 die am Ende des Krieges geraubten Kunstschätze (allerdings nicht den Staatsschatz) an Rumänien zurück und beendete 1958 den faktischen Besatzungsstatus, indem er endlich seine Truppen aus dem Land zurückzog.

1961 strukturierten die rumänischen Kommunisten den Staatsaufbau um. Neben den beiden bisher bestehenden Kollegialorganen – dem Präsidium der »Großen Nationalversammlung« mit dem Staatspräsidenten an der Spitze und dem Ministerrat mit dem Ministerpräsidenten – etablierten sie, wie die DDR im Jahr zuvor, einen Staatsrat, der nun alle wichtigen Kompetenzen an sich zog und die oberste Macht verkörperte. Zusätzlich zu seinem Parteivorsitz übernahm Gheorghiu-Dej auch das Amt des Staatsratsvorsitzenden, vereinigte also wieder das oberste Partei- mit dem höchsten Staatsamt. Er residierte im ehemaligen Königspalast – nun »Palast der Republik« –, an den man 1960 eine *Sala Palatului*, ein Veranstaltungszentrum mit mehr als 3.000 Plätzen, anbaute. Hier fanden unter anderem die Parteitage statt.

Seit 1962 schlug die Rumänische Arbeiterpartei in aller Vorsicht einen Kurs der nationalen Unabhängigkeit ein. Auslöser war die Absicht Moskaus, den Wirtschaftsverband COMECON einer zentralen Leitung zu unterstellen und eine sozialistische Arbeitsteilung einzuführen, wonach jedem Land ein ökonomischer Schwerpunkt zugewiesen worden wäre. Rumänien fürchtete, auf Landwirtschaft beziehungsweise Zulieferung von Bodenschätzen festgelegt und damit zu einem wirtschaftlich zweitrangigen Land degradiert zu werden. Es blockierte 1963 die sowjetischen Pläne und distanzierte sich im April des darauf folgenden Jahres in einer »Erklärung zum Standpunkt der Rumänischen Arbeiterpartei in den Fragen der internationalen kommunistischen und Arbeiterbewegung« auch öffentlich von dem Arbeitsteilungsprojekt. In derselben Verlautbarung, die Beobachter als »rumänische Unabhängigkeitserklärung« bewerteten, nahm man auch Stellung zu dem Streit zwischen Moskau und Peking. Den eigenen Interessen folgend, plädierte die Rumänische Arbeiterpartei für die Prinzipien der nationalen Unabhängigkeit und Souveränität, für Gleichberechtigung und für die Wahrnehmung des gegenseitigen Vorteils. Gleichzeitig nahm man die Russifizierung der rumänischen Kultur zurück: das »Rumänisch-russische Museum« in Bukarest wurde offiziell wegen Renovierung geschlossen, das Maxim-Gorki-Institut der Universität eingegliedert und an den Schulen Russisch nicht mehr als obligatorische erste Fremdsprache gelehrt. Die Stadt Orașul Stalin hieß seit 1960 wieder Brașov, und das »â« kehrte 1965 wieder ins rumänische Alphabet zurück.

Zwischen 1961 und 1964 erhielten mehrere tausend politische Häftlinge die Freiheit, das dichte Netz der Zwangsarbeitslager wurde aufgelöst,[268] und das Land öffnete sich dem westlichen Außenhandel und Massentourismus. Am 19. März 1965 starb der Staatsratsvorsitzende und langjährige Parteichef Gheorghiu-Dej. Er wurde mit einem Staatsbegräbnis geehrt und im *Parcul Libertății*, dem heutigen Carol-Park, beigesetzt.

An die Spitze der Partei trat Nicolae Ceaușescu, der seit 1944 kontinuierlich in der Parteihierarchie aufgestiegen war und seit 1955 dem Politbüro als Vollmitglied angehörte, ohne dass er im Ausland besonders aufgefallen wäre.[269] Anders als Gheorghiu-Dej musste er sich die Macht mit Chivu Stoica, dem neuen Präsidenten des Staatsrats, und mit Ion Gheorghe Maurer teilen, der das Amt des Ministerpräsidenten übernahm. Nach der neuen Verfassung vom 21. August 1965 lautete der neue Name des Staates nun »Sozialistische Republik Rumänien«.

Die neue Führung verfolgte den Kurs politischer Unabhängigkeit, Gleichberechtigung und Nichteinmischung noch konsequenter als Gheorghiu-Dej, indem sie ihn weit über das wirtschaftspolitische Feld hinaus ausdehnte. 1966 ging sie noch einen Schritt weiter und forderte die Abschaffung der beiden Militärblöcke NATO und Warschauer Pakt. Trotz der starken Worte verhielt sich die rumänische Regierung aber weiterhin loyal gegenüber Moskau. Sie stellte ihre Zugehörigkeit zum Warschauer Pakt wie zum COMECON nicht in Frage, hielt an den Freundschafts- und Bündnisverträgen fest, erneuerte sie auch – etwa den mit der UdSSR 1970 – und achtete so darauf, ihre Unabhängigkeitsbestrebungen nicht zu weit zu treiben. Allerdings konnte Bukarest – anders als Prag – durchsetzen, dass die so genannte Breschnew-Doktrin, die Doktrin von der »eingeschränkten Souveränität der Warschauer-Pakt-Staaten«, in dem bilateralen Vertrag mit Moskau keine Erwähnung fand. Schon aus wirtschaftlichen Gründen war Rumänien jedoch vom Wohlwollen der UdSSR abhängig. So musste das Land in den 1980er Jahren sowjetisches Erdöl und sowjetische Kohle importieren, um den eigenen Energiemangel auszugleichen.

Auch auf außenpolitischer Ebene setzte Rumänien wichtige Signale gegenüber dem Westen wie dem eigenen Lager. Als einziges Land neben der UdSSR nahm es 1967 diplomatische Beziehungen zur Bundesrepublik Deutschland auf, ohne freilich die Zugehörigkeit West-Berlins zum Bundesgebiet anzuerkennen. Nach dem Sechs-Tage-Krieg zwischen Israel und seinen arabischen Nachbarn brach es die diplomatischen Beziehungen zu Israel nicht ab und nahm 1968 nicht an der Intervention der Warschauer-Pakt-Staaten in der Tschechoslowakei teil. Ceauşescu protestierte sogar öffentlich gegen die Invasion. Rumänien duldete keine ausländischen Truppen mehr auf seinem Territorium und unterstrich, dass seine Bündnisverpflichtungen nur bei einem Angriff seitens der NATO gälten, nicht jedoch von dritter Seite. Damit hatte es ausgeschlossen, als Alliierter der UdSSR gegen China, zu dem es zeitweise seine Bindungen verstärkte, vorgehen zu müssen. Mit dieser Politik verschaffte sich Ceauşescu im Westen wie in der so genannten »Dritten Welt« internationale Beachtung und Anerkennung – auch wenn er hinter dem Einfluss von Jugoslawiens Tito weit zurückblieb. Den Einmarsch der Sowjetunion in Afghanistan in den letzten Tagen des Jahres 1979 verurteilte Ceauşescu zunächst ebenfalls öffentlich, musste dann aber wohl der Präsenz sowjetischer Truppen in dem Land zustimmen.

Auf ihrem 9. Parteikongress erklärte die Rumänische Arbeiterpartei, der Sozialismus sei in Rumänien erreicht, nun strebte sie der nächsten Stufe entgegen – dem Kommunismus. Entsprechend änderte sie ihren Parteinamen in *Partidul Communist Român* (Rumänische Kommunistische Partei), und in der neuen Verfassung vom 21. August 1965 nannte sich das Land *Republica Socialistă România* (Sozialistische Republik Rumänien). Anders als Mao oder Tito modifizierte Ceauşescu nicht den Marxismus-Leninismus, sondern betrieb mit dem Begriff »Nation« Geschichtspolitik. Im Zentrum der historischen Rekonstruktion stand die Volkstumspflege: der Mythos, dass die Rumänen direkt von den Römern, den Dakern in der römischen Provinz Dacia, abstammten.[270] Man wollte ein kontinuierliches Unabhängigkeitsstreben des rumänischen Volkes seit seinem Bestehen herausarbeiten. Um diese kühnen Theorien abzusichern, unternahm man gewaltige historische Anstrengungen, zumal die Ungarische Akademie der Wissenschaften mit der Migrationstheorie im Blick auf Siebenbürgen eine Gegenposition vertrat. Im Sinne seiner Ethnogenese feierte Rumänien 1980 mit großem Pomp den 2050. Jahrestag des Daker-Staates und die mit diesem Datum angeblich eng verbundene eigene Staatsgründung.

Gegenüber der Moldauischen Sozialistischen Sowjetrepublik (Bessarabien) im Osten, das Rumänien an die UdSSR hatte abtreten müssen, durfte man sich eine solche nationalrumänische Geschichtsdeutung nicht leisten. 1964 hatte man es allerdings gewagt, die russische Machtexpansion als zarischen Imperialismus anzuprangern. Dazu konnte man sich auf Marxsche Aufzeichnungen aus dem Jahr 1828 stützen, in denen der kommunistische Übervater die Plünderung und Besetzung Bessarabiens durch zarische Truppen kritisiert hatte.

Ceauşescu als Conducator Rumäniens

Durch diese Geschichtspolitik gewann die Bevölkerung ein größeres Selbstbewusstsein und die Zuversicht, dass die Staatsführung die gewaltigen wirtschaftlichen Probleme des Landes schon lösen werde. Hinzu trat der Eindruck einer zunehmenden Liberalisierung. 1968 wurde der 1954 hingerichtete Spitzenfunktionär Lucretiu Pătrăşcanu rehabilitiert und im *Monumentul eroilor* beigesetzt – dort wo auch Gheorghiu-Dej seine letzte Ruhestätte gefunden hatte. Ceauşescus Distanz zum Kreml honorierte der Westen mit erhöhter Aufmerksamkeit und Zeichen der Wertschätzung. 1978 verlieh die englische Königin Elizabeth II. dem Diktator den höchsten für Ausländer möglichen britischen Orden und erhob ihn in den Adelsstand. Im Ausland blieb geflissentlich unbeachtet, dass Ceauşescu immer mehr Macht auf sich und seine Familie konzentrierte. 1967 hatte er – wie sein Vorgänger – neben der Parteiführung auch die Präsidentschaft des Staatsrats übernommen. Verdiente Altkommunisten wie der langjährige Ministerpräsident Maurer wurden aus ihren Ämtern verdrängt. Die Nachrückenden waren Ceauşescu unbedingt ergeben und konnten durch das für Spitzenfunktionäre neu eingeführte Rotationsprinzip ihre Machtpositionen nicht festigen, blieben aber innerhalb der Nomenklatura, die das Land beherrschte. 1974 schuf man das Amt des Präsidenten der Republik, keine auch nur nominell kollektive Position mehr, sondern ganz auf eine einzelne Persönlichkeit zugeschnitten: Ceauşescu. Um alle Massenorganisationen zusammenzufassen, war schon 1968 eine Dach-Institution geschaffen worden, die seit 1980 den Namen »Front der sozialistischen Demokratie und Einheit« trug. Durch Ämterkumulation, Personalpolitik und Umstrukturierung der Gremien – das Politbüro war 1965 abgeschafft worden – liefen alle Fäden bei Ceauşescu zusammen, der sich – wie einst Antonescu – den Titel *Conducator* (Führer) zulegte und bald mit Schärpe und Zepter auftreten sollte. Ceauşescu förderte zunehmend einen Personenkult um sich, der 1978, anlässlich seines 60. Geburtstages, einen ersten Höhepunkt erlebte. Über Wochen hinweg empfing der »Führer« Huldigungen, Ehrungen, Würdigungen und Geschenke aus dem ganzen Land. Gedichte, Bücher, Presse- und Rundfunkbeiträge stilisierten Ceauşescu zu einem »Titan unter den Titanen«. Eine Hofgeschichtsschreibung im Stil von Heiligenlegenden wurde befördert und rückte den *Conducător* im Daker-Jahr 1980 in die Rolle des wiedererstandenen Daker-Königs Burebista. Obwohl Ceauşescu unter einem Sprachfehler litt und stotterte, organisierten seine Anhänger Begeisterungsstürme, wenn er der Bevölkerung lange Reden vorlas. Neben dem *Conducator* spielte dessen Frau Elena eine tragende Rolle. Die frühere Arbeiterin in einer Textilfabrik gerierte sich als Intellektuelle, legte sich akademische Titel zu und prahlte mit wissenschaftlichen Abhandlungen, die sie nie geschrieben hatte. Enge Familienmitglieder avancierten zu Generälen, die Kinder des Diktators fielen durch ihr undiszipliniertes und verschwenderisches Verhalten auf. Als der Chef des rumänischen Auslands-Nachrichtendienstes, Ion Pacepa, 1978 in die USA floh, erhielt der Westen einige Detailinformationen über Interna des Regimes.

1979 – bei dem 12. Parteitag der rumänischen Sozialisten – forderte ein verdienter Altkader, der 84-jährige Constantin Pîrvulescu, die Delegierten erfolglos auf, einen anderen Generalsekretär zu wählen, weil Ceauşescu von der innerparteilichen Demokratie abgewichen sei. Die anfänglich akzeptable Minderheitenpolitik – 1945 gab es ein Nationalitäten-Statut, das den Magyaren, aber auch anderen Minderheiten das Recht auf Eigensprachlichkeit im Rahmen des Ausbildungssystems und im Verkehr mit Ämtern und Gerichten zusicherte – wurde seit Ende der 1950er Jahre mehr und mehr ausgehöhlt. Die Verfassung von 1965 sprach nicht mehr von Minderheiten, sondern von *naţionalităti conlocuitoare*, mitwohnenden Nationalitäten. 1968 wurden Nationalitätenverbände gegründet, die der »Front der sozialistischen Einheit« eingegliedert wurden. In den 1970er und 1980er Jahren wurden nur noch die rumänischen, nicht mehr die ungarischen, deutschen oder serbischen Ortsnamen zugelassen. Das Tourismusgesetz von 1974 erlaubte es nicht mehr, Ausländer in Privatunterkünften logieren zu lassen – was Verwandtenbesuche von jenseits der Grenzen extrem erschwerte.

Ab 1977 wurden Auswanderungen möglichst unterbunden. In den 1980er Jahren verschmolz man schließlich die Minderheitenschulen mit rumänischen Schulen. Am schlechtesten erging es den Roma, die keine Anerkennung als Nationalitätenverband erhielten und sich wegen ihrer andersartigen Lebensgewohnheiten am schlechtesten integrieren ließen. Sie sollten zur Sesshaftigkeit gezwungen werden und sich mit niederer und schlecht bezahlter Arbeit abfinden. Als man auf das abweichende Verhalten der Roma zudem mit Ausgrenzung reagierte – etwa 1987, als den Roma in Mühlbach/Siebenbürgen das Betreten von Gaststätten verboten wurde –, kam es zu offenem Aufruhr seitens der Betroffenen.

Die forcierte Industrialisierung des Landes führte zu einer stärkeren Urbanisierung der Bevölkerung. Lebten bis zum Ende des Zweiten Weltkrieges noch Zweidrittel der Bevölkerung auf dem Land, war es 1979 nur noch die Hälfte. Kraftwerke wurden gebaut und die Infrastrukturen verbessert. Bukarest erhielt seinen neuen Flugplatz Otopeni, später auch eine U-Bahn. Doch die oft überdimensionierten Großprojekte und Industrieanlagen erwiesen sich als unrentabel oder bedurften aufwendiger Instandhaltung. All das ging zu Lasten der Landwirtschaft und der Konsumgüterproduktion, so dass dem Land schon in den 1970er Jahren eine anhaltende Wirtschafts- und Versorgungskrise zu schaffen machte. Insbesondere die Energiewirtschaft wurde zu einem Dauerproblem Rumäniens. Der Bau eines Atomkraftwerkes bei Cernavodă konnte nicht fertig gestellt werden. Zu Beginn der 1980er Jahre betrug die Auslandsverschuldung zehn Milliarden US-Dollar, 1982 war ein jährlicher Schuldendienst für Zins und Tilgung von 3,5 Milliarden Dollar erforderlich.

War Rumänien im Westen schon wegen der dokumentierten Menschenrechtsverletzungen in einen schlechten Ruf geraten, so galt das Land nun auch bei den mächtigen Banken nicht mehr als kreditwürdig. Wie schon 1932 musste Rumänien auch 1982 wieder seine Zahlungsunfähigkeit erklären, um eine Umschuldung bitten und finanzwie wirtschaftspolitische Auflagen seitens des Internationalen Währungsfonds akzeptieren. Seiner Ideologie der nationalen Unabhängigkeit folgend, verordnete der »Führer« dem Land daraufhin rigorose Sparmaßnahmen und radikalen Konsumverzicht, um die Auslandsschulden möglichst bald zurückzahlen zu können. Die Lebensverhältnisse der Bevölkerung verschlechterten sich daraufhin noch einmal.

Schon in den 1970ern war das Verbot des Besitzes von Valuta und Gold rigoros überwacht worden, 1981 kehrte die Rationierung der Lebensmittel zurück, Strom und Heizung wurden ebenfalls rationiert oder fielen ganz aus, die Löhne wurden gekürzt. Selbst das private Hofland der Bauern wurde in die Reglementierung einbezogen, um die Versorgung der Bevölkerung notdürftig sicherzustellen. 1985 galt Rumänien als das wirtschaftlich rückständigste Land in Europa, selbst in Albanien lebten die Menschen besser.

Das Land war schon seit langem innerhalb des Ostblocks isoliert, schottete sich nun aber auch gegenüber dem Westen ab. Rumänische Staatsbürger erhielten nur noch unter größten Schwierigkeiten einen Reisepass, die Badeorte an der Schwarzmeerküste verloren wegen mangelnder Serviceleistungen an Attraktivität. Seit 1982 verlangte das Regime eine »Auswanderungssteuer«, von der vor allem Juden und Deutschstämmige betroffen waren. Von 1983 an mussten Schriftproben aller Schreibmaschinen bei der Polizei hinterlegt und Kopiermaschinen registriert werden, um die etwaige Produktion von Flugblättern oppositionellen Inhalts zurückverfolgen und ahnden zu können. 1984 beteiligte sich Rumänien nicht an dem für den Ostblock verordneten Boykott der Sommer-Olympiade in Los Angeles, womit es versuchte, diplomatischen Boden im Westen wieder gut zu machen.

Mitte der 1980er Jahre trat das Thema Bevölkerungspolitik in den Vordergrund. Um einen Geburtenzuwachs zu erreichen, wurden Verhütungsmittel vom Markt genommen und Schwangerschaftsabbrüche standen unter Verbot. Ende 1985 verhängte der *Conducător* eine Sondersteuer für Ehepaare und Unverheiratete ohne Kinder. Wegen der schlechten medizinischen Versorgung konnte der tatsächlich erzielte Zuwachs die Statistik nicht entscheidend verbessern, die Säuglingssterblichkeit war einfach zu hoch.

Unter den Bedingungen eines korrupten Systems konnte das alte Leiden der Korruption, die Käuflichkeit von Menschen und Leistungen, nur sehr unzureichend bekämpft werden. Wo immer man etwas wünschte, musste es mit Hilfe von *bakşiş* befördert werden. 1985 wurde endlich der 1949 begonnene, 1953 eingestellte und 1975 wieder aufgenommene Bau des Donau-Schwarzmeer-Kanals fertig. Aber die Wirtschaftlichkeitsberechnungen ergaben, dass dieses Großprojekt nicht rentabel war.

Reformfeindlichkeit der Staatsführung

Als 1985 die Ära Gorbatschow mit *glasnost* und *perestroika* anbrach, wollte Ceauşescu ebenso wenig wie Honecker etwas von dieser zaghaften Öffnung wissen. Wie sein Vorgänger Gheorghiu-Dej, der nach dem Tod Stalins Chruschtschows »Neuen Kurs« abgelehnt hatte, stemmte er sich gegen die neue Entwicklung. Zusammen mit China, Kuba, Nordkorea und Albanien spielte sich Rumänien als Verteidiger des wahren Marxismus-Leninismus auf; Ceauşescu bezichtigte die UdSSR des Abweichlertums. Bei seinem Staatsbesuch 1987 in Bukarest konnte Gorbatschow keine Verständigung mit ihm erzielen.

1988 wollte Ceauşescu mit seinem so genannten »Systematisierungs«-Projekt das »Agrarstädte«-Experiment der Chruschtschow-Zeit nachahmen. Die Dörfer sollten in landwirtschaftliche Nutzflächen umgewandelt und die ländliche Bevölkerung in »Agroindustriellen Zentren« zusammengezogen werden. Über das Wohnen in mehrstöckigen Häusern und eine bessere Versorgung mit Schulen, Krankenhäusern und Sportzentren wollte man den Bauern ein städtisches Lebensgefühl vermitteln. Um den neuen Flughafen Otopeni herum und südlich von Bukarest wurden zahlreiche Dörfer eingeebnet. Es gab darauf nur verhaltenen Protest im eigenen Land, dafür aber vehementen Widerspruch im Ausland – so in der Bundesrepublik Deutschland, in Jugoslawien, Polen und vor allem Ungarn. Auch der PEN-Club und die UNESCO wandten sich gegen die Zerstörung alter Kulturlandschaften. In der südwestlichen Altstadt Bukarests ließ Ceauşescu etwa 9.000 Häuser, darunter Kirchen und Klöster aus dem frühen 18. Jahrhundert, niederreißen, um ein gigantisches »Haus des Volkes« zu errichten. Der achtzig Meter hohe und breite Gebäudekomplex sollte ausschließlich aus einheimischen Materialien errichtet werden, um der nationalen Selbstständigkeit und Größe ein Denkmal zu setzen. Tatsächlich erinnert die *Casa Poporului*, der Palast des Parlaments, bis heute mehr als alles andere an den Diktator.

Ceauşescus »Bulldozer-Politik« verschärfte auch die Spannungen zwischen Ungarn und Rumänien, denn die magyarische Minderheit sah ihr kulturelles Erbe bedroht und fürchtete eine gewaltsame Assimilierung. Bis Mitte 1988 waren bis zu 20.000 Magyaren von Siebenbürgen nach Ungarn geflohen. Am 27. Juni 1988 organisierten die Minderheitenvertreter eine Demonstration in Budapest, an der Zehntausende teilnahmen. Daraufhin schloss Rumänien das ungarische Konsulat in Cluj.

Inszenierte Revolution und Reformkommunismus

Mitte April 1989 verkündete Ceauşescu, dass Rumänien alle Auslandsschulden beglichen habe. Dafür hatte das Land einen hohen Preis bezahlt: Die rumänische Wirtschaft war zerrüttet und die Kräfte des Landes völlig ausgezehrt. Niemand glaubte mehr an die von Ceauşescu verheißene bessere Zukunft. Aber trotz seines Misstrauens erkannte der *Conducător* nicht die Zeichen der Zeit. Bereits Mitte November 1987 hatten Fabrikarbeiter in Braşov gegen Lohnkürzungen protestiert. Der Funke der Revolution, der in Ungarn und Polen längst gezündet hatte, fand in Rumänien einen vergleichsweise geringfügigen Anlass zum Aufglimmen. László Tökés, ein ungarischer reformierter Pastor, der wegen seiner Regimekritik negativ aufgefallen war, sollte nach Nordsiebenbürgen versetzt werden. Die Sympathiekundgebungen für Tökés an seiner bisherigen Wirkungsstätte in Timişoara eskalierten Mitte Dezember 1989 zu einem regelrechten Aufstand, den die Sicherheitskräfte nicht mehr unter Kontrolle bringen konnten.[271] Als Ceauşescu am 20. Dezember 1989 von einem Staatsbesuch im Iran eilends zurückkehrte, musste er feststellen, dass sich die alten Jubelveranstaltungen nicht mehr organisieren ließen. Zwei Tage später herrschte im ganzen Land der Ausnahmezustand. Als das Gebäude des Zentralkomitees von den wütenden Massen gestürmt wurde, ließen sich Ceauşescu und seine Frau mit dem Hubschrauber ausfliegen. Die Medien verkündeten, dass eine »Front der Nationalen Rettung« (*Frontul Salvării Naţionale*) die Führung übernommen habe, an deren Spitze Ion Iliescu stand – ein von Ceauşescu entmachteter kommunistischer Politiker, der zuvor eine steile Karriere in der Nomenklatura gemacht und in der Sowjetunion studiert hatte. Auf seiner Flucht vor den eigenen Landsleuten fiel Ceauşescu in der Nähe von Tîrgovişte der Armee in die Hände, die ihn und seine Frau am 25. Dezember 1989 vor ein Militärtribunal stellte. In einem Schnellverfahren wurden die Ceauşescus ohne ordentliche gerichtliche Beweisaufnahme wegen behaupteten »Völkermords an 60.000 Menschen«, des Schießbefehls auf Demonstrierende und der Zerstörung öffentlichen Eigentums zum Tode verurteilt und sofort durch Erschießen hingerichtet.

Alles deutete darauf hin, dass sich Teile des Parteiapparats, der Armee und des Geheimdienstes den Volksaufstand zunutze machten, um sich des *Conducătors* zu entledigen und selbst die Macht zu übernehmen. Ceaușescu und sein Clan wurden als die Hauptschuldigen an der rumänischen Misere an den Pranger gestellt und der Volkszorn gegen sie geschürt, indem man im Fernsehen die luxuriös ausgestatteten Residenzen des Diktators zeigte und die öffentliche Aufmerksamkeit auf alles lenkte, was an Ceaușescu erinnerte. Binnen weniger Tage waren alle Porträts des Diktators verschwunden. Seine Familienangehörigen wurden in Schauprozessen wegen schwerer Verbrechen zu langjährigen Haftstrafen verurteilt. Das Personal in den Spitzenpositionen im Staat, bei den Medien und in der Wirtschaft ließ man austauschen. Aber auch die neuen Personen gehörten zum alten Partei-Establishment – wenn wohl auch eher zum russischen Reformflügel. Die berüchtigte Geheimpolizei *Securitate* wurde formell aufgelöst, im März 1990 aber im Wesentlichen mit demselben Personenkreis ein neuer Sicherheitsdienst, der *Serviciul Român de Informaţii* (SRI), gegründet. Ein Gesetz von 1992 bestimmte, dass die Akten der *Securitate* über vierzig Jahre lang unter Verschluss bleiben müssten, damit der allgemeine Versöhnungsprozess nicht gestört werde.

Unter den neuen Repräsentanten, die dem neuen starken Mann Iliescu Beifall spendeten, als er das »Kommuniqué des FSN-Rates an das Land« verlas, befanden sich nicht jene, die durch ihre massenhaften Demonstrationen die Diktatur Ceaușescu zu Fall gebracht hatten, sondern ausnahmslos dessen ehemalige Getreue. In den Tagen darauf kämpfte die rumänische Armee gegen angebliche Terroristen, über deren Identität es nur Gerüchte gab. Am 26. Dezember, einen Tag nach der Hinrichtung des Ehepaars Ceaușescu, ernannte der FSN-Rat Petre Roman, den Sohn eines ehemaligen hohen KP- und Komintern-Funktionärs, zum Ministerpräsidenten, tags darauf wurde Ion Iliescu Chef der FSN. *Securitate* und Kommunistische Partei wurden für aufgelöst erklärt. Mit Erlass vom 27. Dezember 1989 wurde der neue Name des Staates – Rumänien (Romania) – eingeführt.

Anfang 1990 begann man in Rumänien langsam darüber zu rätseln, was eigentlich in den vergangenen Wochen passiert war.[272] Obwohl eine Parlamentskommission den Ereignissen auf die Spur kommen wollte, Hunderte von Zeugen befragte und Tausende von Dokumenten sichtete, konnten die Geschehnisse nicht aufgeklärt werden. Überdies verschwanden auf geheimnisvolle Weise Akten, und Dutzende von Zeugen kamen auf ungeklärte Weise ums Leben. Am wahrscheinlichsten ist wohl, dass Iliescu und seine Gefolgsleute den spontanen Aufstand in einigen Städten genutzt und sich selbst geschickt an die Macht manövriert hatten. Vor der parlamentarischen Untersuchungskommission räumte Iliescu ein, dass er schon früher mit Ceauşescu-Gegnern Überlegungen zu einem Putsch angestellt habe. Tatsächlich hatte Iliescu ursprünglich wohl nicht die Absicht, mit dem kommunistischen System zu brechen. In seiner Fernsehansprache vom 22. Dezember 1989 klagte er Ceauşescu an, die »Ideale des Kommunismus geschändet« zu haben, und plädierte im Januar 1990 für eine »originale, eigene Demokratie« Rumäniens. Die einfache Übernahme des westlichen Systems lehnte er ab. Wie sich bei den darauf folgenden Wahlen zeigen sollte, gab sich die Mehrheit der Bevölkerung durchaus zufrieden mit dem neuen formaldemokratischen, halbautoritären Iliescu-Regime. Eine antikommunistische Opposition, aus der heraus sich ein demokratischer Transformationsprozess hätte entwickeln können, gab es nicht. Das Land machte bis 1996 eine reformkommunistische Periode durch, die andere Ostblockstaaten bereits vor ihrem Zusammenbruch 1989/90 durchlaufen hatten. Einer der Gründe hierfür könnte in der Tatsache liegen, dass die antikommunistische Opposition in Rumänien nur kleine Bevölkerungskreise erreichte und nie eine wirkliche Gefahr für das Regime darstellte.[273]

Das Iliescu-Regime verabschiedete ein neues Wahlgesetz und führte den Senat als gleichberechtigte Kammer wieder ein. Die traditionellen Parteien entstanden wieder: die »Nationalliberale Partei«, die »Christdemokratische Nationale Bauernpartei« (PNŢCD), die »Sozialdemokratische Partei« und der »Demokratische Verband der Ungarn Rumäniens« (UDMR). Iliescus »Front« entschied bereits Ende Januar 1990, dass sie sich ebenfalls als Partei konstituieren und an den Wahlen zur verfassunggebenden Nationalversammlung Anfang Mai 1990 teilnehmen werde. Da in den Schlüsselstellungen seiner »Front« nur Kommunisten und Moskauanhänger saßen, bestückte Iliescu den Front-Rat mit prominenten Dissidenten – dem Pfarrer László Tökés, der Professorin Doina Cornea, dem Dichter Mircea Dinescu und der Schriftstellerin Ana Blandiana –, allerdings ohne ihnen irgendwelchen Einfluss einzuräumen. Anfang Februar 1990 bildete die »Front« zusammen mit anderen Parteien ein vorläufiges Parlament – den »Provisorischen Rat der Nationalen Einheit« (CPUN). Ende Januar hatte Iliescu antikommunistische Kundgebungen in Bukarest demonstrativ von herbeigeholten westrumänischen Bergarbeitern niederknüppeln und die Zentralen oppositioneller Parteien demolieren lassen. In den »Front«-treuen Medien wurde die Opposition bezichtigt, den Großgrundbesitz wieder einführen und den Bauern das Land wegnehmen zu wollen. Umgekehrt agitierten die Oppositionsparteien scharf antikommunistisch, was in der kommunistisch sozialisierten Bevölkerung auf Abwehr stieß. Aus den Maiwahlen ging die »Front« im Senat wie im Abgeordnetenhaus mit 67 Prozent beziehungsweise 66 Prozent als überlegener Sieger hervor. Bei der Wahl zum Staatspräsidenten erhielt Iliescu gar 87 Prozent der Stimmen. Alle anderen Parteien folgten weit abgeschlagen, mit 7 Prozent und weniger. Als drei Wochen nach den Wahlen regimekritische Demonstranten auf dem Bukarester Universitätsplatz kampierten und ihn zu einer »Neokommunistenfreien Zone« erklärten, ließ Iliescu Mitte Juni 1990 wieder Bergarbeiter kommen und den Platz mit Eisenstangen räumen. Tags darauf bedankte er sich bei den Arbeitern für ihre »hohe bürgerliche und patriotische Disziplin«.

Das Ausland reagierte entsetzt auf Iliescus Vorgehen, betrachtete ihn nicht mehr als demokratischen Präsidenten und strich vorübergehend Finanzhilfen. Bald nach den Wahlen kam es innerhalb der »Front« zu Kontroversen über den zu beschreitenden Weg. Die konservativen Ex-Kommunisten des Iliescu-Flügels wollten nur minimale Wirtschaftsreformen durchführen und den Staatsinterventionismus beibehalten, während Ministerpräsident Roman radikale Reformen und eine rasche Liberalisierung der Wirtschaft durchzusetzen wünschte. Im Oktober 1990 entschied sich das Parlament mehrheitlich für den Kurs der Roman-Regierung und wählte ihn im März 1991 mit großer Mehrheit zum Vorsitzenden der FSN. Doch im Herbst 1991 griffen die Wirtschaftsreformen und bürdeten den Menschen neue Belastungen auf. Daraufhin zogen wieder Bergarbeiter – dieses Mal aus den Westkarpaten – in die Metropole, lieferten sich Straßenschlachten mit der Polizei und forderten den Rücktritt der Regierung. Als sie am 25. September 1991 das Regierungsgebäude stürmten, floh Roman mit einigen Ministern aus der Stadt. Iliescu zwang die Regierung zum Rücktritt.

Am 8. Dezember 1991 wurde die neue Verfassung per Volksabstimmung angenommen. Sie garantierte die Menschenrechte und sicherte den Bürgern die Wahrung ihrer ethnischen, kulturellen, sprachlichen und religiösen Identität zu. In Anlehnung an das französische Präsidialsystem erhielt der Staatspräsident eine starke Stellung. Der Verfassung zufolge konnte er das Zwei-Kammern-Parlament auflösen, Volksbefragungen veranlassen und war oberster Befehlshaber der Streitkräfte. Die Verfassung verankerte zwar die marktwirtschaftliche Ordnung, verbot aber den Erwerb von Grund und Boden durch Ausländer. Wegen zahlreicher Mängel – so konnte etwa die Gewaltenteilung oder der Schutz der Menschenrechte leicht unterlaufen werden – hätte die Verfassung einer grundlegenden Reform bedurft.

Nachdem die »Front« bei den Kommunalwahlen im Februar 1992 nur noch auf 33 Prozent gekommen war, spaltete sie sich im März 1992 offiziell in den Iliescu- und den Roman-Flügel. Iliescu nannte seine Gruppe nun »Demokratische Front der Nationalen Rettung«, während Roman den alten Parteinamen weiterführte. Die erste Legislaturperiode im postkommunistischen Rumänien war von vornherein auf zwei Jahre beschränkt worden. Aus den Septemberwahlen 1992 ging Iliescus »Demokratische Front« mit 30 Prozent der Wählerstimmen als stärkste Partei hervor, das Oppositionsbündnis »Demokratischer Konvent« kam auf 20 Prozent, Romans »Front« auf 10 Prozent. Wenn auch erst im zweiten Wahlgang setzte sich Iliescu abermals als Staatspräsident durch.

Unter Führung des Ökonomen Nicolae Văcăroiu, des ehemaligen Direktors des staatlichen Planungskomitees, bildete die »Demokratische Front« Iliescus eine Regierung aus parteilosen Fachleuten. Im Juli 1993 benannte sich die Iliescu-»Front« abermals um – in »Partei der sozialen Demokratie« (PDSR). Sie verzögerte notwendige Reformen und vertrat vor allem die Interessen ehemaliger Kader der Diktatur.

Ablösung des postkommunistischen Iliescu-Regimes durch die demokratische Opposition

Im November 1996 gewann die demokratische Opposition – das aus zwölf Parteien und Organisationen bestehende »Wahlbündnis Demokratischer Rumänischer Konvent« (CDR) – die Wahlen. Diese waren absolut korrekt verlaufen. Die Menschen erwarteten nun ihre wirkliche Befreiung und eine Verbesserung ihrer Lebensverhältnisse. Der neue Staatspräsident Emil Constantinescu, ein Geologe, zuletzt Rektor der Bukarester Universität und stellvertretender Sekretär der KP-Organisation in der Fakultät für Geologie, versprach seinen Wählern, Rumänien zu einem wirklichen Rechtsstaat zu machen. Doch der Wandel blieb aus, Constantinescu erwies sich als ein schwacher, eher weltfremder Präsident, der im Juli 2000 auf eine Kandidatur für eine zweite Amtszeit verzichtete und der Politik den Rücken kehrte.[274] Die Koalitionsregierung aus Christdemokraten, Liberalen, Sozialdemokraten und der Organisation der ungarischen Minderheit verspielte den Kredit, den sie von der Bevölkerung erhalten hatte, schnell. Chaotische Verhältnisse, Streitigkeiten und Rivalitäten zwischen den Parteien und Amtsinhabern bestimmten das Bild. Nach nur fünfzehn Monaten Amtszeit trat der erste Ministerpräsident Victor Ciorbea zurück, sein Nachfolger Radu Vasile hielt immerhin zwanzig Monate durch und von dem dritten, Mugur Isărescu, gingen in den restlichen zehn Monaten keine Impulse mehr aus. Ähnlich häufig wechselten die Ressortminister. Der Regierung fehlte nicht nur die Erfahrung, sie spiegelte eine Gesellschaft wider, die jahrzehntelang in Unmündigkeit und Obrigkeitsgehorsam gehalten worden war. Obwohl Petre Romans Demokratische Partei (PD) an der Koalition beteiligt war, übte sie ständig Kritik an der Regierung und polemisierte gegen sie. Die ökonomischen Reformpläne wurden weder mit den Gewerkschaften noch mit den Arbeitgebern abgestimmt und auch nicht der Öffentlichkeit vermittelt. Korruption und Amtsmissbrauch waren an der Tagesordnung, schlimmer als in den Jahren zuvor. Nationalistische Parolen bestimmten den politischen Diskurs – ein Grund für das Anwachsen der ultranationalistischen Großrumänien-Bewegung und der entsprechenden Partei unter Corneliu Vadim Tudor.

Nach fehlgeschlagenen Verhandlungen des Industrieministers mit den streikenden Bergarbeitern im Schiltal, die unter elenden sozialen Bedingungen lebten, marschierten diese im Januar 1999 unter ihrem berüchtigten Führer Miron Cozma nach Bukarest und schlugen die dortigen Sicherheitskräfte in die Flucht. Constantinescu ließ Panzer auffahren und stand kurz davor, den Ausnahmezustand auszurufen. Am 22. Januar kam es schließlich zu einer Einigung und dem Abzug der Arbeiter. Einen Monat später demonstrierten die Bergarbeiter erneut in der Metropole, weil ihr Anführer, Cozma, wegen der Vorgänge im Jahr 1990 zur Rechenschaft gezogen und zu achtzehn Jahren Gefängnis verurteilt worden war.

Am 6. Dezember 1999 trat ein Aktenöffnungsgesetz in Kraft, das so genannte »Gesetz zur Dekonspiration der *Securitate* als politischer Polizei« zum Studium der Akten der *Securitate*. Zum größten Teil befanden sich die Akten im Besitz der Nachfolgeorganisationen – dem Inlandsgeheimdienst SRI, dem Auslandsgeheimdienst SIE oder dem Verteidigungsministerium. Ein »Nationaler Rat zum Studium der *Securitate*-Akten« (CNSAS) bearbeitete die Akteneinsichtsanträge, besaß aber keine Entscheidungsbefugnis darüber, ob oder warum bestimmte Akten aus nationalen Sicherheitsgründen unter Verschluss bleiben sollten. Zum 1. März 2005 gab der SRI den größten Teil seiner Akten an den CNSAS ab. Seit Herbst 2000 hat die Durchleuchtung von Amtsinhabern begonnen, erst seit Ende März 2001 ist freie Akteneinsicht möglich. Mit dem Aktenöffnungsgesetz und der Akteneinsicht gehört Rumänien im Hinblick auf die Vergangenheitsaufarbeitung zu den Schlusslichtern der Länder des ehemaligen Ostblocks.

Kontinuität des nationalistischen Geschichtsbildes

Nach wie vor herrschen in Politik und Kultur Rumäniens nationalistische Geschichtsbilder vor.[275] Unabhängig von der Tatsache, dass es nach dem Umbruch eine institutionelle Expansion der Geschichtswissenschaft gab und internationale Projektfinanzierungen, kam es zu keiner Pluralisierung der Geschichtsschreibung. Die distinguierte Herkunft von den Dakern und Römern, der heldenhafte Verteidigungskampf des Vaterlandes und das Streben nach politischer Einheit bilden die wesentlichen Elemente der nach wie vor existenten Meistererzählung. Nach dem Scheitern des kommunistischen Internationalismus kehrte Rumänien in Gestalt des Nationalkommunismus zu seinen Vorkriegsmythen zurück. Am 30. August 1990, dem fünfzigsten Jahrestag des 2. Wiener Schiedsspruchs, bekräftigte man den Unrechtsakt Hitlers und Mussolinis, die Rumänien gezwungen hatten, einen Teil Siebenbürgens an Ungarn abzutreten. Gleichzeitig suchte man Antonescu zu rehabilitieren, um den Nationalismus der 1990er Jahre zu legitimieren. Es entstand geradezu ein Antonescu-Kult mit einer Fülle von Veranstaltungen und der Errichtung neuer Denkmäler für den einstigen Verbündeten Hitlers. Unter dem Druck ehemaliger politischer Häftlinge bemühte man sich zwar um die Aufarbeitung der frühen kommunistischen Zeit, aber auch die damit beschäftigte Forschung lässt die vorkommunistische Zeit als positiv erscheinen. Eine Diskussion über den Nationalkommunismus findet erst gar nicht statt. Über die 1960er und 1970er Jahre kann auch darum nicht geforscht werden, weil die Archive für diese Epoche bislang verschlossen blieben. Zwar gab es in den 1990er Jahren Ansätze für eine Kultur- und Mentalitätsgeschichte, vor allem befördert von dem Bukarester Historiker Lucian Boia. Aber die nationalistische Geschichtsschreibung warf ihm vor, er zerstöre die historischen Mythen und unterminiere damit die rumänische Identität. Auch ein vermittelnder Ansatz zwischen der traditionalistisch-nationalistischen Schule einerseits und der dekonstruktivistischen Schule Boias andererseits, den Sorin Antohi vertrat, scheiterte an dem Beharrungsvermögen der Nationalisten, die von der Mitte-Rechts-Koalition (1996 bis 2000), aber auch von den Postkommunisten unterstützt wurden. Ihr Sprecher, der Zeithistoriker Ioan Scurtu, avancierte 2001 zum Bildungsberater des wiedergewählten Staatspräsidenten Iliescu. Er kämpfte für den Erhalt der nationalen Werte und nahm in diesem Sinne Einfluss auf die Schulbuchgestaltung. Junge Historiker mit Auslandserfahrung und hoher Qualifikation erhalten »wegen mangelnder Verbundenheit« mit der nationalistischen Meistererzählung oft keine Anstellung. »Man kann [...] voraussagen, dass ohne eine Entschärfung der nationalistischen Geschichtsvermittlung die demokratische Bildung kaum Aussichten auf Erfolg hat.«[276]

Jenseits der nicht existierenden gesetzlichen Diskriminierung gab es bis 2000 auch in der Minderheitenpolitik Rumäniens gewisse Kontinuitäten – Minderheiten wurden als Desintegrationsfaktor betrachtet und von den Behörden faktisch diskriminiert. Das betraf vor allem die ungarische Minderheit. Seit 1990 wird gegen die Ungarn agitiert. Man stellte die ungarische Minderheit als eine Gefahr für die nationale Sicherheit dar und warf ihr vor, dass sie das Bild Rumäniens nach außen hin beeinträchtige. Im März 1990 wurde der Rumänische Nachrichtendienst (SRI) gegründet, dessen Tätigkeit in der genauen Beobachtung der Minderheiten (vor allem der ungarischen) bestand. Als die ungarische Regierung offiziell Stellung bezog, wurde ihr von der rumänischen Seite Einmischung in die inneren Angelegenheiten Rumäniens vorgeworfen.[277]

Politische Entwicklung 2000 bis 2006

Im Herbst 2000 erlitt die CDR-Koalition eine desaströse Wahlniederlage – die Quittung für ihre Unfähigkeit. Der rumänische Ultranationalist und Populist Corneliu Vadim Tudor, der offen für die Etablierung einer Rechtsdiktatur eintrat, und seine 1991 gegründete Großrumänien-Partei PRM gingen mit 21 Prozent beziehungsweise 19,5 Prozent in der jeweiligen Parlamentskammer als zweitstärkste Kraft aus den Wahlen hervor. Davor lag allein Iliescus »Partei der Sozialen Demokratie« (PDSR) mit 37 Prozent beziehungsweise 36,6 Prozent – also die linksnationalistische »Partei der moderaten Kontinuität«[278] zur kommunistischen Diktatur. Um die zaghafte Demokratisierung zu retten, riefen alle anderen Parteien dazu auf, Iliescu zum Staatspräsidenten zu wählen. Unter den politischen Eliten, aber ebenso in der Bevölkerung gab es jedoch auch eine breite Zustimmung zu den antimodernen, faschistischen Parolen der PRM. Viele dachten ähnlich wie sie – »sei es, dass es um die grundsätzliche Abneigung gegen Roma und Ungarn oder um die gesammelten Mythen des Rumänozentrismus geht«[279]. Bei einer Wahlbeteiligung von 57,5 Prozent erhielt Iliescu im zweiten Wahlgang 66,8 Prozent der Stimmen, Tudor 33,2 Prozent.

Die PDSR bildete eine Minderheitsregierung unter Ministerpräsident Adrian Năstase, die vom Ungarnverband und zeitweise von der Nationalliberalen Partei unterstützt wurde. Im Juni 2001 fusionierte die PDSR mit der kleinen historischen Sozialdemokratischen Partei zur *Partidul Social Democrat* (PSD) und möchte seither gerne dem Bild einer modernen Sozialdemokratischen Partei nach westlichem Muster entsprechen. Năstase, der außenpolitisch einen eindeutigen Kurs der Integration seines Landes in die EU und die NATO verfolgte, bekleidete ab dem Januar 2001 auch das Amt des Parteichefs. Er galt als Ziehsohn und Kronprinz Iliescus und kündigte frühzeitig an, im Herbst 2004 für das Amt des rumänischen Staatspräsidenten zu kandidieren. Bei den Stichwahlen zum Staatspräsidenten Mitte Dezember 2004 verlor er jedoch überraschend gegen Traian Băsescu von der Demokratischen Partei (*Partidul Demokrat*, PD). Dem neuen Präsidenten gelang es, aus dem bei den Parlamentswahlen Ende November 2004 siegreich hervorgegangenen Wahlbündnis von PSD, Humanistischer Partei (PUR) und UDMR die beiden letztgenannten Gruppierungen heraus zu brechen und sie in eine liberaldemokratische Koalition unter Ministerpräsident Călin Popescu-Tăriceanu zu holen. Die ultranationalistische Großrumänien-Partei PRM sackte auf 12 Prozent ab. Die postkommunistische PSD wählte am 25. April 2005 in einer Kampfabstimmung den 47-jährigen Juristen und ehemaligen Außenminister Mircea Geoană mit großer Mehrheit gegen den 75 Jahre alten Parteigründer Iliescu zum Parteivorsitzenden. Der frühere Ministerpräsident Năstase kandidierte nicht mehr und musste Mitte März 2006 auf Druck der Parteiführung seine Ämter als Parlamentspräsident und stellvertretender Chef der PSD niederlegen. Gegen ihn laufen Ermittlungen wegen des Verdachts der Korruption und des Amtsmissbrauchs in mehreren Fällen. Die Regierung hat eine unabhängige Anti-Korruptionsbehörde eingerichtet. Die Vermögensverhältnisse aller Politiker, Beamten und Richter werden von ihr im Internet veröffentlicht.[280]

Am 25. April 2005 unterzeichneten Băsescu und Popescu-Tăriceanu den Vertrag über den Beitritt ihres Landes zur EU – nach Empfehlung der EU-Kommission voraussichtlich am 1. Januar 2007. Voraussetzung dafür sind die nötigen Reformen vor allem im Justizwesen. In einem Monitoring-Bericht für die Beitrittskandidaten Rumänien und Bulgarien vom Oktober 2005 stellte die EU-Kommission noch erhebliche Defizite in der öffentlichen Verwaltung, beim Schutz der Außengrenzen und bei der Bekämpfung der Korruption fest. Nach einem weiteren Bericht vom Mai 2006 gibt es in den Bereichen Korruption, organisierte Kriminalität und Transparenz der Systeme weiterhin erhebliche Probleme.[281] Ein Aufschub des Beitritts in das Jahr 2008 bleibt weiterhin eine Option, wenn auch eine sehr unwahrscheinliche.

Die Europäische Kommission stellte 2006 bei allen Mängeln auch erhebliche Fortschritte fest, die Rumänien auf dem Weg zu einer funktionierenden Marktwirtschaft in den letzten Jahren gemacht habe. Rumänien habe eine funktionierende Marktwirtschaft, und aufgrund der »konsequenten Durchführung seines Strukturreformprogramms«[282] könne es die wirtschaftlichen Kriterien in Kürze erfüllen. In vier Bereichen hat die Kommission noch »ernste Bedenken«: 1. Aufbau funktionsfähiger Zahlstellen für die Abwicklung von Direktzahlungen an Landwirte und Wirtschaftsbeteiligte im Rahmen der Gemeinsamen Agrarpolitik; 2. Aufbau eines integrierten Verwaltungs- und Kontrollsystems in der Landwirtschaft; 3. Aufbau von Tierkörpersammelstellen und -beseitigungsanlagen für an TSE (Hirnerkrankungen bei Menschen und Tieren) erkrankte Tiere und kontaminierte tierische Nebenerzeugnisse; 4. Aufbau von IT-Systemen in der Steuerverwaltung, die kompatibel mit den übrigen EU-Systemen sind, um die ordnungsgemäße Erhebung der Mehrwertsteuer innerhalb des Europäischen Binnenmarktes zu ermöglichen.

Für deutsche Investoren ist Rumänien das wichtigste Land in Südosteuropa. Auch niederländische, österreichische, französische und italienische Unternehmen und Banken sind in Rumänien sehr aktiv. Neben den traditionellen Standorten wie Bukarest und Sibiu (Hermannstadt) werden auch andere Regionen erschlossen. Nach der jüngsten Analyse des Wiener Instituts für Internationale Wirtschaftsvergleiche entfiel die Hälfte der 2005 in der Region getätigten Direktinvestitionen auf Rumänien. Entscheidend waren der Energiesektor und das Bankenwesen.[283]

Die Beziehungen Rumäniens zu den Nachbarländern waren auch nach dem politischen Umbruch Anfang der 1990er Jahre von zahlreichen Schwierigkeiten gekennzeichnet. Bis 1996 wurden die Regionen Bessarabien und Nord-Bukowina als rumänische Territorien beansprucht und die Grenzen zu Moldawien und zur Ukraine nicht anerkannt. Vor allem die nationalistische PRM zielte auf Grenzrevisionen. Erst unter der Präsidentschaft Emil Constantinescus wurde im Mai 1997 der Grundlagenvertrag mit der Ukraine unterzeichnet, der die territoriale Integrität beider Staaten hervorhebt und die Sicherung der Rechte der nationalen Minderheiten betont. Der Vertrag wurde im Oktober 1997 vom rumänischen Parlament ratifiziert. Mit Moldawien wurde der Grundlagenvertrag über privilegierte Partnerschaft und Zusammenarbeit erst im April 2000 unterzeichnet. Beide Verträge gehörten zu den Bedingungen für die Aufnahme Rumäniens in die NATO; es war also nicht unbedingt der Wunsch Rumäniens, den Weg einer friedlichen Nachbarschaftspolitik einzuschlagen.[284]

5.8 Partisanenmythos, Sonderweg und Katastrophe: Jugoslawien

Gründungsmythos und Blockfreiheit

Bis heute zeugen noch viele Denkmäler aus der Tito-Zeit von dem Gründungsmythos seines untergegangenen Staates: Sie spiegeln die Meistererzählung von dem heldenhaften Kampf der jugoslawischen Völkergemeinschaft für die sozialistische Heimat und staatliche Unabhängigkeit wider. Um die hoch privilegierten Partisanenführer entstand ein regelrechter Kult. Militärparaden, Spielfilme und eine ganze Literaturgattung pflegten den Mythos bis 1980. Die Idealisierung und Verklärung des Partisanentums diente zur Rechtfertigung des Führerkults um Tito und des absoluten Machtanspruchs der kommunistischen Führung, und sie diente dem Zusammenhalt des ethnisch heterogenen Staatsgebildes. Aus dem gezielt propagierten Bild der Brüderlichkeit wurde die Tatsache wegretuschiert, dass es auch nichtkommunistische Widerstandskämpfer gab und neben der Auseinandersetzung mit den Besatzungsmächten ein Bürgerkrieg zwischen den verschiedenen Gruppen – *Četnici*, *Ustaša* und Kommunisten – tobte. Außerdem blieb ausgeblendet, dass Tito nach Kriegsende – dem Vorbild Stalins folgend – zehntausende Gegner brutal hatte umbringen und auch innerhalb der eigenen Partei eine massive Säuberung hatte vornehmen lassen.

Nach dem Bruch zwischen Stalin und Tito im Sommer 1948 gewann der Partisanenmythos eine weitere Dimension: Er berechtigte Jugoslawien zum Sonderweg in die sozialistische Marktwirtschaft und die Blockfreiheit. Die Leistungen der Roten Armee bei der Befreiung des besetzten Landes wurden systematisch heruntergespielt, zum größten aller Helden wurde der einstige Partisanenmarschall Tito stilisiert. Nicht erst nach 1980, sondern schon in den 1970er Jahren konnte dieser Mythos die erheblichen ökonomischen Probleme, die sozialen Spannungen und nationalen Konflikte kaum mehr überbrücken. Der Staat begann zu erodieren. Nachdem Jugoslawien auseinandergefallen war, gewann die Vergangenheit wieder Gewalt über die Gegenwart, in den einzelnen Territorien setzte ein neuer Partisanenkampf ein gegen die so etikettierten »Faschisten« in der jeweiligen Nachbarnation – je nach Standort Kroatien oder Serbien –, obwohl weder der Ex-Partisan Franjo Tuđman noch der ehemalige Banker Slobodan Milošević dieses Klischee erfüllten. Die Wiederbelebung der alten Feindbilder führte zur »faktischen Aufhebung der Trennung von Geschichte und Gegenwart. [...] Die Vergeschichtlichung der Gegenwart und die postmoderne Mixtur aus historischen Mythen und Elementen des ausgehenden 20. Jahrhunderts haben sowohl in Kroatien wie in Serbien [...] fatale Aktionsmuster produziert.«[285]

Bei der Ablösung vom sowjetischen Modell des Sozialismus ging es den jugoslawischen Kommunisten vor allem darum, die Rolle des Staates zurückzunehmen. Das Gesundheits- und Bildungswesen beispielsweise fiel nun in den Aufgabenbereich der »Selbstverwalteten Interessengemeinschaften«, die weitgehend von der Wirtschaft finanziert wurden. Die Unternehmen besaßen in ihren Entscheidungen bedingte Selbstständigkeit, die Preisregulierung erfolgte vor allem über Marktmechanismen.

Seit Ende der 1960er Jahre herrschte in Jugoslawien im Wesentlichen Reisefreiheit. Die dadurch möglich gewordene Arbeitsemigration entlastete den heimischen Arbeitsmarkt und brachte durch die Überweisungen der Gastarbeiter Devisen ins Land. Darüber hinaus ermöglichten die offenen Grenzen, dass Oppositionelle emigrieren konnten, und sorgten so für eine »politische Pazifizierung«. Tito nahm die Föderalisierung des Landes zunehmend ernst, und auch den zweifelsfrei bestehenden Nationalismus suchte er zurückzudrängen. Die jugoslawische Verfassung unterschied zwischen sechs Staatsvölkern – Slowenen, Kroaten, bosnischen Muslimen, Serben, Montenegrinern und Mazedoniern – sowie nationalen Minderheiten: Volksgruppen, die wie Deutsche, Ungarn und Albaner außerhalb Jugoslawiens ein Mutterland besaßen. Daneben entstand, meist aufgrund von Ehen aus verschiedenen Ethnien, die dritte Kategorie der »Jugoslawen«.

»Kroatischer Frühling« und Föderalisierung

Der »Kroatische Frühling«, eine soziale Bewegung zwischen 1967 und 1971, fußte durchaus auf einem staatlicherseits gestärkten kroatischen Nationalbewusstsein. Zu den Trägern dieser Bewegung gehörten Studierende, die Kulturorganisation *Matica hrvatska* und der Reformflügel innerhalb des »Bundes der Kommunisten Kroatiens« (SKH). Initiiert wurde die Bewegung von einer Gruppe von Sprachwissenschaftlern, die am 17. März 1967 eine »Deklaration über die Bezeichnung und Stellung der kroatischen Literatursprache« veröffentlichten. Darin forderten sie – vor dem Hintergrund der dominanten serbischen Amtssprache – die Gleichberechtigung der serbischen und kroatischen Sprachvarianten. Neben Slowenisch und Makedonisch sollten in der Bundesverfassung auch Serbisch und Kroatisch als eigene Staatssprachen genannt werden. Sowohl diese Erklärung als auch die serbische Gegenerklärung entsprachen nicht der Politik der Parteiführung auf Bundesebene. Sie verurteilte beide Deklarationen und versuchte damit, den das jugoslawische Prinzip der »Brüderlichkeit und Einigkeit« (*brat-*

stvo i jedinstvo) gefährdenden Konflikt zu unterdrücken. Doch in der von *Matica hrvatska* herausgegebenen Zeitschrift *Kritika* erschienen weitere Artikel, die auf die schwierige kulturelle Lage von kroatischen Minderheiten in anderen jugoslawischen Republiken hinwiesen. Es ging im »Kroatischen Frühling« allerdings nicht nur um kulturelle Fragen, sondern auch um wirtschaftliche Modernisierung, die verkehrstechnische Integration des Landes und die Verbesserung der Verdienstmöglichkeiten, um die Arbeitsemigration einzudämmen. Dazu trat der Vorwurf einer überproportionalen Vertretung von Serben in Leitungsfunktionen.[286]

Die Änderung der Bundesverfassung vom Januar 1971 unterstrich den föderalen Charakter des Staates und trug damit den Bedenken der kroatischen Reformer Rechnung, ermutigte die Bewegung aber auch zu weiteren Aktivitäten. Die exponierten Vertreter des liberalen Parteiflügels – Savka Dabčević-Kučar, Mika Tripalo und Pero Pirker – sahen sich von der Bevölkerung gestützt, während die Konservativen der Partei sie zu stoppen suchten. Weitere Forderungen waren die Möglichkeit, den Wehrdienst zu einem erheblichen Teil in der Heimatrepublik abzuleisten, die militärische Ausbildung in der Landessprache und eine Veränderung der Devisenaufteilung zugunsten Kroatiens. Außerdem war das Bestreben deutlich, die Selbstständigkeit Kroatiens als Nationalstaat – etwa durch einen eigenen Sitz bei den Vereinten Nationen – herauszustreichen. Analogien dazu boten die Sowjetrepubliken Weißrussland und die Ukraine. Schließlich eröffneten die Reformer eine Diskussion über den Anschluss südwestlicher Gebiete der Republik Bosnien-Herzegowina an Kroatien – mit der Begründung, dort lebe eine kompakte kroatische Bevölkerung. Auf eine solche Forderung einzugehen, hätte die Grenzen der einzelnen Republiken und den Verfassungskonsens in Frage gestellt. Tito schwankte offensichtlich. Während er im Juni 1971 verlauten ließ, die Armee müsse wohl Ordnung schaffen, erklärte er Anfang September, er sehe keine Gefahr einer nationalistischen Separationsbewegung. Mitte November 1971 baten die Konservativen in der kroatischen Parteiführung Tito um ein Einschreiten gegen die »Frühlings«-Bewegung. Am 22. November streikten Zagreber Studierende, erklärten sich mit den Liberalen und mit Tito solidarisch, wiesen den Nationalismus-Vorwurf zurück und forderten eine gerechtere Devisenaufteilung zwischen den Republiken. Nun griff Tito ein. Er traf sich mit der kroatischen Parteiführung im Jagdschloss Karađorđevo in der Vojvodina und tags darauf mit dem Bundespräsidium der Partei. An diesem 30. November verurteilte er den »Kroatischen Frühling« als chauvinistisch, nationalistisch und konterrevolutionär. Es dokumentiert die unbestrittene Autorität Titos, dass nach seinem Machtwort die Bewegung beinahe über Nacht verschwand. Die Studierenden beendeten ihren Streik, die Demonstrationen wurden von der Miliz gewaltsam aufgelöst, die liberalen kroatischen Parteiführer erklärten vierzehn Tage später ihren Rücktritt und *Matica hrvatska* musste ihre Tätigkeit einstellen. Es folgten etwa 550 Verhaftungen und rund 2.000 Verurteilungen; viele Menschen, die sich engagiert hatten, mussten berufliche Nachteile in Kauf nehmen. Vladimir Bakarić, seit 1944 kroatischer Parteichef, ging gestärkt aus den Auseinandersetzungen hervor. Die kroatischen Neuerer verstummten bis 1989. Dennoch hatte die Bewegung den Föderalismus noch einmal gestärkt, wie die neue Bundesverfassung von 1974 dokumentierte. Einige der 1971/72 verurteilten studentischen Anführer, etwa Stipe Mesić, wurden nach der kroatischen Unabhängigkeitserklärung 1991 einflussreiche Politiker. Franjo Tuđman wurde wegen seines Engagements in der kroatischen Nationalbewegung schon 1967 aus der Kommunistischen Partei ausgeschlossen. Der »Kroatische Frühling« war dabei kein isoliert kroatisches Phänomen. In der zweiten Hälfte der 1960er Jahre forderten auch montenegrinische und mazedonische Intellektuelle mehr kulturelle Rechte für ihre jeweiligen Teilrepubliken.

Der Titoismus nach Tito (1980–1990)

Als Tito, fast 88-jährig, am 4. Mai 1980 starb, fiel der entscheidende Integrationsfaktor des jugoslawischen Staatengebildes weg. Zwar kursierte die Parole »Auch nach Tito mit Tito« (*I poslije Tita s Titom*), aber schon der in der Verfassung vorgesehene Wegfall des Staatspräsidentenamtes nach Titos Tod markierte die Zäsur. Anstelle eines einzigen Mannes fungierte nun das achtköpfige Staatspräsidium mit je einem Vertreter aus den Republiken und autonomen Provinzen als kollektives Staatsoberhaupt. Ein festgelegtes Rotationsprinzip entschied über den jeweiligen Vorsitz.

Im März 1981 brachen im Kosovo unter den Albanern Unruhen aus. Sie entzündeten sich an der schlechten materiellen Lage der Studenten und mündeten in die politische Forderung, dem Kosovo – einer autonomen Provinz – den Status einer gleichberechtigten siebten Teilrepublik innerhalb Jugoslawiens zuzuerkennen. Hinter den Spannungen standen das Problem der regionalen Entwicklungsunterschiede und Verteilungskonflikte in dem Vielvölkerstaat. Von Nordwest nach Südost zog sich ein beträchtliches Wohlstandsgefälle, ganz am Ende der Skala stand das Kosovo. Aufgrund des harten Durchgreifens von serbischer Polizei und Bundesarmee waren die Unruhen zwar schnell niedergeschlagen, aber die gewaltsame Pazifizierung des Kosovo stieß dort wie in anderen Landesteilen auf Widerspruch. So kritisierte der kroatische Parteichef Vladimir Bakarić die Maßnahmen als schweren politischen Fehler.

1983 wurden die Verfasser einer Islamischen Deklaration, darunter der spätere bosnische Präsident Alija Izetbegović, zu mehrjährigen Gefängnisstrafen verurteilt, weil sie angeblich auf jugoslawischem Boden einen islamisch-fundamentalistischen Staat hatten errichten wollen. Die Islamische Deklaration war bereits Mitte der 1960er Jahre entstanden und propagierte den Islam als »Dritten Weg« zwischen Kapitalismus und Sozialismus. 1988 wurden ihre Verfasser wieder aus der Haft entlassen.

Ende der 1970er Jahre war auch Jugoslawien – ähnlich wie die anderen sozialistischen Staaten der sowjetischen Hegemonialsphäre – in eine chronische Wirtschaftskrise geraten. Die Gründe hierfür lagen in der Überbürokratisierung der sozialistischen Marktwirtschaft, einer überdimensionierten Verwaltung, in Misswirtschaft und mangelnder Effizienz. Zunächst kam es zu empfindlichen Versorgungsengpässen, ab 1983 zu einer inflationären Entwicklung und einer Entwertung des Dinars gegenüber dem Dollar. Zwischen 1980 und 1986 wuchs das Bruttosozialprodukt nur noch um 0,6 Prozent im Jahr, die Realeinkommen lagen 1985 um 27 Prozent niedriger als 1979. 1989 erreichte die Auslandsverschuldung den Rekordwert von 16,5 Milliarden Dollar, die Inflation stieg im Dezember 1989 auf 2.700 Prozent.

Während der 1980er Jahre hörte unter den Intellektuellen, vor allem in Slowenien und Serbien, die kritische Diskussion über das jugoslawische System nicht mehr auf, während man sich in Kroatien eher um eine Stabilisierung des »Titoismus« bemühte. Für die Regimekritiker in Slowenien spielte die Zeitschrift *Nova revija* eine zentrale Rolle. Obwohl der Zeitschriftengründer versicherte, es handele sich um ein literarisches Journal, publizierte man Artikel mit erheblicher politischer Bedeutung – nämlich zur Frage der Menschenrechte, zur Demokratie und zur »slowenischen Nationalfrage« [287]. Serbien fühlte sich innerhalb der Konföderation gegenüber Kroatien und Slowenien im Nachteil und thematisierte die bedrohte Lage der serbischen Minderheit im Kosovo durch die Albaner. Im September 1986 legte die Serbische Akademie der Wissenschaften und Künste ein Memorandum vor, in dem eine Verfassungsreform angeregt wurde. Danach sollte die Zentralgewalt gestärkt werden und das Kosovo seinen republikähnlichen Status verlieren. Auf dieser Linie bewegte sich auch Slobodan Milošević, seit 1986 Parteichef des »Bundes der Kommunisten Serbiens«. Er kritisierte offen den Verfassungskonsens der Föderation und erweckte die latent vorhandenen ethnischen Feindbilder – zunächst vor allem gegen die Albaner – wieder zum Leben. Nachdem er seine innerparteilichen Gegner kaltgestellt hatte, setzte Milošević Anfang 1989 die Aufhebung der Selbstverwaltungsrechte der ehemals autonomen Provinzen Kosovo und Vojvodina durch. In Montenegro verhalf er mit der »Antibürokratischen Revolution« seinen Gefolgsleuten zur Macht. An die Stelle des jugoslawischen Sozialismus setzte er die Ideologie des großserbischen Nationalismus als Integrationsfaktor; die autokratischen Strukturen blieben erhalten. Ende 1989 verbot die slowenische Regierung ein von Serbien initiiertes »Meeting der Wahrheit« in Ljubljana und bekundete die Absicht, die Grenzen für Teilnehmer, die aus Serbien anreisten, zu schließen. Daraufhin rief Milošević zu einem Boykott slowenischer Waren auf. Im Januar 1990 tagte der außerordentliche 14. Parteikongress des »Bundes der Kommunisten«. Als Milošević den Versuch unternahm, eine Re-Zentralisierung der Parteiorganisation durchzusetzen, verließ die slowenische Delegation unter Führung von Milan Kučan den Parteitag, gefolgt von der kroatischen Delegation unter Ivica Račan. Letztere verließ aus Protest über das Vorgehen Miloševićs, der auch ohne die Slowenen die Arbeit einfach fortsetzen wollte, den Kongress. Während die slowenischen Parteivertreter auf die Einführung einer parlamentarischen Demokratie gedrängt hatten, wollte die serbische Führung am Einparteiensystem festhalten.

Transition in Slowenien und Kroatien

Die politische Transition entwickelte sich in Slowenien und Kroatien – ähnlich wie in Ungarn – aus der Kommunistischen Partei heraus. Vom

»Bund der Kommunisten Kroatiens« (SHK) geduldet, entstanden im Lauf des Jahres 1989 politische Parteien. Am 10. Dezember 1989, während die neuen Parteien in Zagreb mit Kerzen für freie Wahlen demonstrierten, fasste das ZK der SHK den Beschluss, dieser Forderung nachzugeben. Auf dem außerordentlichen Parteitag tags darauf entschied man sich für die Ergänzung des Parteinamens um »Partei der demokratischen Veränderungen« (*Stranka demokratskih promjena*, SDP). 1994 gab sich die Partei den neuen Namen »Sozialdemokratische Partei Kroatiens« (*Socijaldemokratska partija Hrvatske*, SDP).

Die Parlamentswahlen in Kroatien Ende April 1990 begünstigten – entsprechend dem Wahlsystem der absoluten Mehrheit – die stärkste Partei.[288] Aus ihnen ging die konservative »Kroatische Demokratische Gemeinschaft« (HDZ) unter Franjo Tuđman mit 42 Prozent der Stimmen als Sieger hervor, womit sie 55 der 80 Sitze erhielt. Die Reformkommunisten konnten 35 Prozent der Stimmen auf sich vereinigen, was 20 Sitzen entsprach. Am 30. Mai konstituierte sich der *Sabor*, das Parlament, neu und wählte noch nach der Verfassung von 1974 Tuđman zum Vorsitzenden des Staatspräsidiums Kroatiens. Mit der am 22. Dezember 1990 angenommenen Verfassung und der entsprechenden Konstituierung staatlicher Institutionen wurde die zweite Phase der Transition – etwa bis Anfang 1993 – erfolgreich abgeschlossen. Die Verfassung ging noch von der Prämisse aus, dass Kroatien in einer – nach einem gemeinsamen slowenisch-kroatischen Vorschlag – umgebauten jugoslawischen Konföderation souveräner Staaten verbleiben werde. Nach dem Scheitern entsprechender Verhandlungen kam es zu einer immer stärker werdenden Blockade der jugoslawischen Bundesinstitutionen.

Die für 1990 vorgesehenen gesamtjugoslawischen Wahlen fanden nicht mehr statt, so dass es ab dieser Zeit keine demokratisch legitimierte gesamtjugoslawische Regierung mehr gab. Entsprechend gering war der Einfluss der Bundesregierung unter dem Serben Ante Marković, obwohl das Ausland zu diesem Zeitpunkt die Zentralregierung wegen des Erhalts des Gesamtstaats noch stützte. Im Frühjahr 1991 war Marković zunächst nicht bereit, den Vorsitz turnusmäßig an den kroatischen Vertreter Stipe Mesić abzugeben. Erst eine Intervention der Europäischen Gemeinschaft führte schließlich zu dem Wechsel. In den letzten Junitagen 1991 löste sich die Sozialistische Föderative Republik Jugoslawien (SFRJ) schließlich auf, vier der sechs früheren jugoslawischen Teilrepubliken – Slowenien, Kroatien, Bosnien-Herzegowina und Makedonien – erklärten ihre Selbstständigkeit.

Serbische Sezession in Kroatien

Die auf dem kroatischen Staatsgebiet lebenden Serben – bis dahin nach ihrem Selbstverständnis Angehörige der größten und dominierenden Nation innerhalb Jugoslawiens – reagierten verunsichert darauf, dass in der kroatischen Verfassung konstitutionelle Rechte für sie fehlten; im Gebiet um Knin, im Osten Kroatiens, kam es bald darauf zu sezessionistischen Bestrebungen. Am 17. August 1990 proklamierten die Serben dort die so genannte »Balkenrevolution« (*balvan revolucija*), indem sie – mit Duldung der jugoslawischen Volksarmee – ihr Siedlungsgebiet mit Blockaden aus Baumstämmen vom Rest des kroatischen Territoriums abzutrennen versuchten. Unter dem Druck der jugoslawischen Volksarmee verzichtete die Zentralregierung auf Polizeimaßnahmen in diesem Gebiet, das die Kernregion der späteren »Republik Serbische Krajina« bilden sollte. Etwa 300.000 dort lebende Kroaten flohen aus Furcht vor den Serben nach Westen – der Beginn einer ethnischen Homogenisierung. Die jugoslawische Armee sympathisierte eindeutig mit dem Milošević-Regime und suchte den Status quo mit den sozialistischen Idealen zu verteidigen, während die Regierungen Sloweniens und Kroatiens die Eigenstaatlichkeit unter parlamentarisch-demokratischen Bedingungen anstrebten und sich um den Anschluss an die Europäische Gemeinschaft bemühen wollten. Nur durch eine Stärkung der Zentralgewalt konnte Serbien seine Stellung als dominante Nation in Jugoslawien behaupten. Eine weitergehende Föderalisierung war für Milošević nur unter der Bedingung denkbar, die innerjugoslawischen Grenzen zu revidieren, die serbischen Siedlungsgebiete aus Kroatien und Bosnien-Herzegowina herauszulösen und dem serbischen Staat zuzuschlagen.

Im Dezember 1990 hatten sich die Slowenen in einer Volksabstimmung für Souveränität und Unabhängigkeit ausgesprochen. Darauf begann Serbien einen regelrechten Wirtschaftskrieg gegen Slowenien. Beim Plebiszit im Mai 1991 befürworteten 94 Prozent der Abstimmenden die Souveränität Kroatiens – allerdings hatte der serbische Bevölkerungsteil das Referendum boykottiert. Am 27. Juni 1991, zwei Tage nach den Unabhängigkeitserklärungen von Slowenien und Kroatien, wollte die jugoslawische Volksarmee die Außengrenzen des alten Jugoslawien sichern, stieß aber auf den unerwartet entschlossenen Widerstand der slowenischen Territorialverteidigung. Durch Vermittlung der Europäischen Gemeinschaft verständigte man sich am 8. Juli 1991 auf ein dreimonatiges Moratorium, um nach einer politischen Lösung des Konflikts zu suchen. Am 18. Juli 1991 beschloss das gesamtjugoslawische Staatspräsidium, die jugoslawischen Bundestruppen aus Slowenien abzuziehen, was einer Entlassung dieses Staates aus dem jugoslawischen Staatsverband gleichkam.

Mitte Juli 1991 schufen von der jugoslawischen Armee unterstützte serbische Freischärler vollendete Tatsachen, indem sie über die bereits strittigen Gebiete um Knin hinaus ein Drittel des kroatischen Staatsgebietes unter ihre Kontrolle brachten und im Dezember 1991 die »Republik Serbische Krajina« proklamierten. Die inzwischen gebildete kroatische Armee riegelte die Garnisonen der jugoslawischen Armee auf dem noch verbliebenen Staatsgebiet von der Versorgung ab und zwang sie so zum Abzug. Ende 1991/Anfang 1992 erfolgte die Anerkennung der Unabhängigkeit Sloweniens und Kroatiens in ihren alten Grenzen durch die Staaten der Europäischen Gemeinschaft und andere Staaten.

Der im Januar 1992 durch die Vermittlung des UN-Vertreters und ehemaligen amerikanischen Außenministers Cyrus R. Vance geschlossene Waffenstillstand für Kroatien veränderte nichts an dem Status quo, verschaffte dem Land aber eine kurze Atempause, die zur Privatisierung des Staatseigentums, Konsolidierung der Währung und für die Durchführung einer Verwaltungsreform genutzt wurde. Im August 1992 fanden Parlaments- und Präsidentschaftswahlen statt, aus denen die HDZ wiederum als Sieger hervorging. Im September 1994 besuchte Papst Johannes Paul II. aus Anlass der 900–Jahr-Feier der Bistumsgründung Zagreb die kroatische Metropole – eine symbolische Geste nicht nur von religiöser Bedeutung. Die HDZ schürte eine wahre Nationaleuphorie, viele alte Denkmäler aus der vorkommunistischen Zeit wurden reinstalliert, die römisch-katholische Kirche mit dem Kroatentum identifiziert.[289] Unter Leugnung der regionalen Unterschiede feierte der alte kroatische Nationalismus seine Wiedergeburt, alles Jugoslawische wurde aus der kroatischen Geschichte getilgt, die *Ustaša*-Bewegung weitgehend rehabilitiert. Unter Historikern wie Politikern griff ein neuer Antisemitismus um sich; man bestritt, dass es in Zagreb einen Holocaust gegeben habe. Die Serben erschienen in der national-kroatischen Geschichtsschreibung als die eigentlichen Barbaren des Balkans. Gestützt auf entsprechende historische Arbeiten, erhob ein großkroatischer Ethno-Nationalismus Ansprüche auch auf einen Teil des bosnisch-herzegowinischen Territoriums. Nach der Proklamation der »Republik Serbische Krajina« hatten die Kroaten das alte Stereotyp vom Bollwerk der Christenheit revitalisiert. Sie fühlten sich erneut als Opfer und ließen die rechtsextreme Symbolik aus der Zeit des »Unabhängigen Staates Kroatien« (1941 bis 1945) wiederaufleben.[290] Das große »U« für *Ustaša* tauchte überall auf, Hakenkreuze und das Bild des *Ustaša*-Führers Ante Pavelić waren zu sehen. Serben und Kroaten lieferten sich einen regelrechten Denkmalkrieg, indem sie die Gedenkstätten, Wahrzeichen und Gotteshäuser der jeweils anderen Ethnie zerstörten. Unter den Intellektuellen – auch den Historikern – herrschte ein ausgeprägter Kroatozentrismus.

Bosnien-Herzegowina, staatliche Unabhängigkeit und Krieg

Im November 1991 war aus den ersten freien Wahlen in der Republik Bosnien-Herzegowina eine Koalitionsregierung hervorgegangen. Diese bestand aus den drei ethnisch definierten Parteien unter dem Bosniaken Alija Izetbegović (Partei der Demokratischen Allianz, SDA), dem Serben Radovan Karadžić (Serbisch-Demokratische Partei, SDS) und dem Kroaten Stjepan Kljuić (Kroatische Demokratische Gemeinschaft, HDZ). Zum Präsidenten wählte das Parlament Izetbegović. Doch schon vom Sommer 1991 an zogen sich Karadžić und seine Partei aus dem Parlament und den Regierungsgeschäften zurück, im Herbst 1991 besaß die legale Regierung in Sarajevo bereits keine Kontrolle mehr über die serbischen Siedlungsgebiete der Republik. Bei der Volksabstimmung Ende Februar/Anfang März 1992 sprachen sich 99 Prozent der Abstimmenden für die Souveränität der Republik aus – allerdings boykottierten auch hier die Serben das Plebiszit. Am 26. März 1992 erklärte die bereits am 9. Januar proklamierte »Serbische Republik« auf dem Territorium der Republik Bosnien-Herzegowina ihre Unabhängigkeit. Als die EG-Staaten und die USA die Unabhängigkeit der Republik Bosnien-Herzegowina in ihren alten Grenzen anerkannten, hatten serbische Einheiten des sezessionistischen Teilgebietes bereits mit ethnischen Säuberungen und einer großzügigen Arrondierung ihres Territoriums begonnen. Dank ihrer militärischen Überlegenheit kontrollierten sie – von Miloševićs Republik unterstützt – bald siebzig Prozent des Staatsgebiets der Republik Bosnien-Herzegowina. Das militärische Ziel im Westen bestand darin, eine Brücke zur »Republik Serbische Krajina« herzustellen und so ein geschlossenes serbisches Gebiet über große Teile des ehemaligen Jugoslawien hinweg zu schaffen.

Die kroatische Führung in Zagreb war in der Politik gegenüber der Republik Bosnien-Herzegowina gespalten. Die einen votierten für eine enge Anbindung, wenn nicht gar Annexion der kroatischen Gebiete durch Zagreb, die anderen unterstützten den Erhalt der Republik Bosnien-Herzegowina. Zunächst dominierte die letztgenannte Position. Gemeinsam kämpften kroatische und muslimische Einheiten gegen serbische Truppen, die Mostar erobern wollten. In der Republik Bosnien-Herzegowina hatten sich zwei miteinander rivalisierende militärische Formationen gebildet – die »Kroatischen Streitkräfte« (*Hrvatsko oružane snage*, HOS) und der von Kroatien offen unterstützte »Kroatische Verteidigungsrat« (*Hrvatsko vijeće obrane*, HVO). Nach der Ermordung des Kommandeurs der HOS im September 1992 ging dessen Organisation weitgehend in die HVO auf. Ende August 1992 änderte die »Kroatische Demokratische Gemeinschaft« in Bosnien-Herzegowina unter ihrem neuen Sprecher Mate Boban mit Billigung Zagrebs ihre Haltung und proklamierte nach dem Vorbild der »Serbischen Republik« die »Kroatische Republik Herceg-Bosna«. Im April 1993 begannen in Bosnien-Herzegowina die Kämpfe zwischen Kroaten und Muslimen, in deren Verlauf die Kroaten bald in die Defensive gerieten. Alle internationalen Vermittlungsbemühungen scheiterten an den Fakten, die auf militärischem Wege bereits geschaffen waren. Erst unter der Androhung von Bombardements konnten die USA den Rückzug serbischer Artillerie um Sarajevo durchsetzen und in Verhandlungen die Auflösung der »Kroatischen Republik Herceg-Bosna« erwirken (Washingtoner Abkommen vom 18. März 1994). Die Serben beanspruchten jedoch weiterhin das von ihnen militärisch besetzte Gebiet. Nachdem Verhandlungen zwischen Zagreb und der Krajina über einen Autonomie-Status im Staatsverband Kroatien gescheitert waren, begann Kroatien am 1. Mai 1995 mit der Rückeroberung Westslawoniens. Nahezu die gesamte serbische Bevölkerung floh in Richtung Osten – aus Angst vor der Rache kroatischer Rückkehrer.

Unterdessen griff die NATO unter Führung der USA erstmals mit militärisch wirksamen Operationen der Luftwaffe gegen serbische Stellungen in die Auseinandersetzungen in Bosnien-Herzegowina ein. Auslöser dafür war das Blutbad, das Serben am 25. August 1995 mit einer Granate, die den Marktplatz von Sarajevo traf, angerichtet hatten. Im Spätsommer eroberten kroatische und bosniakische Einheiten im Südwesten einen breiten Streifen zwischen Bihać und den zentralen Landesteilen Bosnien-Herzegowinas zurück. Das Abkommen von Dayton vom 21. November 1995 sanktionierte mit wenigen Korrekturen das militärische Ergebnis der Auseinandersetzungen, was der Serbischen Republik 49 Prozent des Gebietes der ehemaligen Republik Bosnien-Herzegowina zusicherte. Gleichzeitig erklärte sich die serbische Seite mit einer stufenweisen Wiedereingliederung des eroberten Ostslawoniens in das kroatische Staatsgebiet einverstanden – ein Prozess, der unter Mitwirkung der UN im Januar 1998 abgeschlossen war.

In den vorgezogenen Parlamentswahlen Ende Oktober 1995 gewann die HDZ in Kroatien mit 75 von 127 Sitzen wieder die Mehrheit, verfehlte aber ihr Ziel – eine Zweidrittelmehrheit. In der Bevölkerung wuchs die Unzufriedenheit über die großen Wirtschaftsprobleme, den autoritären Stil des amtierenden Präsidenten Tuđman und das Staatspartei-Gehabe der HDZ. Die von kroatischer Seite begangenen Kriegsverbrechen wurden nicht geahndet und die kroatischen Nationalisten in Bosnien-Herzegowina weiter unterstützt. Am 11. Dezember starb Tuđman, am 3. Januar 2000 fanden Parlamentswahlen statt, aus denen die Opposition – Sozialdemokraten und Sozialliberale – mit einer Zweidrittelmehrheit als Sieger hervorging. Der Sozialdemokrat Ivica Račan wurde am 27. Januar 2001 zum neuen Ministerpräsidenten der Koalitionsregierung gewählt. Stipe Mesić, der letzte Vorsitzende des gesamtjugoslawischen Staatspräsidiums, konnte am 7. Februar 2001 die Nachfolge Tuđmans für sich entscheiden. Seither konnte »eine höhere Qualität der demokratischen Konsolidierung erreicht«[291] werden.

Montenegro

Am 27. April 1992 gründeten die beiden noch verbliebenen jugoslawischen Teilrepubliken – Serbien und Montenegro – die Bundesrepublik Jugoslawien (BRJ).[292] In einem Referendum vom 1. März 1992 hatte sich die Bevölkerung des kleinen, nur 650.000 Einwohner zählenden

Montenegro bei einer Beteiligung von 60 Prozent mit 96 Prozent der Stimmen für den Verbleib im Bundesstaat mit Serbien ausgesprochen. Das Milošević-Regime beanspruchte die alleinige Rechtsnachfolge des alten Jugoslawien, obwohl ihm nur zwei Republiken geblieben waren. Bis zum Sturz Miloševićs am 5. Oktober 2000 blieb der neuen Föderation die internationale Anerkennung weithin versagt. Bis dahin zeichnete sich kaum eine Entwicklung hin zu politischen und ökonomischen Reformen ab. Sozialer Zerfall, hohe organisierte Kriminalität und eine starke Emigrationsbewegung kennzeichneten die Situation des Landes. Im Winter und Frühjahr 1996/97 demonstrierten drei Monate lang mehrere hunderttausend Menschen gegen die Regierung, um zu erreichen, dass diese die Siege der Opposition in zahlreichen Städten und Kommunen bei den Lokalwahlen akzeptierte.

Am 21. Dezember 1997 kam es mit der Wahl von Milo Đukanović zu einem einschneidenden Kurswechsel in der montenegrinischen Hauptstadt Podgorica – dem früheren Titograd –, denn der neue Ministerpräsident gehörte zu den profiliertesten Verfechtern einer montenegrinischen Unabhängigkeit. Das führte unter anderem dazu, dass der im Herbst 2000 neu gewählte jugoslawische Bundespräsident Vojislav Koštunica zwar weltweit Anerkennung fand, nicht jedoch in Montenegro. Um die Region zu stabilisieren, engagierte sich die Europäische Union von 2000 an für die Bewahrung der Bundesrepublik Jugoslawien. Als Ergebnis dieser Bemühungen entstand am 4. Februar 2003 die Staatliche Union Serbien und Montenegro (*Srbija i Srna Gora*, SiCG). Beide Teilstaaten identifizierten sich nur in geringem Maße mit diesem Gebilde. In der neuen Verfassungscharta wurde festgelegt, dass 2006 die Mitglieder der Union befugt seien, eine Volksbefragung über die eigene Unabhängigkeit herbeizuführen. Diese am 21. Mai 2006 durchgeführte Befragung ergab, dass eine Mehrheit für einen von Serbien völlig unabhängigen Staat Montenegro war. In Serbien schwand unterdessen das Vertrauen der Bürger in den Nutzen von Reformen, der Mehrheit ging es wirtschaftlich schlecht, die Privatisierung kam nur schleppend voran. Als der serbische Ministerpräsident Zoran Đinđić ankündigte, entschlossen gegen die organisierte Kriminalität vorgehen zu wollen, wurde er am 12. März 2003 von einem Attentäter erschossen.

Das Kosovo

In den Jahren 1998/99 versuchte das Milošević-Regime, mit massiven Repressionsmaßnahmen die Sezessionsbestrebungen der Kosovo-Albaner und den Aufstand der Befreiungsarmee Kosovos (UÇK) niederzuschlagen. Nachdem Serbien ein von der westlichen Staatengemeinschaft vorgeschlagenes Abkommen zur Lösung des Problems abgelehnt hatte, führte die NATO Luftschläge gegen die BRJ aus. Belgrad musste faktisch kapitulieren. Geschützt von internationalen Truppen (*Kosovo Force*, KFOR), besitzt das Kosovo seitdem einen Sonderstatus und steht unter der Verwaltungshoheit der Vereinten Nationen. Seit Mitte Mai 2001 hat das Kosovo eine provisorische Verfassung, auf deren Grundlage Mitte November 2001 ein Parlament mit 120 Volksvertretern gewählt wurde.

5.9 Bulgarien – Moskaus treuester Satellit und seine späte Rückkehr nach Europa

Absolute Loyalität gegenüber Moskau

Nach Stalins Tod am 5. März 1953 vollzogen seine Nachfolger einen gewaltigen Schwenk in der Innen-, Wirtschafts- und Außenpolitik, der auch den Satrapen Moskaus zugute kam. Die vorsichtige Drosselung der Schwer- und Rüstungsindustrie führte zu einer Verbesserung in der Landwirtschaft und Konsumgüterindustrie. Eine Reihe von Nahrungsmittelpreisen wurde drastisch gesenkt, einige Konsumgüter wurden dem Export entzogen und dem heimischen Markt zugeführt. Zum neunten Jahrestag der »Befreiung« am 9. September 1953 wurden die ersten politischen Häftlinge amnestiert und die Prozesse gegen die Anhänger des Mitte Dezember 1949 gehenkten Trajčo Kostov neu aufgerollt. Insgesamt konnten mehr als 10.000 Häftlinge die Arbeitslager und Gefängnisse verlassen – ein Umstand, der Bulgarien im Dezember 1955 die Aufnahme in die Vereinten Nationen ermöglichte. Für Bulgariens Ministerpräsidenten, den Muster-Stalinisten Vălko Červenkov, begannen schwierige Zeiten. Auf dem VI. Parteikongress der Bulgarischen Kommunistischen Partei im Februar und März 1954 geißelte er Bürokratismus, Schlamperei, Diebstahl und Verschwendung in der Partei und forderte dazu auf, nach dem Vorbild der KPdSU zu einer kollektiven Führung überzugehen. Als kommenden Mann Bulgariens hatte die sowjetische Führung den Sofioter Parteisekretär Todor Živkov ausersehen. Der Posten des Generalsekretärs wurde abgeschafft und durch ein dreiköpfiges Sekretariat ersetzt. In die Position des Ersten Sekretärs wurde der erst 42-jährige Živkov gewählt – als jüngster Parteiführer im sowjetischen Block. Červenkov blieb zwar Ministerpräsident, verlor aber mit der Generalsekretärsstelle die Kontrolle über die Nomenklatura. Živkov suchte die Unterstützung jener Parteimitglieder, die Červenko wenige Jahre zuvor kaltgestellt hatte. Als die sowjetische Partei- und Staatsführung im Mai 1955 mit dem abtrünnigen Tito ihren Frieden machte, sank Červenkos Ansehen weiter, denn er hatte sich als Verfolger der Titoisten besonders hervorgetan. Als Gast auf dem XX. Parteitag der KPdSU musste er erleben, wie Chruschtschow in der Nacht vom 24. auf den 25. Februar 1956 Stalin demontierte.

Für Živkov war dieser denkwürdige Vorgang das Signal, um auch Bulgariens »kleinen Stalin« von der Bildfläche verschwinden zu lassen. Nach dem Vorbild Chruschtschows eröffnete er während des ZK-Plenums der bulgarischen Kommunisten im April 1956 die Anklage gegen Červenkov. Er warf ihm vor, mit der Verfolgung unschuldiger Parteimitglieder die sozialistische Gesetzlichkeit verletzt und den Kult um seine Person gefördert zu haben. Am 16. April 1956 erklärte Červenkov, in Gegenwart des jugoslawischen Gastes Moše Pijade, seinen Rücktritt. An seiner Stelle wurde Anton Jugov zum Ministerpräsidenten gewählt.

Die polnischen Unruhen und der Volksaufstand in Ungarn berührten Bulgarien kaum. Vereinzelte Studentenproteste wurden hart unterdrückt. Immerhin bildeten diese Vorgänge den Anlass, die Liberalisierung wieder zurückzudrängen und die Bevölkerung unter schärfere Kontrolle zu stellen. Unter diesen Vorzeichen konnte Červenkov noch einmal reüssieren, im Februar 1957 wurde er zum Minister für Erziehung und Kultur ernannt. Živkov nutzte diese Phase einer stärkeren Reglementierung, um sich seiner Parteigegner zu entledigen. Gegenüber Chruschtschow, der im Februar 1958 am VII. Parteikongress der bulgarischen Kommunisten teilnahm, zeigte er bis zu dessen Sturz absolute Loyalität. Mit dem Dritten Fünfjahresplan von 1958 bis 1962 wollten die bulgarischen Kommunisten nach dem Beispiel Chinas den »Großen Sprung nach vorn« tun. Um von Rotchina zu lernen, sandte die Parteiführung im Oktober 1958 eine Delegation in das Reich Maos, die Červenkov leiten durfte. In dem beginnenden sowjetisch-chinesischen Konflikt stand Živkov ganz auf der Seite Moskaus und machte den prochinesischen Flügel seiner Partei für das Scheitern der Ziele des Dritten Fünfjahresplans verantwortlich. Im Zuge der zweiten Entstalinisierungswelle, die der XXII. Parteikongress in Moskau im Oktober 1961 einleitete, sorgte Živkov für den endgültigen Sturz Červenkovs und seiner Anhänger. Nachdem er schon zuvor alle Parteiämter verloren hatte, wurde Červenkov auf dem VIII. Kongress der Kommunistischen Partei Bulgariens aus der Partei ausgeschlossen. Während desselben Parteikongresses entledigte sich Živkov auch seines Rivalen Anton Jugov, indem er an dessen Verantwortung als damaliger Innenminister für die Bluttaten der Nachkriegsjahre erinnerte. Jugov musste das Amt des Ministerpräsidenten aufgeben und aus dem ZK ausscheiden. An seiner Stelle ließ sich Živkov zum Ministerpräsidenten wählen und vereinigte damit wieder die beiden mächtigsten Positionen des Partei-Staates in seinen Händen.

Wie in den anderen Blockstaaten wurden auch in Bulgarien Literatur, bildende Kunst und Musik in den Dienst der Umerziehung des Bürgers zum sozialistischen Menschen gestellt. Um dieses Ziel zu erreichen, wurden diese Bereiche gleichgeschaltet und unter staatliche Aufsicht gestellt. Auch die ehemals freien Jugendverbände wurden in eine einzige Massenorganisation gezwungen – den »Dimitrovschen Kommunistischen Jugendverband« (*Dimitrovski komunističeski mladežki săjuz*, DKMS; ihm gehörten 1989 1,5 Millionen Mitglieder an, etwa neunzig Prozent aller bulgarischen Jugendlichen). Doch die anfängliche Begeisterung der Jungen wich rasch tiefer Enttäuschung über die ideologische Verkrustung, die Korruption und auch die servile Haltung der Partei- und Staatsführung gegenüber der UdSSR. Anders als in Jugoslawien, Ungarn oder Polen gestattete die Bulgarische Kommunistische Partei keinen begrenzten Pluralismus, der auch oppositionelle Stimmungen hätte integrieren können. In den kurzen Phasen der Liberalisierung reagierte auch die bulgarische Literaturszene mit Romanen, die sich mit den erlittenen Repressionen befassten – so etwa der 1951 veröffentlichte Roman *Tjutjun* (»Tabak«) von Dimităr Dimov, der das Schicksal der Tabakarbeiter in den Vorkriegsjahren thematisierte. Emil Manov schilderte 1956 in seinem Roman *Nedostoveren slučaj* (»Ein authentischer Fall«) die Schrecken der stalinistischen Herrschaft. In den 1960er Jahren erfolgte vorübergehend sogar eine Öffnung für amerikanische Literatur – Ernest Hemingway, John Steinbeck und William Faulkner erschienen in bulgarischer Sprache. Solschenizyns »Ein Tag im Leben des Ivan Denissowitsch« wurde zum Bestseller. Živkov gewann die Freundschaft des bekannten Poeten und Dramatikers Georgiev Džagarov, machte diesen nach dem Tod Dimovs im April 1966 zum Präsidenten des Schriftstellerverbandes und konnte so die Künstler und Schriftsteller des Landes hinter sich scharen. Živkovs Tochter Ljudmila Živkova spielte in der bulgarischen Kulturbürokratie, seit 1975 als Vorsitzende des neugeschaffenen Komitees für Kultur, eine führende Rolle. 1979 wurde sie Mitglied des Politbüros, betonte gegenüber der UdSSR die bulgarische Identität, gründete das Nationale Historische Museum in Sofia und organisierte 1981 die glänzend inszenierte Feier zum 1.300-jährigen Bestehen des bulgarischen Staates. Auf ihren plötzlichen Tod im selben Jahr folgte wieder eine reaktionäre Phase im bulgarischen Kulturleben.

Todor Živkov hielt zwar alle Fäden der Macht in Händen, aber der Sturz seines Gönners Chruschtschow im Oktober 1964 ermutigte seine Gegner im Frühjahr 1965 zu einem Putschversuch, auf den eine Verhaftungs- und Prozesswelle gegen die Urheber folgte. Da auch die neuen Machthaber in Moskau eine Alternative zu Živkov nicht sahen, stützten sie ihn gegen seine Opponenten, zumal sie auf Seiten der Putschisten prochinesische Verbindungen befürchteten. Nach dem Ausscheren Albaniens und Jugoslawiens nahm Bulgarien in der Südosteuropa-Konzeption der UdSSR eine unverzichtbare Stellung ein. Der dankbare Živkov steuerte in der Folgezeit einen unbedingt moskautreuen Kurs und hielt Bulgarien auch innenpolitisch relativ stabil. Das schaffte er unter anderem damit, dass er ehemalige altkommunistische Gegner aus der Partisanen-Generation durch Privilegien an sich zu binden wusste. Aber er versuchte, auch die jungen, gut ausgebildeten Parteikader der Nachkriegsgeneration für sich zu gewinnen, indem er ihnen Karrieren im Partei- und Staatsapparat ermöglichte. Wer sich ihm in den Weg stellte oder mit ihm rivalisierte, den ließ Živkov allerdings gnadenlos verfolgen.

Die unterwürfige Haltung Živkovs gegenüber der UdSSR hatte realpolitische Hintergründe. Aufgrund seiner Geschichte konnte Bulgarien sich mit seinen kleineren Nachbarn – es gab fortdauernde Grenz- und Minderheitenprobleme – kaum verständigen, blieb daher isoliert und benötigte den Schutz der regionalen Vormacht. Überdies sicherte die UdSSR dem Land mit Rohstofflieferungen unter Weltmarktpreisen – Moskau deckte drei Viertel des bulgarischen Einfuhrbedarfs an Energieträgern und Rohstoffen – sowie mit der Abnahme von Produkten, die auf dem freien Markt nicht konkurrenzfähig waren, einen bescheidenen wirtschaftlichen Aufschwung. Die Industrialisierung des Landes wäre ohne die finanzielle und technische Unterstützung der UdSSR nicht möglich gewesen. Kein anderes Land des Ostblocks akzeptierte so widerspruchslos den Vormachtanspruch Moskaus – bis hin zum militärischen Einsatz bulgarischer Truppen 1968 in Prag und zu der Offerte an die UdSSR im Jahr 1980, angesichts der Unruhen in Polen »brüderliche Hilfe« leisten zu wollen.

Nationalistische Minderheitenpolitik, wirtschaftliche Probleme und halbherzige Reformen

Seit Anfang der 1970er Jahre bemühte sich Bulgarien darum, eine »einheitliche sozialistische bulgarische Nation« zu schaffen, indem es den Minderheiten ihre kulturelle Eigenständigkeit nahm und sie zu bulgarisieren trachtete. Blanker Nationalismus tarnte sich unter dem Deckmantel einer »sozialistischen Nation«. Dabei hoffte die bulgarische Führung auf eine breite Zustimmung der Mehrheit und eine Steigerung ihrer Popularität. Die Makedonier, deren Siedlungsgebiet zwischen Jugoslawien, Bulgarien und Griechenland aufgeteilt worden war, stellten ein besonderes Problem dar, weil sie in den einzelnen Ländern unterschiedlich behandelt wurden. Während Jugoslawien die Makedonier als Nation mit eigener Amts- und Unterrichtssprache anerkannte, verband Bulgarien seine Assimilierungspolitik mit ideologischen Angriffen auf den politischen Abweichler Jugoslawien und warf dem Nachbarland vor, gesamtmakedonische Einigungspläne auf Kosten Bulgariens zu betreiben. Seit Mitte der 1970er Jahre wandte sich Jugoslawien wegen der Makedonien-Frage mehrfach an die Vereinten Nationen und thematisierte die erzwungene Assimilierung der makedonischen Minderheit in Bulgarien. Noch brutaler ging die bulgarische Führung mit der türkischen Minderheit um. 1984/85 kam es zu heftigen Unruhen mit 120 Toten und mehr als tausend Verletzten, weil die bulgarischen Türken gezwungen werden sollten, ihre türkisch-arabischen Namen abzulegen und stattdessen bulgarisch-slawische anzunehmen. Um das Vorgehen ihrer Regierung zu rechtfertigen, behaupteten bulgarische Wissenschaftler, bei den so genannten bulgarischen Türken handle es sich eigentlich um Bulgaren, die unter osmanischer Besatzung zwangsweise islamisiert und türkisiert worden seien. Verschiedene Auswanderungsabkommen mit der Türkei vermochten das Problem nicht zu lösen, weil die türkische Minderheit schneller wuchs als die bulgarische Mehrheit und den gesellschaftlichen Wandel im Rahmen der Modernisierung in weit geringerem Maße mit vollzog als diese. So lag der Anteil der in der Landwirtschaft Beschäftigten bei den Türken fast doppelt so hoch wie im Landesdurchschnitt. 1962 verabschiedete der VIII. Parteikongress einen 20-jährigen Entwicklungsplan, mit dem der definitive Durchbruch des Landes zur Industrialisierung erreicht und der Übergang zum Kommunismus geebnet werden sollte. Zu den gigantischen Vorhaben, die auf dem Rücken der Bevölkerung ausgetragen wurden, gehörte das Anfang November 1963 fertig gestellte Metallurgische Kombinat in Kremikovci bei Sofia. Wegen der geringen Eisenerzvorkommen in Bulgarien war das von der UdSSR geplante und betriebene Kombinat schon nach wenigen Jahren von Rohstoffeinfuhren abhängig. Das Vorzeigeunternehmen der bulgarischen Industrialisierung verschlang ein Fünftel des gesamten bulgarischen Investitionskapitals. Auch bei den Landwirtschaftsreformen orientierte sich Živkov zunächst ganz an der Agrarproduktion der UdSSR und wiederholte so deren Fehler. Die überhastete Kollektivierung seines Vorgängers suchte er in Zusammenarbeit mit dem noch immer einflussreichen Bulgarischen Bauernvolksbund zu mildern. Dessen Funktionäre unter Führung von Georgi Trajkov sollten bei den Bauern für eine sanftere, aber dennoch konsequente Kollektivierung werben. Trajkov übte die ihm zugedachte Funktion eines Erfüllungsgehilfen der Kommunisten offenbar derart gut aus, dass er seit 1946 ununterbrochen das Amt des Landwirtschaftsministers innehaben durfte und im April 1964 sogar zum Vorsitzenden des Präsidiums der Nationalversammlung gewählt wurde.

Im Jahr 1971 schlug der X. Parteikongress eine neue Verfassung der Volksrepublik Bulgarien vor, die per Referendum angenommen wurde. Darin war die führende Rolle der Kommunistischen Partei für die gesellschaftliche Entwicklung festgeschrieben. Der Staatsrat (*Dăržaven săjuz*, DS), ein neu geschaffenes Gremium, bildete nun das höchste Regierungsorgan. Ihm war auch der Ministerrat untergeordnet, dessen

Vorsitz Živkov dem jüngeren Stanko Todorov überließ, während er selbst sich zum Vorsitzenden des Staatsrats wählen ließ.

Wie in anderen Ostblockstaaten gelang es auch in Bulgarien nicht, die wirtschaftlichen Probleme – mangelnde Effizienz, Misswirtschaft, Schlamperei und Verantwortungslosigkeit – zu beseitigen, ohne das sozialistische Wirtschaftssystem insgesamt in Frage zu stellen. Da letzteres ausgeschlossen war, versandeten alle 1965 lauthals angekündigten Reformmaßnahmen eines »Neuen Wirtschaftsmechanismus«. Seit dem »Prager Frühling« hatten es die Reformbefürworter in der Partei ohnedies schwer, denn die Ereignisse hatten gezeigt, wohin Liberalisierungstendenzen führen konnten. Darum ging Živkov im Juli 1968 auch daran, wieder eine stärkere Kontrolle der Partei über Wirtschaft und Gesellschaft durchzusetzen. Die wirtschaftlichen Probleme verschärften sich jedoch in den Folgejahren aufgrund der Rezession auf den Weltmärkten weiter, und der technologische Abstand zu den westlichen Industrieländern wurde immer größer. 1979 wurde wieder ein »Neuer Wirtschaftsmechanismus« angekündigt, der freilich nicht an dem Grundsystem der zentralen Lenkung und Kontrolle rüttelte. Da die Wirtschaftsreformen nicht griffen, verurteilte man ihre Befürworter. Teodor Božinov wurde aus dem Politbüro ausgeschlossen und musste vom Ministeramt zurücktreten.

Mit dem Amtsantritt Michail Gorbatschows 1985 wurde der Ton rauer. Sowjetische Diplomaten kritisierten nun öffentlich die mangelnde Effizienz der bulgarischen Wirtschaft wie die schlechte Qualität ihrer Produkte, die sowjetischen Energie- und Rohstofflieferungen wurden gedrosselt, Bulgarien war zur Aufnahme von Krediten bei westlichen Banken gezwungen. Ähnlich wie in der UdSSR propagierte die Nomenklatura – etwa auf dem XIII. Kongress der Bulgarischen Kommunistischen Partei – eine Lockerung der zentralen Planung, verwarf aber gleichzeitig das Konzept eines Marktsozialismus. Die zögerlichen Schritte waren nicht dazu angetan, die wachsenden Probleme zu lösen. Vielmehr lehnte es der Staat ab, die Verantwortung für das Desaster zu übernehmen, und überließ die Wirtschaft wie die unter den Verhältnissen leidenden Menschen zunehmend sich selbst.

Die bulgarische *preustrojstvo* (Umgestaltung) blieb nur ein schwacher Abklatsch von Michail Gorbatschows *perestrojka*, die ihrerseits schon unter eher halbherzigen Schritten litt. Im Widerspruch zu allen Reformbeschlüssen verschlechterten sich die Lebensbedingungen der

Menschen zusehends und verstärkten die Spannungen zwischen Volk und Regierung. Die veränderte sowjetische Politik gegenüber Bulgarien beschleunigte die Versorgungskrise auf dem Binnenmarkt. Der verstärkte Import westlicher Produkte stürzte Bulgarien in eine Rekordverschuldung, die bis Ende der 1980er Jahre auf zwölf Milliarden Dollar anstieg.

Nicht zuletzt um sich selbst zu retten, stellte sich der mittlerweile 76-jährige Živkov an die Spitze einer Reformbewegung. Anfang Januar 1987 trat das neue »Regulativ für die Wirtschaftstätigkeit« in Kraft, Ende Juli 1987 begann eine vom ZK beschlossene politische Umgestaltung mit dem Ziel, das Volk stärker an der Macht partizipieren zu lassen. Das Wahlrecht wurde so novelliert, dass neben den Listen der Kommunistischen Partei und der Massenorganisationen auch von diesen unabhängige Kandidaten aufgestellt werden konnten, wenn sich diese Personen zur »Vaterländischen Front« bekannten. In einer Gebietsreform wurden die bisher 28 Distrikte in neun Regionen (*Oblasti*) zusammengefasst. Aufgrund dieser Zentralisierung verloren die Minderheiten ihre eigenen Verwaltungsbezirke und die vielen allzu selbstbewussten Gebietssekretäre ihre politische Machtstellung. Ende Januar 1988 schlug Živkov vor, die Mandatsperioden für Funktionäre zu beschränken, und regte an, neben den Massenorganisationen auch unabhängige Vereinigungen zuzulassen. Bei diesen von der Nationalen Parteikonferenz beschlossenen Reformen ließ sich Živkov unverändert von seinem sowjetischen Vorbild leiten – ebenso wie bei seiner Forderung nach mehr Transparenz im Blick auf Staat und Wirtschaft. Doch kaum setzte die öffentliche Kritik an den bestehenden Verhältnissen ein, riss Živkov das Ruder herum und entledigte sich der für die Liberalisierungswelle verantwortlichen jüngeren Spitzenpolitiker. Aber die spontan gebildeten Diskussionsforen, politischen Klubs und informellen Gruppen ließen sich nicht mehr unterdrücken. Eine im Januar 1988 von Akademikern und Journalisten gegründete »Demokratische Liga zur Verteidigung der Menschenrechte« prangerte die Zwangsassimilierung türkischer Mitbürger an. Nach blutigen Zusammenstößen mit der Polizei flohen im Frühjahr 1989 mehr als 320.000 türkischstämmige Bulgaren in die Türkei. Der Massenexodus erregte internationales Aufsehen und verursachte gravierende Produktionseinbußen in der Landwirtschaft.

Der Beginn einer oppositionellen Bewegung in Bulgarien reicht bis in die späten 1960er Jahre zurück. Sie wurzelte in der internen kommunistischen Opposition gegen das autokratische Živkov-Regime sowie in der älteren antikommunistischen Opposition und erhielt nicht zuletzt Impulse aus der Opposition in anderen sozialistischen Ländern. In den 1980er Jahren erschienen zahlreiche regimekritische Bücher, Lieder, Kunstwerke, aber auch entsprechende Anekdoten und Papiere kursierten heimlich in Cafés oder Wohnungen.[293] Von 1988 an sorgte ein »Klub für glasnost und Demokratie« permanent für Vorträge, Diskussionen, Gesprächsrunden und Appelle an die Partei. Aus einem Komitee, das gegen die Luftverschmutzung in der bulgarischen Donaustadt Ruse durch die Chemieindustrie im gegenüberliegenden rumänischen Giurgiu protestierte, entwickelte sich die Bürgerbewegung für Umweltschutz Eko-glasnost. Ihr Auftreten vor dem Anfang November 1989 in Sofia tagenden Umwelt-Forum der KSZE wurde international wahrgenommen. Schon im Sommer 1988 hatte sich – nach dem Vorbild von Solidarność – die unabhängige Gewerkschaft Podkrepa (Unterstützung) gebildet. Dem öffentlichen Druck nachgebend, gestattete die Regierung im Januar 1989 auch das Privateigentum an den Produktionsmitteln, ließ kleine Privatunternehmen zu und hob die Beteiligungsbeschränkungen für ausländische Investoren auf. Bauern konnten zur privaten Bewirtschaftung Land für fünfzig Jahre pachten, nicht aber kaufen.

Im Mai 1989 wurde – durch Verabschiedung einer Änderung im Gesetz über die Reisepässe – allen bulgarischen Bürgern die freie Ein- und Ausreise ermöglicht. Am 20. Mai kündigte Todor Živkov die Öffnung der Grenze zur Türkei an.[294]

Demokratisierung

Bald begriffen auch die Kommunisten, dass sie sich an die Spitze der Reformbewegung stellen mussten, wenn sie die Macht behalten wollten.[295] Da ihnen Živkov im Wege stand, stürzten sie ihn mit Rückendeckung Moskaus. Am 10. November 1989 stellte Ministerpräsident Georgi Atanasov im Politbüro den Antrag, ein bereits Monate zurückliegendes Rücktrittsangebot Živkovs anzunehmen. Das Zentralkomitee nahm den Bericht des Politbüros gern entgegen und wählte an Živkovs Stelle Außenminister Petăr Mladenov, der kurz zuvor in Moskau gewesen war, zum Parteivorsitzenden. Einen Monat später verlor Živkov auch seine Staatsämter. Doch erste Demonstrationen Mitte Dezember in Sofia zeigten, dass sich die Wut der Bevölkerung nicht nur gegen Živkov richtete, sondern auch gegen die Partei. Daraufhin entließ das Zentralkomitee sämtliche Weggefährten Živkovs sowie die alten Kader und demontierte seinen ehemaligen Parteichef in der Öffentlichkeit. Auf einmal warf man Živkov seinen autoritären Führungsstil, den Personenkult und verschwenderischen Lebensstil, die Vetternwirtschaft sowie Reformunwilligkeit vor. Man machte ihn zum Sündenbock für das bulgarische Elend und verstieß ihn und seinen Sohn Vladimir aus der Partei. Mladenov wurde zum Staatspräsidenten gewählt, musste aber kurz darauf den Parteivorsitz aufgeben. An seiner Stelle berief die Partei den Živkov-Kritiker Aleksandăr Lilov, den der Partei-Patriarch 1983 aus dem Politbüro entlassen hatte, zum neuen Parteivorsitzenden, und sie benannte sich in »Bulgarische Sozialistische Partei« (*Bălgarska socialističeska partija*, BSP) um. Diese gewendete Partei bot den verschiedenen Oppositionsgruppen Gespräche an einem »Runden Tisch« an, die am 3. Januar 1990 begannen. Darin gelang es den Oppositionellen, die verunsicherten Postkommunisten dazu zu bewegen, eine parlamentarische Demokratie nach westeuropäischem Vorbild einzuführen. Doch nach wie vor verfügten die Postkommunisten über den organisatorischen Apparat und die finanziellen Ressourcen der ehemaligen Staatspartei und hatten – mit ihrem Reformflügel an der Spitze – den Ansturm der Opposition einigermaßen schadlos überstanden. Wider Erwarten gelang es einer Reihe von oppositionellen Splittergruppen, eine »Union der demokratischen Kräfte« (*Săjuz na demokratičnite sili*, SDS) zu bilden. Daneben kam es zur Wiedergründung der seit 1947 verbotenen Parteien – darunter die »Demokratische Partei«, die »Bulgarische Sozialdemokratische Partei« und die »Radikaldemokratische Partei« –, die sich ebenfalls dieser Union anschlossen. Zum Vorsitzenden wurde Želju Želev gewählt, Mitbegründer des »Klubs für die Unterstützung von Transparenz und Umgestaltung«. Nach der Weigerung der Union, bis zu den Wahlen gemeinsam mit den Sozialisten eine Übergangsregierung zu bilden, stellten diese die Postkommunisten alleine. An deren Spitze stand als Ministerpräsident Andrej Lukanov, langjähriger stellvertretender Regierungschef und Außenhandelsminister unter Živkov. Bei den nach 43 Jahren ersten freien Wahlen in Bulgarien am 10. und 17. Juni 1990 erhielten die Postkommunisten (*Băl-*

garska socialističeska partija, BSP) 47 Prozent der Stimmen, die Union 36 Prozent. Die von dem türkischen Dissidenten Ahmed Dogan geführte »Bewegung für Rechte und Freiheiten« konnte 6 Prozent der Wähler auf sich vereinigen, der wiedererstandene »Bulgarische Bauernvolksbund« 8 Prozent. Die meisten der über vierzig Parteien scheiterten an der 4-Prozent-Hürde. Nunmehr demokratisch legitimiert zogen die Sozialisten mit absoluter Mehrheit in das neue Parlament ein. Vor allem Rentner, Arbeitslose und die konservative Landbevölkerung hatten ihnen zu dem Wahlsieg verholfen. Am 1. August 1990 wurde Želju Želev, Symbol des antikommunistischen Widerstandes, zum Staatspräsidenten gewählt.

Nach dem Umbruch 1990 war Bulgarien in zwei Lager gespalten: Auf der einen Seite standen die Anhänger der Sozialistischen Partei (BSP), der Nachfolgeorganisation der Kommunistischen Partei, auf der anderen Seite die Anhänger der Union der Demokratischen Kräfte (SDS), die Kritiker des alten Systems. Für das wichtigste Ziel der Transformation hielt man in Bulgarien eine neue Verfassung. Die Arbeiten an dem Entwurf dauerten beinahe ein Jahr lang. Am 12. Juli 1991 verabschiedete Bulgarien – als erstes Land in Ostmitteleuropa – eine vollkommen neue Verfassung, die auf den Prinzipien von Demokratie und Pluralismus basiert und bis heute gültig ist. Es ist interessant, dass gerade Bulgarien, wo es nicht zu Freiheitsbewegungen wie in Polen, Ungarn, der DDR oder der Tschechoslowakei gekommen war und wo es bis Mitte der 1980er Jahre keine Opposition gegeben hatte, das erste Land innerhalb des Ostblocks war, das sich in Richtung Demokratie entwickelte.

Die Parlamentswahlen vom 17. Juni 2001 veränderten die Parteienlandschaft Bulgariens grundlegend. Mit fast 43 Prozent der Wählerstimmen wurde die »Nationale Bewegung Simeon II.« des ehemaligen Monarchen Simeon II., die erst im April 2001 gegründet worden war, zur stärksten Partei. Sie erhielt die Hälfte der Abgeordnetensitze. Die bis dahin regierende »Union« (SDS) konnte nur 18 Prozent der Stimmen auf sich vereinigen. Die Wähler hofften darauf, dass Simeon II., auch als Ministerpräsident, die bis dahin ineffiziente Wirtschaftspolitik Bulgariens korrigieren werde.[296]

Schon im Vorfeld der Wahl Simeons war eine Wandlung des bulgarischen Geschichtsbildes im Blick auf die Monarchie festzustellen gewesen.[297] Galt Zar Boris III. vor 1989 als Abenteurer und Monarchofaschist, wandelte er sich nun zum fürsorglichen Landesvater und

Retter der bulgarischen Juden, der den Kriegseintritt seines Landes gegen die UdSSR verhinderte und – wenn auch nur kurzfristig – das bulgarische Territorium arrondierte. Negative Aspekte der Königsdiktatur wie die antijüdische Gesetzgebung sowie die Ermordung von 11.000 thrakischen und makedonischen Juden gerieten dabei völlig in Vergessenheit. Die Identifikation mit der Monarchie Boris' III. übertrug sich auf dessen Sohn Simeon II., von dem man sich erhoffte, dass er – wie sein Vater – die »Zügel in die Hand nehmen« und sein Land aus den ökonomischen und sozialen Schwierigkeiten herausführen werde. Darüber, ob die Monarchie wieder eingeführt werden solle und was diese bedeutete, bestanden in der Bevölkerung unklare Vorstellungen, zu denen sich auch Simeon II. nur diffus äußerte. Wie stark erfolgsabhängig die neue Monarchiebegeisterung tatsächlich war, zeigte die Enttäuschung über den königlichen Nachfahren, nachdem eine wesentliche Verbesserung des Lebensstandards ausgeblieben war.

Streben in die EU und Aufarbeitung der Vergangenheit

Die Demokratie in Bulgarien befindet sich in einem immer noch wenig konsolidierten Zustand. Im August 2004 gelangte eine EU-Delegation, die vor Ort überprüfen sollte, ob das Land im Hinblick auf den geplanten EU-Beitritt seinen Verpflichtungen nachkomme, zu dem Ergebnis, dass Bulgarien das »schwächste Glied im Kampf gegen die organisierte Kriminalität« in der Region sei. Die Maßnahmen gegen Menschenschmuggel und Drogenhandel der bulgarischen Mafia seien ungenügend und die Korruption weit verbreitet.[298] Dieser Zustand hat sich bis heute nur unbedeutend verbessert.[299] Auch im Bereich des Minderheitenschutzes gibt es nach wie vor Mängel. Die Europäische Kommission kritisierte vor allem die Diskriminierung der bulgarischen Roma.[300] Trotz des hohen Wirtschaftswachstums von 5,6 Prozent lebt mehr als ein Drittel der Bevölkerung unter der Armutsgrenze. Regelmäßig brechen Streiks aus. Zu den am schlechtesten bezahlten Berufsgruppen im Land gehören Lehrer; sie verdienen umgerechnet zwischen 120 und 200 Euro im Monat.

Bulgarien bemüht sich sehr um den EU-Beitritt und betrachtet ihn als seine Rückkehr nach Europa. Seit der Präsidentschaft von Želju Želevs wurde die EU-Mitgliedschaft zu einem zentralen Ziel der bulgarischen Außenpolitik. 1995 stellte Bulgarien das Beitrittsersuchen. Wegen der schweren Wirtschaftskrise im Winter 1996/97 fiel das Land aus der ersten Erweiterungsrunde heraus. Erst im Dezember 1999 gab die EU grünes Licht für die Aufnahme von Beitrittsverhandlungen, die fünf Jahre dauerten. Im April 2005 entschied das Europaparlament mit großer Mehrheit, Bulgarien als 27. Mitgliedsstaat in die EU aufzunehmen. Als Datum wurde der 1. Januar 2007, spätestens der 1. Januar 2008, genannt.

Seit 1991 wurden in Bulgarien mehrmals Versuche unternommen, die Archive der Geheimpolizei zu öffnen. Auf politischer Ebene führte man darüber intensive Debatten. Erst 1997, nach dem Wahlsieg des »Verbandes der Demokratischen Kräfte« (SDS), wurde ein Gesetz über den Zugang zu Dokumenten der Geheimpolizei erlassen, das die Kriterien einer Lustration erfüllte. Personen, die hohe Staatsposten innehatten, sollten hinsichtlich ihrer Zusammenarbeit mit der Geheimpolizei überprüft werden. Im Jahr 2002 wurden, mit Annahme des Gesetzes über den Schutz des Staatsgeheimnisses, die Archive erneut geschlossen. Es steht zu erwarten, dass das Lustrationsproblem in Bulgarien noch mehrfach die politische Klasse wie die Gesellschaft insgesamt beschäftigen wird.[301] Umfragen zufolge haben die Bulgaren selbst das Empfinden, in der Öffentlichkeit werde über die kommunistische Vergangenheit ihres Landes zu wenig gesprochen. Die bulgarische Journalistin Diana Ivanova stellte fest:»Da es in der Öffentlichkeit keinen Platz gibt, über die eigenen Erinnerungen zu sprechen, ist der Sozialismus in den Köpfen der Menschen erhalten geblieben.«[302] Im März 2004 gründeten Diana Ivanova, der Schriftsteller Georgi Gospodinov, der Psychotherapeut Rumen Petrov und der Journalist Kalin Manolov das Projekt *Spomeniteni* (»Unsere Erinnerungen«). Auf dem entsprechenden Internetportal veröffentlichen Bulgaren ihre persönliche Geschichte des Sozialismus. Die Beiträge bewegen sich zwischen Nostalgie und Abscheu.[303]

An den Parlamentswahlen vom 25. Juni 2005 beteiligten sich nur 56 Prozent der Wahlberechtigten. Die meisten Stimmen, 31 Prozent, fielen auf die oppositionelle Sozialistische Partei (BSP). An zweiter Stelle folgte mit 20 Prozent die regierende Nationale Bewegung Simeon II. (NBS II). Die »Bewegung für Rechte und Freiheiten«, die vor allem die Interessen der türkischen Minderheit vertritt, erhielt 12,5 Prozent der Stimmen. Die extrem nationalistische Bewegung *Ataka* (Attacke), gegründet im April 2005, erhielt 8,2 Prozent der Stimmen. Sie hatte im

Wahlkampf vor allem gegen Türken und Roma, aber auch gegen Juden und Homosexuelle polemisiert. Erst sieben Wochen nach den Parlamentswahlen, am 16. August 2005, wurde eine neue Regierung gewählt; damit konnten Neuwahlen vermieden werden. Das Parlament machte Sergej Stanišev, den Vorsitzenden der Bulgarischen Sozialistischen Partei, zum Ministerpräsidenten. Gleich nach den Wahlen erklärte er den EU-Beitritt seines Landes zu einer »nationalen Priorität«.

Im Oktober 2005 erfolgte eine weitere Bewertung der Reife für den EU-Beitritt Bulgariens durch die Europäische Kommission. Danach hat das Land die wirtschaftlichen Kriterien für den EU-Beitritt erfüllt. Bulgarien, so die Kommission, entwickle sich kontinuierlich in Richtung einer funktionierenden Marktwirtschaft. Probleme bestünden nach wie vor auf dem Gebiet der Korruptionsbeseitigung und des Schutzes der Menschenrechte. Viel zu wenig werde für die Bekämpfung des Menschenhandels und für die Verbesserung der Behinderteneinrichtungen getan.[304] Dem Monitoring-Bericht der Europäischen Kommission von Mitte Mai 2006 zufolge wird die definitive Entscheidung über das Beitrittsdatum Anfang Oktober 2006 fallen. Die Bemühungen im Kampf gegen das organisierte Verbrechen und die Korruption auf höchster Ebene gelten noch als unzureichend. Im Vergleich zu Rumänien betrachtet die Kommission Bulgarien als Nachzügler. Das Land habe seit 1997 fortlaufend die politischen Kriterien, welche in Kopenhagen festgelegt wurden, erfüllt und könne als funktionierende Marktwirtschaft eingestuft werden. Des Weiteren habe Bulgarien seine Gesetze bereits in beträchtlichem Maße dem EU-Rechtsbestand angeglichen. In sechs Bereichen müssten allerdings noch »dringende Maßnahmen« ergriffen werden: 1. Aufbau eines integrierten Verwaltungs- und Kontrollsystems in der Landwirtschaft; 2. Aufbau von Tierkörpersammelstellen und -beseitigungsanlagen für an TSE erkrankte Tiere und kontaminierte tierische Nebenerzeugnisse[305]; 3. deutlichere Belege für Ergebnisse bei den Ermittlungen gegen Netze der organisierten Kriminalität; 4. wirksamere und effizientere Gesetze zur Betrugs- und Korruptionsbekämpfung; 5. strengere Durchführung der Maßnahmen gegen Geldwäsche; 6. strengere Finanzkontrollen für die künftige Verwendung der Mittel aus den Struktur- und Kohäsionsfonds.

5.10 Konservierter Stalinismus und problematischer Systemwechsel: Albanien

Von Moskau nach Peking

Nach der Machtübernahme Chruschtschows Mitte September 1953 verschlechterten sich die Beziehungen zwischen Moskau und Tirana zusehends. Das lag einmal an der Wiederannäherung der UdSSR an Jugoslawien, vor allem aber an dem Entstalinisierungs-Prozess, den Chruschtschow mit seiner »Geheimrede« auf dem XX. Parteitag der KPdSU im Februar 1956 begann. Zunächst folgte Albanien dem von der UdSSR propagierten Prinzip der »kollektiven Führung«. Im Rahmen einer Entflechtung der höchsten Partei- und Staatsämter verzichtete Enver Hoxha im Juli 1954 auf seine Staatsämter und überließ Mehmed Shehu das Amt des Ministerpräsidenten. Als Erster ZK-Sekretär blieb Hoxha freilich der mächtigste Mann Albaniens. Auch bei der Konstituierung des Warschauer Paktes am 14. Mai 1955 gehörte Albanien zu den Gründungsmitgliedern – anders als bei der Komintern und beim COMECON, wo man das kleinste und rückständigste Land an der Peripherie des sowjetischen Einflussbereiches schlicht vergessen hatte. Unter dem Einfluss Moskaus nahmen Belgrad und Tirana im Dezember 1953 wieder diplomatische Beziehungen zueinander auf.

Da der Vorwurf des Personenkults auch Hoxha selber traf, suchte er Ende Mai/Anfang Juni 1956 auf dem III. Parteitag der »Partei der Arbeit Albaniens« (Partia e Punës e Shqipërisë, PPSh), wie die KPA seit November 1948 hieß, die sowjetische Kritik an Stalin auf die letzten Lebensjahre des Diktators einzuschränken. Ansonsten wollte er lieber bei der Verehrung für ihn bleiben und verdächtigte Chruschtschow des »Revisionismus«. Sowohl in der Frage der Entstalinisierung wie der Wiederannäherung an Jugoslawien konnte Hoxha aber nicht mit der ungeteilten Zustimmung seiner Partei rechnen. Darum ließ er im Juni 1955 wieder Säuberungen wegen parteifeindlicher Aktivitäten durchführen, denen auch hochrangige Politiker zum Opfer fielen. Da er der Armee, die von sowjetischen Ausbildern organisiert wurde, nicht sicher sein konnte, wagte Hoxha keinen abrupten Bruch mit Moskau. Er betonte stets die historischen Verdienste der KPdSU für die kommunistische Weltbewegung, unterstrich aber bereits Ende der 1950er Jahre auch die Bedeutung der chinesischen Revolution, die für ihn gleich nach der Russischen Oktoberrevolution rangiere.

Als die UdSSR im Herbst 1956 den Ungarn-Aufstand niederschlug, fand sie Tirana und Peking noch an ihrer Seite. Beide bezeichneten den Aufstand als Konterrevolution, inszeniert von westlichen Imperialisten und unterstützt von Revisionisten im eigenen Lager wie Tito. Der Besuch Chruschtschows Ende Mai/Anfang Juni 1959 in Albanien brachte nicht den erhofften Durchbruch, obwohl Moskau mit neuen Kreditzusagen aufwartete. Die sowjetischen Pläne, in Albanien Raketenbasen einzurichten und das Land zu einem Agrar-Schwerpunkt im Rahmen des COMECON auszubauen, stießen auf heftigen Protest. Hoxha warf Chruschtschow vor, er wolle Albanien zu einer »Obstkolonie für die Zwecke der revisionistischen Sowjetunion« machen – ähnlich wie die Vereinigten Staaten, die angeblich aus Lateinamerika eine Kolonie für Bananenplantagen machen wollten. In dem etwa gleichzeitig beginnenden Streit zwischen Peking und Moskau um die ideologische Führungsrolle im kommunistischen Lager bezog Tirana Position für die Volksrepublik China, gegen den von Chruschtschow propagierten neuen Kurs und gegen die These von der friedlichen Koexistenz zwischen Kapitalismus und Kommunismus. Auch Titos Forderungen nach einem eigenen Weg zum Sozialismus wurden strikt zurückgewiesen. Albanien wie China sahen ihre Eigenständigkeit durch das sowjetische Hegemonialstreben gefährdet. Da Mao Tse-tung ebenso wie Hoxha ideologisch am Stalinismus festhielt, konnte der abermalige Seitenwechsel Albaniens als Politik der Kontinuität gegenüber dem »Revisionismus« der UdSSR deklariert werden. Bei einem Treffen kommunistischer Parteidelegationen in Bukarest am Rande des III. Parteitages der KP Rumäniens im Juni 1960 weigerte sich Albanien, einer Vorverurteilung der chinesischen KP vor der Weltkonferenz der Kommunistischen Parteien im November des Jahres zuzustimmen. Die UdSSR versuchte, Albanien über wirtschaftlichen Druck wieder an ihre Seite zu bringen, aber Hoxha reagierte mit einer abermaligen Säuberung der albanischen Armee und Partei, um die prosowjetischen Kräfte zu schwächen. So ließ er einige Militärs verhaften und im Mai 1961 nach einem Schauprozess wegen Verschwörung hinrichten. Führende ZK-Mitglieder der albanischen Staatspartei wurden aus ihren Ämtern entfernt, verhaftet und aus der Partei ausgestoßen.

Zum definitiven Bruch zwischen Moskau und Tirana kam es bei der besagten Weltkonferenz der Kommunistischen Parteien vom 10. November bis 1. Dezember 1960 in Moskau. Hoxha nutzte dieses Treffen zu einer Generalabrechnung mit Chruschtschow, dem er vorwarf, die Prinzipien des Marxismus-Leninismus verlassen zu haben. Er habe zu Unrecht Stalin demontiert, sich dem revisionistischen Jugoslawien angenähert und die friedliche Koexistenz mit dem ideologischen Gegner propagiert. Für die VR China forderte er die Atomwaffe, um das Land international aufzuwerten. Wenige Tage nach dieser öffentlichen Rede verließ Hoxha vorzeitig die Konferenz. Die UdSSR rief daraufhin im Januar 1961 ihre etwa 3.000 in Albanien tätigen Fachleute zurück, die übrigen COMECON-Staaten folgten im Laufe des Sommers nach. Die in den Ostblockländern studierenden Albaner erhielten keine Stipendien mehr, die 1957 in Tirana gegründete Universität musste auf Gastdozenten aus Osteuropa verzichten. Im April 1961 beendete die UdSSR ihre Wirtschaftsbeziehungen mit Albanien, Ende Mai räumte sie ihren Flottenstützpunkt in Vlora, Anfang Dezember brach sie schließlich die diplomatischen Beziehungen zu Tirana gänzlich ab. Mit Ausnahme Rumäniens folgten alle anderen Ostblockstaaten diesem Schritt. Befürchtungen einer militärischen Intervention der Warschauer-Pakt-Staaten scheinen auf Seiten Albaniens nicht bestanden zu haben.

China besaß nun mit Albanien einen Brückenkopf in Europa, der sich allerdings als äußerst kostspielig erwies, denn nach dem Bruch Tiranas mit Moskau musste Peking alle finanziellen und wirtschaftlichen Verpflichtungen der UdSSR und des COMECON übernehmen. Insgesamt wird die Höhe der Kredite, die China dem neuen Partner bis 1975 gewährte, auf 838 Millionen Dollar geschätzt. 1962 bezog Albanien 65 Prozent seiner Einfuhren aus China und lieferte 29 Prozent seiner Exporte in das fernöstliche Land. Das albanische Außenhandelsdefizit nahm im Laufe der Zeit riesige Ausmaße an. Bis zu 6.000 chinesische Berater sorgten dafür, dass Albanien nicht kollabierte. So konnte das ehrgeizige Industrialisierungsprogramm Hoxhas ohne größere Einbußen fortgeführt werden. Man errichtete Hüttenbetriebe, Wasserkraftwerke und eine Fabrik für Traktorenersatzteile und baute eine chemische Industrie für Düngemittel auf. Bei Berat entstand das Textilkombinat *Mao Tse-tung*. 1975 forderte China den kleinen Partner auf, mit der Rückzahlung der bisher gestundeten Tilgungsraten für die Kredite zu beginnen. Als Tirana sich weigerte, reduzierte Peking seine Lieferungen, um sie Anfang Juli 1978 schließlich ganz einzustellen. Das Ende der chinesisch-albanischen Allianz war gekommen, China wurde nun ebenfalls zu den revisionistischen Staaten gezählt.

Ideologische Spannungen zwischen China und Albanien waren schon vorher spürbar gewesen, denn Hoxha mochte nicht dem chinesischen Weg zum Kommunismus folgen. Nur halbherzig führte er in seinem Land die Kulturrevolution durch; es gab keine Roten Garden, und der Parteiapparat blieb unangetastet. Lediglich die ausufernde Bürokratie und das Vetternwesen wurden bekämpft, Intellektuelle in die Produktion geschickt, die Dienstgrade in der Armee abgeschafft und die politischen Kommissare wieder eingeführt. Allein im Blick auf die Religion griff Hoxha mit eiserner Faust durch. Binnen weniger Monate wurden sämtliche Gotteshäuser in Albanien geschlossen und zu Kinos, Lagerhallen oder Sportstätten umgewandelt. Ende 1967 verkündete die albanische Propaganda stolz, das Land sei zum ersten atheistischen Staat der Erde geworden. Selbst das maoistische China sei weniger radikal gegen die rückständigen Bräuche mit religiösem Hintergrund vorgegangen. An die Stelle der Religion trat in Albanien eine verstärkte Rückbesinnung auf die nationalen Traditionen und Helden des Landes – bis zum Äußersten im Personenkult um Hoxha gesteigert, der in eine Reihe mit Marx und Lenin gestellt wurde. 1968 begann man mit der Herausgabe seiner Gesammelten Werke.

Den Besuch des amerikanischen Präsidenten Richard Nixon in China 1972 betrachtete Hoxha als Affront gegen Albanien und argwöhnte, China wolle als Führungsmacht der »Dritte-Welt«-Länder selbst in den Olymp der Supermächte aufsteigen. Auf dem 7. Parteitag der albanischen Arbeiterpartei Anfang November 1976 war die KP Chinas mit keiner Delegation mehr vertreten. Die neue Verfassung Albaniens, die Ende Dezember 1976 vom Parlament verabschiedet wurde, proklamierte bereits völlige Bündnisfreiheit. Sie verbot die Einrichtung ausländischer Militärstützpunkte, die Vergabe von Konzessionen an Ausländer, die Gründung gemischtnationaler Gesellschaften und die Aufnahme von Krediten im Ausland. Außerdem wurde in der Verfassung der Staatsname in »Sozialistische Volksrepublik Albanien« verändert. Damit einher ging die gesetzliche Verankerung der führenden Rolle der Partei und des Religionsverbots.

Nationalismus mit sozialistischer Fassade

Nach dem Bruch mit China befand sich Albanien in vollkommener außenpolitischer Selbstisolierung. Ideologisch feierte das Land Hoxha freilich als einzig wahren Interpreten des Marxismus-Leninismus; in Wahrheit handelte es sich um einen Nationalismus mit sozialistischer Fassade. Alle anderen Staaten galten entweder als imperialistisch oder revisionistisch – China eingeschlossen. Als Freunde blieben nur marxistisch-leninistische Splittergruppen aus den westlichen Ländern und revolutionäre Unabhängigkeitsbewegungen in der »Dritten Welt«. Auf Dauer konnte Albanien den Selbst-Isolierungskurs nicht durchhalten. Vor allem ökonomische Gründe machten Kooperationen mit kleineren COMECON-Staaten nötig, um Ersatzteile für Maschinen aus russischer Produktion zu erhalten. Trotz der konfliktreichen Geschichte mit den beiden Nachbarländern Griechenland und Jugoslawien kam es Ende der 1970er Jahre auch hier zu einer Annäherung. Bis 1981 wurden Handels- und Verkehrsabkommen abgeschlossen sowie gegenseitige Staatsbesuche absolviert. Als im März 1981 in Priština Unruhen ausbrachen, machte Jugoslawien für die Konterrevolution im Kosovo Albanien verantwortlich. Obwohl Hoxha klarstellte, dass Tirana zwar das Schicksal der Kosovo-Albaner nicht gleichgültig sein könne, aber Albanien keinerlei territoriale Forderungen gegenüber Jugoslawien erhebe, kam es erneut zu anhaltenden Spannungen zwischen beiden Ländern. Ende der 1970er Jahre nahm Albanien auch zu Italien erneut Handelsbeziehungen auf, das bald wieder den ersten Platz unter den westlichen Handelspartnern einnahm. Zu diplomatischen Beziehungen mit der Bundesrepublik kam es erst Anfang Oktober 1987; als letzter der europäischen Staaten folgte Großbritannien Ende Mai 1991.

Am 11. April 1985 starb Enver Hoxha, der das Land seit 1944 beherrscht hatte. Der nationalistische »Diktator altbalkanischen Zuschnitts«[306], von seinen Anhängern als »größte historische Gestalt unseres Volkes« verehrt, hatte in seinem Land ein Schreckensregime errichtet, das dem Volk unsägliches Leid zufügte. Ohne alle Skrupel hatte er seine persönlichen wie politischen Gegner liquidieren lassen und jedenfalls in dieser Hinsicht bis zu seinem Tod den Stalinismus in Albanien aufrechterhalten. Sein Leichnam wurde auf dem »Friedhof der Helden der Nation« bei Tirana, auf dem Hügel am Fuße des Dajti-Gebirges, beigesetzt.

Am 18. Dezember 1981 hatte Ministerpräsident Mehmet Shehu unter mysteriösen Umständen Selbstmord begangen. Bald darauf wurde bekannt, dass er für verschiedene ausländische Geheimdienste tätig gewesen war. Auf Shehu folgte Adil Çarçani, der das Amt des Ministerpräsidenten bis Februar 1992 innehaben sollte. Zum unmittelbaren Nachfolger von Hoxha wurde Parlamentspräsident Ramiz Alia gewählt, ein unbedingter Gefolgsmann Hoxhas, der zwar am Nachruhm seines Vorgängers arbeitete, aber im Widerspruch zu diesem doch auch vorsichtige Reformen einleitete. Mitte Januar 1989 nahm Tirana erstmals seit Kriegsende wieder an einer internationalen Konferenz teil – einer Außenministerkonferenz der Balkanstaaten. Am 9. Mai 1990 beschloss das albanische Parlament, die Religionsfreiheit wiederherzustellen, und ließ zahlreiche politische Gefangene, darunter viele Geistliche, frei. Ende Juli 1990 vereinbarten Albanien und die Sowjetunion die Wiederaufnahme diplomatischer Beziehungen, Mitte März 1991 folgte die Aufnahme diplomatischer Beziehungen zu den USA. Als einziges europäisches Land hatte Albanien die Schlussakte von Helsinki 1976 nicht unterzeichnet. Mit Unterstützung der Bundesrepublik erhielt es schließlich am 19. Juni 1991 die Vollmitgliedschaft in der »Konferenz für Sicherheit und Zusammenarbeit in Europa«.

Diese Entwicklung wäre kaum denkbar gewesen ohne die tiefe Verunsicherung des Regimes durch Massenproteste gegen die katastrophale wirtschaftliche Lage und die Flucht Tausender ins Ausland. Anfang 1990 hatten auch in dem isolierten Albanien jene Unruhen begonnen, von denen ganz Ostmittel- und Südosteuropa erfasst worden waren und die überall den Systemwechsel einleiteten. Am Anfang standen im Januar 1990 Demonstrationen gegen lokale Funktionäre in Shkodra und Tirana. Ende Juni 1990 stürmten Tausende von Albanern die westlichen Botschaften, um ihre Ausreise zu erzwingen. Im Dezember 1990 schlossen sich Studentenproteste gegen die elenden Lebensbedingungen an. Im Winter 1990/91 erschütterte eine neue Fluchtwelle das Regime – dieses Mal waren es angeblich griechischstämmige Albaner, die nach Nordgriechenland emigrierten. Schon im Oktober 1990 hatte die bedeutendste Figur der albanischen Literatur – der von Enver Hoxha stets geförderte Vorzeigeschriftsteller Ismail Kadare – Albanien verlassen und in Frankreich um politisches Asyl nachgesucht.

Systemwechsel, Elitenkontinuität und Scheindemokratie

Der Systemwechsel konnte kein Elitenwechsel sein, da es beim Zusammenbruch des alten Regimes kein Reservoir an oppositionellen Persönlichkeiten mit entsprechender Qualifikation gab. Nahezu alle Politiker stammen aus dem Umfeld des alten Regimes, und auch die jüngeren Politiker rekrutieren sich aus den Familien der früheren kommunistischen Eliten. Verwandtschaftsverhältnisse sowie die Zugehörigkeit zu regionalen Gruppen oder Clans sind bis heute wichtiger als die akzidentell gebliebenen Organisationsformen westlich-pluralistischer Systeme.

Mitte Dezember 1990 gab die albanische Führung nach und gestattete die Zulassung unabhängiger politischer Parteien und Organisationen. Es kam zu einer ganzen Reihe von Parteigründungen und einem dementsprechend breiten Parteienspektrum.[307] Innerhalb weniger Tage mutierten Protestbewegungen zu Parteien, ohne dass es – wie etwa in der ČSSR oder in der DDR – die Zwischenphase der Bürgerbewegungen gegeben hätte. Die von Alia für Mitte Februar 1991 anberaumten ersten freien Wahlen mussten auf Druck der Opposition auf den 31. März 1991 verschoben werden. In diesem Frühjahr erreichten die Unruhen ihren Höhepunkt. Am 20. Februar 1991 stürzten Demonstranten die monumentale Hoxha-Statue auf dem Skanderbeg-Platz im Zentrum Tiranas. Die neu gegründeten unabhängigen Gewerkschaften organisierten Streiks, über 20.000 Albaner flohen auf gekaperten Schiffen nach Italien. Dennoch endeten die Parlamentswahlen mit einem Sieg der alten Kräfte, die das Fiasko der albanischen Wirtschafspolitik zu verantworten hatten. Die seit 1948 bestehende »Partei der Arbeit Albaniens« (*Partia e Punës e Shqipërisë*, PPSH) erhielt 55,8 Prozent der abgegebenen Stimmen, die größte Oppositionspartei, die erst im Dezember 1990 gegründete »Demokratische Partei Albaniens« (*Partia Demokratike e Shqipërisë*, PDSH) kam auf 38,7 Prozent. Nach einem Generalstreik Mitte Mai bis Anfang Juni 1991 vereinbarten die PPSH und die Oppositionsparteien eine Allparteienregierung und Neuwahlen im Frühjahr 1992. Die PPSH, in »Sozialistische Partei Albaniens« (*Partia Sozialiste e Shqipërisë*, PSSH) umbenannt, bildete am 11. Juni 1991 unter dem Ministerpräsidenten Ylli Bufi eine »Regierung der Stabilität des Landes«, der auch nichtkommunistische Minister angehörten. Diese Koalitionsregierung zerbrach am 4. Dezember 1991 wegen Meinungsverschiedenheiten in der Wirtschaftspolitik. Ihr folgte eine Übergangsregierung unter dem parteilosen Vilson Ahmeti. Bei den Neuwahlen vom Frühjahr 1992 konnte die Demokratische Partei PDSH in einem Erdrutschsieg 65,7 Prozent der Stimmen auf sich vereinigen. Am 3. April 1992 trat Alia als Staatspräsident zurück. Ihm folgte der Vorsitzende der PDSH, Sali Berisha, ein Herz-Spezialist und ehemaliger Kommunist, der den Archäologen Aleksandër Meksi mit der Bildung einer neuen Koalitionsregierung beauftragte. Ihr gehörten neben den Demokraten zunächst auch die *Partia Socialdemokrate e Shqipërisë* (Sozialdemokratische Partei Albaniens) und die *Partia Republikane Shqiptare* (Albanische Republikanische Partei) und Parteilose an. Aufgrund massiver Fälschungen und einer Wahlrechtsänderung konnte sich die PDSH bei den Wahlen 1996 eine erdrückende Mehrheit der Sitze sichern. Nach dem Zusammenbruch mehrerer Investmentfirmen, die Hunderttausende um ihr Geld brachten, kam es 1997 zu einem Bürgerkrieg. Nach sechs Jahren Herrschaft fegten gewalttätige Unruhen Berisha aus dem Amt. Die innenpolitische Situation ließ die Menschen keine Hoffnung schöpfen. Korruption, Kriminalität und Vetternwirtschaft bestimmten das Bild der albanischen Gesellschaft, verunsicherten die Bevölkerung und ließen sie alles Vertrauen in die politische Führung verlieren. Überdies lieferte sich der konservative Berisha eine unerbittliche Auseinandersetzung mit seinem Rivalen, dem Sozialisten Fatos Nano. Die Unruhen von 1996/97 drohten den Staat von innen aufzulösen. Eine Übergangsregierung forderte den Rücktritt Berishas und bat um militärische Hilfe aus dem Ausland. Aus den international als korrekt anerkannten Parlamentswahlen vom 29. Juni 1997 ging Nanos PSSH als stärkste Kraft hervor, bildete aber eine breite Koalitionsregierung. Berisha trat als Präsident zurück und betrieb – die Regeln des Parlamentarismus außer Kraft setzend – mit seiner PDSH eine militante Fundamentalopposition. Mitte September 1998 wurde der PDSH-Politiker Azem Hajdari unter ungeklärten Umständen ermordet. Darauf versuchten Teile der PDSH, die Regierung gewaltsam zu stürzen.

Obwohl der neue Ministerpräsident Nano und dessen Staatspräsident Rexhep Qemal Mejdani den korrupten Regierungsstil ihrer Vorgänger fortsetzten, ging die PSSH – nachdem sie schon die Kommunalwahlen aus dem Jahr 2000 für sich hatte entscheiden können – mit 41,4 Prozent der Stimmen aus den Parlamentswahlen von 2001 gestärkt hervor. Auf internationalen Druck hin suchte Nano 2002 einen Konsens mit der PDSH bei der Wahl des neuen Präsidenten Alfred Moisiu und übernahm erneut das Amt des Regierungschefs. Bei den Kommunalwahlen 2003 konnte sich die PSSH gegenüber der PDSH weiterhin behaupten.

Anfang September 2004 kam es innerhalb der PSSH zu einer Abspaltung. Die Gruppierung um den früheren Ministerpräsidenten Ilir Meta konstituierte sich mit zehn Abgeordneten als eigenständige Partei »Stimme der Demokratie«. Seinem ehemaligen Parteifreund Nano warf Meta vor, nicht entschieden genug gegen Korruption und das organisierte Verbrechen vorzugehen. Ende September 2004 übte ein Bericht der OSZE massive Kritik an der politischen Klasse in Albanien. Wahlen würden nicht als ein »natürlicher demokratischer Vorgang« betrachtet, 83 Prozent der Bevölkerung sähen die Hauptquelle für Konflikte in der Politik des Landes, und die staatlich finanzierte Werbung in den Medien nähme diesen ihre Unabhängigkeit.[308] Mitte Januar 2005 zeigte sich der EU-Erweiterungskommissar Olli Rehn besorgt über das politische Klima in Albanien und forderte Tirana zu weiteren Reformschritten auf. Bei den Parlamentswahlen Anfang Juli 2005 gewann die Opposition 81 der 140 Abgeordnetenmandate. Der langjährige Oppositionsführer und Vorsitzende der PDSH, Berisha, wurde am 9. September zum Ministerpräsidenten gewählt und versprach ein Kabinett der »sauberen Hände« und einen »gnadenlosen Kampf« gegen Korruption und organisierte Kriminalität. Der als Ministerpräsident abgewählte Nano, dessen PSSH nur noch 42 Abgeordnetensitze erhielt, trat Anfang September 2005 als Parteichef zurück. Einen Monat später übernahm Edi Rama, der populäre Bürgermeister von Tirana, den Vorsitz der größten Oppositionspartei.

Mindestens bis 1998 herrschte in Albanien nur eine Scheindemokratie. Das Land besaß zwar eine Verfassung, einen Präsidenten und ein Parlament, aber es gab keine Stabilität. Nahezu alle Voraussetzungen für den Aufbau einer Demokratie fehlten. Im Vergleich zu allen anderen osteuropäischen Staaten bildet Albanien im Blick auf historische Ansätze für einen demokratischen Pluralismus und eine zivile Kultur das Schlusslicht. So besitzt das Land zum Beispiel keinerlei Traditionen im Blick auf die Gründung von Parteien. Die Zahl der Parteien, die 1992 ins Parlament gewählt wurden, war niedrig. 1992 begann ein Prozess, im Laufe dessen zahlreiche neue Parteien entstanden. Im Dezember 1996 wurde ein Demokratisches Forum berufen, dem fünfzehn Parteien angehörten. Darunter waren auch die Sozialistische Partei, die Sozialdemokratische Partei, die Demokratische Union und die Konföderation Freier Gewerkschaften. Die Koalitionsregierungen von 1991 und 1997 zeugen nicht von einem Sinn für konstruktive politische

Kompromisse im Interesse sachgerechter Problemlösungen, sondern tragen eher den Charakter von Waffenstillständen. Der Verlust politischer Macht kann nicht nur bedeuten, dass die Betreffenden Ämter und Stellungen verlieren, sondern auch ihre persönliche Freiheit. Darum sind die Machthabenden zu beinahe allen Intrigen bereit, um einen Regierungswechsel zu verhindern. Die Bevölkerung hält seit jeher große Distanz zum Staat und fühlt sich darin durch die gegenwärtige Lage nur bestätigt.

Das Land befindet sich nicht nur in politisch-kultureller, sondern auch in wirtschaftlicher Hinsicht in einer katastrophalen Situation. Manchen Berechnungsgrundlagen zufolge liegt die faktische Arbeitslosigkeit bei etwa 52 Prozent, die Sozialhilfe ist minimal, und ein erheblicher Teil der privaten Wirtschaftstätigkeit entzieht sich der Besteuerung. Die Umsetzung der Wirtschafts- und Sozialgesetzgebung erfolgt außerordentlich zögerlich. Aus diesen Verhältnissen resultiert die Enttäuschung weiter Teile der Bevölkerung, die eine rasche Angleichung an das westliche Lebensniveau erwartet hatten. Stattdessen schwand sogar die schwache soziale Absicherung, die unter dem alten Regime bestanden hatte, und auch die innere Sicherheit ging verloren. In diesem Klima festigte sich die staatsfeindliche Mentalität in der Bevölkerung noch. Steuerhinterziehung, Kriminalität, Korruption, Gewohnheitsrecht und Blutrache konnten um sich greifen beziehungsweise wieder neu aufleben. Die Opfer des alten Systems fühlen sich durch die Elitenkontinuität betrogen. Zwar gab es zahlreiche Prozesse gegen ehemalige kommunistische Politiker, aber durch turnusmäßige Amnestien wurden – ähnlich wie in Rumänien – die oftmals drakonischen Urteile im Nachhinein wieder entschärft.

6. Mittel-, Ostmittel- und Südosteuropa nach 1989 – Systemtransformationen und Vergangenheitsaufarbeitung

Im 20. Jahrhundert hat es in Europa vier umfassende politische Umbrüche gegeben und eine ganze Reihe regional begrenzter. Letztere – etwa der politische Systemwandel in Spanien nach Francos Tod[309] – besaßen in ihren Auswirkungen auf Europa nicht dieselbe Bedeutung wie erstere.

Versuche, in solchen Transitionen vergleichbare Regelabläufe feststellen zu wollen, stoßen auf die Schwierigkeit, dass jede von ihnen spezifischen historischen und kulturellen Voraussetzungen unterliegt. Verallgemeinerungen können daher nur auf einem hohen Abstraktionsniveau und unter Vernachlässigung konkreter Faktoren des jeweiligen Übergangs erfolgen. Im Folgenden sollen – nach der Schilderung der Transitions- und Transformationsprozesse in Ostmitteleuropa – die Entwicklung in Polen und Russland exemplarisch einer genaueren Betrachtung unterzogen werden.

Unter dem politischen Begriff »Transition« versteht man die Übergangsphase vom Beginn der Erosion eines bestehenden Regimes bis zur Konsolidierung eines neuen.[310] Bei den vorliegenden Fällen handelt es sich um den Übergang von autokratischen zu pluralistisch-demokratischen Systemen westlichen Typs. Den mehrdimensionalen, komplexen Vorgang der Umwandlung einer autoritären oder totalitären Gesellschaft in eine demokratische bezeichnet man als Transformation. Die Entwicklung von einer demokratisch gewählten Regierung zu einem konsolidierten demokratischen Regime nennt man auch zweite Transition.[311]

Nach dem Zusammenbruch der alten kontinentaleuropäischen Reiche am Ende des Ersten Weltkrieges erzwangen die Westmächte eine umfassende Demokratisierungswelle – ausgespart blieb einzig das ehemalige Russische Reich.[312] Auf die Transitionsphase folgten Prozesse der Demokratie-Etablierung, der Demokratie-Dekonsolidierung,[313] eine abermalige Transition und schließlich die Diktatur-Etablierung. Die Befunde der neueren Transformations-/Transitionsforschung legen die Einsicht nahe, dass die angedeuteten Zyklen der Demokratisierung,

Entdemokratisierung und Autokratisierung strukturell ähnliche politische, soziale, ökonomische, kulturelle und mentale Faktoren zur Ursache haben. Solche Abläufe haben die Geschichte der deutschen Zwischenkriegszeit bestimmt und lassen sich in ähnlicher Form auch in anderen europäischen Staaten des 20. Jahrhunderts – wie oben gezeigt – nachzeichnen. Nach dem Zweiten Weltkrieg veranlassten die Westmächte in ihrem Einflussbereich auf europäischem Territorium – mit den Ausnahmen Spanien,[314] Portugal und zwischen 1967 und 1974 auch Griechenland – eine zweite Demokratisierungswelle. Die UdSSR dagegen erzwang in den Ländern Ostmittel- und Südosteuropas eine Transitionsphase, die dafür sorgte, dass die durch Krieg und Zusammenbruch dekonsolidierten autoritären und totalitären Rechtsdiktaturen zu Diktaturen nach sowjetischem Muster umgestaltet wurden. Die von den Westmächten geförderte Demokratisierung der verbliebenen Rechtsdiktaturen an der europäischen Peripherie in den ausgehenden 1970er Jahren fußte auf einer erfolgreichen Industrialisierung, Liberalisierung und Internationalisierung dieser Transitionsgesellschaften.[315] An die in den späten 1940er Jahren beginnende bipolare Welt des wiederum auszudifferenzierenden »Kalten Krieges« schloss sich nach der Diktatur-Dekonsolidierung des Ostblocks seit den späten 1980er Jahren eine dritte Demokratisierungswelle mit Transitionsprozessen an.[316] Sie führte zu unterschiedlichen demokratischen Regierungsformen im Stadium einer noch teilweise labilen Konsolidierung – Russland, Weißrussland und die Ukraine ausgenommen. Von einer erfolgreichen Transition zu einem demokratischen politischen System kann freilich erst gesprochen werden, wenn die etablierte Demokratie eine mehrjährige Konsolidierungsphase durchlaufen und eine gewisse Stabilität erreicht hat.[317] Im Blick auf das, was Konsolidierung meint, gibt es bereits eine Vielzahl von Definitionen.[318] Nach Philippe Schmitter ist unter Konsolidierung ein Prozess zu verstehen, in dem Beziehungen, die man während der Demokratisierungsphase als zufällige Arrangements einführte, in verlässliche Strukturen übergegangen sind, die nunmehr den »Normalzustand« des politischen Systems darstellen.[319] Es wird zwischen minimalistischen und maximalistischen Vorstellungen der Konsolidierung unterschieden. Während die ersteren das Handeln von Akteuren und die institutionelle Ordnung betonen, berücksichtigen die letzteren ausdrücklich die mentalen Grundlagen einer politischen Ordnung als Faktor der Konsolidierung. Robert Dahl,[320] Juan Linz und Samuel Valenzuela[321] nähern sich einem maximalistischen Verständnis der Konsolidierung, wonach die Einstellungen und das Verhalten der Bevölkerung ein konstitutives Element der Konsolidierung sind, durch die eine Verankerung der Demokratie erreicht werden kann.[322] Juan Linz und Alfred Stepan haben in ihrem Konzept der Konsolidierung sowohl die minimalistischen als auch die maximalistischen Faktoren berücksichtigt.[323] Ein wichtiger Indikator der Konsolidierung ist jedenfalls ein friedlicher Regierungswechsel nach Einführung einer pluralistischen Demokratie – eine Voraussetzung, die mit Ausnahme von Russland und Weißrussland in allen ehemaligen Ostblockstaaten als gegeben angesehen werden kann.

Für die DDR beispielsweise schlagen Andreas Eisen und Max Kaase die Abfolge folgender Phasen vor: Der Transitionsprozess habe von Oktober bis Anfang Dezember 1989 gereicht, die Phase der Demokratie-Etablierung von Dezember 1989 bis zum 3. Oktober 1990, und mit der deutschen Vereinigung oder spätestens mit der Bundestagswahl vom 2. Dezember 1990 habe dann der Konsolidierungsprozess begonnen.[324] Dabei erscheint es als durchaus wahrscheinlich, dass die schlechten ökonomischen Bedingungen spätestens seit Mitte der 1990er Jahre den Demokratiekonsolidierungsprozess im östlichen Deutschland gebremst haben.

Eine Erosion der ökonomischen und sozialen Grundlagen des demokratischen Systems gilt als besonders problematisch für den Konsolidierungsprozess.[325] Der Unterschied zwischen der Transition vom Kommunismus und der vom Faschismus in die Demokratie hängt in hohem Maße mit dem Wirtschaftssystem, dem Markt und dem Unternehmertum zusammen. Während in Spanien und Portugal die Mittel gleichmäßiger verteilt wurden, war der Sozialstaat in den meisten ex-kommunistischen Ländern instabil. Die frühen Demokratien in Südeuropa nutzten Steuererhöhungen auch zur Erhöhung der Ausgaben für den Sozialstaat. Das war in Ostmitteleuropa nicht der Fall.[326] Nach dem EU-Beitritt protestierte Polen gegen jegliche Steuererhöhung und wollte die EU-Forderungen auf diesem Gebiet nicht akzeptieren.

Allerdings ist wirtschaftliche Prosperität nicht alles. Diese kann zwar hilfreich sein, wie das Beispiel der alten Bundesrepublik in den 1950er und 1960er Jahren gezeigt hat. Aber andere Beispiele wie Chile unter Pinochet oder die asiatischen »Tigerstaaten« belegen auch, dass eine rasante wirtschaftliche Entwicklung unter autoritären Regimen durchaus möglich ist und dass der Wirtschaftsboom keineswegs transitorische Impulse freisetzen muss. Die Einführung der »neuen Wirtschaft« in den 1950er Jahren in Spanien führte zwar zum vorübergehenden Wirtschaftswachstum, jedoch nicht zur dauerhaften Festigung demokratischer Strukturen.[327] Im Unterschied zu ökonomischen Konzepten, die von der funktionalistischen Annahme ausgehen, dass wirtschaftliche Liberalisierung und Wachstum nach einer gewissen Zeitspanne zur Demokratisierung führen, verweisen politikwissenschaftliche Ansätze auf verschiedene Faktoren: die Integrität des Staatsgebiets, die Habitualisierung demokratischer Regeln und die Überbrückung sozialer, ethnischer und religiöser Klüfte – auch als Voraussetzung für die Institutionalisierung funktionsfähiger Märkte. Dennoch wird – etwa seitens des Internationalen Währungsfonds oder der Weltbank – Wirtschaftswachstum als aussagekräftigster Indikator für den Erfolg einer gelungenen Transformation angeführt. Dem liberalistischen Credo des marktradikalen Ansatzes zufolge induzieren wirtschaftliche Wachstumsraten komplementäre Veränderungen in anderen gesellschaftlichen Bereichen. »Transformationelle Rezessionen«, tiefe Einbrüche des Sozialprodukts selbst der erfolgreicheren Transitionsländer wie Tschechien, Polen und Ungarn in den frühen 1990er Jahren, relativieren jedoch den Marktoptimismus und verweisen darauf, dass es sich bei den Transformationstheorien eben um eine »Kombination von empirischen Erhebungen, analytischen Modellen, theoretischen Vermutungen und normativen Gesichtspunkten«[328] handelt. Auch die Korruptionsanfälligkeit der alten oder neuen Eliten sowie die Kriminalitätsrate haben sich über die Institutionen des Marktes nicht abbauen lassen. Es genügt nicht, im Zuge einer »Vermarktwirtschaftlichung« den staatlichen Rückzug aus einer Gesellschaft zu organisieren. Vielmehr müssen die Aufgaben des Staates in einer freiheitlichen Gesellschaft positiv neu bestimmt und ebenso sozialintegrative Einrichtungen fest verankert werden. Zu den wirtschaftlichen Veränderungen komplementäre institutionelle Innovationen sind also nötig, um den Demokratisierungsprozess zu stabilisieren.[329] Aymo Brunetti und andere haben gezeigt, dass die divergierenden Wachstumserfolge in den postkommunistischen Staaten eng mit dem Grad der institutionellen Zuverlässigkeit, der politischen Stabilität, der Rechtssicherheit und der Korruptionsbekämpfung zusammenhängen.[330]

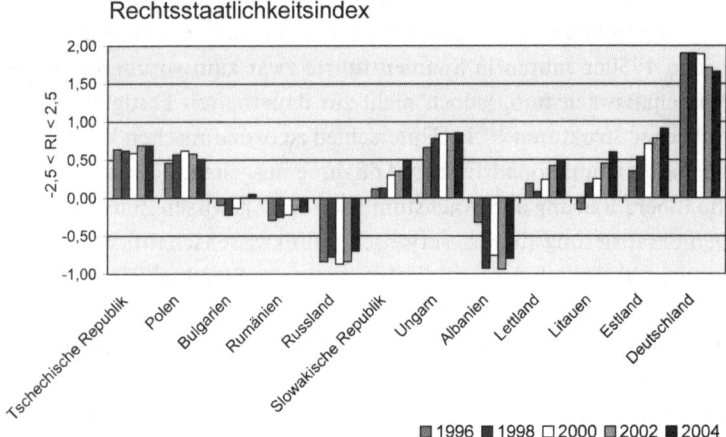

Quelle: GRICS Weltbank

Aus dem Rechtsstaatlichkeitsindex geht hervor, dass die Tschechische Republik, Polen, die Slowakei, Ungarn, Lettland, Litauen und Estland zu der Gruppe der Transformationsländer mit den demokratischsten Strukturen gehören. Bulgarien und Rumänien befinden sich noch auf dem Weg dahin. Albanien und Russland zeigen Annäherungen zu einem autoritären oder sogar totalitären Staat.[331] Eines der größten Probleme, mit dem die Transformationsländer zu kämpfen haben, ist die Korruption. Aus dem Korruptionsindex geht

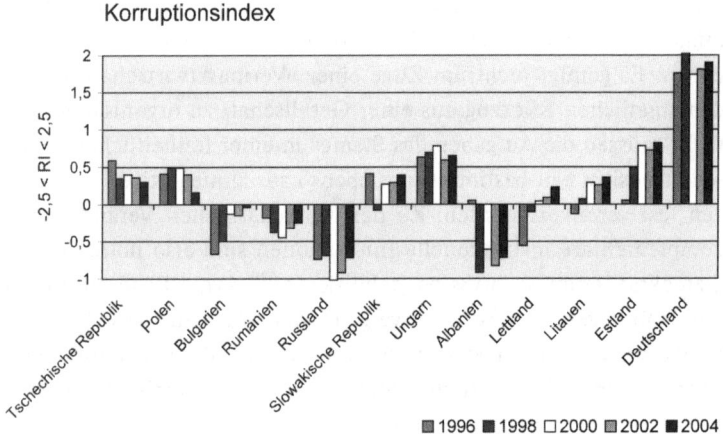

Quelle: GRICS Weltbank

deutlich hervor, dass vor allem Russland und gleich danach Albanien, Rumänien und Bulgarien stark von diesem Problem betroffen sind. In Polen verschlechtert sich die Lage auf diesem Gebiet seit 1996 zusehends.

Anders als in der DDR musste in den übrigen Staaten des früheren Ostblocks beim Aufbau rechtsstaatlich-demokratischer Institutionen auf Modelle zurückgegriffen werden, die außerhalb des nationalen Rahmens lagen. Um einen tief greifenden Formwandel handelte es sich freilich für die einen wie für die anderen. Dort, wo die umgewandelten Staatsapparate funktionsfähig blieben, wie in Polen, Ungarn und Tschechien, verlief die Rezession eher moderat. Dort, wo sich konkurrierende Gruppen des Staates bemächtigten, wie in Rumänien oder Bulgarien, traten zunächst chaotische Verhältnisse mit einem hohen Maß an Korruption und Instabilität ein, die auch die wirtschaftliche Entwicklung nachhaltig beeinflussten.

Im Unterschied zum östlichen Deutschland, wo ein Elitenwechsel auch mit Hilfe von westdeutschem Personal bewerkstelligt werden konnte, gab es in anderen Ostblockstaaten eine beträchtliche Elitenkontinuität. Das betraf vor allem Rumänien, Albanien, Bulgarien und die GUS-Staaten. In der Tschechoslowakei, in Polen und Ungarn kam es zu einem partiellen Elitenwechsel, der von den bisherigen Machthabern unter dem Druck der Bevölkerung und in Zusammenarbeit mit Bürgerrechtlern selbst herbeigeführt wurde.[332] Potenzielle Gegeneliten konnten sich in Ländern wie Bulgarien, Rumänien oder Albanien kaum herausbilden, wohl aber in solchen Staaten, in denen nach Volksaufständen, Revolten und Reformphasen die Machthaber nicht mehr zu dem ursprünglichen Grad der Durchherrschung ihrer Gesellschaften zurückkehren konnten – so zum Beispiel in Polen und Ungarn.[333] Von der Perspektive der Akteure aus kann man mit Blick auf die DDR feststellen, dass zwar oppositionelle Eliten den Transitionsprozess in Gang gesetzt, nicht aber seinen Ausgang bestimmt haben. Gegen deren Intention einer reformsozialistischen DDR agierte die Bevölkerung zugunsten eines Beitritts zur Bundesrepublik. Die Differenzen lagen nicht auf der Makroebene – dem grundsätzlichen Ziel einer Demokratisierung der DDR –, sondern auf der Meso- und der Mikroebene. Die oppositionellen Eliten repräsentierten nur kleine Subkulturen und unterschieden sich in ihrer politischen Orientierung wie in ihren Verhaltensweisen von der Mehrheit der Bevölkerung. In den meisten anderen

Staaten des ehemaligen Ostblocks kehrten nach dem ideologischen Wandel die früheren kommunistischen Eliten an die Macht zurück. In einigen Fällen, wie in Rumänien, setzten sie ihre Herrschaft im alten Geiste fort, in anderen übten sie ihre Ämter auf der Grundlage eines neuen politischen Wertekatalogs aus, an dem sie auch gemessen werden sollten.[334] In Polen und Ungarn organisierten die Eliten einen präventiven legalen Wandel, in der DDR (bis Oktober 1990), der Tschechoslowakei und auch in Bulgarien kam es zu einem unblutigen, wenn auch nicht immer gewaltlosen Wechsel, in Rumänien inszenierten Teile der alten Elite einen blutigen, gewaltsamen Umbruch. Nur in dem zuletzt genannten Land wurde im Rahmen dieser inszenierten Revolution Gewalt angewandt und die politische Spitze hingerichtet.

Minimale Kriterien für die Bewertung des Konsolidierungsprozesses wie die Durchführung von Wahlen geben nur einen unvollständigen Eindruck von den politischen Verhältnissen in den postkommunistischen Staaten. Um die Qualität des Zusammenspiels unterschiedlicher Größen innerhalb einer demokratischen Gesellschaft beurteilen zu können, bedarf es daher eines breiter gefassten Konsolidierungsbegriffs.[335]

Neben dem Grad der Festigung von zentralen Verfassungsorganen und politischen Institutionen sind der Repräsentationsgrad der Politik und das regelkonforme Verhalten der wichtigsten Akteure von hoher Bedeutung. Erst eine Konsolidierung auf den miteinander verbundenen Ebenen von Institution, Repräsentation und Verhalten, getragen von einer allseits akzeptierten politischen Kultur, stellt den idealen Fall einer gefestigten Demokratie dar.[336] Ansonsten besteht die Gefahr eines Rückfalls in diktatorische Regime wie in Weißrussland oder es kommt über eine längere Transitionsphase hinweg zu Mischformen zwischen demokratischen und autoritären Politikmustern wie in Rumänien oder Bulgarien. Schließlich besteht die Möglichkeit, dass sich dauerhaft nicht konsolidierte Demokratien herausbilden, wie im Falle Russlands.

Das Maß der Verankerung demokratischer Institutionen, der Repräsentationsgrad der Politik und das angemessene Verhalten der politischen Akteure in einer Gesellschaft hängen davon ab, inwieweit die Bürger solche Systeme und Verhaltenscodices mittragen. Ohne eine entsprechend breite politische Kultur – also der demokratischen Sache förderliche Haltungen, Überzeugungen, Empfindungen, aber auch po-

Mehrebenenmodell der demokratischen Konsolidierung

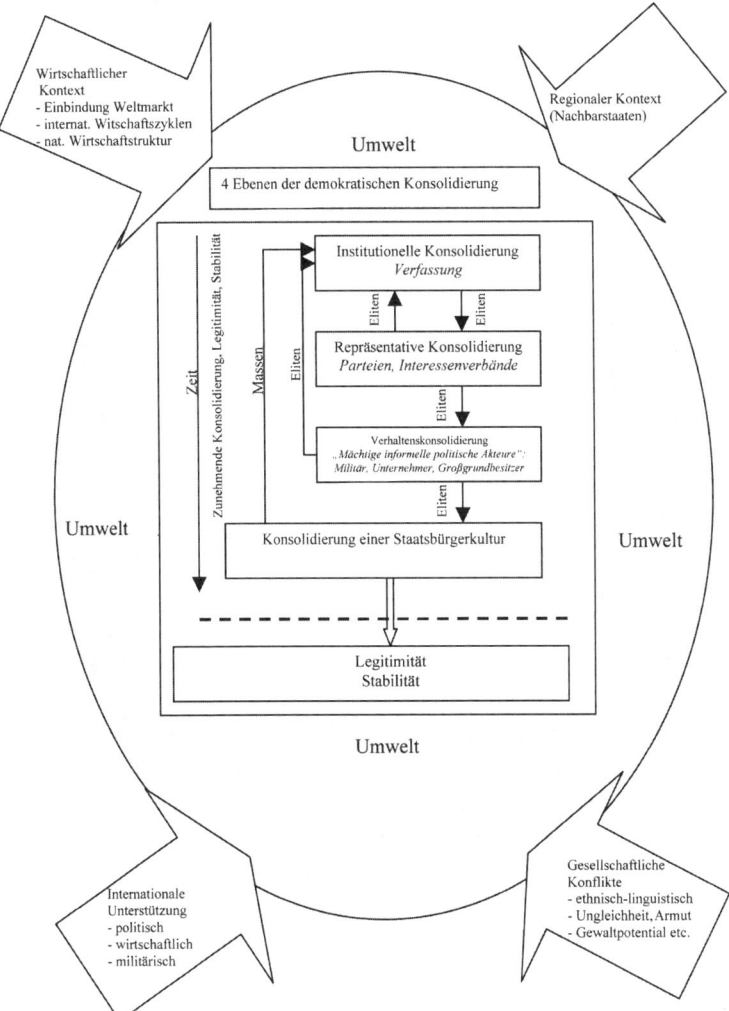

Quelle: Wolfgang Merkel, Systemtransformation, 1999, S. 147

litische Rituale, Symbole, Mythen und Grunddokumente, die das Verhalten der Bürger bestimmen – erscheint die Konsolidierung einer Demokratie kaum möglich. Sie wird kaum jenen Konsistenzgrad erreichen, der sie dazu befähigt, auch eine als schwer wahrgenommene wirtschaftliche Krise oder ein anderes Problem zu bewältigen. Wie das Beispiel USA illustriert, benötigen auch demokratische Gesellschaften zu ihrer Identitätsstärkung zivilreligiöse Symbole mit sinnträchtigem Gewicht.[337] Eine solche Kultur lässt sich nicht einfach herstellen, durch Beschwörungen herbeireden oder künstlich produzieren. Sie muss unaufdringlich eingepflanzt und dann sorgfältig gepflegt werden, um weiter wachsen zu können und dann ihre Funktionen zu erfüllen. Der bloße Rückgriff auf alte Symbole und Geschichtsbilder aus der vorkommunistischen Zeit kann auch vordemokratische Wirkungen zeitigen, wie beispielsweise in Kroatien oder Bulgarien.[338]

Das Ziel aller Demokratisierungsbemühungen sollte also sein, die Bürger vom Wert des implementierten demokratischen Verfassungsstaates zu überzeugen und sie zu Demokraten aus Überzeugung zu machen. Allein solche Menschen werden auch angesichts schwerer gesellschaftlicher Erschütterungen das Konzept der Demokratie aktiv verteidigen und unterstützen. Nur solche Bürger werden davon überzeugt sein, dass »die Welt der westlichen Demokratien zwar nicht die beste aller denkbaren oder logisch möglichen politischen Welten ist, aber doch die beste aller politischen Welten, von deren historischer Existenz wir Kenntnis haben«[339]. Die Demokratie ist noch der beste aller möglichen Wege, die Probleme einer Gemeinschaft zu lösen. »Auf der Einstellungsebene ist ein demokratisches Regime dann konsolidiert, wenn die Öffentlichkeit in ihrer breiten Mehrheit selbst inmitten einer tiefen ökonomischen Krise und angesichts größter Unzufriedenheit mit den Amtsinhabern überzeugt bleibt, dass demokratische Verfahren und Institutionen der geeignetste Weg sind, um das Zusammenleben in einer Gesellschaft wie der eigenen zu regeln, und wenn das Angebot an Antisystemalternativen klein oder vom prodemokratischen Prozess mehr oder weniger abgesondert bleibt.«[340] Am Beispiel der Zwischenkriegszeit kann man zeigen, dass für Länder mit einer langen demokratischen Tradition, wie etwa Großbritannien, diktatorische Systeme, wie sie sich in Mittel-, Ostmittel-, Süd- und Südosteuropa etablierten, kaum eine Versuchung darstellten. Wie dieses Beispiel schon nahe legt, gehen die Theoretiker einer politischen Kultur meist von bestimmten Nationalkulturen aus, die sie auf ihre Konsistenz in emotionaler, kognitiver und verhaltensmäßiger Hinsicht hin untersuchen. Aber neben nationalen Traditionen spielen auch internationale Einflüsse und andere Faktoren eine wichtige Rolle. Hindernisse beim Aufbau einer demokratischen politischen Kultur können ökonomische Krisen,[341] das

Anwachsen sozialer Ungleichheit,[342] ineffiziente und ineffektive politische Institutionen, Irritationen im Verhältnis zu Westeuropa oder Nordamerika und das kulturelle Erbe aus kommunistischen Zeiten oder nationale Traditionen aus der Zeit davor sein. Im Blick auf das Verhältnis zu Westeuropa und den USA, das kommunistische Erbe und

›Schlanke‹ Indikatoren der Demokratiemessung (15-Felder-Matrix)

Feld	Indikatoren Freiheit	Feld	Indikatoren Gleichheit	Feld	Indikatoren Kontrolle
1/1	Freie nationale Wahlen	1/2	Gleiche Inanspruchnahme des aktiven und passiven Wahlrechts bei nationalen Wahlen	1/3	Unabhängige Wahlprüfungskommission bei nationalen Wahlen
2/1	Organisationsfreiheit für Parteien und Gewerkschaften	2/2	Faire Parteienfinanzierung und Konsultationsmechanismen	2/3	Politische Kontrolle durch Oppositionsparteien
3/1	Freie Presse	3/2	Vielfalt der Medienlandschaft	3/3	Regierungskritische Presse
4/1	Unabhängigkeit der Justiz	4/2	Rechtssicherheit für marginale Gruppen	4/3	Effektive Rechtsprechung gegenüber anderen staatlichen Institutionen
5/1	Staatlichkeit und das Fehlen von *tutelary powers*	5/2	Ausmaß der Korruption in der Verwaltung	5/3	Wirksame Rechnungshöfe und wirksame parlamentarische Kontrollrechte

Quelle: Hans-Joachim Lauth, Demokratie und Demokratiemessung, 2004, S. 350

die nationalen Traditionen spielt die Prägung des kollektiven Gedächtnisses durch die heute Verantwortlichen natürlich eine tragende Rolle.[343] Ostalgie-Romantik zu pflegen, wird sich auf die demokratische Konsolidierung östlicher Gesellschaften kaum förderlich auswirken.

Zur Operationalisierung des Demokratiekonzepts versucht man, die zentralen Dimensionen Freiheit, Gleichheit und Kontrolle in ihren institutionellen Ausprägungen zu identifizieren und einer Messung zuzuführen.[344] Christian Welzel und Ronald Inglehart haben gezeigt, dass bereits Freiheitspräferenzen und nicht erst das aktive Wahrnehmen von Freiheiten einen Einfluss auf die demokratische Entwicklung des politischen Systems haben.[345] Den Daten von *European Values Survey* und *World Values Survey*[346] zufolge wird im ehemaligen Ostblock Freiheit und nicht Gleichheit bevorzugt. Vor allem in der Slowakei, in Bulgarien, Tschechien und Litauen ist das Verlangen nach Freiheit viel stärker ausgeprägt als das Bedürfnis nach Gleichheit. Hier ähneln die Werte denen in Westdeutschland. Ein bisschen schwächer ist der Wunsch, Freiheit möge über Gleichheit herrschen, in Estland (54,5 Prozent) und – erstaunlicherweise – in Polen vorhanden. In Polen ist das Bedürfnis nach Gleichheit relativ groß (39,6 Prozent). In Ungarn, den ostdeutschen Bundesländern und Russland fand die Aussage »Freiheit über Gleichheit« wenig Unterstützung. In Ungarn ist das Bedürfnis nach Gleichheit genauso groß wie in Russland (47 Prozent).

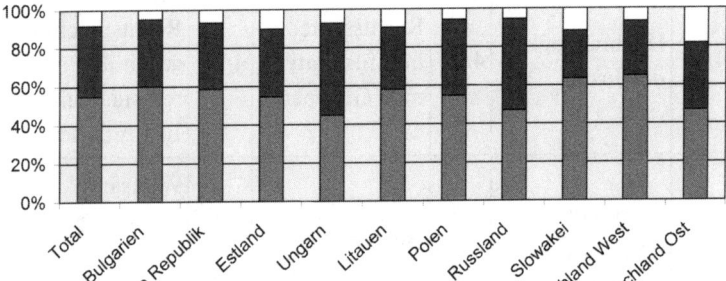

Freiheit vs. Gleichheit

■ Freiheit über Gleichheit ■ Gleichheit über Freiheit □ Nichts von beiden

Quelle: WVS/EVS Database

In einem mehrdimensionalen Index ermittelt die unabhängige Forschungseinrichtung *Freedom House*, New York, Jahr für Jahr den Konsolidierungsgrad der Transitionsgesellschaften und stellt ihre Ergebnisse in *Nations in Transit* vor.[347] Dieser Index wird in den meisten quantitativen Untersuchungen zur Transformation verwendet, um Fortschritte und Rückschläge in der Demokratisierung mit Gewinnen und Verlusten an demokratischen Freiheitsrechten zu vergleichen. Er wird jährlich aktualisiert und besitzt dadurch hohe Aktualität. Im Mittelpunkt der Messung steht bei *Freedom House* der Aspekt der Freiheit. Betrachtet werden die Rechtsstaatlichkeit, Partizipationsfreiheiten und generelle Freiheiten.[348] In *Nations in Transit* werden die Entwicklungspfade der postkommunistischen Länder in Beziehung zu verschiedenen Indikatorengruppen gesetzt. Die erste Gruppe berücksichtigt die Autonomie der Medien, die zweite die tatsächliche Machtstruktur der Regierung und der öffentlichen Verwaltung; eine dritte Gruppe achtet auf den Ausbau des Rechtsstaats einschließlich des Status ethnischer, religiöser und sprachlicher Minderheiten; ein viertes Bündel geht der Korruptionsanfälligkeit der Politik nach, ein fünftes befasst sich mit der Transparenz und Regulierung von Privatisierungsverfahren, und eine sechste Gruppe untersucht schließlich die Verfassung der Volkswirtschaft und die Situation der Unternehmen.

Aus den auf diese Weise gewonnenen Ergebnissen entstanden drei Ländergruppen: die konsolidierten Demokratien, die transitionalen Gesellschaften und die konsolidierten Autokratien. Zur ersten Kategorie gehörten danach im Jahr 2000 Tschechien, Estland, Ungarn, Lettland, Litauen, Polen, Slowakei und Slowenien. Zu den transitionalen Gesellschaften zählten Albanien, Bulgarien, Kroatien, Rumänien, Russland und die Ukraine. Als konsolidierte Autokratien waren Weißrussland, Turkmenistan und Usbekistan zu bezeichnen. Die hier zum Ausdruck kommenden Trennungslinien zwischen den Regionen Ostmittel- und Südosteuropas und die unterschiedlichen Abläufe des Systemwechsels lassen sich auch mit verschiedenen historisch-kulturellen Traditionen erklären. So herrschte beispielsweise in Ostmitteleuropa seit Jahrhunderten das römische Rechtssystem, während Südosteuropa unter dem Einfluss der byzantinischen, cäsaro-papistischen Rechtskultur stand, wie sich besonders gut an Albanien illustrieren lässt.[349] In Ländern mit einer orthodoxen christlichen Tradition kommt es überdies häufiger zu so genannten »Fassaden-Demokratien« als in Ländern mit einer westlichen christlichen Tradition.[350]

In seinen neuesten Untersuchungen differenziert *Freedom House* zwischen fünf Ländergruppen: den konsolidierten Demokratien, den semi-konsolidierten Demokratien, den transitionalen Gesellschaften (oder hybriden Regimen), den semi-konsolidierten autoritären Regimen und den konsolidierten autoritären Regimen. Zur ersten Kategorie gehörten danach im Jahr 2006 Slowenien, Estland, die Slowakei, Ungarn, Lettland, Polen, Litauen, die Tschechische Republik und – trotz mancher in vorherigen Kapiteln genannter Probleme – auch Bulgarien. Als semi-konsolidierte Demokratien galten Rumänien, Kroatien, Serbien und Albanien. Zu den transitionalen Gesellschaften zählten Bosnien, die Ukraine, Georgien und Moldawien. Zu den semi-konsolidierten autoritären Regimen gehörten Armenien, das Kosovo und Russland. Weißrussland, Turkmenistan und Usbekistan verharrten nach wie vor in der Gruppe der konsolidierten Autokratien.[351]

Freedom House gibt auch Jahr für Jahr einen Bericht über *Freedom in the World* heraus, in dem 192 Staaten auf einer Skala von 1 bis 7 hinsichtlich ihrer Freiheitswerte – in Bezug auf *politische Rechte* und *Bürgerrechte* – eingeschätzt werden. Bei der Entwicklung der Skalen hat man sich an der universalen Erklärung der Menschenrechte der Vereinten Nationen orientiert, deren Aussagen zu Checklisten verdichtet wurden. Die Untersuchung fußt auf analytischen Berichten und numerischen Instrumentarien. Im Ergebnis ordnet sie die untersuchten Länder in drei Kategorien ein: a) Frei (1 bis 2.5), b) teilweise frei (3.0 bis 5.0) oder c) unfrei (5.5 bis 7.0).[352] Die hier erhobenen Werte korrelieren mit denen von *Nations in Transit*. Den Spitzenwert von 1.0 erreichten 2004 von den in diesem Buch untersuchten Ländern nur Deutschland und Slowenien.[353]

Mit einem Punktwert von 1.5 kamen Bulgarien, Estland, Ungarn, Lettland, Litauen, Polen und die Slowakei auf den zweiten Platz. Rumänien erreichte nur einen Wert von 2.0, liegt aber noch im Bereich »frei«. Auch Serbien und Montenegro liegen mit 2.5 gerade noch im Bereich »frei«, konnten aber ihre frühere Position nicht halten und gehören zu den disputierten Ländern mit Abwärtstendenz. Albanien gehört mit einem Wert von 3.0 zu den »teilweise freien« Ländern ohne Auf- oder Abstiegstrend. Von den hier betrachteten Staaten verläuft die Entwicklung in Russland am dramatischsten. Im Jahr 2004 sank das

Land gegenüber dem Vorjahr mit einem Wert von 5.0 auf die unterste Marke von »teilweise frei« ab – mit einem weiteren Abwärtstrend. Ende 2005 stufte *Freedom House* auf seiner dreifarbigen »Landkarte der Freiheit« Russland von Gelb auf Violett herab: Es gehört jetzt nicht mehr zu den Ländern mit einer hoffnungsvollen Entwicklung in Richtung Demokratie, sondern wie die Volksrepublik China zu jenen Ländern, die als nichtdemokratisch einzustufen sind.[354] In seinem jüngsten Bericht hat *Freedom House* Russland vorgehalten, dass 2005 und 2006 das Wahlrecht zum Nachteil demokratischer Grundsätze verändert worden, der Aufbau einer Zivilgesellschaft ins Stocken geraten und die Regierungstätigkeit auf Föderationsebene weniger demokratisch sei als in den Transitionsjahren zuvor.[355] Auf anderen Gebieten – der Regierungstätigkeit auf regionaler Ebene, der Unabhängigkeit der Medien und Gerichte – stellt der Bericht fest, habe sich nichts zum Besseren verändert. Russland sei systematisch von dem 1991 gewählten Weg zur Demokratie abgewichen. Als Hauptverantwortlicher für diese Entwicklung wird Präsident Putin genannt, der die Staatsbürger von wichtigen Entscheidungen ausschließe. Stattdessen etabliere er scheindemokratische Einrichtungen wie die so genannte »Gesellschaftskammer«. Durch eine verstärkte Kontrolle über die Massenmedien und die Nichtregierungsorganisationen (NGOs) habe Putin überdies den Russen das Zusammenwirken mit westlichen Demokratien erschwert und immer neue Hindernisse für die Tätigkeit der Opposition aufgebaut. Wirkliche Medienfreiheit gebe es nur noch im Internet; allerdings bezögen 80 Prozent der Russen ihre Informationen aus den fast völlig vom Staat kontrollierten Fernsehprogrammen. Auf einer Ende 2005 angefertigten Rangliste, die 167 Länder nach dem Ausmaß der dort jeweils herrschenden Pressefreiheit einstufte, stand Russland auf Platz 138.[356] *Freedom House* hat die Teilnehmer des im Juli 2006 in Sankt Petersburg tagenden G-8-Gipfels aufgefordert, die russische Entwicklung zur Kenntnis zu nehmen. Russland gilt jetzt als »unfreies Land«.

Dass die ökonomische Entwicklung die Demokratisierung befördert, gehört zu den am häufigsten getesteten Thesen über die Ursachen der Demokratisierung.[357] Bereits in ganz frühen Untersuchungen zum Thema der Demokratiekonsolidierung haben Modernisierungstheoretiker betont, dass die ökonomische Entwicklung pro-demokratische Orientierungen in der Gesellschaft stärke.[358] Als einer der wichtigsten Indikatoren für die Bewertung des wirtschaftlichen Fortschritts gilt das

Index Zivilgesellschaft

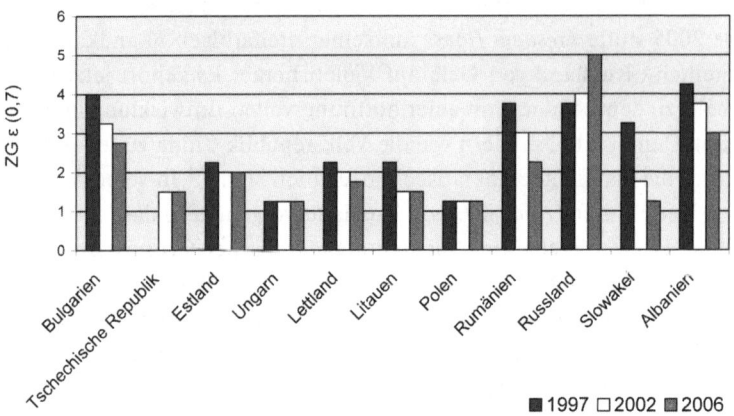

Quelle: WDI 2005, Weltbank

Bruttoinlandsprodukt (BIP). Gemessen an diesem Wert haben sich vor allem Tschechien, die Slowakei, Ungarn und Estland gut entwickelt. Ein großes Problem der Transformationsländer stellt die Ungleichverteilung von Einkommen dar. Als Indikator dafür gilt der von dem italienischen Statistiker Corrado Gini entwickelte Gini-Index. Der Wert kann eine beliebige Größe zwischen 0 und 1 (beziehungsweise 0 und 100 Prozent) annehmen. Je stärker er vom Gleichgewichtsverteilungswert Null gegen Hundert tendiert, desto größer ist die Kluft zwischen Arm und Reich. Diese Kluft ist in Russland am größten. Gleich danach folgen Rumänien, Bulgarien, Litauen, Lettland, Estland und Polen. Geringe Einkommensunterschiede sind dagegen in Tschechien, Ungarn und der Slowakei zu verzeichnen. Es sollte nicht verwundern, dass auch Albanien zu dieser Gruppe gehört. Das ist mit der insgesamt großen Armut in Albanien zu erklären.

Der Demokratieindex (*Democracy Score*) ergibt sich aus dem Durchschnitt folgender Kategorien, die bewertet werden: Wahlprozess, Zivilgesellschaft, unabhängige Medien, nationale demokratische Regierung, lokale demokratische Regierung, Justiz und Korruption. Auf dieser Grundlage wurden 2006 die Slowakei, Estland, Ungarn, Lettland, Litauen, Polen und die Tschechische Republik am besten bewertet. Während die Slowakei seit 2000 eine positive Entwicklung erlebte, hat Polen Rückschritte gemacht. Albanien, Rumänien und Bulgarien zeigen schlechte Werte. Russland und das Kosovo bilden die Schlusslichter.

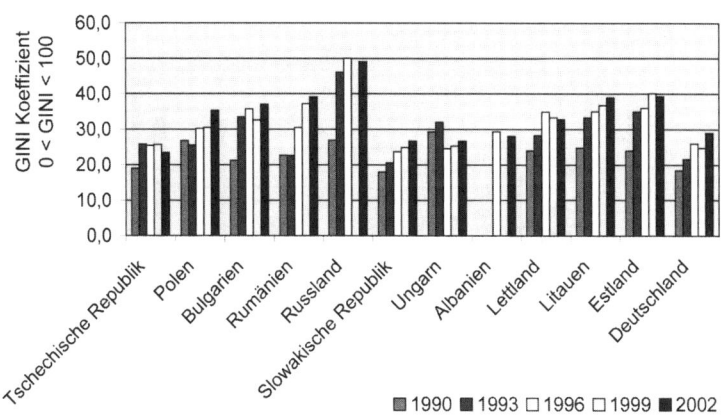

Quelle: Penn World Tables

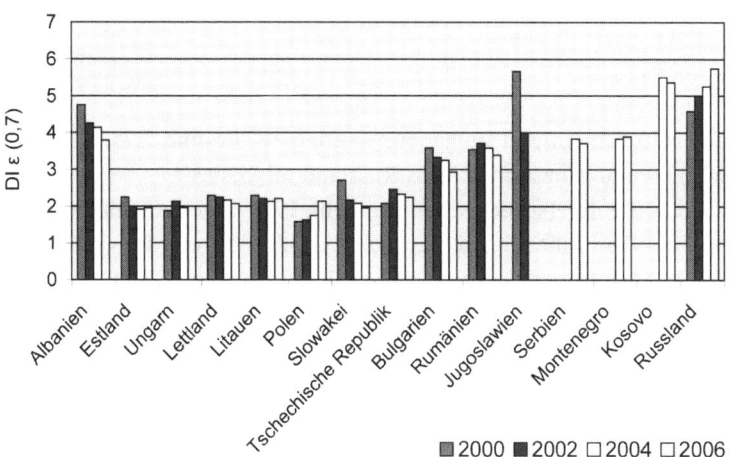

Quelle: Freedom House, Nations in Transition Report

Für die Einschätzung des Zustandes von Zivilgesellschaften in verschiedenen Ländern ist die entsprechende Kategorie innerhalb des Demokratieindexes von Bedeutung. Nach den neuesten Berechnungen von *Freedom House* für 2006 sind Polen, die Slowakei, Tschechien, Ungarn, Litauen und Lettland mit Werten unter 2,00 auf diesem Gebiet am besten entwickelt. Die größten Fortschritte seit 1997 machten die Slowakei und Litauen. Estland hat den Wert von genau 2,00. Danach

Index Zivilgesellschaft

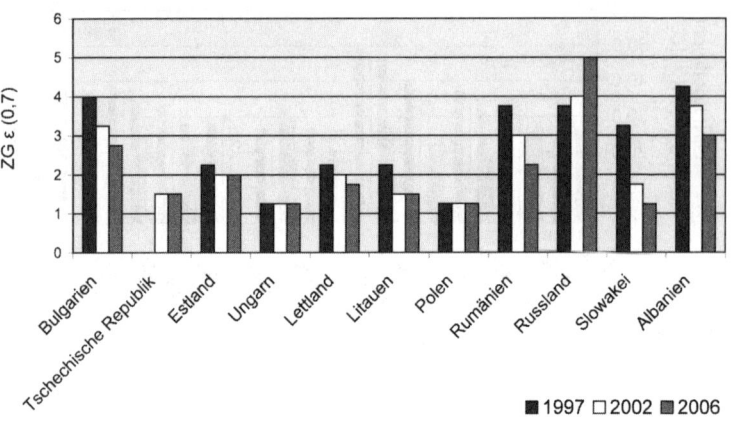

■ 1997 □ 2002 ■ 2006

Quelle: Freedom House, Nations in Transition Report

folgen Rumänien und Bulgarien, jeweils mit 2,25 und 2,75, Albanien mit 3,00 und ganz zum Schluss Russland mit 5,00.[359] Die Krise der Tschechischen Republik 1997 oder die Wahlen in Polen im selben Jahr zeigten, dass sogar Länder, die weit fortgeschritten sind in Richtung auf eine stabile, freiheitliche Demokratie, noch mit erheblichen Schwierigkeiten zu kämpfen haben.[360] Wenn man sich von der oberflächlichen Betrachtung gar auf die Ebene von Einzelstudien begibt, wird man schnell entdecken, dass jedes Land mit einem gewissen Recht für sich beanspruchen kann, innerhalb des Ostblocks ein Sonderfall gewesen zu sein, und dass es darum auch beim Transformationsprozess entsprechende Besonderheiten für sich reklamieren kann. »Der größte Wert des Vergleichs besteht darin, die Singularität jedes Systems hervorzuheben.«[361] Unter Berufung auf ihre jeweils spezifische Geschichte und Kultur gingen aus den neun kommunistischen Staaten des ehemaligen Ostblocks 28 souveräne Staaten hervor.

Diesen Sachverhalt gilt es zu berücksichtigen, wenn man sich mit Versuchen einer systematisierenden Kategorienbildung im Zusammenhang der frühen Phase von Transformationsprozessen beschäftigt. So arbeiten etwa Uwe Backes und Stéphane Courtois mit vier Stadien: der Revolution, der Konversion, der Rekonversion und der Restauration.[362] Die Revolution mit einem Wechsel der Eliten und einem vollständigen Wandel des Wertesystems wird im östlichen Deutschland, in Tschechien, in der Slowakei und in den baltischen Staaten konstatiert. Eine Konversion, also die Hinwendung von Teilen der alten kommunistischen Eliten zur Demokratie, meint man im Polen unter Präsident Aleksander Kwaśniewski (1995–2005), in Slowenien und Kroatien ausmachen zu können. Von Rekonversion sprechen die Verfasser, wenn die Kommunisten sich nur zum Schein den demokratischen Werten annähern, um an der Macht zu bleiben – wie etwa in Rumänien. Hier täuschten die Kommunisten mit der Beseitigung Ceaușescus eine Revolution nur vor, behielten aber die Macht in Händen. Unter Restauration schließlich kann man das Phänomen einordnen, das in Serbien bis zum Sturz von Milošević und in Russland unter Putin zu beobachten ist: Nach den Wirren des Zusammenbruchs konnten sich die alten Machthaber unter Anwendung der bis dahin üblichen Gewaltmethoden an der Spitze ihrer Staaten behaupten.

Über die russischen Verhältnisse gibt es in der Demokratieforschung einen breiten Konsens.[363] Michael McFaul und andere hielten 2004 fest, dass dort der Transitionsprozess unterbrochen sei, und wenn sich etwas bewege, dann in eine »antidemokratische Richtung«[364]. Gegenwärtig könne das russische Regime weder als Diktatur noch als Demokratie bezeichnet werden, sondern verhalte sich irgendwo dazwischen. Putin habe beträchtliche Zeit und Energie aufgewandt, um die ohnehin schon fragilen demokratischen Strukturen weiter zu schwächen. Die individuellen Menschenrechte seien 2004 weniger abgesichert als noch 2000. Und dennoch werde Putin von der dünnen Schicht fragwürdig legitimierter postsowjetischer Eliten, aber auch von 70 bis 80 Prozent der Bevölkerung unterstützt. Dabei ist ein tiefer Widerspruch festzustellen: Einerseits geben die meisten an, mit den herrschenden Verhältnissen zufrieden zu sein. Andererseits bekunden 65 Prozent ihre Unzufriedenheit mit der Regierung und nur 16 Prozent hoffen auf eine Verbesserung ihrer Lage. Die Zustimmung zu Putin scheint vor allem darauf zu basieren, dass die Bevölkerung keine greifbare politische Alternative sieht.[365] Während die einen ihren neu gewonnenen sozialen Status nicht verlieren wollen, sind die anderen des ewigen Chaos und der Unsicherheit müde. Darum hoffen sie auf die von Putin verheißene Stabilität – angeblich eine Verbindung aus Freiheit und Ordnung. Nach einem Jahrzehnt der Wirren empfinden sie, dass Putin den Staat wieder stark gemacht habe, ohne die Institutionen der Demokratie formell abzuschaffen. Aber er entleere sie. Die konstitutionellen Rechte von russischen Geschäftsleuten werden verletzt, wenn seitens der Regierung der Eindruck erweckt wird, sie verhielten sich dem Kreml gegenüber nicht loyal. Die Moskauer Zentralgewalt gegenüber den föderalen Strukturen wird gestärkt und die regionalen Gouverneure in Putins Partei »Vereinigtes Russland« hineingezwungen. Diese neue Partei setzt sich zu einem nicht geringen Teil aus ehemaligen Mitgliedern der alten Kommunistischen Partei der Sowjetunion zusammen. Schließlich habe Putin die Duma und die unabhängigen Parteien geschwächt, heißt es, indem diesen mediale Möglichkeiten genommen und die finanziellen Ressourcen auf die Putin-Partei konzentriert worden seien. Nach den auf diese Weise errungenen Siegen Putins bei den Parlaments- und Präsidentschaftswahlen 2003/04 stehe nicht zu erwarten, dass der Demokratisierungsprozess wieder aufgenommen werde. Vielmehr gehe es bis heute um die Eliminierung oder Schwächung der unabhängigen politischen Kräfte im Land. Beobachtern zufolge besteht aber Putins Ziel nicht darin, eine volle Diktatur aufzurichten, noch basiert sein Handeln auf einer antidemokratischen Ideologie wie dem Kommunismus, Faschismus oder Islamismus. Mit Hilfe eines bürokratisch-autoritären Systems betreibt er vielmehr eine pragmatische Machtpolitik, die euphemistisch als gelenkte Demokratie bezeichnet werden könnte. Auf lange Sicht, so Alexander Rahr,[366] würden die Kräfte der inneren Modernisierung wie die der internationalen Integration Russland doch noch in eine demokratische Richtung lenken. Andere Analytiker halten dagegen, dass die Annahme, autoritäre Regime seien in der Lage, eine liberale Modernisierung durchzuführen, sich noch nie bewahrheitet habe. Heinrich Vogel vertritt die Auffassung, die russische Führung unter Putin habe sich große Verdienste erworben, weil unter seiner Führung vor allem der Staatszerfall aufgehalten worden sei. Aufgrund des hohen Wirtschaftwachstums habe sich das Land zu einem attraktiven Handelspartner entwickelt. Um aus dem bürokratischen Autoritarismus herauszukommen, reichten diese positiven Ansätze jedoch nicht aus.[367] Rainer Lindner gelangt dagegen zu dem Ergebnis, die Stabilisierungspolitik Putins erzeuge weder Modernität noch Demokratie, sondern trage Züge einer neuen Stagnation in sich. Die

Vorstellung von einem verwestlichten Russland, das eine schnelle politische und wirtschaftliche Reform durchlaufen könne, müsse endlich aufgegeben werden:»Der bürokratische Kapitalismus trägt (halb)autoritäre, partiell antimoderne Züge.«[368] Angesichts der bürokratisch-autoritären Staatlichkeit verharre die russische Gesellschaft in einem passiven, atomisierten Zustand und sei darum für den Fall einer wirtschaftlichen und politischen Krise denkbar schlecht gewappnet, meinen Aleksandr Achiezer und andere.[369] Eine solche Situation könnte schon bei den anstehenden Neuwahlen zur Duma und zum Amt des Präsidenten in den Jahren 2007 und 2008 eintreten. Auf außenpolitischem Gebiet steht zu befürchten, dass Russland – anders noch als bei dem ersten Konflikt mit dem Westen wegen der »Orangenen Revolution« in der Ukraine, bei der Putin den Kreml-freundlichen Kandidaten unterstützte – eine zunehmend eigenständige Rolle spielen will und elementare Interessen des Westens verletzen wird. Die Partnerschaft Russlands mit dem Westen, so Lilija Ševcova, sei wegen der Inkompatibilität der politischen Wertesysteme außerordentlich fragil, zumal sich Russland zunehmend dem westlichen Einfluss zu entziehen suche.[370] Während die Macht habenden Eliten persönlich einen westlichen Lebensstil pflegten, mobilisierten sie gleichzeitig in der Bevölkerung Ressentiments gegen westliche Reformzumutungen, um über den russischen Traditionalismus ihre Herrschaft zu sichern.

Der hoffnungsvolle Beginn der russischen Transformation und ihr jedenfalls vorerst enttäuschendes Ende – im Wesentlichen aufgrund der fehlenden zivilgesellschaftlichen Faktoren, deren Stärkung Putin verhindert[371] – lenken den Blick noch einmal auf jene Faktoren, die auf der Bevölkerungsebene für eine fortschreitende Transformation und eine dauerhafte Demokratisierung verantwortlich sind.

Folgt man der *Sozialisationshypothese*, so werden Menschen, die lange unter einem kommunistischen Regime gelebt haben, die eingetretenen Veränderungen auf der Grundlage kommunistischer Werte beurteilen. Werthaltungen gelten als tief verwurzelt und sind nicht von heute auf morgen veränderbar. Vor diesem Hintergrund werden Menschen die Interdependenz zwischen der ökonomischen und politischen Entwicklung in ihrem Land entsprechend wahrnehmen und unter den gegebenen Bedingungen dazu eine wahrscheinlich eher skeptische Haltung einnehmen. Denn es gibt nicht nur Widersprüche zwischen den alten und den neuen Werten – die realen Gegebenheiten der Gegenwart scheinen für viele auch eine Bestätigung der früheren Normen zu sein. Die traditionell vom Staat erwartete Hilfe bleibt aus, soziale Errungenschaften der kommunistischen Zeit fallen dem Rotstift zum Opfer. Sozialistische Ideale wie soziale Gerechtigkeit und Gleichheit, selbst wenn sie seinerzeit nicht realisiert wurden, werden höher bewertet als Freiheit in Selbstverantwortung. Von daher wird man, folgt man diesem Konzept, mit einem verzögerten Prozess der demokratischen Konsolidierung rechnen müssen und erst auf die Folgegeneration setzen können, die unter den neuen Verhältnissen groß geworden ist.

Eine andere Hypothese geht davon aus, dass Menschen sehr wohl eine rational gesteuerte, kulturelle Variabilität besitzen, die durch die jeweils aktuelle Lebenssituation beeinflussbar ist.[372] Wenn nicht Handlungsirritationen auftreten sollen, erscheint es dabei wichtig, dass das früher Gelernte mit dem später Gelernten als einigermaßen konsistent erscheint. Geht man davon aus, dass es auch schon vor dem Zusammenbruch des Ostblocks eine heimliche Orientierung der Menschen an dem westlichen System gegeben hat und die offizielle politische Kultur der kommunistischen Gesellschaften abgelehnt wurde – die SED zum Beispiel stellte im nationalen Rahmen die am wenigsten akzeptierte prosowjetische Partei in ganz Ostmitteleuropa dar[373] –, dann haben die neuen politischen Eliten sehr wohl mit der Sympathie großer Teile der Bevölkerung rechnen und diese für den Transformationsprozess gewinnen können. Das Problem besteht allerdings darin, dass die vormals bewunderte westliche Kultur ausgerechnet kurz nach dem Zusammenbruch des Kommunismus vielerorts in schwere Turbulenzen geriet, dass angesichts der kollabierenden Sozialsysteme das soziale Netz weitmaschiger geworden ist und man auf neoliberale ökonomische Regelmechanismen zurückgreifen musste. Für die Sozialisationshypothese wie für das Konzept der *Rational Choice* gibt es empirische Belege.[374]

Schließlich wird man davon ausgehen können, dass Menschen in hohem Maße bereit sind, sich in ihrer sozialen Umwelt kognitiv anzupassen und ihr Verhalten gemäß den gültigen Normen in einer Gesellschaft zu ändern.[375] Ein Indikator dafür ist die Veränderung sozialen Wissens im Vokabular und im Regelwerk der Sprache. Menschen, die sich demokratischen Verhältnissen einfügen, gebrauchen nicht mehr das Vokabular des untergegangenen Sozialismus, sondern sie wählen die Sprache der demokratischen Gesellschaft. Beispielsweise gehören im östlichen Deutschland die »Arbeitsbrigade« und das »Kollektiv« zu den sterbenden Begriffen, weil sie eine ideologische Wirklichkeit abbilden, die nicht mehr existiert. Die Wahl linguistischer Kategorien hat wichtige Auswirkungen auf die Interpretation und Verankerung sozialen Verhaltens.[376] Empirische Untersuchungen in den ehemaligen Staaten des Ostblocks legen nahe, dass kulturelle Orientierungen durchaus schnell erfolgen können und dass der Sozialisationsprozess späteres Lernen nicht determiniert, wenn sich die sozialen, ökonomischen, rechtlichen und politischen Umstände ebenfalls rasch ändern.[377] Sobald es aber in Bezug auf die neue Ordnung zu widersprüchlichen Wahrnehmungen der dort geltenden Werte und Normen kommt,[378] kann dieser Prozess auch verzögert oder gar unterbrochen werden. Manche Enttäuschung über die postkommunistische Entwicklung mag zur Folge gehabt haben, dass viele Bürger wieder dazu übergingen, autoritäre Parteien oder Regime zu unterstützen. In Polen etwa führten die kapitalistische Realität, die Arbeitslosigkeit, »das ungeheure Tempo der Veränderungen«[379], die rasanten Modernisierungs- und Transformationsprozesse und der Verlust sozialer Sicherheit zu einer erheblichen kollektiven Frustration. Grundsätzlich meinen Parteienforscher, dass der überbordende Wohlfahrtsstaat, den die kommunistischen Gesellschaften in der Regel – wenn auch auf niedrigem Niveau – geboten hätten, die Entwicklung einer wirklich sozialdemokratischen Bewegung in Mittel- und Ostmitteleuropa verhindert habe.[380] Der Sieg nationalkonservativer Parteien in Polen im Herbst 2005 über die postkommunistischen Sozialdemokraten scheint diese Beobachtung zu stützen.

Vor dem Hintergrund der polnischen Entwicklung kann man freilich auch von einer Tendenz zu *Irrational Options*[381] und zu populistischer Anfälligkeit seitens der Bevölkerung reden. Anders als Aleksander Kwaśniewski, der für ein weltoffenes Polen stand, wittert der neue Staatspräsident Lech Kaczyński, der als Warschauer Bürgermeister verfassungswidrig Homosexuellen-Paraden verbieten ließ, überall Gegner. Dazu gehören für ihn die liberalen Journalisten im eigenen Land, aber auch die EU und Deutschland. Altpräsident Aleksander Kwaśniewski und den Postkommunisten wird vorgeworfen, insbesondere in der Europa- und Deutschlandpolitik zu viel Entgegenkommen gezeigt zu haben. Dies soll sich jetzt ändern.[382] Als Ende Juni 2006 in der deutschen Tageszeitung[383] *taz* ein satirischer Artikel über die Familie Kaczyński stand, sagte Lech Kaczyński das Treffen des »Weimarer Dreiecks«[384]

ab. Es ist freilich bekannt, dass Kaczyński der deutsch-französisch-polnischen Zusammenarbeit eher skeptisch gegenüber steht. Alle ehemaligen Außenminister Polens seit 1989 haben die deutlich überzogene Reaktion des gegenwärtigen polnischen Staatspräsidenten in einem offenen Brief kritisiert.[385] Der Historiker Wojciech Roszkowski, der für die Regierungspartei »Recht und Gerechtigkeit« (PiS) im Europaparlament sitzt, gab in einem Zeitungsinterview zum Besten, dass »eine homosexuelle Lobby in Brüssel die Grundfesten des sozialen Zusammenlebens in Europa erschüttert«. Als Justizminister der Mitte-Rechts-Koalition hatte Lech Kaczyński 2001 kritische Journalisten überwachen lassen. Sein Bruder Jarosław, Chef der PiS und seit Juli 2006 auch neuer Ministerpräsident Polens, behauptete im Februar 2006, es gebe in Polen keine wirklich freien Medien, weil diese von Auftraggebern und Eigentümern abhängig seien. Darum solle der Einfluss des Staates auf die Medien wieder verstärkt werden. Der von mehr als fünf Millionen Menschen täglich gehörte rechtskatholische Sender *Radio Maryja* gilt als zentrales Sprachrohr der Kaczyński-Erneuerer. Vor den Wahlen im Herbst 2005 ergriff der Sender offen Partei für die PiS. Danach fiel er durch antisemitische Äußerungen auf. Im Frühjahr 2006 entschloss sich PiS, das bisherige Tolerierungsbündnis mit zwei radikalen Randparteien durch eine regelrechte Koalition mit diesen zu ersetzen. Die populistische *Samoobrona* (Selbstverteidigung) des Bauernführers Andrzej Lepper und die nationalklerikale Liga Polnischer Familien (LPR) unter dem Vorsitz von Roman Giertych setzten bereits im Vorfeld der Verhandlungen sowohl antieuropäische Akzente als auch Signale für höhere Sozialausgaben. Lepper forderte in der Vergangenheit Sozialprogramme für den ärmeren Teil der Bevölkerung und verlangte, dass Polens Beitrittsvertrag zur Europäischen Union neu ausgehandelt werden solle. Die bis Juli 2006 amtierende Minderheitsregierung der PiS unter Kazimierz Marcinkiewicz erhielt durch die Koalition mit 240 von 460 Mandaten zwar eine stabile parlamentarische Mehrheit, die es ihr ermöglicht, die »Vierte Polnische Republik« und einen autoritären starken Staat zu errichten, aber der außenpolitische Schaden – markiert etwa durch den Rücktritt des EU-freundlichen Außenministers Stefan Meller – dürfte erheblich sein. Denn insbesondere die europakritische Haltung behindert eine Europäisierung des Reformstaates.

Diese Europäisierung geht mit einer kulturellen Kodierung – gemeinsamen europäischen Symbolen und Symboltraditionen zur Verarbeitung innergesellschaftlicher Spannungen – einher[386] und setzt auf harte institutionelle, rechtliche und ökonomische Anpassungszwänge, die tief in die Souveränität dieser Staaten eingreifen. Es handelt sich bei diesem Vorgang um den Transfer eines europäischen Institutionensystems in die osteuropäischen Reformländer, der von diesen Ländern gewollt sein muss.

Denn die Transitionsstaaten müssen sich eine externe Evaluierung gefallen lassen, die ihre Fortschritte beim Aufbau der Institutionensysteme überprüft und die darauf achtet, dass diese mit dem Regelwerk und den Praktiken der bestehenden EU kompatibel sind. Zuoberst rangieren in diesem Katalog Rechtsstaatlichkeit, die Gewährleistung von Menschenrechten und Minderheitenschutz sowie der Aufbau von Verwaltungsstrukturen, die zur Umsetzung des gemeinschaftlichen Besitzstandes der EU, also des EU-Rechts, unerlässlich sind. Wenn führende polnische Politiker die Medien unter staatliche Kontrolle bringen wollen und Minderheiten wie Homosexuelle bedrohen, dann verlassen sie den europäischen Grundkonsens. Die europäische Einbindung und das Monitoring-System gelten als beste Versicherung gegen Rückfälle in autoritäre Muster, wie die jüngsten Erfolge im Blick auf Rumänien und Bulgarien wieder gezeigt haben.[387] Ohne die wachsame Begleitung durch die EU hätte sich die Situation nationaler Minderheiten, etwa in Rumänien, kaum verbessert.[388] Man erwartet, dass die jeweilige nationale politische Kultur kompatibel gemacht wird mit dem europäischen Gesellschaftsmodell. Die Transformation Ostmittel- und Südosteuropas erfolgt nicht in einer nationalen Selbstsuche und -findung, denn in diesem Kontext trifft man unweigerlich auf falsifizierte Gesellschaftsmodelle, sondern in einer transnationalen europäischen Integration. Eine Orientierung an nationalistischen Gesellschaftsmodellen der 1930er Jahre – etwa am Polen Piłsudskis, der sich gegenwärtig im politischen Warschau großer Beliebtheit erfreut – führt von dem europäischen Transitionspfad ab und lässt eine Konsolidierungsunterbrechung, wenn nicht gar den Beginn einer Dekonsolidierungsphase befürchten. Die polnischen Parteien des nationalen Lagers, zu dem auch die LPR gehört, knüpfen an die Programme der nationalen Parteien der Zwischenkriegszeit an. Sie fordern den Schutz des polnischen Bodens vor dem Ausverkauf an Ausländer. Die LPR verkündet, dass das Grundeigentum in polnischer Hand bleiben solle. Die Angst vor Fremdbestimmung ist in Polen immer noch präsent. Bis heute wird im polnischen Sprachgebrauch das Wort »Fremdkapital« öfter verwendet als »ausländisches Kapital«[389]. Polen ist aber auch ein Beispiel dafür, dass die Bevölkerung reifer zu sein scheint als ihre politische Elite. Allen Umfragen zufolge unterstützen die Polen mehrheitlich den Prozess der Europäischen Integration und die Öffnung nach außen. Die Wahlbeteiligung bei der Präsidentschaftswahl im Oktober lag mit 51 Prozent auf einem sehr niedrigen Niveau. Das bedeutet, dass Lech Kaczyński lediglich von einem Viertel der Wahlberechtigten Unterstützung erhielt. Die Ergebnisse einer im Juli 2006 für die polnische Tageszeitung *Gazeta Wyborcza* durchgeführten Umfrage haben erneut gezeigt, wie gering das Vertrauen ist, das die Polen ihrem neuen Staatspräsidenten entgegenbringen. Von den drei polnischen Präsidenten, die seit dem politischen Umbruch 1991 Polen regierten, erhielt Lech Kaczyński die schlechtesten Noten. Die Kritik der Befragten bezog sich vor allem auf seine Führungsqualitäten im Bereich der Außenpolitik. Viel besser schätzten die Polen dagegen den früheren postkommunistischen Präsidenten Aleksander Kwaśniewski ein.[390] Seit der Öffnung des EU-Arbeitsmarktes haben zwei Millionen Polen das Land verlassen und bekunden, dass sie »nach Giertychs Polen nicht zurückkehren wollen«[391]. Einer repräsentativen Umfrage von »Eurobarometer« vom Juli 2006 zufolge[392] bekundete die Mehrheit der Polen Vertrauen in die europäischen Institutionen, nämlich 56 Prozent in das Europäische Parlament und 53 Prozent in die Europäische Kommission. Der polnischen Regierung vertrauen dagegen nur 22 Prozent der Befragten, dem *Sejm* 13 Prozent und den politischen Parteien gar nur neun Prozent. Sollte die EU auf diese Weise ungewollt in Konkurrenz zu den Nationalstaaten treten, könnten auf Seiten der Nationalkonservativen die Vorbehalte gegen die europäische Integration weiter wachsen.

Das alte EU-»Kerneuropa« sollte in dieser Situation jeden Schritt vermeiden, der Zweifel an seiner Europäizität aufkommen lässt. Dazu gehört – als Reflex auf die neue Patriotismusseligkeit – etwa eine Re-Nationalisierung mit nationalkulturellen Tönen. Positive Modelle europäischer Zivilisation – etwa die egalitäre Wertestruktur und das universalistische Sozialsystem – erhöhen deren Attraktivität für die Transitionsstaaten.

Die Unterstützung für den europäischen Integrationsprozess ist in allen Beitrittsländern hoch, was die Referenden zum EU-Beitritt bestätigt haben. Die EU-Erfolge wurden in Ostmitteleuropa anerkannt. In allen Beitrittsländern überwiegen die Befürworter der EU-Mitgliedschaft. Interessanterweise ist die Unterstützung für die EU in den Ländern, die der EU erst beitreten werden – Bulgarien und Rumänien –, höher als in den neuen EU-Ländern, vor allem als in Lettland und Estland.[393]

Die kommunistischen Nachfolgeparteien und Lustrationsbemühungen

Die Autokratie-Dekonsolidierung im Ostblock ist in den meisten Ländern – mit Ausnahme Rumäniens und Bulgariens – darauf zurückzuführen, dass der Legitimitätsglauben selbst bei jenen gesellschaftlichen Gruppen schwand, die das vormalige System mitgestaltet hatten.[394] Der Transitionsprozess in Ostmitteleuropa hatte einen milden Charakter. Der Übergang zum demokratischen System erfolgte auf dem Verfassungsweg. Dazu trug – vor allem in der ersten Phase der Transition (1989–1991) – die Zusammenarbeit zwischen reformerischen Kräften in den Regierungen und den Gruppierungen, die aus der demokratischen Opposition hervorgegangen waren, bei. Diese Zusammenarbeit ermöglichte – mit Ausnahme Rumäniens – einen relativ konfliktfreien Übergang zum demokratischen System. Die postkommunistischen Kreise, die meist – außer in Albanien, Bulgarien und Rumänien – die ersten Transitionswahlen in Ostmitteleuropa verloren, behielten eine starke Position in der Wirtschaft. Und sie blieben auch politisch einflussreich in den Ländern, in denen keine radikale Entkommunisierung im Staatsapparat durchgeführt wurde.

Die antikommunistische Opposition, die größtenteils aus regimekritischen Intellektuellen bestand, war für den Zusammenbruch des diktatorischen Systems – vor allem in Polen, Ungarn und Slowenien – von erheblicher Bedeutung; in anderen Ländern – Albanien, Bulgarien, der Tschechoslowakei, Rumänien und den ehemaligen Staaten der Sowjetunion – besaß sie eine geringere Relevanz. Dieser Unterschied hat mit historischen Ausgangsbedingungen, aber auch mit anderen Faktoren, wie der konfessionellen und nationalen Tradition, zu tun. Zu den bedeutsamsten Einflussgrößen gehörten die Möglichkeit von Auslandsreisen, die der Emigration, also die Öffnung nach Westen und der Empfang westlicher Einflüsse, vor allem auch westlicher Medien.[395] Für die späteren Effekte der Transformation spielte die gemäßigte, nicht konfrontative Opposition eine wichtige Rolle. Indem die reformerischen Kräfte Kompromisse mit den Repräsentanten der ehemaligen kommunistischen Parteien schlossen, ermöglichten sie konfliktärmere Übergänge. Insofern verhielt sich die moderate demokratische Opposition klüger als die radikale, die eine schnelle Entkommunisierung forderte und damit das Risiko einging, harte Reaktionen auf Seiten der Noch-Machthaber zu provozieren.

Das östliche Deutschland wird oft als Sonderfall der ehemaligen Warschauer-Pakt-Staaten behandelt, weil es sich mit der alten Bundesrepublik Deutschland vereinigte – ein Staat, in dem seit vierzig Jahren

Ergebnisse der Transitionswahlen in Ostmitteleuropa in den Jahren 1989–1991

Land	Antikommunistische Opposition (Prozent der Stimmen)	Kommunistische Partei (Prozent der Stimmen)
Albanien	38,7	56,2
Bulgarien	37,7	47,2
Kroatien	42,0	35,0
Tschechien	49,5	13,2
Estland	43,0	27,0
Litauen	43,0	34,1
Lettland	68,2	21,5
DDR	48,8	16,0
Rumänien	–	66,3
Slowakei	29,3	13,3
Slowenien	55,0	17,0
Ungarn	45,0	10,9

Quelle: Andrzej Antoszewski, Wzorce rywalizacji politycznej, 2004, S. 113

eine gut funktionierende und bewährte Demokratie existierte. Allerdings legt das analoge Wahlverhalten der Bürger im östlichen Deutschland wie das in den ostmitteleuropäischen Staaten zumindest partielle politische Übereinstimmungen nahe: Hier wie dort erreichten die Nachfolgeparteien der früheren kommunistischen Staatsparteien in den 1990er Jahren und zum Teil bis heute hohe Zustimmungswerte. In der Westhälfte der neuen Bundesrepublik konnte die PDS dagegen bekanntlich nicht reüssieren.[396] Ob die neue »Linkspartei« aus der regionalen »Ostpartei« eine bundesweit dauerhaft präsente politische Kraft machen wird, bleibt abzuwarten.

In Südosteuropa kam es zu einem langsamen Verfall der kommunistischen Systeme; deren Repräsentanten blieben eine starke politische Kraft. Während die Postkommunisten in Ostmitteleuropa bei den ersten freien Wahlen Einbußen hinnehmen mussten, gingen sie in Bulgarien, Rumänien und Albanien als eindeutige Sieger aus den Wahlen hervor.[397] Politisch tragfähige Alternativen hatten sich unter einem System wie dem Ceauşescus nicht entwickeln können, und die Bevölkerung lebte in großer Furcht vor den sozialen Kosten der bevorstehenden Systemtransformation. Dieser Faktor spielte auch bei der Rückkehr der Postkommunisten in Ostmitteleuropa eine gewichtige Rolle. Allerdings handelte es sich nicht mehr um die alten Parteien. Die kommunistischen Nachfolgeparteien in Ostmitteleuropa haben in den 1990er Jahren vielmehr einen beträchtlichen Transformationsprozess durchlaufen und sich auch deshalb als äußerst beständig erwiesen.[398] Es gereicht diesen Parteien zum Vorteil, dass sie über eine lange historische Tradition und feste organisatorische Strukturen verfügen. Die erfolgreiche Adaptation erfolgte durch eine Identitätsveränderung, der zufolge sie sich – etwa in Ungarn und Polen[399] – als pragmatische Reformparteien, bestimmt von Experten und Technokraten, präsentierten. Ideologisch distanzierte man sich vom dogmatischen Marxismus und gab sich ein europäisches, sozialdemokratisches Image. In Tschechien dagegen schlug die KSČM die genau entgegen gesetzte Strategie ein, beharrte auf ihrer marxistischen Tradition, wies den freien Markt und den westlichen Einfluss zurück und beanspruchte den Status einer »Anti-System«- Oppositionspartei.

Die PDS wird für gewöhnlich zwischen diesen beiden Verhaltensmustern angesiedelt. Sie hat sich zwar kaum reformiert, aber unter dem Druck des veränderten Systems doch zu einer »semi-loyalen Oppositionspartei« gewandelt.[400] In ihrer Selbstidentifikation reflektiert sie den insgesamt eher marginalen Status im parteipolitischen Machtgefüge der Bundesrepublik. Die ungarische postkommunistische Partei dagegen war durch ihren Status als Regierungspartei und verschiedene Wahlniederlagen gezwungen, sich zu einer pragmatischen Reformpartei umzuwandeln.[401] In jenen Bundesländern, in denen die PDS an der Regierung beteiligt ist oder war, zeigte sie in ihrer Programmatik wie in ihrem Handeln ein ähnlich pragmatisch-reformerisches Profil. Kommunistische Nachfolgeparteien fortgesetzt zu dämonisieren und vom Zentrum politischer Macht fernzuhalten, führt nach Überzeugung einiger Wissenschaftler nur dazu, dass die existenten antidemokratischen Empfindungen und Kräfte in diesen Parteien noch gestärkt werden.[402] Die dritte Strategie kommunistischer Parteien, unter demokratischen Verhältnissen erfolgreich zu sein, verlief nach dem nationalpatriotischen Muster. Diese Karte wurde in den Balkanstaaten und in der ehemaligen UdSSR gezogen. Hier verabschiedete man sich vom Internationalismus und rezipierte vor allem den heldenhaften Flügel der sowjetischen Sozialismus-Geschichte – die Gagarins, Schukows und Sholokows. Zudem wird etwa von der Kommunistischen Partei der Russischen Föderation behauptet, dass der nationale Sozialismus mit der angeblich kollektivistischen Mentalität des russischen Volkes kompatibel sei; man positioniert sich anti-westlich und anti-marktwirtschaftlich und als Verteidiger der russischen Kultur und ihrer Traditionen. Solche nationalpatriotischen, neo-kommunistischen Adaptationen führten nicht selten zu »rot-braunen« Koalitionen mit nationalistischen Vaterlandsparteien. Auch in solchen Fällen hat sich die kommunistische Partei sicherlich gewandelt, aber sie hat keinen Reformkurs eingeschlagen, der sie den westlichen Demokratien näher gebracht hätte. Vielmehr wechselte sie von der nichtdemokratischen Linken zur nichtdemokratischen Rechten. Über die Zeit hinweg nahmen freilich alle diese wie andere Parteien nochmals rational und absichtsvoll Veränderungen an ihrer Identität vor – besonders dann, wenn sie bei Wahlen schlecht abschnitten oder genötigt waren, sich von anderen Parteien mit ähnlichem Profil abzuheben und sich gegen andere zu behaupten.[403]

Entsprechend diesen Beobachtungen unterscheiden einige Politologen innerhalb der kommunistischen Systeme zwischen einem patrimonialen Kommunismus, einem bürokratisch-autoritären und einem, der auf einem nationalen Konsens beruhte.[404] Das patrimoniale System (Serbien, Rumänien, Bulgarien, Ukraine, UdSSR) betonte die hierarchische Abhängigkeit zwischen dem Führer einerseits und den Geführten andererseits. Das bürokratisch-autoritäre System (DDR, Tschechien, Slowakei) kannte zwar, anders als das patrimoniale, auch die Auseinandersetzung innerhalb der kommunistischen Elite, aber die bürokratische Institutionalisierung schränkte die Variabilität des Systems empfindlich ein. Schließlich ermöglichte das System eines nationalen Konsenskommunismus (Polen, Ungarn, Slowenien, Kroatien) den höchsten Grad an Auseinandersetzungen innerhalb der kommunistischen Elite und bot die besten Voraussetzungen für einen Austausch mit der Basis. Diese Strukturen hatten natürlich Folgen für die Entwicklung der postkommunistischen Parteien.

Je repressiver und weniger offen das kommunistische System vormals war, umso erfolgreicher sei die kommunistische Nachfolgepartei im Kielwasser dieses Systems, argumentieren einige Sozialwissenschaftler.[405] Denn die Opponenten in einem solchen System seien zu schwach und unorganisiert, um sich gegen die Nachfolgepartei zu profilieren. Dies mag eine der Ursachen dafür sein, dass die Bürgerrechtler der DDR, wenn sie sich nicht erfolgreichen Westparteien anschlossen, in den 1990er Jahren eine immer marginalere Rolle einnahmen. Aber auch in den Ost-Ablegern westlicher Parteien hatten Bürgerrechtler gegen die wohl organisierten Blockparteiler kaum eine Chance. Mancherorts, wie in Rumänien oder Bulgarien, bestand das gemeinsame Band der oppositionellen Gruppen nur darin, dass sie gegen die kommunistische Herrschaft kämpften.[406] Nachdem die kommunistische Herrschaft zusammengebrochen zu sein schien, brachen die innerdemokratischen Differenzen wieder auf.

Auch die Dynamik des Transformationsprozesses entschied über den Erfolg der kommunistischen Nachfolgeparteien. In Ländern, in denen es eine längere Zwischenperiode beim Übergang vom einen zum anderen System gab, konnten sich in einem inneren Transitionsprozess die alten Parteieliten auf die veränderten Regelmechanismen einstellen und sich so vorbereiten, dass sie bei den Wahlen dann erfolgreich waren.

In einigen kommunistischen Regimen, wie in Polen oder Ungarn, gab es einen gewissen Pluralismus; dieses Erbe ermöglichte nach dem Zusammenbruch des Ostblocks ein höheres Maß an politischer Toleranz. Als Grund für die beispielsweise in Polen konstatierte größere Offenheit wird häufig die singuläre Rolle der katholischen Kirche dort genannt.[407] Es gibt allerdings auch eine Diskussion in Polen, inwieweit die Haltung des Klerus zur Legitimierung und Stabilisierung des kommunistischen Systems in bestimmten Schlüsselsituationen beigetragen habe.[408] Auch die finanziellen Ressourcen der kommunistischen Nachfolgeparteien waren durchaus unterschiedlich. Während die ungarische, tschechische und ostdeutsche Partei signifikante Einbußen ihres Vermögens hinnehmen musste, blieb der polnischen und rumänischen Partei ein solcher Einbruch erspart. Im Falle staatlicher Parteienfinanzierung konnten sich die Nachfolgeparteien relativ unabhängig von ihrer Parteibasis den neuen Verhältnissen anpassen. Dort, wo sie auf die Finanzierung durch die Parteibasis angewiesen waren, mussten sie bei der neuen Identitätsfindung auf deren Überzeugungen Rücksicht nehmen. Eine anderer wichtiger Faktor war eine stabile Parteibasis; mit der ließ sich zwar gut arbeiten, aber auch deren Einstellung musste dann eben berücksichtigt werden.

An dem polnischen Beispiel lässt sich exemplarisch zeigen, aufgrund welcher Faktoren die Postkommunisten über lange Zeit hinweg eine konsequente Lustration verhindern konnten. Versammelt im »Bündnis der demokratischen Linken« (SLD), bewiesen sie im Blick auf ihr Geschichtsbild wie ihre aktuelle Politik ein hohes Maß an Geschlossenheit. So führten sie das politische System der Volksrepublik konsequent auf die Kräfteverhältnisse im Nachkriegseuropa zurück und schränkten die kommunistischen Verbrechen auf den kleinen Zeitraum des Stalinismus ein.[409] Parallel dazu suchte das Bündnis seit Anfang der 1990er Jahre alle Versuche, die kommunistische Epoche aufzuarbeiten, zu blockieren. Innerhalb der anti-kommunistischen Opposition dagegen gab es sowohl bezüglich der Aufarbeitung der polnischen Geschichte wie auch des aktuellen politischen Wegs grundsätzliche Meinungsverschiedenheiten. Die Postkommunisten konnten zwar das Überprüfungsgesetz von 1997 nicht verhindern, doch die Erklärung von Persönlichkeiten in öffentlichen Ämtern über ihre Zusammenarbeit mit dem polnischen Geheimdienst zog keinerlei Konsequenzen nach sich. Auch das Gesetz über die Verurteilung des kommunistischen Totalitarismus vom Juni 1998 und das über die Einrichtung des Instituts für Nationales Gedenken (IPN) vom September desselben Jahres änderten nichts an der schleppenden und unwilligen Beschäftigung mit der Vergangenheit. Es wäre völlig lebensfremd anzunehmen, dass nach über sechzehn Jahren noch eine umfassende Aufarbeitung stattfinden könnte, die inzwischen längst etablierte Politiker aus dem postkommunistischen Milieu zur Aufgabe ihrer Position bewegen könnte – zumal die Bevölkerung solchen Bemühungen mit zunehmender Ablehnung, Skepsis oder Gleichgültigkeit gegenübersteht und jene postkommunistischen Politiker sich im In- und Ausland über Jahre hinweg großer Beliebtheit erfreuen konnten.

Der abrupte Wechsel von der Linken zur Rechten und die Tendenz hin zu den Extremen sind charakteristisch für eine Gesellschaft, in der die demokratische Kultur noch nicht als gefestigt angesehen werden kann. Die im Herbst 2005 gewählte neue polnische Regierung hat sich der Bekämpfung von Korruption und einer rückhaltlosen Aufarbeitung der Vergangenheit verschrieben. Beides möchte man lebhaft begrüßen, doch angesichts der antieuropäischen, nationalistischen Politik des Staatspräsidenten Lech Kaczyński und der Koalitionsregierungen Marcinkiewicz beziehungsweise Jarosław Kaczyński steht man vor einem Dilemma: Während die Postkommunisten in bester sozialdemokratischer Manier die Europäisierung ihres Landes beförderten, aber infolge des seinerzeit ausgehandelten Machtwechsels die Lustration dilatorisch behandelten, versprechen die Rechtskonservativen eine energische Aufarbeitung, stellen mit ihrer Politik aber die Europäische Integration in Frage.

Gleichzeitig lässt sich in Polen, aber auch in den anderen »Visegrad«-Staaten,[410] mit den Wahlen 2005/06 eine Art Zeitenwende beobachten. Es kommt zu einer Polarisierung des politischen Lebens und zu einer Verschiebung der politischen Konfliktlinien. In Polen sind es beispielsweise nicht mehr die Post-*Solidarność*-Kräfte, die gegen die Postkommunisten agieren. Vielmehr steht das konservative Projekt einer »Vierten Republik«, das Lech Kaczyński propagiert, gegen die »Dritte Republik« der Jahre 1990 bis 2005. Sowohl die nationalkonservative Regierungspartei »Recht und Gerechtigkeit« (PiS) als auch die liberal-konservative Oppositionspartei »Bürgerplattform« (*Platforma Obywatelska*) berufen sich auf *Solidarność*-Traditionen. Gegenstand der politischen Auseinandersetzung ist nicht mehr die kommunistische Vergangenheit bis 1989, sondern die Zeit danach. Der sich von der »Dritten Republik« absetzende Gegenentwurf einer »Vierten Republik« fußt auf den Traditionen der »Zweiten Republik« Piłsudskis, versteht sich als »moralische« Revolution und propagiert ein antiliberales Gesellschaftsbild. Anstelle der Zivilgesellschaft soll das antimoderne Nationalstaatsmodell entstehen, die liberale offene Gesellschaft soll dem starken Staat weichen.

Insgesamt hat die Entwicklung der kommunistischen Nachfolgeparteien erhebliche Auswirkungen auf die Chancen der Demokratie in dem jeweiligen Land, aber auch auf das Freiheitsverständnis in der Welt überhaupt. Angesichts der Tatsache, dass seit dem Umbruch inzwischen sechzehn Jahre vergangen sind, lassen sich seinerzeit begangene Fehler schwer korrigieren – etwa der, dass eine entschlossene Entkommunisierung nicht erfolgt beziehungsweise ein ausreichender Druck zur Veränderung nicht entstanden ist. In vielen Ländern Ostmitteleuropas ging man mit dem Diktaturerbe von vornherein weniger entschieden um als im östlichen Deutschland.»Was in Deutschland als ›Schlussstrichmentalität‹ verpönt ist, wird in anderen Gesellschaften häufig als das ›Verheilenlassen alter Wunden‹ und ›Blick nach vorn‹, ›Geschichtsbesessenheit‹ hingegen als Störpotential gewertet.«[411] Heute erscheint es im östlichen Deutschland, in Polen, Tschechien und Ungarn eher angezeigt, mit Pragmatismus, beharrlichen Sachdiskussionen und Teilhabe an der Verantwortung die postkommunistischen Eliten und ihre Anhänger in einen Demokratisierungsprozess hineinzuziehen und sie so auf der Handlungsebene auf demokratische Usancen einzuschwören. Für die Implantierung und Internalisierung demokratischer Werte sowie für deren Einübung sollte in den genannten Ländern mehr getan werden als bisher. Hier sind auf konzeptioneller Ebene Pädagogen, Historiker und Sozialwissenschaftler gleichermaßen gefordert.

Gegenüber Ländern wie etwa Russland sollte die demokratische Völkergemeinschaft nicht um strategischer Ziele willen falsche Toleranz üben, zumal die Wirkung internationalen Drucks für den Transformationsprozess wohl bekannt ist[412] und von der EU auch erfolgreich praktiziert wird. Zu funktionierenden demokratischen Verfassungsstaaten mit einer offenen politischen Kultur kann es keine Alternative geben. Vor diesem Hintergrund wird es in den neuen EU-Ländern, vor allem in Polen und den baltischen Staaten, mit Sorge verfolgt, dass der ehemalige Bundeskanzler Gerhard Schröder eine führende Rolle im Konsortium zum Bau der Ostsee-Pipeline übernommen hat, denn solche Kooperationen legitimieren die Politik Putins.

7. Politische Religion – Totalitarismus – Moderne Diktatur

Der Jurist und Politikwissenschaftler Karl Loewenstein vertrat Mitte der 1930er Jahre die fortschrittsgläubige Auffassung, dass die in Europa entstandenen Diktaturen nur vorübergehende Phänomene seien, denn der moderne Veränderungsprozess von den autokratischen Systemen hin zu Demokratien sei unumkehrbar.[413] Was Loewenstein anscheinend nicht sah, bemerkte eine andere Vertreterin aus dem Kreis der älteren Diktaturforschung[414]: Diana Spearman musste 1939 verblüfft feststellen, dass die autoritären Herrschaftsformen auch und gerade unter den Bedingungen der Moderne eine höhere Faszination besaßen als die Freiheit.[415] Diese Erfahrung der 1920er und 1930er Jahre sollte sich Ende der 1940er/Anfang der 1950er Jahre wiederholen: Die USA mussten erkennen, dass ihr Freiheitskonzept auf der außenpolitischen Bühne aufgrund der wachsenden Attraktivität des *Communistic Gospel* zunehmend unter Druck geriet.[416] Beide Regime, der Nationalsozialismus wie der Kommunismus sowjetischer Prägung,»hatten einen breiten Rückhalt in der Bevölkerung«; die Machthaber vermittelten das»Gefühl der Legitimität« und traten in»moralischem Gewand« auf.[417]

Der Enthusiasmus, den weite Teile der Bevölkerung in den betreffenden Ländern für die diktatorischen Systeme und ihre Ideologien zeigten, führte bereits in den 1920er und 1930er Jahren zur Bildung von Analogien zwischen Ideologien und klassischen Religionen. So hielt schon Bertrand Russell 1920 den Bolschewismus für eine neue Religion,[418] meinte John Maynard Keynes 1925, wie andere neue Religionen kenne auch der Leninismus keine Skrupel,[419] bezeichnete Carl Christian Bry 1925 den Kommunismus als»verkappte Religion«[420], sprach der hannoversche Pfarrer Richard Karwehl 1931 im Blick auf den Nationalsozialismus von»Politischem Messiastum«[421], Franz Werfel 1932 von»Religionsersatz oder Ersatzreligion«[422], und der methodistische Bischof John L. Nuelson aus den USA schrieb 1938:»Der Hitlerismus kann nicht verstanden werden, wenn man ihn als eine bloß politische oder soziale Bewegung versteht. Er ist eine Religion. Gewiss keine christliche Religion, aber nichtsdestoweniger eine Religion. [...] Der Hitlerismus ist freilich nicht nur eine Religion. Er ist eine organisierte Kirche.«[423] Zwei Jahre zuvor hatte der Schweizer Ökumeniker Adolf Keller Mussolini so beschrieben:»Der Führer, der Duce, ist die personifizierte Nation, ein Supermann, ein Messias, ein Retter.«[424] Obwohl die verschiedenen Deutungsmuster der Diktaturen als politische Religionen in der zeitgenössischen Diskussion der 1930er Jahre keine hervorgehobene Rolle spielten, gehörten die religiöse Betrachtungsweise und das dem Christentum entliehene Vokabular zum Standardrepertoire der frühen Diktaturkritik.[425]

Zahlreiche Philosophen und Theologen sprechen von einer unverändert bestehenden religiösen Bedürftigkeit des Menschen. Religion, so beispielsweise Hermann Lübbe, ist die»Kultur der Anerkennung unverfügbarer Daseinskontingenz«, und sie erfüllt daher»eine Lebensfunktion von anthropologischer Universalität«[426]. Die unvorhersehbaren, unabwendbaren und unkontrollierbaren Zufälligkeiten menschlicher Existenz machen deren Bewältigung und Erklärung notwendig. Religion stellt dafür kulturelle Sinngebungssysteme – Vorstellungen, Bedeutungen, Symbole und Rituale – in Gestalt kommunikativen Handelns zur Verfügung.[427] Mit deren Hilfe werden – kognitiv wie emotional – zwei zentrale Möglichkeiten der Kontingenzbewältigung eingeübt und damit für menschliches Verhalten in dieser Welt handlungsleitend. Einmal befriedigt Religion das Bedürfnis des Menschen nach Retribution, nach Rückgabe und Vergeltung dessen, was ihm vorenthalten und nach Vergeltung für das, was ihm angetan wurde.[428] Zum anderen gründet diese Hoffnung in einer göttlichen Offenbarung, die sich der unmittelbaren Erkenntnis verschließt, vielleicht aber persönlich»erfahren« wird. Diese Offenbarung ist der Garant dafür, dass Gott dermaleinst gerechte Taten belohnen und ungerechte bestrafen wird. Das Problem dieser anthropologischen Argumentation zugunsten eines letztlich religiösen Pragmatismus liegt allerdings darin, dass sie die erkenntnistheoretische Seite des Problems, nämlich die Wahrheitsfrage, völlig außer Acht und die Bedeutung der Religion auf»Kontingenzbewältigungspraxis« schrumpfen lässt.[429]

Der Kommunismus wie der Nationalsozialismus[430] standen in weltanschaulicher Konkurrenz zum Modell der christlichen Offenbarungsreligion, indem sie versprachen, durch gewaltige politische Umstrukturierungen die vornehmlich durch Unterdrückung bedingten

Kontingenzen menschlichen Lebens zu minimieren und damit die systemstabilisierende Funktion klassischer Religionen zu enttarnen beziehungsweise überflüssig zu machen. »Wo angesichts künftiger Fülle des Verfügbaren niemand mehr Sorge wird haben müssen, zu kurz zu kommen, wird endgültig Friede herrschen. Im Zustand der Fülle ist jedes vernünftige Bedürfnis bedienbar.«[431] Beim Problem der Wahrheitsfrage versuchte der Marxismus-Leninismus, religiöse Erklärungen zu überbieten, indem er seinen Theoriekomplex, den dialektischen und historischen Materialismus (Diamat), als »wissenschaftliche Philosophie«, »wissenschaftliche Weltanschauung« beziehungsweise »wissenschaftliche Theorie« bezeichnete, »welche die objektiven Gesetzmäßigkeiten der gesellschaftlichen Entwicklung aufdeckte«[432]. Dieses aus dem 19. Jahrhundert stammende holistische Verständnis einer »wissenschaftlichen« Theorie als einer Art Welterlösungsformel rückte den Marxismus-Leninismus, besonders deutlich auch in seiner Semantik, in die Nähe einer »säkularen«, einer »politischen Religion«[433].

Die Begriffsbildungen »Politische Religion« oder »Säkulare Religion« tauchten in den 1930er Jahren[434] bereits in den Konzepten der österreichischen Mentalitätshistorikerin Lucie Varga,[435] des Geschichtsphilosophen Eric Voegelin (Wien),[436] des französischen Soziologen Raymond Aron (Paris)[437] und des britischen Journalisten Frederick Augustus Voigt[438] auf.

Im Nationalsozialismus, so Varga, haben die Deklassierten den Verlust ihrer »sozialen Ehre« in »Erlebnisgruppen« durch eine neue Lehre aufgefangen, die am ehesten geeignet erschien, die sich auflösende Gesellschaft zu organisieren. »Wie Religionshistoriker seit langem wissen, bildet eine solche Verzweiflung die wichtigste Voraussetzung jeder Bekehrung und jeder neuen Religion.«[439] Voegelins kulturhistorisch weit ausgreifende[440] allgemeine Säkularisierungsthese[441] und die mit Carl Schmitt[442] konvergierende römisch-katholische Interpretation einer modernitätskritischen Verfallsgeschichte[443] zielten darauf ab, dass den gnostizistischen, also ketzerischen totalitären Massenbewegungen nur dadurch Einhalt geboten werden könne, dass ein politisches Gemeinwesen wieder die ihm gemäße religiöse Ordnung erhalte. Ansonsten verstricke sich der Mensch in »innerweltlicher Sinnerfüllung«[444]. Die liberal-konservative Kritik des Agnostikers Aron an religiös aufgeladenen Geschichtsphilosophien mit legitimatorischem Wahrheitsanspruch implizierte dagegen »eine grundsätzliche Gegnerschaft zu jedweder Sakralisierung menschlicher Lebensverhältnisse und Institutionen«[445]. Ein positives Gegenmodell wie Voegelin, etwa auf der Grundlage christlicher Anthropologie, entwarf der im französischen Laizismus wurzelnde Aron gerade nicht. Vielmehr sah er das Problem darin, dass die vom politischen Liberalismus erstrebte und in seinem Land auch erreichte Privatisierung von Religion durch die totalitären Legitimationsideologien wieder rückgängig gemacht wurde. Den Unterschied zwischen Diktaturen und konstitutionell-pluralistischen Regimen versuchte er, zunächst durch idealtypische, dann durch analytische Beschreibungen zu erfassen. Diese mündeten in eine Darstellung der Verbindung von Ideologie und Terror als dem entscheidenden Charakteristikum totalitärer Herrschaft. Damit sind Berührungen zum Konzept Hannah Arendts gegeben.[446] Voigt suchte die kommunistische wie die nationalsozialistische Diktatur im Rahmen eines »essentialistischen« Konzepts[447] mit religiös-eschatologischen Kategorien zu beschreiben.[448] Bei allen Unterschieden, heißt es in einem Leitartikel im *Manchester Guardian* vom 5. August 1936, sei für beide Diktaturen konstitutiv, dass sie den ebenso arroganten wie unmöglichen Versuch unternähmen, das Himmelreich auf Erden zu etablieren. In seinem 1938 erschienen Buch »Unto Caesar«[449] beschreibt Voigt Marxismus und Nationalsozialismus in religiös-theologischen Interpretationskategorien. Seine religiösen Vergleichsgrößen sind weniger die etablierten Kirchen als messianisch-chiliastische Heilsbewegungen des 11. bis 16. Jahrhunderts mit ihrer revolutionären Apokalyptik.[450] Womöglich stand dem Briten auch die religiös legitimierte puritanische Revolution in den 40er Jahren des 17. Jahrhunderts und deren diktatorische Folgen, also Oliver Cromwells Gewaltregiment, vor Augen.[451] Als theologischen Schlüsselimpuls, der ihm die grundlegende Differenz von Transzendenz und Immanenz einschärfte, nannte Voigt Karl Barths Römerbriefkommentar.[452] Insbesondere im Blick auf die ebenso dichotome wie kompromisslose Wirklichkeitsspaltung in Gut und Böse, die Heilsökonomie der Menschheitsgeschichte, die Vorstellung von einer letzten Entscheidungsschlacht und die fanatischen Religionsführer sah Voigt Parallelen zwischen den beiden totalitären Ideologien und den klassischen religiösen Aufbrüchen als dem *tertium comparationis*. An Ernst Nolte[453] erinnert Voigts These eines inneren Wechselverhältnisses von Marxismus und Nationalsozialismus – derart, dass er meint, historisch-genetische Zusammenhänge zwischen beiden Säkularreligionen in Gestalt eines »Mythos« und eines »Gegenmythos« feststellen zu können.[454] Sowohl bei Lenin wie bei Hitler konstatiert Voigt einen gedanklichen Reduktionismus sowie die Absolutsetzung weniger Normen, deren unbedingter Realitätsanspruch mit außerordentlicher Brutalität durchgesetzt werde: Klassen und Klassenkampf bei dem einen, Rasse und Volkstum bei dem anderen. Den Marxismus ordnet Voigt rationalen Religionstraditionen zu, den Nationalsozialismus irrational-mystischen.[455] Jener zerstört das Christentum, dieser korrumpiert es.

»Das Interesse an politischen Religionen erlebt derzeit in mehreren Ländern eine Renaissance«, schrieb der britische Historiker Michael Burleigh im Jahr 2000.[456] Richard Steigmann-Gall führte das Wiederaufleben des Paradigmas auf den kulturalistischen *Turn* zurück, meinte aber, der Nationalsozialismus würde besser als »religiöse Politik« verstanden.[457] In Deutschland entstand zu dem Themenkomplex »Totalitarismus und Politische Religion« in den 1990er Jahren – initiiert und geleitet von Hans Maier – ein breit angelegtes Forschungsprojekt, das die beiden Deutungsmuster »Politische Religion« und »Totalitarismus« erneut miteinander in Verbindung brachte.[458] Totalitarismusansätze[459] – wie etwa die geschichtsphilosophische Theorie von Hannah Arendt[460] und das herrschaftsstrukturelle Konzept von Carl Joachim Friedrich[461] –, zeigen in ideologiezentrierten oder klassifikatorischen Modellen das terroristische »Wesen« beziehungsweise Merkmale des Totalitären vor dem demokratietheoretischen Hintergrund der universalen Menschenrechte in ihrer repressiven, Autonomie einschränkenden Gestalt.[462] Über die religiöse Dimension vermag man vor allem die faszinierenden weltanschaulichen Seiten solcher Diktaturen herauszuarbeiten.[463] Ein »unverdientes Kompliment« an die totalitären Diktaturen, wie Hannah Arendt 1953 befürchtete,[464] soll mit dem Konzept der »Politischen Religion« gewiss nicht verbunden sein, wohl aber eine Erweiterung der Erklärungsperspektive, warum Menschen solche Regime unterstützten. Überdies vermeiden die inhaltlichen Religions-Kriterien den Formalismus-Einwand, der – bezogen auf das Totalitarismus-Konzept – ansonsten gern gebraucht wird.[465] Die in drei Bänden dokumentierten Ergebnisse[466] des Maierschen Forschungsprojekts spiegeln die Ambivalenzen politischer Religionen wider. Einerseits zeigen sie »religionsähnliche Phänomene«, andererseits verhalten sie sich »dezidiert anti-kirchlich« und »anti-religiös«[467]. »Wir haben also beides«, schreibt Hans Maier in der Einführung zum zweiten Band, »eine ausgeprägte religiöse Sprache, viele Formalien der Religions- und Kirchengeschichte – und zugleich ein antireligiöses Gesicht der modernen Totalitarismen.«[468] Aufgrund dieser Doppelgesichtigkeit und wegen unterschiedlicher Religionsverständnisse ist bis heute umstritten, ob die diktatorischen Systeme des 20. Jahrhunderts zu Recht als politische Religionen bezeichnet werden.[469] Für den israelischen Historiker Jacob Talmon musste die historische Forschung zum »politischen Messianismus« geradezu in religionsgeschichtliche und theologische Perspektiven münden, um den jüdisch-christlichen Messianismus in »seiner besten ursprünglichen Gestalt« als Maßstab zur Beurteilung seiner säkularen Nachbildungen gebrauchen zu können.[470] Voraussetzung für die anhaltende Bedeutung dieser Kriteriumsbildung war natürlich, dass die jüdisch-christlichen Religionen in der zweiten Hälfte des 20. Jahrhunderts an ihren traditionellen Ansprüchen, vor allem am Stellenwert der Wahrheitsfrage und der Transzendenz im religiösen Denken, also am substantiellen Religionsbegriff festhielten.

Eckhard Jesse, der die facettenreiche Totalitarismusforschung im Blick auf ihre Richtungen und handlungsleitenden Forschungsinteressen in fünf verschiedene Gruppen unterteilt hat, ordnet das Deutungsmuster der »Politischen Religion« als »sozialreligiöses Konzept« dem Totalitarismus-Paradigma unter.[471] Detlef Schmiechen-Ackermann behandelt demgegenüber dieses Deutungsmodell wegen »seiner starken religionssoziologischen und psychologischen [...] Fundierung« als eigenständigen, wenn auch dem Totalitarismus-Paradigma verwandten Ansatz.[472] Noch einen Schritt weiter geht Manfred Hildermeier, der bei aller Kritik an dem Konzept der »Säkularisierten Religion« dieses als Alternative zu dem Begriff des Totalitären einführt, wenn es um die Charakterisierung einer »ideologischen Utopie« geht.[473] Und nach einer Würdigung von Ernst Pipers Rosenberg-Biographie[474] stellt Stephan Lehnstaedt in seinem bibliographischen Essay zur zweiten Auflage von Reinhard Bollmus' Buch »Das Amt Rosenberg und seine Gegner« (2006) fest: »Bemerkenswert ist an diesen ideengeschichtlichen Arbeiten, dass sie dem Konzept der ›politischen Religion‹ als interpretatorischer Kategorie mehr Raum geben als der Totalitarismus- und Faschismustheorie, die früher dominierten.«[475] Allerdings ist zu bedenken, dass das Konzept der »Politischen Religion« den herrschaftsstrukturellen Aspekt ausblendet. Hans Mommsen meint, es sei »wenig hilfreich, den Begriff der ›politischen Religion‹ zur Beschreibung des Herrschaftsanspruches und der Herrschaftspraxis des Dritten Reiches zu verwenden, zumal ihm damit eine innere Logik und Folgerichtigkeit beigelegt wird, der ihm gerade abging.«[476] Um neue Loyalität zu stiften und um Begeisterung für das System zu wecken, dienten den jungen Diktaturen Symbole, Rituale, Inszenierungen, Feste, Feiern, Denkmäler, Gedenk- und Jubiläumsveranstaltungen sowie zentrale, Größe verkörpernde Bauwerke. Das galt für die Bolschewiki[477] ebenso wie für die Faschisten[478] und Nationalsozialisten,[479] und die Arrangements rissen nicht nur die Akteure selbst mit, sondern auch die Sympathisanten und Mitläufer – gelegentlich sogar die Gegner. Der Faszination, eine neue Gesellschaft und einen neuen, sich selbst transzendierenden Menschen zu schaffen, der auf eine erlöste Existenz hoffen durfte, vermochte sich kaum jemand zu entziehen – es sei denn, er war aufgrund seiner Herkunft von den endzeitlichen Aspirationen ausgeschlossen, durfte also an der Revolution des Lebens nicht teilhaben. Am symbolträchtigsten drückt wohl die Einführung einer neuen Zeitrechnung aus, dass man entschlossen war, das Alte hinter sich zu lassen und in eine neue Wirklichkeit aufzubrechen. Der den religiösen Traditionen entliehene Personenkult um den revolutionären Übermenschen, dem man die eigene Erhöhung verdankte, gipfelte im Falle Lenins darin, ihn durch Mumifizierung »unsterblich« zu machen.[480] Im Gegensatz zu dem erhöhten Lenin steht der gestürzte und geschmähte Führer Mussolini, dessen Leichnam dem Mob auf dem Marktplatz in Mailand präsentiert wurde – auch das mit quasi-religiöser Bedeutung. Hitler wollte diesem definitiven Göttersturz entgehen, indem er die Verbrennung seines Leichnams anordnete. Natürlich kann hinter der post-mortalen Ikonisierung durch Einbalsamieren das politische Kalkül der Akteure stehen, mit der Sakralisierung des Parteivorsitzenden dem eigenen Handeln in dessen Nachfolge ein höheres Maß an Legitimität zu verleihen. Aber indem man religiöse Ausdrucksformen als wirksam begreift und nutzt, akzeptiert man sie bis zu einem gewissen Grad auch. Selbst wenn sie es gewollt hätte – den Emotionen der Bevölkerung konnte sich die politische Führung nicht entziehen. Massenhaft verbreitete hagiographische Darstellungen der Bewegungen wie ihrer Führer – heilige Bücher, die zu Hochzeitsfeiern und sonstigen besonderen Anlässen verschenkt wurden – sollten die quasi-religiösen Institutionen und Personen mit dem Nimbus der Unfehlbarkeit versehen und sie gegen die profane Geschichtsschreibung immunisieren.[481] An der Spitze dieser Buchproduktion stand die Heilige Lehre selbst, um deretwillen man Hunger, Repression, Gewalt und Terror als elende Begleiterscheinungen des Herrlichen ertrug. Hier drängen sich nicht nur Parallelen zur Religionsgeschichte auf, sondern auch Analogien zwischen den Diktaturen. »Inhaltlich konträr, kamen nationalsozialistische und stalinistische Ideologie darin zusammen, dass sie für deren Verwirklichung jedes Opfer rechtfertigten und alle Maßstäbe von Menschlichkeit mit Füßen traten. In diesem Sinne waren sie als funktionale Äquivalente miteinander verbunden.«[482] Hildermeier konstatiert eine ganze Reihe gemeinsamer religiöser Eigenschaften wie die »Erlösungsbedürftigkeit« der Kader, die Etablierung von Ritualen und Festen, die Schaffung von Symbolen, die Inszenierung kultischer Verehrung sowie die Rechtfertigung von Entbehrungen und Grausamkeiten. Sein Haupteinwand gegen das Deutungsmuster der »säkularen Religion« besteht jedoch darin, dass sie keine spezifische Charakterisierung der Diktaturen des 20. Jahrhunderts bietet. Auch die Französische Revolution und der Nationalismus tragen quasi-religiöse Züge.[483]

»Religiöse‹ Erregung« in verschiedensten Ausprägungen, wie sie in Wellen exaltierter Frömmigkeit Hunderttausende von Menschen immer wieder erfassen kann[484] und Anfang des 20. Jahrhunderts die damals in Deutschland noch junge Disziplin der Religionspsychologie beflügelte,[485] trägt tatsächlich unspezifische Züge. Das wird vollends deutlich, wenn man ihre psychophysiologische Seite betrachtet. Seit einigen Jahren befassen sich auch Hirnforscher mit religiösen Erregungszuständen.[486] Die bisherigen Ergebnisse ihrer Untersuchungen der neuronalen Strukturen legen ein charakteristisches Muster in der Großhirnrinde nahe, das einerseits eine gesteigerte, andererseits eine gedrosselte Nerventätigkeit zeigt. Da diese Muster bei Buddhisten wie bei Franziskanern auftraten, wäre es nahe liegend, in den Vergleich der neuronalen Prozesse auch Politische Religionen mit einzubeziehen, zumal es im Bereich des Rituellen und Sozialen, der Normen und Tabus offenkundige Parallelen gibt. Die verblüffenden Gemeinsamkeiten zwischen den religiösen Glaubensformen und -systemen lassen sich womöglich auch auf politische Weltanschauungen ausdehnen. Sozialpsychologische wie philosophische Erklärungen »religiöser Erfahrungen« legen solche Transfers jedenfalls nahe. Ungewöhnliche, übermächtigende Erlebnisse, die mit erhöhter Erregung oder tiefer Entspannung einhergehen und »letzte« Überzeugungspotenziale freisetzen können, werden vor allem aufgrund traditioneller kultureller Erwartungen und sozialer Kontexte als »religiös« bezeichnet.[487] »Zu einer religiösen Erfahrung wird ein Erlebnis eben nur durch die spezifische Deutung, die mit ihm verknüpft ist.«[488] Politische Religionen füllen das weltanschauliche Vakuum, das durch den Verlust der klassischen Religion im anthropologischen Selbstmodell eingetreten ist. Letztlich geht es dabei um die Überwindung bedrohlicher Erfahrungen, die im Leiden und Sterben ihren Gipfelpunkt erreichen. Die emotionale Sicherheit, Geborgenheit und Schönheit der Auferstehung wird in Ideologien erlebt, die ihrerseits eine innerweltliche Transzendenz propagieren. Wenn die existenzielle Sehnsucht nach einer stabilen und freundlichen emotionalen wie sozialen Sicherheit und auch das Streben nach Bedeutung besonders gefährdet erscheinen, wie das nach dem Ersten Weltkrieg der Fall war, wächst die Neigung zu Wahnvorstellungen und bizarren Glaubenssystemen, um eine Bewusstseinsform zu erreichen,[489] in der die kontingente Wirklichkeit nach unseren Bedürfnissen uminterpretiert werden kann.[490] Das ist die Stunde der oft zuallererst selbst erlösungsbedürftigen Demagogen.

In Polen – das reiche politische Erfahrungen mit dem Totalitarismus gemacht hat, wo es jedoch, Paweł Śpiewak zufolge, nach dem Umbruch keine Fortsetzung der vielfältigen Reflexionen von Leszek Kołakowski, Józef Tischner oder Andrzej Walicki über den Totalitarismus gibt[491] – nahm der Historiker Marcin Kula eine systematische Betrachtung des Kommunismus als »Politischer Religion« vor. Der Autor beschreibt die Analogien zwischen der kommunistischen Bewegung und der Kirche. »Ähnlich wie in der Kirche beruhten die kommunistischen Tätigkeiten auf bestimmten Dogmen.«[492] Der Kommunismus und die Religion verfolgten ähnliche Ziele: Schaffung eines neuen Menschen und einer Gemeinschaft. Die neu gebauten sozialistischen Städte wie Nowa Huta[493] hatten eine religiöse Bedeutung: Sündenlose Orte sollten entstehen. Lenin und Stalin wurden zu säkularen Heiligen stilisiert, Lenin geradezu auf religiöse Weise verehrt. So stellte man ihn in den Hausaltären als jungen, reifen Mann dar. Um die verstorbenen großen Kommunisten entwickelte sich ein richtiger Reliquien-Kult. Galten für die Christen das Grab Jesus und die Basilika als zentrale heilige Orte, so für die Kommunisten das Lenin-Mausoleum. Der Kommunismus hatte auch seinen eigenen Katechismus – nämlich »Das ABC des Kommunismus« von Nikolaj Bucharin und Jewgenij Preobraschenskij. Mit dem Zusammenbruch des Kommunismus in Ostmitteleuropa verlor die Bewegung auch ihren kirchlich-religiösen Charakter. Man könnte sagen, dass der Kommunismus unter anderem deshalb zugrunde ging, weil die Menschen nicht mehr an ihn glaubten.[494] Maria Zmierczak zeigt, wie die Faschismus-Doktrin Mussolinis die Rolle der Religion ersetzen sollte.»Für Mussolini war der Faschismus Philosophie und Religion zugleich.«[495] In der spanischen Historiographie gab es lange Zeit keine theoretischen Beiträge zum Deutungsmuster der politischen Religion. Einige wenige Autoren, die sich mit dem spanischen Faschismus beschäftigen, vor allem Ismael Saz[496] und Ferrán Gallego,[497] beriefen sich allerdings auf diese Theorie. Erst seit kurzem entstehen auch analytische Arbeiten zum Paradigma der »Politischen Religion«[498].

Nur kurzzeitig unterbrochen von der Allianz zwischen den Vereinigten Staaten und der UdSSR während des Zweiten Weltkrieges,[499] beherrschte in den 1920er und 1930er Jahren sowie während des Kalten Krieges bis weit in die 1960er Jahre die Denkfigur des Totalitarismus das Forschungsfeld der Diktaturen. In der ersten Phase sorgten italienische und deutsche Emigranten wie Luigi Sturzo, Hannah Arendt, Franz Borkenau, Paul Tillich, Waldemar Gurian, Hans Ansgar Reinhold[500] und viele andere für die Rezeption dieses Paradigmas in der angloamerikanischen Welt.[501] Für eine ganze Intellektuellengeneration wurzelte die Totalitarismustheorie in der »physischen Todesdrohung und deren existentieller Umwendung in Kritik«[502]. Bei der Herausbildung des Konzepts spielten drei Deutungsansätze eine herausragende Rolle: Hannah Arendts »Elemente und Ursprünge totaler Herrschaft«, das zwischen 1945 und 1949 entstand, Carl Joachim Friedrichs und Zbigniew Brzezinskis »Totalitarian Dictatorship and Autocracy«, das 1956 erschien, und schließlich die grundlegende Studie Raymond Arons über »Demokratie und Totalitarismus«, die zuerst 1965 in französischer Sprache herauskam.[503] Nach einer durch mannigfaltige methodische und ideologiekritische Einwände bedingten »Latenzphase« erlebte der »Totalitarismus« seit 1989/90 – besonders in Ostmitteleuropa[504] und mit einer aparten Zuspitzung im östlichen Deutschland[505] – einen neuen Boom,[506] allerdings nur als Terminus, nicht als »theoretisches Konzept«, wie Wolfgang Merkel ausdrücklich vermerkt.[507] Der Auffassung vieler Autoren zufolge leidet das Paradigma bis heute an seiner »Zwitterexistenz aus Ideologie und Wissenschaft« sowie unter

seiner »politischen Kontextbindung«[508]. Ian Kershaw meint, seine
Grenzen seien beträchtlich und wegen der »essentiellen Distinktionen«
sollte es als Konzept des Vergleichs zwischen dem Nationalsozialismus
und den postkommunistischen Regimen zurückgewiesen werden.[509]
1943 hörte Arendt zum ersten Mal von Auschwitz. Bis dahin hatte
sie sich mit dem Judentum und mit dem Antisemitismus auseinander-
gesetzt. Jetzt musste sie sich dem unglaublichen Vorgang des Versuchs
der Ausrottung eines ganzen Volkes stellen. Ihr in dieser Zeit entstan-
denes Hauptwerk »Elemente und Ursprünge totaler Herrschaft« (engl.
1951; deutsch 1955) gliedert sich in drei Teile über Antisemitismus, Imperialismus und totale Herrschaft. Dabei geht Arendt davon aus, dass
Antisemitismus und Imperialismus wesentliche Elemente im Rahmen
der Entwicklung hin zum Totalitarismus darstellen. Es gebe eine Kontinuität zwischen Imperialismus und Rassismus, Kolonialkriegen und
Judenvernichtung. Ganz im Einklang mit der modernen historischen
Forschung vertrat sie die Auffassung, dass die modernen Kolonialkriege und der damit einhergehende Völkermord – etwa an den Hereros –
die Bedeutung von Massakern und ihrer Opfer auf ein Minimum reduziert hätten. Erst der Nationalstaat habe die Voraussetzung der gesellschaftlichen Isolation der Juden geschaffen. Diese hätten zwar politisch
eine Rolle gespielt, seien aber aus der Gesellschaft ausgegrenzt worden.
Auch das Bemühen, durch Assimilation zu gesellschaftlicher Anerkennung zu gelangen, sei gescheitert. Über den Status des Parvenüs sei der
Jude nicht hinausgekommen. Mit der Krise des Nationalstaates hätten
die Juden auch ihre begrenzte politische Bedeutung verloren und ver-
anschaulichten nur noch das »Laster«. Von hier aus sei es nur noch ein
kleiner Schritt gewesen, das »Lasterhafte« auszurotten. Erst mit dem
Imperialismus, so Arendt, entstand so etwas wie Weltpolitik und der
Anspruch auf Weltherrschaft. Damit das imperialistische Denken in
Herrschaft umgesetzt werden konnte, bedurfte es einer immer weiter
ausufernden Bürokratie. In diesem Zusammenhang warnt sie übrigens
vor einem Kontrollverlust der Parlamente gegenüber der Bürokratie.
Zu der außenpolitischen Entwicklung des Imperialismus gesellt sich im
Inneren das Phänomen der Entwurzelung der Deklassierten. Beides
zusammengenommen ergibt nach Arendt den idealen Nährboden für
den Aufbau eines totalitären Staates. Beispiele für totalitäre Staaten
sind ihr das »Dritte Reich« und die Sowjetunion unter Stalin. Freilich
blieb ihr eigentlicher Untersuchungsgegenstand stets das »Dritte

Reich«. In dem 1953 ergänzten Kapitel über »Ideologie und Terror« nimmt sie eine vergleichende Analyse der Diktaturen Hitlers und Stalins vor. Während sie in ihrem Aufsatz über »Die Ungarische Revolution«[510] von 1958 noch über die UdSSR urteilte, es handele sich um eine »totalitäre Diktatur«, korrigierte sie sich 1966 dahin, dass die Sowjetunion nach Stalins Tod »einen echten, wenn auch nie unzweideutigen Abbau totaler Herrschaft«[511] erlebt habe. In dieser Re-Interpretation kommt der dynamische Charakter ihrer historisch-genetischen Analyse zum Ausdruck.

Der entwurzelte moderne Massenmensch traut seiner eignen Urteilskraft nicht mehr und wird so Opfer der totalitären Propaganda und ihrer ideologisch-fiktiven Weltsicht. An diese künstliche Weltsicht muss er ohne eigenes Nachdenken, ohne eigene Spontaneität unbedingt glauben, wenn er nicht riskieren will, ausgeschlossen zu werden. Wer sich dieser einheitlichen Ideologie widersetzt, ist dem Terror durch Staatsapparat und Geheimpolizei ausgesetzt. Dessen zentrale Einrichtung aber ist das Konzentrationslager; solche Lager machen den Terror, das Wesen des totalen Staates, aus. Hier wie in den meisten Fällen, in denen Arendt das Wort ergreift, nimmt sie keine wissenschaftlich distanzierte Haltung ein, sondern die des unmittelbar betroffenen Menschen. Ihr Denken ist eng verwoben mit ihrer Lebensgeschichte.

Nach der totalitären Herrschaft ist die Kontinuität der Geschichte zerbrochen, so schreibt Arendt weiter. Aber es gibt immer wieder die Möglichkeit, mit der menschlichen Freiheit neu zu beginnen. Der Mensch besitzt die Fähigkeit zur Spontaneität, das heißt, er kann neu anfangen. Das gilt auch für eine Gemeinschaft von Menschen, wie Arendt an der Ungarischen Revolution von 1956 zu zeigen sucht. In ihrem Beitrag über die Ungarische Revolution fokussiert sie Motive und Ziele des Aufstandes auf den Willen der Menschen zu Freiheit und Gleichheit. Sie meinte, diese Revolution habe die Grenzen des Stalinismus markiert; die Freiheit stehe vor der Tür.

Eine wichtige Motivation für Arendt, »Elemente und Ursprünge totalitärer Herrschaft« zu schreiben, war der Versuch, das Geschehene verstehbar zu machen. Das Buch stieß jedoch auf keine breite Zustimmung, es löste vielmehr heftige und kontroverse Diskussionen aus, die bis heute anhalten. So machte Walter Laqueur 1998 in einem Aufsatz über den »Arendt-Kult« auf den eklatanten Gegensatz zwischen der Bewunderung ihrer Anhänger einerseits und der Kritik durch »Berufsphilosophen« andererseits aufmerksam. Letztere wunderten sich, warum »soviel Aufhebens wegen so Geringem gemacht werde«, und erklärten diesen Arendt-Kult als irrationales Rätsel. Im Lager der Arendt-Anhänger fänden sich Progressive wie Konservative. Die Sympathien der letzteren, so Laqueur, seien nicht rational oder philosophisch zu begründen, sondern emotional und romantisch. Ihr Buch über »Elemente und Ursprünge totalitärer Herrschaft« habe nützliche Hinweise geliefert, sei aber nicht Bahn brechend gewesen, da andere – etwa Ernst Fraenkel und Franz Neumann, Waldemar Gurian und Franz Borkenau – lange vor ihr auf die Eigentümlichkeiten des Totalitarismus hingewiesen hätten. Seyla Benhabib urteilt dagegen, dass Arendt trotz methodischer Einwände – etwa dem fehlender empirischer Absicherung und mancher pauschalen Verallgemeinerung – »ein bedeutendes und meisterhaftes Werk« vorgelegt habe.[512] Laqueur bezeichnet Arendt als »politisches Orakel« und wirft ihr vor, einen Hang zu Übertreibungen, Verallgemeinerungen und Einseitigkeiten besessen zu haben. Er interpretiert den Kult um Arendt in Deutschland mit einem »objektiven Bedarf nach einer fortschrittlichen deutsch-jüdischen Kultfigur«. Weniger als politische Philosophin denn als Kritikerin ihrer Zeit werde man sie in Erinnerung behalten.[513] Gegen alle Kritik ist zu konstatieren, dass Hannah Arendt das Verdienst zukommt, einen zentralen politiktheoretischen Interpretationsversuch unternommen zu haben, der den Idealtypus einer »neuen Staatsform« zu erfassen sucht.

Carl Joachim Friedrich, der wohl als der eigentliche Verfasser des 1957 in deutscher Sprache herausgebrachten Buches »Totalitäre Diktatur« gelten darf, da sich sein Co-Autor Zbigniew Brzezinski von zentralen Thesen des Werkes noch vor dessen Erscheinen distanzierte,[514] behandelt in seiner empirisch-deskriptiven Studie totalitärer Herrschaftspraxis die Ideologie und Partei, Propaganda und Terror sowie die Planwirtschaft. Demgegenüber besitzen vier Lebenszusammenhänge – die Familie, die Kirchen, die Universitäten und das Militär – Elemente von Resistenzkraft, können als »Inseln der Absonderung« fungieren.

Friedrichs Konzept fußt auf sechs »entscheidenden Wesenszügen«, die »allen totalitären Diktaturen gemeinsam sind und ihre Gestalt ausmachen [...]: eine Ideologie, eine Partei, eine terroristische Geheimpolizei, ein Nachrichtenmonopol und eine zentral gelenkte Wirtschaft«[515]. Nur wo alle diese Wesensmerkmale des idealtypischen Modells gemeinsam auftreten, ein »Syndrom« bilden, kann man ein Regierungssystem als »totalitäre Diktatur« kennzeichnen.[516] Die Doktrin einer Diktatur will das ganze Leben und alle Bereiche der Gesellschaft umfassen und gaukelt ihren Anhängern die Vision eines paradiesischen Endzustandes in dieser Welt vor. Als zentrale Instrumente der Herrschaftsausübung nennt Friedrich die Massenpartei, die Geheimpolizei, das Nachrichtenmonopol und die Lenkung der Wirtschaft. Im Unterschied zu Friedrich, nach dessen Beschreibung die neue totalitäre Staatsform statischen Charakter trug, lag Brzezinski daran, dem Modell eine dynamische Ausrichtung zu geben, so dass auch mögliche Veränderungen wie substanzielle Reformen oder gar Auflösungserscheinungen in den als totalitär bezeichneten Regimen berücksichtigt werden konnten. Friedrich bevorzugte eine starre Fixierung, weil er davon überzeugt war, dass totalitäre Systeme von innen heraus nicht veränderbar seien und daher dauerhaft bestandsfähig blieben.

Der im Totalitarismus-Diskurs dominante Ansatz von Friedrich hat einerseits massive Kritik und andererseits immer neue Rettungsversuche erfahren.[517] Wolfgang Wippermanns zentraler Einwand beruht auf dem Widerspruch, dass Friedrich zwar eine Wesensgleichheit von faschistischen und kommunistischen Diktaturen behaupte, aber unterschiedliche Zielrichtungen dieser Systeme einräumen müsse.[518] Für die ebenfalls behauptete Einzigartigkeit totalitärer Diktaturen bleibe Friedrich in seinem ideal- und nicht realtypischen Modell überdies den empirischen Beweis schuldig. Ähnlich argumentiert Richard Overy: »[...] die Erarbeitung eines idealtypischen Modells eines totalitären Regimes blendete ganz reale Unterschiede zwischen Systemen aus, die als ›totalitär‹ eingestuft wurden. Der Begriff selbst wurde schließlich als eine Kennzeichnung des Macht- und Unterdrückungsapparats angesehen, ohne die sozialen, kulturellen und moralischen Ziele des Regimes zu berücksichtigen, die der Begriff ursprünglich umfasst hatte, als er in den zwanziger Jahren des 20. Jahrhunderts im Italien Mussolinis geprägt worden war«[519]. In der empirischen Kommunismus- und Nationalsozialismusforschung hat sich – dem Urteil zahlreicher Historiker zufolge – das auf Friedrich zurückgehende Theoriemodell nicht bewährt, und auch aus methodologischer wie erkenntnistheoretischer Perspektive attestierte man ihm immer wieder Insuffizienz.[520] Hans J. Lietzmann demontiert Friedrichs Modell gar von seinen Entstehungszusammenhängen her.[521] Wie er zeigen kann, konzipierte jener es nicht als ein Gegenüber zum demokratisch-parlamentarischen System, sondern zu dem der »konstitutionellen [Präsidial-]Diktatur« Hindenburgs.

Nicht an der diktatorischen Machtausübung des Reichspräsidenten nahm er Anstoß, sondern an dem Überhang von Demokratie, dem unheilvollen »Parlamentsabsolutismus« und einer ihm zu weitgehenden Partizipation während der Weimarer Zeit.[522] Die Reichspräsidenten, so argumentierte er, benötigten diktatorische politische Führungsmacht, um in Krisen schnell und angemessen reagieren zu können. Eine »konstitutionelle Diktatur« – also die Einschränkung oder Suspendierung von Partizipations- und individuellen Grundrechten – ist nach Friedrich legitim, wenn sie zum Schutz beziehungsweise zur Wiederherstellung der Verfassung dient. Ein »organisatorisches Minimum«, ein bestandsfester Kern wie zum Beispiel zentrale Regierungsinstitutionen, dürften allerdings nicht zur Disposition gestellt werden. Erst 1937 bezeichnete Friedrich die italienische und die deutsche Diktatur als »nicht-konstitutionelle Diktaturen«, die eine neue, revolutionäre Ordnung errichtet und daher aus der Perspektive des Konstitutionalismus jede Rechtfertigung verloren hätten.[523] Die Sowjetunion blieb zu diesem Zeitpunkt unerwähnt. Anfang der 1930er Jahre gehörte Friedrich – mit dem Vordenker Carl Schmitt[524] an der Spitze – zu jenen damals so genannten »Verfassungsdurchbrechern«, die für eine Erweiterung der Rechte des Reichspräsidenten und der Exekutive eintraten und den Bürgern des modernen Industriezeitalters ein illegales, aber ihrer Ansicht nach legitimes und reinigendes »Eisenbad der [konstitutionellen] Diktatur«[525] verordnen wollten. 1950 übertrug Friedrich sein Modell der »konstitutionellen Diktatur« auf die amerikanische Besatzungsherrschaft in Westdeutschland, um sie als legitime Entwicklungsdiktatur mit dem Ziel, verfassungsmäßige Zustände wiederherzustellen, zu rechtfertigen.[526] Im Gegensatz dazu stand die »totalitäre Diktatur«, zu der er auch die SBZ zählte. Vor diesem Hintergrund plädiert Lietzmann dafür, das Totalitarismus-Paradigma Friedrichs als historisches und empirisch durch die poststalinistische Entwicklung falsifiziertes Modell anzusehen.[527]

Auch Alfons Söllner hält, ausgehend von dem breiten Konsens, Diktaturforschung im 20. Jahrhundert könne nur »als vergleichendes Geschäft betrieben werden«, sowohl Hannah Arendts rein »geistesgeschichtliche Anlage« als auch Friedrichs schematischen und unhistorischen typologischen Diktaturvergleich für untauglich.[528] Dennoch gibt

es immer neue Versuche, deren Totalitarismuskonzepte durch weitere
Reformulierungen und die Annahme neuer Zusatzbedingungen zu retten.[529] Achim Siegel räumt zwar ein, dass Friedrichs Kernthese von der
»Wesensgleichheit« kommunistischer und faschistischer Diktaturen
»erkenntnistheoretisch unzureichend begründet« sei, meint aber, man
müsse den »propositionellen Gehalt« jeder Theorie »zunächst einmal
aus sich selbst heraus zu verstehen und auf seine Validität zu überprüfen« suchen.[530] Er reinterpretiert »Friedrichs Ansatz als idealisierende
Theorie [...], die ihren Gegenstand – Struktur und Dynamik der ›totalitären Diktatur‹ – nach einem klassisch-funktionalistischen Denkmus-
ter begreift. Auf dieser Basis kann dann nicht nur die Modifizierung
des Ansatzes in den sechziger Jahren als eine methodologisch stringen-
te Korrektur des früheren Ansatzes reinterpretiert werden, sondern das
modifizierte Konzept erscheint zudem als Modell zur Erklärung von
Struktur und Dynamik kommunistischer Systeme, das (noch) nicht als
falsifiziert gelten kann.«[531] Damit folgt Siegel letztlich dem Friedrichschen Versuch, durch entsprechende Modifikationen seinem aufgrund
der poststalinistischen Entwicklung falsifizierten Konzept in den 1960er
Jahren eine dynamische Komponente zu geben. Das Merkmal der
»terroristischen Polizeikontrolle« ersetzte Friedrich durch das der »voll
entwickelten Geheimpolizei«, um die Reduzierung des Terrors im Rahmen seines Denkmodells zu erklären.[532] Neben den Ergänzungs- und
Umformulierungsvorschlägen Siegels und anderer[533] hat jüngst auch
Wolfram Pyta eine Erweiterung der »herrschaftsstrukturellen« Totalitarismustheorien vorgeschlagen, wobei er sich bei dem Grundkonzept
auf Hannah Arendt und Carl Joachim Friedrich bezieht.[534] Die traditionellen Totalitarismustheorien könnten die »dynamische Prozess-
haftigkeit der Judenvernichtung« gemäß den Erkenntnissen der Holocaustforschung nicht angemessen erklären. Überdies verdeutliche die
»Täterforschung«[535], dass nicht allein skrupellose Machthaber, sondern
erhebliche Teile der deutschen Gesellschaft direkt oder indirekt an den
Massakern beteiligt waren. Ohne deren Bereitschaft zum Mittun hätte
das NS-System, ein ineffektives Konglomerat von oft widersprüchlich
handelnden Einrichtungen, seine Zielvorstellungen gar nicht durchsetzen können. Die Mehrheit des deutschen Volkes folgte so bereitwillig
der »charismatischen Herrschaft« Hitlers,[536] dass die polykratischen
Strukturen zur Exekutierung des Führerwillens und der NS-Ideologie
nicht notwendig waren. Vor dem Hintergrund der allgemeinen Gewalt-

bereitschaft konnte die sehr unterschiedlich begründete antijüdische Weltanschauung großer Teile durch die NS-Ideologie gebündelt werden und über mehrere Stationen von Ausgrenzung und Diskriminierung schließlich zum Massenmord führen. Bei den darin enthaltenen ideologischen Faktoren sieht Pyta den Anknüpfungspunkt für eine kulturgeschichtliche Verbreiterung des Totalitarismus-Konzepts. Dieses sollte künftig nicht nur den »rücksichtslosen Gebrauch staatlicher Machtmittel« durch totalitäre Regime analysieren, sondern auch deren »Fähigkeit, politikhaltige Sinnkonfigurationen zu mobilisieren« und damit Bevölkerungsmehrheiten hinter sich zu bringen. Aber ist bei dieser in der Tat wichtigen Perspektive der Anschluss an die historischen Totalitarismuskonzepte nötig und sinnvoll? Handelt es sich nicht vielmehr um einen eigenen Ansatz, der sich von seinen gedanklichen wie empirischen Voraussetzungen einer Integration in die klassischen Totalitarismustheorien eher entzieht?

Im Studienjahr 1957/58 hielt der französische Soziologe Raymond Aron Vorlesungen, die 1965 unter dem Titel »Démocratie et Totalitarisme« herauskamen.[537] Nach einer Einführung in die politische Soziologie geht Aron darin auf die »konstitutionell-pluralistischen Regime« ein, um vor diesem Hintergrund das sowjetische »Einparteien-Regime« zu analysieren. Schließlich arbeitet er im Schlussteil zentrale Antithesen heraus – Konkurrenz versus Monopol, Konstitution versus Revolution, Gruppenpluralismus versus bürokratischer Absolutismus und »Parteien-Staat« versus »Partei-Staat«. Seine Darstellung bezweckt allerdings keine dichotome Gegenüberstellung von pluraler Demokratie und totalitärer Diktatur. Vielmehr sucht der Liberal-Konservative vor dem Hintergrund der krisenhaften Entwicklung in Frankreich 1957/58 zu zeigen,[538] dass die totalitäre Versuchung auch für Demokratien eine ständige Herausforderung darstellt. Dabei gebraucht er den Begriff »totalitär« lediglich in deskriptiver, nicht in theoretischer, normativer oder polemischer Absicht.[539] Diesen unterschiedlichen Wortgebrauch zu betonen erscheint wichtig, da bis in die Gegenwart zumindest heimliche Abhängigkeiten von dem Totalitarismuskonzept unterstellt werden, wenn ein Autor Begriffe und Wendungen benutzt, die auch in jenen Deutungsmustern auftauchen.[540] Für Aron tritt das »Phänomen des Totalitarismus« in verschiedenen Gesellschaften – allerdings in unterschiedlich starker Ausprägung – auf. Auch er benennt wichtige Merkmale: die Einheitspartei, die »absolute« Ideologie als »offizielle Staatswahrheit«, das staatliche Gewalt- und Medienmonopol, eine weit reichende Kontrolle über die Wirtschaft und eine umfassende Politisierung, also die »ideologische Verbrämung aller ideologischen Fehler und in letzter Konsequenz ein sowohl polizeilicher wie ideologischer Terror«[541]. Die schärfste Ausprägung dieser Merkmale beobachtet Aron im NS-Staat zwischen 1941 und 1944 und im Stalinismus zwischen 1934 und 1938 sowie zwischen 1949 und 1952.[542] Aber er vermied es, die UdSSR der 1930er bis 1950er Jahre als »totalitäres Regime« zu etikettieren, um seine Analyse von moralischen, in der aktuellen Politik verwertbaren Nebentönen freizuhalten.[543] Unter dem Eindruck der empirischen Materialfülle reduzierte Aron in den späten 1970er und frühen 1980er Jahren seinen Totalitarismus-Begriff auf zwei Elemente: eine »Verschmelzung von Staat und Gesellschaft und die Durchsetzung einer offiziellen, für alle Untertanen verpflichtenden Ideologie«[544]. Hielt er Ende der 1950er Jahre eine Veränderung der Lebensverhältnisse im Ostblock im Sinne einer Angleichung an den Westen noch für möglich, so beschrieb er in den 1980er Jahren die UdSSR als »etablierten Totalitarismus«[545].

Von Ende der 1960er bis Anfang der 1980er Jahre vollzog sich – vornehmlich unter sozialgeschichtlichen Vorzeichen – ein breiter Paradigmenwechsel: weg von der Totalitarismusforschung und hin zur Faschismusforschung.[546] Die Entstehungsbedingungen des Faschismus, so etwa Wolfgang Schieder, könnten angemessener mit einer politikwissenschaftlichen Systematik verknüpft werden. Überdies sei das Konzept nicht auf eine reine Herrschaftstypologie beschränkt, sondern ließe auch sozialgeschichtliche Faktorenanalysen zu.[547] Hans Mommsen führte die Schwächen des Totalitarismusmodells ins Feld – seine statische Sicht, die Annahme einer monolithischen, in sich konsistenten Herrschaftsstruktur sowie das Abstrahieren von den gesellschaftlichen und wirtschaftlichen Vorbedingungen – und machte geltend, dass das NS-Regime eine polykratische Struktur aufweise und Entwicklungsprozesse durchlaufen habe, die von dem totalitarismustheoretischen Ansatz nicht erfasst werden könnten.[548] Zu jenen, die auch in dieser Zeit den Totalitarismusansatz beharrlich verteidigten, gehörte ihr führender Exponent Karl Dietrich Bracher. »Gewiss erscheinen die klassischen Systeme des Totalitarismus als Vergangenheit, und Geschichte mag sich nicht wiederholen. Aber grundlegende Voraussetzungen und Komponenten des Totalitarismus und seiner Ideen bleiben gegenwär-

tig und aktuell in unserem Zeitalter der krisenanfälligen Massendemo-
kratien und Massenbewegungen und der tief greifenden sozialen Veränderungen. Dies Potential kann von künftigen Führern mobilisiert
werden, wenn immer soziale Krisen, emotionales Bedürfnis nach Sicherheit und Ordnung, idealistisches Verlangen nach einem weltanschaulich geschlossenen, alle Fragen lösenden politischen Glauben,
schließlich Hunger nach Macht und weltpolitische Spannungen über-
stark werden.«[549]

Nach dem Zusammenbruch des Ostblocks befürwortete eine Reihe
von Historikern und Politikwissenschaftlern vehement die Anwendung
des Totalitarismusparadigmas auch auf die Geschichte der DDR. Um
die DDR-Diktatur regime-typologisch exakter bestimmen zu können,
bemühten sich einige um terminologische wie konzeptionelle Modifikationen.[550] Allerdings sind Versuche, das Totalitarismusmodell aus einer konsequenten empirischen Anwendung – etwa im integralen Diktaturvergleich – induktiv abzuleiten, relativ selten. Vielmehr wird in der
Regel der Charakter der totalitären Herrschaft eines Regimes bereits
normativ vorausgesetzt, nicht aus der Empirie gewonnen oder kritisch
an ihr überprüft.[551]

Genau an diesem Punkt setzt das Konzept der Modernen Diktaturen ein, als dessen Nestor der deutsch-amerikanische Historiker und
Sozialwissenschaftler Sigmund Neumann gilt.[552] In seinem Werk»The
Permanent Revolution«, das 1942 erschien, vollbringt er die Bahn bre-
chende Leistung, einen sorgfältigen historischen Vergleich zwischen
den Regimen in Italien, Deutschland und der Sowjetunion vorzunehmen, obwohl er mit Einbeziehung der Letztgenannten gegen den politischen Konsens der Anti-Hitler-Koalition verstieß. Methodisch wie im
Blick auf die Definition des Untersuchungsgegenstandes seiner Zeit
weit voraus, betrieb er mit seinem integrierten historisch-sozialwissen-
schaftlichen Konzept eine europäische Zeitgeschichtsforschung über
die modernen Diktaturen des Kontinents, ohne sich von den aktuellen
politischen und ideologischen Normen beeinflussen zu lassen.»Neumann setzt Gleichheit nicht voraus, sondern er arbeitet am Vergleich;
er ist mehr an der Genese als an der fertigen Gestalt, d. h. der ›Identität‹ der Phänomene interessiert und auf diese Weise in der Lage, an
den Diktaturen des 20. Jahrhunderts neben den Ähnlichkeiten ebenso
viele Differenzen sichtbar zu machen.«[553] Trotz seines praktisch-kom-
paratistischen Vorgehens verzichtet der Autor – freilich erst als Ergeb-

nis seiner empirischen Studien – nicht auf normative Urteile.

Seine kompromisslose Gegnerschaft zu modernen Diktaturen liegt darin begründet, dass diese, seinen Forschungsergebnissen zufolge, das grundlegende Prinzip der persönlichen Verantwortung, der Autonomie des Menschen, zu zerstören trachten.[554] Ein weiterer Vorteil dieses breit angelegten, methodisch und konzeptionell offenen Diktaturen-Ansatzes besteht darin, dass sowohl das interpretative Potenzial des Paradigmas der politischen Religion als auch empirisch bewährte, beschreibende Teile des Totalitarismusansatzes integriert werden können.

Die Hauptthese des Neumannschen Werkes lautet, das oberste Ziel des Totalitarismus bestehe darin, die Revolution zu perpetuieren und zu institutionalisieren. Zu diesem Urteil gelangt er nach einer Untersuchung des politischen Personals, der Massenbegeisterung, der institutionellen Formen und allgemein der Rolle der totalitären Diktaturen in der ersten Hälfte des 20. Jahrhunderts. Dabei nimmt die Dimension des inneren oder äußeren Krieges für die Diktaturen eine Schlüsselfunktion ein. »Die Diktaturen sind Regierungen im Krieg, sie bringen Krieg hervor, zielen auf Krieg, gedeihen durch Krieg.«[555]

In den 1950er und 1960er Jahren folgten vor allem Franz Neumann,[556] Maurice Duverger,[557] Juan Linz[558] und Otto Stammer dieser von Sigmund Neumann begründeten Forschungstradition. Ursprünglich angetreten, um das klassische Totalitarismuskonzept anzuwenden und methodisch weiterzuentwickeln, revidierte beziehungsweise falsifizierte Stammer diesen Ansatz. Die historischen Entstehungsbedingungen, die Ideologien wie die gesellschaftlichen Entwicklungsmodelle schienen ihm zu verschieden, um einen operationalisierbaren Begriff des Totalitären entwickeln zu können. Stattdessen begann er mit einer soziologisch fundierten Diktaturforschung, die fünf Typen diktatorischer Herrschaft unterschied: die despotische Autokratie, die elitengebundene Autokratie oder Oligarchie, die orientalische Despotie, die totalitäre Diktatur und die konstitutionelle Diktatur.[559] Aufgrund der gesellschaftlichen Vieldimensionalität erschien es ihm zunehmend zweifelhaft, ob es überhaupt sinnvoll sei, die diktatorischen Regime unter einen Oberbegriff zu fassen. Während etwa Jürgen Kocka [560] oder Hans-Ulrich Thamer[561] im Wesentlichen die skizzierte Linie des Ansatzes der »Modernen Diktatur« weiter verfolgten und vorantrieben, bestanden andere nach wie vor auf dem Totalitarismusparadigma – unter anderem weil sie den Begriff der Diktatur für zu harmlos halten, um die Verbrechen der Großdiktaturen des 20. Jahrhunderts angemessen zu bezeichnen.[562] Nicht die gesamte Kontroverse, wohl aber ein beträchtlicher Teil der Auseinandersetzungen erscheint aus der Perspektive empirischer Forschung der Sache wenig förderlich.[563] Die unterschiedlichen Zugriffe auf den Gegenstand erhellen verschiedene Teilbereiche und klammern anderes aus ihrer Betrachtung aus. Solange alle Forschungsrichtungen sich hinsichtlich der Reichweite und der Erklärungskraft ihres Ansatzes dem Risiko des Scheiterns an den empirischen Fakten aussetzen und keine Immunisierungsstrategien verfolgen, kann man den Streit auch als belebenden, aber unabgeschlossenen Diskurs um die verschiedenen Deutungsmuster für die Diktaturen im 20. Jahrhundert verstehen. Eine produktive Synthese der verschiedenen Ansätze könnte für die empirische Forschung freilich den größten Erkenntnisgewinn erbringen. Das Konzept der »Modernen Diktatur« bietet dafür potenziell die größte Offenheit. Roger Griffin und andere plädieren vehement dafür, die Forschungsansätze zu Faschismus, Totalitarismus und Politischer Religion »nicht als alternative Konzepte zu begreifen, sondern sie als Cluster-Bildung oder als Konstellation sich überlappender und komplementärer heuristischer Vorschläge zu verstehen«[564].

Eine entscheidende Ursache für die zum Teil heftigen Kontroversen war vor allem die vergleichende Perspektive zwischen weltanschaulichen Diktaturen faschistischer und kommunistischer Provenienz. Insbesondere nach 1989 erschien nicht wenigen der zeitversetzte Vergleich zwischen dem NS- und dem SED-Staat als Dämonisierung der DDR und als Verharmlosung des »Dritten Reiches«. Insofern waren die konzeptionellen und methodologischen Debatten über die Legitimität von historischen Vergleichen, besonders in Deutschland, durch aktuelle geschichtspolitische Interessen belastet. Darüber hinaus besaß die Komparatistik in der über lange Zeit hermeneutisch arbeitenden deutschen Geschichtswissenschaft – anders als in der französischen Sozial- und Mentalitätsgeschichte oder in der amerikanischen Sozialgeschichte – keine methodologische Tradition.[565] Die für eine ganze Reihe von Teilgebieten in den letzten Jahren vorgelegten empirischen Analysen haben hier allerdings einen grundlegenden Wandel herbeigeführt.[566] Da der Diktaturenvergleich sich in methodologischer Hinsicht nicht grundsätzlich von anderen historischen Vergleichen unterscheidet, kann auf entsprechende Arbeiten über dieses historische Verfahren zurückgegriffen werden.[567] Die komparatistische Forschung kann Problemfelder und Fragehorizonte eröffnen (heuristische Ebene), die untersuchten Fallbeispiele präzisieren (deskriptive Ebene), Ursachen, Bedingungen und Entwicklungsprozesse erheben (analytische Ebene) und den Blick für Optionen und Konstellationen schärfen (paradigmatische Ebene). Der analytische Vergleich konzentriert sich nach Hartmut Kaelble auf die Entwicklung historischer Typologien. Dieses Verfahren möchte »bestimmte gesellschaftliche Strukturen, Institutionen, Mentalitäten, Debatten, Ereignisse und Entscheidungen aus ihren historischen Bedingungen und Voraussetzungen heraus erklären und typisieren«[568]. Im Bereich der Diktaturforschung hat man diese Methode, die meist mit dem Paradigma der »Modernen Diktatur« korrespondiert, häufig angewandt.[569] Auch der »aufklärende und urteilende Vergleich« fand in der Vergangenheit – meist im Rahmen der herrschaftsorientierten Totalitarismustheorie – häufig Anwendung. »Es geht [...] im Kern um die Gegenüberstellung von positiven und negativen gesellschaftlichen Entwicklungen, vor allem um eine bessere Erklärung von Fehlentwicklungen in der einen Gesellschaft in Konfrontation mit gelungenen Entwicklungen in einer anderen. Die Bewertung fließt bei diesem Versuch offenkundig und gewollt in die Untersuchung von historischen Unterschieden sowie in ihre Erklärung oder Typisierung ein.«[570] Der »verstehende Vergleich« ist um ein »besseres Hineindenken« in andere Gesellschaften, ihre Institutionen, Mentalitäten und Strukturen, bemüht und findet in der Diktaturforschung im Rahmen des Paradigmas der politischen Religion häufig Anwendung.[571]

Detlef Schmiechen-Ackermann hat für »die Anwendung in der empirischen Praxis«[572] vorgeschlagen, zwischen einer rein analytischen und einer tendenziell eher normativen Orientierung sowie zwischen einer integralen, das Gesamtphänomen untersuchenden und einer sektoralen, also einen Ausschnitt betrachtenden, Vergleichsperspektive zu unterscheiden. Schließlich führt er als dritte Dimension zeitgleiche (synchrone) und zeitversetzte (diachrone) Vergleiche ein.

Der historische Vergleich setzt selbstverständlich voraus, dass es überhaupt etwas zu vergleichen gibt, zwischen den zu vergleichenden Phänomenen also eine gemeinsame Schnittmenge existiert.[573] Der integrale Makrovergleich erhebt auf einer eher generalisierend-abstrakten Ebene die Hauptmerkmale, Gemeinsamkeiten und Unterschiede zweier Diktaturen. Trotz unvermeidlicher Verkürzungen ist er, so Gün-

Dimensionen des historischen Vergleichs

Reichweite des Vergleichs ⟍ Intention des Vergleichs	Dominierende analytische Perspektive (Generalisierung plus Kontrastierung = Differenzierung)	Dominierende normative Perspektive (vor allem auf Kontrastierung zielend)
Integrale Vergleichs-Perspektive	»verstehende« bzw. analytische (und empirisch entsprechend gestützte) Gesamtvergleiche	»urteilende« oder normativ-kontrastierende Gesamtvergleiche
Sektorale Vergleichs-Perspektive	»verstehende« oder analytische Spezialvergleiche	*(kommt in der empirischen Praxis kaum vor)*

Quelle: Detlef Schmiechen-Ackermann, Möglichkeiten, 2005, S. 24

ther Heydemann,»als generelle Vorinformation und Vororientierung über etwaige Gemeinsamkeiten, Ähnlichkeiten und Unterschiede beider Diktaturen [...] unverzichtbar.«[574] Um einiges präziser, aber in der analytischen Reichweite begrenzter ist der sektorale Mikrovergleich. Bei dieser Prozedur werden »einzelne Segmente von Politik, Wirtschaft und Gesellschaft oder das spezifische Verhalten von sozialen Schichten oder Berufsgruppen in ihrer jeweiligen Lebens- und Alltagswelt«[575] untersucht. Eine Vielzahl von Spezialvergleichen verdichtet das Untersuchungsfeld und ermöglicht vielleicht empirisch gesicherte Aussagen von exemplarischer Bedeutung. Allerdings muss bei der Wahl der Ausschnitte sorgfältig darauf geachtet werden, dass eine wirklich ergebnisoffene Analyse stattfinden kann und keine das Ergebnis vorwegnehmende Vorentscheidung getroffen wird. In der vergleichenden Diktaturforschung werden sowohl faschistische als auch kommunistische Regime jeweils untereinander, aber auch über Kreuz untersucht – manchmal auch mit weiteren Diktaturtypen autoritärer oder totalitärer Orientierung.[576] Ein Sonderfall in mehrfacher Hinsicht stellt der diachrone Vergleich innerhalb einer Nation – nämlich zwischen der NS- und der SED-Diktatur – dar. Er bietet einzigartige Chancen, aber auch erhebliche Probleme.[577]

Wolfgang Merkel vermisst bei allen Totalitarismus-Paradigmen bis in die Gegenwart, dass es keine empirischen Untersuchungen gebe, die ausreichend präzise, operationale Kriterien zur Verfügung stellten, nach denen es möglich wäre, totalitäre Regime über die Zeiten und

Plätze hinweg zu identifizieren und von autokratischen Herrschaftsformen zu unterscheiden.[578] Er unternimmt es, eine allgemeine Typologie politischer Systeme auf der Basis gleicher Kriterien zu präsentieren, die es erlaubt, totalitäre, autoritäre und demokratische Regime angemessen zu klassifizieren. An dem Merkmalskatalog Friedrichs kritisiert er, dass die einzelnen Kriterien nicht geeignet seien, angemessen zwischen autoritären und totalitären Herrschaftsformen zu differenzieren. So könnten autoritäre Regime »terroristischer und mörderischer« sein als totalitäre.[579] Auch das staatliche Kampfwaffenmonopol tauge nicht als systematisches Unterscheidungskriterium, denn es sei allen Herrschaftsordnungen gemein. Das Kriterium der »zentralen Lenkung und Kontrolle der gesamten Wirtschaft« treffe nur auf die kommunistischen Staaten und NS-Deutschland während der Kriegsjahre seit 1941 zu, nicht auf das »Dritte Reich« insgesamt und das faschistische Italien. Ferner mache es keinen Sinn, »Mussolinis Italien sowie die kommunistischen Regime Ungarns und Polens der 1970er und 1980er Jahre unter den gleichen Systemtypus zu fassen wie die Massenmörderregime in der stalinistischen Sowjetunion«[580] und NS-Deutschland zwischen 1938 und 1945. Juan Linz' Unterscheidung in prä- und posttotalitäre Herrschaft[581] löse dieses Problem nicht, weil er seine auf mehr deskriptiven Beobachtungen basierenden Differenzierungen nicht in systematische Kriterien überführt habe. Friedrichs statisches Modell enthalte auch keine systematischen Theorieelemente, aufgrund derer Aussagen und Prognosen über die Stabilität oder Instabilität totalitärer Systeme getroffen werden könnten. Weder die faktisch eingetretenen Reformmaßnahmen noch endogene Destabilisierungsfaktoren seien in diesem Deutungsmuster berücksichtigt worden, so dass es diese Phänomene – bis hin zur Bildung der Opposition – nicht erklären könne.

Merkels Typologie politischer Regime gründet auf sechs Klassifikationskriterien, denen er jeweils eine Zentralfrage zur Unterscheidung zwischen den einzelnen Regimetypen zuordnet:

- *Herrschaftslegitimation:* Wie und in welchem Umfang ist in dem Regime staatliche Herrschaft legitimiert?
- *Herrschaftszugang:* Wie ist in dem Regime der Zugang zur politischen Macht institutionell geregelt?
- *Herrschaftsmonopol:* Von wem werden in dem Regime die politisch bindenden Entscheidungen getroffen?

- *Herrschaftsstruktur:* Ist die Herrschaftsstruktur in dem Regime (semi-)pluralistisch organisiert oder befindet sich die gesamte Macht in einer einzigen Hand?
- *Herrschaftsanspruch:* Ist der Herrschaftsanspruch der Regierenden begrenzt oder unbegrenzt?
- *Herrschaftsausübung:* Wie ist die Ausübung politischer Macht in dem Regime geregelt?

Typologie politischer Regime

	Autokratie		Demokratie	
	Totalitäres Regime	Autoritäres Regime	Defekte Demokratie	Liberale Demokratie
Herrschaftslegitimation	Geschlossene Weltanschauung	Mentalitäten (Patriotismus, *law and order*, Antikommunismus)	Volkssouveränität	Volkssouveränität
Herrschaftszugang	Geschlossen: plebiszitäre Akklamation statt universellem Wahlrecht	Eingeschränkt: unter Umständen Wahlrecht, doch keine oder nur eingeschränkt pluralistische, freie und faire Wahlen	Offen: universelles Wahlrecht	Offen: universelles Wahlrecht
Herrschaftsanspruch	Total	Umfangreich	Verfassungsmäßig festgelegte, bisweilen jedoch überschrittene Grenzen	Verfassungsmäßig festgelegte und garantierte Grenzen
Herrschaftsmonopol	Diktator/Partei: die einzige Quelle legislativer und exekutiver Gewalt; keine deokratische Legitimation	Diktator/»Oligarchie«: polykratische Elemente; nicht demokratisch legitimiert	Polyarchie: durch Wahlen und eine demokratische Verfassung legitimierte politische Institutionen; Vetomächte (Militär) möglich	Polyarchie: durch Wahlen und eine demokratische Verfassung legitimierte politische Institutionen
Herrschaftsstruktur	Monistisch	Semipluralistisch	Pluralistisch	Pluralistisch
Herrschaftsausübung	Systematisch repressiv; terroristisch	Begrenzt repressiv	*Rule of law* wird teilweise eingeschränkt und verletzt	*Rule of law*

Quelle: Wolfgang Merkel, Totalitäre Regimes, 2004, S. 192

Aus der Beantwortung dieser Fragen lässt sich nach Merkel eine Typologie entwickeln, die zwischen den Grundtypen Autokratie und Demokratie mit jeweils zwei Untertypen – nämlich totalitären und autoritären Regimen beziehungsweise defekten und liberalen Demokratien – unterscheidet.

Dabei ist deutlich, dass die Unterscheidung zwischen den beiden Grundtypen Autokratie und Demokratie klarer ist als die zwischen den jeweiligen Untertypen, die im Falle von »autoritär« und »defekt« bestimmte »Reduzierungen« gegenüber dem voll ausgeprägten »totalitär« beziehungsweise »liberal« anzeigen. Die Grundtypen, aufzufassen als Idealtypen im Sinne Max Webers, bilden die Pole auf einem Kontinuum politischer Systeme. Auf diese Weise lassen sich auch Regime einordnen, die in den »Grauzonen« zwischen den definierten Typen siedeln.

Typen politischer Systeme

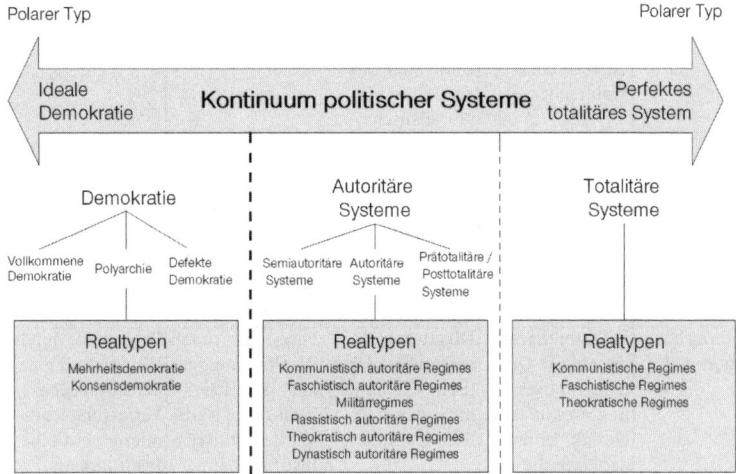

Quelle: Wolfgang Merkel, Systemtransformation, 1999, S. 55

Der Idealtypus »Autoritäre Systeme« lässt sich in folgende Realtypen unterteilen: dynastisch autoritäre Regime, Militärregime, kommunistisch autoritäre Regime, religiös autoritäre Regime und faschistisch autoritäre Regime. Die Ergänzung durch den Realtyp »religiös autoritäre Regime« erscheint zum Beispiel im Blick auf Österreich notwendig –

auch wenn es sich um einen Mischtyp handelt. Innerhalb des totalitären Idealtypus lassen sich nach Merkel drei »realtypische« Subtypen abbilden: die kommunistisch-totalitären, die faschistisch-totalitären und die theokratisch-totalitären Regime.

Ihrer Ideologie zufolge ist die totalitär-kommunistische Herrschaft als Parteiendiktatur organisiert, faktisch aber eine personalistische »Führerdiktatur« oder sie besitzt – wie spätestens seit Breschnew – eine oligarchische Struktur an der Herrschaftsspitze. Meist gingen die Regime aus autoritär-kommunistischen Parteiregimen mit kollektiver Führung hervor und entwickelten sich zu totalitär-kommunistischen Führerdiktaturen. Inwieweit man in der UdSSR seit Breschnew wieder von einer Rückkehr zu autoritär-kommunistischen Herrschaftsformen reden kann, ist umstritten. Jedenfalls gilt für Ungarn und Polen seit den 1960er Jahren, dass sie eher unter dem Typus autoritär-kommunistischer Herrschaft zu subsumieren sind.

Faschistische Diktaturen traten bisher immer als »Führerdiktaturen« in Erscheinung. Dem unumstrittenen Führer sind alle – »Bewegung«, Partei, Staat und Volk – untergeordnet. »Im Gegensatz zu kommunistischen Systemen haben faschistische Diktaturen keine allumfassende Weltanschauung und müssen nicht unbedingt die gesamte Wirtschaft kontrollieren. In diesem Sinne sind kommunistische Systeme geschlossener und entwickeln eine deutlichere inhärente Tendenz zum Totalitarismus.«[582] Das bedeute freilich nicht, dass offenere Systeme wie der totalitäre Faschismus nicht brutaler und repressiver sein könnten als die völlig geschlossenen kommunistischen Systeme.

Unter empirischen Gesichtspunkten erscheint die Einordnung der europäischen Länder nach Realtypen nur von einer sehr begrenzten Aussagekraft. Denn diese Realtypen sind kaum in der Lage, die zwischen den Ländern tatsächlich bestehenden Unterschiede abzubilden. Sie können daher nur als ein sehr grobes Raster verstanden werden.

Aufgrund ihrer Partizipationsfeindlichkeit vermögen es totalitäre Systeme nicht, die Gesellschaft dazu zu bewegen, ihr Regime zu unterstützen, wenn es um die Notwendigkeit geht, sich bei neuen Entwicklungen der sozialen, politischen und kulturellen Umwelt anzupassen.[583] Diktaturen sind darum weniger stabil, als es das Friedrichsche Totalitarismuskonzept nahe legte. Dieses latente endogene Destabilisierungspotenzial nimmt im Falle schlechter Wirtschaftsleistung und anhaltender Repression bei schwindender ideologischer Überzeugungs-

Einordnung der europäischen Länder nach Realtypen (inklusive Mischtypen)

Länder	1918	1923	1928	1933	1938	1943	1948	1953	1958	1963	1968	1973	1978	1983	1988	1993
Russland	DD	KAR	KTR	KTR	KTR	MR	KTR	KTR	KAR	KAR	KAR	KAR	KAR	KAR	KAR	DD
Estland	DD	MD	MD	FAR	FTR	BH	KTR	KTR	KAR	KAR	KAR	KAR	KAR	KAR	KAR	MD
Lettland	DD	MD	MD	FAR	FAR	BH	KTR	KTR	KAR	KAR	KAR	KAR	KAR	KAR	KAR	MD
Litauen	DD	MD	FAR	FTR	FAR	BH	KTR	KTR	KAR	KAR	KAR	KAR	KAR	KAR	KAR	MD
Italien	MD	FTR	FTR	FTR	FTR	FTR	MD	MD	MD	MD	MD	MD	MD	MD	MD	MD
Ungarn	DD	MR	MR	MR	FTR	MR	KTR	KTR	KAR	KAR	KAR	KAR	KAR	KAR	KAR	MD
Polen	DD	MR	MR	MR	MR	BH	KTR	KTR	KAR	KAR	KAR	KAR	KAR	KAR	KAR	MD
Deutsches Reich/BR Deutschland	DD	MD	MD	FAR	FTR	FTR	MD	MD	MD	MD	MD	MD	MD	MD	MD	MD
DDR	–	–	–	–	–	–	KTR	KTR	KAR	KAR	KAR	KAR	KAR	KAR	KAR	–
Österreich	DD	MD	MD	FTR	FTR	FTR	MD	MD	MD	MD	MD	MD	MD	MD	MD	MD
Portugal	DD	MD	MD	FAR	FTR	FTR	FAR	FAR	FAR	FAR	FAR	MD	MD	MD	MD	MD
Spanien	DD	MD	MD	MD	MD/FTR	FTR	FTR	DAR	DAR	DAR	DAR	DAR	MD	MD	MD	MD
Griechenland	DD	MD	MD	FAR	FAR	MR	DD	DD	DD	DD	MR	MR	MD	MD	MD	MD
Jugoslawien	DD	DAR	DAR	DAR	DAR	BH	KAR	KAR	KAR	KAR	KAR	KAR	KAR	KAR	KAR	DD
Rumänien	DAR	DAR	DAR	DAR	DAR	FTR	KTR	KTR	KTR	KTR	KTR	KTR	KTR	KTR	KTR	MD
Bulgarien	MR	MR	MR	DAR	DAR	DAR	KTR	KTR	KAR	KAR	KAR	KAR	KTR	KAR	KAR	MD
Albanien		DAR	DAR	DAR	DAR	FTR	KTR	KTR	KTR	KTR	KTR	KTR	KTR	KTR	KTR	MD
Tschechoslowakei	DD	MD	MD	MD		BH/RAR	KTR	KTR	KTR	KTR	KAR	KAR	KAR	KAR	KAR	MD

kraft weiter zu und ist durch verstärkte Unterdrückung kaum zu bewältigen. Im Gegenteil: die Erosion des Systems wird in dem Maße zunehmen, wie der Abstand zwischen dem verheißenen ideologischen Ziel und der ernüchternden Realität wächst.

Zur Tabelle S. 700: Die »Realtypen« entsprechen denen Merkels; die Einordnung folgt den empirischen Ergebnissen der Kapitel 2 bis 5 dieses Buches.
Legende: Mehrheitsdemokratie (MD), Dynastisch autoritäres Regime (DAR), Militärregime (MR), Kommunistisch autoritäres Regime (KAR), Religiös autoritäres Regime (RAR), Faschistisch autoritäres Regime (FAR), Kommunistisch totalitäres Regime (KTR), Faschistisch totalitäres Regime (FTR), Besatzungsherrschaft (BH), Defekte Demokratie (DD).

Anhang

Anmerkungen

1. Voraussetzungen und Bedingungen

1 Sundhaussen, Die Königsdiktaturen, S. 346.
2 Vgl. Lewy, The Armenian Massacres.
3 Zit. nach Wilhelm Strobel (Hg.), Schulthess' Europäischer Geschichtskalender 60 (1919), München 1923, S. 456 f.
4 Vgl. Oberländer (Hg.), Autoritäre Regime.
5 Paxton, Anatomie des Faschismus, S. 317.
6 Sundhaussen, Die Königsdiktaturen, S. 338.
7 Vgl. Welzer, Täter, S. 246 ff.
8 Vgl. Eatwell, Charismatic Leadership.
9 Pinto/Larsen, Conclusion.
10 Vgl. Payne, Fascism, S. 7.
11 Vgl. Linz, Some Notes, S. 5.
12 Vgl. Payne, Fascism and Communism.
13 Vgl. Söllner, Sigmund Neumanns »Permanent Revolution«.
14 Payne, Fascism, S. 13.
15 Paxton, Anatomie des Faschismus, S. 309.
16 Vgl. Fraenkel, Der Doppelstaat.
17 Oberländer (Hg.), Autoritäre Regime, S. 4.
18 Vgl. Borejsza, Italian Fascism, S. 5.

2. Autoritarismus – Kommunismus – Faschismus – Nationalsozialismus

19 Vgl. hierzu und zum Folgenden: Werth, Ein Staat gegen sein Volk, S. 67 ff.
20 So Hildermeier, Geschichte der Sowjetunion, S. 143.
21 A.a.O., S. 155.
22 Vgl. Makarow, Passažiry.
23 Vgl. LaPorte, The German Communist Party in Saxony.
24 Hildermeier, Geschichte der Sowjetunion, S. 192.
25 Vgl. Kula, Religiopodobny komunizm, S. 57–82. Siehe auch: Rolf, Das sowjetische Massenfest.
26 Siehe zum Deutungsmuster der »politischen Religion« unten, S. 673 ff.
27 FAZ, Nr. 83 vom 7.4.2006, S. 6.
28 Hildermeier, Geschichte der Sowjetunion, S. 367.
29 Vgl. a.a.O., S. 433.
30 A.a.O., S. 461.
31 A.a.O., S. 462.
32 Musial, Wir werden den ganzen Kapitalismus, S. 45.
33 Hildermeier, Geschichte der Sowjetunion, S. 619.
34 Vgl. Angermann, Die Vereinigten Staaten, S. 229 f.
35 Vgl. dazu Oberländer (Hg.), Autoritäre Regime, S. 6.
36 Vgl. Kasekamp, The Estonian Veterans' League.

37 Stalin, Der Marxismus.
38 Vgl. Besier/Lindemann, Im Namen der Freiheit, S. 153 ff.
39 Vgl. dazu auch Behnen, Die USA und Italien, S. 49 ff.
40 Vgl. Alpers, Dictators, S. 15 ff.
41 Hildermeier, Geschichte der Sowjetunion, S. 433.
42 Payne, Geschichte des Faschismus, S. 163.
43 Vgl. unten, S. 112 ff.
44 Vgl. unten, S. 151 ff.
45 Vgl. oben, S. 64.
46 Vgl. Stuchtey, Herrschen und Verwalten.
47 Vgl. Mantelli, Kurze Geschichte, S. 16.
48 Vgl. Muggeridge (Hg.), Ciano's Diary; De Felice, Mussolini.
49 Vgl. Besier/Piombo, Der Heilige Stuhl, S. 116 ff.
50 Lill, Die katholische Kirche, S. 208.
51 Mantelli, Kurze Geschichte, S. 7.
52 So Schieder, Das italienische Experiment.
53 Fröhlich (Hg.), Die Tagebücher, Teil I, Bd. 2, S. 427 f.
54 Vgl. Mantelli, Kurze Geschichte, S. 7.
55 Schieder, Geburt des Faschismus, S. 159 f.
56 Paxton, Anatomie des Faschismus, S. 41.
57 A.a.O., S. 319.
58 Vgl. hierzu Breuer, Nationalismus und Faschismus.
59 Vgl. Guerrazzi/Di Sante, Geschichte.
60 Vgl. Gallo, For Love and Country, S. 45 ff.
61 Szöllösi-Janze, Die Pfeilkreuzlerbewegung, S. 105.
62 Vgl. Besier/Piombo, Der Heilige Stuhl, S. 146 ff.
63 Vgl. Madi, Carpatho-Ukraine.
64 Vgl. Spannenberger, Der Volksbund.
65 Vgl. Gerlach/Aly (Hgg.), Das letzte Kapitel, S. 132 ff., S. 344 ff.
66 Szöllösi-Janze, Die Pfeilkreuzlerbewegung, S. 287.
67 Romsics, Hungary, S. 215.
68 Vgl. dazu auch Kovacs, Das Zynische, S. 97 ff.
69 Rév, Retroactive Justice, S. 284.
70 Zit. nach Grott, Polnische Parteien, S. 75.
71 Vgl. Topolski, Polska, S. 73.
72 Grott, Polnische Parteien, S. 81 f.
73 Vgl. Kneifel, Geschichte, S. 203 ff.
74 Vgl. Kochanowski, Horthy und Piłsudski, S. 90 f.; Warszawski, Piłsudski a religia.
75 Vgl. *Gazeta Wyborcza*, 27.8.2004, S. 16.
76 Vgl. Hein, Der Piłsudski-Kult und seine Bedeutung, S. 319.
77 Vgl. Kotowski, Hitlers Bewegung, S. 126 ff.
78 Lipiński, Josef Piłsudski.
79 Vgl. Böhler, Auftakt zum Vernichtungskrieg, S. 9 ff.
80 Vgl. zur Rolle der Westalliierten: Besier, Die Vereinigten Staaten, S. 159–161.
81 Vgl. hierzu Besier/Lessing (Hgg.), Die Geschichte, S. 51 ff.
82 Siehe hierzu auch Besier/Piombo, Der Heilige Stuhl, S. 36 ff.
83 Vgl. unten, S. 171 f.
84 Winkler, Der lange Weg nach Westen, Bd. I, S. 434.

85 Zur Haltung der Kirchen bei diesem Volksentscheid vgl. Besier/Lessing (Hgg.), Die Geschichte, S. 170 ff.
86 Fraenkel, Verfassungsreform und Sozialdemokratie, S. 491.
87 Vgl. Besier, Die Kirchen und das Dritte Reich, S. 167 ff.
88 Vgl. Dobry, Hitler; Lepsius, The Model.
89 Vgl. zuletzt Hockerts, War der Nationalsozialismus eine politische Religion?
90 Vgl. Repgen, Ein KPD-Verbot.
91 Vgl. Besier/Piombo, Der Heilige Stuhl, S. 169 ff.
92 Vgl. Fraenkel, Der Doppelstaat.
93 Vgl. oben, S. 163.
94 Vgl. oben, S. 63 ff.
95 Winkler, Der lange Weg nach Westen, Bd. II, S. 39.
96 Vgl. oben, S. 72 ff.
97 Vgl. Besier,»Wir« und »die anderen«, S. 25 f.
98 Vgl. Longerich,»Davon haben wir nichts gewusst!«.
99 Vgl. Aly, Hitlers Volksstaat.
100 Vgl. oben, S. 117.
101 Vgl. Steininger/Gehler (Hgg.), Österreich, Bd. 1, S. 102.
102 Vgl. Besier/Piombo, Der Heilige Stuhl, S. 146 ff.
103 Vgl. S. 151 ff., S. 220, S. 226 und S. 234 f. Siehe auch Besier, Berufsständische Ordnung.
104 Vocelka, Geschichte Österreichs, S. 276.
105 Vgl. dagegen Kindermann, Österreich.
106 Vgl. Tálos, Zum Herrschaftssystem, S. 104.
107 Vgl. Galletto, Vita di Dollfuss.
108 Vgl. Schuschnigg, Kampf.
109 Vgl. im Einzelnen Maderthaner, 12. Februar 1934. Mussolini riet ihm ausdrücklich zu diesem Schritt. Vgl. Mussolini an Dollfuß vom 1.7.1933, in: Maderthaner/Maier (Hgg.), Der Führer, S. 25.
110 Zit. nach Maderthaner, 12. Februar 1934, S. 163.
111 Zit. nach Wohnout, Regierungsdiktatur, S. 430.
112 Vgl. Jagschitz, Die Anhaltelager.
113 So Vocelka, Geschichte Österreichs, S. 293. Zu den Nachbesserungen, Korrekturen und Turbulenzen zwischen Unterzeichnung und Ratifizierung des Konkordats vgl. Kremsmair, Der Weg, S. 299 ff.
114 Hudal, Der Vatikan, S. 12.
115 Vgl. Hanisch, Die Ideologie, S. 53 ff.
116 Vgl. Walterskirchen, Engelbert Dollfuss, S. 245 ff.
117 Vgl. Volsansky, Pakt auf Zeit.
118 Vgl. Weinzierl, Prüfstand, S. 33 f.
119 Hanisch, Der lange Schatten, S. 314 f.
120 Maderthaner, Legitimationsmuster, S. 142.
121 Binder, Der »christliche Ständestaat«, S. 211.
122 Vgl. Pinto,»Chaos« and »Order«.
123 Vgl. Rosas/Brito (Hgg.), Dicionário da Histórica do Estado Novo; Rosas, O Estado Novo.
124 Vgl. auch die Entwicklung in Österreich, S. 210 ff. Über die Sozialpolitik Salazars siehe z. B. Oliverra Baptista, A política agrária.
125 Castelo,»O modo Português de Estar no Mundo«.

126 Siehe z. B. Arriaga, Mocidade Portuguesa; Valente, Estado Novo.
127 Melo, Salazarismo; Freitas Branco/Castelo-Branco (Hgg.) Vozes do Povo.
128 Vgl. Belo,»O Estado Novo e as Mulheres«.
129 Vgl. Rosas, Portugal e a Guerra Civil.
130 Vgl. oben, S. 153 ff.
131 Vgl. Traina, American Diplomacy.
132 Vgl. den Bestseller von Moa, Los mitos.
133 Ein typisch charismatischer Führer war Franco nicht. Vgl. Payne, Franco.
134 So Payne, Fascism in Spain, S. 476.
135 Vgl. oben, S. 150 ff.
136 Bernecker, Europa zwischen den Weltkriegen, S. 180.
137 Rodrigo, Los campos, S. 44.
138 Vgl. Eiroa San Francisco, Represión.
139 Vgl. Sánchez, Campos en tiempos de guerra, S. 35.
140 Vgl. Núñez, Osteuropa. Vgl. auch Francos Dank. Legende und Wirklichkeit: Spaniens »Blaue Division«, in: Süddeutsche Zeitung vom 21.1.2005, S. 14.
141 Muniesa, Dictatura y Transición, S. 98.
142 Vgl. Tusell Gómez, La España de Franco, S. 89 f.
143 Muniesa, Dictatura y Transición, S. 127.
144 Vgl. a.a.O., S. 128.
145 Martínez, La consolidación, S. 113 f.
146 A.a.O., S. 128.
147 Vgl. Tusell Gómez, La España de Franco, S. 199.
148 Vgl. Casanova, La Crisis del Franquismo, S. 34.
149 Muniesa, Dictadura y Transición, S. 271.
150 Vgl. Tusell Gómez, La España de Franco, S. 242.
151 Vgl. Casanova, La Crisis del Franquismo, S. 35.
152 Vgl. Macher, Historische »Meistererzählungen«.
153 Vgl. Núñez, Die Diktatur vergessen. Vgl. auch ders., Patriotas.
154 Vgl. Bernecker, Spaniens Übergang, S. 701.
155 Vgl. Humlebæk, Remembering the Dictatorship.
156 Zur Rolle des Königs Juan Carlos in dem Transitionsprozess vgl. Preston, Juan Carlos. Siehe insgesamt: Bernecker/Brinkmann, Kampf der Erinnerungen, S. 257 ff.
157 Vgl. Las víctimas del franquismo piden que 2006 sea el año de su homenaje, in: El País, 3.1.2006, S. 23.
158 Vgl. Moreno Juliá, La División Azul.
159 Text des Gesetzes: El Pais vom 31.7.2006.
160 Clogg, Geschichte Griechenlands, S. 149.
161 Payne, Geschichte des Faschismus, S. 390 f.
162 Vgl. oben, S. 102.
163 Sundhaussen, Experiment Jugoslawien, S. 42.
164 Vgl. Goldstein, Ante Pavelić.
165 Vgl. hierzu und zum Folgenden: Ristović, General M. Nedić.
166 Vgl. unten, S. 413 ff.
167 Vgl. Srećko, Die politische Realität, S. 87 ff.
168 Vgl. Griesser-Pecar, Das zerrissene Volk.
169 Vgl. Müller, Autoritäre Regime in Rumänien.
170 Vgl. oben, S. 122.

171 Vgl. Lambrino, Mon Marie.
172 Vgl. Codreanu, Eiserne Garde.
173 Vgl. Fischer-Galati, Codreanu, S. 247.
174 Iordachi, Charisma, S. 73 f.
175 Ioanid, The Sword of Archangel, S. 419.
176 Vgl. Ioanid, The Sacralised Politics.
177 Vgl. Bucur, Eugenics and Modernization.
178 Zit. nach Weber, Varieties of Fascism, S. 169.
179 Vgl. oben, S. 256 ff.
180 Zu den faschistischen beziehungsweise faschistoiden Ansätzen in Bulgarien vgl. Poppetrov, Flucht aus der Demokratie, S. 388–390.
181 A.a.O., S. 398.
182 Vgl. oben, S. 283.
183 Vgl. oben, S. 245 f.
184 Vgl. oben, S. 115.

3. Zwangsexport des Sozialismus nach Ostmittel- und Südosteuropa im Schlepptau der Roten Armee und der Beginn des Kalten Krieges

1 Vgl. O'Sullivan, Stalins »Cordon sanitaire«, S. 142 ff.
2 Vgl. O'Sullivan, »Wer immer ein Gebiet besetzt ...«, S. 56.
3 Vgl. O'Sullivan, Stalins »Cordon sanitaire«, S. 251 f.
4 Vgl. Angermann, Die Vereinigten Staaten, S. 265. Churchill war freilich nicht der Urheber dieser Zentralmetapher des »Kalten Krieges«. Siehe dazu Koller, Der »Eiserne Vorhang«.
5 Vgl. Kennan, Memoirs, Bd. 1, S. 540.
6 Vgl. Adibekov, Das Kominform.
7 Herbert/Schildt, Kriegsende in Europa, S. 8.
8 Ehrenburg, Am Morgen des Friedens, S. 372.
9 Vgl. Borodziej, Der Warschauer Aufstand, S. 126 ff.
10 Vgl. Bonwetsch, Sowjetunion – Triumph im Elend.
11 Vgl. Henke, Die amerikanische Besetzung.
12 Creuzberger/Görtemaker (Hgg.), Gleichschaltung, S. 421.
13 A.a.O., S. 422.
14 Vgl. Gibianskij, Forsirovanije sovetskoj blokovoj politiki, S. 137 f., S. 140.
15 Arendt, Die Ungarische Revolution, S. 122.
16 Vgl. Vodušek, Stalinismus.
17 Vgl. Romsics, Hungary, S. 37.
18 Vgl. Stankova, Das parteipolitische System.
19 Vgl. Burger, Von der Zusammenarbeit.
20 Vgl. unten, S. 399 ff.
21 Vgl. Moldenhauer, Ihr werdet Euch dem Sozialismus.
22 Vgl. Kocian, Vom Kaschauer Programm.
23 Vgl. Rainer, Der Weg.
24 Djilas, Gespräche mit Stalin, S. 146.
25 Vgl. O'Sullivan, Stalins »Cordon sanitaire«, S. 194 ff., S. 235 ff.
26 Vgl. Filitov, Sowjetische Deutschlandplanungen.

4. Systemwechsel: Von der nationalsozialistischen zur sowjetischen Herrschaft

27 Vgl. oben, S. 63 ff.
28 Hildermeier, Geschichte der Sowjetunion, S. 436.
29 A.a.O., S. 670.
30 Vgl. oben, S. 316 ff.
31 Vgl. Wettig, Stalins Aufrüstungsbeschluss. Siehe auch: Steininger, Der vergessene Krieg.
32 Cohen, Bolshevism and Stalinism, S. 24.
33 Vgl. Siegelbaum/Suny (Hgg.), Making Workers Soviet, S. 376 ff.
34 Vgl. Rittersporn, Stalinist Simplifications.
35 Baberowski, Der rote Terror, S. 8.
36 Vgl. Sanford, The Katyn Massacre.
37 Im Londoner Exil hatte Sikorski engere Kontakte zum Präsidenten der tschechischen Exilregierung, Eduard Beneš, geknüpft. Beide ventilierten noch einmal die in der Zwischenkriegszeit verworfene Idee einer Föderation beider Staaten. Vgl. Kamiński, Edvard Beneš kontra gen. Władysław Sikorski.
38 Vgl. Stokłosa, Integration durch Zwang, S. 74 ff.
39 Vgl. Nitschke, Wysiedlenie czy wypędzenie, S. 134.
40 Zur Vertreibung der Deutschen und der Polen im Vergleich siehe Ther, Deutsche und polnische Vertriebene.
41 Oberländer (Hg.), Autoritäre Regime, S. 9.
42 Zit. nach Pasák, Český fašismus, S. 74.
43 Zit. nach Hoensch, Geschichte der Tschechoslowakei, S. 108.
44 Vgl. Brandes, Die Vertreibungen als negativer Lernprozess, S. 890; Schultz, Von der Nachkriegsordnung, S. 15 f.
45 Vgl. Kocsis, Die ethnische Struktur, S. 76–78.
46 Vgl. Linz, Totalitäre und autoritäre Regime, S. 39.
47 Vgl. Kopeček, Demokracie, S. 127 f.
48 Vgl. Lindemann, Sauerteig.
49 Vgl. Knapík, Únor a kultura.
50 Vgl. Jirásek/Małkiewicz, Polska i Czechosłowacja, S. 338–340.
51 Vgl. O'Sullivan, »Wer immer ein Gebiet besetzt«, S. 62 f.
52 Dimitroff, Tagebücher, S. 59.
53 Vgl. Djilas, Gespräche, S. 219 ff.
54 Härtel/Schönfeld, Bulgarien, S. 221.
55 Fischer, Eine kleine Geschichte Ungarns, S. 201.
56 O'Sullivan, »Wer immer ein Gebiet besetzt ...«, S. 68.
57 Vgl. a.a.O., S. 69.
58 Vgl. oben, S. 355 f.
59 Mátyás Rákosi, zit. nach Hauszmann, Ungarn, S. 259.
60 Vgl. Adriányi, Die Geschichte der katholischen Kirche in Ungarn, S. 282–284.
61 Vgl. dazu auch Morré, Kader.
62 Vgl. Foitzik, Organisation; Petrov, Die SMAD.
63 Vgl. dazu Schmeitzner, Die Kommunistische Partei.
64 Vgl. Werum, Gewerkschaftlicher Niedergang, S. 48 ff.
65 Siehe im Einzelnen Vollnhals, Internierung.

66 Vgl. im Einzelnen Hilger/Schmidt/Schmeitzner (Hgg.), Sowjetische Militärtribunale.
67 Vgl. Leide, NS-Verbrecher.
68 Vgl. im Einzelnen Schmider, Partisanenkrieg.
69 Vgl. Ristović, General M. Nedić.
70 O'Sullivan, Stalins »Cordon sanitaire«, S. 177.
71 Vgl. im Einzelnen Griesser-Pečar, Das zerrissene Volk, S. 480 ff.
72 Zit. nach: Sundhaussen, Okkupation.
73 Vgl. oben, S. 379 f.
74 Vodušek, Stalinismus, S. 227.
75 Vgl. Pirjevec, King Alexander, S. 352.
76 Vgl. oben, S. 420 f.
77 Vgl. oben, ebd.

5. Der »real existierende Sozialismus« und der gesellschaftliche Umbruch. Vom Ende der Stalin-Ära bis ins erste Jahrzehnt des neuen Jahrhunderts

78 Vgl. Kramer, Entstalinisierung.
79 Vgl. Hildermeier, Geschichte der Sowjetunion, S. 775.
80 Beyrau, Intelligenz, S. 171.
81 Mehr dazu siehe Voronkov/Wielgohs, Soviet Russia.
82 Vgl. Rathkolb, Sonderfall Österreich?
83 Vgl. Kramer, Entstalinisierung.
84 Vgl. Pfeil, Die Suezkrise.
85 Siehe oben, S. 439 f.
86 Vgl. Sahm, Dimensionen einer Katastrophe, S. 12.
87 Vgl. dazu Hösler, Perestroika und Historie.
88 Vgl. Altrichter (Hg.), GegenErinnerung, S. VII ff.
89 Komsomolskaja pravda, 30. und 31.1.2006; dpa, 30.1.2006.
90 Vgl. Hishow, Russlands Wirtschaft, S. 10–13.
91 Vgl. Schneider, Das innenpolitische »System« Putins, S. 7–11; S. 25; S. 32. Siehe auch: Götz, Präsident Wladimir Putins Wirtschafts- und Gesellschaftsmodell.
92 Siehe dazu Schneider, Putins zweite Amtszeit.
93 Vgl. Polian, Die russische Auseinandersetzung mit der Schuld. Zur Situation der akademischen Geschichtswissenschaft in Russland vgl. Hösler, Perestroika und Historie, S. 25.
94 Die Jukos-Affäre begann im Juni 2003 mit der Verhaftung des Sicherheitschefs von Jukos, Alexej Pitschugin. Im Juli wurde der Jukos-Großaktionär Platon Lebedew unter dem Vorwurf des Privatisierungsbetrugs festgenommen. Gleichzeitig wurde gegen Jukos ein Untersuchungsverfahren wegen Steuerhinterziehung eingeleitet. Im Oktober 2003 wurde der Vorstandsvorsitzende und Hauptaktionär von Jukos, Michail Chodorkowskij, unter dem Vorwurf des Steuerbetrugs verhaftet. Vgl. Pleines/Schröder (Hgg.), Die Jukos-Affäre, S. 1. Siehe auch Vogel, Russland ohne Demokratie, S. 5–20.
95 Vgl. Adomeit, Putins Westpolitik, S. 14.
96 Vgl. a.a.O., S. 7; S. 24–25.

97 Vgl. Arbatova, Kooperation, S. 1494.
98 Vgl. Adomeit/Lindner, Die »Gemeinsamen Räume«, S. 7–9.
99 Vgl. Meier, Deutsch-russische Wirtschaftsbeziehungen, S. 5–7.
100 Vgl. http://de.rian.ru/society/20060607/49176959.html; 15.6.2006.
101 Vgl. http://de.rian.ru/world/20060613/49423595.html; 15.6.2006.
102 Siehe dazu Halbach.
103 Vgl. Körber-Zentrum Russland (Hg.), GUSbarometer, September 2005.
104 Vgl. Ruutsoo, Estonia, S. 119.
105 Siehe unten, S. 475 und S. 479 f.
106 Vgl. Kümpel, Die ökonomische Entwicklung, S. 20–22.
107 Vgl. Maier, Estland.
108 Vgl. Spiegel Online – Länderlexikon (http://service.spiegel.de/digas/servlet/jahrbuch?L=ESTX; 2.6.2006).
109 Vgl. a.a.O.
110 Vgl. Toots/Vetik, Estland vor dem EU-Beitritt, S. 37.
111 Vgl. Lang, Ostmitteleuropa nach dem Beitritt, S. 34.
112 Vgl. Lagerspetz/Maier, Das politische System Estlands, S. 105.
113 Vgl. Spiegel Online – Länderlexikon (http://service.spiegel.de/digas/servlet/jahrbuch?L=ESTX; 2.6.2006).
114 Vgl. Wehner, Prügelknaben Moskaus?, S. 31.
115 Vgl. Ośrodek Studiów Wschodnich (Hg.), Problem lustracji.
116 Vgl. Brüggemann, »Wir brauchen viele Geschichten«.
117 Vgl. Spiegel Online – Länderlexikon (http://service.spiegel.de/digas/servlet/jahrbuch?L=LETX; 2.6.2006).
118 Vgl. Kümpel, Die ökonomische Entwicklung, S. 22.
119 Vgl. Wehner, Prügelknaben Moskaus?, S. 31; S. 33.
120 Vgl. http://de.rian.ru/business/20060613/49417938.html; 5.6.2006.
121 Vgl. Bolschakowa, Russen und Letten, S. 279.
122 Vgl. Lang, Ostmitteleuropa nach dem Beitritt, S. 37.
123 Vgl. Ośrodek Studiów Wschodnich (Hg.), Problem lustracji.
124 Vgl. Hirschhausen, Denkmal.
125 Vgl. Latvijas Vçsturnieku; vgl. Bericht Eduard Mühle, Rezension.
126 Vgl. Ośrodek Studiów Wschodnich (Hg.), Problem lustracji.
127 Vgl. Spiegel Online – Länderlexikon (http://service.spiegel.de/digas/servlet/jahrbuch?L=LTUX; 2.6.2006).
128 Vgl. Lang, Ostmitteleuropa nach dem Beitritt, S. 43.
129 Vgl. Kümpel, Die ökonomische Entwicklung, S. 22.
130 Vgl. Spiegel Online – Länderlexikon (http://service.spiegel.de/digas/servlet/jahrbuch?L=LTUX; 2.6.2006).
131 Vgl. Nikžentaitis, Gestürzte und neu errichtete Denkmäler.
132 Vgl. Müller, Litauens Beziehungen. Ausführlich dazu: Kurcz, Mniejszość polska.
133 Vgl. Wolffsohn/Brechenmacher, Denkmalsturz?
134 Vgl. Sonntag, Poland, S. 3 f.
135 Abgedruckt in Kroh (Hg.), Freiheit, S. 226–228.
136 Vgl. Buras/Tewes, Polens Weg, S. 133.
137 Vgl. Stokłosa, Mehr Nutzen als Nachteil.
138 Vgl. Lang, Ostmitteleuropa nach dem Beitritt, S. 48.

139 Ansprache des Vorsitzenden der Partei »Recht und Gerechtigkeit«, Jarosław Kaczyński, in: *Gazeta Wyborcza*, 5.6.2006, S. 25.
140 Vgl. Kraft, Geschichte.
141 Vgl. Machcewicz, Das Institut für Nationales Gedenken; Paczkowski, Das Archiv.
142 Vgl. Heimann, Veröffentlichung.
143 Vgl. Gnauck, Ein Datendiebstahl entzweit die Bürger Polens. Journalist veröffentlicht Spitzel-Listen im Internet, in: *Die Welt*, 7.2.2005; Zbigniew Romaszewski, Wiedza o tym, jak było naprawdę [Das Wissen darüber, wie es wirklich war], in: *Rzeczpospolita*, 7.2.2005.
144 Vgl. Zagner, Die Enthüllten, in: *Polityka*, 27.5.2006, S. 32–36.
145 Vgl. *Gazeta Wyborcza*, 3./4.6.2006, S. 1.
146 *Gazeta Wyborcza*, 26.6.2006, S. 1.
147 Vgl. CBOS-Umfragen (http://www.cbos.pl), 5.–8.8.2005.
148 Vgl. Buras/Tewes, Polens Weg, S. 246–247.
149 Vgl. Umfrage durchgeführt durch die Wochenzeitung *Polityka*, in: *Polityka*, 15.4.2006, S. 18.
150 Vgl. CBOS-Umfragen (http://www.cbos.pl), 27.9.–8.10.2005.
151 Kraft, Geschichte, S. 150.
152 Vgl. Sondaż Trzech. Kto nas lubi w UE? [Befragung der Drei. Wer mag uns in der EU?], in: *Gazeta Wyborcza*, 7.7.2004, S. 3; Polak, Niemiec, dwa bratanki [Polen, Deutscher, zwei Neffen], in: *Gazeta Wyborcza*, 10–11.12.2005, S. 4.
153 Vgl. Stokłosa, Die deutsch-polnischen Beziehungen, S. 101.
154 Vgl. Rainer, Imre Nagy.
155 Siehe oben, S. 485 ff.
156 Zit. nach Hauszmann, Ungarn, S. 264.
157 Vgl. Romsics, Hungary, S. 303; S. 305.
158 Vgl. Nyyssönen, Der Volksaufstand, S. 916.
159 Romsics, Hungary, S. 306.
160 Vgl. Huszár, Kádár János politikai életrajza.
161 Vgl. Nyyssönen, Der Volksaufstand, S. 916.
162 Litván, The Hungarian Revolution of 1956, S. 103.
163 Siehe dazu auch Arendt, Die Ungarische Revolution.
164 Arendt, Vita Activa, S. 275.
165 Vgl. Nyyssönen, Der Volksaufstand, S. 919.
166 Fischer/Gündisch, Eine kleine Geschichte, S. 220.
167 Vgl. unten, S. 531 ff.
168 Vgl. Nyyssönen, Der Volksaufstand, S. 921.
169 Siehe dazu: Szabó, Hungary, S. 60 f.
170 Nyyssönen, Der Volksaufstand, S. 922.
171 Vgl. a.a.O.
172 Da die Öffnung des Eisernen Vorhangs ein Prozess war, lässt sich kein konkretes Datum nennen. Zu den wesentlichen Ereignissen gehörten die Demontage des Eisernen Vorhangs durch die ungarische Seite am 2. Mai 1989 sowie das historische Durchschneiden des Stacheldrahtes durch Gyula Horn und Alois Mock am 27. Juni 1989. Vgl. Stokłosa, Grenzstädte, S. 64.
173 Vgl. hierzu im Einzelnen Andreas Wagener, Der Transformationsprozess.
174 So Pók, Geschichte im Transformationsprozess Ungarns, S. 177.
175 Vgl. hierzu und zum Folgenden Rév, Retroactive Justice, S. 304 ff.

176 Vgl. Csizmadia, Ungarn sucht den Superstar, S. 78.
177 Vgl. Ungarn ist auf Konsolidierungskurs, in: *FAZ*, 13.7.2006, S. 13.
178 Vgl. Lang, Ostmitteleuropa nach dem Beitritt, S. 64.
179 Vgl. Csizmadia, Ungarn sucht den Superstar, S. 80.
180 György, Aufstieg und Fall, S. 23.
181 Vgl. Csizmadia, Ungarn sucht den Superstar, S. 86.
182 Ośrodek Studiów Wschodnich (Hg.), Problem lustracji.
183 Vgl. Rév, Retroactive Justice, S. 311.
184 Vgl. Nyyssönen, Der Volksaufstand, S. 928.
185 Die Aufständischen schnitten aus den Flaggen das kommunistische Emblem heraus. Das war in vielen Ländern innerhalb des kommunistischen Ostblocks der Fall.
186 Vgl. Nyyssönen, Der Volksaufstand, S. 931.
187 Vgl. Kovacs, Das Zynische.
188 Vgl. Rév, Retroactive Justice, S. 277 ff.
189 So Pók, Geschichte im Transformationsprozess Ungarns, S. 185.
190 Vgl. Kovacs, Das Zynische, S. 97–101.
191 Vgl. Lang, Ostmitteleuropa nach dem Beitritt, S. 62–63.
192 Vgl. hierzu Loužek, Fenomén Stalin.
193 Siehe unten, S. 528 f.
194 Siehe oben, S. 488.
195 Vgl. Balík/Holzer/Šedo, Komunistická strana Československa, S. 1246.
196 Vgl. hierzu und zum Folgenden: Pauer, Prag 1968.
197 Bericht aus dem Treffen der sechs kommunistischen Parteien in Dresden am 23. März 1968, in: Vondrová/Navrátil (Hgg.), Mezinárodní souvislosti, S. 91.
198 Vondrová, »Die sozialistische Tschechoslowakei werden wir nie aufgeben«, S. 688.
199 Vgl. Tůma, Die Tschechoslowakei 1968.
200 Brief des Politbüros der KPdSU vom 4. Juli 1968 an das Politbüro der KPČ, in: Vondrová/Navrátil (Hgg.), Mezinárodní souvislosti, S. 254.
201 Vgl. hierzu und zum Folgenden: Mannová, A Concise History, S. 289 ff.
202 Vgl. hierzu: Wenzke, Die NVA und der Prager Frühling 1968.
203 Tůma, Die Tschechoslowakei 1968, S. 133.
204 So Tůma, Ein Jahr danach, S. 720.
205 Tůma, Die Tschechoslowakei 1968, S. 134.
206 Proklamation der Charta 77, in: Prečan (Hg.), Charta 77, S. 12.
207 Vgl. Tůma, Czechoslovakia, S. 37–41.
208 Vgl. hierzu Vaněk, Nedalo se tady dýchat.
209 Durch das am 8. März 1982 herausgegebene Dekret »Quidam episcopi«. Hier wurden alle Priestervereinigungen verboten, die »direkt oder indirekt, offensichtlich oder verborgen politische Ziele verfolgen«. Zit. nach Cuhra, Československo-vatikánská jednání 1968–1989, S. 143.
210 Am 6. Dezember 1989 äußerte sich Václav Havel über Karel Urbánek nach einer Verhandlung folgendermaßen: »Er wirkte wie ein kleiner Mensch, der irgendwo landete, die Situation irgendwie nicht versteht, ein bisschen verzweifelt ist und um Hilfe bettelt [...] Mir scheint es so zu sein, dass er nicht intellektuell fähig ist, ein raffiniertes Spiel zu spielen.« Der Historiker Jiří Suk kommt diesbezüglich zur dieser Schlussfolgerung: »[Urbáneks] Geschwätz offenbarte die Leere – die Kommunistische Partei hatte keine Macht und Ein-

fluss mehr wie früher. Während sie sich nach dem Zweiten Weltkrieg wie ein Leviathan an die Macht drängte, verließ sie nun die Szene der Geschichte wie eine Bande von alten, abgenützten Knappen, die nur Bedenken und Lächeln erwecken.« Beides in: Suk, Labyrintem revoluce, S. 135 f.

211 Vgl. Lemberg, Die Rolle, S. 156.

212 Vgl. Brenner, Forward to a New Past?, S. 194 f.

213 Vgl. Tůma, Transformacja systemu politycznego, S. 27 f.

214 Vgl. Kabele, Z kapitalismu do socialismu, S. 285.

215 Suk, Labyrintem revoluce, S. 351-355.

216 Rychlík, Češi a Slováci, S. 309-352.

217 »[...] die tschechische Regierung und die ganze tschechische Gesellschaft stehen vor einer Reihe anspruchsvoller Aufgaben. Die erste und wesentlichste von ihnen ist den Weg weiterzugehen, den die tschechische Gesellschaft im November 1989 angetreten ist. Das bedeutet vor allem die weitere Gestaltung des Rechtsstaates, der auf den Prinzipien der parlamentarischen Demokratie und auf der Achtung des freien Bürgers als Pfeiler des politischen Systems gegründet ist. Da die bürgerliche Freiheit notwendigerweise sowohl politische als auch wirtschaftliche Freiheiten enthält, vollendet die Regierung die ökonomische Transformation und schafft Bedingungen für die Erneuerung der prosperierenden Wirtschaft.«, in: Klaus, Regierungserklärung der tschechischen Regierung vom 13. Juli 1992 (http://wtd.vlada.cz/vlada/vlada_historie.htm; 26.5.2006).

218 Die HZDS entstand nach der Spaltung von VPN am 27. April 1991.

219 »Zum Ziel [der HZDS] wurde die Bildung einer starken nationalen Unternehmerschicht, Schutz gegen ausländisches spekulatives Kapital, sowie Vollendung und Stabilisierung von staatlichen Institutionen, Festigung von nationalen Werten und Staatlichkeit und Eintritt in die europäischen Strukturen auf der Grundlage von Respektierung gegenseitiger ökonomischer und politischer Nützlichkeit.« In: Žatkuliak, Politické strany, S. 1397 f.

220 Majerová, Deklarácia SNR.

221 Vgl. Rychlík, Rozpad Czechosłowacji, S. 54.

222 Geršlová, Transformacja, S. 126 f., 131 f.

223 Klaus, Demontáž socialismu, S. 63 f., zit. nach: Holman, Transformace české ekonomiky, S. 20.

224 Vgl. hierzu Bayer/Kabele, Politische Kultur.

225 Vgl. hierzu Kreidl, Volební selhání.

226 Vgl. das Programm der KSČM »Naděje pro ČR« [Hoffnung für die Tschechische Republik] vom Mai 2004, wo man sich für »konsequente Durchsetzung der Nationalinteressen der Tschechischen Republik« und »aktive Unterstützung der antiglobalistischen Bewegung« stark machen will.

227 Schwarz, Plebejische Demokratie? Die Tschechische Republik vor der Parlamentswahl, in: FAZ, 1.6.2006, S. 12.

228 Politická deklarace IV. sjezdu KSČM (1995) [Politische Deklaration des IV. Parteitages der Kommunistischen Partei Böhmens und Mährens], zit. nach Fiala/Mareš/Pšeja, Komunisté a jejich strany, S. 1417.

229 Präambel zum Gesetz Nr. 198 vom 9. Juli 1993 »O protiprávnosti komunistického režimu a o odporu proti němu« [Über die Rechtswidrigkeit des kommunistischen Regimes und über den gegen es ausgerichteten Widerstand].

230 Vgl. Kipke, Das politische System, S. 294 f.

231 Vgl. Šimečka, Martin M., Výsmech [Der Spott], in: SME, 29.6.2006.
232 So Robert Fico während einer Pressekonferenz am 28.6.2006, in: *Prawda*, 28.6.2006.
233 Vgl. Hudalla, Außenpolitik.
234 Vgl. Pressemitteilung des tschechischen Meinungsforschungsinstituts CVVM (www.cvvm.cas.cz), April 2004.
235 Vgl. Pressemitteilung des tschechischen Meinungsforschungsinstituts CVVM (www.cvvm.cas.cz), März 2005.
236 Pressemitteilung des tschechischen Meinungsforschungsinstituts CVVM pm60505 (www.cvvm.cas.cz), Mai 2006.
237 Lang, Ostmitteleuropa nach dem Beitritt, S. 49–54.
238 Vgl. Pressemitteilung des tschechischen Meinungsforschungsinstituts CVVM (www.cvvm.cas.cz), Februar 2005.
239 Vgl. Lang, Ostmitteleuropa nach dem Beitritt, S. 55–59.
240 Nečej, Bezpečnostná stratégia.
241 Kubát, Postkomunismus a demokracie, S. 22; S. 27.
242 Beichelt, Demokratie und Konsolidierung, S. 198.
243 Vodička, Das politische System Tschechiens, S. 271–274.
244 Vgl. a.a.O., S. 272.
245 Siehe oben, S. 501 f.
246 Vgl. Bruhn, 50 Jahre 17. Juni 1953.
247 Vgl. Weber, DDR. Grundriss, S. 89.
248 Vgl. Stokłosa, Grenzstädte, S. 233–235.
249 Werkentin, Politische Strafjustiz, S. 264.
250 Vgl. Weber, DDR. Grundriss, S. 182; ders., Die DDR 1945–1990, S. 102.
251 Vgl. Besier, Der SED-Staat und die Kirche, Bd. 1, S. 694 ff., Bd. 2, S. 79 ff.
252 Zu den Anstrengungen der DDR zum Preußen- (1981), Goethe- (1982) und Luther- (1983)-Jahr vgl. Süssmuth, Das Luther-Erbe; Kuhrt/von Löwis, Griff; Fischer/Heydemann (Hgg.), Geschichtswissenschaft in der DDR, Bd. 2; Lehmann, Protestantisches Christentum, S. 102 ff., S. 127 ff. Siehe auch Zimmering, Mythen, S. 169 ff., S. 301 ff.
253 Vgl. Ohse, German Democratic Republic, S. 76.
254 Siehe dazu: Widera, Pazifisten.
255 Vgl. im Einzelnen Neubert, Geschichte der Opposition.
256 Zit. nach Staadt, Die SED im Bundestagswahlkampf, S. 306.
257 Vgl. dazu Neubert, Revolution, S. 60 f.
258 Vgl. Besier, Der SED-Staat und die Kirche, Bd. 3, S. 459.
259 Vgl. Richter, Die Bildung des Freistaates Sachsen.
260 Vgl. Besier, Das Ost-West-Verhältnis in Deutschland. Ein Volk mit unterschiedlichen Einstellungen, Verhaltensweisen und Kulturen? (Manuskript).
261 Richter, Die doppelte Demokratisierung.
262 Vgl. Backes, Der NPD-Wahlerfolg in Sachsen.
263 Vgl. Neubert, Revolution.
264 Vgl. Wiesenthal, Die Transformation.
265 Vgl. Eckert, Die historische Erforschung.
266 Zit. nach Tismaneanu, Stalinism, S. 260; vgl. a.a.O., S. 147 f.
267 Vgl. a.a.O., S. 148 ff. Ferner: Bergel, Literaturgeschichte; Sienerth,»Dass ich in diesen Raum hineingeboren wurde.«
268 Vgl. Oschlies, Ceaușescus Schatten, S. 133 ff.

269 Vgl. hierzu und zum Folgenden: Kunze, Nicolae Ceauşescu.
270 Vgl. Boia, Historische Wurzeln.
271 Vgl. Kunze, Nicolae Ceauşescu, S. 375 ff.
272 Vgl. Gabanyi, Systemwechsel, S. 153 ff.
273 Siehe dazu: Petrescu, Romania, S. 153.
274 Vgl. Boia, Romania, S. 170.
275 Vgl. Murgescu, Geschichte.
276 So a.a.O., S. 258.
277 Vgl. Mihok, Rumänien, S. 187 f.
278 Verseck, Rumänien, S. 99.
279 A.a.O., S. 123.
280 Vgl. Vetter, Reform des Justizwesens am Anfang, in: Rumänien-Beilage-Korruption, 5.5.2006.
281 Vgl. Leiße, Rumänien und Bulgarien.
282 Zit. nach Friedrich-Ebert-Stiftung, Mai 2006, EU-Beitritt zum 1. Januar 2007 trotz »blauen Briefs«.
283 Vgl. Friedrich-Ebert-Stiftung, High Tech im Fokus, in: Rumänien-Beilage-Aufmacher, 6.6.2006.
284 Vgl. Mihok, Rumänien, S. 190–193.
285 Bethke/Sundhaussen, Zurück zur alten »Übersichtlichkeit«?, S. 216, S. 218.
286 Vgl. Spehnjak/Cipek, Croatia, S. 189.
287 Mehr dazu siehe: Bernik, Slovenia.
288 Vgl. hierzu und zum Folgenden: Zakošek, Das politische System, S. 680 ff.
289 Vgl. Iveljić, Cum ira et studio.
290 Vgl. oben, S. 264 ff.
291 Zakošek, Das politische System, S. 682.
292 Vgl. hierzu und zum Folgenden: Reljić, Das politische System, S. 727 ff.
293 Vgl. Petrova, Bulgaria, S. 164.
294 Vgl. Vankov, Die Absetzung, S. 1036.
295 Vgl. Colmenero, Bulgaria.
296 Siehe dazu: Riedel, Die bulgarischen Parlamentswahlen.
297 Vgl. Wien, Die bulgarische Monarchie.
298 Vgl. Spiegel Online – Länderlexikon (http://service.spiegel.de/digas/servlet/jahrbuch?L=BGRX; 2.6.2006).
299 Vgl. Schiltz/Blome, in: FAZ, 3.4.2006.
300 Vgl. Sommerbauer, Bulgarien will »zurück nach Europa«, in: www.n-ost.de.
301 Ośrodek Studiów Wschodnich (Hg.), Problem lustracji.
302 Sommerbauer, Es geht um die Wurst. Wie man sich in Bulgarien an den Sozialismus erinnert, in: www.n-ost.de; 2.6.2006.
303 Vgl. http://www.spomeniteni.org; 2.6.2006.
304 Vgl. Communication from the Commission. Comprehensive monitoring report on the state of preparedness for the EU membership of Bulgaria and Romania, Brüssel, 25.10.2005.
305 Siehe oben, S. 601 f.
306 Bartl, Albanien, S. 261.
307 Vgl. Schmidt-Neke, Das politische System, S. 825 ff.
308 Report to the Permanent Council from 30 September 2004, OSCE Presence in Albania, Ambassador Osmo Lipponen, Head of Presence. http://www1.osce.org/documents/pia/2004/09/3690; 19.7.2006.

6. Mittel-, Ostmittel- und Südosteuropa nach 1989 –
Systemtransformationen und Vergangenheitsaufarbeitung

309 Zum Übergang autoritärer Regime zu Demokratien in den 1970er und 1980-
er Jahren vgl. Barahona de Brito/ Aquilar Fernández/González Enríquez, The
Politics of Memory.
310 Siehe dazu den Klassiker O'Donnell/Schmitter/Whitehead (Hgg.), Transitions from Authoritarian Rule. Zum Konzept der Konsolidierung vgl. auch Plas-
ser/Ulram/Waldrauch, Democratic Consolidation.
311 Vgl. O'Donnell, Illusions, S. 37.
312 Vgl. Huntington, The Third Wave; Beyme, Systemwechsel.
313 Vgl. Linz/Stepan (Hgg.), The Breakdown.
314 Siehe oben, S. 238 ff.
315 Vgl. Heywood, The Emergence, S. 145 f. Zu der Transition in Spanien siehe:
Archivo Histórico Provincial de Guadalajara (Hg.), La Transición.
316 Vgl. Linz, Transition to Democracy; Karl/Schmitter, Modes of Transition;
Schmitter, The Consolidation of Democracy.
317 Vgl. O'Donnell, Illusions.
318 Vgl. Waldrauch, Was heißt demokratische Konsolidierung? Siehe auch Linz/
Stepan, Democratic Transition; Merkel, Systemtransformation; Beichelt, Demokratische Konsolidierung.
319 Schmitter, The Consolidation, in: Pridham (Hg.), Transitions, S. 538 f.
320 Vgl. Dahl, On Democracy.
321 Vgl. Valenzuela, Democratic Consolidation.
322 Vgl. Jacobs, Tücken der Demokratie, S. 44.
323 Vgl. Linz/Stepan, Problems.
324 Vgl. Kaase/Eisen u. a., Politisches System, 9. Siehe den differenzierteren Transitionspfad bei Richter, Doppelte Demokratisierung.
325 Vgl. Gasiorowski, Economic Crisis.
326 Vgl. Khazanov, What Went Wrong?, S. 44. Siehe dazu auch folgende Werke
der spanischen Transitionsforscher: Nogueras, La transición política; Girón/
Álvarez (Hgg.), La transición democrática.
327 Vgl. Muniesa, Dictadura y Transición, S. 129–134.
328 So Klaus Müller, »Countries in Transition«, S. 1147.
329 Vgl. Linz/Stepan, Problems, S. 11 ff.
330 Vgl. Brunetti/Kisunko/Weder, Institutions in Transition.
331 Vgl. dazu auch: Motyl, Communist Legacies, S. 53.
332 Vgl. Best/Becker (Hgg.), Elites in Transition.
333 Siehe Gill, Democracy and Post-Communism, S. 106 f.
334 Vgl. Ackermann, The Future.
335 Vgl. Merkel, Theorien der Transformation, S. 35 ff. Siehe auch: ders., Totalitäre Regimes.
336 Zur Bedeutung der Dimension von kulturellen Werten und Einstellungen in
der Bevölkerung siehe insgesamt Pickel/Pollack/Müller/Jacobs (Hgg.), Osteuropas Bevölkerung.
337 Vgl. Besier/Lindemann, Im Namen der Freiheit, passim.
338 Siehe oben, S. 611 f., 627.
339 Popper, Alles Leben ist Problemlösen, S. 169.
340 Linz, Demokratisierung, S. 88.

341 Vgl. Müller, Einstellungen, S. 53 ff.
342 Vgl. Jacobs, Facetten, S. 97 ff.
343 Vgl. Ruchniewicz/Troebst (Hgg.), Diktaturbewältigung.
344 Vgl. Lauth, Demokratie und Demokratiemessung.
345 Vgl. Welzel/Inglehart, Demokratisierung und Freiheitsstreben.
346 Unter allen Umfragedaten sind diese Studien am besten für eine länderver-
    gleichende Analyse geeignet. Bei der Frage nach Freiheit und Gleichheit sind
    Daten zu Rumänien nicht vorhanden. Mehr dazu siehe a.a.O., S. 70.
347 Vgl. Freedom House, Nations in Transit 1999–2000, S. 42 f.
348 Ausführlich dazu siehe: Pickel (Hgg.), Politische Kultur- und Demokratiefor-
    schung, S. 209–221.
349 Vgl. Ziemer, Ausgangsbedingungen, S. 103 f. Vgl. auch oben, S. 638.
350 So Gill, Democracy and Post-Communism, S. 194.
351 Vgl. Freedom House, Nations in Transit 2006.
352 Vgl. den methodologischen Teil in Piano/Puddington (Hgg.), Freedom in the
    World 2004, S. 711 ff.
353 Vgl. a.a.O., S. 720–723.
354 Vgl. Der Spiegel Nr. 46 vom 14.11.2005, S. 182.
355 Vgl. Freedom House, Freedom in the World 2005.
356 Vgl. Lindner, Wohin steuert Putins Russland, S. 2.
357 Siehe dazu die neuesten Veröffentlichungen: Vanhanen, Democratization;
    Boix/Stokes, Endogenous Democratization; Welzel, Effective Democracy.
358 Vgl. Huntington, The Third Wave, S. 69.
359 Vgl. Freedom House, Nations in Transit 2006.
360 Vgl. oben, S. 498 f., 551 ff.
361 Kershaw, Totalitarianism, S. 40.
362 Backes/Courtois,»Ein Gespenst geht um in Europa«, S. 23.
363 Vgl. Ševcova, Putin's Russia; Šleivytė, Putin's Regime.
364 McFaul/Petrov/Ryabov, Between Dictatorship and Democracy, IX f.,
    S. 292 ff.
365 Vgl. Ševcova, Garantiert ohne Garantie, S. 4.
366 Vgl. Rahr (Hg.), Wohin steuert Putin Russland? Siehe auch: ders., Wladimir
    Putin, passim.
367 Vgl. Vogel, Russland ohne Demokratie, passim.
368 Lindner, Wohin steuert Putins Russland, S. 1.
369 Vgl. Achiezer/Kljamkin/Jakovenko, Istorija Rossii, S. 578.
370 Vgl. Ševcova, Garantiert ohne Garantie, S. 14.
371 Durch ein Gesetz vom 10.1.2006 sollen westliche Nichtregierungsorganisatio-
    nen (NGOs) aus Russland verdrängt werden.
372 Vgl. Eckstein/Fleron/Hoffmann/Reisinger (Hgg.), Can Democracy Take
    Root in Post-Soviet-Russia?
373 Scherstjanoi, SED-Agrarpolitik unter sowjetischer Kontrolle, S. 3.
374 Vgl. Pickel/Pollack/Jacobs/Müller (Hgg.), Osteuropas Bevölkerung.
375 Vgl. Besier,»Wir« und »die anderen«.
376 Vgl. Semin/Fiedler (Hgg.), Language.
377 Vgl. Gluchowski/Zelle, Demokratisierung.
378 Vgl. Rohrschneider, Learning Democracy.
379 Dudek, Die polnische Geschichtsschreibung, S. 225.
380 Vgl. Bozóki/Ishiyama, The Communist Successor Parties, S. 423.

381 Siehe dazu für die US-amerikanische Situation John H. Kautsky, Polarisierung. Nicht ihre wirtschaftlichen und schichtenspezifischen Interessen bestimmen das Wahlverhalten der christlichen Konservativen in den USA, sondern hoch religiös aufgeladene ethische Werte.

382 Vgl. Raabe, Stabile Instabilität, S. 9.

383 Es handelt sich um die *taz*-Ausgabe vom 26.6.2006. In der Satire wurde Lech Kaczyński mit einer Kartoffel verglichen.

384 Das Weimarer Dreieck wurde am 29. August 1991 auf Initiative der Außenminister Deutschlands, Frankreichs und Polens ins Leben gerufen und hatte die Intensivierung der Zusammenarbeit Polens mit jenen Ländern zum Ziel, die erheblichen Einfluss auf die Gestaltung der politischen Situation in Europa nach dem Zweiten Weltkrieg besaßen.

385 Vgl. *Gazeta Wyborcza*, 6.7.2006.

386 Vgl. Eisenstadt, The Breakdown.

387 Siehe oben, S. 601 f., 629 f.

388 Siehe dazu u. a. Ziemer, Ausgangsbedingungen, S. 101 f.

389 Jaješniak-Quast, Unverzichtbar, aber unbeliebt, S. 117.

390 *Gazeta Wyborcza*, 14.7.2006, S. 4.

391 Kurski, Czy Polska jest dla młodych [Ob Polen für junge Leute ist], in: *Gazeta Wyborcza*, 17.6.2006.

392 Vgl. Eurobarometer 65 (http://ec.europa.eu/public_opinion/archives/eb/eb65/eb65_pl_exec.pdf, 21.7.2006).

393 Vgl. European Commission (Hg.), Europabarometer 2004. First Results. Spring 2004. Siehe auch: http://ec.europa.eu/public_opinion/index_en.htm, 18.6.2006.

394 Zu Polen und DDR siehe: Backes, Herrschaftsstrukturen, S. 6.

395 Vgl. Pollack/Wielgohs (Hgg.), Dissent and Opposition, XVI.

396 Vgl. Backes, Organisierte Extremismen.

397 Vgl. Hoppe, Albanien; Höpken, Die Wahlen; Gabanyi, Die Wahlen.

398 Vgl. Bozóki/Ishiyama, The Communist Successor Parties. Siehe dazu auch: Kostelecký, Political Parties.

399 Vgl. Zubek, The Phoenix.

400 Vgl. Bozóki/Ishiyama, The Communist Successor Parties, S. 8, S. 434; Backes, Organisierte Extremismen.

401 Vgl. Ziblatt, The Adaption.

402 Vgl. Bozóki/Ishiyama, The Communist Successor Parties, S. 434.

403 Vgl. Ishiyama/Shafqat, Parties Identity Change.

404 Vgl. Kitschelt, Die Entwicklung.

405 Vgl. a.a.O.

406 Vgl. Bozóki/Ishiyama, The Communist Successor Parties, S. 423.

407 Vgl. a.a.O., S. 422.

408 Vgl. Paczkowski, Das Archiv.

409 Dudek, Die polnische Geschichtsschreibung.

410 Im Februar 1991 trafen sich Vertreter der Tschechoslowakei, Ungarns und Polens im ungarischen Visegrad, um eine engere regionale Zusammenarbeit zu vereinbaren und die uneingeschränkte Zugehörigkeit zur westlichen Wertegemeinschaft festzustellen.

411 Troebst, Diktaturerinnerungsvergleich, S. 28.

412 Vgl. Pridham, The Dynamics.

7. Politische Religion – Totalitarismus – Moderne Diktatur

413 Vgl. Loewenstein, Autocracy versus Democracy.
414 Siehe hierzu und zum Folgenden Schmiechen-Ackermann, Diktaturen im Vergleich, S. 22 ff.
415 Vgl. Spearman, Modern Dictatorship, S. 9. Siehe auch Henke (Hg.), Die Verführungskraft.
416 Vgl. Besier, Protestantismus, S. 359 ff., S. 414 ff.
417 So Richard Overy, Die Diktatoren, S. 19. Siehe auch Fritze, Verführung und Anpassung.
418 Vgl. Russell, The Practice.
419 Vgl. Keynes, Essays in Persuasion, S. 4.
420 Bry, Verkappte Religionen, S. 167 ff.
421 Vgl. zuletzt Glufke, Richard Karwehls »Politisches Messiastum«, S. 207–217.
422 Vgl. Maier, »Politische Religionen«, S. 304.
423 Nuelsen, Religion.
424 Keller, Church and State, S. 59.
425 Vgl. Ford (Hg.), Dictatorship; Lavergne, Die totalitären Staaten.
426 Lübbe, Religion nach der Aufklärung, S. 127 ff.
427 Vgl. dazu Geertz, Dichte Beschreibung, S. 49 ff. Siehe auch Belliger/ Krieger (Hgg.), Ritualtheorien, S. 24 ff., S. 372 ff.
428 Vgl. beispielsweise Peter Koslowski, Die Macht der Offenbarung, in: Die Welt Nr. 3 vom 19.1.2002.
429 Vgl. Albert, Kritischer Rationalismus, S. 176 f. Siehe auch ders., Zur Kritik der reinen Religion.
430 Zu den methodologischen Problemen des Vergleichs siehe Nohlen, Vergleichende Methode. Aus historischer Perspektive siehe Möller, Diktatur- und Demokratieforschung im 20. Jahrhundert.
431 Lübbe, Freiheit statt Emanzipationszwang, S. 92. Vgl. auch Todorov, Totalitarianism.
432 Buhr/Kosing (Hgg.), Kleines Wörterbuch, S. 173 f.
433 Zur philosophisch-methodologischen Kritik des von Karl Popper begründeten Kritischen Rationalismus an der marxistischen Geschichtsphilosophie vgl. Popper, Das Elend des Historizismus. Das Buch ist dem »Andenken ungezählter Männer, Frauen und Kinder, aller Länder, aller Abstammungen, aller Überzeugungen« gewidmet, die »Opfer von nationalsozialistischen und kommunistischen Formen des Irrglaubens an unerbittliche Gesetze eines weltgeschichtlichen Ablaufs« waren. A.a.O., III.
434 Huttner, Totalitarismus, S. 255–259.
435 Vgl. Varga, Zeitenwende, S. 115 ff.
436 Voegelin, Die Politischen Religionen. Siehe dazu Herz, Die politischen Religionen; Huttner, Totalitarismus, S. 145 ff.; Henkel, Konservativismus, S. 9 ff.
437 Vgl. Gess, Die Totalitarismuskonzeption, S. 265 f.; Seubert, Erinnerung, S. 332; Huttner, Totalitarismus, S. 152 ff.; Kjeldahl, Defence.
438 Vgl. Huttner, Totalitarismus, S. 99 ff.
439 Varga, Zeitenwende, S. 121.
440 Vgl. zur Auseinandersetzung Kraus, Eric Voegelin redivivus? Opitz, Die Gnosis-These.

441 Zur Säkularisierungsthese vgl. Lehmann (Hg.), Säkularisierung; ders., Zwischen Dechristianisierung und Rechristianisierung; ders., Protestantisches Christentum, S. 15 ff., S. 81 ff.; Cox, Secularization; Lagrée, Durkheim; McLeod, Secularisation, S. 1 ff. (Lit.).

442 Vgl. Blasius, Carl Schmitt.

443 Diese Sichtweise war eine seit der frühen Neuzeit (Reformation) geläufige Denkfigur römisch-katholischer Geschichtsschreibung. Vgl. Reinhard, Probleme deutscher Geschichte, S. 263 ff.

444 Zit. nach Maier, Politische Religionen, S. 33.

445 Zit. nach Seubert, Erinnerung, S. 324.

446 Vgl. Arendt, Elemente, S. 632; Aron, Das Wesen des Totalitarismus, wiedergegeben nach Stark (Hg.), Raymond Aron, S. 275–294.

447 Vgl. dazu Fritze, Totalitarismus und Modernitätskritik, S. 60.

448 Vgl. Huttner, Totalitarismus, S. 95 ff. Dem Verfasser kommt das Verdienst zu, die vergessenen Arbeiten Voigts wieder in die Diskussion um »Politische Religionen« eingebracht zu haben.

449 Voigt, Unto Caesar, London 1938.

450 Vgl. Lambert, Häresie im Mittelalter; Reinhard, Probleme deutscher Geschichte, S. 293 ff.

451 Vgl. Kluxen, Geschichte Englands, S. 287 ff. Siehe dazu Voigt, Unto Caesar, S. 88 f.; ders., The Greek Sedition, S. 37 ff.

452 Vgl. Huttner, Totalitarismus, S. 253 f.

453 Vgl. Nolte, Marxismus und Nationalsozialismus; ders., Die historisch-genetische Version. Vgl. auch: ders., Die Weimarer Republik.

454 Vgl. dazu Jesse, Die Totalitarismusforschung, S. 13–15, der es vorzieht, von »genetisch-interaktionistischem« Ansatz zu sprechen, um auch die bei Nolte deutliche Wechselbeziehung zwischen beiden totalitären Systemen in den Blick zu bekommen. Siehe auch Burleigh, National Socialism.

455 Zu den modernen Wurzeln der mystischen Religion in der Hegelschen Philosophie vgl. Popper, Die offene Gesellschaft, Bd. 2, S. 35 ff.

456 Burleigh, Das Zeitalter, S. 25. Siehe auch Burrin, Political Religion; Gentile, The Sacralization of Politics in Fascist Italia, gebraucht zur Erklärung quasireligiöser Phänomene im italienischen Faschismus nicht das Paradigma der »Politischen Religion«, sondern das der »Zivilreligion«. Siehe auch ders., Politics as Religion; und ders., The Sacralization of Politics. Definitions; Di Rienzo, The Non-Optional Basis of Religion.

457 Vgl. Steigmann-Gall, Nazism.

458 Siehe auch Steinbach, Die totalitäre Weltanschauungsdiktatur, sowie Dierker, Himmlers Glaubenskrieger, S. 535–549, der anhand der Religionspolitik des SD »das spezifische Wechselverhältnis von Ideologie und Praxis« (S. 540) empirisch untersucht und seine Ergebnisse u. a. mit Hilfe des Konzepts der »Politischen Religion« zu interpretieren versucht hat (S. 545 ff.).

459 Siehe Jesse, Die Totalitarismusforschung.

460 Vgl. Arendt, Ideologie und Terror. Kritisch dazu: Tormey, Making Sense, S. 38–63.

461 Vgl. Friedrich/Brzezinski, Die Allgemeinen Merkmale. Kritisch zu dem Friedrich-Brzezinski-Ansatz: Tormey, Making Sense, S. 69–99.

462 Siehe auch die Ansätze von Schapiro, Totalitarianism, und Bracher, Der umstrittene Totalitarismus.

463 »Der Aufstieg totalitärer Bewegungen und Diktaturen ist nicht denkbar ohne die Machtmittel der ideologischen Verführung, und diese wird erst (so total) möglich durch die Verheißung einer zum politischen Glauben, ja zur politischen Religion gesteigerten Ideologie.« Bracher, Die totalitäre Erfahrung, S. 196.

464 Arendt, Religion und Politik, S. 308.

465 Vgl. Jesse, Die Totalitarismusforschung, S. 16 f.; Huttner, Totalitarismus, S. 91 f.

466 Vgl. Maier,»Totalitarismus«, Bd. 1; ders./Schäfer (Hgg.), Totalitarismus, Bd. 2. Bd. 3 ist 2003 erschienen.

467 So Maier, in: Maier/Schäfer (Hgg.),»Totalitarismus«, Bd. 2, S. 13.

468 A.a.O., S. 14. Zum Problemkomplex des Totalitarismus vgl. auch Jesse (Hg.), Totalitarismus, S. 12, S. 28 f., S. 118 f.

469 Vgl. z. B. die ganz unterschiedliche Sichtweise von Hans Mommsen und Julius H. Schoeps im Blick auf den Nationalsozialismus, u. a. in: Besier (Hg.), Zwischen»nationaler Revolution«, S. 43–63. Siehe auch Maier, Deutungen totalitärer Herrschaft.

470 Talmon, Politischer Messianismus, S. 467. Vgl. insgesamt Hornung, Politischer Messianismus. Siehe jetzt auch Seitschek, Politischer Messianismus, S. 88 ff.

471 Jesse, Der Totalitarismusbegriff. Diese Einordnung hat darin ihre Berechtigung, dass auch Totalitarismusforscher wie Friedrich den politisch-religiösen Charakter totalitärer Ideologien mit entsprechenden Begriffen wie»chiliastisch«,»messianisch« oder»gnostisch« beschrieben. Vgl. Griffin, God's Counterfeiters?, S. 6.

472 Schmiechen-Ackermann, Diktaturen im Vergleich, S. 41.

473 Hildermeier, Kommunismus und Stalinismus, S. 107; S. 109.

474 Piper, Rosenberg.

475 Bollmus, Das Amt Rosenberg, S. 367.

476 Mommsen, Der Nationalsozialismus als säkulare Religion, S. 53. Siehe dagegen Schoeps, Erlösungswahn.

477 Vgl. Riegel, Der Marxismus-Leninismus.

478 Vgl. Gentile, Der Liktorenkult; ders., The Sacralization of Politics. Definitions.

479 Vgl. Bärsch, Der Nationalsozialismus.

480 Vgl. Tumarkin, Lenin Lives!, S. 165 ff.

481 Vgl. Plöckinger, Geschichte, S. 405 ff.

482 Hildermeier, Kommunismus und Stalinismus, S. 109.

483 Vgl. Wehler, Nationalismus, S. 32 f.

484 Vgl. Ribbat, Religiöse Erregung.

485 Vgl. zur 1907 gegründeten Zeitschrift für Religionspsychologie a.a.O., S. 197 ff.

486 Vgl. Newberg/ d'Aquili/ Rause, Der gedachte Gott.

487 Vgl. Beit-Hallahmi/Argyle, The Psychology of Religious Behaviour, S. 93–96.

488 Albert, Kritischer Rationalismus, S. 152.

489 Vgl. Libet, Mind Time.

490 Vgl. Dennett, Breaking the Spell; Metzinger,»Being No One«.

491 Duda/Śpiewak, Świat ten wart jest troski, S. 35. Zu der Darstellung der Antitotalitarismus-Debatte in Polen während des Kommunismus und danach vgl. Śpiewak (Hg.), Anti-Totalitarismus.

492 Kula, Religiopodobny komunizm, S. 36.

493 Vgl. oben, S. 484.
494 Vgl. Kula, Religiopodobny komunizm, passim.
495 Zmierczak, Ideologie totalitarne, S. 174.
496 Vgl. Ismael, España contra España.
497 Vgl. Gallego/Morente, Fascismo en España.
498 Die bisher beste Analyse zu diesem Thema stammt von Zira Box, Las tesis.
499 Vgl. Kraushaar, Sich aufs Eis wagen.
500 Vgl. Besier, Hans Ansgar Reinhold.
501 Vgl. Söllner, Das Totalitarismuskonzept, S. 10 ff. Zur Geschichte der Forschungsentwicklung siehe im Einzelnen Seidel/Jenkner (Hgg.), Wege der Totalitarismus-Forschung; Jänicke, Totalitäre Herrschaft; Schlangen, Die Totalitarismus-Theorie; Jesse (Hg.), Totalitarismus; Möll, Gesellschaft und totalitäre Ordnung; Siegel (Hg.), Totalitarismustheorien.
502 Söllner, Das Totalitarismuskonzept, S. 18.
503 Vgl. Aron, Demokratie und Totalitarismus.
504 Vgl. Rupnik, Der Totalitarismus; Kühnhardt/Tschubarjan (Hgg.), Russland und Deutschland; Nowak, Totalitarismus und Realsozialismus.
505 Vgl. Wippermann, Wessen Schuld?, S. 10 ff.; Kraushaar, Sich aufs Eis wagen, S. 13.
506 Vgl. zur Periodisierung der Forschungsgeschichte des Totalitarismus Ballestrem, Aporien; vgl. auch ders., Der Totalitarismus in Osteuropa.
507 Merkel, Totalitäre Regimes, S. 188.
508 So Alfons Söllner, Das Totalitarismuskonzept, S. 11.
509 Kershaw, Totalitarianism Revisited, S. 39 f.
510 Arendt, Die Ungarische Revolution.
511 Dies., Elemente, S. 632.
512 Benhabib, Hannah Arendt, S. 112, S. 9.
513 Vgl. Laqueur, Der Arendt-Kult. Siehe auch Besier, Who Was Hannah Arendt?
514 Vgl. Brzezinski, Totalitarismus und Rationalität, S. 272 f.
515 Friedrich, Totalitäre Diktatur, S. 19.
516 So Lietzmann, Von der konstitutionellen zur totalitären Diktatur, S. 175.
517 Vgl. dazu Möll, Gesellschaft und totalitäre Ordnung, S. 138 ff. Siehe z. B. Löwenthal, Totalitäre und demokratische Revolution; Stammer, Aspekte; Ludz, Offene Fragen; ders., Entwurf; Buchstein, Totalitarismustheorie.
518 Wippermann, Totalitarismustheorien, S. 33 ff.
519 Overy, Die Diktatoren, S. 15 f.
520 Vgl. Fritze, Unschärfen; von Beyme, Totalitarismus, S. 24. Zur angloamerikanischen Kritik an dem Paradigma vgl. Gleason, Totalitarianism. Siehe auch Noetzel, Die angelsächsische Totalitarimusdiskussion.
521 Vgl. Lietzmann, Von der konstitutionellen zur totalitären Diktatur.
522 Vgl. Friedrich, Dictatorship in Germany?; ders., The Development, S. 128, S. 190.
523 Friedrich, Constitutional Government, S. 208 ff.
524 Vgl. Schmitt, Die Diktatur. Zu den inhaltlichen wie terminologischen Parallelen zwischen Schmitts »kommissarischer« und Friedrichs »konstitutioneller Diktatur« sowie dem unantastbaren »Minimum«-Gedanken vgl. Lietzmann, Von der konstitutionellen zur totalitären Diktatur, S. 182 ff.
525 Friedrich, Responsible Bureaucracy, S. 5.
526 Vgl. Friedrich, Military Government and Dictatorship, S. 1 f.

527 Vgl. Lietzmann, Politikwissenschaft, S. 155.
528 Söllner, Sigmund Neumanns »Permanente Revolution«, S. 70.
529 Vgl. zu solchen Prozeduren Popper, Logik der Forschung, S. 1–21; S. 47–54; S. 105; S. 198–204 sowie Albert, Traktat über kritische Vernunft, S. 43.
530 Siegel, Carl Joachim Friedrichs Konzeption, S. 276; Anm. 8.
531 A.a.O., S. 283.
532 Vgl. dazu kritisch Lietzmann, Politikwissenschaft, S. 141 ff.
533 Vgl. z. B. Mampel, Totalitäres Herrschaftssystem, dessen Entwurf sich als eine Fortentwicklung des Friedrichschen Ansatzes versteht.
534 Vgl. Pyta, Die Herausforderungen.
535 Vgl. Mallmann/Paul (Hgg.), Karrieren; Pohl, Verfolgung.
536 Vgl. dazu jetzt das Themenheft »Charisma and Fascism in Interwar Europe«, TMPR 7 (2006), S. 125–264.
537 Vgl. Aron, Demokratie und Totalitarismus.
538 Vor dem Hintergrund des Algerienkrieges scheiterten 1957/58 in Frankreich einige Mitte-Rechts-Regierungen, in Algerien kam es zum Aufruhr gegen die Pariser Zentralregierung von Félix Gaillard, um den Verbleib Algeriens bei Frankreich zu sichern. Weder Gaillard noch sein Nachfolger Pierre Pflimlin konnten den drohenden Militärputsch gegen die Regierung abwenden. Um den Putsch zu vereiteln, beauftragte Staatspräsident René Coty schließlich General Charles de Gaulle mit der Regierungsbildung. Dessen Regierung erhielt außerordentliche Vollmachten und den Auftrag zur Ausarbeitung einer neuen Verfassung. Bei den Parlamentswahlen vom November 1958 wurde die neue V. Republik, eine Präsidialdemokratie, mit großer Mehrheit bestätigt. Vgl. Hartmann, Geschichte Frankreichs, S. 101 f.; Schmale, Geschichte Frankreichs, S. 364 ff.
539 Vgl. Stark, Raymond Aron, S. 206. Als empirischer Begriff ist er nicht falsifizierbar.
540 Vgl. z. B. die Rezension Helmut Altrichters über Richard Overy, Die Diktatoren (www.sehepunkte.de/2006/01/8636.html).
541 Aron, Demokratie und Totalitarismus, S. 205 f.
542 Vgl. a.a.O., S. 204. S. 210.
543 A.a.O., S. 56.
544 Stark, Raymond Aron, S. 207.
545 A.a.O., S. 206.
546 Vgl. Griffin, The Nature of Fascism; Eatwell, Fascism; Mann, Fascists.
547 Vgl. Totalitarismus und Faschismus, S. 46.
548 Vgl. a.a.O., S. 19 ff.
549 Bracher, Der umstrittene Totalitarismus, S. 60.
550 Vgl. z. B. Schroeder, Der SED-Staat, der diesen als »(spät-)totalitären Versorgungs- und Überwachungsstaat« (S. 643 ff.) bezeichnet; Meuschel, Totalitarismustheorie und moderne Diktaturen, möchte zwischen »Totalitarismus als Vernichtung« und »Totalitarismus als (totale) Kontrolle« unterscheiden.
551 Vgl. Schmiechen-Ackermann, Diktaturen im Vergleich, S. 48.
552 Es ist das Verdienst Alfons Söllners, diesen weithin vergessenen Wissenschaftler und sein Werk neu entdeckt und entsprechend seiner Bedeutung gewürdigt zu haben. Vgl. Söllner, Sigmund Neumanns »Permanent Revolution«, S. 53–73. Vgl. auch Lösche, Sigmund Neumann.
553 So Söllner, Sigmund Neumanns »Permanent Revolution«, S. 54.

554 Vgl. Neumann, Permanent Revolution, S. 310.
555 A.a.O., S. 230.
556 Vgl. Neumann, Behemoth.
557 Vgl. Duverger, Über die Diktatur.
558 Linz, Totalitäre und autoritäre Regime.
559 Vgl. Stammer, Aspekte.
560 Vgl. Kocka, Nationalsozialismus und SED-Diktatur (ausführlicher: Materialien der Enquete-Kommission »Aufarbeitung von Geschichte und Folgen der SED-Diktatur in Deutschland«, Bd. IX, S. 588–597); ders., Eine durchherrschte Gesellschaft; ders., Die DDR – eine moderne Diktatur?
561 Vgl. Thamer, Staatsmacht.
562 So etwa Hans Maier, »Totalitarismus«, Bd. 1, S. 248.
563 Vgl. Jesse, Die Totalitarismusforschung.
564 Griffin, God's Counterteiters, S. 21.
565 Vgl. hierzu und zum Folgenden Schmiechen-Ackermann, Möglichkeiten. Siehe auch Heydemann/Schmiechen-Ackermann, Zur Theorie.
566 Vgl. Heydemann/Oberreuter (Hgg.), Diktaturen in Deutschland; im europäischen Rahmen, aber nicht durchweg vergleichend gehalten: Timmermann/Gruner (Hgg.), Demokratie und Diktatur.
567 Vgl. Kaelble, Der historische Vergleich; Haupt/Kocka (Hgg.), Geschichte und Vergleich.
568 Kaelble, Der historische Vergleich, S. 49.
569 Vgl. z. B. Schieder (Hg.), Faschismus als soziale Bewegung.
570 Kaelble, Der historische Vergleich, S. 56.
571 Vgl. Ley/Schnoeps (Hgg.), Der Nationalsozialismus als politische Religion; Bärsch, Die politische Religion des Nationalsozialismus.
572 Schmiechen-Ackermann, Möglichkeiten, S. 22.
573 Vgl. Kaelble, Der historische Vergleich, S. 27.
574 Heydemann, Die DDR-Vergangenheit, S. 413.
575 A.a.O., S. 415.
576 Vgl. z. B. Mann, Fascists; Holzer, Der Kommunismus in Europa; Brooker, Twentieth-Century Dictatorships.
577 Vgl. dazu Wehler, Diktaturenvergleich, S. 346–351; Schmiechen-Ackermann, NS-Regime.
578 Vgl. Merkel, Totalitarian Regimes, S. 151–166; vgl. ders., Totalitäre Regimes.
579 Merkel, Totalitäre Regimes, S. 186.
580 A.a.O., S. 187.
581 Vgl. Linz, Totalitäre und autoritäre Regime, S. 222 ff.
582 Merkel, Totalitäre Regimes, S. 196.
583 Vgl. a.a.O., S. 197 f.

Abkürzungsverzeichnis

AAAPSS	Annals of the American Academy of Political and Social Science
A.a.O.	Am angegebenen Ort
ABS	American Behavioral Scientist
AfNS	Amt für Nationale Sicherheit (Nachfolgeinstitution des MfS)
AHR	The American Historical Review
Anm.	Anmerkung
APSR	American Political Science Review
APuZ	Aus Politik und Zeitgeschichte
ARMIR	Armata Italiana in Russia (Italienische Armee in Russland)
ÁVH	Államvédelmi Hivatal (Dienststelle für Staatssicherheit, Ungarn; zuvor: → ÁVO)
AVNOJ	Antifašističko vijeće narodnog oslobođenja Jugoslavije (Antifaschistischer Rat der nationalen Befreiung Jugoslawiens)
ÁVO	Államvédelmi Osztály (Ressort für Staatssicherheit, Ungarn; später: → ÁVH)
AWS	Akcja Wyborcza Solidarność (Wahlaktion Solidarność, Polen)
BBWR	Bezpartyjny Blok Współpracy z Rządem (Parteiloser Block der Zusammenarbeit mit der Regierung, Polen)
BFD	Bund Freier Demokraten, DDR
Berl J Soziol	Berliner Journal für Soziologie
bes.	besonders
BIP	Bruttoinlandsprodukt
BKP	Bălgarska komunističeska partija (Kommunistische Partei Bulgariens)
BND	Blocul Naţional Democrat (Nationaldemokratischer Block, Rumänien)
BRJ	Bundesrepublik Jugoslawien
BSP	Bălgarska socialističeska partija (Bulgarische Sozialistische Partei)
BVP	Bayerische Volkspartei, Weimarer Republik
CDR	Convenţia Democrată Română (Wahlbündnis Demokratischer Rumänischer Konvent)
CDUD	Christlich-Demokratische Union Deutschlands, DDR
CEDA	Conféderación Española de Derechas Autónomas (Spanische Konföderation der Autonomen Rechten)
CEH	Central European History
CIA	Central Intelligence Agency (Geheimdienst, USA)
CoEH	Contemporary European History
CNSAS	Consiliului Naţional pentru Studierea Arhivelor Securităţii (Nationaler Rat zum Studium der Securitate-Akten, Rumänien)

CNT	Conféderación Nacional del Trabajo (Nationaler Arbeiterbund, Spanien)
COMECON	Council for Mutual Economic Assistance (Rat für gegenseitige Wirtschaftshilfe → RGW)
Communist Post-Communist Stud	Communist and Post-Communist Studies
CPUN	Consiliul Provizoriu de Uniune Naţională (Provisorischer Rat der Nationalen Einheit, Rumänien)
ČSAV	Československá akademie věd (Tschechoslowakische Akademie der Wissenschaften)
ČSL	Československá strana lidová (Tschechoslowakische Volkspartei)
ČSFR	Česká a Slovenská Federativní/Federatívna Republika (Tschechische und Slowakische Föderative Republik)
CSIR	Corpo di Spedizione Italiana in Russia (Italienisches Russland-Korps)
ČSR	Československá republika (Tschechoslowakische Republik)
ČSSD	Československá sociální demokracie (Tschechoslowakische Sozialdemokratie), seit 1993: Česká strana sociálně demokratická (Tschechische Sozialdemokratische Partei)
CSSH	Comparative Studies in Society and History
ČSSR	Československá socialistická republika (Tschechoslowakische Sozialistische Republik)
DA	Deutschland Archiv
DBD	Demokratische Bauernpartei Deutschlands, DDR
DC	Democrazia Christiana, Italien
DDP	Deutsche Demokratische Partei, Weimarer Republik
DDR	Deutsche Demokratische Republik
Ders.	Derselbe
Dies.	Dieselbe(n)
DFD	Demokratischer Frauenbund Deutschlands, DDR
DFJ	Demokratisches Föderatives Jugoslawien
DKMS	Dimitrovski komunističeski mladežki sajuz (Dimitrovscher Kommunistischer Jugendverband, Bulgarien)
DNVP	Deutschnationale Volkspartei, Weimarer Republik
DS	Dăržaven sajuz (Bulgarischer Staatsrat)
DS	Demokratska stranka (Demokratische Partei, Jugoslawien)
DSF	Gesellschaft für deutsch-sowjetische Freundschaft, DDR
DSU	Deutsche Soziale Union, DDR
DVP	Deutsche Volkspartei, Weimarer Republik
DWK	Deutsche Wirtschaftskommission, SBZ
EAC	European Advisory Commission
EAM	Ethniko Apeleftherotiko Metopo (Nationale Befreiungsfront, Griechenland)
Ebd.	Ebenda
EDES	Ellenikos Dimokratikos Ethnikos Syndesmos (Griechische Republikanische Befreiungsliga)
EHQ	Europan History Quarterly
EKD	Evangelische Kirche in Deutschland

ELAS	Ellinikós / Ethnikós Laikós Apelevtherotikós Stratós (Nationale Volksbefreiungsarmee, Griechenland)
EON	Ethniki Organosis Neolaeas (Nationale Jugendorganisation, Griechenland)
ERE	Ethnike Rizospastike Enosis (Nationalradikale Union, Griechenland)
ESVP	Europäische Sicherheits- und Verteidigungspolitik
ESWMK	Együttélés-Spolužitie-Wspólnota-Soužití, Madarské krestansko-demokratické hnutie (Ungarische Minderheitenliste, ČSFR)
ETA	Euskasi Ta Askatasuna (Baskenland und Freiheit)
EtGerm	Études germaniques
EU	Europäische Union
f.	folgende Seite
FAI	Federación Anarquista Ibérica (Iberische Anarchistische Föderation, Spanien)
FDGB	Freier Deutscher Gewerkschaftsbund, DDR
FDJ	Freie Deutsche Jugend, DDR
FET	Falange Española Tradicionalista (Spanische Traditionalistische Falange)
ff.	folgende Seiten oder Jahre
FIDESZ	Fiatal Demokraták Szövetsége (Bund der Jungen Demokraten, Ungarn)
FKgP	Független Kisgazda-, Földmunkás- és Polgári Párt (Unabhängige Partei der Kleinlandwirte und der Landarbeiter, Ungarn)
FNAT	Fundação Nacional para a Alegria no Trabalho (Nationalstiftung für Freude an der Arbeit, Portugal)
FNÇ	Fronti Nationalçlirimtar (Nationale Befreiungsfront, Albanien)
FNRJ	Federativna Narodna Republika Jugoslavija (Föderative Volksrepublik Jugoslawien)
FOstIZ	Forum für Osteuropäische Ideen- und Zeitgeschichte
FS	Festschrift
FSB	Federal'naja služba bezopasnosti (Inlandsgeheimdienst der Russischen Föderation)
FSN	Frontul Salvarii Nationale (Front der Nationalen Rettung, Rumänien)
GASP	Gemeinsame Außen- und Sicherheitspolitik
Gestapo	Geheime Staatspolizei, Drittes Reich
GG	Geschichte und Gesellschaft
GKO	Gosudarstvennyj komitet oborony (Staatliches Verteidigungskomitee, UdSSR)
GST	Gesellschaft für Sport und Technik, DDR
GUS	Gemeinschaft unabhängiger Staaten
GWU	Geschichte in Wissenschaft und Unterricht
HDZ	Hrvatska demokratska zajednica (Kroatische Demokratische Union, Bosnien-Herzegowina)

HfSGLP	Halbjahreszeitschrift für südosteuropäische Geschichte, Literatur und Politik
Hg.	Herausgeber
Hgg.	Herausgebergemeinschaft
HGS	Holocaust and Genocide Studies
HJ	Hitler-Jugend
HJ	The Historical Journal
HJb	Historisches Jahrbuch
HMRG	Historische Mitteilungen der Ranke-Gesellschaft
HOS	Hrvatsko oružane snage (Kroatische Streitkräfte, Bosnien-Herzegowina)
HPM	Historisch-Politische Mitteilungen
HRSS	Hrvatska republikanska seljačka stranka (Kroatische Republikanische Bauernpartei; ab 1925 → HSS)
HSS	Hrvatska seljačka stranka (Kroatische Bauernpartei; bis 1925 → HRSS)
HVO	Hrvatsko vijeće obrane (Kroatischer Verteidigungsrat, Bosnien-Herzegowina)
HZ	Historische Zeitschrift
HZDS	Hnutie za demokratické Slovensko (Bewegung für die demokratische Slowakei)
IFM	Initiative Frieden und Menschenrechte, DDR
INF	Intermediate Range Nuclear Forces
IJCS	International Journal of Comparative Sociology
IMRO	Innere Makedonische Revolutionäre Organisation
IPN	Instytut Pamięci Narodowej (Institut für Nationales Gedenken, Polen)
IPol	International Politics
IWK	Internationale Wissenschaftliche Korrespondenz zur Geschichte der deutschen Arbeiterbewegung
JbAdJB	Jahrbuch des Archivs der deutschen Jugendbewegung
JbEurG	Jahrbuch für Europäische Geschichte
JBfGOE	Jahrbücher für Geschichte Osteuropas
JbGMOD	Jahrbuch für die Geschichte Mittel- und Ostdeutschlands
JContH	Journal of Contemporary History
JGNKG	Jahrbuch der Gesellschaft für niedersächsische Kirchengeschichte
JHK	Jahrbuch für Historische Kommunismusforschung
JKGV	Jahrbuch des Kölnischen Geschichtsvereins
JMO	Jugoslavenska Muslimanska Organizacija (Jugoslawische Muslimische Organisation)
JModH	The Journal of Modern History
JNS	Jugoslavenska nacionalna stranka (Jugoslawische Nationalpartei)
JourBaltSt	Journal of Baltic Studies
JRZ	Jugoslavenska radikalna zajednica (Jugoslawische Radikale Gemeinschaft)

J Theor Polit	Journal of Theoretical Politics
JWG	Jahrbuch für Wirtschaftsgeschichte
KANÇ	Këshilli Antifashist Nacional-Çlirimtar (Antifaschistischer Rat der Nationalen Befreiung, Albanien)
KAS	Konrad-Adenauer-Stiftung
KDH	Kresťanskodemokratické hnutie (Christlich-demokratische Bewegung, ČSFR)
KDNP	Kereszténydemokrata Néppárt (Christlich-demokratische Volkspartei, Ungarn)
KDS	Kresťanskodemokratické strana (Christlich-demokratische Partei, ČSFR)
KDU	Křesťanská a demokratická unie (Christliche und Demokratische Union, ČSFR)
KDU-ČSL	Křesťanská a demokratická unie – Československá strana lidová (Christliche und Demokratische Union-Tschechoslowakische Volkspartei, ČR)
KFOR	Kosovo Force
KGB	Komitet gosudarstvennoj bezopasnosti (Komitee für Staatssicherheit, UdSSR)
KISZ	Kommunista Ifjúsági Szövetség (Kommunistischer Jugendverband, Ungarn)
KNP	Komitet Narodowy Polski (Polnisches Nationalkomitee)
KoKo	Kommerzielle Koordinierung, DDR
Kominform	Kommunistisches Informationsbüro
Komintern	Kommunistische Internationale
KOR	Komitet Obrony Robotników (Komitee zur Verteidigung der Arbeiter, Polen)
KP	Kommunistische Partei
KPA	Kommunistische Partei Albaniens
KPD	Kommunistische Partei Deutschlands
KPČ	Kommunistische Partei der Tschechoslowakei (→ KSČ)
KPdSU (B)	Kommunistische Partei der Sowjetunion (Bolschewiki)
KPL	Kommunistische Partei Lettlands
KPJ	Kommunistische Partei Jugoslawiens
KRN	Krajowa Rada Narodowa (Polnischer Landesnationalrat)
KSČ	Komunistická strana Československa (Kommunistische Partei der Tschechoslowakei, → KPČ)
KSČM	Komunistická strana Čech a Moravy (Kommunistische Partei Böhmens und Mährens)
KSS	Komunistická strana Slovenska (Kommunistische Partei der Slowakei)
KSZE	Konferenz für Sicherheit und Zusammenarbeit in Europa
KZ	Konzentrationslager
KZG	Kirchliche Zeitgeschichte
LDP(D)	Liberal-Demokratische Partei (Deutschlands), DDR
LDPR	Liberaldemokratische Partei Russlands
LPR	Liga Polskich Rodzin (Liga der Polnischen Familien, Polen)

MDF	Magyar Demokrata Forum (Ungarisches Demokratisches Forum)
MDP	Magyar Dolgozók Pártja (Partei der Ungarischen Werktätigen)
MÉM	Magyar Élet Mozgalom (Bewegung des Ungarischen Lebens)
MfS	Ministerium für Staatssicherheit, DDR
MIÉP	Magyar Igazság és Élet Pártja (Partei der Ungarischen Wahrheit und Leben)
MKP	Magyar Kommunista Párt (Kommunistische Partei Ungarns)
MMP	Magyar Megújulás Pártja (Partei der Ungarischen Erneuerung)
MNSZP	Magyar Nemzeti Szocialista Párt (Ungarische Nationalsozialistische Partei)
MNSZP-HM	Magyar Nemzeti Szocialista Párt – Hungarista Mozgalom (Ungarische Nationalsozialistische Partei – Hungaristische Bewegung)
MouvSoc	Le Mouvement Social
MSPD	Mehrheits-SPD, Weimarer Republik
MSZMP	Magyar Szocilista Munkáspárt (Ungarische Sozialistische Arbeiterpartei → USAP)
MSZP	Magyar Szocialista Párt (Ungarische Sozialistische Partei)
MVSN	Milizia Volontaria per la Sicurezza Nazionale (Freiwillige Miliz für Staatssicherheit, Italien)
NAP	Nemzet Akaratának Pártja (Partei des Willens der Nation, Ungarn)
NATO	North Atlantic Treaty Organization
NBS II	Nationale Bewegung Simeon II., Bulgarien
NDH	Nezavisna država Hrvatska (Unabhängiger Staat Kroatien)
NDPD	Nationaldemokratische Partei Deutschlands, DDR
NÈP	Novaja ėkonomičeskaja politika (Neue ökonomische Politik, UdSSR)
NG/FH	Neue Gesellschaft/Frankfurter Hefte
NGO	Non-Governmental Organisation
NKFD	Nationalkomitee Freies Deutschland
NKID	Narodnyj komissariat inostrannych del (Volkskommissariat für Auswärtige Angelegenheiten, UdSSR)
NKN	Naczelny Komitet Narodowy (Oberstes Nationalkomitee, Polen)
NKOJ	Nacionalni komitet oslobođenja Jugoslavije (Nationalkomitee zur Befreiung Jugoslawiens)
NKWD	Narodnyj komissariat vnutrennich del (Volkskommissariat für Innere Angelegenheiten, UdSSR)
NÖSPL	Neues Ökonomisches System der Planung und Leitung der Volkswirtschaft, DDR
NOF	Národní obec fašistická (Nationale faschistische Gemeinde, ČSR)
NPL	Neue Politische Literatur

NRB	Narodna republika Bălgarija (Volksrepublik Bulgarien)
NS	Nationalsozialismus, nationalsozialistisch
NSD	Nacionalno-socialno dviženie (Soziale Volksbewegung, Bulgarien)
NSDAP	Nationalsozialistische Deutsche Arbeiterpartei
NSZMP-HM	Nemzeti Szocialista Magyar Párt – Hungarista Mozgalom (Nationalsozialistische Ungarische Partei – Hungaristische Bewegung)
NYKP	Nyilaskeresztes Párt (Pfeilkreuzpartei, Ungarn)
ODA	Občanská demokratická aliance (Demokratische Bürgerallianz, ČSFR)
ODS	Občanská demokratická strana (Demokratische Bürgerpartei, ČSFR)
OEEC	Organisation for European Economic Cooperation (Organisation für europäische wirtschaftliche Zusammenarbeit)
OF	Občanské fórum (Bürgerliches Forum, ČSFR)
OH	Občanské hnutí (Bürgerbewegung, ČSFR)
OMI	Otdel meždunarodnoj svjazi (Abteilung für Internationale Information, Nachfolge der → Komintern)
ONR	Obóz Narodowo-Radykalny (National-Radikales Lager, Polen)
OPZZ	Ogólnopolskie Porozumienie Związków Zawodowych (Polnische Gewerkschaftsallianz)
OSZE	Organisation für Sicherheit und Zusammenarbeit in Europa
OWEP	Ost-West. Europäische Perspektiven
OWP	Obóz Wielkiej Polski (Großpolnisches Lager)
OZNA	Organ Zaštite Naroda Armije (Jugoslawische Staatssicherheit, ab 1946: → Udba)
PBfZS	Potsdamer Bulletin für Zeithistorische Studien
PC	Partidul Conservativ (Konservative Partei, Rumänien)
PCE	Partido Communista de España (Kommunistische Partei Spaniens)
PCR	Partidul Comunist România (Kommunistische Partei Rumäniens)
PD	Partidul Demokrat (Demokratische Partei, Rumänien)
PDS	Partei des Demokratischen Sozialismus
PDSH	Partia Demokratike e Shqipërisë (Demokratische Partei Albaniens)
PDSR	Partidului Democrației Sociale din România (Partei der sozialen Demokratie in Rumänien)
PEEA	Politiki Epitropi Ethnikis Apeleftherosis (Politisches Komitee der Nationalen Befreiung, Griechenland)
PEN	Internationaler Zusammenschluss von Schriftstellern
PFR	Partito Fascista Repubblicano (Republikanische Faschistische Partei, Italien)
PiS	Prawo i Sprawiedliwość (Partei Recht und Gerechtigkeit, Polen)
PKWN	Polski Komitet Wyzwolenia Narodowego (Polnisches Komitee der Nationalen Befreiung)

PNF	Partito Nazionale Fascista (National-Faschistische Partei, Italien)
PNL	Partidul National Liberal (National-Liberale Partei, Rumänien)
PNȚ	Partidul Național Țărănesc (Nationale Bauernpartei, Rumänien)
PNȚCD	Partidul Național Țărănesc Crestin Democrat (Christdemokratische Nationale Bauernpartei, Rumänien)
PO	Platforma Obywatelska (Bürgerplattform, Polen)
POW	Polska Organizacja Wojskowa (Polnische Militär-Organisation)
PP	Partido Popular (Volkspartei, Spanien)
PPR	Polska Partia Robotnicza (Polnische Arbeiterpartei)
PPS	Polska Partia Socjalistyczna (Polnische Sozialistische Partei)
PPSH	Partia e Punës e Shqipërisë (Partei der Arbeit Albaniens)
PRM	Partidul România Mare (Großrumänien-Partei)
PRR	Partido Republicano Radical (Radikale Republikanische Partei, Spanien)
PSD	Partidul Social Democrat (Sozialdemokratische Partei, Rumänien)
PSI	Partito Socialista Italiano (Sozialistische Partei Italiens)
PSIUP	Partito socialista italiana di unità proletaria (Sozialistische Partei der proletarischen Einheit, Italien)
PSL	Polskie Stronnictwo Ludowe (Polnische Volkspartei)
PSOE	Partido Socialista Obrero Español (Sozialistische spanische Arbeiterpartei)
PSR	Parti Socialiste Révolutionnaire (Revolutionäre Sozialistische Partei, Frankreich)
PSSH	Partia Sozialiste e Shqipërisë (Sozialistische Partei Albaniens)
PUR	Partidul Umanist din România (Humanistische Partei, Rumänien)
PVAP	Polnische Vereinigte Arbeiterpartei (→ PZPR)
PVS	Politische Vierteljahresschrift
PZPR	Polska Zjednoczona Partia Robotnicza (Polnische Vereinigte Arbeiterpartei, → PVAP)
RGW	Rat für gegenseitige Wirtschaftshilfe (→ COMECON)
ROK	Russisch-orthodoxe Kirche
RR	Russian Review
RSFSR	Russische Sozialistische Föderative Sowjetrepublik
RSG	Religion – Staat – Gesellschaft. Zeitschrift für Glaubensformen und Weltanschauungen
RSI	Repubblica Sociale Italiana (Italienische Sozialrepublik)
SA	Sturmabteilung
SAG	Sowjetische Aktiengesellschaft
SALT I/II	Stratetic Arms Limitation Talks I/II
SAV	Slovenská Akadémia Vied (Slowakische Akademie der Wissenschaften)

SBZ	Sowjetische Besatzungszone, Deutschland
SD	Stronnictwo Demokratyczne (Demokratische Partei, Polen)
SD	Sicherheitsdienst des Reichsführers SS, Drittes Reich
SDA	Stranka Demokratske Akcije (Demokratische Aktionspartei, Bosnien-Herzegowina)
SDI	Strategic Defence Initiative
SDK	Seljačko-demokratska koalicija (Bäuerlich-Demokratische Koalition, Jugoslawien)
SDK	Slovenská demokratická koalícia (Slowakische Demokratische Koalition)
SDĽ	Strana demokratickej ľavice (Partei der Demokratischen Linken, Slowakei)
SDP	Socijaldemokratska partija Hrvatske (Sozialdemokratische Partei Kroatiens)
SDS	Săjuz na demokratičnite sili (Union der Demokratischen Kräfte, Bulgarien, → UDK)
SDS	Săjuz na demokratičnite sili (Unabhängige Demokratische Partei, Jugoslawien)
SDS	Srpska demokratska stranka (Serbisch-Demokratische Partei, Bosnien-Herzegowina)
SED	Sozialistische Einheitspartei Deutschlands, DDR
SFRJ	Sozialistische Föderative Republik Jugoslawiens
SHS	Kraljevina Srba, Hrvata i Slovenaca (Staat der Slowenen, Kroaten und Serben)
SiCG	Srbija i Crna Gora (Staatliche Union Serbien und Montenegro)
SIE	Serviciul de Informaţii Externe (Rumänischer Auslandsdienst)
SKH	Savez Komunista Hrvatske (Bund der Kommunisten Kroatiens)
SKK	Sowjetische Kontrollkommission in Deutschland
SL	Stronnictwo Ludowe (Bauernpartei, Polen)
SLD	Sojusz Lewicy Demokratycznej (Bündnis der Demokratischen Linken, Polen)
SLS	Slovenská ľudová strana (Slowakische Volkspartei, Jugoslawien)
SMAD	Sowjetische Militäradministration in Deutschland
SMT	Sowjetisches Militärtribunal
SN	Stronnictwo Narodowe (Nationalpartei, Polen)
SNR	Slovenská národná rada (Slowakischer Nationalrat, ČSFR)
SNS	Slovenská národná strana (Slowakische Nationalpartei, ČSFR)
SPD	Sozialdemokratische Partei Deutschlands
SRI	Serviviul Român de Informaţii (Rumänischer Nachrichtendienst)
SS	Schutzstaffel
StB	Státní bezpečnost (Staatssicherheit, ČSSR)
SWP	Stiftung Wissenschaft und Politik. Deutsches Institut für Internationale Politik und Sicherheit

SZDSZ	Szabad Demokraták Szövetsége (Bund der Freien Demokraten, Ungarn)
SZOT	Szakszervezetek Országos Tanácsa (Zentralrat der Gewerkschaften, Ungarn)
TD	Totalitarismus und Demokratie
TIP	Történelmi igazságtétel bizottsága (Komitee für historische Gerechtigkeit, Ungarn)
TMPR	Totalitarian Movements and Political Religions
UB	Urząd Bezpieczeństwa (Amt für Sicherheit, Polen)
UÇK	Ushtria Çlirimtare e Kosovës (Befreiungsarmee des Kosovos)
Udba	Uprava Državne Bzbednosti (Jugoslawische Staatssicherheit, bis 1946: → OZNA)
UDK	Union der Demokratischen Kräfte, Bulgarien (→ SDS)
UDMR	Uniunea Democrată a Maghiarilor din România (Demokratischer Verband der Ungarn in Rumänien)
UdSSR	Union der Sozialistischen Sowjetrepubliken
UGT	Unión General de Trabajadores (Allgemeine Union der Arbeiter, Spanien)
UN	United Nations (Vereinte Nationen, → UNO)
UNESCO	United Nations Educational, Scientific and Cultural Organization (Organisation der Vereinten Nationen für Bildung, Wissenschaft und Kultur)
UNO	United Nations Organization, → UN
UNR	Ukrajinska Narodna Respublika (Ukrainische Volksrepublik)
UNRRA	United Nations Relief and Rehabilitation Administration
UP	Unia Pracy (Union der Arbeit, Polen)
USA	United States of America
USAP	Ungarische Sozialistische Arbeiterpartei (→ MSZMP)
USPD	Unabhängige SPD, Weimarer Republik
VdgB	Vereinigung der gegenseitigen Bauernhilfe, DDR
VEB	Volkseigener Betrieb
VfZ	Vierteljahrshefte für Zeitgeschichte
vgl.	vergleiche
VONS	Výbor na obranu nespravedlivě stíhaných (Komitee zur Verteidigung ungerecht Verfolgter, ČSSR)
VPN	Verejnosť proti násiliu (Öffentlichkeit gegen Gewalt, ČSFR)
VR	Volksrepublik
VSPD	Vereinigte Sozialdemokratische Partei Deutschlands, Weimarer Republik
WIIW	Wiener Institut für Internationale Wirtschaftsvergleiche
ZdF	Zeitschrift des Forschungsverbundes SED-Staat
ZfG	Zeitschrift für Geschichtswissenschaft
ZfO	Zeitschrift für Ostforschung
ZfP	Zeitschrift für Politik
ZGF	Zeitgeschichtliche Forschungen
ZK	Zentralkomitee
ZKG	Zeitschrift für Kirchengeschichte

ZMP	Związek Młodzieży Polskiej (Verband der polnischen Jugend)
ZRelGG	Zeitschrift für Religions- und Geistesgeschichte
ZRS	Združenie robotníkov Slovenska (Arbeitervereinigung der Slowakei)
ZZP	Zjednoczenie Zawodowe Polskie (Verband polnischer Gewerkschaften)

Literaturverzeichnis

Englische und französische Titel wurden nicht ins Deutsche übersetzt. Die in eckige Klammern gesetzten Zahlen hinter den Autoren/Herausgebernamen verweisen auf den Abschnitt, in dem der Titel vollständig zitiert erscheint. Bei den kursivierten Titeln handelt es sich um Literatur, die in den Anmerkungen mit Kurztiteln aufgeführt wurde.

Teil I – Vom Ersten Weltkrieg bis zum Ende des Zweiten Weltkrieges

1. Voraussetzungen und Bedingungen

1.1 Der Erste Weltkrieg und die Folgen

Ackermann, Jens P., Die Geburt des modernen Propagandakrieges im Ersten Weltkrieg. Dietrich Schäfer, Gelehrter und Politiker, Frankfurt/M. 2004.- Afflerbach, Holger, Der Dreibund. Europäische Großmacht- und Allianzpolitik vor dem Ersten Weltkrieg, Wien 2002.- Ders., Entschied Italien den Ersten Weltkrieg?, in: Schmidt, Rainer F. (Hg.), Deutschland und Europa. Außenpolitische Grundlinien zwischen Reichsgründung und Erstem Weltkrieg. Festgabe für Harm-Hinrich Brandt zum siebzigsten Geburtstag, Stuttgart 2004, 135–143.- Ders. (Bearb.), Kaiser Wilhelm II. als Oberster Kriegsherr im Ersten Weltkrieg. Quellen aus der militärischen Umgebung des Kaisers 1914–1918, München 2005.- Audoin-Rouzeau, Stéphane/Becker, Annette, 14–18. Retrouver la guerre, Paris 2000.- Ders./Becker, Jean-Jacques (Hgg.), Encyclopédie de la Grande Guerre 1914–1918. Histoire et culture, Paris 2004.- Bahar, Alexander, Der verdrängte Völkermord an den Armeniern im ersten Weltkrieg, in: Bulletin für Faschismus- u. Weltkriegsforschung 24 (2005), 5–42.- Baron, Nick/Gatrell, Peter (Hgg.), Homelands. War, Population and Statehood in Eastern Europe and Russia 1918–1924, London 2004.- Baron, Ulrich, Ich hatt' einen Kameraden. Neues zum Ersten Weltkrieg, in: NG/FH 51 (2004), 62–65.- Barth, Boris, Der Völkermord an den Armeniern im Ersten Weltkrieg. Die Politik des Deutschen Reiches und die internationale Forschung, in: GWU 55 (2004), 319–337.- Ders., Dolchstoßlegenden und politische Desintegration. Das Trauma der deutschen Niederlage im Ersten Weltkrieg 1914–1918, Düsseldorf 2003.- Beil, Christine, Der ausgestellte Krieg. Präsentationen des Ersten Weltkrieges 1914–1939, Tübingen 2004.- Berend, Tibor Iván, Decades of Crisis. Central and Eastern Europe before World War II, Berkeley 1998.- Berghahn, Volker, Der Erste Weltkrieg, München 2003.- Ders., Sarajewo, 28. Juni 1914. Der Untergang des alten Europa, München 1997.- Brauneder, Wilhelm/Leser, Norbert (Hgg.), Staatsgründungen 1918, Frankfurt/M. 1999.- Bruendel, Steffen, Volksgemeinschaft oder Volksstaat? Die »Ideen von 1914« und die Neuordnung Deutschlands im Ersten Weltkrieg, Berlin 2003.- Burgdorff, Stephan/Wiegrefe, Klaus (Hgg.), Der Erste Weltkrieg. Die Urkatastrophe des 20. Jahrhunderts, München 2004.- Chickering, Roger, Imperial Germany and the Great War 1914–1918, Cambridge 2004.- Coleman, Kim, A History of Chemical Warfare, Basingstoke 2005.- Ernst, Petra/Haring, Sabine A./Suppanz, Werner, Aggression und Katharsis. Der Erste Weltkrieg im Diskurs der Moderne, Wien 2004.- Ferguson, Niall, Der falsche Krieg. Der Erste Weltkrieg und das 20. Jahrhundert, Stuttgart 1999.- Ferro, Marc, Der Große Krieg 1914-1918, Frankfurt/M. 1988.- Flasch, Kurt, Die geistige Mobilmachung. Die deutschen Intellektuellen und der Erste Weltkrieg. Ein Versuch, Berlin 2000.- Fromkin, David, Europas letzter Sommer. Die scheinbar friedlichen Wochen vor dem Ersten Weltkrieg, München 2005.- Fuchs, Stephan, »Vom Segen des Krieges«. Katholische Gebildete im Ersten Weltkrieg. Eine Studie zur Kriegsdeutung im akademischen Katholizismus, Stuttgart 2004.- Gleichmann, Peter Reinhart (Hg.), Massenhaftes Töten. Kriege und Genozide im 20. Jahrhundert, Essen 2004.- Grevelhörster, Ludger, Der Erste Weltkrieg und das Ende des Kaiserreiches. Geschichte und Wirkung, Münster 2004.- Grill, Richard, Dreißigjähriger Krieg 1618-1648, 1914-1945. Ausgangslage, Grundlinien, Katastrophe, Frankfurt/M. 2005.- Hamann, Brigitte, Der Erste Weltkrieg. Wahrheit und Lüge in Bildern und Texten, München 2004.- Hamilton, Richard F./Herwig, Holger H., Decisions for War 1914-1917, Cambridge 2004.- Healy, Maureen, Becoming Austrian. Woman, the State, and Citizenship in World War I, in: CEH 35 (2002), 1-36.- Dies., Vienna and the Fall of the Habsburg Empire. Total War and Everyday Life in World War I, Cambridge 2004.- Hewitson, Mark, Germany and the Causes of the First World War, New York 2004.- Hirschfeld, Gerhard, Der Erste Weltkrieg in der deutschen und internationalen Geschichtsschreibung, in: APuZ 29-30/2004, 3-12.- Ders. (Hg.), Kriegserfahrungen. Studien zur Sozial- und Mentalitätsgeschichte des Ersten Weltkrieges, Essen 1997.- Ders./Krumeich, Gerd/Renz, Irina (Hgg.), Enzyklopädie Erster Weltkrieg, Paderborn 2004.- Hirschhausen, Ulrike von/Leonhard, Jörn (Hgg.), Nationalismen in Europa. West- und Osteuropa im Vergleich, Göttingen 2001.- Hoeres, Peter, Krieg der Philosophen. Die deutsche und die britische Philosophie im Ersten Weltkrieg, Paderborn 2004.- Höpp, Gerhard/Reinwald, Brigitte (Hgg.), Fremdeinsätze. Afrikaner und Asiaten in europäischen Kriegen 1914-1945, Berlin 2000.- Horne, John/Kramer, Alan, Deutsche Kriegsgreuel 1914. Die umstrittene Wahrheit, Hamburg 2004.- Hosfeld, Rolf, Operation Nemesis. Die Türkei, Deutschland und der Völkermord an den Armeniern, Köln 2005.- Howard, Michael, Kurze Geschichte des Ersten Weltkrieges, München 2004.- Hull, Isabel V., Absolute Destruction. Military Culture and the Practices of War in Imperial Germany, Ithaca 2005.- Jansen, Anscar, Der Weg in den Ersten Weltkrieg. Das deutsche Militär in der Julikrise 1914, Marburg 2005.- Jensen, Steven L. B. (Hg.), Genocide. Cases, Comparisons and Contemporary Debates, Copenhagen 2003.- Jürgs, Michael, Der kleine Frieden im Großen Krieg. Westfront 1914. Als Deutsche, Franzosen und Briten gemeinsam Weihnachten feierten, München 2005.- Keegan, John, Der Erste Weltkrieg. Eine europäische Tragödie, Reinbek 2000.- Kieser, Hans-Lukas/Schaller, Dominik J., Der Völkermord an den Armeniern und die Shoah, Zürich 2002.- Kießling, Friedrich, Gegen den »großen« Krieg? Entspannung in den internationalen Beziehungen 1911-1914, München 2002.- Ders., Wege aus der Stringenzfalle. Die Vorgeschichte des Ersten Weltkrieges als »Ära der Entspannung«, in: GWU 55 (2004), 284-304.- Koch, Lars, Der Erste Weltkrieg als kulturelle Katharsis. Anmerkungen zu den Werken von Walter Flex, in: JbAdJB 20 (2002-2003), 178-195.- Levsen, Sonja, Eliten, Männlichkeit und Krieg. Tübinger und Cambridger Studenten 1900-1929, Göttingen 2006.- Lewy, Guenter, The Armenian Massacres in Ottoman Turkey. A Disputed Genocide, Salt Lake City 2005.- Ders., The Nazi Persecution of the Gypsies, Oxford 2000.- Liulevicius, Vejas Gabriel, War Land on the Eastern Front. Culture, National Identity and German Occupation in World War I, Cambridge 2000.- Macleod, Jenny/Purseigle, Pierre (Hgg.), Uncovered Fields. Perspectives in First World War Studies, Leiden 2004.- Mai, Gunther, Europa 1918–1939. Mentalitäten, Lebensweisen, Politik zwischen den Weltkriegen, Stuttgart 2001.- Majerus, Benoît, Literaturbericht. Kriegserfahrung als Gewalterfahrung; Perspektiven der neuesten internationalen Forschung zum Ersten Weltkrieg, in: Jansen, Christian (Hg.), Der Bürger als Soldat: Die Militarisierung europäischer Gesellschaften im langen 19. Jahrhundert. Ein Internationaler Vergleich, Essen 2004, 271–297.- Maner, Hans-Christian/Schulze Wessel, Martin (Hgg.), Religion im Nationalstaat zwischen den Weltkriegen 1918–1939. Polen – Tschechoslowakei – Ungarn – Rumänien, Stuttgart 2002.- Martinez, Dieter, Der Gaskrieg 1914–1918. Entwicklung, Herstellung und Einsatz chemischer Kampfstoffe. Das Zusammenwirken von militärischer Führung, Wissenschaft und Industrie, Bonn 1996.- Mattioli, Aram, Entgrenzte Kriegsgewalt. Der italienische Giftgaseinsatz in Abessinien 1935–1936, in: VfZ 51 (2003), 311–339.- Ders., Experimentierfeld der Gewalt. Der Abessinienkrieg und seine internationale Bedeutung 1935–1941, Zürich 2005.- Michalka, Wolfgang (Hg.), Der Erste Weltkrieg. Wirkung, Wahrnehmung, Analyse, München 1994.- Mombauer, Annika, Helmuth von Moltke and the Origins of the First World War, New York 2001.- Mommsen, Hans (Hg.), Der Erste Weltkrieg und die europäische Nachkriegsordnung. Sozialer Wandel und Formveränderung der Politik, Köln 2000.- Mommsen, Wolfgang J., Der Erste Weltkrieg. Anfang vom Ende des bürgerlichen Zeitalters, Frankfurt/M. 2004.- Ders., Die Urkatastrophe Deutschlands. Der Erste Weltkrieg 1914–1918, Stuttgart 2002.- Ders., War der Kaiser an allem schuld? Wilhelm II. und die preußisch-deutschen Mentalitäten, Berlin 2002.- Morrow, John H., Jr., The Great War. An Imperial History, London 2004.- Mosse, George L., Gefallen für das Vaterland, Stuttgart 1993.- Mruck, Tanja, Propaganda und Öffentlichkeit im Ersten Weltkrieg, Aachen 2004.- Müller, Sven Oliver, Die Nation als Waffe und Vorstellung. Nationalismus in Deutschland und Großbritannien im Ersten Weltkrieg, Göttingen 2002.- Naimark, Norman, Flammender Hass. Ethnische Säuberungen im 20. Jahrhundert, München 2004.- Neiberg, Michael S., Fighting the Great War. A Global History, Cambridge (Mass.) 2005.- Ders., Warfare and Society in Europe. 1898 to the Present, New York 2004. – Neuhaus, Helmut, Das Ende der Monarchien in Deutschland 1918, in: HJb 111 (1991), 102–136.- Oberländer, Erwin (Hg.), *Autoritäre Regime* in Ostmitteleuropa 1919–1944, Paderborn 2001.- Pöhlmann, Markus, Kriegsgeschichte und Geschichtspolitik. Der Erste Weltkrieg. Die amtliche deutsche Militärgeschichtsschreibung 1914–1956, Paderborn 2002.- Puschner, Uwe/Schitz, Walter/Ulbricht, Justus H. (Hgg.), Handbuch zur »Völkischen Bewegung« 1871–1918, München 1996.- Reimann, Aribert, Der Erste Weltkrieg. Urkatastrophe oder Katalysator?, in: APuZ 29–30/2004, 30–38.- Ders., Von der Mentalität zur Spezialität? Neuere Forschungen zur Geschichte des Ersten Weltkriegs, in: NPL 49 (2004), 220–246.- Rohlack, Momme, Kriegsgesellschaften (1914–1918). Arten, Rechtsformen und Funktionen in der Kriegswirtschaft des Ersten Weltkrieges, Frankfurt/M. 2001.- Salewski, Michael, Der Erste Weltkrieg, Paderborn 2004.- Schabas, William A., Genozid im Völkerrecht, Hamburg 2003.- Schuster, Frank, Zwischen allen Fronten. Osteuropäische Juden während des Ersten Weltkrieges (1914–1919), Köln 2004.- Sheffy, Yigal, British Intelligence in the Palestine Campaign 1914–1918, London 1998.- Stevenson, David, 1914–1918. Der Erste Weltkrieg, Düsseldorf 2006.- Ders., Cataclysm. The First World War as a Political Tragedy, New York 2004.- Strachan, Hew (Hg.), The Oxford Illustrated History of the First World War,

Oxford 1998.- Sundhaussen, Holm, *Die Königsdiktaturen* in Südosteuropa. Umrisse einer Synthese, in: Oberländer (Hg.), Autoritäre Regime [1.1], 337-348.- Thoß, Bruno/Volkmann, Hans-Erich (Hgg.), Erster Weltkrieg - Zweiter Weltkrieg. Ein Vergleich. Krieg, Kriegserlebnis, Kriegserfahrung in Deutschland, Paderborn 2002.- Überegger, Oswald (Hg.), Zwischen Nation und Region. Weltkriegsforschung im interregionalen Vergleich. Ergebnisse und Perspektiven, Innsbruck 2004.- Verhey, Jeffrey, Der »Geist von 1914« und die Erfindung der Volksgemeinschaft, Hamburg 2000.- Vondung, Klaus, Kriegserlebnis. Der Erste Weltkrieg in der literarischen Gestaltung und symbolischen Deutung der Nationen, Göttingen 1980.- Walsh Campbell, Michael, The Making of the »March Fallen«. March 4, 1919 und the Subversive Potential of Occupation, in: CEH 39 (2006), 1-29.- Wehler, Hans-Ulrich, Deutsche Gesellschaftsgeschichte. Bd. 4: Vom Beginn des Ersten Weltkriegs bis zur Gründung der beiden deutschen Staaten 1914-1949, München 2003.- Williams, John Alexander, Ecstasies of the Young. Sexuality, the Youth Movement, and Moral Panic in Germany on the Eve of the First World War, in: CEH 34 (2006), 163-190.- Willmott, H. P., Der Erste Weltkrieg, Hildesheim 2004.- Winter, Jay/Parker, Geoffrey/Habeck, Mary R. (Hgg.), Der Erste Weltkrieg und das 20. Jahrhundert, Hamburg 2002.- Ders./Prost, Antoine, The Great War in History. Debates and Controversies, 1914 to the Present, Cambridge 2005.- Wirsching, Andreas, »Augusterlebnis« 1914 und »Dolchstoß« 1918 - zwei Versionen derselben Legende?, in: Dotterweich, Volker (Hg.), Mythen und Legenden in der Geschichte, München 2004, 187-202.- Ders. (Hg.), Violence and Society after the First World War, in: JMEH 1 (2003), 60-79.- Zuckerman, Larry, The Rape of Belgium. The Untold Story of World War I, New York 2004.

1.2 Der Versailler Vertrag und seine Auswirkungen

Adám, Magda, The Versailles System and Central Europe, Aldershot 2004.- Alexander, Manfred, Deutschland, Italien und die Tschechoslowakei in der Zwischenkriegszeit, in: Bohemia 38 (1997), 56-65.- Bariéty, Jacques, La conférence de la paix de 1919 et la nation allemande, in: Revue d'Allemagne 28 (1996), 87-110.- Barkan, Elazar, The Guilt of Nations. Restitution and Negotiating Historical Injustices, London 2000.- Becker, Jean-Jacques, La traité de Versailles, Paris 2002.- Boden, Ragna, Die Weimarer Nationalversammlung und die deutsche Außenpolitik. Waffenstillstand, Friedensverhandlungen und internationale Beziehungen in den Debatten von Februar bis August 1919, Frankfurt/M. 2000.- Boemeke, Manfred F./Feldman, Gerald D./Glaser-Schmidt, Elisabeth (Hgg.), The Treaty of Versailles. A Reassessment after 75 Years, Cambridge 1998.- Břach, Radko, Die Tschechoslowakei und Locarno. Europäische Variationen, München 2006.- Burgwyn, James H., The Legend of the Mutilated Victory. Italy, the Great War, and the Paris Peace Conference 1915-1919, Westport 1993.- Craig, Gordon, Geschichte Europas 1815-1980, München 1989.- Degrelle, Léon, Hitler - geboren in Versailles, Tübingen 1993.- Drockrill, Michael (Hg.), The Paris Peace Conference 1919. Peace without Victory?, Basingstoke 2001.- Felder, Ekkehard, Handlungsleitende Konzepte in der Nationalversammlungsdebatte über die Unterzeichnung des Versailler Vertrags im Jahr 1919, in: Burkhardt, Armin (Hg.), Sprache des deutschen Parlamentarismus. Studien zu 150 Jahren parlamentarischer Kommunikation, Wiesbaden 2000, 111-131.- Fiedor, Karol/Wolański, Marian S. (Hgg.), Między traktatem wersalskim a NATO. Wybrane problemy polityczno-gospodarcze Polski, Niemiec i Austrii [Zwischen dem Versailler Vertrag und der NATO. Ausgewählte politisch-wirtschaftliche Probleme Polens, Deutschlands und Österreichs], Wrocław 2000.- Fulda, Bernhard D., Misgivings about Versailles. Lloyd George and the Weimar Republic, in: Görtemaker, Manfred (Hg.), Britain and Germany in the Twentieth Century, New York 2006, 31–52.- Gehl, Günter (Hg.), Münster, Versailles, Dayton. Konfliktlösungen gestern, heute, morgen, Weimar 2000.- Gmeline, Patrick de, Versailles 1919. Chronique d'une fausse paix. Document, Paris 2001.- Grišina, Ritta P. (Hg.), Versal i novaja vostočnaja Evropa [Versailles und das neue Osteuropa], Moskva 1996.- Gruppe, Peter, Deutsche Außenpolitik im Schatten von Versailles 1918–1920. Zur Politik des Auswärtigen Amts vom Ende des Ersten Weltkriegs und der Novemberrevolution bis zum Inkrafttreten des Versailler Vertrages, Paderborn 1988.- Hankel, Gerd, Die Leipziger Prozesse. Deutsche Kriegsverbrechen und ihre strafrechtliche Verfolgung nach dem Ersten Weltkrieg, Hamburg 2003.- Henig, Ruth, Versailles and after. 1919–1933, New York [2]1995.- Hettling, Manfred (Hg.), Volksgeschichten im Europa der Zwischenkriegszeit, Göttingen 2003.- Hroch, Miroslav, Das Europa der Nationen. Die moderne Nationsbildung im europäischen Vergleich, Göttingen 2005.- Kent, Bruce, The Spoils of War. The Politics, Economics, and Diplomacy of Reparations 1918–1932, Oxford 1991.- Keynes, John Maynard, Krieg und Frieden (1919). Hg. von Dorothea Hauser, Berlin 2006.- Kimball, Warren F., Versal i Jalta. Provokacija ili predupreždenie? Amerikanskij vzgljad [Versailles und Jalta. Provokation oder Vorurteil? Die amerikanische Sicht], in: Małkov (Hg.) [1.2], 211–220.- Kleine-Ahlbrandt, William Laird, The Burden of Victory. France, Britain, and the Enforcement of the Versailles Peace 1919–1925.- Lanham 1995.- Kolb, Eberhard, Der Frieden von Versailles, München 2005.- Koryna, Andrzej (Hg.), Od Wersalu do Poczdamu. Sytuacja międzynarodowa Europy Środkowo-Wschodniej 1918–1945 [Von Versailles nach Potsdam. Die internationale Situation Ostmitteleuropas 1918–1945], Warszawa 1996.- Krüger, Peter, Versailles. Deutsche Außenpolitik zwischen Revisionismus und Friedenssicherung, München [2]1993.- Krumeich, Gerd,»Die Stunde der Abrechnung ist da«. Die Friedensversammlungen in Versailles 1919 und die Fortführung des Krieges in den Köpfen, in: Militärgeschichte 9 (1999), 48–55.- Ders. (Hg.), Versailles 1919. Ziele – Wirkung – Wahrnehmung, Essen 2001.- Lentin, Anthony, Lloyd George and the Lost Peace. From Versailles to Hitler 1919–1940, Houndmills 2001.- Madajczyk, Piotr, Europa przed i po traktacie Wersalskim w ocenie Gustawa Stresemanna [Europa vor und nach dem Versailler Vertrag in der Beurteilung Gustav Stresemanns], in: Dzieje najnowsze 23 (1991), 9–32.- Lesaffer, Randall (Hg.), Peace Treaties and International Law in European History. From the Late Middle Ages to World War One, Cambridge 2004.- Małkov, V.L., Versał i jego uroki. Rossijskij vzgljad [Versailles und seine Lektion. Die russische Sicht], in: Ders. (Hg.), Pervaja Mirovaja Vojna. Prolog XX veka [Der Erste Weltkrieg. Prolog des XX. Jahrhunderts], Moskva 1998, 202–210.- Matsch, Erwin, Internationale Politik 1919–1939, 3 Bde., Wien 2005.- Möller, Horst, Europa zwischen den Weltkriegen, München 1998.- Niedhart, Gottfried (Hg.), Deutschland in Europa. Nationale Interessen und internationale Ordnung im 20. Jahrhundert, Mannheim 1997.- Ders., Internationale Beziehungen 1917–1947, Paderborn 1989.- Romsics, Ignác, A trianoni békeszerződés [Der Friedensvertrag von Trianon], Budapest 2001.- Salewski, Michael, Europa zwischen den Kriegen, in: GWU 51 (2000), 746–770.- Samerski, Stefan, Der Hl. Stuhl und der Vertrag von Versailles, in: ZKG 107 (1996), 355–375.- Schewe, Lars,»Der uns aufgezwungene Weltvertrag«. Die Presse zum Frieden von Versailles, in: Schlosser, Horst Dieter (Hg.), Das Deutsche

Reich ist eine Republik. Beiträge zur Kommunikation und Sprache der Weimarer Zeit, Frankfurt/M. 2003, 51–61.- Schröder, Hans-Jürgen, Von Versailles nach Potsdam. Deutsche Frage und internationales System. Politik und Zeitgeschichte, in: APuZ 28/1995, 3–12.- Schröter, Harm/Wurm, Clemens (Hgg.), Politik, Wirtschaft und internationale Beziehungen. Studien zu ihrem Verhältnis in der Zeit zwischen den Weltkriegen, Mainz 1991.- Schuker, Stephen A., The End of Versailles, in: Gordon, Martel (Hg.), The Origins of the Second World War Reconsidered. A.J.P. Taylor and the Historians, London 1999, 38–56.- Schwabe, Klaus, Deutsche Revolution und Wilson-Frieden. Die amerikanische und deutsche Friedensstrategie zwischen Ideologie und Machtpolitik 1918/19, Düsseldorf 1971.- Ders., Eine neue Weltordnung? Der Beitrag Amerikas zur Lösung der Deutschlandfrage durch den Friedensschluss von Versailles, in: Berg, Manfred (Hg.), Deutschland und die USA in der internationalen Geschichte des 20. Jahrhunderts. FS für Detlef Junker, Stuttgart 2004, 263–278.- Ders. (Hg.), Quellen zum Friedensschluß von Versailles, Darmstadt 1997.- Ders., Woodrow Wilson und das europäische Mächtesystem in Versailles. Friedensorganisation und nationale Selbstbestimmung, in: Clemens, Gabriele (Hg.), Nation und Europa. Studien zum internationalen Staatensystem im 19. und 20. Jahrhundert. FS für Peter Krüger zum 65. Geburtstag, Stuttgart 2001, 89–107.- Sharp, Alan, The Versailles Settlement. Peacemaking in Paris 1919, London 1991.- Soutou, Georges-Henri, La France et le problème de l'unité et du statut international du Reich 1914 – 1924, in: EtGerm 59 (2004), 745–793.- Sperling, Przemysław, Ekonomiczne konsekwencje pokoju. Od Wersalu do Londynu [Ökonomische Konsequenzen des Friedensschlusses. Von Versailles bis London], in: Studia historica slavo-germanica 23 (2000), 71–139.- Steiger, Heinhard, Peace Treaties from Paris to Versailles, in: Lesaffer (Hg.) [1.2], 59–99.- Syč, Aleksandr I., Nacionalni aspekt Versalskoj sistemy [Der nationale Aspekt des Versailler Systems], in: Voprosy istorii 1 (2004), 126– 133.- Teichová, Alice, Kleinstaaten im Spannungsfeld der Großmächte, München 1988.- Timmermann, Heiner (Hg.), Nationalismus und Nationalbewegung in Europa 1914-1945, Berlin 1998.- Tomuschat, Christian, The 1871 Peace Treaty Between France and Germany and the 1919 Peace Treaty of Versailles, in: Lesaffer (Hg.) [1.2], 382–396.- Turner, Arthur, Austen Chamberlain. The Times and the Question of Revision of the Treaty of Versailles in 1933, in: EHQ 18 (1988), 51–70.- Wette, Wolfram, Wie es im Jahre 1919 zur Abschaffung der Wehrpflicht in Deutschland kam, in: Opitz, Eckhard (Hg.), Allgemeine Wehrpflicht. Geschichte, Probleme, Perspektiven, Bremen 1994, 67–74.- Wiggenhorn, Harald, Verliererjustiz. Die Leipziger Kriegsverbrecherprozesse nach dem Ersten Weltkrieg, Baden-Baden 2005.- Żarnowski, Janusz, L'Europe de Versailles 1918–1923. Nationalités et sécurité collective, in: Acta Poloniae historica 47 (1983), 81–101.

1.3 Wellen der Diktaturerrichtung in Europa:
Die Dynamik von konstitutionellen zu totalitären Diktaturen

Altrichter, Helmut/Bernecker, Walther L., Geschichte Europas im 20. Jahrhundert, Stuttgart 2004.- Barth, Reinhard, Diktaturen in Europa, Berlin 2005.- Bernecker, Walter, Europa zwischen den Weltkriegen 1914-1945, Stuttgart 2002.- Beyrau, Dietrich, Schlachtfeld der Diktatoren. Osteuropa im Schatten von Hitler und Stalin, Göttingen 2000.- Borejsza, Jerzy W., Italian Fascism, Nazism and Stalinism. Three Forms of Totalitarianism from the Twenty-first-century Perspective, in:

Ders./Ziemer (Hgg.) [1.3], 3–22.- Ders./Ziemer, Klaus (Hgg.), Totalitarian and Authoritarian Regimes in Europe. Legacies and Lessons from the Twentieth Century, New York 2006.- Bullock, Alan, Hitler und Stalin. Parallele Leben, Berlin 1991.- Eatwell, Roger, The Concept and the Theory of *Charismatic Leadership*, in: TMPR 7 (2006), 141–156.- Fraenkel, Ernst, *Der Doppelstaat*, Hamburg ²2001.- Heister, Hanns-Werner (Hg.), Antimoderne, Faschismus, modernisierte Reaktion, Berlin 2005.- Herbert, Ulrich/Schildt, Axel (Hg.), Kriegsende in Europa. Vom Beginn des deutschen Machtzerfalls bis zur Stabilisierung der Nachkriegsordnung 1944–1948, Essen 1998.- James, Harold, Geschichte Europas im 20. Jahrhundert. Fall und Aufstieg 1914–2001, München 2004.- Kivelitz, Christoph, Die Propagandaausstellung in europäischen Diktaturen, Bochum 1999.- Laqueur, Walter (Hg.), Fascism. A Reader's Guide, Berkeley 1976.- Linz, Juan, *Some Notes* Toward a Comparative Study of Fascism in Sociological Historical Perspective, in: Laqueur (Hg.) [1.3], 29–39.- Ders./Stepan, Alfred (Hgg.), The Breakdown of Democratic Regimes, Baltimore 1978.- Mazower, Mark, Der dunkle Kontinent. Europa im 20. Jahrhundert, Berlin 2000.- Möller, Horst/Raulet, Gérard/Wirsching, Andreas (Hgg.), Gefährdete Mitte? Mittelschichten und politische Kultur zwischen den Weltkriegen. Italien, Frankreich und Deutschland, Sigmaringen 1993.- Mommsen, Hans, Die Krise der parlamentarischen Demokratie und die Durchsetzung autoritärer und faschistischer Regime in der Zwischenkriegszeit, in: JbEurG 1 (2000), 51–69.- Morgan, Philip, Fascism in Europe 1919–1945, London 2002.- Nolte, Ernst, Der Faschismus in seiner Epoche. Die Action française. Der italienische Faschismus. Der deutsche Nationalsozialismus, München 1995.- Ders., Die Krise des liberalen Systems und die faschistischen Bewegungen, München 1968.- Oberländer, *Autoritäre Regime* [1.1].- Overy, Richard, Die Diktatoren. Hitlers Deutschland, Stalins Russland, München 2005.- Paxton, Robert O., *Anatomie des Faschismus*, München 2006.- Payne, Stanley G., *Fascism*. Comparison and Definition, Madison 1980.- Ders., *Fascism and Communism*, in: TMPR 1 (2000), 1–16.- Pinto, António Costa, Fascism, Dictators and Charisma, in: TMPR 7 (2006), 251–258.- Ders./Larsen, Stein Ugelvik, *Conclusion*. Fascism, Dictators and Charisma, in: TMPR 7 (2006), 251–258.- Pohlmann, Friedrich, Stätten des Terrors im Kommunismus und Nationalsozialismus. Archipel Gulag und Konzentrationslager, in: ZfP 52 (2005), 297–317.- Schmale, Wolfgang, Geschichte Europas, Wien 2001.- Söllner, Alfons, *Sigmund Neumanns* »*Permanent Revolution*«. Ein vergessener Klassiker der vergleichenden Diktaturforschung, in: Ders./Walkenhaus, Ralf/Wieland, Karin (Hgg.), Totalitarismus. Eine Ideengeschichte des 20. Jahrhunderts, Berlin 1997, 53–73.- Ders./Walkenhaus, Ralf/Wieland, Karin (Hgg.), Totalitarismus. Eine Ideengeschichte des 20. Jahrhunderts, Berlin 1997.- Sundhaussen, Holm, *Die Königsdiktaturen* in Südosteuropa. Umrisse einer Synthese, in: Oberländer (Hg.), Autoritäre Regime [1.1], 337–348.- Weitz, Eric, A Century of Genocide. Utopias of Race and Nation, Princeton 2005.- Welzer, Harald, *Täter*, Frankfurt/M. 2006.- Wiskemann, Elizabeth, Europe of the Dictators 1919–1945, London 1985.- Żarnowski, Janusz (Hg.), Dictatorships in East-Central Europe 1918–1939, Wrocław 1983.

2. Autoritarismus – Kommunismus – Faschismus – Nationalsozialismus.
Die Entwicklung in den einzelnen Nationalstaaten (I)

2.1 Die Russischen Revolutionen und ihre Folgen: Leninismus und Stalinismus

Acton, Edward/Cherniaev, Vladimir/Rosenberg, William G. (Hgg.), Critical Companion to the Russian Revolution 1914–1921, London 1997.- Alexopoulos, Golfo, Stalin's Outcasts. Aliens, Citizens, and the Soviet State 1926–1936, Ithaca 2003.- Allen, Robert, Farm to Factory. A Reinterpretation of the Soviet Industrial Revolution, Princeton 2003.- Altrichter, Helmut, Die Bauern von Tver, München 1984.- Ders., Kleine Geschichte der Sowjetunion 1917–1991, München 2001.- Ders., »Offene Großbaustelle Rußland«. Reflexionen über das »Schwarzbuch des Kommunismus«, in: VfZ 47 (1999), 321–361.- Ders., Rußland 1917, Paderborn 1997.- Ders., Staat und Revolution in Sowjetrussland 1917–1922/23, Darmstadt 1996.- Andrew, Christopher/Elkner, Julie, Stalin and Foreign Intelligence, in: TMPR 4 (2003), 69–94.- Angermann, Erich, Die Vereinigten Staaten von Amerika seit 1917, München ⁹1995.- Baberowski, Jörg, Der Feind ist überall. Stalinismus im Kaukasus, München 2003.- Ders., Stalinismus und Nation. Die Sowjetunion als Vielvölkerreich 1917–1953, in: ZfG 54 (2006), 199–213.- Ders., Stalinismus und Religion, in: JBfGOE 52 (2004), 482–493.- Ders., Stalinismus »von oben«. Kulakendeportationen in der Sowjetunion 1929–1933, in: JBfGOE 46 (1998), 572–595.- Ders., Wandel und Terror. Die Sowjetunion unter Stalin 1928–1941, in: JBfGOE 43 (1995), 97–129.- Ders., Zivilisation der Gewalt. Die kulturellen Ursprünge des Stalinismus, in: HZ 281 (2005), 59–102.- Bartuševičius, Vincas/Tauber, Joachim/Wette, Wolfram (Hgg.), Holocaust in Litauen. Krieg, Judenmorde und Kollaboration im Jahre 1941, Köln 2003.- Baur, Johannes, »Großer Terror« und »Säuberungen« im Stalinismus, in: ZfG 45 (1997), 331–348.- Belkovec, Larisa P., »Bol'šoi terror« i sud'by nemeckoj derevni v Sibiri (konec 1920-ch-1930-e gody) [Der »Große Terror« und die Schicksale eines deutschen Dorfes in Sibirien (Ende der 1920er, 1930er Jahre)], Moskva 1995.- Besymenski, Lew, Stalin und Hitler. Das Pokerspiel der Diktatoren, Berlin ²2003.- Beyrau, Dietrich, Die russische Revolution und der Aufstieg des Kommunismus, München 2001.- Ders. (Hg.), Im Dschungel der Macht. Intellektuelle Professionen unter Stalin und Hitler, Göttingen 2000.- Ders., Schlachtfeld der Diktatoren. Osteuropa im Schatten von Hitler und Stalin, Göttingen 2000.- Bljum, Arlen Viktorovič, Za kulisami »ministerstva pravdy«. Tajnaja istorija soveckoj cenzury 1917–1929 [Hinter den Kulissen des »Ministeriums der Wahrheit«. Eine geheime Geschichte der sowjetischen Zensur 1917–1929], St. Petersburg 1994.- Bohn, Thomas/Neutatz, Dietmar (Hgg.), Studienhandbuch Östliches Europa. Bd. 2: Geschichte des Russischen Reiches und der Sowjetunion, Köln 2002.- Bonnel, Victoria, Iconography of Power. Soviet Political Posters under Lenin and Stalin, Berkeley 1997.- Bonwetsch, Bernd, Die Russische Revolution 1917, Darmstadt 1991.- Brackman, Roman, The Secret File of Joseph Stalin. A Hidden Life, London 2003.- Broekmeyer, Marius, Stalin, the Russians and Their War 1941–1945, Madison 2004.- Brooks, Jeffrey, Stalin's Politics of Obligation, in: TMPR 4 (2003), 47–68.- Brovkin, Vladimir N. (Hg.), The Bolsheviks in Russian Society. The Revolution and the Civil Wars, New Haven 1997.- Buckmiller, Michael/Meschkat, Klaus (Hgg.), Biographisches Handbuch zur Geschichte der Kommunistischen Internationale, Berlin 2006.- Carr, Edward Hallett, The Russian Revolution. From Lenin to Stalin (1917–1929), Basingstoke ⁸2004.- Carrère d'Encausse, Hélène, Lenin, München 2004.- Chavkin, Boris, Räume des Schreckens. Leben und Überleben im russischen Bürgerkrieg, in: FOstIZ 10 (2006), 91–114.- Chiari, Bernhard, Alltag hinter der Front. Besatzung, Kollaboration und Widerstand in Weißrussland 1941–1944, Düsseldorf 1998.- Chlewnjuk, Oleg W., Das Politbüro. Mechanismen der politischen Macht in der Sowjetunion der dreißiger Jahre, Hamburg 1998.- Ders., The History of the Gulag. From Collectivization to the Great Terror, New Haven 2004.- Chuchin, Ivan, Kareliia-37. Ideologiia i praktika terrora [Kareliia-37. Ideologie und Praxis des Terrors], Petrozavodsk 1999.- Cimbaev, Nikolaj, Die Russische Orthodoxe Kirche in den Jahren schwerer Prüfungen (1900–1941), in: Luks (Hg.) [2.1], 175–190.- Coeuré, Sophie, Hélène Brion en »Russie rouge« (1920–1922). Une passagère du communisme, in: MouvSoc 205 (2003), 9–20.- Conquest, Robert, Am Anfang starb Genosse Kirow, Düsseldorf 1970.- Ders., Ernte des Todes, Berlin 1990.- Ders., Stalin. Breaker of Nations, Weidenfeld 1991.- Ders., The Great Terror. Stalin's Purge of the Thirties, Harmondsworth 1968.- Corney, Frederick C., Telling October. Memory and the Making of the Bolshevik Revolution, Ithaca 2004.- Courtois, Stéphane, Das Schwarzbuch des Kommunismus. Unterdrückung, Verbrechen, Terror, München [2]2004.- Dahlmann, Dittmar/Hirschfeld, Gerhard (Hgg.), Lager, Zwangsarbeit, Vertreibung und Deportation. Dimensionen der Massenverbrechen in der Sowjetunion und in Deutschland 1933 bis 1945, Essen 1999.- Dallin, Alexander/Firsow, Fridrikh Igorevich (Hgg.), Dimitrov and Stalin 1934–1943. Letters from the Soviet Archives, New Haven 2000.- Daly, Jonathan W., The Watchful State. Security Police and Opposition in Russia 1906–1917, DeKalb 2004.- Danilov, Aleksandr/Pyžikov, Aleksandr, Roždenie sverchderžavy. SSSR v pervye poslevoennye gody [Die Geburt einer Supermacht. Die UdSSR in den ersten Nachkriegsjahren], Moskva 2001.- Davies, Sarah, Popular Opinion in Stalin's Russia. Terror, Propaganda and Dissent 1934–1941, Cambridge 1997.- Dmitrenko,Vladimir Petrovič., Vlast' i obščestvo v SSSR. Politika repressii (20-40-e gg.) [Macht und Gesellschaft in der Sowjetunion. Politik der Repressionen (20er und 40er Jahre)], Moskva 1999.- Drosdow, Georgi/Ryabko, Jewgeni, Russland im Krieg 1941–1945, Augsburg 2006.- Duskin, Eric J., Stalinist Reconstruction and the Confirmation of a New Elite 1945–1953, Basingstoke 2001.- Eimermacher, Karl (Hg.), Verführungen der Gewalt. Russen und Deutsche im Ersten und Zweiten Weltkrieg, München 2005.- Ennker, Benno, Leninkult und mythisches Denken in der sowjetischen Öffentlichkeit 1924, in: JBfGOE 44 (1996), 431–455.- Ewing, E. Thomas, The Teachers of Stalinism. Policy, and Power in Soviet School of the 1930s, New York 2002.- Faraldo, José M., Formulación del paisaje en la Unión Soviética. Arquitecturas y espacios de vida (1917–1929) [Formulierung der Landschaften in der Sowjetunion. Architekturen und Lebensräume (1917–1929)], in: Memoria y civilización 4 (2001), 205–239.- Ders., La escritura simbólica de la realidad social. El ejemplo de la constitución estalinista de 1936 [Symbolisches Schrifttum der sozialen Realität. Das Beispiel der stalinistischen Verfassung von 1936], in: Cuadernos Constitucionales de la Cátedra Fadrique Furió Ceriol 36–37 (2003), 133–160.- Fitzpatrick, Sheila (Hg.), Cultural Revolution in Russia 1928–1931, Bloomington 1978.- Dies., Everyday Stalinism. Ordinary Life in Extraordinary Times. Soviet Russia in the 1930s, New York 1999.- Dies., How the Mice Buried the Cat. Scenes from the Great Purges of 1937 in the Russian Province, in: RR 52 (1993), 299–320.- Dies., New Perspectives on Stalinism, in: RR 45 (1986), 357–373.- Dies., Stalin and the Making of a New Elite 1928–1939, in: SR 38 (1979), 377–402.- Dies. (Hg.), Stalinism. New Directions, London 2000.- Dies./Rabinowitch, Alexander/Stites, Richard (Hgg.), Russia in the Era of NEP, Bloomington 1991.- Gabel, Paul, And God Created Lenin. Marxism vs. Religion in Russia 1917-1929, New York 2005.- Gabovič, Michail (Hg.), Pamjat' o vojne 60 let spustja. Rossija, Germanija, Evropa [Das Gedenken an den Krieg 60 Jahre danach. Russland, Deutschland, Europa], Moskva 2005.- Ganzenmüller, Jörg, Das belagerte Leningrad 1941-1944. Eine Stadt in den Strategien von Angreifern und Verteidigern, Paderborn 2005.- Gassenschmidt, Christoph/Tuchtenhagen, Ralph (Hgg.), Politik und Religion in der Sowjetunion 1917-1941, Wiesbaden 2001.- Geldern, James von, Bolshevik Festivals 1917-1920, Berkeley 1993.- Ders. (Hg.), Mass Culture in Soviet Russia. Tales, Poems, Songs, Movies, Plays and Folklore 1917-1953, Bloomington 1995.- Getty, John Arch/Manning, Roberta (Hg.), Stalinist Terror, Cambridge 1993.- Ders./Naumov, Oleg V., The Road to Terror. Stalin and the Self-Destruction of the Bolsheviks 1932-1939, New Haven 1999.- Geyer, Dietrich (Hg.), Die Umwertung der sowjetischen Geschichte, Göttingen 1991.- Gooding, John, Socialism in Russia. Lenin and His Legacy 1880-1991, Basingstoke 2002.- Gorham, Michael S., Speaking in Soviet Tongues. Language Culture and the Politics of Voice in Revolutionary Russia, DeKalb 2003.- Gorzka, Gabriele, Arbeiterkultur in der Sowjetunion, Berlin 1990.- Grabowsky, Ingo, Agitprop in der Sowjetunion. Die Abteilung für Agitation und Propaganda 1920-1928, Bochum 2004.- Gregory, Paul, The Political Economy of Stalinism. Evidence from the Soviet Secret Archives, Cambridge 2004.- Ders./Lazarev, Valery (Hgg.), The Economics of Forced Labor. The Soviet Gulag, Stanford 2003.- Gronow, Jukka, Caviar with Champagne. Common Luxury and the Ideals of the Good Life in Stalin's Russia, New York 2003.- Grünewald, Jörn, Der Kaukasus und die Ursprünge stalinistischer Gewalt, in: ZfG 54 (2006), 232-251.- Guiheneuf, Hervé, Voir plutôt que croire. L'expérience de travail d'Yvon en Union soviétique et les récits de ses désillusions, MouvSoc 205 (2003), 21-42.- Hanak, Harry, Soviet Foreign Policy Since the Death of Stalin, London 1972.- Hedeler, Wladislaw, 1940 - Stalins glückliches Jahr, Berlin 2001.- Ders., Chronik der Moskauer Schauprozesse 1936, 1937 und 1938. Planung, Inszenierung und Wirkung, Berlin 2003.- Ders. (Hg.), Stalinistischer Terror 1934-41. Eine Forschungsbilanz, Berlin 2002.- Heller, Klaus/Plamper, Jan (Hgg.), Personality Cults in Stalinism - Personenkulte im Stalinismus, Göttingen 2004.- Hildermeier, Manfred, *Geschichte der Sowjetunion 1917-1991. Entstehung und Niedergang des ersten sozialistischen Staates*, München 1998.- Ders., Interpretationen des Stalinismus, in: HZ 264 (1997), 655-674.- Ders., Stalinismus und Terror, in: Osteuropa 50 (2000), 593-605.- Ders. (Hg.), Stalinismus vor dem Zweiten Weltkrieg. Neue Wege der Forschung, München 1998.- Hill, Alexander, The War Behind the Eastern Front. The Soviet Partisan Movement in North-West Russia 1941-1944, London 2005.- Hoffmann, David L. (Hg.), Stalinism. The Essential Readings, Malden 2003.- Hoffmann, Joachim, Stalins Vernichtungskrieg 1941-1945. Planung, Ausführung und Dokumentation, München [9]2003.- Hofmeister, Ulrich, Kolonialmacht Sowjetunion. Ein Rückblick auf den Fall Uzbekistan, in: Osteuropa 56 (2006), 69-93.- Holquist, Peter, Making War, Forging Revolution. Russia's Continuum of Crisis 1914-1921, Cambridge (Mass.) 2002.- Isupov, Vladimir Anatol'evič, Demografičeskie katastrofy i krizisy v Rossii v pervoj polovine XX veka [Demographische Katastrophen und Krisen in Russland in der ersten Hälfte des XX. Jahrhunderts], Novosibirsk 2000.- Ivanov, Andrej, Mechanizm massovych repressii v Sovetskoj Rossii v konce 20-ch-40-ch gg. (po materialam Severo-Zapada RSFSR), [Der Mechanismus der Massenrepressionen in Sowjetrussland Ende der 20er bis 40er Jahre (nach Materialien des Nordwestens der

RSFSR)], St. Petersburg 1998.- Ivanova, Galina Michajlovna, Gulag v sisteme totalitarnogo gosudarstva [Der Gulag im System des totalitären Staates], Moskva 1997.- Dies., Labor Camp Socialism. The Gulag in the Soviet Totalitarian System, Armonk 2002.- Jahn, Hubertus F., Patriotic Culture in Russia during Wold War I, Ithaca 1995.- Jahn, Peter (Hg.), Blockade Leningrads 1941–1944. Dossiers 1941–1944, Berlin 2004.- Ders. (Hg.), Triumph und Trauma. Sowjetische und postsowjetische Erinnerung an den Krieg 1941–1945, Berlin 2005.- Jakowlew, Alexander N., Ein Jahrhundert der Gewalt in Sowjetrussland, Berlin 2004.- Jansen, Marc/Petrov, Nikita, Stalin's Loyal Executioner. People's Commissar Nikolai Ezhov 1895–1940, Stanford 2002.- Karsch, Stefan, Die Staatsduma in der Februarrevolution. Skizzen zur Geschichte, Riazan 2002.- Katzer, Nikolaus, Räume des Schreckens. Leben und Überleben im russischen Bürgerkrieg, in: FOstIZ 10 (2006), 55–90.- Kautsky, John H., Centralization in the Marxist and in the Leninist Tradition, in: Communist Post-Communist Stud 30 (1997), 379–400.- Keep, John, Recent Western Views of Stalin's Russia. Social and Cultural Aspects, in: TMPR 4 (2003), 149–166.- Kellmann, Klaus, Stalin. Eine Biographie, Darmstadt 2005.- Keßler, Mario, Heroische Illusion und Stalin-Terror. Beiträge zur Kommunismusforschung, Hamburg 1999.- Kirschbaum, Lisa,»Our City, Our Hearts, Our Families«. Local Loyalties and Private Life in Soviet World War II Propaganda, in: SR 59 (2000), 825–847.- Kodin, Evgenij Vladimirovič. (Hg.), Stalinizm v rossijskoj provincii. Smolenskie archivnye dokumenty v pročtenii zarubežnych i rossijskich istorikov [Stalinismus in der russischen Provinz. Smolensker Archivdokumente aus der Sicht ausländischer und russischer Historiker], Smolensk 1999.- Koenen, Gerd/Kopelew, Lew (Hgg.), Deutschland und die russische Revolution 1917–1924, München 1998.- Kokurin, Aleksandr I./Petrov, Nikita V./Šostakovskij, V. N. (Hg.), GULAG (Glavnoe upravlenie lagerej) 1918–1960 [GULAG (Die Hauptverwaltung der Lager) 1918–1960], Moskva 2000.- Kolonitskij, Boris I., Antibourgeois Propaganda and Anti»Burzhui« Consciousness in 1971, in: RR 53 (1994), 183–196.- Korovin, Vasilij Vladimirovič, Istorija otečestvennych organov bezopasnosti [Geschichte vaterländischer Sicherheitsapparate], Moskva 1998.- Kosmač, Gennadij Arkadevič, Nacional-bolševizm v Germanii i sovetskaja Rossija (1919–1932) [Der Nationalbolschewismus in Deutschland und Sowjetrussland (1919–1932)], in: Rossija i Germanija 1 (1998), 281–293.- Kotkin, Stephen, Magnetic Mountain. Stalinism as a Civilization, Berkeley 1997.- Kropačev, Sergej Aleksandrovič, Chronika kommunističeskogo terrora. Tragičeskie fragmenty novejšchej istorii Otečestva. Sobytija. Masštaby. Kommentary. Tom 1: 1917–1940 [Die Chronik des kommunistischen Terrors. Tragische Fragmente der neuesten Geschichte des Vaterlandes. Ereignisse. Maßstäbe. Kommentare. Bd. 1: 1917–1949], Krasnodar 1995.- Kucher, Katharina, Raum(ge)schichten. Der Gor'kij-Park im frühen Stalinismus, in: Osteuropa 55 (2005), 154–168.- Kuhr-Korelev, Corinna/Plaggenborg, Stefan/Wellmann, Monica (Hgg.), Sowjetjugend 1917–1941. Generation zwischen Revolution und Resignation, Essen 2001.- Kula, Marcin, Religiopodobny komunizm [Religionsähnlicher Kommunismus], Kraków 2003.- Kunz, Norbert, Die Krim unter deutscher Herrschaft (1941–1944). Germanisierungsutopie und Besatzungsrealität, Darmstadt 2005.- Kuromiya, Hiroaki, Stalin, London 2005.- LaPorte, Norman, The German Communist Party in Saxony 1924–1933. Factionalism, Fratricide and Political Failure, Bern 2003.- Leder, Mary M., My Life in Stalinist Russia, Bloomington 2001.- Leidinger, Hannes/Moritz, Verena, Gefangenschaft, Revolution, Heimkehr. Die Bedeutung der Kriegsgefangenenproblematik für die Geschichte des Kommunismus in Mittel- und Osteuropa 1917–

1920, Wien 2003.- Levin, Nora, Jews in the Soviet Union Since 1917. Paradox of Survival, 2 Bde., London 1990.- Löwe, Heinz-Dietrich, Stalin. Der entfesselte Revolutionär, Göttingen 2002.- Luks, Leonid (Hg.), Das Christentum und die totalitären Herausforderungen des 20. Jahrhunderts. Russland, Deutschland, Italien und Polen im Vergleich, Köln 2002.- Ders., Geschichte Russlands und der Sowjetunion. Von Lenin bis Jelzin, Regensburg 2000.- Madievski, Samson, Antisemitismus im Stalinismus. Anmerkungen zu einer Monographie, in: Osteuropa 52 (2002), 1075-1081.- Makarow, V., *Passažiry* »filosofskogo parochoda« (sud'by inteligencii, repressirovannoj letom-osen'ju 1922 g.) [Fahrgäste des »philosophischen Dampfers« (Schicksale der von Sommer bis Herbst 1922 deportierten Intelligenz)], in: Voprosy Filosofii 7 (2003), 113-137.- Martin, Terry Dean, The Affirmative Action Empire. Nations and Nationalism in the Soviet Union 1923-1939, Ithaca 2001.- Ders., The Origins of Soviet Ethnic Cleansing, in: JModH 70 (1998), 813-861.- Mawdsley, Evan, The Russian Civil War, Boston 1987.- Ders., The Stalin Years. The Soviet Union 1929-1953, Manchester 1998.- Ders./White, Stephen, The Soviet Elite from Lenin to Gorbachev. The Central Committee and its Members 1917-1991, Oxford 2004.- McDermott, Kevin, Archives, Power and The »Cultural Turn«. Reflections on Stalin and Stalinism, in: TMPR 5 (2004), 5-24.- McLoughlin, Barry (Hg.), Stalin's Terror. High Politics and Mass Repression in the Soviet Union, Basingstoke 2003.- Mensing, Wilhelm, Die deutschen Opfer des »Großen Terrors« - vergessen - erinnert? Betrachtungen zu den Folgen stalinistischer Gewaltherrschaft, in: ZdF 12 (2002), 88-97.- Merl, Stephan, Entfachte Stalin die Hungersnot von 1932-1933 zur Auslöschung des ukrainischen Nationalismus? in: JBfGOE 37 (1989), 569-590.- Mick, Christoph, Ethnische Gewalt und Pogrome in Lemberg 1914 und 1941, in: Osteuropa 53 (2003), 1810-1829.- Miner, Steven Merritt, Stalin's Holy War. Religion, Nationalism, and Alliance Politics 1941-1945, Chapel Hill 2003.- Mitrochin, Nikolaj Aleksandrovič, Russkaja partija. Dviženije nacionalistov v SSSR 1953-1985 gg. [Die russische Partei. Bewegung der Nationalisten in der Sowjetunion 1953-1985], Moskva 2003.- Montefiore, Simon Sebag, Stalin. Am Hof des Roten Zaren, Frankfurt/M. 2005.- Müller, Reinhard, Menschenfalle Moskau. Exil und stalinistische Verfolgung, Hamburg 2001.- Ders., Wehner, Herbert - Eine typische Biographie der stalinisierten Komintern? Auch eine Antikritik, in: Mittelweg 36 14 (2005), 77-97.- Musial, Bogdan, »*Wir werden den ganzen Kapitalismus am Kragen packen*«. Sowjetische Vorbereitungen zum Angriffskrieg in den dreißiger und Anfang der vierziger Jahre, in: ZfG 54 (2006), 45-64.- Nachtigal, Reinhard, Krasnyj Desant: Das Gefecht an der Mius-Bucht. Ein unbeachtetes Kapitel der deutschen Besetzung Südrußlands 1918, in: JBfGOE 53 (2005), 221-246.- Nove, Alec, An Economic History of the USSR 1917-1991, Harmondsworth 1992.- Oberländer (Hg.), *Autoritäre Regime* [1.1].- Osokina, Elena A., Our Daily Bread. Socialist Distribution and the Art of Survival in Stalin's Russia 1927-1941, Armonk 2001.- O'Sullivan, Donal, Stalins »Cordon sanitaire«. Die sowjetische Osteuropapolitik und die Reaktionen des Westens 1939-1949, Paderborn 2003.- Overy, Richard, Russlands Krieg 1941-1945, Reinbek 2003.- Patrikeef, Felix, Stalinism, Totalitarian Society and the Politics of »Perfect Control«, in: TMPR 4 (2003), 23-46.- Pavlova, Irina Vladimirovna, Mechanizm vlasti i stroitel'stvo Stalinskogo socializma [Der Machtmechanismus und der Aufbau des stalinistischen Sozialismus], Novosibirsk 2001.- Petrov, Nikita Vasil'evič/Skorkin, Konstantin Vladislavovič (Hgg.), Kto rukovodil NKVD 1934-1941 [Wer leitete den NKWD 1934-1941], Moskva 1999.- Pipes, Richard, Die Russische Revolution, 3 Bde., Berlin 1992.- Ders., The

Formation of the Soviet Union 1917–1923, Cambridge 1964.- Plaggenborg, Stefan (Hg.), Stalinismus. Neue Forschung und Konzepte, Berlin 1998.- Plener, Ulla/Mussienko, Natalia (Hgg.), Verurteilt zur Höchststrafe. Tod durch Erschießen. Todesopfer aus Deutschland und deutscher Nationalität im Großen Terror in der Sowjetunion 1937/1938, Berlin 2006.- Prokš, Petr, Politická ofenzíva císařského Německa vůči sovětskému Rusku (květen – červen 1918) [Die politische Offensive des kaiserlichen Deutschlands gegenüber Sowjetrußland, Mai-Juni 1918], in: Slovanský přehled 90 (2004), 531–544.- Ders., Politika císařského Německa vůči revolučnímu Rusku a mír v Brestu Litevském 1917–1918 [Die Politik des kaiserlichen Deutschlands gegenüber dem revolutionären Rußland und der Frieden von Brest-Litovsk 1917–1918], in: Slovanský přehled 90 (2004), 177–198.- Ders., Válečná porážka císařského Německa a sovětské Rusko (srpen – listopad 1918) [Die Kriegsniederlage des kaiserlichen Deutschlands und Sowjetrußland, August bis November 1918], in: Slovanský přehled 91 (2005), 341–350.- Raleigh, Donald J., Experiencing Russia's Civil War. Politics, Society and Revolutionary Culture in Saratov 1917–1922, Princeton 2002.- Ree, Erik van, The Political Thought of Joseph Stalin. A Study in Twentieth Century Revolutionary Patriotism, London 2002.- Riegel, Klaus-Georg, Marxism-Leninism as a Political Religion, in: TMPR 6 (2005), 97–126.- Rogovin Frankel, Edith (Hg.), Revolution in Russia. Reassessment of 1917, Cambridge 1992.- Rolf, Malte, Das sowjetische Massenfest, Hamburg 2006.- Ders., *Das sowjetische Massenfest* im Stalinismus (1932–1941), in: GG 32 (2006), 69–92.- Ders., Die Feste der Macht und die Macht der Feste. Fest und Diktatur – zur Einleitung in: JMEH 4 (2006), 39–59.- Ders., Zwischen antikirchlichem Gegenfest und volksreligiöser Feiertradition. Festkultur, Religion und Stalinismus in Sowjetrußland vor dem Zweiten Weltkrieg, in: JBfGOE 52 (2004), 494–514.- Rosefielde, Steven, Documented Homicides and Excess Deaths. New Insights into the Scale of Killing in the USSR during the 1930s, in: Communist Post-Communist Stud 30 (1997), 321–331.- Ders., Stalinism in Post-Communist Perspective. New Evidence on Killing, Forced Labour and Economic Growth in the 1930s, in: Europe-Asia Studies 48 (1996), 959–987.- Sakwa, Richard, The Rise and Fall of the Soviet Union 1917–1991, London 1999.- Samuelson, Lennart, Plans for Stalin's War Machine. Tukhachevskii and Military-Economic Planning 1925–1941, Basingstoke 2000.- Sanborn, Joshua A., Drafting the Russian Nation. Military Conscription, Total War, and Mass Politics 1905–1925, DeKalb 2003.- Schattenberg, Susanne, Stalins Ingenieure. Lebenswelten zwischen Technik und Terror in den 1930er Jahren, München 2002.- Schlögel, Karl, Russische Emigration in Deutschland 1918 bis 1941. Leben im europäischen Bürgerkrieg, Berlin 1995.- Service, Robert, Stalinism and the Soviet State Order, in: TMPR 4 (2003), 7–22.- Shearer, David R., Crime and Social Disorder in Stalin's Russia. A Reassessment of the Great Retreat and the Origins of Mass Repression, in: Cahiers du Monde russe 39 (1998), 119–148.- Shurawljow, Sergej, Ich bitte um Arbeit in der Sowjetunion. Das Schicksal deutscher Facharbeiter im Moskau der 30er Jahre, Berlin 2003.- Siegel, Achim, Die Dynamik des Terrors im Stalinismus, Pfaffenweiler 1992.- Siegelbaum, Lewis/Sokolov, Andrej (Hgg.), Stalinism as a Way of Life. A Narrative in Documents, New Haven 2000.- Sluč, Sergej, Deutschland und die UdSSR 1918–1939. Motive und Folgen außenpolitischer Entscheidungen, in: Jacobsen, Hans-Adolf (Hg.), Deutsch-russische Zeitenwende. Krieg und Frieden 1941–1995, Baden-Baden 1995, 62–72.- Ders., 17. September 1936. Der Eintritt der Sowjetunion in den Zweiten Weltkrieg, in: VfZ 18 (2000), 219–254.- Smirnov, Michail (Hg.), Sistema ispravitel'no trudovych lagerej v SSSR 1923–1960. Spravočnik [Das System der Besserungs-Arbeitslager in der Sowjetunion 1923–1960. Führer], Moskva 1998.- Smith, Michael G., Stalin's Martyrs. The Tragic Romance of the Russian Revolution, in: TMPR 4 (2003), 95–126.- Sokolov, Andrej Konstantinovič, »Ežovščina«, in: Dmitrenko, Vladimir P. (Hg.), Vlast' i obščestvo v SSSR. politika repressii (20–40-e gg.) [Macht und Gesellschaft in der Sowjetunion. Politik der Repression (20er und 40er Jahre)], Moskva 1999, 265–285.- Ders., Obščestvo i vlast' v 30–e gody [Gesellschaft und Macht in den 30er Jahren], Moskva 1998.- Staadt, Jochen, Linke Weltanschauung und Moskauer Mordmaschine. Stalins Terror im unvollendeten SED-Geschichtsbuch, in: ZdF 8 (2000), 27–36.- Stankovskaja, Galina, Kak delali »vragov naroda« [Wie »Volksfeinde« geschaffen wurden], in: Suslov, Andrej B./Gaševa, Nadežda N. (Hgg.), Gody terrora. Kniga pamjati žertv političeskich repressii [Jahre des Terrors. Chronik der Opfer politischer Repressionen], Perm' 1998, 92–108.- Stephan, Robert W., Stalin's Secret War. Soviet Counterintelligence against the Nazis 1941–1945, Lawrence 2004.- Stettner, Ralf, »Archipel GULag«. Stalins Zwangslager. Terrorinstrument und Wirtschaftsgigant. Entstehung, Organisation und Funktion des sowjetischen Lagersystems 1928–1956, Paderborn 1996.- Studer, Brigitte/Unfried, Berthold, Der stalinistische Parteikader. Identitätsstiftende Praktiken und Diskurse in der Sowjetunion der dreißiger Jahre, Köln 2001.- Suny, Ronald G./Terry, Martin (Hgg.), A State of Nations. Empire and Nation-Making in the Age of Lenin and Stalin, Oxford 2001.- Thomas, Ludmila/Knoll, Victor (Hgg.), Zwischen Tradition und Revolution. Determinanten und Strukturen sowjetischer Außenpolitik 1917–1941, Stuttgart 2000.- Thurston, Robert, Life and Terror in Stalin's Russia 1934–1941, New Haven 1996.- Ueberschär, Gerd R./Bezymenskij, Lev A. (Hgg.), Der deutsche Angriff auf die Sowjetunion 1941. Die Kontroverse um die Präventivkriegsthese, Darmstadt 1998.- Vatlin, Alexander, Tatort Kunzewo. Opfer und Täter des Stalinistischen Terrors, Berlin 2003.- Vilenskij, Semen S. (Hg.), Till my Tale is Told. Women's Memoirs of the Gulag, Bloomington 1999.- Viola, Lynne (Hg.), Contending with Stalinism. Soviet Power and Popular Resistance in the 1930s, Ithaca 2002.- Voß, Stefan, Stalins Kriegsvorbereitungen 1941. Erforscht, gedeutet und instrumentalisiert. Eine Analyse postsowjetischer Geschichtsschreibung, Hamburg 1998.- Wade, Rex A., The Bolshevik Revolution and Russian Civil War, Westport 2001.- Ders., The Russian Revolution 1917, Cambridge [2]2005.- Ward, Chris, Stalin's Russia, London [2]1999.- Ders. (Hg.), The Stalinist Dictatorship, London 1998.- Watson, Derek, Molotov. A Biography, Houndsmills 2005.- Weber, Hermann/Mählert, Ulrich (Hgg.), Terror. Stalinistische Parteisäuberungen 1936–1953, Paderborn 1998.- Wehner, Markus, Bauernpolitik im proletarischen Staat, Köln 1998.- Ders., Stalinistischer Terror. Genese und Praxis der kommunistischen Gewaltherrschaft in der Sowjetunion 1917–1953, in: APuZ 37–38/1996, 15–28.- Werth, Nicolas, Die Insel der Kannibalen. Stalins vergessener Gulag, München 2006.- Ders., *Ein Staat gegen sein Volk*, in: Courtois (Hg.) [2.1], 51–295.- Zarusky, Jürgen, Debatten um den Hitler-Stalin-Pakt. Eine Moskauer Konferenz und ihr Umfeld, in: VfZ 53 (2005), 331–342.- Zeidler, Manfred, Das »kaukasische Experiment«. Gab es eine Weisung Hitlers zur deutschen Besatzungspolitik im Kaukasus?, in: ZfG 53 (2005), 475–500.- Zellhuber, Andreas, »Unsere Verwaltung treibt einer Katastrophe zu...«. Das Reichsministerium für die besetzten Ostgebiete und die deutsche Besatzungsherrschaft in der Sowjetunion 1941–1945, Stamsried 2006.

2.2 Die baltischen Staaten: Autoritäre und profaschistische Regimes zwischen deutschem und russischem Großmachtimperialismus

Alenius, Kari, Estonian Anti-Semitism in the Early 1920s, in: ZfO 54 (2005), 36–55.- Altnurme, Riho (Hg.), Estnische Kirchengeschichte im vorigen Jahrtausend, Kiel 2001.- Angrick, Andrej/Klein, Peter, Die »Endlösung« in Riga. Ausbeutung und Vernichtung 1941–1944, Darmstadt 2006.- Anušauskas, Arvydas (Hg.), Lietuva 1940–1990. Okupuotos Lietuvos istorija [Litauen 1940–1990. Geschichte der Okkupation Litauens], Vilnius 2005.- Arad, Yitzhak, The Murder of the Jews in German-Occupied Lithuania (1941–1944), in: ZfO 54 (2005), 56–79.- Bauer, Gerhard, Das alte Litauen. Dörfliches Leben zwischen 1861 und 1914, Köln 1998.- Birn, Ruth Bettina, Die Sicherheitspolizei in Estland 1941–1944. Eine Studie zur Kollaboration im Osten, Paderborn 2006.- Brüggemann, Karsten, Die Gründung der Republik Estland und das Ende des »Einen unteilbaren Russland«. Die Petrograder Front des Russischen Bürgerkriegs 1918–1920, Wiesbaden 2002.- Bubnys, Arunas, Litauische Schutzmannschafts-Bataillone und andere paramilitärische Einheiten während des Zweiten Weltkrieges, in: Gadagramata [2.2], 13–33.- Caune, Andris (Hg.), Totalitarie režimi Baltija [Totalitäre Regime im Baltikum], Riga 2005.- Curilla, Wolfgang, Die deutsche Ordnungspolizei und der Holocaust im Baltikum und in Weißrußland 1941–1944, Paderborn 2006.- Dieckmann, Christoph, Plan und Praxis. Deutsche Siedlungspolitik im besetzten Litauen 1941–1944, in: Heinemann, Isabel/Wagner, Patrick (Hgg.), Wissenschaft – Planung – Vertreibung. Neuordnungskonzepte und Umsiedlungspolitik im 20. Jahrhundert, Stuttgart 2006.- Ders./Toleikis, Vytautas/Zizas, Rimantas, Karo belaisviu ir civiliu gyventoju žudynes Lietuvoje [Mörder der Kriegsgefangenen und der Zivilisten in Litauen], Vilnius 2005.- Ezergailis, Andrew, The Holocaust in Latvia 1941–1944. The Missing Center, Riga 1996.- Feest, David, Abgrenzung oder Assimilation. Überlegungen zum Wandel der deutsch-baltischen Ideologien 1918–1939 anhand der »Baltischen Monatsschrift«, in: ZfO 45 (1996), 506–543.- Ders., Neo-korenizacija in den baltischen Sowjetrepubliken? Die Kommunistische Partei Estlands nach dem Zweiten Weltkrieg, in: ZfG 54 (2006), 263–280.- Forsberg, Tuomas, Contested Territory. Border Disputes at the Edge of the Former Soviet Empire, Aldershot 1995.- Gadagramata. Latvijas Okupacijas Muzeja (2004–2005).- Gaunt, David/Levine, David A./Palosuo, Laura (Hgg.), Collaboration and Resistance during the Holocaust. Belarus, Estonia, Latvia, Lithuania, Frankfurt/M. 2004.- Gurin-Loov, Eugenia, Suur Häving. Eesti juutide katastroof 1941 [Die große Vernichtung. Die Katastrophe der estnischen Juden im Jahr 1941], Tallinn 1994.- Henning, Detlef (Hg.), Von der Oberschicht zur Minderheit. Die deutsche Minderheit in Lettland 1917–1940, Lüneburg 1996.- Hiden, John/Salomon, Patrick, The Baltic Nations and Europe. Estonia, Latvia and Lithuania in the 20th Century, London 1996.- Hiio, Toomas/Niglas, Aivar/Kaasik, Peeter, Estonian Military Units in German Armed Forces and Police During the Second World War, in: Gadagramata [2.2], 34–66.- Kaegbein, Paul, Baltische Bibliographie. Schrifttum über Estland, Lettland, Litauen, in: Bibliographien zur Geschichte und Landeskunde Ostmitteleuropas, Marburg 1994.- Kangeris, Karlis, »Latgales jautajums« vacu okupacijas laika (1941–1944). Nacionalsocialistiskas rases politikas aspekti [»Die Latgale-Frage« während der deutschen Besatzung 1941–1944. Aspekte der nationalsozialistischen Rassenpolitik], in: Gadagramata [2.2], 89–108.- Kasekamp, Andres, *The Estonian Veteran's League. A Fascist Movement?*, in: JourBaltSt 24 (1993), 263–268.- Ders., The Nature of Authoritarianism in Interwar Estonia, in: IPol 33 (1996), 57–65.- Ders., The Radical Right in Interwar Estonia, London 2000.- Kasperavičius, Algis, Dziedzictwo Rzeczypospolitej w ideologii litewskiego ruchu narodowego końca XIX – początku XX wieku i niepodległej Litwy międzywojennej [Das Erbe des Königreichs Polen in der Ideologie der litauischen Nationalbewegung am Ende des 19. und am Anfang des 20. Jahrhunderts und des unabhängigen Litauens in der Zwischenkriegszeit], in: Wapiński, Roman (Hg.), Polacy i sąsiedzi – dystanse i przenikanie kultur. Część III [Polen und die Nachbarn – Distanzen und Durchdringen der Kulturen. Teil III], Gdańsk 2002, 190–202.- Klinke, Lambert, Erzbischof Eduard Profittlich und die katholische Kirche in Estland 1930–1942, Ulm 2000.- Kõll, Anu Mai (Hg.), The Baltic Countries Under Occupation. Soviet and Nazi Rule 1939–1991, Stockholm 2003.- Lange, Falk, Lettland und seine baltischen Nachbarn in den Konzeptionen nationalsozialistischer Außenpolitik, in: ZfO 46 (1997), 500–512.- Lenz, Wilhelm, Kulturgut der Deutschbalten. Zu den Umsiedlungsverhandlungen mit Estland und Lettland 1939 bis 1941, in: Bosse, Heinrich (Hg.), Buch und Bildung im Baltikum. FS für Paul Kaegbein zum 80. Geburtstag, Münster 2005, 599–622. – Łossowski, Piotr, Kraje Bałtyckie w latach przełomu 1934–1944 [Die baltischen Länder in den Wendejahren 1934–1944], Warszawa 2005.- Masalskis, Hans, Kleine Geschichte Litauens im Zusammenhang mit seinen Nachbarn, Oldenburg 2005.- Meissner, Boris, Die baltischen Nationen. Estland, Lettland, Litauen, Köln 1991.- Ders./Loeber, Dietrich/Hasselblatt, Cornelius (Hgg.), Die deutsche Volksgruppe in Estland während der Zwischenkriegszeit und aktuelle Entwicklungen des deutsch-estnischen Verhältnisses, Hamburg 1997.- Nollendorfs, Valters/Oberländer, Erwin (Hgg.), The Hidden and Forbidden History of Latvia under Soviet and Nazi Occupations 1940–1991. Selected Research of the Commission of the Historians of Latvia, Riga 2005.- Oberländer (Hg.), *Autoritäre Regime* [1.1].- O'Connor, Kevin, The History of the Baltic States, Westport 2003.- Onken, Eva-Clarita, Geschichte als Politikum in Lettland. Die Kontroversen um die Judenvernichtung und Kollaboration in der lettischen Geschichtswissenschaft und Öffentlichkeit nach 1988, Berlin 1997.- Dies., Revisionismus schon vor der Geschichte. Aktuelle Kontroversen in Lettland um die Judenvernichtung und die lettische Kollaboration während der nationalsozialistischen Besatzung, Köln 1998.- Pager, Jürgen, Souveränität oder Bevormundung? Die baltischen Staaten zwischen Deutschland, Polen und der Sowjetunion 1933/34, in: VfZ 43 (1995), 37–74.- Petersons, Aivars, Sarkanas armijas iebrukums Latvija 1944. gada [Die Invasion der Roten Armee in Lettland], in: Gadagramata [2.2], 109–132.- Reklaitis, Povilas, Litauische Bibliographie in Auswahl (1970–1993), in: ZfO 30 (1981), 301–318.- Remeikis, Thomas (Hg.), Lithuania under German Occupation 1941–1945. Despatches from US Legation in Stockholm, Vilnius 2005.- Saard, Riho, Eesti kirikuajaloo bibliograafia. Viron kirkkohistorian bibliografia [Bibliographie der estnischen Kirchengeschichte] 1918–1997, Helsinki 1998.- Siegert, Carla, Die deutschbaltischen Emigrantenorganisationen in Deutschland und ihr Engagement in Lettland 1920–1930, in: Acta Baltica 33 (1995), 275–285.- Stalin, Iosif, *Der Marxismus* und die nationale und koloniale Frage, Berlin (Ost) 1955.- Stang, Knut, Kollaboration und Massenmord. Die litauische Hilfspolizei, das Rollkommando Hamann und die Ermordung der litauischen Juden, Frankfurt/M. 1997.- Stepens, Ojars, Pirma maija svetki nacistu okupetaja Latvija 1942–1945 [Die Feiern zum Ersten Mai im nazistisch besetzten Lettland 1942–1945], in: Gadagramata [2.2], 68–88.- Stopinski, Sigmar, Das Baltikum im Patt der Mächte. Zur Entstehung Estlands, Lettlands und Litauens im Gefolge des Ersten

Weltkriegs, Berlin 1997.- Talonen, Jouko, Church Under Pressure of Stalinism. The Development and Activities of the Soviet Latvian Evangelical-Lutheran Church in 1944–1950, Jyväskylä 1997.- Ders./Freimane, Aija, Bibliography of Ludvigs Adamovičs, Helsinki 2005.- Tauber, Joachim, Antisemitismus in den baltischen Staaten in der Zwischenkriegszeit am Beispiel Litauens, in: ZfO 54 (2005), 25–35.- Uustalu, Evald, For Freedom Only. The Story of Estonian Volunteers in the Finnish Wars of 1940–1941, Toronto 1977.- Weiss-Wendt, Anton, Soviet Occupation of Estonia in 1940–41 and the Jews, in: HGS 12 (1998), 308–325.

2.3 Der italienische Faschismus und Mussolinis Diktatur

Adler, Franklin Hugh, Italian Industrialists from Liberalism to Fascism. The Political Development of the Industrial Bourgeoisie 1906–1934, Cambridge 1995.- Alpers, Benjamin L., *Dictators.* Democracy & American Public Culture. Envisioning the Totalitarian Enemy 1920s-1950s, Chapel Hill 2003.- Asserate, Asfa-Wossen/Mattioli, Aram (Hgg.), Der Erste Faschistische Vernichtungskrieg. Die italienische Aggression gegen Äthiopien 1935–1941, Köln 2006.- Axelrod, Alan, The Life and Work of Benito Mussolini, Indianapolis 2002.- Bach, Maurizio, Die charismatischen Führerdiktaturen. Drittes Reich und italienischer Faschismus im Vergleich ihrer Herrschaftsstrukturen, Baden-Baden 1990.- Behan, Tom, The Resistible Rise of Benito Mussolini, London 2003.- Behnen, Michael, *Die USA und Italien* 1921–1933. Bd. 1: Demokratie, Dollars und Faschismus, Münster 1998.- Berezin, Mabel, Making the Fascist Self. The Political Culture of Interwar Italy, Ithaca 1997.- Dies., The Festival State. Celebration and Commemoration in Fascist Italy, in: JMEH 4 (2006), 61–74.- Bermani, Cesare/Bologna, Sergio/Mantelli, Brunello, Proletarier der Achse. Sozialgeschichte der italienischen Fremdarbeit in NS-Deutschland 1937–1943, Berlin 1997.- Besier, Gerhard/Lindemann, Gerhard, *Im Namen der Freiheit.* Die amerikanische Mission, Göttingen 2005.- Ders./Piombo, Francesca, *Der Heilige Stuhl* und Hitler-Deutschland. Die Faszination des Totalitären, München 2004.- Bessel, Richard (Hg.), Fascist Italy and Nazi Germany. Comparisons and Contrasts, Cambridge 1996.- Blet, Pierre, Papst Pius XII. und der Zweite Weltkrieg. Aus den Akten des Vatikans, Paderborn 2000.- Blinkhorn, Martin, Mussolini and Fascist Italy, London 2006.- Bohn, Jutta, Das Verhältnis zwischen katholischer Kirche und faschistischem Staat in Italien und die Rezeption in deutschen Zentrumskreisen, Frankfurt/M. 1992.- Bosworth, Richard J. B., Mussolini, London 2002.- Ders., Mussolini's Italy. Life Under the Dictatorship 1915–1945, London 2005.- Breuer, Stefan, *Nationalismus und Faschismus.* Frankreich, Italien und Deutschland im Vergleich, Darmstadt 2005.- Ceva, Lucio, The Strategy of Fascist Italy. A Premise, in: TMPR 2 (2001), 41–54.- Charnitzky, Jürgen, Die Schulpolitik des faschistischen Regimes in Italien (1922–1943), Tübingen 1994.- Clark, Martin, Mussolini, Harlow 2005.- Collotti, Enzo, Fascismo, fascismi, Firenze 1989.- Ders., Il fascismo e gli ebrei. Le leggi razziali in Italia [Der Faschismus und die Juden. Die Rassengesetze in Italien], Roma 2003.- Ders./Klinkhammer, Lutz, Zur Neubewertung des italienischen Faschismus, in: GG 26 (2000), 285–306.- Cordova, Ferdinando, Verso lo stato totalitario. Sindacati, società e fascismo [Auf den totalitären Staat zu. Gewerkschaften, Gesellschaft und Faschismus], Soveria Mannelli 2005.- Deakin, Frederick W., The Brutal Friendship. Mussolini, Hitler and the Fall of Italian Fascism, London 2000.- De Felice, Renzo, *Mussolini*, 4 Bde., Torino 1965–1990.- Ders., The Jews in Fascist Italy. A History, New York 2001.- Dipper,

Christof/Klinkhammer, Lutz/Nützenadel, Alexander (Hgg.), Europäische Sozialgeschichte. FS für Wolfgang Schieder, Berlin 2000.- Fabre, Giorgio, Mussolini razzista. Dal socialismo al fascismo. La formazione di un antisemita [Mussolini der Rassist. Vom Sozialismus zum Faschismus. Die Bildung eines Antisemiten], Milano 2005.- Falasca-Zamponi, Simonetta, Fascist Spectacle. The Aesthetics of Power in Mussolini's Italy, Berkeley 1997.- Farotti, Fabio, Gentile e Mussolini. La filosofia del fascismo (e oltre) [Gentile und Mussolini. Die Philosophie des Faschismus (und darüber hinaus)], Lecce 2001.- Feldbauer, Gerhard, Marsch auf Rom. Faschismus und Antifaschismus in Italien. Von Mussolini bis Berlusconi und Fini, Köln 2002.- Focardi, Filippo, L'immagine del cattivo tedesco e il mito del bravo italiano. La costruzione della memoria del fascismo e della seconda guerra mondiale in Italia [Das Bild des bösen Deutschen und der Mythos des guten Italieners. Die Konstruktion der Erinnerung an den Faschismus und an den Zweiten Weltkrieg in Italien], Padova 2005.- Fröhlich, Elke (Hg.), *Die Tagebücher* von Joseph Goebbels. Bd. 2: Oktober bis Dezember 1941, München 1996.- Galeotti, Carlo, Mussolini ha sempre ragione. I decaloghi del fascismo [Mussolini hat immer Recht. Die Regeln des Faschismus], Milano 2000.- Gallo, Patrick, *For Love and Country*. The Italian Resistance, Lanham 2003.- Gentile, Emilio, Fascismo e antifascismo. I partiti italiani fra le due guerre [Faschismus und Antifaschismus. Die italienischen Parteien in der Zwischenkriegszeit], Firenze 2000.- Ders., The Italian Road to Totalitarianism, London 2004.- Ders., The Sacralization of Politics in Fascist Italy, Cambridge (Mass.) 1996.- Grazia, Victoria de, Die Radikalisierung der Bevölkerungspolitik im faschistischen Italien. Mussolinis »Rassenstaat«, in: GG 26 (2000), 219–254.- Dies., How Fascism Ruled Women. Italy 1922–1945, Berkeley 1991.- Guerrazzi, Amedeo Osti, Kain in Rom. Judenverfolgung und Kollaboration unter deutscher Besatzung 1943/44, in: VfZ 54 (2006), 231–268.- Ders./Di Sante, Costantino, *Geschichte* der Konzentrationslager im faschistischen Italien. Studien zu Transfer und Vergleich, in: Reichardt, Sven/Nolzen, Armin (Hgg.), Faschismus in Italien und Deutschland. Studien zu Transfer und Vergleich, Göttingen 2005, 176–200.- Hildermeier, *Geschichte der Sowjetunion* [2.1].- Hoffend, Andrea, Zwischen Kultur-Achse und Kulturkampf. Die Beziehungen zwischen »Drittem Reich« und faschistischem Italien in den Bereichen Medien, Kunst, Wissenschaft und Rassenfragen, Frankfurt/M. 1998.- Katz, Robert, Rom 1943–1944. Besatzer, Befreier, Partisanen und der Papst, Essen 2006.- Klinkhammer, Lutz, Zwischen Bündnis und Besatzung. Das nationalsozialistische Deutschland und die Republik von Salò 1943–1945, Tübingen 1993.- Knight, Patricia, Mussolini and Fascism, London 2003.- Knox, Mac Gregor, Common Destiny. Dictatorship, Foreign Policy, and War in Fascist Italy and Nazi Germany, Cambridge 2000.- Kühberger, Cristoph, Die vergessenen Städte Mussolinis. Faschistische Selbstdarstellung in den Retortenstädten des Diktators, in: Zeitgeschichte 29 (2002), 25–35.- La legislazione razziale del fascismo. Leggi, decreti, circolari e ordinanze antiebraiche 1938–1945 [Die Rassengesetzgebung des Faschismus. Antijüdische Gesetze, Dekrete, Rundbriefe und Verordnungen 1938–1945], Genova 2003.- Lamb, Richard, War in Italy 1943–1945. A Brutal Story, Harmondsworth 1993.- Lewis, Paul H., Latin Fascist Elites. The Mussolini, Franco, and Salazar Regimes, Westport 2002.- Lill, Rudolf, *Die katholische Kirche* im faschistischen Italien, in: Luks [2.1], 205–216.- Ders., Geschichte Italiens in der Neuzeit, Darmstadt 1988.- Ders., Südtirol in der Zeit des Nationalismus, Konstanz 2002.- Mack Smith, Denis, Modern Italy. A Political History, New Haven 1997.- Ders., Mussolini's Roman Empire, London 1976.- Malagodi, Olindo, Il regime liberale e l'avvento del fascismo [Das liberale Regime und das Aufkommen des Faschismus] (L'albero della libertà), Soveria Mannelli 2005.- Mallet, Robert, Mussolini and the Origins of the Second World War, Houndmills 2003.- Mantelli, Brunello, Im Reich der Unsicherheit? Italienische Archive und die Erforschung des Faschismus, in: VfZ 53 (2005), 601–614.- Ders., *Kurze Geschichte des italienischen Faschismus,* Berlin [3]2004.- Martucci, Maurizio, Hitler turista. Viaggio in Italia [Hitler der Tourist. Reise nach Italien], Milano 2005.- Mattioli, Aram, Entgrenzte Kriegsgewalt. Der italienische Giftgaseinsatz in Abessinien 1935–1936, in: VfZ 51 (2003), 311–337.- Morgan, Philip, Italian Fascism 1919–1945, Houndmills 1996.- Muggeridge, Malcolm (Hg.), *Ciano's Diary* 1937–1943, London [3]2002.- Musiedlak, Didier, Religion and Political Culture in the Thought of Mussolini, in: TMPR 6 (2005), 395–407.- Nolte, Ernst, Faschismus. Von Mussolini zu Hitler, Schnellroda [2]2003.- Nützenadel, Alexander, Der italienische Faschismus – Eine Bilanz neuerer Forschung, in: NPL 44 (1999), 311–324.- Ders., Faschismus als Revolution? Politische Sprache und revolutionärer Stil im Italien Mussolinis, in: Dipper/Klinkhammer/Nützenadel (Hgg.) [2.3], 21–40.- Ders., Landwirtschaft, Staat und Autarkie. Agrarpolitik im faschistischen Italien (1922–1943), Tübingen 1997.- O'Brien, Paul, Mussolini in the First World War. The Journalist, the Soldier, the Fascist, New York 2005.- Palla, Marco, Mussolini and Fascism, New York 2000.- Parlato, Giuseppe, La Sinistra fascista. Storia di un progetto mancato [Die faschistische Linke. Geschichte eines missglückten Projekts], Bologna 2000.- Paxton, *Anatomie des Faschismus* [1.3].- Payne, Stanley G., *Geschichte des Faschismus.* Aufstieg und Fall einer europäischen Bewegung, Berlin 2001.- Petersen, Jens, Hitler-Mussolini. Die Entstehung der Achse Berlin-Rom 1933–1936, Tübingen 1973.- Ders., Mussolini – der Mythos des allgegenwärtigen Diktators, in: Nippel, Wilfried (Hg.), Virtuosen der Macht. Herrschaft und Charisma von Perikles bis Mao, München 2000, 155–170.- Ders., The Concept of Totalitarianism in Italian Culture After 1945, in: Borejsza/Ziemer (Hgg.) [1.3], 541–555.- Ders./Schieder, Wolfgang (Hgg.), Faschismus und Gesellschaft in Italien. Staat, Wirtschaft, Kultur, Köln 1998.- Rauscher, Walter, Hitler und Mussolini. Macht, Krieg und Terror, Graz 2001.- Rauti, Pino, Storia del fascismo. Dannunzianesimo, biennio rosso, marcia su Roma [Geschichte des Faschismus. D'Annunzios Bewegung, Rotes Biennium, Marsch auf Rom], Napoli 2004.- Reichardt, Sven, Faschistische Kampfbünde. Gewalt und Gemeinschaft im italienischen Squadrismus und in der deutschen SA, Köln 2001.- Ders./Nolzen, Armin (Hgg.), Faschismus in Italien und Deutschland. Studien zu Transfer und Vergleich, Göttingen 2005.- Sarfatti, Michele, La Shoah in Italia. La persecuzione degli ebrei sotto il fascismo [Die Shoah in Italien. Die Verfolgung der Juden unter dem Faschismus], Torino 2005.- Ders., Mussolini contro gli ebrei. Cronaca della elaborazione delle leggi del 1938 [Mussolini gegen die Juden. Chronik der Ausarbeitung der Gesetze von 1938], Turin 1994.- Schieder, Wolfgang, *Das italienische Experiment.* Der Faschismus als Vorbild in der Krise der Weimarer Republik, in: HZ 262 (1996), 73–125.- Ders. (Hg.), Faschismus als soziale Bewegung. Deutschland und Italien im Vergleich, Hamburg 1976.- Ders., *Geburt des Faschismus* aus der Krise der Moderne, in: Dipper, Christof (Hg.), Deutschland und Italien 1860–1960. Politische und kulturelle Aspekte im Vergleich, München 2005, 159–179.- Schlemmer, Thomas (Hg.), Die Italiener an der Ostfront 1942/43. Dokumente zu Mussolinis Krieg gegen die Sowjetunion, München 2005.- Ders./Woller, Hans, Der italienische Faschismus und die Juden, in: VfZ 53 (2005), 164–201.- Schlitter, Horst, Religion in Italien, Gütersloh 1993.- Schneider, Gabriele, Mussolini in Afrika. Die faschistische

Rassenpolitik in den italienischen Kolonien 1936–1941, Köln 2000.- Schreiber, Gerhard, Deutsche Kriegsverbrechen in Italien, München 1996.- Ders., Die italienischen Militärinternierten im deutschen Machtbereich 1943–1945. Verraten, verachtet, vergessen, München 1990.- Sternhall, Zeev/Sznajder, Mario/Asheri, Maria, Die Entstehung der faschistischen Ideologie. Von Sorel zu Mussolini, Hamburg 1999.- Strang, G. Bruce, On The Fiery March. Mussolini Prepares For War, Westport 2003.- Stuchtey, Bendikt, *Herrschen und Verwalten*. Hannah Arendt über den Imperialismus, in: Saeculum 54 (2003), 301–328.- Tranfaglia, Nicola, La prima guerra mondiale e il fascismo [Der Erste Weltkrieg und der Faschismus], Turin 1995.- Wagenknecht, Regine, Judenverfolgung in Italien 1938–1945. »Auf Procida waren doch alle dunkel«, Berlin 2005.- Walter, Katharina, Judenpolitik unter Mussolini, in: Zeitgeschichte 24 (1997), 3–29.- Wedekind, Michael, Nationalsozialistische Besatzungs- und Annexionspolitik in Norditalien 1943 bis 1945, München 2003.- Weiss, Claudia, Der frühe italienische Faschismus im Blick der russischen Emigration, in: ZfG 44 (1996), 581–593.- Woller, Hans, Churchill und Mussolini. Offene Konfrontation und geheime Kooperation?, in: VfZ 49 (2001), 563–594.- Ders., Rom 28. Oktober 1922. Die faschistische Herausforderung, München 1999.- Zarusky, Jürgen, Debatten um den Hitler-Stalin-Pakt. Eine Moskauer Konferenz und ihr Umfeld, in: ZfG 53 (2005), 331–342.- Zimmerman, Joshua D. (Hg.), Jews in Italy under Fascist and Nazi Rule 1922–1945, Cambridge 2005.

2.4 Die Revolutionen in Ungarn und die Totalisierung des Landes im Zeichen der territorialen Integritätspolitik

Ádám, Magda (Hg.), Allianz Hitler-Horthy-Mussolini. Dokumente zur ungarischen Außenpolitik 1933–1944, Budapest 1966.- Antal, István, Gömbös Gyula hatalomra kerülése és kormányzása 1932 – 1936 [Übernahme der Macht durch Gyula Gömbös und seine Regierung 1932–1936], Budapest 2003.- Balogh, Béni L., A magyar-román kapcsolatok 1939-40-ben és a második bécsi döntés [Die ungarisch-rumänischen Beziehungen 1939–1940 und die zweite Wiener Entscheidung], Csíkszereda 2002.- Batkay, William M., Authoritarian Politics in a Transitional State. István Bethlen and the Unified Party in Hungary 1919–1926, New York 1982.- Besier/Piombo, *Der Heilige Stuhl* [2.3] .- Bibó, István, Zsidókérdés Magyarországon 1944 után [Die Judenfrage in Ungarn nach 1944], Budapest 2001.- Botlik, József, Közigazgatás és nemzetiségi politika Kárpátalján I. Magyarok, ruszinok, csehek és ukránok 1918–1945 [Verwaltung und nationale Politik in der Karpato-Ukraine. I. Ungarn, Ruthenen, Tschechen und Ukrainer 1918–1945], Nyíregyháza 2005.- Bornemisza, István, Három ország katonája. Háborús és harctéri naplójegyzetek alapján 1943–1946 [Soldat dreier Länder. Auf der Grundlage von Kriegs- und Feldnotizen von 1943–1946], Pozsony 1998.- Braham, Randolph L., The Politics of Genocide. The Holocaust in Hungary, 2 Bde., New York 1981.- Bús, János/Szabó, Péter (Hgg.), Béke poraikra. Bd. 1: Dokumentum-emlékkönyv a II. világháborúban a keleti hadműveletek során elesett magyar katonákról és munkaszolgálatosokról [Friede ihrer Asche. Bd. 1: Dokumenten-Erinnerungsbuch über die im II. Weltkrieg im Zuge der Operationen im Osten gefallenen ungarischen Soldaten und Arbeitsdienstleistenden], Budapest 1999.- Czettler, Anton, Pál Graf Teleki und die Außenpolitik Ungarns 1939–1941, München 1996.- Durucz, Péter, Ungarn in der auswärtigen Politik des Dritten Reiches 1942–1945, Göttingen 2006.- Egri, Gyula, Napló a pokolból. 1941. november 13-tól 1947. szeptember 12-ig [Tagebuch aus der Hölle. 13. November 1941 bis 12. September 1947], Pozsony 2005.- Eördögh, István, Erdély román megszállása (1916–1920). Olasz és vatikáni levéltári források alapján [Rumänische Besetzung von Siebenbürgen 1916–1920. Auf der Basis von Quellen aus italienischen und vatikanischen Archiven], Szeged 2000.- Erdős, László, A hadifogoly [Kriegsgefangene], Budapest 2001.- Farkas, József (Hg.), Räterepublik und Kultur in Ungarn 1919, Budapest 1979.- Fischer, Holger, Eine kleine Geschichte Ungarns, Frankfurt/M. 1999.- Fischer, Rolf, Entwicklungsstufen des Antisemitismus in Ungarn 1867–1939, München 1988.- Ders., Entwicklungsstufen des Antisemitismus in Ungarn 1878–1939. Die Zerstörung der magyarisch-jüdischen Symbiose, München 1988.- Ders., Politik und Geschichtswissenschaft in Ungarn. Die ungarische Geschichte von 1918 bis zur Gegenwart in der Historiographie seit 1956, München 1982.- Frank, Tibor, Roosevelt követe Budapesten. John F. Montgomery bizalmas politikai beszélgetései 1934–1941 [Der Abgesandte Roosevelts in Budapest. Die geheimen politischen Gespräche von John F. Montgomery 1934–1941], Budapest 2002.- Gati, Charles, Hungary and the Soviet Bloc, Durham 1986.- Gazda, József, Jaj, mik történtek, jaj mik is történtek. A szétszabdalt magyarság XX. századi sorstörténete [Oh weh, was ist geschehen. Oh weh, was ist nur geschehen. Das Schicksal des zerschnittenen Ungarn im 20. Jahrhundert], 2 Bde., Budapest 1997.- Gergely, Anna, A székesfehérvári és Fejér megyei zsidóság tragédiája 1938–1944 [Die Tragödie der Juden in Székesfehérvár und im Komitat Fejér 1938–1944], Budapest 2003.- Gerlach, Christian/Aly, Götz (Hgg.), *Das letzte Kapitel*. Realpolitik, Ideologie und der Mord an ungarischen Juden 1944/45, Stuttgart 2002.- Gerő, András, Két millennium Magyarországon [Zwei Jahrtausende in Ungarn], in: Mozgó Világ 8 (2002), 13–24.- Gosztonyi, Péter, Miklós von Horthy. Admiral und Reichsverweser, Göttingen 1973.- Markó, György (Hg.), Az Elsodort város. Emlékkötet a Budapestért folytatott harcok 60. évfordulójára 1944–45 [Die weggerissene Stadt. Erinnerungsband – 60. Jahrestag der um Budapest geführten Kämpfe 1944–45]. Bd. 1., Budapest 2005.- Hauszmann, János, Ungarn, München 2004.- Hoensch, Jörg K., Geschichte Ungarns 1867–1983, Stuttgart 1984.- Horváth, Lajos, Kárpátalja képviselete a magyar országgyűlésben 1938–1945 [Die Repräsentanz der Karpato-Ukraine im ungarischen Parlament 1938–1945], Budapest 2002.- Ignotus, Paul, Nations of the Modern World – Hungary, New York 1972.- Janos, Andrew C., The Politics of Backwardness in Hungary 1825–1945, Princeton 1982.- Karady, Viktor, Iskolarendszer és felekezeti egyenlőtlenségek Magyarországon 1867–1945. Történeti szociológiai tanulmányok [Das Unterrichtssystem und die konfessionelle Disparität in Ungarn 1867–1945. Historisch-soziologische Abhandlungen], Budapest 1997.- Katzburg, Nathaniel, Zsidópolitika Magyarországon 1919–1943 [Judenpolitik in Ungarn 1919–1943], Budapest 2002.- Kiss, Péter (Hg.), Magyar kormányprogramok 1867–2002 [Ungarische Regierungsprogramme 1867–2002], 2 Bde., Budapest 2004.- Klimó, Árpád von, Nation, Konfession, Geschichte. Zur nationalen Geschichtskultur Ungarns im europäischen Kontext (1860–1948), Berlin 2003.- Kovács, Éva, *Das Zynische* und das Ironische. Zum Gedächtnis des Kommunismus in Ungarn, in: Transit 30 (2006), 88–106.- Kovrig, Benneth, Communism in Hungary. From Kun to Kádár, Stanford 1979.- Ders., Of Walls and Bridges. The United States and Eastern Europe, New York 1991.- Madi, Istvan, *Carpatho-Ukraine*, in: Tuomas, Forsberg (Hg.), Contested Territory. Border Disputes at the Edge of the Former Soviet Empire, Aldershot 1995, 128–142.- Mészáros, István, Prímások, pártok, politikusok 1944–1945. Adalékok a magyar katolikus egyház XX. századi történetéhez [Primasse, Parteien, Politiker 1944–1945. Beiträge zur Geschichte der ungarischen katholischen Kirche im 20. Jahrhundert], Budapest 2005.- Mihók, Brigitte (Hg.), Ungarn und der Holocaust. Kollaboration, Rettung und Trauma, Berlin 2005.- Molnár, Judit, Csendőrök, hivatalnokok, zsidók. Válogatott tanulmányok a magyar holokauszt történetéből [Gendarmen, Beamte, Juden. Ausgewählte Abhandlungen aus der Geschichte des ungarischen Holocaust], Szeged 2000.- Nagy, Zsuzsa L., Magyarország története 1919-1945 [Die Geschichte Ungarns 1919 – 1945], Debrecen 1991.- Niederhauser, Emil, The National Question in Hungary, in: Porter, Roy/Teich, Mikulás (Hgg.), The National Question in Europe in Historical Context, Cambridge 1998, 248-269.- Ormos, Mária, From Padova to the Trianon, Budapest 1996.- Dies., Magyarország a két világháború korában [Ungarn in der Zeit der zwei Weltkriege], Debrecen 1998.- Palic, Milenko, Visszaemlékezés a világháború éveire 1941-1945 [Erinnerungen an die Jahre des Weltkrieges 1941-1945], Szeged 2003.- Pölöskei, Ferenc/Gergely, Jenő/Izsák, Lajos, Magyarország története 1918-1990 [Die Geschichte Ungarns 1918-1990], Budapest 1995.- Popely, Gyula, Ellenszélben. A felvidéki magyar kisebbség első évei a Csehszlovák Köztársaságban 1918-1925 [Gegenwind. Die ersten Jahre der oberungarischen Minderheit in der Tschechoslowakischen Republik], Bratislava 1995.- Rácz, István, Emlékül és emlékeztetőül. Pápa város katona- és polgári áldozatai 1940-1945 [Zum Gedenken und Erinnern. Opfer unter den Soldaten und der Zivilbevölkerung der Stadt Pápa.], Pápa 1993.- Rákosi, Mátyás, Visszaemlékezések 1892-1925 [Erinnerungen 1892-1925], Budapest 2002.- Rév, István, Retroactive Justice, Stanford 2005.- Rockenbauer, Zoltán, Magyar millennium [Ungarisches Jahrtausend], in: Magyarország politikai évkönyve (2002), 106-113.- Román, István, A vörös kolostor. Egy magyar tiszt naplója a keleti frontról 1942-1947 [Das rote Kloster. Tagebuch eines ungarischen Offiziers von der Ostfront 1942-1947], Debrecen 2002.- Romsics, Ignác, Hungary in the Twentieth Century, Budapest 1999.- Ruszoly, József, Újabb magyar alkotmánytörténet 1848-1949. Válogatott tanulmányok [Neuere ungarische Verfassungsgeschichte 1848-1949. Ausgewählte Studien], Budapest 2002.- Ságvári, Ágnes, Studies on the History of Hungarian Holocaust, Budapest 2002.- Salamon, Konrád, Nemzeti önpusztítás 1918-1920. Forradalom-proletárdiktatúra-ellenforradalom [Nationale Selbstzerstörung 1918-1920. Revolution – Diktatur des Proletariats – Konterrevolution], Budapest 2001.- Siklós, András, Revolution in Hungary and the Dissolution of the Multinational State 1918, Budapest 1988.- Sipos, Péter, A szociáldemokrata szervezetek története Magyarországon [Geschichte der sozialdemokratischen Organisationen in Ungarn], Budapest 1997.- Ders., Magyarország a második világháborúban [Ungarn im Zweiten Weltkrieg], Budapest 1996.- Spannenberger, Norbert, Der Volksbund der Deutschen in Ungarn 1938-1944 unter Horthy und Hitler, München 2002.- Swain, Nigel, Hungary. The Rise and Fall of Feasible Socialism, London 1992.- Szarka, László, Duna-táji dilemmák [Das Dilemma des Donauraums], Budapest 1998.- Széchenyi, Ágnes, Sznobok és parasztok. Válasz 1934-1938. Elvek, frontok, nemzedékek [Snobs und Bauern. Die Antwort 1934-1938. Prinzipien, Fronten, Generationen] Budapest 1997.- Szép, Ernő, The Smell of Humans. A Memoir of the Holocaust in Hungary, Budapest 1994.- Szidiropulosz, Archimedesz, Trianon utóélete. A magyar társadalom Trianon-kepe az ezredfordulón [Die Folgen von Trianon. Das Bild von Trianon aus der Sicht der ungarischen Gesellschaft um die Jahrtausendwende], Budapest 2004.- Szita, Szabolcs, Aki egy embert megment – a világot menti meg. Mentőbizottság Kasztner Rezső. SS-embervásár 1944-1945 [Wer einen Menschen rettet – rettet die Welt. Rezső Kasztners Rettungskomitee. SS-Menschenhandel 1944-1945], Budapest 2005.-

Ders., Trading in Lives? Operations of the Jewish Relief and Rescue Committee in Budapest 1944-1945, Budapest 2005.- Szöllösi-Janze, Margit, *Die Pfeilkreuzlerbewegung* in Ungarn. Historischer Kontext, Entwicklung und Herrschaft, München 1989.- Ujlaky, István, Nemzettankönyv. A kezdetektől a XX. századig [Lehrbuch der Nation. Von den Anfängen bis ins 20. Jahrhundert], Budapest 1998.- Varga, Lajos, Kormányok, pártok és a választójog Magyarországon 1916-1918 [Regierungen, Parteien und das Wahlrecht in Ungarn 1916-1918], Budapest 2004.- Vörös, Boldizsár, »A múltat végképp eltörölni«? Történelmi személyiségek a magyarországi szociáldemokrata és kommunista propagandában 1890-1919 [»Die Vergangenheit völlig auslöschen?« Historische Personen in der ungarischen sozialdemokratischen und kommunistischen Propaganda 1890-1919], Budapest 2004.- Zeidler, Miklós (Hg.), Trianon, Budapest 2003.- Zseliczky, Béla, Kárpátalja a cseh és a szovjet politika érdektérében 1920-1945 [Karpato-Ukraine im Interessenbereich tschechischer und sowjetischer Politik 1920-1945], Budapest 1998.

2.5 Die Wiedergeburt Polens, Piłsudskis Staatsstreich und die Errichtung einer autoritären Diktatur zur »moralischen Gesundung« der polnischen Nation

Balace, Francis, La Pologne au traité de Versailles. Le difficile processus de formation des frontières ouest (1918-1920), in: Wysokińska, Teresa (Hg.), La Pologne au XXe siècle, Paris 2001, 17-53.- Berg-Schlosser, Dirk/Mitchell, Jeremy (Hgg.), Conditions of Democracy in Europe 1919-39, London 2000.- Bergmann, Olaf, Narodowa Demokracja wobec problematyki żydowskiej w latach 1918-1929 [Die Volksdemokratie und ihre Einstellung zur jüdischen Problematik in den Jahren 1918-1929], Poznań 1998.- Blachetta-Madajczyk, Petra, Klassenkampf oder Nation? Deutsche Sozialdemokratie in Polen 1918-1939, Düsseldorf 1997.- Blobaum, Robert (Hg.), Antisemitism and Its Opponents in Modern Poland, Ithaca 2005.- Böhler, Jochen, *Auftakt zum Vernichtungskrieg. Die Wehrmacht in Polen 1939*, Frankfurt/M. 2006.- Chwalba, Andrzej, Historia Polski 1795-1918 [Die Geschichte Polens 1795-1918], Kraków 2005.- Czubiński, Antoni, Historia Polski XX wieku [Die Geschichte Polens im 20. Jahrhundert], Poznań 2000.- Długajczyk, Edward, Grupy Z i N. Polskie przygotowania dywersji wojskowej w Niemczech w latach 1921-1925 [Die Gruppen Z und N. Polnische Vorbereitungen zur militärischen Diversion in Deutschland 1921-1925], Opole 1997.- Engelking, Barbara/Leociak, Jacek, Getto warszawskie. Przewodnik po nieistniejącym mieście [Das Warschauer Ghetto. Begleiter durch einen nicht existierenden Ort], Warszawa 2001.- Friedrich, Klaus-Peter, Publizistische Kollaboration im sog. Generalgouvernement. Personengeschichtliche Aspekte der deutschen Okkupationsherrschaft in Polen (1939-1945), in: ZfO 48 (1999), 50-89.- Fuchs, Konrad, Die wirtschaftliche Lage Oberschlesiens während der Umbruchsphase 1918-1922, in: Oberschlesisches Jahrbuch 14/15 (2000), 173-184.- Gałęzowski, Marek, Wierni Polsce. Ludzie konspiracji piłsudczykowskiej 1939-1947 [Polen treu. Menschen der Piłsudski-Konspiration 1939-1947], Warszawa 2005.- Głowiński, Tomasz, O nowy porządek europejski. Ewolucja hitlerowskiej propagandy politycznej wobec Polaków w Generalnym Gubernatorstwie 1939-1945 [Für eine neue europäische Ordnung. Die Entwicklung der Hitler-Propaganda gegenüber den Polen im Generalgouvernement 1939-1945], Wrocław 2000.- Grosch, Waldemar, Deutsche und polnische Propaganda während der Volksabstimmung in Oberschlesien 1919-1921, Dortmund 2003.- Grott, Bogumił, *Polnische Parteien* und nationalistische Gruppen in ihrem Verhältnis zur katholischen Kirche und zu deren Lehre vor dem Zweiten Weltkrieg, in: ZfO 45 (1996), 72–88.- Hauser, Przemysław, Deutschland angesichts des bevorstehenden Verlusts von Danzig und Westpreußen im Zeitraum von Oktober 1918 bis Juni 1919, in: Beiträge zur Geschichte Westpreußens 13 (1994), 149–171.- Hein, Heidi, Der Piłsudski-Kult. Entwicklungsstufen und Elemente eines politischen Kultes, in: Osteuropa 51 (2001), 1470–1479.- Dies., *Der Piłsudski-Kult und seine Bedeutung* für den polnischen Staat 1926–1939, Marburg 2002.- Hoensch, Jörg K., Geschichte Polens, Stuttgart 1983.- Holzer, Jerzy, Poland. From Post-War Crisis to Authoritarianism, in: Berg-Schlosser/Mitchell (Hgg.) [2.5], 335–353.- Ders., Polish Political Parties and Antisemitism, in: Polonsky, Antony/Mendelzohn, Ezra/Tomaszewski, Jerzy, Polin. Studies in Polish Jewry, London 1994, 194–205.- Jabłonowski, Marek/Kossewska, Elżbieta (Hgg.), Piłsudski na łamach i w opiniach prasy polskiej 1918–1939 [Piłsudski in der polnischen Presse 1918–1939], Warszawa 2005.- Kamiński, Kazimierz, Edvard Beneš kontra gen. Władysław Sikorski, Warszawa 2005.- Kaszuba, Elżbieta, System propagandy państwowej obozu rządzącego w Polsce w latach 1926–1939 [Das System der Staatspropaganda des Regierungslagers in Polen 1926–1936], Toruń 2004.- Kochanowski, Jerzy, *Horthy und Piłsudski*. Vergleich der autoritären Regime in Ungarn und Polen, in: Oberländer (Hg.), Autoritäre Regime [1.1], 19–94.- Kornat, Marek, Polska 1939 roku wobec paktu Ribbentrop-Mołotow. Problem zbliżenia niemiecko-sowieckiego w polityce zagranicznej II Rzeczypospolitej [Das Polen des Jahres 1939 und der Ribbentrop-Molotow Pakt. Das Problem der deutsch-sowjetischen Annäherung in der Außenpolitik der II. Volksrepublik], Warszawa 2002.- Kotowski, Albert S., *Hitlers Bewegung* im Urteil der polnischen Nationaldemokratie, Wiesbaden 2000.- Krzemiński, Adam, Polen im 20. Jahrhundert. Ein historischer Essay, München 1998.- KZG 1 (2002), Themenheft: »Von der nationalistischen Konfrontation zur europäischen Verständigung. Die Rolle der Kirchen beim Weg Deutschlands und Polens im 19. und 20. Jahrhundert«.- Linek, Bernard, Deutsche und polnische nationale Politik in Oberschlesien 1922–1989, in: Struve, Kai/Ther, Philipp (Hgg.), Die Grenzen der Nationen. Identitätswandel in Oberschlesien in der Neuzeit, Marburg 2002, 137–168.- Lorenz, Torsten, Von Birnbaum nach Międzychód. Bürgergesellschaft und Nationalitätenkampf in Großpolen bis zum Zweiten Weltkrieg, Berlin 2005.- Łossowski, Piotr, Dyplomacja polska 1918–1939 [Die polnische Diplomatie 1918–1939], Warszawa 2001.- Meier, Frank, Das Bild Polens nach dem Ersten Weltkrieg in den Geschichtslehrbüchern der Weimarer Republik, in: Zeitgeschichte 27 (2000), 108–149.- Minczykowska, Katarzyna (Hg.), Władze i społeczeństwo niemieckie na Pomorzu Wschodnim i Kujawach w latach okupacji niemieckiej 1939–1945 [Deutsche Behörden und deutsche Bevölkerung in Pommerellen und Kujawien in der Zeit der deutschen Besatzung 1939–1945], Toruń 2005.- Ministerstwo Spraw Wewnętrznych i Administracji-Centralne Archiwum (Hg.), Polska i Ukraina w latach trzydziestych-czterdziestych XX wieku. Nieznane dokumenty z archiwów służb specjalnych [Polen und die Ukraine in den 30er und 40er Jahren des 20. Jahrhunderts. Unbekannte Dokumente aus den Archiven der Spezialdienste], 3 Bde., Warszawa 1998–2004.- Musielak, Michał, Nazizm w interpretacjach polskiej myśli politycznej okresu międzywojennego [Der Nationalsozialismus in der Interpretation des polnischen politischen Denkens in der Zwischenkriegszeit], Poznań 1997.- Oberdörfer, Lutz, Die Danzig/Korridor- und die Memelfrage in Versailles und den ersten Nachkriegsjahren, in: Arnold, Udo (Hg.), Preußische Landesgeschichte. FS für Bernhart Jähnig zum 60. Geburtstag, Marburg 2001, 85–97.- Pajewski, Janusz, Odbudowa państwa polskiego 1914–1918 [Der Wiederaufbau des polnischen Staates 1914–1918], Poznań 2005.- Paruch, Waldemar, Myśl polityczna obozu Piłsudczykowskiego 1926–1939, [Politisches Denken des Piłsudski-Lagers 1926–1939], Lublin 2005.- Pietsch, Martina, Zwischen Verachtung und Verehrung. Marschall Józef Piłsudski im Spiegel der deutschen Presse 1926–1935, Weimar 1995.- Piotrowski, Tadeusz, Poland's Holocaust. Ethnic Strife, Collaboration with Occupying Forces and Genocide in the Second Republic 1918–1947, Jefferson 1998.- Pletzing, Christian, Vom Völkerfrühling zum nationalen Konflikt. Deutscher und polnischer Nationalismus in Ost- und Westpreußen 1830–1871, Wiesbaden 2003.- Roos, Reinhold, Geschichte der Polnischen Nation 1918–1985, Stuttgart 1986.- Roszkowski, Wojciech, Historia Polski 1914–1990 [Geschichte Polens 1914–1990], Warszawa 1992.- Schattkowsky, Ralf, Deutsch-polnischer Minderheitenstreit nach dem Ersten Weltkrieg, in: ZfO 48 (1999), 524–554.- Ders., Deutschland und Polen von 1918/19 bis 1925. Deutsch-polnische Beziehungen zwischen Versailles und Locarno, Frankfurt/M. 1994.- Serwatka, Tomasz, Józef Piłsudski a Niemcy [Józef Piłsudski und Deutschland], Wrocław 1997.- Stachura, Peter D., Poland Between the Wars 1918–1939, Basingstoke 1998.- Suleja, Włodzimierz, Józef Piłsudski, Wrocław 1995.- Topolski, Jerzy, Polska dwudziestego wieku 1914–1997 [Polen des zwanzigsten Jahrhunderts 1914–1997], Poznań 1998.- Wandycz, Piotr, Z Piłsudskim i Sikorskim. August Zaleski minister spraw zagranicznych w latach 1926–1932 i 1939–1941 [Mit Piłsudski und Sikorski. August Zaleski als Außenminster in den Jahren 1926–1932 und 1939–1941], Warszawa 1999.- Warszawski, Józef, Piłsudski a religia [Piłsudski und Religion], Warszawa 1999.- Weiss, Yfaat, Deutsche und polnische Juden vor dem Holocaust. Jüdische Identität zwischen Staatsbürgerschaft und Ethnizität 1933–1940, München 2000.- Werner, Gerhard, Optionsurkunden und Verwaltungsvorschriften als Folgen des Versailler Friedensvertrags, in: Westpreußen-Jahrbuch 52 (2002), 57–69.- Żbikowski, Andrzej, Polacy i Żydzi pod okupacją niemiecką 1939–1945. Studia i materiały [Polen und Juden unter der deutschen Besatzung 1939–1945. Studien und Materialien], Warszawa 2006.

2.6 Der Untergang der Weimarer Republik und das »Dritte Reich«

Abelshauser, Werner (Hg.), Görings Atlas. Das Handwerkszeug des Rüstungsdiktators, Braunschweig 2004.- Ders., Kriegswirtschaft und Wirtschaftswunder. Deutschlands wirtschaftliche Mobilisierung für den Zweiten Weltkrieg und die Folgen für die Nachkriegszeit, in: VfZ 47 (1999), 530–538.- Ackermann, Josef, Himmler als Ideologe. Nach Tagebüchern, stenographischen Notizen, Briefen und Reden, Göttingen 1970.- Adam, Uwe Dietrich, Judenpolitik im Dritten Reich, Düsseldorf ²2003.- Ainstein, Reuben, Jüdischer Widerstand im deutschbesetzten Osteuropa während des Zweiten Weltkrieges, Oldenburg 1993.- Albert, Marcel, Die Benediktinerabtei Maria Laach und der Nationalsozialismus, Paderborn 2004.- Altrichter, Helmut/Becker, Josef (Hgg.), Kriegsausbruch 1939. Beteiligte, Betroffene, Neutrale, München 1989.- Aly, Götz, »Endlösung«. Völkerverschiebung und der Mord an den europäischen Juden, Frankfurt/M. 1995.- Ders., Hitlers Volksstaat, Frankfurt/M. 2005.- Ders./Heim, Susanne, Vordenker der Vernichtung. Auschwitz und die deutschen Pläne für eine europäische Neuordnung, Hamburg 1991.- Angermund, Ralph, Deutsche Richterschaft 1919–1945. Krisenerfahrung, Illusion, politische Rechtsprechung, Frankfurt/M. 1990.- Angrick, Andrej, Besatzungspolitik und Massenmord. Die Einsatzgruppe D in der südlichen Sowjetunion 1941–

1943, Hamburg 2003.- Arnold, Klaus Jochen, Die Wehrmacht und die Besatzungspolitik in den besetzten Gebieten der Sowjetunion. Kriegführung und Radikalisierung im »Unternehmen Barbarossa«, Berlin 2005.- Arntzen, Helmut, Ursprung der Gegenwart. Zur Bewusstseinsgeschichte der Dreißiger Jahre in Deutschland, Weinheim 1995.- Aschheim, Steven E., Culture and Catastrophe. German and Jewish Confrontations with National Socialism and Other Crises, Basingstoke 1996.- Bahar, Alexander/Kugel, Wilhelm, Der Reichstagsbrand. Wie Geschichte gemacht wird; mit Dokumenten, Berlin 2001.- Bähr, Johannes/Banken, Rolf (Hgg.), Das Europa des »Dritten Reichs«. Recht, Wirtschaft, Besatzung, Frankfurt/M. 2005.- Bajohr, Frank, »Aryanisation« in Hamburg. The Economic Exclusion of Jews and the Confiscation of Their Property in Nazi Germany, New York 2002.- Ders., Parvenüs und Profiteure. Korruption in der NS-Zeit, Frankfurt/M. 2001.- Ders., Verfolgung aus gesellschaftspolitischer Perspektive. Die wirtschaftliche Existenzvernichtung der Juden und die deutsche Gesellschaft, in: GG 26 (2000), 629–652.- Baklanov, Igor' Gennadievič, Cholokost. Enciklopedija [Holocaust. Eine Enzyklopädie], Moskva 2005.- Balcke, Jörg, Verantwortungsentlastung durch Organisation. Die »Inspektion der Konzentrationslager« und der KZ-Terror, Tübingen 2001.- Balderston, Theo, Economics and Politics in the Weimar Republic, Cambridge 2001.- Balistier, Thomas, Gewalt und Ordnung. Kalkül und Faszination der SA, Münster 1989.- Bankier, David, The Germans and the Final Solution. Public Opinion under Nazism, Oxford 1992.- Baranowski, Shelly, Strength Through Joy. Consumerism and Mass Tourism in the Third Reich, Cambridge 2004.- Barkai, Avraham, Das Wirtschaftssystem des Nationalsozialismus. Der historische und ideologische Hintergrund 1933–1936, Köln 1977.- Bartov, Omer, Germany's War and the Holocaust. Disputed Histories, Ithaca 2003.- Ders., Hitlers Wehrmacht. Soldaten, Fanatismus und die Brutalisierung des Krieges, Reinbek 1995.- Bastian, Till, Sinti und Roma im Dritten Reich. Geschichte einer Verfolgung, München 2001.- Baumann, Schaul, Die Deutsche Glaubensbewegung und ihr Gründer Jakob Wilhelm Hauer (1881–1961), Marburg 2005.- Bavaj, Riccardo, Modernisierung, Modernität und Moderne. Ein wissenschaftlicher Diskurs und seine Bedeutung für die historische Einordnung des »Dritten Reiches«, in: HJb 125 (2005), 413–451.- Beck, Hermann, The Nazis and Their Conservative Alliance Partner in 1933. The Seizure of Power in a New Light, in: TMPR 6 (2005), 213–241.- Beckenbach, Niels (Hg.), Wege zur Bürgergesellschaft. Gewalt und Zivilisation in Deutschland Mitte des 20. Jahrhunderts, Berlin 2005.- Benz, Wolfgang, Der Holocaust, München [4]1999.- Ders. (Hg.), Die Juden in Deutschland 1933–1945. Leben unter nationalsozialistischer Herrschaft, München 1988.- Ders., Die Juden und die nationale Identität. Antisemitismus als gesellschaftliches Problem in Deutschland, in: DA 37 (2004), 475–484.- Ders. (Hg.), Dimension des Völkermordes. Die Zahl der jüdischen Opfer des Nationalsozialismus, München 1991.- Ders., Geschichte des Dritten Reiches, München 2000, 19–57.- Ders., Überleben im Dritten Reich. Juden im Untergrund und ihre Helfer, München 2003.- Ders./Distel, Barbara (Hgg.), Der Ort des Terrors. Geschichte der nationalsozialistischen Konzentrationslager, 3 Bde., München 2005–2006.- Ders./Graml, Hermann/Weiß, Hermann (Hgg.), Enzyklopädie des Nationalsozialismus, Stuttgart [3]1998.- Ders./Paucker, Arnold/Pulzer, Peter (Hgg.), Jüdisches Leben in der Weimarer Republik. Jews in the Weimar Republic, Tübingen 1998.- Ders./Pehle, Walter H. (Hgg.), Lexikon des deutschen Widerstandes, Frankfurt/M. [2]2001.- Bergen, Doris L., Twisted Cross. The German Christian Movement in the Third Reich, Chapel Hill 1996.- Besier,

Gerhard, *Die Kirchen und das Dritte Reich*. Bd. 3: Spaltungen und Abwehrkämpfe 1934 bis 1937, Berlin 2001.- Ders., *Die Vereinigten Staaten* und Deutschland. Über den »Zauber der Freiheit« und die Ambiguitäten der amerikanischen Freiheits-Mission, in: Ders./Stokłosa (Hgg.) [2.6], 159-174.-Ders., Neuheidnische Religiosität und Protestantismus im NS-Staat. Der Dom zu Quedlinburg als Kultur- und Weihestätte der SS, in: RSG 1 (2000), 145-188.- Ders., *»Wir« und »die anderen«.* Zur Entstehung von Vorurteilen und Feindbildern, in: Ders./Stokłosa [2.6], 13-28.- Ders. (Hg.), Zwischen »nationaler Revolution« und militärischer Aggression. Transformationen in Kirche und Gesellschaft während der konsolidierten NS-Gewaltherrschaft (1934-1939), München 2001.- Ders./Lessing, Eckhard (Hg.), *Die Geschichte* der Evangelischen Kirche der Union. Bd.3: Trennung von Staat und Kirche, Krise und Erneuerung kirchlicher Gemeinschaft (1918-1992), Leipzig 1999.- Ders./Piombo, *Der Heilige Stuhl* [2.3].- Ders./Stokłosa, Katarzyna (Hgg.), Lasten diktatorischer Vergangenheit - Herausforderungen demokratischer Gegenwart. Zum Rechtsextremismus heute, Münster 2006.- Blasius, Dirk, Carl Schmitt. Preußischer Staatsrat in Hitlers Reich, Göttingen 2001.- Ders., Carl Schmitt und der »Heereskonflikt« des Dritten Reiches 1934, in: HZ 281 (2005), 659-682.- Ders., Weimars Ende. Bürgerkrieg und Politik 1930-1933, Göttingen 2005.- Bloch, Michael, Ribbentrop, London 1992.- Bloxham, Donald/Kushner, Tony, The Holocaust. Critical Historical Approaches, Manchester 2005.- Blümle, Gerold/Goldschmidt, Nils, Robert Liefmann - Querdenker und Regimeopfer, in: Goldschmidt (Hg.) [2.6], 147-175.- Bock, Gisela, Zwangssterilisierung im Nationalsozialismus. Studien zur Rassenpolitik und Frauenpolitik, Opladen 1986.- Böhm, Helmut, Von der Selbstverwaltung zum Führerprinzip. Die Universität München in den ersten Jahren des Dritten Reiches, Berlin 1995.- Boll, Bernd, »Aktionen nach Kriegsbrauch«. Wehrmacht und 1. SS-Infanteriebrigade 1941, in: ZfG 48 (2000), 775-788.- Bollmus, Reinhard, Das Amt Rosenberg und seine Gegner. Studien zum Machtkampf im nationalsozialistischen Herrschaftssystem, München ²2006.- Borodziej, Włodzimierz, Terror und Politik. Die deutsche Polizei und die polnische Widerstandsbewegung im Generalgouvernement 1939-1944, Mainz 1999.- Bracher, Karl Dietrich, Demokratie und Machtergreifung, in: Ders./Funke, Manfred/Jacobsen, Hans Adolf (Hgg.), Nationalsozialistische Diktatur 1933-1945 - eine Bilanz, Bonn 1986, 17-36.- Ders., Die Auflösung der Weimarer Republik, Villingen 1978.- Ders., Die deutsche Diktatur. Entstehung, Struktur, Folgen des Nationalsozialismus, Frankfurt/M. ⁶1983.- Ders., Zeitgeschichtliche Kontroversen um Faschismus, Totalitarismus und Demokratie, München ⁵1984.- Ders./Funke, Manfred/Jacobsen, Hans-Adolf (Hg.), Deutschland 1933-1945. Neue Studien zur nationalsozialistischen Herrschaft, Bonn 1992.- Dies. (Hgg.), Die Weimarer Republik 1918-1933. Politik, Wirtschaft, Gesellschaft, Düsseldorf 1987.- Ders./Schulz, Gerhard/Sauer, Wolfgang, Die nationalsozialistische Machtergreifung, 3 Bde., Köln 1962.- Brechenmacher, Thomas, Teufelspakt, Selbsterhaltung, universale Mission? Leitlinien und Spielräume der Diplomatie des Heiligen Stuhls gegenüber dem nationalsozialistischen Deutschland (1933-1939) im Lichte neu zugänglicher vatikanischer Akten, in: HZ 280 (2005), 591-645.- Breitman, Richard, Der Architekt der »Endlösung«. Himmler und die Vernichtung der europäischen Juden, Zürich 2000.- Bretschken, Magnus, Die nationalsozialistische Herrschaft 1933-1939, Darmstadt 2004.- Ders., »Madagaskar für die Juden«. Antisemitische Idee und politische Praxis 1885-1945, München ²1998.- Breuning, Klaus, Die Vision des Reiches. Deutscher Katholizismus zwischen Demokratie und Diktatur (1929-1934),

München 1969.- Brokoff, Jürgen, Die Apokalypse in der Weimarer Republik, München 2001.- Broszat, Martin, Der Staat Hitlers. Grundlegung und Entwicklung seiner inneren Verfassung, München [15]2000.- Ders., Die Machtergreifung. Der Aufstieg der NSDAP und die Zerstörung der Weimarer Republik, München [4]1993.- Ders./Frei, Norbert (Hgg.), Das Dritte Reich im Überblick. Ursprünge, Ereignisse, Zusammenhänge, München [6]1999.- Browder, George C., Hitler's Enforcers. The Gestapo and the SS Security Service in the Nazi Revolution, New York 1996.- Browning, Christopher, Der Weg zur »Endlösung«. Entscheidungen und Täter, Bonn 1998.- Ders., Die Entfesselung der »Endlösung«. Nationalsozialistische Judenpolitik 1939-1942, Berlin 2006.- Ders., Ganz normale Männer. Das Reserve-Polizeibataillon 101 und die »Endlösung« in Polen, Reinbek [2]1998.- Ders., Judenmord. NS-Politik, Zwangsarbeit und das Verhalten der Täter, Frankfurt/M. 2001.- Buchheim, Christoph, Die Erholung von der Weltwirtschaftskrise 1932/33 in Deutschland, in: JWG, Berlin 2003, 13-26.- Ders., Die Wirtschaftsentwicklung im Dritten Reich – mehr Desaster als Wunder. Eine Erwiderung auf Werner Abelshauser, in: VfZ 49 (2001), 653-664.- Ders., Unternehmen in Deutschland und NS-Regime 1933-1945. Versuch einer Synthese, in: HZ 282 (2006), 351-390.- Buchner, Bernd, Um nationale und republikanische Identität. Die deutsche Sozialdemokratie und der Kampf um die politischen Symbole in der Weimarer Republik, Bonn 2001.- Bullock, Alan, Hitler. Eine Studie über Tyrannei, Kronberg 1977.- Bungert, Heike, Das Nationalkomitee und der Westen. Die Reaktion der Westalliierten auf das NKFD und die Freien Deutschen Bewegungen 1943-1948, Stuttgart 1997.- Burkard, Dominik, Häresie und Mythus des 20. Jahrhunderts. Rosenbergs nationalsozialistische Weltanschauung vor dem Tribunal der Römischen Inquisition, Paderborn 2005.- Burkert, Martin, Die Ostwissenschaften im Dritten Reich, Teil I: Zwischen Verbot und Duldung. Die schwierige Gratwanderung der Ostwissenschaften zwischen 1933 und 1939, Wiesbaden 2000.- Burleigh, Michael, Die Zeit des Nationalsozialismus. Eine Gesamtdarstellung, Frankfurt/M. 2000.- Ders., Ethics and Extermination. Reflection on Nazi Genocide, Cambridge 1997.- Ders., Tod und Erlösung. Euthanasie in Deutschland 1900-1945, Zürich 2002.- Burrin, Philippe, Hitler und die Juden. Die Entscheidung für den Völkermord, Frankfurt/M. 1993.- Ders., Warum die Deutschen? Antisemitismus, Nationalsozialismus, Genozid, Berlin 2004.- Bussche, Raimund von dem, Konservatismus in der Weimarer Republik. Die Politisierung des Unpolitischen, Heidelberg 1998.- Büttner, Ursula (Hg.), Die Deutschen und die Judenverfolgung im Dritten Reich, Hamburg 1992.- Carsten, Francis, Widerstand gegen Hitler. Die deutschen Arbeiter und die Nazis, Frankfurt/M. 1996.- Cary, Noel, Antisemitism, Everyday Life, and the Devastation of Public Morals in Nazi Germany, in: CEH 35 (2002), 551-590.- Cesarani, David, Adolf Eichmann. Bürokrat und Massenmörder, Augsburg 2005.- Collier, Martin/Pedley, Philip, Hitler and the Nazi State, Oxford 2005.- Corni, Gustavo, Il sogno del »grande spazio«. Le politiche d'occupazione nell'Europa nazista [Der Traum des »großen Raums«. Die Besatzungspolitiken im nationalsozialistischen Europa], Roma 2005.- Ders./Gies, Horst, Brot, Butter, Kanonen. Die Ernährungswirtschaft in Deutschland unter der Diktatur, Berlin 1997.- Cüppers, Martin, Wegbereiter der Shoah. Die Waffen-SS, der Kommandostab Reichsführer-SS und die Judenvernichtung 1939-1945, Darmstadt 2005.- Dederke, Karlheinz, Reich und Republik Deutschland 1917-1933, Stuttgart [8]1996.- Deichmann, Ute, Biologen unter Hitler. Porträt einer Wissenschaft im NS-Staat, Berlin 1995.- Diehl, Paula, Macht, Mythos, Utopie. Die Körperbilder der SS-Männer, Berlin 2005.- Dierker, Wolfgang, Himmlers Glaubenskrieger. Der Sicherheitsdienst der SS und seine Religionspolitik 1933–1941, Paderborn 2002.- Dirks, Carl/Janßen, Karl-Heinz, Der Krieg der Generäle. Hitler als Werkzeug der Wehrmacht, Berlin 1999.- Dobry, Michel, *Hitler*, Charisma and Structure. Reflections in Historical Methodology, in: TMPR 7 (2006), 157–174.- Döscher, Hans-Jürgen, Seilschaften. Die verdrängte Vergangenheit des Auswärtigen Amtes, Berlin 2005.- Dowe, Dieter/Kocka, Jürgen/Winkler, Heinrich August (Hgg.), Parteien im Wandel vom Kaiserreich zur Weimarer Republik. Rekrutierung, Qualifizierung, Karrieren, München 1999.- Dreier, Horst/Pauly, Walter, Die deutsche Staatsrechtslehre in der Zeit des Nationalsozialismus, Berlin 2001.- Dülffer, Jost, Deutsche Geschichte 1933–1945. Führerglaube und Vernichtungskrieg, Stuttgart 1992.- Ehls, Marie-Luise, Protest und Propaganda. Demonstrationen in Berlin zur Zeit der Weimarer Republik, Berlin 1997.- Ehrlich, Lothar (Hg.), Weimar 1930. Politik und Kultur im Vorfeld der NS-Diktatur, Köln 1998.- Eichholz, Dietrich, Geschichte der deutschen Kriegswirtschaft 1939–1945, München 1999.- Elvert, Jürgen, Mitteleuropa! Deutsche Pläne zur europäischen Neuordnung (1918–1945), Stuttgart 1999.- Ders./Krauß, Susanne (Hgg.), Historische Debatten und Kontroversen im 19. und 20. Jahrhundert, Stuttgart 2003.- Erb, Dirk (Hg.), Gleichgeschaltet. Der Nazi-Terror gegen Gewerkschaften und Berufsverbände 1930 bis 1933. Eine Dokumentation, Göttingen 2001.- Erdmann, Elisabeth, Die »Dolchstoßlegende« in deutschen Schulbüchern von den 20er Jahren bis zur Gegenwart, in: Altrichter, Helmut (Hg.), Mythen in der Geschichte, Freiburg/Br. 2004, 419–436.- Erker, Paul, Industrie-Eliten in der NS-Zeit. Anpassungsbereitschaft und Eigeninteresse von Unternehmern in der Rüstungs- und Kriegswirtschaft 1936–1945, Passau 1994.- Etlin, Richard A. (Hg.), Art, Culture, and Media Under the Third Reich, Chicago 2002.- Evans, Richard J., Das Dritte Reich. Der Aufstieg, München 2004.- Falter, Jürgen W., Hitlers Wähler, München 1991.- Ferrari Zumbini, Massimo, Die Wurzeln des Bösen. Gründerjahre des Antisemitismus. Von der Bismarckzeit zu Hitler, Frankfurt/M. 2003.- Fest, Joachim, Das Gesicht des Dritten Reiches. Profile einer totalitären Herrschaft, München 1993.- Ders., Der Untergang. Hitler und das Ende des Dritten Reiches. Eine historische Skizze, Berlin ²2002.- Ders., Hitler. Eine Biographie, Berlin ⁷2005.- Finkelstein, Norman, Die Holocaust-Industrie. Wie das Leiden der Juden ausgebeutet wird, München 2001.- Fischer, Conan (Hg.), The Rise of National Socialism and the Working Classes in Weimar Germany, Providence 1996.- Fischler, Hersch, Zum Zeitablauf der Reichstagsbrandstiftung. Korrekturen der Untersuchung Alfred Berndts, in: VfZ 53 (2005), 617–634.- Foner, Sean, War Commemoration and the Republic in Crisis. Weimar Germany and the Neue Wache, in: CEH 35 (2004), 513–550.- Fraenkel, *Der Doppelstaat* [1.3].- Ders., *Verfassungsreform und Sozialdemokratie*, in: Die Gesellschaft 9 (1932), 484–500.- Frank, Tibor (Hg.), Discussing Hitler. Advisers of U.S. Diplomacy in Central Europe 1934–1941, Budapest 2003.- Frei, Norbert, Der Führerstaat. Nationalsozialistische Herrschaft 1933–1945, München ⁶2001.- Ders., Vergangenheitspolitik. Die Anfänge der Bundesrepublik und die NS-Vergangenheit, München 1996.- Ders./Steinbacher, Sybille/Wagner, Bernd, Ausbeutung, Vernichtung, Öffentlichkeit. Neue Studien zur nationalsozialistischen Lagerpolitik, München 2000.- Friedländer, Saul, Das Dritte Reich und die Juden. Bd. 1: Die Jahre der Verfolgung 1933–1939, München 1998.- Friedlander, Henry, Der Weg zum NS-Genozid. Von der Euthanasie zur Endlösung, Berlin 1997.- Fritz, Stephen O., Endkampf. Soldiers, Civilians, and the Death of the Third Reich, Lexington 2004.- Funke, Manfred, Starker oder schwacher Diktator? Hitlers Herrschaft und die Deutschen. Ein Essay, Düsseldorf 1989.- Gall, Lothar (Hg.), Die Deutsche Bank 1870–1995, München 1995.- Ders. (Hg.), Krupp im 20. Jahrhundert. Die Geschichte des Unternehmens vom Ersten Weltkrieg bis zur Gründung der Stiftung, Berlin 2002.- Ders./Pohl, Manfred (Hgg.), Unternehmen im Nationalsozialismus, München 1998.- Garleff, Michael (Hg.), Deutschbalten, Weimarer Republik und Drittes Reich, Köln 2001.- Gellately, Robert, Die Gestapo und die deutsche Gesellschaft. Die Durchsetzung der Rassenpolitik 1933–1945, Paderborn 1993.- Ders., Hingeschaut und weggesehen. Hitler und sein Volk, München 2004.- Gerlach, Christian, Kalkulierte Morde. Die deutsche Wirtschafts- und Vernichtungspolitik in Weißrußland 1941–1944, Hamburg 1999.- Ders., Krieg, Ernährung, Völkermord. Forschungen zur deutschen Vernichtungspolitik im Zweiten Weltkrieg, Zürich 2001.- Gessner, Dieter, Die Weimarer Republik, Darmstadt 2002.- Gharaati, Mohammed, Zigeunerverfolgung in Deutschland mit besonderer Berücksichtigung der Zeit zwischen 1918–1945, Marburg 1996.- Gigliotti, Simone/Lang, Berel (Hgg.), The Holocaust. A Reader, Oxford 2005.- Gilensen, Viktor, Die Komintern und die »Organisation M.« in Deutschland in den Jahren 1923–1925, in: FOstIZ 3 (1999), 31–80.- Göbel, Thomas, Demokratie und Volkstum. Die Politik gegenüber den nationalen Minderheiten in der Weimarer Republik, Köln 2002.- Goldhagen, Daniel Jonah, Hitlers willige Vollstrecker. Ganz gewöhnliche Deutsche und der Holocaust, München 2000.- Goldschmidt, Nils (Hg.), Wirtschaft, Politik und Freiheit. Freiburger Wirtschaftswissenschaftler und der Widerstand, Tübingen 2005.- Gorodetzky, Gabriel, Die große Täuschung. Hitler, Stalin und das Unternehmen »Barbarossa«, Berlin 2001.- Göthel, Thomas, Demokratie und Volkstum. Die Politik gegenüber den nationalen Minderheiten in der Weimarer Republik, Köln 2002.- Gottwaldt, Alfred/Kampe, Norbert/Klein, Peter (Hgg.), NS-Gewaltherrschaft. Beiträge zur historischen Forschung und juristischen Aufarbeitung, Berlin 2005.- Graf, Christoph, Politische Polizei zwischen Demokratie und Diktatur. Die Entwicklung der preußischen politischen Polizei vom Staatsschutz der Weimarer Republik zum Geheimen Staatspolizeiamt des Dritten Reiches, Berlin (West) 1983.- Graml, Hermann, Reichskristallnacht. Antisemitismus und Judenverfolgung im Dritten Reich, München 1988.- Ders., Zwischen Stresemann und Hitler. Die Außenpolitik der Präsidialkabinette Brüning, Papen und Schleicher, München 2001.- Gräser, Marcus, Der blockierte Wohlfahrtsstaat. Unterschichtjugend und Jugendfürsorge in der Weimarer Republik, Göttingen 1995.- Gregor, Neil, Daimler-Benz in the Third Reich, New Haven 1998.- Ders. (Hg.), Nazism, War and Genocide. Essays in Honor of Jeremy Noakes, Exeter 2005.- Grothmann, Detlef, »Verein der Vereine?« Der Volksverein für das katholische Deutschland im Spektrum des politischen und sozialen Katholizismus der Weimarer Republik, Köln 1997.- Gruber, Hubert, Katholische Kirche und Nationalsozialismus 1930–1945. Ein Bericht in Quellen, Paderborn 2006.- Gruchmann, Lothar, Justiz im Dritten Reich 1933–1940. Anpassung und Unterwerfung in der Ära Gürtner, München ³2001.- Gruner, Wolf, Öffentliche Wohlfahrt und Judenverfolgung. Wechselwirkung lokaler und zentraler Politik im NS-Staat (1933–1942), München 2002.- Grupp, Peter, Juden, Antisemitismus und jüdische Fragen im Auswärtigen Amt in der Zeit des Kaiserreichs und der Weimarer Republik. Eine erste Annäherung, in: ZfG 46 (1998), 237–248.- Grüttner, Michael, Studenten im Dritten Reich, Paderborn 1995.- Guenther, Irene, Nazi Chic. Fashioning Women in the Third Reich, Oxford 2004.- Gusy, Christoph (Hg.), Demokratisches Denken in der Weimarer Republik, Baden-Baden 2000.- Ders., Die Weimarer Reichsverfassung, Tübingen 1997.- Ders., Weimar – die wehrlose Republik? Verfassungsschutzrecht und Verfassungsschutz in der Weimarer Republik, Tübingen 1991.- Haar, Ingo, Historiker im Nationalsozialismus. Deutsche Geschichtswissenschaft und der »Volkstumskampf« im Osten, Göttingen 2000.- Haasis, Helmut G., »Den Hitler jag' ich in die Luft«. Der Attentäter Georg Elser. Eine Biographie, Berlin 1999.- Habel, Fritz Peter, Eine politische Legende. Die Massenvertreibung von Tschechen aus dem Sudetengebiet 1938/39, München 1996.- Hachmeister, Lutz/Kloft, Michael (Hgg.), Das Goebbels-Experiment. Propaganda und Politik, München 2005.- Hamann, Brigitte, Hitlers Wien. Lehrjahre eines Diktators, München 1996.- Hamburger Institut für Sozialforschung (Hg.), Verbrechen der Wehrmacht. Dimensionen des Vernichtungskrieges 1941–1944. Ausstellungskatalog, Hamburg 2002.- Hammermann, Gabriele, Das Internierungslager Dachau 1945–1948, in: Dachauer Hefte 19 (2003), 48–70.- Harman, Chris, Die verlorene Revolution. Deutschland 1918–23, Frankfurt/M. 1998.- Harold, James, The Nazi Dictatorship and the Deutsche Bank, Cambridge 2004.- Hartmann, Christian, Verbrechen der Wehrmacht. Bilanz einer Debatte, München 2005.- Ders., Verbrecherischer Krieg – verbrecherische Wehrmacht? Überlegungen zur Struktur des Ostheeres 1941–1944, in: VfZ 52 (2004), 1–75.- Hecht, Cornelia, Deutsche Juden und der Antisemitismus in der Weimarer Republik, Bonn 2003.- Heer, Hannes (Hg.), Wie Geschichte gemacht wird. Zur Konstruktion von Erinnerungen an Wehrmacht und Zweiten Weltkrieg, Wien 2003.- Ders./Naumann, Klaus (Hgg.), Vernichtungskrieg. Verbrechen der Wehrmacht 1941–1944, Hamburg 1995.- Hehl, Ulrich von, Nationalsozialistische Herrschaft, München ²2001.- Heinemann, Isabel, »Rasse, Siedlung, deutsches Blut«. Das Rasse- und Siedlungshauptamt der SS und die rassenpolitische Neuordnung Europas, Göttingen 2003.- Henke, Klaus-Dietmar (Hg.), Die Dresdner Bank im Dritten Reich, 4 Bde., München 2006.- Herbert, Ulrich, Best. Biographische Studien über Radikalismus, Weltanschauung und Vernunft 1903–1989, Bonn 2001.- Ders. (Hg.), Die nationalsozialistischen Konzentrationslager. Entwicklung und Struktur, 2 Bde., Frankfurt/M. 2002.- Ders., Fremdarbeiter. Politik und Praxis des »Ausländer-Einsatzes« in der Kriegswirtschaft des Dritten Reiches, Bonn 1999.- Ders./Orth, Karin/Dieckmann, Christoph (Hgg.), Die nationalsozialistischen Konzentrationslager, Entwicklung und Struktur, 2 Bde., Göttingen 1998.- Herbst, Ludolf, Das nationalsozialistische Deutschland 1933–1945. Die Entfesselung der Gewalt. Rassismus und Krieg, Frankfurt/M. 1996.- Ders., Der totale Krieg und die Ordnung der Wirtschaft. Die Kriegswirtschaft im Spannungsfeld von Politik, Ideologie und Propaganda 1939–1945, Stuttgart 1982.- Hermand, Jost, Die Kultur der Weimarer Republik, Frankfurt/M. 1988.- Hesse, Klaus/Springer, Phillip, Vor aller Augen. Fotodokumente des nationalsozialistischen Terrors in der Provinz, Essen 2002.- Heuss, Anja, Kunst- und Kulturgutraub. Eine vergleichende Studie zur Besatzungspolitik der Nationalsozialisten in Frankreich und der Sowjetunion, Heidelberg 2000.- Heyde, Philipp, Das Ende der Reparationen. Deutschland, Frankreich und der Youngplan 1929–1932, Paderborn 1998.- Heyes, Peter, Die Degussa im Dritten Reich. Von der Zusammenarbeit zur Mittäterschaft, München 2004.- Hildebrand, Klaus, Das Dritte Reich, München ⁶2003.- Ders. (Hg.), Zwischen Politik und Religion. Studien zur Entstehung, Existenz und Wirkung des Totalitarismus, München 2003.- Ders./Schmädeke, Jürgen/Zernack, Klaus (Hgg.), 1939. An der Schwelle zum Weltkrieg. Die Entfesselung des Zweiten Weltkrieges und das internationale System, München 1990.- Hillenbrand, Fritz K. M., Underground Humour in Nazi Germany 1933–1945, London 1995.- Hillgruber, Andreas, Der Zweite Weltkrieg. Kriegsziele und Strategien der großen

Mächte, Stuttgart 1982.- Himmler, Katrin, Die Brüder Himmler. Eine deutsche Familiengeschichte, Frankfurt/M. 2005.- Hirschfeld, Gerhard/Kettenacker, Lothar (Hgg.), Der »Führerstaat«. Mythos und Realität. Studien zur Struktur und Politik des Dritten Reiches, Stuttgart 1981.- Ders./Jersak, Tobias (Hgg.), Karrieren im Nationalsozialismus. Funktionseliten zwischen Mitwirkung und Distanz, Frankfurt/M. 2004.- Hockerts, Hans Günter, *War der Nationalsozialismus eine politische Religion?*, in: Hildebrand (Hg.) [2.6], 45-72.- Ders. (Hg.), Weimarer Republik, Nationalsozialismus, Zweiter Weltkrieg (1919-1945). Erster Teil. Akten und Urkunden, Darmstadt 1996.- Hoffmann, Peter, Claus Schenk Graf von Stauffenberg und seine Brüder, Stuttgart 1992.- Höhne, Heinz, Der Orden unter dem Totenkopf. Die Geschichte der SS, Augsburg 2000.- Ders., Die Zeit der Illusionen. Hitler und die Anfänge des 3. Reiches 1933-1936, Düsseldorf 1991.- Hömig, Herbert, Brüning. Politiker ohne Auftrag. Zwischen Weimarer und Bonner Republik, Paderborn 2005.- Hürten, Heinz, Deutsche Katholiken 1918 bis 1945, Paderborn 1992.- Hürter, Johannes/Römer, Felix, Alte und neue Geschichtsbilder von Widerstand und Ostkrieg. Zu Hermann Gramls Beitrag »Massenmord und Militäropposition«, in: VfZ 54 (2006), 301-322.- Hüttenberger, Peter, Nationalsozialistische Polykratie, in: GG 2 (1976), 417-442.- Hutton, Christopher, Race and the Third Reich, Cambridge 2005.- Jäckel, Eberhard, Hitlers Herrschaft. Vollzug einer Weltanschauung, Stuttgart [3]1991.- Ders., Hitlers Weltanschauung. Entwurf einer Herrschaft, Stuttgart [4]1991.- Ders./Longerich, Peter/Schoeps, Julius H. (Hgg.), Enzyklopädie des Holocaust, München 1995.- Jacobson, Arthur J./Schlink, Bernhard (Hgg.), Weimar. A Jurisprudence of Crisis, Berkeley 2000.- James, Harold, Die Deutsche Bank und die »Arisierung«, München 2001.- Ders., The Nazi Dictatorship and the Deutsche Bank, New York 2004.- Janßen, Karl Heinz/Tobias, Fritz, Der Sturz der Generäle. Hitler und die Blomberg-Fritsch-Krise 1938, München 1994.- Jasper, Gotthard, Die gescheiterte Zähmung. Wege zur Machtergreifung Hitlers 1930-1934, Frankfurt/M. 1986.- Jellonek, Burkhard, Homosexuelle unter dem Hakenkreuz. Die Verfolgung der Homosexuellen im Dritten Reich, Paderborn 1990.- Jesse, Eckhard, Die Weimarer Republik – eine Demokratie auf Zeit?, in: NPL 32 (1998), 52-71.- Johnson, Eric, Der nationalsozialistische Terror. Gestapo, Juden und gewöhnliche Deutsche, Berlin 2001.- Jones, Larry Eugene, Franz von Papen, the German Center Party, and the Failure of Catholic Conservatism in the Weimar Republic, in: CEH 38 (2005), 191-217.- Joncy, Karol (Hg.), Studia nad faszyzmem i zbrodniami hitlerowskimi [Studien über den Faschismus und die Verbrechen Hitlers], Wrocław 2005.- Juchnowski, Jerzy, Polski ruch socjalistyczny wobec Niemiec okresu Republiki Weimarskiej 1919-1932 [Die Haltung der polnischen sozialistischen Bewegung gegenüber Deutschland in der Zeit der Weimarer Republik 1919-1932], Wrocław 1997.- Kaczmarek, Ryszard, Das Ende des Zweiten Weltkrieges in Oberschlesien, in: Deutsche Studien 126/127 (1995), 189-200.- Kaplan, Marion A., Between Dignity and Despair. Jewish Life in Nazi Germany, New York 1998.- Kater, Michael, Hitler-Jugend, Darmstadt 2005.- Kebbedies, Frank, Außer Kontrolle. Jugendkriminalpolitik in der NS-Zeit und der frühen Nachkriegszeit, Essen 2000.- Keim, Wolfgang, Erziehung unter der Nazi-Diktatur, Darmstadt 1997.- Kenez, Peter, Cinema and Soviet Society 1917-1953, Cambridge 1992.- Kershaw, Ian, Der NS-Staat. Geschichtsinterpretationen und Kontroversen im Überblick, Hamburg [2]2001.- Ders. (Hg.), Die tödliche Utopie. Bilder, Texte, Dokumente, Daten zum Dritten Reich, München [3]2001.- Ders., Geschichtsinterpretationen und Kontroversen im Überblick, Reinbek [3]2002.- Ders., Hitler, 2 Bde., Stuttgart [2]1998-[2]2000.-

Ders., Hitlers Freunde in England. Lord Londonderry und der Weg in den Krieg, München 2005.- Ders., Hitlers Macht. Das Profil des NS-Herrschaft, München 1992.- Ders./Wirsching, Andreas/Ziegler, Walter (Hgg.), Nationalsozialismus in der Region. Beiträge zur regionalen und lokalen Forschung und zum internationalen Vergleich, München 1996.- Kießling, Friedrich, Nationalsozialismus als politische Religion. Zu einer neuen und alten Deutung des Dritten Reiches, in: AfS 45 (2005), 529–547.- Kinner, Klaus (Hg.), Zwischen den Lagern. Linkssozialisten in Deutschland 1918–1933, Leipzig 2003.- Kirk, Timothy, Nazi Germany, Basingstoke 2005.- Kittel, Manfred, Provinz zwischen Reich und Republik. Politische Mentalitäten in Deutschland und Frankreich 1918–1933/36, München 2000.- Kißener, Michael, Das Dritte Reich, Darmstadt 2005.- Klatt, Norbert, Zur strafrechtlichen Stellung von homosexuellen Männern und Frauen im »Großdeutschen Reich«, in: Invertito 7 (2005–2006), 88–104.- Klee, Ernst, Das Personallexikon des Dritten Reich. Wer war was vor und nach 1945, Augsburg 2005.- Kley, Stefan, Hitler, Ribbentrop und die Entfesselung des Zweiten Weltkrieges, Paderborn 1996.- Knox, MacGregor, Hitler's Italian Allies. Royal Armed Forces, Fascist Regime, and the War of 1940–1943, Cambridge 2000.- Koenen, Gerd, Der Russland Komplex. Die Deutschen und der Osten 1900–1945, München 2005.- Ders., Überprüfungen an dem »Nexus«. Der Bolschewismus und die deutschen Intellektuellen nach Revolution und Weltkrieg 1917 bis 1924, in: TAJB 24 (1995), 359–391.- Köhler, Henning, Deutschland auf dem Weg zu sich selbst. Eine Jahrhundertgeschichte, Stuttgart 2002.- Köhler, Ingo, Die »Arisierung« der Privatbanken im Dritten Reich. Verdrängung, Ausschaltung und die Frage der Wiedergutmachung, München 2005.- Kolb, Eberhard, Die Weimarer Republik, München 2002.- Ders. (Hg.), Friedrich Ebert als Reichspräsident. Amtsführung und Amtsverständnis, München 1997.- Ders./Mühlhausen Walter (Hgg.), Demokratie in der Krise. Parteien im Verfassungssystem der Weimarer Republik, München 1997.- Ders./Richter, Ludwig (Hgg.), Nationalliberalismus in der Weimarer Republik. Die Führungsgremien der Deutschen Volkspartei 1918–1933, 2 Bde., Düsseldorf 1999.- König, Wolfgang, Volkswagen, Volksempfänger, Volksgemeinschaft. »Volksprodukte« im Dritten Reich. Vom Scheitern einer nationalsozialistischen Konsumgesellschaft, Paderborn 2004.- Kössler, Till, Partei, Bewegung und Lebensform. Neuerscheinungen zur Geschichte des Kommunismus in Deutschland, in: AfS 45 (2005), 599–614.- Kosmala, Beate, Polnische Häftlinge im Konzentrationslager Dachau 1939–1945, in: Dachauer Hefte 21 (2005), 94–113.- Krausnick, Helmut/Wilhelm, Hans-Heinrich, Die Truppe des Weltanschauungskrieges. Die Einsatzgruppen der Sicherheitspolizei und des SD 1938–1942, Stuttgart 1982.- Krohn, Klaus-Dieter/Zur Mühlen, Patrik von/Paul, Gerhard/Winckler, Lutz (Hgg.), Handbuch der deutschsprachigen Emigration 1933–1945, Darmstadt 1998.- Kroll, Frank-Lothar, Utopie als Ideologie. Geschichtsdenken und politisches Handeln im Dritten Reich, Paderborn ²1999.- Krüger, Gerd, »... ich bitte, darüber nichts sagen zu dürfen«. Halbstaatliche und private politische Nachrichtendienste in der Weimarer Republik, in: Zeitgeschichte 27 (2000), 87–107.- Krumeich, Gerd/Schröder, Joachim (Hgg.), Der Schatten des Weltkriegs. Die Ruhrbesetzung 1923, Essen 2004.- Kruse, Wolfgang, Gibt es eine Weltkriegsgeneration?, in: BIOS 18 (2005), 169–173.- Kube, Alfred, Pour le mérite und Hakenkreuz. Hermann Göring im Dritten Reich, München ²1987.- Kühne, Thomas, Kameradschaft. Die Soldaten des nationalsozialistischen Krieges und das 20. Jahrhundert, Göttingen 2006.- Kulka, Otto Dov (Hg.), Deutsches Judentum unter dem Nationalsozialismus. Bd. 1: Dokumente der deutschen

Juden 1919–1925, Berlin 1992.- Ders./Jäckel, Eberhard (Hgg.), Die Juden in den geheimen NS-Stimmungsberichten 1933–1945, Düsseldorf 2004.- Kunz, Andreas, Wehrmacht und Niederlage. Die bewaffnete Macht in der Endphase der national-sozialistischen Herrschaft 1944 bis 1945, München 2005.- Kurz, Achim, Demokratische Diktatur? Auslegung und Handhabung des Art. 48 der Weimarer Republik, Stuttgart 1997.- Lacqueur, Walter, Generation Exodus. The Fate of Young Jewish Refugees from Nazi Germany, New Haven 2001.- Ders./Tydor Baume, Judith (Hgg.), The Holocaust Encyclopedia, New Haven 2001.- Lamberti, Marjorie, German Schoolteachers, National Socialism, and the Politics of Culture at the End of the Weimar Republic, in: CEH 34 (2006), 53–82.- Lang, Jochen von, Die Gestapo. Instrument des Terrors, Hamburg 1990.- Leitz, Christian, Nazi Foreign Policy 1933–1941. The Road to Global War, London 2004.- Ders., Nazi Germany and Neutral Europe During the Second World War, Manchester 2000.- Ders. (Hg.), The Third Reich. The Essential Readings, Oxford 1999.- Le Naour, Jean-Yves, La honte noire. L'Allemagne et les troupes coloniales françaises 1914–1945, Paris 2004.- Lentin, Antony, Lloyd George and the Lost Peace. From Versailles to Hitler 1919–1940, Basingstoke 2001.- Lepsius, Mario R., Extremer Nationalismus. Strukturbedingungen vor der nationalsozialistischen Machtergreifung, Stuttgart 1966.- Ders., *The Model* of Charismatic Leadership and Its Applicability to the Rule of Adolf Hitler, in: TMPR 7 (2006), 175–190.- Lessmann, Peter, Die preußische Schutzpolizei in der Weimarer Republik. Streifendienst und Straßenkampf, Düsseldorf 1989.- Lethen, Helmut, Cool Conduct. The Culture of Distance in Weimar Germany, Berkeley 2002.- Leugers, Antonia (Hg.), Berlin, Rosenstraße 2–4. Protest in der NS-Diktatur. Neue Forschungen zum Frauenprotest in der Rosenstraße 1943, Annweiler 2005.- Levy, Richard S. (Hg.), Antisemitism. A Historical Encyclopedia of Prejudice and Persecution, 2 Bde., Santa Barbara 2005.- Lewinsky, Charles, Ein ganz gewöhnlicher Jude, Hamburg 2005.- Lewy, Guenther, »Rückkehr nicht erwünscht«. Das Schicksal der Zigeuner im Dritten Reich, Berlin 2001.- Ders., The Nazi Persecution of the Gypsies, New York 2000.- Lidtke, Vernon, Abstract Art and Left-Wing Politics in the Weimar Republic, in: CEH 37 (2004), 49–90.- Lindenfeld, David F., The Prevalence of Irrational Thinking in the Third Reich. Notes Toward the Reconstruction of Modern Value Rationality, in: CEH 30 (1997), 365–385.- Lipinsky, Jan, Das geheime Zusatzprotokoll zum deutsch-sowjetischen Nichtangriffsvertrag vom 23. August 1939 und seine Entstehungs- und Rezeptionsgeschichte von 1939 bis 1999, Frankfurt/M. 2003.- Livi, Massimiliano, Gertrud Scholtz-Klink. Die Reichsfrauenführerin. Politische Handlungsräume und Identitätsprobleme der Frauen im Nationalsozialismus am Beispiel der »Führerin aller deutschen Frauen«, Münster 2005.- Longerich, Peter, »*Davon haben wir nichts gewusst!*« Die Deutschen und die Judenverfolgung 1933–1945, München 2006.- Ders., Der ungeschriebene Befehl. Hitler und der Weg zur »Endlösung«, München 2001.- Ders., Deutschland 1918–1933. Die Weimarer Republik, Hannover 1995.- Ders., Die braunen Bataillone. Geschichte der SA, München 1989.- Ders., Hitlers Stellvertreter. Führung der Partei und Kontrolle des Staatsapparates durch den Stab Heß und die Partei-Kanzlei Bormanns, München 1992.- Ders., Politik der Vernichtung. Eine Gesamtdarstellung der nationalsozialistischen Judenverfolgung, München 1998.- Löttel, Holger, Revolutionsverständnis und revolutionärer Anspruch im politischen Denken der nationalsozialistischen Führungselite, in: Bavaj, Riccardo (Hg.), Deutschland, ein Land ohne revolutionäre Traditionen? Revolutionen im Deutschland des 19. und 20. Jahrhunderts im Lichte der neueren geistes- und kulturgeschichtlichen Ereignisse, Frankfurt/M. 2005, 77-92.- Lower, Wendy, Nazi Empire-building and the Holocaust in Ukraine, Chapel Hill 2005.- Luchterhandt, Martin, Der Weg nach Birkenau. Entstehung und Verlauf der nationalsozialistischen Verfolgung der »Zigeuner«, Lübeck 2000.- Lustiger, Arno, Zum Kampf auf Leben und Tod! Das Buch vom Widerstand der Juden 1933-1945, Köln 1994.- Luther, Tammo, Volkstumspolitik des Deutschen Reiches 1933-1938. Die Auslandsdeutschen im Spannungsfeld zwischen Traditionalisten und Nationalsozialisten, Stuttgart 2004.- Mai, Uwe, »Rasse und Raum«. Agrarpolitik, Sozial- und Raumplanung im NS-Staat, Paderborn 2002.- Majer, Diemut, Das besetzte Osteuropa als deutsche Kolonie (1939-1944). Die Pläne der NS-Führung zur Beherrschung Osteuropas, in: Jahrbuch 2005 zur Geschichte u. Wirkung des Holocaust, 111-134.- Ders., Rassistisches Recht in NS-Deutschland. Von der Gesetzgebung zum Polizeiregime 1941-1944, in: Jahrbuch 2005 zur Geschichte u. Wirkung des Holocaust, 95-110.- Mallmann, Klaus-Michael, Kommunisten in der Weimarer Republik. Sozialgeschichte einer revolutionären Bewegung, Darmstadt 1996.- Ders./Musial, Bogdan (Hgg.), Genesis der Endlösung. Polen 1939-1941, Darmstadt 2004.- Ders./ Paul, Gerhard, Die Gestapo - Mythos und Realität, Darmstadt 1996.- Dies. (Hgg.), Karrieren der Gewalt. Nationalsozialistische Täterbiographien, Darmstadt 2004.- Marxen, Klaus, Das Volk und sein Gerichtshof. Eine Studie zum nationalsozialistischen Volksgerichtshof, Frankfurt/M. 1984.- Maser, Werner, Adolf Hitlers Mein Kampf. Geschichte, Auszüge, Kommentare, Esslingen 1995.- Ders., Fälschung, Dichtung und Wahrheit über Hitler und Stalin, München 2004.- Masson, Phillippe, Die deutsche Armee. Geschichte der Wehrmacht 1935-1945, München 1996.- Matthäus, Jürgen, Ausbildungsziel Judenmord? Zum Stellenwert der »weltanschaulichen Erziehung« von SS und Polizei im Rahmen der »Endlösung«, in: ZfG 47 (1999), 673-699.- Ders./Kwiet, Konrad/Förster, Jürgen/Breitman, Richard, Ausbildungsziel Judenmord. »Weltanschauliche Erziehung« von SS, Polizei und Waffen-SS im Rahmen der »Endlösung«, Frankfurt/M. 2003.- Megargee, Geoffrey, Hitler und die Generäle. Das Ringen um die Führung der Wehrmacht 1933-1945, Paderborn 2006.- Mehringer, Hartmut, Widerstand und Emigration. Das NS-Regime und seine Gegner, München 1998.- Meier, Kurt, Kreuz und Hakenkreuz. Die evangelische Kirche im Dritten Reich, München ²2001.- Meinl, Susanne, Nationalsozialisten gegen Hitler. Die nationalrevolutionäre Opposition um Friedrich Wilhelm Heinz, Berlin 2000.- Mensing, Wilhelm, Bekämpft, gesucht, benutzt. Zur Geschichte der Gestapo-V-Leute und »Gestapo-Agenten«, in: ZdF 15 (2005), 111-135.- Mergel, Thomas, Parlamentarische Kultur in der Weimarer Republik. Politische Kommunikation, symbolische Politik und Öffentlichkeit im Reichstag, Düsseldorf 2002.- Merz, Kai-Uwe, Das Schreckbild. Deutschland und der Bolschewismus 1917 bis 1921, Berlin 1995.- Messerschmidt, Manfred/Wüllner, Fritz, Die Wehrmachtjustiz im Dienste des Nationalsozialismus. Zerstörung einer Legende, Baden-Baden 1989.- Meyer, Beate, »Jüdische Mischlinge«. Rassenpolitik und Verfolgungserfahrungen 1933-1945, Hamburg 1999.- Michalka, Wolfgang (Hg.), Der Zweite Weltkrieg. Analysen, Grundzüge, Forschungsbilanz, München 1989.- Ders. (Hg.), Die nationalsozialistische Machtergreifung, Paderborn 1984.- Ders./Lee, Marshall M. (Hgg.), Gustav Stresemann, Darmstadt 1982.- Militärgeschichtliches Forschungsamt (Hg.), Die deutsche Kriegsgesellschaft 1939 bis 1945. Bd. 1: Echternkamp, Jörg (Hg.), Politisierung, Vernichtung, Überleben. Bd. 2: Ders. (Hg.), Ausbeutung, Deutungen, Ausgrenzung, München 2004/2005.- Mitchell, Allan, Revolution in Bayern 1918/19. Die Eisner-Regierung und die Räterepublik, München

1967.- Mohler, Armin/Weissmann, Karlheinz, Die konservative Revolution in Deutschland 1918–1932. Ein Handbuch, Graz [6]2005.- Möller, Horst (Hg.), Die Weimarer Republik. Eine unvollendete Demokratie, München [7]2004.- Ders., Einführung in die Zeitgeschichte, München 2003, 52–135.- Ders., Exodus der Kultur. Schriftsteller, Wissenschaftler und Künstler in der Emigration nach 1933, München 1984.- Ders., Krisen und Krisenbewußtsein in Deutschland 1920 bis 1930, in: Blessing, Werner K. (Hg.), Region, Nation, Vision. FS für Karl Möckl zum 65. Geburtstag, Bamberg 2005, 167–176.- Ders./Kittel, Manfred (Hgg.), Demokratie in Deutschland und Frankreich 1918–1933. Beiträge zu einem historischen Vergleich, München 2002.- Moller, Sabine/Rürup, Mariam/Trouvé, Christel, Abgeschlossene Kapitel? Zur Geschichte der Konzentrationslager und der NS-Prozesse, Tübingen 2002.- Mommsen, Hans, Alternative zu Hitler. Studien zur Geschichte des deutschen Widerstandes, München 2000.- Ders., Aufstieg und Untergang der Weimarer Republik 1918–1933, München 2001.- Ders., Auschwitz 17. Juli 1942. Der Weg zur europäischen »Endlösung der Judenfrage«, München 2002.- Ders., Das Volkswagenwerk und seine Arbeit im Dritten Reich, Düsseldorf 1996.- Ders., Der lange Schatten der untergehenden Republik. Zur Kontinuität politischer Denkhaltungen von der späten Weimarer zur frühen Bundesrepublik, in: Ders., Der Nationalsozialismus [2.6], 362–404.- Ders., Der Nationalsozialismus und die deutsche Gesellschaft, Hamburg 1991.- Ders., Der Reichstagsbrand und seine politischen Folgen, in: Ders., Der Nationalsozialismus [2.6], 102–183.- Ders., Die Nationalsozialistische Machteroberung. Revolution oder Gegenrevolution, in: Dipper/Klinkhammer/Nützenadel (Hgg.) [2.3], 41–56.- Ders., Nationalsozialismus, in: Kernig, Claus D. (Hg.), Sowjetsystem und demokratische Gesellschaft. Eine vergleichende Enzyklopädie. Bd. 4, Freiburg/Br. 1971, 695–713.- Ders., Von Weimar nach Auschwitz. Zur Geschichte Deutschlands in der Weltkriegsepoche. Ausgewählte Aufsätze, Stuttgart 1999.- Ders./Grieger, Manfred, Das Volkswagenwerk und seine Arbeiter im Dritten Reich, Düsseldorf 1996.- Mommsen, Wolfgang J., Die deutsche Revolution 1918–1920. Politische Revolution und soziale Protestbewegung, in: GG 4 (1978), 362–391.- Mosse, George L., Die Nationalisierung der Massen. Von den Befreiungskriegen bis zum Dritten Reich, Frankfurt/M. 1993.- Mouton, Michelle, Rescuing Children and Policing Families. Adoption Policy in Weimar and Nazi Germany, in: CEH 38 (2005), 545–572.- Mühl-Benninghaus, Sigrun, Das Beamtentum in der NS-Diktatur bis zum Ausbruch des Zweiten Weltkrieges. Zu Entstehung, Inhalt und Durchführung der einschlägigen Beamtengesetze, Düsseldorf 1996.- Müller, Klaus-Dieter/Nikischkin, Konstantin/Wagenlehner, Günther (Hgg.), Die Tragödie der Gefangenschaft in Deutschland und in der Sowjetunion 1941–1956, Köln 1998.- Müller, Rolf-Dieter/Ueberschär, Gerd R., Hitlers Krieg im Osten 1941–1945. Ein Forschungsbericht, Darmstadt 2000.- Ders./Volkmann, Hans-Erich (Hgg.), Die Wehrmacht. Mythos und Realität, München 1999.- Musial, Bogdan, Deutsche Zivilverwaltung und Judenverfolgung im Generalgouvernement. Eine Fallstudie zum Distrikt Lublin 1939–1944, Wiesbaden 1999.- Ders., Indigener Judenhaß und die deutsche Kriegsmaschine. Der Nordosten Polens im Sommer 1941, in: Osteuropa 53 (2003), 1830–1841.- Ders., »Konterrevolutionäre Elemente sind zu erschießen«. Die Brutalisierung des deutsch-sowjetischen Krieges im Sommer 1941, Berlin [2]2001.- Neliba, Günter, Wilhelm Frick. Der Legalist des Unrechtsstaates. Eine politische Biographie, Paderborn 1992.- Neri-Ultsch, Daniela, Deutschland und Frankreich in der Zwischenkriegszeit. Ein Beitrag zur politischen Kultur der beiden Nachbarn am Rhein, in: Revue d'Allemagne 37 (2005), 475–498.- Neugebauer-Wölk, Monika, Esoterik und Neuzeit. Überlegungen zur historischen Tiefenstruktur religiösen Denkens im Nationalsozialismus, in: Zeitenblicke 5 (2006), http://www.zeitenblicke.de/2006/1/Neugebauerwoelk.- Neumann, Franz, Behemoth. Struktur und Praxis des Nationalsozialismus 1933–1944, Frankfurt/M. 1984.- Neurath, Paul Martin, Die Gesellschaft des Terrors. Innenansichten der Konzentrationslager Dachau und Buchenwald, Frankfurt/M. 2004.- Nicosia, Francis/Huener, Jonathan (Hgg.), Business and Industry in Nazi Germany, New York 2004.- Niedhardt, Gottfried, Deutsche Geschichte 1918–1933. Politik in der Weimarer Republik und der Sieg der Rechten, Stuttgart 1994.- Niehuss, Merith, Keine Modernisierung in der Weimarer Republik?, in: ZGF 1 (2004), 97–100.- Niemeyer, Christian, Jugendbewegung und Nationalsozialismus, in: ZRelGG 57 (2005), 337–365.- Nolzen, Armin, Charismatic Legitimation and Bureaucratic Rule. The NSDAP in the Third Reich 1933–1945, in: German History 23 (2005), 494–518.- Oggoreck, Ralf, Die Einsatzgruppen und die »Genesis der Endlösung«, Berlin 1996.- Oppelland, Torsten, Matthias Erzberger und die Anfänge demokratischer Außenpolitik in Deutschland, in: HPM 2 (1995), 25–47.- Orth, Karin, Das System der nationalsozialistischen Konzentrationslager. Eine politische Organisationsgeschichte, Hamburg 1999.- Osterloh, Jörg, Nationalsozialistische Judenverfolgung im Reichsgau Sudetenland 1938–1945, München 2006.- Overmans, Rüdiger, Deutsche militärische Verluste im Zweiten Weltkrieg, München ^{3}2004.- Overy, Richard, Die Wurzeln des Sieges. Warum die Alliierten den Zweiten Weltkrieg gewannen, Stuttgart 2000.- Patch, William L., Heinrich Brüning and the Dissolution of the Weimar Republic, Cambridge 1998.- Patel, Kiran Klaus, »Auslese« und »Ausmerze«. Das Janusgesicht der nationalsozialistischen Lager, in: ZfG 54 (2006), 339–365.- Pätzold, Kurt/Schwarz, Erika (Hgg.), Europa vor dem Abgrund. Das Jahr 1935, Köln 2005.- Ders./Weissbecker, Manfred, Rudolf Heß. Der Mann an Hitlers Seite, Leipzig 1999.- Paul, Gerhard, Milieus und Widerstand. Eine Verhaltensgeschichte der Gesellschaft im Nationalsozialismus, Bonn 1995.- Ders./Mallmann, Klaus-Michael (Hgg.), Die Gestapo im Zweiten Weltkrieg. »Heimatfront« und besetztes Europa, Darmstadt 2000.- Peritore, Silvio, Von der Ausgrenzung bis zur Vernichtung. Der nationalsozialistische Völkermord an den Sinti und Roma, in: Utopie kreativ 15 (2005), 1115–1131.- Perry, Joe, Nazifying Christmas. Political Culture and Popular Celebration in the Third Reich, in: CEH 38 (2005), 572–605.- Petersen, Jens, Hitler-Mussolini. Die Entstehung der Achse Berlin-Rom 1933–1936, Tübingen 1973.- Peukert, Detlev, Volksgenossen und Gemeinschaftsfremde. Anpassung, Ausmerze und Aufbegehren unter dem Nationalsozialismus, Köln 1982.- Piper, Ernst, Alfred Rosenberg. Hitlers Chefideologe, München 2005.- Plehwe, Friedrich-Karl von, Reichskanzler Kurt von Schleicher. Weimars letzte Chance gegen Hitler, München 1983.- Pohl, Dieter, Verfolgung und Massenmord in der NS-Zeit 1933–1945, Darmstadt 2003.- Pohl, Karl-Heinrich (Hg.), Wehrmacht und Vernichtungspolitik. Militär im nationalsozialistischen System, Göttingen 1999.- Pohlian, Pavel, Deportierte nach Hause. Sowjetische Kriegsgefangene im »Dritten Reich« und ihre Repatriierung, München 2001.- Pohlmann, Friedrich, Deutschland im Zeitalter des Totalitarismus. Überlegungen zu den Schlüsseljahren deutscher Geschichte im 20. Jahrhundert, in: ZfP 47 (2000), 201–215.- Puschnerat, Tânia, Clara Zetkin. Bürgerlichkeit und Marxismus. Eine Biographie, Wuppertal 2004.- Quinkert, Babette (Hg.), »Wir sind die Herren dieses Landes«. Ursachen, Verlauf und Folgen des deutschen Überfalls auf die Sowjetunion, Hamburg 2002.- Rahe, Thomas, »Höre Israel«. Jüdische Religiosität in nationalsozialistischen Konzentrationslagern, Göttingen 1999.- Raithel, Thomas/Strenge, Irene, Die Reichstagsbrandverordnung. Grundlegung der Diktatur mit den Instrumenten des Weimarer Ausnahmezustandes, in: VfZ 48 (2000), 413–460.- Ranki, György, The Economics of the Second World War, Wien 1993.- Rauh, Manfred, Geschichte des Zweiten Weltkriegs. 2. Teil: Der europäische Krieg 1939–1941, Berlin 1995.- Rauh-Kühne, Cornelia, Hitlers Hehler? Unternehmerprofite und Zwangsarbeiterlöhne, in: HZ 275 (2002), 1–55.- Rauscher, Walter, Hitler und Mussolini. Macht, Krieg und Terror, Graz 2001.- Recker, Marie-Luise, Die Außenpolitik des Dritten Reiches, München 1990.- Redles, David, Hitler's Millenial Reich. Apocalyptic Belief and the Search for Salvation, New York 2005.- Rees, Laurence, Auschwitz. A New History, New York 2005.- Ders., Auschwitz. The Nazis and the »Final Solution«, London 2005.- Ders., Hitlers Krieg im Osten, München 2000.- Repgen, Konrad, *Ein KPD-Verbot im Jahre 1933?*, in: HZ 240 (1985), 67–99.- Reuß, Ernst, Gefangen! Das Schicksal sowjetischer Kriegsgefangener im Zweiten Weltkrieg, München 2005.- Reuth, Ralf Georg, Goebbels, München 1995.- Ders., Hitler. Eine politische Biographie, München 2005.- Richardi, Hans-Günther, Hitler und seine Hintermänner. Neue Fakten zur Frühgeschichte der NSDAP, München 1991.- Richter, Ingrid, Katholizismus und Eugenik in der Weimarer Republik und im Dritten Reich. Zwischen Sittlichkeitsreform und Rassenhygiene, Paderborn 2001.- Richter, Isabel, Hochverratsprozesse als Herrschaftspraxis im Nationalsozialismus. Männer und Frauen vor dem Volksgerichtshof, Münster 2001.- Rissmann, Michael, Hitlers Gott. Vorsehungsglaube und Sendungsbewusstsein des deutschen Diktators, Zürich 2001.- Ritter, Gerhard A., Politische Repräsentation durch Berufsstände. Konzepte und Realität in Deutschland 1871–1933, in: Pyta, Wolfram (Hg.), Gestaltungskraft des Politischen. FS für Eberhard Kolb, Berlin 1998, 261–280.- Rödder, Andreas, Reflexionen über das Ende der Weimarer Republik. Die Präsidialkabinette 1930–1932/33. Krisenmanagement oder Restaurationsstrategie?, in: VfZ 47 (1999), 87–101.- Röhr, Werner, Occupatio Poloniae. Forschungen zur deutschen Besatzungspolitik in Polen 1939–1945, Berlin 2004.- Rohrer, Christian, Nationalsozialistische Macht in Ostpreußen, München 2006.- Rösch, Mathias, Die Münchner NSDAP 1925–1933. Eine Untersuchung zur inneren Struktur der NSDAP in der Weimarer Republik, München 2002.- Roschke, Carsten, Der umworbene »Urfeind«. Polen in der nationalsozialistischen Propaganda 1934–1939, Marburg 2000.- Roseman, Mark, Die Wannsee-Konferenz. Wie die NS-Bürokratie den Holocaust organisierte, München 2002.- Rossino, Alexander B., Hitler Strikes Poland. Blitzkrieg, Ideology, and Atrocity, Lawrence 2003.- Ruault, Franco, »Neuschöpfer des deutschen Volkes«. Julius Streicher im Kampf gegen »Rassenschande«, Frankfurt/M. 2006.- Ruck, Michael, Bibliographie zum Nationalsozialismus, Darmstadt [2]2000.- Rudolph, Karsten, Nationalsozialisten in Ministersesseln. Die Machtübernahme der NSDAP und die Länder 1929–1933, in: Jansen, Christian/Niethammer, Lutz/Weisbrod, Bernd (Hgg.), Von der Aufgabe der Freiheit. Politische Verantwortung und bürgerliche Gesellschaft im 19. und 20. Jahrhundert, FS für Hans Mommsen zum 5. November 1995, Berlin 1995, 247–266.- Rupnow, Dirk, Das unsichtbare Verbrechen. Beobachtungen zur Darstellung des NS-Massenmordes, in: Zeitgeschichte 29 (2002), 87–108.- Sabrow, Martin, Die verdrängte Verschwörung. Der Rathenau-Mord und die deutsche Gegenrevolution. Frankfurt/M. 1999.- Safranski, Rüdiger, Ein Meister aus Deutschland. Heidegger und seine Zeit, Frankfurt/M. 2001.- Sakowska, Ruta, Menschen im Ghetto. Die jüdische Bevölkerung im besetzten Warschau 1939–1943, Osnabrück 1999.- Sarkowicz, Hans (Hg.), Hitlers Künstler. Die Kultur im Dienst des Nationalsozialismus, Frankfurt/M. 2004.- Sauer, Bernhard, Gerhard Roßbach - Hitlers Vertreter für Berlin. Zur Frühgeschichte des Rechtsradikalismus in der Weimarer Republik, in: ZfG 40 (2002), 5-21.- Ders., Zur politischen Haltung der Berliner Sicherheitspolizei in der Weimarer Republik, in: ZfG 53 (2004), 25-45.- Schaarschmidt, Thomas, Regionalkultur und Diktatur. Sächsische Heimatbewegung und Heimat-Propaganda im Dritten Reich und in der SBZ/DDR, Köln 2004.- Schneider, Heinz-Jürgen/Schwarz, Erika/Schwarz, Josef, Die Rechtsanwälte der Roten Hilfe Deutschlands. Politische Strafverteidiger in der Weimarer Republik - Geschichte und Biografien, Bonn 2000.- Schildt, Axel, Die Republik von Weimar. Deutschland zwischen Kaiserreich und »Drittem Reich« (1918-1933), Erfurt 1997.- Ders., Konservativismus in Deutschland. Von den Anfängen im 18. Jahrhundert bis zur Gegenwart, München 1998.- Schirmann, Léon, Altonaer Blutsonntag 17. Juli 1932. Dichtung und Wahrheit, Hamburg 1998.- Schlüter, Holger, Die Urteilspraxis des nationalsozialistischen Volksgerichtshofs, Berlin 1995.- Schmädeke, Jürgen/Bahar, Alexander/Kugel, Wilfried, Der Reichstagsbrand in neuem Licht, in: HZ 269 (2000), 603-651.- Schmalz, Florian, Kampfstoff-Forschung im Nationalsozialismus. Zur Kooperation von Kaiser-Wilhelm-Instituten, Militär und Industrie, Göttingen 2005.- Schmidt, Rainer, »Appeasement oder Angriff«. Eine kritische Bestandsaufnahme der sog. »Präventivkriegsdebatte« über den 22. Juni 1941, in: Elvert/Krauß (Hgg.) [2.6], 220-233.- Ders., Die Außenpolitik des Dritten Reiches 1933-1939, Stuttgart 2002.- Schmitz, Walter/Vollnhals, Clemens (Hgg.), Völkische Bewegung - Konservative Revolution - Nationalsozialismus. Aspekte einer politisierten Kultur, Bamberg 2005.- Schmitz-Berning, Cornelia, Vokabular des Nationalsozialismus, Berlin 1998.- Schmölders, Claudia/Gilman, Sander L. (Hgg.), Gesichter der Weimarer Republik. Eine physiognomische Kulturgeschichte, Köln 2000.- Schneider, Barbara, Die Höhere Schule im Nationalsozialismus. Zur Ideologisierung von Bildung und Erziehung, Köln 2000.- Schneider, Michael, Unterm Hakenkreuz. Arbeiter und Arbeiterbewegung 1933 bis 1939, Bonn 1999.- Scholder, Klaus, Die Kirchen und das Dritte Reich, 2 Bde., Berlin 2000.- Scholtyseck, Joachim, Robert Bosch und der liberale Widerstand gegen Hitler 1933 bis 1945, München 1999.- Schreckenberg, Heinz, Ideologie und Alltag im Dritten Reich, Frankfurt/M. 2003.- Schreiber, Gerhard, Der Zweite Weltkrieg, München 2002.- Schulte, Jan Erik, Zwangsarbeit und Vernichtung. Das Wirtschaftsimperium der SS. Oswald Pohl und das Wirtschaftsverwaltungshauptamt 1933-1945, Paderborn 2001.- Schulz, Matthias, Deutschland, der Völkerbund und die Frage der europäischen Wirtschaftsordnung 1925-1933, Hamburg 1997.- Schulze, Hagen, Weimar. Deutschland 1917-1933, Berlin 1994.- Schulze, Winfried/Oexle, Otto Gerhard (Hgg.), Deutsche Historiker im Nationalsozialismus, Frankfurt/M. ²2000.- Schumann, Dirk, Politische Gewalt in der Weimarer Republik 1918-1933. Kampf um die Straße und Furcht vor dem Bürgerkrieg, Essen 2001.- Schütz, Erhard/Gruber, Eckhard, Mythos Reichsautobahn. Bau und Inszenierung der »Straßen des Führers« 1933-1941, Berlin 1996.- Schwarz, Gudrun, Die nationalsozialistischen Lager, Frankfurt/M. 1996.- Sedlaczek, Dietmar (Hg.), »Minderwertig« und »asozial«. Stationen der Verfolgung gesellschaftlicher Außenseiter, Zürich 2005.- Seidel, Robert, Deutsche Besatzungspolitik in Polen. Der Distrikt Radom 1939-1945, Paderborn 2006.- Seligmann, Rafael, Hitler. Die Deutschen und ihr Führer, München 2004.- Sigmund, Anna Maria, Diktator, Dämon, Demagoge. Fragen und Antworten zu Adolf Hitler, München 2006.- Smelser, Ronald, Das Sudetenproblem und das Dritte Reich 1933-1938, München 1980.- Ders., Robert Ley. Hitlers Mann an der »Arbeitsfront«. Eine Biographie, Paderborn 1989.- Ders./Syring, Enrico (Hgg.), Die SS. Elite unter dem Totenkopf. 30 Lebensläufe, Paderborn 2000.- Sontheimer, Kurt, Antidemokratisches Denken in der Weimarer Republik, München 1978–1992.- Sösemann, Bernd (Hg.), Der Nationalsozialimus und die deutsche Gesellschaft. Einführung und Überblick, Stuttgart 2002.- Spector, Robert, World Without Civilization. Mass Murder and the Holocaust. History and Analysis, Lanham 2005.- Spoerer, Mark, Zwangsarbeit unter dem Hakenkreuz. Ausländische Zivilarbeiter, Kriegsgefangene und Häftlinge im Deutschen Reich und im besetzten Europa 1939–1945, Stuttgart 2001.- Steinweis, Alan E./Rogers, Daniel E. (Hgg.), The Impact of Nazism. New Perspectives on the Third Reich and Its Legacy, Lincoln 2003.- Striefler, Christian, Kampf um die Macht. Kommunisten und Nationalsozialisten am Ende der Weimarer Republik, Berlin 1993.- Sun, Raymond, »Hammer Blows«: Work, the Workplace, and the Culture of Masculinity Among Catholic Workers in the Weimar Republic, in: CEH 37 (2004), 245–272.- Süss, Winfried, Der »Volkskörper« im Krieg. Gesundheitspolitik, Gesundheitsverhältnisse und Krankenmord im nationalsozialistischen Deutschland 1939–1945, München 2003.- Sydnor, Charles W., Soldaten des Todes. Die 3. SS-Division »TOTENKOPF« 1933–1945, Paderborn 2002.- Thamer, Hans-Ulrich, Der Nationalsozialismus, Stuttgart 2002.- Ders., Verführung und Gewalt. Deutschland 1933–1945, Berlin [3]1992.- Tofahrn, Klaus, Chronologie des Dritten Reiches. Ereignisse, Personen, Begriffe, Darmstadt 2003.- Tönsmeyer, Tatjana, Das Dritte Reich und die Slowakei 1939–1945. Politischer Alltag zwischen Kooperation und Eigensinn, Paderborn 2003.- Tuchel, Johannes (Hg.), Der vergessene Widerstand. Zu Realgeschichte und Wahrnehmung des Kampfes gegen die NS-Diktatur, Göttingen 2005.- Turner, Henry Ashby, Hitlers Weg zur Macht. Der Januar 1933, München 1996.- Ueberschär, Gerd, Für ein anderes Deutschland. Der deutsche Widerstand gegen den NS-Staat 1933–1945, Darmstadt 2005.- Ders. (Hg.), NS-Verbrechen und der militärische Widerstand gegen Hitler, Darmstadt 2000.- Ders., Stauffenberg und das Attentat vom 20. Juli 1944. Darstellung, Biographien, Dokumente, Frankfurt/M. 2006.- Velliadis, Hannibal, Metaxas – Hitler. Griechisch-deutsche Beziehungen während der Metaxas-Diktatur 1936–1941, Berlin 2006.- Vincent, Charles Paul, A Historical Dictionary of Germany's Weimar Republic 1918–1933, Westport 1997.- Vinke, Hermann, Hoffentlich schreibst Du recht bald. Sophie Scholl und Fritz Hartnagel. Eine Freundschaft 1937–1943, Ravensburg 2006.- Vinnai, Gerhard, Hitler – Scheitern und Vernichtungswut. Zur Genese des faschistischen Täters, Gießen 2004.- Volk, Ludwig, Das Reichskonkordat vom 20. Juli 1933. Von den Ansätzen in der Weimarer Republik bis zur Ratifizierung am 10. September 1933, Mainz 1972.- Volkmann, Hans-Erich (Hg.), Das Rußlandbild im »Dritten Reich«, Köln 1994.- Ders., Ökonomie und Expansion. Grundzüge der NS-Wirtschaftspolitik, München 2003.- Vondung, Klaus, National Socialism as a Political Religion. Potentials and Limits of an Analytical Concept, in: TMPR 6 (2005), 87–95.- Vuletić, Aleksander Sasa, Christen jüdischer Herkunft im Dritten Reich. Verfolgung und organisierte Selbsthilfe 1933–1939, Mainz 1999.- Wachsmann, Nikolaus, Gefangen unter Hitler. Justizterror und Strafvollzug im NS-Staat, München 2006.- Wagenführ, Rolf, Die deutsche Industrie im Kriege 1939–1945, Berlin [3]2006.- Wagner, Jens-Christian, Produktion des Todes. Das KZ Mittelbau-Dora, Göttingen 2001.- Wagner, Patrick, Volksgemeinschaft ohne Verbrecher. Konzeptionen und Praxis der Kriminalpolizei in der Zeit der Weimarer Republik und des Nationalsozialismus, Hamburg 1996.- Walter, Dirk, Antisemitische Kriminalität und Gewalt in der Weimarer Republik, Berlin 1998.- Watt, Donald C., How War Came. The Immediate Origins of the Second War 1938–1939, New York 1989.- Weber, Hermann, Die Wandlung des deutschen Kommunismus, Frankfurt/M. 1969.- Ders., Hauptfeind Sozialdemokratie. Strategie und Taktik der KPD 1929–1933, Düsseldorf 1982.- Wegner, Bernd, Präventivkrieg 1941? Zur Kontroverse um ein militärhistorisches Scheinproblem, in: Elvert/Krauß (Hgg.) [2.6], 209–219.- Wehler [1.1].- Wehner, Markus/Vatlin, Aleksandr, »Genosse Thomas« und die Geheimtätigkeit der Komintern in Deutschland 1919–1925, in: IWK 29 (1993), 1–19.- Weinberg, Gerhard L., A World of Arms. A Global History of World War II, Cambridge 1994.- Ders., Die Wehrmacht und Verbrechen im Zweiten Weltkrieg, in: Zeitgeschichte 30 (2003), 207–210.- Weinzierl, Erika, Nationalsozialistische Besatzungspolitik in Europa. Einige Bemerkungen zur Rolle von Österreichern, in: ZfG 44 (1996), 593–608.- Weisbrod, Bernd, Die Krise der bürgerlichen Gesellschaft und die Machtergreifung von 1933, in: Wehler, Hans-Ulrich (Hg.), Scheidewege der deutschen Geschichte, München 1995, 171–182.- Weiss, John, Der lange Weg zum Holocaust. Die Geschichte der Judenfeindschaft in Deutschland und Österreich, Hamburg 1997.- Weiss, Yfaat, Deutsche und polnische Juden vor dem Holocaust. Jüdische Identität zwischen Staatsbürgerschaft und Ethnizität 1933–1940, München 2000.- Welzbacher, Christian, Die Staatsarchitektur der Weimarer Republik, Berlin 2006.- Wendt, Bernd Jürgen, Deutschland 1933–1945. Das »Dritte Reich«, Hannover 1995.- Werner, Constanze, Kriegswirtschaft und Zwangsarbeit bei BMW, München 2006.- Wette, Wolfram, Die Wehrmacht. Feindbilder, Vernichtungskrieg, Legenden, Frankfurt/M. [2]2005.- Ders. (Hg.), Schule der Gewalt. Militarismus in Deutschland 1871–1945, Berlin 2005.- Widdig, Bernd, Culture and Inflation in Weimar Germany, Berkeley 2001.- Wiesen, Jonathan, West German Industry and the Challenge of the Nazi Past 1945–1955, Chapel Hill 2001.- Wildt, Michael, Generation des Unbedingten. Das Führungskorps des Reichssicherheitshauptamtes, Hamburg 2002.- Ders. (Hg.), Nachrichtendienst, politische Elite und Mordeinheit. Der Sicherheitsdienst des Reichsführers SS, Hamburg 2003.- Wilhelm, Friedrich, Die Polizei im NS-Staat. Die Geschichte ihrer Organisation im Überblick, Paderborn [2]1999.- Williams, John Frank, Corporal Hitler and the Great War 1914–1918. The List Regiment, London 2005.- Willms, Johannes (Hg.), Der 9. November. Fünf Essays zur deutschen Geschichte, München 1994.- Winkler, Heinrich August, *Der lange Weg nach Westen*, 2 Bde., München 2000.- Ders., Der Schein der Normalität. Arbeiter und Arbeiterbewegung in der Weimarer Republik 1924 bis 1930, Bonn 1985.- Ders., Der Weg in die Katastrophe. Arbeiter und Arbeiterbewegung in der Weimarer Republik 1930 bis 1933, Berlin (West) 1987.- Ders., Die deutsche Staatskrise 1930–1933. Handlungsspielräume und Alternativen, München 1992.- Ders. (Hg.), Weimar im Widerstreit. Deutungen der ersten deutschen Republik im geteilten Deutschland, München 2002.- Wintzer, Joachim, Deutschland und der Völkerbund 1918–1926, Paderborn 2006.- Wippermann, Wolfgang, »Auserwählte Opfer«? Shoah und Porrajmos im Vergleich. Eine Kontroverse, Berlin 2005.- Ders., Umstrittene Vergangenheit. Fakten und Kontroversen zum Nationalsozialismus, Berlin 1998.- Wirsching, Andreas, Die Weimarer Republik. Politik und Gesellschaft, München 2000.- Ders., Vom Weltkrieg zum Bürgerkrieg? Politischer Extremismus in Deutschland und Frankreich 1918–1933/39. Berlin und Paris im Vergleich, München 1999.- Wojak, Irmtrud/Hayes, Peter (Hgg.), »Arisierung« im Nationalsozialismus. Volksgemeinschaft, Raub und Gedächtnis, Darmstadt 2000.- Wolf, Hubert, Clemens August Graf von Galen. Gehorsam und Gewissen, Freiburg/Br. 2006.-

Yahil, Leni, Die Shoah. Überlebenskampf und Vernichtung der europäischen Juden, München 1998.- Yelton, David, Hitler's Volkssturm. The Nazi Militia and the Fall of Germany 1944–1945, Lawrence 2002.- Zehnpfennig, Barbara, Hitlers Mein Kampf. Eine Interpretation, München 2000.- Zeidler, Manfred, Reichswehr und Rote Armee 1920–1933. Wege und Stationen einer ungewöhnlichen Zusammenarbeit, München 1993.- Ziemann, Benjamin, Germany After the First World War – A Violent Society?, in: JMEH 1 (2003), 80–94.- Zimmermann, Michael, Rassenutopie und Genozid. Die nationalsozialistische »Lösung der Zigeunerfrage«, Hamburg 1996.- Zimmermann, Moshe, Die deutschen Juden 1914–1945, München 1997.- Zur Nieden, Susanne, Homosexualität und Staatsräson. Männlichkeit, Homophobie und Politik in Deutschland 1900–1945, Frankfurt/M. 2005.

2.7 Die »Republik (Deutsch-)Österreich«, der austrofaschistische Ständestaat und der »Anschluss« an das Reich

Ableitinger, Alfred, Autoritäre Regime, Faschismus und Nationalsozialismus in Europa, in: Christliche Demokratie 7 (1989), 25–39.- Amann, Sirikit M., Kulturpolitische Aspekte im Austrofaschismus (1934–1938), Wien 1987.- Ara, Angelo, Die italienische Österreichpolitik 1936–1938, in: Stourzh, Gerald/Zaar, Birgitta (Hgg.), Österreich, Deutschland und die Mächte. Internationale und österreichische Aspekte des Anschlusses vom März 1938, Wien 1990, 111–128.- Bärenthaler, Irmgard, Die Vaterländische Front. Geschichte und Organisation, Wien 1971.- Bauer, Ingrid, »Von nützlichen und lästigen, erinnerten und vergessenen Feinden«. Besatzungssoldaten, Displaced Persons und das Österreichische Gedächtnis, in: Zeitgeschichte 27 (2000), 150–171.- Bauer, Kurt, Arbeiterpartei? Zur Struktur der illegalen NSDAP in Österreich, in: Zeitgeschichte 29 (2002), 259–284.- Bell, George R., The Austrian Heimwehr and the Diplomacy of Reaction in Central Europe 1939–1934, UMI Microform 1381493, 1996.- Berger, Peter, Im Schatten der Diktatur. Die Finanzdiplomatie des Vertreters des Völkerbundes in Österreich, Meinoud Marinus Rost von Tonningen, 1931–1936, Wien 2000.- Berger Waldenegg, Georg Christoph, Hitler, Göring, Mussolini und der »Anschluß« Österreichs an das Deutsche Reich, in: VfZ 51 (2003), 147–182.- Bertolaso, Marco, Die erste Runde im Kampf gegen Hitler? Frankreich, Großbritannien und die österreichische Frage 1933–34, Hamburg 1995.- Besier, Gerhard, »Berufsständische Ordnung« und autoritäre Diktaturen. Zur politischen Umsetzung einer »klassenfreien« katholischen Gesellschaftsordnung in den 20er und 30er Jahren des 20. Jahrhunderts, in: Ders./Lübbe (Hgg.), [7] 79–110.- Ders./Piombo, Der Heilige Stuhl [2.3].-Binder, Dieter A., Der »Christliche Ständestaat«. Österreich 1934–1938, in: Steininger/Gehler (Hgg.) [2.7]. Bd. 1, 203–243.- Ders., Zur Funktion des Dollfuß-Bildes in der sozialdemokratischen Propaganda, in: Christliche Demokratie 10 (1993), 47–57.- Bischof, Günter, Kriegsgefangenschaft und Österreichbewusstsein im Zweiten Weltkrieg, in: Zeitgeschichte 29 (2002), 109–112.- Botz, Gerhard, Faschismus und »Ständestaat« vor und nach dem »12. Februar 1934«, in: Fröschl, Erich/Zoitl, Helge (Hgg.), Februar 1934. Ursachen, Fakten, Folgen, Wien 1984, 311–333.- Bracher, Karl Dietrich, »Austrofaschismus« und die Krise der Demokratien, in: Botz, Gerhard/Sprengnagel, Gerald (Hgg.), Kontroversen um Österreichs Zeitgeschichte. Verdrängte Vergangenheit, Österreich-Identität, Waldheim und die Historiker, Frankfurt/M. 1994, 494–511.- Britz, Werner, Die Rolle des Fürsten Ernst Rüdiger Starhemberg bei der Verteidigung der österreichischen Unabhängigkeit gegen das

Dritte Reich, Frankfurt/M. 1993.- Bukey, Evan Burr, Hitlers Österreich. Eine Bewegung und ein Volk, Hamburg 2001.- Carsten, Francis L., Die erste österreichische Republik im Spiegel zeitgenössischer Quellen, Wien 1988.- Drimmel, Heinrich, Vom Kanzlermord zum Anschluss. Österreich 1934–1938, Wien 1988.- Edmonson, C. Earl, Heimwehren und andere Wehrverbände, in: Tálos/Dachs/Hanisch/Staudinger (Hgg.) [2.7], 261–277.- Eminger, Stefan/Haas, Karl, Wirtschaftstreibende und Nationalsozialismus in Österreich. Die Nazifizierung von Handel, Gewerbe und Industrie in den 1930er Jahren, in: Zeitgeschichte 29 (2002), 153–176.- Galletto, Bortolo, Vita di *Dollfuss*, Roma 1935.- Gehler, Michael (Hg.), Ungleiche Partner. Österreich und Deutschland in ihrer gegenseitigen Wahrnehmung. Historische Analysen und Vergleiche aus dem 19. und 20. Jahrhundert, Stuttgart 1996.- Gerlich, Peter/Campbell, David F. J., Austria. From Compromise to Authoritarianism, in: Berg-Schlosser/Mitchell (Hgg.) [2.5], 40–58.- Hagspiel, Hermann, Die Ostmark. Österreich im Großdeutschen Reich 1938–1945, Wien 1995.- Hanisch, Ernst, *Der lange Schatten* des Staates. Österreichische Gesellschaftsgeschichte im 20. Jahrhundert 1890–1990, Wien 1988.- Ders., *Die Ideologie* des politischen Katholizismus in Österreich 1918–1938, Geyer 1977.- Ders., Von der Opferzählung zum schnellen Moralisieren. Interpretationen des Nationalsozialismus in Österreich, in: GG 31 (2005), 255–265.- Hopfgartner, Anton, Kurt Schuschnigg. Ein Mann gegen Hitler, Graz 1989.- Hudal, Alois, *Der Vatikan* und die modernen Staaten, Innsbruck 1935.- Jagschitz, Gerhard, *Die Anhaltelager* in Österreich (1933–1938), in: Jedlicka, Ludwig (Hg.), Vom Justizpalast zum Heldenplatz. Studien und Dokumentationen 1927 bis 1938, Wien 1975, 128–151.- Jeřábek, Martin, Konec demokracie v Rakousku 1932–1938. Politické, hospodářské a ideologické příčiny pádu demokracie [Das Ende der Demokratie in Österreich 1932–1938. Politische, wirtschaftliche und ideologische Gründe des Demokratiezerfalls], Praha 2004.- Juffinger, Sabine, Politischer Katholizismus im Austrofaschismus 1933/34–1938, Innsbruck 1993.- Kindermann, Gottfried-Karl, Dollfuß und der Nationalsozialismus, in: Christliche Demokratie 10 (1993), 59–79.- Ders., *Österreich* gegen Hitler. Europas erste Abwehrfront 1933–1938, München 2003.- Kluge, Ulrich, Der Österreichische Ständestaat, Wien 1984.- Koch, Klaus/Rauscher, Walter/Suppan, Arnold (Hgg.), Außenpolitische Dokumente der Republik Österreich 1918–1938. Bd. 7: Das österreichisch-deutsche Zollunionprojekt 12. Februar 1930 bis 11. September 1931, München 2006.- Koman, Georg, Die Deutschland- und Italienpolitik der Regierung Dollfuß. Österreich als Spielball der revisionistischen Großmächte?, Wien 1999.- Kremsmair, Josef, *Der Weg* zum österreichischen Konkordat von 1933/34, Wien 1980.- Kühnl, Reinhard, Faschismustheorien. Ein Leitfaden, Heilbronn 1990.- Lackner, Johann G., Die Ideologie und die Bedeutung der Christlichsozialen Partei bei der Errichtung des »Dollfuß-Schuschnigg-Regimes«, Wien 1995.- Lassner, Alexander N., Austria Between Mussolini and Hitler. War by Other Means, in: Bischof, Günter (Hg.), Austrian Foreign Policy in Historical Context, New Brunswick 2006, 91–112.- Lewis, Jill, Conservatives and Fascists in Austria 1918–34, in: Blinkhorn, Martin (Hg.), Fascists and Conservatives, the Radical Right and the Establishment in Twentieth-Century Europe, Cambridge 1990, 98–117.- Maderthaner, Wolfgang, *12. Februar 1934*. Sozialdemokratie und Bürgerkrieg, in: Steininger, Rolf/Gehler, Michael (Hgg.), Österreich im 20. Jahrhundert. Ein Studienbuch in zwei Bänden. Von der Monarchie bis zum Zweiten Weltkrieg, Wien 1997, 187–198.- Ders., Die Sozialdemokratie, in: Tálos/Dachs/Hanisch/Staudinger (Hgg.) [2.7], 179–194.- Ders., *Legitimationsmuster* des Austrofaschismus, in:

Ders./Maier (Hgg.) [2.7], 131–157.- Ders./Maier, Michaela (Hgg.), »*Der Führer* bin ich selbst«. Engelbert Dollfuß-Benito Mussolini. Briefwechsel, Wien 2004.- Mattl, Siegfried, Vor der IV. Republik. Politische Kultur in Österreich im 20. Jahrhundert, in: Zeitgeschichte 22 (1995), 30–45.- Mentschl, Christoph, Zur Tätigkeit des deutschen Gesandten und späteren Botschafters »in besonderer Mission« Franz von Papen in Wien, Wien 1991.- Meysels, Lucian O., Der Austrofaschismus. Das Ende der Ersten Republik und ihr letzter Kanzler, Wien 1992.- Müller, Franz, Ein »Rechtskatholik« zwischen Kreuz und Hakenkreuz. Franz von Papen als Sonderbevollmächtigter Hitlers in Wien 1934–1938, Frankfurt/M. 1990.- Neisser, Heinrich, Zur Bedeutung von Engelbert Dollfuß im Rahmen der österreichischen Geschichte des 20. Jahrhunderts. Eröffnung des Symposiums »Engelbert Dollfuß«, in : Christliche Demokratie 10 (1993), 9–12.- Neugebauer, Wolfgang, Von der Rassenhygiene zum Massenmord. Ideologie, Propaganda und Praxis der NS-Euthanasie in Österreich, in: Zeitgeschichte 28 (2001), 189–199.- Neumann, Hendricus J., Arthur Seyß-Inquart, Graz 1974.- Orgler, Siegfried, Der autoritäre Ständestaat Österreichs 1934/38 und die Typologie des politischen Systems, Innsbruck 1993.- Petzold, Joachim, Franz von Papen. Ein deutsches Verhängnis, München 1995.- Reichert, Günter, Das Scheitern der Kleinen Entente. Internationale Beziehungen im Donauraum von 1933 bis 1938, München 1971.- Reichhold, Ludwig, Ignaz Seipel. Die Bewahrung der österreichischen Identität, Wien 1988.- Sachslehner, Johannes, Der Infarkt. Österreich-Ungarn am 28. Oktober 1918, Wien 2006.- Schausberger, Franz, Der Griff nach Österreich. Der Anschluß, Wien 1978.- Ders., Die Regierungsbildung Dollfuß I (1932), in: Christliche Demokratie 10 (1993), 13–27.- Ders., Letzte Chance für die Demokratie. Die Bildung der Regierung Dollfuß I im Mai 1932. Bruch der österreichischen Proporzdemokratie, Wien 1992.- Schefbeck, Günther (Hg.), Österreich 1934. Vorgeschichte – Ereignisse – Wirkungen, München 2004.- Schneller, Martin, Zwischen Romantik und Faschismus. Der Beitrag Othmar Spanns zum Konservatismus in der Weimarer Republik, Stuttgart 1970.- Schuschnigg, Kurt von, *Kampf* gegen Hitler, Wien 1969.- Schwarz, Karl, »... Wie verzerrt ist nun alles!« Die Evangelische Kirche und der Anschluss Österreichs an Hitlerdeutschland im März 1938, in: Besier (Hg.), Zwischen »nationaler Revolution« [2.6], 167–192.- Siegfried, Klaus-Jörg, Klerikalfaschismus. Zur Entstehung und sozialen Funktion des Dollfußregimes in Österreich. Ein Beitrag zur Faschismusdiskussion, Frankfurt/M. 1979.- Ders., Universalismus und Faschismus. Das Gesellschaftsbild Othmar Spanns. Zur politischen Funktion seiner Gesellschaftslehre und Ständestaatskonzeption,Wien 1974.- Steininger, Rolf, *12. November 1918* bis 13. März 1939. Stationen auf dem Weg zum »Anschluß«, in: Ders./Gehler (Hgg.) [2.7]. Bd. 1, 99–151.- Ders./Gehler, Michael (Hg.), Österreich im 20. Jahrhundert, 2 Bde., Wien 1997.- Suppan, Arnold, Außenpolitische Dokumente der Republik Österreich 1918–1938, Wien 1994.- Ders., Der Vertrag von St. Germain 1919. Beurteilungen, Inhalte und Konsequenzen, in: Christliche Demokratie 8 (1990), 7–13.- Tálos, Emmerich/Dachs, Herbert/Hanisch, Ernst/Staudinger, Anton (Hgg.), Handbuch des politischen Systems Österreichs. Erste Republik 1918–1933, Wien 1995.- Ders., Zum *Herrschaftssystem* des Austrofaschismus. Österreich 1934–1938, in: Oberländer (Hg.), Autoritäre Regime [1.1], 144–162.- Ders./Hanisch, Ernst/Neugebauer, Wolfgang/Sieder, Reinhard (Hgg.), NS-Herrschaft in Österreich. Ein Handbuch, Wien 2000.- Ders./Neugebauer, Wolfgang (Hgg.), »Austrofaschismus«. Beiträge über Politik, Ökonomie und Kultur 1934–1938, Wien [4]1984.- Vocelka, Karl, *Geschichte Österreichs*. Kultur – Gesellschaft – Politik, Graz 2000.- Volsansky,

Gabriele, *Pakt auf Zeit*. Das Deutsch-Österreichische Abkommen 1936, Wien 2001.- Walterskirchen, Gundula, *Engelbert Dollfuß*. Arbeitermörder oder Heldenkanzler, Wien 2004.- Weinzierl, Erika, *Prüfstand*. Österreichs Katholiken und der National-sozialismus, Mödling 1988.- Dies./Skalnik, Kurt (Hgg.), Österreich 1918–1938. Geschichte der Ersten Republik, 2 Bde., Graz 1983.- Wiltschegg, Walter, Die Heim-wehr. Eine unwiderstehliche Volksbewegung?, Wien 1985.- Wohnout, Helmut, *Regierungsdiktatur* oder Ständeparlament? Gesetzgebung im autoritären Österreich, Wien 1993.- Ziegler, Meinrad/Kannonier-Finster, Waltraud, Österreichisches Gedächtnis. Über Erinnern und Vergessen der NS-Vergangenheit, Wien 1993.

2.8 Portugal: Salazarismus und *Estado Novo*

Arriaga, Lopes, *Mocidade Portuguesa*. Breve História de Uma Organização Salaza-rista [Die »Mocidade Portuguesa«. Kurze Geschichte einer Salazar-Organisation], Lisboa 1976.- Baptista, Fernando Oliveira, *A política agrária* do Estado Novo [Die Agrarpolitik des Estado Novo], Porto 1993.- Belo, Maria, *O Estado Novo e as Mul-heres* [Über Estado Novo und die Frauen], in: Dies., O Estado Novo. Das Origens ao Fim da Autarcia [Über den Estado Novo. Von Anfang bis Ende der Autarkie], Lisboa 1987, 263–279.- Bernecker, Walter L./Pietschmann, Horst, Geschichte Por-tugals, München 2001.- Birmingham, David, A Concise History of Portugal, Cam-bridge 1993.- Castelo, Cláudia, *»O modo Português de Estar no Mundo«*. O Lusotropi-calismo e a Ideología Colonial Portuguesa (1933–1961) [»Die portugiesische Art und Weise in der Welt zu sein.« Der Lusotropikalismus und die portugiesische Ko-lonialideologie (1933–1961)], Porto 1999.- Freitas Branco, Jorge/Castelo-Branco, Silvia (Hgg.), *Vozes do Povo*. A Folclorização em Portugal [Stimmen des Volkes. Folklorisierung in Portugal], Oeiras 2003.- Golder, Marko/Rahden, Manuel von, Studien zur Zeitgeschichte Portugals, Hamburg 1998.- Loff, Manuel, Salazarismo e Franquismo na época de Hitler (1936–1942) [Salazarismus und Franquismus in der Epoche Hitlers], Lisboa 1996.- Marques, António Henrique R. de Oliveira, Ge-schichte Portugals und des portugiesischen Weltreichs, Stuttgart 2001.- Matos, He-lena, Salazar. Vol. I. A Construção do Mito [Salazar. Bd I. Die Konstruktion des Mythos], Lisboa 2003.- Ders. Salazar. Vol II. A Propaganda [Salazar. Bd II. Die Pro-paganda], Lisboa 2004.- Melo, Daniel, *Salazarismo* e Cultura Popular 1933–1958 [Der Salazarismus und die Volkskultur 1933–1958], Lisboa 2001.- Opello, Walter, Portugal's Political Development. A Comparative Approach, Boulder 1985.- Passos, Marcelino, Der Niedergang des Faschismus in Portugal, Marburg 1987.- Pinto, An-tónio Costa, *»Chaos« and »Order«*. Preto, Salazar and Charismatic Appeal in Inter-War Portugal, in: TMPR 7 (2006), 203–214.- Ders., Modern Portugal, Palo Alto 1998.- Ders., Salazar's Dictatorship and European Fascism. Problems of Interpre-tation, New York 1995.- Rosas, Fernando, O Estado Novo nos anos 30 [Der Estado Novo der 30er Jahre], Lisboa 1996.- Ders., *Portugal e a Guerra Civil* de Espanha [Portugal und der Spanische Bürgerkrieg], Lisboa 1998.- Ders. (Hg.), Vom Stände-staat zur Demokratie. Portugal im 20. Jahrhundert, München 1997.- Ders./Brand-ao Brito, José Maria (Hgg.), *Dicionário da História do Estado Novo* [Lexikon der Ge-schichte des Estado Novo], Bertrand 1996.- Valente, José Carlos, *Estado Novo* e »Alegria no Trabalho«. Uma história política de FNAT (1935–1958) [Der Estado Novo und die »Freude an der Arbeit«. Eine politische Geschichte von FNAT (1935–1958)], Lisboa 1999.

2.9 Spanien: Von der Restaurationsmonarchie zum Franco-Regime

Aguado, Javier, Los límites del neopatriotismo, in: Claves de Razón Práctica 122 (2002), 41–46.- Aguilar, Paloma, Memory and Amnesia. The Role of the Spanish Civil War in the Transition to Democracy, New York 2002.- Dies./Humlebæk, Carsten, Collective Memory and National Identity in the Spanish Democracy. The Legacies of Francoism and the Civil War, in: History & Memory 14 (2002), 121–64.- Aguinaga, Enrique de/Payne, Stanley G., José Antonio Primo de Rivera, Barcelona 2003.- Álvarez Tardío, Manuel, Pactar un olvido colectivo o denunciarlo. El control público de la memoria histórica [Ein kollektives Vergessen verhandeln oder aufgeben. Die öffentliche Kontrolle des historischen Gedächtnisses], in: Nueva Revista 85 (2003), 15–26.- Anderson, James M., The Spanish Civil War. A History and Reference Guide, Westport 2003.- Asociación de Amigos del Archivo Histórico Provincial de Guadalajara (Hg.), La Transición a la Democracia en España. Actas de las VI Jornadas de Castilla-la Mancha sobre Investigación en Archivos [Der Übergang zur Demokratie in Spanien. Die Akten der 6. Tagung von Castilla-la Mancha über Forschung in Archiven], Guadalajara 2004.- Aznar, José Maria, España, la segunda transición [Spanien, die zweite Transition], Madrid 1994.- Balfour, Sebastian/Preston, Paul (Hgg.), Spain and the Great Powers in the Twentieth Century, London 1999.- Ben-Ami, Shlomo, The Dictatorship of Primo de Rivera. A Political Reassessment, in: JContH 12 (1977), 65–84.- Bennassar, Bartolomé, Franco, Madrid 1996.- Berg, Angela, Die Internationalen Brigaden im Spanischen Bürgerkrieg 1936–1939, Essen 2005.- Bernecker, Walther L., De la diferencia a la indiferencia. La sociedad española y la guerra civil (1936/39–1986/89) [Von der Ungleichheit zur Gleichgültigkeit. Die spanische Gesellschaft und der Bürgerkrieg (1936/39–1986/89)], in: López Casero, Francisco/Bernecker, Walther L./Waldmann, Peter (Hgg.), El precio de la modernización. Formas y retos del cambio de valores en la España de hoy, Frankfurt/M. 1994, 63–79.- Ders., Europa zwischen den Weltkriegen 1914–1945, Stuttgart 2002.- Ders., Krieg in Spanien 1936–1939, Darmstadt ²2005.- Ders., Religion in Spanien, Gütersloh 1995.- Ders., Spaniens Übergang von der Diktatur zur Demokratie. Deutungen, Revisionen, Vergangenheitsaufarbeitung, in: VfZ 52 (2004), 693–710.- Ders./Brinkmann, Sören, Kampf der Erinnerungen. Der Spanische Bürgerkrieg in Politik und Gesellschaft 1936–2006, Nettersheim 2006.- Ders./Collado Seidel, Carlos (Hgg.), Spanien nach Franco. Der Übergang von der Diktatur zur Demokratie 1975–1982, München 1993.- Ders./Pietschmann, Horst, Geschichte Spaniens, Stuttgart ³2000.- Besier, Gerhard, Confessional Versus Ideological Convictions. The Fliednersche Evangelisationswerk and the Ecclesiastical Foreign Office of the German Protestant Church During the Spanish Civil War, in: KZG 15 (2002), 509–518.- Beyme, Klaus von, Vom Faschismus zur Entwicklungsdiktatur – Machtelite und Opposition in Spanien, München 1971.- Blinkhorn, Martin (Hg.), Democracy and Civil War in Spain 1931–1939, London 1988.- Ders. (Hg.), Spain in Conflict 1931–1939. Democracy and Its Enemies, London 1986.- Böcker, Manfred, Antisemitismus ohne Juden. Die Zweite Republik, die antirepublikanische Rechte und die Juden. Spanien 1931 bis 1936, Frankfurt/M. 2000.- Bolloten, Burnett, The Spanish Revolution. The Left and the Struggle for Power During the Civil War, Chapel Hill 1979.- Bowen, Wayne H., Spaniards and Nazi Germany. Collaboration in the New Order, Columbia 2000.- Boyd, Carolyn P., Historia Patria. Politics, History, and National Identity in Spain 1875–1975, Princeton 1997.- Brinkmann, Sören, Verspätete Erinnerung. Motive und

Reichweite der jüngsten Vergangenheitsarbeit in Spanien, in: Sozial.Geschichte 20 (2005), 98–115.- Bullón de Mendoza, Alfonso, José Calvo Sotelo, Barcelona 2004.- Cárcel Ortí, Vicente, La Iglesia y la transición española [Die Kirche und die spanische Transition], Valencia 2003.- Carr, Raymond (Hg.), Spain. A History, Oxford 2000.- Casanova, Julián, *La Crisis del Franquismo* [Die Krise des Franquismus], in: Asociación de Amigos del Archivo Histórico Provincial de Guadalajara (Hg.), La Transición [2.9], 29–46.- Ders., La Iglesia de Franco [Die Kirche Francos], Madrid 2001.- Cazorla Sánchez, Antonio, Las políticas de la victoria. La consolidación del Nuevo Estado franquista (1938–1953) [Die Politik des Sieges. Die Konsolidierung des franquistischen Nuevo Estado]. Madrid 2000.- Centro de Estudios Políticos y Constitucionales [CEPC] (Hg.), Símbolos de España, Madrid 1999.- Cercas, Javier, Soldados de Salamina [Die Soldaten von Salamis], Barcelona 2001.- Coverdale, John F., Italian Intervention in the Spanish Civil War, Princeton 1975.- Di Febo, Giuliana/Juliá, Santos, Il franchismo, Roma 2003.- Dunthorn, Joseph, The Spanish Monarchy and Early Francoism. Alternative or Complement?, in: TMPR 1 (2000), 47–76.- Eiroa San Francisco, Matilde, *Represión*, restricción, manipulación. Estrategias para la ordenación de la sociedad y del Estado, in: Hispania Nova: Revista de historia contemporánea 6 (2006).- Elorza, Antonio/Bizcarrondo, Marta, Queridos Camaradas. La International Comunista y España 1919–1939 [Die Kommunistische Internationale und Spanien 1919–1939], Barcelona 1999.- Fernández Santander, Carlos, El General Franco. Un dictador en un tiempo de infamia [General Franco. Ein Diktator in einer Zeit des Schmachs], Barcelona 2005.- García Delgado, José Luis/Fusi, Juan Pablo/Juliá, Santos/Malefakis, Edward/Payne, Stanley G., Franquismo. El juicio de la historia [Franquismus. Das Urteil der Geschichte], Madrid 2005.- Garrido Polonio, Fernando/Garrido Polonio, Miguel Ángel, Nieve Roja. Españoles desaparecidos en el frente ruso [Roter Schnee. Verschwundene Spanier an der russischen Front], Madrid 2002.- Gil Pecharromán, Julio, La Segunda República [Die Zweite Republik], Madrid 2005.- Goytisolo, Juan, Spanien und die Spanier, Frankfurt/M. 1992.- Gracia, Jordi, La resistencia silenciosa, fascismo y cultura en España [Die schweigsame Resistenz, Faschismus und Kultur in Spanien], Barcelona 2004.- Heiberg, Morten, Mussolini, Franco and the Spanish Civil War. An Afterthought, in: TMPR 2 (2001), 55–68.- Hendrickson, Kenneth E., The Spanish-American War, Westport 2003.- Humlebæk, Carsten, Die spanische Zeitgeschichtsforschung zur Franco-Ära seit 1975, in: JbEurG 4 (2003), 161–188.- Ders., *Remembering the Dictatorship*. Commemorative Activity in the Spanish Press on the Anniversaries of the Civil War and of the Death of Franco, in: Borejsza/Ziemer (Hgg.) [1.3], 490–515.- Ders., Rethinking Spain. Continuities and Ruptures in National Discourse After Franco, Florence 2004.- Klinge, Tilman Tobias, Katholizismus und konservative Politik in Spanien bis zum Bürgerkrieg (1812–1936), Hildesheim 1998.- Köhler, Holm-Detlev, Spaniens Gewerkschaftsbewegung. Demokratischer Übergang, Regionalismus, Ökonomische Modernisierung, Münster 1993.- Laborda, Juan José, Patriotas y de izquierda [Patrioten von links], in: Claves de Razón Práctica 122 (2002), 47–53.- Lehmann, Walter, Die Bundesrepublik und Franco-Spanien in den 50er Jahren. NS-Vergangenheit als Bürde?, München 2006.- Leitz, Christian, Spain and the Holocaust, in: Holocaust Studies 11 (2005), 70–83.- Linz, Juan José, An Authoritarian Regime. Spain, in: Allardt, Erik/Rokkan, Stein (Hgg.), Mass Politics. Studies in Political Sociology, New York 1970, 251–283.- Ders., From Great Hopes to Civil War. The Breakdown of Democracy in Spain, in: Ders./Stepan, Alfred (Hgg.), The Breakdown of Democratic Regimes, Baltimore 1978, 142–215.- Lustiger, Arno, Schalom Libertad! Juden im spanischen Bürgerkrieg, Berlin 2001.- Macher, Julia, *Historische »Meistererzählungen«* über Bürgerkrieg und Franco-Diktatur in Parlament und Printmedien Spaniens (1975–1978), in: Ruchniewicz/Troebst (Hgg.), Diktaturbewältigung [2.9], 139–147.- Manzano Moreno, Eduardo/Pérez Garzón, Juan Sisinio, A Difficult Nation? History and Nationalism in Contemporary Spain, in: History & Memory 14 (2002), 259–84.- Maravall, José María, The Transition to Democracy in Spain, London 1982.- Marco, José Maria, Las raíces de la izquierda española [Die Wurzeln der spanischen Linken], in: El Mundo, 10.2.2004, 4–5.- Marín Gelabert, Miquel Ángel, Los historiadores españoles en el franquismo 1948–1975. La historia local al servicio de la patria [Die spanischen Historiker und der Franquismus 1948–1975. Die Lokalgeschichte im Dienste des Vaterlandes], Zaragoza 2005.- Martínez, Jesús Antonio (Hg.), *Historia de España* siglo XX. 1939–1996 [Geschichte Spaniens im 20. Jahrhundert. 1936–1996], Madrid 1999.- McLellan, Josie, »I Wanted to be a Little Lenin«. Ideology and the German International Brigade Volunteers, in: JContH 41 (2006), 287–304.- Moa, Pío, Contra la mentira. Guerra civil, izquierda, nacionalistas y jacobinismo [Gegen die Lüge. Bürgerkrieg, Linke, Nationalisten und Jakobinismus], Madrid 2003.- Ders., *Los Mitos* de la guerra civil [Mythen des Bürgerkriegs], Madrid 2002.- Molinero, Carme/Sala, Margarida/Sobrequés, Jaume (Hgg.), Una inmensa prisión. Los campos de concentración y las prisiones durante la guerra civil y el franquismo [Ein gewaltiges Gefängnis. Die Konzentrationslager und die Gefängnisse während des Bürgerkriegs und des Franquismus], Barcelona 2003.- Montserrat, Planas, Toponimia franquista en democracia [Franquistische Toponomie in der Demokratie], in: Forcadell, Carlos (Hg.), Usos públicos de la historia [Öffentliche Nutzung der Geschichte]. Bd. 1, Zaragoza 2002, 377–390.- Moradiellos, Enrique, Franco frente a Churchill. España y Gran Bretaña en la Segunda Guerra Mundial (1939–1945) [Franco gegen Churchill. Spanien und Großbritannien im Zweiten Weltkrieg (1939–1945)], Barcelona 2004.- Ders., 1936. Los mitos de la Guerra Civil, [1936. Mythen des Bürgerkriegs], Madrid 2005.- Moreno Juliá, Xavier, *La División Azul.* Sangre española en Rusia 1941–1945 [Die Blaue Division. Spanisches Blut in Russland 1941–1945], Barcelona 2004.- Muniesa, Bernat, *Dictadura y Transición.* La España lampedusiana. I: La dictadura franquista. 1939–1975 [Diktatur und Transition. Das lampedusianische Spanien. Bd. 1: Die Diktatur Francos], Barcelona 2005.- Nash, Mary, Rojas. Las mujeres en la Guerra Civil [Rotten. Die Frauen im Bürgerkrieg] Madrid 1999.- Niehus, Gerlinde Freia, Außenpolitik im Wandel. Die Außenpolitik Spaniens von der Diktatur Francos zur parlamentarischen Demokratie, 2 Bde., Frankfurt/M. 1989.- Núñez, Xosé-Manoel, *Die Diktatur vergessen,* um die Nation zu retten. Das historische Gedächtnis und der »neopatriotische« Diskurs in Spanien, in: Comparativ 14 (2004), 56–75.- Ders., From National-catholic Nostalgia to »Constitutional Patriotism«. Conservative Spanish Nationalism Since the Early 1990s, in: Balfour, Sebastian (Hg.), The Politics of Contemporary Spain, London 2005, 121–145.- Ders., *Patriotas* y demócratas. Sobre el discurso nacionalista español después de Franco (1975–2005) [Patrioten und Demokraten. Über den nationalistischen spanischen Diskurs nach Franco (1975–2005)], in: Gerónimo de Uztariz 20 (2004), 45–89.- Ders., What Is Spanish Nationalism Today? From Legitimacy Crisis to Unfulfilled Renovation (1975–2000), in: Ethnic and Racial Studies 5 (2001), 719–752.- Ortiz-de Orruño, José Maria (Hg.), Historia y sistema educativo [Geschichte und Bildungssystem], Madrid 1998.- Orwell, George, Mein Katalonien. Bericht über den Spanischen Bürgerkrieg (1938),

Zürich 2000.- Palacios, Jesús, Las Cartas de Franco. La correspondencia descono-
cida que marcó el destino de España [Die Briefe Francos. Die unbekannte Korres-
pondenz, welche das Schicksal Spaniens markierte], Madrid 2005.- Payne, Stanley
G., Falange. A History of Spanish Fascism, Stanford 1961.- Ders., *Fascism in Spain*
1923–1977, Madison 1999.- Ders., *Franco*, the Spanish Falange and the Institutio-
nalisation of Mission, in: TMPR 7 (2006), 191–202.- Ders., The Collapse of the Spanish Republic 1933–1936. Origins of the Civil War, New Haven 2006.- Pons Pra-
des, Eduardo, Los años oscuros de la transición española. La crónica negra de 1975
a 1985 [Die dunklen Jahre der spanischen»Transición«. Die schwarze Chronik von
1975 bis 1985], Barcelona 2004.- Preston, Paul, Franco. Caudillo de España [Fran-
co. Der Führer Spaniens], Barcelona 2002.- Ders., *Juan Carlos*. El rey de un pueblo
[Der König eines Volkes]. Barcelona 2003.- Raguer, Hilari, La pólvora y el incien-
so. La Iglesia y la Guerra Civil Española [Das Schießpulver und der Weihrauch.
Die Kirche und der Spanische Bürgerkrieg], Barcelona 2001.- Real Academia de la
Historia [RAH] (Hg.), España. Reflexiones sobre el ser de España [Reflexionen
über das Sein Spaniens], Madrid 1997.- Dies. (Hg.), España como nación [Spanien
als Nation], Barcelona 2000.- Redero San Román, Manuel, Der Übergang zur Demokratie in Spanien 1975–1978, in: ZfG 43 (1995), 133–148.- Redondo, Gonzalo,
Política, cultura y sociedad en la España de Franco (1939–1975). Tomo 1: La con-
figuración de estado español, nacional y católico (1939–1947) [Politik, Kultur und
Gesellschaft im Spanien Francos (1939–1975). Bd. 1: Die nationale und katholische Gestaltung des spanischen Staates (1939–1947)], Pamplona 1999.- Rial, James H., Revolution from Above. The Primo de Rivera Dictatorship in Spain 1923–
1930, Fairfax 1986.- Rodrigo, Javier, *Los campos* de concentración franquistas entre
la historia y la memoria [Die franquistischen Konzentrationslager zwischen Geschichte und Erinnerung], Madrid 2003.- Ders., *Campos en tiempos de guerra*. Historia del mundo concentracionario franquista (1936–1939) [Lager in Kriegszeiten.
Die Geschichte der Welt der franquistischen Konzentrationslager (1936–1939)], in:
Molinero/Sala/Sobrequés (Hgg.) [2.9], 19–35.- Rother, Bernd, Franco als Retter
der Juden? Zur Entstehung einer Legende, in: ZfG 45 (1997), 122–144.- Ders., Spanien und der Holocaust, Tübingen 2001.- Ruchniewicz, Krzysztof/Troebst, Stefan
(Hgg.), Diktaturbewältigung und nationale Selbstvergewisserung. Geschichtskulturen in Polen und Spanien im Vergleich, Wrocław 2004.- Ruhl, Klaus Jörg, Spanien
im Zweiten Weltkrieg. Franco, die Falange und das»Dritte Reich«, Hamburg 1976.-
Salou Olivares, Pierre, Los republicanos españoles en el Campo de concentración
nazi de Mauthausen [Die spanischen Republikaner im Konzentrationslager Maut-
hausen], Paris 2005.- Saña, Heleno, Die libertäre Revolution. Die Anarchisten im
Spanischen Bürgerkrieg, Hamburg 2001.- Schieder, Wolfgang/Dipper, Christof
(Hgg.), Der Spanische Bürgerkrieg in der internationalen Politik (1936–1939),
München 1976.- Sevillano Calero, Francisco, La construcción de la memoria y el
olvido en la España democrática [Die Konstruktion der Erinnerung und des Vergessens im demokratischen Spanien], in: Ayer 52 (2003), 297–319.- Silva, Emilio/
Macías, Santiago, Las fosas de Franco. Los republicanos que el dictador dejó en
las cunetas [Die Gräber Francos. Die Republikaner, die der Diktator in den Staats-
gräbern ließ], Madrid 2003.- Stråth, Bo (Hg.), Myth and Memory in the Construction of Community. Historical Patterns in Europe and Beyond, Brüssel 2000.-
Straub, Eberhard, Das Spanische Jahrhundert, Berlin 2004.- Togores, Luis Euge-
nio, Millán Astray, legionario [Millán Astray, Legionär], Madrid 2003.- Traina, Richard P., *American Diplomacy* and the Spanish Civil War, Bloomington 1968.- Tu-

sell Gómez, Javier, *La España de Franco* [Das Spanien Francos], Madrid 2005.-
Ders./Gentile, Emilio/Di Febo, Giuliana (Hgg.), Fascismo y franquismo. Cara a
Cara. Una perspectiva histórica [Faschismus und Franquismus. Von Angesicht zu
Angesicht. Eine historische Perspektive], Madrid 2004.- Vilar, Pierre, Der Spanische Bürgerkrieg 1936–1939, Berlin 2001.- Viñas, Angel, Franco, Hitler y el estal-
lido de la guerra Civil. Antecedentes y consecuencias [Franco, Hitler und der Ausbruch des Bürgerkrieges. Vorgeschichte und Folgen], Madrid 2001.- Waldmann,
Peter, Ethnischer Radikalismus. Ursachen und Folgen gewaltsamer Minderheitenkonflikte am Beispiel des Baskenlandes, Nordirlands und Quebecs, Opladen 1989.-
Yusta, Mercedes, Histoire et mémoire de la Guerre Civile dans l'historiographie es-
pagnole contemporaine, in: Matériaux pour l'Histoire de Notre Temps 70 (2003),
51–58.- Zafra Valverde, José, El sistema político en las décadas de Franco [Das politische System in den Jahrzehnten Francos], Madrid 2004.

2.10 Griechenlands Weg in die Diktatur und das anachronistische Obristenregime

Cervi, Mario, The Hollow Legions. Mussolini's Blunder in Greece 1940–1941, Lon-
don 1972.- Clogg, Richard, *Geschichte Griechenlands* im 19. und 20. Jahrhundert.
Ein Abriss, Köln 1997.- Close, David H., The Character of the Metaxas Dictatorship. An International Perspective, London 1990.- Fleischer, Hagen, Post-Bellum.
Das deutsche Venizelos-Bild nach dem Ersten Weltkrieg, in: Hering, Gunnar (Hg.),
Dimensionen griechischer Literatur und Geschichte. FS Pavlos Tzermias, Frank-
furt/M. 1993, 209–249.- Gerolymatos, André, Red Acropolis, Black Terror. The
Greek Civil War and the Origins of Soviet-American Rivalry 1943–1949, New York
2004.- Hering, Gunnar, Die politischen Parteien in Griechenland 1821–1936, Mün-
chen 1992.- Ders., Rache am Vaterland? Anmerkungen zur Persönlichkeit des Io-
annis Metaxas, in: Hörandner, Wolfram/Koder, Johannes/Kresten, Otto/Traff,
Eries (Hgg.), Byzantios. FS für Herbert Hunger, Wien 1984, 121–136.- Higham, Robin, Diary of a Disaster. British Aid to Greece 1940–41, Lexington 1986.- Ders./
Veremis, Thanos (Hgg.), The Metaxas Dictatorship. Aspect of Greece 1936–1940,
Athen 1993.- Kallis, Aristotle, The Jewish Community of Salonica Under Siege. The
Antisemitic Violence of the Summer of 1931, in: HGS 20 (2006), 34–56.- Kofas,
Jon V., Authoritarianism in Greece. The Metaxas Regime, Boulder 1983.- Kolio-
poulos, John S., Greece and the British Connection 1935–1941, Oxford 1977.- Lle-
wellyn Smith, Michael, Ionian Vision. Greece in Asia Minor 1919–1922, New York
1973.- Mavrogordatos, Georg T., Stillborn Republic. Social Coalitions and Party
Strategies in Greece 1922–1936, Berkeley 1983.- Mazower, Mark, Greece and the
Inter-War Economic Crisis, Oxford 1991.- Payne, *Geschichte des Faschismus* [2.3].-
Pelt, Mogens, Tobacco, Arms and Politics. Greece and Germany from World Cri-
sis to World War 1929–1941, Copenhagen 1998.- Richter, Heinz, British Interven-
tion in Greece. From Varkiza to Civil War. Februar 1945 to August 1946, London
1986.- Ders., Griechenland im 20. Jahrhundert. Bd. 1: Megali Idea – Republik –
Diktatur 1900–1940, Köln 1990.- Ders., Griechenland zwischen Revolution und
Konterrevolution (1936–1946), Heidelberg 1973.- Rondholz, Eberhard, »Schärfste
Maßnahmen gegen die Banditen sind notwendig...« Partisanenbekämpfung und
Kriegsverbrechen in Griechenland. Aspekte der deutschen Okkupationspolitik
1941–1944, in: Meyer, Ahlrich (Hg.), Repression und Kriegsverbrechen. Die Be-
kämpfung von Widerstands- und Partisanenbewegungen gegen die deutsche Besat-

zung in West- und Südeuropa, Berlin 1997, 130–170.- Santin, Tullia, Der Holocaust in den Zeugnissen griechischer Jüdinnen und Juden, Berlin 2003.- Spourdalakis, Michaelis, The Rise of the Greek Socialist Party, London 1988.- Stavrakis, Peter J., Moscow and Greek Communism 1944–49, Ithaca 1989.- Stefanidis, Yiannis D., Greece, Bulgaria and the Approaching Tragedy 1938–1941, in: Balkan Studies 32 (1991), 293–307.- Vlavianos, Haris, The Greek Communist Party. In Search of a Revolution, in: Judt, Tony (Hg.), Resistance and Revolution in Mediterranean Europe 1939–1948, London 1989, 157–212.- Wittner, Lawrence S., American Intervention in Greece 1943–49, New York 1982.- Woodhouse, Christopher M., The Rise and Fall of the Greek Colonels, London 1985.- Ders., Karamanlis. The Restorer of Greek Democracy, Oxford 1982.- Zacharioudakis, Emmanouil, Die deutsch-griechischen Beziehungen 1933–1941. Interessengegensätze an der Peripherie Europas, Husum 2002.

2.11 Die Bildung Jugoslawiens, Königsdiktatur und autoritärer Staat

Creuzberger, Stefan/Görtemaker, Manfred (Hgg.), Gleichschaltung unter Stalin? Die Entwicklung der Parteien im östlichen Europa 1944–1949, Paderborn 2002.- Dobrich, Momcilo, Chetnik. The Story of the Royal Yugoslav Army of the Homeland 1941–1945, New York 1998.- Dulić, Tomislav, Utopias of Nation. Local Mass Killing in Bosnia and Herzegowina 1941–42, Uppsala 2005.- Fotitch, Constantin, The War We Lost. Yugoslavia's Tragedy and the Failure of the West, New York 1948.- Goda, Norman J. W., The Ustaša. Murder and Espionage, in: Breitman, Richard (Hg.), U.S. Intelligence and the Nazis, Cambridge 2005, 203–226.- Goldstein, Ivo, *Ante Pavelić*. Charisma and National Mission in Wartime Croatia, in: TMPR 7 (2006), 225–234.- Griesser-Pecar, Tamara, *Das zerrissene Volk* – Slowenien 1941–1946. Okkupation, Kollaboration, Bürgerkrieg, Revolution, Wien 2003.- Hory, Ladislaus/Broszat, Martin, Der kroatische Ustascha-Staat 1941–1945, Stuttgart 1965.- Hösch, Edgar, Geschichte der Balkanländer. Von der Frühzeit bis zur Gegenwart, München [4]2002.- Jakir, Aleksandar, Dalmatien zwischen den Weltkriegen. Agrarische und urbane Lebenswelten und das Scheitern der jugoslawischen Integration, München 1999.- Kesselring, Agilolf (Hg.), Bosnien-Herzegowina. Wegweiser zur Geschichte, Paderborn 2005.- Lampe, John R., Yugoslavia as History. Twice there was a Country, Cambridge 2000.- Ristović, Milan, *General M. Nedić* – Diktatur, Kollaboration und die patriarchalische Gesellschaft Serbiens 1941–1944, in: Oberländer (Hg.), Autoritäre Regime [1.1], 633–688.- Samary, Catherine, Krieg in Jugoslawien. Vom titoischen Sonderweg zum nationalistischen Exzess, Köln 1992.- Srećko, Džaja M., *Die politische Realität* des Jugoslawismus (1918–1991). Mit besonderer Berücksichtigung Bosnien-Herzegowinas, München 2002.- Steindorff, Ludwig, Konfession und Nation im Raum des ehemaligen Jugoslawien. Ein Überblick vom 19. Jahrhundert bis in die Gegenwart, in: KZG 10 (1997), 122–137.- Ders., Kroatien. Vom Mittelalter bis zur Gegenwart, München 2001.- Sundhaussen, Holm, *Experiment Jugoslawien*. Von der Staatsgründung bis zum Staatszerfall, Mannheim 1993.- Ders., Geschichte Jugoslawiens 1918–1980, Stuttgart 1982.- Troha, Nevenka, Befreiung oder Okkupation, nationale Befreiung oder Revolution. Das Küstenland und Triest im Jahre 1945, in: Zeitgeschichte 27 (2000), 22–39.- Vodušek, Starič Jerca, Stalinismus und Selbst-Sowjetisierung in Jugoslawien, in: Creuzberger/Görtemaker (Hgg.), Gleichschaltung [2.11], 219–237.- Wehler, Hans-Ulrich,

Nationalitätenpolitik in Jugoslawien. Die deutsche Minderheit 1918–1978, Göttingen 1980.

2.12 Königsdiktatur, Militär-Regime und »nationallegionäre Revolution«: Rumänien

Ancel, Jean, The Romanian Way of Solving the »Jewish Problem« in Beassarabia and Bukovina June – July 1941, in: Yad Vashem studies 19 (1988), 187–232.- Balta, Sebastian, Rumänien und die Großmächte in der Ära Antonescu (1940–1944), Stuttgart 2005.- Bantea, Eugen/Nicolae, Constantin/Zaharia, Gheorghe, Rumänien im Antihitlerkrieg. 23. August 1944 – 12. Mai 1945, Bukarest 1976.- Binder-Iijima, Edda, Die Institutionalisierung der rumänischen Monarchie unter Carol I. 1866–1881, München 2004.- Bodea, Cornelia (Hg.), Burton Y. Berry, Romanian Diaries 1944–1947, Iaşi 2000.- Boeckh, Katrin, Rumänisierung und Repression. Zur Kirchenpolitik im Raum Odessa/Transnistrien 1941–1944, in: JBfGOE 45 (1997), 64–84.- Böhm, Johann, Die Deutschen in Rumänien und das Dritte Reich 1933–1940, Frankfurt/M. 1999.- Braham, Randolph L. (Hg.), The Destruction of Romanian and Ukrainian Jews during the Antonescu Era, New York 1997.- Bucur, Maria, Eugenics and Modernization in Interwar Romania, Pittsburgh 2002.- Bulei, Ion, Viaţa în vremea lui Carol I [Das Leben in der Zeit von Carol I.], Bucureşti 2005.- Cătănuş, Dan, A doua destalinizare. Gh. Gheorghiu-Dej la apogeul puterii [Die zweite Entstalinisierung. Gh. Georgin-Dej auf dem Gipfel der Macht], Bucureşti 2005.- Ders./Roske, Octavian, Colectivizarea agriculturii în România. Dimensiunea politică [Die Kollektivierung der Landwirtschaft in Rumänien. Die politische Dimension], Bucureşti 2005.- Cioroianu, Adrian, Ce Ceauşescu qui hante les Roumains. Le mythe, les représentations et le culte du Dirigeant dans la Roumanie communiste, Bukarest 2005.- Ciuceanu, Radu, Jurnalul unui om liniştit. Nume de cod: Artistul [Tagebuch eines ruhigen Menschen. Die Kodenummer: Künstler]. Bd. 1: 1963–1970, Bucureşti 2005.- Codreanu, Corneliu, Eiserne Garde, Berlin 1939.- Cristescu, Sorin, Carol I. Corespondenţa privata [Carol I. Privatkorrespondenz], Bucureşti 2005.- Deletant, Dennis, Studies in Romanian History, Bukarest 1991.- Fischer-Galati, Stephen, Codreanu, Romanian National Traditions and Charisma, in: TMPR 7 (2006), 245–250.- Gündisch, Konrad, Siebenbürgen und die Siebenbürger Sachsen, München 1998.- Hausleitner, Mariana, Die Rumänisierung der Bukowina. Die Durchsetzung des nationalstaatlichen Anspruchs Großrumäniens 1918–1944, München 2001.- Dies., Rumänien und der Holocaust. Zu den Massenverbrechen in Transnistrien 1941–1944, Berlin 2001.- Heinen, Armin, Die Legion »Erzengel Michael« in Rumänien. Soziale Bewegung und politische Organisation. Ein Beitrag zum Problem des internationalen Faschismus, München 1986.- Hitchins, Keith, Rumania 1866–1947, Oxford 1994.- Ioanid, Radu, The Sword of Archangel. Fascist Ideology in Romania, New York 1990.- Ders., The Sacralised Politics of the Romanian Iron Guard, in: TMPR 5 (2004), 419–453.- Iordachi, Constantin, Charisma, Politics and Violence. The Legion of the »Archangel Michael« in Interwar Romania, Trondheim 2004.- Köpeczi, Béla (Hg.), Kurze Geschichte Siebenbürgens, Budapest 1990.- Lambrino, Jeanne Marie Valentine, Mon Marie, le roi Carol, Paris 1950.- Lavi, Theodore, The Vatican's Endeavors on Behalf of Rumania During the Second World War, in: Yad Vashem studies 5 (1963), 405–418.- Livezeanu, Irina, Cultural Politics in Greater Romania. Regionalism, Nation Building and Ethnic Struggle 1918–1930, Ithaca 1995.- Maner, Hans-Christian, Parlamentarismus in Rumänien (1930–1940). Demokratie im autoritären Umfeld, München 1997.- Müller, Florin, *Autoritäre Regime in Rumänien* 1938–1944, in: Oberländer (Hg.), Autoritäre Regime [1.1], 471–498.- Nagy-Talavera, Nicholas M., The Green Shirts and the Others. A History of Fascism in Hungary and Romania, Iaşi 2001.- Petrescu-Comnčne, Nicolae, The Great War and the Romanians. Notes and Documents on World War I, Iaşi 2000.- Popa, Klaus (Hg.), Akten um die Deutsche Volksgruppe in Rumänien 1937–1945. Eine Auswahl, Frankfurt/M. 2005.- Ders., »Gottes Willen entspricht, wenn wir dem Lebensgesetz unseres Volkes dienen.« Der Anteil der Evangelischen Landeskirche A.B. in Rumänien an der NS-Raum- und Bevölkerungspolitik im eroberten Osten (1942–1944), in: HfsGLP 11 (2003), 36–47.- Ronnett, Alexander E., Romanian Nationalism. The Legionary Movement, Chicago 1995.- Roper, Steven D., Romania. The Unfinished Revolution, Amsterdam 2000.- Roth, Harald, Kleine Geschichte Siebenbürgens, Köln 1996.- Săndulescu, Fascism and Its Quest for the »New Man«. The Case of the Romanian Legionary Movement, in: Studia Hebraica 4 (2004), 349–361.- Torrey, Glenn E., Romania and World War I. A Collection of Studies, Iaşi 1998.- Traşcă, Ottomar/ Stan, Ana-Maria, Rebeliunea legionară în documente străine [Die Rebellion der Legionäre – in ausländischen Dokumenten], Bucureşti 2002.- Treptow, Kurt W., Romania During the World War I Era, Iaşi 1999.- Ders. (Hg.), Romania. A Crossroads of Europe, Iaşi 2002.- Turda, Marius, New Perspectives on Romanian Fascism. Themes and Options, in: TMPR 6 (2005), 143–150.- Vago, Bela, The Shadow of the Swastika. The Rise of Fascism and Anti-Semitism in the Danube-Basin 1936–1939, London 1975.- Völkl, Ekkehard, Rumänien. Vom 19. Jahrhundert bis in die Gegenwart, Regensburg 1995.- Volovici, Leon, Nationalist Ideology and Anti-Semitism. The Case of Romanian Intellectuals in the 1930s, New York 1991.- Weber, Eugen, *Varieties of Fascism*. Doctrines of Revolution in the Twentieth Century, Princeton 1964.- Ders./Rogger, Hans (Hgg.), »Romania.« The European Right. A Historical Profile, London 1965.

2.13 Militärputsch, Königsdiktatur und rechtsautoritäre Regierung: Bulgarien

Andonov, Vladimir, Bulgarien im Krieg gegen Hitlerdeutschland, Sofia 1988.- Arditti, Benjamin, The Ordeal of Jews in Bulgaria under the Hitlerite Regime, in: Yad Vashem bulletin 6/7 (1960), 18–19.- Biljarski, Cočo/Gezenko, Ivanka (Hgg.), Diplomatičeski dokumenti po učastieto na Bălgarija väv Vtorata svetovna vojna. Dnevnici na Ministerstvoto na vănšnite raboti v pravitelstvata na Georgi K'oseivanov, prof. Bogdan Filov, Dobri Božilov, Ivan Bagrjanov, Konstantin Muraviev (1939–1944 g.) [Diplomatische Dokumente über die Teilnahme Bulgariens am Zweiten Weltkrieg. Tagebücher des Außenministeriums während der Regierung von Georgi K'oseivanov, Prof. Bogdan Filov, Dobri Božilov, Ivan Bagrjanov, Konstantin Muraviev (1939-1944)], Sofia 2006.- Grothusen, Klaus-Detlev (Hg.), Südosteuropa-Handbuch. Bd. 6: Bulgarien, Göttingen 1990.- Härtel, Hans-Joachim/Schönfeld, Roland, Bulgarien. Vom Mittelalter bis zur Gegenwart, Regensburg 1998.- Hoppe, Hans, Bulgarien. Hitlers eigenwilliger Verbündeter. Eine Fallstudie zur nationalsozialistischen Südosteuropapolitik, Stuttgart 1979.- Hösch, Edgar, Geschichte der Balkanländer. Von der Frühzeit bis zur Gegenwart, München ⁴2002.- Karlsreiter, Ana, König Boris III. von Bulgarien und die bulgarische Außenpolitik 1938–1943, München 2001.- Knaus, Gerald, Bulgarien, München 1997.- Seewann, Gerhard (Hg.), Minderheiten als Konfliktpotential in Ostmittel- und Südosteuropa, Mün-

chen 1995.- Poppetrov, Nikolaj, *Flucht aus der Demokratie.* Autoritarismus und autoritäres Regime in Bulgarien 1919–1944, in: Oberländer (Hg.), Autoritäre Regime
[1.1], 379–401.

2.14 Zwischen orientalischem Potentatentum, okzidentaler Autokratie und
Faschismus: Albanien

Bartl, Peter, Albanien, Regensburg 1995.- Daum, Werner (Hg.), Albanien – zwischen Kreuz und Halbmond, München 1998.- Deusch, Engelbert, Albanische
Thronbewerber. Ein Beitrag zur Geschichte der albanischen Staatsgründung, in:
Münchner Zeitschrift für Balkankunde 4 (1981/82), 89–51; 5 (1983/84), 121–164;
6 (1990), 93–151.- Eberhard, Helmut/Kaser, Karl (Hgg.), Albanien. Stammesleben
zwischen Tradition und Moderne, Wien 1995.- Faensen, Johannes, Die albanische
Nationalbewegung, Wiesbaden 1980.- Fischer, Bernd J., Albania At War 1939–
1945, West Lafayette 1999.- Ders., King Zog and the Struggle for Stability in Albania, New York 1984.- Gashi, Dardan/Steiner, Ingrid, Albanien – Archaisch, orientalisch, europäisch, Wien ²1997.- Grothusen, Klaus-Detlev (Hg.), Südosteuropa-
Handbuch. Bd. 7: Albanien, Göttingen 1993.- Hibbert, Reginald, Albania's National Liberation Struggle. The Bitter Victory, London 1991.- Kohl, Christine von, Albanien, München ²2003.- Riedler, Reiner/Pichler, Robert, Albanien – Leben an
der Peripherie, Wien 2001.- Schmidt-Neke, Michael, Entstehung und Ausbau der
Königsdiktatur in Albanien (1912–1939). Regierungsbildungen, Herrschaftswesen
und Machteliten in einem jungen Balkanstaat, München 1987.- Schwandner-Sievers, Stephanie/Fischer, Bernd J. (Hgg.), Albanian Identities, Myth and History,
London 2002.- Swire, Joseph, Albania. The Rise of a Kingdom, New York 1971.-
Tönnes, Bernhard, Sonderfall Albanien. Enver Hoxhas »eigener Weg« und die historischen Ursprünge seiner Ideologie, München 1980.- Vlora, Ekrem Bey, Lebenserinnerungen, 2 Bde., München 1973.- Zamboni, Giovanni, Mussolinis Expansionspolitik auf dem Balkan. Italiens Albanien-Politik vom 1. bis zum 2. Tiranapakt
im Rahmen des italienisch-jugoslawischen Interessenkonflikts und der italienischen »imperialen« Bestrebungen in Südosteuropa, Hamburg 1970.

Teil II – Vom Ende des Zweiten Weltkrieges bis zum Zusammenbruch des Ostblocks und Transitionsprozesse

3. Zwangsexport des Sozialismus nach Ostmittel- und Südosteuropa im Schlepptau der Roten Armee und der Beginn des Kalten Krieges

Adibekov, Grant M., *Das Kominform* und Stalins Neuordnung Europas, Frankfurt/M. 2002.- Arendt, Hannah, *Die Ungarische Revolution* und der totalitäre Imperialismus, in: Dies., In der Gegenwart [3.], 73–126.- Dies., In der Gegenwart. Übungen im politischen Denken II, München 2000.- Angermann, *Die Vereinigten Staaten* [2.1].- Berend, Ivan T., Central and Eastern Europe 1944–1993. Detour from the Periphery to the Periphery, Cambridge 1996.- Bonwetsch, Bernd, *Sowjetunion – Triumph im Elend*, in: Herbert/Schildt (Hgg.), Kriegsende in Europa [1.3], 52–88.- Borodziej, Włodzimierz, *Der Warschauer Aufstand* 1944, Frankfurt/M. 2001.- Ders./Lemberg, Hans (Hgg.), »Unsere Heimat ist ein fremdes Land geworden ...« Die Deutschen östlich von Oder und Neiße 1945–1950. Dokumente aus polnischen Archiven. Bd. 2: Zentralpolen/Wojewodschaft Schlesien (Oberschlesien). Bd. 3: Wojewodschaft Posen, Wojewodschaft Stettin (Hinterpommern), Marburg 2003–2004.- Brunner, Georg, Nationalitätenprobleme und Minderheitenkonflikte in Osteuropa, Gütersloh 1993.- Burger, Ulrich, *Von der Zusammenarbeit* über die Konfrontation zur Auflösung. Die Strategie der Kommunisten in Rumänien zur Gleichschaltung des Parteisystems zwischen 1944 und 1948, in: Creuzberger/Görtemaker (Hgg.), Gleichschaltung [2.11], 123–166.- Butler, Susan (Hg.), My Dear Mr. Stalin. The Complete Correspondence of Franklin D. Roosevelt and Joseph V. Stalin, Yale 2006.- Creuzberger, Stefan/Görtemaker, Manfred, *Das Problem* der Gleichschaltung osteuropäischer Parteien im Vergleich. Eine Synthese, in: Dies. (Hgg.), Gleichschaltung [2.11], 419–434.- Djilas, Milovan, *Gespräche mit Stalin*, Frankfurt/M. 1962.- Dülffer, Jost, Jalta 4. Februar 1945. Der Zweite Weltkrieg und die Entstehung der bipolaren Welt, München 1998.- Edmonds, Robin, The Big Three. Churchill, Rosevelt and Stalin in Peace and War, New York 1991.- Ehrenburg, Ilja, *Am Morgen des Friedens*, in: Auswahl russischer Reportagen. Ehrenburg, Scholochow, Tichonow, Simonow und andere, Wien 1946, 337–374.- Eisenberg, Carolyn W., Drawing the Line. The American Decision to Divide Germany 1944–1949, Cambridge 1996.- Eisfeld, Alfred/Herdt, Victor (Hgg.), Deportation, Sondersiedlung, Arbeitsarmee. Deutsche in der Sowjetunion 1941 bis 1956, Köln 1996.- Falin, Valentin, Zweite Front. Die Interessenkonflikte in der Anti-Hitler-Koalition, München 1995.- Filitov, Aleksej, *Sowjetische Deutschlandplanungen* im Krieg 1941–1945, in: Hilger/Schmeitzner/Vollnhals (Hgg.) [3.], 25–40.- Fischer, Alexander, Sowjetische Deutschlandpolitik im Zweiten Weltkrieg 1941–1945, Stuttgart 1975.- Gaddis, John Lewis, The United States and the Origins of the Cold War 1941–1947, London 1972.- Gasteyger, Kurt, Europa zwischen Spaltung und Einigung 1945 bis 1993, Bonn 1994.- Gibianskij, Leonid, *Forsirovanie sovetskoj blokovoj politiki* [Die Durchsetzung der sowjetischen Blockpolitik], in: Jegorova/Čubarjan (Hgg.) [3], 121–145.- Görtemaker, Manfred, Zwischen Krieg und Frieden. Die Potsdamer Konferenz 1945, in: APuZ 28/1995, 13–24.- Hausleitner, Mariana/Roth, Harald (Hgg.), Der Einfluss von Faschismus und Nationalsozialismus auf Minderheiten in Ostmittel- und Südosteuropa, München 2006.- Henke, Klaus-Dietmar, *Die amerikanische Besetzung* Deutschlands, München 1996.- Ders./Woller, Hans (Hgg.), Politische Säuberungen in Europa. Die Abrechnung mit Faschismus und Kollaboration nach dem Zweiten Weltkrieg, München 1991.- Herbert, Ulrich/Schildt, Axel, *Kriegsende in Europa*, in: Herbert/Schildt (Hgg.), Kriegsende in Europa [1.3], 7–34.- Hildermeier, *Geschichte der Sowjetunion* [2.1].- Hilger, Andreas/Schmeitzner, Mike/Vollnhals, Clemens (Hgg.), Sowjetisierung oder Neutralität? Optionen sowjetischer Besatzungspolitik in Deutschland und Österreich (1945–1955), Göttingen 2006.- Jegorova, Natalija I./Čubarjan, Aleksandr O. (Hgg.), Cholodnaja vojna. 1945–1963 g. Istoričeskaja retrospektiva [Der Kalte Krieg. 1945–1963. Eine historische Retrospektive], Moskva 2003.- Kennan, George Frost, *Memoirs*. Bd. 1: 1925–1950. Bd. 2: 1950–1963, London 1968–1973.- Kielmansegg, Peter Graf, Nach der Katastrophe. Eine Geschichte des geteilten Deutschland, Berlin 2000.- Kocian, Jiří, *Vom Kaschauer Programm* zum Prager Putsch. Die Entwicklung der politischen Parteien in der Tschechoslowakei in den Jahren 1944–1948, in: Creuzberger/Görtemaker (Hgg.), Gleichschaltung [2.11], 301–318.- Koller, Christian, *Der »Eiserne Vorhang«*. Zur Genese einer politischen Zentralmetapher in der Epoche des Kalten Krieges, in: ZfG 54 (2006), 366–384.- Küsters, Hanns J., Der Integrationsfriede. Viermächte-Verhandlungen über die Friedensregelung mit Deutschland 1945–1990, München 2000.- Laufer, Jochen, Die UdSSR und der alliierte Kontrollmechanismus für Deutschland 1943–1948, in: Hilger/Schmeitzner/Vollnhals (Hgg.) [3.].- Ders./Kynin Georgij P. (Hgg.), Die UdSSR und die deutsche Frage 1941–1948. Dokumente aus dem Archiv für Außenpolitik der Russischen Föderation, 3 Bde., Berlin 2004.- Malycha, Andreas, Die SED. Geschichte ihrer Stalinisierung 1946–1953, Paderborn 2000.- Moldenhauer, Harald, *»Ihr werdet Euch dem Sozialismus* ohne blutigen Kampf annähern.«* Kommunistische Blockpolitik und »Gleichschaltung« der Parteien in Polen 1944–1948, in: Creuzberger/Görtemaker (Hgg.), Gleichschaltung [2.11], 85–122.- Naimark, Norman M. (Hg.), The Establishment of Communist Regimes in Eastern Europe 1944–1949, Oxford 1997.- O'Sullivan, Donal, *»Wer immer ein Gebiet besetzt ...«* Sowjetische Osteuropapolitik 1943–1947/48, in: Creuzberger/Görtemaker (Hgg.), Gleichschaltung [2.11], 45–84.- Ders., *Stalins »Cordon sanitaire«*. Die sowjetische Osteuropapolitik und die Reaktionen des Westens 1939–1949, Paderborn 2003.- Rainer, János M., *Der Weg* der ungarischen Volksdemokratie. Das Mehrparteiensystem und dessen Beseitigung 1944–1948, Berlin 1952.- Romsics, *Hungary* [2.4].- Rusinek, Bernd-A. (Hg.), Kriegsende 1945. Verbrechen, Katastrophen, Befreiungen in nationaler und internationaler Perspektive, Göttingen 2004.- Schöllgen, Gregor, Geschichte der Weltpolitik von Hitler bis Gorbatschow 1941–1991, München 1996.- Stankova, Marietta, *Das parteipolitische System* in Bulgarien 1944–1948, in: Creuzberger/Görtemaker (Hgg.), Gleichschaltung [2.11], 167–217.- Stöver, Bernd, Die Befreiung vom Kommunismus. Amerikanische Liberation Policy im Kalten Krieg 1947–1991, Köln 2002.- Ders., Pressure Group im Kalten Krieg. Die Vertriebenen, die USA und der Kalte Krieg 1947–1990, in: ZfG 53 (2005), 897–911.- Ther, Philipp/Siljak, Anna (Hgg.), Redrawing Nations. Ethnic Cleansing in East-Central Europe 1944–1948, Lanham 2001.- Vodušek, Starič Jerca, *Stalinismus* und Selbst-Sowjetisierung in Jugoslawien. Von der kommunistischen Partisanenbewegung zu Titos Einparteiensystem, in: Creuzberger/Görtemaker (Hgg.), Gleichschaltung [2.11], 219–238.- Wettig, Gerhard, Bereitschaft zur Einheit in Freiheit? Die sowjetische Deutschland-Politik 1945–1955, München 1999.- Wolkow, Wladimir K., Die deutsche Frage aus Stalins Sicht, in: ZfG 48 (2000), 20–49.

4. Systemwechsel: Von der nationalsozialistischen zur sowjetischen Herrschaft.
Die Entwicklung in den einzelnen Nationalstaaten (II)

4.0 Allgemeine Literatur

Biagini, Antonello/Guida, Francesco, Pół wieku realnego socjalizmu. Europa Środkowowschodnia od II wojny światowej do upadku rządów komunistycznych [Ein halbes Jahrhundert des Realsozialismus. Ostmitteleuropa seit dem II. Weltkrieg bis zum Sturz der kommunistischen Regierungen], Rzeszów 1998.- Brenner, Christiane/Heumos, Peter (Hgg.), Sozialgeschichtliche Kommunismusforschung. Tschechoslowakei, Polen, Ungarn, DDR 1945-1968, München 2005.- Connelly, John, Captive University. The Sovietization of East German, Czech, and Polish Higher Education 1945-1956, Chapel Hill 2000.- Cornelissen, Christoph/Holec, Roman/Pešek, Jiří (Hgg.), Diktatur – Krieg – Vertreibung. Erinnerungskulturen in Tschechien, der Slowakei und Deutschland seit 1945, Essen 2005.- Creuzberger/Görtemaker (Hgg.), Gleichschaltung [2.11].- Döpmann, Hans-Dieter (Hg.), Religion und Gesellschaft in Südosteuropa, München 1997.- Dülffer, Jost, Europa im Ost-West-Konflikt 1945-1990, München 2004.- Ders., Krieg, Kriegsende und -erinnerung in europäischer Perspektive. Die unterschiedlichen Erfahrungen von Krieg und Gewaltherrschaft in Europa, in: JKGV 76 (2005-2006), 123-133.- Frei, Norbert, 1945 und wir. Das Dritte Reich im Bewusstsein der Deutschen, München 2005.- Garrison, Walter, E., The Other Europe. Eastern Europe to 1945, New York 1988.- Glaser, Hermann, 1945. Die Befreiung von der NS-Gewaltherrschaft, in: APuZ 1–2/1995, 3-10.- Harbutt, Fraser J., The Cold War Era, Malden 2002.- Heuberger, Valeria (Hg.), Nationen, Nationalitäten, Minderheiten. Probleme des Nationalismus in Jugoslawien, Ungarn, Rumänien, der Tschechoslowakei, Bulgarien, Polen, der Ukraine, Italien und Österreich 1945-1990, Wien 1994.- Jarausch, Konrad/Sabrow, Martin (Hgg.), Die historische Meistererzählung. Deutungslinien der deutschen Nationalgeschichte nach 1945, Göttingen 2002.- Kemp, Walter A., Nationalism and Communism in Eastern Europe and the Soviet Union. A Basic Contradiction?, London 1999.- Kleßmann, Christoph (Hg.), 1953. Krisenjahr des Kalten Krieges in Europa, Köln 1999.- Koller, Christian, Der »Eiserne Vorhang«. Zur Genese einer politischen Zentralmetapher in der Epoche des Kalten Krieges, in: ZfG 54 (2006), 366-384.- Lindenberger, Thomas (Hg.), Massenmedien im Kalten Krieg. Akteure, Bilder, Resonanzen, Köln 2003.- Mar'ina, Valentina Vladimirovna, Totalitarizm. Istoričeskij opyt Vostočnoj Evropy. »Demokratičeskoe intermecco« s kommunističeskim finalom 1944-1948 [Totalitarismus. Historische Erfahrung des östlichen Europa. »Demokratisches Intermezzo« mit kommunistischem Finale 1944-1948], Moskva 2002.- Marks, Gary N., Communist Party Membership in Five Former Soviet Bloc Countries 1945-1989, in: Communist Post-Communist Stud 37 (2004), 241-263.- O'Sullivan, Stalins »Cordon sanitaire«. [2.1].- Persak, Krzysztof/Kamiński, Łukasz, A Handbook of the Communist Security Apparatus in East Central Europe 1944-1989, Warszawa 2005.- Radlmaier, Steffen (Hg.), Der Nürnberger Lernprozess. Von Kriegsverbrechern und Starreportern, Frankfurt/M. 2001.- Rieber, Alfred (Hg.), Forced Migration in Central and Eastern Europe 1939-1950, London 2000.- Schmidt, Walter, Russische Jahre 1939-1941, 1945-1955, 1968-1971, Bonn 1996.- Snyder, Timothy, The Reconstruction of Nations. Poland, Ukraine, Lithuania, Belarus 1569-1999, New Haven 2003.- Staar, Richard F., Communist Regimes in Eastern Europe, Stanford 1977.- Thompson, Willie, The Communist Movement Since 1945, Oxford 1998.- Trachtenberg,

Marc, A Constructed Peace. The Making of the European Settlement 1945–1963, Princeton 1999.

4.1 Das sowjetische Modell – Gesellschaftssystem und Lebensumstände in der UdSSR 1934 bis 1953

Adomeit, Hannes, Imperial Overstretch. Germany in Soviet Policy from Stalin to Gorbachev. An Analysis Based on New Archival Evidence, Memoirs, and Interviews, Baden-Baden 1998.- Alexopoulos, Golfo, Amnesty 1945. The Revolving Door of Stalin's Gulag, in: SR 64 (2005), 274–306.- Applebaum, Anne, Der Gulag, Berlin 2003.- Artizov, Andrej (Hg.), Reabilitacija. Kak ėto bylo. Dokumenty Prezidiuma CK KPSS i drugije materialy [Rehabilitierung. Wie das war. Dokumente des Präsidiums des ZK der KPdSU und andere Dokumente], Moskva 2000.- Baberowski, Jörg, Der rote Terror. Geschichte des Stalinismus, Darmstadt 2004.- Ders., »Entweder für den Sozialismus oder nach Archangel'sk!«. Stalinismus als Feldzug gegen das Fremde, in: Osteuropa 50 (2000), 617–637.- Baur, Johannes, »Großer Terror« und »Säuberungen« im Stalinismus. Eine Forschungsübersicht, in: ZfG 45 (1997), 331–348.- Boeckh, Katrin, »Völlig normal, entsprechend den Prinzipien der Gewissensfreiheit, garantiert durch die Stalin-Verfassung«. Die Verfolgung der Kirchen in Galizien unter Stalin im Vergleich (1944–1953), in: HZ 278 (2004), 55–100.- Brooks, Jeffrey, Thank You, Comrade Stalin! Soviet Public Culture from Revolution to Cold War, Princeton 2000.- Bugaj, Nikolaj Fëdorovič, Iosif Stalin – Lavrentiju Berii: »Ich nado deportirovat'«. Dokumenty, fakty, kommentarii [Josef Stalin an Lavrentij Berija: »Sie müssen deportiert werden«. Dokumente, Fakten, Kommentare], Moskva 1992.- Castin, Laure, La note de Staline du 10 mars 1952, in: Communisme 80/81/82 (2004/2005), 135–140.- Channon, John (Hg.), Politics, Society and Stalinism in the USSR, New York 1998.- Chlevnjuk, Oleg V., The History of the Gulag. From Collectivization to the Great Terror, New Haven 2004.- Chmel'nickij, Dmitrij, Der Kampf um die sowjetische Architektur. Ausländische Architekten in der UdSSR der Stalin-Ära, in: Osteuropa 55 (2005), 91–112.- Chruschtschow, Nikita S., Rechenschaftsbericht des Zentralkomitees der KPdSU an den XX. Parteitag, Februar 1956, Berlin 1956.- Cohen, Stephen, Bolshevism and Stalinism, in: Tucker, Robert (Hg.), Stalinism. Essays in Historical Interpretation, New York 1977, 3–29.- Conze, Susanne, Sowjetische Industriearbeiterinnen in den vierziger Jahren. Die Auswirkungen des Zweiten Weltkrieges auf die Erwerbstätigkeit von Frauen in der UdSSR 1941–1950, Stuttgart 2001.- Danilov, Aleksandr Anatol'evich/Pyžikov, Aleksandr Vladimirovič, Roždenie sverchderžavy. SSSR v pervye poslevoennye gody [Die UdSSR in den ersten Nachkriegsjahren], Moskva 2001.- Daschitschew, Wjatscheslaw, Moskaus Griff nach der Weltmacht. Die bitteren Früchte hegemonialer Weltpolitik, Hamburg 2002.- Djilas, Milovan, Gespräche mit Stalin, Frankfurt/M. 1962.- Eggeling, Wolfgang, Das Sowjetische Informationsbüro. Innenansichten einer sowjetischen Propagandainstitution 1945–1947, in: Osteuropa 50 (2000), 201–214.- Evans, Alfred B., The Politics of Local Government in Russia, Lanham 2004.- Feest, David, Neo-korenizacija in den baltischen Sowjetrepubliken? Die kommunistische Partei Estlands nach dem Zweiten Weltkrieg, in: ZfG 54 (2006), 263–280.- Filtzer, Donald, Soviet Workers and Late Stalinism. Labour and the Restoration of the Stalinist System After World War II, Cambridge 2002.- Gibianskij, Leonid, Forsirovanie sovetskoj blokovoj politiki [Die Durchsetzung der sowjetischen Blockpolitik], in: Jegorova/Čubarjan (Hgg.) [3], 121–145.- Ders.,

Osteuropa. Sicherheitszone der UdSSR, sowjetisiertes Protektorat des Kreml oder Sozialismus »ohne Diktatur des Proletariats«? Zu den Diskussionen über Stalins Osteuropa-Politik am Ende des Zweiten Weltkrieges und am Anfang des Kalten Krieges. Frage der Quellen und ihrer adäquaten Interpretation, in: FOstIZ 8 (2004), 113–137.- Filitov, Aleksej, Sowjetische Deutschlandplanungen im Krieg 1941–1945, in: Hilger/Schmeitzner/Vollnhals (Hgg.) [3.], 25–40.- Goldgeier, James M., Leadership Style and Soviet Foreign Policy. Stalin, Krushchev, Brezhnev, Gorbachev, Baltimore 1994.- Gorjaeva, Tat'jana Michajlovna, Političeskaja cenzura v SSSR. 1917–1991 [Die politische Zensur in der UdSSR 1917–1991], Moskva 2002.- Gorlizki, Yoram/Khlevniuk, Oleg V., Cold Piece. Stalin and the Soviet Ruling Circle 1945–1953, Oxford 2004.- Gorodetsky, Gabriel, Soviet Foreign Policy 1917–1991. A Retrospective, London 1994.- Grüner, Frank, Jüdischer Glaube und religiöse Praxis unter dem stalinistischen Regime in der Sowjetunion während der Kriegs- und Nachkriegsjahre, in: JBfGOE 52 (2004), 534–556.- Hahn, Hans Henning/Olschowsky, Heinrich, Das Jahr 1956 in Ostmitteleuropa, Berlin 1996.- Heller, Michail/Nekrich, Alexander, Geschichte der Sowjetunion. Bd. 2: 1940–1980, Königstein 1982.- Hildermeier, *Geschichte der Sowjetunion* [2.1].- Hilger, Andreas, Deutsche Kriegsgefangene in der Sowjetunion 1941–1956. Kriegsgefangenenpolitik, Lageralltag und Erinnerung, Essen 2000.- Ilič, Melanie (Hg.), Women in the Stalin Era, Basingstoke 2001.- Iri, Ran, Vlast' i obshchestvo v SSSR. Politika repressii (20–40-e gg.) [Macht und Gesellschaft in der Sowjetunion. Politik der Repressionen (20er und 40er Jahre)], Moskva 2000.- Isupov, Vladimir Anatol'evic, Demograficeskie katastrofy i krizisy v Rossii v pervoj polobine XX veka [Demographische Katastrophen und Krisen in Russland in der ersten Hälfte des XX. Jahrhunderts], Novosibirsk 2000.- Ivanov, V.A., Mechanizm massovykh repressii v Sovetskoi Rossii v kontse 20-kh-40-kh gg. (po materialam Severo-Zapada RSFSR) [Der Mechanismus der Massenrepressionen in Sowjetrussland Ende der 20er und 40er Jahre (nach Materialien aus dem Nordwesten der UdSSR)], St. Petersburg 1998.- Ivanova, Galina Mikhailovna, Eine unbekannte Seite des GULag. Lagersondergerichte in der UdSSR (1945–1954), in: JBfGOE 53 (2005), 25–41.- Dies., Gulag v sisteme totalitarnogo gosudarstva [Der Gulag im System des totalitären Staates], Moskva 1997.- Jakovlev, Alexander N., Ein Jahrhundert der Gewalt in Sowjetrussland, Berlin 2004.- Jermatschenko, I.O., Obrazi Rosii v nautschnom, chudoschestvennom i polititscheskom diskursach (istorija, teorija, pedagogitscheskaja praktika [Bilder Russlands in wissenschaftlichen, künstlerischen und politischen Diskursen (Geschichte, Theorie, pädagogische Praxis)], Petrozavodsk 2001.- Jones, Ellen, Red Army and Society. A Sociology of the Soviet Military, Boston 1986.- Jones, Polly, From Stalinism to Post-Stalinism. De-Mythologising Stalin 1953–56, in: TMPR 4 (2003), 95–126.- Kelman, Jacob M./Ettinger, Semuel, Anti-Semitism in the Soviet Union. Its Roots and Consequences, Jerusalem 1979.- Knoll, Viktor/Kölm, Lothar (Hgg.), Der Fall Berija. Protokoll einer Abrechnung – Das Plenum des ZK der KPdSU Juli 1953, Stenographischer Bericht, Berlin 1993.- Korovin, Vasiliaei Vladimirovich, Istoriia otechestvennykh organov bezopastnosti [Geschichte vaterländischer Sicherheitsapparate], Moskva 1998.- Kropashev, S., Khronika kommunisticheskogo terrora. Tragicheskie fragmenty novejshchei istorii Otechestva. Sobytiia. Masshtaby. Kommentary. Tom 1: 1917–1940 [Die Chronik des kommunistischen Terrors. Tragische Fragmente der neueren Heimatgeschichte. Ereignisse. Maßstäbe. Kommentare. Bd. 1: 1917–1949], Krasnodar 1995.- Laufer, Jochen P./Kynin Georgij P. (Hgg.), Die UdSSR und die deutsche Frage 1941–1948. Dokumente aus dem Archiv für Außenpolitik der Russischen Föderation, 3 Bde., Berlin 2004.- Leder, Mary M., My Life in Stalinist Russia. An American Woman Looks Back, Bloomington 2001.- Linke, Horst G., Quellen zu den deutsch-sowjetischen Beziehungen. Bd. 9: 1945–1991, Darmstadt 1999.- Löwe, Heinz-Dietrich, Stalin. Der entfesselte Revolutionär, 2 Bde., Göttingen 2002.- Mac Kenzie, David, From Messianism to Collapse. Soviet Foreign Policy 1917–1991, Fort Worth 1994.- Maripuu, Meelis, Zur sowjetischen Wahrnehmung der Juden in Estland in den Jahren 1944–1963, in: ZfO 54 (2005), 86–97.- Martin, Terry, Terror gegen Nationen in der Sowjetunion, in: Osteuropa 50 (2000), 606–616.- Ders., The Origins of Soviet Ethnic Cleansing, in: JModH 70 (1998), 813–861.- McAdams, Arthur James, The New Logic in Soviet-GDR Relations, in: Problems of Communism 37 (1988), 47–60.- Mertelsmann, Olaf (Hg.), The Sovietization of the Baltic States 1940–1956, Tartu 2003.- Ders., Vom Hitler-Stalin-Pakt bis zu Stalins Tod. Estland 1939–1953, Hamburg 2005.- Mick, Christoph, Forschen für Stalin. Deutsche Fachleute in der sowjetischen Rüstungsindustrie 1945–1958, München 2001.- Mitsuyoshi, Yoshie, Public Representations of Women in Western Ukraine Under Late Stalinism. Magazines, Literature, and Memoirs, in: JBfGOE 54 (2006), 20–36.- Müller, Reinhard, Menschenfalle Moskau. Exil und stalinistische Verfolgung, Hamburg 2001.- Neubert, Harald (Hg.), Stalin wollte ein anderes Europa. Moskaus Außenpolitik 1940 bis 1968 und die Folgen. Eine Dokumentation von Wladimir K. Wolkow, Berlin 2003.- Payne, Matthew J., Stalin's Railroad. Turksib and the Building of Socialism, Pittsburgh, Pa. 2001.- Petrone, Karen, Life Has Become More Joyous, Comrades! Celebrations in the Time of Stalin, Bloomington 2000.- Pichoia, Rudolf, Sovetskij sojuz. Istorija vlasti 1945–1991 [Die Sowjetunion. Geschichte der Macht 1946–1991], Moskva 1998.- Pirjevec, Jože, Die sowjetische Politik zu den politischen und ideologischen Gegnern, in: Zeitgeschichte 27 (2000), 40–47.- Plaggenborg, Stefan (Hg.), Handbuch der Geschichte Rußlands. Bd. 5: 1945–1991. Vom Ende des Zweiten Weltkriegs bis zum Zusammenbruch der Sowjetunion, Stuttgart 2003.- Ripper, Torsten, Die Stalin-Note vom 10. März 1952. Die Entwicklung einer wissenschaftlichen Debatte, in: Zeitgeschichte 27 (2000), 372–396.- Rittersporn, Gábor Tamás, *Stalinist Simplifications* and Soviet Complications. Social Tension and Political Conflicts in the USSR 1933–1953, Chur 1991.- Rogowin, Wadim, Vor dem großen Terror. Stalins Neo-NÖP, Essen 2000.- Rosenfeldt, Niels Erik/Jensen, Bent/Kulavig, Erik (Hgg.), Mechanisms of Power in the Soviet Union, Basingstoke 2000.- Sanford, George, *The Katyn Massacre* and Polish-Soviet Relations 1941–43, in: JContH 41 (2006), 95–112.- Suny, Ronald Grigor (Hgg.), *Making Workers Soviet*. Power, Class, and Identity, Ithaca 1994.- Šiškin, Vladimir I. (Hg.), Graždanskaja vojna na vostoke Rosii. Problemy istorii [Der Bürgerkrieg im Osten Rußlands. Probleme der Geschichte], Novosibirsk 2001.- Staritz, Dietrich, Stalin im Januar 1951. Angriff oder Verteidigung? Quellen und Lesarten, in: ZfG 53 (2005), 1019–1033.- Stark, Meinhard, Frauen im Gulag. Alltag und Überleben 1936 bis 1956, München 2003.- Steininger, Rolf, *Der vergessene Krieg*. Korea 1950–1953, München 2006.- Vatlin, Aleksandr, Deutsche Kommunisten in der Sowjetunion. Kontrollierter Alltag, in: FOstIT 9 (2005), 77–115.- Weber, Hermann/Mählert, Ulrich (Hgg.), Terror. Stalinistische Parteisäuberungen 1936–1953, Paderborn 1998.- Wein, Norbert, Die Sowjetunion, Paderborn 1985.- Wettig, Gerhard, *Stalins Aufrüstungsbeschluss*. Die Moskauer Beratungen mit den Parteichefs und Verteidigungsministern der »Volksdemokratien« vom 9. bis 12. Januar 1951, in: VfZ 53 (2005), 635–650.- Yekelchyk, Serhy, The Leader, the Victory, and the Nation. Public Celebrations in Soviet Ukraine under Stalin (Kiev, 1943–1953), in: JBfGOE 54 (2006), 3–19.- Zarusky, Jürgen (Hg.), Die Stalin-Note vom 10. März 1952. Neue Quellen und Analysen, München 2002.- Zubkova, Elena, Die sowjetische Gesellschaft nach dem Krieg. Lage und Stimmung der Bevölkerung, in: VfZ 47 (1999), 363–383.- Dies., Russia After the War. Hopes, Illusions, and Disappointments 1945–1957 (Moscow, 1993 and 2000), Armonk 1998.

4.2 Polens Wiedergeburt und die Eingliederung in den sowjetischen Machtbereich

Barnaszewski, Bogusław, Polityka PPR wobec zalegalizowanych partii i stronnictw [Die Politik der Polnischen Arbeiterpartei gegenüber den legalisierten Parteien und Bewegungen], Warszawa 1996.- Behrends, Jan C., Die erfundene Freundschaft. Propaganda für die Sowjetunion in Polen und der DDR 1944–1957, Köln 2005.- Borodziej, Włodzimierz, Der Warschauer Aufstand 1944, Frankfurt/M. 2001.- Ders., Gewalt in Volkspolen (1944–1989), in: Osteuropa 50 (2000), 1364–1384.- Ders., Od Poczdamu do Szklarskiej Poręby. Polska w stosunkach międzynarodowych 1945–1947 [Von Potsdam bis Szklarska Poręba. Polen in den internationalen Beziehungen 1945–1947], London 1990.- Cariewskaja, Tatiana (Hg.), Teczka specjalna J. W. Stalina. Raporty NKWD z Polski 1944–1946 [Spezielle Aktenmappe von J. W. Stalin. Berichte des NKWD aus Polen 1944–1946], Warszawa 1998.- Chiari, Bernhard (Hg.), Die polnische Heimatarmee. Geschichte und Mythos der Armia Krajowa seit dem Zweiten Weltkrieg, München 2003.- Davies, Norman, Im Herzen Europas. Geschichte Polens, München 2000.- Ders., Rising '44. The Battle for Warsaw, Oxford 2004.- Diskin, Hanna, The Seeds of Triumph. Church and State in Gomułkas Poland, Budapest 2001.- Długoborski, Wacław, Polen zwischen zwei Besatzungsdiktaturen, in: Herbert/Schildt (Hgg.), Kriegsende in Europa [1.3], 114–145.- Dmitrów, Edmund, Die Zwangsaussiedlung der Deutschen in der polnischen öffentlichen Meinung der Jahre 1945–1948, in: Deutsche Studien 126/127 (1995), 226–234.- Dudek, Antoni/Gryz, Ryszard, Komuniści i Kościoł w Polsce (1945–1989) [Die Kommunisten und die Kirche in Polen (1945–1989)], Kraków 2003.- Faraldo, José M., Medieval Socialist Artefacts. Architecture and Discourses of National Identity in Provincial Poland (1945–1960), in: Nationalities Papers 29 (2001), 605–632.- Ders., The Teutonic Knights and the Polish Identity. National Narratives, Self-Image and Socialist Public Sphere, in: Rittersporn, Gábor Tamás/Behrends, Jan C./Rolf, Malte (Hgg.), Sphären von Öffentlichkeit in Gesellschaften sowjetischen Typs, Frankfurt/M. 2003, 279–306.- Ders./Thum, Gregor, Las Regiones Occidentales Polacas. Experimento social y arquitectura de las identidades [Die Westgebiete Polens. Soziales Experiment und Architektur der Identitäten], in: Cuadernos de Historia Contemporánea 22 (2000), 325–346.- Friedrich, Klaus-Peter, Von der polnischen Kiegspropaganda in der Sowjetunion zur Machtübernahme der Kommunisten in Polen (1942–1944), in: ZfG 54 (2006), 663–686.- Grabowski, Sabine, Wiedergeburt Polens im Jahre 1918. Bedeutungswandel des polnischen Unabhängigkeitstages zwischen 1944 und 1989, in: Osteuropa 49 (1999), 1260–1272.- Hirsch, Helga, Die Rache der Opfer. Deutsche in polnischen Lagern 1944–1950, Berlin 1998.- Hoensch, Jörg K., Geschichte Polens, Stuttgart [3]1998.- Hofmann, Andreas R., Die Nachkriegszeit in Schlesien. Gesellschafts- und Bevölkerungspolitik in den polnischen Siedlungsgebieten 1945–1948, Köln 2000.- Instytut Historii PAN (Hg.), Polska 1944/45–1989. Studia i materiały [Polen 1944/45–1989. Studien und

Materialien], Warszawa 1995.- Jankowiak, Stanisław, Polityka władz polskich wobec osób ubiegających się o zgodę na wyjazd na pobyt stały z Polski do Niemiec w latach 1950-1984 [Die Politik der polnischen Regierung gegenüber Personen, die sich um die Erlaubnis für eine Dauerausreise aus Polen nach Deutschland in den Jahren 1950-1985 bemühten], in: Góralski, Witold M. (Hg.), Transfer Obywatelstwo Majątek. Trudne Problemy Stosunków Polsko-Niemieckich. Studia i Dokumenty [Transfer, Staatsbürgerschaft, Besitz. Schwierige Probleme der deutsch-polnischen Beziehungen. Studien und Dokumente], Warszawa 2005.- Jarosz, Dariusz, Polacy a stalinizm. 1948-1956 [Die Polen und der Stalinismus], Warszawa 2000.- Jaworski, Rudolf/Lübke, Christian/Müller, Michael G., Eine kleine Geschichte Polens, Frankfurt/M. 2000.- Jirásek, Zdeněk/Małkiewicz, Andrzej, Polska i Czechosłowacja w dobie stalinizmu (1948-1956). Studium porównawcze [Polen und die Tschechoslowakei in der stalinistischen Zeit (1948-1956). Ein komparatistisches Studium], Warszawa 2005.- Kaluza, Andrzej, Der polnische Parteistaat und seine politischen Gegner 1944-1956, Frankfurt/M. 1998.- Kamiński, Marek Kazimierz, *Edvard Beneš kontra gen. Władysław Sikorski,* Warszawa 2005.- Ders., W obliczu sowieckiego ekspansjonizmu. Polityka Stanów Zjednoczonych i Wielkiej Brytanii wobec Polski i Czechosłowacji 1945-1948 [Angesichts des sowjetischen Expansionismus. Die Politik der Vereinigten Staaten und Großbritanniens gegenüber Polen und der Tschechoslowakei 1945-1948], Warszawa 2005.- Kemp-Welch, Anthony (Hg.), Stalinism in Poland 1944-1956, Basingstoke 1999.- Kersten, Krystyna, Jałta w polskiej perspektywie [Jalta in der polnischen Perspektive], Londyn 1989.- Dies., Między wyzwoleniem a zniewoleniem. Polska 1944-1956 [Zwischen Befreiung und Unterwerfung. Polen 1944-1956], Londyn 1993.- Dies., Narodziny systemu władzy. Polska 1943-1948 [Die Geburt eines Regierungssystems. Polen 1943-1948], Warszawa 1985.- Kochański, Aleksander (Hg.), Polska w dokumentach z archiwów rosyjskich 1949-1953 [Polen in Dokumenten aus russischen Archiven 1949-1953], Warszawa 2000.- Ders. (Hg.), Protokoły posiedzeń Biura Politycznego KC PPR 1944-1945 [Die Tagungsprotokolle des politischen Büros des Zentralkomitees der Polnischen Arbeiterpartei 1944-1945], Warszawa 1992.- Kosiński, Krzysztof, O nową mentalność. Życie codzienne w szkołach 1945-1956 [Um die neue Mentalität. Der Alltag in den Schulen 1945-1956], Warszawa 2000.- Kupecki, Robert, »Natchnienie milionów«. Kult Józefa Stalina w Polsce. 1944-1956 [»Inspiration der Millionen«. Der Kult Josef Stalins in Polen 1944-1956], Warszawa 1993.- Luks, Leonid, Polen als Satellitenstaat (1944-1956). Zum Charakter eines Abhängigkeitsverhältnisses, in: Karp, Hans-Jürgen/Köhler, Joachim (Hgg.), Katholische Kirche unter nationalsozialistischer und kommunistischer Diktatur. Deutschland und Polen 1939-1989, Köln 2001, 75-92.- Łach, Stanisław (Hg.), Władze komunistyczne wobec Ziem Odzyskanych po II wojnie światowej [Die kommunistische Regierung und ihre Einstellung zu den nach dem Zweiten Weltkrieg wiedergewonnenen Gebieten], Słupsk 1997.- Machcewicz, Paweł, Polski rok 1956 [Das polnische Jahr 1956], Warszawa 1993.- Madajczyk, Piotr, Die Aus- und Umsiedlung der Deutschen aus Polen nach 1945. Historisch-politische Probleme und Forschungsperspektiven, in: Deutsche Studien 126/127 (1995), 235-241.- Majchrzak, Grzegorz/Paczkowski, Andrzej (Hgg.), Aparat bezpieczeństwa w Polsce w latach 1953-1954. Taktyka, Strategia, Metody [Der Sicherheitsapparat in Polen in den Jahren 1953-1954. Taktik, Strategie, Methoden], Warszawa 2004.- Manoschek, Walter, Zwischen »Germanisierung« und »Sowjetisierung«. Totalitäre Besatzungspolitik in Polen 1939-1941, in: Becker, Joachim (Hg.), Krieg an den Rändern. Von Sarajewo bis Kuito, Wien

2005, 170–186.- Mochocki, Władysław, Die Sowjetarmee in Polen. Die wirtschaft-
liche Ausbeutung der wiedergewonnenen Gebiete durch die sowjetische Armee, in:
Osteuropa 49 (1999), 195–207.- Moldenhauer, Harald, Die Polnische Volkspartei
(PSL), 1945–1947, in: ZfO 48 (1999), 239–248.- Ders., »Ihr werdet Euch dem Sozialismus ohne blutigen Kampf annähern.« Kommunistische Blockpolitik und
»Gleichschaltung« der Parteien in Polen 1944–1948, in: Creuzberger/Görtemaker
(Hgg.), Gleichschaltung [2.11], 85–122.- Nitschke, Bernadetta, *Wysiedlenie czy wypędzenie*. Ludność niemiecka w Polsce w latach 1945–1949 [Aussiedlung oder Vertreibung. Die deutsche Bevölkerung in Polen in den Jahren 1945–1949], Toruń
2001.- Oberländer (Hg.), Autoritäre Regime [1.1].- Paczkowski, Andrzej, Zdobycie
władzy 1945–1947 [Die Eroberung der Macht 1945–1947], Warszawa 1993.- Ders.,
Pół wieku dziejów Polski [Ein halbes Jahrhundert polnischer Geschichte], Warszawa 2005.- Palczak, Andrzej, Procesy stalinizacji w Polsce w latach 1947–1956 [Die
Stalinisierungsprozesse in Polen in den Jahren 1947–1956], Zabrze 1996.- Piskor-
ski, Jan M., Vertreibung und deutsch-polnische Geschichte. Eine Streitschrift,
Osnabrück 2005.- Polak, Bogusław, Sprawa polska 1944–1945. Wybór źródeł [Die
polnische Angelegenheit 1944–1945. Eine Quellenauswahl], Koszalin 1995.- Śnia-
decki, Janusz, Die Aussiedlung der Deutschen aus Mittel- und Ostpommern
1945/46 und die polnische Ansiedlungspolitik, in: Deutsche Studien 126/127
(1995), 201–215.- Sowiński, Paweł, Der 1. Mai als totalitäres Theater in der Volksrepublik Polen (1949–1954), in: ZfO 48 (1999), 350–382.- Stankowski, Witold, Zur
Aussiedlung der Deutschen aus Pommerellen in den Jahren 1945–1950. Ein Forschungsbericht, in: Deutsche Studien 126/127 (1995), 216–225.- Stefanski, Valentina Miria, Nationalsozialistische Volkstums- und Arbeitseinsatzpolitik im Regie-
rungsbezirk Kattowitz 1939–1945, in: GG 31 (2005), 38–67.- Stokłosa, Katarzyna,
Integration durch Zwang 1948–1953. Die Oder-Neiße-Grenze und die mühsame Integration, in: Kleßmann, Christoph/Ciesla, Burghard/Hertle, Hans-Hermann
(Hgg.), Vertreibung, Neuanfang, Integration. Erfahrungen in Brandenburg, Potsdam 2001, 74–88.- Szwagrzyk, Krzysztof (Hg.), Aparat bezpieczeństwa w Polsce. Ka-
dra kierownicza. Tom I 1944–1956 [Der Sicherheitsapparat in Polen. Die Führungs-
kader. Bd. 1: 1944–1956], Warszawa 2005.- Ther, Philipp, *Deutsche und polnische
Vertriebene*. Gesellschaft und Vertriebenenpolitik in der SBZ/DDR und in Polen
1945–1956, Göttingen 1998.- Thum, Gregor, Die fremde Stadt. Breslau nach 1945,
München 2006.- Tokarski, Peter, Die Wahl wirtschaftspolitischer Strategien in Polen nach dem Zweiten Weltkrieg bis 1959, Marburg 1999.- Urban, Thomas, Der
Verlust. Die Vertreibung der Deutschen und Polen im 20. Jahrhundert, München
2004.- Wrona, Janusz, System partyjny w Polsce 1944–1950. Miejsce – funkcje –
relacje partii politycznych w warunkach budowy i utrwalania systemu totalitarne-
go [Das Parteiensystem in Polen 1944–1950. Ort – Funktionen – Relationen politischer Parteien unter den Bedingungen der Entstehung und der Festigung des totalitären Systems], Lublin 1997.- Zblewski, Zdzisław, Leksykon PRL [Lexikon der
Volksrepublik Polen], Kraków 2001.

4.3. Illusionäre Selbst-Kommunisierung: die Tschechoslowakei

Alte, Rüdiger, Die Außenpolitik der Tschechoslowakei und die Entwicklung der internationalen Beziehungen 1946–1947, München 2003.- Balík, Stanislav, Miloval
jsem okrasu domu tvého. Bludovský monstrproces v letech 1950–1952 [Ich habe
die Zierde deines Hauses geliebt. Der Blaudaer Monsterprozess 1950–1952], Brno

2000.- Ders./Hloušek, Vít/Holzer, Jan/Šedo, Jakub (Hgg.), Politický systém českých zemí 1848–1989 [Das politische System der tschechischen Länder 1848–1989], Brno 2003.- Barnovský, Michal, Od diktatúry k diktatúre. Slovensko v rokoch 1945–1953 [Von Diktatur zu Diktatur. Die Slowakei in den Jahren 1945–1953], Bratislava 1995.- Beneš, Zdeněk (Hg.), Geschichte verstehen. Die Entwicklung der deutsch-tschechischen Beziehungen in den böhmischen Ländern 1848–1948, Praha 2002.- Besier, Gerhard/Boyens, Armin/Lindemann, Gerhard, Nationaler Protestantismus und ökumenische Bewegung. Kirchliches Handeln im Kalten Krieg (1945–1990), Berlin 1999.- Beyerl, Beppo, Die Beneš-Dekrete. Zwischen tschechischer Identität und deutscher Begehrlichkeit, Wien 2002.- Blahak, Boris, Die Kirche in Ketten. Die Katholische Kirche in der Tschechoslowakei 1945–1989, in: HfsGLP 18 (2006), 5–22.- Blažek, Petr (Hg.), Opozice a odpor proti komunistickému režimu v Československu 1968–1989 [Opposition und Widerstand gegen das kommunistische Regime in der Tschechoslowakei 1968–1989], Praha 2005.- Boyer, Christoph (Hg.), Repression und Wohlstandsversprechen. Zur Stabilisierung von Parteiherrschaft in der DDR und der ČSSR, Dresden 1999.- Brandes, Detlef, Attentismus, Aktivismus und Verrat. Das Bild der Kollaboration im »Protektorat Böhmen und Mähren« in der tschechischen Historiographie, in: Cornelissen, Christoph/Holec, Roman/Pešek, Jiří (Hgg.), Diktatur – Krieg – Vertreibung. Erinnerungskulturen in Tschechien, der Slowakei und Deutschland seit 1945, Essen 2005, 101–148.- Ders., Der Weg zur Vertreibung 1938–1945. Pläne und Entscheidungen zum »Transfer« der Deutschen aus der Tschechoslowakei und aus Polen, München ²2005.- Ders., Die Tschechen unter deutschem Protektorat 1939–1945, 2 Bde., München 1969–1975.- Ders., Die Vertreibung als negativer Lernprozess. Vorbilder und Ursachen der Vertreibung der Deutschen, in: ZfG 53 (2005), 885–986.- Ders./Ivaničková, Edita/Pešek, Jiří, Erzwungene Trennung. Vertreibungen und Aussiedlungen in und aus der Tschechoslowakei 1938–1947 im Vergleich mit Polen, Ungarn und Jugoslawien, Essen 1999.- Brod, Toman, Osudný omyl Edvarda Beneše 1939–1948 [Der fatale Irrtum von Edvard Beneš 1939–1945], Praha 2002.- Brown, Martin David, Dealing with Democrats. The British Foreign Office and the Czechoslovak Émigrés in Great Britain 1939 to 1945, Frankfurt/M. 2006.- Budil, Ivo T. (Hg.), Totalitarismus. Interdisciplinární pohled [Totalitarismus. Ein interdisziplinärer Blick], Plzeň 2005.- Bursík, Tomáš, Totalitarizace československého vězeňství po roce 1948 [Die Totalitarisierung des tschechoslowakischen Gefängniswesens nach 1948], in: Budil (Hg.) [4.3], 37–41.- Čechurová, Jana, Kdo stál v exilu proti Benešovi [Wer war im Exil gegen Beneš], in: Soudobé dějiny 12 (2005), 142–145.- Čejka, Eduard, Československý odboj na západě 1939–1945 [Der tschechoslowakische Widerstandskampf im Westen 1939–1945], Praha 1997.- Čelovský, Boris, Germanisierung und Genozid. Hitlers Endlösung der tschechischen Frage. Deutsche Dokumente 1933–1945, Dresden 2005.- Ders., Students, Workers, and Social Change. The Limits of Czech Stalinism, in: SR 56 (1997), 307–336.- Dederichs, Mario, Heydrich. Das Gesicht des Bösen, München 2005.- Dubček, Alexander, Leben für die Freiheit, München 1993.- Emmert, František, Češi ve Wehrmachtu. Zamlčované osudy [Tschechen in der Wehrmacht. Verschwiegene Schicksale], Praha 2005.- Franke, Rainer, London und Prag. Materialien zum Problem eines multinationalen Nationalstaates 1919–1938, München 1982.- Gebel, Ralf, »Heim ins Reich!« Konrad Henlein und der Reichsgau Sudetenland (1938–1945), München 1999.- Glassheim, Eagle, National Mythologies and Ethnic Cleansing. The Expulsion of Czechoslovak Germans in 1945, in: CEH 33 (2000), 463–

486.- Glettler, Monika/Míšková, Alena (Hgg.), Prager Professoren 1938-1948. Zwischen Wissenschaft und Politik, Essen 2001.- Dies./Lipták, Ľubomír (Hgg.), Geteilt, besetzt, beherrscht. Die Tschechoslowakei 1938-1945. Reichsgau Sudetenland, Protektorat Böhmen und Mähren, Slowakei, Düsseldorf 2004.- Heiss, Gernot (Hg.), An der Bruchlinie. Österreich und die Tschechoslowakei nach 1945, Innsbruck 1998.- Hoensch, Jörg K., *Geschichte der Tschechoslowakei*, Stuttgart ³1992.- Ders./Kováč, Dušan (Hgg.), Das Scheitern der Verständigung. Tschechen, Deutsche und Slowaken in der Ersten Republik (1918-1938), Koblenz 1994.- Hoffmann, Roland J., Die Anfänge der Emigration aus der Tschechoslowakei nach der kommunistischen Machtergreifung vom Februar 1948 und die provisorische Aufnahme der Flüchtlinge in der Amerikanischen Besatzungszone Deutschlands, Praha 1996.- Ihme-Tuchel, Beate, Die tschechoslowakische Politik gegenüber der deutschen Minderheit und das Verhältnis zur DDR zwischen 1949 und 1960, in: ZfG 44 (1996), 965-978.- Jančík, Drahomír/Kubů, Eduard, »Arizace« a arizátoři. Drobný a střední židovský majetek v úvěrech Kreditanstalt der Deutschen 1939-45 [»Arisierung« und Arisierer. Jüdisches Vermögen in den Krediten der Kreditanstalt der Deutschen 1939-45], Praha 2005.- Jech, Karel/Kaplan, Karel (Hgg.), Dekrety prezidenta republiky 1940-1945 II.- Dokumenty [Die Dekrete des Präsidenten der Republik. Bd. 2: Dokumente], Brno 1995.- Jirásek/Małkiewicz, *Polska i Czechosłowacja* [4.2].- Jožák, Jiří (Hg.), Za obnovu státu Čechů a Slováků 1938-1945 [Für die Erneuerung des Staates der Tschechen und Slowaken 1938-1945], Praha 1992.- Kaplan, Karel, Československo v poválečné Evropě [Die Tschechoslowakei im Nachkriegseuropa], Praha 2004.- Ders., Nebezpečná bezpečnost. Státní bezpečnost 1948-1956 [Gefährliche Sicherheit. Die Staatssicherheit 1948-1956], Brno 1999.- Ders., Pět kapitol o únoru [Fünf Kapitel über den »Februar« (1948)], Brno 1997.- Ders., Staat und Kirche in der Tschechoslowakei. Die kommunistische Kirchenpolitik in den Jahren 1948-1952, München 1990.- Ders./Kosatík, Pavel, Gottwaldovi muži [Die Männer Gottwalds], Praha 2004.- Ders./Paleček, Pavel (Hgg.), Komunistický režim a politické procesy v Československu [Das kommunistische Regime und die politischen Prozesse in der Tschechoslowakei], Praha 2001.- Kárník, Zdeněk (Hg.), Bolševismus, komunismus a radikální socialismus v Československu, Sv. 1-5 [Bolschewismus, Kommunismus und radikaler Sozialismus in der Tschechoslowakei, 5 Bde.], Praha 2003-2006.- Kmet, Norbert, Opozícia a hnutie odporu na Slovensku 1968-1989 [Opposition und Widerstandsbewegung in der Slowakei 1968-1989], in: Blažek (Hg.) [4.3], 41-53.- Knapík, Jiří, *Únor a kultura*. Sovětizace české kultury 1948-1950, Praha 2004.- Kocian, Jiří, Vom Kaschauer Programm zum Prager Putsch. Die Entwicklung der politischen Parteien in der Tschechoslowakei in den Jahren 1944-1948, in: Creuzberger/Görtemaker (Hgg.), Gleichschaltung [2.11], 301-318.- Ders./Pernes, Jiří/Tůma, Oldřich (Hgg.), České průšvihy, aneb Prohry, krize, skandály a aféry českých dějin let 1848-1989 [Tschechische Ausrutscher. Niederlagen, Krisen, Skandale und Affären der tschechischen Geschichte 1848-1989], Brno 2004.- Kocsis, Károly, *Die ethnische Struktur* in den Grenzräumen der karpato-pannonischen Region, in: Schultz, Helga (Hg.), Bevölkerungstransfer und Systemwandel. Ostmitteleuropäische Grenzen nach dem Zweiten Weltkrieg, Berlin 1999, 69-104.- Kokoška, Stanislav, Praha v květnu 1945. Historie jednoho povstání [Prag im Mai 1945. Geschichte eines Aufstandes], Praha 2005.- Kopeček, Lubomír, *Demokracie*, diktatury a politické stranictví na Slovensku [Demokratien, Diktaturen und politisches Parteiwesen in der Slowakei], Brno 2006.- Krejčí, Jaroslav/Machonin, Pavel (Hgg.), Czechoslovakia 1918-1992. A Laboratory for Social Change, London 1996.- Kučera, Jaroslav, Der Hai wird nie wieder so stark sein. Tschechoslowakische Deutschlandpolitik 1945–1948, Dresden 2001.- Ders., Minderheit im Nationalstaat. Die Sprachenfrage in den tschechisch-deutschen Beziehungen 1918–1938, München 1999.- Kuklík, Jan, Sociální demokraté ve druhé republice [Die Sozialdemokraten in der Zweiten Republik], Praha 1992.- Kusák, Alexej, Kultura a politika v Československu 1945–1956 [Kultur und Politik in der Tschechoslowakei], Praha 1998.- Lindemann, Gerhard, »Sauerteig im Kreis der gesamtkirchlichen Ökumene«. Das Verhältnis zwischen der Christlichen Friedenskonferenz und dem Ökumenischen Rat der Kirchen, in: Besier/Boyens/Lindemann [4.3], 653–932.- Linz, Juan, Totalitäre und autoritäre Regime, Berlin 2000.- Lobkowitz, Nikolaus/Prinz, Friedrich, Schicksalsjahre der Tschechoslowakei 1945–1948, München 1981.- Loužek, Marek (Hg.), Fenomén Stalin. Náhoda nebo nevyhnutelnost? Padesát let od měnové reformy [Phänomen Stalin. Zufall oder Unvermeidlichkeit? Fünfzig Jahre seit der Währungsreform], Praha 2003.- Magocsi, Paul Robert, The Rusyns of Slovakia. An Historical Survey, New York 1993.- Mamatey, Victor S. (Hg.), Geschichte der Tschechoslowakischen Republik 1918–1948, Wien 1980.- Marek, Jindřich, Barikáda z kaštanů. Pražské povstání v květnu 1945 a jeho skuteční hrdinové [Die Barrikade aus Kastanien. Der Prager Aufstand im Mai 1945 und seine wahren Helden], Cheb 2005.- Maršálek, Pavel, Protektorát Čechy a Morava. Státoprávní a politické aspekty nacistického okupačního režimu v českých zemích 1939–1945 [Das Protektorat Böhmen und Mähren. Staatsrechtliche und politische Aspekte des nationalsozialistischen Besatzungsregimes in den Böhmischen Ländern 1939–1945], Praha 2002.- Ders., Opatření vojenské správy v prvním měsíci nacistické okupace českých zemí, 15.3.-15.4.1939 [Die Maßnahmen der Militärverwaltung im ersten Monat der nationalsozialistischen Okkupation der Böhmischen Länder, 15.3.-15.4.1939], in: Právněhistorické studie 37 (2005), 119–148.- Němeček, Jan, Mnichovská dohoda. Cesta k destrukci demokracie v Evropě [Das Münchener Abkommen. Der Weg zur Zerstörung der Demokratie in Europa], Praha 2004.- Oberländer (Hg.), Autoritäre Regime [1.1].- Pasák, Tomáš, Český fašismus 1922–1945 a kolaborace [Tschechischer Faschismus 1922–1945 und Kollaboration], Praha 1999.- Pernes, Jiří/Foitzik, Jan (Hgg.), Politické procesy v Československu po roce 1945 a »případ Slánský« [Die politischen Prozesse in der Tschechoslowakei nach dem Jahr 1945 und der »Fall Slánský«], Brno 2005.- Puttkammer, Joachim, Zur Logik repressiver Gewalt in kommunistischen Regimen. Die Tschechoslowakei und Ungarn im Vergleich, in: Osteuropa 50 (2000), 672–682.- Reiman, Michal, O komunistickém totalitarismu a o tom, co s ním souvisí [Über den kommunistischen Totalitarismus und darüber, was mit ihm zusammenhängt], Praha 2000.- Rothkirchen, Livia, The Jews of Bohemia and Moravia. Facing the Holocaust, Lincoln 2005.- Rupnik, Jacques, Dějiny Komunistické strany Československa. Od počátků do převzetí moci [Die Geschichte der Kommunistischen Partei der Tschechoslowakei. Von den Anfängen bis zur Machtübernahme], Praha 2003.- Schröder, Sibylle, Der Februar 1948 in der Tschechoslowakei, Berlin (Ost) 1982.- Dies., Der Kampf um die Macht in der Tschechoslowakei 1945–1948, Berlin (Ost) 1978.- Schultz, Helga, Von der Nachkriegsordnung zur postsozialistischen Staatenwelt, in: Dies. (Hg.), Grenzen im Ostblock und ihre Überwindung, Berlin 2001, 11–37.- Siska, Miroslav, »Verschwörer, Spione, Staatsfeinde ...«. Politische Prozesse in der Tschechoslowakei 1948–1954, Berlin 1991.- Sláma, Jiří/Kaplan, Karel, Die Parlamentswahlen in der Tschechoslowakei 1935–1946–1948. Eine statistische Analyse, München 1986.- Suppan, Arnold/Vyslonzil, Elisabeth (Hgg.),

Edvard Beneš und die tschechoslowakische Außenpolitik 1919–1948, Frankfurt/ M. 2002.- Teichová, Alice/Matis, Herbert (Hgg.), Österreich und die Tschechoslowakei 1918–1938. Die wirtschaftliche Neuordnung in Zentraleuropa in der Zwischenkriegszeit, Wien 1996.- Timmermann, Heiner/Voráček, Emil/Kipke, Rüdiger (Hgg.), Die Beneš-Dekrete. Nachkriegsordnung oder ethnische Säuberung. Kann Europa eine Antwort geben?, Münster 2005.- Uhlíř, Jan B., Valkýra. Dozvuky pokusu o státní převrat z 20. července 1944 v Protektorátu Čechy a Morava [Walküre. Die Auswirkungen des Attentatsversuchs vom 20. Juli 1944 im Protektorat Böhmen und Mähren], in: Historie a vojenství 54 (2005), 50–65.- Ders./Kaplan, Jan, Praha ve stínu hákového kříže [Prag im Schatten des Hakenkreuzes], Praha 2005.- Vadkerty, Katalin, Maďarská otázka v Československu 1945–1948 [Die ungarische Frage in der Tschechoslowakei 1945–1948], Bratislava 2002.- Žáček, Rudolf, Vize poválečne Evropy z pohledu československé vlády v Londýně [Die Vision von Nachkriegseuropa aus der Sicht der tschechoslowakischen Regierung in London], in: Časopis Slezského muzea 54 (2005), 53–76.

4.4 Brutale Sowjetisierung und Ausbeutung: Rumänien als Testfall

Beer, Klaus P., Die Interdependenz von Geschichtswissenschaft und Politik in Rumänien von 1945 bis 1980. Die Historiographie über den Zeitraum von 1918 bis 1945, in: JBfGOE 32 (1984), 241–274.- Benjamin, Lya, Marschall Ion Antonescus Anschauungen über die »Lösung der jüdischen Frage« in Rumänien, in: Südost-Forschung 59 (2000/01), 442–461.- Berindei, Dan, Kommunismus und Nation in Rumänien 1944–1989, in: Timmermann, Heiner (Hg.), Nationalismus in Europa nach 1945, Berlin 2001, 81–92.- Burger, Ulrich, Von der Zusammenarbeit über die Konfrontation zur Auflösung. Die Strategie der Kommunisten in Rumänien zur Gleichschaltung des Parteiensystems zwischen 1944 und 1948, in: Creuzberger/ Görtemaker (Hgg.), Gleichschaltung [2.11], 123–166.- Castellan, Georges, The Germans of Rumania, in: JContH 6 (1971), 52–75.- Chelcea, Liviu, Ancestors, Domestic Groups, and the Socialist State. Housing Nationalization and Restitution in Romania, in: CSSH 45 (2003), 714–740.- Ciuceanu, Radu, Les frontières roumaines du totalitarisme, in: Arhivele Totalitarismului 2 (1994), 74–79.- Ders., De l'autocratie au totalitarisme. Bessarabie – actions de depeuplement et de denationalisation, in: Arhivele Totalitarismului 1 (1993) 1, 41–46.- Deletant, Dennis, Communist Terror in Romania. Gheorghiu-Dej and the Police State 1948–1965, New York 1999.- Ders., Romania Observed. Studies in Contemporary Romanian History, Bukarest 1998.- Ders., Romania under Communist Rule, Iaşi 1999.- Ecobescu, Nicolae/Celac, Sergiu, Das sozialistische Rumänien in den internationalen Beziehungen, Bukarest 1975.- Giurescu, Constantin, Five Years and Two Months in the Sighet Penitentiary (May 7, 1950 – July 5, 1955), New York 1994.- Ders., Romania's Communist Takeover. The Rădescu Government, New York 1994.- Giurescu, Dinu C., Uzurpatorii. România, 6 martie 1945 – 7 ianuarie 1946 [Gewaltsame Machtergreifer. Rumänien, 6. März 1945 – 7. Januar 1946], Bucureşti 2004.- Gilberg, Trond, Ceauşescu's »Kleine Kulturrevolution« in Rumänien, in: Osteuropa 22 (1972), 717–728.- Glass, Hildrun, Minderheit zwischen zwei Diktaturen. Zur Geschichte der Juden in Rumänien 1944–49, München 2002.- Gliga, Vasile, Ausweitung der Beziehungen Bukarest – Bonn, in: Außenpolitik 24 (1973), 347–352.- Göllner, Carl, Geschichte der Deutschen auf dem Gebiete Rumäniens, Bukarest 1979.- Hagenberg-Miliu, Ebba-Christina, Rumänien, Köln 2003.- Ioanid, Radu, The

Holocaust in Romania. The Destruction of Jews and Gypsies Under the Antonescu Regime 1940-1944, Chicago 2000.- Kolar, Othmar, Rumänien und seine nationalen Minderheiten 1918 bis heute, Wien 1997.- König, Helmut, Drahtseilakt ohne Netz. Rumäniens Standort in der kommunistischen Weltbewegung, in: Osteuropa 20 (1970), 77-94.- Kroner, Michael, Politische Prozesse gegen Deutsche im kommunistischen Rumänien. Versuch einer Bestandsaufnahme und eines Überblicks, in: Deutsche Ostkunde 38 (1992), 153-166.- Oprea, Marius, Banalitatea răului. O istorie a Securităţii în documente 1949-1989 [Die Banalität des Bösen. Eine Geschichte der Securitate in Dokumenten], Bucureşti 2002.- Ders., Rumänien zwischen Helsinki und Belgrad, Köln 1977.- O'Sullivan, Donal, »Wer immer ein Gebiet besetzt ...« Sowjetische Osteuropapolitik 1943-1947/48, in: Creuzberger/ Görtemaker (Hgg.), Gleichschaltung [2.11], 45-84.- Rieber, Alfred J., The Crack in the Plaster. Crisis in Romania and the Origins of the Cold War, in: JModH 76 (2004), 62-106.- Roske, Octavian (Hg.), Mecanisme represive în România 1945-1989. Dicţionar biografic [Repressionsmechanismen in Rumänien 1945-1989. Biographisches Wörterbuch], Bucureşti 2005.- Schmidt, Reinhold, Ringen ums Überleben. Historische Betrachtung zu den Ereignissen in Rumänien zwischen 1940-1953 mit Bezugnahme auf die Siebenbürger Sachsen, Friedrichshafen 1995.- Tontsch, Günter, Die Rechtsstellung des Ausländers in Rumänien, Baden-Baden 1975.- Völkl, Ekkehard, Rumänien. Vom 19. Jahrhundert bis in die Gegenwart, Regensburg 1995.

4.5 Pro-Sowjetismus im stalinistischen Musterland: Bulgarien

Anguelov, Zlatko, Communism and the Remorse of an Innocent Victimizer, College Station 2002.- Bell, John D., The Bulgarian Communist Party from Blagoev to Zhivkov, Stanford 1986.- Brahm, Heinz, Bulgarien unter sozialistischer Flagge, Köln 1995.- Büchsenschütz, Ulrich, Minderheitenpolitik in Bulgarien. Die Politik der Bulgarischen Kommunistischen Partei gegenüber den Juden, Roma, Pomaken und Türken 1944-1989, Berlin 1996.- Crampton, Richard J., A Concise History of Bulgaria, Cambridge 2000.- Dimitroff, Georgi, Tagebücher 1933-1943, Berlin 2000.- Djilas, Milovan, Gespräche mit Stalin, Frankfurt/M. 1962.- Härtel, Hans-Joachim/ Schönfeld, Roland, Bulgarien. Vom Mittelalter bis zur Gegenwart, Regensburg 1998.- Ivanov, Andrej, The Balkans Divided. Nationalism, Minorities and Security, Frankfurt/M. 1996.- Jackowicz, Jerzy, Partie opozycyjne w Bułgarii 1944-1948 [Oppositionsparteien in Bulgarien 1944-1948], Warszawa 1997.- Nathan, Jacques, Die Volksrepublik Bulgarien auf dem Wege zum Sozialismus, Berlin (Ost) 1955.- Oschlies, Wolf, Kirchen und religiöses Leben in Bulgarien, Köln 1983.- Pundeff, Marin V., Bulgarian Historiography 1942-1958, in: AHR 66 (1961), 682-693.- Stankova, Marietta, Das parteipolitische System in Bulgarien 1944-1948, in: Creuzberger/Görtemaker (Hgg.), Gleichschaltung [2.11], 167-217.- Weiß, Helmuth, Bulgarien, München 2000.

4.6 Allmähliche Unterordnung: Ungarn

Adriányi, Gábor, A Vatikán keleti politikája és Magyarország 1939-1978. A Mindszenty-ügy [Die Ostpolitik des Vatikans und Ungarn 1939-1978. Der Fall Mindszenty], Budapest 2004.- Ders., Geschichte der katholischen Kirche in Ungarn, Köln 2004.- Almai, Frank (Hg.), Deutsche in Ungarn, Ungarn und Deutsche. Interdisziplinäre Zugänge, Dresden 2004.- Aspeslagh, Robert/ Renner, Hans/van der Meulen, Hans (Hgg.), Im historischen Würgegriff. Die Beziehungen zwischen Ungarn und der Slowakei in der Vergangenheit, Gegenwart und Zukunft, Baden-Baden 1994.- Barth, Bernd-Rainer/Schweizer, Werner (Hgg.), Der Fall Noel Field. Schlüsselfigur der Schauprozesse in Osteuropa, Berlin 2005.- Basó, József, Ember a drót mögött. Emlékezés tíz év rabságra 1945-1955 [Menschen hinterm Draht. Erinnerungen an 10 Jahre Sklaverei 1945-1955], Budapest 2001.- Bassola, Péter, Deutsch in Ungarn – in Geschichte und Gegenwart, Heidelberg 1995.- Belényi, Gyula, Az alföldi városok és a településpolitika 1945-1963 [Städte der ungarischen Tiefebene und die Siedlungspolitik 1945-1963], Szeged 1996.- Bondor, Gyula, Az ürömi svábok kálváriája 1946 [Der Leidensweg der Ürömer Schwaben], Üröm 2001.- Borhi, Laszlo, Hungary in the Cold War 1945-1956. Between the United States and the Soviet Union, Budapest 2004.- Diosi, Ágnes, Szent Márton védencei. Az 1946-47-es lakosságcsere dokumentumokban és szigetszentmártoniak emlékezetében [Die Schützlinge des heiligen Martin. Dokumente der Binnenumsiedlung und Erinnerung an die Bewohner von Szigetszentmárton], Budapest 2004.- Feitl, István (Hg.), A magyarországi szövetséges ellenőrző bizottság jegyzőkönyvei 1945-1947 [Protokolle des ungarischen Bundeskontrollkomitees 1945-47], Budapest 2003.- Ders./Izsák, Lajos/Székely, Gábor (Hgg.), Fordulat a világban és Magyarországon 1947-1949 [Wende in der Welt und in Ungarn], Budapest 2000.- Fischer, *Eine kleine Geschichte Ungarns* [2.4].- Gál, Jolán, A legvidámabb barakk. Anekdoták, történetek, vallomások Kádár Jánosról és koráról [Die lustigste Baracke. Anekdoten, Geschichten, Aussagen von János Kádár und aus seiner Epoche], Budapest 2005.- Gyáni, Gábor, Social History of Hungary from the Reform Era to the End of the Twentieth Century, Boulder 2004.- Hajdu, Tibor (Hg.), Károlyi Mihály levelezése [Der Briefverkehr von Mihály Károly]. Bd. 5: 1945-1949, Budapest 2003.- Haslinger, Peter, Hundert Jahre Nachbarschaft. Die Beziehungen zwischen Österreich und Ungarn 1895-1994, Frankfurt/M. 1996.- Hauszmann, *Ungarn* [2.4].- Horváth, Julianna (Hg.), Pártközi értekezletek. Politikai érdekegyeztetés, politikai konfrontáció 1944 - 1948 [Interparteiliche Konferenzen. Politische Interessenübereinkunft, politische Konfrontation 1944-1948] Budapest 2003.- Józsa, Gyula, Aufarbeitung der kommunistischen Vergangenheit in Ungarn, Köln 1998.- Kádár, János, Die Erneuerung des Sozialismus in Ungarn. Reden und Artikel. Auswahl aus den Jahren 1957-1986, Budapest 1987.- Karady, Victor, Juden in Ungarn. Historische Identitätsmuster und Identitätsstrategien, Baalsdorf 1998.- Köbel, Szilvia, »Oszd meg és uralkodj!« Az állam és az egyházak politikai, jogi és igazgatási kapcsolatai Magyarországon 1945-1989 között [»Teile und herrsche!« Politische, juristische und administrative Verhältnisse des Staates und der Kirchen in Ungarn zwischen 1945-1989], Budapest 2005.- Krausz, Tamás (Hg.), A sztálinizmus hétköznapjai [Der alltägliche Stalinismus], Budapest 2003.- Kugler, József, Lakosságcsere a Délkelet-Alföldön 1944-1948 [Binnenumsiedlung in der südöstlichen Tiefebene 1944-1948], Budapest 2000.- Kupa, László, Határmenti régiók és kisebbségek a 19-20. században. Konferencia kötet [Grenzregionen und Minderheiten im 19./20. Jahrhundert. Konferenzausgabe], Budapest 2004.- Küpper, Herbert, Autonomie im Einheitsstaat. Geschichte und Gegenwart der Selbstverwaltung in Ungarn, Berlin 2002.- Lendvai, Paul, Das eigenwillige Ungarn, Zürich 1988.- Lipcsey, Ildikó, A Romániai Magyar Népi Szövetség az önfeladás után 1944-1953 [Der Ungarische Volksbund in Rumänien nach der Selbstaufgabe 1944-1953], Budapest 1998.- Némethy Kesserű, Judit, »Szabadságom lett a börtönöm.« Az argentínai magyar emigráció története 1948-1968 [»Meine Freiheit wurde zu meinem Gefängnis.« Argentiniens ungarische Emigrationsgeschichte 1948-1968], Budapest 2003.- Molnár, Miklós, A Concise History of Hungary, Cambridge 2003.- O'Sullivan, Donal, *»Wer immer ein Gebiet besetzt ...«* Sowjetische Osteuropapolitik 1943-1947/48, in: Creuzberger/Görtemaker (Hgg.), Gleichschaltung [2.11], 45-84.- Pünkösdi, Árpad, Rákosi bukása, száműzetése és halála [Rákosis Fall, Exil und Tod], Budapest 2001.- Rainer, János M., Der Weg der ungarischen Volksdemokratie. Das Mehrparteiensystem und dessen Beseitigung 1944-1948, Berlin 1952.- Ders., Ungarn im Schatten der Sowjetunion 1944-1990. Determinanten und Spielräume, in: JHK (2006), 66-92.- Saray Z., Gedeon, Bejárat a vörös szalonba. Káderélet a Kádár-korban [Eingang zum roten Salon. Kader-Leben in der Kádár-Ära], Budapest 2004.- Seewann, Gerhard (Hg.), Migration und ihre Auswirkungen. Das Beispiel Ungarn 1918-1995, München 1997.- Sipos, Levente/Tóth, Pál Péter (Hgg.), A népi mozgalom és a magyar társadalom. Tudományos tanácskozás a szárszói találkozó 50. évfordulója alkalmából [Die Völkerbewegung und die ungarische Gesellschaft. Wissenschaftliche Überlegungen aus Anlass des 50. Szárszóer Treffens], Budapest 1997.- Tipary, László, Szülőföldem szép határa ... Magyarok deportálása és kitelepítése szülőföldünkről Csehszlovákiában az 1946-1948-as években [Die schöne Grenze meines Heimatlandes ... Die Deportation und Aussiedlung von Ungarn aus unserer Heimat der Tschechoslowakei 1946-1948], Dunaszerdahely 2004.- Tóth, Ágnes, Migration in Ungarn 1945-1948, Vertreibung der Ungarndeutschen, Binnenwanderung und slowakisch-ungarischer Bevölkerungsaustausch, München 2001.- Vadkerty, Katalin, A deportálások. A szlovákiai magyarok csehországi kényszerközmunkája 1945-1948 között [Deportationen. Die öffentliche Zwangsarbeit slowakischer Ungarn in der Tschechoslowakei zwischen 1945-1948], Bratislava 1996.- Dies., A kitelepítéstől a reszlovakizációig. Trilógia a csehszlovákiai magyarság 1945-1948 közötti történetéről [Von der Aussiedlung zur Reslowakisierung. Trilogie von der Geschichte des tschechoslowakischen Ungarntums zwischen 1945-48], Bratislava 2001.- Valuch, Tibor, Magyarország társadalomtörténete a XX. század második felében [Ungarns Gesellschaftsgeschichte in der zweiten Hälfte des 20. Jahrhunderts], Budapest 2001.- Vince, Mátyás (Hg.), Szenzáció. A XX. század a magyar napisajtó címlapjainak tükrében 1900-1990 [Die Sensation. Das 20. Jahrhundert im Spiegel der Titelblätter der ungarischen Tagespresse 1900-1990], Budapest 1996.- Zeutschner, Heiko, Ungarn, Erlangen 2004.- Zinner, Tibor, A magyarországi nemetek kitelepítése [Die Aussiedlung der Ungarn-Deutschen], Budapest 2004.

4.7 Die sowjetische Gründung eines »friedliebenden demokratischen Deutschlands«: von der SBZ zur DDR

Amos, Heike, Die Entstehung der Verfassung in der Sowjetischen Besatzungszone/ DDR 1946-1949. Darstellung und Dokumentation, Münster 2006.- Dies., Politik und Organisation der SED-Zentrale 1949-1963. Struktur und Arbeitsweise von Politbüro, Sekretariat, Zentralkomitee und ZK-Apparat, Münster 2003.- Ansorg, Leonore, Kinder im Klassenkampf. Die Geschichte der Pionierorganisation von 1948 bis Ende der fünfziger Jahre, Berlin 1997.- Auerbach, Thomas, Vorbereitung auf den Tag X. Die geplanten Isolierungslager des MfS, Berlin 2000.- Badstübner, Rolf/ Loth, Wilfried (Hgg.), Wilhelm Pieck - Aufzeichnungen zur Deutschlandpolitik 1945-1953, Berlin 1994.- Baumgarten, Klaus-Dieter (Hg.), Die Grenzen der DDR. Geschichte, Fakten, Hintergründe, Berlin 2004.- Benz, Wolfgang (Hg.), Deutschland unter alliierter Besatzung 1945–49/55. Ein Handbuch, Berlin 1999.- Bernhof, Reinhard, Die Leipziger Protokolle, Halle/S. 2004.- Baumgartner, Gabriele/Hebig, Dieter, Biographisches Handbuch der SBZ/DDR 1945–1990, 2 Bde., München 1997.- Bessel, Richard/Jessen, Ralph (Hgg.), Die Grenzen der Diktatur. Staat und Gesellschaft in der DDR, Göttingen 1996.- Boldorf, Marcel, Sozialfürsorge in der SBZ/DDR 1945–1953. Ursachen, Ausmaß und Bewältigung der Nachkriegsarmut, Stuttgart 1998.- Bonwetsch, Bernd, Stalin und die Vorbereitung des 3. Parteitags der SED. Ein Treffen mit der SED-Führung am 4. Mai 1950, in: VfZ 51 (2003), 575–608.- Ders./Bordjugow, Gennadij/Naimark, Norman (Hgg.), Sowjetische Politik in Deutschland 1945–1949. Dokumente zur Tätigkeit der Propagandaverwaltung (Informationsverwaltung) der SMAD unter Sergej Tul'panow, Bonn 1997.- Börnert, René, Wie Ernst Thälmann treu und kühn! Das Thälmann-Bild der SED im Erziehungsalltag der DDR, Bad Heilbrunn 2004.- Bouvier, Beatrix, Ausgeschaltet! Sozialdemokraten in der Sowjetischen Besatzungszone und in der DDR 1945–1953, Bonn 1996.- Buchheim, Christoph (Hg.), Wirtschaftliche Folgelasten des Krieges in der SBZ/DDR, Baden-Baden 1995.- Creuzberger, Stefan, Die sowjetische Besatzungsmacht und das politische System der SBZ, Köln 1996.- Diedrich, Torsten/Wenzke, Rüdiger, Die getarnte Armee. Geschichte der Kasernierten Volkspolizei der DDR 1952 bis 1956, Berlin 2003.- Donth, Stefan, Vertriebene und Flüchtlinge in Sachsen 1945–1952. Die Politik der Sowjetischen Militäradministration und der SED, Köln 2000.- Dralle, Lothar, Von der Sowjetunion lernen ... Zur Geschichte der Gesellschaft für Deutsch-Sowjetische Freundschaft, Berlin 1993.- Ehlert, Hans (Hg.), Die Militär- und Sicherheitspolitik in der SBZ/DDR. Eine Bibliographie (1945–1995), München 1996.- Erler, Peter, Zur Wirkung der sowjetischen Militärtribunale (SMT) in der SBZ/DDR 1945–1955, in: ZdF 2 (1996), 51–63.- Ders./Laude, Horst/Wilke, Manfred (Hgg.), »Nach Hitler kommen wir.« Dokumente zur Programmatik der Moskauer KPD-Führung 1944/45 für Nachkriegsdeutschland, Berlin 1994.- Foitzik, Jan, *Organisation* der sowjetischen Besatzung in Deutschland und Auswirkungen von kompetenzieller Diffusion auf die Rekonstruktion der Besatzungspolitik, in: Hilger/Schmeitzner/Vollnhals (Hgg.) [3.], 99–117.- Ders./Timofejewa, Natalja (Hgg.), Die Politik der Sowjetischen Militäradministration in Deutschland (SMAD). Kultur, Wissenschaft und Bildung 1945–1949. Ziele, Methoden, Ergebnisse. Dokumente aus russischen Archiven, München 2005.- Frank, Mario, Der Tod im Führerbunker. Hitlers letzte Tage, München 2005.- Gelfand, Wladimir, Deutschland-Tagebuch 1945–1946. Aufzeichnungen eines Rotarmisten, Berlin 2005.- Glaser, Günther (Hg.), »Reorganisation der Polizei« oder getarnte Bewaffnung der SBZ im Kalten Krieg? Dokumente und Materialien zur sicherheits- und militärpolitischen Weichenstellung in Ostdeutschland 1948/49, Frankfurt/M. 1995.- Gottschlich, Helga, »Links und links und Schritt gehalten ...«. Die FDJ. Konzepte, Abläufe, Grenzen, Berlin 1994.- Grasemann, Hans-Jürgen, »Jedes Urteil ist eine politische Tat«. Zur Steuerung der Justiz im SED-Staat, in: Deutsche Studien 135/136 (1997), 220–235.- Großbölting, Thomas/Thamer, Hans-Ulrich (Hgg.), Die Errichtung der Diktatur. Transformationsprozesse in der Sowjetischen Besatzungszone und in der frühen DDR, Münster 2003.- Halder, Winfried, Deutsche Teilung. Vorgeschichte und Anfangsjahre der doppelten Staatsgründung, Zürich 2002.- Hartmann, Anne/Eggeling, Wolfram, Sowjetische Präsenz im kulturellen Leben der SBZ, Berlin 1998.- Haschka, Christoph/Wenzel, Mario, »Wir sind einfache, saubere Menschen«. Aufnahme und Integration von Vertriebenen in der DDR, in: ZdF 15 (2004), 175–179.- Herbst, Andreas/Stephan,

Gerd-Rüdiger/Winkler, Jürgen (Hgg.), Die SED. Geschichte, Organisation, Politik. Ein Handbuch, Berlin 1997.- Hilger, Andreas/Schmidt, Ute/Wagenlehner, Günther (Hgg.), Sowjetische Militärtribunale. Bd. 1: Die Verurteilung deutscher Kriegsgefangener 1941–1953, Köln 2001.- Ders./Dies./Schmeitzner, Mike (Hgg.), *Sowjetische Militärtribunale*. Bd 2: Die Verurteilung deutscher Zivilisten 1945–1955, Köln 2003.- Hirsch, Felix E., The Crisis of East Germany, in: International Journal 9 (1954), 8–15.- Höck, Dorothea, Die DDR. Geschichte, Politik, Kultur, Alltag. Ein Projektbuch, Mühlheim an der Ruhr 2004.- Hoffmann, Dierk, Aufbau und Krise der Planwirtschaft. Die Arbeitskräftelenkung in der SBZ/DDR 1945 bis 1963, München 2002.- Ders./Schmidt, Karl-Heinz/Skyba, Peter (Hgg.), Die DDR vor dem Mauerbau. Dokumente zur Geschichte des anderen deutschen Staates 1949–1961, München 1993.- Ders./Schwartz, Michael (Hgg.), Geglückte Integration? Spezifika und Vergleichbarkeiten der Vertriebenen-Eingliederung in der SBZ/DDR, München 1999.- Ders./Wentker, Hermann (Hgg.), Das letzte Jahr der SBZ. Politische Weichenstellungen und Kontinuitäten im Prozeß der Gründung der DDR, München 2000.- Hohmann, Joachim (Hg.), Lehrerflucht aus der SBZ und DDR 1945–1961, Frankfurt/M. 2000.- Hook, James van, Rebuilding Germany. The Creation of the Social Market Economy 1945–1957, Cambridge 2004.- Horstmann, Thomas, Logik der Willkür. Die Zentrale Kommission für Staatliche Kontrolle in der SBZ/DDR von 1948–1958, Köln 2002.- Hösl, Gerhard, Unschuldig schuldig? Schuld und Sünde als personales und »transpersonales« Geschehen in freien und totalitären Gesellschaften. Die ehemalige DDR, Berlin ²2004.- Hübner, Peter/Tenfelde, Klaus (Hgg.), Arbeiter in der SBZ-DDR, Essen 1999.- Hurwitz, Harold, Die Stalinisierung der SED. Zum Verlust von Freiräumen und sozialdemokratischer Identität in den Vorständen 1946–1949, Opladen 1997.- Hüttmann, Jens, Die »Gelehrte DDR« und ihre Akteure. Inhalte, Motivationen, Strategien. Die DDR als Gegenstand von Lehre und Forschung an deutschen Universitäten, Wittenberg 2004.- Ihme-Tuchel, Beate, Die DDR und die Deutschen in Polen. Handlungsspielräume und Grenzen ostdeutscher Außenpolitik 1948 bis 1961, Berlin 1997.- Jessen, Ralph, Akademische Elite und kommunistische Diktatur. Die ostdeutsche Hochschullehrerschaft in der Ulbricht-Ära, Göttingen 1999.- Karlsch, Rainer, Allein bezahlt? Die Reparationsleistungen der SBZ/DDR 1945–53, Berlin 1993.- Ders./Laufer, Jochen (Hg.), Sowjetische Demontagen in Deutschland 1944–1949. Hintergründe, Ziele und Wirkungen, Berlin 2002.- Kleßmann, Christoph, Die doppelte Staatsgründung. Deutsche Geschichte 1945–1955, Göttingen ⁵1991.- Knabe, Hubertus, Tag der Befreiung? Das Kriegsende in Ostdeutschland, Berlin 2005.- Kowalczuk, Ilko-Sascha, Die »Hochschulfront ist eine Kampffront«. Die SED-Parteiorganisationen an den Universitäten und Hochschulen in der SBZ/DDR 1946-1961, in: ZdF 13 (2003), 61–77.- Ders., Geist im Dienste der Macht. Hochschulpolitik in der SBZ/DDR 1945-1961, Berlin 2003.- Krönig, Waldemar/Müller, Klaus-Dieter, Anpassung – Widerstand – Verfolgung. Hochschule und Studenten in der SBZ und der DDR 1945-1961, Köln 1994.- Kubina, Michael, Die kurzlebige Wiedergeburt der USPD. Wie der sowjetische Geheimdienst und die SED eine »Unabhängige Sozialdemokratische Partei Deutschlands« gründeten, in: ZdF 16 (2004), 37–58.- Ders./Wilke, Manfred, Die Etablierung einer Okkupationspartei. Ergebnisse des Projektes zum Parteiapparat der KPD/SED, in: ZdF 13 (2003), 3–30.- Landsmann, Mark, The Consumer Supply Lobby – Did It Exist? State and Consumption in East Germany in the 1950s, in: CEH 35 (2002), 477–512.- Laufer, Jochen/Kynin, Georgij/Knoll, Viktor (Hgg.), Die UdSSR und die deutsche

Frage 1941–1948. Dokumente aus dem Archiv für Außenpolitik der Russischen Föderation, Berlin 2004.- Leide, Henry, *NS-Verbrecher* und Staatssicherheit. Die geheime Vergangenheitspolitik der DDR, Göttingen 2005.- Lemke, Michael, Die Sowjetisierung der SBZ/DDR im ost-westlichen Spannungsfeld, in: APuZ 6/1997, 41–53.- Ders., Einheit oder Sozialismus? Die Deutschlandpolitik der SED 1949–1961, Köln 2001.- Ders. (Hg.), Sowjetisierung und Eigenständigkeit in der SBZ/DDR (1945–1953), Köln 1999.- Lindenberger, Thomas, Volkspolizei. Herrschaftspraxis und öffentliche Ordnung im SED-Staat 1952–1968, Köln 2003.- Lüdtke, Alf/Becker, Peter (Hgg.), Akten. Eingaben. Schaufenster. Die DDR und ihre Texte. Erkundungen zu Herrschaft und Alltag, Berlin 1997.- Mählert, Ulrich, FDJ 1946–1989, Erfurt 2001.- Ders., Kleine Geschichte der DDR, München 2004.- Ders./Stephan, Gerd-Rüdiger, Blaue Hemden – Rote Fahnen. Die Geschichte der Freien Deutschen Jugend, Opladen 1996.- Malycha, Andreas, Der 17. Juni 1953 und die Kirchen, Berlin 2003.- Ders., Partei von Stalins Gnaden? Die Entwicklung der SED zur Partei neuen Typs in den Jahren 1946 bis 1950, Berlin 1996.- Meissner, Boris, Die Bündnisverträge zwischen der DDR und der Sowjetunion, in: APuZ 43/1979, 11–25.- Mironenko, Sergej/Niethammer, Lutz/von Plato, Alexander, Sowjetische Speziallager in Deutschland 1945–1950, Berlin 1998.- Morré, Jörg, *Kader* aus dem Exil. Vorbereitungen der KPD auf eine antifaschistische Nachkriegszeit, in: Hilger/Schmeitzner/Vollnhals (Hgg.) [3.], 77–93.- Ders., Speziallager des NKWD. Sowjetische Internierungslager in Brandenburg 1945–1950, Potsdam 1997.- Müller, Werner, Die Gründung der SED. Zwangsvereinigung, Demokratieprinzip und gesamtdeutscher Anspruch, in: APuZ 16–17/1996, 12–21.- Müller-Enbergs, Helmut (Hg.), Inoffizielle Mitarbeiter des Ministeriums für Staatssicherheit. Richtlinien und Durchführungsbestimmungen, Berlin 1996.- Muth, Ingrid, Die DDR-Außenpolitik 1949–1972. Inhalte, Strukturen, Mechanismen, Berlin 2001.- Naimark, Norman M., Die Russen in Deutschland. Die sowjetische Besatzungzone 1945 bis 1949, Berlin 1999.- Nepit, Alexandra, Die SED unter dem Druck der Reformen Gorbatschows. Der Versuch der Parteiführung, das SED-Regime durch konservatives Systemmanagement zu stabilisieren, Baden-Baden 2004.- Nußer, Horst/Ton, Werner /Kern, Alfred, Gewerkschaften der DDR, München ²1996.- Paffrath, Constanze, Macht und Eigentum. Die Enteignungen 1945–1949 im Prozess der deutschen Wiedervereinigung, Köln 2004.- Peterson, Edward, The Secret Police and the Revolution. The Fall of the German Democratic Republic, Westport 2002.- Petrov, Nikita, *Die SMAD*, die deutsche Selbstverwaltung und die Sowjetisierung Ostdeutschlands 1945–1949, in: Hilger/Schmeitzner/Vollnhals (Hgg.) [3.], 343–368.- Pilvousek, Josef (Hg.), Kirchliches Leben im totalitären Staat. Seelsorge in der SBZ/DDR (1945–1989), Quellentexte aus den Ordinariaten, 4 Bde., Leipzig 1994–1998.- Richter, Michael, Die Ost-CDU 1948–1952. Zwischen Widerstand und Gleichschaltung, Düsseldorf 1990.- Ders./Rissmann, Martin (Hg.), Die Ost-CDU. Beiträge zu ihrer Entstehung und Entwicklung, Weimar 1995.- Rissmann, Martin, Kaderschulung in der Ost-CDU 1949–1971. Zur geistigen Formierung einer Blockpartei, Düsseldorf 1995.- Rössler, Ruth-Kristin, Justizpolitik in der SBZ/DDR 1945–1956, Frankfurt/M. 2000.- Sattler, Friederike, Funktionen des KPD/SED-Parteiapparates bei der Etablierung der zentralen Planwirtschaft in der SBZ/DDR, in: ZdF 13 (2003), 31–60.- Schätzke, Andreas, Rückkehr aus dem Exil. Bildende Künstler und Architekten in der SBZ und frühen DDR, Berlin 1999.- Schmeitzner, Mike, »*Die Kommunistische Partei* will nicht Oppositionspartei sein, sondern sie will Staatspartei sein.« Die KPD/SED und das politische System der SBZ/DDR (1944–

1950), in: Hilger/Schmeitzner/Vollnhals (Hgg.) [3.], 273–313.- Schmidt-Pohl, Jürgen, Christlich-Demokratische Union Deutschlands. Sichtbare und geheime Parteitransformation der CDUD in der SBZ und Mitverantwortungs-Diktatur DDR. Von der »kleinbürgerlich-demokratischen« Blockpartei der SBZ zum mitverantwortlichen Bündnispartner in der zweiten deutschen Diktatur, Schwerin 2002.- Scholtyseck, Joachim, Die Außenpolitik der DDR, München 2003.- Schroeder, Klaus, Der SED-Staat. Partei, Staat und Gesellschaft 1949–1990, München 1998.- Ders., Westapparat und Westpolitik der KPD/SED nach 1945, in: ZdF 7 (1999), 50–58.- Schwartz, Michael, Vertriebene und »Umsiedlerpolitik«. Integrationskonflikte in den deutschen Nachkriegs-Gesellschaften und die Assimilationsstrategien in der SBZ/DDR 1945 bis 1961, München 2004.- Schwarzer, Oskar, Sozialistische Zentralplanwirtschaft in der SBZ/DDR. Ergebnisse eines ordnungspolitischen Experiments (1945–1989), Stuttgart 1999.- Staadt, Jochen, Die Mauerbauer. Am »Tag X« waren Männer mit einer totalitären Prägung Herr der Lage, in: ZdF 16 (2004), 3–16.- Stadtland, Helke, Herrschaft nach Plan und Macht der Gewohnheit. Sozialgeschichte der Gewerkschaften in der SBZ/DDR 1945–1953, Essen 2001.- Staritz, Dietrich, Die Gründung der DDR. Von der sowjetischen Besatzungszone zum sozialistischen Staat, München [3]1996.- Steege, Paul, Holding on in Berlin. March 1948 and SED Efforts to Control the Soviet Zone, in: CEH 38 (2005), 417–449.- Stephan, Gerd-Rüdiger/Herbst, Andreas (Hgg.), Die Parteien und Organisationen der DDR. Ein Handbuch, Berlin 2002.- Thoß, Bruno (Hg.), Volksarmee schaffen – ohne Geschrei! Studien zu den Anfängen einer »verdeckten Aufrüstung« in der SBZ/DDR 1947–1952, München 1994.- Tiemann, Dieter, 17. Juni 1953, Aachen 2003.- Timmermann, Heiner (Hg.), Diktaturen in Europa im 20. Jahrhundert – der Fall DDR, Berlin 1996.- Troebst, Stefan, Die »Griechenland-Aktion« 1949/50. Die SED und die Aufnahme minderjähriger Bürgerkriegsflüchtlinge aus Griechenland in der SBZ/DDR, in: ZfG 52 (2004), 717–736.- Uhl, Matthias/Wagner, Armin (Hgg.), Ulbricht, Chruschtschow und die Mauer. Eine Dokumentation, München 2003.- Unverhau, Dagmar, Das »NS-Archiv« des Ministeriums für Staatssicherheit. Stationen einer Entwicklung, Münster 2004.- Vogt, Timothy, Denazification in Soviet-Occupied Germany. Brandenburg 1945–1948, Cambridge 2000.- Vollnhals, Clemens, Internierung, Entnazifizierung und Strafverfolgung von NS-Verbrechen in der sowjetischen Besatzungszone, in: Hilger/Schmeitzner/Vollnhals (Hgg.) [3.], 225–249.- Weber, Hermann, Die DDR 1945–1986, München 1988.- Ders., Herausbildung und Entwicklung des Parteiensystems der SBZ/DDR, in: APuZ 16–17/1996, 3–11.- Ders., Von der SBZ zur DDR, Hannover 1967.- Weber, Petra, Politik und Diktatur. Justizverwaltung und politische Strafjustiz in Thüringen 1945–1961, München 2000.- Weir, Todd H., Der Rausch im Plan. Ursachen und Folgen der Inszenierung von »Klassenkampf« in der Kollektivierung der DDR-Landwirtschaft 1952–1953, in: DA 37 (2004), 253–263.- Wentker, Hermann, Justiz in der SBZ/DDR 1945–1953. Transformation und Rolle ihrer zentralen Institutionen, München 2001.- Werkentin, Falco, Politische Strafjustiz in der Ära Ulbricht, Berlin 1995.- Ders., Recht und Justiz im SED-Staat, Bonn 1998.- Werum, Stefan Paul, Gewerkschaftlicher Niedergang im sozialistischen Aufbau. Der Freie Deutsche Gewerkschaftsbund (FDGB) 1945 bis 1953, Göttingen 2005.- Wilhelm, Georg, Die Diktaturen und die evangelische Kirche. Totaler Machtanspruch und kirchliche Antwort am Beispiel Leipzigs 1933–1958, Göttingen 2004.- Wilke, Manfred, Anatomie der Parteizentrale. Die KPD/SED auf dem Weg zur Macht, Berlin 1998.- Wolle, Stefan, DDR, Frankfurt/M. 2004.- Wüstenhagen, Jana, »Blick durch den

Vorhang«. Die SBZ/DDR und die Integration Westeuropas (1946–1972), Baden-Baden 2001.- Zaruska, Jürgen (Hg.), Die Stalin-Note vom 10. März 1952. Neue Quellen und Analysen, München 2002.- Zeidler, Stephan, Auf dem Weg zur Kaderpartei? Zur Rolle der Ost-CDU in der inneren Entwicklung der DDR, Hamburg 1996.- Ders., Entstehung und Entwicklung der Ost-CDU 1945–1989. Zum Wandlungs- und Gleichschaltungsprozess einer Blockpartei, in: APuZ 16–17/1996, 22–30.- Zur Mühlen, Patrick von, Der »Eisenberger Kreis«. Jugendwiderstand und Verfolgung in der DDR 1953–1958, Bonn 1995.

4.8 Selbst-Sowjetisierung und Selbstbewusstsein durch Selbstbefreiung: Jugoslawien

Alkalay, David, The Fate of the Jews of Yugoslavia, in: Yad Vashem bulletin 4/5 (1959), 17–20.- Avakumovic, Ivan, History of the Communist Party of Yugoslavia, Aberdeen 1964.- Bauer, Ernest, Die katholische Kirche im kommunistischen Jugoslawien, Stuttgart 1954.- Benson, Leslie, Yugoslavia. A Concise History, New York 2004.- Brey, Thomas, Bonn und Belgrad. Die Beziehungen der Bundesrepublik Deutschland und Jugoslawien seit dem Zweiten Weltkrieg, in: Osteuropa 29 (1979), 632–644.- Brockmann, Marie C., Titoismus als besondere Form des Kommunismus, München 1994.- Cabada, Ladislav, Byla Titova Jugoslávie totalitním státem? [War das Jugoslawien Titos ein totalitärer Staat?], in: Budil (Hg.) [4.3], 42–54.- Crampton, Richard J., The Balkans Since the Second World War, Essex 2002.- Deschner, Karlheinz, Krieg der Religionen. Der ewige Kreuzzug auf dem Balkan, München 1999.- Djokić, Dejan, Yugoslavism. Histories of a Failed Idea 1918–1992, London 2003.- Dzaja, Strecko M., Die politische Realität des Jugoslawismus 1918–1991. Mit besonderer Berücksichtigung Bosnien-Herzegowinas, München 2002.- Griesser-Pecar, Tamara, *Das zerrissene Volk* – Slowenien 1941–1946. Okupation, Kollaboration, Bürgerkrieg, Revolution, Wien 2003.- Grothusen, Klaus-Detlev, Jugoslawien am Ende der Ära Tito, München 1983.- Haberl, Othmar N., Jugoslawien und die UdSSR seit Tito, Köln 1985.- Hall, Gregory P., Non-Alignment and Socialism. The Relationship Between Foreign Policy and Domestic Reform in Socialist Yugoslavia, Ann Arbor 1993.- Hammond, Andrew (Hg.), The Balkans and the West. Constructing the European Order 1945–2003, Aldershot 2004.- Heuberger, Valeria (Hg.), Probleme des Nationalismus in Jugoslawien, Ungarn, Rumänien, der Tschechoslowakei, Bulgarien, Polen, der Ukraine, Italien und Österreich 1945–1990, München 1994.- Holbrooke, Richard, To End a War, New York 1999.- Höpken, Wolfgang, Sozialismus und Pluralismus in Jugoslawien. Entwicklung und Demokratiepotential des Selbstverwaltungssystems, München 1984.- Jäger, Friedrich, Bosniaken, Kroaten, Serben. Ein Leitfaden ihrer Geschichte, Frankfurt/M. 2001.- Jarman, Robert L., Yugoslavia. Political Diaries 1918–1965, 4 Bde., Slough 1997.- Jochem, Gerhard (Hg.), Entrechtung, Vertreibung, Mord. NS-Unrecht in Slowenien und seine Spuren in Bayern 1941–1945, Köln 2005.- Kalbe, Ernstgert/Klenner, Hermann, Jugoslawien und seine Problematik, Berlin 2001.- Kaltenegger, Roland, Titos Kriegsgefangene. Folterlager, Hungermärsche und Schauprozesse, Graz 2001.- Kosanović, Milan, Die Entstehung der jugoslawischen Koexistenz-Doktrin 1941–1957, Bonn 2003.- Lendvai, Paul, Der rote Balkan. Zwischen Nationalismus und Kommunismus, Frankfurt/M. 1969.- Lozek, Gerhard, Die ethnischen Konflikte auf dem Balkan in historischer Sicht, Berlin 2000.- Müller, Dieter, Jugoslawien zwischen Ost und West, Hannover 1964.- Nebelin, Manfred, Adenauer, Tito und die Hallstein-Doktrin. Die deutsch-jugoslawischen Beziehungen 1949–1957, in: HMRG 3 (1990), 219–226.- O'Sullivan, Stevan K., *Stalins »Cordon sanitaire«*. [2.1].- Pavlowitch, Stevan K., Out of Context. The Yugoslav Government in London 1941–1945, in: JContH 16 (1981), 89–118.- Prokle, Herbert, Genocide of the Ethnic Germans in Yugoslavian. 1944–1948, München ²2006.- Ristović, Milan, *General M. Nedić* – Diktatur, Kollaboration und die patriarchalische Gesellschaft Serbiens 1941–1944, in: Oberländer (Hg), Autoritäre Regime [1.1], 633–688.- Schmider, Klaus, *Partisanenkrieg* in Jugoslawien 1941–1944. Mit einem Geleitwort von Gerhard L. Weinberg, Hamburg 2002.- Strugar, Novak, Das Programm des Bundes der Kommunisten Jugoslawiens, Belgrad 1977.- Sundhaussen, Holm, *Okkupation*, Kollaboration und Widerstand in den Ländern Jugoslawiens 1941–1945, in: Röhr, Werner (Hg.), Europa unterm Hakenkreuz. Die Okkupationspolitik des deutschen Faschismus (1938–1945), Ergänzungsband 1: Okkupation und Kollaboration, Berlin 1994, 349–365.- Sunic, Tomislav, Titoism and Dissidence. Studies in the History and Dissolution of Communist Yugoslavia, Frankfurt/M. 1995.- Tito, Josip B., Ausgewählte Reden, Berlin (Ost) 1976.- Vodušek, Starič Jerca, *Stalinismus* und Selbst-Sowjetisierung in Jugoslawien. Von der kommunistischen Partisanenbewegung zu Titos Einparteiensystem, in: Creuzberger/Görtemaker (Hgg.), Gleichschaltung [2.11], 219–238.- Vučković, Zvonimir, A Balkan Tragedy. Yugoslavia 1941–1946. Memoirs of a Guerilla Fighter, Boulder 2004.

4.9 Zwischen Jugoslawisierung und Sowjetisierung: Albanien

Danylow, Peter, Die außenpolitischen Beziehungen Albaniens zu Jugoslawien und zur UdSSR 1944–1961, München 1982.- Peters, Markus W. E., Geschichte der Katholischen Kirche in Albanien 1919–1993, Wiesbaden 2003.- Pipa, Arshi, Albanian Stalinism. Ideo-Political Aspects, New York 1990.- Pirjevec, Jože, *King Alexander, Ante Pavelić and Josip Broz-Tito.* Three Experiments in Totalitarianism, in: Borejsza/Ziemer (Hgg.) [1.3], 343–354.- Prifti, Peter R., Socialist Albania Since 1944. Domestic and Foreign Developments, Cambridge (Mass.) 1978.

5. Der »real existierende Sozialismus« und der gesellschaftliche Umbruch. Vom Ende der Stalin-Ära bis ins erste Jahrzehnt des neuen Jahrhunderts. Die Entwicklung in den einzelnen Nationalstaaten (III)

5.0 Allgemeine Literatur

Agethen, Manfred/Buchstab, Günter (Hgg.), Oppositions- und Freiheitsbewegungen im früheren Ostblock, Freiburg/Br. 2003.- Altrichter, Helmut (Hg.), *GegenErinnerung*. Geschichte als politisches Argument im Transformationsprozeß Ost-, Ostmittel- und Südosteuropas, München 2006.- Bispinck, Hendrik/Danyel, Jürgen/Hertle, Hans Hermann/Wentker, Hermann (Hgg.), Aufstände im Ostblock. Zur Krisengeschichte des realen Sozialismus, Berlin 2004.- East, Roger/Pontin, Jolyon, Revolution in Change in Central and Eastern Europe, London 1997.- Foitzik, Jan (Hg.), Entstalinisierungskrise in Ostmitteleuropa 1953–1956. Vom 17. Juni bis zum ungarischen Volksaufstand. Politische, militärische, soziale und nationale Dimensionen, Paderborn 2001.- Fowkes, Ben, Aufstieg und Niedergang des Kommunismus in Osteuropa, Mainz 1994.- Gluza, Zbigniew (Hg.), The End of Yalta. Breakthrough in Eastern Europe 1989/90, Warschau 2004.- Grothusen, Klaus-Detlev

(Hg.), Ostmittel- und Südosteuropa im Umbruch, München 1993.- Hatschikjan, Magarditsch/Troebst, Stefan (Hgg.), Südosteuropa. Gesellschaft, Politik, Wirtschaft, Kultur. Ein Handbuch, München 1999.- Ismayr, Wolfgang (Hg.), Die politischen Systeme Osteuropas, Opladen [2]2004.- Jaješniak-Quast, Dagmara/Lorenz, Torsten/Müller, Uwe/Stokłosa, Katarzyna (Hgg.), Soziale Konflikte und nationale Grenzen in Ostmitteleuropa. FS für Helga Schultz zum 65. Geburtstag, Wałbrzych 2006.- Lang, Kai-Olaf, *Ostmitteleuropa nach dem Beitritt*. Entwicklungen, Herausforderungen, Potenziale (SWP-Studie), Berlin 2006.- Lehmann, Hartmut/ Schjørring, Jens Holger (Hgg.), Im Räderwerk des »real existierenden Sozialismus«. Kirchen in Ostmittel- und Osteuropa von Stalin bis Gorbatschow, Göttingen 2003.- Lemberg, Hans (Hg.), Zwischen »Tauwetter« und neuem Frost. Ostmitteleuropa 1956–1970, Marburg 1993.- Pollack, Detlef/Wielgohs, Jan (Hg.), Dissent and Opposition in Communist Eastern Europe. Origins of Civil Society and Democratic Transition, Aldershot 2004.- Sokoł, Wojciech/Żmigrodzki, Marek (Hgg.), Systemy polityczne państw Europy Środkowej i Wschodniej [Politische Systeme der Staaten Mittel- und Osteuropas], Lublin 2005.- Umbach, Frank, Das rote Bündnis. Entwicklung und Zerfall des Warschauer Paktes 1955–1991, Berlin 2005.

5.1 Von der personalen Diktatur über die Oligarchie, *glasnost'* und *perestrojka* zum autoritären Staat Putins

Adomeit, Hannes, Imperial Overstretch. Germany in Soviet Policy from Stalin to Gorbachev. An Analysis Based on New Archival Evidence, Memoirs and Interviews, Baden-Baden 1998.- Ders., *Putins Westpolitik*. Ein Schritt vorwärts, zwei Schritte zurück (SWP-Studie), Berlin 2005.- Ders./Lindner, Rainer, *Die »Gemeinsamen Räume«* Rußlands und der EU. Wunschbild oder Wirklichkeit? (SWP-Studie), Berlin 2005.- Agl, Richard, Society and Transition in Post-Soviet Russia, in: Communist Post-Communist Stud 32 (1999), 175–193.- Alexander, James, Political Culture in Post-Communist Russia. Formlessness and Recreation in a Traumatic Transition, Basingstoke 2000.- Allensworth, Wayne, The Russian Question. Nationalism, Modernization, and Post Communist Russia, Lanham 1998.- Anderson, Richard D., Jr., Metaphors of Dictatorship and Democracy. Change in Russian Political Lexicon and the Transformation of Russian Politics, in: SR 60 (2001), 312–336.- Arbatova, Nadežda, Kooperation oder Integration? Rußland und das Große Europa, in: Osteuropa 53 (2003), 1492–1500.- Ashwin, Sarah, Endless Patience. Explaining Soviet and Post-Soviet Social Stability, in: Communist Post-Communist Stud 31 (1998), 187–198.- Åslund, Anders/Olcott, Martha Brill (Hgg.), Russia After Communism, Washington, D.C. 1999.- Barnes, Steven A., »In a Manner Befitting Soviet Citizens«. An Uprising in the Post-Stalin Gulag, in: SR 64 (2005), 823–850.- Bearden, Milt/Risen, James, Der Hauptfeind. CIA und KGB in den letzten Tagen des Kalten Krieges, München 2004.- Beyme, Klaus von, Eliten als Akteure in der Transformation Russlands, in: Osteuropa 50 (2000), 478–491.- Beyrau, Dietrich, *Intelligenz* und Dissens. Die russischen Bildungsschichten in der Sowjetunion 1917–1985, Göttingen 1993.- Bisley, Nick, The End of the Cold War and the Causes of Soviet Collapse, Houndmills 2004.- Brudny, Yitzhak M., In Pursuit of the Russian Presidency. Why and how Yeltsin Won the 1996 Presidential Election, in: Communist Post-Communist Stud 30 (1997), 255–276.- Ders., Reinventing Russia. Russian Nationalism and the Soviet State 1953–1991, Cambridge (Mass.) 2000.- Caldwell, Melissa, Not By Bread Alone. Social Support in the New Russia, Berkeley 2004.- Chandler, Andrea, Shocking Mother Russia. Democratization, Social Rights, and Pension Reform in Russia 1990–2001, Toronto 2004.- Chavkin, Boris, Moskau und der Volksaufstand in der DDR im Juni 1953, in: FOstIZ 8 (2004), 139–165.- Christensen, Paul T., Socialism After Communism? The Socioeconomic and Cultural Foundations of Left Politics in Post-Soviet Russia, in: Communist Post-Communist Stud 31 (1998), 345–357.- Clement, Hermann, Wirtschaftsboom statt Krise. Rußlands Aufschwung unter der Lupe, in: Osteuropa 56 (2006), 19–39.- Cox, Michael (Hg.), Rethinking of the Soviet Collapse. Sovietology, the Death of Communism and the New Russia, London 1998.- Dawisha, Karen, Communism as a Lived System of Ideas in Contemporary Russia, in: EEPS 19 (2005), 463–493.- Delavre, Tina (Hg.), Der Putsch in Moskau. Berichte und Dokumente, Frankfurt/M. 1992.- Ellman, Michael/Kontorovich, Vladimir (Hgg.), The Destruction of the Soviet Economic System. An Insider's History, Armonk 1998.- Ennker, Benno, Die Anfänge des Leninkults in der Sowjetunion, Köln 1997.- Falin, Valentin, Konflikte im Kreml. Zur Vorgeschichte der deutschen Einheit und Auflösung der Sowjetunion, München 1997.- Filippovych, Dimitrij N., Vor dem Abgrund. Die Streitkräfte der USA und der UdSSR sowie ihrer deutschen Bündnispartner in der Kubakrise, München 2005.- Fleron, Frederic J., Soviet Foreign Policy. Classic and Contemporary Issues, New York 1991.- Gdaniec, Cordula, Kommunalka und Penthouse. Stadt und Stadtgesellschaft im postsowjetischen Moskau, Münster 2005.- Gel'man, Vladimir/Tarusina, Inessa, Studies of Political Elite in Russia. Issues and Alternatives, in: Communist Post-Communist Stud 33 (2000), 311–329.- Glad, Betty/Shiraev, Eric (Hgg.), The Russian Transformation. Political, Sociological and Psychological Aspects, Basingstoke 1999.- Gnauck, Gerhard, Parteien und Nationalismus in Russland. Demokratische versus nationalistische Integration nach dem Ende des kommunistischen Systems, Frankfurt/M. 1997.- Gorbačev, Michail, Erinnerungen, Berlin 1995.- Ders., Žizn'i reformy [Das Leben und die Reformen], Moskva 1996.- Götz, Roland, Licht und Schatten. Die Energiepartnerschaft zwischen Rußland und der EU, in: Osteuropa 53 (2003), 1525–1539.- Ders., *Präsident Wladimir Putins Wirtschafts- und Gesellschaftsmodell*. Konzeption, Einflüsse, Realisierungschancen, Berlin 2001.- Gregor, A. James, Fascism and the New Russian Nationalism, in: Communist Post-Communist Stud 31 (1998), 1–15.- Hain, Sabine, Das Ende von KPdSU und Sowjetunion. Gründe und Zusammenhänge, in: ZfG 53 (2005), 1090–1110.- Halbach, Uwe, *Gewalt* in Tschetschenien. Ein gemiedenes Problem internationaler Politik, Berlin 2004.- Hashim, Mohsin S., Putin's Etatization Project and Limits to Democratic Reforms in Russia, in: Communist Post-Communist Stud 38 (2005), 25–48.- Hauptmann, Peter/Stricker, Gerd (Hgg.), Die Orthodoxe Kirche in Russland. Dokumente ihrer Geschichte (860–1980), Göttingen 1988.- Hausleitner, Mariana, Die sowjetische Osteuropapolitik in den Jahren der Perestrojka, Frankfurt/M. 1994.- Hegedüs, András B./Wilke, Manfred (Hgg.), Satelliten nach Stalins Tod, Berlin 2000.- Hildebrandt, Walter, Rußlands Rolle in der Welt, in: Deutsche Studien 139/140 (1998), 300–327.- Hildermeier, *Geschichte der Sowjetunion* [2.1].- Hishow, Ognian N., *Russlands Wirtschaft*. Langer Marsch zum Wohlstand. Integration in die EU- und die Weltwirtschaft steigert Investitionen und Wirtschaftsleistung, Berlin 2002.- Hösler, Joachim, *Perestroika und Historie*. Zur Erosion des sowjetischen Geschichtsbildes, in: Altrichter (Hg.) [5.0], 1–26.- Jelzin, Boris, Auf des Messers Schneide. Tagebuch des Präsidenten, Berlin 1994.- Kanet, Roger E./Birgerson, Susanne E., The Domestic-Foreign Policy Linkage in Russian Politics. Nationalist Influences on Russian Foreign Policy, in: Communist Post-Communist Stud 30 (1997), 335–344.- Körber-Zentrum Russland (Hg.), *GUSbarometer*, September 2005.- Kozlov, Vladimir A., Mass Uprisings in the USSR. Protest and Rebellion in the Post-Stalin Years, Armonk 2002.- Kramer, Mark, *Entstalinisierung* im Ostblock, in: APuZ 17–18/2006, 8–16.- Kusber, Jan, Zwei Lösungen eines Problems. Die Sowjetunion und das Jahr 1956 in Polen und Ungarn, in: Osteuropa 56 (2006), 87–98.- Lass, Karen, Vom Tauwetter zur Perestrojka. Kulturpolitik in der Sowjetunion (1953–1991), Köln 2002.- Leonhard, Wolfgang, Die bedeutsamste Rede des Kommunismus, in: APuZ 56/2006, 3–5.- Ders., Kreml ohne Stalin, Köln 1959.- Luchterhand, Otto, Rußland in Europa – die institutionelle Dimension, in: Osteuropa 53 (2003), 1456–1468.- Marantz, Paul, Russian Foreign Policy During Yeltsin's Second Term, in: Communist Post-Communist Stud 30 (1997), 345–352.- Mark, Rudolf A., Kontinuitäten und Wandel. Das Erbe der Geschichte und die Gegenwart Rußlands, in: Deutsche Studien 143/144 (1999/2000), 252–273.- Ders., Rußland und die Gemeinschaft unabhängiger Staaten (GUS). Zehn Jahre zwischen Integration und Desintegration, in: Deutsche Studien 147/148 (2002), 145–161.- Ders., Tschetschenen und Russen. Ein historischer Überblick, in: Deutsche Studien 125 (1995), 60–63.- Markwick, Roger D., Rewriting History in Soviet Russia. The Politics of Revisionist Historiography 1956–1974, Basingstoke 2001.- Matlock, Jack F., Reagan and Gorbachev. How the Cold War Ended, New York 2004.- McCauley, Martin, Gorbachev, London 1998.- Meier, Christian, *Deutsch-russische Wirtschaftsbeziehungen* unter Putin. Praxis – Probleme – Perspektiven (SWP-Studie), Berlin 2004.- Mitchell, R. Judson/Arrington, Randell S., Gorbachev, Ideology, and the Fate of Soviet Communism, in: Communist Post-Communist Stud 33 (2000), 457–474.- Mitrochin, Nikolai, Russkaja partija. Dvischenije nacjonalistov v SSSR 1953–1985 gg. [Die russische Partei. Bewegung der Nationalisten in der Sowjetunion 1953–1985], Moskva 2003.- Morozov, Vjačeslav, Auf der Suche nach Europa. Der politische Diskurs in Rußland, in: Osteuropa 53 (2003), 1501–1514.- Motyl, Alexander J./Ruble, Blair A./Shevtsova, Lilia (Hgg.), Russia's Engagement with the West. Transformation and Integration in the Twenty-First Century, Armonk 2005.- Müller, Klaus, Rußlands Europäisierung. Ein Weg in die globalisierte Moderne, in: Osteuropa 53 (2003), 1440–1456.- Münchmeyer, Tobias, Rußlands nukleare Prostitution. Brennstoffe geben, Brennstäbe nehmen, in: Osteuropa 53 (2003), 1540–1548.- Myagkov, Mikhail G., Are the Communists Dying out in Russia?, in: Communist Post-Communist Stud 35 (2002), 39–50.- Ders./Ordeshook, Peter C., The Trail of Votes in Russia's 1999 Duma and 2000 Presidential Elections, in: Communist Post-Communist Stud 34 (2001), 353–370.- Oldenburg, Fred S., Vor 50 Jahren. Stalins Tod – Nachfolgekrise in Moskau – Volkserhebung in der DDR. Veränderungen des sowjetischen Herrschaftssystems und die Folgen, in: DA 36 (2003), 399–414.- Pammett, Jon H., Elections and Democracy in Russia, in: Communist Post-Communist Stud 32 (1999), 45–60.- Pearson, Raymond, The Rise and Fall of the Soviet Empire, Houndmills [2]2002.- Pfeil, Ulrich, *Die Suezkrise*, in: APuZ 17–18/2006, 32–38.- Plaggenborg, Stefan, Sowjetische Geschichte nach Stalin, in: APuZ 1–2/2005, 26–32.- Pleines, Heiner/Schröder, Hans-Henning (Hgg.), *Die Jukos-Affäre*. Russlands Energiewirtschaft und die Politik, Bremen 2005.- Ploetz, Michael, Wie die Sowjetunion den Kalten Krieg verlor. Von der Nachrüstung zum Mauerfall, Berlin 2000.- Polian, Pavel, *Die russische Auseinandersetzung* mit der Schuld. Schuld und Reue. Russland auf der Suche nach Aussöhnung mit der eigenen Geschichte, in: Nolte, Hans-Heinrich (Hg.), Auseinandersetzungen mit den Diktaturen. Russische und deutsche Erfahrungen, Gleichen 2005,

27-44.- Rathkolb, Oliver, *Sonderfall Österreich?*, in: Creuzberger/Görtemaker (Hgg.), Gleichschaltung [2.11], 353-374.- Ritter, Alexander, Das Eigene im Konflikt mit dem Fremden. Zur kulturellen Identität von Minderheiten, in: Deutsche Studien 125 (1995), 44-59.- Ross, Cameron, Federalism and Democratization in Russia, in: Communist Post-Communist Stud 33 (2000), 403-420.- Sahm, Astrid, *Dimensionen* einer Katastrophe, in: APuZ 13/2006, 12-18.- Sarkisov, Konstantin, The Northern Territories Issue after Yeltsin's Re-election. Obstacles to a Resolution from a Russian Perspective, in: Communist Post-Communist Stud 30 (1997), 353-364.- Schilling, Walter, Rußland und Europa. Zwischen Konflikt und Kooperation, in: Deutsche Studien 149 (2003/2004), 72-79.- Ders., Rußlands Tschetschenienkrieg und seine Hintergründe, in: Deutsche Studien 125 (1995), 64-70.- Schlögel, Karl, Moskau - offene Stadt. Eine europäische Metropole, Hamburg ²1992.- Ders., Moskau lesen. Die Stadt als Buch, Berlin 2000.- Schmid, Ulrich, Naši - Die Putin-Jugend. Sowjettradition und politische Konzeptkunst, in: Osteuropa 56 (2006), 5-18.- Schmitt, Britta, Ethnische Identität und gesellschaftliche Integrationsprobleme im Wandel der Zeit. Rußlanddeutsche zwischen Rußland und Deutschland, in: Deutsche Studien 143/144 (1999/2000), 281-297.- Schneider, Eberhard, *Das innenpolitische »System« Putins*, Berlin 2001.- Ders., *Putins zweite Amtszeit*. Stärkung der Machtvertikale und wachsender Einfluss des FSB, Berlin 2006.- Semjonow, Wladimir S., Von Stalin bis Gorbatschow. Ein halbes Jahrhundert in diplomatischer Mission, Berlin 1995.- Shlapentokh, Vladimir, A No One Needs Public Opinion Data in Post Communist Russia, in: Communist Post-Communist Stud 32 (1999), 453-460.- Ders., Normal Totalitarian Society. How the Soviet Union Functioned and How It Collapsed, Armonk 2001.- Stepankov, Valentin/Lisov, E., Kremlëvskij zagovor. Versija sledstvija [Das Kreml-Komplott. Die Version der Ermittler], Moskva 1992.- Suny, Ronald Grigor, The Soviet Experiment. Russia, the USSR, and the Successor States, Oxford 1998.- Thames, Frank C., Jr., Did Yeltsin Buy Elections? The Russian Political Business Cycle 1993-1999, in: Communist Post-Communist Stud 34 (2001), 63-76.- Tolz, Vera, Conflicting »Homeland Myths« and Nation-State Building in Postcommunist Russia, in: SR 57 (1998), 267-295.- Torke, Hans-Joachim (Hg.), Historisches Lexikon der Sowjetunion 1917/22 bis 1991, München 1993.- Treisman, Daniel S., After the Deluge. Regional Crises and Political Consolidation in Russia, Ann Arbor 1999.- Tsygankov, Andrei, Manifestations of Delegative Democracy in Russian Local Politics. What Does It Mean for the Future of Russia, in: Communist Post-Communist Stud 31 (1998), 329-344.- Vogel, Heinrich, *Russland ohne Demokratie*. Konsequenzen für das Land und die europäische Politik (SWP-Studie), Berlin 2004.- Voronkov, Viktor/Wielgohs, Jan, *Soviet Russia*, in: Pollack/Wielgohs (Hgg.) [5.0], 95-118.- Voß, Stefan, Stalins Kriegsvorbereitungen 1941 erforscht, gedeutet und instrumentalisiert. Eine Analyse postsowjetischer Geschichtsschreibung, Hamburg 1998.- Wagensohn, Tanja, Russland nach dem Ende der Sowjetunion, Regensburg 2001.- Weigle, Marcia A., Russia's Liberal Project. State-Society Relations in the Transition from Communism, University Park 2000.- Younkyoo, Kim, The Resource Curse in a Post-Communist Regime. Russia in Comparative Perspective, Aldershot 2003.- Zimmerman, William, Synoptic Thinking and Political Culture in Post-Soviet Russia, in: SR 54 (1995), 630-642.- Zisserman-Brodsky, Dina, Constructing Ethnopolitics in the Soviet Union. Samizdat, Deprivation, and the Rise of Ethnic Nationalism, Basingstoke 2003.

5.2 »Singende Revolution« und schnelle Anpassung an die EU im Baltikum

Aidukaite, Jolanta, From Universal System of Social Policy to Particularistic? The Case of the Baltic States, in: Communist Post-Communist Stud 36 (2003), 405–426.- Bichta, Tomasz/Hetman, Krzysztof, System polityczny Łotwy [Das politische System Lettlands], in: Sokoł/Żmigrodzki (Hgg.) [5.2], 352–384.- Bolschakowa, Natalija, *Russen und Letten* im heutigen Lettland, in: OWEP 5 (2004), 279–287.- Brettin, Michael, Das Scheitern eines unfreiwilligen Experiments. Die sowjetische Nationalitätenpolitik in der »Perestrojka« (1985/87–1991) dargestellt am Beispiel Estlands, Hamburg 1996.- Brüggemann, Karsten, *»Wir brauchen viele Geschichten«*. Estland und seine Geschichte auf dem Weg nach Europa?, in: Altrichter (Hg.) [5.0], 27–50.- Brumanis, Arvaldis Andrejs, Die baltischen Länder und ihr Exil am Beispiel Lettlands, in: OWEP 7 (2006), 50–56.- Buschermöhle, Martin, Litauen, in: OWEP 7 (2006), 70–71.- Demm, Eberhard (Hg.), The Independence of the Baltic States. Origins, Causes, and Consequences. A Comparison of the Crucial Years 1918–1919 and 1990–1991, Chicago 1996.- Egle, Rindzeviciute, Contemporary Change in Lithuania, Södertörn 2003.- Ettmayer, Wendelin, Estland. Der Aufbruch nach Europa, Berlin 1999.- Evans, Geoffrey, Ethnic Schism and the Consolidation of Post-Communist Democracies. The Case of Estonia, in: Communist Post-Communist Stud 31 (1998), 57–74.- Fischer, Hans-Friedrich, Katholische Kirche in Litauen. Ein Situationsbericht, in: OWEP 7 (2006), 43–49.- Föhrenbach, Gerd, Die Westbindung der baltischen Staaten. Zur Integration Estlands, Lettlands und Litauens in die bi- und multilateralen europäischen und transatlantischen Sicherheitsstrukturen während der 1990er Jahre, Baden-Baden 2000.- Garleff, Michael, Die baltischen Länder. Estland, Lettland, Litauen vom Mittelalter bis zur Gegenwart, Regensburg 2001.- Gilly, Seraina, Der Nationalstaat im Wandel. Estland im 20. Jahrhundert, Bern 2002.- Goehrke, Carsten/Ungern-Sternberg, Jürgen von (Hgg.), Die baltischen Staaten im Schnittpunkt der Entwicklungen. Vergangenheit und Gegenwart, Basel 2002.- Gögele, Markus, Sicherheitspolitische Stabilisierung der baltischen Staaten, Mosbach 1997.- Hackmann, Jörg, Ethnos oder Region? Probleme der baltischen Historiographie im 20. Jahrhundert, in: ZfO 50 (2001), 531–556.- Hansen, Birthe/Heurlin, Bertel (Hgg.), The Baltic States und World Politics, Richmond 1998.- Hansen, Dirk, Die Baltischen Republiken. Auf dem Weg zu sich selbst und zurück in die Mitte Europas, in: Deutsche Studien 149 (2003/2004), 102–109.- Harris, Jonathan, Subverting the System. Gorbachev's Reform of the Party's Apparat 1986–1991, Lanham 2004.- Hirschhausen, Ulrike von, *Denkmal* im multiethnischen Raum. Zum Umgang mit der Vergangenheit in der Gegenwart Lettlands, in: Altrichter (Hg.) [5.0], 51–66.- Jungraithmayr, Martin, Der Staat und die Katholische Kirche in Litauen seit dem Ende des Zweiten Weltkriegs, Berlin 2002.- Kaegbein, Paul (Hg.), Baltische Bibliographie 2000. Schrifttum über Estland, Lettland, Litauen, Marburg 2005.- Kahk, Juhan/Tarvel, Enn, An Economic History of the Baltic Countries, Stockholm 1997.- Kempe, Iris/Meurs, Wim van, Die baltisch-russischen Beziehungen als Brennpunkt der europäischen Integration und Sicherheit, in: Deutsche Studien 142 (1999), 120–135.- Kiaupa, Zigmantas/Mäesalu, Ain/Pajur, Ago/Straube, Gvido, The History of the Baltic Countries, Tallinn ³2002.- Kierończyk, Przemysław, Konstytucja Republiki Łotwy [Die Verfassung der Republik Lettland], Warszawa 2002.- Kowalska, Monika/Michalczuk, Marta/Szefke, Wojciech, System polityczny Estonii [Das politische System Estlands], in: Sokoł/Żmigrodzki (Hgg.) [5.2], 289–315.- Kümpel, Arndt, *Die ökonomi-*

sche Entwicklung des Baltikums, in: OWEP 7 (2006), 20–22.- Kurcz, Zbigniew, *Mniejszość polska na Wileńszczyźnie*. Studium socjologiczne [Die polnische Minderheit im Gebiet um Vilnius. Eine soziologische Studie], Wrocław 2005.- Lagerspetz, Mikko/Maier, Konrad, *Das politische System Estlands*, in: Ismayr (Hg.) [5.0], 70–110.- *Latvujas Vēsturnieku komisjas raksti*. Symposium of the Commision of the Historians of Latvia. Vols. 1–15. Latvujas vēstures institūta apgāds. Rîga 2000–2005.- Lauristin, Marju, Return to the Western World. Cultural and Political Perspectives on the Estonian Post-Communist Transition, Tartu 1997.- Lemanaite, Greta/Bukowiec, Paweł (Hgg.), Litwa. Dzieje, naród, kultura [Litauen. Geschichte, Nation, Kultur], Kraków 1998.- Lenz, Martin, Estland, in: OWEP 7 (2006), 74–75.- Ders., Lettland, in: OWEP 7 (2006), 72–73.- Łossowski, Piotr, Litwa [Litauen], Warszawa 2001.- Maier, Konrad, *Estland*. Tiger im Baltikum, in: APuZ 37/1998, 17–26.- McLeod, Hugh/Saarinen, Risto/Lauha, Aila (Hgg.), North European Churches. From the Cold War to Globalisation, Jyväskylä 2006.- Meissner, Boris, Die baltischen Staaten im weltpolitischen und völkerrechtlichen Wandel. Beiträge 1954–1994, Hamburg 1995.- Misiunas, Romuald/Taagepera, Rein, The Baltic States. Years of Dependence 1940–1990, Berkeley 1993.- Mühle, Eduard, *Rezension* zu »The Hidden and Forbidden History of Latvia under Soviet and Nazi Occupations 1940–1991«, in: ZfO 55 (2006), 143–145.- Müller, Ulrike, Litauens Beziehung zu Polen – Überwindung der Vergangenheit, in: OWEP 7 (2006), 36–42.- Nies, Susanne, Lettland in der internationalen Politik. Aspekte seiner Außenpolitik (1918–1995), Münster 1995.- Nikžentaitis, Alvydas, *Gestürzte und neu errichtete Denkmäler*. Geschichte im Transformationsprozess Litauens, in: Altrichter (Hg.) [5.0], 67–79.- Onken, Eva-Clarita, Demokratisierung der Geschichte in Lettland. Staatsbürgerliches Bewußtsein und Geschichtspolitik im ersten Jahrzehnt der Unabhängigkeit, Hamburg 2003.- Ośrodek Studiów Wschodnich (Hg.), *Problem lustracji w Europie Środkowej i krajach bałtyckich* [Das Problem der Lustration in Ostmitteleuropa und den baltischen Ländern], Warszawa 2005.- Pabriks, Artis/Purs, Aldis, Latvia. The Challenges of Change, London 2001.- Plakans, Andrejs, The Latvians. A Short History, Stanford 1995.- Podolak, Małgorzata/Pochodyła, Paweł, Sytem polityczny Litwy [Das politische System Litauens], in: Sokół/Żmigrodzki (Hgg.) [5.2], 318–352.- Redecker, Niels von, Estlands Juristen im Transformationsprozess, in: Deutsche Studien 139/140 (1998), 249–273.- Reiljan, Janno, Die Wettbewerbsfähigkeit der estnischen Landwirtschaft vor dem EU-Beitritt, in: Deutsche Studien 143/144 (1999/2000), 303–320.- Rindzeviciute, Egle (Hg.), Contemporary Change in Lithuania, Huddinge 2003.- Ringvee, Ringo, Religion nach dem Zusammenbruch des Kommunismus in Estland, in: OWEP 7 (2006), 57–63.- Ruutsoo, Rein, *Estonia*, in: Pollack/Wielgohs (Hgg.) [5.0], 119–140.- Salo, Vello (Hg.), The White Book. Losses Inflicted on the Estonian Nation Occupation Regimes 1940–1991, Tallinn 2005.- Scholz, Friedrich/Tenhagen, Wolfgang (Hgg.), Die Baltischen Staaten im 5. Jahr der Unabhängigkeit, Münster 1997.- Senn, Alfred Erich, Gorbachev's Failure in Lithuania, New York 1995.- Shafir, Gershon, Immigrants and Nationalists. Ethnic Conflict and Accommodation in Catalonia, the Basque Country, Latvia, and Estonia, Albany 1995.- Steen, Anton, Between Past and Future. Elites, Democracy and the State in Post-Communist Countries. A Comparison of Estonia, Latvia and Lithuania, Aldershot 1997.- Toots, Anu/Vetik, Raivo, *Estland vor dem EU-Beitritt*, in: APuZ 5-6/2004, 35–40.- Uibopuu, Henn-Jüri/Urdze, Andrejs, Die Aufarbeitung der kommunistischen Vergangenheit in Estland und Lettland, Köln 1997.- Vardys, Vytas Stanley/Sedaitis, Judith B., Lithuania. The Rebel Nation,

Boulder 1997.- Vinage, Charles du, Die nationalen Wahlen in Estland 1999. Eine Analyse, in: Deutsche Studien 142 (1999), 136-146.- Waryński, Ludwig, Litwa, Łotwa, Estonia [Litauen, Lettland, Estland], Warszawa 1993.- Wehner, Markus, *Prügelknaben Moskaus?* Estland und Lettland und ihr Verhältnis zum russischen Nachbarn, in: OWEP 7 (2006), 30-35.- Zieliński, Jacek, Systemy konstytucyjne Łotwy, Estonii i Litwy [Konstitutionelle Systeme Litauens, Estlands und Lettlands], Warszawa 2000.- Żenkiewicz, Jerzy, Litwa na przestrzeni wieków i jej powiązania z Polską [Litauen im Laufe der Jahrhunderte und seine Verbindungen mit Polen], Toruń 2001.

5.3 Polen – der Revolutionsherd im kommunistischen Ostblock, *Solidarność* und die Wiedererlangung der Freiheit

Ash, Timothy Garton, The Polish Revolution. Solidarity, London 1991.- Borodziej, Włodzimierz/Kochanowski, Jerzy (Hgg.), PRL w oczach STASI [Die Volksrepublik Polen in den Augen der Stasi], 2 Bde., Warszawa 1995-1996.- Bensussan, Agnès/Dakowska, Dorota/Beaupré, Nicolas (Hgg.), Die Überlieferung der Diktaturen. Beiträge zum Umgang mit Archiven der Geheimpolizei in Polen und Deutschland nach 1989, Essen 2004.- Blobaum, Robert (Hg.), Antisemitism and Its Opponents in Modern Poland, Ithaca 2005.- Brandt, Marion, Für eure und unsere Freiheit? Der Polnische Oktober und die Solidarność-Revolution in der Wahrnehmung von Schriftstellern aus der DDR, Berlin 2002.- Buras, Piotr/Tewes, Henning, *Polens Weg*. Von der Wende bis zum EU-Beitritt, Stuttgart 2005.- Burmeister, Holger, Politische Partizipation als Element der Transformationsprozesse in Polen (1989-91), Frankfurt/M. 1995.- Chmiel, Beata/Kaczyńska, Elżbieta (Hgg.), Materiały źródłowe do dziejów wystąpień pracowniczych w latach 1970-1971 i 1980 (Gdańsk i Szczecin) [Quellen zu den Ereignissen aus den Arbeiterbewegungen in den Jahren 1970-1971 und 1980], Warszawa 1998.- Dabertowa, Eugenia Renia/Łuczak, Agnieszka, Walka o pamięć Czerwca 1956 [Der Kampf um die Erinnerung an den Juni 1956], Poznań 2001.- Davis, Norman, God's Playground. A History of Poland. Vol. 2: 1795 to the Present, Oxford 1981.- Ders., Im Herzen Europas. Geschichte Polens, München ³2002.- Dudek, Antoni, Państwo i Kościół w Polsce 1945-1970 [Der Staat und die Kirche in Polen 1945-1970], Kraków 1995.- Ders., Reglementowana rewolucja. Rozkład dyktatury komunistycznej w Polsce 1988-1990 [Eine reglementierte Revolution. Der Zusammenbruch der kommunistischen Diktatur in Polen 1988-1990], Kraków 2004.- Ders., Ślady PeeReLu. Ludzie, wydarzenia, mechanizmy [Spuren der VRP. Menschen, Ereignisse, Mechanismen], Kraków 2005.- Ekiert, Grzegorz/Kubik, Jan, Collective Protest in Post-Communist Poland 1989-1993. A Research Report, in: Communist Post-Communist Stud 31 (1998), 91-117.- Faraldo, José M., Gloomy Landscapes. Everyday Strategies of Identity in 1960's Poland. A Case Study, in: Berliner Osteuropa Info 23 (2005), 51-57.- Fehr, Helmut, Eliten und Zivilgesellschaft in Ostmitteleuropa. Polen und die Tschechische Republik (1968-2003), in: APuZ 5-6/2004, 48-54.- Fijałkowska, Barbara, Partia wobec religii i kościoła w PRL [Die Partei und ihre Einstellung zur Religion und zur Kirche in der Volksrepublik Polen], 2 Bde., Olsztyn 2001.- Friszke, Andrzej, Solidarność podziemna 1981-1989 [Solidarność im Untergrund 1981-1989], Warszawa 2006.- Ders. (Hg.), Władza a społeczeństwo w PRL. Studia historyczne [Regierung und Gesellschaft in der VRP. Historische Studien], Warszawa 2003.- Gross, Jan T., Fear. Anti-Semitism in Poland after Auschwitz, New York 2006.- Heimann, Richard, *Ver-*

öffentlichung der »Wildstein«-Liste in Polen, in: NG/FH 53 (2006), 45-47.- Hole, Janine, Liberalism and the Construction of the Democratic Subject in Postcommunism.- The Case of Poland, in: SR 56 (1997), 401-427.- Holzer, Jerzy, »Solidarität«. Die Geschichte einer freien Gewerkschaft in Polen, München 1985.- Jaješniak-Quast, Dagmara, Unverzichtbar, aber unbeliebt. Das Problem des »Fremdkapitals« in den polnischen Parteiprogrammen des »nationalen Lagers« in der Zwischenkriegszeit und heute, in: Dies./Lorenz/Müller/Stokłosa (Hgg.) [5.0], 112-120.- Jankowiak, Stanisław/Rogulska, Agnieszka (Hgg.), Poznański Czerwiec 1956 [Posener Juni 1956], Warszawa 2002.- Jankowska, Janina, Portrety niedokończone. Rozmowy z twórcami »Solidarności« 1980-1981 [Nicht vollendete Portraits. Gespräche mit den Gestaltern von der »Solidarität« 1980-1981], Warszawa 2003.- Janowski, Włodzimierz/Kochański, Aleksander, Informator o strukturze i obsadzie personalnej centralnego aparatu PZPR 1948-1990 [Führer über die Struktur und personelle Besetzung des Zentralapparats der Polnischen Vereinigten Arbeiterpartei], Warszawa 2000.- Juchler, Jakob, Zehn Jahre Transformationsprozeß in Polen. Wirtschaftliche Erfolge trotz politischer und sozialer Schwierigkeiten, in: Osteuropa 50 (2000), 189-200.- Karta (Hg.), Tage der Solidarität, Warszawa 2005.- Kircheisen, Inge (Hg.), Tauwetter ohne Frühling. Das Jahr 1956 im Spiegel blockinterner Wandlungen und internationaler Krisen, Berlin 1995.- Kopka, Bogusław, Rozmowy z rządem PRL. Negocjacje pomiędzy NSZZ »Solidarność« a rządem w dniach 15-18 października 1981 [Gespräche mit der Regierung der Volksrepublik Polen. Die Verhandlungen zwischen den Freien Gewerkschaft »Solidarität« und der Regierung vom 15. bis 18. Oktober 1981], Warszawa 1998.- Korbonski, Andrzej, Poland Ten Years after. The Church, in: Communist Post-Communist Stud 33 (2000), 123-146.- Kozłowska, Anna/Markiewicz, Tadeusz/Piasecka, Justyna (Hgg.), Stosunki pomiędzy państwem a Kościołem Rzymskokatolickim w czasach PRL [Die Beziehungen zwischen dem Staat und der römisch-katholischen Kirche in der Zeit der VRP], Warszawa 1998.- Kraft, Claudia, *Geschichte* im langen Transformationsprozess in Polen, in: Altrichter (Hg.) [5.0], 129-151.- Kroh, Ferdinand (Hg.), *»Freiheit* ist immer die Freiheit ...«. Die Andersdenkenden in der DDR, Berlin (West) 1988.- Kühn, Hartmut, Das Jahrzehnt der Solidarność. Die politische Geschichte Polens 1980-1990, Berlin 1999.- Kula, Henryk Mieczysław, Grudzień 1970 »oficjalny« i rzeczywisty [Dezember 1970. Der »offizielle« und der wirkliche], Gdańsk 2006.- Kundigraber, Claudia, Polens Weg in die Demokratie. Der Runde Tisch und der unerwartete Machtwechsel, Göttingen 1997.- Lang, *Ostmitteleuropa nach dem Beitritt* [5.0].- Lobkowicz, Nikolaus/Luks, Leonid (Hg.), Der polnische Katholizismus vor und nach 1989. Von der totalitären zur demokratischen Herausforderung, Köln 1998.- Machcewicz, Paweł, *Das Institut für nationale Gedenken* – das polnische Modell der Abrechnung mit der totalitären Vergangenheit, in: Bensussan/Dakowska/Beaupré (Hgg.) [5.3], 37-54.- Ders., Polski Rok 1956 [Das Polnische Jahr 1956], Warszawa 1993.- Makowski, Edmund, Poznański czerwiec 1956. Pierwszy bunt społeczeństwa w PRL [Der Posener Juni 1956. Der erste Widerstand der Gesellschaft in der VRP], Poznań ²2006.- Meiklejohn Terry, Sarah, Poland's Foreign Policy Since 1989. The Challenges of Independence, in: Communist Post-Communist Stud 33 (2000), 7-47.- Mironowicz, Eugeniusz, Polityka narodowościowa PRL [Die Nationalitätenpolitik der Volksrepublik Polen], Białystok 2000.- Olschowsky, Burkhard, Einvernehmen und Konflikt. Das Verhältnis zwischen der DDR und der Volksrepublik Polen 1980-1989, Osnabrück 2005.- Osa, Maryjane, Contention and Democracy. Labor Protest in Poland 1989-1993, in: Communist Post-Communist

Stud 31 (1998), 29–42.- Dies., Solidarity and Contention. Networks of Polish Opposition, Minneapolis 2003.- Paczkowski, Andrzej (Hg.), Centrum władzy w Polsce 1948–1970 [Das Zentrum der Macht in Polen 1948–1970], Warszawa 2003.- Ders., *Das Archiv* des Sicherheitsapparats der Volksrepublik Polen als Quelle. Was schon getan ist, was noch zu tun bleibt, in: Bensussan/Dakowska/Beaupré (Hgg.) [5.3], 129–148.- Ders., Inequality, Political Participation, and Democratic Deepening in Poland, in: EEPS 19 (2005), 573–613.- Ders., Über »Solidarność«, das Kriegsrecht als »geringeres Übel« und das Ende der Volksrepublik Polen. Der Warschauer Historiker Prof. Andrzej Paczkowski im Gespräch mit Karolina Fuhrmann, in: Inter Finitimos. Jahrbuch der Deutsch-Polnischen Beziehungsgeschichte 3 (2005), 84–98.- Pelinka, Anton, Politics of the Lesser Evil. Leadership, Democracy and Jaruzelski's Poland, New Brunswick 1999.- Raciborski, Jacek (Hg.), Elity rządowe III RP 1997–2004. Portret Socjologiczny [Regierungseliten der III. Volksrepublik 1997–2004. Ein soziologisches Portrait], Warszawa 2006.- Radzyner, Joana, Zurück in die Zukunft. Polens Weg in die IV. Republik, in: Europäische Rundschau 34 (2006), 39–47.- Rakowski, Mieczysław F., Dzienniki polityczne. Tom I-X [Politische Tagebücher. Bd. 1–10], Warszawa 1995–2005.- Ringshausen, Gerhard, Neuordnungsvorstellungen des deutschen Widerstandes und Entkommunisierung in Polen, in: Deutsche Studien 147/148 (2002), 27–48.- Rose, Amanda, Extraordinary Politics in the Polish Transition, in: Communist Post-Communist Stud 32 (1999), 195–210.- Ruchniewicz, Krzysztof, Juni und Oktober 1956 im gesellschaftlichen Geschichtsbild Polens, in: DA 39 (2006), 406–414.- Salwa-Syzdek, Eleonora/ Kaczmarek, Tadeusz (Hgg.), Władysław Gomułka i jego epoka [Władysław Gomułka und seine Epoche], Warszawa 2005.- Samanta, Stecko, Ideologie und Erinnerung. Was bleibt von der Solidarność?, in: Transit 20 (2000/2001), 163–173.- Sasanka, Paweł, Czerwiec 1976. Geneza. Przebieg. Konsekwencje [Juni 1976. Genese. Verlauf, Folgen], Warszawa 2006.- Sawicki, Wojciech, Was weiß man von den Geheimdiensten der Volksrepublik Polen?, in: ZdF 6 (1998), 55–92.- Semków, Piotr (Hg.), Propaganda PRL. Wybrane problemy [Propaganda der VRP. Ausgewählte Probleme], Gdańsk 2004.- Slay, Ben, The Polish Economy Transition. Outcome and Lessons, in: Communist Post-Communist Stud 33 (2000), 49–70.- Słodowska, Inka, Społeczeństwo obywatelskie na tle historycznego przełomu. Polska 1980–1989 [Die offene Gesellschaft vor dem Hintergrund des historischen Umbruchs. Polen 1980–1989], Warszawa 2006.- Smolorz, Roman Paul, Die freie sich selbst verwaltende Gewerkschaft »Solidarność«, in: Deutsche Studien 139/140 (1998), 225–248.- Sonntag, Stefani, *Poland*, in: Pollack/Wielgohs (Hgg.) [5.0], 3–29.- Śpiewak, Paweł, Politik und Demokratie in Polen heute. Eine Zwischenbilanz, in: Transit 20 (2000/2001), 55–72.- Stegmann, Natali, Die Aufwertung der Familie in der Volksrepublik Polen der siebziger Jahre, in: JBfGOE 53 (2005), 526–544.- Stokłosa, Katarzyna, *Die deutsch-polnischen Beziehungen* nach dem EU-Beitritt Polens, in: Jaleśniak-Quast/Lorenz/Müller/Stokłosa (Hgg.) [5.0], 93–102.- Dies., *Grenzstädte in Ostmitteleuropa*, Guben und Gubin 1945 bis 1995, Berlin 2003.- Dies., *Mehr Nutzen als Nachteil*. In Polen ist nach dem Beitritt die frühere Europa-Skepsis einer pragmatischen Zuversicht gewichen, in: Vorgänge 2 (2006), 102–109.- Stola, Dariusz, Das kommunistische Polen als Auswanderungsland, in: ZGF 3 (2005), 345–365.- Szarota, Tomasz (Hg.), Komunizm. Ideologia, System, Ludzie [Kommunismus. Ideologie, System, Menschen], Warszawa 2001.- Szpak, Ewelina, Między osiedlem a zagrodą. Życie codzienne mieszkańców PGRów [Zwischen der Siedlung und dem Hof. Das Alltagsleben der Angehörigen der Landwirtschaftsbetriebe], Warszawa

2005.- Tatur, Melanie, Solidarność als Modernisierungsbewegung. Sozialstruktur und Konflikt in Polen, Frankfurt/M. 1989.- Unverhau, Dagmar (Hg.), Lustration, Aktenöffnung, demokratischer Umbruch in Polen, Tschechien, der Slowakei und Ungarn, Münster 1999.-Vermeersch, Peter, EU Enlargement and Immigration Policy in Poland and Slovakia, in: Communist Post-Communist Stud 38 (2005), 71-88.- Waleszczuk, Zbigniew Josef, Zwischen Kommunismus und Demokratie, Das Verhältnis von Kirche und Staat in Polen, Bayreuth 2004.- Wiaderny, Bernard (Hg.), Die katholische Kirche in Polen (1945-1989). Eine Quellenedition, Berlin 2004.- Wilkiewicz, Zbigniew, Populismus in Polen. Das Beispiel der Samoobrona unter Andrzej Lepper, in: Deutsche Studien 147/148 (2002), 118-129.- Włoch-Ortwein, Beata, Die »Solidarność« in Breslau. Die Entstehung einer oppositionellen gesellschaftlichen Bewegung in der Systemkrise 1980/81 und ihre Bedeutung für den Systemwechsel in Polen 1989, Berlin 2000.- Wolffsohn, Michael/Brechenmacher, Thomas, Denkmalsturz? Brandts Kniefall, München 2005.- Wyrwich, Mateusz, Kapelani Solidarności 1980-1989 [Geistliche der Solidarność 1980-1989], Warszawa 2005.- Wysocki, Wiesław Jan (Hg.), Kościół i społeczeństwo wobec stanu wojennego [Das Verhältnis der Kirche und der Gesellschaft zum Kriegszustand], Warszawa 2004.- Zaremba, Marcin, Komunizm, legitymizacja, nacjonalizm. Nacjonalistyczna legitymizacja władzy komunistycznej w Polsce [Kommunismus, Legitimierung, Nationalismus. Die nationalistische Legitimierung der kommunistischen Regierung in Polen], Warszawa 2001.- Zarycki, Tomasz, Uses of Russia. The Role of Russia in the Modern Polish National Identity, in: EEPS 18 (2004), 595-627.- Żaryn, Jan, Dzieje Kościoła katolickiego w Polsce (1944-1989) [Die Geschichte der katholischen Kirche in Polen (1944-1989)], Warszawa 2003.- Żerko, Stanisław (Hg.), Polskie dokumenty dyplomatyczne [Polnische diplomatische Dokumente], Warszawa 2005.- Zieliński, Zygmunt, Kościół w Polsce 1944-2002 [Die Kirche in Polen 1944-2002], Radom 2003.- Ziemer, Klaus, Polens Weg in die Krise. Eine politische Soziologie der »Ära Gierek«, Frankfurt/M. 1987.- Zubek, Voytek, The End of Liberalism? Economic Liberalization and the Transformation of Post-Communist Poland, in: Communist Post-Communist Stud 30 (1997), 181-204.

5.4 Reformkommunismus und früher Systemwandel: Ungarn

Agh, Attila, Anticipatory and Adaptive Europeanization in Hungary, Budapest 2003.- Ders., The Dual Challenge and the Reform of the Hungarian Socialist Party, in: Communist and Post-Communist Studies 35 (2002), 269-288.- Alföldy, Géza, Ungarn 1956. Aufstand, Revolution, Freiheitskampf, Heidelberg ²1998.- Arendt, Hannah, Die Ungarische Revolution und der totalitäre Imperialismus, in: Dies., In der Gegenwart. Übungen im politischen Denken II, München 2000, 73-126.- Dies., Vita Activa oder Vom tätigen Leben, Stuttgart 1960.- Balogh, Margit, Ungarn im Wandel. Vom Satellitenstaat zum europäischen Rechtsstaat, Budapest 1999.- Balogh, Sándor (Hg.), A magyar állam a nemzetiségi kérdés történetének jogforrásai 1848-1993 [Die Rechtsquellen des ungarischen Staates zur Geschichte der Nationalitätenfrage 1848-1993], Budapest 2002.- Barany, Zoltán, Out with a Whimper. The Final Days of Hungarian Socialism, in: Communist and Post-Communist Studies 32 (1999), 113-125.- Baráth, Magdolna/Feitl, István (Hgg.), A magyar szocialista munkáspárt ideiglenes vezető testületének jegyzőkönyvei. Bd. 5: 1956. november 14. - 1957. június 26., [Die Protokolle des provisorischen Leitungsgremiums der Ungarischen Sozialistischen Arbeiterpartei. Bd. 5: 14. November 1956-26. Juni

1975] Budapest 1998.- Dies./Rainer, M. János, Gorbacsov tárgyalásai magyar vezetőkkel. Dokumentumok az egykori SZKP és MSZMP archívumaiból 1985-1991 [Die Verhandlungen Gorbatschows mit der ungarischen Führung. Dokumente aus den Archiven der damaligen SZKP und MSZMP 1985-1991], Budapest 2000.- Békés, Csaba/Byrne, Malcolm/Rainer, János M. (Hgg.), The 1956 Hungarian Revolution. A History in Documents, Budapest 2002.- Belügyminisztérium, Rendőrségi napi jelentések. Közreadja a Belügyminisztérium és az 1956-os Magyar Forradalom Történetének Dokumentációs és Kutató Intézete Közalapítványa [Innenministerium, Tagesberichte der Polizei. Herausgegeben vom Innenministerium und der öffentlichen Stiftung des Instituts für die Dokumentation und Erforschung der Ungarischen Revolution von 1956], 2 Bde., Budapest 1997.- Bornemisza, István, Egy letűnt világ tanúja emlékezik. Naplófeljegyzések alapján 1983-1987 [Der Zeuge einer vergangenen Welt erinnert sich. Basierend auf Tagebuchaufzeichnungen 1983-1987], Pozsony 1997.- Ders., Kifosztva és megalázva (is) ... élni kell. Életrajzfolytatás a »szocializmus« idején szerzett tapasztalatok alapján 1946-1989 [(Auch) beraubt und gedemütigt ... muss man leben. Fortsetzung eines Lebenslaufes basierend auf den Erfahrungen aus »sozialistischen« Zeiten 1946-1989], Pozsony 1999.- Bozóki, András, Politikai pluralizmus Magyarországon 1987-2002 [Politischer Pluralismus in Ungarn 1987-2002], Budapest 2003.- Ders., The Roundtable Talks of 1989. The Genesis of Hungarian Democracy. Analysis and Documents, Budapest 2001.- Ders./Elbert, Márta (Hgg.), A rendszerváltás forgatókönyve. Kerekasztal-tárgyalások 1989-ben [Drehbuch des Regierungswechsels. Verhandlungen am Runden Tisch im Jahr 1989], 8 Bde., Budapest 1999-2000.- Braun, Aurel/ Barany, Zoltán (Hgg.), Dilemmas of Transition. The Hungarian Experience, Lanham 1999.- Cseh, Gergő B./Kalmár, Melinda/Pór, Edit (Hgg.), Zárt, bizalmas, számozott tájékoztatáspolitika és cenzúra 1956-1963 dokumentumok [Verschlossene, geheime, paginierte Informationspolitik und Zensur, Dokumente 1956-1963], Budapest 1999.- Csizmadia, Ervin, *Ungarn sucht den Superstar.* Die ungarischen Parlamentswahlen 2006, in: Osteuropa 56 (2006), 75-86.- Dalos, György, »Die DDR wurde in Ungarn nie ernst genommen«. György Dalos über kollektive Erinnerungen in Deutschland und Ungarn, Interview von Robert Die und Martin Jander, in: ZdF 7 (1999), 13-23.- Dobszay, János, Állam, egyházak Magyarországon 1989-2004 [Staat, Kirchen in Ungarn 1989-2004], Budapest 2004.- Ehrhart, Christof, Transformation in Ungarn und der DDR. Eine vergleichende Analyse, Opladen 1998.- Eörsi, László, A Széna tériek 1956 [Der Széna Platz 1956], Budapest 2004.- Feitl, István (Hg.), A magyar szocialista munkáspárt központi bizottsága titkárságának jegyzőkönyvei. 1957. július 1.- december 31. [Die Protokolle des Sekretariats des Zentralkomitees der Ungarischen Sozialistischen Arbeiterpartei. 1. Juli-31. Dezember 1957], Budapest 2000.- Fischer, *Eine kleine Geschichte Ungarns* [2.4].- Földes, György (Hg.), Parlamenti választások Magyarországon 1920-1998 [Parlamentswahlen in Ungarn 1920-1998], Budapest ²1999.- Fórián, Éva (Hg.), Multikulturalitás, nemzeti identitás, kisebbségek Magyarországon és Lengyelországban. Nyelv, irodalom, kultúra [Multikulturalität, nationale Identität, Minderheiten in Ungarn und Polen. Sprache, Literatur, Kultur], Debrecen 2004.- Fuisz, József, Der Beitrag der Religionsgemeinschaften zum Ungarnaufstand, in: KZG 17 (2004), 113-132.- Fülöp, Mihály/Sipos, Péter, Magyarország külpolitikája a XX. században [Ungarns Außenpolitik im 20. Jahrhundert], Budapest 1998.- Für, Lajos, A Varsói Szerződés végnapjai – magyar szemmel [Die letzten Tage des Warschauer Vertrages aus ungarischer Sicht], Budapest 2003.- Gazda, Ferenc (Hg.), Magyar biztonság- és védel

empolitikai dokumentumok 1989–1998 [Dokumente zur ungarischen Sicherheits-
und Verteidigungspolitik 1989–1998], 2 Bde., Budapest 1998.- Gera, Mihály (Hg.),
Ma már csak emlék? Budapest 1952–1975 [Heute nur noch Erinnerung? Budapest
1952–1975], Budapest 2002.- Gereben, Ferenc (Hg.), Hungarian Minorities and
Central Europe, Piliscsaba 2001.- Gergely, Jen (Hg.), Magyarországi pártprogramok
1867–1998 [Parteiprogramme Ungarns 1867–1998], 4 Bde., Budapest 2003–2004.-
Glatz, Ferenc, Kérdőjelek 1956-ról [Fragezeichen über 1956], in: História 6 (1988).-
Ders., Nemzeti kultúra, kultúrált nemzet [Nationale Kultur, kultivierte Nation], Bu-
dapest 1988.- Ders., Multiparty System in Hungary 1989–1994, in: Király, Béla K.
(Hg.), Lawful Revolution in Hungary 1989–1994, New York 1995, 15–32.- Göllner,
Ralf Thomas, Die Europapolitik Ungarns von 1990 bis 1994, München 2001.- Gosz-
tony, Peter, Der Volksaufstand in Ungarn 1956. Eine Nation wehrt sich gegen die
sowjetische Diktatur, in: APuZ 37–38/1996, 3–14.- Granville, Johanna C., The First
Domino. International Decision Making during the Hungarian Crisis of 1956, College Station 2004.- György, Márkus, Aufstieg und Fall des Sozialnationalismus in Ungarn. Reflexionen zum Ausgang der Parlamentswahlen, in: NG/FH 53 (2006), 22–
25.- Hauszmann, Ungarn [2.4].- Hegedüs, András B./Wilke, Manfred (Hgg.),
Satelliten nach Stalins Tod. Der »Neue Kurs«. 17. Juni 1953 in der DDR. Ungarische Revolution 1956, Berlin 2000.- Heinemann, Winfried (Hg.), Das internationale Krisenjahr 1956. Polen, Ungarn, Suez, München 1999.- Hertle, Hans-Hermann,
Das »Haus des Terrors«. Ein Museum zur Erinnerung an die Opfer der faschistischen und kommunistischen Diktatur in Ungarn, in: PBfZS 25 (2002), 44–47.-
Ders., »In Ungarn hätte eine Bürgerkriegssituation entstehen können ...«. Gespräch
mit Prof. Dr. Imre Pozsgay, ungarischer Staatsminister a. D., über den politischen
Umbruch in Ungarn im Jahr 1989, in: PBfZS 30/31 (2003/2004), 35–45.- Horváth,
Miklós, 1956 hadikrónikája [1956er Kampfchronik], Budapest 2003.- Huszár, Tibor, Kádár János politikai életrajza I–II [Politischer Lebenslauf von János Kádár,
Bde. 1 und 2], Budapest 2001/2003.- Ders. (Hg.), Kedves, jó Kádár elvtárs! Váloga-
tás Kádár János levelezéséből 1954–1989 [Lieber guter Genosse Kádár! Auswahl
aus dem Schriftwechsel von János Kádár 1954–1989], Budapest 2002.- Ilonszki,
Gabriella, Representation Deficit in a New Democracy. Theoretical Considerations
and the Hungarian Case, in: Communist Post-Communist Stud. 31 (1998), 157–
170.- Irving, David J. C., Aufstand in Ungarn. Die Tragödie eines Volkes, Hamburg
1981.- Izsák, Lajos/Nagy, József (Hgg.), Magyar történeti dokumentumok 1944–
2000 [Dokumente ungarischer Geschichte 1944–2000], Budapest 2004.- Jónás, Ká-
roly/Villám, Judit, A Magyar Országgyűlés elnökei 1848–2002 [Die Vorsitzenden
des ungarischen Parlaments 1848–2002], Budapest 2002.- Kilényi, Géza (Hg.), Democratic Changes in Hungary. Basic Legislation on a Peaceful Transition from
Bolshevism to Democracy, Budapest 1990.- Király, Béla (Hg.), A magyar forradalom eszméi. Eltiprásuk és győzelmük 1956–1999 [Der Gedanke der ungarischen
Revolution. Ihre Niedertretung und ihr Sieg], Budapest 2001.- Kis, János, Between
Reform and Revolution. Three Hypotheses about the Nature of the Regime Chan-
ge, in: Király, Béla K. (Hg.), Lawful Revolution in Hungary 1989–1994, New York
1995, 33–59.- Klimó, Árpád von, »Runde« Jahrestage in der DDR und in Ungarn.
Überlegungen zu einem Vergleich staatssozialistischer Gründungsfeiertage, in:
Comparativ 10 (2000), 108–118.- Kő, András/Nagy, Lambert J., Kossuth Tér 1956
[Der Kossuth Platz 1956], Budapest 2001.- Kontler, László, Millennium in Central
Europe. A History of Hungary, Budapest 1999.- Kőrösi, Zsuzsanna/Molnár, Adri-
enne, Carrying a Secret in My Heart ... Children of the Victims of the Reprisal af-

ter the Hungarian Revolution in 1956. An Oral History, Budapest 2003.- Dies./
Dies., Titokkal a lelkemben éltem. Az ötvenhatos elitéltek gyermekeinek sorsa [Ich
lebte mit einem Geheimnis in meinem Herzen. Das Schicksal der Kinder der Ver-
urteilten von 1956], Budapest 2000.- Kosary, Domokos, A magyar és európai politika történetéből [Aus der Geschichte der ungarischen und europäischen Politik],
Budapest 2001.- Ders., Viták a történeti tudományok területén az 1970-es években. Az MTA Filozófiai és Történettudományok Osztályának Közleményei XXIX
[Debatten auf dem Gebiet der historischen Wissenschaften in den 1970er Jahren],
Budapest 1980.- Kovács, Éva, Das Zynische und das Ironische. Zum Gedächtnis des
Kommunismus in Ungarn, in: Transit 30 (2006), 88-106.- Kövér István, Forradalom és megtorlás Szombathelyen 1956-1960 [Revolution und Vergeltung in Szombathely 1956-1960], Szombathely 1996.- Lang, Ostmitteleuropa nach dem Beitritt
[5.0].- Lechowska, Magdalena, Węgrzy patrzą na swą historię (1945-2003) [Die Ungarn blicken auf ihr Geschichte (1945-2003)], Warszawa 2004.- Lipcsey, Ildikó, Magyar-román kapcsolatok 1956. január-1958. január. Dokumentumok. [Ungarisch-
rumänische Beziehungen Januar 1956 – Januar 1958. Dokumente] Budapest
2004.- Litván, György, The Hungarian Revolution of 1956. Reform, Revolt and Repression 1953-1963, London 1996.- Molnár, Gusztáv, Transzcendens remény. A Li-
mes-kor dokumentumai 1985-1989 [Transzendente Hoffnung. Dokumente der Li-
mes-Ära 1985-1989], Csíkszereda 2004.- Németh, Jánosné, Az MSZMP központi
vezető szervei üléseinek napirendi jegyzékei. Bd. 2.: 1963-1970, Bd. 3.: 1971-1980
[Tagesordnungsaufzeichnungen der Sitzungen der zentralen Leitungsorgane der
MSZMP. Bd. 2.: 1963-1970. Bd. 3.: 1971-1980], Budapest 1998-2000.- Nyyssönen,
Heino, Der Volksaufstand von 1956 in der ungarischen Erinnerungspolitik, in: ZfG
47 (1999), 914-932.- Ders., The Presence of the Past in Politics.»1956« after 1956
in Hungary, Jyväskylä 1999.- Ośrodek Studiów Wschodnich (Hg.), Problem lustracji
[5.2].- Őszi, Irma/Sidó, Zoltán, Ötven év szolgálat. A Csemadok tevékenysége az ér-
sek-újvári járásban 1949-1999 [Fünfzig Jahre Dienst. Die Tätigkeit des Csemadok
im Érsek-Újvárer Distrikt 1949-1999], Dunaszerdahely 2000.- Pálinger, Zoltán Tibor, Die politische Elite Ungarns im Systemwechsel 1985-1995, Bern 1997.- Pa-
pházi, Tivadar, Esszek, tanulmányok. 1956 váci eseményei [Essays, Abhandlungen.
Die Vorgänge 1956 in Vác], Vác 1996.- Pók, Attila, Geschichte im Transformationsprozess Ungarns, in: Altrichter (Hg.) [5.0], 173-191.- Rainer, János M., Imre Nagy.
Vom Stalinisten zum Märtyrer des ungarischen Volksaufstandes. Eine politische
Biographie 1896-1956, Paderborn 2006.- Reinprecht, Christoph, Nostalgie und Am-
nesie. Bewertungen von Vergangenheit in der Tschechischen Republik und in Ungarn, Wien 1996.- Rév, István, Retroactive Justice, Stanford 2005.- Ripp, Zoltán,
1956. Forradalom és szabadságharc Magyarországon [1956. Revolution und Freiheitskampf in Ungarn], Budapest 2002.- Romsics, Ignác, Hungary in the Twentieth
Century, Budapest 1999.- Ders., Magyarország története a XX. században [Die Geschichte Ungarns im 20. Jahrhundert], Budapest 2005.- Schmidt, Mária, A titkos-
szolgálatok kulisszái mögött [Hinter der Kulisse des Geheimdienstes], Budapest
2005.- Dies., Ungarns Gesellschaft an der Revolution und im Freiheitskampf von
1956, in: KZG 17 (2004), 100-112.- Schmidt-Schweizer, Andreas, Vom Reformso-
zialismus zur Systemtransformation in Ungarn. Veränderungsbestrebungen innerhalb der Ungarischen Sozialistischen Arbeiterpartei (MSZMP) von 1986-1989,
Frankfurt/M. 2000.- Sebők, János, Rock a vasfüggöny mögött. Hatalom és ifjúsági
zene a Kádár-korszakban [Rock hinter Stacheldraht. Macht und Jugendmusik in
der Kádár-Ära], Budapest 2003.- Seewann, Gerhard/Sitzler, Kathrin, Ungarn 1956.

Volksaufstand – Konterrevolution – nationale Tragödie. Offizielle Retrospektive nach 25 Jahren, in: Zeitschrift für Gegenwartsforschung 1 (1982), 16–18.- Sørensen, Lene B./Eliason, Leslie C. (Hgg.), Forward to the Past? Continuity and Change in Political Development in Hungary, Austria, and the Czech and Slovak Republics, Aarhus 1997.- Sós, Péter János, Magyar exodus. Magyar menekültek Nyugaton 1956–1959 [Der ungarische Exodus. Ungarische Flüchtlinge im Westen 1956–1959], Budapest 2005.- Standeisky, Éva, Az írok és a hatalom 1956–1963 [Schriftsteller und die Macht 1956–1963], Budapest 1996.- Stemler, Gyula (Hg.), Magyar miniszterelnökök 1848–2002 [Ungarische Ministerpräsidenten 1848–2002], Budapest 2003.- Stokłosa, Katarzyna, *Grenzstädte* [5.3].- Szabó, Máté, *Hungary*, in: Pollack/Wielgohs (Hgg.) [5.0], 51–72.- Szakál, Gyula, Túlélési stratégiák, hatalmi manipulációk a szlovákiai magyarság körében 1957–1990 [Überlebensstrategien, Machtmanipulationen in der Umgebung der slowakischen Ungarn], Györ 1997.- Szakolczai, Attila, Az 1956-os forradalom és szabadságharc [Die 1956er Revolution und der Freiheitskampf], Budapest 2001.- Ders./Varga, László Á. (Hgg.), Vidék forradalma. 1956 [Revolution der Provinz. 1956]. Bd. 1, Budapest 2003.- Szerencsés, Károly, Az ítélet halál. Magyar miniszterelnökök a bíróság előtt [Zum Tode verurteilt. Ungarische Ministerpräsidenten vor Gericht], Budapest 2002.- Timmermann, Heiner (Hg.), Ungarn 1956. Reaktionen in Ost und West, Berlin 2000.- Ders., Probleme des postkommunistischen Übergangs in Deutschland und Ungarn, Saarbrücken 1992.- Tischler, János, Warschau – Budapest 1956, in: APuZ 17–18/ 2006, 16–24.- Tomka, Miklós, Religion und Kirche in Ungarn nach dem Ende des Kommunismus, in: Ders./Zulehner, Paul (Hgg.), Religion und Kirchen in Ost(mittel)europa. Ungarn, Litauen, Slowenien, Ostfildern 1999, 21–130.- Tóth, Ágnes, Pártállam és nemzetiségek 1950–1973 [Einparteienstaat und Nationalitäten 1950–1973], Kecskemét 2003.- Tóth, János C., A kárpát-medencei magyar kisebbségi kérdés a harmadik évezred küszöbén [Die ungarische Minderheitenfrage im Karpatenbecken an der Schwelle zum dritten Jahrtausend], Salgótarján 2001.- Tóth, László G., Az előre jelzett földrengés. Közjó és jobbközép avagy a kádárizmus bukása [Das vorausgesagte Erdbeben. Allgemeinwohl und Mitterechts oder der Sturz des Kádárismus], Budapest 1998.- Wagener, Andreas, *Der Transformationsprozess in* Ungarn. Die Rückkehr nach Europa, Freiburg 1997.

5.5 Vom Neo-Stalinismus über den »Prager Frühling« und die »Samtene Revolution« zu getrennten Wegen in die Demokratie: die Tschechoslowakei

Balík, Stanislav/Holzer, Jan/Šedo, Jakub, *Komunistická strana Československa* [Die Kommunistische Partei der Tschechoslowakei], in: Malíř/Marek (Hgg.) [5.5], 1243–1270.- Barnovský, Michal. Prvá vlna destalinizácie a Slovensko 1953–1957 [Die erste Welle der Entstalinisierung und die Slowakei 1953–1957], Brno 2002.- Ders., Slovenská a česká spoločnosť v rokoch 1948–1960 [Die slowakische und die tschechische Gesellschaft in den Jahren 1948–1960], in: Melanová, Miloslava (Hg.), Česko-slovenské vztahy – Slovensko-české vzťahy [Tschechisch-slowakische Beziehungen – Slowakisch-tschechische Beziehungen], Liberec 2000, 79–88.- Bartošek, Karel, Zpráva o putování v komunistických archivech. Praha-Paříž 1948– 1968 [Bericht über die Wanderung durch die kommunistischen Archive. Prag-Paris 1948–1968], Praha 2000.- Bartuška, Václav, Listopad '89 z pohledu StB v denních situačních zprávách [November '89 aus der Sicht der Staatssicherheit in ihren Tagesmeldungen], in: Securitas Imperii 5 (1999), 191–220.- Barvíková, Hana (Hg.), Věda v Československu v letech 1953–1963 [Wissenschaft in der Tschechoslowakei 1953–1963], Praha 2000.- Bayer, Ivo/Kabele, Jiří, *Politische Kultur* der Tschechischen Republik und ihre Transformation, Köln 1996.- Beichelt, Timm, *Demokratie und Konsolidierung* im postsozialistischen Europa, in: Bendel/Croissant/Rüb (Hgg.) [5.5], 183–198.- Benčík, Antonín, Pražské jaro. Alexander Dubček a jeho kritikové [Der Prager Frühling. Alexander Dubček und seine Kritiker], in: Laluha, Ivan (Hg.), Revolučné a protitotalitné hnutia v Európe po 2. svetovej vojne [Revolutions- und antitotalitäre Bewegungen in Europa nach dem 2. Weltkrieg], Bratislava 2004, 122–140.- Ders., Utajovaná pravda o Alexandru Dubčekovi. Drama muže, který předbehl svou dobu [Verheimlichte Wahrheit über Alexander Dubček. Drama eines Mannes, der seiner Zeit weit voraus war], Praha 2001.- Bendel, Petra/Croissant, Aurel/Rüb, Friedbert (Hgg.), Zwischen Demokratie und Diktatur, Opladen 2002.- Bílek, Jiří, Pomocné technické prapory. O jedné z forem zneužití armády k politické perzekuci [Technische Hilfsabteilungen. Über eine Form des Missbrauches der Armee zur politischen Verfolgung], Praha 2002.- Bláhová, Kateřina, Mezi literaturou a politikou. Souvislosti českého literárního života 1958–1969 [Zwischen Literatur und Politik. Zusammenhänge des tschechischen literarischen Lebens 1958–1969], in: Soudobé dějiny 9 (2002), 495–520.- Blaive, Muriel, Einige Etappen der Bewältigung der kommunistischen Vergangenheit seit 1989 in der Tschechischen Republik, in: Bensussan/Dakowska/Beaupré (Hgg.) [5.3], 111–128.- Ders., Proč nepřišel Alexander Dubček v roce 1956. Několik reflexí o důležitosti sociálních dějin a komparatistiky [Warum kam Alexander Dubček nicht im Jahr 1956. Einige Reflexionen über die Bedeutung der Sozialgeschichte und der Komparatistik], in: Hoppe (Hg.) [5.5], 42–46.- Ders., Une déstalinisation manquée. Tchécoslovaquie 1956, Paris 2005.- Blažek, Petr, Dejte šanci míru! Pacifismus a neformální mírové aktivity mládeže v Československu 1980–1989 [Gebt dem Frieden eine Chance! Pazifistische und informelle Aktivitäten der Jugend in der Tschechoslowakei 1980–1989], in: Vaněk (Hg.) [5.5], 11–105.- Ders., Opozice a odpor. K typologii nesouhlasu s komunistickým režimem v Československu 1968–1989 [Opposition und Widerstand. Zur Typologie der Missbilligung des kommunistischen Regimes in der Tschechoslowakei 1968–1989], in: Dvořáková, Vladimíra (Hg.), 2. kongres českých politologů [2. Kongress tschechischer Politikwissenschaftler], Praha 2003, 261–270.- Bodensieck, Heinrich, Urteilsbildung zum Zeitgeschehen. Der Fall ČSSR 1968/69, Stuttgart 1970.- Bollinger, Stefan, Dritter Weg zwischen den Blöcken? Prager Frühling 1968. Hoffnung ohne Chance. Mit einem Anhang bisher nicht veröffentlichter Dokumente zur Haltung der SED-Führung zum Prager Frühling, Berlin 1995.- Brenner, Christiane, *Forward to a New Past?* The Czech Historical Debate since 1989, in: Sørensen/Eliason (Hgg.) [5.4], 194–206.- Brokl, Lubomír/Seidlová, Adéla/Bečvář, Josef/Rakušanová, Petra (Hgg.), Postoje československých občanů k demokracii v roce 1968 [Einstellungen der tschechoslowakischen Bürger zur Demokratie im Jahr 1969], Praha 1999.- Brusis, Martin, The Instrumental Use of European Union Conditionality. Regionalization in the Czech Republic and Slovakia, in: EEPS 19 (2005), 291–316.- Bruski, Jan Jacek (Hg.), Mezi dvěma transformacemi = Od transformacji do transformacji [Zwischen zwei Transformationen = Von Transformation zu Transformation], Praha 2001.- Ders. (Hg.), Procesy transformacyjne w Polsce i Czechosłowacji/Czechach po 1989 roku [Transformationsprozesse in Polen und der Tschechoslowakei/Tschechien nach 1989], Wrocław 2002.- Čapka, František, Akční program z dubna 1968. Pokus československých reformních komunistů o demokracii [Das Aktionsprogramm vom

April 1968. Eine Bemühung der tschechoslowakischen Reformkommunisten um Demokratie], in: Sborník prací Pedagogické fak. Masarykovy univ. v Brně. 141/1999, 169–173.- Česká a slovenská společnost v období normalizace = Slovenská a česká spoločnosť v čase normalizácie [Tschechische und slowakische Gesellschaft in der Zeit der Normalisierung = Slowakische und tschechische Gesellschaft in der Zeit der Normalisierung], Bratislava 2003.- Chmel, Rudolf, Slowakei. Kleine Nation, große Mythen, in: Europäische Rundschau 34 (2006), 59–69.- Chrastil, Sylvestr, Normalizace Československé armády na počátku 70. let [Die Normalisierung der Tschechoslowakischen Armee am Anfang der 70er Jahre], Brno 2002.- Cuhra, Jaromír, *Československo-vatikánská jednání 1968–1989* [Die tschechoslowakisch-vatikanischen Verhandlungen 1968–1989], Praha 2001.- Danyel, Jürgen, Der Prager Frühling nach der »samtenen« Revolution. Die Erinnerung an 1968 im postkommunistischen Tschechien, in: ZfG 46 (1998), 677–684.- Dědek, Oldřich (Hg.), The Break-Up of Czechoslovakia. An In-depth Economic Analysis, Aldershot 1996.- Deegan-Krause, Kevin, Uniting the Enemy. Politics and the Convergence of Nationalisms in Slovakia, in: EEPS 18 (2004), 651–696.- Dejmek, Jindřich, Quelques données fondamentales sur la politique étrangère et la diplomatie de la Tchécoslovaquie dans les années 50 et 60, in: Marčs, Antoine (Hg.), Les politiques étrangères des états satellites de l'URSS 1945–1989, Praha 2001, 63–83.- Doskočil, Zdeněk, Nástup Gustáva Husáka k moci v dubnu 1969 [Der Machtantritt Gustáv Husáks im April 1969], in: Česká a slovenská společnost [5.5], 15–58.- Drulák, Petr, Záblesk v totalitní temnotě. Pokus o výzkum mezinárodních vztahů v období reformního komunismu [Ein Schimmer in der totalitären Dunkelheit. Der Versuch der Erforschung der internationalen Beziehungen in der Zeit des Reformkommunismus], in: Mezinárodní vztahy 37 (2002), 40–57.- Fagan, Adam, Environment and Democracy in the Czech Republic. The Environmental Movement in the Transition Process, Northampton 2004.- Fiala, Petr/Mareš, Miroslav/Pšeja, Pavel, *Komunisté a jejich strany* [Die Kommunisten und ihre Parteien], in: Malíř/Marek (Hgg.) [5.5], 1413–1432.- Fidler, Jiří, Okupace Československa 21. 8. 1968. Bratrská agrese [Die Okkupation der Tschechoslowakei am 21. 8. 1968. Brüderliche Aggression], Praha 2003.- Fojtek, Vít, NATO po invazi vojsk Varšavské smlouvy do Československa [Die NATO nach der Invasion der Armeen des Warschauer Paktes in die Tschechoslowakei], in: Mezinárodní politika 25 (2001), 13–15.- Gąsior, Grzegorz, Stalinowska Słowacja. Proces »burżuazyjnych nacjonalistów« w 1954 roku [Stalinistische Slowakei. Der Prozess der »bourgeoisen Nationalisten« im Jahre 1954], Warszawa 2006.- Geršlová, Jana, *Transformacja* systemu ekonomicznego w Czechosłowacji/ Republice Czeskej [Transformation des ökonomischen Systems in der Tschechoslowakei/der Tschechischen Republik], in: Bruski (Hg.) [5.5], 123–142.- Gräfe, Karl-Heinz, Das Jahr 68. Weichenstellung oder Betriebsunfall? Zwischen Prager Frühling und Pariser Mai, Schkeuditz 1998.- Hájek, Martin, Vládnutí na úrovni Ústředního výboru KSČ [Das Regieren auf der Ebene des Zentralkomitees der KPČ], in: Kabele, Jiří (Hg.), Rekonstrukce komunistického vládnutí na konci osmdesátých let [Rekonstruktion der kommunistischen Herrschaftsweise am Ende der 80er Jahre], Praha 2003, 61–103.- Hanley, Sean, From Neo-Liberalism to National Interests. Ideology, Strategy, and Party Development in the Euroscepticism of the Czech Right, in: EEPS 18 (2004), 513–566.- Hanzal, Josef, Cesty české historiografie 1945–1989 [Wege der tschechischen Geschichtsschreibung 1945–1989], Praha 1999.- Havelka, Miloš, První diskuse o tzv. normalizaci. Polemika Václava Havla a Milana Kundery 1968–1969 [Erste Diskussionen über die sog. Normalisierung. Die

Polemik von Václav Havel und Milan Kundera 1968–1969], in: Kostlán (Hg.) [5.5], 35–53.- Herda, Jürgen/Trägler, Adolf (Hgg.), Tschechien, der ferne Nachbar, Regensburg 1999.- Hertig, Maya, Die Auflösung der Tschechoslowakei. Analyse einer friedlichen Staatsteilung, Basel 2001.- Holec, František, Svědectví o organizaci a životě PTP [Zeugnis über die Organisation und das Leben der PTP], Praha 2003.- Holman, Robert, *Transformace české ekonomiky* v komparaci s dalšími zeměmi Střední Evropy [Die Transformation der tschechischen Wirtschaft im Vergleich mit anderen Ländern Mitteleuropas], Praha 2000.- Holubec, Stanislav, Výměna elit. Sociologické aspekty tzv. sametové revoluce [Elitenwechsel. Soziologische Aspekte der sog. Samtenen Revolution], Praha 2002.- Hoppe, Jiří, Interpretative Models of the Prague Spring (1968), in: Zub, Alexander (Hg.), Sovietization in Romania and Czechoslovakia, Bucureşti 2003, 112–117.- Ders., Od nedůvěry ke spojenectví a zpět. Československo-rumunské vztahy v letech 1967–1970 [Vom Misstrauen zum Vertrauen und zurück. Die tschechoslowakisch-rumänischen Beziehungen in den Jahren 1967–1970], in: Soudobé dějiny 6 (1999), 443–459.- Ders., Pražské jaro 1968 [Prager Frühling 1968], in: Kohnová, Jana (Hg.), Evropská integrace a otázky českých dějin [Europäische Integration und Fragen der tschechischen Geschichte], Praha 1999, 82–90.- Ders. (Hg.), Úloha Alexandra Dubčeka v moderních dějinách Československa [Die Rolle Alexander Dubčeks in der modernen Geschichte der Tschechoslowakei], Praha 2002.- Hough, Dan/Handl, Vladimír, The Post-Communist Left and the European Union. The Czech Communist Party of Bohemia and Moravia (KSČM) and the German Party of Democratic Socialism (PDS), in: Communist Post-Communist Stud 37 (2004), 319–339.- Hudalla, Anneke, *Außenpolitik* in den Zeiten der Transformation. Die Europapolitik der tschechischen Republik 1993–2001, Münster 2003.- Kabele, Jiří, Normativní rámování výkonu moci v reálném socialismu. Jak socialistické právo umožňovalo pracujícímu lidu vykonávat státní moc? [Normativer Rahmen der Machtausübung im Realsozialismus. Wie ermöglichte das sozialistische Recht den arbeitenden Menschen, die Staatsmacht auszuüben?] in: Ders. (Hg.) [5.5], 11–46.- Ders. (Hg.), Rekonstrukce komunistického vládnutí na konci osmdesátých let [Rekonstruktion der kommunistischen Herrschaftsweise am Ende der 80er Jahre], Praha 2003.- Ders., Z kapitalismu do socialismu a zpět. Teoretické vyšetřování přerodů Československa a České republiky [Vom Kapitalismus zum Sozialismus und zurück. Theoretische Untersuchung der Umgestaltung der Tschechoslowakei und der Tschechischen Republik], Praha 2005.- Kaiserová, Kristina (Hg.), Reflexionen über das Jahr 1968, Ústí nad Labem 1999.- Kalinová, Lenka, Die Position der tschechischen Arbeiterschaft und der Gewerkschaften zur ökonomischen und sozialen Reform in den sechziger Jahren, in: Bohemia 42 (2001), 363–380.- Kaplan, Karel, Konflikt Dubček versus Novotný [Der Konflikt Dubček vs. Novotný], in: Hoppe (Hg.) [5.5], 15–22.- Ders., Kořeny československé reformy 1968 [Die Wurzeln der tschechoslowakischen Reform], 4 Bde., Brno 2000–2002.- Ders., Le cadre de la politique étrangère tchécoslovaque 1948–1968, in: Marés, Antoine (Hg.), Les politiques étrangères des États satellites de l' URSS 1945–1989, Praha 2001, 49–61.- Ders., Rada vzájemné hospodářské pomoci a Československo 1957–1967 [Der RGW und die Tschechoslowakei 1957–1967], Praha 2002.- Kipke, Rüdiger, *Das politische System* der Slowakei, in: Ismayr (Hg.) [5.0], 285–321.- Klíma, Ivan, Filmaři a komunistická moc v Československu. Vzrušený rok 1959 [Die Filmemacher und die kommunistische Macht in der Tschechoslowakei. Das unruhige Jahr 1959], in: Iluminace 4 (2004), 129–138.- Kmeť, Norbert (Hg.), Slovensko a režim normalizácie [Die Slowakei und das Regime der

Normalisierung], Prešov 2002.- Knapík, Jiří, Únor a kultura. Sovětizace české kultury 1948-1950 [Der Februar und die Kultur. Sowjetisierung der tschechischen Kultur 1948-1950], Praha 2004.- Kocian, Jiří, Krize komunistického režimu v Československu v letech 1953-1957. Sociální a politické aspekty [Die Krise des kommunistischen Regimes in der Tschechoslowakei in den Jahren 1953-1957. Soziale und politische Aspekte], in: Kohnová, Jana (Hg.), Nejnovější čs. dějiny v kontextu obecných dějin [Die neueste tschechoslowakische Geschichte im Kontext der allgemeinen Geschichte], Praha 2002, 117-123.- Kohnová, Jana (Hg.), Padesátá a šedesátá léta v československých i světových dějinách [Die 70er und 80er Jahre in der tschechoslowakischen und in der Weltgeschichte], Praha 2003.- Dies. (Hg.), Sedmdesátá a osmdesátá léta v československých i světových dějinách [Die 50er und 60er Jahre in der tschechoslowakischen und in der Weltgeschichte], Praha 2004.- Kohout, Luboš, Posrpnová normalizační politika [Die Normalisierungspolitik nach dem August (1968)], in: Hoppe (Hg.) [5.5], 47-50.- Kopeček, Michal, Paměť komunismu v České republice, Zpráva ze sympozia [Die Erinnerung an den Kommunismus in Tschechien. Bericht aus einem Symposium], in: Soudobé dějiny 4 (2001), 821-826.- Ders., »Za čistotu marxisticko-leninského myšlení«. K problematice tzv. revizionismu v české marxistické filozofii ve druhé polovině 50. let [»Für die Sauberkeit des marxistisch-leninistischen Denkens«. Zur Problematik des sog. Revisionismus in der tschechischen marxistischen Philosophie in der zweiten Hälfte der 50er Jahre], in: Kárník (Hg.) [4.3] Sv. 2, Brno 2004, 172-212.- Kostlán, Antonín, Československá akademie věd v letech 1952-1970 [Die Tschechoslowakische Akademie der Wissenschaften in den Jahren 1952-1970], in: Zilynská (Hg.) [5.5], 91-98.- Ders. (Hg.),Věda v Československu v období normalizace (1970-1975) [Wissenschaft in der Tschechoslowakei in der Zeit der Normalisierung], Praha 2002.- Kratochvíl, Antonín, Procesy s českými spisovateli [Die Prozesse gegen die tschechischen Schriftsteller], in: Ústav pro českou literaturu Akademie věd ČR (Hg.), Rok 1947 [Das Jahr 1947], Praha 1998, 134-141.- Kreidl, Martin, Volební selhání české extrémní pravice v roce 1998. Role volební absence republikánských voličů a jejich přesunu k jiným stranám [Das Wahlversagen der tschechischen extremen Rechten im Jahr 1998. Die Rolle der Wahlabstinenz von republikanischen Wählern und ihres Übergangs zu anderen Parteien], in: Budil (Hg.) [4.3], 69-81.- Kubát, Michal, Postkomunismus a demokracie. Politika ve středovýchodní Evropě [Postkommunismus und Demokratie. Die Politik in Ostmitteleuropa], Praha 2003.- Kusín, Vladimír V., The Intellectual Origins of the Prague Spring. The Development of Reformist Ideas in Czechoslovakia 1956-1967, Cambridge 2002.- Lang, Ostmitteleuropa nach dem Beitritt [5.0].- Lemberg, Hans, Die Rolle von Geschichte und von Historikern im Zusammenhang mit der »Samtenen Revolution« in der Tschechoslowakei, in: Altrichter (Hg.) [5.0], 151-172.- Ders./Křen, Jan/Kováč, Dušan (Hgg.), Im geteilten Europa. Tschechen, Slowaken und Deutsche und ihre Staaten 1949-1989, Essen 1998.- Letz, Róbert, Perzekúcie proti rímskokatolíckej cirkvi na Slovensku v rokoch 1959-1963 [Die Verfolgung der römisch-katholischen Kirche in der Slowakei in den Jahren 1959-1963], in: Soudobé dějiny 8 (2001), 332-349.- Liebermann, Doris (Hg.), Dissidenten, Präsidenten und Gemüsehändler. Tschechische und ostdeutsche Dissidenten 1968-1998, Essen 1998.- Loužek, Marek (Hg.), Fenomén Stalin. Náhoda nebo nevyhnutelnost? Padesát let od měnové reformy [Phänomen Stalin. Zufall oder Unvermeidlichkeit? Fünfzig Jahre seit der Währungsreform], Praha 2003.- Lukeš, Igor, Changing Patterns of Power in Cold War Politics. The Mysterious Case of Vladimír Komárek, in: Journal of Cold

War Studies 3 (2001), 61–102.- Ders., Operace Velký metař. Kapitola z dějin studené války [Die Operation Velký metař (Der große Straßenfeger). Ein Kapitel aus der Geschichte des Kalten Krieges], in: Šesták, Miroslav (Hg.), Evropa mezi Německem a Ruskem [Europa zwischen Deutschland und Russland], Praha 2000, 575–599.- Majerová, Ivana, Deklarácia SNR o zvrchovanosti Slovenskej republiky a postoje vtedajších parlamentných strán [Die Deklaration des Slowakischen Nationalrates über die Souveränität der Slowakischen Republik und die Einstellungen damaliger Parlamentsparteien], in: Slovenská politologická revue 5 (2005), 1–5.- Malíř, Jiří/Marek, Pavel (Hgg.), Politické strany. Vývoj politických stran a hnutí v českých zemích a Československu 1861–2004 [Politische Parteien. Die Entwicklung der politischen Parteien in den tschechischen Ländern und der Tschechoslowakei 1861–2004], 2 Bde., Brno 2005.- Maňák, Jiří, Proces tzv. normalizace a horní vrstva byrokracie v Československu v roce 1970 [Der Prozess der sog. Normalisierung und die obere bürokratische Schicht in der Tschechoslowakei im Jahre 1970], in: Kárník/Kopeček (Hgg.) [4.3] Sv. 1, Praha 2003, 275–296.- Ders., Vývoj početního stavu a sociálního složení KSČ v letech 1948–1968 [Die Entwicklung der Mitgliederzahl und der sozialen Zusammensetzung der KPČ in den Jahren 1948–1968], in: Soudobé dějiny 6 (1999), 460–478.- Mannová, Elena (Hg.), A Concise History of Slovakia, Bratislava 2000.- Marczak, Tadeusz, Od »polského října« k »pražskému jaru«. Hlavní problémy v polskočeskoslovenských vztazích v letech 1956–1968 [Vom »polnischen Oktober« zum »Prager Frühling«. Die Hauptprobleme in den polnisch-tschechischen Beziehungen in den Jahren 1956–1968], in: Bruski (Hg.), Mezi dvěma [5.5], 173–181.- Maršálek, Jan, Organizace práce předsednictva a sekretariátu ÚV KSČ v letech 1988 a 1989 a její selhání? [Die Arbeitsorganisation des Vorstandes und des Sekretariats des ZK der KPČ] in: Kabele (Hg.) [5.5], 104–105.- Matějů, Petr/Vlachová, Klára, Values and Electoral Decisions in the Czech Republic, in: Communist Post-Communist Stud 31 (1998), 249–269.- Mayer, Françoise, Les Tchèques et leur communisme. Mémoire et identités politiques, Paris 2004.- Měchýř, Jan, Revoluce zvaná sametová [Die sogenannte Samtene Revolution], in: Listy 29 (1999), 5–8.- Mlčoch, Lubomír/Machonin, Pavel/Sojka, Milan, Ekonomické a společenské změny v české společnosti po roce 1989. Alternativní pohled [Ökonomische und gesellschaftliche Umwandlungen in der tschechischen Gesellschaft nach dem Jahr 1989. Ein alternativer Blick], Praha 2000.- Morkes, František, Vysoké školy v době normalizace [Hochschulen in der Zeit der Normalisierung], in: Kostlán (Hg.) [5.5], 61–73.- Nálevka, Vladimír, Československo. Zahraniční politika a sovětský blok 1970–1985 [Tschechoslowakei. Die Außenpolitik und der Sowjetblock 1970–1985], in: Česká a slovenská společnost [5.5], 209–220.- Navrátil, The Prague Spring 1968. A National Security Archive Documents Reader, Budapest 1998.- Nečej, Elemír, Bezpečnostná stratégia Slovenskej republiky po vstupe do NATO a EÚ [Die Sicherheitsstrategie der Slowakischen Republik nach dem Beitritt zur NATO und EU], in: Medzinárodné otázky 13 (2004), 3–33.- Němeček, Jan, Benešovy vzkazy do vlasti [Beneš's Botschaften an das Heimatland], in: Soudobé dějiny 8 (2001), 555–561.- Neudorflová, Marie L., Demokratický kontext roku 1968 [Der demokratische Kontext des Jahres 1968], in: Kohnová (Hg.), Padesátá a šedesátá [5.5], 91–104.- Otáhal, Milan, Charta 77. Vznik a význam [Charta 77. Entstehung und Bedeutung, in: Dějiny a současnost 24 (2002), 42–45.- Ders., Programová orientace disentu [Die Programmorientierung des Dissens], in: Blažek (Hg.) [4.3], 25–40.- Ders., Studenti a komunistická moc v českých zemích 1968–1989 [Studenten und die kommunistische Macht in den tschechischen Ländern 1968–1989], Praha 2003.- Ders./Vaněk, Miroslav, The Role of Students in the Prague Autumn 1989. Report on an Oral-History Project (Czech Velvet Revolution), in: ZfG 46 (1998), 732–736.- Pauer, Jan, Charta 77. Moralische Opposition unter den Bedingungen der Diktatur, in: Eichwede, Wolfgang (Hg.), Samizdat, Bremen 2000, 52–63.- Ders., Prag 1968. Der Einmarsch des Warschauer Paktes, Bremen 1993.- Pernes, Jiří, Československo a berlínská krize v roce 1961 [Die Tschechoslowakei und die Berlin-Krise im Jahr 1961], in: Soudobé dějiny 9 (2002), 215–229.- Ders., Československý rok 1956. K dějinám destalinizace v Československu [Das tschechoslowakische Jahr 1956. Zur Geschichte der Entstalinisierung in der Tschechoslowakei], in: Soudobé dějiny 7 (2000), 594–618.- Ders., Dějiny Československa očima dikobrazu 1945–1990 [Die Tschechoslowakei in den Augen von Dikobraz (Humoristische Zeitschrift)], Brno 2003.- Ders., Die politische und wirtschaftliche Krise in der Tschechoslowakei 1953 und Versuche ihrer Überwindung, in: Kleßmann (Hg.) [5.0], 93–113.- Perzi, Niklas, Die sozialistische Opposition in der ČSSR vom Prager Frühling bis zur Charta 77, in: Kaiserová (Hg.) [5.5], 101–113.- Pešek, Jan, Slovensko v rokoch 1953–1957. Kapitoly z politického vývoja [Die Slowakei in den Jahren 1953–1957. Die Kapitel der politischen Entwicklung], Brno 2001.- Petera, Jaromír, Československá strana socialistická a rok 1968 [Die Tschechoslowakische Sozialdemokratie und das Jahr 1968], in: Historie (2003), 269–293.- Pokorný, Jiří, Für ewige Zeiten (1955–1962). Prečan, Vilém, Opětovné vynoření občanské společnosti. Nezávislé občanské aktivity v komunistickém Československu 70. a 80. let [Das wiederholte Aufkommen der Zivilgesellschaft. Unabhängige Bürgeraktivitäten in der kommunistischen Tschechoslowakei der 70er und 80er Jahre], in: Česká a slovenská společnost [5.5], 155–184.- Ders., Středoevropský kontext demokratického převratu v Československu roku 1989 [Der mitteleuropäische Kontext des demokratischen Umsturzes in der Tschechoslowakei 1989], in: Pešek, Jan (Hg.), November 1989 na Slovensku [Der November 1989 in der Slowakei], Bratislava 1999, 7–23.- Ders., The Re-emergence of a Civil Society. Independent Currents in Communist Czechoslovakia in the 1970s and 1980s, in: De Tsjechische Republiek en de Europese cultuur, Brussel 2000, 57–66.- Prieß, Lutz/Kural, Václav/Wilke, Manfred, Die SED und der »Prager Frühling« 1968. Politik gegen einen »Sozialismus mit menschlichem Antlitz«, Berlin 1996.- Proklamation der Charta 77, in: Prečan, Vilém (Hg.), Charta 77 (1977–1989). Od morální k demokratické revoluci. Dokumentace [Charta 77 (1977–1989). Von einer moralischen zur demokratischen Revolution. Eine Dokumentation], Bratislava 1990, 9–13.- Rychlík, Jan, Češi a Slováci ve 20. století. Česko-slovenské vztahy 1945–1992 [Tschechen und Slowaken im 20. Jahrhundert. Tschechisch-slowakische Beziehungen 1945–1992], Bratislava 1998.- Ders., Normalizační podoba československé federace [Die Gestalt der Tschechoslowakischen Föderation während der Normalisierung], in: Kmeť (Hg.) [5.5], 8–46.- Ders., Rozpad Czechosłowacji (1989–1992) [Der Zusammenbruch der Tschechoslowakei (1989–1992)], in: Bruski (Hg.) [5.5], 43–54.- Šafaříková, Vlasta (Hg.), Transformace české společnosti 1989–1995 [Transformation der tschechischen Gesellschaft 1989–1995], Brno 1996.- Sauer, Jan, Die gesellschaftliche Situation nach dem Einmarsch der Truppen des Warschauer Paktes in die Tschechoslowakei, in: Kaiserová (Hg.) [5.5], 85–92.- Schneider, Eleonora, Prager Frühling und samtene Revolution. Soziale Bewegungen in Gesellschaften sowjetischen Typs am Beispiel der Tschechoslowakei, Aachen 1994.- Sikora, Stanislav, História ŠtB na Slovensku v druhom pokračovaní [Die Geschichte der StB (Staatssicherheit) in der Slowakei. Zweite Folge], in: Soudobé dějiny 8 (2001),

433–436.- Škaloud, Jan, Rozdiely v priebehu normalizácie v Českej a Slovenskej republike a dopady po jej skončení na samostatné štáty [Die Unterschiede im Verlauf der Normalisierung in der Tschechischen und in der Slowakischen Republik und die Folgen für die eigenständigen Staaten nach ihrem Ende], in: Kmeť (Hg.) [5.5], 6–7.- Skoug, Kenneth N., Jr., Czechoslovakia's Lost Fight for Freedom 1967–1969. An American Embassy Perspective, Westport 1998.- Sládek, Zdeněk, Listopad a prosinec 1989 v Československu pohledem sovětského oficiálního tisku [November und Dezember 1989 in der Tschechoslowakei aus der Sicht der offiziellen sowjetischen Presse], in: Soudobé dějiny 6 (1999), 165–196.- Spěváček, Vojtěch (Hg.), Transformace české ekonomiky [Transformation der tschechischen Wirtschaft], Praha 2003.- Stein, Eric, Czecho/Slovakia. Ethnic Conflict, Constitutional Fissure, Negotiated Breakup, Ann Arbor 1997.- Štěpánek, Jan, Vedoucí role KSČ v roce 1968. Příspěvek k politické anatomii Pražského jara [Die Führungsrolle der KPČ im Jahr 1969. Ein Beitrag zur politischen Anatomie des Prager Frühlings], in: Holba, Pavel (Hg.), KAN 1968–2003 [Klub engagierter »Nichtparteimitglieder« 1968–2003], Praha 2003, 49–51.- Stříbrný, Jan (Hg.), Církevní procesy padesátých let [Die Kirchenprozesse der 50er Jahre], Kostelní Vydří 2002.- Suk, Jiří, *Labyrintem revoluce*. Aktéři, zápletky a křižovatky jedné politické krize. Od listopadu 1989 do června 1990 [Durch das Labyrinth der Revolution. Akteure, Verstrickungen und Scheidewege einer politischen Krise. Von November 1989 bis Juni 1990], Praha 2003.- Ders., »Listopad '89« a věc revoluce. Jaká revoluce se v Československu na přelomu let 1989/1990 odehrála? [»November '89« und die Sache der Revolution. Was für eine Revolution passierte in der Tschechoslowakei in den Jahren 1989/1990?], in: Pernes, Jiří (Hg.), Po stopách nedávné historie [Auf den Spuren der jüngsten Geschichte], Praha 2003, 343–351.- Ders., »Vidím vám všem až do žaludku«. Sesazování Gustáva Husáka v roce 1987 [»Ich sehe euch bis in die Magen«. Die Absetzung Gustáv Husáks im Jahr 1987], in: Dějiny a současnost 26 (2004), 22–27.- Tůma, Oldřich, 9:00, Praha-Libeň, horní nádraží. Exodus východních Němců přes Prahu v září 1989 [9:00, Praha- Libeň, der obere Bahnhof. Der Exodus der Ostdeutschen über Prag im September 1989] in: Soudobé dějiny 6 (1999), 147–164.- Ders., Československo a studená válka [Die Tschechoslowakei und der Kalte Krieg], in: Kohnová (Hg.), Padesátá a šedesátá [5.5], 25–34.- Ders., *Czechoslovakia*, in: Pollack/Wielgohs (Hgg.) [5.0], 29–50.- Ders., *Die Tschechoslowakei 1968*, in: KZG 17 (2005), 133–153.- Ders., *Ein Jahr danach*. Das Ende des Prager Frühlings im August 1969, in: ZfG 46 (1998), 720–732.- Ders., Husákův domeček z karet. V historii východního bloku byla normalizace docela všední příhodou [Husáks Kartenhaus. In der Geschichte des Ostblocks war die Normalisierung ziemlich alltäglich], in: Dějiny a současnost 26 (2004), 3–6.- Ders., Několik poznámek ke kolapsu komunistického režimu v Československu a jeho středo/východoevropskému kontextu [Ein paar Notizen zum Kollaps des kommunistischen Regimes und seinem mittel-/osteuropäischen Rahmen], in: Pešek, Jiří (Hg.), O dějinách a politice [Über Geschichte und Politik], Praha 2001, 37–46.- Ders., Pražské jaro [Der Prager Frühling], in: Havel, Ivan M. (Hg.), Co daly naše země Evropě a lidstvu. Část 3. Svobodný národ na prahu třetího tisíciletí [Was haben unsere Länder Europa und der Menschheit gegeben. Teil 3. Freie Nation an der Schwelle zum 3. Jahrtausend], Praha 2000, 108–124.- Ders., Protirežimní opozice v Československu 1969–1989 [Die Opposition gegen das Regime in der Tschechoslowakei 1969–1989], in: Kohnová (Hg.), Sedmdesátá a osmdesátá [5.5], 13–22.- Ders., *Transformacja systemu politycznego* w Czechosłowacji/Republice Czeskiej [Transformation des politischen Systems in der Tschechoslowakei/Tschechischen Republik], in: Bruski (Hg.) [5.5], 25–41.- Turnovec, František, Votes, Seats and Power. 1996 Parliamentary Election in the Czeck Republic, in: Communist Post-Communist Stud 30 (1997), 289–306.- Vaněk, Miroslav, Mladá generace, vysokoškolští studenti a listopad 1989 [Junge Generation, Hochschulstudenten und der November 1989], in: Kohnová (Hg.), Sedmdesátá a osmdesátá [5.5], 35–41.- Ders., Nedalo se tady dýchat [Man konnte hier nicht atmen], Praha 1996.- Ders. (Hg.), Ostrůvky svobody. Kulturní a občanské aktivity mladé generace v 80. letech v Československu [Insel der Freiheit. Kulturelle und bürgerliche Aktivitäten der jungen Generation in der Tschechoslowakei der 80er Jahre], Praha 2002.- Ders., The Development of a Green Opposition in Czechoslovakia. The Role of International Contacts, in: Horn, Gerd-Rainer (Hg.), Transnational Moments of Change, Lanham 2004, 173–187.- Ders./Urbášek Pavel (Hgg.), Vítězové? Poražení? I. Disent v období tzv. normalizace, II. Politické elity v období tzv. normalizace [Gewinner? Verlierer? Biographische Interviews. I. Dissens in der Zeit der sog. Normalisierung, II. Politische Eliten in der Zeit der sog. Normalisierung], Praha 2005.- Veser, Reinhard, Der Prager Frühling 1968, Erfurt 1998.- Vévoda, Rudolf, Brno před pádem komunistického režimu. K vývoji politické situace na konci 80. let 20. století [Brno vor dem Zusammenbruch des kommunistischen Regimes. Über die Entwicklung der politischen Situation am Ende der 80er Jahre des 20. Jahrhunderts], in: Blažek (Hg.) [4.3], 119–139.- Vilímek, Tomáš, Charta 77. Zielstellung und Probleme, in: Horch und Guck 13 (2004), 39–45.- Ders., Mezi námi čekisty. Spolupráce politické policie ČSSR a NDR v letech 1970–1989 [Unter uns Tschekisten. Die Zusammenarbeit der politischen Polizei der ČSSR und der DDR in den Jahren 1970–1989], in: Soudobé dějiny 10 (2003), 532–553.- Ders., Srovnání vývoje, specifických odlišností a podobností opozice v ČSSR a NDR 1968–1989 [Vergleich von Entwicklung, spezifischen Unterschieden und Ähnlichkeiten der Opposion in der ČSSR und der DDR], in: Kárník (Hg.) [4.3] Sv. 2, Praha 2004, 271–310.- Vlachová, Klára, Party Identification in the Czech Republic. Inter-Party Hostility and Party Preference, in: Communist Post-Communist Stud 34 (2001), 479–499.- Vodička, Karel, Das politische System Tschechiens, Wiesbaden 2005.- Vondrová, Jitka, »Die sozialistische Tschechoslowakei werden wir nie aufgeben.« Der Warschauer Vertrag und der Reformkurs der KPTsch 1968, in: ZfG 46 (1998), 685–698.- Dies./Navrátil, Jaromír (Hgg.), Mezinárodní souvislosti československé krize 1967–1970. Prosinec 1967–červenec 1968. Prameny k dějinám československé krize 4/I [Internationale Zusammenhänge der tschechoslowakischen Krise 1967–1970. Dezember 1967–Juli 1968. Quellen zur Geschichte der tschechoslowakischen Krise 4/I], Brno 1995.- Weiser, Thomas, Arbeiterführer in der Tschechoslowakei, München 1999.- Wenzke, Rüdiger, Die NVA und der Prager Frühling 1968. Die Rolle Ulbrichts und der DDR-Streitkräfte bei der Niederschlagung der tschechoslowakischen Reformbewegung, Berlin 1995.- Wolchik, Sharon L., Czechoslovakia on the Eve of 1989, in: Communist Post-Communist Stud 32 (1999), 437–451.- Žáček, Pavel, Boj proti církvím a sektám. Pohled z centrály StB. Nástin agenturně-operativní činnosti 9. odboru hlavní správy kontrarozvědky SNB v roce 1989 [Der Kampf gegen die Kirchen und Sekten. Ein Blick auf die operative Tätigkeit der 9. Abteilung der Zentralverwaltung des Nachrichtendienstes im Jahr 1989], in: Fiala, Petr/Hanuš, Jiří (Hgg.), Katolická církev a totalitarismus v českých zemích zemích [Die katholische Kirche und der Totalitarismus in den tschechischen Ländern], Brno 2001. 125–160.- Ders., Politická policie proti mládeži. Snahy StB o kontrolu tzv. problematiky mládeže ve druhé polovině osmdesátých let [Die politische Polizei gegen die Jugend. Die Bemühungen der Staatssicherheit um die Kontrolle der sog. Jugendproblematik in der zweiten Hälfte der 80er Jahre], in: Vaněk (Hg.) [5.5], 273–332.- Žatkuliak, Jozef, *Politické strany* a hnutia na Slovensku po novembri 1989 až do rozpadu česko-slovenského štátu [Politische Parteien und Bewegungen in der Slowakei nach dem November 1989 bis zum Zerfall des tschecho-slowakischen Staates], in: Malíř/Marek (Hgg.) [5.5], 1381–1413.- Zilynská, Blanka (Hg.), Česká věda a Pražské jaro [Die tschechische Wissenschaft und der Prager Frühling], Praha 2001.

5.6 Sozialistischer Modellstaat und »doppelte Demokratisierung«: die DDR

Allertz, Robert, Im Visier der DDR. Eine Chronik, Berlin 2002.- Amos, Heike, Nach Stalins Tod. Veränderungen in der SED-Zentrale. Die Jahre 1952–1954, in: ZdF 13 (2003), 78–100.- Backes, Uwe, *Der NPD-Wahlerfolg in Sachsen* vom September 2004 und die Erfolgsbedingungen rechtsextremer Parteien in Deutschland, in: Besier/Stokłosa (Hgg.) [2.6], 139–148.- Bauer, Babett, Kontrolle und Repression: Individuelle Erfahrungen in der DDR (1971–1989). Historische Studie und methodologischer Beitrag zur Oral History, Göttingen 2006.- Bauerkämper, Arnd, Die Sozialgeschichte der DDR, München 2005.- Baumgartner, Gabriele/Helbig, Dieter (Hgg.), Biographisches Handbuch der SBZ/DDR 1945–1990, München 1996–1997.- Behnke, Klaus (Hg.), Stasi auf dem Schulhof. Der Missbrauch von Kindern und Jugendlichen durch das Ministerium für Staatssicherheit, Berlin 1998.- Ders./Fuchs, Jürgen (Hgg.), Zersetzung der Seele. Psychologie und Psychiatrie im Dienste der Stasi, Hamburg 1995.- Behrends, Jan C., Die erfundene Freundschaft. Propaganda für die Sowjetunion in Polen und in der DDR, Weimar 2006.- Ders./Lindenberger, Thomas/Poutrus, Patrice G. (Hgg.), Fremde und Fremd-Sein in der DDR. Zu historischen Ursachen der Fremdenfeindlichkeit in Ostdeutschland, Berlin 2003.- Benčík, Antonín, Walter Ulbricht, die SED und der Prager Frühling 1968, in: ZfG 46 (1998), 699–709.- Bergmann, Christian und Die Sprache der »Stasi«. Ein Beitrag zur Sprachkritik, Göttingen 1999.- Bergmann, Werner/Erb, Rainer/Lichtblau, Albert (Hgg.), Schwieriges Erbe. Der Umgang mit Nationalsozialismus und Antisemitismus in Österreich, der DDR und der Bundesrepublik Deutschland, New York 1995.- Besier, Gerhard, *Der SED-Staat und die Kirche*. 3 Bde., München-Berlin 1993–1995.- Bessel, Richard/Jessen, Ralph (Hgg.), Die Grenzen der Diktatur. Staat und Gesellschaft in der DDR, Göttingen 1996.- Beyer, Falk/Hartmann, Thomas (Red.), Tschernobyl und die DDR. Fakten und Verschleierung – Auswirkungen bis heute?, Magdeburg 2003.- Bollinger, Stefan (Hg.), Das letzte Jahr der DDR. Zwischen Revolution und Selbstaufgabe, Berlin 2004.- Bouvier, Beatrix, Die DDR – ein Sozialstaat? Sozialpolitik in der Ära Honecker, Bonn 2002.- Boyer, Christoph/Skyba, Peter, Sozial- und Konsumpolitik als Stabilisierungsstrategie. Zur Genese der »Einheit von Wirtschafts- und Sozialpolitik« in der DDR, in: DA 32 (1999), 577–590.- Brinkel, Wolfgang/Rodejohann, Jo (Hgg.), Das SPD-SED-Papier. Der Streit der Ideologien und die gemeinsame Sicherheit, Freiburg/Br. 1988.- Bruhn, Peter, *50 Jahre 17. Juni 1953*. Bibliographie, Berlin 2003.- Brunssen, Frank, Die Revolution in der DDR. Ambivalenzen einer Selbstbefreiung, in: APuZ 45/1999, 3–14.- Bunke, Florian, »Wir lernen und lehren im Geiste Lenins ...«. Ziele, Methoden und Wirksamkeit der politisch-ideologischen Erziehung in den Schulen der DDR, Oldenburg 2005.- Caldwell, Peter, Dictatorship, State Planning, and Social Theory in the German Democratic Republic, Cambridge 2003.- Danyel, Jürgen (Hg.), Die geteilte Vergangenheit. Zum Umgang mit Nationalsozialismus und Widerstand in beiden deutschen Staaten, Berlin 1995.- Deutscher Bundestag (Hg.), Materialien der Enquete-Kommission »Überwindung der Folgen der SED-Diktatur im Prozeß der deutschen Einheit« im Deutschen Bundestag, Baden-Baden 1999.- Diedrich, Torsten/Ehlert, Hans/Wenzke, Rüdiger (Hgg.), Im Dienste der Partei. Handbuch der bewaffneten Organe der DDR, Berlin 1998.- Eckert, Rainer, *Die historische Erforschung* der SED-Diktatur, in: Altrichter (Hg.) [5.0], 303-318.- Ehlert, Hans/Rogg, Matthias (Hgg.), Militär, Staat und Gesellschaft in der DDR. Forschungsfelder, Ergebnisse, Perspektiven, Berlin 2004.- Eisenfeld, Bernd, Gründe und Motive von Flüchtlingen und Ausreiseantragstellern aus der DDR, in: DA 37 (2004), 89-105.- Ders./Engelmann, Roger, 13. August 1961 Mauerbau. Fluchtbewegung und Machtsicherung, Bremen/Berlin 2001.- Engelmann, Roger/Kowalczuk, Ilko-Sascha (Hgg.), Volkserhebung gegen den SED-Staat. Eine Bestandsaufnahme zum 17. Juni 1953, Göttingen 2005.- Ders./Vollnhals, Clemens (Hgg.), Justiz im Dienste der Parteiherrschaft. Rechtspraxis und Staatssicherheit in der DDR, Berlin ²2000.- Eppelmann, Rainer/Faulenbach, Bernd/Mählert, Ulrich (Hgg.), Bilanz und Perspektiven der DDR-Forschung, Paderborn 2003.- Findeis, Hagen, Das Licht des Evangeliums und das Zwielicht der Politik. Kirchliche Karrieren in der DDR, Frankfurt/M. 2002.- Ders./Pollack, Detlef (Hgg.), Selbstbewahrung oder Selbstverlust. Bischöfe und Repräsentanten der evangelischen Kirchen in der DDR über ihr Leben, Berlin 1999.- Fischer, Alexander/Heydemann, Günther (Hgg.), *Geschichtswissenschaft in der DDR.* Bd. 2, Berlin 1990.- Flemming, Thomas/Koch, Hagen, Die Berliner Mauer. Geschichte eines politischen Bauwerks. Sonderausgabe, Berlin 2001.- Fricke, Karl Wilhelm, DDR-Widerstandsgeschichte, in: APuZ 38/1999, 3-10.- Ders., Die Machtfrage war gestellt. Anmerkungen zum 17. Juni 1953, in: DA 36 (2003), 388-399.- Ders., Die nationale Dimension des 17. Juni 1953, in: APuZ 23/2003, 5-10.- Ders., Opposition und Widerstand in der DDR-Strafjustiz, in: APuZ 39/1996, 31-39.- Ders./Engelmann, Roger, »Konzentrierte Schläge«. Staatssicherheitsaktionen und politische Prozesse in der DDR, Berlin 1998.- Ders./Steinbach, Peter/Tuchel, Johannes, Opposition und Widerstand in der DDR. Politische Lebensbilder, München 2002.- Fulbrook, Mary, Anatomy of a Dictatorship. Inside the GDR 1949-1989, Oxford 1995.- Dies., »Entstalinisierung« in der DDR. Die Bedeutung(slosigkeit) des Jahres 1956, in: DA 39 (2006), 35-42.- Galenza, Ronald/Havemeister, Heinz (Hgg.), Wir wollen immer artig sein ... Punk, New Wave, HipHop und Independent-Szene in der DDR von 1980 bis 1990, Berlin 2005.- Geipel, Ines, »Das Heft«. Eine Parabel über die Flucht aus der DDR, Berlin 1999.- Geisel, Christof, Auf der Suche nach einem dritten Weg. Das politische Selbstverständnis der DDR-Opposition in den 80er Jahren, Berlin 2005.- Geißler, Gert, Geschichte des Schulwesens in der Sowjetischen Besatzungszone und in der Deutschen Demokratischen Republik 1945 bis 1962, Frankfurt/M. 2000.- Ders./Wiegmann, Ulrich, Pädagogik und Herrschaft in der DDR. Die parteilichen, geheimdienstlichen und vormilitärischen Erziehungsverhältnisse, Frankfurt/M. 1996.- Dies., Schule und Erziehung in der DDR. Studien und Dokumente, Neuwied 1995.- Geulen, Dieter, Politische Sozialisation der staatsnahen Intelligenz in der DDR, in: APuZ 12/1999, 3-14.- Ders., Politische Sozialisation in der DDR. Autobiographische Gruppengespräche mit Angehörigen der Intelligenz, Opladen 1998.- Gieseke, Jens, Das Ministerium für Staatssicherheit 1950 bis 1989/90. Ein kurzer historischer Abriß, Berlin ²1998.- Ders., Die hauptamtlichen Mitarbeiter der Staatssicherheit. Personalstruktur und Lebenswelt 1950-1989/90, Berlin 2000.-

Ders., Mielke-Konzern. Die Geschichte der Stasi 1945–1990, Stuttgart ²2001.- Grashoff, Eberhard/Muth, Rolf (Hgg.), Drinnen vor der Tür. Über die Arbeit von Korrespondenten aus der Bundesrepublik in der DDR zwischen 1972 und 1990, Berlin 2000.- Graudin, Andreas/Wilke, Manfred, Der 17. Juni als Katastrophe des FDGB. Zur aktiven Rolle der Gewerkschaftsführung bei der Bekämpfung des Streiks, in: ZdF 14 (2004), 146–153.- Grimmer, Reinhard/Irmler, Werner/Poitz, Willi (Hgg.), Die Sicherheit. Zur Abwehrarbeit des MfS, Berlin 2002.- Grünbaum, Robert, Aufarbeitung der SED-Diktatur der Enquete-Kommission des Deutschen Bundestages, in: Deutsche Studien 130 (1996), 111–122.- Gruner, Petra, Die Neulehrer. Schlüsselsymbol der DDR-Gesellschaft, in: APuZ 38/1999, 25–31.- Grütz, Reinhard, Katholizismus in der DDR-Gesellschaft 1960–1990. Kirchliche Leitbilder, theologische Deutungen und lebensweltliche Praxis im Wandel, Paderborn 2004.- Gutsche, Reinhardt, Nur ein Erfüllungsgehilfe? Die SED-Führung und die militärische Option zur Niederschlagung der Opposition in Polen in den Jahren 1980/81, in: Schroeder, Klaus (Hg.) [5.6], 166–179.- Hahn, Erich, SED und SPD. Ein Dialog. Ideologie-Gespräche zwischen 1984 und 1999, Berlin 2002.- Handbuch der deutschen Bildungsgeschichte. Bd. VI, Tlbd. 2: Deutsche Demokratische Republik und neue Bundesländer, München 1998.- Hansen, Dirk, Gemeinsame Aufarbeitung zweier Vergangenheiten in einem Land?, in: Deutsche Studien 141 (1999), 39–46.- Harrison, Hope M., Ulbricht und der XX. Parteitag der KPdSU. Die Verhinderungen politischer Korrekturen in der DDR 1956–1958, in: DA 39 (2006), 43–53.- Havemann, Katja/Widmann, Joachim, Robert Havemann oder Wie die DDR sich erledigte, München 2003.- Henke, Klaus-Dietmar/Steinbach, Peter (Hgg.), Widerstand und Opposition in der DDR, Köln 1999.- Herbstritt, Georg, »Das Gesicht dem Westen zu ...«. DDR-Spionage gegen die Bundesrepublik Deutschland, Bremen 2003.- Herzberg, Guntolf, Anpassung und Aufbegehren. Die Intelligenz der DDR in den Krisenjahren 1956/58, Berlin 2006.- Heydemann, Günther, Die Innenpolitik der DDR, München 2003.- Ders./Mai, Gunther/Müller, Werner (Hgg.), Revolution und Transformation in der DDR 1989/90, Berlin 1999.- Hoffmann, Dierk/Schwartz, Michael (Hg.), Sozialstaatlichkeit in der DDR. Sozialpolitische Entwicklungen im Spannungsfeld der Diktatur und Gesellschaft 1945/49–1989, München 2005.- Hofmann, Thomas, Der spezifische DDR-Antifaschismus. Die Auflösung der »Vereinigung der Verfolgten des Naziregimes«, in: ZdF 7 (1999), 68–82.- Höllen, Martin, Loyale Distanz? Katholizismus und Kirchenpolitik in SBZ und DDR. Ein historischer Überblick in Dokumenten, 3 Bde. und Register-Bd., Berlin 1994–2002.- Holzweißig, Gunter, Die schärfste Waffe der Partei. Eine Mediengeschichte der DDR, Köln 2002.- Holm, Knut, Chronik des Kreuzzugs gegen die DDR, Berlin 2001.- Hübner, Peter (Hg.), Eliten im Sozialismus. Beiträge zur Sozialgeschichte der DDR, Köln 1999.- Hürtgen, Renate, Die »Wende« in den Betrieben der DDR im Herbst 1989 – Ein unbekanntes Terrain, in: PBfZS 23/24 (2001), 41–47.- Dies./Reichel, Thomas, Der Schein der Stabilität. DDR-Betriebsalltag in der Ära Honecker, Berlin 2001.- Ihme-Tuchel, Beate, Das »nördliche Dreieck«. Die Beziehungen zwischen der DDR, der Tschechoslowakei und Polen in den Jahren 1954 bis 1962, Köln 1994.- Dies., Die DDR, Darmstadt 2002.- Jäger, Andrea, Schriftsteller aus der DDR. Ausbürgerungen und Übersiedlungen von 1961 bis 1989, Frankfurt/M. 1996.- Jander, Martin, Formierung und Krise der DDR-Opposition. Die »Initiative für unabhängige Gewerkschaften« – Dissidenten zwischen Demokratie und Romantik, Berlin 1996.- Jarausch, Konrad/Sabrow, Martin (Hgg.), Weg in den Untergang. Der innere Zerfall der DDR, Göttingen

1999.- Jordan, Carlo/Kloth, Hans Michael (Hgg.), Arche Nova. Opposition in der DDR. Das »Grün-ökologische Netzwerk Arche« 1988-90, Berlin 1995.- Judt, Matthias (Hg.), DDR-Geschichte in Dokumenten. Beschlüsse, Berichte, interne Materialien und Alltagszeugnisse, Berlin 1997.- Kaiser, Monika, Machtwechsel von Ulbricht zu Honecker. Funktionsmechanismen der SED-Diktatur in Konfliktsituationen 1962 bis 1972, Berlin 1997.- Kaminsky, Annette, Illustrierte Konsumgeschichte der DDR, Erfurt 1999.- Dies.,»Mehr produzieren, gerechter verteilen, besser leben«. Konsumpolitik in der DDR, in: APuZ 28/1999, 12-20.- Dies., Orte des Erinnerns. Gedenkzeichen, Gedenkstätten und Museen zur Diktatur in SBZ und DDR, Leipzig 2004.- Dies., Wohlstand, Schönheit, Glück. Kleine Konsumgeschichte der DDR, München 2001.- Kilian, Werner, Die Hallstein-Doktrin. Der diplomatische Krieg zwischen der BRD und der DDR 1955-1973, Berlin 2001.- Kirchner, Verena, Blochs Erbschaft. Zur ideologischen Illusion der DDR-Schriftsteller, in: ZdF 3 (1997), 50-57.- Klein, Thomas, Die Herrschaft der Parteibürokratie. Disziplinierung, Repression und Widerstand in der SED, in: APuZ 20/1996, 3-12.- Klötzer, Sylvia, Öffentlichkeit in der DDR? Die soziale Wirklichkeit im »Eulenspiegel«, in: APuZ 46/1996, 28-37.- Knabe, Hubertus, Der lange Arm der SED. Einflussnahmen des Ministeriums für Staatssicherheit auf politische Protestbewegungen in Westdeutschland, in: APuZ 38/1999, 11-17.- Ders., 17. Juni 1953. Ein deutscher Aufstand, Berlin 2004.- Ders., Sprachrohr oder Außenseiter? Zur gesellschaftlichen Relevanz der unabhängigen Gruppen in der DDR – Aus Analysen des Staatssicherheitsdienstes, in: APuZ 20/1996, 23-36.- Ders.,»Weiche« Formen der Verfolgung in der DDR. Zum Wandel repressiver Strategien in der Ära Honecker, in: DA 30 (1997), 709-719.- Knoblich, Tobias J., Soziokultur in Ostdeutschland, in: APuZ 11/2003, 28-34.- Koch, Michael, Die Einführung des Wehrunterrichtes in der DDR, Erfurt 2000.- Koch, Ute (Hg.), Gesellschaftlicher Wandel in den neuen Bundesländern, Bonn 2006.- Koepke, Christian H., Der Zusammenbruch der SED-Herrschaft, in: Deutsche Studien 133/134 (1997), 112-134.- Koop, Volker,»Den Gegner vernichten«. Die Grenzsicherung der DDR, Bonn 1996.- Körting, Almut E.,»Tödlicher Haß«. Zur Beziehung zwischen Haßerziehung und den Morden des MfS der DDR, in: ZdF 4 (1997), 126-140.- Kösters, Christoph, Staatssicherheit und Caritas 1950-1989. Zur politischen Geschichte der katholischen Kirche in der DDR, Paderborn 2001.- Ders./Tischner, Wolfgang (Hg.), Katholische Kirche in der SBZ und DDR. Paderborn 2005.- Korzilius, Sven,»Asoziale« und »Parasiten« im Recht der SBZ/DDR. Randgruppen im Sozialismus zwischen Repression und Ausgrenzung, Köln 2005.- Kowalczuk, Ilko-Sascha, Die DDR-Historiker und die deutsche Nation, in: APuZ 39/1996, 22-30.- Ders. (Hg.), Freiheit und Öffentlichkeit. Politischer Samisdat in der DDR 1985-1989. Eine Dokumentation, Berlin 2002.- Ders., Zwischen Hoffnungen und Krisen. Das Jahr 1956 und seine Rückwirkungen auf die DDR, in: JHK 2006, 15-33.- Ders./Mitter, Armin/Wolle, Stefan (Hgg.), Der Tag X, 17. Juni 1953. Die »Innere Staatsgründung« der DDR als Ergebnis der Krise 1952/54, Berlin ²1996.- Krusche, Hans-Martin, Pfarrer in der DDR. Gespräche über Kirche und Politik, Berlin 2002.- Kubina, Michael (Hg.), »Hart und kompromisslos durchgreifen!« Die SED contra Polen 1980/81. Geheimakten der SED-Führung über die Unterdrückung der Demokratiebewegung, Berlin 1995.- Ders., Wollte Honecker eine militärische Intervention in Polen? Moskaus Mann im SED-Politbüro und die Krise im Herbst 1980, in: ZdF 6 (1998), 3-16.- Küchler, Falk, Die Wirtschaft der DDR. Wirtschaftspolitik und industrielle Rahmenbedingungen 1949 bis 1989, Berlin 1997.- Kuhrt, Eberhard/Buck, Hansjörg

F./Holzweißig, Gunter (Hgg.), Die Endzeit der DDR-Wirtschaft – Analysen zur Wirtschafts-, Sozial- und Umweltpolitik, Opladen 1999.- Dies. (Hgg.), Die wirtschaftliche und ökologische Situation der DDR in den achtziger Jahren, Opladen 1996.- Kuhrt, Eberhard/Löwis, Henning von, *Griff* nach der deutschen Geschichte. Erbeaneignung und Traditionspflege in der DDR, Paderborn 1988.- Lapp, Peter Joachim, Gefechtsdienst im Frieden. Das Grenzregime der DDR, Bonn 1999.- Lehmann, Hartmut, *Protestantisches Christentum* im Prozess der Säkularisierung, Göttingen 2001.- Lemke, Michael, Der 17. Juni 1953 in der DDR-Geschichte. Folgen und Spätfolgen, in: APuZ 23/2003, 11-18.- Ders., Die Berlinkrise 1958 bis 1963. Interessen und Handlungsspielräume der SED im Ost-West-Konflikt, Berlin 1995.- Lindenberger, Thomas (Hg.), Herrschaft und Eigen-Sinn in der Diktatur. Studien zur Gesellschaftsgeschichte der DDR, Köln 1999.- Ludwig, Andreas, Objektkultur und DDR-Gesellschaft. Aspekte einer Wahrnehmung des Alltags, in: APuZ 28/1999, 3-11.- Maercker, Andreas, Psychische Folgen politischer Inhaftierung in der DDR, in: APuZ 38/1995, 30-38.- Mählert, Ulrich, Kleine Geschichte der DDR, München 1998.- Malycha, Andreas, Das Verhältnis zwischen Wissenschaft und Politik in der SBZ/DDR von 1945 bis 1961, in: APuZ 30-31/2001, 14-21.- Ders., Reformdebatten in der DDR, in: APuZ 17-18/2006, 25-32.- Mampel, Siegfried, Das Ministerium für Staatssicherheit der ehemaligen DDR als Ideologiepolizei. Zur Bedeutung einer Heilslehre als Mittel zum Griff auf das Bewußtsein für das Totalitarismusmodell, Berlin 1996.- Ders., Die ideologische Kontrolle der DDR durch das Ministerium für Staatssicherheit, in: APuZ 20/1996, 13-22.- Mayer, Wolfgang, Flucht und Ausreise. Botschaftsbesetzungen als wirksame Form des Widerstands und Mittel gegen die politische Verfolgung in der DDR, Berlin 2002.- Mehlhorn, Ludwig, Was bleibt von der DDR? Die ostdeutschen Länder aus polnischer Perspektive, in: ZdF 7 (1999), 8-12.- Meier, Andreas, Jugendweihe – Jugend-FEIER. Ein deutsches nostalgisches Fest vor und nach 1990, München 1998.- Merkel, Ina, Utopie und Bedürfnis. Die Geschichte der Konsumkultur in der DDR, Köln 1999.- Mertens, Lothar (Hg.), Soziale Ungleichheit in der DDR. Zu einem tabuisierten Strukturmerkmal der SED-Diktatur, Berlin 2002.- Ders. (Hg.), Unter dem Deckel der Diktatur. Soziale und kulturelle Aspekte des DDR-Alltags, Berlin 2003.- Meuschel, Sigrid, Legitimation und Parteiherrschaft in der DDR. Zum Paradox von Stabilität und Revolution in der DDR 1945-1989, Frankfurt/M. 1992.- Meyen, Michael, Kollektive Ausreise? Zur Reichweite ost- und westdeutscher Fernsehprogramme in der DDR, in: Publizistik 47 (2002), 200-220.- Mihr, Anja, Amnesty International in der DDR. Der Einsatz für Menschenrechte im Visier der Stasi, Berlin 2002.- Mitdank, Joachim, Die Berlin-Politik zwischen 17. Juni 1953, dem Vier-Mächte-Abkommen und der Grenzöffnung 1989, Berlin 2003.- Mittenzwei, Werner, Die Intellektuellen. Literatur und Politik in Ostdeutschland von 1945 bis 2000, Berlin 2003.- Mitter, Armin, Brennpunkt 13. August 1961. Von der inneren Krise zum Mauerbau, Berlin 2001.- Müller, Thorsten, Die Wehrverfassung des Dritten Reiches und der DDR. Ein Vergleich der rechtlichen Strukturen totalitärer Herrschaft, Frankfurt/M. 1998.- Muth, Ingrid, Die DDR-Außenpolitik 1949-1972. Inhalte, Strukturen, Mechanismen, Berlin 2001.- Nepit, Alexandra, Die SED unter dem Druck der Reformen Gorbatschows, Baden-Baden 2004.- Neubert, Ehrhart, *Geschichte der Opposition* in der DDR 1949-1989, Bonn ²2000.- Ders., *Revolution* und Revision in Sprache, Geschichte und Recht, in: TD 3 (2006), 47-77.- Neuhäusser-Wespy, Ulrich, Die SED und die Historie. Die Etablierung der marxistisch-leninistischen Geschichtswissenschaft in der DDR in den fünfziger und sechziger Jahren, Bonn 1996.- Ohse, Marc-Dietrich, *German Democratic Republic*, in: Pollack/Wielgohs (Hgg.) [5.0], 73–94.- Paul, Susanne, Inseldasein im fremden Land. Der rechtliche und soziale Status der Arbeitsmigranten in der DDR, in: ZdF 7 (1999), 59–67.- Pingel-Schliemann, Sandra, Zersetzen. Strategie einer Diktatur, Berlin 2002.- Pirker, Theo/Lepsius, Rainer/Weinert, Rainer/Hertle, Hans-Hermann, Der Plan als Befehl und Fiktion. Wirtschaftsführung in der DDR. Gespräche und Analysen, Opladen 1995.- Ploetz, Michael/Müller, Hans P., Ferngelenkte Friedensbewegung. DDR und UdSSR im Kampf gegen den NATO-Doppelbeschluss, Münster 2004.- Pollack, Detlef, Was ist aus den Bürgerbewegungen und Oppositionsgruppen der DDR geworden?, in: APuZ 40–41/1995, 34–45.- Ders./ Rink, Dieter (Hgg.), Zwischen Verweigerung und Opposition. Politischer Protest in der DDR 1970–1989, Frankfurt/M. 1997.- Poppe, Ulrike/Eckert, Rainer/Kowalczuk, Ilko-Sascha (Hgg.), Zwischen Selbstbehauptung und Anpassung. Formen des Widerstandes und der Opposition in der DDR, Berlin 1995.- Potthoff, Heinrich, Bonn und Ost-Berlin 1969–1982. Dialog auf höchster Ebene und vertrauliche Kanäle. Darstellung und Dokumente, Bonn 1997.- Ders., Die »Koalition der Vernunft«. Deutschlandpolitik in den 80er Jahren, München 1995.- Ders. (Hg.), Im Schatten der Mauer. Deutschlandpolitik 1961 bis 1990, Berlin 1999.- Pötzl, Norbert F., Erich Honecker. Eine deutsche Biographie, Stuttgart 2003.- Poutros, Patrice G., Die Erfindung des Goldbroilers. Über den Zusammenhang zwischen Herrschaftssicherung und Konsumentwicklung in der DDR, Köln 2002.- Priess, Lutz/ Wilke, Manfred, Die DDR und die Besetzung der Tschechoslowakei am 21. August 1968, in: APuZ 36/1992, 26–34.- Prittwitz, Gesine von, Das Ministerium für Staatssicherheit und der Kulturbetrieb, in: ZdF 3 (1997), 16–31.- Raschka, Johannes, Einschüchterung, Ausgrenzung, Verfolgung. Zur politischen Repression in der Amtszeit Honeckers, Dresden 1998.- Ders., Justizpolitik im SED-Staat. Anpassung und Wandel des Strafrechts während der Amtszeit Honeckers, Köln 2000.- Reißig, Rolf, Dialog durch die Mauer. Die umstrittene Annäherung von SPD und SED, Frankfurt/M. 2002.- Ribbe, Wolfgang, Der Juni-Aufstand 1953 in den Regionen der DDR. Ein Forschungs- und Literaturbericht, in: JbGMOD 51 (2005), 147–226.- Richter, Michael, *Die Bildung des Freistaates Sachsen*, Göttingen 2004.- Ders., *Die doppelte Demokratisierung* – eine ostdeutsche Besonderheit der Transition. in: TD 3 (2006), 79–98.- Richter, Walter, Der militärische Nachrichtendienst der Nationalen Volksarmee der DDR und seine Kontrolle durch das Ministerium für Staatssicherheit, Frankfurt/M. 2004.- Ritter, Jürgen/Lapp, Peter Joachim, Die Grenze. Ein deutsches Bauwerk, Berlin ^{3}1999.- Roesler, Jörg, Jugendbrigaden im Fabrikalltag der DDR 1948–1989, in: APuZ 28/1999, 21–31.- Ross, Corey, East Germans and the Berlin Wall. Popular Opinion and Social Change Before and After the Border Closure of August 1961, in: JContH 39 (2004), 25–43.- Rühle, Ray, Die Entstehung von politischer Öffentlichkeit in der DDR in den 1980er Jahren am Beispiel von Leipzig, Münster 2003.- Sabrow, Martin (Hg.), Geschichte als Herrschaftsdiskurs. Der Umgang mit der Vergangenheit in der DDR, Köln 2000.- Sachse, Christian, Die DDR war anders. War sie das? Beobachtungen zum Buch von Stefan Bollinger und Fritz Vilmar, in: ZdF 12 (2002), 146–148.- Satjukow, Silke/Gries, Rainer (Hgg.), Sozialistische Helden. Eine Kulturgeschichte von Propagandafiguren in Osteuropa und der DDR, Berlin 2002.- Scherstjanoi, Elke, Die sowjetische Deutschlandpolitik nach Stalins Tod 1953, in: VfZ 46 (1998), 497–549.- Schiller, Dieter, Der verweigerte Dialog. Zum Verhältnis von Parteiführung der SED und Schriftstellern im Krisenjahr 1956, Berlin 2003.- Schmelz, Andrea, Migration und Politik im geteilten Deutschland während des Kalten Krieges. Die West-Ost-Migration in die DDR in den 1950er und 1960er Jahren, Opladen 2002.- Schmidt, Karl-Heinz, Dialog über Deutschland. Studien zur Deutschlandpolitik von KPdSU und SED (1960–1979), Baden-Baden 1998.- Schmidt, Manfred G., Sozialpolitik der DDR, Wiesbaden 2004.- Schneider, Ilona Katharina, Weltanschauliche Erziehung in der DDR. Normen – Praxis – Opposition. Eine kommentierte Dokumentation, Opladen 1995.- Scholz, Hannelore, Die DDR-Frau zwischen Mythos und Realität. Zum Umgang mit der Frauenfrage in der Sowjetischen Besatzungszone und der DDR von 1945–1989, Schwerin 1997.- Schroeder, Klaus, Der SED-Staat. [4.7].- Ders. (Hg.), Geschichte und Transformation des SED-Staates. Beiträge und Analysen, Berlin 1994.- Schroeder, Wolfgang, Industrielle Beziehungen in Ostdeutschland. Zwischen Transformation und Standortdebatte, in: APuZ 40/1996, 25–34.- Schultke, Dietmar, Das Grenzregime der DDR. Innenansichten der siebziger und achtziger Jahre, in: APuZ 50/1997, 43–53.- Ders.,»Keiner kommt hier durch«. Die Geschichte der innerdeutschen Grenze 1945–1990, Berlin 1999.- Schulze, Edeltraud (Hg.), DDR-Jugend. Ein statistisches Handbuch, Berlin 1995.- Sengespeick-Roos, Christa, Das ganz Normale tun. Widerstandsräume in der DDR-Kirche, Berlin 1997.- Siebs, Benno-Eide, Die Außenpolitik der DDR 1976–1989. Strategien und Grenzen, Paderborn 1999.- Siegmund, Jörg, Opfer ohne Lobby? Ziele, Strukturen und Arbeitsweise der Verbände der Opfer des DDR-Unrechts, Berlin 2004.- Skyba, Peter, Vom Hoffnungsträger zum Sicherheitsrisiko. Jugend in der DDR und Jugendpolitik der SED 1949–1991, Köln 2000.- Staadt, Jochen, Die SED im Bundestagswahlkampf 1986/87. Ein Fallbeispiel, in: Schroeder (Hg.) [5.6], 286–308.- Steiner, André, Die DDR-Wirtschaftsreform der sechziger Jahre. Konflikt zwischen Effizienz- und Machtkalkül, Berlin 1999.- Ders., Von Plan zu Plan. Eine Wirtschaftsgeschichte der DDR, München 2004.- Steininger, Rolf, 17. Juni 1953. Der Anfang vom langen Ende der DDR, München 2003.- Stephan, Gerd-Rüdiger/Herbel, Andreas/Knauss, Christine/Küchenmeister, Daniel/Nakath, Detlef (Hgg.), Die Parteien und Organisationen der DDR. Ein Handbuch, Berlin 2002.- Stern, Frank, Dogma und Widerspruch. SED und Stalinismus in den Jahren 1946–1958, München 1992.- Stokłosa, Katarzyna, Grenzstädte [5.3].- Stuhler, Ed, Margot Honecker. Eine Biografie, München 2005.- Suckut, Siegfried, Die LDP(D) in der DDR. Eine zeitgeschichtliche Skizze, in: APuZ 16–17/1996, 31–38.- Süß, Sonja, Politisch mißbraucht? Psychiatrie und Staatssicherheit in der DDR, Berlin 1998.- Süssmuth, Hans, Das Luther-Erbe in Deutschland. Vermittlung zwischen Wissenschaft und Öffentlichkeit, Düsseldorf 1985.- Tantzscher, Monika, Die verlängerte Mauer. Die Zusammenarbeit der Sicherheitsdienste der Warschauer-Pakt-Staaten bei der Verhinderung von»Republikflucht«, Berlin ²2001.- Dies.,»Maßnahme Donau und Einsatz Genesung«. Die Niederschlagung des Prager Frühlings 1968/69 im Spiegel der MfS-Akten, Berlin 1994.- Thieme, Frank, Die Sozialstruktur der DDR zwischen Wirklichkeit und Ideologie, Frankfurt/M. 1996.- Timmer, Karsten, Vom Aufbruch zum Umbruch. Die Bürgerbewegung in der DDR 1989, Göttingen 2000.- Timmermann, Heiner (Hg.), Das war die DDR. DDR-Forschung im Fadenkreuz von Herrschaft, Außenbeziehungen, Kultur und Souveränität, Münster 2004.- Ders. (Hg.), Die DDR. Analysen eines aufgegebenen Staates, Berlin 2001.- Ders. (Hg.), Die DDR. Erinnerung an einen untergegangenen Staat, Berlin 1999.- Ders. (Hg.), Die DDR. Politik und Ideologie als Instrument, Berlin 1999.- Ders. (Hg.), Die DDR in Deutschland. Ein Rückblick auf 50 Jahre, Berlin 2001.- Ders. (Hg.), Diktaturen in Europa im 20. Jahrhundert – der Fall DDR, Berlin 1996.- Torpey, John C., Intellectuals, Socialism and Dissent. The East German Opposition and Its Legacy, Minneapolis 1995.- Tůma, Oldřich, So rar wie ein »Trabant«. In der tschechischen Gesellschaft verblasst die Erinnerung an die DDR, in: ZdF 7 (1999), 24–29.- Uhl, Matthias/Wagner, Armin (Hgg.), Ulbricht, Chruschtschow und die Mauer. Dokumentation, München 2003.- Unverhau, Dagmar, Das »NS-Archiv« des Ministeriums für Staatssicherheit. Stationen einer Entwicklung, Münster 2004.- Vollnhals, Clemens, Das Ministerium für Staatssicherheit. Ein Instrument totaler Herrschaftsausübung, Berlin 1995.- Ders. (Hg.), Die Kirchenpolitik von SED und Staatssicherheit. Eine Zwischenbilanz, Berlin 1996.- Ders./Weber, Jürgen (Hgg.), Der Schein der Normalität. Alltag und Herrschaft in der SED-Diktatur, München 2002.- Wanitschke, Matthias, Methoden und Menschenbild des Ministeriums für Staatssicherheit der DDR, Köln 2001.- Weber, Hermann, DDR. Grundriß der Geschichte 1945–1981, Hannover 1984.- Ders (Hg.), Der SED-Staat. Neues über eine vergangene Diktatur, München 1994.- Ders., Die DDR 1945–1990, München ⁴2006.- Weidenfeld, Werner/Korte, Karl-Rudolf (Hgg.), Handbuch zur deutschen Einheit 1949–1989–1999, Bonn 1999.- Weihrich, Margit, Alltägliche Lebensführung im ostdeutschen Transformationsprozess, in: APuZ 12/1999, 15–26.- Wenzel, Otto, Die Protokollordnung der DDR. Ein Beitrag zur offiziellen und informellen Hierarchie des SED-Staates, in: ZdF 16 (2004), 132–135.- Wenzel, Siegfried, Plan und Wirklichkeit. Zur DDR-Ökonomie. Dokumentation und Erinnerung, St. Katharinen 1998.- Wenzke, Rüdiger, Die NVA und der Prager Frühling 1968. Die Rolle Ulbrichts und der DDR-Streitkräfte bei der Niederschlagung der tschechoslowakischen Reformbewegung, Berlin 1995.- Werkentin, Falco, Politische Strafjustiz in der Ära Ulbricht, Berlin 1995.- Wiards, Mathias, Krise im Realsozialismus. Die politische Ökonomie der DDR in den 80er Jahren, Hamburg 2001.- Widera, Thomas (Hg.), Pazifisten in Uniform. Die Bausoldaten im Spannungsfeld der SED-Politik 1964–1989, Göttingen 2004.- Wierling, Dorothee, Geboren im Jahr Eins. Der Jahrgang 1949 in der DDR. Versuch einer Kollektivbiographie, Berlin 2002.- Wiesenthal, Helmut, Die Transformation Ostdeutschlands. Ein (nicht ausschließlich) privilegierter Sonderfall der Bewältigung von Transformationsproblemen, in: Wollmann/Wiesenthal/Bönker (Hgg.) [6.], 134–159.- Wilke, Manfred, Die Streikbrecherzentrale. Der Freie Deutsche Gewerkschaftsbund (FDGB) und der 17. Juni 1953, Münster 2004.- Wittkowski, Joachim, Die DDR und Biermann. Über den Umgang mit kritischer Intelligenz. Ein gesamtdeutsches Resümee, in: APuZ 20/1996, 37–45.- Wolle, Stefan, Die heile Welt der Diktatur. Alltag und Herrschaft in der DDR 1971–1989, Berlin 1998.- Ders., Die versäumte Revolte. Die DDR und das Jahr 1968, in: APuZ 22–23/2001, 37–46.- Wünsche, Wolfgang (Hg.), Rührt Euch! Die Geschichte der NVA, Berlin 1998.- Zimmering, Rina, Mythen in der Politik der DDR. Ein Beitrag zur Erforschung politischer Mythen, Opladen 2000.- Zur Mühlen, Patrik von, Aufbruch und Umbruch in der DDR. Bürgerbewegungen, kritische Öffentlichkeit und Niedergang der SED-Herrschaft, Bonn 2000.

5.7 Vom Stalinismus über den Nationalkommunismus zur »unvollendeten Revolution«: Rumänien

Abraham, Florin, Societatea civilă din România. De la totalitarism la democraţie [Die Zivilgesellschaft in Rumänien. Vom Totalitarismus in die Demokratie], in: Arhivele Totalitarismului 13 (2005), 48–49; 176–184.- Aligica, Paul Dragos, Operational Codes, Institutional Learning and the Optimistic Model of Post-Communist Social Change. Conceptual Criticism and Empirical Challenges from a Romanian Case Study, in: Communist Post-Communist Stud 36 (2003), 87–99.- Azoitei, Mihaela, Totalitarism si rezistenta în România comunista. Cazul Goma [Totalitarianism and Resistance in Communist Romania. The Goma Case], Bucureşti 2001.- Bădescu, Gabriel/Sum, Paul/Uslaner, Eric M., Civil Society Development and Democratic Values in Romania and Moldova, in: EEPS 18 (2004), 316–341.- Bergel, Hans, Literaturgeschichte der Deutschen in Siebenbürgen, Thaur 1988.- Boia, Lucian, Geschichte und Mythos. Über die Gegenwart des Vergangenen in der rumänischen Geschichte, Köln 2003.- Ders., Historische Wurzeln der politischen Kultur Rumäniens, in: APuZ 27/2006, 13–20.- Ders., Romania. Borderland of Europe, London 2001.- Câmpeanu, Pavel, Ceauşescu, anii numărătorii inverse [Ceauşescu in den Jahren der umgekehrten Zählung], Bucureşti 2002.- Cătănuş, Ana-Maria, Divergenţele româno-sovietice din C.A.E.R. şi consecinţele lor asupra politicii externe a României 1962–1963 [Die rumänisch-sowjetischen Meinungsunterschiede im COMECON und die Schlussfolgerungen für die rumänische Außenpolitik 1962–1963], in: Arhivele Totalitarismului 13 (2005), 48–49; 77–98.- Ders., Forme de disidenţă în România în anii '70. Paul Goma şi mişcarea pentru drepturile omului [Die Formen der Dissidenz in Rumänien in den 70er Jahren. Paul Goma und die Bewegung für die Menschenrechte], in: Arhivele Totalitarismului 13 (2005), 48–49; 99–122.- Cernat, Paul/Manolescu, Ion/Mitchievici, Angelo/Stanomir, Ion, Explorări în comunismul românesc [Erforschungen des rumänischen Kommunismus], 2 Bde., Bucureşti 2004/05.- Dies., O lume dispărută. Patru istorii personale urmate de un dialog cu H.-R. Patapievici [Eine verschwundene Welt. Vier persönliche Geschichten und ein Gespräch mit H.-R. Patapievici], Bucureşti 2004.- Chelcea, Liviu/Lăţea, Puia, România profundă în comunism. Dileme identitare, istorie locală şi economie secundară la Sântana [Das wahre Rumänien im Kommunismus. Identitätsdilemmata, örtliche Geschichte und die untergeordnete Rolle der Wirtschaft in Sântana], Bucureşti 2000.- Deletant, Dennis, Ceauşescu and the Securitate (1965–1989), London 1995.- Ders., Communist Terror in Romania. Gheorghiu-Dej and the Police State 1948–1965, London 1999.- Ders., Romania and the Warsaw Pact 1955–1989, Washington 2004.- Ders., Romania Under Communist Rule, Bucharest 1998.- Dziemidok-Olszewska, Bożena, System polityczny Rumunii [Das politische System Rumäniens], in: Sokoł/Żmigrodzki (Hgg.) [5.2], 433–459.- Gabanyi, Anneli U., Systemwechsel in Rumänien. Von der Revolution zur Transformation, München 1998.- Gledhill, John, States of Contention. State-Led Political Violence in Post-Socialist Romania, in: EEPS 19 (2005), 76–104.- Heller, Wilfried, Innenansichten aus dem postsozialistischen Rumänien. Sozioökonomische Transformation, Migration und Entwicklungsperspektiven im ländlichen Raum, Berlin 1999.- Ders./Jordan, Peter/Kahl, Thede/Sallanz, Josef (Hgg.), Ethnizität in der Transformation. Zur Situation nationaler Minderheiten in Rumänien, Münster 2006.- Iliescu, Ion, Aufbruch nach Europa. Rumänien – Revolution und Reform 1989 bis 1994, Köln 1995.- Kunze, Thomas, Nicolae Ceauşescu. Eine

Biographie, Berlin ²2000.- Langhoff, Gisela, Rumänien seit Ceauşescus Sturz. Eine Chance für die Menschenrechte?, in: Zeitgeschichte 25 (1998), 134–143.- Leiße, Olaf, *Rumänien und Bulgarien* vor dem EU-Beitritt, in: APuZ 27/2006, 6–13.- Mihok, Brigitte, *Rumänien* und seine Nachbarstaaten, in: OWEP 3 (2002), 186–193.- Dies., Vergleichende Studie zur Situation der Minderheiten in Ungarn und Rumänien (1989–1996) unter besonderer Berücksichtigung der Roma, Frankfurt/ M. 1999.- Murgescu, Bogdan, *Geschichte* im Transformationsprozess. Rumänien. Politische und institutionelle Rahmenbedingungen nach der Wende, in: Altrichter (Hg.) [5.0], 237–260.- Muzeul Taranului, Roman, LXXX. Mârturii oralei. Anii '80 şi bucureştenii [Mündliche Erzählungen. Die 80er Jahre und die Bukarester], Bucureşti 2003.- Oprea, Marius, The Legacy of the Securitate, Weimar 2003.- Oschlies, Wolf, Aufarbeitung der kommunistischen Vergangenheit in Rumänien. Bd. 2, Köln 1998.- Ders., *Ceauşescus Schatten* schwindet. Politische Geschichte 1988–1998, Köln 1998.- Pacepa, Ion, Red Horizons, London 1989.- Petrescu, Cristina, *Romania*, in: Pollack/Wielgohs (Hgg.) [5.0], 141–160.- Dies./Petrescu, Dragoş, How Communism Turned into History. Vladimir Tismăneanu as Historian of Romanian Communism, in: Studia Politica. Romanian Political Science Review 5 (2005), 727–732.- Schenk, Annemie, Deutsche in Siebenbürgen. Ihre Geschichte und Kultur, München 1992.- Schweisfurth, Theodor, Der Freundschaftsvertrag DDR – Rumänien vom 12. Mai 1972, in: Außenpolitik 23 (1972), 469–479.- Sienerth, Stefan, *»Dass ich in diesen Raum hineingeboren wurde«*. Gespräche mit deutschen Schriftstellern aus Südosteuropa, München 1997.- Sterbling, Anton, Ethnische Probleme in Rumänien, Hamburg 1995.- Ders., Intellektuelle, Eliten, Institutionenwandel. Untersuchungen zu Rumänien und Südosteuropa, Hamburg 2001.- Stoenescu, Alex Mihai, Istoria Loviturilor de Stat în România, vol. 4 (I; II):»Revolutia din decembrie 1989« – o tragedie românească [Geschichte der Staatsstreiche in Rumänien. Bd. 4: »Dezemberrevolution 1989« – eine rumänische Tragödie], Bukarest 2005.- Stoica, Cătălin Augustin, From Good Communists to Even Better Capitalists? Entrepreneurial Pathways in Post-Socialist Romania, in: EEPS 18 (2004), 236–277.- Tismăneanu, Vladimir, *Stalinism* for all Seasons. A Political History of Romanian Communism, Berkeley 2003.- Ders., Understanding National Stalinism. Reflections on Ceauşescu's Socialism, in: Communist Post-Communist Stud 32 (1999), 155–173.- Verseck, Keno, *Rumänien*, München 2001.- Weiß, Peter Ulrich, Der Abzug der sowjetischen Soldaten aus Rumänien 1958, in: Osteuropa 49 (1999), 616–629.- Ders., Zwei Regime – ein System. Gewaltherrschaft in Rumänien 1944–1989, in: Osteuropa 50 (2000), 683–697.- Zach, Krista, Rumänien im Brennpunkt. Sprache und Politik, Identität und Ideologie im Wandel, München 1998.

5.8 Partisanenmythos, Sonderweg und Katastrophe: Jugoslawien

Agh, Attila, Processes of Democratization in the East Central European and Balkan States. Sovereignty-Related Conflicts in the Context of Europeanization, in: Communist Post-Communist Stud 32 (1999), 263–279.- Barišić, Marija, Zwei Flüsse als Symbole des Tito-Jugoslawien, in: OWEP 5 (2004), 220–223.- Bebler, Anton, Bosnien und Herzegowina nach Dayton. Vergangenheit, Gegenwart und Zukunft, in: Europäische Rundschau 34 (2006), 101–124.- Bernik, Ivan, *Slovenia*, in: Pollack/Wielgohs (Hgg.) [5.0], 207–230.- Bethke, Carl/Sundhaussen, Holm, *Zurück zur alten*»Übersichtlichkeit«? Geschichte in den jugoslawischen Nachfolgekriegen 1991–2000, in: Altrichter (Hg.) [5.0], 205–218.- Büschenfeld, Herbert, Außenwirtschaftliche Entwicklungstendenzen in den Nachfolgestaaten Jugoslawiens, in: Osteuropa 49 (1999), 272-284.- Calic, Marie-Janine, Die Jugoslawienpolitik des Westens seit Dayton, in: APuZ 34/1999, 22-32.- Carey, Henry F./Raciborski, Rafal, Postcolonialism. A Valid Paradigm for the Former Sovietized States and Yugoslavia?, in: EEPS 18 (2004), 191-235.- Dahlmann, Dittmar, Deutsch-jugoslawische Wirtschaftsbeziehungen in den 1950er und 1960er Jahren, Bonn 2004.- Daxner, Michael/Jordan, Peter/Leifer, Paul (Hgg.), Bilanz Balkan, München 2005.- Džaja, Srećko, Die politische Realität des Jugoslawismus (1918-1991). Mit besonderer Berücksichtigung Bosnien-Herzegowinas, München 2002.- Friedman, Francine, Bosnia and Herzegovina. A Polity on the Brink, London 2004.- Goati, Vladimir (Hg.), Elections to the Federal and Republican Parliaments of Yugoslavia (Serbia and Montenegro), Berlin 1998.- Heidelberger, Bruno, Jugoslawiens Auseinandersetzung mit dem Stalinismus. Historische Voraussetzungen und Konsequenzen, Frankfurt/M. 1989.- Ihme-Tuchel, Beate, Das Bemühen der SED um staatliche Anerkennung durch Jugoslawien 1956/57, in: ZfG 42 (1994), 695-702.- Iveljić, Iskra, Cum ira et studio. Geschichte und Gesellschaft Kroatiens in den 1990er Jahren, in: Altrichter (Hg.) [5.0], 191-204.- Koschnick, Hans, »Ethnisch gesäubert!?« Bosnien-Herzegowina, Kroatien und Serbien nach dem Daytoner Abkommen, in: Zeitgeschichte 25 (1998), 109-121.- Meurs, Wim van, Den Balkan integrieren. Die europäische Perspektive der Region nach 2004, in: APuZ 10-11/2003, 34-39.- Moritsch, Andreas (Hg.), Den Anderen im Blick. Stereotype im ehemaligen Jugoslawien, Frankfurt/M. 2002.- Oschlies, Wolf, Zur Haltung der südosteuropäischen Staaten im Kosovo-Konflikt, in: APuZ 34/1999, 11-21.- Popovic, Tanja, Die Mythologisierung des Alltags. Kollektive Erinnerungen, Geschichtsbilder und Vergangenheitskultur in Serbien und Montenegro seit Mitte der 1980er Jahre, Zürich 2003.- Reljić, Dušan, Das politische System von Serbien-Montenegro, in: Ismayr (Hg.) [5.0], 727-738.- Reuter, Jens, Die Entstehung des Kosovo-Problems, in: APuZ 34/1999, 3-10.- Spehnjak, Katarina/Cipek, Tihomir, Croatia, in: Pollack/Wielgohs (Hgg.) [5.0], 185-207.- Sundhaussen, Holm, Experiment Jugoslawien. Von der Staatsgründung bis zum Staatszerfall, Mannheim 1993.- Waldenberg, Marek, Rozbicie Jugosławii. Jugosłowiańskie lustro międzynarodowej polityki. Tom I 1991-2002; Tom II 2002-2004 [Der Zusammenbruch Jugoslawiens. Der jugoslawische Spiegel der internationalen Politik. Bd. 1: 1991-2002; Bd. 2: 2002-2004], Warszawa 2005.- Williams, John, Legitimacy in International Relations and the Rise and Fall of Yugoslavia, Basingstoke 1998.- Zakošek, Nenad, Das politische System Kroatiens, in: Ismayr (Hg.) [5.2], 677-726.

5.9 Bulgarien – Moskaus treuester Satellit und seine späte Rückkehr nach Europa

Atanasova, Ivanka Nedeva, Lyudmila Zhivkova and the Paradox of Ideology and Identity in Communist Bulgaria, in: EEPS 18 (2004), 278-315.- Bojkov, Viktor D., Bulgaria's Turks in the 1980s. A Minority Endangered, in: Journal of Genocide Research 6 (2004), 343-39.- Ders., Neither Here, Not There. Bulgaria and Romania in Current European Politics, in: Communist Post-Communist Stud 37 (2004), 509-522.- Brahm, Heinz, Die erste antikommunistische Regierung in Bulgarien, Köln 1998.- Ders., Überwindung der Folgen der kommunistischen Diktatur in Bulgarien, Köln 1997.- Colmenero, Manuel Roblizo, Bulgaria. Cambio social y transición a la democracia [Bulgarien. Sozialer Wandel und die Transition in die Demo-

kratie], Madrid 2001.- Creed, Gerald, The Politics of Agriculture. Identities and Socialist Sentiment in Bulgaria, in: SR 54 (1995), 843–868.- Dimitroff, Georgi, Tagebücher 1933–1943, Berlin 2000.- Ganev, Georgy, Where Has Marxism Gone?
Gauging the Impact of Alternative Ideas in Transition Bulgaria, in: EEPS 19 (2005),
443–462.- Ganev, Venelin, History, Politics, and the Constitution. Ethnic Conflict
and Constitutional Adjudication in Postcommunist Bulgaria, in: SR 63 (2004), 66–
89.- Georgiev, Ivo, Zum Wandel der gesellschaftspolitischen Leitbilder in Bulgari-
en während der sechziger und siebziger Jahre, in: PBfZS 28/29 (2003), 94–101.-
Höpken, Wolfgang (Hg.), Revolution auf Raten – Bulgariens Weg zur Demokratie,
München 1996.- Jackowicz, Jerzy, Bułgaria od rządów komunistycznych do demo-
kracji parlamentarnej (1988–1991) [Bulgarien von der kommunistischen Regierung
zur parlamentarischen Demokratie (1988–1991)], Warszawa 1992.- Melone, Albert
P., Creating Parliamentary Government. The Transition to Democracy in Bulgaria,
Columbus 1998.- Ders., The Struggle for Judicial Independence and the Transition Toward Democracy in Bulgaria, in: Communist Post-Communist Stud 29
(1996), 231–243.- Opfer, Björn, Die bulgarisch-orthodoxe Kirche zwischen Gleichschaltung und Vergangenheitsbewältigung, in: HfSGLP 18 (2006), 43–58.- Ośrodek Studiów Wschodnich (Hg.), Problem lustracji [5.2].- Petrova, Dimitrina, Bulgaria, in: Pollack/Wielgohs (Hgg.) [5.0], 161–180.- Riedel, Sabine, Die bulgarischen
Parlamentswahlen vom 17. Juni 2001. Mit dem Ex-Zaren aus der sozialen und wirtschaftlichen Krise?, Berlin 2001.- Schönfelder, Bruno (Hg.), Problems of Privatiza-
tion in Bulgaria, München 1997.- Szmulik, Bogumił/Żmigrodzki, Marek, System
polityczny Bułgarii [Das politische System Bulgariens], in: Sokoł/Żmigrodzki
(Hgg.) [5.0], 161–183.- Todorov, Nikolaj T., The Ambassador as Historian. An Eye-
witness Account of Bulgarian-Greek Relations in the 1980s, New Rochelle 1999.-
Troebst, Stefan, Die bulgarisch-jugoslawische Kontroverse um Makedonien 1967–
1982, München 1983.- Vankov, Borislav, Die Absetzung Todor Živkovs. Der Umbruch in Bulgarien 1989, in: Osteuropa 49 (1999), 1033–1042.- Wien, Markus, Die
bulgarische Monarchie. Politisch motivierte Revision eines Geschichtsbildes in der
Transformationsgesellschaft, in: Altrichter (Hg.) [5.0], 219–237.

5.10 Konservierter Stalinismus und problematischer Systemwechsel: Albanien

Albanien baut den Sozialismus auf! Hg. von der Landwirtschaftsausstellung der
DDR, Abt. Agrarpropaganda, Leipzig 1959.- Bartl, Peter, Albanien, Regensburg
1995.- Biberaj, Elez, Albania. A Socialist Maverick, San Francisco 1980.- Dziak,
Waldemar Jan, Albania między Belgradem, Moskwą i Pekinem [Albanien zwischen
Belgrad, Moskau und Peking], Warszawa 1991.- Finger, Zuzana, Albanien im Jahr
fünf der Demokratisierung. Eine Bilanz der politischen Verfolgung, in: Zeitgeschichte 25 (1998), 122–133.- Hall, Derek, Albania and the Albanians, London
1994.- Halliday, Jon (Hg.), The Artful Albanian. The Memoirs of Enver Hoxha,
London 1986.- Kabashi, Hil, Albaner auf der Suche nach eigener Identität, in: Ost-
West Informationsdienst 3 (1998), 26–31.- Jordan, Peter/Kaser, Karl/Lukan, Wal-
ter/Schwandner-Sievers, Stephanie/Sundhaussen, Holm, Albanien. Geographie –
Historische Anthropologie – Geschichte – Kultur – Postkommunistische Tansfor-
mation, Wien 2003.- Kohl, Christine von, Die Albaner und ihre Religionen, in:
OWEP 2 (2001), 188–196.- Kola, Paulin, The Search for Greater Albania, London
2003.- Kosta, Barbara (Hg.), Albania's Democratic Elections 1991–1997. Analyses,
Documents and Data, Berlin 2004.- Nève, Dorothée de, Sozialdemokratische und

sozialistische Parteien in Südosteuropa. Albanien, Bulgarien, Rumänien 1989–1997, Opladen 2002.- O'Donnell, James S., A Coming of Age. Albania Under Enver Hoxha, Boulder 1999.- Schmidt-Neke, Michael, *Das politische System Albaniens*, in: Ismayr (Hg.) [5.0], 805–864.- Tönnes, Bernhard, Sonderfall Albanien. Enver Hoxhas »eigener Weg« und die historischen Ursprünge seiner Ideologie, München 1980.

6. Mittel-, Ostmittel- und Südosteuropa nach 1989 – Systemtransformationen und Vergangenheitsaufarbeitung

Achiezer, Aleksandr/Kljamkin, Igor/Jakovenko, Igor, *Istorija Rossii* – konec ili novoe načalo? [Die Geschichte Russlands – das Ende oder Neuanfang?], Moskva 2005.- Ackermann, Bruce A., *The Future* of Liberal Revolution, New Haven 1992.- Adam, Jan, Social Costs of Transformation to a Market Economy in Post-Socialist Countries. The Case of Poland, the Czech Republic, and Hungary, Basingstoke 1999.- Altrichter (Hg.) [5.0].- Antoszewski, Andrzej, Wzorce rywalizacji politycznej we współczesnych demokracjach europejskich [Muster politischer Rivalitäten in den zeitgenössischen europäischen Demokratien], Wrocław 2004.- Archivo Histórico Provincial de Guadalajara (Hg.), *La Transición* [2.9].- Arieli, Yehoshua/Rotenstreich, Nathan, Totalitarian Democracy and After, London 2002.- Backes, Uwe, *Herrschaftsstrukturen*, Transitionspfade und Demokratiekonsolidierung. Die östlichen deutschen Länder und Polen im Vergleich (2005, Manuskript).- Ders., *Organisierte Extremismen* im vereinten Deutschland – Gefahrenpotentiale im Vergleich, in: TD 1 (2004) 1, 77–107.- Ders., Politische Extreme. Eine Wort- und Begriffsgeschichte von der Antike bis in die Gegenwart, Göttingen 2006.- Ders./Courtois, Stéphane (Hgg.), *»Ein Gespenst geht um in Europa«.* Das Erbe kommunistischer Ideologien, Köln 2002.- Barahona de Brito, Alexandra/Aquilar Fernández, Paloma/González Enríquez, Carmen (Hgg.), *The Politics of Memory.* Transitional Justice in Democratizing Societies, Oxford 2001.- Baske, Siegfried/Beneš, Milan/Riedel, Rainer, Der Übergang von der marxistisch-leninistischen zu einer freiheitlich-demokratischen Bildungspolitik in Polen, in der Tschechoslowakei und in Ungarn, Wiesbaden 1991.- Beichelt, Timm, Demokratie und Konsolidierung im postsozialistischen Europa, in: Bendel/Croissant/Rüb (Hgg.) [5.5], 183–198.- Ders., *Demokratische Konsolidierung* im postsozialistischen Europa. Die Rolle der politischen Institutionen, Opladen 2001.- Besier, Gerhard, *»Wir«* und *»die anderen«.* Zur Entstehung von Vorurteilen und Feindbildern, in: Ders./Stokłosa (Hgg.) [2.6], 13–28.- Ders. (Hg.), Zwischen »nationaler Revolution« [2.6].- Ders./Lindemann, *Im Namen der Freiheit* [2.3].- Best, Heinrich/Becker, Ulrike (Hgg.), *Elites in Transition.* Elite Research in Central and Eastern Europe, Opladen 1997.- Beyme, Klaus von, *Systemwechsel* in Osteuropa, Frankfurt/M. 1994.- Bohle, Dorothee, Europas neue Peripherie. Polens Transformation und transnationale Integration, Münster 2001.- Boix, Carles/Stokes, Susan, *Democratization*, in: World Politics 55 (2003), 517–549.- Borkos, Lajos, The Fight Between Oligarchy and Democracy in Transitional Societies, in: The Analyst. Central and Eastern European Political and Economic Review, Budapest 2005, 5–26.- Bozóki, András/Ishiyama, John T., *The Communist Successor Parties* of Central and Eastern Europe, Armonk 2002.- Bradatan, Costica, A Time of Crisis – A Crisis of (the Sense of) Time. The Political Production of Time in Communism and Its Relevance for the Postcommunist Debates, in: EEPS 19 (2005), 260–290.- Bress, Ludwig, Langfristige Ursachen der Transformation von politischen und ökonomischen Ordnungen, in: Deutsche Studien 125 (1995), 5–43.- Brunner, Georg (Hg.), Politische und ökonomische Transformation in Osteuropa, Berlin ³2000.- Brunetti, Aymo/Kisunko, Gregory/Weder, Beatrice, *Institutions in Transition*. Reliability of Rules and Economic Performance in Former Socialist Countries. World Bank Policy Research Working Paper, No. 1809, Washington 1997.- Brzechczyn, Krzysztof, Ścieżki transformacji. Ujęcia teoretyczne i opisy empiryczne [Wege der Transformation. Theoretische Begriffe und empirische Beschreibungen], Poznań 2003.- Bull, Martin J./Ingham, Mike (Hgg.), Reform of the Socialist System in Central and Eastern Europe, New York 1998.- Bunce, Valerie, The National Idea. Imperial Legacies and Post-Communist Pathways in Eastern Europe, in: EEPS 19 (2005), 406–442.- Carey, Henry (Hg.), National Reconciliation in Eastern Europe, New York 2003.- Cornelissen, Christoph, Nationale Erinnerungskulturen seit 1945 im Vergleich, in: Ders./Klinkhammer, Lutz/Schwentker, Wolfgang (Hgg.), Erinnerungskulturen. Deutschland, Italien und Japan seit 1945, Frankfurt/M. 2003, 9–27.- Corni, Gustavo/Sabrow, Martin (Hgg.), Die Mauern der Geschichte. Historiographie in Europa zwischen Diktatur und Demokratie, Leipzig 1996.- Cox, Terry/Mason, Bob, Social and Economic Transformation in East Central Europe. Institutions, Property Relations and Social Interests, London 1999.- Dahl, Robert A., *On Democracy*, New Haven 1998.- Dawisha, Karen/Ganey, Venelin I., The Role of Ideas in Post-Communist Politics. A Reevaluation, in: EEPS 19 (2005), 339–342.- Deshchytsia, Andrii, Post-Communist Transitions. The Rise of Multi-Party Systems in Poland and Ukraine, Seattle 1996.- Diamond, Larry, Developing Democracy. Toward Consolidation, Baltimore 1999.- Dudek, Antoni, *Die polnische Geschichtsschreibung* und die Erinnerung an die Volksrepublik Polen, in: Bensussan/Dakowska/Beaupré (Hgg.) [5.3], 213–227.- Eckstein, Harry/Fleron, Frederick/Hoffmann, Erik/Reisinger, William (Hgg.), *Can Democracy Take Root* in Post-Soviet Russia? Explorations in State-Society Relations, London 1998.- Eisenstadt, Shmuel S., *The Breakdown* of Communist Systems, in: Daedalos 2 (1992), 34–39.- Elo, Kimmo/Ruutu, Katja (Hgg.), *Russia and the CIS*. Janus-Faced Democracies, Saarijärvi 2005.- Gardner, Hall/Schaffer, Elinore/Kobtzeff, Oleg (Hgg.), Central and Southeastern Europe in Transition. Perspectives on Success and Failure Since 1989, Westport 2000.- Elster, Jon/Offe, Claus/Preusse, Ulrich K. (Hgg.), Institutional Design in Postcommunist Societies, Cambridge 1998.- Fleschenberg, Andrea, Vergangenheitsaufklärung durch Aktenöffnung in Deutschland und Portugal, Münster 2004.- Fowkes, Ben, The Post-Communist Era. Changing and Continuity in Eastern Europe, Basingstoke 1999.- François, Etienne/Schulze, Hagen (Hgg.), Where Does German Memory Lie? Deutsche Erinnerungsorte, 3 Bde., München 2001.- Freedom House, *Freedom in the World 2005*, New York 2005.- Freedom House, *Nations in Transit 1999–2000*, New York 2000.- Freedom House, *Nations in Transit 2006*, New York 2006.- Gabanyi, Anneli Ute, *Die Wahlen* in Rumänien, in: Südosteuropa 39 (1990), 405–428.- Gaddis, John L., We Now Know. Rethinking Cold War History, Oxford 1997.- Gasiorowski, Mark Joseph, *Economic Crisis* and Political Change. An Event History Analysis, in: APSR 89 (1995), 882–897.- Genov, Nikolai (Hg.), Continuing Transformation in Eastern Europe, Berlin 2000.- Gill, Graeme, *Democracy and Post-Communism*. Political Change in the Post-Communist World, Abingdon 2002.- Girón, José/García Álvarez, Manuel (Hgg.), *La transición democrática* en el centro y este de Europa, 2 tomos [Die demokratische Transition in Zentral- und Osteuropa, 2 Bde.], Oviedo 1997.- Gluchowski, Peter/Zelle, Carsten, *Demokratisierung* in Ostdeutschland – Aspekte der politischen

Kultur in der Periode des Systemwechsels, in: Gerlicht, Peter/Plasser, Fritz/Ulram, Peter A. (Hgg.), Regimewechsel – Demokratisierung und politische Kultur in Ost-Mitteleuropa, Wien 1992, 231–274.- Goehring, Jeannette/Schnetzer, Amanda (Hgg.), Nations in Transit 2005. Democratization in East Central Europe and Eurasia, Lanham 2005.- Golosov, Grigorii, Modes of Communist Rule. Democratic Transition and Party System Formation in Four East European Countries, Seattle ²2000.- Gyáni, Gábor, Political Uses of Tradition in Postcommunist East Europe, in: Social Research 60 (1993), 893–915.- Heywood, Paul, The Emergence of New Power Systems and Transitions to Democracy. Spain in Comparative Perspective, in: Pridham, Geoffrey/Lewis, Paul G. (Hgg.), Stabilising Fragile Democracies. Comparing New Party Systems in Southern and Eastern Europe, London 1996, 145–166.- Higley, John/Lengyel, György (Hgg.), Elites After State Socialism, Theories and Analysis, Lanham 2000.- Ders./Pakulski, Jan/Wesołowski, Włodzimierz (Hgg.), Postcommunist Elites and Democracy in Eastern Europe, Basingstoke 1998.- Höpken, Wolfgang, Die Wahlen in Bulgarien. Ein Pyrrhus-Sieg für die Kommunisten?, in: Südosteuropa 39 (1990), 429–457.- Hoppe, Hans-Joachim, Albanien im Umbruch. Wandel in der politischen Szene, in: Südosteuropa 41 (1992), 1–27.- Huntington, Samuel P., The Third Wave. Democratization in the Late Twentieth Century, Norman 1993.- Ishiyama, John T. (Hg.), Communist Successor Parties in Post-Communist Politics, Huntington 1999.- Ders./Shafqat, Sahar, Parties Identity Change in Post-communist Politics. The Cases of the Successor Parties in Hungary, Poland and Russia, in: Communist Post-Communist Stud 35 (2002), 39–50.- Ders./Velten, Matthew, Presidential Power and Democratic Development in Post-Communist Politics, in: Communist Post-Communist Stud 31 (1998), 217–233.- Ismayr (Hg.) [5.0].- Jabłoński, Andrzej, Totalitarianism and the Challenge of Democracy, Wrocław 1992.- Jajeśniak-Quast, Dagmara, Unverzichtbar, aber unbeliebt. Das Problem des »Fremdkapitals« in den polnischen Parteiprogrammen des »nationalen Lagers« in der Zwischenkriegszeit und heute, in: Dies./Lorenz/Müller/Stokłosa (Hgg.) [5.0], 112–120.- Jacobs, Jörg, Facetten sozialer Ungleichheit, in: Pickel/Pollack/Jacobs/Müller (Hgg.) [6.], 97–122.- Ders., Tücken der Demokratie. Antisystemeinstellungen und ihre Determinanten in sieben post-kommunistischen Transformationsländern, Wiesbaden 2004.- Jesse, Eckhard, Totalitarismus im 20. Jahrhundert, Baden-Baden 1996.- Kaase, Max/Eisen, Andreas, Politisches System, Opladen 1996.- Kapstein, Ethan B./Mandelbaum, Michael (Hgg.), Sustaining the Transition. The Social Safety Net in Postcommunist Europe, New York 1997.- Karl, Terry L./Schmitter, Philippe C., Modes of Transition in Latin America, Southern and Eastern Europe, in: International Social Science Journal 128 (1991), 269–284.- Kautsky, John H., Polarisierung, Republikaner und »Evangelicals« in der amerikanischen Politik, in: Sozial.Geschichte 20 (2005), 85–94.- Keghel, Isabelle de/Maier, Robert (Hgg.), Auf den Kehrichthaufen der Geschichte? Der Umgang mit der sozialistischen Vergangenheit, Hannover 1999.- Kershaw, Ian, Totalitarianism Revisited. Nazism and Stalinism in Comparative Perspective, in: TAJB 23 (1994), 23–40.- Khazanov, Anatoly M., What Went Wrong? Post-Communist Transformations in Comparative Perspective, in: Brudny, Yitzhak/Frankel, Jonathan/Hoffman, Stefanie (Hgg.), Restructuring Post-Communist Russia, Cambridge 2004, 21–51.- Kitschelt, Herbert, Die Entwicklung post-sozialistischer Parteisysteme, in: Wollmann/Wiesenthal/Bönker (Hgg.) [6.], 475–505.- Klundt, Michael, (Hg.), Heldenmythos und Opfertaumel. Der Zweite Weltkrieg und seine Folgen im deutschen Geschichtsdiskurs, Köln 2004.- Köhler, Horst/Fries, Steven, Zehn Jahre Transformation in Osteuropa. Zukünftige Herausforderungen und die Rolle der Europäischen Bank für Wiederaufbau und Entwicklung, in: Osteuropa 50 (2000), 3–10.- König, Helmut/Kohlstruck, Michael/Wöll, Andreas (Hgg.), Vergangenheitsbewältigung am Ende des 20. Jahrhunderts, Opladen 1998.- Koselleck, Reinhart, Die Transformation der politischen Totenmale im 20. Jahrhundert, in: Transit 22 (2001/2002), 59–144.- Kostelecký, Tomáš, *Political Parties* After Communism. Developments in East-Central Europe, Washington, D.C. 2002.- Kroll, Frank-Lothar/Niedobitek, Matthias (Hgg.), Vertreibung und Minderheitenschutz in Europa, Berlin 2005.- Lane, David/Ross, Cameron, The Transition from Communism to Capitalism. Ruling Elites from Gorbachev to Yeltsin, Basingstoke 1999.- Lauth, Hans-Joachim, *Demokratie und Demokratiemessung*. Eine konzeptionelle Grundlegung für den interkulturellen Vergleich, Wiesbaden 2004.- Lemke, Christiane, Nachholende Mobilisierung. Demokratisierung und politischer Protest in postkommunistischen Gesellschaften, in: APuZ 5/1997, 29–37.- Lindner, Rainer, *Wohin steuert Putins Russland*. Staatskapitalismus und Großmachtanspruch. Ein Szenario bis 2015 (SWP-Studie), Berlin 2005.- Linz, Juan J., *Demokratisierung* und Demokratietypen – neue Aufgaben für Komparatisten, in: Backes/Jesse (Hgg.), Extremismus & Demokratie 10 (1998), 81–96.- Ders., *Transition to Democracy*, in: The Washington Quarterly 13 (1990), 143–164.- Ders./Stepan, Alfred (Hgg.), *The Breakdown* of Democratic Regimes, 4 Bde., Baltimore 1978.-Dies., *Problems of* Democratic Transition and Consolidation. Southern Europe, South America, and Post-Communist Europe, Baltimore 1996.- Maćków, Jerzy, Die Voraussetzungen demokratischer Entwicklung in Mittel-, Nordost-, Südost- und Osteuropa, in: APuZ 3–4/1999, 3–17.- Markowski, Radoslaw, Political Parties and Ideological Spaces in East Central Europe, in: Communist Post-Communist Stud 30 (1997), 221–254.- McFaul, Michael/Petrov, Nikolai/Ryabov, Andrej, *Between Dictatorship and Democracy*. Russian Post-Communist Political Reform, Washington, D.C. 2004.- Meier, Christian, Transformation der Außenwirtschaftspolitik. Zur Wechselbeziehung von EU-Integration und regionaler Kooperation der Staaten Ostmitteleuropas, in: APuZ 30–31/1997, 23–30.- Merkel, Wolfgang, *Systemtransformation*. Eine Einführung in die Theorie und Empirie der Transformationsforschung, Opladen 1999.- Ders., *Theorien der Transformation*. Die demokratische Konsolidierung postautoritärer Gesellschaften, in: Beyme, Klaus von/Offe, Claus (Hgg.), Politische Theorien in der Ära der Transformation, Opladen 1996, 30–58.- Ders., *Totalitäre Regimes*, in: TD 1 (2004), 183–201.- Ders./Puhle, Hans-Jürgen, Von der Diktatur zur Demokratie. Transformationen, Erfolgsbedingungen, Entwicklungspfade, Opladen 1999.- Meyer, Gerd, »Zwischen Haben und Sein«. Psychische Aspekte des Transformationsprozesses in postkommunistischen Gesellschaften, in: APuZ 5/1997, 17–28.- Miller, William L./White, Stephen/Heywood, Paul, Values and Political Change in Postcommunist Europe, Basingstoke 1998.- Mommsen, Margareta (Hg.), Nationalismus in Osteuropa. Gefahrvolle Wege in die Demokratie, München 1992.- Mongardini, Carlo/de Finis, Giorgio (Hgg.), Le trasformazioni del politico. Sezione Teorie Sociologiche e Trasformazioni Sociali dell´Associazione Italiana di Sociologia [Die Transformation der Politiken. Sektion »soziologische Theorien und soziale Transformationen« des italienischen Soziologie-Verbandes], Roma 1996.- Motyl, Alexander J., *Communist Legacies* and New Trajectories. Democracy and Dictatorship in the Former Soviet Union and East Central Europe, in: Brudny, Yitzhak/Frankel, Jonathan/Hoffman, Stefanie (Hgg.), Restructuring Post-Communist Russia, Cambridge 2004, 52–67.- Mudde, Cas, Racist Extremism in Central and Eastern Europe, in: EEPS 19 (2005), 161–184.- Müller, Klaus, *»Countries in Transition«.* Entwicklungspfade der osteuropäischen Transformation, in: Osteuropa 51 (2001), 1146–1167.- Müller, Olaf, *Einstellungen* zur Wirtschaftsordnung, in: Pickel/Pollack/ Jacobs/Müller (Hgg.) [6.], 53–78.- Muniesa, Bernard, *Dictadura y Transición.* La España lampedusiana. I: La dictatura franquista 1939–1945 [Diktatur und Transition. Das lampedusische Spanien. I: Die franquistische Diktatur 1939–1945], Barcelona 2005.- Neubert, Ehrhart, *Revolution* [5.6], 47–77.- Nogueras, Carlos de Cueto, *La transición política* en Europa Central. Una experiencia de consolidación democrática [Die politische Transition in Zentraleuropa. Eine Erfahrung der demokratischen Konsolidierung], Granada 2001.- Ociepka, Beata, Populism and Media Democracy, Wrocław 2005.- O'Donnell, Guillermo, *Illusions* About Consolidation, in: Journal of Democracy 7 (1996) 6, 34–51.- Ders./Schmitter, Philippe C./Whitehead, Lawrence (Hgg.), *Transitions from Authoritarian Rule.* Tentative Conclusions About Uncertain Democracies, Baltimore 1991.- Paczkowski, Andrzej, Das Archiv des Sicherheitsapparats der Volksrepublik Polen als Quelle. Was schon getan ist, was noch zu tun bleibt, in: Bensussan/Dakowska/Beaupré (Hgg.) [5.3], 129–147.- Papadoulis, Konstantinos J., Post-Communist Political and Public Policy Processes and Practices. A State-Reformation Analysis, in: EEPS 19 (2005), 515–552.- Piano, Aili/Puddington, Arch (Hgg.), *Freedom in the World 2004.* The Annual Survey of Political Rights & Civil Liberties, New York 2004.- Pickel, Andreas, Transformation Theory. Scientific or Political?, in: Communist Post-Communist Stud 35 (2002), 105–114.- Pickel, Gert/Pickel, Susanne (Hgg.), Demokratisierung im internationalen Vergleich, Wiesbaden 2006.- Ders./Pollack, Detlef/Müller, Olaf/Jacobs, Jörg (Hgg.), *Osteuropas Bevölkerung* auf dem Weg in die Demokratie, Wiesbaden 2006.- Ders./Pickel, Susanne (Hgg.), *Politische Kultur- und Demokratieforschung.* Grundbegriffe, Theorien, Methoden. Eine Einführung, Wiesbaden 2006.- Pickvance, Katy, Democratic and Environmental Movements in Eastern Europe, Boulder 1998.- Plaggenborg, Stefan (Hg.), Stalinismus. Neue Forschungen und Konzepte, Berlin 1998.- Plasser, Fritz/Ulram, Peter A./Waldrauch, Harald, *Democratic Consolidation* in East-Central Europe, Basingstoke 1998.- Pollack, Detlef, Nationalismus und Europaskepsis in den postkommunistischen Staaten Mittel- und Osteuropas, in: APuZ 38/2004, 30–37.- Ders./Wielgohs (Hgg.), *Dissent and Opposition* [5.0].- Ders./ Jacobs, Jörg/Müller, Olaf/Pickel, Gert (Hgg.), Political Culture in Post-Communist Europe. Attitudes in New Democracies, Aldershot 2003.- Popper, Karl R., *Alles Leben ist Problemlösen.* Über Erkenntnis, Geschichte und Politik, München 1996.- Přibáň, Jiří, Political Dissent, Human Rights, and Legal Transformations. Communist and Post-Communist Experiences, in: EEPS 19 (2005), 553–573.- Pridham, Geoffrey, *The Dynamics* of Democratization. A Comparative Approach, London 2000.- Ders./Herring, Eric/Sanford, George (Hgg.), Building Democracy? The International Dimension of Democratisation in Eastern Europe, New York 1994.- Protsyk, Oleh, Politics of Intraexecutive Conflict in Semipresidential Regimes in Eastern Europe, in: EEPS 19 (2005), 135–160.- Quaisser, Wolfgang, Strategieansätze und Ergebnisse des Übergangs der mittel- und osteuropäischen Länder zur Marktwirtschaft, in: APuZ 44–45/1997, 3–15.- Raabe, Stephan, *Stabile Instabilität.* Polen ein halbes Jahr nach den Parlamentswahlen (KAS-Bericht), Berlin 2006.- Radzyner, Joana, Vor den Toren Europas. Die »Visegrad«-Staaten und die Menschenrechte, in: Zeitgeschichte 25 (1998), 103–108.- Rahr, Alexander, [Wladimir Putin]. Der »Deutsche« im Kreml, München 2000.- Ders., *Wohin steuert Putin Russland* (GUS-barometer), Berlin 2005.- Reichel, Peter, Vergangenheitsbewältigung in Deutschland. Die Auseinandersetzung mit der NS-Diktatur von 1945 bis heute, Bonn 2003.- Richter, Michael, *Die doppelte Demokratisierung* [5.6], 79–98.- Rohrschneider, Robert, *Learning Democracy*. Democratic and Economic Values in Unified Germany, Oxford 1999.- Rose, Richard/Mishler, William/Haerpfer, Christian, Democracy and Its Alternatives. Understanding Post-Communist Societies, Baltimore 1998.- Ross, Corey, The East German Dictatorship. Problems and Perspectives in the Interpretation of the GDR, London 2002.- Schalhorn, Bernhard, Erinnerung und Transformation, in: Deutsche Studien 125 (1995), 1–4.- Ders., Transformationsprozesse und ihre geschichtlichen Voraussetzungen, in: Deutsche Studien 139/140 (1998), 221–224.- Scherstjanoi, Elke, *SED-Agrarpolitik unter sowjetischer Kontrolle* 1949–1953 (Manuskript), München 2006.- Schmiechen-Ackermann, Detlef, Diktaturen im Vergleich, Darmstadt [2]2006.- Schmitter, Philippe C., *The Consolidation of Democracy* and Representation of Social Groups, in: ABS 35 (1992), 422–449.- Ders., The Consolidation of Political Democracies. Processes, Rhythms, Sequences and Types, in: Pridham, Geoffrey (Hg.), Transitions to Democracy. Comparative Perspectives from Southern Europe, Latin America and Eastern Europe, Aldershot 1995, 535–569.- Schönfeld, Roland (Hg.), Fünf Jahre nach der Wende – Bilanz in Mittel- und Südosteuropa, München 1995.- Schwartz, Herman, The Struggle for Constitutional Justice in Post-Communist Europe, Chicago 2000.- Semin, Gün R./Fiedler, Klaus (Hgg.), *Language*, Interaction and Social Cognition, Thousands Oaks 1992.- Ševcova, Lilija, *Garantiert ohne Garantie*. Russland unter Putin, in: Osteuropa 56 (2006), 3–18.- Dies., *Putin's Russia*, Washington 2005.- Šleivytė, Janina, *Putin's Regime* and Consolidation of the State, in: Elo/Ruutu (Hgg.) [6.] S. 13–22.- Sokoł/Żmigrodzki (Hgg.) [5.2].- Spieker, Manfred (Hg.), Katholische Kirche und Zivilgesellschaft in Osteuropa. Postkommunistische Transformationsprozesse in Polen, Tschechien, der Slowakei und Litauen, Paderborn 2003.- Steinbach, Peter, Widerstand im Widerstreit. Der Widerstand gegen den Nationalsozialismus in der Erinnerung der Deutschen, Paderborn 2001.- Stokłosa, Katarzyna, Laboratorien der Einigung. Grenzregionen am EU-East-End, in: Osteuropa 54 (2004), 496–506.- Suckut, Siegfried/Weber, Jürgen (Hgg.), Stasi-Akten zwischen Politik und Zeitgeschichte. Eine Zwischenbilanz, München 2003.- Süssmuth, Hans (Hg.), Transformationsprozesse in den Staaten Ostmitteleuropas 1989–1995, Baden-Baden 1998.- Timmermann, Heiner, Diktaturen in Europa im 20. Jahrhundert, Berlin 1996.- Tismaneanu, Vladimir, Fantasies of Salvation. Democracy, Nationalism, and Myth in Post-Communist Europe, Princeton 1998.- Ders. (Hg.), The Revolutions of 1989, London 1999.- Troebst, Stefan, »*Diktaturerinnerungsvergleich*«, in: Ruchniewicz/Troebst (Hg.), Diktaturbewältigung [2.9], 27–36.- Ders., Kulturstudien Ostmitteleuropas. Aufsätze und Essays, Frankfurt/M. 2006.- Ders., »Was für ein Teppich?«. Postkommunistische Erinnerungskulturen in Ost(mittel)europa, in: Knigge, Volkhard/Mählert, Ulrich (Hg.), Der Kommunismus im Museum. Formen der Auseinandersetzung in Deutschland und Ostmitteleuropa, Köln 2005, 31–54.- Tycner, Janusz, Die Osterweiterung der Europäischen Union. Deutsche Ängste und polnische Hoffnungen, in: Deutsche Studien 141 (1999), 61–68.- Valenzuela, Samuel, *Democratic Consolidation* in Post-Transitional Settings. Notion, Process and Facilitating Conditions, in: Mainwaring, Scott/O'Donnell, Guillermo/Valenzuela, Samuel (Hgg.), Issues in Democratic Consolidation, Notre Dame 1992, 57–104.- Vanhanen, Tatu, *Democratization*, London 2003.- Veen, Hans-Joachim (Hg.), Nach der Diktatur. Demokratische Umbrüche in Europa. Zwölf Jahre später, Köln 2003.- Verdery, Katherine, The Political Lives of Dead Bodies. Reburial and Postsocialist Change, New York 1999.- Vogel, Heinrich, *Russland ohne Demokratie.* Konsequenzen für das Land und die europäische Politik (SWP-Studie), Berlin 2004.- Wagener, Hans-Jürgen (Hg.), Economic Thought in Communist and Post-Communist Europe, London 1998.- Waldrauch, Harald, *Was heißt demokratische Konsolidierung?* Über einige theoretische Konsequenzen der osteuropäischen Regimewechsel, Wien 1996.- Weidenfeld, Werner (Hg.), Demokratie und Marktwirtschaft in Osteuropa, Bonn 1996.- Welzel, Christian, *Effective Democracy*, Mass Culture, and the Quality of Elites, in: IJCS 43 (2003), 269–298.- Ders./Inglehart, Ronald, *Demokratisierung und Freiheitsstreben*. Die Perspektive der Humanentwicklung, in: PVS 46 (2005), 62–85.- Wielgohs, Jan/Pollack, Detlef, Comparative Perspectives on Dissent and Opposition to Communist Rule, in: Pollack/Wielgohs (Hgg.) [5.1], 231–266.- Wiesenthal, Helmut, Die neuen Bundesländer als Sonderfall der Transformation in den Ländern Ostmitteleuropas, in: APuZ 40/1996, 46–54.- Ders., Die Transformation Ostdeutschlands. Ein (nicht ausschließlich) privilegierter Sonderfall der Bewältigung von Transformationsproblemen, in: Wollmann/Wiesenthal/Bönker (Hgg.) [6.], 134–159.- Williams, Christopher/Chrupov, Vladimir/Zubok, Julia, Youth, Risk and Russian Modernity, Aldershot 2003.- Wollmann, Hellmut, Der Systemwechsel in Ostdeutschland, Ungarn, Polen und Russland. Phasen und Varianten der politisch-administrativen Dezentralisierung, in: APuZ 5/1997, 3–15.- Ders., Institutioneller Umbruch in Ostdeutschland, Polen und Ungarn im Vergleich, in: Berl J Soziol 7 (1997), 525–537.- Ders./Wiesenthal, Helmut/Bönker, Frank (Hg.), Transformation sozialistischer Gesellschaften. Am Ende des Anfangs, Opladen 1995.- Ziblatt, Daniel F., *The Adaption* of Ex-Communist Parties to Post-Communist East Central Europe. A Comparative Study of the East German and Hungarian Ex-Communist Parties, in: Communist Post-Communist Stud 31 (1998), 119–137.- Ziemer, Klaus, *Ausgangsbedingungen* für den politischen und wirtschaftlichen Transformationsprozess in Südost- und Ostmitteleuropa, in: Südosteuropa 45 (1996), 99–114.- Zubek, Voytek, The Phoenix Out of Ashes. The Rise to Power of Poland's Post-Communist SdRP, in: Communist Post-Communist Stud 28 (1995), 275–306.

7. Politische Religion – Totalitarismus – Moderne Diktatur

Albert, Hans, *Kritischer Rationalismus.* Vier Kapitel zur Kritik illusionären Denkens, Tübingen 2000.- Ders., *Traktat über kritische Vernunft*, Tübingen ²1969.- Ders., *Zur Kritik der reinen Religion*. Über die Möglichkeit der Religionskritik nach der Aufklärung, in: Salamun, Kurt (Hg.), Aufklärungsperspektiven. Weltanschauungsanalyse und Ideologiekritik, Tübingen 1989, 99–115.- Antón Mellón, Joan, Fascismos, dictaturas y postfascismos en la Europa contemporánea [Faschismen, Diktaturen und Postfaschismen im derzeitigen Europa], Madrid 2002.- Arendt, Hannah, *Die Ungarische Revolution* [5.4].- Dies., *Elemente* und Ursprünge totalitärer Herrschaft. Antisemitismus, Imperialismus, totale Herrschaft, München ⁸2001.- Dies., *Ideologie und Terror*. Eine neue Staatsform, in: Seidel/Jenkner (Hgg.) [7.], 133–167.- Dies., *Religion und Politik*, in: Dies., Zwischen Vergangenheit und Zukunft. Übungen im politischen Denken I, München 1994, 305–326.- Armanski, Gerhard, Maschinen des Terrors. Das Lager (KZ und GULAG) in der Moderne, Münster 1993.- Aron, Raymond, *Demokratie und Totalitarismus*, Hamburg 1970.- Avineri, Shlomo/Sternhell, Zeev (Hgg.), Europe's Century of Discontent. The Legacies of Fascism, Nazism and Communism, Jerusalem 2003.- Baehr, Peter/Richter, Melvin (Hgg.), Dictatorship in History and Theory. Bonapartism, Caesarism, and Totalitarianism, Cambridge 2003.- Ballestrem, Karl Graf, *Aporien der Totalitarismus-Theorie*, in: Jesse (Hg.) [7.], 237–251.- Ders., *Der Totalitarismus in Osteuropa und seine Folgen*. Eine theoretische Betrachtung, in: Lehmbruch, Gerhard (Hgg.), Einigung und Zerfall, Opladen 1995, 117–125.- Bärsch, Claus-Ekkehard, *Der Nationalsozialismus als »politische Religion«* und die *»Volksgemeinschaft«*, in: Besier/Lübbe (Hgg.) [7.], 49–78. – Ders., *Die politische Religion des Nationalsozialismus*, München [2]2002.- Beckmann, Christopher, Die Auseinandersetzung um den Vergleich von »Drittem Reich« und DDR vor dem Hintergrund der Diskussion um Möglichkeiten und Grenzen vergleichender Geschichtsforschung, in: Deutsche Studien 147/148 (2002), 9–26.- Beit-Hallahmi, Benjamin/Argyle, Michael, *The Psychology of Religious Behaviour*, Belief & Experience, London 1997.- Belliger, Andréa/Krieger, David J. (Hgg.), *Ritualtheorien*. Ein einführendes Handbuch, Opladen 1998.- Benhabib, Seyla, *Hannah Arendt*. Die melancholische Denkerin der Moderne, Hamburg 1998.- Besier, Gerhard, *Hans Ansgar Reinhold* (1897–1968) – ein vergessener deutscher Theologe im amerikanischen Exil, in: KZG 18 (2005), 121–154.- Ders., *Protestantismus, Kommunismus und Ökumene in den Vereinigten Staaten von Amerika*, in: Ders./Boyens/Lindemann [4.3], 323–652.- Ders., *Who Was Hannah Arendt?*, in: Jensen, Roger/Thorkildsen, Dag/Tønnessen, Aud V., Kirke, protestantisme og samfunn, Trondheim 2006, 297–308.- Ders. (Hg.), *Zwischen »nationaler Revolution«* [2.6].- Ders./Lindemann, *Im Namen der Freiheit* [2.3].- Ders./Lübbe, Hermann (Hgg.), Politische Religion und Religionspolitik. Zwischen Totalitarismus und Bürgerfreiheit, Göttingen 2005.- Beyme, Klaus von, Totalitarismus – zur Renaissance eines Begriffs nach dem Ende der kommunistischen Regime, in: Siegel (Hg.) [7.], 23–36.- Beyrau, Dietrich, Nationalsozialistisches Regime und Stalin-System. Ein riskanter Vergleich, in: Osteuropa 50 (2000), 709–720.- Blasius, *Carl Schmitt* [2.6].- Bollmus, *Das Amt Rosenberg* [2.6].- Borejsza/Ziemer (Hgg.) [1.3].- Box, Zira, *Las tesis de la religión política y sus críticos:* Aproximación a un debate actual [Die Thesen über die politische Religion und ihre Kritiker. Annäherung an die aktuelle Debatte], in: Ayer 62 (2006), 195–230.- Bracher, Karl Dietrich, *Der umstrittene Totalitarismus*. Erfahrung und Aktualität (1973), in: Ders., Zeitgeschichtliche Kontroversen [2.6], 34–62.- Ders., *Die totalitäre Erfahrung*, München 1987.- Ders., Zeitideologien. Eine Geschichte politischen Denkens im 20. Jahrhundert, Stuttgart 1982.- Breuer, Stefan, Max Webers Parteisoziologie und das Problem des Faschismus, in: Bienfait, Agathe/Albert, Gert (Hgg.), Das Weber-Paradigma, Tübingen 2003, 352–370.- Ders., Nationalsozialismus und Faschismus. Frankreich, Italien und Deutschland im Vergleich, Darmstadt 2005.- Brooker, Paul, Non-Democratic Regimes. Theory, Government and Politics, New York 2000.- Ders., *Twentieth-Century Dictatorships*. The Ideological One-Party States, Houndsmills 1995.- Bruneteau, Bernard, *»Totalitarianism«*. From an Instrumental Term in the Public Debate to an Analytical Category – The Interwar Debate in France, in: Avineri/Sternhell (Hgg.) [7.], 201–214.- Bry, Karl Christian, *Verkappte Religionen*, Lochham [3]1964.- Brzezinski, Zbigniew, *Totalitarismus und Rationalität*, in: Seidel/Jenkner (Hgg.) [7.], 267–288.- Buchstein, Hubertus, *Totalitarismustheorie* und empirische Politikforschung – Die Wandlung der Totalitarismuskonzeption in der frühen Berliner Politikwissenschaft, in: Söllner/Walkenhaus/Wieland (Hgg.) [1.3], 239–266.- Budil (Hg.) [4.3].- Buhr, Manfred/Kosing, Alfred (Hgg.), *Kleines Wörterbuch* der Marxistisch-Leninistischen Philosophie, Berlin (Ost) [3]1975.- Burleigh, Michael, *Das Zeitalter* des Nationalsozialismus. Eine Gesamtdarstellung, Frankfurt/M.

2000.- Ders., *National Socialism* as a Political Religion, in: TMPR 1 (2000), 1-26.- Burrin, Philippe, *Political Religion*. The Relevance of a Concept, in: History and Memory 9 (1997), 321-352.- Butterwegge, Christoph, Extremismus, Rassismus und Gewalt. Erklärungsmodelle in der Diskussion, Darmstadt 1996.- Coppa, Frank J., *Encyclopedia of Modern Dictators*. From Napoleon to the Present, New York 2006.- Costa Pinto, António, Back to the European Fascism, in: CoEH 15 (2006), 103-115.- Courtois [2.1].- Cox, Jeffrey, *Secularization* and Other Master Narratives on Religion in Modern Europe, in: KZG 14 (2001), 24-35.- Dennett, Daniel C., *Breaking the Spell*. Religion as a Natural Phenomenon, New York 2006.- Dierker, Wolfgang, *Himmlers Glaubenskrieger*. Der Sicherheitsdienst der SS und seine Religionspolitik 1933-1941, Paderborn 2002.- Diner, Dan, Gedächtnis und Erkenntnis. Nationalsozialismus und Stalinismus im Vergleichsdiskurs, in: Osteuropa 50 (2000), 698-708.- Dipper, Christof/Hudemann, Rainer/Petersen, Jens (Hgg.), Faschismus und Faschismen im Vergleich. Wolfgang Schieder zum 60. Geburtstag, Vierow 1998.- Di Rienzo, Stephen R., *The Non-Optional Basis* of Religion, in: TMPR 3 (2002), 75-98.- Drabkin, Jakov Samoilovič/Komolova, Nelli Pavlovna (Hgg.), Totalitarizm v Evrope XX veka. Iz istorii ideologij, dviženij, režimov i ich preodolenija [Totalitarismus im Europa des 20. Jahrhundert. Aus der Geschichte der Ideologien, Bewegungen, Regime und ihrer Überwindung], Moskva 1996.- Duda, Wojciech/Śpiewak, Paweł, Świat ten wart jest troski. [Diese Welt ist die Sorge wert], in: Przegląd Polityczny 55 (2002), 34-43.- Duverger, Maurice, *Über die Diktatur*, Wien 1961.- Eatwell, Roger, *Fascism*. A History, London ²2003.- Ders., New Styles of Dictatorship and Leadership in Interwar Europe, in: TMPR 7 (2006), 141-157.- Ders., Towards a New Model of Generic Fascism, in: J Theor Polit 4 (1992), 161-194.- Ebenstein, William, Totalitarianism. New Perspectives, New York 1962.- Evans, Richard J., Zwei deutsche Diktaturen im 20. Jahrhundert?, in: APuZ 1-2/2005, 3-9.- De Felice, Renzo, Die Deutungen des Faschismus, Göttingen 1980.- Ford, Guy Stanton (Hg.), *Dictatorship* in the Modern World, Minneapolis 1935.- Friedrich, Carl Joachim, *Constitutional Government* and Politics, New York 1937.- Ders., *Dictatorship in Germany?*, in: Foreign Affairs. An American Quarterly 9 (1930), 118-128.- Ders., *Military Government and Dictatorship*, in: AAAPSS 267 (1950), 1-7.- Ders., *The Development* of Executive Power in Germany, in: APSR 27 (1933), 185-203.- Ders./Brzezinski, Zbigniew, *Die Allgemeinen Merkmale* der totalitären Diktatur, in: Jesse (Hg.) [7.], 225-236.- Ders., *Totalitäre Diktatur*. Unter Mitarbeit von Professor Zbigniew K. Brzezinski, Stuttgart 1958.- Ders./Cole, Taylor, *Responsible Bureaucracy*. A Study of the Swiss Civil Service, New York 1967.- Ders./Curtis, Michael/Barber, Benjamin R., Totalitarianism in Perspective. Three Views, New York 1969.- Fritze, Lothar, *Totalitarismus und Modernitätskritik*. Anmerkungen zu einer Konferenz des Hamburger Instituts für Sozialforschung, in: Mittelweg 36 3 (1994), 60-64.- Ders., Unschärfen des Totalitarismusbegriffs. Methodologische Bemerkungen zu Carl Joachim Friedrichs Begriff der totalitären Diktatur, in: ZfG 43 (1995), 629-641.- Ders., *Verführung und Anpassung*. Zur Logik der Weltanschauungsdiktatur, Berlin 2004.- Furet, François, Das Ende der Illusion. Der Kommunismus im 20. Jahrhundert, München 1996.- Ders./Nolte, Ernst, Fascism and Communism, Lincoln 2001.- Gallego, Ferrán/Morente, Francisco, *Fascismo en España* [Faschismus in Spanien], Barcelona 2005.- Geertz, Clifford, *Dichte Beschreibung*. Beiträge zum Verstehen kultureller Systeme, Frankfurt/M. ⁴1995.- Gentile, Emilio, *Der Liktorenkult*, in: Dipper/Hudemann/Petersen (Hgg.) [7.], 247-262.- Ders., *Fascism, Totalitarism and Political Religion*. Definitions and Critical Reflections on Criticism of an Interpretation, in: TMPR 5 (2004), 326–375.- Ders., Political Religion. A Concept and Its Critics – A Critical Survey, in: TMPR 6 (2005), 19–32.- Ders., *Politics as Religion*, Princeton 2006.- Ders., The Sacralization of Politics in Fascist Italy, London 1996.- Ders., *The Sacralization of Politics*. Definitions, Interpretations and Reflections in the Question of Secular Religion and Totalitarianism, in: TMPR 1 (2000), 18–55.- Gess, Brigitte, *Die Totalitarismuskonzeption* von Raymond Aron und Hannah Arendt, in: Maier (Hg.) [7.]. Bd. 1, 264–274.- Gleason, Abbott, *Totalitarianism*. The Inner History of the Cold War, New York 1995.- Glufke, Dirk, *Richard Karwehls »Politisches Messiastum«*. Zur Auseinandersetzung zwischen Kirche und Nationalsozialismus. Einleitung und Erläuterung, in: JGNKG 90 (1992), 201–218.- De Grand, Alexander, Fascist Italy and Nazi Germany. The »Fascist« Style of Rule, London 1995.- Gregor, Anthony James, The Faces of Janus. Marxism and Fascism in the Twentieth Century, New Haven 2000.- Griffin, Roger (Hg.), Fascism as a Political Religion, Abingdon 2004.- Ders., *God's Counterfeiters?*, in: Ders. (Hg.), Fascism, Totalitarianism and Political Religion, London 2005, 1–31.- Ders, *The Nature of Fascism*, London 1991.- Hartmann, Peter C., *Geschichte Frankreichs*, München 1999.- Haupt, Heinz-Gerhard/Kocka, Jürgen (Hgg.), *Geschichte und Vergleich*. Ansätze und Ergebnisse international vergleichender Geschichtsschreibung, Frankfurt/M. 1996.- Henke, Klaus-Dietmar (Hg.), *Die Verführungskraft des Totalitären*, Dresden 1999.- Henkel, Michael, *Konservativismus* im politischen Denken Eric Voegelins. Überlegungen zum Problem der Verortung seines Ansatzes, München 2001.- Herz, Dietmar, *Die politischen Religionen* im Werk Eric Voegelins, in: Maier (Hg.) [7.], Bd. 1. 191–209.- Heydemann, Günther, *Die DDR-Vergangenheit* im Spiegel des NS-Regimes? Zur Theorie und Methodologie des empirischen Diktaturvergleichs, in: Internationale Schulbuchforschung 22 (2000), 407–416.- Ders./Jesse, Eckhard (Hgg.), Diktaturvergleich als Herausforderung. Theorie und Praxis, Berlin 1998.- Ders./Oberreuter, Heinrich (Hgg.), *Diktaturen in Deutschland – Vergleichsperspektive*. Strukturen, Institutionen und Verhaltensweisen, Bonn 2003.- Ders./Schmiechen-Ackermann, Detlef, *Zur Theorie* und Methodologie vergleichender Diktaturforschung, in: Heydemann/Oberreuter (Hgg.) [7.], 9–54.- Hildebrand (Hg.) [2.6].- Hildermeier, Manfred, *Kommunismus und Stalinismus*.»Säkularisierte Religion« oder totalitäre Ideologie?, in: Hildebrand (Hg.) [2.6], 91–111.- Hobsbawm, Eric, Das Zeitalter der Extreme. Weltgeschichte des 20. Jahrhunderts, München 1995.- Hockerts, Hans Günter (Hg.), Drei Wege deutscher Sozialstaatlichkeit. NS-Diktatur, Bundesrepublik und DDR im Vergleich, München 1998.- Ders., War der Nationalsozialismus eine politische Religion?, in: Hildebrand (Hg.) [2.6], 45–72.- Holzer, Jerzy, *Der Kommunismus in Europa*. Politische Bewegung und Herrschaftssystem, Frankfurt/M. 1998.- Hoover, Calvin B., Dictators and Democracies, New York 1937.- Hornung, Klaus, Das totalitäre Zeitalter. Bilanz des 20. Jahrhunderts, Frankfurt/M. 1993.- Ders., *Politischer Messianismus*. Jacob Talmon und die Genesis der totalitären Diktatur, in: Ders., Die offene Flanke der Freiheit. Studien zum Totalitarismus im 20. Jahrhundert, Frankfurt/M. 2001, 39–84.- Huttner, Markus, *Totalitarismus* und säkulare Religionen. Zur Frühgeschichte totalitarismuskritischer Begriffs- und Theoriebildung in Großbritannien, Bonn 1999.- Ismael, Saz, *España contra España*. Los nacionalismos franquistas [Spanien kontra Spanien. Die franquistischen Nationalismen], Madrid 2003.- Jänicke, Martin, *Totalitäre Herrschaft*. Anatomie eines politischen Begriffs, Berlin 1971.- Jesse, Eckhard, *Der Totalitarismusbegriff*. Inhaltsbestimmung und Entwicklungsgeschichte, in: Kühnhardt/Tschubarjan (Hgg.) [7.], 47–60.- Ders., *Die Totalitarismusforschung* im

Streit der Meinungen, in: Ders. (Hg.) [7.], 9–39.- Ders., *Die Totalitarismusforschung und ihre Repräsentanten*. Konzeptionen von Carl J. Friedrich, Hannah Arendt, Eric Voegelin, Ernst Nolte und Karl-Dietrich Bracher, in: APuZ 20/1998, 3–18.- Ders. (Hg.), *Totalitarismus im 20. Jahrhundert*. Eine Bilanz der internationalen Forschung, Bonn 1999.- Kaelble, Hartmut, *Der historische Vergleich*. Eine Einführung zum 19. und 20. Jahrhundert, Frankfurt/M. 1999.- Kallis, Aristotle A., Fascism, »Charisma« and »Charismatisation«. Weber's Model of »Charismatic Domination« and Interwar European Fascism, in: TMPR 7 (2006), 25–43.- Keller, Adolf, *Church and State* on the European Continent, London 1936.- Kershaw, Ian, *Totalitarianism Revisited*. Nazism and Stalinism in Comparative Perspective, in: TAJB 23 (1994), 23–40.- Ders./Lewin, Moshe (Hgg.), Stalinism and Nazism. Dictatorships in Comparison, Cambridge 1997.- Keynes, John Maynard, *Essays in Persuasion*, New York 1965.- Kjeldahl, Trine M., *Defence* of a Concept. Raymond Aron and Totalitarism, in: TMPR 2 (2001), 121–142.- Kluxen, Kurt, *Geschichte Englands*, Stuttgart [4]1991.- Kocka, Jürgen, *Die DDR – eine moderne Diktatur?* Überlegungen zur Begriffswahl, in: Grüttner, Michael/Hachtmann, Rüdiger/Haupt, Heinz-Gerhard (Hgg.), Geschichte und Emanzipation. FS für Reinhard Rürup, Frankfurt/M. 1999, 540–550.- Ders., *Eine durchherrschte Gesellschaft*, in: Kaelble, Hartmut/Kocka, Jürgen/Zwahr, Hartmut (Hgg.), Sozialgeschichte der DDR, Stuttgart 1994, 547–553.- Ders., *Nationalsozialismus und SED-Diktatur* in vergleichender Perspektive, in: PBfZS 2 (1994), 20–27.- Koenen, Gerd, Utopie der Säuberung. Was war der Kommunismus?, Berlin 1998.- Ders., Zweierlei Projekte. Nationalsozialismus und Stalinismus im Vergleich, in: ZdF 8 (2000), 58–67.- Kraus, Hans-Christof, *Eric Voegelin redivivus?* Politische Wissenschaft als Politische Theologie, in: Ley, Michael/Schoeps, Julius H. (Hgg.), Der Nationalsozialismus als politische Religion, Bodenheim 1997, 74–88.- Kraushaar, Wolfgang, *Sich aufs Eis wagen*. Plädoyer für eine Auseinandersetzung mit der Totalitarismustheorie, in: Mittelweg 36 2 (1993), 6–29.- Kühnhardt, Ludger/Tschubarjan, Alexander (Hgg.), *Russland und Deutschland* auf dem Weg zum antitotalitären Konsens, Baden-Baden 1999.- Kula, Marcin, *Religiopodobny komunizm* [Religionsähnlicher Kommunismus], Kraków 2003.- Kuniński, Miłowit (Hg.), Totalitaryzm a zachodnia tradycja [Der Totalitarismus und die westliche Tradition], Kraków 2006.- Lagrée, Michel, *Durkheim*, Weber et Troeltsch, un siècle après, in: KZG 14 (2001), 49–60.- Lambert, Malcolm, *Häresie im Mittelalter*. Von den Katharern bis zu den Hussiten, Darmstadt 2001.- Laqueur, Walter, *Der Arendt-Kult*. Hannah Arendt als politische Kommentatorin, in: Europäische Rundschau 26 (1998), 111–125.- Lavergne, Bernard, *Die totalitären Staaten* oder der Rückfall Europas in das 16. und 17. Jahrhundert (1937), in: Seidel/Jenkner (Hgg.) [7.], 64–85.- Lee, Stephen J., The European Dictatorships 1918–1945, London 1987.- Lehmann, Hartmut, *Protestantisches Christentum* im Prozess der Säkularisierung, Göttingen 2001.- Ders. (Hg.), *Säkularisierung*, Dechristianisierung, Rechristianisierung im neuzeitlichen Europa, Göttingen 1997.- Ders., *Zwischen Dechristianisierung und Rechristianisierung*. Fragen und Anmerkungen zur Bedeutung des Christentums in Europa und Nordamerika im 19. und 20. Jahrhundert, in: KZG 11 (1998), 156–168.- Lepsius, Rainer, The Model of Charismatic Leadership and Its Application to the Rule of Adolf Hitler, in: TMPR 7 (2006), 175–190.- Ley, Michael/Schoeps, Julius H. (Hgg.), *Der Nationalsozialismus als politische Religion*, Bodenheim 1997.- Libet, Benjamin, *Mind Time – Wie das Gehirn Bewusstsein produziert*, Frankfurt/M. 2005.- Lietzmann, Hans J., *Politikwissenschaft* im »Zeitalter der Diktaturen«. Die Entwicklung der Totalitarismustheorie Carl Joachim Friedrichs, Opladen 1999.-

Ders., *Von der konstitutionellen zur totalitären Diktatur.* Carl Joachim Friedrichs Totalitarismustheorie, in: Söllner/Walkenhaus/Wieland (Hgg.) [1.3], 174–192.- Linz, Juan, Some Notes Toward a Comparative Study of Fascism in Sociological Historical Perspective, in: Laqueur (Hg.) [1.3], 29–39.- Ders., *Totalitäre und autoritäre Regime*, Berlin 2000.- Loewenstein, Karl, *Autocracy versus Democracy* in Contemporary Europe, in: APSR 29 (1935), 571–593; 755–784.- Lösche, Peter, Sigmund Neumann, in: Wehler, Hans-Ulrich (Hg.), Deutsche Historiker, Göttingen 1980, 82–100.- Löwenthal, Richard, *Totalitäre und demokratische Revolution* (1960/61), in: Seidel/Jenkner (Hgg.) [7.]. 359–381.- Lübbe, Hermann, *Freiheit statt Emanzipationszwang.* Die liberalen Traditionen und das Ende der marxistischen Illusion, Zürich 1991.- Ders., *Religion nach der Aufklärung*, Graz ²1990.- Ludz, Peter Christian, *Entwurf* einer soziologischen Theorie totalitär verfasster Gesellschaft (1964), in: Seidel/Jenkner (Hgg.) [7.]. 532–599.- Ders., *Offene Fragen* in der Totalitarismusforschung (1962), in: Seidel/Jenkner (Hgg.) [7.], 466–512.- Maier, Hans, *Deutungen totalitärer Herrschaft* 1919–1989, in: VfZ 50 (2002), 349–366.- Ders., *»Politische Religionen«* – Möglichkeiten und Grenzen eines Begriffs, in: Ders. (Hg.) [7.], Bd. 2, 299–310.- Ders. (Hg.), *»Totalitarismus«* und *»politische Religionen«.* Konzepte des Diktaturvergleichs, 3 Bde. (Bd. 2 hg. mit Michael Schäfer), Paderborn 1996–2003.- Mallmann/Paul (Hgg.), *Karrieren* [2.6].- Mampel, Siegfried, *Totalitäres Herrschaftssystem.* Normativer Charakter – Definition – Konstante und variable Essenzialien – Instrumentarium, Berlin 2001.- Mann, Michael, *Fascists*, Cambridge 2004.- *Materialien der Enquete-Kommission »Aufarbeitung von Geschichte und Folgen der SED-Diktatur in Deutschland«.* Bd. *IX*, Baden-Baden 1995, 588–597.- McLeod, Hugh, *Secularisation* in Western Europe 1848–1914, London 2000.- Mellón, Antón Joan, Fascismos, dictaduras y postfascismos en la Europa contemporánea [Faschismen, Diktaturen und Postfaschismen im heutigen Europa], Madrid 2002.- Merkel, Wolfgang, *Totalitäre Regimes*, in: TD 1 (2004), 183–201.- Ders., *Totalitarian Regimes*, in: Avineri/Sternhell (Hgg.) [7.], 151–166.- Metzinger, Thomas, *»Being No One«* – eine sehr kurze Zusammenfassung, in: Grundkurs Philosophie des Geistes. Bd. 1: Phänomenales Bewusstsein, Paderborn 2006, 421–476.- Meuschel, Sigrid, *Totalitarismustheorie und moderne Diktaturen.* Versuch einer Annäherung, in: Henke, Klaus-Dietmar (Hg.), Totalitarismus. Sechs Vorträge über Gehalt und Reichweite eines klassischen Konzepts der Diktaturforschung, Dresden 1999, 61–78.- Möll, Marc-Pierre, *Gesellschaft und totalitäre Ordnung.* Eine theoriegeschichtliche Auseinandersetzung mit dem Totalitarismus, Baden-Baden 1998.- Möller, Horst, *Diktatur- und Demokratieforschung im 20. Jahrhundert.* Über den Sinn des Vergleiches, in: VfZ 51 (2003), 29–50.- Mommsen, Hans, *Der Nationalsozialismus als säkulare Religion*, in: Besier (Hg.), Zwischen »nationaler Revolution« [2.6], 43–53.- Mosse, George L., The Fascist Revolution. Toward a General Theory of Fascism, New York 1999.- Neumann, Franz, *Behemoth.* Struktur und Praxis des Nationalsozialismus 1933–1944 (1942/44), Frankfurt/M. 1984.- Neumann, Sigmund, *Permanent Revolution.* The Total State in A World At War, New York 1942.- Newberg, Andrew/D'Aquili, Eugene/Rause, Vince, *Der gedachte Gott.* Wie Glaube im Gehirn entsteht, München 2004.- Noetzel, Thomas, *Die angelsächsische Totalitarismusdiskussion*, in: Mittelweg 36 3 (1994), 66–71.- Nohlen, Dieter, *Vergleichende Methode*, in: Ders./Schultze, Rainer-Olaf (Hgg.), Lexikon der Politikwissenschaft. Theorien, Methoden, Begriffe. Bd. 2, München 2002, 1020–1031.- Nolte, Ernst, Der europäische Bürgerkrieg 1917–1945. Nationalsozialismus und Bolschewismus, Frankfurt/M. 1987.- Ders., *Die historisch-genetische Version* der Totalitarismustheorie. Ärgernis oder Einsicht?, in: ZfP 43 (1996), 111–122.- Ders., *Die Weimarer Republik*. Demokratie zwischen Lenin und Hitler, München 2006.- Ders., *Marxismus und Nationalsozialismus*, in: VfZ 31 (1983), 389–417.- Nolte, Hans-Heinrich (Hg.), Auseinandersetzung mit den Diktaturen. Russische und deutsche Erfahrungen, Gleichen 2005.- Nowak, Leszek, *Totalitarismus und Realsozialismus*. Eine Konzeption zur Aufhebung des Totalitarismusansatzes, in: Siegel, Achim (Hg.), Totalitarismustheorien nach dem Ende des Kommunismus, Köln 1998, 81–103.- Nuelsen, John L., *Religion* and Church in Hitler's Germany, in: The Christian Advocate, November 17, 1938.- Oberländer (Hg.), Autoritäre Regime [1.1].- Opitz, Peter J., *Die Gnosis-These*. Anmerkungen zu Voegelins Interpretation der westlichen Moderne, in: Voegelin, Eric, Der Gottesmord. Zur Genese und Gestalt der modernen politischen Gnosis. Hg. und eingeleitet von Peter J. Opitz mit einem Nachwort von Thomas Hollweck, München 1999, 7–35.- Overy, Richard, *Die Diktatoren*. Hitlers Deutschland, Stalins Russland, München 2005.- Passmore, Kevin, Fascism. A Very Short Introduction, Oxford 2002.- Paul, Frankel Ellen (Hg.), Totalitarianism at the Crossroads, New Brunswick 1990.- Paxton, Robert O., The Five Stages of Fascism, in: JModH 70 (1998), 1–23.- Payne, Stanley G., *Fascism*. Comparison and Definition, Madison 1980.- Ders., Fascism and Communism, in: TMPR 1 (2000), 1–16.- Ders., Geschichte [2.3].- Pinto, António Costa/Larsen, Stein Ugelvik, Conclusion. Fascism, Dictators and Charisma, in: TMPR 7 (2006), 251–258.- Piper, Ernst, *Rosenberg*. Hitlers Chefideologe, München 2005.- Plöckinger, Otmar, *Geschichte* eines Buches. Adolf Hitlers »Mein Kampf« 1922–1945, München 2006.- Pohl, Dieter, *Verfolgung* und Massenmord in der NS-Zeit 1933–1945, Darmstadt 2003.- Popper, Karl, *Das Elend des Historizismus*, Tübingen [2]1969.- Ders., *Die offene Gesellschaft* und ihre Feinde. Bd. 2: Falsche Propheten. Hegel, Marx und die Folgen, Tübingen [8]2003.- Ders., *Logik der Forschung*, Tübingen [10]1994.- Puschner, Uwe, Weltanschauung und Religion - Religion und Weltanschauung. Ideologie und Formen völkischer Religion, in: Zeitenblicke 5 (2006), http://www.zeitenblicke.de/2006/1/Puschner.- Pyta, Wolfram, *Die Herausforderungen* der neueren Holocaustforschung für die Totalitarismustheorie, in: TD 3 (2006), 141–156.- Reinhard, Wolfgang, *Probleme deutscher Geschichte* 1495–1806. Reichsreform und Reformation 1495–1555, Stuttgart 2001.- Ribbat, Christoph, *Religiöse Erregung*. Protestantische Schwärmer im Kaiserreich, Frankfurt/M. 1996.- Riegel, Klaus-Georg, *Der Marxismus-Leninismus* als »politische Religion«, in: Besier/Lübbe (Hgg.) [7.], 15–48.- Roberts, David D., How Not to Think About Fascism and Ideology, Intellectual Antecedents and Historical Meaning, in: JContH 35 (2000), 185–211.- Ruchniewicz, Krzysztof/Troebst Stefan (Hgg.), *Diktaturbewältigung* [2.9].- Rousso, Henry (Hg.), Stalinism and Nazism. History and Memory Compared, Lincoln 2004.- Rupnik, Jacques, *Der Totalitarismus* aus der Sicht des Ostens, in: Jesse (Hg.) [7.], 389–415.- Russell, Bertrand, *The Practice* and Theory of Bolshevism, London 1920.- Saage, Richard, Faschismustheorien. Eine Einführung, München 1976.- Sahm, Astrid, Dimensionen einer Katastrophe, in: APuZ 13/2006, 12–16.- Saz, Ismael, *España contra España*. Los nacionalismos franquistas [Spanien contra Spanien. Franquistische Nationalismen], Madrid 2003.- Schapiro, Leonard, *Totalitarianism*, London 1972.- Schieder, Wolfgang, *Faschismus*, in: Dülmen, Richard von (Hg.), Fischer-Lexikon Geschichte, Frankfurt/M. 2003, 199–221.- Ders. (Hg.), *Faschismus als soziale Bewegung*. Deutschland und Italien im Vergleich, Göttingen 1983.- Schlangen, Walter, *Die Totalitarismus-Theorie*. Entwicklung und Probleme, Stuttgart 1976.- Schmale, Wolfgang, *Geschichte Frankreichs*, Stuttgart 2000.- Schmiechen-Ackermann, *Diktaturen im Vergleich* [6.].- Ders., *Mög-*

lichkeiten und Grenzen des Diktaturenvergleichs, in: TD 2 (2005), 15–38.- Ders., *NS-Regime* und SED-Herrschaft – Chancen, Grenzen und Probleme des empirischen Diktaturvergleichs, in: GWU 52 (2001), 644–659.- Schmitt, Carl, *Die Diktatur.* Von den Anfängen des modernen Souveränitätsgedankens bis zum proletarischen Klassenkampf (1921), Berlin ⁶1994.- Schoeps, Julius H., *Erlösungswahn* und Vernichtungswille. Die sogenannnte »Endlösung der Judenfrage« als Vision und Programm des Nationalsozialismus, in: Ley, Michael/Schoeps, Julius H. (Hgg.), Der Nationalsozialismus als politische Religion, Frankfurt/M. 1997, 262–271.- Schröder, Hans-Henning, Der »Stalinismus« – ein totalitäres System?, in: Osteuropa 46 (1996), 150–163.- Schroeder, Klaus, *Der SED-Staat* [4.7].- Schwan, Gesine, Communisme et fascisme au XXᵉ siècle, in: le débat 89 (1996), 119–189.- Segert, Dieter, Diktatur und Demokratie in Osteuropa im 20. Jahrhundert, Berlin 1994.- Seidel, Bruno/Jenkner, Siegfried (Hgg.), *Wege der Totalitarismus-Forschung,* Darmstadt 1968.- Seitschek, Hans Otto, *Politischer Messianismus.* Totalitarismuskritik und philosophische Geschichtsschreibung im Anschluss an Jacob Leib Talmon, Paderborn 2005.- Seubert, Harald, *Erinnerung* an den »Engagierten Beobachter« in veränderter Zeit. Über Raymond Aron als Theoretiker des Totalitarismus und der nuklearen Weltlage, in: Maier (Hg.) [7.], Bd. 2, 311–361.- Shtromas, Alexander, Totalitarianism and the Prospects for World Order. Closing the Door on the Twentieth Century, Lanham 2003.- Siegel, Achim, *Carl Joachim Friedrichs Konzeption* der totalitären Diktatur – eine Neuinterpretation, in: Ders. (Hg.) [7.], 273–308.- Ders. (Hg.), *Totalitarismustheorien* nach dem Ende des Kommunismus, Köln 1998.- Söllner, Alfons, *Das Totalitarismuskonzept* in der Ideengeschichte des 20. Jahrhunderts, in: Ders./Walkenhaus/Wieland (Hgg.) [1.3], 10–21.- Ders., *Sigmund Neumanns* »Permanent Revolution«. Ein vergessener Klassiker der vergleichenden Diktaturforschung, in: Ders./Walkenhaus/Wieland (Hgg.) [1.3], 53–73.- Spearman, Diana, *Modern Dictatorship,* New York 1939.- Śpiewak, Paweł, *Anti-Totalitarismus. Eine polnische Debatte,* Frankfurt/M. 2003.- Stammer, Otto, *Aspekte* der Totalitarismusforschung (1961), in: Seidel/Jenkner (Hgg.) [7.], 414–437.- Stark, Joachim (Hg.), *Raymond Aron.* Über Deutschland und den Nationalsozialismus. Frühe politische Schriften 1930–1939, Opladen 1993.- Ders., Raymond Aron und der Gestaltwandel des Totalitarismus, in: Ders./Walkenhaus/Wieland (Hgg.) [1.3], 195–207.- Steigmann-Gall, Richard, *Nazism* and the Revival of Political Religion Theory, in: TMPR 5 (2004), 376–398.- Steinbach, Peter, *Die totalitäre Weltanschauungsdiktatur* des 20. Jahrhunderts als Ausdruck »Politischer Religion« und als Bezugspunkt des antitotalitären Widerstands, in: KZG 12 (1999), 20–46.- Sternhell, Zeev/Sknajdes, Mario/Asheri, Maia, Die Entstehung der faschistischen Ideologie. Von Sorel zu Mussolini, Hamburg 1999.- Strada, Vittorio, Totalitarismo e totalitarismi, Venezia 2003.- Talmon, Jacob, *Politischer Messianismus.* Die romantische Phase, Köln 1963.- Thamer, Hans-Ulrich, *Staatsmacht* und Freiheit in beiden Diktaturen, in: KZG 9 (1996), 28–42.- Thiele, Ulrich, Advokative Volkssouveränität. Carl Schmitts Konstruktion einer »demokratischen« Diktaturtheorie im Kontext der Interpretation politischer Theorien der Aufklärung, Berlin 2003.- Timmermann, Heiner/Gruner, Wolf (Hgg.), *Demokratie und Diktatur* in Europa. Geschichte und Wechsel der politischen Systeme im 20. Jahrhundert, Berlin 2001.- Todorov, Tzvetan, *Totalitarianism.* Between Religion and Science, in: TMPR 2 (2001), 28–42.- Tormey, Simon, *Making Sense* of Tyranny. Interpretations of Totalitarianism, Manchester 1995.- *Totalitarismus und Faschismus.* Eine wissenschaftliche und politische Begriffskontroverse. Kolloquium im Institut für Zeitgeschichte am 24. November 1978, München

1980.- Tumarkin, Nina, *Lenin Lives!* The Lenin Cult in Soviet Russia, Harvard 1983.- Varga, Lucie, *Zeitenwende.* Mentalitätshistorische Studien 1936–1939. Hg., übersetzt und eingeleitet von Peter Schöttler, Frankfurt/M. 1991.- Vetter, Matthias (Hg.), Terroristische Diktaturen im 20. Jahrhundert. Strukturelemente der nationalsozialistichen und stalinistischen Herrschaft, Opladen 1996.- Voegelin, Eric, *Die Politischen Religionen*, Wien 1938.- Voigt, Frederick A., *The Greek Sedition*, London 1949.- Ders., *Unto Caesar*, London 1938.- Volk, Christian, Urteilen in dunklen Zeiten. Eine neue Lesart von Hannah Arendts »Banalität des Bösen«, Berlin 2005.- Wehler, Hans-Ulrich, *Diktaturenvergleich*, Totalitarismustheorie und DDR-Geschichte, in: Bauerkämper, Arndt/Sabrow, Martin/Stöver, Bernd (Hg.), Doppelte Zeitgeschichte. Deutsch-deutsche Beziehungen 1945–1990, Bonn 1998, 346–351.- Ders., *Nationalismus.* Geschichte, Formen, Folgen, München 2001.- Wippermann, Wolfgang, Europäischer Faschismus im Vergleich, Frankfurt/M. 1997.- Ders., *Totalitarismustheorien.* Die Entwicklung der Diskussion von den Anfängen bis heute, Darmstadt 1997.- Ders., *Wessen Schuld?* Vom Historikerstreit zur Goldhagen-Kontroverse, Berlin 1997.- Zmierczak, Maria, *Ideologie totalitarne.* Faszyzm i narodowy socjalizm [Totalitäre Ideologien. Der Faschismus und der Nationalsozialismus], in: Kuniński, Miłowit (Hg.), Totalitaryzm a zachodnia tradycja [Der Totalitarismus und die westliche Tradition], Kraków 2006, 160–188.

Personenverzeichnis